Die Lösungsrechte des Versicherers bei Verletzung der vorvertraglichen Anzeigepflicht durch den Versicherungsnehmer

VERSICHERUNGSRECHTLICHE STUDIEN

HERAUSGEGEBEN VON PROFESSOR DR. GERRIT WINTER

BAND 73

PETER LANG

Frankfurt am Main · Berlin · Bern · Bruxelles · New York · Oxford · Wien

Dr. Inga Uhlenbrock

DIE LÖSUNGSRECHTE DES VERSICHERERS BEI VERLETZUNG DER VORVERTRAGLICHEN ANZEIGEPFLICHT DURCH DEN VERSICHERUNGSNEHMER

UNTER BESONDERER BETRACHTUNG DER BERUFSUNFÄHIGKEITS-VERSICHERUNG

PETER LANG
Europäischer Verlag der Wissenschaften

Bibliografische Information Der Deutschen Bibliothek
Die Deutsche Bibliothek verzeichnet diese Publikation in der Deutschen Nationalbibliografie; detaillierte bibliografische Daten sind im Internet über <http://dnb.ddb.de> abrufbar.

Zugl.: Köln, Univ., Diss., 2004

D 38
ISSN 0178-4382
ISBN 3-631-53666-6

www.peterlang.de

Vorwort

Die vorliegende, im April 2004 abgeschlossene Arbeit wurde von der Juristischen Fakultät der Universität zu Köln im Sommersemester 2004 als Dissertation angenommen. Literatur und Rechtsprechung sind bis August 2004 berücksichtigt.

Die Untersuchung entstand aus einer Anregung von Herrn Dr. Peter Bach und Herrn Christoph Müller-Frank, denen ich für die Ideengebung aufrichtigen Dank sagen möchte.

Meinem Doktorvater, Herrn Professor Dr. Dr. h. c. Ulrich Hübner, danke ich herzlich für die persönliche und fachliche Förderung und stets freundliche Betreuung dieser Arbeit.
Mein Dank gilt ferner Herrn Professor Dr. Christian Katzenmaier für die zügige Erstellung des Zweitgutachtens, die dazu beitrug, dass das Promotionsverfahren bereits im Sommersemester 2004 abgeschlossen werden konnte.

Besonders bedanken möchte ich mich auch bei Herrn Dr. Kai von Lewinski und Herrn Holger Lerche dafür, dass sie sich den Mühen des Korrekturlesens unterzogen haben und mir mit Rat und Tat stets zur Seite standen.
Außerdem bin ich Herrn Dr. Winfried Kill zu großem Dank verpflichtet, weil er mir den Ansporn für diese Arbeit gab und mich stets darin bestärkte, sie ohne Unterbrechung zum Abschluss zu bringen.

Der Universität zu Köln danke ich vielmals für die Gewährung eines Promotionsstipendiums.

Bei dem Herausgeber der „Versicherungsrechtlichen Studien", Herrn Professor Dr. Gerrit Winter, bedanke ich mich für die Aufnahme der Arbeit in diese Schriftenreihe.

Schließlich möchte ich meinen ganz besonderen Dank meinen Eltern aussprechen, die mir das Studium ermöglicht und mich bei meinem Werdegang stets unterstützt haben.

Berlin, April 2005 — Inga Uhlenbrock

Inhaltsverzeichnis

Abkürzungsverzeichnis

AcP	Archiv für die civilistische Praxis
AGB	Allgemeine Geschäftsbedingungen
AGBG	Gesetz zur Regelung des Rechts der Allgemeinen Geschäftsbedindingungen
AktG	Aktiengesetz
AVG	Allgemeine Versicherungsbedingungen
ALB	Allgemeine Bedingungen für die kapitalbildende Lebensversicherung
BAV	Bundesaufsichtsamt für das Versicherungswesen
BB	Der Betriebsberater
BGHZ	Amtliche Sammlung der Entscheidungen des Bundesgerichtshofes in Zivilsachen
BT-Drucks.	Drucksache des Bundestages
BUV	Allgemeine Bedingungen für die Berufsunfähigkeits - Versicherung
BUZ	Bedingungen für die Berufsunfähigkeits – Zusatzversicherung
BVerwG	Bundesverwaltungsgericht
c.i.c.	culpa in contrahendo
DurchfG/EWG	Gesetz zur Durchführung versicherungsrechtlicher Richtlinien des Rates der Europäischen Gemeinschaften
EGVVG	Einführungsgesetz zum Versicherungsvertragsgesetz
e.V.	eingetragener Verein
FS	Festschrift
GdV	Gesamtverband der Deutschen Versicherungswirtschaft e.V.
JR	Juristische Rundschau
Jura	Juristische Ausbildung
JuS	Juristische Schulung
JW	Juristische Wochenschrift
JZ	Juristenzeitung
KfzPflVV	Kraftfahrzeug – Pflichtversicherungsordnung
LM	Lindenmaier – Möhring, Das Nachschlagewerk des BGH
MDR	Monatszeitschrift für Deutsches Recht
NJW	Neue Juristische Wochenschrift
NJW–RR	Neue Juristische Wochenschrift - Rechtsprechungsreport
NVersZ	Neue Versicherungszeitschrift
ÖVVG	Österreichisches Versicherungsvertragsgesetz
PflVG	Pflichtversicherungsgesetz
RdA	Recht der Arbeit

RGBl.	Reichsgesetzblatt
RGZ	Entscheidungssammlung des Reichsgerichts in Zivilsachen
RuS	Recht und Schaden
VA	Veröffentlichungen des Reichsaufsichtsamtes für Privatversicherung
VAG	Gesetz über die Beaufsichtigung der privaten Versicherungsunternehmungen
VerBAV	Veröffentlichungen des Bundesaufsichtsamtes für das Versicherungs- und Bausparwesen
VersR	Zeitschrift für das gesamte Versicherungsrecht
VVaG	Versicherungsverein auf Gegenseitigkeit
VVG	Versicherungsvertragsgesetz
VW	Versicherungswirtschaft
ZAP	Zeitschrift für die Anwaltspraxis
ZfA	Zeitschrift für Arbeitsrecht
ZfS	Zeitschrift für Schadensrecht
ZfV	Zeitschrift für Versicherungswesen
ZPO	Zivilprozessordnung
ZVersWiss	Zeitschrift für die gesamte Versicherungswissenschaft

Für die übrigen in dieser Arbeit verwandten Abkürzungen wird auf Hildebrecht Kirchner, „Abkürzungsverzeichnis der deutschen Rechtssprache", 4. Aufl., Berlin 1993, verwiesen.

Literaturverzeichnis

Adam, Günther: Die vorvertragliche Anzeigepflicht in der Lebensversicherung, In: ZfV 1963, S. 876 ff.

Bach, Peter: Die Umdeutung rechtsgestaltender Willenserklärungen im Rahmen des Krankenversicherungsvertrages, In: VersR 1977, S. 881 ff.

Bach, Peter / *Geiger*, Martin: Die Entwicklung der Rechtsprechung bei der Anwendung des AGBG auf AVB, In: VersR 1993, S. 659 ff.

Baum, Marcus: Die Wissenszurechnung, Berlin 1999.

Baumann, Frank: Ist der Versicherungsmakler Auge und Ohr des Versicherers?, In: NVersZ 2000. S. 116 ff.

Baumgärtel, Gottfried: Handbuch der Beweislast im Privatrecht, Band 1, 2. Auflage, Köln, Berlin, Bonn, München 1991.

Becker, Michael: Gestaltungsrecht und Gestaltungsgrund, In: AcP (1985) 185, S. 24 ff.

Beckmann, Roland Michael: Auswirkungen der Auge–und–Ohr–Rechtsprechung auf die Beurteilung von Vollmachtsbeschränkungen, In: NJW 1996, S. 1378 ff.

Benkel, Andreas / *Hirschberg*, Günther: Berufsunfähigkeits- und Lebensversicherung, ALB – und BUZ – Kommentar, München 1990.

Benkel, Gert A.: Rückwärtsversicherung in der Lebensversicherung, In: VersR 1991, S. 953 ff.

Beuthien, Volker: Das fehlerhafte Arbeitsverhältnis als bürgerlich – rechtliches Abwicklungsproblem, In: RdA 1969, S. 161 ff.

Brockhaus: Herausgeber: Gerhard Wahrig, Deutsches Wörterbuch, Erster Band (A – BT), Stuttgart 1980.

Brox, Hans: Die Anfechtung von Dauerrechtsverhältnissen, In: BB 1964, S. 523 ff.

Bruck, Ernst: Das Privatversicherungsrecht, Mannheim, Berlin, Leipzig 1930

– Die versicherungsrechtliche Obliegenheit, In: ZVersWiss 1926, S. 180 ff.

– Zur Lehre von der Deckungszusage, In: JRPV 1926, S. 97 ff. (Teil 1) u. S. 157 ff. (Teil 2)

Bruck, Ernst / *Dörstling*, Th.: Das Recht des Lebensversicherungsvertrages, 2. Auflage, Mannheim, Berlin, Leipzig 1933.

Bruck, Ernst / *Möller*, Hans: Kommentar zum Versicherungsvertragsgesetz, Erster Band, (§§ 1 – 48 VVG und Versicherungsvermittlerrecht), 8. Auflage, Berlin 1961

Bruck, Ernst / *Möller*, Hans / *Winter*, Gerrit: Kommentar zum Versicherungsvertragsgesetz, Fünfter Band, Zweiter Halbband, Lebensversicherung (§§ 159 – 178 VVG) einschließlich Berufsunfähigkeitsversicherung, 8. Auflage, Berlin, New York 1988.

Bruck, Ernst / *Möller*, Hans / *Wriede*, Paul: Kommentar zum Versicherungsvertragsgesetz, Sechster Band, Zweiter Halbband, Krankenversicherung, 8. Auflage, Berlin, New York 1990.

Buchner, Herbert: Anmerkung zum Urteil des OLG Düsseldorf v. 19.5.1952, In: VersR 1953, S. 316

Bühren, Hubert W. van (Hrsg.): Handbuch Versicherungsrecht, 1. Auflage, Bonn 2001.

Bühring, Gustav: Das Problem der vorläufigen Deckungszusage, In: ZVersWiss 1924, S. 293 ff.

Büsken, Rainer: Anmerkung zum Urteil des OLG Köln v. 4.10.1990, In: VersR 1991, S. 534 ff.

– Die passive Vertretungsmacht des Vermittlungsagenten bei Antragstellung, In: VersR 1992, S. 272 ff.

Bultmann, Fritz A.: Das Kleingedruckte, Allgemeine Geschäftsbedingungen ausgewählter Verbraucherrechtsbereiche, Neuwied, Kriftel, Berlin 1993.

Bundesaufsichtsamt für das Versicherungs- und Bausparwesen (Hrsg.): Begründung zu den Gesetzentwürfen (Verhandlungen des Reichstags), XII. Legislaturperiode, I. Session, Band 241 Anlage 1 zu Nr. 364, Berlin 1963, In: Motive zum Versicherungsvertragsgesetz, Neudruck 1993

Bundesaufsichtsamt für das Versicherungs- und Bausparwesen (Hrsg.): Bericht der VIII. Kommission über die Entwürfe (Verhandlungen des Reichstags), XII. Legislaturperiode, I. Session, Band 242 Anlage 1 zu Nr. 364, Berlin 1963, In: Motive zum Versicherungsvertragsgesetz, Neudruck 1993

Bundschuh, Karl-Dietrich: Versicherung im Wandel, In: ZVersWiss 1993; S. 39 ff.

Buyten, Rüdiger / *Simon*, Jürgen: Gendiagnostik beim Abschluss privater Kranken- und Lebensversicherungsverträge, In: VersR 2003, S. 813 ff.

Canaris, Claus-Wilhelm: Die Vertrauenshaftung im deutschen Privatrecht, München 1971.

Carus, Erich: Die Berufsunfähigkeits – Zusatzversicherung, In: VW 1964, S. 475 ff.

Dehner, Walter: Zur vorvertraglichen Anzeigpflicht des Versicherungsnehmers, In: NJW 1992, S. 3007 ff.

Dette, Hans Walter: Venire contra factum proprium nulli conceditur, Berlin 1985.

Deutsch, Erwin: Versicherungsvertragsrecht: Ein Grundriß, 4. Auflage, Karlsruhe 2000.

Dreher, Meinrad: Anmerkung zum Urteil des BGH v. 25.3.1992, In: JZ 1992, S. 926 ff.

– Die Auslegung von Rechtsbegriffen in Allgemeinen Geschäftsbedingungen, In: AcP 189 (1989), S. 342 ff.

– Die „bedingungsgemäße Entschädigung" des arglistig täuschenden VN, In: VersR 1998, S. 539 ff.

– Die Versicherung als Rechtsprodukt, Tübingen 1991.

Durst, Ernst: Die vorläufige Deckungszusage des Versicherers, In: JW 1921, S. 1075 ff.

Ehrenberg, Victor: Versicherungsrecht Erster Band, Leipzig 1893.

– Handbuch des gesamten Handelsrechts, 8. Band, I. und II. Abteilung, Leipzig 1922.

Ehrenzweig, Albert: Deutsches (Österreichisches) Versicherungsvertragsrecht, Wien 1952.

Erman, Walter (Hrsg.): Handkommentar zum Bürgerlichen Gesetzbuch, Band I (§§ 1 – 853, HausTWG, ProdHaftG, SchuldRAnpG, VerbrKrG), 10. Auflage, Münster, Köln 2000.

Fikentscher, Wolfgang: Schuldrecht, 9. Auflage, Berlin, New York 1997.

Förstenberg, Albert: Das Kündigungsrecht des Versicherers, Leipzig 1932.

Freytag, Kurt R.: Das Risiko in der Lebensversicherung, In: VW 1973, S. 70 ff.

Fricke, Martin: Die Empfangsvollmacht des Vermittlungsagenten bei der Antragsaufnahme und die vergessene Risikoanzeige, In: VersR 1993, S. 399 ff.

Geuking, Martin: Das Nachprüfungsverfahren in der Berufsunfähigkeitsversicherung, Münster (Westf.) 1998.

Gierke, Julius von: Versicherungsrecht unter Ausschluß der Sozialversicherung, Zweite Hälfte, Stuttgart 1947.

Glauber, Volker: Die Empfangsvollmacht des Vermittlungsagenten bei Antragstellung, In: VersR 1992, S. 137 ff.

Goll, Hans P.: Handbuch der Lebensversicherung, 11. Auflage, Karlsruhe 1992.

Gottschalk, Alfred: Die Abänderung bestehender Versicherungsverträge, In: JRPV 1926, S. 321 ff.

– Über einige Grundfragen des privaten Versicherungsrechtes, In: JW 1926, S. 490 ff.

– Über einige Grundfragen des privaten Versicherungsrechtes, In: JW 1927, S. 147 ff.

Grebe, Michael: Die vorläufige Deckungszusage unter besonderer Berücksichtigung ihrer Handhabung in der Lebensversicherung, Frankfurt am Main, Bern, New York, Paris 1987.

Gröning, Jochen: Zur Empfangsvollmacht des Vermittlers für mündliche Erklärungen des Antragstellers, In: VersR 1990, S. 710 ff.

Gruneke, Kurt: Versicherte Gefahr und Anzeigepflicht in der privaten Krankenversicherung, Köln 1965.

Haeberlin, Thorsten: Der aktuelle Stand des Versicherungsnehmerschutzes im englischen und deutschen Versicherungsvertragsrecht vor dem Hintergrund der jüngsten EG – Rechtsentwicklung, Frankfurt am Main, Berlin 1998

Haft, Fritjof: Die Prüfung des subjektiven Risikos oder Interessenrisikos in der Lebens- und Berufsunfähigkeitsversicherung, In: VW 1977, S. 636 ff.

Hagelschuer, Paul B.: Lebensversicherung, Wiesbaden 1983.

Hahn, Walter: Rücktritt und Kündigung im Versicherungsvertrage, Düsseldorf 1936.

Hansen, Udo: Beweislast und Beweiswürdigung im Versicherungsvertragsrecht, Frankfurt a.M. 1990

Hax, Karl: Wesen, Bedeutung und Gliederung der Versicherung, In: Versicherungsenzyklopädie Bd. 1, S. 59 ff. (herausgegeben von Walter Grosse, Heinz Leo Müller-Lutz und Reimer Schmidt), 2. Auflage, Wiesbaden 1976.

Heilmann, Wolf-Rüdiger: Berufsunfähigkeitsversicherung – Wunder- oder Sorgenkind?, In: ZfV 2002, S. 670 ff.

Heinrichs, Helmut: Das Transparenzgebot und die EG – Richtlinie über mißbräuchliche Klauseln in Verbraucherverträgen, In: Festschrift für Reinhold Trinkner zum 65. Geburtstag, Heidelberg 1995, S. 157 ff.

– Die Entwicklung des Rechts der Allgemeinen Geschäftsbedingungen im Jahre 1996, In: NJW 1997, S. 1407 ff.

Hemmer, Dirk: Die Einbeziehung von AVB in den Versicherungsvertrag nach neuem Recht, Karlsruhe 1996.

Henrichs, Michael: Zur Reichweite des § 21 VVG in der privaten Krankenversicherung, In: VersR 1989, S. 230 ff.

Henzler, Roland: Theorie und Praxis der vorläufigen Deckung, Karlsruhe 1998.

Herde, Arnim: Der Geschäftsplan für die Berufsunfähigkeits – Zusatzversicherung, In: VerBAV 1990, S. 453 ff.

Herdegen, Matthias: Die Erforschung des Humangenoms als Herausforderung für das Recht, In: JZ 2000, S. 633 ff.

Herschel, Wilhelm: Rechtssicherheit und Rechtsklarheit, In: JZ 1967, S. 727 ff.

Hofmann, Edgar: Privatversicherungsrecht, 4. Auflage, München 1998

Honsell, Heinrich (Hrsg.): Berliner Kommentar zum Versicherungsvertragsgesetz, Kommentar zum deutschen und österreichischen VVG, Stand der Bearbeitung: 15. September 1998, Berlin, Heidelberg 1999.

Hübner, Ulrich: Allgemeine Versicherungsbedingungen und AGB – Gesetz, 5. Auflage, Köln 1997.

– Verhaltensabhängige Risikoausschlüsse und verhüllte Obliegenheiten, In: VersR 1978, S. 981 ff.

– Zur Regelungsbedürftigkeit der Risikoprüfungsobliegenheit des Versicherers, In: Festschrift für Egon Lorenz zum 70. Geburtstag, Karlsruhe 2004, S. 355 ff.

Hübner, Ulrich / *Basting*, Alexander: Rechtsprobleme des Abrechnungsverkehrs in der Erstversicherung bei Einschaltung von Versicherungsmaklern, Hamburg 1993.

Hübner, Ulrich / *Matusche*, Annemarie: Anmerkung zum Urteil des BGH vom 2.11.1994, In: LM § 16 VVG Nr. 18.

Hueck, Alfred / *Nipperdey*, Hans Carl: Lehrbuch des Arbeitsrechts, Band I. Allgemeine Lehren und individuelles Arbeitsrecht, Berlin 1928.

Huesmann, Thomas: Die vorvertragliche Risikoprüfungsobliegenheit des Versicherers, Köln 1998.

Jabornegg, Peter: Die vorläufige Deckung, Studien zum provisorischen Versicherungsvertrag, Wien 1992.

Kahl, Manfred: Grenzen der Umdeutung rechtsgeschäftlicher Erklärungen (§ 140 BGB), Emsdetten 1985.

Kalka, Michael: Die Nebenpflichten im Lebensversicherungsvertrag – Zugleich ein Beitrag zur Frage der Obliegenheiten des Versicherungsrechts, Freiburg 1964.

Keinert, Heinz: Vorvertragliche Anzeigepflicht (§§ 16 ff. VersVG), Nach österreichischem und deutschem Recht, Wien 1983.

Kisch, Wilhelm: Handbuch des Privatversicherungsrechtes, 2. Band: Die Lehre von der Versicherungsgefahr, München, Berlin und Leipzig 1920.

Klauser, Hermann: Anmerkung zum Urteil des OLG Bremen v. 8.5.1953, In: VersR 1953, S. 362 ff.

Klein, Thomas: Die Rechtsmacht des Versicherungsagenten und ihre Beschränkbarkeit, Karlsruhe 1994.

Knappmann, Ulrich: Grenzen und Beschränkungen der Rechte des Versicherers bei Verletzung der Anzeigepflichten (§§ 16 ff. VVG) durch den Versicherungsnehmer, In: RuS 1996, S. 81 ff.

Koch, Robert: Auswirkungen der Schuldrechtsreform auf die Gestaltung Allgemeiner Geschäftsbedingungen, In: WM 2002, S. 2173 ff.

Kohte, Wolfhard / *Micklitz*, Hans-W. / *Rott*, Peter / *Tonner*, Klaus / *Willingsmann*, Armin (Hrsg.): Das neue Schuldrecht – Kompaktkommentar, Neuwied, München 2003.

Kommission zur Reform des Versicherungsvertragsrechts (Hrsg.): Abschlussbericht vom 19. April 2004

Krämer, Andreas: Zustandekommen und Zulässigkeit von Risikoausschlussklauseln in der Kreditlebensversicherung, In: VersR 2004, S. 713 ff.

Kreienbaum, Birgit: Transparenz und AGB – Gesetz, Berlin 1998.

Künneth, Otto: Die Anzeigepflicht des Versicherungsnehmers bei Schließung des Vertrages nach dem Reichsgesetz über den Versicherungsvertrag vom 30.05.1908, Erlangen 1912.

Kurzendörfer, Volker: Einführung in die Lebensversicherung, 3. Auflage, Karlsruhe 2000.

Langheid, Theo / *Müller-Frank*, Christoph: Rechtsprechungsübersicht zum Versicherungsvertragsrecht 1993/1994, In: NJW 1994, S. 2652 ff.

– Rechtsprechungsübersicht zum Versicherungsvertragsrecht 1997/98, In: NJW 1998, S. 3680 ff.

Larenz, Karl: Lehrbuch des Schuldrechts . Band I Allgemeiner Teil, 14. Auflage, München 1987.

Larenz, Karl / *Wolf*, Manfred: Allgemeiner Teil des deutschen bürgerlichen Rechts, 8. Auflage, München 1997.

Leschke, Hartmut: Vertretungsmacht von Versicherungsvertretern und Wissenszurechnung, Karlsruhe 1998.

Locher, Horst: Begriffsbestimmung und Schutzzweck nach dem AGB – Gesetz, In: JuS 1997, S. 389 ff.

Lorenz, Egon: Anmerkung zum Urteil des OLG Hamm v. 27.1.1993 u. zum Beschluss des OLG Hamm v. 2.2.1993, In: VersR 1994, S. 295 ff.

– Hat der Versicherer eine Risikoprüfungsobliegenheit mit Schutzzweck zugunsten des Antragstellers?, In: VersR 1993, S. 513 ff.

– Zum Abschluß eines Versicherungsvertrags nach § 5 a VVG, In: VersR 1995, S. 616 ff.

Luckey, Christian: Der Ausschluss der Empfangsvollmacht des Versicherungsvertreters, In: VersR 1993, S. 151 ff.

Lücke, Werner: Aktuelle Rechtsprechungsübersicht zur Betrugsproblematik in der Sachversicherung, In: VersR 1994, S. 128 ff.

– Versicherungsbetrug in der Sachversicherung, In: VersR 1996, S. 785 ff.

Maenner, Rolf: Rückwärtsversicherung in moderner Gestalt, In: VersR 1984, S. 717 ff.

– Theorie und Praxis der Rückwärtsversicherung, Karlsruhe 1986.

Martin, Anton: Anmerkung zum Urteil des OLG Oldenburg v. 17.1.1979, In: VersR 1979, S. 269 ff.

Matusche, Annemarie: Pflichten und Haftung des Versicherungsmaklers, 3. Auflage, Karlsruhe 1994.

Matusche-Beckmann, Annemarie: Probleme bei der Abgrenzung des Versicherungsagenten vom Versicherungsmakler – Zugleich Anmerkung zu dem Urteil des OLG Nürnberg vom 27.1.1994 (8 U 1184/93) VersR 95, 94 –, In: VersR 1995, S. 1391 ff.

Medicus, Dieter: Allgemeiner Teil des BGB . Ein Lehrbuch, 4. Auflage, Heidelberg 1990.

Meyer-Reim, Utz Martin / *Testorf*, Regina: Wissenszurechnung im Versicherungsunternehmen, In: VersR 1994, S. 1137 ff.

Möller, Hans: Die Rechtsstellung des deutschen Versicherungsmaklers speziell in der Internationalen Wirtschaft, In: VW 1970, S. 1004 ff.

– Versicherungsgefahr und Vertragsgefahr, In: DöV 1934, S. 81 ff.

– Versicherungsvertragsrecht, 3. Auflage, Wiesbaden 1977.

Mohr, Paul Günther: Versicherungsgeheimnis und Datenschutz, In: VersR 1975, S. 1069 ff.

Mühsam, Georg: Die Wirksamkeit einer Rücktrittserklärung ohne Angabe der richtigen Gründe, In: ZVersWiss 1921, S. 169 ff.

Müller, Klaus: Zur fristgerechten Ausübung des Rücktrittsrechts nach §§ 16 VVG – unter Berücksichtigung des Rücktritts nach Eintritt des Versicherungsfalles, In: RuS 2000, S. 485 ff.

Müller-Frank, Christoph: Aktuelle Rechtsprechung zur Berufsunfähigkeits – (Zusatz-) Versicherung, 6. Auflage, Karlsruhe 2002.

– Täuschung durch Antragsteller und Wissen des vom Versicherer beauftragten Arztes, In: NVersZ 2001, S. 447 ff.

Müller-Frank, Christoph / *Scherff*, Axel: Anmerkung zum Urteil des KG vom 30.9.1997, In: VersR 1998, S. 1362 ff.

Münchener Kommentar zum Bürgerlichen Gesetzbuch: Band 1, Allgemeiner Teil (§§ 1 – 240 / AGB – Gesetz), 4. Auflage, München 2001, Band 2, Schuldrecht Allgemeiner Teil (§§ 241 – 432 / FernAbsG), 4. Auflage, München 2001.

Münstermann, Hellmut: Anmerkung zum Urteil des BGH v. 30.9.1998 und zum Urteil des OLG Nürnberg v. 22.10.1998, In: RuS 2000, S. 1 ff.

Musielak, Hans-Joachim: Grundkurs BGB, 7. Auflage, München 2002.

Neeße, Gottfried; Ist § 21 VVG in der privaten Krankenversicherung uneingeschränkt anwendbar?, In: VersR 1972, S. 213 ff.

Neuhaus, Kai-Jochen: Die private Berufsunfähigkeitsversicherung – Teil 1, ZAP (Nr. 10 vom 31.5.2000), Fach 10, S. 137 ff.

Nickel, Friedhelm: Die vorläufige Deckungszusage – Untersuchungen zu einem Versicherungsvertrag eigener Art –, In: ZVersWiss 1986, S. 79 ff.

Oberbach, Hans: Allgemeine Versicherungsbedingungen für die Haftpflichtversicherung, 2. Teil, §§ 5 – 6 : Der Versicherungsfall, §§ 7 – 12 : Das Versicherungsverhältnis, Berlin 1947.

Oster, Günter: Entwicklungen und Trends in der privaten Berufsunfähigkeitszusatzversicherung in Deutschland, Österreich und der Schweiz, Karlsruhe 1999.

Palandt, Otto (Hrsg.): Kurz – Kommentar zum Bürgerlichen Gesetzbuch, 63. Auflage, München 2004.

Picker, Eduard: Die Anfechtung von Arbeitsverträgen, In: ZfA 1981, S. 1 ff.

Präve, Peter: Anmerkung zum Urteil des BVerwG vom 25.6.1998, In: VersR 1998, S. 1141 ff.

– Das Widerspruchsrecht des Versicherungsnehmers, In: ZfV 1994, S. 374 ff.

– Die Empfangsvollmacht des Vermittlungsagenten, In: ZfV 1993, S. 130 ff.

– Die Vorschrift des § 41 VVG in der Lebens- und Krankenversicherung, In: ZfV 1992, S. 394 ff.

– Versicherungsbedingungen und AGB – Gesetz, München 1998.

Prölss, Erich: Zur Kausalität der §§ 21, 25 III VVG, In: VersR 1954, S. 153 ff.

Prölss, Erich / *Martin*, Anton: Versicherungsvertragsgesetz, Kommentar zu VVG und EGVVG sowie Kommentierung wichtiger Versicherungsbedingungen – unter Berücksichtigung des ÖVVG und österreichischer Rechtsprechung –, 26. Auflage, München 1998.

Prölss, Jürgen: Anmerkung zum Urteil des BGH v. 2.3.1994, In: VersR 1994, S. 1216 ff.

– Anmerkung zum Urteil des BGH v. 30.1.2002, In: VersR 2002, S. 961 ff.

Ramm, Thilo: Die Anfechtung des Arbeitsvertrages, Karlsruhe 1955.

Ratzel, Rudolf / *Lippert*, Hans-Dieter: Kommentar zur Musterberufsordnung der deutschen Ärzte (MBO), 3. Auflage, Berlin 2002.

Reiff, Peter: Anmerkung zum Urteil des BGH v. 30.1.2002, VersR 2002, S. 597 ff.

– Die Haftung des Versicherers für Versicherungsvermittler (Teil 1), In: RuS 1998, S. 89 ff.

– Die Haftung des Versicherers für Versicherungsvermittler (Teil 2), In: RuS 1998, S. 133 ff.

Reusch, Peter: Wie weit reicht der Auge–und–Ohr–Grundsatz?, In: NVersZ 2000, S. 120 ff.

RGRK: Großkommentar der Praxis zum Bürgerlichen Gesetzbuch, Band I, §§ 1 – 240, 12. Auflage, Berlin, New York 1982.

Richardi, Reinhard: Die Wissensvertretung, In: AcP 169 (1969); S. 385 ff.

Richter, Arnt: Privatversicherungsrecht, Stuttgart, Berlin, Köln, Mainz 1980.

Richter, Thomas: Berufsunfähigkeitsversicherung, Eine vergleichende Darstellung der privaten Berufsunfähigkeitsversicherung und der Berufs- und Erwerbsunfähigkeitsversicherung in der gesetzlichen Rentenversicherung, 2. Auflage, Karlsruhe 1994.

Ring, Gerhard / *Klingelhöfer*, Thomas: Das neue AGB – Recht, Bonn 2002.

Röhr, Wolfgang: Die vorvertragliche Anzeigepflicht, Karlsruhe 1980.

– Die vorvertragliche Anzeigepflicht, In: VW 1981, S. 114 ff.

Römer, Wolfgang: Höchstrichterliche Rechtsprechung zur Personenversicherung, Karlsruhe 1993.

– Obliegenheiten in der Personenversicherung, In: RuS 1998, S. 45 ff.

Römer, Wolfgang / *Langheid*, Theo: VVG, Versicherungsvertragsgesetz mit PflVG und KfzPflVV Kommentar, 2. Auflage, München 2003.

Schäfer, Jürgen: Das Transparenzgebot im Recht der Allgemeinen Geschäftsbedingungen, Frankfurt a.M., Berlin, Bern, New York, Paris, Wien 1992.

Schaub, Günter: Arbeitsrechts – Handbuch, 10. Auflage, München 2002.

Schellhammer, Kurt: Schuldrecht nach Anspruchsgrundlagen samt BGB Allgemeiner Teil, 4. Auflage, Heidelberg 2002.

Schilken, Eberhard: Wissenszurechnung im Zivilrecht, Bielefeld 1983.

Schimikowski, Peter: Versicherungsvertragsrecht, 2 Auflage, München 2001.

Schirmer, Helmut: Änderungen des VVG nach der Deregulierung mit den Schwerpunkten: Abschluß des Versicherungsvertrages und Einbeziehung von AVB, In: VersR 1996, S. 1045 ff.

– Anmerkung zum Urteil des LG Düsseldorf v. 2.12.1994, In: RuS 1995, S. 273 ff.

– Die Rechtsprechung des Bundesgerichtshofs zum allgemeinen Versicherungsvertragsrecht – Ein Überblick, In: ZVersWiss 1992, S. 381 ff.

Schiwy, Peter: Deutsches Arztrecht, Kommentar der Bundesärzteordnung und Sammlung des Medizinrechts, Band I, Stand 1. März 2002 (55. Ergänzungslieferung), Starnberg

Schmidt, Heinz-Dieter: Der Rücktritt wegen Anzeigepflichtverletzung in der privaten Krankenversicherung, In: VersR 1986, S. 511 ff.

Schmidt, Karsten: Handelsrecht, 5. Auflage, Köln, Berlin, Bonn, München 1999.

Schmidt, Reimer: Die Obliegenheiten, Karlsruhe 1953.

– Rationalisierung im Privatrecht, In: AcP 166 (1966), S. 1 ff.

– Zur Rechtsstellung des Versicherungsmaklers in Deutschland (1957), In: Entwicklungen und Erfahrungen auf dem Gebiet der Versicherung, Veröffentlichungen 1951 bis 1982, S. 23 ff.

Schneider, Egon: Beweis und Beweiswürdigung, 4. Auflage, München 1987.

Schnepp, Winfried: Nochmals – Zur Wirkung der nicht angezeigten Lebensversicherungsforderungen, In: VersR 1991, S. 949 ff.

Schulz, Ewald: Rechtsfragen der Versicherungspraxis, 3. Auflage, Rastatt 1977.

Schwampe, Dieter: Überlegungen zu einer Reform der vorvertraglichen Anzeigepflicht im Versicherungsrecht, In: VersR 1984, S. 308 ff.

Schwenker, Christian: Die Vollmacht des Vermittlungsagenten beim Abschluß von Versicherungsverträgen, In: NJW 1992, S. 343 ff.

Schwintowski, Hans Peter: Fallsammlung zum Privatversicherungsrecht, 1. Auflage, Berlin, Heidelberg, New York u.a. 1998.

Siefart, H.: Der Begriff der Erwerbsunfähigkeit auf dem Gebiete des Versicherungswesens, Berlin 1906.

Sieg, Karl: Allgemeines Versicherungsvertragsrecht, 3. Auflage, Wiesbaden 1984.

– Prämienbelegte Zeiträume ohne Versicherungsschutz nach VVG, In: BB 1987, S. 2249 ff.

Soergel, Hs. Th.: Kommentar zum Bürgerlichen Gesetzbuch, Band 2, Allgemeiner Teil 2, §§ 104 – 240, 13. Auflage, Stuttgart, Berlin, Köln, Mainz 1999, Band 2, Schuldrecht I, §§ 241 – 432, 12. Auflage, Stuttgart, Berlin, Köln 1990.

Spranger, Tade Matthias: Prädiktive genetische Tests und genetische Diskriminierung im Versicherungswesen, In: VersR 2000, S. 815 ff.

Staudinger, J. v. (Hrsg.): Kommentar zum Bürgerlichen Gesetzbuch mit Einführungsgesetz und Nebengesetzen, Erstes Buch. Allgemeiner Teil (§§ 164 – 240), Neubearbeitung 2001, Berlin 2001, Einleitung zu §§ 241 ff, §§ 241, 242; Gesetz zur Regelung des Rechts der Allgemeinen Geschäftsbedingungen, 12. Auflage, Berlin 1983, Gesetz zur Regelung des Rechts der Allgemeinen Geschäftsbedingungen (AGBG), 13. Bearbeitung, Berlin 1998.

Stein, Friedrich / *Jonas*, Martin: Kommentar zur Zivilprozessordnung, Band 3 §§ 253 – 299a, 21. Auflage, Tübingen 1997, Band 4/2 §§ 348 – 510 b, 21. Auflage, Tübingen 1999.

Süss, Theodor: Vorvertragliche Anzeigepflicht, insbesondere bei der Krankenversicherung, In: VersR 1952, S. 185 ff.

Taupitz, Jochen: Die „Augen und Ohren" des Versicherers, In: Festschrift für Egon Lorenz zum 60. Geburtstag, Karlsruhe 1994, S. 673 ff.

– Genetische Diagnostik und Versicherungsrecht, Frankfurter Vorträge zum Versicherungswesen, Band 32, Karlruhe 2000.

Teichler, Maximilian: Das zukünftige Vermittlerrecht, In: VersR 2002, S. 385 ff.

Teichmann, Arndt: Venire contra factum proprium – Ein Teilaspekt rechtsmißbräuchlichen Handelns, In: JA 1985, S. 497 ff.

Ulmer, Peter / *Brandner*, Hans Erich / *Hensen*, Horst–Diether / *Schmidt*, Harry: Kommentar zum Gesetz zur Regelung des Rechts der Allgemeinen Geschäftsbedingungen, 9. Auflage, Köln 2000.

Voit (sen.), Wolfgang: Aktuelle Rechtsfragen der Berufsunfähigkeitsversicherung, Münsteraner Reihe; H. 6, Karlsruhe 1990.

– Berufsunfähigkeitsversicherung, München 1994.

– Berufsunfähigkeitsversicherung im Lichte der Rechtsprechung, In: VersR 1990, S. 22 ff.

Waltermann, Raimund: Arglistiges Verschweigen eines Fehlers bei der Einschaltung von Hilfskräften, In: NJW 1993, S. 889 ff.

Wandt, Manfred: Verbraucherinformation und Vertragsschluß nach neuem Recht – Dogmatische Einordnung und praktische Handhabung, Karlsruhe 1995.

Wegmann, Hubertus: Obliegenheiten in der privaten Krankenversicherung, Frankfurt a.M., Berlin, Bern, New York, Paris, Wien 1997.

Wehrenberg, Walter: Die Anzeigepflicht bei der Tagegeldversicherung, In: NJW 1975, S. 816 ff.

Weigel, Michael: Die Vertreterklausel in Antragsformularen, In: MDR 1992, S. 728 ff.

Werber, Manfred: Gedanken zum Einfluß der Praxis auf das Recht der vorläufigen Deckungszusage, In: ZVersWiss 1984, S. 321 ff.

– Von der Unabhängigkeit eines Versicherungsmaklers im „Doppelrechtsverhältnis", In: Beiträge über den Versicherungsmakler, S. 185 ff., Hamburg 1993.

– Zur Begründung und aktuellen Tragweite eines Gleichbehandlungsgebots im Versicherungswesen, In: VW 1981, S. 1378 ff.

– Zur Rechtsstellung des Versicherungsmaklers in heutiger Zeit, In: VW 1988, S. 1159 ff.

Werber, Manfred / *Winter*, Gerrit: Grundzüge des Versicherungsvertragsrechts, Heidelberg 1986.

Westphalen, Friedrich Graf von: AGB – Recht ins BGB – Eine erste Bestandsaufnahme, In: NJW 2002, S. 12 ff.

Weyers, Hans-Leo: Versicherungsvertrag, In: Vertragsschuldverhältnisse (ohne Kaufrecht), S. 429 ff., Frankfurt am Main 1974.

– Versicherungsvertragsrecht, 2. Auflage, Neuwied 1995.

Wiedemann, Herbert: Das Arbeitsverhältnis als Austausch- und Gemeinschaftsverhältnis, Karlsruhe 1966.

Wilmes, Jan: Anmerkung zum Urteil des OLG München v. 13.3.1985, In: VersR 1985, S. 1177 ff.

Wolf, Manfred / *Horn*, Norbert / *Lindacher*, Walter F.: AGB – Gesetz: Gesetz zur Regelung des Rechts der Allgemeinen Geschäftsbedingungen; Kommentar, 4. Auflage, München 1999.

Wrabetz, Wolfram: Der Rücktritt aufgrund Verletzung vorvertraglicher Anzeigepflicht nach § 16 ff. VVG als lex specialis zur Irrtumsanfechtung gemäß § 119 BGB, In: ZfV 1992, S. 147 ff.

Wriede, Paul: Ausschluß „alter Leiden" in der Reisekranken- und Restschuldlebensversicherung, In: VersR 1996, S. 1473 ff.

Einleitung

Die vorvertragliche Anzeigepflicht des Versicherungsnehmers und die Sanktionsmöglichkeiten des Versicherers im Falle ihrer Verletzung sind im Versicherungsrecht von zentraler Bedeutung.

In ihnen kommt das versicherungsrechtliche Grundprinzip, gleiche Risiken zusammenzufassen und das Risiko des Einzelnen von einer Gemeinschaft Gleichgefährdeter tragen zu lassen, zum Ausdruck. Der Versicherer benötigt vor Abschluss eines Versicherungsvertrages für die Einstufung des an ihn herangetragenen Risikos genaue Informationen über dessen Beschaffenheit.

Die vorvertragliche Anzeigepflicht des zukünftigen Versicherungsnehmers dient dazu, dem Versicherer sämtliche Informationen zur Risikoeinschätzung zu liefern. Deckt ein Versicherungsvertrag aufgrund unzureichender oder falscher Informationen des Versicherungsnehmers ein anderes Risiko, als der Versicherer bei Vertragsschluss vorausgesetzt hat, sind dem Versicherer drei Rechte zur Lösung vom Versicherungsvertrag an die Hand gegeben worden. Die angemessene Sanktionierung vorvertraglicher Anzeigepflichtverletzungen ist zugleich Grundlage für die Gewährleistung ihrer ordnungsgemäßen Erfüllung.

Eine besondere Bedeutung hat die vorvertragliche Anzeigepflicht im Rahmen von Personenversicherungen. Zum einen übernimmt der Versicherer hier in der Regel ein nicht unbedeutendes Risiko, das eine umfassende und komplexe Prüfung vor Vertragsschluss erforderlich macht. Zum anderen wird das Versicherungsrisiko nach den gesundheitlichen Verhältnissen der zu versichernden Person eingestuft. Da für den Versicherer eine Beurteilung der gesundheitlichen Konstitution des Versicherungsnehmers allein anhand von äußeren Merkmalen schwer möglich ist, ist er noch mehr als in anderen Versicherungszweigen auf die Mithilfe des Versicherungsnehmers angewiesen.

Aus der Sparte der Personenversicherungen ist die Berufsunfähigkeitsversicherung besonders hervorzuheben. Die Berufsunfähigkeitsversicherung hat in den letzten Jahren erheblich an Bedeutung gewonnen und ihre Sparte zeigt eine überdurchschnittliche Wachstumskurve an Vertragsabschlüssen auf.[1] Ein Grund

[1] s. *Heilmann*, ZfV 2002, 670 (670), der die Berufsunfähigkeitsversicherung als den „Shooting Star" im Neugeschäft der deutschen Assekuranz bezeichnet. Ein Auszug aus den Statistiken des Gesamtverbandes der Deutschen Versicherungswirtschaft e.V. verdeutlicht den Anstieg der Abschlüsse von Berufsunfähigkeitsversicherungen: So betrug die Anzahl der insgesamt vorhandenen Berufsunfähigkeits- und Invaliditätszusatzversicherungen am Ende des Geschäftsjahres 1980 4,6 Mio. Verträge, Ende 1990 8,5 Mio. Verträge, Ende 2000 12,9 Mio. Verträge und Ende 2003 14,7 Mio. Verträge. Die versicherte Summe betrug am Ende des Geschäftsjahres 1980 104 Mrd. Euro, Ende 1990 310 Mrd. Euro, Ende 2000 705 Mrd. Euro und Ende 2003 896 Mrd. Euro. Auch die selbständige Berufsunfähigkeitsversicherung weist

für den kräftigen Anstieg der Berufsunfähigkeitsversicherungen ist in den vor einigen Jahren geänderten Bestimmungen in der Sozialversicherung zu sehen, durch welche die Leistungen bei Berufsunfähigkeit eingeschränkt wurden.[2] Auch die Rentenreform hat den Anstieg weiter unterstützt, da ab dem 1. Januar 2001 die Berufsunfähigkeitsrente mit der Erwerbsunfähigkeitsrente in ein einheitlich abgestuftes System einer Erwerbsminderungsrente überführt wurde, wodurch die Berufsunfähigkeitsrente gänzlich weggefallen ist. Das gesamte Rechtssystem der verminderten Erwerbsfähigkeit hat sich damit zum Nachteil der Anspruchsteller der bisherigen Berufsunfähigkeitsrente verschärft. Ein weiterer Grund dürfte neben dem allgemein schwindenden Vertrauen in die Sozialversicherung die Tatsache sein, dass den meisten Personen in der Bundesrepublik in den letzten Jahren ein – auch relativ zu den Lebenshaltungskosten – gestiegenes Einkommen zur Verfügung stand und deshalb immer mehr Lebensversicherungen einschließlich Berufsunfähigkeitsversicherungen abgeschlossen werden konnten.[3] Insbesondere ist die wachsende Bedeutung der Berufsunfähigkeitsversicherung jedoch darauf zurückführen, dass sie eine zentrale Versicherung für jeden Berufstätigen darstellt, durch die für den Fall des Verlustes der Arbeitsfähigkeit die wirtschaftliche Existenzgrundlage für ihn und seine Familienangehörigen abgesichert wird.[4]
Proportional zum Anstieg der Abschlüsse von Berufsunfähigkeitsversicherungen haben auch die Rechtsstreitigkeiten in dieser Versicherungssparte zugenommen. Die zu ihnen ergangene Rechtsprechung prägt die inhaltliche Fortentwicklung der vorvertraglichen Anzeigepflicht und der Lösungsrechte des Versicherers bei ihrer Verletzung wegweisend. Daher empfahl sich die Berufsunfähigkeitsversicherung als Ausgangspunkt für die Untersuchung.
Die im Rahmen der Untersuchung gewonnenen Erkenntnisse können jedoch auf den gesamten Bereich der Personenversicherungen übertragen werden.

Ziel dieser Arbeit ist es, zu einer Präzisierung der Voraussetzungen der Lösungsrechte des Versicherers bei vorvertraglicher Anzeigepflichtverletzung des Versicherungsnehmers beizutragen, indem gegenwärtige Streitstände dargestellt und analysiert sowie neue Lösungsansätze aufgezeigt werden.

---

seit ihrer Einführung im Jahre 1975 einen starken Bestandszuwachs auf. So wurden bis zum Ende des Geschäftsjahres 1976 8000 Verträge, bis Ende 1990 150000 Verträge, bis Ende 2000 615000 Verträge und bis Ende 2003 1485000 Verträge abgeschlossen. Die versicherte Summe betrug Ende 1976 395 Mio. Euro, Ende 1990 10.866 Mio. Euro und Ende 2000 68.146 Mio. Euro und Ende 2003 169.662 Mio. Euro.

[2] *Herde* in VerBAV 1990, 453 (453).

[3] *Herde* in VerBAV 1990, 453 (453).

[4] vgl. auch *Heilmann*, ZfV 2002, 670 (671).

Nach einem einführenden Kapitel über die vorvertragliche Anzeigepflicht und die Berufsunfähigkeitsversicherung folgt im zweiten Kapitel eine Darstellung des Inhalts und des Umfangs der vorvertraglichen Anzeigepflicht. Diese Darstellung ist Grundlage für die spätere Prüfung, ob eine Verletzung der vorvertraglichen Anzeigepflicht des Antragstellers vorliegt, die dem Versicherer als Sanktionsmöglichkeit die Lösung vom Versicherungsvertrag an die Hand gibt. Kernstück der Arbeit ist das dritte Kapitel. In ihm werden die drei bei Verletzung der vorvertraglichen Anzeigepflicht in Betracht kommenden Rechte des Versicherers zur Lösung vom Vertrag, nämlich das Recht zum Rücktritt wegen Verletzung der vorvertraglichen Anzeigepflicht (§§ 16 – 21 VVG), das Recht zur Anfechtung wegen arglistiger Täuschung über Gefahrumstände nach allgemeinem Zivilrecht (§ 22 VVG i.V.m. § 123 BGB) und das Recht zur Kündigung (§ 41 Abs. 2 VVG), eingehend analysiert.

Auf mögliche Änderungen der gesetzlichen Regelungen und ihre Auswirkungen auf die derzeitige Rechtslage durch die kurz vor dem Abschluss stehende Reform[5] des Versicherungsvertragsgesetzes wird durch eine kurze Darstellung der Reformvorschläge, welche die zu diesem Zwecke eingesetzte Kommission am 19. April 2004 in einem Abschlussbericht[6] vorgelegt hat, in dem jeweiligen Zusammenhang mit der betroffenen Regelung hingewiesen.

---

[5] Im Juni 2000 hatte das Bundesministerium der Justiz eine Expertenkommission zum Zwecke der Erarbeitung von Reformvorschlägen für das Versicherungsvertragsrecht eingesetzt. Aufgabe der Kommission war es, das Versicherungsvertragsrecht in seinen allgemeinen Bestimmungen wie auch das Vertragsrecht der einzelnen Versicherungszweige unter Berücksichtigung der Ergebnisse der Rechtsprechung und der Vertragspraxis zeitgemäß und übersichtlich zu gestalten.

[6] Der Abschlussbericht ist auf der Internetseite des Bundesministeriums der Justiz (http://www.bmj.de) veröffentlicht.

1. Kapitel: Einführung

A. Die vorvertragliche Anzeigepflicht

I. Die vorvertragliche Anzeigepflicht als versicherungsrechtliche Besonderheit

Die vorvertragliche Anzeigepflicht ist eine versicherungsrechtliche Besonderheit, denn es handelt sich bei ihr um eine Pflicht des Versicherungsnehmers gegenüber dem Versicherer, die bereits vor Abschluss und nur bis zum Zustandekommen des Versicherungsvertrages zu erfüllen ist. Sie statuiert die Pflicht des künftigen Versicherungsnehmers, dem Versicherer bei Vertragsschluss alle ihm bekannten Umstände anzuzeigen, welche für die Übernahme der Gefahr erheblich sind.[7]

Die vorvertragliche Anzeigepflicht ist im Grundprinzip des Versicherungsrechts begründet, nämlich gleiche Risiken zusammenzufassen und das Risiko des einzelnen von einer Gemeinschaft Gleichgefährdeter tragen zu lassen.[8] Zur Umsetzung des versicherungsrechtlichen Grundprinzips muss der Versicherer jeden Versicherungsnehmer entsprechend seines Einzelrisikos im Verhältnis zum Gesamtrisiko mit Prämien belasten; eine Fehleinschätzung des Einzelrisikos geht zu Lasten der Gesamtheit der Versicherungsnehmer.[9] Die Leistung aus dem Versicherungsvertrag und die Gegenleistung des Versicherungsnehmers sind so ins Verhältnis zueinander zu setzen, dass sie sich in einem Gleichgewicht befinden.[10] Um das sich aus der von Fall zu Fall variierenden Gefahrenlage ergebende Einzelrisiko mit der Versicherungsleistung in ein ausgewogenes Verhältnis zu bringen, wird die von dem Versicherungsnehmer zu erbringende Gegenleistung – die Prämie – nach der konkret bestehenden Gefahrenlage gestuft.

---

[7] Bei der vorvertraglichen Gefahranzeige handelt es sich um eine Tatsachenmitteilung, die keine Willenserklärung, sondern eine Wissensäußerung ist.

[8] vgl. *Voit (jun.)* in BK zum VVG, § 16 Rdn. 1; *Deutsch*, Versicherungsvertragsrecht, Rdn. 8.

[9] in diesem Sinne auch *Winter* in Bruck/Möller/Winter, VVG, Anm. F 7.

[10] Die Gebotenheit einer objektiv äquivalenten Prämiengestaltung im Privatversicherungsrecht ist nicht unumstritten. Sie wird bejaht von *Hax*, Wesen, Bedeutung und Gliederung der Versicherung, S. 51, *Mohr*, VersR 1975, 1069 (1070, 1071), *Taupitz*, Genetische Diagnostik und Versicherungsrecht, S. 9, *Prölss* in Prölss/Martin, VVG, Vorb. II 2, *Hagelschuer*, Lebensversicherung, S. 70 und *Keinert*, Vorvertragliche Anzeigepflicht, S. 19; sie wird verneint von *Dreher*, Die Versicherung als Rechtsprodukt, S. 127-133, ders., ZVersWiss 1996, 499 (507, 508), der aber aus dem Versicherungsmechanismus in Verbindung mit dem Wettbewerb eine Angemessenheit von Leistung und Gegenleistung im Sinne einer bloßen subjektiven Äquivalenz anerkennt; sie wird differenzierend beurteilt von *Werber*, VW 1981, 1378 (1382).

Grundlage der Prämienkalkulation ist eine vor Abschluss des Versicherungsvertrages durchzuführende Prüfung des zu versichernden Risikos in der Form, wie es vor Abschluss des Vertrages vorliegt.[11] Zur Durchführung der Risikoprüfung und einer angemessenen Klassifizierung des Risikos ist für den Versicherer die genaue Kenntnis der Beschaffenheit des zu versichernden Risikos wichtig. Diese ergibt sich jedoch nicht nur aus der dem Versicherer ohne weiteres erkennbaren äußeren Beschaffenheit des Risikos, sondern auch aus Umständen, die zunächst allenfalls dem Versicherungsnehmer bekannt sein können. Der Versicherer kann daher genaue Kenntnis aller für die Beschaffenheit des zu versichernden Risikos maßgeblichen Umstände regelmäßig nur vom Versicherungsnehmer selbst erhalten, so dass den Angaben des Versicherungsnehmers vor Vertragsschluss entscheidende Bedeutung für das gesamte Versicherungsverhältnis zukommt.
Die vorvertragliche Anzeigepflicht zielt daher durch die Verpflichtung zur Angabe aller für die Übernahme der Gefahr bzw. des Risikos erheblichen Umstände darauf ab, dem Versicherer sämtliche Informationen zu liefern, die er für die – Grundlage und Ausgangspunkt des gesamten Vertrages bildende – Beurteilung und Einstufung des von ihm zu übernehmenden Risikos benötigt.

Die Rechtsnatur der vorvertraglichen Anzeigepflicht ist umstritten. Hierbei werden im wesentlichen zwei Meinungen vertreten.
Die Vertreter der sog. Verbindlichkeitstheorie[12] sehen sie als echte Rechtspflicht an, deren Erfüllung einklagbar sei und deren Nichterfüllung oder Verletzung einen Schadensersatzanspruch auslöse, soweit ein Rechtsschutzinteresse des Versicherers gegeben sei.

---

[11] vgl. *Voit (jun.)* in BK zum VVG, § 16 Rdn. 1; *Taupitz*, Genetische Diagnostik und Versicherungsrecht, S. 9.

[12] *Gottschalk*, JW 1927, 147 (147, 148); *Kalka*, Die Nebenpflichten im Lebensversicherungsvertrag, S. 83-89; Eichler, Versicherungsrecht, S. 177; *v. Gierke*, Versicherungsrecht 2. Hälfte, S. 150 in Zusammenschau mit S. 154; Falke, Die vorvertragliche Anzeigepflicht unter besonderer Berücksichtigung der Haftpflichtversicherung, S. 9-15; *Künneth*, Die Anzeigepflicht des Versicherungsnehmers, S. 119-121; *Weyers*, Versicherungsvertragsrecht, Rdn. 320; *Richter*, Privatversicherungsrecht, S. 148; *Winter* in Bruck/Möller/Winter, VVG, Anm. F 2; mit Einschränkung *Ehrenzweig*, Versicherungsvertragsrecht, S. 145 i.V.m. 181-183, der von der Auferlegung einer „Anzeigepflicht" spricht und die Zulässigkeit eines Schadensersatzanspruchs des Versicherers bei Verletzung der vorvertraglichen Anzeigepflicht durch den Versicherungsnehmer erklärt, aber einen Erfüllungszwang hinsichtlich der Anzeigepflicht mangels Rechtsschutzinteresses auf Seiten des Versicherers ausschließt.

Der überwiegende Teil der Rechtsprechung[13] und der Literatur[14] vertreten die sog. Voraussetzungstheorie. Sie sind der Auffassung, dass es sich bei der vorvertraglichen Anzeigepflicht um eine einseitige Voraussetzung für die Geltendmachung des dem Versicherer aus dem Versicherungsvertrag zustehenden Anspruchs gegen den Versicherer handele. Diese sei als sekundäre Pflicht nicht erzwingbar und löse auch keinen Schadensersatzanspruch aus.
Eine Auseinandersetzung[15] mit den Theorien über die Rechtsnatur der vorvertraglichen Anzeigepflicht ist an dieser Stelle nicht erforderlich, da es in der vorliegenden Arbeit um die Darstellung der einseitigen Gestaltungsrechte des Rücktritts, der Arglistanfechtung und der Kündigung geht und der auf der Ebene der Sekundäransprüche bedeutsame Unterschied zwischen den widerstreitenden Theorien hier nicht zum Tragen kommt.
Die vorvertragliche Anzeigepflicht wird im folgenden – wie auch im VVG in der Überschrift zu den §§ 16 ff. VVG – als „Anzeigepflicht" bezeichnet.

Die vorvertragliche Anzeigepflicht ist in den §§ 16 Abs. 1 S. 1 und 17 Abs. 1 VVG geregelt. Die Vorschriften haben zwingenden Charakter und können nicht zu Lasten des Versicherungsnehmers geändert werden.[16]

II. Der besondere Stellenwert der vorvertraglichen Anzeigepflicht und ihre Ausgestaltung im Rahmen von Personenversicherungen

Besondere Bedeutung kommt der vorvertraglichen Anzeigepflicht im Rahmen von Personenversicherungen zu, da dort das Versicherungsrisiko nach den jeweiligen physischen Verhältnissen des Versicherten eingestuft wird. Das individuelle Risiko hängt also vornehmlich von der gesundheitlichen Konstitution der

---

[13] RGZ 58, 324 (326); RGZ 62, 190 (192); RGZ 133, 117 (122); BGHZ 24, 378 (382); BGH, VersR 1959, 533 (533); BGH, VersR 1967, 27 (29); OLG Hamburg, VersR 1958, 777 (778); OLG Hamm, VersR 1970, 319 (320) ; OLG Nürnberg, VersR 1979, 561 (562).

[14] *Bruck*, Privatversicherungsrecht, S. 282-284; der., ZVersWiss 1926, 180 (191-194); Bruck/*Möller*, VVG, § 6 Anm. 9; *Gruneke*, Versicherte Gefahr und Anzeigepflicht in der privaten Krankenversicherung, S. 97; *Hübner*, VersR 1978, 981 (981).
Der Voraussetzungstheorie kann im Rahmen dieser Darstellung auch die sog. vermittelnde Theorie, die von *Oberbach*, AVB für die Haftpflichtversicherung, BD. II, S. 42 und *Weyers*, Vertragsschuldverhältnisse, S. 460, vgl. auch LG Köln, VersR 1964, 398 (398) vertreten wird, und die sog. Rechtszwangtheorie, die von *Schmidt*, Die Obliegenheiten, S. 312-321, entwickelt worden ist, untergeordnet werden.

[15] Ausführung des Streits bei *Röhr*, Die vorvertragliche Anzeigepflicht, S. 7-14.

[16] s. § 34 a S. 1 VVG, dessen Regelung die Vorschriften über die vorvertragliche Anzeigepflicht (§§ 16 - 22) unabdingbar gestaltet, soweit sie zum Nachteil des Versicherungsnehmers geändert werden sollen.

zu versichernden Person ab. Sie ist Gegenstand der Risikoprüfung des Versicherers. In den Personenversicherungen steht daher traditionell eine medizinische Risikoprüfung im Vordergrund, in welcher der Versicherer feststellt, ob in den gesundheitlichen Verhältnissen des Antragstellers Abweichungen von der Norm vorliegen, d.h. von dem Durchschnitt der Personen, die für die Berechnung der in besonderen Statistiken[17] zusammengestellten Werte repräsentativ sind.[18] Da dem Versicherer die Beurteilung der gesundheitlichen Konstitution des Antragstellers anhand der ihm allein zugänglichen äußeren Merkmale schwer möglich ist, ist er bei Personenversicherungen noch mehr als in anderen Versicherungszweigen auf die Erfüllung der vorvertraglichen Anzeigepflicht durch den zukünftigen Versicherungsnehmer angewiesen. Denn der Versicherungsnehmer hat im Rahmen der vorvertraglichen Anzeigepflicht seine gesundheitlichen Verhältnisse offenzulegen.

Die Versicherer gestalten die vorvertragliche Anzeigepflicht des Versicherungsnehmers im Rahmen von Personenversicherungen in der Regel durch den Entwurf von Fragen aus, in denen sie die in ihren Augen für die Risikoprüfung relevanten gesundheitlichen Verhältnisse des zukünftigen Versicherungsnehmers erforschen. Die Fragen sind in einem Fragenkatalog zusammengefasst, der zumeist in das Formular des Versicherungsantrages integriert ist. Zuweilen verlangen die Versicherungsunternehmen in Ergänzung der vorvertraglichen Anzeigepflicht auch die Erstellung eines ärztlichen Zeugnisses über den Gesundheitszustand des zukünftigen Versicherungsnehmers.[19]

III. Rechtliche Grundlage der vorvertraglichen Anzeigepflicht

Über die Rechtsgrundlage und die dogmatische Einordnung der vorvertraglichen Anzeigepflicht werden unterschiedliche Ansichten vertreten.
Nach Auffassung einiger Vertreter[20] in der Literatur hat die vorvertragliche Anzeigepflicht ihre rechtliche Grundlage im Versicherungsvertrag. Denn ohne den

[17] In der Lebensversicherung existieren z.B. sog. Absterbeordnungen. In den sog. Absterbeordnungen, kurz auch Sterbetafeln genannte, ist das altersabhängige Risiko statistisch erfasst; sie geben Auskunft über die Sterbenswahrscheinlichkeit für jedes Lebensalter und die zugehörige mittlere Lebenserwartung.

[18] vgl. *Freytag*, VW 1973, 70 (70).

[19] insbesondere bei Vereinbarung von hohen Versicherungssummen.

[20] *Möller*, DÖV 1934, 81 (84), der diese Auffassung jedoch nicht mehr aufrecht erhält (s. *Bruck/Möller*, VVG, § 6 Anm. 17, § 16 Anm. 5); *Hagen* in *Ehrenberg*, Handbuch des gesamten Handelsrechts, Bd. 8. I. Teil, S. 400; *Röhr*, Die vorvertragliche Anzeigepflicht, S. 22-54; ders., VW 1981, 114 (114).

Versicherungsvertrag könne die bei Verletzung der Anzeigepflicht vereinbarte Rechtsfolge nicht eintreten.

Die herrschende Meinung[21] in der Literatur und der BGH[22] sehen die rechtliche Grundlage der vorvertraglichen Anzeigepflicht im Versicherungsvertragsgesetz (VVG). Da die vorvertragliche Anzeigepflicht beim Abschluss eines Vertrages zu erfüllen sei, könne ihre rechtliche Grundlage nicht der Versicherungsvertrag sein, der erst nach der Erstattung der Anzeige abgeschlossen werde.[23]

Der herrschenden Meinung ist beizupflichten. Der Versicherungsvertrag, der erst abgeschlossen werden soll, kann als Grundlage für die Verpflichtung des Versicherungsnehmers, dem Versicherer für die Beurteilung des Risikos erhebliche Umstände mitzuteilen, nicht in Betracht kommen. Eine Regelung der vorvertragliche Anzeigepflicht kann daher zwar im Versicherungsvertrag aufgenommen werden – wie dies regelmäßig der Fall ist[24] –, die Rechtsgrundlage ergibt sich jedoch allein aus ihrer Regelung im VVG.

---

[21] *Bruck/Möller*, VVG, § 6 VVG, Anm. 17, § 16 Anm. 5; *Kisch*, Handbuch des Privatversicherungsrechts, S. 176; *Winter* in Bruck/Möller/Winter, VVG, Anm. F 19; *Bruck/Dörstling*, Das Recht des Lebensversicherungsvertrages, § 8 Anm. 4; *Schmidt*, Die Obliegenheiten, S. 137; *Künneth*, Die Anzeigepflicht des Versicherungsnehmers, S. 120; *Wegmann*, Obliegenheiten in der privaten Krankenversicherung, S. 95; *Gruneke*, Versicherte Gefahr und Anzeigepflicht in der privaten Krankenversicherung, S. 96; *Richter*, Privatversicherungsrecht, S. 150; *Goll*, Handbuch der Lebensversicherung, 6.1.1..

[22] BGH, VersR 1968, 293 (293 LS).

[23] s. nur *Bruck/Dörstling*, Das Recht des Lebensversicherungsvertrages, § 8 Anm. 4.

[24] s. in der Berufsunfähigkeitszusatzversicherung in § 9 Abs. 10 BUZ i.V.m. § 7 ALB und in der Berufunfähigkeitsversicherung in § 9 BUV.

B. Die Berufsunfähigkeitsversicherung

Die Berufsunfähigkeitsversicherung dient der eigenverantwortlichen Absicherung des Risikos, infolge einer Berufsunfähigkeit möglicherweise einen sozialen Abstieg im Arbeitsleben und in der Gesellschaft zu erleiden.[25]
Der Berufsunfähigkeitsversicherer gewährt dem Versicherungsnehmer gegen Zahlung eines Entgelts Versicherungsschutz gegen die mit der Berufsunfähigkeit einhergehenden Einkommenseinbußen, indem sich der Versicherer verpflichtet, für diesen Fall eine Entschädigung in Form der vereinbarten Versicherungsleistung zu erbringen.[26]

I. Historische Entwicklung der Berufsunfähigkeitsversicherung

Als Vorläufer des heutigen Versicherungsschutzes gegen Berufsunfähigkeit werden private Unterstützungskassen für Bergleute, die in Deutschland bis in das 14. Jahrhundert zurückverfolgt werden können, angesehen.[27] Im 18. Jahrhundert wurde der geschützte Personenkreis durch Zunftkassen und Unterstützungsvereine erweitert und erstreckte sich seitdem auch auf kaufmännische Berufe.[28] Im 19. Jahrhundert waren die abhängig Beschäftigten aufgrund des „Gesetzes betreffend die Verbindlichkeit zum Schadensersatz für die beim Betrieb von Eisenbahnen, Bergwerken, Fabriken, Steinbrüchen und Gräbereien herbeigeführten Tötungen und Verletzungen" vom 7. Juni 1871 (sog. Reichshaftpflichtgesetz) zunächst vielfach über eine von ihrem Arbeitgeber abgeschlossene private Unfallversicherung versichert.[29] Dieses Verfahren, durch welches den Arbeitern Schutz bei Betriebsunfällen zuteil werden sollte, verlor jedoch mit Inkrafttreten der Sozialgesetzgebung von Bismarck seine Bedeutung.[30] Die Bismarck`sche Sozialgesetzgebung regelte mit Gesetz vom 15. Juni 1883[31] die Krankenversicherung der Arbeiter, mit Gesetz vom 6. Juli 1884[32] die Unfallversicherung und mit Gesetz vom 22. Juni 1889[33] die Invaliditäts- und Altersversicherung[34]. Bezüglich der nun gesetzlich geregelten Versicherung von

[25] vgl. *Terbille* in van Bühren, Handbuch des Versicherungsrechts, § 14 Rdn. 2.
[26] vgl. *Terbille* in van Bühren, Handbuch des Versicherungsrechts, § 14 Rdn. 2.
[27] *Benkel/Hirschberg*, ALB- und BUZ-Kommentar, vor § 1 BUZ Rdn. 1.
[28] *Benkel/Hirschberg*, ALB- und BUZ-Kommentar, vor § 1 BUZ Rdn. 1.
[29] vgl. *Richter*, Berufsunfähigkeitsversicherung, S. 34.
[30] vgl. *Siefart*, Erwerbsunfähigkeit im Versicherungswesen, S. 9 ff..
[31] RGBl 1883, S. 73-104.
[32] RGBl 1884, S. 69-112.
[33] RGBl 1889, S. 97-144.
[34] Das Gesetz betreffend Invaliditäts- und Altersversicherung ist damit die erste gesetzliche Regelung des Invaliditätsrisikos.

Krankheit, Unfall, Invalidität und Alter führte die Bismarck`sche Sozialgesetzgebung zugleich aber auch den Versicherungszwang für die Arbeiter und einen Teil der Angestellten ein.[35] Das neu geschaffene Sozialversicherungssystem gab privaten Versicherungsunternehmen den Anstoß, ebenfalls eine Invaliditätsversicherung, und zwar als Zusatzversicherung zu einem Lebensversicherungsvertrag, anzubieten.[36] Sie wollten dabei insbesondere die der Zwangsversicherung nicht unterliegenden Personen, also Versicherungsnehmer, die wirtschaftlich und sozial höher standen, ansprechen, was sie insbesondere durch die Verknüpfung mit einem durch hohe Beiträge ausgezeichneten Lebensversicherungsvertrag als Hauptvertrag bezweckten.[37] Während noch im Jahre 1880 nur eine einzige deutsche Lebensversicherungsanstalt die Invaliditätszusatzversicherung anbot, hatten im folgenden Vierteljahrhundert bereits etwa zwei Drittel der deutschen privaten Lebensversicherungsunternehmen die Invaliditätsversicherung in ihr Angebot aufgenommen.[38]
Die Versicherungsbedingungen der einzelnen Lebensversicherungsunternehmen unterschieden sich anfangs erheblich. Im Jahre 1936 veröffentlichte das Reichsaufsichtsamt für das Versicherungswesen erstmals Musterbedingungen für die Invaliditätszusatzversicherung.[39] Dies führte allerdings keineswegs dazu, dass sich die Versicherer untereinander sogleich um eine inhaltlich harmonisierte Fassung ihrer Bedingungswerke bemühten.[40]
Das Bundesaufsichtsamt für das Versicherungswesen (BAV) erarbeitete schließlich eine Neufassung der Musterbedingungen, welche es im Jahre 1964 veröffentlichte.[41] In ihnen war der Begriff „Invalidität" durch „Berufsunfähigkeit" ersetzt, da der Begriff „Invalidität" in den damaligen Versicherungsbedingungen mit einem abweichenden Inhalt verwendet worden war und nun allein der Unfallversicherung vorbehalten sein sollte.[42] Ziel dieser Neufassung war es insbesondere, den mittlerweile etablierten Versicherungszweig der Invaliditätszusatzversicherung dem übrigen Personenversicherungsrecht anzupassen, indem eine Angleichung des Aufbaus der neuen Bedingungen an die der Unfallzusatzversicherung stattfand.[43]

---

[35] vgl. *Richter*, Berufsunfähigkeitsversicherung, S. 34.
[36] vgl. *Siefart*, Erwerbsunfähigkeit im Versicherungswesen, S. 9 ff..
[37] vgl. *Siefart*, Erwerbsunfähigkeit im Versicherungswesen, S. 10.
[38] vgl. *Richter*, Berufsunfähigkeitsversicherung, S. 34; *Heilmann*, ZfV 2002, 670 (670).
[39] VA 1936, 59-63.
[40] vgl. *Richter*, Berufsunfähigkeitsversicherung, S. 35.
[41] s. VerBAV 1964, 34-36.
[42] vgl. *Carus*, VW 1964, 475 (475).
[43] *Benkel/Hirschberg*, ALB- und BUZ-Kommentar, vor § 1 BUZ Rdn. 11; *Richter*, Berufsunfähigkeitsversicherung, S. 35.

Im Jahre 1970 wurden die Musterbedingungen vom BAV erneut überarbeitet,[44] wobei es sich im wesentlichen um redaktionelle Änderungen, welche sich auch auf die Definition der Berufsunfähigkeit erstreckten, handelte.
Im Jahr 1971 hat sich der Verband der Lebensversicherungsunternehmen und das BAV dann erstmals mit den Voraussetzungen für die Einführung der Berufsunfähigkeitsversicherung als selbständige Versicherung befasst, deren Abschluss unabhängig davon erfolgen sollte, ob noch eine weitere Lebensversicherung für den Versicherten bestand. Die ersten Musterbedingungen für eine selbständige Berufsunfähigkeitsversicherung wurden im Jahre 1974 veröffentlicht.[45]
Eine weitere Neufassung der Musterbedingungen für die Berufsunfähigkeitszusatzversicherung durch das BAV erfolgte im Jahre 1975,[46] wobei erstmals – durch die Einführung des Gesetzes zur Verbesserung der betrieblichen Altersvorsorge angeregt – das Fortbestehen des Versicherungsschutzes geregelt wurde, wenn der Versicherte während der Vertragsdauer aus dem Berufsleben ausscheidet.
Anfang 1984 wurden die als Alternative zu den herkömmlichen Musterbedingungen konzipierten „Verbraucherfreundlichen Bedingungen für die Berufsunfähigkeitszusatzversicherung" veröffentlicht.[47] Dies bedingte eine Neufassung sowohl der Musterbedingungen für die Berufsunfähigkeitszusatzversicherung als auch der Musterbedingungen für die Berufsunfähigkeitsversicherung, welche die in den „Verbraucherfreundlichen Bedingungen" enthaltenen materiellen Änderungen berücksichtigte, und eine Veröffentlichung der neuen Fassung noch im selben Jahr.[48]
Im Jahr 1990 sind die „Verbraucherfreundlichen Bedingungen" ganz an die Stelle der herkömmlichen Musterbedingungen getreten.[49]
Durch das Dritte Durchführungsgesetz / EWG zum Versicherungsaufsichtsgesetz (VAG) vom 21.7.1994 entfiel die Genehmigungspflicht „Allgemeiner Versicherungsbedingungen" durch das BAV. Die Versicherer können ihre Bedingungen nun weitgehend autonom gestalten.
Um die Einheitlichkeit der in der Berufsunfähigkeitsversicherung verwendeten „Allgemeinen Versicherungsbedingungen" einigermaßen zu erhalten, hat es sich der Gesamtverband der Deutschen Versicherungswirtschaft e.V. (GDV) zur Aufgabe gemacht, Empfehlungen für die Ausgestaltung der Versicherungsbe-

---

[44] s. VerBAV 1970, 210-212.
[45] s. VerBAV 1974, 351-356.
[46] s. VerBAV 1975, 2-5 i.V.m. 102.
[47] s. VerBAV 1984, 2-6.
[48] s. VerBAV 1984, 152-156 u. 383-389.
[49] s. VerBAV 1990, 347-350 u. 472-478.

dingungen in Form von Musterbedingungen auszusprechen, die von den Versicherern weitgehend übernommen werden.

II. Erscheinungsformen der Berufsunfähigkeitsversicherung

Die Berufsunfähigkeitsversicherung wird derzeit in Deutschland nur von Lebensversicherern angeboten.[50] Sie bieten die Absicherung des Berufsunfähigkeitsrisikos dabei in zwei Grundformen an, zum einen als unselbständige Zusatzversicherung zu einer Hauptversicherung, die Berufsunfähigkeitszusatzversicherung (BUZ), und zum anderen als eigenständige Versicherung, die Berufsunfähigkeitsversicherung (BUV).

1. Berufsunfähigkeitszusatzversicherung und Lebensversicherung

Die Berufsunfähigkeitszusatzversicherung wird von den Versicherungsunternehmen in verschiedenen Varianten angeboten, wobei sie in den meisten Varianten mit einer Lebensversicherung kombiniert ist.
Die bekannteste Variante der Kombination von Berufsunfähigkeitszusatzversicherung und Lebensversicherung ist der Abschluss einer Berufsunfähigkeitsversicherung als Zusatzversicherung zu einer Kapitallebensversicherung. Bei Berufsunfähigkeit erhält der Versicherungsnehmer die vereinbarte Rente und wird bei Eintritt des Versicherungsfalles von der Prämienzahlungspflicht in bezug auf die Lebensversicherung frei.[51]
Eine andere Variante ist die Kombination einer Risikolebensversicherung mit einer Berufsunfähigkeitszusatzversicherung. Bei Eintritt der vorzeitigen Berufsunfähigkeit wird die vereinbarte Berufsunfähigkeitsrente fällig.[52]

Als weitere Variante bieten manche Versicherungsunternehmen eine Berufsunfähigkeitszusatzversicherung auch im Zusammenhang mit einer Renten- oder mit einer Unfallversicherung an.

---

[50] Dies hat historische und aufsichtsrechtliche Gründe. Die als Vorläufer der heutigen Berufsunfähigkeitsversicherung anzusehende private Invaliditätsversicherung wurde als Zusatzversicherung zu einem Lebensversicherungsvertrag und dementsprechend von Lebensversicherungsunternehmen angeboten (s. die Ausführungen zur historischen Entwicklung der Berufsunfähigkeitsversicherung). Das BAV entnahm den Regelungen des VAG, dass die Berufsunfähigkeitsversicherung der Lebensversicherung zuzurechnen sei (BGH, VersR 1988, 1233 (1233, 1234)).
[51] vgl. *Geuking*, Das Nachprüfungsverfahren in der Berufsunfähigkeitsversicherung, S. 4; *Neuhaus* in ZAP Fach 10, 137 (139, 140).
[52] *Neuhaus* in ZAP Fach 10, 137 (140).

Bei der Kombination mit einer Rentenversicherung wird wie in der Kombination mit einer Risikolebensversicherung die vereinbarte Berufsunfähigkeitsrente mit Eintritt der vorzeitigen Berufsunfähigkeit fällig.[53] Bei der Variante der Kombination mit einer Unfallversicherung wird die Berufsunfähigkeitsrente nur dann fällig, wenn die Berufsunfähigkeit ausschließlich durch einen Unfall herbeigeführt wird.[54]

2. Berufsunfähigkeitsversicherung

Die selbständige Berufsunfähigkeitsversicherung bietet als Leistung im Falle einer Berufsunfähigkeit die Zahlung einer Rente und die Beitragsfreistellung des Vertrages.[55]

III. Rechtscharakter der Berufsunfähigkeitsversicherung

1. Die Berufsunfähigkeitsversicherung als Personen- und Summenversicherung

Die Berufsunfähigkeitsversicherung ist eine Personenversicherung im Sinne des § 1 Abs. 1 VVG, da die Leistungspflicht des Versicherers unmittelbar mit einem in der Person des Versicherten liegenden Ereignis, nämlich der Berufsunfähigkeit, verknüpft ist, und der Versicherer verpflichtet ist, nach dem Eintritt des Versicherungsfalles den vereinbarten Betrag an Kapital oder Rente zu zahlen oder die sonst vereinbarte Leistung zu bewirken.[56]
Bei der Berufsunfähigkeitsversicherung ersetzt der Versicherer bei Eintritt des Versicherungsfalles nicht die Einkommenseinbuße, sondern er erbringt die im Voraus vertraglich vereinbarte Leistung unabhängig von der Frage, ob auf Seiten des Versicherten durch die Berufsunfähigkeit eine Einkommenseinbuße eintritt oder nicht.[57] Die Berufsunfähigkeitsversicherung ist deshalb in ihrer heutigen Ausgestaltung eine Summenversicherung.[58]

---

[53] *Neuhaus* in ZAP Fach 10, 137 (140).
[54] *Neuhaus* in ZAP Fach 10, 137 (140).
[55] vgl. *Geuking*, Das Nachprüfungsverfahren in der Berufsunfähigkeitsversicherung, S. 5; vgl. auch *Kurzendörfer*, Lebensversicherung, 1.3.5.1.; *Neuhaus* in ZAP Fach 10, 137 ff, 139.
[56] *Terbille* in van Bühren, Handbuch des Versicherungsrechts, § 14 Rdn. 4; *Voit (sen.)*, Berufsunfähigkeitsversicherung, Rdn. 12; *Oster*, Private Berufsunfähigkeitszusatzversicherung, S. 42; *Bruck/Möller*, VVG, § 1 Anm. 26; *Voit (sen.)* in Prölss/Martin, VVG, Vorb. zu BUZ Rdn. 3.
[57] vgl. nur *Voit (sen.)*, Berufsunfähigkeitsversicherung, Rdn. 11.
[58] vgl. *Terbille* in van Bühren, Handbuch des Versicherungsrechts, § 14 Rdn. 3; *Voit (sen.)*, Berufsunfähigkeitsversicherung, Rdn. 12; *Voit (sen.)* in Prölss/Martin, VVG, Vorb. zu BUZ

Sie kann jedoch ebenso als Schadensversicherung betrieben werden, wenn sich der Versicherer verpflichtet hat, dem Versicherten den aus der Berufsunfähigkeit resultierenden Schaden zu ersetzen.[59]

2. Rechtliche Grundlagen der Berufsunfähigkeitsversicherung

a. Gesetzliche Grundlagen

Die Berufsunfähigkeitsversicherung hat im Versicherungsvertragsgesetz bisher keine eigenständige Regelung erfahren.[60]
Die §§ 1 – 48 VVG, die für sämtliche Versicherungszweige gelten, sind jedoch grundsätzlich auf die Berufsunfähigkeitsversicherung anwendbar.
Der BGH[61] und ein Großteil der Literatur[62] rechnen sowohl die selbständige als auch die unselbständige Berufsunfähigkeitsversicherung der Lebensversicherung zu. Die Zugehörigkeit der Berufsunfähigkeitsversicherung zur Lebensversicherung haben nun die EG–Richtlinien zur Lebensversicherung bestätigt.[63] Rechtliche Regelungen, die für die Lebensversicherung gelten, haben dementsprechend auch für die Berufsunfähigkeitsversicherung Geltung, soweit die Regelungen eine solche Geltung zulassen und die Besonderheiten der Berufsunfähigkeitsversicherung dem nicht entgegenstehen.[64] Im übrigen finden die allgemeinen Regeln des Bürgerlichen Gesetzbuches (BGB) Anwendung.

Rdn. 2; *Richter*, Berufsunfähigkeitsversicherung, S. 69; *Oster*, Private Berufsunfähigkeitszusatzversicherung, S. 43.

[59] *Benkel/Hirschberg*, ALB- und BUZ-Kommentar, vor § 1 BUZ Rdn. 3; *Voit, (sen.)*, Berufsunfähigkeitsversicherung, Rdn. 12.

[60] Die Berufsunfähigkeitsversicherung gab es in einer grundsätzlich anzuerkennenden Form erst im Jahr 1936, so dass sie im VVG vom 30.5.1908 (RGBl. 1908, 263-307) keine Berücksichtigung fand. Die Kommission zur Reform des Versicherungsvertragsrechts möchte diesen Missstand jedoch nun beheben und hat eine Kodifizierung der Berufsunfähigkeitsversicherung vorgeschlagen.

[61] BGH, VersR 1988, 1233 (1234); BGH, VersR 1991, 289 (291).

[62] *Benkel/Hirschberg*, ALB- und BUZ-Kommentar, § 1 BUZ Rdn. 37; *Winter* in Bruck/Möller/Winter, VVG, Anm. B 52; *Voit (sen.)* in Prölss/Martin, VVG, Vorb. zu BUZ Rdn. 3; *Oster*, Private Berufsunfähigkeitszusatzversicherung, S. 42; anders *Richter*, Berufsunfähigkeitsversicherung, S. 62-67, der die Berufsunfähigkeitsversicherung der Lebensversicherung nur zuordnet; vgl. zu dieser Frage insbesondere *Voit*, VersR 1990, 22 (22, 23).

[63] vgl. Art. 3 Z 1 c) 1. Richtlinie Lebensversicherung, in der es heißt „...die von den Lebensversicherungsunternehmen betriebenen Zusatzversicherungen zur Lebensversicherung, d.h. insbesondere die Versicherung gegen Körperverletzung einschließlich Berufsunfähigkeit...".

[64] vgl. BGH, VersR 1991, 289 (291).

b. Vertragliche Grundlagen

Da der Versicherungsschutz für die Berufsunfähigkeitsversicherung im bisherigen VVG nicht definiert ist, bleibt es den Vertragspartnern überlassen, durch vertragliche Vereinbarungen den Versicherungsfall, den versicherten Schaden und die Versicherungsleistung festzulegen.
Grundlage der Berufsunfähigkeitsversicherungen bilden daher die vom Versicherer gestalteten „Allgemeinen Versicherungsbedingungen". Sie sind ihrem Charakter nach Allgemeine Geschäftsbedingungen und unterfallen dem Recht der Allgemeinen Geschäftsbedingungen.[65]
Den nachfolgenden Ausführungen liegen als „Allgemeine Versicherungsbedingungen" die Musterbedingungen des GDV zugrunde.[66]

---

[65] *Hemmer*, Die Einbeziehung von AVB in den Versicherungsvertrag nach neuem Recht, S. 7, 8; *Hübner*, Allgemeine Versicherungsbedingungen und AGB-Gesetz, Rdn. 21; *Präve*, Versicherungsbedingungen und AGB-Gesetz, Rdn. 9; *Deutsch*, Versicherungsvertragsrecht, Rdn. 41.

[66] s. Internetseite des GDV (http://www.gdv/fachservice/index.html) als Quelle und bzgl. des Textes der in der Arbeit zitierten „Allgemeinen Versicherungsbedingungen" für die Berufsunfähigkeits-Versicherung, für die kapitalbildende Lebensversicherung und für die Berufsunfähigkeits-Zusatzversicherung Anhang I, II und III.

2. Kapitel: Inhalt und Umfang der vorvertraglichen Anzeigepflicht

A. Gefahrerhebliche Umstände

Anzeigepflichtig sind alle gefahrerheblichen Umstände (§ 16 Abs. 1 S. 1 VVG).

I. Begriff des Umstandes

Als Umstand im Sinne des § 16 Abs. 1 S. 1 VVG kommen sowohl subjektive als auch objektive Momente[67], welche die Entstehung von ersatzpflichtigen Schäden mehr oder weniger wahrscheinlich machen, in Betracht.[68]

1. Indizierende Umstände

Auch sogenannte indizierende Umstände unterliegen der vorvertraglichen Anzeigepflicht.[69]
Indizierende Umstände sind solche Tatsachen, die auf bestimmte, für den Versicherungsfall ursächliche Gefahrumstände hindeuten können, aber selbst als Ursache für den Eintritt des Versicherungsfalles oder den Leistungsumfang des Versicherers nicht in Betracht kommen.[70] Als indizierende Umstände sind von der Rechtsprechung bisher Krankheitssymptome[71], Arztbehandlungen[72] bzw. Name des in Anspruch genommenen Arztes[73], Befunde und Elektrokardiogramme (EKG)[74] festgelegt worden.

---

[67] Beispiel eines objektiven Moments: Vorerkrankung (BGH, VersR 1994, 711 (713)) und Beispiel eines subjektiven Moments: Mordabsicht bei der Lebensversicherung (BGH, VersR 1989, 465 (466)).
[68] *Voit (jun.)* in BK zum VVG, § 16 Rdn. 10; *Prölss* in Prölss/Martin, VVG, §§ 16, 17 Rdn. 2 a; vgl. auch *Haft*, VW 1977, 636 (636).
[69] vgl. *Prölss* in Prölss/Martin, VVG, §§ 16, 17 Rdn. 2; *Haft*, VW 1977, 636 (636).
[70] vgl. *Prölss* in Prölss/Martin, VVG, §§ 16, 17 Rdn. 2; *Voit (sen.)*, Berufsunfähigkeitsversicherung, Rdn. 212; *Voit (jun.)* in BK zum VVG, § 16 Rdn. 10.
[71] OLG Köln, VersR 1988, 322 (322); OLG Köln, VersR 1989, 505 (505).
[72] OLG Hamm, VersR 1992, 1206 (1207).
[73] OLG Hamm, VersR 1980, 714 (714).
[74] BGH, VersR 1980, 762 (763).

2. Umstände aus Genomanalysen

In Deutschland[75] gibt es derzeit noch keine gesetzliche Regelung über die Nutzung von genetischen Daten in der Versicherungswirtschaft, auch wenn schon umfassende Vorarbeiten[76] geleistet worden sind.[77]

Der Gesamtverband der Deutschen Versicherungswirtschaft e.V. (GDV) hat am 7. November 2001 eine freiwillige Selbstverpflichtungserklärung[78] seiner Mitgliedsunternehmen zur Verwendung prädiktiver Gentests vorgelegt. Die Versicherungsunternehmen, die Mitglied des Gesamtverbandes der Deutschen Versicherungswirtschaft sind, haben sich verpflichtet, Umstände aus Genomanalysen für Versicherungen bis zu einer Versicherungssumme von weniger als 250.000 Euro bzw. einer Jahresrente von weniger als 30.000 Euro nicht unter die vorvertragliche Anzeigepflicht einzubeziehen.[79] Liegt die Versicherungssumme jedoch über 250.000 Euro bzw. beträgt die Jahresrente mehr als 30.000 Euro, zählen auch Umstände aus Genomanalysen zu den anzeigepflichtigen Umständen.

---

[75] Auf internationaler Ebene ist das „Übereinkommen über Menschenrechte und Biomedizin" des Europarates vom 4.4.1997, das nach seiner früheren Bezeichnung auch als „Bioethikkonvention" bekannt ist, hinzuweisen. Dieses - von deutscher Seite bislang nicht ratifizierte - Übereinkommen stellt das erste Regulierungsinstrumentarium dar, das sich explizit und ausführlich der Verwendung von Ergebnissen prädiktiver genetischer Tests außerhalb des Gesundheitsbereichs widmet. Art. 12 des Übereinkommens beschränkt die Vornahme prädiktiver Tests, die nur zu gesundheitlichen Zwecken oder zu gesundheitsrelevanten Forschungszwecken erlaubt sein soll. Der erläuternde Bericht zum Übereinkommen führt hierzu aus: „Ein Versicherungsunternehmen darf den Abschluss oder die Änderung eines Versicherungsvertrages nicht von der Vornahme eines prädiktiven genetischen Tests abhängig machen."
Für den Zugriff auf bereits vorhandene Testergebnisse ist vor allem Art. 11 des Übereinkommens von Bedeutung. Die Bestimmung spricht ein allgemeines Diskriminierungsverbot in Bezug auf das genetische Erbe einer Person aus.
Zu den Staaten, die das Übereinkommen sowohl unterzeichnet als auch ratifiziert haben, gehören u.a. Dänemark, Frankreich, Griechenland, Italien, die Niederlande, Norwegen, Portugal, Spanien und Schweden. (zu der Thematik instruktiv und weiterführend *Herdegen*, JZ 2000, 633 (636) u. *Spranger*, VersR 2000, 815 (820)).

[76] BT-Drucks. 10/6775 S. XV; BT-Drucks. 11/5320 S. 16 ff.; Bundesminister für Forschung und Technologie, Die Erforschung des menschlichen Genoms, S. 217 ff.; Entschließung des Bundesrates zur Anwendung gentechnischer Methoden am Menschen vom 16.10.1992, BR-Drucks. 424/92 (dazu ausführlich *Präve*, VersR 1992, 279 (279)).

[77] vgl. *Herdegen*, JZ 2000 633 (635).

[78] s. unter „Materialien" in VersR 2002, 35 (35).

[79] Im Hinblick auf die voranschreitende europäische Integration und die damit auch wachsende „europäische Dimension" des Versicherungswesens ist zu beachten, dass die Selbstverpflichtung der Mitgliedsunternehmen des GDV keine Bindungswirkung für auf dem deutschen Markt tätigen ausländischen Versicherungsunternehmen entfaltet (vgl. *Spranger*, VersR 2000, 815 (816)).

Die Selbstverpflichtung bezieht sich nur auf prädiktive Gentests, bei denen nicht der Kranke, sondern der Gesunde untersucht und beraten wurde.[80] Sie bezieht sich nicht auf diagnostische Gentests, die z.B. bei bestimmten Krankheitsbildern als normale Untersuchungsmethode eingesetzt werden und zur Vorhersage eines künftigen Erkrankungsrisikos dienen.[81]
Die Verzichtserklärung ist für die unterzeichnenden Unternehmen bis zum 31. Dezember 2006 bindend und kann vorher nicht gekündigt werden.[82]

II. Gefahrerheblichkeit eines Umstandes

1. Gefahrerheblichkeit gemäß § 16 Abs. 1 S. 2 VVG

Gefahrerheblich ist gemäß § 16 Abs. 1 S. 2 VVG ein Umstand, der geeignet ist, auf den Entschluss des Versicherers, den Vertrag überhaupt oder zu dem vereinbarten Inhalt abzuschließen, Einfluss auszuüben.

a. Maßstab zur Beurteilung der Geeignetheit eines Umstandes

Fraglich ist, welcher Maßstab zur Beurteilung der Geeignetheit eines Umstandes anzulegen ist. Es können drei verschiedene Maßstäbe bzw. Beurteilungsperspektiven in Betracht gezogen werden. Diese sind die Einschätzung des Antragstellers, die Beurteilung aus der Perspektive des betroffenen Versicherers und die Beurteilung aus der Perspektive eines sachkundigen, nach objektiven Maßstäben handelnden Versicherers.
Gegen eine Beurteilung der Geeignetheit eines Umstandes durch den Antragsteller sprechen jedoch zwei Faktoren. Zum einen befindet sich in den Versicherungsanträgen häufig der Passus, dass der Antragsteller auch solche Umstände anzugeben hat, die seiner Meinung nach unwesentlich sind.[83] Zum anderen ist es eine Tatsache, dass der anzeigepflichtige Antragsteller nicht die erforderlichen medizinischen Fachkenntnisse für eine solche Beurteilung besitzt[84].

---

[80] s. Kundenmagazin „Einblick" der Halleschen-Nationalen privaten Krankenversicherung vom März 2002.
[81] s. Kundenmagazin „Einblick" der Halleschen-Nationalen privaten Krankenversicherung vom März 2002.
[82] s. Kundenmagazin „Einblick" der Halleschen-Nationalen privaten Krankenversicherung vom März 2002.
[83] s. OLG Frankfurt a.M., VersR 1975, 632 (634); aber auch LG Köln, VersR 1982, 1188 (1188), das eine solche Klausel auch keinen rechtlichen Bedenken ausgesetzt sieht.
[84] vgl. OLG Düsseldorf, VersR 1979, 928 (929); OLG Düsseldorf 1984, 1034 (1034).

Ob als Maßstab für die Beurteilung der Geeignetheit auf die Sicht des jeweiligen betroffenen Versicherers oder aber auf die eines sachkundigen, nach objektiven Maßstäben handelnden Versicherers abzustellen ist, ist umstritten.

aa. Meinungsstand

Die früher herrschende Auffassung[85] stellt auf einen objektiven Maßstab ab. Für die Beurteilung der Gefahrerheblichkeit seien die versicherungstechnischen Erfordernisse eines geordneten Versicherungsbetriebes maßgebend, d.h. es ist auf die allgemein in dem betreffenden Versicherungszweig herrschenden Anschauungen abzustellen und damit die Gefahrerheblichkeit aus der Sicht eines sachkundigen Versicherers zu beurteilen.
Als Argument für einen objektiven Beurteilungsmaßstab wird das Interesse des Rechtsverkehrs an der Schaffung größtmöglicher Rechtssicherheit angeführt.[86] Dafür sei nötig, dass sich der Versicherungsnehmer auf durchschnittliche Anschauungen im Rechtsverkehr und damit eine einheitliche Beurteilung verlassen könne. Diese könne sich aber nur auf gesicherte Rechtsbegriffe stützen. Aus rein subjektiven Ansichten einzelner Versicherer dürften ihm hingegen keine Nachteile erwachsen.
Die Gefahrerheblichkeit von Umständen ergebe sich zudem aus allgemeinen Regeln sachgemäßer Versicherungstechnik, insbesondere aus versicherungsmathematischen Erfordernissen, und diese seien naturgemäß objektive Gegebenheiten.[87]
Die objektive Bestimmung der Gefahrerheblichkeit folge ferner auch aus der amtlichen Begründung zu § 16 VVG,[88] in der es heißt[89], dass der Richter die Entscheidung, ob ein Umstand gefahrerheblich sei, unter Berücksichtigung der gesamten Sachlage, gegebenenfalls nach Einholung des Gutachtens sachkundiger Personen vorzunehmen habe. Die Befragung sachkundiger Personen deute

[85] *Bruck*, Privatversicherungsrecht, S. 186; *Ehrenzweig*, Versicherungsvertragsrecht, S. 147; *Kisch*, Handbuch des Privatversicherungsrecht Bd. 2, S. 213-217; *Winter* in Bruck/Möller/Winter, VVG, Anm. F 41; *Klauser*, VersR 1953, 362 (362); *Süss*, VersR 1952, 185 (185); *Buchner*, VersR 1952, 316 (316); *Wegmann*, Obliegenheiten in der privaten Krankenversicherung, S. 101, 102; *Schmidt*, Die Obliegenheiten, S. 135.

[86] vgl. *Winter* in Bruck/Möller/Winter, VVG, Anm. F 41; *Wegmann*, Obliegenheiten in der privaten Krankenversicherung, S. 102.

[87] vgl. *Süss*, VersR 1952, 185 (185); *Klauser*, VersR 1953, 362 (362); *Buchner*, VersR 1953, 316 (316).

[88] *Winter* in Bruck/Möller/Winter, VVG, Anm. F 42; *Kisch*, Handbuch des Privatversicherungsrecht Bd. 2, S. 215, 216.

[89] s. Begründung zu den Gesetzentwürfen (Verhandlungen des Reichstags), XII. Legislaturperiode, I. Session, Band 241 Anlage 1 zu Nr. 364, S. 91.

daraufhin, dass ein Bedürfnis für die Ermittlung des objektiven Verkehrsmaßstabes, nicht aber für die Feststellung des subjektiven Standpunktes eines bestimmten einzelnen Versicherers bestehe.[90]
Wriede[91] führt zur Begründung der Anlegung eines objektiven Maßstabes noch das Bestehen eines inneren Zusammenhanges der Regeln der vorvertraglichen Anzeigepflicht in den §§ 16 ff. VVG zu den Regeln der Gefahrerhöhung in § 23 Abs. 1 und § 27 Abs. 1 VVG an. Würde man im Rahmen der §§ 16 ff. VVG auf die spezielle Praxis des jeweiligen Versicherers abstellen, müsse dies auch im Anwendungsbereich der Vorschriften über die Gefahrerhöhung gelten, was aber eindeutig dem Willen des Gesetzgebers widerspräche, der nur § 16 Abs. 1 S. 2 VVG nachträglich[92] eingefügt habe.
Nach der Auffassung von Wegmann[93] spricht schon der Aufbau der Vorschrift des § 16 VVG für eine objektive Auslegung. Andernfalls wäre es nur schwer zu erklären, warum der Gesetzgeber dem Versicherer die Möglichkeit der speziellen Fragestellung gemäß § 16 Abs. 1 S. 3 VVG eingeräumt habe, da sich in diesen Fragen ja gerade das manifestiere, was der einzelne Versicherer für besonders gefährlich erachte. Wäre die Gefahrerheblichkeit ungefragter Gefahrumstände ebenfalls aus der Sicht des Versicherers einzuteilen, so gäbe die spezielle, auf die Bedürfnisse des jeweiligen Versicherers zugeschnittene schriftliche Befragung keinen Sinn.

Die mittlerweile herrschende Meinung[94] vertritt einen subjektiven Maßstab. Die Gefahrerheblichkeit sei vom Standpunkt des konkreten Versicherers zu beurteilen, d.h. es ist auf die jeweilige Geschäftspraxis des Versicherers bei der Risikoeinschätzung des einzelnen Vertrages abzustellen.
Die Anlegung eines subjektiven Maßstabes ergebe sich aus dem Wortlaut des § 16 Abs. 1 S. 2 VVG. Nach § 16 Abs. 1 S. 2 VVG komme es auf „den Ent-

---

[90] s. *Kisch*, Handbuch des Privatversicherungsrecht Bd. 2, S. 216.
[91] *Wriede* in Bruck/Möller/*Wriede*, Krankenversicherung, Anm. (F 10).
[92] § 16 Abs. 1 S. 2 u. 3 VVG wurden durch die Verordnung zur Vereinheitlichung des Rechts der Vertragsversicherung v. 19.12.1939 (RGBl. 1939 Teil I, S. 2443-2449 (2444)) nachträglich in das Versicherungsvertragsgesetz eingefügt.
[93] *Wegmann*, Obliegenheiten in der privaten Krankenversicherung, S. 102.
[94] *Voit (sen.)*, Berufsunfähigkeitsversicherung, Rdn. 155; *Voit (jun.)* in BK, § 16 Rdn. 16; *Röhr*, Die vorvertragliche Anzeigepflicht, S. 82 ff.; *Bruck/Möller*, VVG, § 16 Anm. 25; *Prölss* in Prölss/Martin, VVG, §§ 16, 17 Rdn. 7; *Langheid* in Römer/Langheid, VVG, §§ 16, 17 Rdn. 14; *Schmidt*, VersR 1986, 511 (513); BGH, VersR 1984, 629 (630) u. 855 (855); s. zuletzt auch OLG Frankfurt a.M., NVersZ 2002, 172 (172).

schluss des Versicherers“ an, womit auf die Beurteilung des konkreten Versicherers als Vertragspartner abgestellt werde.[95]
Für eine subjektive Beurteilung der Gefahrerheblichkeit spreche ferner, dass man die unterschiedlich hohe Risikobereitschaft der verschiedenen Versicherer beachten müsse. Diese könne der einzelne Versicherer nur im Rahmen der von ihm individuell festgelegten Grundsätzen zur Beurteilung der Gefahrerheblichkeit ausdrücken.[96] Würde man den Versicherer hingegen durch Anlegung eines objektiven Beurteilungsmaßstabes nötigen, bestimmte Risiken zu versichern, die er nach seinen intern erstellten Richtlinien nicht aufnehmen würde, wäre auch der Grundsatz der Vertragsfreiheit verletzt.[97]

bb. Eigene Auffassung und Stellungnahme

In der Konzeption des § 16 Abs. 1 VVG, der in Satz 2 und 3 die Gefahrerheblichkeit eines Umstandes regelt, ist die Annahme einer subjektiven Beurteilung begründet.
Zunächst spricht schon der Wortlaut des § 16 Abs. 1 S. 2 VVG, der es auf den Entschluss „des“, also des jeweiligen Versicherers, ankommen lässt, dafür, dass ein subjektiver Maßstab gewollt ist. Die Annahme eines subjektiven Maßstabes folgt ferner aus der Verflechtung von Satz 2 mit Satz 3 des § 16 Abs. 1 VVG. Aus Satz 3, der die Gefahrerheblichkeit eines Umstandes regelt, nach welchem „der“ Versicherer ausdrücklich und schriftlich gefragt hat, ergibt sich unzweifelhaft eine Beurteilung durch den individuellen Versicherer. Satz 3 legt also einen subjektiven Beurteilungsmaßstab bei der Einordnung der Gefahrerheblichkeit eines Umstandes zugrunde. Satz 3 hat aber insbesondere die Funktion, dem Versicherer als Zweifelsregel eine Erleichterung bei der Beweisführung zu verschaffen[98], auf die es aber dann nicht mehr ankomme, wenn der Umstand schon nach Satz 2 als gefahrerheblich eingestuft werden konnte[99]. Wenn aber Satz 3 aufgrund seiner Funktion inhaltlich im Schatten von Satz 2 steht, kann der Gesetzgeber ein Anlegung von verschiedenen Maßstäben bei der Beurteilung der Gefahrerheblichkeit in diesen beiden Sätzen nicht gewollt haben.[100]

---

[95] vgl. *Röhr*, Die vorvertragliche Anzeigepflicht, S. 82; *Voit (jun.)* in BK, § 16 Rdn. 16; s. auch *Bruck/Möller*, VVG, § 16 Anm. 25; BGH, VersR 1984, 629 (630); BGH, VersR 1984, 855 (855).
[96] *Bruck/Möller*, VVG, § 16 Anm. 25; *Schmidt*, VersR 1986, 511 (513).
[97] *Schmidt*, VersR 1986, 511 (513).
[98] vgl. *Bruck/Möller*, VVG, § 16 Anm. 28.
[99] vgl. Brömmelmeyer in *Schwintowski*, Fallsammlung zum Privatversicherungsrecht, S. 81.
[100] Die gegenteilige Interpretation von *Wegmann*, Obliegenheiten in der privaten Krankenversicherung, S. 102, nach welcher der Sinn des Satzes 3, der dem einzelnen Versicherer die

Für die Anlegung eines gemeinsamen Beurteilungsmaßstabes bei der Einordnung eines Umstandes als gefahrerheblich in den Sätzen 2 und 3 des § 16 Abs. 1 VVG spricht ebenfalls die Tatsache, dass die beiden Sätze im Rahmen der Umsetzung derselben gesetzgeberischen Intention, nämlich der Regelung der Gefahrerheblichkeit eines Umstandes, in den Absatz 1 des § 16 VVG eingefügt[101] worden sind.

Durch die vom Gesetzgeber nachträglich in den Absatz 1 des § 16 VVG eingefügte Regelung der Gefahrerheblichkeit eines Umstandes ist auch das Hauptargument der Vertreter eines objektiven Maßstabes hinfällig geworden, nämlich die Bezugnahme auf die Begründung zu § 16 VVG. Durch die nachträgliche Einfügung der Sätze 2 und 3 ist der Inhalt der Begründung zu § 16 Abs. 1 VVG überholt und an die neue gesetzliche Regelung anzupassen. Aus ihm kann aber nicht mehr der Schluss auf eine objektive Beurteilung der Gefahrerheblichkeit entgegen dem Inhalt der neuen gesetzlichen Regelung gezogen werden.

Ferner spricht der Grundsatz der Vertragsfreiheit, der auch im Versicherungsrecht als Teil des allgemeinen Vertragsrechts gilt, für die Anlegung eines subjektiven Maßstabes.[102] Es würde diesem Grundsatz widersprechen, wenn man dem Versicherer aufgäbe, nur solche Risiken zu versichern, die aus der Sicht eines sachkundigen Versicherers den versicherungstechnischen Erfordernissen eines geordneten Versicherungsbetriebes entsprechen, der Versicherer aber aufgrund seiner individuell aufgestellten Richtlinien kleinere oder größere Risiken aufnehmen möchte.[103] Die Aufrechterhaltung der Vertragsfreiheit ist jedoch in der Versicherungswirtschaft unter wirtschaftlichen Gesichtspunkten[104] von gro-

---

Möglichkeit gibt, Fragen nach gerade für ihn besonders gefahrerheblichen Umständen zu stellen, als hinfällig anzusehen ist, wenn die Gefahrerheblichkeit ungefragter Umstände in Satz 2 auch aus der Sicht des Versicherer einzuteilen wäre, ist aufgrund der dargestellten Konzeption des § 16 Abs. 1 VVG nicht überzeugend.

[101] § 16 Abs. 1 S. 2 u. 3 VVG wurden durch die Verordnung zur Vereinheitlichung des Rechts der Vertragsversicherung v. 19.12.1939 (RGBl. 1939 Teil I, S. 2443-2449 (2444)) nachträglich in das Versicherungsvertragsgesetz eingefügt.

[102] so auch *Schmidt*, VersR 1986, 511 (513).

[103] s. *Schmidt*, VersR 1986, 511 (513), der als Beispiel anführt, dass ein Unternehmen, dessen Versichertenbestand eine günstige Risikomischung aufweist und (oder) seinen Marktanteil vergrößern will, bereit sein wird, auch Personen mit erhöhtem Gesundheitsrisiko Versicherungsschutz zu gewähren, wohingegen ein Unternehmen, in dessen Bestand bereits ungünstige Risiken überwiegen, darauf bedacht sein wird, vor allem jüngere Personen ohne erhöhtes Gesundheitsrisiko als Versicherungsnehmer zu gewinnen.

[104] so auch *Röhr*, Die vorvertragliche Anzeigepflicht, S. 83.

ßer Bedeutung.[105] Die unterschiedliche Risikobereitschaft der verschiedenen Versicherer drückt sich in ihrer individuellen Bestimmung der Gefahrerheblichkeit eines Umstandes aus. Sie darf nicht durch Festsetzung eines objektiven Maßstabes bei der Beurteilung der Gefahrerheblichkeit eingeschränkt werden.[106] Dadurch würde ein Fortschritt in der Technik der Risikoauslese erheblich erschwert, mitunter sogar unterbunden werden. Zum einen würde der Wettbewerbsvorteil eines vorsichtigeren Versicherers, der günstigere Prämienangebote offerieren kann, da sich in der von ihm verwalteten Gefahrengemeinschaft der Versicherten wenige Risikofaktoren befinden, nicht erhalten werden können, wenn er für seine Entscheidung nicht auf solche subjektiven Gefahrumstände abstellen kann, die anderen Versicherern gleichgültig sind. Zum anderen darf es dem Versicherer, der aufgrund besonderer Erkenntnisse aus indizierenden Umständen eine Risikoprognose erstellen kann, die andere Versicherer mangels entsprechender Kenntnisse nicht vornehmen können, nicht verwehrt werden, seine Erkenntnisse, welche zur Verbesserung seiner Versicherungstechnik führen, bei der Einstufung der Gefahrerheblichkeit heranzuziehen.

Das von den Vertretern eines objektiven Maßstabes angeführte Argument der besseren Praktikabilität ihrer Auffassung vermag demgegenüber nicht zu überzeugen. Dem an einer Versicherung Interessierten ist es durchaus zuzumuten, bei der von ihm als Vertragspartner anvisierten Versicherung Nachfragen über deren individuellen Beurteilungsmaßstab im Hinblick auf die Gefahrerheblichkeit von Umständen zu tätigen.[107] Es sind keine Gründe ersichtlich, bei Versicherungsgeschäften andere Maßstäbe als bei den übrigen Geschäften des Lebens anzulegen, wo jeder Interessent sich vor dem Kauf einen Marktüberblick über das ihn interessierende Produkt verschafft.[108]
Auch dem Argument der Vertreter einer objektiven Beurteilung, dass die Anwendung eines subjektiven Maßstabes bei Beurteilung der Gefahrerheblichkeit eines Umstandes nicht in Widerspruch zu der objektiven Beurteilung der Gefahrerhöhung stehen dürfe[109], ist entgegenzutreten. Gegen ein solches Verständnis spricht die Tatsache, dass das Schutzbedürfnis des Versicherungsnehmers nach Vertragsschluss größer ist. Der Versicherungsschutz darf ihm daher nicht

---

[105] Hinter den Grundsatz der Vertragsfreiheit tritt dann auch das von einem Vertreter des objektiven Beurteilungsmaßstabes (vgl. *Kisch*, Handbuch des Privatversicherungsrecht Bd. 2, S. 214) vorgebrachte Argument der Einheitlichkeit der Beurteilung zurück.
[106] vgl. dazu auch *Bruck/Möller*, VVG, § 16 Anm. 25; *Schmidt*, VersR 1986, 511 (513).
[107] vgl. auch *Röhr*, Die vorvertragliche Anzeigepflicht, S. 83.
[108] Ein Autokäufer wird sich regelmäßig vor Kauf des Autos bei den verschiedenen Autoherstellern über die von ihnen angebotenen, verschiedenen Produkte informieren.
[109] vgl. *Wriede* in Bruck/Möller/*Wriede*, Krankenversicherung, Anm. (F 10).

wegen des Eintritts von Umständen genommen werden, die zwar für den einzelnen Versicherer erheblich sein mögen, bei objektiver Betrachtung aber nicht zu einer wesentlich ungünstigeren Risikolage führen.

Als Maßstab zur Beurteilung der Geeignetheit eines Umstandes, auf den Entschluss des Versicherers, den Vertrag überhaupt oder zu dem vereinbarten Inhalt abzuschließen, ist damit auf die Sicht des jeweiligen betroffenen Versicherers abzustellen.

b. Gefahrbeschreibung durch Komponenten der Versicherungs- und der Vertragsgefahr

Zur Gefahrbeschreibung gehört zum einen die Beschreibung der gesundheitlichen Konstitution der versicherten Person (zumeist des Versicherungsnehmers) als spezifische Komponente der einer Berufsunfähigkeits- und Lebensversicherung zugrunde liegenden Versicherungsgefahr. Zum anderen gehören zur Gefahrbeschreibung auch Komponenten der sog. Vertragsgefahr, wie z.B. die Tatsache einer Häufung von Versicherungsverträgen bei mehreren Versicherern[110], frühere Versicherungen[111], abgelehnte Anträge[112] und Angaben zum Einkommen[113], da sie ebenfalls der sachgerechten Beurteilung des (subjektiven) Risikos des Versicherers dienen.[114]

---

[110] s. z.B. OLG Hamm, RuS 1992, 361 (361); OLG Frankfurt a.M., VersR 1992, 41 (42).

[111] s. z.B. OLG Frankfurt a.M., VersR 1992, 41 (42); OLG Köln, VersR 1992, 231 (232).

[112] s. z.B. OLG Frankfurt a.M., VersR 1992, 41 (42).

[113] s. z.B. OLG Hamm, VersR 1986, 864 (864).

[114] vgl. *Prölss* in Prölss/Martin, §§ 16, 17 Rdn. 3; *Keinert*, Vorvertragliche Anzeigepflicht, S. 20; *Voit (sen.)*, Berufsunfähigkeitsversicherung, Rdn. 176.

c. Ausschluss der Annahme der Gefahrerheblichkeit

Die Annahme der Gefahrerheblichkeit ist für solche Umstände ausgeschlossen, die bei objektiver Betrachtung offenkundig nicht gefahrerheblich[115] sind.[116]

d. Grad des Einflusses der Gefahrumstände

Einige Instanzgerichte[117] haben es bei der Beurteilung der Geeignetheit eines Umstandes, den Versicherer zu beeinflussen, als ausreichend angesehen, dass die Gefahrumstände Einfluss ausüben können, nicht dass sie Einfluss ausüben müssen. Demgemäss soll es keine Rolle spielen, ob der Versicherer die konkreten Umstände tatsächlich im Hinblick auf den Deckungsumfang oder die Prä-

---

[115] *Müller-Frank*, Aktuelle Rechtsprechung zur Berufsunfähigkeits-(Zusatz-)Versicherung, S. 265, führt als Kriterien, nach denen zu beurteilen ist, dass die Gefahrerheblichkeit einer Gesundheitsstörung nicht „auf der Hand" liegt, an, dass sie offenkundig als leicht einzuordnen ist, nicht wiederholt aufgetreten ist und deshalb von vorne herein keinen Anhalt dafür bietet, dass sie für die Risikoeinschätzung von Bedeutung seien könnte.
Beispiele für offenkundig nicht gefahrerhebliche Umstände in der Berufsunfähigkeitsversicherung: Längere Behandlung wegen eines später in klinischen Untersuchungen nicht bestätigten Verdachts auf Herzrhythmusstörungen (BGH, NJW 1991, 358 (359)), Verhebetrauma und eine damit einhergehenden erstmalige Lumbalgie (als gewöhnliche Sportverletzungen) (BGH, VersR 1991, 578 (579)), seit längerem erhöhten Cholesterinwerten (OLG Köln, RuS 1991, 6 (7)), erstmalige Beschwerden, die keine längere Behandlung erforderten (BGH, RuS 1993, 393 (394));
Beispiele für offenkundig nicht gefahrerhebliche Umstände in der Lebensversicherung: Herzbeschwerden, die nach klinischer Untersuchung ohne Befund sind (BGH, VersR 1990, 1382 (1383)) / diagnostische Klinikuntersuchung ohne Nachweis einer coronaren Herzerkrankung (OLG Köln, RuS 1991, 152 (152)), Wirbelsäulenleiden (OLG Düsseldorf, NVersZ 2001, 544 (546)), Schmerzen in der Brust, die sechsmal in zwei Jahren aufgetreten und mit Medikamenten behandelt worden sind (OLG Köln, VersR 1993, 1261 (1261)).

[116] vgl. nur *Bruck/Möller*, VVG, § 16 Anm. 25; *Röhr*, Die vorvertragliche Anzeigepflicht, S. 84. Ein Fehlen der Gefahrerheblichkeit von Umständen ungeachtet der Erfragung dieser Umstände durch den Versicherer besteht z.B. in der Situation der Vereinbarung vorläufigen Versicherungsschutzes (s. dazu OLG Saarbrücken, VersR 2004, 50 (51)) (Ausführungen zur Vereinbarung vorläufigen Versicherungsschutzes s. nachfolgend unter B. I. 4. b.). Fragt der Versicherer nach Vorerkrankungen, verspricht er aber gleichzeitig vorläufigen (sofortigen) Versicherungsschutz, also Deckung zu einem Zeitpunkt, zu dem er die Antworten des Versicherungsnehmers auf seine Fragen noch gar nicht kennen und geprüft haben kann, ist offenkundig, dass er bereit ist, das Risiko ohne jede Risikoprüfung zu übernehmen. Fragen, deren Beantwortung für die Risikoprüfung vor Risikoübernahme aber keinerlei Bedeutung haben, können keine gefahrerheblichen Umstände betreffen.

[117] OLG Saarbrücken, VersR 1994, 847 (848); OLG Köln, RuS 1995, 242 (243); OLG Hamm, NJW-RR 1991, 1184 (1185).

mienkalkulation berücksichtigt hätte. Es genügt vielmehr, dass die Geschäftsgrundsätze des Versicherers Anhaltspunkte dafür bieten, dass Umstände der fraglichen Art für seinen Entschluss bedeutsam sind,[118] indem sie z.B. Nachforschungen des Versicherers auslösen.[119]

e. Reformvorschlag hinsichtlich der Gefahrerheblichkeit gemäß § 16 Abs. 1 S. 2 VVG

Nach dem Vorschlag der Kommission ist der Versicherungsnehmer nur noch für solche ihm bekannten Umstände anzeigepflichtig, nach denen der Versicherer in Textform gefragt hat.[120] Dem Versicherer wird damit die ausschließliche Bewertung der Gefahrerheblichkeit eines Umstandes in die Hände gelegt und die Maßgeblichkeit der subjektiven Perspektive des jeweiligen Versicherers zur Beurteilung der Gefahrerheblichkeit eines Umstandes gesetzlich festgeschrieben.
Dic Kommission möchte ferner regeln, dass das Rücktrittsrecht des Versicherers ausgeschlossen ist, wenn der Versicherer auch bei Kenntnis der nicht richtig angezeigten Umstände einen Vertrag zu anderen Bedingungen geschlossen hätte.[121] Das heißt im Umkehrschluss, dass dem Versicherer nur dann der Rücktritt vom Vertrag bei Unterlassen einer ordnungsgemäßen Gefahranzeige durch den Versicherungsnehmer gestattet ist, wenn der Versicherer bei Kenntnis der wirklichen Gefahrumstände keinen Vertrag geschlossen hätte. Mit dieser Regelung wird hinsichtlich des Grades des Einflusses der Gefahrumstände festgelegt, dass entgegen der bisher von einigen Instanzgerichten vertretenen Auffassung die Gefahrumstände Einfluss auf die Entscheidung des Versicherers ausüben müssen[122].

2. Vermutung der Gefahrerheblichkeit gemäß § 16 Abs. 1 S. 3 VVG

Gemäß § 16 Abs. 1 S. 3 VVG gilt ein Umstand, nach dem der Versicherer – im Antragsformular – ausdrücklich und schriftlich gefragt hat, im Zweifel als gefahrerheblich.
„Ausdrücklich" bedeutet dabei, dass die Frage sich auf einen konkreten Umstand beziehen muss, d.h. es muss für den Versicherungsnehmer klar und deut-

---

[118] vgl. *Prölss* in Prölss/Martin, VVG, §§ 16, 17 Rdn. 7; OLG Saarbrücken, VersR 1994, 847 (848); OLG Köln, RuS 1995, 242 (243).
[119] OLG Hamm, NJW-RR 1991, 1184 (1185).
[120] Abschlussbericht der Kommission zur Reform des Versicherungsvertragsrechts, S. 38.
[121] Abschlussbericht der Kommission zur Reform des Versicherungsvertragsrechts, S. 39.
[122] vgl. dazu die Ausführungen unter d..

lich werden, was gemeint ist.[123] Es ist daher anerkannt, dass generelle Fragen nach „gefahrerheblichen Umständen“ nicht als ausdrückliche Fragen anzusehen sind.[124] Ebenso fehlt es an einer ausdrücklichen Frage, wenn dem Versicherungsnehmer in der Frage ein Werturteil über einen unklaren und nicht eindeutig definierbaren Begriff abgenötigt wird[125] oder objektiv unklare oder mehrdeutige Fragen gestellt werden.[126]

3. Beweislast

Der Versicherer trägt die Beweislast für die Gefahrerheblichkeit eines Umstandes.[127]

a. Beweislast bei gefahrerheblichen Umständen im Sinne des § 16 Abs. 1 S. 2 VVG

Da für die Beurteilung der Gefahrerheblichkeit eines Umstandes nach der in dieser Arbeit vertretenen Auffassung[128] die Kriterien des individuellen Versicherers entscheidend sind, muss der Versicherer zum Beweis des Vorliegens von gefahrerheblichen Umständen im Sinne des § 16 Abs. 1 S. 2 VVG darlegen, von welchen Grundsätzen er sich bei der dem Vertragsschluss vorausgehenden Risikoprüfung hat leiten lassen.[129] Im Bestreitensfalle muss er unter Bezugnahme auf diese Risikoprüfungsgrundsätze substan-tiiert vortragen, dass er den Vertrag entweder gar nicht oder nur modifiziert abgeschlossen hätte, wenn die Frage zutreffend beantwortet worden wäre.[130]

b. Beweislast bei der Erheblichkeitsvermutung des § 16 Abs. 1 S. 3 VVG

§ 16 Abs. 1 S. 3 VVG gewährt dem Versicherer eine Beweiserleichterung in dem Sinne, dass er die Darlegungs- und Beweislast für die Unerheblichkeit der Umstände, nach denen der Versicherer ausdrücklich gefragt hat, dem Versiche-

---

[123] *Neuhaus* in ZAP Fach 10, S. 155.

[124] OLG Düsseldorf, VersR 1984, 1034 (1034); vgl. *Bruck/Möller*, VVG, § 16 Anm. 29.

[125] OLG Oldenburg, VersR 1994, 1169 (1169).

[126] OLG Frankfurt a.M., VersR 1992, 41 (42).

[127] vgl. *Bruck/Möller*, VVG, § 16 Anm. 28; *Langheid* in Römer/Langheid, VVG, §§ 16, 17 Rdn. 26; *Prölss* in Prölss/Martin, VVG, §§ 16,17 Rdn. 7.

[128] s. zuvor unter 1. a. bb..

[129] vgl. insofern auch BGH, VersR 1984, 629 (630); BGH, VersR 1984, 855 (855); BGH, VersR 1989, 689 (690).

[130] vgl. BGH, VersR 1984, 629 (630); BGH, VersR 1994, 855 (855).

rungsnehmer aufbürdet.[131] Gemäß § 16 Abs. 1 S. 3 VVG gelten die ausdrücklich und schriftlich erfragten Umstände als erheblich, jedoch nicht im Wege einer unwiderlegbaren Vermutung oder Fiktion, sondern nur im Zweifel, so dass der Versicherungsnehmer seinerseits dartun könne, dass der betreffende Umstand nicht geeignet war, den Entschluss des Versicherers zu beeinflussen.[132]
Da es innerhalb des vom Versicherungsnehmer zu führenden Entlastungsbeweises für die Frage der Gefahrerheblichkeit eines Umstandes auch auf die Geschäftspraxis des Versicherers ankommen kann, welche der Versicherungsnehmer regelmäßig nicht kennt, hat die Rechtsprechung[133] dem Versicherungsnehmer wiederum eine Erleichterung in der Darlegungslast zugebilligt. Danach genügt der Versicherungsnehmer seiner Darlegungs- und Beweislast bereits dann, wenn er pauschal behauptet, der betreffende Umstand sei nicht gefahrerheblich. Daraufhin trifft den Versicherer die Substantiierungslast. Er muss im einzelnen vortragen, von welchen Grundsätzen er sich bei seiner Risikoprüfung in derartigen Fällen leiten lässt, und dass er nach diesen Grundsätzen den Vertrag bei Kenntnis des nicht angezeigten Umstandes nicht oder nicht so wie geschehen abgeschlossen hätte. Lässt sich nicht klären, ob die fraglichen Umstände unter eine abstrakt formulierte Position der Geschäftsgrundsätze, die den von ihr erfassten Umständen in irgendeiner Weise Relevanz zuerkennen, fallen, geht dies dann allerdings zu Lasten des Versicherungsnehmers.[134]

c. Zur Darlegung der Geschäftsgrundsätze des Versicherers

Da in die Geschäftsgrundsätze auch Gesichtspunkte der jeweiligen Geschäftspolitik einfließen, die sich ändern kann, muss sich die Darlegung auf die Geschäftsgrundsätze beziehen, die im Zeitpunkt der Erfüllung der Anzeigepflicht vorlagen.[135] Der Versicherungsnehmer hat die Möglichkeit, darzulegen und zu beweisen, dass die Geschäftgrundsätze in dem maßgeblichen Zeitpunkt andere waren oder dass sie seinen Fall nicht betreffen, wofür er beispielsweise den Gesellschaftsarzt als sachverständigen Zeugen benennen kann.[136]
Zu beachten ist, dass der Versicherer seiner Substantiierungslast darüber, von welchen Grundsätzen er bei der Risikoprüfung ausgeht, nicht nachkommt, wenn er nur angibt, er pflege alle Krankheitsursachen vom Versicherungsschutz aus-

---

[131] vgl. nur BGH, VersR 1984, 629 (630).
[132] vgl. *Bruck/Möller*, VVG, § 16 Anm. 28.
[133] BGH, VersR 1984, 629 (630); BGH, VersR 1991, 578 (579); BGH, VersR 2000, 1486 (1486); vgl. auch OLG Köln, RuS 1995, 242 (243).
[134] *Voit (jun.)* in BK zum VVG, § 16 Rdn. 30.
[135] *Voit (sen.)*, Berufsunfähigkeitsversicherung, Rdn. 157.
[136] *Voit (sen.)*, Berufsunfähigkeitsversicherung, Rdn. 157.

zuschließen.[137] Das Gleiche gilt, wenn er pauschal behauptet, bei Kenntnis der aus den Unterlagen des Hausarztes ersichtlichen Erkrankungen wäre der Abschluss des Vertrages zu den gewünschten Bedingungen abgelehnt worden.
Der Versicherer muss zwischen erheblichen und unerheblichen Ursachen unterscheiden bzw. er muss vortragen, bei welchen Krankheiten Versicherungsverträge nicht oder nur zu eingeschränkten Bedingungen abgeschlossen werden.[138] Die dargelegten Grundsätze müssen Anhaltspunkte dafür bieten, dass Umstände der betreffenden Art für den Entschluss des Versicherers von Bedeutung sind. Dabei genügt es schon, wenn der Versicherer darlegt, dass er bei Angabe der Umstände weiter aufgeklärt hätte.

d. Entbehrlichkeit der Darlegung bei Vorliegen von offenkundig gefahrerheblichen Umständen

Eine Darlegung der Annahmegrundsätze ist nach der Rechtsprechung des BGH[139] dann entbehrlich, wenn die Gefahrerheblichkeit des nicht angezeigten Umstandes auf der Hand liegt. Ein Umstand ist dann offenkundig gefahrerheblich, wenn es sich von selbst versteht, dass jeder sachgerecht arbeitende Versicherer diesen Umstand in seine Entscheidung einbeziehen wird.[140] Dies kann für die Berufsunfähigkeits- und die Lebensversicherung unterschiedlich zu beurteilen sein.[141]

---

[137] vgl. OLG Düsseldorf, VersR 1994, 844 (845).

[138] vgl. OLG Düsseldorf, VersR 1994, 844 (845).

[139] s. BGH, VersR 1984, 629 (630); zuletzt BGH, NJW-RR 2001, 234 (234, 235).

[140] vgl. OLG Düsseldorf, VersR 1994, 844 (845).

[141] Beispiele für offenkundig gefahrerhebliche Umstände in der Berufunfähigkeitsversicherung (s. auch *Müller-Frank*, Aktuelle Rechtsprechung zur Berufsunfähigkeits-(Zusatz-) Versicherung, S. 271-273): Ärztliche Behandlungen wegen vasovegetativer Migräne, vegetativer Störungen, vegetativer Labilität und die Verordnung von Psychopharmaka (BGH, NVersZ 2001, 69 (70)) / reaktive Depression (BGH, VersR 1993, 213 (215), langjährig festgestellte und behandlungsbedürftige erhöhte Leberwerte (BGH, VersR 1994, 711 (713)), Bandscheibenvorfall (BGH, VersR 1991, 578 (579)) / behandlungsbedürftiges Lendenwirbel- und Präcordialschmerzsyndrom bei 21 Jahre altem Versicherungsnehmer (KG Berlin, VersR 1997, 94 (95)) / Wirbelsäulenleiden (OLG Düsseldorf, NVersZ 2001, 544 (546)), Herzinfarkt (BGH, NJW 1990, 1916 (1918)), Ulcerus-Erkrankung mit einhergehenden Magenbeschwerden und aufgetretenen Magengeschwüren (OLG Hamm, RuS 1996, 506 (506)), mehrmonatige krankheitsbedingte Arbeitsunfähigkeit (OLG Hamm, VersR 1993, 999 (999, 1000));
Beispiele für offenkundig gefahrerhebliche Umstände in der Lebensversicherung (s. auch *Müller-Frank*, Aktuelle Rechtsprechung zur Berufsunfähigkeits-(Zusatz-)Versicherung, S. 268-271): Reaktive Depression (BGH, VersR 1993, 213 (215)), eingehende ärztliche Untersuchung wegen Herzbeschwerden (OLG Koblenz, VersR 1996, 1222 (1223)), alkoholabhängige Leberschädigung (BGH, VersR 1990, 297 (298); OLG Köln, RuS 1991, 354 (355)),

B. Anzeigepflichtiger Zeitraum

Der Versicherungsnehmer hat gemäß § 16 Abs. 1 S. 2 VVG die vorvertragliche Anzeigepflicht „bei der Schließung des Vertrages" zu erfüllen.

I. „Schließung des Vertrages" als maßgebender Zeitpunkt – sog. Nachmeldepflicht des Versicherungsnehmers

Die Anzeigepflicht besteht nicht nur im Zeitpunkt der Antragstellung, sondern darüber hinaus bis zur „Schließung des Vertrages". Nach allgemeiner Meinung[142] ist der maßgebliche Zeitpunkt für die Erfüllung der vorvertraglichen Anzeigepflicht der Zeitpunkt des Vertragsschlusses. Das ist der Augenblick, in welchem der Antrag des Versicherungsnehmers von dem Versicherer angenommen ist, d.h. genauer der Zeitpunkt, in dem die Annahmeerklärung des Versicherers dem Antragsteller zugeht.

Regelmäßig wird der Antrag vom Versicherungsnehmer ausgehen und der Versicherer diesen durch Zusendung des Versicherungsscheins annehmen, so dass der Versicherungsnehmer in der Zeit nach Antragstellung bis zum Zugang des Versicherungsscheins verpflichtet ist, dem Versicherer mitzuteilen, wenn Gefahrumstände erst nach Antragstellung eintreten oder ihm erst nachträglich bekannt werden.[143] Der Versicherungsnehmer muss aber auch anzeigen, wenn sich ein dem Versicherer bereits bekannter Gefahrumstand verschlechtert hat.[144] Diese Pflicht des Versicherungsnehmers wird als sog. Nachmeldepflicht bezeichnet.

---

primär sklerosierende Cholangitis und Colitis ulcerosa (OLG Koblenz, VersR 2004, 849 (850), auffallend viele Bagatellerkrankungen (OLG Hamm, RuS 1991, 66 (66)); Selbstmordversuch mit nachfolgender stationärer oder ärztlicher Behandlung (OLG Frankfurt a.M., VersR 2002, 1134 (1135)) / auch erhebliche und schon länger andauernde psychische Probleme mit wiederkehrender Suizidneigung (OLG Köln, RuS 1994, 315 (315)), Heliobacter pylore sowie eine chronische Gastritis (OLG Düsseldorf, NVersZ 2002, 554 (555)), Kehlkopfkarziom (LG Duisburg, VersR 2000, 1399 (1399)).

[142] *Bruck/Möller*, VVG, § 16 Anm. 8; vgl. auch *Langheid* in Römer/Langheid, VVG, §§ 16, 17 Rdn. 6; *Prölss* in Prölss/Martin, VVG, §§ 16, 17 Rdn. 15; *Voit (jun.)* in BK zum VVG, § 16 Rdn. 39; *Kisch*, Handbuch des Privatversicherungsrecht Bd. 2, S. 232, 233; *Röhr*, Die vorvertragliche Anzeigepflicht, S. 96; BGH, NJW 1990, 1916 (1917); OLG Frankfurt a.M., RuS 1997, 172 (173).

[143] vgl. *Langheid* in Römer/Langheid, VVG, §§ 16, 17 Rdn. 6; *Voit (jun.)* in BK zum VVG, § 16 Rdn. 40; BGH, NJW 1990, 1916 (1917); OLG Frankfurt a.M., VersR 1993, 1342 (1342); OLG Frankfurt a.M., RuS 1997, 172 (173).

[144] vgl. nur *Prölss* in Prölss/Martin, VVG, §§ 16, 17 Rdn. 15; RGZ 134, 148 (152); BGH, VersR 1968, 293 (294); BGH, VersR 1980, 667 (668).

1. Belehrung über das Vorliegen einer Nachmeldepflicht

Dem durchschnittlichen Versicherungsnehmer sind Annahmefristen nicht geläufig und er geht davon aus, dass er mit der Unterzeichnung des Antragsformulars alles Erforderliche getan hat, um den Versicherer sachgerecht zu informieren. Die Frage nach seinem Verschulden, wenn er aus diesem Grund eine Nachmeldung von gefahrerheblichen Umständen unterlässt, könnte somit Zweifel aufwerfen. Einige Instanzgerichte[145] nehmen daher eine Pflicht des Versicherers an, den Versicherungsnehmer über seine Nachmeldepflicht, z.B. durch (ausdrückliche) Hinweise in den Antragsformularen[146], zu belehren. Unterlässt der Versicherer eine solche Belehrung, ist eine Anzeigepflichtverletzung trotz Verschweigens von zwischen Antragstellung und Vertragsannahme eingetretenen gefahrerheblichen Umständen verneint worden.

2. Umfang der Nachmeldepflicht

Wenn der Versicherer laut seines Formulartextes nur *„über jede nicht unerhebliche Verschlechterung der Gesundheit der zu versichernden Person zwischen Vertragsangebot und Angebotsannahme“* informiert werden möchte, unterfällt nach einem Urteil des BGH[147] nicht schon ein bloßer Krankheitsverdacht den der Nachmeldepflicht unterliegenden Umständen, sondern sind erst gesicherte Erkrankungen von einigem Gewicht, die dem Versicherungsnehmer positiv bekannt sind, mitzuteilen. Der Begriff der unerheblichen Gesundheitsverschlechterung decke sich nämlich keineswegs mit jeder Störung des körperlichen Wohlbefindens und erfasse nicht generell das Auftreten eines zeitweiligen Schmerzes. Der Begriff der unerheblichen Gesundheitsverschlechterung bezeichne vielmehr einen von der Norm abweichenden Gesundheitszustand mit Krankheitswert, der typischerweise nicht nur von kurzer Dauer wie etwa ein zeitweiliger Schmerzzustand ist, der auf eine körperliche Überbeanspruchung zurückzuführen ist.[148]

---

[145] OLG Hamm, VersR 1996, 441 (442); OLG Oldenburg, NVersZ 2001, 409 (411); OLG Frankfurt a.M., OLGR 1993, 127 (127).

[146] Regelmäßig enthält der Versicherungsantrag diesen oder einen ähnlichen Hinweis: *„Jede bis zur Annahme des Antrages noch eintretende nicht unerhebliche Verschlechterung des Gesundheitszustandes der zu versichernden Person, werde ich unverzüglich der Gesellschaft schriftlich anzeigen.“*

[147] BGH, VersR 1984, 884 (885); BGH, VersR 1994, 799 (800).

[148] BGH, VersR 1994, 799 (800).

Im übrigen ist zur Bestimmung des Umfangs der Nachmeldepflicht auf die Begriffe, die der jeweilige Versicherer in seinem Formulartext verwendet, zu achten.

3. Zeitliche Grenze der Nachmeldepflicht durch das Erfordernis der Beeinflussung der Entscheidung des Versicherers

Für die Nachmeldepflicht des Versicherungsnehmers gibt es eine vor dem Zeitpunkt des Vertragsschlusses liegende zeitliche Grenze. So besteht die Nachmeldepflicht ab dem Zeitpunkt nicht mehr, ab dem eine unverzügliche Anzeige die Entscheidung des Versicherers aus Zeitgründen nicht mehr hätte beeinflussen können.[149] Das bedeutet, sie wäre dem Versicherer nicht mehr so zeitig zugegangen, dass ihm genügend Zeit geblieben wäre, um von einer Vertragsannahme abzusehen oder sie zumindest gemäß § 130 Abs. 1 S. 2 BGB zu widerrufen. Das ist z.B. der Fall, wenn sich die unverzügliche Anzeige bereits mit der Übersendung des Versicherungsscheins kreuzen würde.[150]

4. Zeitpunkt der Erfüllung der Anzeigepflicht bei den verschiedenen Vertragsschlussmodellen und bei Vereinbarung besonderer Modalitäten im Rahmen des Berufsunfähigkeits- und Lebensversicherungsvertrages

a. Unterscheidung zwischen dem Antrags- und dem Policenmodell

In der Versicherungspraxis wird bei Abschluss des Versicherungsvertrages zwischen zwei Vertragsschlussmodellen anhand des Zeitpunktes der Überlassung der Allgemeinen Versicherungsbedingungen und der gemäß § 10 a VAG erforderlichen Verbraucherinformationen[151] unterschieden.[152]
Übermittelt der Versicherer dem Versicherungsnehmer mit Antragstellung bzw. vor oder bei Unterzeichnung des Antrages auf Abschluss der Versicherung die

---

[149] BGH, VersR 1984, 884 (885); BGH, VersR 1991, 170 (172).

[150] *Terbille* in van Bühren, Handbuch des Versicherungsrechts, § 14 Rdn. 330.

[151] s. zum Inhalt der Verbraucherinformationen Anlage Teil D zu § 10 a VAG, abgedruckt in BK zum VVG, § 5 a Rdn. 8.

[152] Nach *Kurzendörfer*, Lebensversicherung, 5.2.3., dominiert in der Lebensversicherung, da die Verbraucherinformation in der Lebensversicherung höchst vertragsindividuelle Informationen enthält (z.B. über Entwicklung der Rückkaufswerte) bei Vertrieb über einen Versicherungsaußendienst das sog. Policenmodell.

Allgemeinen Versicherungsbedingungen und die Verbraucherinformationen, liegt ein Vertragsschluss nach dem sog. Antragsmodell vor.[153]
Unterlässt es der Versicherer hingegen, dem Versicherungsnehmer die Allgemeinen Versicherungsbedingungen und die Verbraucherinformationen bis zur Antragstellung zu übermitteln und händigt sie ihm stattdessen erst nach Antragstellung bzw. Antragsunterzeichnung – i.d.R. mit dem Versicherungsschein (Versicherungspolice) – aus, kommt der Vertragsschluss nach dem sog. Policenmodell zustande.[154]
Der Zeitpunkt der Erfüllung der vorvertraglichen Anzeigepflicht hängt davon ab, zu welchem Zeitpunkt der Vertragschluss beim Antrags- und beim Policenmodell stattfindet.

aa. Erfüllungszeitpunkt beim Antragsmodell

Beim Antragsmodell kommt der Vertrag nach den allgemeinen Vertragsgrundsätzen zustande[155] und damit mit dem Empfang der Annahmeerklärung des Versicherers durch den Versicherungsnehmer. Dies ist in der Praxis üblicherweise der Zeitpunkt, in dem der Versicherungsschein dem Versicherungsnehmer zugeht.
Erfüllungszeitpunkt der vorvertraglichen Anzeigepflicht ist beim Antragsmodell daher der Zugang des Versicherungsscheines beim Versicherungsnehmer.[156]

bb. Erfüllungszeitpunkt beim Policenmodell

Für Versicherungsverträge, die seit dem 1.1.1995 nach dem Policenmodell abgeschlossen wurden[157], greifen die Regelungen des § 5 a VVG ein.
§ 5 a Abs. 1 S. 1 VVG gewährt dem Versicherungsnehmer ein Widerspruchsrecht in dem Fall, dass ihm die Allgemeinen Versicherungsbedingungen und die Verbraucherinformationen erst nach Antragstellung überlassen werden. Das

---

[153] vgl. *Kurzendörfer*, Lebensversicherung, 5.2.3.1.; *Lorenz*, VersR 1995, 616 (618); *Schirmer*, VersR 1996, 1045 (1047); *Terbille* in van Bühren, Handbuch des Versicherungsrechts, § 14 Rdn. 21.
[154] vg. *Kurzendörfer*, Lebensversicherung, 5.2.3.2.
[155] vgl. *Kurzendörfer*, Lebensversicherung, 5.2.3.1.; *Lorenz*, VersR 1995, 616 (618); *Schirmer*, VersR 1996, 1045 (1047); *Terbille* in van Bühren, Handbuch des Versicherungsrechts, § 14 Rdn. 21.
[156] *Schirmer*, VersR 1996, 1045 (1054).
[157] § 5 a VVG ist am 29.7.1994 in Kraft getreten, gilt aber nach Art. 16 § 11 Drittes Durchführungs/EWG zum VAG nicht für Verträge, die bis zum 31.12.1994 zu Allgemeinen Versicherungsbedingungen geschlossen wurden, die das Bundesaufsichtsamt für das Versicherungswesen genehmigt hatte (vgl. *Prölss* in Prölss/Martin, VVG, § 5a Rdn. 17).

Widerspruchsrecht beträgt 14 Tage und beginnt ab Zugang der Unterlagen zu laufen.
Für die Frage des Erfüllungszeitpunktes der vorvertraglichen Anzeigepflicht ist die Frage des wirksamen Vertragsschlusses relevant.
Die Frage, ab welchem Zeitpunkt der Vertrag bei unterlassenem Widerspruch wirksam ist, wird jedoch unterschiedlich beantwortet.[158] Eine Auseinandersetzung und Entscheidung zwischen den verschiedenen Meinungen kann hier jedoch dahinstehen, da als Zeitpunkt, bis zu welchem eine Erfüllung der vorvertraglichen Anzeigepflicht möglich ist, nur der Zugang des Versicherungsscheines maßgeblich sein kann.[159] Denn die vorvertragliche Anzeigepflicht ist zeitlich durch die Tatsache begrenzt, dass sie die Entscheidung des Versicherers beeinflussen muss.[160] Nach Absendung der Police durch den Versicherer und ihrem Zugang beim Versicherungsnehmer kann eine Anzeige die Entscheidung des Versicherers nicht mehr beeinflussen. Daraus, dass die Entscheidung des Versicherers mit Zugang der Police schon endgültig getroffen ist, lässt sich auch der Schluss ziehen, dass die Widerspruchsfrist nur den Versicherungsnehmer begünstigen soll. Aus diesem Grund darf das Policenverfahren durch eine zeitliche Ausdehnung der Nachmeldepflicht nicht zu einer Verschlechterung der Rechtsstellung des Versicherungsnehmers führen.[161]

b. Vereinbarung vorläufigen Versicherungsschutzes

Sowohl in der Berufsunfähigkeits- als auch in der Lebensversicherung kann vorläufiger Versicherungsschutz vereinbart werden.[162]
Bei Vereinbarung vorläufigen Versicherungsschutzes gewährt der Versicherer dem Antragsteller mit Eingang des Antrages auf Abschluss einer Versicherung,

[158] *Präve*, ZfV 1994, 374 (382), ist der Auffassung, dass der Vertrag mit dem Ablauf der Widerspruchsfrist nicht rückwirkend, sondern „ex nunc" wirksam wird. Wandt, Verbraucherinformation, S. 19 ff., *Lorenz*, VersR 1995, 616 (618), *Schirmer*, VersR 1996, 1045 (1049), und *Terbille* in van Bühren, Handbuch des Versicherungsrechts, § 14 Rdn. 22, nehmen demgegenüber eine „ex tunc" - Wirkung an, so dass nach ihrer Auffassung der Vertrag rückwirkend schon zu dem Zeitpunkt wirksam wird, in welchem dem Versicherungsnehmer die Police und die sonstigen Unterlagen zugegangen sind. *Henzler*, Theorie und Praxis der vorläufigen Deckungszusage, S. 122-125, geht von einem mit Zusendung der Unterlagen sofort wirksamen Vertragsschluss aus.
[159] so auch *Lorenz*, VersR 1995, 616 (621); *Schirmer*, VersR 1996, 1045 (1054).
[160] s. zuvor unter 3..
[161] vgl. *Lorenz*, VersR 1995, 616 (621); *Schirmer*, VersR 1996, 1045 (1054).
[162] vgl. *Terbille* in van Bühren, Handbuch des Versicherungsrechts, § 14 Rdn. 13; *Grebe*, Die vorläufige Deckungszusage unter besonderer Berücksichtigung ihrer Handhabung in der Lebensversicherung, S. 108, 114; *Schwintowski* in BK zum VVG, § 5 a Rdn. 89.

spätestens drei Tage nach Antragsunterzeichnung, Versicherungsschutz bei Eintritt des Versicherungsfalles. Die zeitlichen Grenzen des vorläufigen Versicherungsschutzes sind in den Allgemeinen Versicherungsbedingungen näher festgelegt und gehen in der Regel bis zum Abschluss des Versicherungsvertrages oder bis zur Ablehnung des darauf gerichteten Antrages.[163]

Umstritten ist die Rechtsnatur des vorläufigen Versicherungsschutzes in Bezug auf den späteren Versicherungsvertrag. Dem Meinungsstreit liegen im wesentlichen drei Auffassungen zugrunde, die sog. Trennungstheorie, die sog. Einheitstheorie und die sog. vermittelnde Theorie.

Die Rechtsprechung[164] und ein Großteil[165] der Literatur vertreten die Trennungstheorie, nach der es sich bei dem durch die Gewährung vorläufigen Versicherungsschutzes geschaffenen Rechtsverhältnis und dem späteren Versicherungsvertrag um zwei selbständige Rechtsverhältnisse handelt, die voneinander gänzlich unabhängig sind.

Die Vertreter der Einheitstheorie, eine kleine Gruppierung[166] in der Literatur, nehmen dagegen an, dass es sich bei dem Vertrag über vorläufigen Versicherungsschutz und dem späteren Versicherungsvertrag um ein einheitliches Rechtsverhältnis handelt.

Nickel[167] vertritt eine zwischen Trennungs- und Einheitstheorie vermittelnde Auffassung, indem er bei Zustandekommen des späteren Versicherungsvertrages

---

[163] vgl. BGH, VersR 1996, 743 (745).

[164] grundlegend RGZ 113, 150 (152); dann BGHZ 2, 87 (91); BGH, VersR 1951, 114 (115) u. 195 (195); BGH, VersR 1955, 738 (738); BGH, VersR 1986, 541 (541); OLG München, VersR 1959, 607 (607); OLG Nürnberg, VersR 1966, 916 (916); OLG Hamm, VersR 1992, 995 (996); OLG Frankfurt a.M., VersR 1993, 1347 (1348).

[165] *Bühring*, ZVersWiss 1924, 293 (296-298); *Ehrenberg*, Versicherungsrecht Erster Band, S. 271; *Ehrenzweig*, Versicherungsvertragsrecht, S. 193; Eichler, Versicherungsrecht, S. 188; *v. Gierke*, Versicherungsrecht Zweite Hälfte, S. 144; *Gottschalk*, JW 1926, 490 (493); *Deutsch*, Versicherungsvertragsrecht, Rdn. 65; *Prölss* in Prölss/Martin, VVG, Zusatz zu § 1 Rdn. 2; *Schwintowski* in BK zum VVG, § 5 a Rdn. 94; *Werber*, ZVersWiss 1984, 321 (322); *Römer* in Römer/*Langheid*, VVG, Vor § 1 Rdn. 27.

[166] *Bruck*, JRPV 1926, 97 (97) u. 157 (158), JRPV 1927, 169 (170); *Bruck/Möller*, VVG, § 1 Anm. 94; *Durst*, JW 1921, 1075 (1076); *Henzler*, Theorie und Praxis der vorläufigen Deckung, S. 64 ff., 68; nicht bekennend, aber ein für die Einheitstheorie sprechendes Argument anführend *Möller*, Versicherungsvertragsrecht, S. 70.

[167] *Nickel*, ZVersWiss 1986, 79 (85 ff.); sympathisierend auch *Jabornegg*, Die vorläufige Deckung, S. 25 ff. (28), der ebenfalls Polarisierungen zwischen der Einheits- und der Trennungstheorie vermeiden will, wobei er unter Heranziehung der allgemeinen Regeln über die Vertragsauslegung und des zwingenden Rechts des VVG die Einheitstheorie als dem typischerweise anzunehmenden Parteiwillen besser entsprechend ansieht, jedoch trotz dessen für einzelne Sachfragen zwischen der Zeit der vorläufigen Deckung und der endgültigen Deckung unterschieden werden müsse und *Grebe*, Die vorläufige Deckungszusage unter besonderer

die Vereinbarung vorläufigen Versicherungsschutzes in diesem aufgehen lässt und bei Nichtzustandekommen die Vereinbarung vorläufigen Versicherungsschutzes als eigenständiges Rechtsverhältnis ansieht.
Eine Auseinandersetzung mit den Theorien und eine Entscheidung[168] über die Rechtnatur des vorläufigen Versicherungsschutzes in Bezug auf den endgültigen Versicherungsvertrag kann hier dahingestellt bleiben. Denn zwischen den verschiedenen Theorien herrscht überwiegend Einigkeit darüber, dass die vorvertragliche Anzeigepflicht bezüglich des endgültigen Versicherungsvertrages von einer vorangegangenen Vereinbarung vorläufigen Versicherungsschutzes nicht beeinflusst wird und dementsprechend als Zeitpunkt ihrer Erfüllung der Abschluss des endgültigen Versicherungsvertrages gilt.[169]

c. Vereinbarung einer Rückwärtsversicherung

In der Berufsunfähigkeits- sowie in der Lebensversicherung ist der Abschluss einer Rückwärtsversicherung möglich.[170]
Nach § 2 Abs. 1 VVG liegt eine Rückwärtsversicherung immer dann vor, wenn die Versicherung in der Weise abgeschlossen wird, dass sie in einem vor der Schließung des Vertrages liegenden Zeitpunkt beginnt.
§ 2 Abs. 2 S. 2 VVG regelt, dass der Versicherer von der Pflicht zur Leistung frei ist, wenn der Versicherungsnehmer bei der Schließung des Vertrages Kenntnis vom Eintritt des Versicherungsfalles hat. Die Regelung des § 2 Abs. 2 S. 2 VVG nimmt damit für die Zeit vor Antragstellung der vorvertraglichen

---

Berücksichtigung ihrer Handhabung in der Lebensversicherung, S. 41-46, der mit *Nickel* konform gehend, der Auffassung ist, dass weder die Einheits- noch die Trennungstheorie mit ihren Idealpositionen die rechtlichen Gegebenheiten im Einzelfall zwingend erfassen und daher aufgrund der Maßgabe des Willens der Vertragsparteien für jegliche rechtliche Konstruktion eine Einzelfallbetrachtung als Lösung vorzunehmen sei.

[168] Ausführung des Streits bei *Henzler*, Theorie und Praxis der vorläufigen Deckung, S. 59-68 u. *Grebe*, Die vorläufige Deckungszusage unter besonderer Berücksichtigung ihrer Handhabung in der Lebensversicherung, S. 33-46.

[169] Dieses Ergebnis ist den Grundsätzen der sog. Trennungstheorie immanent. Ebenso aber auch als Vertreter der sog. Einheitstheorie: *Bruck/Möller*, VVG, § 1 Anm. 102 und als Vertreter der sog. vermittelnden Auffassung: implizit *Nickel*, ZVersWiss 1986, 79 (107). Anderer Auffassung ist hingegen als Vertreter der sog. Einheitstheorie: *Henzler*, Theorie und Praxis der vorläufigen Deckungszusage, S. 104, der in der typischen Fallkonstellation, dass ein vorläufiges Deckungsverhältnis unverändert und reibungslos in ein endgültiges übergeht, an die Stelle der vorvertraglichen Anzeigepflicht nach den §§ 16 ff. VVG die Gesamtheit der vertragsbegleitenden Obliegenheiten (z.B. §§ 23-29, 33, 62 VVG) treten lassen will.

[170] *Terbille* in van Bühren, Handbuch des Versicherungsrechts, § 14 Rdn. 16; *Winter* in Bruck/Möller/Winter, VVG, Anm. C 113.

Anzeigepflicht ihre Bedeutung in Bezug auf einen eingetretenen Versicherungsfall. § 2 Abs. 2 S. 2 VVG ist jedoch abdingbar und gilt mittlerweile auch regelmäßig nach Antragstellung als stillschweigend abbedungen.[171]
Ob den Versicherungsnehmer bei Abschluss einer Rückwärtsversicherung die vorvertragliche Anzeigepflicht aus den §§ 16 ff. VVG ohne Einschränkung trifft, wird in Rechtsprechung und Literatur verschiedentlich beurteilt.

aa. Meinungsstand

Nach der herrschenden Auffassung in der Rechtsprechung[172] und Prölss[173] soll der Versicherungsnehmer auch bei Vereinbarung einer Rückwärtsversicherung in der Zeit zwischen Antragstellung und Annahme des Versicherungsantrages zur Anzeige gefahrerheblicher Umstände im Sinne der §§ 16 ff. VVG verpflichtet bleiben. Folglich greife die Anzeigepflicht, da der Versicherungsfall ein gefahrerheblicher Umstand sei oder zumindest auf einem – dem Versicherungsnehmer nunmehr bekannt gewordenen – gefahrerheblichen Umstand beruhe, auch in Bezug auf nach Antragstellung eingetretene Versicherungsfälle ein.
Für die uneingeschränkte Annahme einer vorvertraglichen Anzeigepflicht auch bei Vereinbarung einer Rückwärtsversicherung spreche, dass die Sach- und Rechtslage bei der Rückwärtsversicherung derjenigen bei der normalen Vorwärtsversicherung vergleichbar sei.[174]

Römer[175] stimmt einer Verpflichtung des Versicherungsnehmers zur Anzeige gefahrerheblicher Umstände nach den §§ 16 ff. VVG bei einer Rückwärtsversicherung in der Zeit zwischen Antragstellung und Annahme des Antrages zwar grundsätzlich zu, nimmt aber aus den anzeigepflichtigen gefahrerheblichen Umständen den Eintritt des Versicherungsfalles heraus. Ebenso müsse für die Zeit zwischen Antragstellung und Vertragsschluss auch § 33 Abs. 1 VVG als abbedungen angesehen werden.[176]
Zur Begründung seiner Auffassung führt Römer an, dass der Versicherer einen Antrag, der die Anzeige des Versicherungsfalles enthält, nicht mehr annehmen

[171] BGHZ 84, 268 (277-280); BGHZ 111, 29 (32, 33); BGHZ 111, 44 (50, 51); BGHZ 117, 213 (215); OLG Hamm, NJW-RR 1987, 153 (154); *Prölss* in Prölss/Martin, VVG, § 2 Rdn. 17; *Maenner*, VersR 1984, 717 (718).
[172] RGZ 134, 148 (152); BGHZ 111, 44 (51); LG Karlsruhe, VersR 1971, 168 (170).
[173] *Prölss* in Prölss/Martin, VVG, § 2 Rdn. 15, der allerdings eine leichte Einschränkung erkennen lässt, indem er die Formulierung wählt, „Eine Pflicht zur Anzeige eines nach Stellung des Antrages eingetretenen Schadens ist allerdings zu erwägen, ...".
[174] LG Karlsruhe, VersR 1971, 168 (170).
[175] *Römer* in Römer/Langheid, VVG, § 2 Rdn. 8.
[176] *Römer* in Römer/Langheid, VVG, § 2 Rdn. 8.

würde, so dass es für den Versicherungsnehmer von vornherein sinnlos wäre, mit dem Antragsformular eine Rückwärtsversicherung zu beantragen.[177]

Baumann[178] bejaht ebenfalls das Eingreifen der vorvertraglichen Anzeigepflicht des Versicherungsnehmers in der Zeit zwischen Antragstellung und Annahme des Antrages bei einer Rückwärtsversicherung. Allerdings werde der Versicherer nach Antragsannahme auch nach einem eventuell erfolgten Rücktritt nicht hinsichtlich eines zwischenzeitlich eingetretenen Versicherungsfalles frei. Auch wenn der Versicherungsnehmer seine Anzeigepflicht verletzt habe, fehle es nach dem Wortlaut des § 21 VVG an einer Kausalität zwischen der Verletzung der Anzeigepflicht und dem Eintritt des Versicherungsfalles, da der Eintritt des Versicherungsfalles erst die Anzeigepflicht bedinge.[179] Baumann führt zur Begründung der grundsätzlichen Annahme einer vorvertraglichen Anzeigepflicht auch bei Vereinbarung einer Rückwärtsversicherung bis zur Annahme des Vertrages an, dass den Versicherungsnehmer eine Anzeigepflicht in Hinblick auf die Vorwärtsversicherung treffe und sich diese bei einem „gemischten Vertrag" nicht von der Rückwärtsversicherung abspalten lasse.[180] Für seine Annahme einer Einschränkung der Rechtsfolgenseite hinsichtlich eines zwischenzeitlich eingetretenen Versicherungsfalles stellt Baumann die Interessen der Vertragsparteien in den Vordergrund und sieht im Hinblick auf eine Ausbalancierung der gegenseitigen Interessen nur die von ihm vorgeschlagene Lösung als überzeugend an.[181] Seine Lösung entspreche zudem einer vernünftigen (ergänzenden) Auslegung des beiderseits rechtlich Gewollten unter Beachtung von Sinn und Zweck der Gesamtgestaltung bei der Sondersituation der Rückwärtsversicherung. Ein zwischenzeitlich eingetretener Versicherungsfall, in dem sich das bereits bei Antragstellung zugrunde gelegte Risiko realisiert, sollte Gegenstand der Rückwärtsversicherung sein und daher trotz Rückgängigmachung des Vertrages von der Leistungspflicht des Versicherers erfasst bleiben.[182]

Andere Vertreter[183] in der Literatur lehnen demgegenüber bei Vereinbarung einer Rückwärtsversicherung die Annahme einer Anzeigepflicht des Versi-

---

[177] *Römer* in Römer/Langheid, VVG, § 2 Rdn. 8.
[178] *Baumann* in BK zum VVG, § 2 Rdn. 65-67.
[179] *Baumann* in BK zum VVG, § 2 Rdn. 67.
[180] *Baumann* in BK zum VVG, § 2 Rdn. 65.
[181] *Baumann* in BK zum VVG, § 2 Rdn. 65.
[182] *Baumann* in BK zum VVG, § 2 Rdn. 67.
[183] *Ehrenzweig*, Versicherungsvertragsrecht, S. 142; *Maenner*, Rückwärtsversicherung, S. 253; *Röhr*, Die vorvertragliche Anzeigepflicht, S. 101, 102; s. auch LG Köln, VersR 1976, 159 (159, 160); vgl. auch *Bruck/Möller*, VVG, § 2 Anm. 41, die sich zwar nicht für die harte Form der Ablehnung aussprechen, sondern die Annahme von Obliegenheiten, worunter die Anzeigepflicht fallen würde, als bedenklich ansehen.

cherungsnehmers in Bezug auf solche nach Stellung des Antrages eintretenden gefahrerheblichen Umstände, worunter insbesondere auch eintretende Versicherungsfälle zählen, ab.
Sie begründen ihre Auffassung damit, dass § 2 Abs. 2 und 3 VVG lediglich auf die Tatsache des Wissens des Versicherungsnehmers, des Versicherers oder ihrer Vertreter abstelle, ihnen aber kein Verhalten aufgebe und auch die Verschuldensfrage keine Rolle spiele.[184] Als weiteres Argument für die Ablehnung der vorvertraglichen Anzeigepflicht wird vorgebracht, dass sich der Versicherer unter Zugrundelegung der regelmäßigen Abbedingung des § 2 Abs. 2 S. 2 VVG dem Vorwurf widersprüchlichen Verhaltens aussetzen würde, wenn er sich auf der einen Seite mit der Gewährung kenntnisunabhängigen Versicherungsschutzes für die Zeit zwischen Antragstellung und Annahme bereit erkläre, andererseits aber auf der Erfüllung einer Offenbarungspflicht bestehen würde.[185]

bb. Eigene Auffassung und Stellungnahme

Für die Annahme einer vorvertraglichen Anzeigepflicht auch in dem von der Rückwärtsversicherung erfassten Zeitraum zwischen Antragstellung und Vertragsschluss spricht die Intention der vorvertraglichen Anzeigepflicht, der Umsetzung des versicherungsrechtlichen Grundprinzips zu dienen. Die vorvertragliche Anzeige soll dem Versicherer eine sinnvolle Prämiengestaltung ermöglichen, in dem er durch die Anzeige des Versicherungsnehmers vor Vertragsschluss von allen Besonderheiten des zu versichernden Risikos Kenntnis erlangt.[186] Diese Intention der vorvertraglichen Anzeigepflicht gilt gleichermaßen bei der Vereinbarung einer Rückwärtsversicherung. Im Rahmen einer Rückwärtsversicherung übernimmt der Versicherer lediglich die Haftung vor Vertragsschluss, sie beinhaltet aber keine automatische Mitversicherung eines nach Antragsabgabe eintretenden Risikos. Die Bedeutung der vorvertraglichen Anzeigepflicht für die Gestaltung des zukünftigen Vertragsverhältnisses wird durch die (technische Ausgestaltung des Versicherungsverhältnisses in Form der) Vorverlegung des Haftungszeitraumes nicht hinfällig, so dass die Vereinbarung einer Rückwärtsversicherung keine Abbedingung der vorvertraglichen Anzeigepflicht bewirken kann.
Auf der Grundlage dieser Feststellungen ist insbesondere auch der Argumentation der Gegenauffassung der Boden entzogen. Entgegen ihrer Auffassung liegt kein Widerspruch vor, wenn sich der Versicherer mit der Gewährung kenntnis-

---

[184] *Bruck/Möller*, VVG, § 2 Anm. 41; zustimmend OLG Köln, VersR 1976, 159 (160).
[185] *Maenner*, Rückwärtsversicherung, S. 253; vgl. auch *Röhr*, Die vorvertragliche Anzeigepflichtverletzung, S. 102.
[186] vgl. nur *Voit (jun.)* in BK zum VVG, § 16 Rdn. 1.

unabhängigen Versicherungsschutzes für die Zeit zwischen Antragstellung und Annahme bereit erklärt, trotzdessen aber auf die Erfüllung der vorvertraglichen Anzeigepflicht besteht. Denn bei § 2 Abs. 2 S. 2 VVG und § 16 VVG handelt es sich um zwei verschiedene Rechtsinstitute mit unterschiedlichen Intentionen.
Wie schon aufgezeigt, regelt § 16 VVG die vorvertragliche Anzeigepflicht des Versicherungsnehmers und gibt dem Versicherer als Mittel zur Durchsetzung der Anzeigepflicht das Rücktrittsrecht bei unterlassener oder unrichtiger Anzeige an die Hand. § 16 VVG bzw. die vorvertragliche Anzeigepflicht des Versicherungsnehmers ist eine Ausprägung des versicherungsrechtlichen Grundprinzips und soll in diesem Sinne eine sachgerechte Risikoeinschätzung und damit einhergehend eine im Verhältnis zum zu versichernden Risiko gerechte Prämienfestsetzung bezwecken.[187]
§ 2 Abs. 2 S. 2 VVG regelt, dass bei Kenntnis des Versicherungsnehmers vom Eintritt des Versicherungsfalles bei Abschluss des Vertrages der Versicherer von der Leistungspflicht befreit ist. Darin kommt der Grundgedanke des Versicherungsrechts, dass nur ungewisse Risiken, nicht dagegen nach Umfang und Zeitpunkt bereits feststehende Schäden versicherbar sind, zum Ausdruck.[188] Zweck des § 2 Abs. 2 S. 2 VVG ist, dass der Versicherungsnehmer an den Versicherer nicht mit dem Ziel der Manipulation herantritt.[189]
Die Gefahr, dass der Versicherungsnehmer mit dem Ziel der Manipulation an den Versicherer herantritt, ist jedoch ausgeschlossen, wenn der Versicherungsfall erst nach Antragstellung eintritt. Ob jedoch gefahrerhebliche Umstände vorliegen, anhand derer der Versicherer eine risikogerechte Prämiengestaltung vornehmen kann, ist für den Versicherer vom Zeitpunkt der Antragstellung bis zum endgültigen Abschluss des Versicherungsvertrages relevant. Die Gegenauffassung trägt in ihrer Begründung der Ablehnung eines Eingreifens der vorvertraglichen Anzeigepflicht nach Antragsstellung bis zur Antragsannahme vor, dass § 2 Abs. 2 und 3 VVG lediglich auf die Tatsache des Wissens des Versicherungsnehmers, des Versicherers oder ihrer Vertreter abstellen, aber diesen Personen kein Verhalten auferlegen und auch die Verschuldensfrage keine Rolle spiele.[190] Sie stellt damit selbst heraus, dass § 2 Abs. 2 S. 2 VVG einen von § 16 VVG verschiedenen Regelungsinhalt hat und § 2 Abs. 2 S. 2 VVG insbesondere nicht die Verhaltenspflicht zur Anzeige gefahrerheblicher Umstände beinhaltet, sondern sich diese aus der Regelung des § 16 VVG ergibt. Eine Abbedingung des § 2 Abs. 2 S. 2 VVG nach Antragstellung zieht daher nicht

[187] vgl. nur *Voit (jun.)* in BK zum VVG, § 16 Rdn. 1-3.
[188] vgl. dazu BGHZ 84, 268 (277); *Römer* in Römer/Langheid, VVG, § 2 Rdn. 1; *Baumann* in BK zum VVG, § 2 Rdn. 29.
[189] vgl. *Römer* in Römer/Langheid, VVG, § 2 Rdn. 1.
[190] s. *Bruck/Möller*, VVG, § 2 Anm. 41; zustimmend OLG Köln, VersR 1976, 159 (160).

zugleich eine Abbedingung des § 16 VVG nach sich. Damit besteht kein Widerspruch bei Abbedingung des § 2 Abs. 2 S. 2 VVG und Aufrechterhaltung der Anzeigepflicht nach § 16 VVG.
Auch der Auffassung von Baumann ist kritisch gegenüberzutreten. Zwar können gegen seine Argumentation, dass die vorvertragliche Anzeigepflicht insbesondere auch bei einem „gemischten Vertrag“ bestehen müsse, da sich die Vorwärtsversicherung nicht von der Rückwärtsversicherung abspalten lasse und hinsichtlich der Vorwärtsversicherung grundsätzlich eine Anzeigepflicht bestünde,[191] keine Einwände vorgebracht werden. Sie geht im Ergebnis mit der hier vertretenen Auffassung konform. Einwände sind jedoch gegen seine auf der Rechtsfolgenseite angenommene Lösung und insbesondere die Annahme vorzubringen, dass die Leistungspflicht des Versicherers trotz Vorliegens der Rücktrittsvoraussetzungen aufgrund Eingreifens von § 21 VVG entfällt. Lässt man die mit dem Eintritt des Versicherungsfalles einhergehenden Begleiterscheinungen, die als gefahrerhebliche Umstände schon die Anzeigepflicht auslösen, außer Betracht und nimmt nur den Eintritt des Versicherungsfalles, ist zuzugeben, dass der Eintritt des Versicherungsfalles die Anzeigepflicht, die sich eben auf diesen eingetretenen Versicherungsfall bezieht, erst bedingt. Aber zum einen gehen in der Praxis dem Eintritt eines Versicherungsfalles besonders bei der Berufsunfähigkeits- und der Lebensversicherung regelmäßig nicht unbemerkt bleibende Begleiterscheinungen (z.B. zumindest Beschwerden) voraus. Diese unterfallen jedoch den nach den §§ 16 ff. VVG anzeigepflichtigen Umständen und können somit bei ihrer Nicht- oder Falschangabe ein Rücktrittsrecht des Versicherers bedingen. Unzweifelhaft kann ihnen auch eine Ursächlichkeit für den Eintritt des Versicherungsfalles nachgewiesen werden. Zum anderen ist § 21 VVG im Lichte der Intention der §§ 16 ff. VVG zu sehen. § 21 VVG soll die Leistungspflicht des Versicherers trotz Vorliegens der Rücktrittsvoraussetzungen aufrechterhalten, wenn zwar die Zuordnung des versicherten Risikos unrichtig war, aber sich diese Fehlzuordnung nicht auf die kalkulatorischen Grundlagen des Versicherungsvertrages ausgewirkt hat.[192] Die Nichtangabe des Eintritts des Versicherungsfalles bewirkt unzweifelhaft eine falsche Einschätzung des zu versichernden Risikos und diese beeinflusst wiederum die kalkulatorischen Grundlagen des Versicherungsvertrages. Im Vergleich zu anderen Versicherungssparten, bei denen das zu versichernde Risiko zumeist den Eintritt von mehreren Versicherungsfällen umfasst,[193] liegt das bei der Berufsunfähigkeits- und der Lebensversicherung zu versichernde Risiko in dem nur einmalig mögli-

[191] *Baumann* in BK zum VVG, § 2 Rdn. 65-67.
[192] s. *Voit (jun.)* in BK zum VVG, § 21 Rdn. 1.
[193] z.B. bei der Krankenversicherung oder der Haftpflichtversicherung.

chen Eintritt des Versicherungsfalles. Indem man ein Eingreifen der vorvertraglichen Anzeigepflicht bis zum endgültigen Vertragsschluss verneint, würde man eine unwirtschaftliche Leistungspflicht vom Versicherer verlangen. Denn seiner Leistung würde mangels Kenntnis vom Eintritt des Versicherungsfalles eine falsche Prämienkalkulation zugrunde liegen. Dies wäre ein Geschenk an den Versicherungsnehmer, das wirtschaftlich zu Lasten der Versichertengemeinschaft ginge und daher dem Zweck der §§ 16 ff. VVG, das versicherungsrechtliche Grundprinzip aufrechtzuerhalten, zuwiderlaufen würde.[194]
Damit trifft den Versicherungsnehmer auch bei Abschluss einer Rückwärtsversicherung uneingeschränkt die vorvertragliche Anzeigepflicht.

d. Änderung und Wiederherstellung des Versicherungsvertrages

In § 9 Abs. 5 BUV und § 6 Abs. 5 ALB wird die Änderung und die Wiederherstellung eines bestehenden Versicherungsvertrages dem Neuabschluss eines Versicherungsvertrages gleichgestellt.

aa. Bewertung einer inhaltlichen Änderung als Neuabschluss eines Versicherungsvertrages

Nach herrschender Auffassung in der Rechtsprechung[195] und in der Literatur[196] sind solche Änderungen des Versicherungsvertrages als Vertragsabschluss zu

---

[194] Aus diesen Gründen ist auch der von *Römer* in Römer/Langheid, VVG, § 2 Rdn. 1, vertretenen Auffassung kritisch gegenüberzutreten, dass bei Beantragung einer Rückwärtsversicherung die Verpflichtung zur Anzeige des Eintritts des Versicherungsfalles aus der vorvertraglichen Anzeigepflicht herauszunehmen sei. Der von *Römer* aufgezeigte Nachteil, dass bei Angabe des Eintritts des Versicherungsfalles die Beantragung einer Rückwärtsversicherung im Rahmen einer Berufsunfähigkeitsversicherung für den Versicherungsnehmer wenig Aussicht auf Annahme haben wird, ist in Kauf zu nehmen.

[195] BGH, VersR 1993, 213 (214) (z.B. die Erhöhung der Versicherungssumme und Verlängerung des Versicherungsvertrages, aber nicht solche Veränderungen, auf die der Versicherungsnehmer einen vertraglichen Anspruch hat (z.B. bei dynamischer Lebensversicherung, und/oder, wenn der Versicherer die Prämie gestundet hat) und auch keine Reduzierung der Verpflichtung des Versicherer (z.B. Verkürzung der vertraglichen Laufzeit oder eine Verminderung der bisherigen Versicherungssumme (s. dazu auch BGH, VersR 1994, 39 (40)); OLG Karlsruhe, VersR 1992, 1250 (1251) (z.B. die Rückumwandlung einer beitragsfrei gestellten Lebensversicherung mit Wiederinkraftsetzen einer Berufsunfähigkeitszusatzversicherung); OLG Köln, VersR 1992, 1252 (1252, 1253) (z.B. die Umwandlung einer Risikozwischenversicherung in eine Kapitalversicherung auf den Todes- und Erlebensfall).

[196] vgl. *Bruck/Möller*, VVG, § 16 Anm. 9 i.V.m. § 1 Anm. 126; *Winter* in Bruck/Möller/Winter, VVG, Anm. F 22; *Langheid* in Römer/Langheid, VVG, §§ 16, 17 Rdn. 9, 10; *Prölss* in Prölss/Martin, §§ 16, 17 Rdn. 16; *Voit (jun.)* in BK zum VVG, § 16

behandeln, die eine neue oder erhöhte Gefahr in den Versicherungsschutz einbeziehen und der Versicherer ein erkennbares (und anzuerkennendes) Interesse daran hat, die Gefahrenlage zum Zeitpunkt der Änderung zu berücksichtigen.[197]

bb. Bewertung der Wiederherstellung als Neuabschluss eines Versicherungsvertrages

Die Wiederherstellung einer Berufsunfähigkeits- und/oder Lebensversicherung kommt in Betracht, wenn der ursprüngliche Versicherungsschutz erloschen ist (z.B. Nichtzahlung eines Folgebeitrages innerhalb der Frist des § 39 Abs. 3 VVG) oder nicht mehr in voller Höhe besteht (z.B. Umwandlung der Versicherung auf Antrag des Versicherungsnehmers in eine beitragsfreie Versicherung).[198]
Im Hinblick auf eine Gleichsetzung mit einem Vertragsabschluss und der daraus folgenden Bedingung einer vorvertraglichen Anzeigepflicht ist bei der Wiederherstellung danach zu unterscheiden, ob die Wiederherstellung vom freien Ermessen des Versicherers abhängig ist oder ob der Versicherer dem Versicherungsnehmer das Recht zur Wiederherstellung eingeräumt hat.

Rdn. 6; vgl. auch *Römer*, RuS 1998, 45 (46, 47); s. im Ergebnis auch *Voit (sen.)*, Berufsunfähigkeitsversicherung, Rdn. 153, der jedoch die von der herrschenden Auffassung in der Rechtsprechung und Literatur allein auf die Interessenlage abstellende Argumentation ablehnt und es unter Betrachtung des Wortlauts des halbzwingenden § 16 VVG („bei Schließung des Vertrages") und Sinn und Zwecks der Regelung als richtiger ansieht, die Auferlegung einer Anzeigepflicht davon abhängig zu machen, ob der Versicherer dem Versicherungsnehmer klar und deutlich zu erkennen gebe, dass er die Vertragsänderung von der Beantwortung weiterer Fragen abhängig mache, und ihm diese Fragen einzeln oder formularmäßig vorlege. So bräuchte der Versicherungsnehmer nach *Voit* jedenfalls bei bloßen Erhöhungen der Versicherungssumme grundsätzlich keine Angaben über seinen aktuellen Gesundheitszustand zu machen, wobei er allerdings von der Forderung von Gefahrfragen in dem Fall eine Ausnahme macht, dass sich dem Versicherungsnehmer die Notwendigkeit einer Mitteilung nach Treu und Glauben aufdrängen müsse und er dabei auf die Entscheidung des BGH (VersR 1993, 213 (214)) verweist, wo der BGH die Erhöhung der Versicherungssumme als eine dem Neuabschluss eines Versicherungsvertrages gleichzusetzende Änderung beurteilt hat.

[197] Dagegen sind einige Vertreter in der älteren Literatur der Auffassung, dass jede inhaltliche Änderung des Versicherungsvertrages dem Vertragsschluss gleichzusetzen sei und dementsprechend die vorvertragliche Anzeigepflicht des Versicherungsnehmers auslöse (vgl. *Bruck*, Privatversicherungsrecht, S. 183; *Ehrenzweig*, Versicherungsvertragsrecht, S. 150; *Gottschalk*, JRPV 1926, 321 (322); *Gruneke*, Versicherte Gefahr und Anzeigepflicht in der privaten Krankenversicherung, S. 98, 99, für den zur Bejahung einer Anzeigepflicht ausschlaggebend ist, ob andere Leistungen Gegenstand des Vertrages geworden sind).

[198] s. nur *Winter* in Bruck/Möller/Winter, VVG, Anm. F 23.

Ist eine Wiederherstellung des Versicherungsvertrages vom freien Ermessen bzw. der Entscheidung des Versicherers abhängig, so wird in der Regel eine neue Einigung zwischen Versicherer und Versicherungsnehmer erforderlich sein. Die Wiederherstellung erfolgt durch Abschluss eines neuen Versicherungsvertrages und ist damit einem Neuabschluss gleichzusetzen, bei welchem der Versicherer die Erfüllung der vorvertraglichen Anzeigepflicht verlangen kann.[199]

Ist dem Versicherungsnehmer eine Wiederherstellung des Versicherungsvertrages durch Vereinbarung[200] in dem ursprünglichen Versicherungsvertrag eingeräumt worden, wird das alte Versicherungsverhältnis fortgeführt und eine vorvertragliche Anzeigepflicht entsteht nicht.[201]

5. Reformvorschlag hinsichtlich der Nachmeldepflicht des Versicherungsnehmers

Nach dem Vorschlag der Kommission soll der für die Erfüllung der vorvertraglichen Anzeigepflicht maßgebliche Zeitpunkt nicht mehr der Zeitpunkt des Vertragsschlusses, sondern der Zeitpunkt der auf den Vertragsschluss gerichteten Willenserklärung des Versicherungsnehmers, also in der Regel der Antragstellung, sein.[202] Die bisher bestehende Nachmeldeverpflichtung des Versicherungsnehmers zwischen Antragstellung und Annahme des Antrages durch den Versicherer wird damit abgeschafft. Dadurch würde insbesondere der Streitstand über das Bestehen einer vorvertraglichen Anzeigepflicht auch bei Abschluss einer Rückwärtsversicherung obsolet werden.

Eine erweiterte Anzeigepflicht, d.h. eine Anzeigepflicht, die über den Zeitpunkt der auf den Vertragsschluss gerichteten Willenserklärung des Versicherungsnehmers hinausgeht, kommt für die Kommission nur dann in Betracht, wenn der Versicherer vor seiner Vertragsannahme noch einmal oder erstmals schriftliche Fragen nach Gefahrumständen stellt.[203]

---

[199] vgl. *Benkel/Hirschberg*, ALB– und BUZ-Kommentar, § 6 ALB Rdn. 110; *Winter* in Bruck/Möller/Winter, VVG, Anm. F 24.

[200] z.B. durch die Regelung des § 39 VVG, nach der, wenn der Versicherungsvertrag wegen Nichtzahlung eines Folgebeitrages erloschen ist und die in § 39 Abs. 3 S. 3 genannte Frist abgelaufen ist, der Versicherungsnehmer durch Nachzahlung aller rückständigen Beiträge und sonstiger Kosten innerhalb von sechs Monaten nach dem Fälligkeitszeitpunkt des erstmals unbezahlt gebliebenen Beitrages den alten Lebensversicherungsvertrag in voller Höhe wieder einseitig in Kraft setzen kann.

[201] *Winter* in Bruck/Möller/Winter, VVG, Anm. F 25.

[202] Abschlussbericht der Kommission zur Reform des Versicherungsvertragsrechts, S. 39.

[203] Abschlussbericht der Kommission zur Reform des Versicherungsvertragsrechts, S. 39.

II. Erweiterung des anzeigenpflichtigen Zeitraumes bei verspätet zugesendetem Versicherungsschein

Sendet der Versicherer dem Antragsteller den Versicherungsschein erst nach Ablauf des Zeitraumes zu, innerhalb dessen der Antragsteller an seinen Antrag gebunden war – zumeist sind in den Antragsformularen der Versicherer Annahmefristen festgelegt –, so ist gemäß § 150 Abs. 1 BGB in dieser verspäteten Annahme ein neues Vertragsangebot des Versicherers zu sehen. Erst ab Zugang der verspäteten Annahme geht es erneut um die Schließung des Versicherungsvertrages mit der Folge, dass die Anzeigepflicht nun bis zur Annahme dieses Antrages durch den Versicherungsnehmer fortbesteht.[204] In einem solchen Fall hat der BGH[205] entschieden, könne sich der künftige Versicherungsnehmer seiner erneuten Anzeigepflicht nicht dadurch entziehen, dass er das Angebot des Versicherers umgehend annehme. Vielmehr sei er in derartigen Situationen gehalten, seiner Anzeigepflicht dadurch nachzukommen, dass er zunächst von seiner Annahme absehe und den Versicherer wahrheitsgemäß über zwischenzeitlich eingetretene bzw. ihm erst bekannt gewordene gefahrerhebliche Umstände informiere, um ihm Gelegenheit zu geben, seinen Antrag anzupassen.

C. Anzeigepflichtige Personen

Nach dem Gesetzeswortlaut des § 16 Abs. 1 VVG ist allein der Versicherungsnehmer anzeigepflichtig.

Im Falle der Fremdversicherung ist gemäß § 79 Abs. 1 und § 161 VVG[206] neben dem Versicherungsnehmer auch die zu versichernde Person zur Anzeige verpflichtet.[207]

Bei gesetzlicher Vertretung des Versicherungsnehmers obliegt ausschließlich dem gesetzlichen Vertreter die Anzeigepflicht (§ 166 Abs. 1 BGB).[208] Bedient sich der Versicherungsnehmer zum Abschluss des Versicherungsvertrages eines rechtsgeschäftlich bestellten Vertreters, ist gemäß § 19 VVG neben dem Versicherungsnehmer auch der von ihm nach den §§ 164 ff. BGB Bevollmächtigte

---

[204] BGH, VersR 1991, 1397 (1398); BGH, VersR 1993, 213 (214).

[205] BGH, VersR 1993, 213 (214).

[206] s. § 6 Abs. 2 ALB.

[207] vgl. *Römer* in Römer/Langheid, VVG, § 79 Rdn. 2; *Goll*, Handbuch der Lebensversicherung, 6.1.3..

[208] vgl. *Goll*, Handbuch der Lebensversicherung, 6.1.3; *Knappmann*, RuS 1996, 81 (83).

sowie auch ein Vertreter ohne Vertretungsmacht vollumfänglich anzeigepflichtig.[209]

D. Anzeigeadressaten

Der Versicherungsnehmer genügt seiner Pflicht zur vorvertraglichen Anzeige gefahrerheblicher Umstände nur dann, wenn er sie gegenüber dem richtigen Anzeigeadressaten tätigt, da die vorvertragliche Anzeige gefahrerheblicher Umstände eine empfangsbedürftige Wissenserklärung ist.

I. Der Versicherer als genereller Anzeigeadressat

Gemäß § 16 Abs. 1 S. 1 VVG ist der anzeigepflichtige Umstand dem Versicherer anzuzeigen, d.h. zur Erfüllung der Anzeigepflicht muss die vorvertragliche Anzeige eines gefahrerheblichen Umstandes dem Versicherer zugehen.
Der Versicherer ist in der Regel eine juristische Person,[210] so dass die Anzeige an die zur Vertretung verfassungsmäßig berufenen Organe erfolgen muss; dies ist regelmäßig der Vorstand. Bei mehrgliedrigem Vorstand genügt die Erklärung an ein Mitglied.[211] Da die Vorstände von Versicherungen das Geschäft des Abschlusses der einzelnen Versicherungsverträge grundsätzlich an Mitarbeiter delegieren und diese dazu dementsprechend bevollmächtigt haben, hat die Anzeige diesen gegenüber zu erfolgen.

II. Am Versicherungsvertrag beteiligte Dritte als Anzeigeadressaten

Am Versicherungsvertrag beteiligte Dritte kommen als weitere Anzeigeadressaten dann in Betracht, wenn sie eine Empfangszuständigkeit für die Annahme der vorvertraglichen Anzeige des Versicherungsnehmers besitzen.

---

[209] vgl. *Langheid* in Römer/Langheid, VVG, § 19 Rdn. 1; *Goll*, Handbuch der Lebensversicherung, 6.1.3.; *Knappmann*, RuS 1996, 81 (83).
[210] Gemäß § 7 Abs. 1 VAG ist für den Betrieb von Versicherungsgeschäften nur die Unternehmensform der Aktiengesellschaft (AG), des Versicherungsvereins auf Gegenseitigkeit (VVaG) sowie der Körperschaft und Anstalt des öffentlichen Rechts zulässig. Bei den drei Unternehmensformen handelt es sich um juristische Personen, die nur durch ihre vom Gesetz vorgesehenen Organe, in diesem Fall durch den Vorstand, handlungsfähig sind (vgl. § 78 Abs. 1 AktG, § 26 Abs. 2 BGB) (vgl. *Schmidt*, Handelsrecht, § 5 I. 2. a. u. § 16 II. 1. a.).
[211] *Kisch*, Handbuch des Privatversicherungsrecht Bd. 2, S. 258.

1. Empfangszuständigkeit von Versicherungsvermittlern

Der Vertrieb von Versicherungen, insbesondere von Berufsunfähigkeits- und Lebensversicherungen, erfolgt in den wenigsten Fällen dadurch, dass die Versicherungsunternehmen bzw. deren Mitarbeiter mit ihren Produkten direkt an die Versicherungskunden herantreten. In den meisten Fällen wird die Kundenakquisition mit anschließender Vertragsanbahnung und dem Vertragsabschluss durch außerhalb des Versicherungsunternehmens stehende Dritte als Mittelspersonen vorgenommen.

Klassische Versicherungsvermittler sind der Versicherungsagent und der Versicherungsmakler.

a. Empfangszuständigkeit eines Versicherungsagenten

Der Vertrieb des Produktes Versicherung durch den Versicherungsagenten stellt die häufigste Form der Versicherungsvermittlung dar.

Der Versicherungsagent ist als selbständiger Gewerbetreibender ständig damit betraut, für eine Versicherungsgesellschaft Verträge zu vermitteln und gegebenenfalls auch abzuschließen (Verkaufsvermittler).[212]

Die rechtlichen Regelungen für den Versicherungsagenten finden sich in den §§ 43 ff. VVG und §§ 84 ff. HGB.

Es ist – insbesondere auch bei der Untersuchung der Empfangszuständigkeit – zwischen dem Abschlussagenten und dem Vermittlungsagenten zu unterscheiden.

aa. Empfangsvollmacht des Abschlussagenten

Gemäß § 45 VVG haben Abschlussagenten die Berechtigung, für den Versicherer Versicherungsverträge abzuschließen. Sie sind damit als Vertreter des Versicherers tätig.

Bei der Berufsunfähigkeits- und Lebensversicherung werden Abschlussagenten jedoch nur selten tätig, da sich die Versicherer in der Regel eine Gesundheitsprüfung vorbehalten.[213] In der Lebensversicherung findet sich ein Abschlussagent daher überwiegend nur noch in der Restschuldversicherung[214], da dort häufig auf eine ausführliche Risikoprüfung verzichtet wird und sich der Ver-

[212] vgl. *Bruck/Möller*, VVG, vor §§ 43-48 Anm. 13, 128; *Kollhosser* in Prölss/Martin, VVG, § 43 Rdn. 5; OLG Hamm, VersR 1996, 697 (699).

[213] vgl. *Schmidt*, VersR 1986, 511 (514); *Schwenker*, NJW 1992, 343 (344 Fn. 1).

[214] Die Restschuldversicherung erfüllt die Aufgabe, im Falle des Todes des Versicherten seine Zahlungsverpflichtungen abzusichern.

tragsschluss auf den Verkaufszeitpunkt unter Einsatz von Risikoprüfungssystemen verlagert.[215]

Die in § 45 VVG normierte Bevollmächtigung zum Abschluss von Versicherungsverträgen beinhaltet die Vollmacht, für den Versicherer vorvertragliche Anzeigen gefahrerheblicher Umstände anzunehmen. Der Abschlussagent kommt daher neben dem Versicherer als Anzeigeadressat in Betracht.

bb. Empfangsvollmacht des Vermittlungsagenten

Vermittlungsagenten sind nur mit der Anbahnung von Versicherungsverträgen betraut und haben keine Abschlussvollmacht.[216]

Vermittlungsagenten sind gemäß § 43 Nr. 1 VVG nur bevollmächtigt, Anträge auf Schließung eines Versicherungsvertrages und ihre Widerrufe entgegenzunehmen, woraus sich keine Empfangszuständigkeit für die vorvertragliche Gefahranzeige ergibt.

1) Die Auge–und–Ohr–Rechtsprechung des BGH

Mit der als Auge–und–Ohr–Rechtsprechung berühmt gewordenen Entscheidung vom 11.11.1987[217] legte der BGH den Grundstein einer über den Gesetzeswortlaut des § 43 Nr. 1 VVG hinausgehenden Entwicklung[218] der Empfangsvollmacht des Vermittlungsagenten.

Aus der Entwicklungsgeschichte und dem Zweck des § 43 Nr. 1 VVG hat der BGH gefolgert, dass sich die Empfangsvollmacht des Vermittlungsagenten außer auf die Entgegennahme des Antrages und seines Widerrufs auch auf die Entgegennahme aller im Zusammenhang mit dem Antrag, insbesondere mit den Fragen des Antragsformulars und dem Vermittlungsagenten – in der Regel mündlich – mitgeteilten Tatsachen erstrecke.

Der empfangsbevollmächtigte Vermittlungsagent stehe dem Antragsteller bei der Entgegennahme eines Antrages auf Abschluss eines Versicherungsvertrages bildlich gesprochen als „Auge und Ohr des Versicherers" gegenüber, so dass alles, was ihm in Bezug auf die Antragstellung gesagt und vorgelegt wird, als dem Versicherer gesagt und vorgelegt gelte. Auch mündliche Ergänzungen, die vor dem Vermittlungsagenten zum schriftlichen Versicherungsantrag abgegeben werden, gelten als gegenüber dem Versicherer erklärt.

---

[215] *Kurzendörfer*, Lebensversicherung, 6.2.2.3. i.V.m. 3.3.1.2..

[216] vgl. *Gruber* in BK zum VVG, § 43 Rdn. 2; *Reiff*, RuS 1998, 133 (133).

[217] BGHZ 102, 194 ff..

[218] BGHZ 107, 322 (325); BGHZ 116, 387 (389); zuletzt BGH, NVersZ 2002, 59 (60).

Diesem Verständnis des § 43 Nr. 1 VVG stehe auch die Regelung des § 44 VVG nicht entgegen, die besagt, dass soweit die Kenntnis des Versicherers nach dem VVG von Erheblichkeit ist, die Kenntnis eines nur mit der Vermittlung von Versicherungsgeschäften betrauten Agenten der Kenntnis des Versicherers nicht gleichsteht.[219] Unter Berufung auf die Gesetzesmaterialien sei § 44 VVG dahin zu interpretieren, dass dieser lediglich die Zurechnung privaten Wissens des Vermittlungsagenten ausschließe, also dasjenige Wissen, das dieser nicht „in Ausübung der Stellvertretung“ erlangt habe.[220]
Als privates, nicht zurechenbares Wissen wird das Wissen angesehen, das der Vermittlungsagent nicht während der Vermittlung von Versicherungsverträgen oder bei der Vermittlung eines Versicherungsvertrages mit einem Dritten erlangt, aber auch das Wissen des Vermittlungsagenten, das dieser bei der Vermittlung eines anderen als des konkreten Versicherungsvertrages zwischen dem Versicherer und dem Versicherungsnehmer erworben hat.[221]
Der Vermittlungsagent, der vom Versicherer zur Annahme eines Versicherungsantrages bevollmächtigt ist, ist damit empfangszuständig für die – auch nur mündliche – vorvertragliche Anzeige von gefahrerheblichen Umständen und kann somit Anzeigeadressat für die vorvertragliche Gefahranzeige sein.

2) Beschränkbarkeit der Empfangsvollmacht des Vermittlungsagenten

Als Folge der Auge–und–Ohr–Rechtsprechung sahen sich die Versicherer zum einen der Gefahr ausgesetzt, dass die Vermittlungsagenten ihre Empfangsvollmacht nicht ordentlich ausübten und mündliche Mitteilungen des Versicherungsnehmers nicht in das Antragsformular aufnahmen. Zum anderen standen sie der Problematik gegenüber, dass Versicherungsnehmer unzutreffend, aber häufig nicht widerlegbar behaupteten, sie hätten die erforderlichen Angaben dem Vermittlungsagenten mündlich mitgeteilt.
Die Auge–und–Ohr–Rechtsprechung löste daher auf Seiten der Versicherungswirtschaft erhebliche Bestrebungen aus, sich gegen diese Folgen zu schützen.

---

[219] BGHZ 102, 194 (196 ff.); s. auch *Bundschuh*, ZVersWiss 1993, 39 (44); vgl. auch *Keinert*, Vorvertragliche Anzeigepflicht, S. 45 und *Voit (jun.)* in BK zum VVG, § 16 Rdn. 70 aus dem Grund, dass sie bei der Frage der Empfangszuständigkeit schon keinen Anwendungsbereich des § 44 VVG sehen, da er die Kenntniszurechnung betrifft.
[220] BGHZ 102, 194 (196 ff.); so auch OLG Koblenz, VersR 2001, 45 (46).
[221] *Baum*, Die Wissenszurechnung, S. 43; vgl. auch *Büsken*, VersR 1992, 272 (272); s. auch OLG München, VersR 2004, 181 (181), nach dessen Rechtsprechung dem Versicherer nach der Auge-und-Ohr-Rechtsprechung nur solches Wissen des für mehrere Versicherer eines Konzerns tätigen Versicherungsagenten zurechenbar sei, das dieser gerade in Bezug auf die Antragstellung erlangt hat.

Sie suchte dementsprechend nach Möglichkeiten, die Empfangsvollmacht des Versicherungsagenten insbesondere für mündliche Erklärungen des Antragstellers im Rahmen der Antragstellung zu beschränken.
Gemäß § 47 VVG hat der Versicherer grundsätzlich die Möglichkeit, die dem Versicherungsagenten nach den §§ 43 – 46 VVG zustehende Vertretungsmacht rechtsgeschäftlich zu beschränken. Voraussetzung einer wirksamen Vollmachtsbeschränkung gegenüber einem Dritten ist aber, dass er die Beschränkung bei der Vornahme des Rechtsgeschäfts oder der Rechtshandlung kannte oder infolge grober Fahrlässigkeit nicht kannte.
Zu der Frage, ob eine Beschränkung der Empfangsvollmacht des Vermittlungsagenten in Bezug auf die Entgegennahme der vorvertraglichen Gefahranzeige möglich ist, werden verschiedene Auffassungen vertreten.

a) Die Auffassung des BGH

Der BGH[222] hat sich zu der Beschränkbarkeit der Empfangsvollmacht bisher nur einmal im Zusammenhang mit der Beurteilung einer konkreten die Empfangsvollmacht des Vermittlungsagenten beschränkenden Klausel geäußert. Nach seiner Auffassung sei es nicht möglich, die Empfangsvertretung aus § 43 Nr. 1 VVG aufzuteilen in die (unbeschränkte) Entgegennahme des – allerdings schriftlichen – Antrages und die Entgegennahme nur von schriftlichen Wissenserklärungen. Folglich sei es nicht möglich, die Empfangsvollmacht des Vermittlungsagenten hinsichtlich der Entgegennahme vorvertraglicher Gefahranzeigen zu beschränken.
Der BGH stellt dabei – wie schon bei seiner Begründung zur Auge–und–Ohr–Rechtsprechung – darauf ab, dass die Entgegennahme der erstatteten vorvertraglichen, regelmäßig mündlichen Anzeigen ein einheitlicher, juristisch nicht aufspaltbarer Lebensvorgang sei.[223] Deshalb bleibe der Agent auch Empfangsbevollmächtigter des Versicherers für die Wissenserklärungen, die der Antragsteller in Erfüllung seiner vorvertraglichen Anzeigepflicht abgegeben habe.[224]

b) Meinungsstand in der Literatur

Im Anschluss an die Entscheidung des BGH haben sich einige Vertreter aus dem Schrifttum mit der Möglichkeit einer Kenntnisbeschränkung beim Vermitt-

---

[222] BGH, VersR 1992, 217 ff..
[223] BGH, VersR 1992, 217 (218).
[224] BGH, VersR 1992, 217 (218).

lungsagenten beschäftigt und sind dabei zu unterschiedlichen Ergebnissen gelangt. Zur besseren Übersichtlichkeit sind die verschiedenen Auffassungen in drei Gruppen unterteilt und zwar in die Gruppe, welche die Möglichkeit einer Beschränkung ablehnt, die Gruppe, welche die Möglichkeit einer Beschränkung bejaht, und die Gruppe, welche die Möglichkeit einer Beschränkung nur durch einen individuellen Hinweis an den Antragsteller vor dessen Abgabe von Erklärungen bejaht.

aa) Die Möglichkeit einer Beschränkung ablehnenden Auffassungen

Eine Gruppe von Vertretern in der Literatur lehnt die Möglichkeit einer Beschränkung der Empfangsvollmacht des Vermittlungsagenten hinsichtlich der Entgegennahme vorvertraglicher Gefahranzeigen ab.[225]
Dieser Gruppe sind auch diejenigen Vertreter[226] zuzuordnen, die betonen, dass die Möglichkeit einer Beschränkung der Empfangsvollmacht des Vermittlungsagenten in der Theorie zwar gegeben sei, der praktischen Umsetzung einer Beschränkung jedoch aus zumeist denselben Erwägungen kritisch gegenüberstehen, auf denen die anderen Vertreter ihre Ablehnung gründen.

Glauber[227], Voit (sen.)[228] und auch Reiff[229] nehmen Bezug auf die Aussagen des BGH, dass die Entgegennahme eines Antrages auf Abschluss eines Versicherungsvertrages und die dabei vom Versicherungsnehmer abgegebenen vorvertraglichen Anzeigen einen einheitlichen, juristisch nicht aufspaltbaren Lebensvorgang darstellen. Sie ziehen aus den Aussagen des BGH für den nach § 43 Nr. 1 VVG zu beidem bevollmächtigten Vermittlungsagenten die Konsequenz, dass es sich auch bei dessen Bevollmächtigung um einen nicht aufteilbaren Vorgang handele. Eine Abspaltung der Vollmacht zur Entgegennahme von vorvertraglichen Anzeigen des Antragstellers von der Vollmacht zur Entgegennahme des Antrages durch eine Beschränkung der Empfangsvollmacht des Vermittlungsagenten sei daher nicht möglich.[230]

225 *Glauber*, VersR 1992, 937 ff.; *Präve*, ZfV 1993, 130 ff.; ders., VersR 1998, 1141 ff.; *Beckmann*, NJW 1996, 1378 ff.; *Gruber* in BK zum VVG, § 47 Rdn. 1 ff..
226 *Voit (sen.)*, Berufsunfähigkeitsversicherung, Rdn. 183 ff.; *Schirmer*, ZVersWiss 92, 381 (395 ff.); ders., RuS 1995, 273 ff.; *Kollhosser* in Prölss/Martin, VVG, § 47 Rdn. 1 ff.; ders., RuS 2001, 89 (94); *Gröning*, VersR 1990, 710 ff.; *Reiff*, RuS 1998, 133 ff..
227 *Glauber*, VersR 1992, 937 (939).
228 *Voit (sen.)*, Berufsunfähigkeitsversicherung, Rdn. 183.
229 *Reiff*, RuS 1998, 133 (134).
230 *Glauber*, VersR 1992, 937 (939), *Voit (sen.)*, Berufsunfähigkeitsversicherung, Rdn. 183; *Reiff*, RuS 1998, 133 (134), der bei der Abspaltung der Vollmacht hinsichtlich des Empfangs

Voit (sen.)[231] ergänzt, dass eine Trennung von rechtsgeschäftlicher Erklärung und Tatsachenerklärung gerade im Zusammenhang mit der Antragsaufnahme und -abgabe auch unter dem Aspekt bedenklich erscheint, dass die Tatsachenerklärungen zu den Gesundheitsfragen gerade dazu bestimmt seien, den Vertragsschluss herbeizuführen.

Präve[232], Gruber[233], Kollhosser[234], Reiff[235] und Gröning[236] halten die Geltung von vollmachtsbeschränkenden Klauseln bereits im Hinblick auf die formalen Erfordernisse des § 47 VVG für fragwürdig.

Präve[237] und Kollhosser[238] stellen dabei auf die mangelnde Kenntnisnahmemöglichkeit einer vollmachtsbeschränkenden Klausel ab, wenn sich diese in den Allgemeinen Versicherungsbedingungen befindet, da dem Versicherungsnehmer die Allgemeinen Versicherungsbedingungen gewöhnlich erst nach Antragstellung ausgehändigt würden. Wenn die Allgemeinen Versicherungsbedingungen dem Versicherungsnehmer jedoch schon bei Antragstellung ausgehändigt würden, bejaht Präve[239] die Möglichkeit einer Kenntniserlangung durch den Versicherungsnehmer, wenn der Versicherer bzw. dessen Agent den Antragsteller aufgeklärt haben, dass mündliche Angaben zur Erfüllung seiner Anzeigeobliegenheit nicht genügen. Dies könnte z.B. durch einen hinreichend klaren und deutlichen Hinweis auf die Vollmachtsbeschränkung im Antragsformular geschehen. Kollhosser[240] sieht für eine Erklärung der Beschränkung der Empfangsvollmacht hingegen nur das Antragsformular als möglichen Ort einer Beschränkung an.

---

von Wissenserklärungen in Form der vorvertraglichen Gefahranzeige auch noch auf die Gefahr von Fehlvorstellungen auf Seiten des Versicherungsnehmers anführt.

231 *Voit (sen.)*, Berufsunfähigkeitsversicherung, Rdn. 188.

232 *Präve*, ZfV 1993, 130 (132).

233 *Gruber* in BK zum VVG, § 47 Rdn. 2.

234 *Kollhosser* in Prölss/Martin, VVG, § 47 Rdn. 2; ders., RuS 2001, 89 (94).

235 *Reiff*, RuS 1998, 133 (135).

236 *Gröning*, VersR 1990, 710 (714).

237 *Präve*, ZfV 1993, 130 (132).

238 *Kollhosser* in Prölss/Martin, VVG, § 47 Rdn. 2; ders., RuS 2001, 89 (94).

239 *Präve*, ZfV 1993, 130 (132); s. auch *Beckmann*, NJW 1996, 1378 (1379 Fn. 6), der dem Vorliegen der formalen Voraussetzungen des § 47 VVG keine Bedenken ausgesetzt sieht, wenn die vollmachtsbeschränkende Bestimmung im Antragsformular drucktechnisch hervorgehoben und das zeitliche Moment („bei der Vornahme des Geschäfts oder der Rechtshandlung“) durch Hinweis auf die Vollmachtsbeschränkung im Antragsformular, der allerdings vor dem Vertragsschluss erfolgen muss, eingehalten wird.

240 *Kollhosser* in Prölss/Martin, VVG, § 47 Rdn. 2; ders., RuS 2001, 89 (94).

Nach Auffassung von Gruber[241] und Reiff[242] sind die Allgemeinen Versicherungsbedingungen als tauglicher Ort einer vollmachtsbeschränkenden Klausel in der Regel auszuschließen, da die Allgemeinen Versicherungsbedingungen erst mit Vertragsschluss wirksam würden.
Gruber[243] erkennt jedoch ausnahmsweise die Wirksamkeit einer Vollmachtsbeschränkung in Allgemeinen Versicherungsbedingungen an, wenn der Versicherungsnehmer die Allgemeinen Versicherungsbedingungen bei Antragstellung erhalte und das Antragsformular die Klausel beinhalte, der Versicherungsnehmer erkenne die Allgemeinen Versicherungsbedingungen an. Reiff[244] stellt demgegenüber heraus, dass eine drucktechnisch deutlich hervorgehobene und inhaltlich klare Klausel im Antragsformular den formalen Voraussetzungen des § 47 VVG genüge.

Die Problematik der Geltung einer in den Allgemeinen Versicherungsbedingungen befindlichen Klausel für vor dem Vertragsschluss geltende Vorgänge stellt ebenfalls Gröning[245] heraus. Er sieht darin bereits eine begriffliche Schwierigkeit, da vom Zeitpunkt des Vertragsschlusses ausgehend eine Vollmachtsbeschränkung rückwirkend für Vorgänge konstruiert werden müsste, die in der Vergangenheit liegen. Eine Klausel, die sich in den Allgemeinen Versicherungsbedingungen befinde, aber die auch im vorvertraglichen Bereich Geltung haben soll, sei der Gefahr ausgesetzt, sowohl überraschend gemäß § 305 c Abs. 1 BGB als auch unklar gemäß § 305 c Abs. 2 BGB zu sein.
Zur Positionierung einer vollmachtsbeschränkenden Klausel zieht Gröning daher das Antragsformular in Betracht. Aus den Erfahrungen des täglichen Lebens ergebe sich aber, dass der Antragsteller eine Beschränkung, egal ob diese gleich zu Beginn oder erst am Ende des Antragsvordrucks erscheint, erst nach dem Antragsgespräch lesen würde und sie sich deshalb nicht – gleichsam rückwirkend – auf zuvor, während des Antragsgesprächs, entgegengenommene Erklärungen des Antragsstellers beziehen könne.[246] Um die formalen Anforderungen des § 47 VVG zu erfüllen, müsste der Agent den Antragsteller zu Beginn des Antragsgespräches mündlich aufklären oder alternativ den Antrag stets vom

---

[241] *Gruber* in BK zum VVG, § 47 Rdn. 2.
[242] *Reiff*, RuS 1998, 133 (135).
[243] *Gruber* in BK zum VVG, § 47 Rdn. 2.
[244] *Reiff*, RuS 1998, 133 (133).
[245] *Gröning*, VersR 1990, 710 (714).
[246] *Gröning*, VersR 1990, 710 (713), der in dem Zusammenhang noch herausstellt, dass eine solche Beschränkung zudem auch dem Lebenssachverhalt zuwiderlaufen würde, denn wenn der Agent niederschreibt, was der Antragsteller ihm zuvor gesagt hat, nehme er mündliche Erklärungen des Antragstellers entgegen, wozu er doch nach der Beschränkung gerade nicht bevollmächtigt seien soll.

Antragsteller selbst ausfüllen lassen. Gröning führt im Anschluss an diese Vorschläge aber auch sofort ihre geringe Praktikabilität in der Praxis an, da sie im Verhältnis zwischen Antragsteller und Vermittler auf gegenseitiges Misstrauen hinauslaufen würden.[247]

Präve[248], Gruber[249], Beckmann[250], Voit (sen.)[251], Schirmer[252] und Kollhosser[253] gehen dann aber konform, dass eine vollmachtsbeschränkende Klausel nicht mit dem Recht der Allgemeinen Geschäftsbedingungen vereinbar sei.

Eine vollmachtsbeschränkende Klausel halte einer Inhaltskontrolle nach § 307 Abs. 2 Nr. 1 BGB nicht stand, da die Aufspaltung innerhalb der Klausel in einen wirksamen Empfang des Antrages und eine unwirksame Kenntnisnahme von mündlichen Erklärungen dem Grundgedanken des § 43 Nr. 1 VVG in der Auslegung des BGH widerspreche und damit den Versicherungsnehmer unangemessen benachteiligen würde.

Eine materielle Barriere für die Zulässigkeit von vollmachtsbeschränkenden Klauseln sieht Beckmann[254] auch noch in § 305 c Abs. 1 BGB, nach dem überraschende Bestimmungen in Allgemeinen Geschäftsbedingungen nicht Vertragsbestandteil werden. Der Kunde sehe den Agenten als seinen Ansprechpartner an, so dass eine vollmachtsbeschränkende Klausel im Widerspruch zum Erwartungshorizont des Versicherungskunden stehe. Allerdings fügt Beckmann an, dass der Überraschungseffekt des § 305 c Abs. 1 BGB durch eine optische Hervorhebung der Klausel im Antragsformular solcher Art, dass die Kenntnisnahme des Kunden zu erwarten sei, überwunden werden könne.

Vollmachtsbeschränkende Klauseln können nach seiner Auffassung aber ebenso noch an § 309 Nr. 13 BGB scheitern.[255] Aufgrund solcher Klauseln müsste der Versicherungsnehmer die Anzeige gefahrerheblicher Umstände anstelle des Vermittlungsagenten direkt dem Versicherer übermitteln. Damit wäre die Anzeige im Vergleich zu der im Gesetz vorgesehenen und durch die Rechtsprechung konkretisierten Rechtslage, nach welcher der Vermittlungsagent bestimmte Erklärungen des Versicherungsnehmers mit Wirkung für und gegen den

---

[247] *Gröning*, VersR 1990, 710 (714).

[248] *Präve*, VersR 1998, 1141 (1143) u. ZfV 1993, 130 (134).

[249] *Gruber* in BK zum VVG, § 47 Rdn. 3, 5.

[250] *Beckmann*, NJW 1996, 1378 (1380).

[251] *Voit (sen.)*, Berufsunfähigkeitsversicherung, Rdn. 183.

[252] *Schirmer*, RuS 1995, 273 (274); ders., ZVersWiss 1992, 381 (397) u. ders., RuS 1995, 273 (274).

[253] *Kollhosser* in Prölss/Martin, VVG, § 47 Rdn. 5.

[254] *Beckmann*, NJW 1996, 1378 (1379).

[255] *Beckmann*, NJW 1996, 1378 (1379,1380).

Versicherer entgegennehmen kann, an ein besonderes Zugangserfordernis geknüpft.

Nach Präve[256] und Gruber[257] bestehen gegen die Zulässigkeit von Klauseln, welche die Empfangsvollmacht des Vermittlungsagenten beschränken, ferner die Bedenken, dass sie § 5 Abs. 2 VVG aushöhlen würden. Sie wenden ein, dass Abweichungen im Sinne des § 5 Abs. 2 VVG auch im Falle mündlich getroffener Vereinbarungen vorlägen. Bei einer Beschränkung der Empfangsvollmacht des Vermittlungsagenten verbliebe kein Raum mehr für § 5 Abs. 2 VVG.

Gruber[258] wendet gegen die Zulässigkeit einer vollmachtsbeschränkenden Klausel schließlich noch ein, dass dem Agenten im Falle einer Vollmachtsbeschränkung eine bloße Botenfunktion zukäme. Dies würde jedoch einen Wertungswiderspruch zu § 130 Abs. 1 S. 1 BGB bedingen, der nach ganz herrschender Auffassung[259] so ausgelegt wird, dass sogar die Nichtweiterleitung durch den Empfangsboten in den Risikobereich des Empfängers fällt.

Schirmer[260] stellt noch heraus, dass das Verhalten des Versicherers auch für widersprüchlich und damit rechtsmissbräuchlich gehalten werden könnte. Wenn er den Agenten veranlasse, den Antrag entgegenzunehmen, und es dabei zulasse und dulde, dass die für die Übernahme der Gefahr relevanten Fragen vom Antragsteller mündlich gegenüber dem Vermittler beantwortet werden, erscheine es als „venire contra factum proprium", wenn er sich im Nachhinein auf eine Beschränkung der Empfangsvollmacht seines Vertreters auf nur schriftlich niedergelegte Angaben und Erklärungen berufen würde.

Schließlich führt Reiff[261] am Ende seiner Ausführungen an, dass eine Beschränkung der Vollmacht des Agenten unabhängig von ihrer Wirksamkeit ohnehin nutzlos sei, da das Wissen des Agenten dem Versicherer in jedem Fall gemäß § 166 Abs. 1 BGB analog zugerechnet würde. Der typische Vermittlungsagent erfülle nämlich alle Voraussetzungen der Wissensvertretung, bei deren Vorliegen sowohl vom BGH als auch von der herrschenden Lehre in Analogie zu § 166 Abs. 1 BGB eine Wissenszurechnung erfolge.

---

256 *Präve*, VersR 1998, 1141 (1144).
257 *Gruber* in BK zum VVG, § 47 Rdn. 5.
258 *Gruber* in BK zum VVG, § 47 Rdn. 4.
259 s. statt vieler nur *Heinrichs* in Palandt, § 130 Rdn. 9.
260 *Schirmer*, RuS 1995, 273 (274).
261 *Reiff*, RuS 1998, 133 (137).

bb) Die Möglichkeit einer Beschränkung bejahenden Auffassungen

Ein anderer Teil von Vertretern in der Literatur[262] bejaht die Möglichkeit einer Beschränkung der Empfangsvollmacht des Vermittlungsagenten.

Diese ergibt sich für Büsken[263] aus der Auge–und–Ohr–Rechtsprechung des BGH, in welcher der BGH im Rahmen der Auslegung des § 44 VVG davon ausgegangen ist, dass eine Einschränkung der Kenntniszurechnung mittels Begrenzung der Vollmacht des Vermittlungsagenten möglich sei. Für die Möglichkeit einer Vollmachtsbeschränkung spreche insbesondere, dass § 47 VVG die Beschränkung ausdrücklich zulasse und das Bedürfnis des Versicherers, eine gesicherte, schriftliche Grundlage für die Risikoprüfung zu erhalten, da er allein auf der Grundlage der schriftlich fixierten Risikoerfassung über die Annahme des Antrages entscheidet.

Auch Röhr[264] weist als Indiz für die Möglichkeit einer Vollmachtsbeschränkung auf die Regelung des § 47 VVG hin, wobei er herausstellt, dass eine Beschränkung auch nicht von § 34 a VVG ausgeschlossen werde.

Fricke[265] verweist – wie auch Büsken – zur Begründung der generellen Möglichkeit einer Vollmachtsbeschränkung auf die Rechtsprechung des BGH zur Beschränkbarkeit der Empfangsvollmacht. Nach seiner Auffassung sei die Argumentation des BGH[266] so zu deuten, dass sich der BGH gegen eine rechtliche Ungleichbehandlung der Willens- und der Wissenserklärung wende und eine Einschränkung der Vertretungsmacht nur einheitlich für beide Befugnisse – der zur Entgegennahme von Willenserklärungen und der zur Entgegennahme von Wissenserklärungen – möglich sein solle. Eine generelle Beschränkung der Empfangsvollmacht des Vermittlungsagenten auf die Entgegennahme von Schriftlichem käme daher nach seinem Verständnis der Rechtsprechung des BGH in Betracht.

Weigel[267] spricht sich für die Möglichkeit einer Vollmachtsbeschränkung aus, weil diese auch bei bloßen Vermittlungsvertretern im Zusammenhang mit

---

[262] *Büsken*, VersR 1992, 272 ff.; *Röhr*, Die vorvertragliche Anzeigepflicht, S. 142 ff.; *Klein*, Die Rechtsmacht des Versicherungsagenten und ihre Beschränkbarkeit, S. 83 ff.; *Fricke*, VersR 1993, 399 ff.; *Weigel*, MDR 1992, 728 ff.; *Schwenker*, NJW 1992, 343 ff.; *Luckey*, VersR 1993, 151 ff..

[263] *Büsken*, VersR 1992, 272 (275).

[264] *Röhr*, Die vorvertragliche Anzeigepflicht, S. 142.

[265] *Fricke*, VersR 1993, 399 (401).

[266] s. zuvor unter a..

[267] *Weigel*, MDR 1992, 728 (729).

der Frage nach der Wirksamkeit von formularmäßigen Schriftformklauseln allgemein anerkannt sei.

Unter den Befürwortern einer Vollmachtsbeschränkung herrschen jedoch verschiedene Auffassungen im Hinblick auf deren Ausgestaltung.
Büsken[268], Röhr[269] und Klein[270] halten die Regelung einer Vollmachtsbeschränkung in einer Klausel in den Allgemeinen Versicherungsbedingungen für möglich.

Büsken[271] hat keine Bedenken hinsichtlich der vertraglichen Einbeziehung von Allgemeinen Versicherungsbedingungen auch schon für den Zeitpunkt ab Antragstellung. Denn es sei zulässig, den Antrag bestimmten Allgemeinen Versicherungsbedingungen zu unterstellen, die der Versicherungsnehmer mit seinem unterzeichneten Antrag als verbindlich anerkenne. Wenn allerdings im Antragsformular selbst keine wirksame Vollmachtsbeschränkung verankert sei, müsse im Hinblick auf § 305 c Abs. 2 BGB ein hinreichend klarer und deutlicher Hinweis auf die bereits ab Antragstellung geltende Schriftformklausel erfolgen.

Röhr[272] hält eine Vollmachtsbeschränkung in den Allgemeinen Versicherungsbedingungen für wirksam, da sie kein besonderes Zugangserfordernis für Anzeigen an den Versicherer enthalte, sondern lediglich die Empfangsvollmacht Dritter ausschließe. Zudem könne sie ohne weiteres auch den vorvertraglichen Bereich regeln.

Klein[273] bejaht ohne Begründung die Möglichkeit der Vollmachtsbeschränkung durch eine Klausel in den Allgemeinen Versicherungsbedingungen, knüpft ihre Wirksamkeit aber an die Bedingung, dass die Allgemeinen Versicherungsbedingungen dem Antragsteller während des Antragsgespräches ausgehändigt werden und der Agent den Antragsteller auf die Notwendigkeit der Lektüre des Antragsformulars hinweist.

Einer Beschränkung der Empfangsvollmacht in einer Klausel in den Allgemeinen Versicherungsbedingungen stehen dagegen Fricke[274], Schwenker[275] und Luckey[276] kritisch gegenüber.

---

268 *Büsken*, VersR 1992, 272 (276).
269 *Röhr*, Die vorvertragliche Anzeigepflicht, S. 142.
270 *Klein*, Die Rechtsmacht des Versicherungsagenten und ihre Beschränkbarkeit, S. 117.
271 *Büsken*, VersR 1992, 272 (276).
272 *Röhr*, Die vorvertragliche Anzeigepflicht, S. 142.
273 *Klein*, Die Rechtsmacht des Versicherungsagenten und ihre Beschränkbarkeit, S. 117.
274 *Fricke*, VersR 1993, 399 (401).
275 *Schwenker*, NJW 1992, 343 (346, 347).

Fricke[277] hält eine in den Allgemeinen Versicherungsbedingungen enthaltene Vollmachtsbeschränkung für vor Vertragschluss abgegebene Erklärungen für unwirksam. Er verweist dazu auf die mangelnde Kenntnisnahmemöglichkeit des Antragstellers von der Beschränkung in dem Moment, in welchem er seine Erklärung abgebe, weil die Allgemeinen Versicherungsbedingungen dem Antragsteller in der Praxis erst nach Unterzeichnung und Übergabe des Antrages ausgehändigt werden.

Auch nach der Auffassung von Schwenker[278] scheitert die Wirksamkeit einer Vollmachtsbeschränkung in den Allgemeinen Versicherungsbedingungen an der Möglichkeit ihrer Kenntnisnahme durch den Versicherungsnehmer. Zwar versteht er als Rechtshandlung, an welche § 47 VVG den Zeitpunkt der Kenntnisnahme knüpft, unter Bezugnahme auf die Rechtsprechung des BGH, den gesamten mit der eigentlichen Antragstellung zeitlich und räumlich zusammenfallenden Vorgang. Daher sei eine Kenntnisnahmemöglichkeit nicht schon dann zu verneinen, wenn der Versicherungsnehmer die Allgemeinen Versicherungsbedingungen in der Regel erst nach Unterzeichnung erhalte. Da es nach seiner Auffassung aber auf die Möglichkeit der tatsächlichen Kenntnisnahme ankommt, scheitere die Wirksamkeit einer Vollmachtsbeschränkung in den Allgemeinen Versicherungsbedingungen daran, dass der Agent den Versicherungsnehmer vor Vertragsschluss nicht auf die Beschränkung der Vollmacht des Vermittlungsagenten hinweise und der Versicherungsnehmer insofern keine Möglichkeit habe, von der Beschränkung tatsächlich Kenntnis zu erlangen.
Eine Kenntniserlangung werde auch nicht durch die im Antrag üblicherweise verwendete Anerkenntnisklausel, die auf die Allgemeinen Versicherungsbedingungen Bezug nehme, erreicht, da durch diese Klausel eine Kenntnis der Allgemeinen Versicherungsbedingungen und der in ihnen enthaltenen Vollmachtsbeschränkung nur fingiert, aber nicht tatsächlich erlangt werde.

Luckey[279] stellt ebenso auf das Fehlen einer Kenntnisnahmemöglichkeit der Vollmachtsbeschränkung durch den Versicherungsnehmer ab, da die Allgemeinen Versicherungsbedingungen im Normalfall nicht vor der Antragstellung gelesen würden. Dieses Verhalten könne dem Versicherungsnehmer aber auch nicht als grob fahrlässige Unkenntnis, die § 47 VVG im Hinblick auf das Fehlen einer Vollmacht verlange, vorgeworfen werden. Nach den Grundsätzen des Rechts der Allgemeinen Geschäftsbedingungen, die auch für Allgemeine Versicherungsbedingungen gelten, sei die Unkenntnis von Allgemeinen Geschäftsbe-

---

276 *Luckey*, VersR 1993, 151 (151).
277 *Fricke*, VersR 1993, 399 (401).
278 *Schwenker*, NJW 1992, 343 (346, 347).
279 *Luckey*, VersR 1993, 151 (151).

dingungen grundsätzlich nicht vorwerfbar und vor allem nicht als grob fahrlässig zu bewerten.

Nach Büsken[280], Röhr[281], Klein[282], Fricke[283], Weigel[284], Schwenker[285] und Luckey[286] ist eine Beschränkung der Empfangsvollmacht durch eine formularmäßige Bestimmung jedenfalls im Antragsformular möglich. Sie verstoße nicht gegen die in § 47 VVG festgelegten Voraussetzungen für die Wirksamkeit einer Vollmachtsbeschränkung.

Nach Büsken[287] und Fricke[288] ist dabei die Platzierung der Beschränkung innerhalb des Antragsformulars irrelevant. Zum einen sei der Vorgang der Antragsaufnahme nach der Rechtsprechung des BGH ein einheitlicher Lebenssachverhalt, der rechtlich nicht aufspaltbar sei. Zum anderen werde der Versicherungsnehmer das Geschehen bei Antragsaufnahme selbst nicht als selbständige Teilakte begreifen, sondern die Antragstellung mit dem Lesen und Unterzeichnen des Antrages als vollzogen ansehen. Es komme daher für den Zeitpunkt der Kenntnisnahme oder grob fahrlässigen Unkenntnis der Vollmachtsbeschränkung durch den Antragsteller nicht auf den Zeitpunkt an, in dem der Antragsteller die mündliche Angabe gegenüber dem Vermittlungsagenten tätigt. Es ist vielmehr der Zeitpunkt relevant, in dem der Antragsteller dem Agenten den ausgefüllten und unterzeichneten Antrag aushändigt und der Agent diesen annimmt bzw. in dem der Antragsteller den Antrag absendet.

---

[280] *Büsken*, VersR 1992, 272 (276).

[281] *Röhr*, Die vorvertragliche Anzeigepflicht, S. 142, bejaht die Möglichkeit der Vollmachtsbeschränkung im Antragsformular nicht direkt, jedoch ist aus der bewussten Einfügung des Wortes „auch“, wenn er ausführt, dass eine Vollmachtsbeschränkung „auch“ in den Allgemeinen Versicherungsbedingungen wirksam ist, durch einen „Erst-Recht-Schluss“ zu folgern, dass *Röhr* einer Vollmachtsbeschränkung in Antragsformularen positiv gegenübersteht.

[282] *Klein*, Die Rechtsmacht des Versicherungsagenten und ihre Beschränkbarkeit, S. 117.

[283] *Fricke*, VersR 1993, 399 (402).

[284] *Weigel*, MDR 1992, 728 (729).

[285] *Schwenker*, NJW 1992, 343 (348).

[286] *Luckey*, VersR 1993, 151 (152).

[287] *Büsken*, VersR 1992, 272 (276), hält sogar eine Erstreckung des Zeitpunktes der Kenntnisnahme oder grob fahrlässigen Unkenntnis bis zum eigentlichen Vertragsschluss, also der Annahme des Antrages durch den Versicherer, für vertretbar. Denn parallel zu seiner Verpflichtung gemäß § 16 Abs. 1 S. 1 VVG, bis zur formellen Vertragsannahme gefahrerhebliche Umstände in der vorgeschriebenen Form mitzuteilen, könne vom Versicherungsnehmer bei Vorliegen zumindest einer grob fahrlässigen Unkenntnis der Vollmachtsbeschränkung nach Antragstellung und vor Annahme auch verlangt werden, dass er die unrichtigen Angaben im Antrag schriftlich korrigiert.

[288] *Fricke*, VersR 1993, 399 (402).

Weigel[289] sieht die in § 47 VVG genannte Wirksamkeitsvoraussetzung der Kenntnis oder grob fahrlässigen Unkenntnis der Beschränkung nur bei besonderer Hervorhebung der Klausel durch eine entsprechende Platzierung und drucktechnische Ausgestaltung als unproblematisch gegeben an.

Auch Schwenker[290] betont, dass zur Wirksamkeit gemäß § 47 VVG die Beschränkung der Empfangsvollmacht sowohl aus dem Inhalt als auch aus der äußerlichen Gestaltung des Hinweises für einen in der Regel versicherungsrechtlich unkundigen Antragsteller eindeutig hervorgehen müsse.

Luckey[291] geht hingegen generell vom Vorliegen der in § 47 VVG geforderten Kenntnis der Beschränkung aus, da sich der Versicherungsinteressent mit den in den Antragsformularen befindlichen Fragen zu den Gefahrumständen auseinander zu setzen habe, wofür eine Kenntnisnahme erforderlich sei. Wenn die vollmachtsbeschränkende Klausel deutlich wahrnehmbar und unmissverständlich sei, der Versicherungsinteressent sie trotzdessen aber nicht durchlese, beruhe seine Unkenntnis auf grober Fahrlässigkeit. Allerdings gelte dies nicht in dem häufig anzutreffenden Fall, dass der Versicherungsvertreter das Ausfüllen des Antragsformulars übernehme und der Versicherungsinteressent in dem Vertrauen, dass der Versicherungsvertreter alle erheblichen Mitteilungen in das Antragsformular aufgenommen habe, das Formular ungelesen unterschreibe.[292]

Die Wirksamkeit einer vollmachtsbeschränkenden Klausel scheitere nach der Meinung von Klein[293], Fricke[294] und Weigel[295] auch nicht an einer Inhaltskontrolle nach den §§ 307 – 309 BGB, denn eine vollmachtsbeschränkende Klausel

---

289 *Weigel*, MDR 1992, 728 (729).

290 *Schwenker*, NJW 1992, 728 (348).

291 *Luckey*, VersR 1993, 151 (152).

292 *Luckey*, VersR 1993, 151 (152, 153), nach dessen Auffassung eine Vollmachtsklausel auch bei Kenntnisnahme kraft weiterwirkenden Rechtsscheins jedoch dann wirkungslos bleiben soll, wenn der Versicherer dadurch, dass er z.B. den Vertreter dazu anhält, die Antragsfragen und die Bedingungen zu erläutern, ihn mit umfangreichem Material ausstattet und ihm gestattet, klangvolle Berufsbezeichnungen zu tragen, den Rechtsschein setzt, dass die Rechtsstellung des Versicherungsvertreters der in § 43 Nr. 1 VVG beschriebenen entspreche, und der Versicherungsinteressent darauf vertraue, dass die Befugnis den äußeren Gegebenheiten entspreche.

293 *Klein*, Die Rechtsmacht des Versicherungsagenten und ihre Beschränkbarkeit, S. 96.

294 *Fricke*, VersR 1993, 399 (402), der auch bei Zuerkennung eines AGB-Charakters und Überprüfung anhand des Rechts der Allgemeinen Geschäftsbedingungen die Vollmachtsbeschränkung bei entsprechender Formulierung hinsichtlich ihrer Wirksamkeit keinen Bedenken ausgesetzt sieht.

295 *Weigel*, MDR 1992, 728 (729).

unterläge nicht der Kontrolle des Rechts der Allgemeinen Geschäftsbedingungen.[296]

Klein[297] und Fricke[298] erkennen die vollmachtsbeschränkende Klausel zwar als eine einseitige, formularmäßig ausgestaltete Willenserklärung des Versicherers und damit als eine Vertragsbestimmung im Sinne von § 305 BGB an. Der Versicherer nehme jedoch keine fremde, sondern eigene Gestaltungsmacht in Anspruch, so dass auf eine solche Klausel das Recht der Allgemeinen Geschäftsbedingungen aufgrund seines Schutzzweckes nicht anwendbar sei. Eine Kontrolle der Vollmachtserteilung des Versicherers anhand des Rechts der Allgemeinen Geschäftsbedingungen verstieße gegen den Schutzzweck dieses Rechts, den typischerweise unterlegenen Vertragspartner des Verwenders von Allgemeinen Versicherungsbedingungen zu schützen, da in dessen Rechtsbereich mit einer solchen Regelung nicht eingegriffen würde.

Nach der Ansicht von Weigel[299] erfülle eine vollmachtsbeschränkende Klausel schon nicht die Voraussetzungen einer Allgemeinen Geschäftsbedingung. Allgemeine Geschäftsbedingungen seien nur solche Regelungen, deren Wirksamkeit von einer konsensualen Willensbildung beider Parteien abhinge, sowie einseitige Erklärungen, die der Verwender der anderen Partei auferlegt habe. Die Beschränkung der Befugnisse von Vertretern bzw. deren bloße Kundgabe nach außen sei demgegenüber nur eine einseitige Willenserklärung des Geschäftsherrn.

---

[296] anders *Schwenker*, NJW 1992, 343 (345). Nach dessen Auffassung auch vollmachtsbeschränkende Klauseln unter das Recht der Allgemeinen Geschäftsbedingungen fallen, da sie eine gleiche Behandlung erfahren müssten, wie sog. Vertragsabschlussklauseln", die das Zustandekommen des Vertrages zum Gegenstand haben und die am Recht der Allgemeinen Geschäftsbedingungen gemessen werden auch sog. „Vertragsabschlussklauseln", die das Zustandekommen des Vertrages zum Gegenstand haben, fallen, zu messen sind. An eine vollmachtsbeschränkende Klausel sind nach seiner Auffassung (vgl. S. 347) daher zur Wirksamkeit nach dem Recht der Allgemeinen Geschäftsbedingungen erhebliche Anforderungen sowohl an die inhaltlich als auch an die äußerlich für den in der Regel versicherungsrechtlich nicht kundigen Antragsteller eindeutige Erkennbarkeit der Beschränkung der Empfangsvollmacht des Versicherungsagenten zu stellen. Insbesondere ist ein Scheitern an einem nicht eindeutigen Wortlaut der Klausel zu vermeiden, da in einem solchen Fall gemäß § 305 c Abs. 2 BGB eine Auslegung zu Lasten des Verwenders und damit zu Gunsten des Versicherungsnehmers vorgenommen werden würde.

[297] *Klein*, Die Rechtsmacht des Versicherungsagenten und ihre Beschränkbarkeit, S. 96.

[298] *Fricke*, VersR 1993, 399 (402).

[299] *Weigel*, MDR 1992, 728 (729).

cc) Die Möglichkeit einer Beschränkung durch einen individuellen Hinweis an den Antragsteller bejahenden Auffassungen

Zwei Vertreter in der Literatur[300] halten eine Beschränkung der Empfangsvollmacht des Vermittlungsagenten nur durch einen individuellen mündlichen oder schriftlichen Hinweis[301] bzw. ein separates Schriftstück[302], in dem der Antragsteller noch vor der Abgabe irgendwelcher Erklärungen über die Vollmachtsbeschränkung informiert wird, für wirksam.

Nach der Auffassung von Leschke[303] sei eine vollmachtsbeschränkende Klausel in den Antragsformularen oder in den Allgemeinen Versicherungsbedingungen zwar denkbar, würde aber einer Inhaltskontrolle nach dem Recht der Allgemeinen Geschäftsbedingungen nicht standhalten. Das Recht der Allgemeinen Geschäftsbedingungen sei auf eine solche Klausel anwendbar, da die Klausel von den Versicherern für eine Vielzahl von Verträgen vorformuliert sei und den Versicherungsnehmern bei Vertragsschluss gestellt würde, so dass sie sämtliche Anforderungen erfüllen würde, die § 305 BGB an die Begriffsbestimmung einer Allgemeinen Geschäftsbedingung stelle.[304] Es sei unschädlich, dass die Klausel lediglich eine einseitige Erklärung des Versicherers beinhalte, da sich die Definition des § 305 Abs. 1 BGB nach ganz herrschender Ansicht auch auf solche einseitigen Rechtsgeschäfte und rechtsgeschäftsähnliche Handlungen erstrecke, mit denen der Verwender entsprechende vertragsrelevante Erklärungen des Kunden vorformuliere. Wenn der Versicherer durch eine Beschränkung der Empfangsvollmacht des Vermittlungsagenten in die durch § 43 VVG gesetzlich festgelegte Vertretungsmacht des Vermittlungsagenten eingreife, entziehe er dem Versicherungsnehmer begründete Rechtspositionen, so dass diese Regelung auch ohne vertragliche Vereinbarung zwischen den Vertragsparteien nicht nur auf der Inanspruchnahme eigener rechtsgeschäftlicher Gestaltungsmacht beruhe.

Leschke[305] sieht in einer Beschränkung der Vertretungsmacht des Versicherungsvertreters für die Entgegennahme von Erklärungen und Anzeigen ein be-

---

[300] *Leschke*, Vertretungsmacht von Versicherungsvertretern und Wissenszurechnung, S. 191 ff.; *Wegmann*, Obliegenheiten in der privaten Krankenversicherung, S. 173 ff..

[301] *Leschke*, Vertretungsmacht von Versicherungsvertretern und Wissenszurechnung, S. 247 ff..

[302] *Wegmann*, Obliegenheiten in der privaten Krankenversicherung, S. 183, 191.

[303] *Leschke*, Vertretungsmacht von Versicherungsvertretern und Wissenszurechnung, S. 208–212 u. 233–242.

[304] *Leschke*, Vertretungsmacht von Versicherungsvertretern und Wissenszurechnung, S. 208-212, 233.

[305] *Leschke*, Vertretungsmacht von Versicherungsvertretern und Wissenszurechnung, S. 238–242.

sonderes Zugangserfordernis und damit einen Verstoß gegen § 309 Nr. 13 BGB. Aus den gesetzlichen Anordnungen in § 43 Nr. 1 und 2 VVG ergebe sich, dass die Versicherungsvertreter zum Machtbereich der Versicherer im Sinne des § 130 Abs. 1 S. 1 BGB gehören. Eine Einschränkung der Empfangsvollmacht des Versicherungsvermittlers sei daher ein besonderes Zugangserfordernis, das über die gesetzlich normierte Zugangsregelung in § 130 Abs. 1 S. 1 BGB hinausgehe.
Eine vollmachtsbeschränkende Klausel verstoße ferner gegen § 307 Abs. 1 i.V.m. Abs. 2 Nr. 1 BGB, da sie in wesentliche Grundgedanken der gesetzlichen Regelung des § 43 VVG eingreife. In der durch § 43 Nr. 1 VVG hinsichtlich der Entgegennahme des Antrages auf Abschluss eines Versicherungsvertrages und der Entgegennahme der vorvertraglichen Gefahranzeigen eingeführten Vertretungsmacht liege nämlich die Hauptaufgabe der Versicherungsvertreter begründet.

Wegmann[306] sieht als für die Kenntnisnahme gemäß § 47 VVG erforderlichen Zeitpunkt den Beginn der Beantwortung der im Antragsformular gestellten Fragen an. Da eine Vollmachtsbeschränkung erst mit ihrer positiven Kenntnisnahme, nicht schon mit ihrer Erteilung wirksam würde, sei es für eine auch schon im Rahmen der Antragstellung wirksame Vollmachtsbeschränkung erforderlich, dass der Antragsteller bereits vor deren Beginn die zumutbare Möglichkeit habe, hiervon Kenntnis zu erlangen. Allgemeine Versicherungsbedingungen seien nicht geeignet, um den Antragssteller über die Vollmachtsbeschränkung zu informieren, da in der Regel nicht mit ihrer Kenntnisnahme durch den Antragsteller vor der Antragstellung zu rechnen sei.[307] Eine im Antragsformular enthaltene Vollmachtsbeschränkung könne hingegen dann ihre Wirkung entfalten, wenn der Antragsteller den Antrag selbständig ausfülle und die Vollmachtsbeschränkung am Anfang des Formulars aufgeführt sowie drucktechnisch hervorgehoben sei.[308]
Gegen die Wirksamkeit einer Vollmachtsbeschränkung spreche zudem, dass sich der Versicherer das Wissen des Vermittlungsagenten gemäß § 166 BGB zurechnen lassen müsse, sofern der Agent entsprechend der Organisation des Geschäftsherrn dazu befugt sei, im Rechtsverkehr als dessen Repräsentant bestimmte Aufgaben in eigener Verantwortung zu übernehmen.[309] Wenn sich der Versicherer die Vorteile eines arbeitsteiligen Auftretens zunutze mache, indem er sich bei der Vertragsanbahnung und beim Vertragsabschluss eines Vermitt-

[306] *Wegmann*, Obliegenheiten in der privaten Krankenversicherung, S. 182, 183.
[307] *Wegmann*, Obliegenheiten in der privaten Krankenversicherung, S. 178, 183.
[308] *Wegmann*, Obliegenheiten in der privaten Krankenversicherung, S. 179, 180, 183.
[309] *Wegmann*, Obliegenheiten in der privaten Krankenversicherung, S. 188-190.

lungsagenten bediene, habe er auch für die gegebenenfalls auftretenden Nachteile einzustehen. Aufgrund des gewöhnlichen Auftretens des Agenten setze der Antragsteller ein erhebliches Vertrauen in die Integrität des Vermittlungsagenten[310] und sei daher besonders schutzwürdig. Außerdem läge das Risiko der ordnungsgemäßen Weiterleitung von Informationen beim Versicherer, der dieses Risiko auch beherrschen könne. Der Vermittlungsagent sei daher einem rechtsgeschäftlichen Vertreter gleichzustellen. Wenn das Wissen des rechtsgeschäftlichen Stellvertreters dem Vertretenen gemäß § 166 Abs. 1 BGB zugerechnet werde, müsse dies auch für den Vermittlungsagenten gelten. Die Wissenszurechnung erfolge dann unabhängig vom Umfang der erteilten Vollmacht, denn auch bei einer Beschränkung trete keine Änderung in Bezug auf die Beherrschbarkeit der Situation durch den Versicherer und das schutzwürdige Vertrauen des Antragstellers in die Befugnisse des Vermittlers und die daran geknüpften Erwartungen ein.[311]

Als einziges wirksames Mittel zur Vollmachtsbeschränkung schlagen Leschke[312] und Wegmann[313] daher einen individuellen mündlichen oder schriftlichen Hinweis bzw. ein separates Schriftstück an den Antragsteller vor, aus dem die Beschränkung der Empfangsvollmacht des Vermittlungsagenten zur Entgegennahme der vorvertraglichen Gefahranzeige hervorgeht. Nach der Auffassung von Leschke[314] findet auf einen individuellen Hinweis nicht das Recht der All-

---

[310] Nach *Wegmann*, Obliegenheiten in der privaten Krankenversicherung, S. 188, könne und dürfe der Antragsteller darauf vertrauen, dass der Vermittlungsagent, der zu diesem Zeitpunkt das einzige Bindeglied zwischen ihm und dem Versicherer darstellt, bei seinem weiteren Vorgehen auf die Herbeiführung eines einwandfreien, die redlichen Interessen der Vertragsparteien befriedigenden Vertragsschlusses hinwirken wird.

[311] *Wegmann*, Obliegenheiten in der privaten Krankenversicherung, S. 191, merkt weiterhin an, dass eine Einschränkung einer Kenntniszurechnung durch Zerstörung des Vertrauens des Antragstellers ihre Grenzen unter Heranziehung des Rechtsgedankens aus Treu und Glauben wiederum dort fände, wo das Vertrauen des Antragstellers nur latent den Interessen des redlichen Geschäftspartners gegenüberstehe. So greife der Gedanke einer nachhaltigen Störung des Vertrauens des Antragstellers in die Vollmacht des Vermittlungsagenten nicht, wenn der Vermittlungsagent über Dritte Kenntnisse erlangt hat, die für den Versicherungsvertrag relevant sind, ohne dass der Antragsteller selbst hiervon weiß. Denn es sei als Verstoß gegen Treu und Glauben anzusehen, wenn der Vermittlungsagent die anlässlich des Anbahnungsgespräches erlangten Kenntnisse dem Versicherer weiterzugeben habe, sonstige Kenntnisse aber nicht.

[312] *Leschke*, Vertretungsmacht von Versicherungsvertretern und Wissenszurechnung, S. 247 ff..

[313] *Wegmann*, Obliegenheiten in der privaten Krankenversicherung, S. 183, 191.

[314] *Leschke*, Vertretungsmacht von Versicherungsvertretern und Wissenszurechnung, S. 247 ff..

gemeinen Geschäftsbedingungen Anwendung. Nach der Auffassung von Wegmann[315] kann nur durch ein vom Antragsformular und den Allgemeine Versicherungsbedingungen separates Schriftstück dem Antragsteller das Vertrauen in die Integrität des Vermittlers genommen werden, was für einen Wegfall der Wissenszurechnung über § 166 Abs. 1 BGB notwendig ist. Der Hinweis bzw. die Mitteilung über die Vollmachtsbeschränkung müsse vor der Abgabe der Erklärung erfolgen, da die Beschränkung für ihre Wirksamkeit noch vor Beginn des Antragsgespräches vom Antragsteller zur Kenntnis genommen werden müsse.

c) Eigene Auffassung und Stellungnahme

Zur Beantwortung der Frage, ob und gegebenenfalls auf welche Art und Weise die Vollmacht des Vermittlungsagenten eingeschränkt werden kann, ist zunächst zu erörtern, auf welche Weise generell eine Wissenszurechnung zwischen Vermittlungsagenten und Versicherer stattfindet.

aa) Grundsätzliches zur Wissenszurechnung zwischen Vermittlungsagenten und Versicherer

Gemäß § 43 Nr. 1 VVG sind Vermittlungsagenten bevollmächtigt, Anträge auf Schließung, Verlängerung oder Änderung eines Versicherungsvertrages sowie den Widerruf solcher Anträge entgegenzunehmen. Der Vermittlungsagent ist damit Empfangsvertreter bzw. passiver Stellvertreter des Versicherers. Gemäß § 164 Abs. 3 BGB sind bei Vorliegen einer passiven Stellvertretung die Vorschriften über die aktive Stellvertretung entsprechend anwendbar. Dem Versicherer ist daher nach § 166 Abs. 1 BGB das Wissen seines Vermittlungsagenten in vollem Umfang zuzurechnen. Einer solchen grundsätzlichen Wissenszurechnung steht auch nicht § 44 VVG entgegen, nach dem die Kenntnis eines bloßen Vermittlungsagenten der Kenntnis des Versicherers nicht gleichsteht. Denn nach der Auge–und–Ohr–Rechtsprechung des BGH wird der Anwendungsbereich des § 44 VVG auf Umstände außerhalb der konkreten Vermittlungstätigkeit eingegrenzt.[316]
Somit wird grundsätzlich jede mündliche Mitteilung, die der Versicherungsnehmer im Rahmen von Vermittlungsgesprächen gegenüber dem bevollmächtigten Agenten macht, dem Versicherer gemäß § 166 Abs. 1 BGB als bekannt unterstellt.

---

[315] *Wegmann*, Obliegenheiten in der privaten Krankenversicherung, S. 191.
[316] s. unter 1).

Aufgrund der Zurechnung des Wissens des Vermittlungsagenten über § 166 Abs. 1 BGB ist eine Beschränkung der Empfangsvollmacht nur hinsichtlich vorvertraglicher Anzeigen unter Aufrechterhaltung der Empfangsvollmacht hinsichtlich des Antrages nicht möglich. Dem Vertretenen wird das Wissen des Vertreters gemäß § 166 Abs. 1 BGB nämlich unabhängig vom Umfang der Vollmacht zugerechnet.

Insofern kann der Auffassung von Büsken[317], Röhr[318], Klein[319] und Weigel[320], wenn sie sich für die Möglichkeit einer Beschränkung nur der Empfangsvollmacht hinsichtlich vorvertraglicher Anzeigen aussprechen, nicht gefolgt werden.

bb) Ausschluss der Vollmacht zur passiven Stellvertretung als einzige Möglichkeit der Beschränkung der Empfangsvollmacht

Als wirksame Möglichkeit einer Vollmachtsbeschränkung erscheint daher allein der Ausschluss der Bevollmächtigung des Vermittlungsagenten zur passiven Stellvertretung[321], da nur er die auf dieser Bevollmächtigung beruhende Wissenszurechnung gemäß § 166 Abs. 1 BGB entfallen lässt.

§ 166 Abs. 1 BGB greift nicht ein, wenn eine Hilfskraft lediglich bei der Vorbereitung eines Rechtsgeschäfts tätig wird, z.B. als Vermittler, oder wenn es um reine Tathandlungen geht, wie z.B. die Entgegennahme einer Sache.[322] Dabei kann eine Sache auch ein Antrag sein, ohne dass die Hilfsperson aufgrund einer irgendwie gearteten Bevollmächtigung rechtsgeschäftlich für jemanden tätig wird.[323]

Wie schon Reiff[324] und Wegmann[325] ausgeführt haben, stellt der Ausschluss der passiven Vertretungsmacht jedoch keine geeignete Möglichkeit der Beschränkung der Vollmacht des Vermittlungsagenten dar, wenn dem Versicherer das Wissen des Agenten auch unabhängig vom Bestehen einer Vertretungsmacht, also außerhalb der gesetzlichen Regelungen der Wissenszurechnung, zugerechnet werden könnte.

---

[317] *Büsken*, VersR 1992, 272 (276).

[318] *Röhr*, Die vorvertragliche Anzeigepflicht, S. 142.

[319] *Klein*, Die Rechtsmacht des Versicherungsagenten und ihre Beschränkbarkeit, S. 117.

[320] *Weigel*, MDR 1992, 728 (729).

[321] so auch *Klein*, Die Rechtmacht des Versicherungsagenten und ihre Beschränkbarkeit, S. 117, *Fricke*, VersR 1993, 399 (401) und *Luckey*, VersR 1993, 151 (151), und davon auch implizit ausgehend *Schwenker*, NJW 1992, 343 (346, 347).

[322] *Waltermann*, NJW 1993, 889 (891).

[323] vgl. *Waltermann*, NJW 1993, 889 (891).

[324] *Reiff*, RuS 1998, 133 (137).

[325] *Wegmann*, Obliegenheiten in der privaten Krankenversicherung, S. 188-190.

In der Rechtsprechung[326] und der Literatur[327] ist anerkannt, dass der Vorschrift des § 166 Abs. 1 BGB ein allgemeiner Rechtsgedanke zugrunde liegt, der unabhängig von einem Vertretungsverhältnis Geltung beansprucht. Eine Wissenszurechnung in Analogie zu § 166 Abs. 1 BGB soll daher immer dann stattfinden, wenn jemand einen anderen mit der Erledigung bestimmter Angelegenheiten in eigener Verantwortung betraut; man spricht hier von einer „Wissensvertretung".[328]
Der BGH[329] charakterisiert den Wissensvertreter als eine Person, die nach der Arbeitsorganisation des Geschäftsherrn dazu berufen ist, im Rechtsverkehr als dessen Repräsentant bestimmte Aufgaben in eigener Verantwortung zu erledigen und die dabei anfallenden Informationen zur Kenntnis zu nehmen sowie gegebenenfalls weiterzuleiten. Der Geschäftsherr muss sich des Wissensvertreters im rechtsgeschäftlichen Verkehr wie eines Vertreters bedienen, jedoch ist nicht erforderlich, dass dieser zum rechtsgeschäftlichen Vertreter oder zum Wissensvertreter ausdrücklich bestellt wurde.[330]
Die Arbeitsorganisation von Versicherungsgesellschaften sieht vor, dass sie sich zur Kundenakquisition und -betreuung u.a. Vermittlungsagenten bedienen. Ihnen obliegt die Aufgabe, mit den Kunden in Kontakt zu treten. Sie führen als Repräsentant der Versicherungsgesellschaft in eigener Verantwortung Vertragsanbahnungsgespräche, geben Produktinformationen und übernehmen regelmäßig das Ausfüllen des Antragsformulars anhand der Informationen, die ihnen der Kunde gegeben hat. Die Kenntnis, die sie während der Gespräche im Zusammenhang mit der Vertragsanbahnung und dem Vertragsabschluss erhalten, haben sie entweder im Antragsformular festzuhalten oder an den Versicherer weiterzuleiten. Die für das Vorliegen einer Wissensvertretung erforderlichen Kriterien sind daher im Verhältnis zwischen Versicherer und Vermittlungsagenten gegeben.

---

[326] BGHZ 83, 293 (296 ff.); BGH, NJW 1985, 2583; BGH, NJW 1992, 899 (900); BGHZ 117, 104 (106 ff.).

[327] *Schramm* in MüKo zum BGB, § 166 Rdn. 23 a, 31; *Leptien* in Soergel, BGB, § 164 Rdn. 11, § 166 Rdn. 6; *Steffen* in RGRK, BGB, § 164 Rdn. 19, § 166 Rdn. 4; *Heinrichs* in Palandt, BGB, § 166 Rdn. 1 i.V.m. 6; *Schilken*, Wissenszurechnung im Zivilrecht, S. 213 ff.; *Waltermann*, AcP 192, 181 (191 ff.); *Weyers*, Versicherungsvertragsrecht, Rdn. 368; vgl. auch *Richardi*, AcP 169, 385 (397), der sich für die Anerkennung einer „Wissensvertretung als selbständiges Zurechnungsprinzip" ausspricht.

[328] vgl. *Musielak*, Grundkurs BGB, Rdn. 854.

[329] BGHZ 117, 104 (106).

[330] *Musielak*, Grundkurs BGB, Rdn. 854.

Daraus ergibt sich – so auch Reiff[331] und Wegmann[332] –, dass der typische Vermittlungsagent im Rahmen des Vermittlungsgespräches alle Voraussetzungen des Wissensvertreters erfüllt. Unabhängig von einer Beschränkung der Vertretungsmacht des Agenten ist dem Versicherer demzufolge aus den Grundsätzen der Wissensvertretung das Wissen zuzurechnen, das der Agent beim Vermittlungsgespräch mit dem Kunden erlangt hat.
Sowohl Reiff[333] als auch Wegmann[334] weisen zu Recht auf die Möglichkeit hin, eine Wissenszurechnung nach den Grundsätzen der Wissensvertretung auszuschließen, indem man die Vorstellung des Kunden zerstöre, dass der Agent als Repräsentant des Versicherers fungiere, die Vertragsanbahnung in Eigenverantwortung durchführen könne und für den Versicherer Informationen zur Kenntnis nehme und weiterleite.
Es stellt sich daraufhin aber die Frage, in welcher Form dem Versicherungskunden eine Beschränkung der Vollmacht des Agenten vermittelt werden könnte. Bisher hat die Versicherungswirtschaft Klauseln in Antragsformularen oder in Allgemeinen Versicherungsbedingungen als mögliche Formen einer Vollmachtsbeschränkung vorgegeben. Die bisher verwendeten Klauseln sind jedoch inhaltlich verfehlt, da sie verschiedentlich formuliert nur eine Beschränkung der Empfangsvollmacht des Vermittlungsagenten in Bezug auf mündliche Erklärungen zum Inhalt haben. Sie beschränken aber gerade nicht die Empfangsvollmacht des Vermittlungsagenten in Bezug auf alle Erklärungen inklusive des Versicherungsantrages und nehmen daher dem Antragsteller auch nicht das Vertrauen in die Repräsentantenstellung des Vermittlungsagenten.
Leschke[335] und Wegmann[336] schlagen als Form einen individuellen Hinweis vor Abgabe der Erklärungen des Versicherungsnehmers vor.

cc) Vorliegen der formalen Voraussetzungen des § 47 VVG

Zunächst müssten bei den möglichen Ausgestaltungen der Vollmachtsbeschränkung die formalen Voraussetzungen des § 47 VVG vorliegen. Nach dem Wortlaut des § 47 VVG braucht ein Dritter eine Beschränkung der dem Versicherungsagenten nach den Vorschriften der §§ 43 – 46 VVG zustehenden Vertre-

---

[331] *Reiff*, RuS 1998, 133 (137); *Wegmann*, Obliegenheiten in der privaten Krankenversicherung, S. 188-190.
[332] *Wegmann*, Obliegenheiten in der privaten Krankenversicherung, S. 189.
[333] *Reiff*, RuS 1998, 133 (135).
[334] *Wegmann*, Obliegenheiten in der privaten Krankenversicherung, S. 191.
[335] *Leschke*, Vertretungsmacht von Versicherungsvertretern und Wissenszurechnung, S. 247 ff..
[336] *Wegmann*, Obliegenheiten in der privaten Krankenversicherung, S. 183, 191.

tungsmacht nur dann gegen sich gelten zu lassen, wenn er die Beschränkung bei der Vornahme des Geschäfts oder der Rechtshandlung kannte oder infolge grober Fahrlässigkeit nicht kannte.

Voraussetzung für eine wirksame Vollmachtsbeschränkung ist somit die Kenntnis bzw. grob fahrlässige Unkenntnis des Antragstellers von dem Vollmachtsausschluss.
Die Beurteilung, ob Kenntnis oder grob fahrlässige Unkenntnis beim Antragsteller vorliegt, hängt von dem Zeitpunkt, der für die Kenntnisnahme der Beschränkung gemäß § 47 VVG maßgeblich ist, sowie von der Qualität der Kenntnis und den Kriterien grob fahrlässiger Unkenntnis ab. Nach dem Wortlaut des § 47 VVG muss die Kenntnisnahme des Antragstellers von der Beschränkung „bei Vornahme des Rechtsgeschäfts oder der Rechtshandlung" vorliegen.
Bei Beschränkung der Empfangsvollmacht des Agenten bezüglich der Annahme sowohl der Anzeige gefahrerheblicher Umstände als auch des Antrages sind als entscheidende Rechtshandlungen die Abgabe der vorvertraglichen Risikoanzeige und die Abgabe des Antrages anzusehen.
Der Antragsteller müsste also spätestens in dem Zeitpunkt, in dem er die zeitlich frühere vorvertragliche Risikoanzeige tätigt, Kenntnis von der Beschränkung haben, damit diese ihre Wirkung entfalten kann.
Die Ansichten, welche den Zeitpunkt der Antragsabgabe[337] oder sogar den Zeitpunkt der letzten Einflussmöglichkeit des Antragstellers[338] als maßgeblichen Zeitpunkt für das Vorliegen der erforderlichen Kenntnis der Vollmachtsbeschränkung ansehen, verkennen, dass die vorvertragliche Anzeige gefahrerheblicher Umstände mit ihrem Aussprechen im Anbahnungsgespräch oder im Zwiegespräch beim Ausfüllen des Antrages gegenüber dem Agenten bereits wirksam erfüllt wird. Wenn man daher erst die Antragsabgabe oder sogar einen späteren Zeitpunkt als maßgeblichen Zeitpunkt für die Kenntnisnahme erachtet, könnte die Wirksamkeit der Risikoanzeige nur rückwirkend aufgehoben werden. Eine Rückwirkung der Vollmachtsbeschränkung kann aber nicht gewollt sein, da § 47 VVG zum Schutz des Antragstellers gerade auf die Kenntnisnahme der Vollmachtsbeschränkung abstellt.
Der Wortlaut des § 47 VVG, der die Kenntnis der Beschränkung „bei" Vornahme des Geschäfts oder der Rechtshandlung verlangt, spricht dafür, die Abgabe der Risikoanzeige als maßgeblichen Zeitpunkt anzusehen.

---

[337] so *Luckey*, VersR 1993, 151 (152), *Büsken*, VersR 1992, 272 (276), und *Schwenker*, NJW 1992, 343 (346).
[338] so *Fricke*, VersR 1993, 399 (401).

Um eine wirksame Wissenszurechnung über die Figur der Wissensvertretung zu verhindern, muss jedoch beim Antragsteller auch der Aufbau von Vertrauen in die Repräsentantenfunktion des Agenten bzw. der Anschein der Wissensvertretung des Agenten für den Versicherer unterbunden werden. Als maßgeblicher Zeitpunkt ist somit die Rechtshandlung, die Anknüpfungspunkt für die Annahme einer Wissensvertretung ist, zu beachten. Anknüpfungspunkt für die Annahme einer Wissensvertretung ist das konkrete Vertragsanbahnungsgespräch, in dem der Agent mit einem Antragsformular des Versicherers und als Informant bzgl. der Versicherungsprodukte des Versicherers dem Antragsteller gegenübersteht und damit als Repräsentant des Versicherers erscheint. Daher ist der für die Kenntnisnahme maßgebliche Zeitpunkt einer bereits für die vorvertragliche Risikoanzeige wirksamen Vollmachtsbeschränkung der Beginn des konkreten Vertragsanbahnungsgespräches zwischen Versicherungsinteressenten und Vermittlungsagenten.

Hinsichtlich der Qualität der in § 47 VVG geforderten Kenntnis ist mit Wegmann[339], Luckey[340] und Schwenker[341] davon auszugehen, dass § 47 VVG eine positive Kenntnis des Antragstellers von der vollmachtsbeschränkenden Klausel verlangt. Das Erfordernis einer tatsächlichen und nicht einer fingierten Kenntnis – wie sie Büsken[342] und Gruber[343] als ausreichend genügen lassen – ergibt sich schon aus den Motiven zu § 47 VVG. In ihnen wird dem Versicherer zum Beweis der Kenntnisnahme eine deutliche Hervorhebung der Klausel angeraten und damit auf die tatsächliche Wahrnehmbarkeit abgestellt. Zudem spricht der Zweck der Norm, den Versicherungsnehmer in wirksamer Weise gegen die Folgen einer Einschränkung der gesetzlichen Vollmacht der Agenten zu schützen, für die hier vertretene Auffassung.[344]
Was unter grob fahrlässiger Unkenntnis zu verstehen ist, richtet sich nach den Grundsätzen, die bei § 932 BGB gelten. Dies ergibt sich aus dem Bericht der gesetzgebenden Kommission zu den Entwürfen[345] zu § 47 VVG. In diesem heißt es, dass es in § 47 VVG um den Schutz des guten Glaubens in Bezug auf die

[339] *Wegmann*, Obliegenheiten in der privaten Krankenversicherung, S. 182, 183.
[340] *Luckey*, VersR 1993, 151 (152).
[341] *Schwenker*, NJW 1992, 343 (346, 347).
[342] *Büsken*, VersR 1992, 272 (276).
[343] *Gruber* in BK zum VVG, § 47 Rdn. 2.
[344] s. Begründung zu den Gesetzentwürfen (Verhandlungen des Reichstags), XII. Legislaturperiode, I. Session, Band 241 Anlage 1 zu Nr. 364, S. 120, 121.
[345] s. Bericht der VIII. Kommission über die Entwürfe (Verhandlungen des Reichstags), XII. Legislaturperiode, I. Session, Band 242 Anlage 2 zu Nr. 364, S. 314.

gesetzliche Vertretungsmacht des Agenten geht, der unter Rückgriff auf die Regelung im Mobiliarsachenrecht ausgestaltet worden ist.
Nach dem BGH[346] liegt grob fahrlässige Unkenntnis gemäß § 932 BGB dann vor, wenn der Erwerber die im Verkehr erforderliche Sorgfalt in ungewöhnlich hohem Maße verletzt und dasjenige ungeachtet gelassen hat, was sich im gegebenen Fall jedem aufgedrängt hätte. So wird z.B. bei einem Gebrauchtwagenkauf für einen Ausschluss des Vorliegens von grober Fahrlässigkeit verlangt, dass der Erwerber den Kraftfahrzeugbrief auf die Eigentumsverhältnisse hin überprüft.[347]
Betrachtet man die Situation des Vertragsschlusses im Versicherungsrecht kann man vom Versicherungsnehmer verlangen, dass er die ihm ausgehändigten Allgemeinen Versicherungsbedingungen zur Kenntnisnahme der Eckdaten ihres Inhaltes durchliest. Der gleiche Sorgfaltsmaßstab kann in Bezug auf das Antragsformular verlangt werden. Es entspricht der im Rechtsverkehr üblichen Sorgfalt, dass man einen Antrag auf Abschluss eines Vertrages, der als rechtserhebliche Handlung Folgen auslöst, auf seinen Inhalt und Zustimmungswürdigkeit hin überprüft, bevor man ihm Geltung durch Abgabe in den Rechtsverkehr verschafft. Bei Abschluss von Versicherungsverträgen drängt sich im Rahmen der Antragstellung jedem auf, dass ein verantwortungsvoller Umgang mit den Antragsfragen erforderlich ist, die zur Feststellung des zu versichernden Risikos für den Versicherer dienen. Es ist für den Antragsteller auch erkennbar, dass eine Falsch- oder Nichtbeantwortung rechtliche Folgen nach sich ziehen kann. Unterlässt der Antragsteller ein Durchlesen sowohl der ihm ausgehändigten Allgemeinen Versicherungsbedingungen als auch des Antragsformulars, ist daher grobe Fahrlässigkeit anzunehmen.

Überträgt man die gefundenen Ergebnisse auf die Empfangsvollmacht beschränkende Bestimmungen in den Allgemeinen Versicherungsbedingungen, ist zwischen dem Abschluss eines Vertrages nach dem Antrags- oder dem Policenmodell zu unterscheiden.
In den meisten Fällen erhält der Antragsteller die Allgemeinen Versicherungsbedingungen erst nach der Antragstellung zusammen mit der Police ausgehändigt (Policenmodell), so dass eine Möglichkeit der Kenntnisnahme zu Beginn des Anbahnungsgespräches entfällt. Eine Vollmachtsbeschränkung in den Allgemeinen Versicherungsbedingungen kann damit keine Wirksamkeit entfalten. Insoweit kann bei Vorliegen dieser möglichen – in der Praxis sehr übli-

[346] BGH, NJW 1953, 1139 (1139); BGH, NJW 1991, 1415 (1417); BGH, NJW 1994, 2022 (2023).
[347] BGH, NJW 1996, 2226 (2227).

chen – Modalität des Vertragsabschlusses der Auffassung von Röhr[348], dass eine Vollmachtsbeschränkung in Allgemeinen Versicherungsbedingungen generell wirksam ist, nicht gefolgt werden.
Werden dem Antragsteller die Allgemeinen Versicherungsbedingungen jedoch bereits im Rahmen des Anbahnungsgespräches ausgehändigt (Antragsmodell) und befindet sich ein drucktechnisch hervorgehobener Hinweis am Anfang der Allgemeinen Versicherungsbedingungen sind die formalen Voraussetzungen für eine Vollmachtsbeschränkung gegeben.
Daher ist den Auffassungen von Reiff[349], Wegmann[350], Fricke[351], Schwenker[352] und Luckey[353] kritisch entgegenzutreten, wenn sie generell eine Möglichkeit der Kenntnisnahme bei einer Platzierung der Vollmachtsbeschränkung in Allgemeinen Versicherungsbedingungen ablehnen.

Bei einer Platzierung der Vollmachtsbeschränkung im Antragsformular ist ebenfalls eine Unterscheidung hinsichtlich den Ablaufmodalitäten vorzunehmen.
Wird dem Antragsteller das Formular bereits zu Beginn des Antragsgespräches ausgehändigt und die Klausel auf dem Antragsformular am Anfang platziert und drucktechnisch besonders hervorgehoben, hat der Antragsteller die Möglichkeit und kann von ihm auch erwartet werden, dass er die Klausel zur Kenntnis nimmt, so dass die formalen Voraussetzungen des § 47 VVG vorliegen.
Übernimmt hingegen der Agent das Ausfüllen des Antragsformulars und händigt es dem Antragsteller erst gar nicht aus, scheidet eine wirksame Vollmachtsbeschränkung mangels rechtzeitiger Kenntnisnahmemöglichkeit der vollmachtsbeschränkenden Bestimmung aus.

Bei einem individuellen Hinweis, der vor Abgabe der Erklärungen des Versicherungsnehmers erfolgt, sind die Voraussetzungen des § 47 VVG erfüllt.

dd) Frage der Rechtswirksamkeit einer vollmachtsausschließenden Bestimmung nach dem Recht der Allgemeinen Geschäftsbedingungen

Sind die formalen Voraussetzungen einer Vollmachtsbeschränkung mit Aushändigung der Allgemeinen Versicherungsbedingungen oder des Antragsformulars bzw. durch Abgabe eines entsprechenden individuellen Hinweises zu Beginn

---

[348] *Röhr*, Die vorvertragliche Anzeigepflicht, S. 142.
[349] *Reiff*, RuS 1998, 133 (133).
[350] *Wegmann*, Die Obliegenheiten in der privaten Krankenversicherung, S. 178, 183.
[351] *Fricke*, VersR 1993, 399 (401).
[352] *Schwenker*, NJW 1992, 343 (346, 347).
[353] *Luckey*, VersR 1993, 151 (151).

des Antragsgespräches erfüllt, ist zu prüfen, ob eine Vollmachtsbeschränkung durch Ausschluss der passiven Vertretungsvollmacht des Vermittlungsagenten materiellrechtlich nach dem Recht der Allgemeinen Geschäftsbedingungen Bestand haben würde.

Präve[354], Gruber[355], Beckmann[356], Voit (sen.)[357], Schirmer[358], Kollhosser[359], Schwenker[360] und Leschke[361] lehnen dies ab, da solche Klauseln einer Kontrolle nach dem Recht der Allgemeinen Geschäftsbedingungen nicht standhalten würden.
Dagegen wird jedoch von Klein[362], Fricke[363] und Weigel[364] vorgebracht, dass das Recht der Allgemeinen Geschäftsbedingungen auf vollmachtsbeschränkende Klauseln überhaupt nicht anwendbar sei.

Voraussetzung der Überprüfung einer vollmachtsbeschränkenden Bestimmung durch die Vorschriften des Rechts der Allgemeinen Geschäftsbedingungen ist, dass es sich bei dieser Bestimmung um eine Allgemeine Geschäftsbedingung handelt. Nach der Legaldefinition des § 305 Abs. 1 S. 1 BGB sind Allgemeine Geschäftsbedingungen „alle für eine Vielzahl von Verträgen vorformulierte Vertragsbedingungen, die eine Vertragspartei der anderen Vertragspartei bei Abschluss eines Vertrages stellt.“
Als Gestaltungsformen der Vollmachtsbeschränkung stehen eine Bestimmung in den Allgemeinen Versicherungsbedingungen oder dem Antragsformular oder ein individueller Hinweis in Frage.

Erstes Merkmal einer Allgemeinen Geschäftsbedingung ist, dass es sich bei der in Frage stehenden Bestimmung um eine Vertragsbedingung handelt. Das bedeutet, die Bestimmung muss Bestandteil eines zwischen dem Verwender und

---

354 *Präve*, VersR 1998, 1141 (1143).
355 *Gruber* in BK zum VVG, § 47 Rdn. 3, 5.
356 *Beckmann*, NJW 1996, 1378 (1380).
357 *Voit (sen.)*, Berufsunfähigkeitsversicherung, Rdn. 183.
358 *Schirmer*, RuS 1995, 273 (274), ders., ZVersWiss 1992, 381 (397), ders, RuS 1995, 273 (274).
359 *Kollhosser* in Prölss/Martin, VVG, § 47 Rdn. 5.
360 *Schwenker*, NJW 1992, 343 (345).
361 *Leschke*, Vertretungsmacht von Versicherungsvertretern und Wissenszurechnung, S. 238-242.
362 *Klein*, Die Rechtsmacht des Versicherungsagenten und ihre Beschränkbarkeit, S. 96.
363 *Fricke*, VersR 1993, 399 (402).
364 *Weigel*, MDR 1992, 728 (729).

dem anderen Teil abzuschließenden, also eines zweiseitigen, Rechtsgeschäfts sein.[365]

Klein[366], Fricke[367] und Weigel[368] ziehen insoweit den Schluss, dass Bedingungen nicht unter § 305 BGB fallen, welche die Vertretungsmacht von Vermittlungsagenten ausschließen sollen. Sie würden nicht auf der rechtsgeschäftlichen Gestaltungsmacht des Kunden, sondern ausschließlich auf der des Verwenders bzw. des Versicherers beruhen.

Es ist jedoch allgemein anerkannt, dass unter § 305 BGB auch einseitige Rechtsgeschäfte oder rechtsgeschäftsähnliche Erklärungen des Kunden fallen sollen.[369] Insbesondere hat der BGH[370] auf Klauseln, mit denen Dritten eine Vollmacht zur Abgabe oder Entgegennahme von Erklärungen erteilt wurde, das Recht der Allgemeinen Geschäftsbedingungen angewandt. Es kommt nach überwiegender Ansicht[371] nur darauf an, dass die Bestimmung auf den späteren Vertragsinhalt einwirkt.

Die Schlussfolgerungen von Klein, Fricke und Weigel sind jedoch auch aufgrund der Umsetzung der EG–Richtlinie über missbräuchliche Klauseln in Verbraucherverträgen durch das Gesetz zur Änderung des AGB–Gesetzes vom 19.7.1996 überholt worden. Nach § 310 Abs. 3 Nr. 3 BGB soll sich bei Verbraucherverträgen die Inhaltskontrolle gemäß § 307 BGB auch auf die den Vertragsabschluss begleitenden Umstände erstrecken. Bei Verbraucherverträgen handelt es sich um Verträge zwischen einer Person, die in Ausübung ihrer gewerblichen und beruflichen Tätigkeit handelt, und einer natürlichen Person, die den Vertrag zu einem Zweck abschließt, der weder einer gewerblichen noch einer selbständigen Tätigkeit zugerechnet werden kann.[372] Ein Versicherungsvertrag ist somit grundsätzlich ein Verbrauchervertrag. Dementsprechend unterfällt ein Ausschluss der passiven Vertretungsvollmacht des Vermittlungsagenten in einem Versicherungsvertrag – den Allgemeinen Versicherungsbedingungen – einer Inhaltskontrolle nach dem Recht der Allgemeinen Geschäftsbedingungen, da sie als rechtsgeschäftliche Regelung auf das Vertragsverhältnis einwirkt.

---

[365] vgl. *Ulmer* in Ulmer/Brandner/Hensen/Schmidt, AGBG-Kommentar, § 1 Rdn. 9; *Wolf* in Wolf/Horn/Lindacher, AGBG-Kommentar, § 1 Rdn. 6.

[366] *Klein*, Die Rechtsmacht des Versicherungsagenten und ihre Beschränkbarkeit, S. 96.

[367] *Fricke*, VersR 1993, 399 (402).

[368] *Weigel*, MDR 1992, 728 (729).

[369] vgl. nur BGHZ 98, 24 (28); BGHZ 141, 124 (126); *Heinrichs* in Palandt, BGB, § 305 Rdn. 6; *Ulmer* in Ulmer/Brandner/Hensen/Schmidt, AGB-Kommentar, § 1 Rdn. 16, 17; *Wolf* in Wolf/Horn/Lindacher, AGBG-Kommentar, § 1 Rdn. 10.

[370] vgl. BGH, NJW 1987, 2011 (2011).

[371] BGHZ 84, 268 (272); *Schirmer*, Aktuelle Fragen bei der Anwendung des AGB-Gesetzes auf AVB, S. 61, 68; *Bach/Geiger*, VersR 1993, 659 (662).

[372] *Locher*, JuS 1997, 389 (391).

Unerheblich ist, ob die Regelung in die Gestaltungsmacht des Verbrauchers tatsächlich eingreift.[373]
Gegen die Argumentation von Klein, Fricke und Weigel, aber mit der Auffassung des BGH[374] und derjenigen von Beckmann[375] und Leschke[376] konform gehend, kann zudem noch eingewendet werden, dass ein formularmäßiger Ausschluss der passiven Vertretungsvollmacht des Vermittlungsagenten sehr wohl in die Rechtsposition des Versicherungsnehmers eingreift und demgemäß nicht nur auf der Inanspruchnahme eigener rechtsgeschäftlicher Gestaltungsmacht des Versicherer beruht. Dafür spricht, dass die Vertretungsvollmacht des Versicherungsagenten in § 43 Nr. 1 VVG eine gesetzliche Ausgestaltung erfahren hat, die auch den Interessen und dem Schutz des Versicherungsnehmers dient. Eine Beschränkung der Vertretungsvollmacht des Agenten entzieht diese begründete Rechtsposition.
Ferner ist mit der herrschenden Meinung[377] davon auszugehen, dass das Recht der Allgemeinen Geschäftsbedingungen auch auf Klauseln anwendbar ist, die Regelungen des Vertragsschlusses und damit eine Regelung des vorvertraglichen Stadiums enthalten.
Mit diesen Begründungen ist auch eine die passive Vertretungsvollmacht ausschließende Bestimmung im Antragsformular und in einem separaten Hinweis, für die § 310 Abs. 3 Nr. 3 BGB nicht gilt, als Vertragsbedingung anzusehen.

Das zweite Merkmal der „Vorformulierung" ist gegeben, wenn die Bedingung vor Vertragsschluss fertig formuliert vorliegt, um sie in eine Vielzahl von künftigen Verträgen einzubeziehen.[378]
Bei einer in den Allgemeinen Versicherungsbedingungen oder im Antragsformular vorgedruckten Bestimmung ist das Merkmal der Vorformulierung unproblematisch erfüllt.

---

[373] vgl. zu dieser Argumentation auch *Heinrichs*, NJW 1997, 1407 (1408); ders. in Palandt, BGB, § 305 Rdn. 6; BGH, NJW 1999, 1633 (1635).
[374] BGH, NJW 1999, 1633 (1635).
[375] *Beckmann*, NJW 1996, 1378 (1379).
[376] *Leschke*, Vertretungsmacht von Versicherungsvertretern und Wissenszurechnung, S. 210, 211.
[377] vgl. BGHZ 104, 95 (98 ff.); *Ulmer* in Ulmer/Brandner/Hensen/Schmidt, AGBG-Kommentar, § 1 Rdn. 13; *Heinrichs* in Palandt, BGB, § 305 Rdn. 4; *Hefermehl* in Erman, BGB, § 1 AGBG Rdn. 9; *Schwenker*, NJW 1992, 343 (345); zweifelnd *Wolf* in Wolf/Horn/Lindacher, § 1 Rdn. 6; *Gröning*, VersR 1990, 710 (714).
[378] *Kötz* in MüKo zum BGB, § 1 AGBG Rdn. 5; *Wolf* in Wolf/Horn/Lindacher, AGB-Kommentar, § 1 Rdn. 12.

Fraglich ist, ob auch bei einer hinweisenden Bestimmung auf einem separaten Schriftstück[379] oder bei einem individuellen mündlichen oder schriftlichen Hinweis[380] die Voraussetzungen einer Vorformulierung erfüllt sind.
Wie sich aus § 305 Abs. 1 S. 2 BGB ergibt, ist es gleichgültig, ob die Bestimmung einen äußerlich gesonderten Bestandteil des Vertrages bildet oder in die Vertragsurkunde selbst aufgenommen wird und in welcher Schriftart sie verfasst ist. Insofern scheitert das Vorliegen einer Vorformulierung schon nicht an der Tatsache, dass die Erteilung eines individuellen Hinweises vom Antrag und den Allgemeinen Versicherungsbedingungen losgelöst im Vorfeld erfolgt. Ob der individuelle Hinweis maschinen- oder handschriftlich abgefasst ist, spielt für das Vorliegen einer Vorformulierung ebenfalls keine Rolle.
Nach heute allgemeiner Meinung[381] in der Literatur, der auch der BGH[382] beigetreten ist, gelten Vertragsbedingungen nicht nur dann als vorformuliert, wenn sie schriftlich niedergelegt sind. Auch mündliche Abreden können das Merkmal der Vorformulierung erfüllen, wenn sie von dem Verwender oder seinem Abschlussgehilfen nach Art vorformulierter Bedingungen planmäßig in die Verträge eingebracht werden und zu diesem Zweck im Kopf des Verwenders oder seines Abschlussgehilfen gespeichert sind.[383]
Der Hinweis, dass die passive Vertretungsvollmacht des Vermittlungsagenten ausgeschlossen ist, soll nach Anliegen des Versicherers bei jedem Vertragsschluss gegeben werden. Der Zweck des Hinweises und seine regelmäßige Anwendung bei jedem Vertragsschluss sprechen gegen eine individuelle Ausgestaltung. Die Vermittlung des Hinweises obliegt dem Agenten, der als Abschlussgehilfe des Versicherers fungiert, und ist zu diesem Zweck in seinem Kopf gespeichert. Das Merkmal der Vorformulierung liegt somit auch bei einer hinweisenden Bestimmung auf einem separaten Schriftstück oder bei einem individuellen mündlichen oder schriftlichen Hinweis vor.

Drittes Merkmal einer Allgemeinen Geschäftsbedingung ist, dass der Verwender seinem Vertragspartner die Bedingungen „stellt“. Stellen bedeutet, dass die vor-

---

379 so die Lösung von *Wegmann*, Obliegenheiten in der privaten Krankenversicherung, S. 183.
380 so die Lösung von *Leschke*, Vertretungsmacht von Versicherungsvertretern und Wissenszurechnung, S. 247 ff..
381 *Ulmer* in Ulmer/Brandner/Hensen/Schmidt, AGB-Kommentar, § 1 Rdn. 36; *Wolf* in Wolf/Horn/Lindacher, AGB-Kommentar, § 1 Rdn. 20; *Kötz* in MüKo zum BGB, § 1 AGBG Rdn. 5; *Stein* in Soergel, BGB, § 1 AGBG Rdn. 9; *Hefermehl/Werner* in Erman, BGB, § 1 AGBG Rdn. 10; *Schlosser* in Staudinger, BGB, § 1 AGBG Rdn. 19 (a.A. noch *Schlosser* in Staudiner (12. Auflage), § 1 AGBG Rdn. 16).
382 BGH, NJW 1999, 2180 (2181).
383 BGH, NJW 1999, 2180 (2181).

formulierte Bedingung dem Vertragspartner einseitig und diskussionslos auferlegt wird.[384]
Dieses Merkmal ist unzweifelhaft erfüllt, da dem Versicherungsnehmer keinerlei Gestaltungsmacht in Bezug auf die Bestimmung des Ausschlusses der passiven Vertretungsvollmacht des Vermittlungsagenten eingeräumt ist.

Als Ergebnis ist festzuhalten, dass eine die passive Vertretungsvollmacht ausschließende Bestimmung sowohl in den Allgemeinen Versicherungsbedingungen als auch im Antragsformular sowie in einem individuellen mündlichen oder schriftlichen Hinweis des Vermittlungsagenten eine Allgemeine Geschäftsbedingung darstellt.

Der Vollmachtsausschluss ist nun anhand des Rechts der Allgemeinen Geschäftsbedingungen zu überprüfen.

Er könnte möglicherweise gemäß § 305 c Abs. 1 BGB unwirksam sein.
§ 305 c Abs. 1 BGB schreibt vor, dass Bestimmungen in Allgemeinen Geschäftsbedingungen, die nach den Umständen des Vertrages so ungewöhnlich sind, dass der Vertragspartner mit ihnen nicht zu rechnen braucht, nicht Bestandteil des Vertrages werden. Die Nichteinbeziehung ungewöhnlicher Klauseln wird an zwei Voraussetzungen geknüpft.
Erste Voraussetzung ist die objektive Ungewöhnlichkeit der Klausel.[385] Ungewöhnlich sind solche Klauseln, deren Regelungsinhalt vom generellen Vorstellungsbild des angesprochenen Verkehrskreises abweicht, wobei die Beurteilung anhand des gesamten konkreten Vertragsverhältnisses und nach den Erwartungen vorzunehmen ist, die der redliche Geschäftsverkehr an den Vertragsinhalt knüpft.[386]
In der Situation, dass der Versicherungsagent mit dem Versicherungsinteressenten das Anbahnungsgespräch führt und die anschließende Antragstellung vornimmt, sieht der Versicherungsinteressent ihn als seinen „Geschäftspartner" an. Dementsprechend gehen die Erwartungen des Versicherungsinteressenten dahin, dass der Versicherungsagent als Stellvertreter des Versicherers vollumfänglich berechtigt ist, alle Angaben des Versicherungsnehmers entgegenzunehmen, um sie dann gemäß den entsprechenden Vorgaben des Versicherers weiterzuleiten, auszuwerten oder unberücksichtigt zu lassen. Ein Ausschluss der Vollmacht des Versicherungsagenten zur passiven Stellvertretung ist

---

384 BGH, BB 1984, 564 (565); *Ring/Klingelhöfer*, Das neue AGB-Recht, B Rdn. 16.
385 vgl. nur *Ulmer* in Ulmer/Brandner/Hensen/Schmidt, AGB-Kommentar, § 3 Rdn. 11-13a.
386 *Bultmann*, Das Kleingedruckte, Rdn. 27; vgl. *Ulmer* in Ulmer/Brandner/Hensen/Schmidt, AGB-Kommentar, § 3 Rdn. 12.

somit vom Erwartungshorizont des Versicherungsinteressenten her ungewöhnlich.[387]

Als zweite Voraussetzung muss der objektiv ungewöhnlichen Klausel als subjektives Moment ein Überraschungseffekt innewohnen. Der Überraschungseffekt liegt vor, wenn die Klausel so ungewöhnlich ist, dass der Kunde mit ihr nicht zu rechnen braucht.[388] Ob die Überraschungswirkung ein derartiges Ausmaß annimmt, bestimmt sich nach dem Grad der Abweichung der berechtigten Kundenerwartungen vom Inhalt des Vertrages, wobei diese Diskrepanz erheblich sein muss.[389]

Nach überwiegender Auffassung[390] kann der Überraschungseffekt von inhaltlich ungewöhnlichen Klauseln vom Verwender der AGB vermieden werden, wenn er dem Kunden vor oder bei Vertragsschluss Kenntnis von der ungewöhnlichen Klausel verschafft oder zumindest die Voraussetzungen dafür schafft, dass der Kunde mit einer solchen rechnen muss. Dies kann durch einen eindeutigen Hinweis des Verwenders auf die ungewöhnliche Klausel geschehen oder auch durch drucktechnische Hervorhebung[391] der Klausel im AGB–Text.[392] Allerdings reicht dabei die verstärkte sinnliche Wahrnehmung allein nicht aus. Die ungewöhnliche Klausel muss zusätzlich so verfasst sein, dass der typische Kunde die inhaltliche Bedeutung und Tragweite der Klausel erkennen kann.[393]

---

[387] so auch *Beckmann*, NJW 1996, 1378 (1379).

[388] vgl. *Ulmer* in Ulmer/Brandner/Hensen/Schmidt, AGB-Kommentar, § 3 Rdn. 13; *Kötz* in MüKo zum BGB, § 3 Rdn. 8.

[389] vgl. nur BGHZ 84, 109 (112 ff.); BGH, NJW 1986, 1805 (1806); *Lindacher* in Wolf/Horn/Lindacher, AGB-Kommentar, § 3 Rdn. 18; *Ulmer* in Ulmer/Brandner/Hensen/Schmidt, AGB-Kommentar, § 3 Rdn. 13.

[390] BGH, NJW 1981, 117 (118 ff.); BGH, NJW 1985, 848 (849); BGH, NJW 1991, 1822 (1823); *Ulmer* in Ulmer/Brandner/Hensen/Schmidt, AGB-Kommentar, § 3 Rdn. 23; *Lindacher* in Wolf/Horn/Lindacher, AGB-Kommentar, § 3 Rdn. 79, 81; *Heinrichs* in Palandt, BGB, § 305 c Rdn. 4; *Kötz* in MüKo zum BGB, § 3 Rdn. 6; *Schlosser* in Staudinger, BGB, § 3 Rdn. 5, 13; *Hefermehl* in Erman, BGB, § 3 Rdn. 11; a.A. *Stein* in Soergel, BGB, § 3 Rdn. 5, 15.

[391] z.B. Fett- oder Kursivdruck, Großdruck, besondere Überschrift, besondere Platzierung zu Anfang des Textes oder direkt über die Unterschrift; vgl. dazu *Ulmer* in Ulmer/Brandner/Hensen/Schmidt, AGB-Kommentar, § 3 Rdn. 23; *Lindacher* in Wolf/Horn/Lindacher, AGB-Kommentar, § 3 Rdn. 81.

[392] vgl. BGH, NJW 1981, 117 (118); BGH, NJW 1992, 1822 (1823); OLG Düsseldorf, WM 1984, 82 (84); OLG Hamm, WM 1999, 2065 (2067 ff.); *Ulmer* in Ulmer/Brandner/Hensen/Schmidt, AGB-Kommentar, § 3 Rdn. 23; *Kötz* in MüKo zum BGB, § 3 Rdn. 6; *Hefermehl* in Erman, BGB, § 3 Rdn. 11; a.A. *Stein* in Soergel, BGB, § 3 Rdn. 5.

[393] BGH, NJW 1981, 117 (119); OLG Oldenburg, WM 1991, 221 (221); *Ulmer* in Ulmer/Brandner/Hensen/Schmidt, AGB-Kommentar, § 3 Rdn. 24; *Lindacher* in Wolf/Horn

Es kann keine grundsätzliche Feststellung über die Gestaltung einer vollmachtsausschließenden Klausel im Antragsformular oder in den Allgemeinen Versicherungsbedingungen getroffen werden, da diese in der Hand des jeweiligen Versicherers liegt. Der Überraschungseffekt kann der Klausel durch drucktechnische Hervorhebung und eine inhaltlich klare Regelung genommen werden. Erfolgt der Vollmachtsausschluss durch einen individuellen mündlichen oder einen schriftlichen Hinweis, der auf einem separatem Schriftstück erfolgt, sind die erforderlichen Voraussetzungen für eine Kenntnisnahme des Kunden vom Ausschluss der Vollmacht geschaffen worden, und der Überraschungseffekt entfällt.

Fraglich ist, ob ein Vollmachtsausschluss mit der Regelung des § 305 c Abs. 2 BGB vereinbar ist.
Gemäß § 305 c Abs. 2 BGB gehen Zweifel bei der Auslegung von Allgemeinen Geschäftsbedingungen zu Lasten des Verwenders. Die Unklarheitenregelung kann allerdings nur angewendet werden, wenn die betreffende Risikobegrenzungsklausel objektiv mehrdeutig ist.[394]
Wenn der Versicherer den Vollmachtsausschluss des Vermittlungsagenten in der Klausel möglichst klar und durchschaubar darstellt und die den Antragsteller belastende Wirkung nicht verschleiert, ist ein Verstoß einer vollmachtsausschließenden Klausel gegen § 305 c Abs. 2 BGB und den Grundsatz der Transparenz von Allgemeinen Geschäftsbedingungen abzulehnen. Aus der Klausel muss daher für den Antragsteller erkennbar hervorgehen, dass die Vollmacht des Vermittlungsagenten zur passiven Stellvertretung gänzlich ausgeschlossen ist, und dass sie sich bereits auf vorvertragliche Erklärungen gegenüber dem Vermittlungsagenten bezieht.

Der Ausschluss der passiven Vertretungsmacht des Vermittlungsagenten im Sinne des § 43 Nr. 1 und 2 VVG zur Entgegennahme von Anzeigen und Erklärungen könnte gegen § 309 Nr. 13 BGB verstoßen.[395]
§ 309 Nr. 13 BGB soll den Kunden vor übersteigerten Form- und Zugangserfordernissen für seine Erklärungen schützen.[396] Der Zugang von Willenserklä-

---

Lindacher, AGB-Kommentar, § 3 Rdn. 79, 81; *Hefermehl* in Erman, BGB, § 3 Rdn. 11; ähnlich BGH, WM 1984, 1056 (1058).

[394] vgl. BGHZ 106, 42 (49); BGHZ 106, 259 (264); *Ulmer* in Ulmer/Brandner/Hensen/Schmidt, § 5 Rdn. 1; *Lindacher* in Wolf/Horn/Lindacher, § 2 Rdn. 24; *Kötz* in MüKo zum BGB, § 2 AGBG Rdn. 14 a; *Heinrichs* in Palandt, BGB, § 305 c Rdn. 18.

[395] s. auch *Leschke*, Vertretungsmacht von Versicherungsvertretern und Wissenszurechnung, S. 239, 240.

[396] vgl. *Wolf* in Wolf/Horn/Lindacher, § 11 Nr. 16 Rdn. 1.

rungen ist gemäß § 130 Abs. 1 S. 1 BGB dann gegeben, wenn die Erklärung derart in den Machtbereich des Empfängers gelangt ist, dass nach den gewöhnlichen Umständen mit ihrer Kenntnisnahme zu rechnen ist.[397] Dabei genügt es, dass die Erklärung insbesondere solche Personen oder Vorrichtungen erreicht hat, die typischerweise für den Empfang von Willenserklärungen eingeschaltet werden bzw. vorgesehen sind.[398]

Aufgrund der sich aus § 43 Nr. 1 und 2 VVG ergebenden Vertretungsmacht ist der Vermittlungsagent Empfangsvertreter im Sinne des § 164 Abs. 3 BGB und gehört damit zum Machtbereich des Versicherers im Sinne des § 130 Abs. 1 S. 1 BGB. Ein Ausschluss der Vertretungsmacht des Vermittlungsagenten, insbesondere hinsichtlich der Entgegennahme von vorvertraglichen Gefahranzeigen und des Antrages, durch eine Klausel in den Allgemeinen Versicherungsbedingungen, im Antragsformular oder in Form eines mündlichen oder schriftlichen Hinweises, stellt daher eine Einschränkung des für den Antragsteller nach den §§ 130 Abs. 1 S. 1, 164 Abs. 3 BGB bestehenden Zugangs zum Versicherer dar. Der dagegen erhobene Einwand von Büsken[399], dass ein Verstoß gegen § 309 Nr. 13 BGB wegen der in § 47 S. 1 VVG gesetzlich vorgesehenen Möglichkeit zur Einschränkung der Vertretungsmacht nicht denkbar sei, vermag nicht zu überzeugen. Zum einen kann ihm mit Leschke[400] entgegengehalten werden, dass eine solche Argumentation nur dann durchgreifen könne, wenn der Gesetzgeber die Regelung des § 47 S. 1 VVG in Kenntnis der entsprechenden Vorschriften im Recht der Allgemeinen Geschäftsbedingungen eingeführt hätte und diese als Sonderregelung dem § 309 Nr. 13 BGB dann vorgehen würde. Dies ist nicht der Fall. Zum anderen kann gegen eine solche Argumentation mit Präve[401], Glauber[402] und wiederum Leschke[403] eingewendet werden, dass § 47 S. 1 VVG zwar eine Beschränkung der Vertretungsmacht ausdrücklich zulässt, über das „Ob" und „Wie" einer zulässigen Beschränkung und damit auch über die Möglichkeit einer Beschränkung der Vertretungsmacht durch Klauseln in den Allgemeinen Versicherungsbedingungen, dem Antragsformular oder in der

---

397 vgl. nur *Hefermehl* in Soergel, BGB, § 130 Rdn. 8; *Heinrichs* in Palandt, BGB, § 130 Rdn. 5.

398 *Hefermehl* in Soergel, BGB, § 130 Rdn. 8; BGH, NJW 1965, 965 (966).

399 *Büsken*, VersR 1992, 272 (277).

400 *Leschke*, Vertretungsmacht von Versicherungsvertretern und Wissenszurechnung, S. 239, 240.

401 *Präve*, ZfV 1993, 130 (134).

402 *Glauber*, VersR 1992, 937 (939).

403 *Leschke*, Vertretungsmacht von Versicherungsvertretern und Wissenszurechnung, S. 240.

Form eines individuellen mündlichen oder schriftlichen Hinweises jedoch keinerlei Aussage enthält.
Ein Ausschluss der Empfangsvollmacht des Vermittlungsagenten verstößt damit gegen § 309 Nr. 13 BGB.

Eine vollmachtsausschließende Klausel könnte ferner gemäß § 307 BGB unwirksam sein.[404]
Gemäß § 307 Abs. 1 S. 1 BGB ist eine in den Allgemeinen Geschäftsbedingungen enthaltene Bestimmung unwirksam, die den Vertragspartner des Verwenders entgegen Treu und Glauben unangemessen benachteiligt. Bei dem Ausdruck der „unangemessenen Benachteiligung" handelt es sich um einen unbestimmten Rechtsbegriff, der in § 307 Abs. 2 BGB näher konkretisiert wird.
Gemäß § 307 Abs. 2 Nr. 1 BGB ist im Zweifel eine unangemessene Benachteiligung anzunehmen, wenn eine Bestimmung mit wesentlichen Grundgedanken der gesetzlichen Regelung, von der abgewichen wird, nicht vereinbar ist. Der Maßstab der „gesetzlichen Regelung" umfasst alle Gesetze im materiellen Sinne, einschließlich Gewohnheitsrecht und Verordnungen sowie die von der Rechtsprechung und Lehre durch Analogie und Rechtsfortbildung herausgebildeten Rechtsgrundsätze und Vorschriften des EG–Rechts.[405] Ein wesentlicher Grundgedanke ist betroffen, wenn die durch die Klausel abbedungene Regelung einem wesentlichen Schutzbedürfnis des Vertragspartners dient oder wesentliche Ordnungsvorstellungen des geltenden Rechts verkörpert.[406] § 307 Abs. 2 Nr. 1 BGB bestimmt das gesetzliche Regelungsmodell zum Prüfmaßstab. Die Frage der Unvereinbarkeit des durch die Klausel aufgezeigten Widerspruchs zur gesetzlichen Interessenbewertung ist aufgrund einer bei der Inhaltskontrolle nach § 307 BGB stets gebotenen Interessenabwägung zu entscheiden, wobei das Maß der Abweichung vom dispositiven Gesetzesrecht ein Indiz für den Benachteiligungsgrad ist.[407]
Eine die Vertretungsmacht ausschließende Klausel könnte mit wesentlichen Grundgedanken des § 43 VVG nicht zu vereinbaren sein. In § 43 VVG wird die Erteilung einer Vollmacht an den Versicherungsagenten durch den Versicherer fingiert und die Vollmacht durch die in den Nr. 1 – 4 des § 43 VVG aufgeführ-

---

[404] so *Präve*, ZfV 1993, 130 (134); vgl. auch *Schirmer*, ZVersWiss 1992, 381 (397); ders., RuS 1995, 273 (274); *Beckmann*, NJW 1996, 1378 (1380); *Leschke*, Vertretungsmacht von Versicherungsvertretern und Wissenszurechnung, S. 241-245.
[405] vgl. nur *Heinrichs* in Palandt, BGB, § 307 Rdn. 26; *Brandner* in Ulmer/Brandner/Hensen/Schmidt, AGB-Kommentar, § 9 Rdn. 134-140.
[406] *Brandner* in Ulmer/Brandner/Hensen/Schmidt, AGB-Kommentar, § 9 Rdn. 133; *Heinrichs* in Palandt, BGB, § 307 AGBG Rdn. 27.
[407] vgl. *Brandner* in Ulmer/Brandner/Hensen/Schmidt, AGB-Kommentar, § 9 Rdn. 141.

ten Vertretungsakte näher beschrieben.[408] Nach § 43 Nr. 1 VVG umfasst sie insbesondere die Entgegennahme von Anträgen auf Schließung, Verlängerung oder Änderung eines Versicherungsvertrages sowie den Widerruf solcher Anträge.[409] Mit Zugang der genannten Erklärungen beim Agenten gelten diese gemäß § 164 Abs. 3 BGB als dem Versicherer zugegangen. Der BGH hat diese Bestimmung durch die Auge–und–Ohr–Rechtsprechung[410] im Rahmen einer Rechtsfortbildung auf alle dem Vermittlungsagenten im Zuge der Vertragsanbahnung vom Versicherungsnehmer mitgeteilten Tatsachen ausgedehnt.
Eine Klausel, welche die passive Vertretungsmacht des Vermittlungsagenten ausschließt, weicht damit nicht nur in erheblichem Maße von den Grundgedanken des § 43 Nr. 1 VVG und ihrer Ausprägung durch die Rechtsprechung ab, sondern schließt sie komplett aus. Die Unvereinbarkeit einer solchen Klausel mit wesentlichen Grundgedanken des § 43 Nr. 1 VVG ist damit indiziert.[411]
Eine die passive Vertretungsmacht des Vermittlungsagenten ausschließende Klausel ist daher gemäß § 307 Abs. 1 S. 1 i.V.m. Abs. 2 Nr. 1 BGB unwirksam.

Das in § 307 Abs. 2 Nr. 2 normierte Verbot der Aushöhlung vertragswesentlicher Rechte und Pflichten kommt bei einer die passive Vertretungsmacht des Vermittlungsagenten ausschließenden Klausel nicht in Betracht.

ee) Ergebnis

Eine Klausel, welche die Vollmacht des Vermittlungsagenten zur passiven Stellvertretung ausschließt, ist sowohl bei ihrer Platzierung in den Allgemeinen Versicherungsbedingungen als auch im Antragsformular sowie in Form eines individuellen mündlichen oder schriftlichen Hinweises des Vermittlungsagenten gemäß § 307 Abs. 1 S. 1 i.V.m. Abs. 2 Nr. 1 und § 309 Nr. 13 BGB unwirksam. Demzufolge kann in dieser Form die Empfangsvollmacht des Vermittlungsagenten nicht wirksam ausgeschlossen werden.

---

[408] *Gruber* in BK zum VVG, § 43 Rdn. 2; *Bruck/Möller*, VVG, § 43 Anm. 3.

[409] Die in § 43 Nr. 1 VVG geregelte Entgegennahme des Antrages auf Abschluss eines Versicherungsvertrages soll dabei die Hauptaufgabe der Versicherungsvertreter begründen (s. Begründung zu den Gesetzentwürfen (Verhandlungen des Reichstags), XII. Legislaturperiode, I. Session, Band 241 Anlage 1 zu Nr. 364, S. 116).

[410] BGHZ 102, 194 ff..

[411] s. auch BGH, NJW 1989, 2383 (2383), der in dem Fall, dass durch formularmäßige gegenseitige Bevollmächtigung ein Kreditnehmer zur Entgegennahme sämtlicher Erklärungen praktisch ausgeschlossen wird, die Unvereinbarkeit bejaht hat, wenn eine Klausel sich damit wie die Abbedingung einer Leitbildcharakter aufweisenden gesetzlichen Regelung auswirkt.

d) Darstellung von bisher zur Vollmachtsbeschränkung verwendeten Klauseln und ihre Beurteilung durch die Rechtsprechung

In der Versicherungswirtschaft sind verschiedene Klauseln zur Beschränkung der Empfangsvollmacht des Versicherungsagenten entwickelt und in der Praxis angewendet worden.

aa) Beispiel 1

Die Versicherer verwendeten zunächst häufig folgende Klausel:
„Für die Richtigkeit der Angaben bin ich allein verantwortlich, auch wenn ich den Antrag nicht selbst ausgefüllt habe. Der Vermittler darf über die Erheblichkeit von Antragsfragen oder Erkrankungen keine verbindlichen Erklärungen abgeben."
Auch wenn diese Klausel keine eindeutige Beschränkung der Empfangsvollmacht des Versicherungsagenten enthielt, ging der BGH[412] davon aus, dass mit dieser Klausel wegen ihrer nicht ganz eindeutigen Formulierung rechtlich die Empfangsvollmacht des Versicherungsagenten für mündliche Angaben eingeschränkt werden sollte.
Der BGH hat die Klausel daraufhin im Gegensatz zu einigen Instanzgerichten[413] für unwirksam gehalten. Seine Urteilsbegründung hat er neben den oben unter 2) a) aufgeführten Gründen dahingehend ergänzt, dass die Klausel gegen § 11 Nr. 7 AGBG (§ 309 Nr. 7 b BGB n.F.) verstoße, da die Haftung des Versicherers für vorvertragliche Beratungsfehler des Agenten ohne Rücksicht auf den Grad des Verschuldens ausgeschlossen werde, wenn der Agent über die Erheblichkeit von Antragsfragen oder Erkrankungen keine verbindlichen Erklärungen abgeben dürfe. Da S. 2 und S. 1 der Klausel unteilbar zusammengehörten, habe damit die gesamte Regelung keinen Bestand vor dem AGB–Gesetz (Recht der Allgemeinen Geschäftsbedingungen).

bb) Beispiel

Der Gesamtverband der Deutschen Versicherungswirtschaft (GdV) hat im Jahre 1993 zwei Rundschreiben an seine Mitgliedsunternehmen geschickt, in denen er

---

[412] BGH, VersR 1992, 217 ff..
[413] vgl. OLG Bamberg, VersR 1990, 260 (260); OLG Köln, VersR 1988, 904 (905); LG Aachen, VersR 1991, 52 (53); LG Hamburg, VersR 1990, 259 (259); im Anschluss an den BGH beurteilt dann aber später OLG Köln, RuS 1995, 204 (204) die Klausel als unwirksam.

folgende vollmachtsbeschränkende Schriftformklauseln in Antragsformularen als rechtlich vertretbar und mit der Rechtsprechung des BGH vereinbar erklärte: *„Der Vermittler berät Sie bei Abschluss des Vertrages. Er ist zur Entgegennahme mündlicher Erklärungen und Angaben nicht bevollmächtigt. Sämtliche Erklärungen und Angaben sind daher schriftlich niederzulegen. Dies gilt auch, wenn Erklärungen und Angaben dem Vermittler gegenüber, bereits bevor Sie diese Klausel gelesen haben, gesprächsweise geäußert wurden. Bitte prüfen Sie deshalb Ihre schriftlichen Angaben sowohl in diesem Antrag als auch in evtl. anderen Schriftstücken auf deren Richtigkeit und Vollständigkeit; sonst gefährden Sie Ihren Versicherungsschutz."*[414]
Diesem Rundschreiben trat das Bundesaufsichtsamt für das Versicherungswesen (BAV) entgegen, da nach seiner Auffassung die Klauseln in den Rundschreiben mit den wesentlichen Grundgedanken der gesetzlichen Regelung des § 43 Nr. 1 VVG nicht zu vereinbaren seien und deshalb gegen § 9 Abs. 2 Nr. 1 AGBG (§ 307 Abs. 2 Nr. 1 BGB n.F.) verstießen.[415]
Nach einigen Diskussionen zwischen Versicherungswirtschaft und dem BAV riet der GdV schließlich seinen Mitgliedern von einer weiteren Verwendung vollmachtsbeschränkender Klauseln zu § 43 VVG ab.

cc) Beispiel 3

Schließlich führten die Versicherungsunternehmen folgende unwesentlich modifizierte Klausel ein:
1. "Der Vermittler berät Sie bei Abschluss des Vertrages. Er ist zur Entgegennahme mündlicher Erklärungen und Angaben nicht bevollmächtigt. Sämtliche Erklärungen und Angaben sind daher schriftlich niederzulegen. Bitte prüfen Sie deshalb Ihre schriftlichen Angaben sowohl in diesem Antrag als auch in evtl. anderen Schriftstücken auf deren Richtigkeit und Vollständigkeit; sonst gefährden Sie ihren Versicherungsschutz."
2. „Schriftform/Vollständigkeit des Antrages.
Grundlage für Inhalt und Umfang des Versicherungsschutzes ist allein der schriftlich beantragte Vertragsinhalt. Ihre mündlichen Erklärungen hierzu sind nur wirksam, wenn sie von uns schriftlich bestätigt werden. Bitte achten Sie auch auf vollständige und richtige Beantwortung der sonstigen Antragsfragen entweder gegenüber unserem Versicherer oder schriftlich an uns; Sie gefährden sonst Ihren Versicherungsschutz."[416]

---

[414] vgl. VerBAV 1996, 259.
[415] s. VerBAV 1993, 342; ebenso OLG Karlsruhe, VersR 1997, 861 (862); a.A. LG Düsseldorf, RuS 1995, 271 (272); LG Stuttgart, RuS 1996, 34 (34, 35).
[416] vgl. VerBAV 1996, 260.

Das BAV[417] hat den Versicherungsunternehmen im Wege der Missbrauchsaufsicht durch Verfügungen untersagt, sich auf diese Klauseln in ihren Antragsformularen zu berufen und sie weiterhin in den Verkehr zu bringen. Nach Zurückweisung der gegen die Verfügungen erhobenen Widersprüche der Versicherungsunternehmen durch eine Beschlusskammer des BAV erhoben die Versicherungsunternehmen Klage vor dem Bundesverwaltungsgericht. Das Bundesverwaltungsgericht[418] versagte diesen Klauseln im Einklang mit dem BAV ebenfalls die Rechtswirksamkeit.
Nach Auffassung des Bundesverwaltungsgerichtes[419] verstoße die erste Klausel gegen § 9 AGBG (§ 307 BGB n.F.), weil sie mit wesentlichen Grundgedanken der gesetzlichen Regelung der §§ 43 – 47 VVG, von der sie abweicht, nicht vereinbar sei. Sie widerspreche den vom BGH mit der Auge–und–Ohr–Rechtsprechung festgelegten Grundsätzen. Nach dieser die typischen Gepflogenheiten beim Zustandekommen eines Versicherungsvertrages unter Einschaltung eines Versicherungsagenten berücksichtigenden Rechtsprechung könne sich der Versicherer auf eine Einschränkung der Empfangsvollmacht des Vermittlungsagenten durch Allgemeine Versicherungsbedingungen oder eine Schriftformklausel im Antragsformular nicht berufen, denn anderenfalls beschränke sich dessen Tätigkeit auf eine Botenfunktion. Das widerspräche der eigentlichen Aufgabe des Vermittlungsagenten, seinem Auftreten nach außen und den berechtigten Erwartungen des Kunden.[420] Eine Beschränkung der Empfangsvollmacht – z. B. auf schriftliche Erklärungen oder allein auf die Entgegennahme des Versicherungsantrages – würde, da der Vermittlungsagent den Kunden berät und mit ihm erörtert, welche Angaben im Antragsformular zu machen sind, einen einheitlichen Lebensvorgang unnatürlich und deswegen in unzulässiger Weise aufspalten. Vielmehr habe der Versicherer, der seine Absatzinteressen mit Hilfe von Vermittlungsagenten zu verwirklichen beabsichtigt, auch die Risiken dieses Einsatzes zu tragen.
Die zweite Klausel verstoße nach Auffassung des Bundesverwaltungsgerichtes[421] ebenfalls gegen § 9 AGBG (§ 307 BGB n.F.). So sei Absatz 1 der Klausel in einem zur Verwerfung führenden Maße unklar. Die Formulierung des Absatzes 1 der Klausel lasse nicht eindeutig erkennen, ob es sich um ein Formerfordernis für die Vertragsannahme, um eine besondere Bedingung für den Zugang einer mündlichen Erklärung des Versicherungsnehmers oder um eine Beschränkung der Empfangsvollmacht des Vermittlers handeln solle. Zudem erwecke

[417] vgl. VerBAV 1996, 260.
[418] BVerwG, VersR 1998, 1137 ff..
[419] BVerwG, VersR 1998, 1137 (1139, 1140).
[420] vgl. auch BGHZ 83, 293 (296).
[421] BVerwG, VersR 1998, 1137 (1140, 1141).

Absatz 1 der Klausel in der konkreten Form ihrer Anwendung im Einsatz von Versicherungsagenten den unzutreffenden Anschein, der Versicherungsnehmer sei von Versicherungsleistungen ausgeschlossen, wenn er – aus welchen Gründen auch immer – das Schriftformerfordernis verletzt habe. Hieraus folge die Eignung der Bestimmung, den Versicherungsnehmer von der effektiven Wahrung seiner Rechte schon im Vorfeld eines Prozesses abzuhalten. Dies stelle eine unangemessene Benachteiligung im Sinne des § 9 Abs. 1 AGBG (§ 307 Abs. 1 BGB n.F.) dar.
Absatz 2 der Klausel, der sich nach Auslegung des BGH nur auf Wissenserklärungen beziehe, verstoße hingegen – isoliert gesehen – nicht gegen das System der §§ 16 ff., 43 ff. VVG, lasse sich jedoch als isolierte Klausel nicht aufrechterhalten.

dd) Beispiel 4

Der BGH[422] hat nunmehr anerkannt, dass Versicherer durch eine Klausel in den Allgemeinen Versicherungsbedingungen die Empfangsvollmacht eines Versicherungsagenten gemäß § 43 Nr. 2 VVG zumindest für die Zeit nach Vertragsabschluss auf doppelte Weise einschränken können, nämlich einerseits durch die Vereinbarung eines Formerfordernisses und andererseits durch das Erfordernis des Zugangs von schriftlichen Mitteilungen beim Versicherer. Die als rechtswirksam bestätigte Klausel lautet:
„Mitteilungen, die das Versicherungsverhältnis betreffen, müssen stets schriftlich erfolgen. Für uns bestimmte Mitteilungen werden wirksam, sobald sie uns zugegangen sind. Versicherungsvertreter sind zu ihrer Entgegennahme nicht bevollmächtigt."
Dem Wort „Versicherungsverhältnis" hat der BGH entnommen, dass die Klausel solche Mitteilungen oder Erklärungen nicht erfasse, die der Versicherungsnehmer dem Versicherer oder dessen Agenten bei der Entgegennahme des Antrages auf Abschluss der Versicherung abgibt. Nur für die Zeit nach Abschluss des Vertrages sei eine unangemessene Benachteiligung im Sinne des § 9 Abs. 1 AGBG (§ 307 Abs. 1 BGB n.F.) durch diese Klausel zu verneinen.

e) § 14 Abs. 1 S. 3 ALB

Gemäß § 14 Abs. 1 S. 3 ALB sind Versicherungsvertreter zur Entgegennahme von Mitteilungen, die das bestehende Versicherungsverhältnis betreffen, nicht bevollmächtigt.

---

[422] BGH, VersR 1999, 565 ff..

Eine Einschränkung der Vertretungsmacht des Versicherungsvertreters ist nach § 47 VVG grundsätzlich möglich. Bezogen auf den Zeitraum der Vertragsanbahnung sind jedoch die Ergebnisse der Prüfung der Beschränkbarkeit der Empfangsvollmacht des Vermittlungsagenten[423] zu berücksichtigen. Eine Geltung des § 14 Abs. 1 S. 3 ALB für diesen Zeitraum wäre danach wegen Verstoßes gegen § 309 Nr. 13 und § 307 Abs. 1 S. 1 i.V.m. Abs. 2 Nr. 1 BGB unwirksam.[424] Jedoch entfalten die Allgemeinen Versicherungsbedingungen für die Lebensversicherung vor Abschluss des Versicherungsvertrages noch keine Geltung,[425] so dass die in § 14 Abs. 1 S. 3 ALB enthaltene Einschränkung der Empfangsvollmacht des Vermittlers ohnehin erst für die beantragte Versicherung und damit noch nicht für die Erfüllung der vorvertraglichen Anzeigepflicht erheblich ist.

cc. Ausschluss der Empfangszuständigkeit des Vermittlungsagenten

Die Empfangszuständigkeit des Vermittlungsagenten ist ausgeschlossen, wenn eine Einschränkung der Zurechnung des Wissens zwischen Vermittlungsagenten und Versicherer besteht.

1) Bei rechtsgeschäftlicher Vertretung des Versicherungsnehmers

Es findet keine Wissenszurechnung zwischen Vermittlungsagenten und Versicherer statt, wenn der Agent dem Versicherer als rechtsgeschäftlicher Vertreter des Versicherungsinteressenten gegenübertritt. Er steht damit im Lager des Antragstellers und nicht des Versicherers; auch wenn der Agent eine Provision von dem Versicherer ausgezahlt bekommen hat.[426]

2) Bei kollusivem Zusammenwirken des Vermittlungsagenten und des Versicherungsnehmers und bei einem für den Versicherungsnehmer evidenten Vertretungsmissbrauch durch den Vermittlungsagenten

Ferner scheidet eine Zurechnung der Kenntnis des Vermittlungsagenten zu Lasten des Versicherers aus, wenn der Vermittlungsagent und der Versicherungsnehmer zu Lasten des Versicherers kollusiv zusammengewirkt haben[427]

---

[423] s. unter c).
[424] vgl. auch *Schnepp*, VersR 1991, 949 (952).
[425] vgl. *Winter* in Bruck/Möller/Winter, VVG, Anm. C 44 u. F 58.
[426] jüngst dazu BGH, NVersZ 2002, 59 (60).
[427] Einer Wissenszurechnung steht § 138 Abs. 2 BGB entgegen (s. *Heinrichs* in Palandt, BGB, § 164 Rdn. 13).

oder der Vermittlungsagent seine Vertretungsmacht für den Versicherungsnehmer evident missbraucht hat[428].[429]
Ein kollusives Zusammenwirken des Vermittlungsagenten und des Versicherungsnehmers liegt vor, wenn der Vermittlungsagent und der Versicherungsnehmer arglistig zum Nachteil des Versicherers zusammenwirken. Das setzt voraus, dass der Versicherungsnehmer von dem treuwidrigen Verhalten des Vermittlungsagenten gegenüber dem von ihm vertretenen Versicherer weiß.[430]
Nach Auffassung der Rechtsprechung[431] trifft den Antragsteller der Vorwurf des arglistigen Verhaltens, wenn er weiß oder erkennt und billigt, dass der Agent dem Versicherer erhebliche Umstände nicht mitteilen wird, um diesen zur (uneingeschränkten) Annahme des Antrages zu bewegen. So werde dem Versicherer deutlich, dass der Agent sich unmissverständlich von der Wahrung der Interessen des Versicherers gelöst hat, wenn er erkennt, dass der Agent beim Ausfüllen des Antragsformulars unkorrekt zum Nachteil des Versicherers handelt und Fragen zu gefahrerheblichen Umständen falsch beantwortet.
Für die Frage, ob auf Seiten des Versicherungsnehmers das für die Annahme eines kollusiven Zusammenwirkens erforderliche Verschulden vorliegt, ist gemäß § 276 BGB ein objektiver Maßstab anzulegen und nicht auf den individuellen Sorgfaltsmaßstab des jeweiligen Versicherungsnehmers abzustellen.[432]
Ein kollusives Zusammenwirken ist auch dann bejaht worden, wenn der Versicherungsagent private Kenntnis von nicht angezeigten Gefahrumständen besitzt und in Kenntnis dieser Tatsache den inhaltlich unrichtigen Versicherungsantrag an den Versicherer weiterleitet.[433]

[428] Einer Wissenszurechnung steht § 242 BGB entgegen (s. *Heinrichs* in Palandt, BGB, § 164 Rdn. 13).
[429] vgl. BGHZ 113, 315 (320); BGH, NJW 1994, 2082 (2084); OLG Köln, VersR 1998, 351 (352); OLG Hamm, NVersZ 2002, 108 (109); *Gruber* in BK zum VVG, § 43 Rdn. 40; *Langheid* in Römer/Langheid, VVG, § 43 Rdn. 28; s. auch *Heinrichs* in Palandt, BGB, § 164 Rdn. 13; im Ergebnis auch *Prölss*, VersR 2002, 961 ff., nach dessen Auffassung es in den Fallkonstellationen aber nicht auf ein kollusives Zusammenwirken mit dem Agenten oder ein evident pflichtwidriges Verhalten des Agenten im Verhältnis zum Versicherer nicht ankommt, da diese Fälle schon gar nicht vom Schutzzweck der Auge-und-Ohr-Rechtsprechung erfasst werden und dem Versicherer daher die dem Agenten gegebenen Informationen aus diesem Grund schon nicht zugerechnet werden.
[430] vgl. nur BGH, VersR 1993, 1089 (1090); OLG Schleswig, VersR 1995, 406 (407); OLG Köln, VersR 1998, 351 (352).
[431] BGHReport 2002, 408 (409); BGH, VersR 1993, 1089 (1090); OLG Hamm, NVersZ 2002, 108 (109); OLG Zweibrücken, VersR 2004, 630 (630); OLG Köln, VersR 1998, 351 (352); OLG Schleswig, VersR 1995, 406 (407); vgl. auch LG Duisburg, VersR 2000, 1399 (1400).
[432] OLG Schleswig, VersR 1995, 406 (407).
[433] OLG Koblenz, VersR 2001, 45 (46).

Ein evidenter Missbrauch der Vertretungsmacht liegt vor, wenn der Vertreter von seiner Vertretungsmacht in ersichtlich verdächtiger Weise Gebrauch macht, so dass beim Vertragspartner begründete Zweifel entstehen müssen, ob nicht ein Treueverstoß des Vertreters gegenüber dem Vertretenen vorliegt.[434] Nach Auffassung des BGH[435] ist dabei eine massive Verdachtsmomente voraussetzende objektive Evidenz des Missbrauchs notwendig. Diese liege vor, wenn sich nach den gegebenen Umständen die Notwendigkeit einer Rückfrage des Geschäftsgegners bei dem Vertretenen geradezu aufdränge.[436]
Ein evidenter Missbrauch der Vertretungsmacht des Versicherungsagenten ist nach Auffassung des OLG Karlsruhe[437] gegeben, wenn der Versicherungsvertreter bei Abschluss eines Lebensversicherungsvertrages auf die Angabe des Versicherungsnehmers von einem früher erlittenen Herzinfarkt erklärt, dass er dies gar nicht wissen wolle.

Ein kollusives Zusammenwirken zwischen Versicherungsagenten und Versicherungsnehmer sowie ein evidenter Vertretungsmissbrauch durch den Versicherungsnehmer muss vom Versicherer bewiesen werden,[438] wobei ein Indizienbeweis[439] möglich ist.[440]
Der BGH[441] legt zum Nachweis der Evidenz des Vollmachtsmissbrauchs einen strengen Maßstab an, welcher der besonderen Stellung des Versicherungsagenten Rechnung tragen soll. Diese beinhaltet nach Auffassung des BGH, dass der Versicherungsagent die Auskunfts- und Beratungspflicht erfüllt, die eigentlich dem Versicherer im Rahmen des Vertrauensverhältnisses während der Vertragsverhandlungen obliegt. Der Antragssteller gehe dementsprechend davon

---

[434] vgl. nur BGHReport 2002, 408 (409); BGH, NJW 1999, 2882 (2883); BGH, NJW 1994, 2082 (2083); BGH, WM 1981, 66 (67); OLG Zweibrücken, VersR 2004, 630 (631).
[435] vgl. BGH, NJW 1984, 2082 (2083); BGH, NJW 1992, 2883 (2883); BGH, NJW 1999, 2882 (2883); OLG Karlsruhe, VersR 1996, 861 (862); OLG Schleswig, RuS 1994, 322 (323).
[436] BGH, NJW 1999, 2883 (2883).
[437] OLG Karlsruhe, VersR 1997, 861 (862).
[438] BGH, VersR 1993, 1089 (1090).
[439] Bei einem Indizienbeweis kann sich der Richter in tatsächlich zweifelhaften Fällen mit einem für das praktische Leben brauchbaren Grad von Gewissheit begnügen, der den Zweifeln Schweigen gebietet, ohne sie vollständig auszuschließen.
[440] vgl. *Büsken*, VersR 1992, 271 (278).
[441] BGH, NVersZ 2002, 254 (255); vgl. auch schon BGH, VersR 2001, 1541 (1542), wo er herausstellt, dass bei der Beantwortung von vorformulierten Antragsfragen es nicht zu Lasten des künftigen Versicherungsnehmers geht, wenn der Agent durch einschränkende Bemerkungen zu den Fragen verdeckt, was auf die jeweilige Frage anzugeben und in das Formular aufzunehmen ist.

aus bzw. habe die Erwartung, dass der ihm bei Antragstellung gegenübertretende Agent zur Erteilung der von ihm getätigten Auskünfte regelmäßig auch befugt sei. Gebe der Agent dem Antragssteller demnach unzutreffende Auskünfte und falsche Ratschläge bei der Beantwortung der Antragsfragen, greife der Vorwurf nicht durch, der Antragsteller habe insoweit seine Anzeigepflicht verletzt.
In dem vom BGH zu entscheidenden Fall hat der BGH das Vorliegen einer Evidenz des Vollmachtsmissbrauchs dementsprechend abgelehnt, als der Agent die zutreffende Beantwortung der vom Versicherer gestellten Formularfragen durch den Antragsteller dadurch unterlief, dass er durch einschränkende Bemerkungen diesem gegenüber verdeckte, was auf die jeweiligen Fragen aufzunehmen gewesen wäre.[442]
Mit dieser Rechtsprechung schränkt der BGH das allgemeine Institut des Missbrauchs der Vertretungsmacht im Falle des Missbrauchs durch den Versicherungsagenten zu Lasten des Versicherers erheblich ein.
Insofern ist die Rechtsprechung des BGH kritisch zu betrachten.[443]
Insbesondere ist Reiff[444] zuzustimmen, der die vom BGH vorgenommene Differenzierung nicht für überzeugend hält, warum gerade beim Vermittlungsagenten im Rahmen der Risikozurechnung eine andere Grenzziehung als in anderen Konstellationen einer Vertretungssituation wie z.B.[445] bei einem Prokuristen, bei einem mit einer umfassenden Vollmacht des Bauherrn versehenen GmbH–Geschäftsführer, bei dem Inhaber einer Bankvollmacht oder bei dem Vorsitzenden einer Körperschaft des öffentlichen Rechts gelten solle. In diesem Zusammenhang führt der BGH aus, dass es nicht Sache des Versicherungsnehmers sei, den Agenten hinsichtlich dieser Auskünfte zu kontrollieren. Diese Begründung gehe in die gleiche Richtung wie die Aussage des BGH[446] zum allgemeinen Missbrauch der Vertretungsmacht, dass den Vertragspartner im Allgemeinen keine Prüfungspflicht treffe, ob und inwieweit der Vertreter im Innenverhältnis gebunden sei.[447]

---

[442] Es wird dabei davon ausgegangen, dass auf Seiten des Versicherungsnehmers keine Arglist vorliegt (s. BGH, NVersZ 2002, 254 (255)).
[443] s. auch *Reiff*, VersR 2002, 597 ff.; *Prölss*, VersR 2002, 961 (962), welcher der Entscheidung des BGH vorwirft, - unter dem Aspekt der Evidenz der Pflichtwidrigkeit des Agentenverhaltens, worauf es nach *Prölss* aber an sich schon nicht ankommt - zu hohe Anforderungen an die Voraussetzungen eines Rücktrittsrechts des Versicherers zu stellen.
[444] *Reiff*, VersR 2002, 597 ff..
[445] Beispiele bei *Reiff*, VersR 2002, 597 (599).
[446] BGH, NJW 1994, 2082 (2084).
[447] vgl. *Reiff*, VersR 2002, 597 (598, 599).

Die weitere Erklärung des BGH, wonach der Versicherungsnehmer erwarte, dass der für den Versicherer tätige Vermittlungsagent während der Vertragsverhandlungen ihm gegenüber zu Auskunft und Beratung verpflichtet ist, und davon ausgehen dürfe, dass der Agent zur Erteilung seiner Auskünfte regelmäßig befugt ist, geben die Situation zwischen Vertreter und Drittem richtig wieder. Dem folgenden Schluss des BGH, dass unzutreffende Auskünfte und falsche Ratschläge zu Lasten des Versicherers gehen, wenn diese für einen durchschnittlichen Versicherungsnehmer erkennbar sind, kann man jedoch ebenso die umgekehrte Schlussfolgerung entgegensetzen. Warum sollte es die Konstellation der Einschaltung eines Vermittlungsagenten rechtfertigen, die Anforderungen an das Mitdenken des Versicherungskunden so herabzusetzen, dass er unter Außerachtlassung der Belange des Versicherers dem Agenten alles glauben darf. Ein durchschnittlicher Versicherungsinteressent steht als mündiger Verbraucher nicht so im Bann des Agenten, dessen Provisionsinteresse er kennt, dass man ihn jedweden eigenständigen Nachdenkens entheben muss.

3) Bei arglistiger Täuschung durch den Versicherungsnehmer

Der BGH[448] hat entschieden, dass eine Wissenszurechnung ferner ausscheidet, wenn der Antragsteller arglistig handelt und er den Schutz der Wissenszurechnung deswegen nicht verdient.

Einer solchen Erweiterung des Ausschlusses der Wissenszurechnung außerhalb der Fälle der Kollusion und des evidenten Missbrauchs der Vertretungsmacht stehen erhebliche Zweifel gegenüber.[449]

Die Zurechnung des Wissens im Vertretungsverhältnis beruht allein auf dem Verhältnis zwischen Vertreter und Vertretenem. Ein arglistiges Verhalten des Versicherungsnehmers, das ohne Wissen und Beteiligung des Vertreters erfolgt, greift in das die Zurechnung begründende Verhältnis zwischen Vertreter und Vertretenem in keiner Weise ein, sondern steht vielmehr außen vor. Insofern besteht ein Unterschied zu den Ausschlussgründen der Kollusion und des evidenten Missbrauchs der Vertretungsmacht. Bei ihnen wirkt jeweils eine Hand-

[448] BGH, VersR 2001, 620 (622), für die Situation der Zurechnung des Wissens des im Rahmen der Erstellung eines ärztlichen Zeugnisses zur passiven Stellvertretung des Versicherers bevollmächtigten Arztes, wenn der Versicherer von dem Versicherungsnehmer durch dessen Erklärungen vor Abschluss des Vertrages arglistig getäuscht worden ist.

[449] Aufgrund des Ausschlusses der Wissenszurechnung bei arglistiger Täuschung durch den Versicherungsnehmer musste sich der BGH nicht mit der strittigen Frage befassen, ob das Wissen, welches der vom Versicherer zur Erstellung eines ärztlichen Zeugnisses beauftragte Arzt aufgrund vorheriger Behandlungen über den Antragsteller erlangt hat, dem Versicherer zuzurechnen ist.

lung des Vertreters in das die Zurechnung begründende Verhältnis zwischen Vertreter und Vertretenem hinein und schließt dadurch eine Zurechnung aus.
Der Ausschluss der Wissenszurechnung zwischen Vertreter und Vertretenem bei arglistigem Handeln des Versicherungsnehmers stellt demgemäß eine Sonderentwicklung der Wissenszurechnung dar, welche das gerade dargestellte zivilrechtliche Rechtsdogma der Wissenszurechnung als Ausfluss des Vertretungsverhältnisses übergeht.
Diese Sonderentwicklung lässt sich auch nicht aus Billigkeitsgründen rechtfertigen. Der arglistig getäuschte Vertretene hat bei arglistiger Täuschung des Versicherungsnehmers das Mittel der Anfechtung wegen arglistiger Täuschung, um sich von dem Rechtsgeschäft zu lösen.[450] Ihn trifft dabei auch unter beweisrechtlichen Aspekten keine Schlechterstellung, da er sowohl in dem Fall, dass er sich auf Arglist des Versicherungsnehmers als Ausschlussgrund einer Wissenszurechnung beruft,[451] als auch in dem Fall, dass er eine Anfechtung wegen arglistiger Täuschung durch den Versicherungsnehmer erklärt,[452] die Beweislast für das Vorliegen der Arglist trägt.

dd. Reformvorschlag hinsichtlich der Empfangsvollmacht des Vermittlungsagenten

Die Kommission schlägt eine Erweiterung der in den §§ 43 ff. VVG enthaltenen Regelungen über die Vollmacht des Agenten unter Übernahme der Auge–und–Ohr–Rechtsprechung vor. Die gesetzliche Vollmacht eines Versicherungsvertreters soll danach für alle vor dem Vertragsschluss oder im Zusammenhang mit dem Abschluss abgegebenen Willens- und Wissenserklärungen gelten.[453]
Abweichend vom Wortlaut des § 44 VVG soll nach dem Vorschlag der Kommission im neuen VVG geregelt werden, dass die Kenntnis des Versicherungsvertreters der Kenntnis des Versicherers gleichsteht. Eine Wissenszurechnung soll – unter Übernahme der Interpretation des § 44 VG durch den BGH – nur in den Fällen nicht stattfinden, in denen der Versicherungsvertreter seine Kenntnis außerhalb seiner Vertretertätigkeit und ohne Zusammenhang mit dem betreffen-

---

[450] s. BGH, VersR 2001, 620 (622).
[451] Wenn die eine Wissenszurechnung ausschließenden Gründe des kollusiven Zusammenwirkens und des evidenten Vertretungsmissbrauchs vom Versicherer bewiesen werden müssen (s. unter 2)), muss bei Qualifizierung der Arglist als Ausschlussgrund auch die Beweislast für das Vorliegen der Arglist dem Versicherer auferlegt werden.
[452] s. nachfolgende Ausführungen unter B. I. 5..
[453] Abschlussbericht der Kommission zur Reform des Versicherungsvertragsrechts, S. 65.

den Versicherungsvertrag erlangt hat, es sich also um privat erlangtes Wissen handelt.[454]
Die Kommission sieht eine Beschränkung der Vertretungsmacht des Versicherungsvertreters durch Allgemeine Geschäftsbedingungen gegenüber Dritten – in Übereinstimmung mit der in dieser Arbeit vertretenen Auffassung – als unwirksam an und will dies im neuen VVG festschreiben.[455]

b. Empfangszuständigkeit eines Versicherungsmaklers

Neben dem Versicherungsagenten vermittelt auch der Versicherungsmakler zwischen dem Versicherungsunternehmen und dem Versicherungsnehmer. Der Versicherungsmakler ist im Gegensatz zum Versicherungsagenten ein von den Parteien des Versicherungsvertrages rechtlich und wirtschaftlich unabhängiger Versicherungsvermittler (Einkaufsvermittler).[456]
Auftraggeber eines Versicherungsmaklers ist der Versicherungsnehmer, als dessen treuhänderähnlichen Sachwalter für den Bereich der Versicherungsverhältnisse der BGH[457] ihn auch bezeichnet – ungeachtet des Umstandes, dass seine Provision vom Versicherer getragen wird. In der Versicherungsliteratur[458] wird der Versicherungsmakler auch als Bundesgenosse des Versicherungsnehmers bezeichnet.
Die rechtlichen Regelungen für den Versicherungsmakler finden sich in den §§ 93 ff. HGB und §§ 652 ff. BGB.

aa. Kein grundsätzliches Bestehen einer Empfangsvollmacht

Eine dem § 43 VVG entsprechende gesetzliche Empfangsvollmacht zur Entgegennahme von Willens- und Wissenserklärungen für den Versicherer existiert für den Makler nicht. Es besteht vielmehr der Grundsatz[459], dass der Versicherungsmakler in der Regel nicht bevollmächtigt ist, Erklärungen für den Versicherer entgegenzunehmen, so dass er demzufolge auch keine generelle Em-

---

454 Abschlussbericht der Kommission zur Reform des Versicherungsvertragsrechts, S. 65.
455 Abschlussbericht der Kommission zur Reform des Versicherungsvertragsrechts, S. 66.
456 Definition des Berufsbildes des Versicherungsmaklers in der Satzung des Bundesverbands Deutscher Versicherungsmakler e.V. (BDVM); vgl. *Teichler*, VersR 2002, 385 (385); *Kollhosser* in Prölss/Martin, VVG, § 43 Rdn. 3.
457 BGH, VersR 1985, 930 (931); BGHZ 94, 356 (359).
458 *Sieg*, Versicherungsvertragsrecht, S. 62; *Möller*, VW 1970, 1004 (1004); *Schmidt*, Zur Rechtsstellung des Versicherungsmaklers, S. 23 (30); *Hübner/Basting*, Rechtsprobleme des Abrechnungsverkehrs, S. 48; *Werber*, VW 1988, 1159 (1160).
459 s. BGH, VersR 1987, 663 (664); OLG Köln, VersR 1995, 946 (947); *Kollhosser* in Prölss/Martin, VVG, § 43 Rdn. 3.

pfangszuständigkeit für die vorvertragliche Anzeige gefahrerheblicher Umstände besitzt.
Der Versicherungsmakler ist regelmäßig Wissensvertreter[460] des Versicherungsnehmers. Das bedeutet, dass das Wissen des Maklers nach § 166 Abs. 1 BGB analog dem Versicherungsnehmer zugerechnet wird und damit eine Zurechnung des Wissens des Maklers gegenüber dem Versicherer in der Regel ausscheidet.
Häufig schließt der Makler mit dem an einer Versicherung Interessierten einen Maklervertrag, wodurch der Makler zum Abschlussvertreter des Versicherungsinteressenten wird und eine Zurechnung seines Wissens zum Versicherer gänzlich ausgeschlossen ist.

bb. Ausnahmsweises Vorliegen einer Empfangsvollmacht

Eine Empfangszuständigkeit des Versicherungsmaklers kann jedoch in Betracht kommen, wenn er ausnahmsweise eine Empfangsvollmacht besitzt.[461]
Eine Empfangsvollmacht des Versicherungsmaklers kann auf einer ausdrücklichen oder konkludenten Bevollmächtigung sowie auch auf einer Anscheins- oder Duldungsvollmacht[462] beruhen.
Eine ausdrückliche Bevollmächtigung kommt durch Beauftragung zur Entgegennahme von Anträgen[463] oder durch Erteilung einer Deckungs- und Zeichnungsvollmacht, die es dem Versicherungsmakler ermöglicht, für den Versicherer Deckungszusagen zu erteilen, in Betracht.[464]
Anzumerken ist in dem Zusammenhang, dass die Verwendung einer sog. Maklerklausel keine ausdrückliche Erteilung einer Vollmacht zum Empfang des Versicherungsantrages beinhaltet. Zwar wird der Makler in der Klausel – unter Befreiung der Beschränkung des § 181 BGB – vom Versicherer zur Entgegennahme von Anzeigen, Willenserklärungen und Zahlungen des Versicherungs-

---

[460] Anstelle sich selbst über die am Markt vorhandenen Versicherungsprodukte zu informieren, eine Auswahl des individuell passenden Versicherungsschutzes zu treffen und die Vertragspflege zu betreiben, betraut der Versicherungsnehmer den Versicherungsmakler mit der Erledigung dieser Aufgaben. Der Versicherungsmakler erledigt diese Aufgaben in eigener Verantwortung und nimmt dabei die erhaltenen Informationen zur Kenntnis und ist gehalten, sie an den Versicherungsnehmer weiterzugeben (vgl. Definition des Wissensvertreters unter a. bb. 2) c) bb)).
[461] In diesem Fall wird dem Versicherer gemäß § 166 Abs. 1 BGB das gesamte Wissen des Vertreters für die Folgen der gerade abgegebenen oder empfangenen Willenserklärung zugerechnet.
[462] *Voit (jun.)* in BK zum VVG, § 16 Rdn. 71.
[463] vgl. *Matusche-Beckmann*, VersR 1995, 1391 (1397).
[464] *Matusche*, Pflichten und Haftung des Versicherungsmaklers, S. 140.

nehmers beauftragt.[465] Abgesehen davon, dass solche Vereinbarungen von den meisten Versicherern äußerst restriktiv verwendet werden,[466] entfalten sie ihre Geltung in den meisten Fällen jedoch erst nach Vertragsschluss für die dann laufende Versicherung[467] und begründen somit erst dann eine Empfangsvollmacht des Maklers.

Die Unterscheidung zwischen dem Vorliegen einer konkludenten Bevollmächtigung oder der Annahme einer Duldungs- oder Anscheinsvollmacht[468] kann theoretisch vorgenommen werden, in der Praxis sind die Grenzen fließend.[469]

Als Maßstab, welche Tatsachen den Schluss auf das Vorliegen einer konkludenten Bevollmächtigung zulassen, ist insbesondere auf eine Entscheidung des

---

[465] Klauselbeispiel: *„Alle Anzeigen, Erklärungen und dergleichen gelten dem Versicherer als zugegangen, sobald sie dem Versicherungsmakler zugegangen sind.“*

[466] vgl. *Meyer-Reim/Testorf*, VersR 1994, 1137 (1140); *Kollhosser* in Prölss/Martin, VVG, Anh. zu §§ 43-48 Rdn. 22.

[467] vgl. *Teichler*, VersR 2002, 385 (388).

[468] Zur Begründung einer Empfangsvollmacht nach den Regeln der Duldungs- und Anscheinsvollmacht muss sich der Makler als Vermittler des Versicherers gerieren und es müssen die weiteren jeweiligen Voraussetzungen der Duldungs- oder Anscheinsvollmacht vorliegen. Eine Duldungsvollmacht liegt vor, wenn der Versicherer es wissentlich geschehen lässt, dass der Makler für ihn wie ein Vertreter auftritt und der Antragsteller dieses Dulden nach Treu und Glauben dahin versteht und auch verstehen darf, dass der Makler vom Versicherer bevollmächtigt ist (vgl. nur *Heinrichs* in Palandt, BGB, § 173 Rdn. 11). Eine Anscheinsvollmacht ist zu bejahen, wenn der Versicherer zwar das Handeln des Maklers nicht kennt, es aber bei pflichtgemäßer Sorgfalt hätte erkennen und verhindern können und der Antragsteller annehmen durfte, der Versicherer dulde und billige das Handeln des Maklers (vgl. nur *Heinrichs* in Palandt, BGB, § 173 Rdn. 14).

[469] Die Frage einer ausnahmsweisen Bevollmächtigung des Versicherungsmaklers entstand durch das Auftauchen einer Reihe von Versicherungsmaklern am Markt, die nicht dem idealtypischen Bild entsprachen, das die Rechtsprechung für Agenten und Makler entwickelt hat. Als Beispiele sind der Mehrfachagent und der Pseudoagent zu nennen. Der Mehrfachagent ist durch Agenturverträge mit mehreren Versicherern vertraglich verbunden, kann dadurch gegenüber dem Versicherungskunden wie ein Makler auftreten (vgl. *Baumann*, NVersZ 2000, 116 117)). Der Pseudoagent tritt ebenfalls gegenüber dem Kunden wie ein Versicherungsmakler auf, unterhält aber zumindest agenturähnliche Rechtsbeziehungen zu einem Versicherungsunternehmen und vermittelt ausschließlich an dieses Unternehmen (vgl. *Baumann*, NVersZ 2000, 116 (118); *Reusch*, NVersZ 2000, 120 (122)). Zu erwähnen ist aber auch der Makler, der ohne vertragliche Bindung an bestimmte Versicherer die Auswahl von Versicherungsschutz von vornherein auf wenige Versicherer beschränkt (vgl. *Matusche-Beckmann*, VersR 1995, 1391 (1393)). Die im folgenden aufgeführte Rechtsprechung der Instanzgerichte nimmt eine Zuordnung von nicht idealtypischen Versicherungsmaklern zum Stand der Versicherungsagenten mit dem Resultat einer Zurechnung des Wissens der „Makler“ gegenüber dem Versicherer.

BGH aus jüngerer Zeit abzustellen. In dieser Entscheidung hat der BGH[470] die Tatsache, dass der Vermittler Antragsformulare des Versicherers zur Verfügung hat und von ihnen bei der Vermittlung des Vertrages Gebrauch macht, nicht genügen lassen, um von ihr auf das Vorliegen einer Bevollmächtigung zur Entgegennahme von Erklärungen schließen zu können. Auch ein späterer Vermerk im Versicherungsschein, wonach der Versicherungsnehmer vom Versicherungsmakler betreut werde, vermag nach Auffassung des BGH im Grundsatz nichts daran zu ändern, dass der vom Versicherungsnehmer eingeschaltete Versicherungsmakler nicht als „im Lager“ des Versicherers stehend angesehen werden könne.
In seinen weiteren Ausführungen hat der BGH[471] jedoch ausdrücklich offen gelassen, ob in Erweiterung der bisherigen Rechtsprechung nicht doch in Ausnahmefällen eine Empfangsvollmacht auch eines Maklers vorliegen könne. Eine solche Ausnahme käme allerdings nur dann in Betracht, wenn Tatsachen vorlägen, die einzeln oder in ihrer Gesamtheit dies rechtfertigen würden. Der BGH lässt jedoch offen, welche Tatsachen dies seien könnten.
Das OLG Hamm[472] hat eine Empfangsvollmacht des Versicherungsmaklers angenommen, wenn der Versicherer den Makler mit Antragsformularen ausgestattet und ihn bevollmächtigt hat, Anträge auszufüllen, entgegenzunehmen, Prämien zu errechnen oder – wenn auch im Einzelfall nach mündlicher Abstimmung – vorläufigen Deckungsschutz zu erteilen.
Das OLG Nürnberg[473] geht von dem Vorliegen einer Empfangsvollmacht des Versicherungsmaklers aus, wenn der Versicherungsmakler für den Versicherer die gesamte Antragsverhandlung geführt hat, er also insbesondere die einzelnen Rubriken und die Gesundheitsfragen vorgelesen und im einzelnen erläutert sowie darüber hinaus zu erkennen gegeben hat, dass er selbst entscheidet, ob und welche Gefahrumstände in das Antragsformular aufgenommen werden.
Der Annahme einer konkludenten Bevollmächtigung stehen auch keine Bedenken gegenüber, wenn der Versicherer dem Versicherungsvermittler Vollmacht zur Gewährung vorläufigen Versicherungsschutzes erteilt. In dieser Situation ist die für die Annahme einer konkludenten Bevollmächtigung geforderte Duldung des Versicherers gegeben, dass der Vermittler als sein Vertreter auftritt und der Wille des Versicherers, durch dieses Verhalten Vollmacht zu erteilen.[474] Wenn

[470] BGH, NJW-RR 2000, 316 (317); entgegen OLG Hamm, VersR 1994, 1094; OLG Hamm, VersR 1992, 1462.
[471] BGH, NJW-RR 2000, 316 (317).
[472] OLG Hamm, VersR 1992, 1462 (1463), das den Versicherungsmakler einem Versicherungsagenten gleichgestellt hat; vgl. auch OLG Hamm, VersR 1997, 1264 (1265).
[473] OLG Nürnberg, NJW-RR 1995, 227 (229).
[474] vgl. zu den Voraussetzungen einer Duldungsvollmacht Fn. 468.

der Versicherer es bewusst zulässt, dass der Vermittler dem Versicherungskunden gegenüber vorläufigen Versicherungsschutz erteilt, entspricht es seinem Willen, dass der Vermittler in seinem Namen und für ihn – und damit als sein Vertreter – ein Versicherungsverhältnis mit dem Kunden eingeht. Der geforderte Rechtsfolgewillen ist auch schon unter dem wirtschaftlichen Aspekt, den Kunden stärker an sich zu binden, zu bejahen.[475] Denn der Versicherer kommt durch den Abschluss auch nur eines vorläufigen Rechtsverhältnisses dem Kunden einen bedeutenden Schritt näher.

In zwei Urteilen des OLG Hamm[476] und einem Urteil des OLG Karlsruhe[477], in denen dem Versicherer das Wissen des Versicherungsmaklers unter Übertragung der Grundsätze der Auge–und–Ohr–Rechtsprechung auf den Versicherungsmakler zugerechnet wurde, erfolgte dies offenbar aufgrund der Annahme einer Rechtsscheinsvollmacht.[478]
Nach Auffassung der Gerichte ist Voraussetzung für die Zurechnung des Wissens des Versicherungsmaklers, dass dieser nicht vom Versicherungsnehmer als Versicherungsmakler beauftragt sei und sich der Versicherer beim Abschluss des Versicherungsvertrages der Dienste des Versicherungsmaklers bediene, als ob es sich bei ihm um seinen Agenten handeln würde. Kennzeichnend dafür sei, dass der Versicherer dem Versicherungsmakler Antragsformulare zur Verfügung stelle und dessen zurückgereichten Anträge ohne weitere Klärung entgegennehme und bearbeite.[479] Ferner sei für das Vorliegen des Bedienens erforderlich, dass der Versicherer weiß, dass ein durchschnittlicher Versicherungsnehmer einen Versicherungsmakler nicht von einem üblichen Versicherungsagenten unterscheiden könne und mit diesem deshalb regelmäßig keinen Maklervertrag schließe.[480]

---

[475] a.A. *Haeberlin*, Der aktuelle Stand des Versicherungsnehmerschutzes im englischen und deutschen Versicherungsvertragsrecht vor dem Hintergrund der jüngsten EG-Rechtsentwicklung, S. 82 u. *Matusche-Beckmann*, VersR 1995, (1391) 1398, mit der Begründung, dass eine konkludente Vollmachtserteilung wegen der großen Bedeutung der vorvertraglichen Anzeigepflicht gerade nicht im objektiven Interesse des Versicherers läge.

[476] OLG Hamm, VersR 1996, 697 (700); OLG Hamm, NJW-RR 1997, 220 (221).

[477] OLG Karlruhe, NVersZ 2002, 551 (552).

[478] *Haeberlin*, Der aktuelle Stand des Versicherungsnehmerschutzes im englischen und deutschen Versicherungsvertragsrecht, S. 80–85, tritt diesen Entscheidungen kritisch im Hinblick auf eine Orientierungsfunktion gegenüber und wirft ihnen vor, dass sie zu einer Verwischung der Grenzen zwischen Versicherungsagent und Versicherungsmakler führen.

[479] vgl. OLG Hamm, VersR 1996, 697 (700); OLG Karlsruhe, NVersZ 2002, 551 (552).

[480] vgl. OLG Hamm, VersR 1996, 697 (700); OLG Karlsruhe, NVersZ 2002, 551 (552).

Die Annahme einer Rechtsscheinsvollmacht unter Übertragung der Grundsätze der Auge–und–Ohr–Rechtsprechung ist kritisch zu betrachten, wie die Analyse der Voraussetzungen der Duldungs- und Anscheinsvollmacht verdeutlicht.
Eine Duldungsvollmacht liegt vor, wenn der Vertretene es wissentlich geschehen lässt, dass ein anderer für ihn wie ein Vertreter auftritt und der Geschäftsgegner dieses Dulden nach Treu und Glauben dahin versteht und auch verstehen darf, dass der als Vertreter Handelnde bevollmächtigt ist.[481]
Eine Anscheinvollmacht liegt demgegenüber vor, wenn der Geschäftsherr das Auftreten des unbefugt als Vertreter Handelnden zwar nicht kennt, es aber bei pflichtgemäßer Sorgfalt hätte kennen und verhindern können und wenn der Geschäftspartner nach Treu und Glauben annehmen darf, dem Geschäftsherrn könne bei verkehrsgemäßer Sorgfalt das Auftreten des Vertreters nicht verborgen geblieben sein und er schreite nicht ein, weil er dieses Auftreten dulde.[482]
In beiden Fällen ist die Schutzwürdigkeit des Geschäftspartners von zentraler Bedeutung. Sie liegt vor, wenn der Geschäftspartner die tatsächlichen Umstände kannte, die den Rechtsschein einer Bevollmächtigung begründen, und er das Dulden des Geschäftsherrn nach Treu und Glauben mit Rücksicht auf die Verkehrssitte als Bevollmächtigung werten durfte. Sie fehlt analog § 173 BGB, wenn der Geschäftspartner den Mangel der Bevollmächtigung kannte oder kennen musste.
Überträgt man diese Feststellung auf die Situationen, die den Entscheidungen des OLG Hamm und des OLG Karlsruhe zugrunde lagen, ist als Voraussetzung für die Annahme einer Rechtsscheinsvollmacht zu verlangen, dass der Versicherungskunden den Versicherungsvermittler als Versicherungsagenten ansieht.
In beiden Fällen gerierte sich der Vermittler dem Kunden gegenüber als unabhängiger Makler. Er nannte sich „Makler“ und legte seine agenturvertraglichen Beziehungen, die gegenüber dem Versicherer bestanden, nicht offen. Er trat zudem makelnd gegenüber dem Kunden auf, indem er die Vermittlung von Versicherungen verschiedener Versicherungsgesellschaften anbot. Ein solches Verhalten und Auftreten des Vermittlers durfte der Versicherungsnehmer nach Treu und Glauben unter Berücksichtigung der Verkehrssitte als Maklerverhalten auffassen. Die Tatsache, dass kein Maklervertrag zwischen Versicherungsnehmer und Vermittler abgeschlossen wurde, kann nicht als Indiz für eine gegenteilige Auffassung des Versicherungsnehmers gewertet werden. In der Praxis findet der Abschluss eines Maklervertrages sehr unregelmäßig statt und zeitlich nicht unbedingt immer vor Abschluss des vermittelten Versicherungsvertrages.

481 vgl. Fn. 468.
482 vgl. Fn. 468.

Wenn der Versicherungsnehmer den Vermittler aber als Makler und nicht als vom Versicherer bevollmächtigten Agenten ansah, fehlt die Schutzbedürftigkeit des Versicherungsnehmers, da er bei einer Maklertätigkeit nicht auf eine Bevollmächtigung durch den Versicherer schließt.
Ein Abstellen auf die Klassifizierung des Vermittlers durch den Versicherungskunden ist auch unter dem Aspekt des Schutzes des Versicherungskunden unbedenklich. Je nachdem, ob aus seiner Sicht ein Makler oder ein Agent auftrat, kann er entweder vom Versicherer die Erfüllung des Versicherungsvertrages verlangen oder gegenüber dem Makler Schadensersatzansprüche geltend machen.[483]
Zusammenfassend ist daher festzuhalten, dass der als Versicherungsmakler auftretende Versicherungsvermittler nur dann ausnahmsweise Adressat vorvertraglicher Anzeigen durch Annahme einer Rechtsscheinsvollmacht sein kann, wenn Anhaltspunkte vorliegen, dass der Versicherungskunde ihn als Versicherungsagenten ansieht.

cc. Konkurrenzsituation bei Vorliegen eines Doppelrechtsverhältnisses

Liegt ausnahmsweise eine Empfangsvollmacht des Versicherungsmaklers vor und fungiert er wegen seiner Nähe zum Antragsteller gleichzeitig als dessen Wissensvertreter, steht er in einer Art Doppelrechtsverhältnis[484] zu beiden Parteien des Versicherungsvertrages. Aus dem Doppelrechtsverhältnis entsteht eine Konkurrenzsituation im Hinblick darauf, ob dem Versicherer oder dem Versicherungsnehmer das Wissen des Maklers zuzurechnen ist.
Der BGH[485] hat sich mit einer vergleichbaren Problematik im Rahmen des Abschlusses eines Kaufvertrages beschäftigt, deren Lösung sich auf die Situation bei Abschluss eines Versicherungsvertrages übertragen lässt.
Der BGH[486] hatte in dem Fall, dass der Verhandlungsführer des Verkäufers zugleich Abschlussvertreter des Käufers war, entschieden, dass sich der Käufer die Kenntnis seines Abschlussvertreters grundsätzlich auch dann gemäß § 166

---

[483] Da sich die Indizien, aufgrund derer der Kunde auf eine Makler- oder Agententätigkeit des Vermittlers schließt, aus dem äußeren Auftritt (wie z.B. geführte Berufsbezeichnung oder das Vorhandensein von Informationsmaterial über Versicherungen von verschiedenen Versicherern oder nur von einem Versicherungsunternehmen) des Vermittlers ergeben, ist die Klassifizierung auch dem Beweis zugänglich.

[484] vgl. *Werber*, Von der Unabhängigkeit eines Versicherungsmaklers im Doppelrechtsverhältnis, S. 185 (190); *Bruck/Möller*, VVG, vor §§ 43–48 Anm. 38; s. auch OLG Frankfurt a.M., VersR 1995, 92 (93).

[485] BGH, NJW 2000, 1405 ff..

[486] BGH, NJW 2000, 1405 (1406).

Abs. 1 BGB zurechnen lassen müsse, wenn der Vertreter zuvor als Verhandlungsführer (und damit als Wissensvertreter) des Verkäufers aufgetreten sei. Die Vorschrift des § 166 Abs. 1 BGB werde auch bei gleichzeitiger Annahme einer Wissensvertretung und der damit verbundenen Zurechnung der Kenntnis des Vertreters gegenüber demjenigen nicht aufgehoben, für den er als Wissensvertreter fungiere. Der Normzweck des § 166 BGB erlaube keine Restriktion. Unabhängig von seiner Funktion als Wissensvertreter bestünde das Vertretungsverhältnis gegenüber demjenigen fort, der ihn als Vertreter zum Abschluss des Vertrages bevollmächtigt habe. Der Vertretene habe die mit der Bevollmächtigung verbundenen Risiken zu tragen, die sich aus der Regelung des § 166 Abs. 1 BGB ergäben.
Eine Übertragung der Entscheidung des BGH auf die Situation des im Doppelrechtsverhältnis stehenden Versicherungsmaklers ergibt somit, dass die durch eine Bevollmächtigung von Seiten des Versicherers begründete Empfangszuständigkeit des Versicherungsmaklers nicht dadurch eingeschränkt wird, dass der Versicherungsmakler im Rahmen der Anbahnung des Versicherungsvertrages zugleich Wissensvertreter des Versicherungsnehmers ist.

dd. Ausschluss der Empfangszuständigkeit des Versicherungsmaklers durch Einschränkung der Wissenszurechnung

1) Bei rechtsgeschäftlicher Vertretung des Versicherungsnehmers

Eine Zurechnung des Wissens des Maklers zum Wissen des Versicherers und damit einhergehend eine Empfangszuständigkeit des Maklers für den Versicherer scheidet aus, wenn der Versicherungsmakler rechtsgeschäftlicher Vertreter des Versicherungsnehmers ist. Das ist unzweifelhaft der Fall, wenn der künftige Versicherungsnehmer und der Makler vor Tätigwerden des Maklers einen Maklervertrag abgeschlossen haben.

2) Bei kollusivem Zusammenwirken des Versicherungsmaklers und des Versicherungsnehmers und bei einem für den Versicherungsnehmer evidenten Vertretungsmissbrauch durch den Versicherungsmakler

Die Annahme einer Empfangszuständigkeit des Versicherungsmaklers ist weiterhin ausgeschlossen, wenn der Versicherungsnehmer mit dem Versicherungsmakler bewusst zum Nachteil des Versicherers zusammengewirkt oder wenn der Versicherungsmakler für den Versicherungsnehmer evident seine Vertretungsmacht missbraucht hat.

Zu den Voraussetzungen des Vorliegens eines kollusiven Zusammenwirkens des Versicherungsnehmers mit dem Versicherungsmakler und eines für den Versicherungsnehmer evidenten Vertretungsmissbrauchs durch den Versicherungsmakler wird auf die Ausführungen beim Vermittlungsagenten[487] verwiesen, die übertragen werden können.

3) Bei arglistiger Täuschung durch den Versicherungsnehmer

Die Empfangszuständigkeit des Versicherungsmaklers ist nach der Rechtsprechung des BGH[488] ferner dann auszuschließen, wenn der Versicherungsnehmer den Versicherer durch seine Angaben vor Abschluss des Versicherungsvertrages arglistig getäuscht hat.[489]

ee. Reformvorschlag hinsichtlich der Empfangsvollmacht des Versicherungsmaklers

In Umsetzung der EU–Vermittlerrichtlinie[490] sollen nun auch Regelungen über den Versicherungsmakler Eingang in das neue Versicherungsvertragsrecht finden. Für die Frage der Empfangsvollmacht des Versicherungsmaklers ist dabei relevant, dass der Vermittler verpflichtet wird, sich in ein für Agenten und Makler jeweils vorgesehenes Register einzutragen und den Versicherungsnehmer über seine gesellschaftsrechtlichen Verbindungen zu Versicherern aufzuklären. Für den Versicherungsnehmer soll dadurch die Möglichkeit einer klaren Abgrenzung zwischen den beiden Vermittlertätigkeiten des Agenten und des Maklers geschaffen werden.[491]

---

[487] s. unter 1. a. cc. 2).

[488] BGH, VersR 2001, 620 (622).

[489] vgl. dazu aber die kritischen Ausführungen und Ablehnung des Ausschlusses der Wissenszurechnung unter 1. a. cc. 3).

[490] Richtlinie 2002/92/EG des Parlaments und des Rates vom 9.12.2002 über Versicherungsvermittlung ABlEG L 9/3 vom 15.1.2003.

[491] Abschlussbericht der Kommission zur Reform des Versicherungsvertragsrechts, S. 58-61.

2. Empfangszuständigkeit des zur Erstellung eines ärztlichen Zeugnisses eingeschalteten Arztes

a. Unterscheidung zwischen einer Beauftragung durch den Versicherungsnehmer und einer Beauftragung durch den Versicherer

Zur Beantwortung der Frage der Empfangszuständigkeit des zur Erstellung eines ärztlichen Zeugnisses eingeschalteten Arztes sind die zwei möglichen Auftragssituationen, aufgrund derer der Arzt tätig wird, zu unterscheiden.
In den meisten Fällen gibt der Versicherer dem Versicherungsnehmer auf, in Ergänzung zu den Gesundheitsfragen im Antragsformular ein ärztliches Zeugnis beizubringen. Daraufhin sucht der Versicherungsnehmer gewöhnlich seinen Hausarzt auf, um sich von diesem ein ärztliches Zeugnis ausstellen zu lassen. Beauftragt der Versicherungsnehmer den Arzt mit der Erstellung des vom Versicherer angeforderten ärztlichen Zeugnisses, betraut er den Arzt mit der Erfüllung der ihm obliegenden Anzeige von Gefahrumständen in Bezug auf seinen Gesundheitszustand. Der Arzt gibt dabei an Stelle des Versicherungsnehmers gegenüber dem Versicherer eine eigene Erklärung über den Gesundheitszustand des Versicherungsnehmers ab. Er wird somit vom Versicherungsnehmer als dessen Wissenserklärungsvertreter eingesetzt. Denn ein Wissenserklärungsvertreter ist nach der Arbeitsorganisation des Geschäftsherrn dazu berufen, im Rechtsverkehr als dessen Repräsentant bestimmte Aufgaben in eigener Verantwortung zu erledigen und die dabei anfallenden Informationen zur Kenntnis zu nehmen und gegebenenfalls weiterzuleiten.[492] Die Erklärungen des Wissenserklärungsvertreters werden dem Versicherungsnehmer in analoger Anwendung des § 166 ABs. 1 BGB zugerechnet.[493] Dementsprechend scheidet eine Zurechnung des Wissens des Arztes zum Wissen des Versicherers und damit eine Empfangszuständigkeit des vom Versicherungsnehmer beauftragten Arztes für dessen vorvertragliche Anzeigen von gefahrerheblichen Umständen aus.

---

[492] vgl. zu den Voraussetzungen einer Wissenserklärungsvertretung: RGZ 58, 342 (347); BGH, VersR 1952, 428; BGH, VersR 1967, 343 (344); BGH, NJW 1993, 2112 (2113); *Knappmann*, NJW 1994, 3147 (3148); *Heinrichs* in Palandt, BGB, § 166 Rdn. 6; *Schwintowski* in BK zum VVG, § 6 Rdn. 238; *Weyers*, Versicherungsvertragsrecht, Rdn. 369; *Bruck/Möller*, VVG, § 6 Anm. 79-84; *Prölss* in Prölss/Martin, VVG, § 6 Rdn. 52; *Römer* in Römer/Langheid, VVG, § 6 Rdn. 121; *Röhr*, Die vorvertragliche Anzeigepflicht, S. 185.

[493] vgl. BGH, VersR 1967, 343 (344); BGH, NJW 1993, 2112 (2113); *Knappmann*, NJW, 1347 (1348); *Richardi*, AcP 169, 385 (397-402); a.A. *Prölss* in Prölss/Martin, VVG, § 6 Rdn. 52, der für die Zurechnung rechtsgeschäftlicher Erklärungen bzw. des Unterlassens einer Wissenserklärung § 278 BGB als maßgebliche Norm ansieht, aber im Ergebnis auch zu einer Zurechnung der Erklärungen des vom Versicherungsnehmer mit der Erstellung eines ärztlichen Zeugnisses beauftragten Arztes zum Versicherungsnehmer kommt.

Es gibt jedoch ebenso den Fall, dass der Versicherer den von ihm ausdrücklich erwünschten Hausarzt des Versicherungsnehmers mit der Erstellung eines ärztlichen Zeugnisses über den Versicherungsnehmer beauftragt und auch die Kosten für die Erstellung trägt. Der so eingeschaltete Arzt ist Beauftragter des Versicherers. Er ist bezüglich der vorvertraglichen Anzeige gefahrerheblicher Umstände passiver Stellvertreter des Versicherers, da er mit dem Ausfüllen des Fragebogens und damit zugleich zur Entgegennahme der Antworten des Antragstellers im Hinblick auf die Gefahrfragen beauftragt ist. Er besitzt daher Empfangsvollmacht für den Versicherer.[494] Dabei spielt es keine Rolle, dass der Versicherungsnehmer auf Wunsch des Versicherers einen Arzt nach seiner Wahl aufgesucht hat.[495] Der Versicherer muss sich gemäß § 166 Abs. 1 BGB das gesamte Wissen seines passiven Stellvertreters im Zusammenhang mit gerade abgegebenen oder empfangenen Willenserklärung zurechnen lassen.[496]
Der vom Versicherer zur Erstellung eines ärztlichen Zeugnisses eingeschaltete Arzt ist somit empfangszuständig für die vorvertragliche Anzeige gefahrerheblicher Umstände.[497]

b. Ausschluss der Empfangszuständigkeit des Arztes

Die Empfangszuständigkeit des Arztes ist ausgeschlossen, wenn der Arzt mit dem Versicherungsnehmer bewusst zum Nachteil des Versicherers zusammengewirkt oder wenn der Arzt für den Versicherungsnehmer evident seine Vertretungsmacht missbraucht hat.
Zu den Voraussetzungen des Vorliegens eines kollusiven Zusammenwirkens des Arztes mit dem Versicherungsnehmer und eines für den Versicherungsnehmer evidenten Vertretungsmissbrauchs durch den Arzt wird auf die Ausführungen beim Vermittlungsagenten[498] verwiesen, die übertragen werden können.

---

[494] BGH, VersR 1990, 77 (78); BGH, VersR 2002, 620 (621); OLG Frankfurt a.M., VersR 1993, 425 (426); *Knappmann*, RuS 1996, 81 (82); *Voit (jun.)* in BK zum VVG, § 16 Rdn. 72.
[495] OLG Frankfurt a.M., VersR 1993, 425 (426).
[496] vgl. Baum, Die Wissenszurechnung, S. 41.
[497] Im Ergebnis konform geht die Rechtsprechung des BGH, VersR 1980, 762 (763), VersR 1990, 77 (77, 78), VersR 1993, 170 (170), VersR 2001, 620 (621), indem sie den Arzt bei der Aufnahme der „Erklärung vor dem Arzt" einem Versicherungsagenten bei der Aufnahme des Versicherungsantrages gleichstellt. Insofern gelte alles, was dem Arzt zur Beantwortung der vom Versicherer vorformulierten Fragen gesagt ist, als dem Versicherer gesagt und der Versicherer müsse sich die Kenntnis des Arztes, die dieser bei der Erstellung des ärztlichen Zeugnisses in Hinblick auf die Gesundheitsfragen erlangt hat, zurechnen lassen.
[498] s. unter 1. a. cc. 2).

Nach der Rechtsprechung des BGH[499] scheidet eine Empfangszuständigkeit des Arztes ferner im Falle einer arglistigen Täuschung durch den Versicherungsnehmer aus.[500]

E. Anzeigeform

I. Grundsätzliche Formfreiheit der Anzeige

Die vorvertragliche Anzeigepflicht unterliegt keiner gesetzlichen Formvorschrift.[501] Dies ergibt sich aus einem Umkehrschluss zu § 34 a S. 2 VVG, der die Möglichkeit der Vertragsparteien regelt, vertraglich festzulegen, dass Anzeigen an den Versicherer schriftlich zu erfolgen haben.[502]

II. Vereinbarung der Schriftform gemäß § 34 a S. 2 VVG

Der durch § 34 a S. 2 VVG generell eröffneten Möglichkeit der Vereinbarung von Schriftformklauseln stehen Bedenken gegenüber.
Eine Schriftformklausel ist stets der Gefahr ausgesetzt, dass die Parteien sie durch individuelle mündliche Vertragsabreden außer Kraft setzen.[503] Wird auf Seiten des Versicherers ein Versicherungsvermittler tätig, kann dieser das Schriftformerfordernis durch Individualabrede mit dem Versicherungsnehmer allerdings nur ausschalten, wenn er mit einer aktiven Vertretungsmacht ausgestattet ist oder im Rahmen einer Duldungs- oder Anscheinsvollmacht handelt. Zum anderen stehen einer Schriftformklausel für die vorvertragliche Anzeige gefahrerheblicher Umstände die gleichen Einwände[504] entgegen, die gegen eine Beschränkung der Empfangsvollmacht des Vermittlungsagenten für vorvertragliche Gefahranzeigen vorgebracht werden können, da sie im Ergebnis wie eine

---

[499] BGH, VersR 2001, 620 (622).

[500] vgl. dazu aber die kritischen Ausführungen und Ablehnung des Ausschlusses der Wissenszurechnung zuvor unter 1. a. cc. 3).

[501] *Voit (jun.)* in BK zum VVG, § 16 Rdn. 77.

[502] Das vertraglich ausbedungene Schriftformerfordernis in § 12 Abs. 1 S. 1 ALB bezieht sich nur auf Mitteilungen nach Abschluss des Versicherungsvertrages, da die ALB vor Abschluss des Versicherungsvertrages noch keine Geltung entfalten (s. auch *Winter* in Bruck/Möller/Winter, VVG, Anm. C 44 u. F. 58).

[503] Es ist ganz herrschende Meinung, dass in dem Fall, dass der Verwender selbst mit der Gegenseite mündlich eine Individualabrede trifft, deren Geltung nicht dadurch berührt wird, dass wirksam in Bezug genommene AGB eine Schriftformklausel enthalten (vgl. statt vieler nur *Ulmer* in Ulmer/Brandner/Hensen/Schmidt, § 4 Rdn. 33, *Lindacher* in Wolf/Horn/Lindacher, § 4 Rdn. 33 u. *Präve*, VersR 1998, 1141 (1144)).

[504] vgl. die Ausführungen unter D. II. 1. a. bb. 2) c) ee).

solche wirkt. Eine Schriftformklausel für die vorvertragliche Gefahranzeige hält damit einer Überprüfung nach dem Recht der Allgemeinen Geschäftsbedingungen wegen Verstoßes gegen § 307 Abs. 1 S. 1 i.V.m. Abs. 2 Nr. 1 und § 309 Nr. 13 BGB nicht stand und ist unwirksam.

3. Kapitel: Die Lösungsrechte des Versicherers wegen Verletzung der vorvertraglichen Anzeigepflicht

A. Das Rücktrittsrecht des Versicherers

Das Rücktrittsrecht des Versicherers ist der praktisch bedeutsamste Rechtsbehelf bei Verletzung der vorvertraglichen Anzeigepflicht durch den Versicherungsnehmer.
Für die Lebensversicherung und auch für die Berufsunfähigkeitszusatzversicherung[505] ergibt sich das Rücktrittsrecht wegen vorvertraglicher Anzeigepflichtverletzung aus § 6 ALB, der inhaltlich eine gekürzte Zusammenfassung der gesetzlichen Regelungen der §§ 16 ff. VVG darstellt und im wesentlichen die gesetzlichen Regelungen wiedergibt[506].
Für die selbständige Berufsunfähigkeitsversicherung ist der Rücktritt des Versicherers wegen Verletzung der vorvertraglichen Anzeigepflicht in § 9 Abs. 3 BUV geregelt, der in seinem Regelungsgehalt ebenfalls den Regelungen der §§ 16 ff. VVG entspricht.

I. Voraussetzungen des Rücktrittsrechts

1. Verletzung der vorvertraglichen Anzeigepflicht

a. Grundsatz der spontanen Anzeigepflicht

Gemäß § 16 Abs. 1 S. 1 VVG hat der Versicherungsnehmer dem Versicherer für die Übernahme der Gefahr relevante Umstände anzuzeigen.
Es wird der Grundsatz vertreten, dass der Versicherungsnehmer gegenüber dem Versicherer nicht nur die Umstände anzugeben hat, nach denen er gefragt wird, sondern auch gefahrerhebliche Umstände anzuzeigen hat, nach denen er nicht gefragt wird; der Versicherungsnehmer unterliegt einer spontanen Anzeigepflicht.[507] Das Risiko einer Fehleinschätzung, ob ein Umstand gefahrrelevant ist, trägt der Versicherungsnehmer.

---

[505] Für die Berufsunfähigkeitszusatzversicherung existiert keine eigene Regelung für einen Rücktritt bei Verletzung der vorvertraglichen Anzeigepflichtverletzung durch den Versicherungsnehmer und in § 9 Abs. 10 BUZ ist geregelt, dass in einem solchen Fall die Allgemeinen Bedingungen für die Hauptversicherung sinngemäß Anwendung finden.

[506] vgl. BGH, VersR 1980, 667 (668); LG Berlin, VersR 1984, 730 (730); vgl. ferner *Benkel/Hirschberg*, ALB und BUZ-Kommentar, § 6 ALB Rdn. 2.

[507] *Prölss* in Prölss/Martin, VVG, §§ 16, 17 Rdn. 1; *Voit (jun.)* in BK zum VVG, § 16 Rdn. 2; *Keinert*, Vorvertragliche Anzeigepflicht, S. 19; vgl. auch OLG Hamm, NJW-RR 1991, 1184

b. Ausgestaltung der Anzeigepflicht bei Verwendung eines Fragenkatalogs im Antragsformular durch den Versicherer

Die Einschätzung der Gefahrerheblichkeit eines Umstandes fällt dem rechts- und medizinisch unkundigen Versicherungsnehmer in der Regel sehr schwer. Daher ist es insbesondere in der Berufsunfähigkeits- und Lebensversicherung üblich, dass der Versicherer die von ihm als gefahrerheblich angesehenen Umstände konkretisiert und seinem künftigen Versicherungsnehmer entsprechende Fragen stellt. Dies geschieht durch Formulierung eines Fragebogens, der entweder dem Versicherungsantrag beigefügt oder zumeist in das Antragsformular integriert ist. Bei dem Antrag auf Abschluss eines Versicherungsantrages mit einer höheren Versicherungssumme, der nur nach einer besonderen ärztlichen Untersuchung in Deckung genommen wird, ist der Fragenkatalog in dem vom Arzt auszufüllenden Vordruck für das ärztliche Zeugnis enthalten.[508]
Entscheidend für den Umfang der Auskunftsobliegenheit des Versicherungsnehmers und dementsprechend für das Vorliegen einer Anzeigepflichtverletzung sind daher die vom Versicherer gestellten Antragsfragen.

aa. Auslegung der Gesundheitsfragen

Die Gesundheitsfragen sind objektiv unter Berücksichtigung von Treu und Glauben und der Verkehrssitte (§§ 133, 157 BGB) auszulegen, wobei der Em-

(1185); OLG Koblenz, VersR 2004, 849 (850); a.A. *Haeberlin*, Der aktuelle Stand des Versicherungsnehmerschutzes im englischen und deutschen Versicherungsvertragsrecht, S. 107–111. Zur Begründung der Annahme einer spontanen Anzeigepflicht kann die Regelung des § 18 Abs. 2 VVG herangezogen werden. Gemäß § 18 Abs. 2 VVG darf der Versicherer wegen unterbliebener Anzeige eines Umstandes, nach welchem nicht ausdrücklich gefragt worden ist, nur im Falle arglistigen Verschweigens zurücktreten, wenn der Versicherungsnehmer die Gefahrumstände anhand schriftlicher, vom Versicherer gestellter Fragen anzuzeigen hatte. Wenn schon eine spontane Anzeigepflicht bei Vorliegen eines Fragenkatalogs ausdrücklich normiert ist, allerdings wegen der Ausgestaltung der Anzeigepflicht durch den Versicherer anhand von Fragebögen nur eine arglistige Nichtanzeige den Rücktritt auslösen soll, kann daraus nur geschlossen werden, dass erst recht bei Nichtverwendung von Fragebögen eine spontane Anzeigepflicht des Versicherungsnehmers besteht, die ohne das besondere Erfordernis der Arglist bei ihrer Verletzung einen Rücktritt auslösen kann.

[508] Ist der Fragenkatalog in einem ärztlichen Zeugnis enthalten, liegt eine Anzeigepflichtverletzung unter den gleichen Voraussetzungen wie bei Aufnahme des Fragenkatalogs in das Antragsformular vor, da das ärztliche Zeugnis im Zusammenhang mit dem Versicherungsantrag erstellt wird, hierfür maßgeblich und gleichsam Bestandteil des Versicherungsantrages ist (vgl. OLG Köln, RuS 1987, 56 (56)).

pfängerhorizont maßgeblich ist.[509] Es kommt darauf an, wie ein durchschnittlicher Versicherungsnehmer bei aufmerksamer Durchsicht und verständiger Würdigung die gewählten Fragen unter Berücksichtigung ihres dabei erkennbar werdenden Sinnzusammenhanges verstehen muss.[510] Unklare Fragen sind zu Lasten des Versicherers auszulegen.[511]

1) Erklärung der in den Gesundheitsfragen verwendeten Begriffe der Krankheit, der Gesundheitsstörung und der Beschwerde

Die Gesundheitsfragen des Versicherers beziehen sich üblicherweise zunächst auf „Krankheiten" („Erkrankungen"). Es wird aber auch häufig gefragt, ob der Antragsteller an „Gesundheitsstörungen" und „Beschwerden" gelitten hat.
Krankheit ist als ein Gesundheitszustand, der von dem normalen ernsthaft abweicht und behandlungsbedürftig ist und regelmäßig auch die Arbeitsfähigkeit beeinträchtigt, zu charakterisieren.[512]
Der Begriff Gesundheitsstörung setzt eine organische und pathologische Veränderung voraus, die von einiger Dauer ist und eine ärztliche Behandlung indiziert.[513]
Beschwerden sind Krankheitserscheinungen oder Symptome, die den Betroffenen in seinem Wohlbefinden beeinträchtigen, ohne notwendigerweise selbst schon Krankheitswert zu besitzen oder die Arbeitsfähigkeit zu beeinflussen.[514]

2) Erläuterungen des BGH bezüglich einer in vielen Antragsformularen der Berufsunfähigkeits- und Lebensversicherung zu findenden Gesundheitsfrage

Bei Abschluss von Berufsunfähigkeits- und Lebensversicherungsverträgen lautet die gebräuchlichste Gesundheitsfrage: „Leiden Sie oder haben Sie in den letzten x Jahren gelitten an Krankheiten, Störungen oder Beschwerden?"

---

[509] vgl. *Bruck/Möller*, VVG, § 16 Anm. 40; *Wriede* in Bruck/Möller/Wriede, Krankenversicherung, Anm. (F 12); *Prölss* in Prölss/Martin, VVG, §§ 16, 17 Rdn. 6; *Voit (jun.)* in BK zum VVG, § 16 Rdn. 31.

[510] vgl. *Bruck/Möller*, VVG, § 16 Anm. 40; *Wriede* in Bruck/Möller/Wriede, Krankenversicherung, Anm. (F 12); vgl. auch OLG Hamm, VersR 1993, 1135 (1135); OLG Hamburg, VersR 1983, 1052 (1053).

[511] statt vieler s. nur *Winter* in Bruck/Möller/Winter, VVG, Anm. F. 49.

[512] *Voit (sen.)*, Berufsunfähigkeitsversicherung, Rdn. 168.

[513] vgl. *Voit (sen.)*, Berufsunfähigkeitsversicherung, Rdn. 168; OLG Koblenz, NVersZ 2001, 355 (355), das jedoch auch herausstellt, dass nicht jegliche Beschwerden und Schmerzzustände zugleich als Gesundheitsstörungen zu qualifizieren sind.

[514] vgl. OLG Hamm, RuS 1987, 113 (113).

Nach Auffassung des BGH[515] werden damit nicht nur Krankheiten oder Schäden von erheblichem Gewicht erfragt, sondern auch solche gesundheitlichen Beeinträchtigungen, die noch nicht die Schwere oder Intensität einer Krankheit oder eines Schadens aufweisen. Schon nach gewöhnlichem Sprachgebrauch verstehe der Befragte unter Störungen oder Beschwerden eine Gesundheitsbeeinträchtigung von geringerer Intensität, als dies bei Vorliegen einer Krankheit oder eines Schadens der Fall sei. Zudem sei zu beachten, dass sich die Gesundheitsfragen nicht nur auf solche Beeinträchtigungen richten, die sich dem Befragten schon durch wahrnehmbare Beschwerden mitteilen. Mit den erfragten Gesundheitsstörungen würden vielmehr alle Gesundheitsbeeinträchtigungen erfasst, die nicht offenkundig belanglos sind oder alsbald vergeht.[516]
An diese übliche Gesundheitsfrage schließt sich häufig in Form von Unterpunkten oder Klammerzusätzen eine Aufzählung verschiedener Organe, Organgruppen, Körperteile, Krankheiten und Krankheitsgruppen an. Nach Ansicht des BGH[517] soll dadurch der Blick des Befragten auf bestimmte beispielhaft benannte Bereiche möglicher gesundheitlicher Beeinträchtigungen gelenkt werden, um ihm die Reichweite der Fragestellung zu verdeutlichen. Auch wenn die angeführten Beispiele schwere gesundheitliche Beeinträchtigungen erwähnen, könne dies dem aufmerksamen Antragsteller nicht den Blick darauf verstellen, dass der Versicherer mit der Frage – wie mit der vorherigen Gesundheitsfrage klargestellt – auch nach anderen Krankheiten, insbesondere aber auch nach Störungen oder Beschwerden frage, die den einzelnen angesprochenen Bereichen zuzuordnen sind. So seien z.B. mit der Erwähnung der „Verdauungsorgane" im Klammerzusatz aus der Sicht eines verständigen und um Aufmerksamkeit bemühten Antragstellers auch gesundheitliche Beeinträchtigungen im Bereich des Magens erfragt.[518]

---

[515] BGH, VersR 1994, 711 (712); BGH, VersR 1994, 1457 (1458).
[516] Ergänzend zu den Erläuterungen des BGH hat das OLG Hamm, NVersZ 2001, 406 (407), zu dieser häufig gestellten Gesundheitsfrage ausgeführt, dass ein durchschnittlicher Versicherungsnehmer die Frage des Versicherers nach Krankheiten, Gesundheitsstörungen etc. in der Pluralform bei verständiger Würdigung nicht dahin (miss-)verstehen dürfe, dass einmalige Ereignisse von der Frage nicht umfasst sein sollen. Denn ersichtlich gehe es dem Versicherer darum, sämtliche Krankheiten, Gesundheitsstörungen etc. des Antragstellers zu erfragen, ganz gleich, ob es sich tatsächlich um eine oder mehrere gesundheitliche Beeinträchtigungen handelt.
[517] BGH, VersR 1994, 711 (712); BGH, VersR 1994, 1457 (1458).
[518] vgl. BGH, VersR 1994, 1457 (1458).

bb. Vorliegen einer Anzeigepflichtverletzung

1) Bei unvollständiger und unrichtiger Anzeige eines gefahrerheblichen Umstandes

Eine Anzeigepflichtverletzung liegt bei Verwendung eines Fragenkatalogs vor, wenn der Antragsteller die ihm gestellten Antragsfragen unvollständig (§ 16 Abs. 2 VVG) oder unrichtig (§ 17 Abs. 1 VVG) beantwortet.[519]

Der Versicherungsnehmer muss bei Beantwortung der Antragsfragen, um seiner Anzeigepflicht zu genügen, zur Darlegung seines gegenwärtigen Gesundheitszustandes alle, auch die als belanglos empfundenen Krankheiten und Beschwerden anzeigen. Er hat also ebenfalls solche auftretenden Beschwerden anzuzeigen, von denen er meint, sie besäßen keinen eigentlichen Krankheitswert. Da er in der Regel mangels medizinischer Kenntnisse nicht in der Lage ist, die Gefahrerheblichkeit körperlicher Beschwerden selbst zu beurteilen, steht ihm eine Wertung insoweit nicht zu.[520] Es ist Sache des Versicherers, das Risiko von Beschwerden, Krankheiten und Gesundheitsstörungen, gegebenenfalls unter Einschaltung der Gesellschaftsärzte oder nach Rückfrage bei den behandelnden Ärzten zu beurteilen.[521]

Der Antragsteller genügt seiner Anzeigepflicht, wenn er bei einer Frage nach Vorerkrankungen diese laienhaft schildert.[522] Schildert der Antragsteller hingegen schwerwiegende Vorerkrankungen in einer dem tatsächlichen Krankheitsbild nicht gerecht werdenden Weise, so dass der Eindruck nicht relevanter Bagatellbeschwerden entsteht, verletzt er seine Anzeigepflicht.[523]

Sind die Antragsfragen so weit gefasst, dass sie neben gefahrerheblichen Umständen auch solche Umstände umfassen, denen keine Gefahrrelevanz zukommt, liegt eine Anzeigepflichtverletzung nur vor, wenn der Versicherungsnehmer

---

[519] Begrifflich unterfällt die unvollständige Anzeige dabei der unrichtigen Anzeige. Da sich die Regelungen der unvollständigen und der unrichtigen Anzeige in ihren Voraussetzungen und in den Rechtsfolgen weitgehend decken, ist kein Grund für ihre getrennte Regelung ersichtlich und erscheint insofern überflüssig (vgl. auch *Keinert*, Vorvertragliche Anzeigepflicht, S. 19; *Sieg*, Allgemeines Versicherungsvertragsrecht, S. 129 (132)). Nach dem Vorschlag der Kommission zur Reform des Versicherungsvertragsrechts soll die „unvollständige" und die „unrichtige Anzeige" in dem neu zu fassenden § 16 Abs. 2 VVG in einer „unterbliebenen" Anzeige zusammengefasst werden.

[520] vgl. BGH, VersR 1989, 689 (690); BGH, VersR 1994, 1457 (1458); OLG Frankfurt a.M., VersR 1996, 360 (360); OLG Koblenz, VersR 2004, 228 (229).

[521] vgl. OLG Koblenz, VersR 2004, 228 (229).

[522] BGH, RuS 1994, 445 (446).

[523] OLG Hamm, RuS 1991, 402 (402).

einen gefahrerheblichen Umstand nicht angibt.[524] Zeigt der Versicherungsnehmer hingegen einen nicht gefahrerheblichen Umstand nicht an, wird eine Anzeigepflichtverletzung abgelehnt.[525]

2) Bei Nichtanzeige eines nicht erfragten gefahrerheblichen Umstandes

Eine Anzeigepflichtverletzung liegt bei Verwendung eines Fragenkatalogs ferner auch dann vor, wenn der Versicherungsnehmer einen nicht erfragten gefahrerheblichen Umstand nicht anzeigt und dabei arglistig handelt (§ 18 Abs. 2 VVG).
Der BGH[526] hat die in § 18 Abs. 2 VVG normierte, gegenüber § 16 Abs. 2 und § 17 Abs. 3 VVG weiter reichende Anzeigepflicht dahingehend eingeschränkt, dass bei Verwendung eines Fragenkatalogs eine Anzeigepflicht nur bezüglich solcher, nicht ausdrücklich oder erkennbar (konkludent mit-) erfragter Umstände anzunehmen sei, deren ungefragte Mitteilung allgemein oder zumindest in den betreffenden Verkehrskreisen als selbstverständlich angesehen wird.[527]

c. Vorliegen einer Anzeigepflichtverletzung in Bezug auf Ergebnisse aus Gentests

In den Fällen, dass Umstände aus Genomanalysen zu den anzeigepflichtigen Umständen zählen,[528] liegt eine Anzeigepflichtverletzung des Versicherungs-

---

[524] *Voit (jun.)* in BK zum VVG, § 16 Rdn. 35.
[525] *Prölss* in Prölss/Martin, VVG, §§ 16, 17 Rdn. 6.
[526] BGH, VersR 1986, 1089 (1090).
[527] Im Ergebnis auch *Voit (jun.)* in BK zum VVG, § 18 Rdn. 10, der sich aber gegen die vom BGH vorgenommene Einschränkung des § 18 Abs. 2 VVG mit der Begründung wendet, dass die Rechtsprechung des BGH dem Gesetzeswortlaut und dem einheitlichen Verständnis einer Anzeigepflicht von gefahrerheblichen Umständen widerspreche. *Voit* stellt aber auch heraus, dass bei solchen Anzeigen, die dem Versicherungsnehmer im Rahmen seiner vorvertraglichen Anzeigepflicht nicht selbstverständlich erscheinen, eine Anzeigepflichtverletzung gemäß § 18 Abs. 2 VVG auch ohne Hilfe der vom BGH vorgenommenen Einschränkung auf selbstverständliche Anzeigen schwerlich bejaht werden könne. Denn zum einen werde der Versicherer, wenn er es bewusst unterlässt, eine Gefahrfrage zu stellen, die für seine Risikoprüfung erheblich ist, den Nachweis der Gefahrerheblichkeit des nicht erfragten Umstandes, der ihm obliegt, kaum führen können. Und zum anderen werde es an der Arglist des Versicherungsnehmers fehlen, wenn sich dem Versicherungsnehmer die Gefahrrelevanz des nicht erfragten Umstandes gerade nicht aufdränge.
[528] s. die Ausführungen im 2. Kapitel unter A. I. 2..

nehmers vor, wenn er einen gefahrerheblichen Umstand, von dem er aufgrund eines Gentests erfahren hat, nicht oder unrichtig anzeigt.[529]
Die Gefahrerheblichkeit eines Umstandes hängt nicht davon ab, aufgrund welcher Untersuchungsmethode der Versicherungsnehmer Kenntnis von dem Umstand erlangt hat. Denn es ist denkbar, dass eine Diagnose, die aufgrund einer genetischen Untersuchung gestellt wurde, ebenso gut auch aufgrund einer gewöhnlichen Diagnose gestellt worden wäre.[530]

d. Vorliegen einer Anzeigepflichtverletzung bei Einschaltung eines für die vorvertragliche Gefahranzeige empfangszuständigen Dritten

Der Versicherungsnehmer kann seine Anzeigepflicht auch durch mündliche Erklärung gegenüber einem für die vorvertragliche Gefahranzeige empfangszuständigen Dritten erfüllen.[531] In diesem Fall entfällt eine Anzeigepflichtverletzung gegenüber dem Versicherer.
Nach der Rechtsprechung[532] ist die Anzeigepflicht auch dann erfüllt, wenn – wie dies die Regel ist – der Dritte das Ausfüllen des Fragenformulars übernimmt und die mündlichen Angaben des Antragstellers über gefahrerhebliche Umstände auf die von ihm gestellten Fragen nicht vollständig schriftlich festhält.
Die Anerkennung der Erfüllung der Anzeigepflicht durch mündliche Erklärung gegenüber dem empfangszuständigen Dritten findet ihre Grenze, wenn der zukünftige Versicherungsnehmer mit dem empfangszuständigen Dritten kollusiv zu Lasten des Versicherers zusammenwirkt oder wenn der empfangszuständige Dritte seine Vollmacht für den Versicherungsnehmer evident missbraucht.[533] Sie scheidet ferner in dem Fall aus, dass dem Versicherungsnehmer ein arglistiges Verhalten vorgeworfen werden kann.[534]

529 s. auch *Buyten/Simon*, VersR 2003, 813 (815).
530 vgl. *Buyten/Simon*, VersR 2003, 813 (815).
531 vgl. zur Empfangszuständigkeit eines Dritten die Ausführungen im 2. Kapitel unter D. II..
532 vgl. bzgl. eines Agenten: BGH, VersR 1989, 833 (834); bzgl. eines Arztes: BGHZ 102, 194 (197); BGH, VersR 1990, 77 (77) OLG Oldenburg, NVersZ 2001, 409 (409).
533 vgl. dazu schon die Ausführungen im 2. Kapitel unter D. II. 1. a. cc., b. dd. u. 2. b..
534 vgl. BGH, VersR 2001, 620 (622) (vgl. aber die kritischen Ausführungen zu dieser Rechtsprechung im 2. Kapitel unter D. II. 1. a. cc. 3).

e. Beweislast

aa. Beweislast bei Verletzung der Anzeigepflicht

Nach den allgemeinen Regeln der Beweislast hat der Versicherer die Verletzung der Anzeigepflicht als Voraussetzung des von ihm in Anspruch genommenen Rücktrittsrechts zu beweisen.[535]

bb. Beweislast bei Einschaltung eines für die vorvertragliche Gefahranzeige empfangszuständigen Dritten

Schaltet der Versicherer einen empfangszuständigen Dritten ein, hat der BGH[536] ihm den Beweis für die Frage auferlegt, ob der Versicherungsnehmer durch mündliche Erklärungen gegenüber dem Dritten seine Anzeigepflicht erfüllt hat. Hat der für den Versicherer tätige Dritte das Ausfüllen des Antragsformulars übernommen, kann der Vorwurf, der Versicherungsnehmer sei seiner Anzeigepflicht nicht in weiterem Umfang nachgekommen, als dies im Formular vermerkt ist, nach der herrschenden Meinung[537] nicht allein durch Vorlage des unzutreffend ausgefüllten Formulars bewiesen werden. Um in einem derartigen Fall eine Anzeigepflichtverletzung zu beweisen, müsse hinzukommen, dass der Tatrichter die Überzeugung gewinnt, der Antragsteller habe entgegen seiner substantiierten Behauptung den Dritten nicht mündlich zutreffend über seinen Gesundheitszustand unterrichtet.[538] Dieser Beweis werde regelmäßig nur durch die Aussage des Dritten zu führen sein, mit der er zur Überzeugung des Tatrichters darstellt, er habe alle schriftlich beantworteten Fragen im Formular dem

[535] vgl. nur *Werber/Winter*, Versicherungsvertragsrecht, Rdn. 300; *Voit (jun.)* in BK zum VVG, § 16 Rdn. 78.

[536] BGHZ 107, 322 (325); BGH, VersR 1990, 77 (78); zuletzt BGH, NVersZ 2002, 60 (61); BGH, NVersZ 2002, 254 (255); dem BGH folgend OLG Frankfurt a.M., RuS 2003, 29 (29).

[537] vgl. BGHZ 107, 322 (325); BGH, VersR 1989, 833 (834); BGH, VersR 1990, 77 (78); BGH, NVersZ 2002, 60 (61); BGH, NVersZ 2002, 254 (255); so auch OLG München, VersR 1985, 1177 (1177); OLG Oldenburg, VersR 1991, 758 (759); entgegen früherer Auffassung dann auch OLG Hamm, VersR 1990, 1105 (1106); OLG Karlsruhe, VersR 1990, 1142 (1142) und OLG Frankfurt a.M., RuS 2003, 29 (29); vgl. *Voit (jun.)* in BK zum VVG, § 16 Rdn. 78; *Prölss* in Prölss/Martin, VVG, §§ 16, 17 Rdn. 42; im Ergebnis zustimmend, aber mit anderer Begründung *Voit (sen.)*, Berufsunfähigkeitsversicherung, Rdn. 189, der die Anzeigepflicht mit Kenntnis des bevollmächtigten Dritten von den anzeigepflichtigen Gefahrumständen unabhängig von einer nicht vorhandenen oder unrichtigen Eintragung im Formular als erfüllt ansieht; a.A. *Langheid* in Römer/Langheid, VVG, § 16 Rdn. 22, 29, der eine Beweislastumkehr wegen der Beweisregel des § 416 ZPO annimmt.

[538] vgl. BGH, VersR 1989, 833 (834).

Versicherungsnehmer tatsächlich vorgelesen und dabei von ihm nur das zur Antwort erhalten, was er im Formular jeweils vermerkt habe.[539]
Einige Instanzgerichte[540] und einige Vertreter[541] in der Literatur lassen demgegenüber als Beweis für eine Anzeigepflichtverletzung die Vorlage des nicht vollständig oder unrichtig ausgefüllten Antragsformulars genügen, da sie der Auffassung sind, dass für das Antragsformular die sog. Vermutung der Vollständigkeit und Richtigkeit einer Urkunde gelte.
Die Beweisregel der sog. Vermutung der Vollständigkeit und Richtigkeit einer Privaturkunde kann jedoch im Hinblick auf die Beantwortung der Antragsfragen im Antragsformular nicht eingreifen. Es handelt sich bei dem unterschriebenen Antragsformular zwar um eine Privaturkunde (im Sinne des § 416 ZPO[542]) und die beweisrechtliche Vermutung der Vollständigkeit und Richtigkeit einer Privaturkunde ist als selbständige, gewohnheitsrechtliche Regel anerkannt.[543] Der BGH[544] hat jedoch entschieden, dass sich die Vermutung der Vollständigkeit und Richtigkeit nur auf die getroffenen Vereinbarungen, nicht auf die Wiedergabe von Hinweisen oder aufklärenden Informationen beziehe.[545] Die Angaben

---

[539] vgl. BGHZ 107, 322 (325); zuletzt BGH, NVersZ 2002, 60 (61).

[540] OLG Hamm, RuS 1989, 370 (371); OLG Hamm, RuS 1989, 347 (347); OLG Frankfurt a.M., VersR 1990, 1103 (1104); OLG Karlsruhe, RuS 1990, 101 (101).

[541] *Hansen*, Beweislast und Beweiswürdigung im Versicherungsrecht, S. 55; *Wilmes*, VersR 1985, 1177 (1177, 1178); *Deutsch*, Versicherungsvertragsrecht, § 8 Rdn. 77.

[542] s. auch OLG Celle, RuS 1991, 420 (421). Gemäß § 416 ZPO kann der Versicherer mit dem Versicherungsantrag daher auf jeden Fall einen Urkundsbeweis führen. Die Beweisregel des § 416 ZPO, dass unter der Voraussetzung der Echtheit der Urkunde deren Aussteller die verkörperte Erklärung tatsächlich abgegeben hat (sog. äußere oder formelle Beweiskraft) (vgl. nur *Leipold* in Stein/Jonas, ZPO, vor § 415 Rdn. 7 u. § 416 Rdn. 7), beweist jedoch lediglich, dass der Antragsteller die in dem Antragsformular enthaltene Erklärung über Tatsachen abgegeben hat.

[543] BGH, VersR 1960, 812 (813); BGH, NJW 1989, 898 (898); *Leipold* in Stein/Jonas, ZPO, § 286 Rdn. 116; *Laumen* in Baumgärtel, Handbuch der Beweislast im Privatrecht, Bd. 1, § 125 Rdn. 2.

[544] BGH, DNotZ 1986, 78 (78, 79).

[545] Auch einige Stimmen in der Literatur (s. *Gröning*, VersR 1990, 710 (711); *Schneider*, Beweis und Beweiswürdigung, S. 276) sind der Auffassung, dass die Vermutung nur bei Anwendung auf rechtsgeschäftliche Erklärungen Sinn mache. Als Begründung einer insofern eingeschränkten Anwendbarkeit ist auf die Ausführungen von *Klein*, Die Rechtsmacht des Versicherungsagenten und ihre Beschränkbarkeit, S. 72-74, zu verweisen. Er hat als dogmatische Begründung der Vollständigkeitsvermutung bzw. für ihre Anwendung das Vorhandensein eines verallgemeinerungsfähigen Erfahrungssatzes herausgearbeitet. Bei dem Versuch der Übertragung des im Bereich rechtsgeschäftlicher Erklärungen gefundenen Erfahrungssatzes (den *Klein* mit *Gröning* wie folgt beschreibt: wenn die Parteien schon niederschreiben, was jeder von ihnen schulden soll, kann man von der Vollständigkeit der Urkunde ausgehen) auf die Angaben, welche die vorvertragliche Anzeigepflicht betreffen, hat *Klein* dann festge-

auf die Antragsfragen gehören nicht zu den vertraglichen Vereinbarungen, sondern sind vielmehr aufklärende Informationen (Wissenserklärungen) des Versicherungsnehmers, so dass die Vermutung der Vollständigkeit und Richtigkeit nicht für die Antworten des Versicherungsnehmers auf die Antragsfragen eingreift und das Antragsformular zum Nachweis der Erfüllung der Anzeigepflicht nicht ausreicht.[546]

Die Beweislast für ein kollusives Zusammenwirken zwischen Versicherungsnehmer und empfangszuständigem Dritten, einen evidenten Missbrauch der Vertretungsmacht des Dritten und eine arglistige Täuschung des Versicherungsnehmers trägt ebenfalls der Versicherer, wobei ein Indizienbeweis möglich ist.[547]

f. Reformvorschlag hinsichtlich der Regelung der Verletzung der vorvertraglichen Anzeigepflicht

aa. Einschränkung der spontanen Anzeigepflicht

Die Kommission möchte die in § 16 Abs. 1 VVG normierte spontane Anzeigepflicht dahin einschränken, dass der Versicherungsnehmer grundsätzlich nur noch solche Umstände anzuzeigen braucht, nach denen der Versicherer schriftlich gefragt hat.[548] Zur Verhinderung von Missbrauch soll eine Ausnahme für die Fälle gelten, in denen das Verschweigen eines gefahrerheblichen Umstandes

---

stellt, dass es keinen Erfahrungssatz gibt, dass alle vom Antragsteller genannten Umständen Aufnahme in das Antragsformular finden. Denn es fehle bei den Antragsfragen schon am Aushandeln und damit an der Situation, dass der Versicherungsnehmer auf die schriftliche Fixierung der von ihm angegebenen Umstände beim späteren Durchlesen besonders achten werde und insbesondere auch eine nicht vollständige Fixierung seiner Angaben nicht reklamieren, sondern sich auf die Auswahl des Versicherungsagenten verlassen wird. Insofern könne die Vollständigkeitsvermutung mangels eines entsprechenden Erfahrungssatzes nicht für die Angaben zu den gefahrerheblichen Umständen im Antragsformular Platz greifen.

[546] vgl. auch die Argumentation des BGH, VersR 1989, 833 (834), der zwar nicht die Vermutung der Vollständigkeit und Richtigkeit der Urkunde erwähnt, aber den die Angaben hinsichtlich der vorvertraglichen Anzeigepflicht betreffenden Teil des Antragsformulars als Tatsachenmitteilung, vergleichbar einer Quittung, die der freien richterlichen Beweiswürdigung unterliegt, wertet.

[547] BGH, VersR 1993, 1089 (1090); vgl. auch *Voit (jun.)* in BK zum VVG, § 16 Rdn. 81; *Büsken*, VersR 1992, 271 (278).

[548] Abschlussbericht der Kommission zur Reform des Versicherungsvertragsrechts, S. 38.

auch ohne entsprechende Frage des Versicherers arglistig ist.[549] Die Kommission will insoweit an der Regelung des § 18 Abs. 2 VVG festhalten.
Dementsprechend reduziert sich die Anzeigepflicht des Versicherungsnehmers auf die Pflicht zur vollständigen und wahrheitsgemäßen Beantwortung der vom Versicherer ausdrücklich und schriftlich gestellten Fragen und zur Angabe von solchen Umständen, nach denen der Versicherer nicht gefragt hat, aber deren Gefahrrelevanz dem Versicherungsnehmer bewusst ist.

bb. Gesetzliche Regelung der Beweislast bei § 43 Nr. 1 und 2 VVG

Nach dem Vorschlag der Kommission sollen die vom BGH aufgestellten Beweislastregeln hinsichtlich einer Anzeigepflichtverletzung und für den Nachweis der Abgabe oder inhaltlichen Richtigkeit eines Antrages oder einer Willenserklärung bei Einschaltung eines Versicherungsagenten gesetzlich normiert werden. Die Beweislast für die Verletzung der vorvertraglichen Anzeigepflicht durch den Versicherungsnehmer soll danach der Versicherer tragen.[550] Ist hingegen die Abgabe oder der Inhalt eines Antrages oder einer Willenserklärung gemäß § 43 Abs. 1 Nr. 1 und 2 streitig, soll die Beweislast beim Versicherungsnehmer liegen.[551]

2. Kenntnis des Versicherungsnehmers von den anzeigepflichtigen Umständen

Gemäß § 16 Abs. 1 S. 1 VVG hat der Versicherungsnehmer dem Versicherer bei Schließung des Vertrages „alle ihm bekannten Umstände“ anzuzeigen, die für die Übernahme der Gefahr erheblich sind.

a. Anforderungen an die Kenntnis des Versicherungsnehmers

aa. Das Verständnis des in § 16 Abs. 1 VVG verwendeten Begriffs der Kenntnis

Die überwiegend herrschende Meinung[552] versteht unter Kenntnis im Sinne des § 16 Abs. 1 S. 1 VVG das jederzeit aktualisierbare Wissen des Antragstellers,

---

549 Abschlussbericht der Kommission zur Reform des Versicherungsvertragsrechts, S. 38.
550 Abschlussbericht der Kommission zur Reform des Versicherungsvertragsrechts, S. 65.
551 Abschlussbericht der Kommission zur Reform des Versicherungsvertragsrechts, S. 65.
552 vgl. *Winter* in Bruck/Möller/Winter, VVG, Anm. F 38; *Bruck*, Privatversicherungsrecht, S. 188, 189; *Prölss* in Prölss/Martin, VVG, §§ 16, 17 Rdn. 20; *Terbille* in van Bühren, Handbuch des Versicherungsrechts, § 14 Rdn. 327; *Knappmann*, RuS 1996, 81 (82); a.A.: OLG

dessen er sich bei gehöriger Gedächtnisanspannung in dem für die Erfüllung der Anzeigepflicht maßgebenden Zeitraum bewusst werden kann.
Umstände, die der Antragsteller einmal gekannt hat, die seinem Gedächtnis inzwischen aber wieder entfallen sind, fallen daher nicht unter den Kenntnisbegriff des § 16 Abs. 1 S. 1 VVG.[553] Andererseits soll aber die Kenntnis des Antragstellers von einer Erkrankung nicht dadurch entfallen, dass er sie verdrängt.[554]
Der Kenntnis entspricht nicht ein Kennenmüssen, d.h. eine Unkenntnis, die auf der Fahrlässigkeit des Versicherers beruht.[555] Den Versicherungsnehmer trifft damit keine Erforschungspflicht von anzeigepflichtigen Umstände.[556]

bb. Voraussetzungen bei schriftlichen Antragsfragen

1) Kenntnis des Versicherungsnehmers von den Antragsfragen

Positive Kenntnis des zukünftigen Versicherungsnehmer im Sinne von § 16 Abs. 1 S. 1 VVG kann bei schriftlichen, im Antragsformular gestellten Fragen nur vorliegen, wenn diese dem Antragsteller überhaupt zur Kenntnis gelangt sind.

In dem Fall, dass die schriftlich fixierten Antragsfragen dem Antragsteller im Antragsgespräch durch einen Versicherungsvermittler lediglich vorgelesen werden, muss nach Auffassung des BGH[557] das Vorlesen einer Lektüre des Fragentextes gleichzusetzen sein. Eine Kenntnisnahme der Antragsfragen, die den Anforderungen des § 16 Abs. 1 S. 1 VVG gerecht wird, komme daher nur dann in Betracht, wenn das Durchgehen des Fragebogens sorgsam und ohne Zeitdruck erfolgt und durch klärende Rückfragen ergänzt werden kann.[558]
Die Kenntnis des Antragstellers von den Antragsfragen liege demgegenüber nicht vor, wenn der Agent die Antragsfragen eigenmächtig ohne Rückfragen beim Antragsteller ausgefüllt und ihm das Formular später lediglich zur Unter-

---

Oldenburg, VersR 1992, 434 (435), das für das Vorliegen von Kenntnis maßgebend erachtet, ob jemand einen gefahrerheblichen Umstand in seinem Bewusstsein oder in seinem Gedächtnis aktualisiert hat bzw. nicht hat.
[553] OLG Oldenburg, VersR 1992, 434 (435).
[554] OLG Köln, RuS 1994, 202 (202).
[555] vgl. auch BGH, VersR 1983, 25 (26); BGH, VersR 1994, 799 (800).
[556] vgl. nur *Möller*, Privatversicherungsrecht, S. 137; *Röhr*, Die vorvertragliche Anzeigepflicht, S. 153, 154; BGH, VersR 1967, 56 (58).
[557] BGH, VersR 1990, 1002 (1003).
[558] vgl. BGH, VersR 1990, 1002 (1003); auch *Prölss* in Prölss/Martin, VVG, §§ 16, 17 Rdn. 28; *Langheid* in Römer/Langheid, VVG, §§ 16, 17 Rdn. 28.

schrift, nicht auch zur Durchsicht vorgelegt hat.[559] Eine Kenntnis scheide jedoch auch dann aus, wenn der Agent durch einschränkende Bemerkungen zu den Fragen verdeckt, was auf die jeweiligen Fragen anzugeben und in das Formular aufzunehmen ist.[560]
Um das Rücktrittsrecht bei nicht ordnungsgemäßer Erläuterung der Fragen durch den Agenten nicht zu verlieren, haben einige Versicherer versucht, sich mit folgender Klausel zu behelfen, die deutlich lesbar auf den Antragsvordrucken zu erkennen war: „*Der Vermittler ist nicht berechtigt, über die Bedeutung oder Erheblichkeit der in diesem Antrag gestellten Fragen verbindliche Erklärungen namens des Versicherers abzugeben.*“ Diese Freizeichnung ohne Rücksicht auf den Grad des Verschuldens ist jedoch vom BGH[561] aufgrund Verstoßes gegen das Klauselverbot des § 11 Nr. 7 b) AGBG (§ 309 Nr. 7 b) n.F. BGB) für unwirksam erklärt worden.

Streitig ist in diesem Zusammenhang die Frage, ob der Antragsteller Kenntnis von den Antragsfragen hat, wenn der Antragsteller das unausgefüllte Formular blanko unterschreibt und dem Versicherungsvermittler das Ausfüllen des Formulars überlässt.

Nach Auffassung des OLG Hamm[562] und des OLG Köln[563] sowie einiger Vertreter in der Literatur[564] ist in einem solchen Fall dem Antragsteller der Inhalt des Antragsformulars nicht zur Kenntnis gebracht und eine Kenntnisnahme der Antragsfragen daher zu verneinen.
Dies ergebe sich aus einem Vergleich mit der Rechtsprechung des BGH[565], nach der schon die Vorlage des vom Agenten ohne Rückfrage beim Versicherungsnehmer – falsch – ausgefüllten Antragsformulars allein zur Unterzeichnung nicht ausreiche, den Vorwurf der vorvertraglichen Anzeigepflicht zu begründen, da die Antragsfragen nicht zur Kenntnis des Versicherungsnehmers gelangt seien. Dies müsse gleichermaßen gelten, wenn das Formular bei Unterzeichnung

---

[559] BGH, VersR 1991, 575 (576); BGH, NJW-RR 1994, 1049 (1049); BGH, VersR 1996, 1529 (1530).
[560] BGH, VersR 2001, 1541 (1542).
[561] BGH, VersR 1992, 217 (218).
[562] OLG Hamm, VersR 1991, 212 (213).
[563] OLG Köln, RuS 1993, 474 (475).
[564] *Voit (jun.)* in BK zum VVG, § 16 Rdn. 79; *Hofmann*, Privatversicherungsrecht, § 8 Rdn. 15 b.
[565] vgl. BGH, VersR 1991, 575 (576).

durch den Antragsteller überhaupt noch keine Angaben über gefahrerhebliche Umstände enthalte.[566]

Das OLG Frankfurt a.M.[567] und andere Vertreter[568] in der Literatur rechnen dem Antragsteller bei Blankounterschrift unter das unausgefüllte Antragsformular eine unrichtige Beantwortung der Fragen durch den Versicherungsvermittler zu und bejahen dementsprechend die Kenntnis des Antragstellers von den Antragsfragen. Nach ihrer Auffassung fehle es bei einer im Voraus erteilten Blankounterschrift schon an einer Vergleichbarkeit mit dem vom BGH entschiedenen Fall, da im Falle der Blankounterschrift die Situation viel deutlicher vom Willen des Antragstellers bestimmt sei. Wenn der Antragsteller durch die Unterzeichnung des unausgefüllten Formulars den Vermittlungsagenten ermächtigt habe, dieses eigenständig auszufüllen, und gleichzeitig auf das Durchlesen bzw. andere Kontrollmöglichkeiten der Angaben des Vermittlungsagenten verzichte, dann müssten die falschen Angaben dem Antragsteller zugerechnet werden.[569]

Entgegen der letztgenannten Auffassung ist bei einer Blankounterschrift des Antragsformulars durch den Antragsteller seine Kenntnis von den Antragsfragen zu verneinen. Dafür spricht die gesetzliche Wertung des § 16 VVG. Trotz seiner primären Intention, dem Versicherer eine optimale Risikoeinschätzung zur angemessenen Prämiengestaltung zu ermöglichen, enthält § 16 VVG auch den (zukünftigen) Versicherungsnehmer schützende Elemente, wie z.B. das Tatbestandsmerkmal der Kenntnis des Versicherungsnehmers von den anzeigepflichtigen Umständen. Der vom Gesetzgeber intendierte und gesetzlich festgelegte Schutz des Versicherungsnehmers ist jedoch der Privatautonomie entzogen. Eine Blankounterschrift, wodurch der Antragsteller auf eine Kenntnisnahme der ihm in Konkretisierung seiner vorvertraglichen Anzeigepflicht gestellten schriftlichen Antragsfragen bewusst verzichtet, bewirkt damit keine Kenntnis des Versicherungsnehmers von den Antragsfragen.

---

566 vgl. OLG Köln, RuS 1993, 474 (475); *Voit (jun.)* in BK zum VVG, § 16 Rdn. 79.

567 OLG Frankfurt a.M., RuS 1991, 430 (430, 431); OLG Frankfurt a.M., RuS 1994, 117 (117).

568 *Prölss* in Prölss/Martin, VVG, §§ 16, 17 Rdn. 31; *Langheid* in Römer/Langheid, VVG, §§ 16, 17 Rdn. 62.

569 OLG Frankfurt a. M., RuS 1991, 430 (430, 431).

2) Kenntnis des Versicherungsnehmers von den gefahrerheblichen Umständen

Weiterhin ist für das Vorliegen von positiver Kenntnis im Hinblick auf die Beantwortung der Antragsfragen entscheidend, welche Kenntnis der Antragsteller über die durch den Versicherer erfragten Gesundheitsumstände hatte.
Der BGH[570] führt dazu aus, dass sich solche Kenntnis bei erfragten Gesundheitsumständen für den Antragsteller sowohl unmittelbar aus eigener (körperlicher) Wahrnehmung ergebe, ihm aber auch durch Angaben der ihn zuvor behandelnden Ärzte vermittelt worden sein könne. Von einem Wissen des Antragstellers könne daher ausgegangen werden, wenn entweder vor Antragstellung eine entsprechende Diagnose gestellt worden ist oder der Antragsteller sich zumindest bewusst war, dass er an Symptomen leidet, die einen Krankheitswert haben könnten.[571] Stützt sich die Kenntnis des Antragstellers von gefahrerheblichen Umständen auf ärztliche Angaben, komme es nicht darauf an, ob sich die ärztlichen Angaben im nachhinein als objektiv zutreffend erweisen. § 16 Abs. 1 S. 1 VVG knüpfe die Pflicht zu deren Anzeige allein an die Kenntnis des Antragstellers bei Beantwortung der Antragsfragen.[572]
In Anknüpfung an diese Rechtsprechung führt der BGH[573] weiter aus, dass der Versicherungsnehmer so lange keine Kenntnis im Sinne des § 16 Abs. 1 S. 1 VVG habe, so lange der behandelnde Arzt Befürchtungen des Versicherungsnehmers, wegen derer er sich in ärztliche Behandlung begeben hat, nicht bestätigt habe. Allerdings müsse der Antragsteller solche krankheitswerten Umstände, die er nur aufgrund einer ihm offenbarten ärztlichen Einschätzung kannte, auch ohne eine entsprechende ärztliche Diagnostik angeben, weil die Überprüfung und Bewertung solcher indizierender Umstände ausschließlich Sache des Versicherers sei.
Eine Kenntnis des anzeigepflichtigen Versicherungsnehmers von der Gefahrerheblichkeit des ihm bekannten Umstandes ist für das Vorliegen der in § 16 Abs. 1 S. 1 VVG geforderten Kenntnis nicht erforderlich,[574] weil die Gefahrer-

---

570 BGH, VersR 1994, 711 (712).
571 vgl. OLG Koblenz, NVersZ 2002, 260 (261).
572 vgl. BGH, VersR 1994, 711 (712).
573 BGH, VersR 1989, 689 (689, 690); BGH, RuS 1993, 392 (393); BGH, VersR 1994, 711 (712).
574 *Voit (jun.)* in BK zum VVG, § 16 Rdn. 46; *Winter* in Bruck/Möller/Winter, VVG, Anm. F 42; *Langheid* in Römer/Langheid, VVG, § 16 Rdn. 19; *Wegmann*, Obliegenheiten in der privaten Krankenversicherung, S. 106, 107; vgl. auch *Schwampe*, VersR 1984, 308 (313); OLG Frankfurt a.M., RuS 1997, 172 (173); OLG Köln, VersR 1998, 222 (223); a.A. *Schmidt*, VersR 1986, 511 (514); so noch OLG Frankfurt a.M., VersR 1975, 632 (634); *Bruck/Möller*, VVG, § 16 Anm. 34; die aber bei ausdrücklicher und schriftlicher Frage nach dem Umstand,

heblichkeit nur als eine objektive Bedingung für das Eingreifen der Anzeigepflicht formuliert ist.[575]

cc. Arglistiges Sich – Entziehen der Kenntnisnahme des Umstandes gemäß § 16 Abs. 2 S. 2 VVG

§ 16 Abs. 2 S. 2 VVG räumt dem Versicherer ein Rücktrittsrecht für den Fall ein, dass der Versicherungsnehmer sich der Kenntnis arglistig entzogen hat.[576] Arglist ist eine besonders qualifizierte Form des Vorsatzes.[577] Ein arglistiges Entziehen erfordert daher, dass der Versicherungsnehmer weiß, er könnte etwas über gefahrerhebliche Umstände erfahren, und sich willentlich der Kenntnisnahme in dem Bewusstsein verschließt, bei Kenntnis der gefahrerheblichen Umstände die vorvertragliche Anzeigepflicht möglicherweise so erfüllen zu müssen, dass der Vertragsabschluss nicht oder nur unter erschwerten Bedingungen zustande käme.[578]

b. Kenntnis durch Zurechnung des Wissens von in den Vertragsabschluss einbezogenen Dritten

Schaltet der Versicherungsnehmer zum Abschluss des Vertrages einen Stellvertreter ein, sind ihm die Kenntnisse seines Vertreters gemäß § 166 Abs. 1 BGB zuzurechnen.

---

in analoger Anwendung des § 16 Abs. 1 S. 3 VVG von einer Kenntnis des Versicherungsnehmers von der Gefahrerheblichkeit ausgehen, *Prölss* in Prölss/Martin, VVG, §§ 16, 17 Rdn. 13 u. 43, der eine solche Kenntnis dann für entbehrlich hält, wenn der Versicherer nach einem bestimmten Umstand im Sinne des § 16 Abs. 1 S. 3 VVG gefragt hat.

[575] vgl. *Winter* in Bruck/Möller/Winter, VVG, Anm. F. 42; *Voit (jun.)* in BK zum VVG, § 16 Rdn. 46. Die auch darauf hinweisen, dass eine objektive Erheblichkeitsbestimmung von Gefahrumständen zudem auch dem Sinne der Vorschrift entspreche, nach der es gerade Sache des Versicherers sein soll, die Gefahrrelevanz eines Umstandes zu beurteilen (s. auch *Römer*, RuS 1998, 45 (46)).

[576] Da die Rechtsfolge für den Fall des arglistigen Sich - Entziehens derjenigen gleichstellt ist, die § 16 Abs. 2 S. 1 VVG für den Fall der positiven Kenntnis des Versicherungsnehmers anordnet, ist die Vorschrift des § 16 Abs. 2 S. 2 VVG systematisch bei der Kenntnis des Versicherungsnehmers anzusiedeln. (s. *Bruck/Möller*, VVG, § 16 Anm. 33; *Kisch*, Handbuch des Privatversicherungsrecht Bd. 2, S. 245; *Voit (jun.)* in BK zum VVG, § 16 Rdn. 57; *Röhr*, Die vorvertragliche Anzeigepflicht, S. 154).

[577] *Bruck/Möller*, VVG, § 16 Anm. 33.

[578] vgl. *Bruck/Möller*, VVG, § 16 Anm. 33; *Röhr*, Die vorvertragliche Anzeigepflichtverletzung, S. 155.

Der Versicherungsnehmer kann sich zum Abschluss des Vertrages aber auch eines Verhandlungsgehilfen bedienen.[579] Besitzt der Verhandlungsgehilfe Abschlussvollmacht, erfolgt eine Zurechnung des Wissens des Verhandlungsgehilfen über § 166 Abs. 1 BGB. Ansonsten kommt eine Zurechnung des Wissens von Verhandlungsgehilfen in analoger Anwendung des § 166 Abs. 1 BGB nur dann in Betracht, wenn der Verhandlungsgehilfe vom Versicherungsnehmer als dessen Wissenserklärungsvertreter[580] eingesetzt wird.
Das Wissen sowohl des Abschluss- als auch des Vermittlungsagenten wird in der Regel[581] dem Versicherer zugerechnet,[582] so dass eine Zurechnung zum Wissen des Versicherungsnehmers ausscheidet.

Der Versicherungsmakler fungiert aufgrund seiner Bindung zum Versicherungsnehmer als dessen Wissenserklärungsvertreter[583], so dass dem Versicherungsnehmer regelmäßig sein Wissen zuzurechnen ist. Ist der Versicherungsmakler aufgrund einer Bevollmächtigung durch den Versicherer jedoch dessen rechtsgeschäftlicher Vertreter,[584] wird dem Versicherer das Wissen des Versicherungsmaklers zugerechnet und dementsprechend kommt eine Zurechnung zum Wissen des Versicherungsnehmers nicht in Betracht.

Das Wissen des zur Erstellung eines ärztlichen Zeugnisses eingeschalteten Arztes ist dem Versicherungsnehmer nur bei eigener Beauftragung des Arztes zuzurechnen.[585]

Gemäß § 79 Abs. 1 VVG, der für die Lebensversicherung in § 161 VVG wörtlich übernommen worden ist, wird dem Versicherungsnehmer im Falle einer Fremdversicherung[586] auch das Wissen der versicherten Gefahrperson zugerechnet.

---

579 Ein Verhandlungsgehilfe wird nach dem Willen des Versicherungsnehmers als Hilfsperson in die Verhandlungen zum Abschluss eines Versicherungsvertrages eingeschaltet, wobei er keine Abschlussvollmacht besitzen muss (vgl. BGH, RuS 1990, 95 (95)).
580 vgl. zur Definition des Wissenserklärungsvertreters die Ausführungen im 2. Kapitel unter D. II. 2. a..
581 Ausnahmen von der Regel bilden die Fällen, in denen eine Wissenszurechnung eingeschränkt ist (s. dazu die Ausführungen im 2. Kapitel unter D. II. 1. a. cc.).
582 s. die Ausführungen im 2. Kapitel unter D. II. 1. a. aa. u. bb..
583 s. die Ausführungen im 2. Kapitel unter D. II. 1. b. aa..
584 s. die Ausführungen im 2. Kapitel unter D. II: 1 b. bb..
585 s. die Ausführungen im 2. Kapitel unter D. II. 2. a..
586 Der Versicherungsnehmer kann durch eine Lebens- oder Berufsunfähigkeitsversicherung sowohl sein eigenes als auch ein fremdes Interesse als eigenes versichern, wenn die Berufsunfähigkeits- und die Lebensversicherung - wie in der Praxis üblich - als Summenversicherung

c. Beweislast

Beweispflichtig für die Kenntnis des Versicherungsnehmers ist der Versicherer.[587]

Zu beachten ist allerdings, dass es im Streitfalle – da der Versicherungsnehmer zu einer gehörigen Gedächtnisanspannung verpflichtet ist – nicht ausreicht, dass er behauptet, er habe den gefahrerheblichen Umstand vergessen. Der Versicherungsnehmer wird vielmehr nachvollziehbar und plausibel darlegen müssen, weshalb ihm ein anzeigepflichtiger Umstand nicht bewusst war und weshalb er ihm auch bei gebotenem Nachdenken nicht wieder einfiel, woraufhin der Versicherer dann bei gelungener Darlegung den Vortrag des Versicherungsnehmers widerlegen muss.[588]

Der BGH[589] hat zur Beweisführung hinsichtlich der Kenntnis des Versicherungsnehmers von anzeigepflichtigen Umständen ausgeführt, dass zu ihrer Feststellung kein Sachverständigengutachten herangezogen werden könne, da ein Sachverständigengutachten nur objektive Aussagen über den vorhandenen Gesundheitszustand treffe, aber nichts darüber sage, welcher Kenntnisstand dem Versicherungsnehmer zu jener Zeit von den ihn damals behandelnden Ärzten über eine Erkrankung oder Gesundheitsstörung vermittelt worden ist.

Ein Nicht – Vergessen des Antragstellers kann daher in der Regel nur durch Indizien bewiesen werden. Dabei gilt, dass je schlimmer die Vorerkrankungen waren und je weniger Zeit seitdem verstrichen ist, die Wahrscheinlichkeit umso größer ist, sich noch an sie erinnern zu können.[590]

II. Ausschluss des Rücktrittsrechts

1. Ausschluss des Rücktrittsrechts nach § 16 Abs. 3 und § 17 Abs. 2 VVG

Nach § 16 Abs. 3 und § 17 Abs. 2 VVG ist der Rücktritt wegen Verletzung der vorvertraglichen Anzeigepflicht ausgeschlossen bei Kenntnis des Versicherers

---

abgeschlossen worden sind. Er kann die Versicherung daher nicht nur auf seine eigene Person, sondern auch auf eine fremde Person nehmen. Die Person, auf welche die Versicherung genommen wird, wird als die durch den Versicherungsvertrag versicherte Person oder auch als Gefahrperson des Versicherungsvertrages bezeichnet. (vgl. *Hübsch* in BK zum VVG, § 74 Rdn. 10).

[587] vgl. nur *Langheid* in Römer/Langheid, VVG, §§ 16, 17 Rdn. 26; *Voit (sen.)*, Berufsunfähigkeitsversicherung, Rdn. 178; OLG Hamm, VersR 1994, 1333 (1333).

[588] *Knappmann*, RuS 1996, 81 (82).

[589] BGH, VersR 1994, 711 (712).

[590] vgl. OLG Karlsruhe, RuS 1994, 234 (234); OLG Koblenz, RuS 1997, 431 (432); s. auch *Voit (sen.)*, Berufsunfähigkeitsversicherung, Rdn. 178.

vom anzeigepflichtigen, aber nicht angezeigten Umstand (§ 16 Abs. 3, 1. Alt. VVG) bzw. von der Unrichtigkeit des angezeigten Umstandes (§ 17 Abs. 2, 1. Alt. VVG) oder bei fehlendem Verschulden des Versicherungsnehmers am Unterlassen der Anzeige (§ 16 Abs. 3, 2. Alt. VVG) bzw. an der Unrichtigkeit der Anzeige (§ 17 Abs. 2, 2. Alt. VVG).

a. Kenntnis des Versicherers als Ausschlussgrund

Als erster Ausschlussgrund ist in § 16 Abs. 3, 1. Alt. und § 17 Abs. 2, 1. Alt. VVG die Kenntnis des Versicherers von dem nicht angezeigten Umstand oder der Unrichtigkeit des angezeigten Umstand genannt.

aa. Rechtliche Einordnung der Kenntnis des Versicherers

Es werden verschiedene Standpunkte bezüglich der rechtlichen Einordnung der Kenntnis des Versicherers vertreten.
Teilweise[591] wird vertreten, die Kenntnis des Versicherers sei Tatbestandsvoraussetzung für das Entstehen der vorvertraglichen Anzeigepflicht. Ein anderer Teil in der Literatur[592] geht davon aus, dass die Kenntnis des Versicherers lediglich ein Ausschlusstatbestand für die Rechtsfolgen der Verletzung der vorvertraglichen Anzeigepflicht und damit eine Rücktrittsvoraussetzung sei.
Für die letztgenannte Einordnung spricht sowohl der eindeutige Wortlaut der § 16 Abs. 3, 1. Alt. und § 17 Abs. 2, 1. Alt. VVG, die beide den Rücktritt des Versicherers und nicht die vorvertragliche Anzeigepflicht ausschließen, als auch der Aufbau der Vorschriften, nach dem Inhalt und Umfang der vorvertraglichen Anzeigepflicht in anderen Absätzen behandelt werden als die Rücktrittsvoraussetzungen.[593] Auch aus den Motiven zu § 16 und § 17 VVG ergibt sich, dass bei Kenntnis des Versicherers trotz Vorliegens einer tatbestandlichen Anzeigepflichtverletzung nur die Sanktionsmöglichkeit entfallen soll.[594] Sie besagen

[591] *Bruck/Möller*, VVG, § 16 Anm. 36 u. 53; *Meyer-Reim*, VersR 1994, 1137 (1138); *Röhr*, die vorvertragliche Anzeigepflicht, S. 110; *Schmidt*, Die Obliegenheiten, S. 135; *Schwenker*, NJW 1992, 343 (344); *Terbille* in van Bühren, Handbuch des Versicherungsrechts, § 14 Rdn. 354.

[592] *Kisch*, Handbuch des Privatversicherungsrecht Bd. 2, S. 345; *Künneth*, Die Anzeigepflicht des Versicherungsnehmers, S. 90, 91; *Wegmann*, Obliegenheiten in der privaten Krankenversicherung, S. 147, 148; *Reiff*, RuS 1998, 89; (95); *Voit (jun.)* in BK zum VVG, § 16 Rdn. 82; *Voit (sen.)*, Berufsunfähigkeitsversicherung, Rdn. 180.

[593] vgl. *Wegmann*, Obliegenheiten in der privaten Krankenversicherung, S. 147, 148; *Reiff*, RuS 1998, 89 (95 Fn. 85).

[594] vgl. *Wegmann*, Obliegenheiten in der privaten Krankenversicherung, S. 148 Fn. 639; *Reiff*, RuS 1998, 89 (95 Fn. 85).

nämlich, dass das an die Verletzung der vorvertraglichen Anzeigepflicht geknüpfte Rücktrittsrecht nach der Natur der Sache dem Versicherer nicht zugute kommen kann, wenn er den nicht angezeigten Umstand oder die Unrichtigkeit der erstatteten Anzeige kannte.

bb. Inhalt der Kenntnis

§ 16 Abs. 3, 1. Alt. und § 17 Abs. 2, 1. Alt. VVG verlangen positive Kenntnis des Versicherers von der Verletzung der Anzeigepflicht.[595]
Diese ist gegeben, wenn der Versicherer zuverlässige Kunde von den Umständen erhalten hat, aus denen sich die Verletzung der Anzeigepflicht ergibt.[596] Die Kenntnis muss dabei alle Umstände umfassen, die Hinweise darauf geben, dass objektiv eine erforderliche Anzeige unterlassen oder unrichtig gemacht wurde und der Versicherungsnehmer den anzuzeigenden Umstand gekannt hat.[597]
Für das Vorliegen von positiver Kenntnis genügt weder ein bloßer Verdacht noch eine Vermutung oder die Tatsache, dass der Versicherer von bestimmten Gerüchten erfahren oder unzuverlässige Nachrichten empfangen hat.[598] Der positiven Kenntnis steht auch das bloße Kennenmüssen nicht gleich.[599]

cc. Maßgeblicher Zeitpunkt für das Vorliegen der Kenntnis des Versicherers

Für die Kenntnis des Versicherers ist der Zeitpunkt des Vertragsschlusses maßgeblich.[600]

---

595 *Schmidt*, VersR 1986, 511 (514); *Voit (jun.)* in BK zum VVG, § 16 Rdn. 83; BGH, VersR 1991, 170 (171); OLG Köln, VersR 1973, 1035 (1036); OLG München, VersR 1986, 156 (156).

596 vgl. *Bruck/Möller*, VVG, § 20 Anm. 5; OLG Köln, VersR 1973, 1035 (1036).

597 vgl. *Bruck/Möller*, VVG, § 20 Anm. 5.

598 vgl. *Voit (jun.)* in BK zum VVG, § 16 Rdn. 83; *Kisch*, Handbuch des Privatversicherungsrecht Bd. 2, S. 345.

599 *Bruck/Möller*, VVG, § 16 Anm. 36; *Kisch*, Handbuch des Privatversicherungsrecht Bd. 2, S. 345.

600 *Bruck*, Privatversicherungsrecht, S. 202; *Bruck/Möller*, VVG, § 16 Anm. 36; *Kisch*, Handbuch des Privatversicherungsrecht Bd. 2, S. 347; *Röhr*, Die vorvertragliche Anzeigepflicht, S. 117, 118.

dd. Vorliegen von Kenntnis bei einem Versicherer bzw. einem Versicherungsunternehmen

1) Zurechnung der Kenntnis von Vorstand und Mitarbeitern des Versicherungsunternehmens

Der Vorstand fungiert als gesetzliches Vertretungsorgan des Versicherungsunternehmens,[601] so dass die Kenntnis des Vorstandes bzw. seiner Mitglieder gemäß § 166 Abs. 1 BGB der Kenntnis des Versicherers gleichzusetzen ist.
Prokuristen und Handlungsbevollmächtigte sind weitere Vertreter des Versicherungsunternehmens kraft Gesetzes (vgl. §§ 51 und 57 HGB),[602] so dass ihre Kenntnis dem Versicherungsunternehmen ebenfalls gemäß § 166 Abs. 1 BGB zuzurechnen ist.
Die meisten Mitarbeiter eines Versicherungsunternehmens sind nicht mit einer Vertretungsmacht für das Versicherungsunternehmen ausgestattet. Die Rechtsprechung[603] und sich ihr anschließend auch einige Vertreter in der Literatur[604] haben jedoch eine Zurechnung der Kenntnis auch von Mitarbeitern anerkannt, die nicht gesetzliche Vertretungsorgane sind. Da es bei einer juristischen Person, die arbeitsteilig durch Organe und Arbeitnehmer tätig wird, nicht auf die Möglichkeit der Kenntnisnahme durch jeden beliebigen Mitarbeiter ankommen kann, sei dem Versicherer nur die Kenntnis desjenigen zuzurechnen, der mit der Bearbeitung des betreffenden Falles befasst ist und zu dessen Aufgaben es gehört, den Tatbestand der Verletzung der vorvertraglichen Anzeigepflicht festzustellen.[605] Dementsprechend ist eine Zurechnung der Kenntnis des unmittelbaren Vorgesetzten eines Versicherungsnehmers, der selbst Versicherungsvertreter ist, oder der Personalabteilung des Versicherers abgelehnt worden, wenn diese Personen nicht mit der Bearbeitung des konkreten Antrages befasst waren.[606] Ebenso wird eine Zurechnung der Kenntnis einer Bezirksdirektion abgelehnt, die nur mit der Entgegennahme und Weiterleitung von Anträgen betraut ist,[607] es sei denn, sie bearbeitet auch die Anträge.[608]

---

[601] vgl. nur *Lücke*, VersR 1996, 785 (788); *Meyer-Reim/Testorf*, VersR 1994, 1137 (1138).
[602] vgl. *Meyer-Reim/Testorf*, VersR 1994, 1137 (1141).
[603] BGH, VersR 1990, 258 (259); BGH, VersR 1996, 742 (742, 743); OLG Stuttgart, VersR 1990, 76 (76).
[604] *Voit (jun.)* in BK zum VVG, § 20 Rdn. 9; *Knappmann*, RuS 1996, 81 (84); *Lücke*, VersR 1996, 785 (788).
[605] BGH, VersR 1996, 742 (742, 743); zuletzt BGH, NVersZ 2002, 254 (254); vgl. auch OLG Stuttgart, VersR 1990, 76 (76).
[606] OLG Hamm, RuS 1991, 322 (322); OLG Köln, VersR 1998, 351 (352).
[607] OLG Köln, VersR 1974, 849 (850).
[608] OLG Düsseldorf, VersR 1953, 315 (315).

2) Kenntniszurechnung aufgrund von gespeicherten Daten

Fraglich ist, ob das in Datenbanken oder Akten gespeicherte Wissen, auf welches der Versicherer bzw. der zuständige Mitarbeiter Zugriff hat, dem Versicherer als aktuelles Wissen zuzurechnen ist.

a) Kenntniszurechnung von in eigenen Datenbanken oder Akten gespeicherten Daten

Daten über einen Versicherungsnehmer, die der Versicherer in eigenen Datenbanken oder Akten gesammelt hat, sind dem Versicherer grundsätzlich nicht als bekannt zuzurechnen.[609]
Nach der Rechtsprechung des BGH[610] werde jedoch das, was der Versicherer aufgrund eigener geführter elektronischer Datensammlungen oder herkömmlicher Akten wissen kann, von ihm zu berücksichtigendes Wissen, soweit sich der Versicherungsnehmer darauf mit hinreichender Deutlichkeit zur Beantwortung ihm gestellter Fragen bezieht.[611]

b) Kenntniszurechnung von Daten aus einer im Verbund mit anderen Versicherern gemeinsam erhobenen Datensammlung

Zur Frage einer Kenntniszurechnung von Daten aus einer im Verbund mit anderen Versicherern gemeinsam erhobenen Datensammlung hat der BGH[612] zunächst entschieden, dass sich der Versicherer die Kenntnis eines mit ihm im Konzernverbund stehenden Schwesternunternehmens nur dann zurechnen lassen müsse, wenn er die bei dem anderen Versicherer gespeicherten Daten routinemäßig abfrage. Mit dieser Rechtsprechung impliziert der BGH, dass er eine solche Abfrage nicht als grundsätzliche, vor Abschluss eines Versicherungsvertrages durchzuführende Pflicht des Versicherers versteht und dementsprechend auch keine grundsätzliche Kenntnis des Versicherers anzunehmen ist, wenn sich relevante Informationen in der Datensammlung befinden.

---

609 vgl. OLG Hamm, RuS 1998, 473 (474).
610 BGH, VersR 1993, 1089 (1090).
611 In die Richtung geht auch das OLG Hamm, RuS 1991, 322 (322), wenn es entscheidet, dass allein der Umstand, dass die verschwiegenen Vorerkrankungen in der Personalakte eines versicherten Vermittlers enthalten sind, nicht von vornherein dazu führen soll, dass von einer Kenntnis des Vorstandes des Versicherers bezüglich des gesamten Inhalts der Personalakte ausgegangen werden könne.
612 BGH, VersR 1990, 258 (259).

Lücke[613] ist hingegen der Ansicht, dass dem Versicherer als bekannt gelten müsse, was der Sachbearbeiter bei ordnungsgemäßer Organisation des Unternehmens und ordnungsgemäßer Sachbearbeitung hätte erfahren können, wozu im Zweifel auch die Routineabfrage von in einem Datenverbund gesammelten Daten zähle. In der heutigen Zeit, in der jeder Sachbearbeiter an seinem Arbeitsplatz Zugriff auf die Datenbank des Unternehmens habe, sei kein Grund mehr ersichtlich, der es gebieten könne, die Kenntnis des Versicherers von gespeicherten und ihm zugänglichen Daten auch ohne Hinweis des Versicherungsnehmers in Zweifel zu ziehen.
Trotz der Einwände von Lücke kann eine grundsätzliche Abfragepflicht des Versicherers nicht befürwortet werden. Es ist zuzugeben, dass angesichts der Möglichkeiten der elektronischen Datenverarbeitung eine routinemäßige Abfrage vor Vertragsschluss, ob über den Versicherungsnehmer Informationen gespeichert sind, bei Vorhandensein einer Datensammlung von mehreren in einem Verbund zusammengefassten Unternehmen zumutbar wäre. Die generellen Möglichkeiten des Austausches von Daten über einen Versicherungsnehmer innerhalb von in einem Verbund zusammengeschlossener Unternehmen sind durch die Verwendung moderner Informationstechnologien zunehmend einfacher geworden. Jedoch kann nicht grundsätzlich erwartet werden, dass jedem Unternehmen auch tatsächlich die Daten des anderen Unternehmens zur Verfügung stehen. Die Anerkennung einer Pflicht zur routinemäßigen Abfrage würde die Möglichkeit eines Zugriffs auf die Datenbanken von sämtlichen in einem Verbund zusammengeschlossenen Unternehmen durch jedes Unternehmens voraussetzen. In den Fällen, in denen eine solche Vernetzung der einzelnen Unternehmen in einem Unternehmensverbund nicht vorhanden ist, würde das eine mit erheblichen Kosten verbundene Installation einer gemeinsamen Datenbank bedeuten. Eine solche Verpflichtung würde damit einen erheblichen Eingriff in die unternehmerische Sphäre darstellen.
Eine solche Verpflichtung würde zudem das unternehmensübergreifende Sammeln und Austauschen von Daten über den einzelnen Versicherungsnehmer fördern. Ob eine solche Förderung der uneingeschränkten Weitergabe von Daten der Versicherungsnehmer im Hinblick auf die durch das Datenschutzgesetz aufgestellten strengen Grenzen einer Weitergabe und Verarbeitung von Daten sowohl innerhalb als auch außerhalb des Unternehmens ohne weiteres zulässig ist, erscheint mehr als bedenklich.

---

[613] *Lücke*, VersR 1996, 785 (788); die Rechtsprechung des BGH in Zweifel ziehend auch *Voit (jun.)* in BK zum VVG, § 16 Rdn. 84.

Kritisch zu betrachten ist insofern auch die Auffassung des BGH[614], nach der sich bei einer generellen Routineabfrage sämtlicher bei anderen konzernverbundenen Unternehmen in Datensammlungen gespeicherten Daten des Versicherungsnehmers eine Kenntnisbegründung des Versicherers auch auf diese erstrecken soll.[615]
Diese Auffassung verkehrt die durch die Auferlegung der Anzeigepflicht und die daran anknüpfende Rechtsfolge des Rücktritts bei Verletzung der Anzeigepflicht vom Gesetzgeber getroffene Risikozuweisung in den §§ 16 ff. VVG. Bei Annahme einer Kenntnisbegründung des Versicherers von solchen anzeigepflichtigen Umständen, die sich in den Datenbanken von konzernverbundenen Unternehmen befinden, wird dem Versicherungsnehmer ein Teil seiner Anzeigepflicht abgenommen und im Gegenzug dem Versicherer aufgegeben. Daher muss zur Wahrung der vom Gesetzgeber durch die §§ 16 ff. VVG intendierte Risikozuweisung stets eine Initiativleistung des Versicherungsnehmers zur Erfüllung der ihm auferlegten Anzeigepflicht verlangt werden.

Unter Beachtung dieser Forderung sind die nachfolgenden Entscheidungen des BGH[616] zu befürworten, in denen dem Versicherer ausnahmsweise das Wissen, auf welches er aufgrund einer mit einem anderen Unternehmen gemeinsam geführten elektronischen Datensammlung oder herkömmlicher Akten Zugriff nehmen kann, als aktuelles, von ihm zu berücksichtigendes Wissen zugerechnet wird. Der BGH macht in diesen Entscheidungen die ausnahmsweise Wissenszurechnung von zwei Voraussetzungen abhängig. Zum einen müsse sich der Versicherer im Antragsformular die Einwilligung des Antragstellers habe geben lassen, im Verbund mit einem anderen Versicherer die Daten des Antragstellers zu sammeln. Zum anderen müsse der Versicherer Anlass gehabt haben, die in der Datenbank gesammelten Daten abzurufen. Das ist der Fall, wenn sich der Antragsteller auf die dem Versicherer oder einer mit ihm verbundenen Konzerngesellschaft bereits vorliegenden Daten mit hinreichender Deutlichkeit zur Beantwortung ihm gestellter Fragen bezieht, z.B. durch einen hinreichend deutli-

614 s. Fn. 612.

615 Fraglich ist schon die praktische Relevanz dieser ausnahmsweisen Annahme einer Kenntniszurechnung von Daten aus einer im Verbund mit anderen Versicherern gemeinsam geführten Datensammlung mangels Üblichkeit einer routinemäßigen Abfrage (vgl. dazu OLG Köln, RuS 1994, 75 (76), das die Behauptung des Versicherungsnehmers, der Versicherungsagent habe ihm bei Antragsaufnahme erklärt, routinemäßig würden alle bei einem Konzernversicherer vorhandenen Daten beigezogen und deshalb müssten dort gemachte Angaben bei diesem Antrag nicht mehr gemacht werden, als so abwegig dahinstellt, dass der Versicherungsnehmer nicht von deren Richtigkeit ausgehen durfte).

616 BGH, VersR 1993, 361 (361); BGH, VersR 1993, 1089 (1090); BGH, VersR 2000, 1486 (1487).

chen Hinweis auf Daten in der Datensammlung des eigenen oder eines anderen Versicherungsunternehmens.[617]
Eine Kenntniszurechnung ist hingegen vom BGH[618] abgelehnt worden, wenn der Sachbearbeiter tatsächlich nicht die Möglichkeit hatte, Zugriff auf die Datenbank eines konzernverbundenen Unternehmens zu nehmen.[619]

Müller–Frank[620] kritisiert die Auswirkungen der vom BGH herausgearbeiteten Grundaussagen zu den Voraussetzungen der Kenntniszurechnung von Daten aus einer im Verbund mit anderen Versicherern gemeinsam erhobenen Datensammlungen. Er befürchtet eine Kenntniszurechnung auch für den Fall, dass der Antragsteller alle Fragen über das Vorliegen von gefahrerheblichen Umständen mit Hinweis auf die Datensammlung des konzernverbundenen Versicherers verneint und sich in der Datensammlung des konzernverbundenen Versicherers gegensätzliche Informationen befinden. Durch ein solches Verhalten werde beim zuständigen Sachbearbeiter nicht der Eindruck erweckt, dass gesundheitsrelevante Risiken vorlägen und sich dies aus der Datensammlung des anderen Versicherers ergebe. Es sei daher auch kein Anlass für Rückfragen des zuständigen Sachbearbeiters gegeben.
Die Einwände von Müller–Frank vermögen jedoch nicht zu überzeugen. Der BGH hat in der Begründung seines Urteils die Voraussetzungen bzw. Grundaussagen der Zurechnung, also das Vorliegen einer hinreichend deutlichen Bezugnahme des Antragstellers auf das in einer Datensammlung vorhandene Wissen zur Beantwortung der ihm gestellten Fragen, sogleich anhand des zu entscheidenden Falles erklärt.

---

[617] vgl. dazu auch die vorangegangenen Entscheidungen des BGH, VersR 1990, 258 (259) u. BGH, VersR 1992, 217 (218), in denen er allein das Einverständnis des Antragstellers mit einer Einsichtnahme in die Unterlagen eines mit dem Versicherer im Konzern verbundenen anderen Versicherers, ohne dass daraufhin für den zuständigen Sachbearbeiter Anlass bestand, die gesammelten Daten in der Datenbank des konzernverbundenen Unternehmens abzurufen, für eine Zurechnung der Kenntnisse des konzernverbundenen Versicherers zum Wissen des Versicherers nicht ausreichen lässt.
[618] BGH, VersR 1993, 1089 (1090).
[619] In Präzisierung der Rechtsprechung des BGH hat das OLG Hamm, NJW-RR 1996, 406 (407), eine Wissenszurechnung von gespeicherten Daten in dem Fall verneint, dass Daten wegen falscher Speicherung auch bei ordnungsgemäßer Abfrage dem Versicherungsnehmer nicht zugeordnet werden können. Denn die Speicherung der Daten stehe einer Kenntnis allenfalls dann gleich, wenn die Daten jederzeit abgerufen werden können, weil sie sich in der üblicherweise befragten Datei finden, aber nicht, wenn die Informationen nicht nutzbar waren, da sie z.B. unter dem Vornamen des Antragstellers gespeichert waren.
[620] *Müller-Frank*, NJW 1994, 2652 (2655).

Ein solch deutlicher Bezug sei nach Auffassung des BGH nur dann gegeben, wenn sich im Anschluss an die Beantwortung einer Gesundheitsfrage mit „Ja" (und damit der Bejahung eines gefahrerheblichen Umstandes) in einer entsprechenden Erläuterungszeile ein Hinweis durch Angabe einer Versicherung befindet, die bei einem mit dem Versicherer im Konzern verbundenen Versicherer abgeschlossen worden ist.[621] Der BGH bejaht also das Vorliegen eines deutlichen Hinweises nur im Zusammenhang mit der positiven Beantwortung einer Gesundheitsfrage.
Eine Auswirkung, wie sie Müller–Frank befürchtet, ist somit nicht einbezogen worden und erscheint als konstruiert. Denn bei der von Müller–Frank gebildeten Situation würde die Logik des Fragenformulars ausgehebelt, da sich ein Ausfüllen der Zeile, die zur Erläuterung der mit „Ja" angekreuzten Antwort dient, im Falle eines Ankreuzens der Antwort mit „Nein" widersprechen würde. Durch eine derart missverständliche Beantwortung der Frage wird der zuständige Sachbearbeiter gerade Anlass haben, Rückfragen zu stellen oder dem Hinweis auf Daten bei dem anderen Versicherer nachzugehen und diese abzufragen.

c) Kenntniszurechung von Informationen aus zentralen Dateien

Im Bereich der Lebens-, Kranken- und Unfallversicherung bestehen beim GDV zentrale Dateien, an welche bestimmte Informationen über die potentiellen Versicherungsnehmer übermittelt werden. Jeder potentielle Versicherungsnehmer willigt in die Weitergabe dieser Daten mit der Antragstellung ein.[622] Die Lebensversicherer registrieren dort beispielsweise Anträge, die aus versicherungsmedizinischen Gründen abgelehnt oder nur mit einem Beitragszuschlag versehen angenommen worden sind.[623] Aufgrund datenschutzrechtlicher Bestimmungen werden die übermittelten Daten des Versicherungsnehmers vom Verband in Codes umgewandelt und in anonymisierter Form an andere Versicherer weitergegeben. Eine Zuordnung der Daten zu dem einzelnen Versicherer ist damit erschwert.
Eine Kenntniszurechnung von Informationen aus diesen zentralen Dateien scheidet aus. Denn die datenschutzrechtliche Zulässigkeit solcher Datensammlungen zum Zweck der Weitergabe an andere Versicherer ist äußerst fraglich. Insofern kommt eine Übertragung der vom BGH festgelegten Grundsätze zur

[621] BGH, VersR 1993, 1089 (1090).
[622] s. VerBAV 1990, 77, 78; vgl. *Präve*, VersR 1992, 279 (280); *Voit (jun.)* in BK zum VVG, § 16 Rdn. 86.
[623] vgl. Merkblatt zur Datenverarbeitung, VerBAV 1990, 76 (78).

Kenntniszurechnung von Daten aus Datensammlungen auf diese zentralen Dateien nicht in Betracht.[624]

d) Reformvorschlag hinsichtlich der Kenntniszurechnung aufgrund von gespeicherten Daten

Die Kommission möchte die bisherige Rechtsprechung des BGH zu einzelnen Fällen der Wissenszurechnung im Konzern zum Gegenstand einer gesetzlichen Regelung machen. Im Interesse der Rechtssicherheit sollen die Voraussetzungen, unter denen sich ein Versicherer ausnahmsweise das Wissen eines anderen Versicherers zurechnen lassen muss, dabei allgemein bestimmt werden. Die vorgeschlagene Regelung stellt daher nicht auf eine Konzernverbundenheit der betroffenen Versicherer ab, da durch eine solche Bezugnahme auf den aktienrechtlichen Konzernbegriff keine sachlich befriedigende Abgrenzung erreicht werden würde. Entscheidend soll sein, ob der Versicherer rechtlich und tatsächlich unter Beachtung datenschutzrechtlicher Grenzen in der Lage ist, die bei dem anderen Versicherer gespeicherten Daten des Versicherungsnehmers abzurufen.[625] Ferner muss der Versicherer Veranlassung gehabt haben, die entsprechenden Daten des Versicherungsnehmers abzurufen.[626] Ein Anlass ist gegeben, wenn der Antragsteller dem Versicherer bestimmte Umstände beim Abschluss eines Versicherungsvertrages zwar nicht ausdrücklich anzeigt, sich aber auf Unterlagen eines anderen Unternehmens beruft.[627]

3) Zurechnung der Kenntnis von in den Vertragsschluss einbezogenen Dritten

a) Zurechnung der Kenntnis eines Versicherungsagenten

Das Wissen eines Versicherungsagenten, welches dieser bei der Erstellung des Versicherungsantrages erlangt hat, ist dem Versicherer grundsätzlich zuzurechnen.[628]

---

624 a.A. implizit *Voit (jun.)* in BK zum VVG, § 16 Rdn. 86, welcher der Auffassung ist, dass eine routinemäßige Abfrage bei Vertragsschluss erforderlich sei.

625 Abschlussbericht der Kommission zur Reform des Versicherungsvertragsrechts, S. 40.

626 Abschlussbericht der Kommission zur Reform des Versicherungsvertragsrechts, S. 40.

627 Abschlussbericht der Kommission zur Reform des Versicherungsvertragsrechts, S. 40.

628 vgl. dazu die Ausführungen im 2. Kapitel unter D. II. 1. a. aa. u. bb.. Ein Erkennen des schlechten Gesundheitszustandes aufgrund des äußeren Erscheinungsbildes des Versicherungsnehmers bedeutet hingegen nicht, dass ein vollumfängliches Wissen über den Gesundheitszustand des Versicherungsnehmers vorhanden ist (vgl. LG Freiburg, RuS 1998, 524

Das sog. private Wissen des Agenten, also dessen Kenntnis von gefahrerheblichen Umständen, die er nicht bei der Erstellung des Versicherungsantrages erlangt hat, wird dem Versicherer hingegen nicht zugerechnet.[629]

b) Zurechnung der Kenntnis eines Versicherungsmaklers

Das Wissen eines Versicherungsmaklers ist dem Versicherer zuzurechnen, wenn der Versicherungsmakler im Einzelfall zur Entgegennahme von Erklärungen des Versicherungsnehmers vom Versicherer ausdrücklich bevollmächtigt worden ist oder sich zumindest so behandeln lassen muss, als wenn dies geschehen wäre.[630] Eine Einschränkung der Wissenszurechnung nach § 166 Abs. 1 BGB durch § 44 VVG auf solches Wissen, das der Versicherungsmakler in Ausübung seiner passiven Stellvertretung erlangt hat, findet mangels Anwendbarkeit des § 44 VVG auf den Versicherungsmakler nicht statt. Gemäß § 166 Abs. 1 BGB wird dem Vertretenen das gesamte Wissen des Stellvertreters zugerechnet.[631] Das Gesetz differenziert nicht danach, ob es sich um privat oder dienstlich erlangtes Wissen handelt.[632]

Unter privat erlangtem Wissen ist das Wissen zu verstehen, das der Stellvertreter bereits besaß, bevor er im Rahmen des Vertretungsverhältnisses tätig wurde, wobei er das Wissen auch aus einer früheren dienstlichen Tätigkeit – auch für den Vertretenen – gezogen haben kann.[633] Entscheidend ist der konkrete und aktuelle Wissensstand, d.h. was der Vertreter zum Zeitpunkt der Vornahme des Rechtsgeschäfts im Rahmen des konkreten Vertretungsverhältnisses wieder vergessen hat, kann dem Vertretenen nicht zugerechnet werden.[634] Als dienstlich erlangtes Wissen bezeichnet man das Wissen, das der Vertreter bei seiner Tätigkeit im Rahmen des konkreten Vertretungsverhältnisses erworben hat.

Im Falle einer Bevollmächtigung des Versicherungsmaklers durch den Versicherer ist dem Versicherer somit das gesamte Wissen zuzurechnen, das der Versicherungsmakler zum Zeitpunkt der Vornahme des Vertragsgespräches und des Vertragsabschlusses besitzt. Dieses Wissen umfasst dabei auch das vom Versi-

---

(524)). Ferner ist dem Versicherer nach der Auge-und-Ohr-Rechtsprechung des BGH nur solches Wissen des für mehrere Versicherer eines Konzerns tätigen Versicherungsagenten zurechenbar, das dieser gerade in Bezug auf die Antragstellung erlangt hat (vgl. OLG München, VersR 2004, 181 (181)).

629 vgl. die Auslegung des § 44 VVG durch den BGH, NJW 1988, 973 (975); s. auch *Taupitz* in FS für E. Lorenz, S. 673 (679); *Knappmann*, RuS 1996, 81 (84).

630 vgl. dazu die Ausführungen im 2. Kapitel unter D. II. 1. b. bb..

631 Baum, Die Wissenszurechnung, S. 41.

632 vgl. Baum, Die Wissenszurechnung, S. 41.

633 vgl. Baum, Die Wissenszurechnung, S. 41.

634 vgl. Baum, Die Wissenszurechnung, S. 42.

cherungsmakler außerhalb des Geschäfts, also möglicherweise privat oder bei Erledigung anderer Geschäfte erlangte und abrufbare Wissen.

c) Zurechnung der Kenntnis des zur Erstellung eines ärztlichen Zeugnisses eingeschalteten Arztes

Ist der Arzt vom Versicherer mit der Erstellung eines ärztlichen Zeugnisses über den Versicherungsnehmer beauftragt worden, werden dem Versicherer die Kenntnisse zugerechnet, die der Arzt im Rahmen der Erstellung des Zeugnisses über den Versicherungsnehmer erlangt hat.[635]
Grundsätzlich umfasst die in § 166 Abs. 1 BGB normierte Wissenszurechnung im Rahmen eines Stellvertretungsverhältnisses das gesamte Wissen des Vertreters. Eine Einschränkung der Zurechnung des Wissens des Arztes kann sich jedoch aus seiner Schweigepflicht ergeben. Gemäß § 203 StGB und nach den Regelungen der ärztlichen Berufsordnungen[636] dürfen Ärzte nicht unbefugt Dritten Mitteilungen über Gegenstände machen, welche sie im Rahmen der ärztlichen Berufsausübung zur Kenntnis erhalten haben. Die Einschränkung der Wissenszurechnung kann jedoch durch Entbindung des Arztes von der Schweigepflicht aufgehoben werden, da dann ärztliche Mitteilungen über den Patienten gerechtfertigt sind.
Ist der Arzt vom Versicherungsnehmer von seiner Schweigepflicht entbunden worden, stellt sich hinsichtlich des Umfangs des zurechenbaren Wissens die Frage, ob dem Versicherer auch solche Kenntnisse zuzurechnen sind, die der Arzt nicht im Rahmen der Erstellung des ärztlichen Zeugnisses vom Antragsteller erlangt hat, sondern die er aus Krankenunterlagen, früheren Behandlungen oder Untersuchungen des Antragstellers besitzt.
Diesbezüglich werden in Rechtsprechung und Schrifttum verschiedene Meinungen vertreten.

aa) Meinungsstand

Ein Teil der Literatur[637] spricht sich gegen eine Zurechnung von Vorkenntnissen des Arztes aus, weil der Arzt zum Zeitpunkt der Erlangung der

[635] vgl. die Ausführungen im 2. Kapitel unter D. II. 2. b).
[636] s. § 9 der (Muster-) Berufsordnung für die deutschen Ärztinnen und Ärzte (MBO-Ä 1997) (abgedruckt bei *Schiwy*, Kommentar zum deutschen Arztrecht, Nr. 31).
[637] *Voit (sen.)*, LM § 16 Nr. 22; *Müller-Frank*, Aktuelle Rechtsprechung zur Berufsunfähigkeits-(Zusatz-)Versicherung, S. 249; ders., NVersZ 2001, 447; zweifelnd auch *Prölss* in Prölss/Martin, VVG, §§ 16, 17 Rdn. 27.

Vorkenntnisse nicht Wissensvertreter des Versicherers war.[638] Das aus Krankenunterlagen, früheren Behandlungen oder Untersuchungen erworbene Wissen habe mit dem dienstlichen Geschäft der Erstellung des ärztlichen Zeugnisses nichts zu tun und sei damit in Abgrenzung zu der Tätigkeit des Arztes für den Versicherer privates Wissen, das nicht zuzurechnen sei.[639]

Andere Vertreter in der Literatur[640] sowie das OLG Frankfurt[641] rechnen dem Versicherer auch das vom Arzt aus Krankenunterlagen, früheren Behandlungen oder Untersuchungen erlangte Wissen zu, wenn der Arzt aufgrund seiner Vorkenntnisse bewusst vom Versicherer zur Erstellung des ärztlichen Zeugnisses beauftragt wurde. Diese Vorkenntnisse könnten nicht dem privaten Wissen des Arztes gleichgestellt werden, da der Arzt sie in seiner Funktion als Arzt und nicht als Privatperson erlangt habe.[642] Zudem wähle der Versicherer den Arzt oftmals gerade wegen seiner Vorkenntnisse aus, woraus sich eine Informationspflicht des Arztes gegenüber dem Versicherer ergebe, die wiederum eine Wissenszurechnung rechtfertige.[643]

bb) Eigene Auffassung und Stellungnahme

Die Zurechnung von Vorkenntnissen des Arztes aus Krankenunterlagen, früheren Behandlungen oder Untersuchungen hängt davon ab, ob die Einbeziehung dieser Kenntnisse für die vom Versicherer in Auftrag gegebene Erstellung des ärztlichen Zeugnisses über den künftigen Versicherungsnehmer relevant ist.
Die Erstellung des ärztlichen Zeugnisses für den Versicherer ist als Dienstvertrag zu qualifizieren. Die dienstvertraglichen Pflichten des Arztes aus dem Schuldverhältnis werden durch das Standesrecht der Ärzte ergänzt, das in den Berufsordnungen der einzelnen Länder kodifiziert ist.
Um festzustellen, ob Vorkenntnissen für die Erstellung eines ärztlichen Zeugnisses erforderlich sind, ist die als Muster für die Berufsordnungen der einzelnen Länder dienende Musterberufsordnung der Deutschen Ärzte (MBO)[644] heranzu-

---

[638] vgl. *Prölss* in Prölss/Martin, VVG, §§ 16, 17 Rdn. 27.
[639] *Müller-Frank*, Aktuelle Rechtsprechung zur Berufsunfähigkeits-(Zusatz-)Versicherung, S. 249.
[640] *Voit (jun.)* in BK zum VVG, § 16 Rdn. 89; *Knappmann*, RuS 1996, 81 (84); s. auch *Kurzendörfer*, Lebensversicherung, 6.2.2.3..
[641] OLG Frankfurt a.M., VersR 1993, 425 (427); OLG Frankfurt a.M., 8 U 156/99.
[642] vgl. *Knappmann*, RuS 1996, 81 (84).
[643] vgl. *Taupitz* in FS für E. Lorenz, S. 673 (679); *Knappmann*, RuS 1996, 81 (84); *Voit (jun.)* in BK zum VVG, § 16 Rdn. 89.
[644] Text in *Ratzel/Lippert*, Kommentar zur MBO, S. 4, 68 ff..

ziehen. § 25 der Musterberufsordnung besagt, dass Ärztinnen und Ärzte bei der Ausstellung ärztlicher Gutachten und Zeugnisse mit der notwendigen Sorgfalt zu verfahren und nach bestem Wissen ihre ärztliche Überzeugung auszusprechen haben. Daraus ergibt sich, dass der Arzt bei Abgabe einer gesundheitlichen Beurteilung des Patienten insbesondere die früher festgestellten Befunde einzubeziehen hat, wenn der Patient schon früher bei ihm in Behandlung oder zur Untersuchung gewesen ist. Eine Einbeziehung der Ergebnisse von früheren Untersuchungen und Behandlungen ist dem Arzt auch unter dem Aspekt seiner Schweigepflicht möglich, da der Patient bei Antragstellung alle von ihm konsultierten Ärzte für Rückfragen des Versicherers von ihrer Schweigepflicht entbindet. Da der Arzt nach bestem Wissen eine Beurteilung abgeben soll, ist es notwendig, die zu seinem besten Wissen gehörenden Vorkenntnisse über den Patienten einzubeziehen.

§ 10 der Musterberufsordnung regelt, dass Ärztinnen und Ärzte über in Ausübung ihres Berufes gemachte Feststellungen und getroffene Maßnahmen die erforderlichen Aufzeichnungen zu machen haben. Die Aufzeichnungen dienen nach § 10 der Musterberufsordnung neben dem Interesse des Patienten an einer ordnungsgemäßen Dokumentation auch als Gedächtnisstütze für den Arzt. Der Arzt ist somit verpflichtet, in einer Patientenakte die im Rahmen von Untersuchungen oder Behandlungen gemachten Feststellungen über den Gesundheitszustand des Patienten festzuhalten, damit er sich diese bei weiteren Behandlungen stets wieder ins Gedächtnis rufen kann.

Insofern ergibt sich aus der Zusammenschau von § 25 und § 10 der Musterberufsordnung die Pflicht des Arztes, zuvor erstellte Aufzeichnungen bzw. Krankenunterlagen von früheren Untersuchungen oder Behandlungen bei der Erstellung eines ärztlichen Zeugnisses heranzuziehen, um den Gesundheitszustand nach bestem Wissen beurteilen zu können.

Da die Einbeziehung solcher Vorkenntnisse zur Tätigkeit der Erstellung eines ärztlichen Zeugnisses zählt, sind die Vorkenntnisse des Arztes aus den Krankenunterlagen, früheren Behandlungen und Untersuchungen dem Versicherer zuzurechnen. Entgegen der Meinung, die eine Zurechnung von Vorkenntnissen des Arztes ablehnt, haben diese Vorkenntnisse somit etwas mit dem „dienstlichen Geschäft" der Erstellung eines ärztlichen Zeugnisses zu tun.[645]

[645] Auch dem Argument dieser Meinung, dass der Arzt zu dem Zeitpunkt, in dem er die Vorkenntnisse erlangt hat, noch nicht Wissensvertreter des Versicherers war, stehen Bedenken gegenüber. Als Ausschlusskriterium für eine Zurechnung von Vorkenntnissen kann nämlich nicht auf den Zeitpunkt der Erlangung der Kenntnisse abgestellt werden, da für die Frage der Zurechenbarkeit von Vorkenntnissen allein der dem Arzt vom Versicherer zugewiesene Tätigkeitsbereich maßgeblich ist.

Der Auffassung, die sich für die Zurechnung ärztlicher Vorkenntnisse ausspricht, ist daher beizupflichten. Die Zurechnung ist jedoch unabhängig von der bewussten Beauftragung des Arztes durch den Versicherer gerade aufgrund seiner Vorkenntnisse, da die sich aus der Berufsordnung ergebenden Pflichten des Arztes grundsätzlich gegenüber dem Auftraggeber eines ärztlichen Zeugnisses bestehen.

d) Ausschluss der Zurechnung der Kenntnis von in den Vertragsschluss einbezogenen Dritten

Die Zurechnung des Wissens eines Dritten ist jedoch ausgeschlossen, wenn der Versicherungsnehmer mit dem empfangszuständigen Dritten kollusiv zu Lasten des Versicherers zusammenwirkt oder wenn der Dritte seine Vollmacht für den Versicherungsnehmer evident missbraucht.[646]
Nach der Rechtsprechung des BGH[647] scheidet eine Wissenszurechnung ferner bei arglistigem Verhalten des Versicherungsnehmers aus.

ee. Beweislast

Aus der Formulierung des § 16 Abs. 3, 1. Alt. und des § 17 Abs. 2, 1. Alt. VVG ergibt sich, dass der Versicherungsnehmer die Kenntnis des Versicherers darlegen und beweisen muss.[648]
Die Beweislast für ein kollusives Zusammenwirken des Versicherungsnehmers und des Dritten, einen evidenten Vollmachtsmissbrauch des Dritten sowie eine arglistige Täuschung des Versicherungsnehmers trägt der Versicherer, wobei ein Indizienbeweis möglich ist.[649]

b. Fehlendes Verschulden des Versicherungsnehmers als Ausschlussgrund

Das Rücktrittsrecht ist ferner nach § 16 Abs. 3, 2. Alt. und § 17 Abs. 2, 2. Alt. VVG ausgeschlossen, wenn den Versicherungsnehmer an der unvollständigen oder unrichtigen Anzeige kein Verschulden trifft.

---

646 vgl. dazu schon die Ausführungen im 2. Kapitel unter D. II. 1. a. cc., b. dd. u. 2. b..
647 BGH, VersR 2001, 620 (622) (vgl. aber die kritischen Ausführungen zu dieser Rechtsprechung im 2. Kapitel unter D. II. 1. a. cc. 3)).
648 vgl. *Bruck/Möller*, VVG, § 16 Anm. 43; *Prölss* in Prölss/Martin, VVG, §§ 16, 17 Rdn. 41; *Voit (sen.)*, Berufsunfähigkeitsversicherung, Rdn. 180.
649 BGH, VersR 1993, 1089 (1090); vgl. auch *Voit (jun.)* in BK zum VVG, § 16 Rdn. 81; *Büsken*, VersR 1992, 271 (278).

aa. Vorliegen von Verschulden

Verschulden erfasst gemäß § 276 BGB sowohl Vorsatz als auch Fahrlässigkeit. Für den Verschuldensvorwurf im Rahmen der §§ 16 ff. VVG genügt nach allgemeiner Auffassung[650] bereits das Vorliegen leichter Fahrlässigkeit.
Für ein Verschulden des Versicherungsnehmers im Rahmen der Anzeigepflichtverletzung ist zunächst erforderlich, dass der Versicherungsnehmer die vom Versicherer gestellten Gesundheitsfragen zur Kenntnis genommen und sie inhaltlich richtig verstanden hat.
Im Hinblick auf das inhaltlich richtige Verständnis ist bei der Beurteilung ein objektiver Maßstab anzulegen.[651] Entscheidend ist demnach, was von einem durchschnittlichen Anforderungen entsprechenden Angehörigen des jeweiligen Verhaltenskreises in der jeweiligen Situation erwartet werden konnte, ohne Rücksicht auf die Möglichkeit des Betroffenen, nach individuellen Fähigkeiten, Erkenntnissen, Kräften und Erfahrungen die objektive Sorgfalt zu erkennen und zu erbringen. Ein Versicherungsnehmer kann sich daher bei klaren und eindeutigen Fragen nicht auf seine individuell mangelnde Verständnisfähigkeit berufen.
Werden die Antragsfragen ordnungsgemäß gestellt, so ist es grundsätzlich Sache des Versicherungsnehmers, diese zur Kenntnis zu nehmen.[652] Da das Verschulden im Zeitpunkt des Vertragsschlusses bestehen muss, hat die Bewertung des Verhaltens des anzeigepflichtigen Versicherungsnehmers zum Zeitpunkt der Vornahmehandlung zu erfolgen.[653]

Eine verschuldete Anzeigepflichtverletzung liegt immer dann vor, wenn der Versicherungsnehmer ausdrücklich gestellte, eindeutige Fragen, zu denen er aus eigenem Wissen Auskunft geben kann, unvollständig oder unrichtig beantwortet.[654] Den Versicherungsnehmer trifft nach Auffassung des OLG Hamm[655] jedoch kein Verschulden, wenn er bei unklaren Fragen der Beratung oder Erklärung durch einen Agenten vertraut hat. Das OLG Hamburg[656] verneint das Ver-

---

[650] *Bruck/Möller*, VVG, § 16 Anm. 45; *Prölss* in Prölss/Martin, VVG, §§ 16, 17 Rdn. 34; *Terbille* in van Bühren, Handbuch des Versicherungsrechts, § 14 Rdn. 353; OLG Köln, VersR 1973, 1017 (1018); OLG Stuttgart, VersR 1979, 859 (861).
[651] vgl. nur *Grundmann* in MüKo zum BGB, § 276 Rdn. 55.
[652] *Voit (jun.)* in BK zum VVG, § 16 Rdn. 97.
[653] BGH, VersR 1994, 711 (712, 713).
[654] vgl. OLG Hamburg, VersR 1977, 1151 (1152); vgl. auch *Prölss* in Prölss/Martin, VVG, §§ 16, 17 Rdn. 37.
[655] OLG Hamm, RuS 1988, 343 (344).
[656] vgl. OLG Hamburg, VersR 1990, 610 (610, 611).

schulden des Versicherungsnehmers, wenn er den nicht angezeigten Gesichtspunkt nach den Umständen für unerheblich halten durfte.

Der klassische Fall einer unverschuldeter Nichtanzeige von Umständen ist die Situation, dass der Versicherungsnehmer die ihm bekannten Umstände zwar der Frage zugeordnet hat und sie auch anzeigen wollte, die Anzeige aber den Versicherer infolge eines Umstandes nicht erreicht, den der Versicherungsnehmer nicht zu vertreten hat.[657]

bb. Das qualifizierte Verschuldenserfordernis des § 18 Abs. 2 VVG

Gemäß § 18 Abs. 2 VVG kann der Versicherer nur bei Vorliegen einer qualifizierten Form des Verschuldens, nämlich bei Vorliegen von Arglist, wegen der unterbliebenen Anzeige eines nicht ausdrücklich erfragten Umstandes, wenn der Versicherungsnehmer die Gefahrumstände anhand schriftlicher Fragen des Versicherers anzuzeigen hatte, zurücktreten.
Arglist im Sinne des § 18 Abs. 2 VVG liegt vor, wenn der Versicherungsnehmer im Rahmen seiner vorvertraglichen Anzeigepflicht wissentlich die Anzeige eines nicht erfragten, aber gefahrerheblichen Umstandes unterlässt und dabei in der zumindest billigenden Erkenntnis handelt, durch das Verschweigen dieses Umstandes auf die Willensentschließung des Versicherers hinsichtlich des Abschlusses des Versicherungsvertrages Einfluss zu nehmen.[658] Der Versicherungsnehmer muss sich somit bewusst sein, dass der Versicherer bei Offenbarung der verschwiegenen Tatsachen den Antrag nicht oder nur unter erschwerten Bedingungen annehmen werde.[659]

cc. Beweislast

Der Versicherungsnehmer trägt die Beweislast dafür, dass die Nichtanzeige des erfragten Gefahrumstandes ohne sein Verschulden unterblieben ist.[660]

---

[657] vgl. *Voit (jun.)* in BK zum VVG, § 16 Rdn. 101.
[658] vgl. schon RGZ 81, 13 (16, 17); RGZ 96, 345 (346); BGH, VersR 1957, 351 (351); *Bruck/Möller*, VVG, § 18 Anm. 8.
[659] vgl. RGZ 128, 116 (121); BGH, VersR 1993, 170 (171); OLG Hamm, VersR 1990, 765 (765); OLG Hamm, NVersZ 2000, 166 (166); *Voit (sen.)*, Berufsunfähigkeitsversicherung, Rdn. 238; *Voit (jun.)* in BK zum VVG, § 22 Rdn. 27.
[660] vgl. nur *Langheid* in Römer/Langheid, VVG, §§ 16, 17 Rdn. 74; *Prölss* in Prölss/Martin, VVG, §§ 16, 17 Rdn. 41.

c. Reformvorschlag hinsichtlich des Ausschlusses des Rücktrittsrechts

aa. Regelung des Ausschlussgrundes der Kenntnis des Versicherers

In dem Vorschlag der Kommission soll das Rücktrittsrecht des Versicherers weiterhin ausgeschlossen sein, wenn der Versicherer den nicht angezeigten Gefahrumstand oder die Unrichtigkeit der Anzeige kannte.[661] Die Kommission möchte das Rücktrittsrecht jedoch auf die Fälle beschränken, in denen der Versicherer bei Kenntnis der wirklichen Gefahrumstände keinen Vertrag geschlossen hätte.[662] In den Fällen, dass er den Vertrag zu anderen Bedingungen abgeschlossen hätte, muss er trotz Verletzung der Anzeigepflicht am Vertrag festhalten, er erhält nur einen Anspruch auf rückwirkende Änderung des Vertrages und Zugrundelegung anderer Bedingungen.[663]
Die Kommission erweitert mit dieser Regelung den Ausschlussgrund der Kenntnis des Versicherers um das Erfordernis, dass die Kenntnis des Gefahrumstandes nach den Geschäftsgrundsätzen des jeweiligen Versicherers kausal für die Ablehnung des angetragenen Versicherungsantrages sein muss.

bb. Regelung des Ausschlussgrundes des Verschuldens des Versicherungsnehmers

Nach dem Vorschlag der Kommission soll das Rücktrittsrecht zukünftig ausgeschlossen sein, wenn der Versicherungsnehmer nachweist, dass er die Anzeigepflicht weder vorsätzlich noch grob fahrlässig verletzt hat.[664]
Im neuen Versicherungsvertragsrecht sollen einfach fährlässig verursachte Anzeigepflichtverletzungen folgenlos bleiben, indem der Verschuldensmaßstab des Versicherungsnehmers auf Vorsatz und grobe Fahrlässigkeit reduziert wird. Gleichzeitig möchte die Kommission gesetzlich normieren, dass die Beweislast für das Nicht – Vorliegen des Verschuldens beim Versicherungsnehmer liegt.
Die Kommission räumt dem Versicherer bei unverschuldeter Anzeigepflichtverletzung jedoch ein Sonderkündigungsrecht ein.[665]

---

[661] Abschlussbericht der Kommission zur Reform des Versicherungsvertragsrechts, S. 39 u. 205 (vorgeschlagene Neufassung § 21 E Abs. 6).
[662] Abschlussbericht der Kommission zur Reform des Versicherungsvertragsrechts, S. 39.
[663] Abschlussbericht der Kommission zur Reform des Versicherungsvertragsrechts, S. 39.
[664] Abschlussbericht der Kommission zur Reform des Versicherungsvertragesrechts, S. 39 u. 205 (vorgeschlagene Neufassung § 21 Abs. 2 E).
[665] Abschlussbericht der Kommission zur Reform des Versicherungsvertragsrechts, S. 39 u. 205 (vorgeschlagene Neufassung § 21 Abs. 2 S. 2 E).

cc. Einführung eines Ausschlussgrundes bei fehlendem schriftlichen Hinweis des Versicherers auf die Folgen einer Anzeigepflichtverletzung

Das Rücktrittsrecht soll nach dem Vorschlag der Kommission ferner ausgeschlossen sein, wenn der Versicherer den Versicherungsnehmer bei Antragstellung nicht schriftlich auf die Folgen einer Anzeigepflichtverletzung hingewiesen hat.[666] Die Kommission fügt damit den bisher bestehenden gesetzlichen Ausschlussgründen als weiteren Ausschlussgrund die unterlassene Belehrung des Versicherungsnehmers über die Folgen einer Anzeigepflichtverletzung hinzu.

2. Ausschluss des Rücktrittsrechts in der Lebensversicherung bei unrichtiger Altersangabe gemäß § 162 VVG

Neben den gesetzlich normierten Ausschlussgründen in § 16 Abs. 3 und § 17 Abs. 2 VVG besteht in der Lebensversicherung noch ein weiterer in § 162 VVG geregelter Ausschlussgrund.

a. Derzeitige Rechtslage

Durch § 162 S. 1 VVG wird bei Lebensversicherungen der Rücktritt ausgeschlossen, wenn eine unrichtige Altersangabe vorliegt und infolge der unrichtigen Angabe die Prämie zu niedrig bestimmt worden ist. Anstelle des Rücktritts wird in diesem Fall eine versicherungstechnische Leistungskorrektur vorgenommen, die anders als der Rücktritt nicht an ein Verschulden des Versicherungsnehmers geknüpft ist, sondern kraft Gesetzes eintritt, ohne dass der Versicherer eine Erklärung abzugeben braucht.[667]
Eine Ausnahme vom Ausschluss des Rücktrittsrechts nach § 162 S. 1 VVG und damit die Möglichkeit eines Rücktritts nach den §§ 16 ff. VVG ist gemäß § 162 S. 2 VVG jedoch dann gegeben, wenn das wirkliche Alter außerhalb der Grenzen liegt, die durch den Geschäftsplan[668] für den Abschluss von Verträgen festgesetzt sind. Kann das Rücktrittsrecht aber z.B. wegen Zeitablaufs nicht mehr

---

[666] Abschlussbericht der Kommission zur Reform des Versicherungsvertragsrechts, S. 38 u. 205 (vorgeschlagene Neufassung § 21 Abs. 6 S. 1 E).
[667] vgl. *Kollhosser* in Prölss/Martin, VVG, § 162 Rdn. 1; *Kurzendörfer*, Lebensversicherung, 6.2.5..
[668] Dies betrifft nur noch den Altbestand von Verträgen, die bis zum 29. Juli 1994 abgeschlossenen wurden.

ausgeübt werden, so mindert sich auch in den Fällen des Satzes 2 die Leistung wie in Satz 1.[669]

b. Reformvorschlag hinsichtlich der Regelung des § 162 VVG

Die Kommission möchte die Regelung des § 162 VVG auch im neu zu fassenden Versicherungsvertragsgesetz beibehalten. Sie korrigiert in ihrem Vorschlag die Vorschrift lediglich in zwei Punkten. Zum einen behebt sie die Einseitigkeit der Vorschrift, die bisher nur an eine zu niedrige Altersangabe anknüpft, indem sie die Leistungsveränderung des Versicherers von dem Verhältnis der dem wirklichen Alter entsprechenden Prämie zu der vereinbarten Prämie abhängig macht.[670] Zum anderen soll dem Versicherer ein Rücktrittsrecht in Abweichung zu den Neuregelungen zur Verletzung der vorvertraglichen Anzeigepflicht nur dann zustehen, wenn der Versicherer nachweist, dass er den Vertrag bei richtiger Altersangabe nicht abgeschlossen hätte.[671]

3. Ausschluss der Berechtigung zum Rücktritt bei Unterlassen einer ordnungsgemäßen Risikoprüfung durch den Versicherer

Die §§ 16 ff. VVG regeln die Pflicht des Antragstellers zur Anzeige aller für den Versicherer in Hinblick auf das von ihm zu versichernde Risiko relevanten Umstände. Die Anzeige dient der zum Funktionieren der Versicherungswirtschaft notwendigen Risikoprüfung des Versicherers.
Unterlässt der Versicherer eine ordnungsgemäße Risikoprüfung anhand der vom Antragsteller durchgeführten Anzeige, stellt sich die Frage, ob nicht die Sanktionsmöglichkeit des Rücktritts als Korrelat ausgeschlossen werden sollte.

a. Die Auffassung der Rechtsprechung

Die Frage, ob dem Versicherer die Möglichkeit des Rücktritts vom Versicherungsvertrag aufgrund einer nicht ordnungsgemäßen Risikoprüfung verwehrt sein soll, hat der BGH erstmals am 25.3.1992[672] zum Nachteil des Versicherers entschieden.

---

[669] vgl. nur *Kollhosser* in Prölss/Martin, VVG, § 162 Rdn. 3.
[670] Abschlussbericht der Kommission zur Reform des Versicherungsvertragsrechts, S. 254 (vorgeschlagene Neufassung § 149 E).
[671] Abschlussbericht der Kommission zur Reform des Versicherungsvertragsrechts, S. 254 (vorgeschlagene Neufassung § 149 E).
[672] BGH, VersR 1992, 603 (604).

Eine Risikoprüfungsobliegenheit des Versicherers vor Vertragsschluss sieht der BGH in den Regelungen der §§ 16 ff. VVG begründet.
Die Verpflichtung zur sorgfältigen Prüfung der Angaben des Versicherungsnehmers vor Antragsannahme leitet der BGH aus der bestimmenden Stellung des Versicherers im vorvertraglichen Bereich bei der Verwendung von Antragsformularen ab. Der Versicherer konkretisiere durch die Auswahl und die Formulierung der Fragen im Antragsformular den Umfang der Anzeigepflicht des Versicherungsnehmers. Er impliziere dadurch, dass er die erfragten Auskünfte für seine Antragsannahmeprüfung benötige, so dass sich der Versicherungsnehmer darauf verlassen könne, dass der Versicherer alle erfragten Angaben in dem Antragsformular durchlesen und in seine Prüfung einbringen werde.
Komme der Versicherer seiner Verpflichtung, die Angaben des Versicherungsnehmers vor Antragsannahme sorgfältig zu prüfen, nicht nach, könne er sich auf solche Umstände, die er bei ordnungsgemäßem Risikoprüfungsverfahren erfahren hätte, zur Begründung eines Rücktritts nicht berufen. Denn aufgrund seiner durch Sachwissen und Geschäftserfahrung überlegenen Stellung gegenüber dem Versicherungsnehmer sei er gehalten, die ihm eingeräumte Risikoprüfungsmöglichkeit, die durch die §§ 16 ff. VVG rechtlich abgesichert werde, nicht nach seinem Belieben zurückzustellen und auf den Zeitpunkt des Eintritts des Versicherungsfalles zu verschieben. Zweck der Regelungen in den §§ 16 ff. VVG sei nämlich die Schaffung klarer Verhältnisse vor Vertragsschluss.
In einem weiteren, nur kurze Zeit später ergangenen Urteil[673] führt der BGH zur Risikoprüfungsobliegenheit noch einmal im Sinne seines Urteils vom 25.3.1992 aus, dass der Versicherer zu einer ordnungsgemäßen Risikoprüfung aufgrund des vorvertraglichen Vertrauensverhältnisses gehalten sei.
In einer nachfolgenden Entscheidung[674] stellt der BGH klar, dass die Vornahme einer Risikoprüfung nicht als Verpflichtung, sondern als eine Obliegenheit des jeweiligen Versicherers gegenüber dem Versicherungsnehmer zu verstehen sei, die seinem eigenen Interesse diene. Er betont noch einmal, dass die Risikoprüfung nur bei Schließung des Vertrages vorgenommen werden könne und ihr Unterlassen nicht nur, wie in früheren Entscheidungen[675], zu einer Versäumung der Rücktrittsfrist führen, sondern dem Versicherer die Rücktrittsberechtigung nehmen würde.

---

673 BGH, VersR 1993, 871 (872).
674 BGH, VersR 1995, 80 (81).
675 BGH, VersR 1989, 1249 (1250); BGH, VersR 1991, 170 (171).

Eine bedeutende Zahl von Instanzgerichten[676] ist der Rechtsprechung des BGH gefolgt und hat dem Versicherer, der bei Schließung des Vertrages eine ordnungsgemäße Risikoprüfung unterlässt, die gesetzlich eingeräumte Rücktrittsberechtigung aberkannt.
Den Umfang der Risikoprüfungsobliegenheit des Versicherers hat die Rechtsprechung[677] auf die Situationen beschränkt, in denen dem Versicherer anhand der Antworten des Versicherungsnehmers deutlich wird, dass dieser seiner Anzeigepflicht (verschuldet oder unverschuldet) noch nicht genügt hat und die Antworten ohne ergänzende Rückfragen keine sachgerechte Risikoprüfung erlauben. Ergänzende Rückfragen müssen sich anhand der gegebenen Antworten „aufdrängen" oder „tatsächlich geboten sein", was z.B. der Fall ist, wenn die im Antrag enthaltenen Angaben ersichtlich lückenhaft und unzureichend oder widersprüchlich sind.[678]
Das Unterlassen der Risikoprüfungsobliegenheit führt jedoch dann nicht zum Verlust des Rücktrittsrechts, wenn der Versicherungsnehmer auf klare Fragen im Antragsformular unrichtig geantwortet hat und die unrichtige Antwort keine Unklarheiten enthält.[679] Denn in diesem Fall bedürfe es keiner ergänzenden Rückfragen des Versicherers, da die dem Versicherer obliegende Risikoprüfungsobliegenheit ihrem Sinn und Zweck nach nicht der Prüfung der Wahrheitsliebe des Versicherungsnehmers diene.[680]

b. Meinungsstand in der Literatur

aa. Die das Bestehen einer Risikoprüfungsobliegenheit ablehnende Meinungsgruppe

1) Die Auffassung von Dreher

Der Annahme einer Risikoprüfungsobliegenheit mit der Konsequenz des Wegfalls der Rücktrittsberechtigung bei Unterlassen der Risikoprüfung tritt Dreher[681]

---

[676] OLG Saarbrücken, VersR 1993, 341 (343); OLG Hamm, VersR 1994, 294 (294); OLG Hamm, VersR 2000, 878 (880); OLG Koblenz, RuS 1998, 50 (51); LG Berlin, RuS 2002, 490 (491, 492).
[677] vgl. BGH, VersR 1991, 170 (171); BGH, VersR 1992, 603 (604); BGH, VersR 1993, 871 (872); BGH, VersR 1995, 80 (82); BGH, VersR 1995, 901 (901); OLG Hamm, RuS 2001, 355 (356).
[678] vgl. BGH, VersR 1995, 80 (81); BGH, VersR 1995, 901 (901).
[679] BGH, VersR 1995, 901 (901); s. dazu auch zuletzt OLG Köln, VersR 2004, 851 (852).
[680] BGH, VersR 1995, 901 (901).
[681] *Dreher*, JZ 1992, 926 ff..

vehement entgegen. Er sieht darin ein gefährliches Beispiel für die Tendenz der Rechtsprechung im Versicherungsrecht, den Versichertenschutz zu überziehen und dadurch anstelle von angestrebter allgemeiner Vertragsgerechtigkeit eine Einzelfallgerechtigkeit herbeizuführen. Die Rechtsprechung des BGH laufe der Intention der §§ 16 ff. VVG zuwider und verlagere dadurch das Risiko unterlassener Angaben bei Vertragsschluss vom Versicherungsnehmer in nicht hinnehmbarer Weise auf den Versicherer.[682] Die §§ 16 ff. VVG würden die Risikoverteilung bei der Anzeigepflicht regeln und in diesem Zusammenhang auch eine Einschränkung des Rücktrittsrechts des Versicherers bei Vorlage eines Fragenkatalogs in § 18 VVG sanktionieren. Eine Risikoprüfungsobliegenheit und eine Einschränkung des Rücktrittsrechts durch ein Unterlassen derselben seien hingegen in den §§ 16 ff. VVG nicht geregelt.[683]
Gegen die Annahme einer Risikoprüfungsobliegenheit führt Dreher weiter an, dass diese den tatsächlichen Interessen sowohl der Gesamtheit aller Versicherungsschutz Suchenden als auch des Versicherers widerspräche. Eine umfassendere Risikoprüfung stelle einen Eingriff in die unternehmerische Sphäre des Versicherers dar, da dieser sich bei der Bestimmung von Art und Umfang der Risikoprüfung nicht mehr allein von betriebswirtschaftlichen Erfordernissen und versicherungsbetrieblichen Notwendigkeiten leiten lassen könnte. Der Versicherer müsste vielmehr seine individuelle Handhabung der Risikoprüfung durch eine umfangreichere und damit kostenaufwendigere und langsamere Antragsbearbeitung ersetzen. Dadurch seien ebenfalls die Interessen der Gesamtheit der Versicherungsschutz Suchenden betroffen, da sie die Kosten dieser Prüfungen tragen und die erheblichen Verzögerungen des Vertragsschlusses hinnehmen müssten.[684]
Dreher trägt in dem Zusammenhang noch die mit der Annahme einer Risikoprüfungsobliegenheit einhergehende Gefahr eines moralischen Verfalls bisher ehrlicher Antragsteller bei der Beantwortung der Fragenkataloge vor.[685]
Desweiteren kritisiert Dreher, dass die Risikoprüfungsobliegenheit zu zusätzlichen Rechtsunsicherheiten führen würde, wie z.B. über den Umfang der Risikoprüfungspflicht.[686]
Zuletzt wirft Dreher dem BGH in seiner ersten Entscheidung zur Annahme einer Risikoprüfungspflicht eine unkorrekte methodische Ableitung seines Ergebnisses, der Versagung des Rücktrittsrechts, vor.[687] Nach seiner Auffassung sei eine

---

682 *Dreher*, JZ 1992, 926 (926).
683 *Dreher*, JZ 1992, 926 (927).
684 *Dreher*, JZ 1992, 926 (927, 928).
685 *Dreher*, JZ 1992, 926 (928).
686 *Dreher*, JZ 1992, 926 (928).
687 *Dreher*, JZ 1992, 926 (928).

Heranziehung des allgemeinen Grundsatzes des Rechtsmissbrauchs gemäß § 242 BGB nicht notwendig, da sich eine Versagung des Rücktrittsrechts schon aus der Anwendung der Regeln der §§ 16 ff. VVG ergeben würde. In dem vom BGH entschiedenen Fall käme man auch über § 21 VVG mangels Kausalität zwischen Verschweigen und Eintritt des Versicherungsfalles zu einer Leistungspflicht des Versicherers.

2) Die Auffassung von Lorenz

Lorenz[688] lehnt ebenfalls eine Risikoprüfungsobliegenheit des Versicherers ab. Bei seiner Würdigung der Rechtsprechung des BGH geht er davon aus, dass der BGH die Annahme einer Risikoprüfungsobliegenheit des Versicherers auf die Anwendung des Tu–quoque–Grundsatzes[689] gestützt habe.[690] Dementsprechend prüft er, ob die für die Anwendung des Tu–quoque–Grundsatzes entwickelten Kriterien vorliegen. Er untersucht zunächst die Erforderlichkeit einer Risikoprüfungsobliegenheit, daran anschließend ihre Vereinbarkeit mit der gesetzlichen Regelung und zuletzt ihre Begründung anhand eines über das Gesetz hinausgehenden Schutzes des Antragstellers.

Als Ergebnis der Erforderlichkeitsprüfung bejaht er das Bedürfnis einer Risikoprüfungsobliegenheit bei einer schuldhaften Anzeigepflichtverletzung, wenn diese entweder nach § 21 VVG den Eintritt des Versicherungsfalles oder den Umfang der Leistungspflicht des Versicherers beeinflusst hat.[691]

Nach seiner Auffassung widerspricht die Annahme einer Risikoprüfungsobliegenheit jedoch der gesetzlichen Regelung in den §§ 16 ff. VVG.[692] Die §§ 16 ff. VVG würden eine Sperrwirkung zum Schutz des Antragstellers entfalten, indem sie die Rechte beschränken, die dem Versicherer nach den allgemeinen Rechtsgrundsätzen zustehen. Ein Rückgriff auf allgemeine schuldrechtliche Rechtsgrundsätze sei daher nicht nur zugunsten oder zum Nachteil des Antragstellers, sondern auch zugunsten oder zum Nachteil des Versicherers ausgeschlossen. Die vom BGH aus dem vorvertraglichen Schuldverhältnis entnommene Risikoprüfungsobliegenheit des Versicherers zugunsten des Antragstellers verfälsche und unterlaufe damit die in sich abgeschlossene und ausgewogene gesetzliche Regelung des vorvertraglichen Schuldverhältnisses in den §§ 16 ff. VVG. Die

---

688 *Lorenz*, VersR 1993, 513 ff. u. VersR 1993, 872 ff..

689 Tu-quoque-Grundsatz wird der Einwand der Verletzung eigener Pflichten genannt. Er ist eine Ausgestaltung des Grundsatzes von Treu und Glauben gemäß § 242 BGB.

690 *Lorenz*, VersR 1993, 513 (515).

691 *Lorenz*, VersR 1993, 513 (515).

692 *Lorenz*, VersR 1993, 513 (516).

Begründung des BGH sieht Lorenz dementsprechend erheblichen Bedenken ausgesetzt.
Er ist auch nicht der Auffassung, der Versicherer müsse bei Vertragsannahme einzelne, erkennbar unkorrekte Angaben aufklären, da er trotz dieser Angaben stets eine verständige Entscheidung über die Annahme des Vertrages treffen könne.[693]
Die vom BGH in seiner Begründung angeführten Überlegungen zur vorvertraglichen Gestaltungsmacht des Versicherers lässt Lorenz nicht als Grund für die Annahme einer Risikoprüfungsobliegenheit gelten. Es könne keine Risikoprüfungsobliegenheit mit Schutzzweck zugunsten des Antragstellers angenommen werden, wenn der Antragsteller schuldhaft seine Anzeigenobliegenheit verletzt habe und diese Anzeigeobliegenheitsverletzung nicht darauf zurückzuführen sei, dass der Versicherer seine vorvertragliche Gestaltungsmacht fehlerhaft ausgeübt habe.[694]
Auch das vom BGH zur Begründung für eine Risikoprüfungsobliegenheit herangezogene Argument, der Antragsteller vertraue auf eine sorgfältige Risikoprüfung durch den Versicherer, überzeugt nach der Auffassung von Lorenz nicht. Denn der Antragsteller, der schuldhaft seine Anzeigepflicht verletzt, vertraue gerade nicht auf eine sorgsame Überprüfung seiner unrichtigen Anzeige.[695]
Lorenz kommt damit zu dem Ergebnis, dass der Antragsteller den mit der Risikoprüfungsobliegenheit angestrebten Schutz entweder nicht benötige oder nicht verdiene. Die Verletzung der Risikoprüfungsobliegenheit durch den Versicherer könne daher nicht als vorvertragliche Rechtsuntreue zum Nachteil des Antragstellers angesehen werden und auch nicht die in der Anzeigepflichtverletzung beinhaltete Rechtsuntreue des Antragstellers kompensieren, sondern löse das in den §§ 16 ff. VVG vorgesehene Rücktrittsrecht des Versicherers aus.
Einen weiteren Einwand erhebt Lorenz in seiner Anmerkung zu einem nachfolgenden Urteil des BGH, in dem der BGH die Grundsätze zur Annahme einer Risikoprüfungsobliegenheit des Versicherers im Zusammenhang mit den Grundsätzen der Auge–und–Ohr–Rechtsprechung anwendet. Er verwirft die Argumentation des BGH als doppelte Fiktion zu Lasten des Versicherers, wenn dieser zunächst nach den Grundsätzen der Auge–und–Ohr–Rechtsprechung so zu behandeln sei, als ob er die verschwiegene Erkrankung des Antragstellers kannte, und dann auch noch so behandelt werde, als ob er die Risikoprüfung zugunsten des Antragstellers unterlassen hätte.[696]

---

[693] *Lorenz*, VersR 1993, 513 (516, 517).
[694] *Lorenz*, VersR 1993, 513 (517).
[695] *Lorenz*, VersR 1993, 513 (517).
[696] *Lorenz*, VersR 1993, 872 (872).

bb. Die das Bestehen einer Risikoprüfungsobliegenheit annehmende Meinungsgruppe

Die herrschende Auffassung[697] in der Literatur hat sich der Rechtsprechung des BGH angeschlossen und nimmt ebenfalls das Bestehen einer Risikoprüfungsobliegenheit des Versicherers an, deren Unterlassen zu einem Ausschluss des Rücktritts führen soll.
Knappmann[698] leitet die Annahme einer vorvertraglichen Risikoprüfungsobliegenheit des Versicherers aus einer indizierten Verknüpfung mit der vorvertraglichen Anzeigepflicht des Versicherungsnehmers her. Wenn der Versicherer nach den §§ 16 ff. VVG vom Versicherungsnehmer vor Vertragsschluss die Anzeige vorvertraglicher Gefahrumstände erwarten dürfe, dann müsse er die angezeigten Umstände im Interesse der Klarheit auch vor Vertragsschluss prüfen. Hinsichtlich des Umfangs der Risikoprüfungsobliegenheit weist Knappmann darauf hin, dass die Verpflichtung des Versicherers, die Risikolage vor Vertragsschluss anhand der gemachten Angaben sorgfältig zu prüfen, nicht dazu führen dürfe, dass akribisch nach etwaigen Ungereimtheiten gesucht werden müsse.[699]
Römer[700] führt für die Annahme einer vorvertraglichen Risikoprüfungsobliegenheit insbesondere drei Gründe an. Er geht dabei zunächst auf den Umstand ein, dass die Risikoprüfungsobliegenheit bereits bei und nicht erst nach Vertragsschluss einsetze. Für eine vorvertragliche Risikoprüfungsobliegenheit spreche zuvorderst der Zweck der §§ 16 ff. VVG, der den Motiven zu den §§ 16 – 22 VVG zu entnehmen sei.[701] Diese besagen, dass der Versicherer, wenn er das Versicherungsgeschäft sachgemäß betreiben will, es sich beim Abschluss von Versicherungsverträgen angelegen sein lassen müsse, über die Art und die Größe der Gefahr, die er übernehmen soll, möglichst genaue Kenntnis zu erhalten.[702] Zur Durchsetzung dieses Zweckes sei die Rücktrittsmöglichkeit des Versicherers in den §§ 16 ff. VVG geschaffen worden. Verzichte der Versicherer auf sein Druckmittel, indem er eine ordnungsgemäße Risikoprüfung unterlässt,

[697] *Knappmann*, RuS 1996, 81 (83); *Römer*, RuS 1998, 45 (48); *Voit (jun.)* in BK zum VVG, § 16 Rdn. 90; *Voit (sen.)*, Berufsunfähigkeitsversicherung, Rdn. 193; *Prölss* in Prölss/Martin, VVG, §§ 16, 17 Rdn. 25; *Dehner*, NJW 1992, 3007 (3008); *Lücke*, VersR 1996, 785 (789); *Wegmann*, Obliegenheiten in der privaten Krankenversicherung, S. 199-211; *Hübner* in FS für E. Lorenz, S. 355 (369 ff.).
[698] *Knappmann*, RuS 1996, 81 (83).
[699] *Knappmann*, RuS 1996, 81 (83).
[700] *Römer*, RuS 1998, 45 (49).
[701] *Römer*, RuS 1998, 45 (49).
[702] Verhandlungen des Reichstags, XII. Legislaturperiode, I. Session, Band 241, Anlagen zu den Stenographischen Berichten, Anlage 1 zu Nr. 364, S. 33.

könne er das Mittel des Rücktritts nicht zu einem späteren Zeitpunkt wieder beanspruchen.
Vor diesem Hintergrund ist nach Römer die Annahme einer vorvertraglichen Risikoprüfungsobliegenheit des Versicherers ferner in einem Verstoß gegen die Grundsätze aus Treu und Glauben begründet.[703]
Den dritten Grund für die Annahme einer vorvertraglichen Risikoprüfungsobliegenheit des Versicherers erschließt Römer aus dem Vertragswillen des Versicherers.[704] Der Versicherer, der z.B. aus Gründen der Kostenkalkulation auf eine vollständige oder auch nur teilweise Prüfung des Risikos verzichte, nehme das gesamte oder jedenfalls das im Umfang der unterlassenen Prüfung bestehende Risiko bewusst in Kauf. Die Übernahme dieses Risikos entspreche daher seinem Vertragwillen, der demgemäß nicht übergangen werde, wenn ihm die Möglichkeit genommen werde, das erhöhte Risiko durch Ausübung des Rücktritts zu beseitigen.
Zum Umfang der Risikoprüfungsobliegenheit schließt sich Römer dem Gedanken von Knappmann an und führt ergänzend aus, dass nicht die falsche Antwort selbst schon eine Rückfrageobliegenheit auslöse, sondern nur die unter den Bedingungen des Massengeschäfts erkennbar falsche, unvollständige oder widersprüchliche Beantwortung der Antragsfragen. Bei der Beurteilung, ob der Versicherer einen solchen Mangel der Beantwortung hätte erkennen können, seien zwar die fachlich umfassenderen Kenntnisse, aber auch die natürlichen Grenzen eines durchschnittlichen, wenn auch geschulten Sachbearbeiters zu berücksichtigen.[705]
Andere Vertreter in der Literatur[706] sehen die Risikoprüfungsobliegenheit des Versicherers als Ausdruck des Vorwurfs eines widersprüchlichen Verhaltens.
Prölss[707], Dehner[708] und Lücke[709] stellen bei ihren Begründungen für die Annahme einer vorvertraglichen Risikoprüfungsobliegenheit auf die in §§ 16 ff. VVG enthaltenen Grundsätze ab. Nach der Intention der §§ 16 ff. VVG sei es die Pflicht des Versicherers, dem Versicherungsnehmer vor Vertragsschluss Klarheit und Sicherheit über den Bestand des Versicherungsvertrages zu verschaffen. Daher sei dem Versicherer, der den Versicherungsnehmer sehenden Auges in eine vertragliche Bindung hineinzieht, ein Berufen auf das Rücktritts-

---

[703] *Römer*, RuS 1998, 45 (49).
[704] *Römer*, RuS 1998, 45 (49).
[705] *Römer*, RuS 1998, 45 (49).
[706] *Voit (jun.)* in BK zum VVG, § 16 Rdn. 91; *Voit (sen.)*, Die Berufsunfähigkeitsversicherung, Rdn. 193.
[707] *Prölss* in Prölss/Martin, VVG, §§ 16, 17 Rdn. 25.
[708] *Dehner*, NJW 1992, 3007 (3007).
[709] *Lücke*, VersR 1996, 785 (789, 790).

recht zu versagen, wenn er davon ausgeht, dass das Bestehen des Vertrages seiner Disposition unterliegt, weil er mit der Möglichkeit rechnet, sich später seiner Leistungspflicht durch Rücktritt entziehen zu können.
Diese Situation vor Augen habend stützt Hübner[710] die Annahme einer vorvertraglichen Risikoprüfungsobliegenheit des Versicherers auf Gründe der Interessengerechtigkeit und des Vorteilsausgleichs.
Wegmann[711] schließt aus dem Versicherungsaufsichtsrecht auf das Vorliegen einer Pflicht des Versicherers zur Risikoprüfung. Gemäß § 8 Abs. 1 Nr. 3 VAG hat die Aufsichtsbehörde darauf zu achten, dass die Belange der Versicherten gewahrt werden. Die Risikoprüfung diene den Belangen der Versicherten, so dass der Versicherer eine solche vornehmen müsse. Den Ausschluss des Rücktrittsrechts bei Unterlassen der Risikoprüfung erklärt Wegmann damit, dass die Risikoprüfung unter Berücksichtigung des Regelungszusammenhanges der vorvertraglichen Anzeigepflicht in den §§ 16 ff. VVG als ungeschriebenes Tatbestandsmerkmal für die Ausübung des Rücktrittsrechts nach § 16 Abs. 2 VVG zu behandeln sei.[712]

c. Eigene Auffassung und Stellungnahme

aa. Annahme einer Risikoprüfungsobliegenheit des Versicherers

Fraglich ist zunächst, ob die Annahme einer Risikoprüfungsobliegenheit des Versicherers überhaupt begründet werden kann.
Zu Recht weisen Dreher[713] und Lorenz[714] darauf hin, dass eine Pflicht des Versicherers zur Risikoprüfung dem Wortlaut der Regelungen der §§ 16 ff. VVG nicht zu entnehmen ist. Allerdings sind der Sinn und Zweck der §§ 16 ff. VVG und diesbezüglich die Motive zu den §§ 16 – 21 VVG zu beachten. Die Motive[715] besagen, dass der Versicherer, wenn er das Versicherungsgeschäft sachgemäß betreiben will, bei dem Abschluss von Versicherungsverträgen es sich angelegen sein lassen müsse, über die Art und die Größe der Gefahr, die er übernehmen soll, möglichst genaue Kenntnis zu erhalten.[716]

---

[710] *Hübner* in FS für E. Lorenz, S. 355 (374).
[711] *Wegmann*, Obliegenheiten in der privaten Krankenversicherung, S. 204-206.
[712] *Wegmann*, Obliegenheiten in der privaten Krankenversicherung, S. 206-211.
[713] *Dreher*, JZ 1992, 926 (927).
[714] *Lorenz*, VersR 1993, 513 (516).
[715] Auch *Römer*, RuS 1998, 45 (49), bezieht die Motive in seine Stellungnahme zur Frage der Annahme einer Risikoprüfungsobliegenheit des Versicherers ein (vgl. Fn. 702).
[716] s. Begründungen zu den Gesetzentwürfen (Verhandlungen des Reichstags), XII. Legislaturperiode, I. Session, Band 241 Anlage 1 zu Nr. 364, S. 91.

Das Verb „angelegen“ kann man in den jüngeren Sprachgebrauch mit „etwas wichtig nehmen“ oder „ sich um etwas kümmern“ übersetzen.[717] Dem Versicherer soll somit die genaue Kenntniserlangung als Sorgfaltspflicht aufgegeben werden. Der verpflichtende Charakter des Verbs „angelegen“ wird durch die Verwendung des Hilfsverbs „müssen“ unterstützt. Wenn der Gesetzgeber nicht nur eine einfache, sondern eine möglichst genaue Kenntnis fordert und diese auf die Art und Größe der zu übernehmenden Gefahr bezieht, verlangt er, dass sich der Versicherer mit den ihm (mit Hilfe der §§ 16 ff. VVG) zugetragenen Informationen auseinandersetzen muss, um der Verpflichtung genügen zu können, eine möglichst genaue Kenntnis zu erlangen.

Somit ergibt sich aus den Motiven zu den §§ 16 – 21 VVG die konkludente Verpflichtung des Versicherers zu einer ordnungsgemäßen Risikoprüfung.

Für die Annahme einer Risikoprüfungsobliegenheit des Versicherers als ungeschriebenes Tatbestandsmerkmal in den §§ 16 ff. VVG sprechen auch (denk-) logische Erwägungen. Die Normierung einer Anzeigepflicht des Versicherungsnehmers würde ins Leere laufen, wenn man nicht auch eine Prüfung der angezeigten Umstände erwarten dürfte.

Eine Verpflichtung des Versicherers zu einer Risikoprüfung ergibt sich ferner insbesondere aus dem Versicherungsaufsichtsrecht.[718] Gemäß § 8 Abs. 1 Nr. 3 VAG ist dem Versicherer, der die Belange der Versicherten nicht ausreichend gewahrt oder die Verpflichtungen aus den Versicherungen nicht genügend als dauernd erfüllbar dargetan hat, die Erlaubnis zu versagen. Der wirtschaftliche Hintergrund des Versicherungsgeschäfts besteht in der Übertragung eines Schadensrisikos auf eine Gemeinschaft, die bei Schadenseintritt für die Kompensation aufkommt.[719] Der Versicherer muss daher die Versicherungsprämien so gestalten, dass die Übernahme der versicherten Risiken unter Sicherstellung der dauerhaften Leistungsfähigkeit des Versicherers gewährleistet ist. Zur Erhaltung der Leistungsfähigkeit des Versicherungsbetriebes muss der Versicherer eine Prüfung des zu versichernden Risikos durchführen und eine Rechnung über den für ihn bzw. die Gemeinschaft der Versicherten aus dem Risiko möglicherweise erwachsenden Kostenaufwand aufstellen.[720]

---

[717] *Brockhaus*, Deutsches Wörterbuch, Erster Band, S. 223.

[718] so auch *Wegmann*, Obliegenheiten in der privaten Krankenversicherung, S. 204-206.

[719] *Deutsch*, Versicherungsvertragsrecht, Rdn. 3.

[720] Insbesondere in der Berufsunfähigkeits- und Lebensversicherung ist die einzige Informationsquelle des Versicherers, um Inhalt und Umfang des zu versichernden Risikos festzustellen, die vorvertragliche Anzeige des zukünftigen Versicherungsnehmers, und gerade bei diesen beiden Versicherungen ist der Schaden bei Eintritt des versicherten Risikos für den Versicherer bzw. die Gemeinschaft der Versicherten sehr hoch.

Es bestehen somit triftige Gründe für die Annahme einer Risikoprüfungsobliegenheit des Versicherers, deren Erfüllung insbesondere in seinem Interesse an einem wirtschaftlich profitablen Versicherungsbetrieb liegt.

bb. Ausschluss des Rücktrittsrechts aus den §§ 16 ff. VVG durch Unterlassen der Risikoprüfungsobliegenheit

Es stellt sich nun die Frage, ob das Unterlassen der Risikoprüfungsobliegenheit zum Ausschluss des Rücktrittsrechts nach den §§ 16 ff. VVG führt.
Die Obliegenheit ist gegenüber der Rechtspflicht nur ein Gebot, das im eigenen Interesse besteht. Die Erfüllung einer Obliegenheit kann daher nicht erzwungen werden und die Nichterfüllung einer Obliegenheit führt nicht automatisch zur Verwirkung einer Rechtsposition.
Somit ist ein Rechtsgrund zu finden, aus welchem sich die Rechtsfolge des Ausschlusses des Rücktrittsrechts bei unterlassener Risikoprüfung des Versicherers ergeben könnte.

1) Herleitung eines Ausschlusses durch Auslegung der Voraussetzungen des Rücktrittsrechts

Ein solcher Rechtsgrund ergibt sich nicht schon durch Auslegung der Voraussetzungen des Rücktrittsrechts bzw. durch Auslegung der §§ 16 ff. VVG. In den §§ 16 ff. VVG wird ausschließlich die Anzeigepflicht des Antragstellers begründet. Eine Risikoprüfungsobliegenheit und ein Ausschluss des Rücktrittsrechts des Versicherers bei Unterlassen der Risikoprüfung ist in den §§ 16 ff. VVG hingegen nicht geregelt. Eine Begründung aus der Auslegung der Voraussetzungen des Rücktrittsrechts wäre damit eine die Grenzen der Auslegung überschreitende Rechtsanwendung.[721]

2) Herleitung eines Ausschlusses aus der Annahme eines konkludenten Verzichts

Als Rechtsgrund kommt auch nicht ein durch das Unterlassen der Risikoprüfung angenommener konkludenter Verzicht des Versicherers auf sein Rücktrittsrecht in Betracht.
An die Annahme eines konkludenten Verzichts sind strenge Anforderungen zu stellen, da ein Verzicht auf Rechte im allgemeinen nicht zu vermuten ist.[722] Die

[721] vgl. *Huesmann*, Vorvertragliche Risikoprüfungsobliegenheit, S. 141.
[722] BGH, NJW 1994, 379 (380); BGH, NJW-RR 1996, 237 (237).

Annahme eines konkludent erklärten Verzichts ist nur dann zu rechtfertigen, wenn hieraus eindeutig der Wille des Erklärenden zum Ausdruck kommt, Rechte aufgeben zu wollen.[723] Es muss daher ein unzweideutiges Verhalten festgestellt werden, das vom Erklärungsgegner als Aufgabe des Rechts verstanden werden kann.[724]
Es ist sehr zweifelhaft, ob der Versicherer durch die nicht sorgfältige Überprüfung der Angaben des Antragstellers im Fragebogen sein Recht auf Rücktritt aufgeben wollte, oder ob er nicht vielleicht aus Flüchtigkeit oder aus einem Irrtum heraus und damit unbewusst die Angaben nicht sorgfältig geprüft hat. Aus dem Unterlassen der Risikoprüfung kann daher nicht der eindeutige Wille des Versicherers abgeleitet werden, auf sein Rücktrittsrecht verzichten zu wollen.

3) Herleitung eines Ausschlusses aus dem Grundsatz von Treu und Glauben

Der Ausschluss des Rücktrittsrechts des Versicherers bei nicht ordnungsgemäßer Risikoprüfung könnte aus dem Grundsatz von Treu und Glauben gemäß § 242 BGB begründet werden.[725]
§ 242 BGB ist eine Generalklausel, die allgemeine Grundsätze aufstellt und den Gerichten unter Mithilfe der Rechtswissenschaft eine Rechtsfortbildung ermöglicht. Unter Beachtung der Grenzen der Rechtsfortbildung wurden aus der Regelung des § 242 BGB im Laufe der Zeit verschiedene Rechtssätze entwickelt, die von der Lehre in Funktionsgruppen eingeteilt worden sind.[726] Aus diesen Funktionsgruppen kommt zur Begründung des Ausschlusses des Rücktrittsrechts des Versicherers die Gruppe der Versagung bzw. Einschränkung von Rechten und Pflichten aus besonderer Interessen- oder Zurechnungslage in Frage.[727]
Die Fallgruppe der Versagung bzw. Einschränkung von Rechten und Pflichten stützt sich auf die Rechtsausübung wider Treu und Glauben, also den Rechtsmissbrauch als Tatbestand und die unzulässige Rechtsausübung als Rechts-

---

[723] vgl. BGH, NJW 1994, 379 (380).

[724] BGH, FamRZ 1981, 763 (763); BGH, WM 1989, 1180 (1182).

[725] vgl. *Römer*, RuS 1998, 45 (49), der einen Verstoß gegen Treu und Glauben allerdings als Grund für die Annahme der Risikoprüfungsobliegenheit und der an ein Unterlassen anknüpfende Rechtfolge des Ausschlusses des Rücktrittrechts anführt.

[726] vgl. *Fikentscher*, Schuldrecht, Rdn. 166.

[727] vgl. zu den Funktionsgruppen nur *Roth* in MüKo zum BGB, § 242 Rdn. 122, 124 u. *Schmidt* in Staudinger, BGB, § 242, Rdn. 208 ff..

folge.[728] Da Rechtsmissbrauch und unzulässige Rechtsausübung jedoch genauso wenig definierbar sind wie Treu und Glauben, sind sie wiederum nur in Fallgruppen fassbar.[729] Aus diesen Fallgruppen kommen als Herleitung des Ausschlusses des Rücktrittsrechts bei unterlassener Risikoprüfung die Fallgruppe des missbräuchlichen Verhaltens und des widersprüchlichen Verhaltens („venire contra factum proprium“) in Betracht.

a) Missbräuchliches Verhalten

Zunächst ist die Fallgruppe des früheren missbräuchlichen Verhaltens auf ihre Geeignetheit zur Begründung eines Ausschlusses des Rücktrittsrechts zu untersuchen. Aus dieser Fallgruppe sind wiederum die Fallgruppe des Ausschlusses eines Rechts durch den Einwand des unredlichen Rechtserwerbs und durch den Einwand des eigenen gesetzes- oder vertragswidrigen Verhaltens („tu quoque“) zu betrachten.

aa) Der Vorwurf des unredlichen Rechtserwerbs

Der Vorwurf des unredlichen Rechtserwerbs greift ein, wenn der Berechtigte das Recht durch ein gesetzes-, sitten- oder vertragswidriges Verhalten erworben hat.[730] Es genügt ein objektiv unredliches Verhalten, Arglist und Verschulden sind nicht erforderlich.[731] Voraussetzung ist weiterhin, dass das unredliche Verhalten für den Gläubiger Vorteile oder dem Schuldner Nachteile gebracht hat, die bei redlichem Verhalten nicht entstanden wären.[732]
Das Unterlassen einer ordnungsgemäßen Risikoprüfung müsste also ein unredliches Verhalten darstellen, und es müsste weiterhin die Entstehung des Rücktrittsrechts bedingt haben.
Das Unterlassen einer ordnungsgemäßen Risikoprüfung stellt kein gesetzeswidriges Verhalten dar, da die Risikoprüfungsobliegenheit des Versicherers nicht gesetzlich normiert ist. Es ist auch nicht sittenwidrig, da es keinen Verstoß gegen grundlegende Wertungen der Rechts- und Sittenordnung darstellt. Es käme insofern höchstens ein vertragswidriges Verhalten in Betracht.
Das vertragswidrige Verhalten müsste das Rücktrittsrecht des Versicherers verursacht haben. Das Rücktrittsrecht des Versicherers ist jedoch nicht durch das

---

[728] vgl. nur *Heinrichs* in Palandt zum BGB, § 242 Rdn. 38.
[729] vgl. *Heinrichs* in Palandt zum BGB, § 242 Rdn. 42 ff.; *Schellhammer*, Schuldrecht, Rdn. 1191.
[730] *Teichmann* in Soergel, BGB, § 242 Rdn. 281.
[731] BGH, LM § 242 Nr. 5.
[732] *Heinrichs* in Palandt zum BGB, § 242 Rdn. 43.

Unterlassen der Risikoprüfungsobliegenheit des Versicherers bedingt. Das Rücktrittsrecht dient als Sanktion der unvollständigen oder unrichtigen Anzeige von gefahrerheblichen Umständen durch den Versicherungsnehmer und wird demzufolge allein durch die unrichtige oder unterlassene Anzeige des Versicherungsnehmers ausgelöst. Zwar könnte man eine Mitwirkung des Versicherers an dem Entstehen des Rücktrittsrechts darin sehen, dass er durch das Unterlassen einer ordnungsgemäßen Risikoprüfung den Mangel in den Angaben des Versicherungsnehmers möglicherweise hätte erkennen und den Versicherungsnehmer vor Vertragsschluss zu einer erneuten Angabe hätte veranlassen können, wodurch die fehlerhafte Angabe als Rücktrittsgrund ausgeräumt worden wäre. Dagegen spricht, dass das Unterlassen des Versicherers kein aktives Verhalten darstellt. Das passive Verhalten des Unterlassens ist einem aktiven Verhalten nur gleichzustellen, wenn eine Rechtspflicht zum Handeln besteht. Die Risikoprüfungsobliegenheit des Versicherers stellt in dem Sinne keine Rechtspflicht dar, sondern ergibt sich – wie zuvor gezeigt – als quasi ungeschriebenes Tatbestandsmerkmal aus dem Regelungsgehalt der §§ 16 ff. VVG und aus dem Versicherungsaufsichtsrecht. Zudem dient die Risikoprüfungsobliegenheit dem Interesse des Versicherers und kann schon aus diesem Grund nicht zu Gunsten des Versicherungsnehmers als Rechtspflicht anerkannt werden, die eine Gleichstellung des Unterlassens mit einem aktiven Verhalten begründet.
Der Ausschluss des Rücktrittsrechts bei Unterlassen einer ordnungsgemäßen Risikoprüfung kann somit nicht aufgrund des Vorwurfs des unredlichen Rechtserwerbs begründet werden.[733]

bb) Der Einwand der Verletzung eigener Pflichten (Tu–quoque–Grundsatz)

Voraussetzung des Einwands der Verletzung eigener Pflichten ist, dass dem Versicherer eine Verletzung eigener Rechtspflichten zur Last fällt.[734] Erfasst werden jedoch nur solche Vertragspflichten, die für die beiderseits zu erbringenden Leistungen von wesentlicher Bedeutung sind.[735]
Die Obliegenheit des Versicherers zur Risikoprüfung ist gesetzlich nicht normiert. Die Obliegenheit des Versicherungsnehmers, gefahrerhebliche Umstände anzuzeigen, ist hingegen gesetzlich festgelegt. Bei der Risikoprüfungsobliegen-

---

[733] So jedoch *Huesmann*, Die vorvertragliche Risikoprüfungsobliegenheit des Versicherers, S. 159-161, der allerdings schon die Risikoprüfungsobliegenheit selbst als Rechtspflicht aus § 242 BGB heraus begründet ansieht.
[734] vgl. *Heinrichs* in Palandt, BGB, § 242 Rdn. 46; *Teichmann* in Soergel, BGB, § 242 Rdn. 286.
[735] vgl. *Teichmann* in Soergel, BGB, § 242 Rdn. 288.

heit handelt es sich demgemäß nicht um eine der vorvertraglichen Anzeigepflicht in ihrer Bedeutung gleichwertig gegenüberstehenden Vertragspflicht, so dass das Unterlassen einer ordnungsgemäßen Risikoprüfung durch den Versicherer nicht zu einem Ausschluss seines Rücktrittsrechts unter dem Gesichtspunkt der Vertragsuntreue führt.

b) Widersprüchliches Verhalten

Der Einwand des widersprüchlichen Verhaltens[736] setzt voraus, dass ein Widerspruch zwischen früherem und gegenwärtigem Verhalten besteht, wodurch für den anderen Vertragsteil ein Vertrauenstatbestand geschaffen worden ist.[737]
In der Literatur[738] sind dem Einwand des widersprüchlichen Verhaltens vier typologische Elemente zugrundegelegt worden. Als notwendige Voraussetzungen des Eingreifens des Einwands des widersprüchlichen Verhaltens werden die Zurechenbarkeit des Handelns des einen Vertragspartners, das „Vertrauen dürfen" des anderen Vertragspartners, das Treffen einer Vertrauensdisposition und die Vornahme einer Billigkeitskontrolle angesehen. Die genannten Voraussetzungen sind als Anhaltspunkte zur Prüfung des Eingreifens des Einwands des widersprüchlichen Verhaltens heranzuziehen.
Durch ein bestimmtes zurechenbares Verhalten des einen Vertragspartners müsste das Vertrauen des anderen Vertragspartners ausgelöst worden sein.[739]
Die einzige Möglichkeit des Versicherers, Informationen über den Inhalt und Umfang des zu versichernden Risikos des Versicherungsnehmers zu erhalten, ist die vorvertragliche Anzeige des Versicherungsnehmers.[740] Es entspricht dabei in den Versicherungszweigen der Berufsunfähigkeits- und Lebensversicherung der Regel, dass der Versicherer die dem Versicherungsnehmer obliegende vorvertragliche Anzeigepflicht durch von ihm erstellte Fragebögen konkretisiert und in Bahnen lenkt. Der Versicherer gibt damit dem Antragsteller zu erkennen, was er für seine Entscheidung der Vertragsannahme als wesentlich ansieht und was er deshalb wahrheitsgemäß und vollständig beantwortet sehen will. Der Antragsteller kann grundsätzlich davon ausgehen, dass der branchenerfahrene

---

[736] Aus dem Einwand des widersprüchlichen Verhaltens leiten *Voit (sen.)*, Die Berufsunfähigkeitsversicherung, Rdn. 193, und *Voit (jun.)* in BK zum VVG, § 16 Rdn. 91, sowohl die Annahme der Risikoprüfungsobliegenheit als auch die an ein Unterlassen anknüpfende Rechtsfolge des Ausschlusses des Rücktrittsrechts her.
[737] BGH, NJW 1986, 2104 (2107).
[738] vgl. *Dette*, Venire contra factum proprium, S. 57–77; *Teichmann*, JA 1985, 497 (501-502).
[739] *Dette*, Venire contra factum proprium, S. 57, 58 u. 71; *Teichmann*, JA 1985, 497 (501).
[740] vgl. die Ausführungen im 1. Kapitel unter A. I..

Versicherer bei der Fragestellung seine Interessen umfassend wahrt und ihm einen daran ausgerichteten, vollständigen Fragenkatalog vorlegt.
Der Antragsteller vertraut daher darauf, dass der Versicherer, wenn er den vom Versicherungsnehmer ausgefüllten Fragenkatalog zurückerhalten hat, bei ungenauen, nicht ausreichend informativen Angaben noch einmal nachgefragt hätte. Nimmt der Versicherer jedoch den Vertrag ohne weitere Fragen oder Beanstandungen an, geht der Versicherungsnehmer davon aus, dass der Versicherer alle für seine Risikoprüfung benötigten Informationen erhalten hat und er seiner vorvertraglichen Anzeigepflicht nachgekommen ist. Mit der unbeanstandeten Annahme des Vertragsantrages und des ausgefüllten Fragebogens setzt der Versicherer für den Versicherungsnehmer einen zurechenbaren Vertrauenstatbestand dahingehend, dass er seine Risikoprüfung abgeschlossen hat und eventuell vorhandene ungenaue Angaben der Annahme des Versicherungsantrages und dem Bestand des Versicherungsvertrages nicht entgegenstehen.
Als weiteres Kriterium muss der andere Vertragsteil vertrauen dürfen.[741] Wer z.B. leichtsinnig oder vertrauensselig ist oder selbst über ausreichende Kenntnisse und Erfahrungen verfügt, um das Verhalten seines Vertragspartners einschätzen zu können, soll nicht geschützt werden.
Im Verhältnis von Versicherer und Versicherungsnehmer ist der Versicherer der an Sachwissen und Erfahrung überlegene Vertragsteil.[742] Der Versicherungsnehmer durfte daher vertrauen.
Der Versicherungsnehmer muss ferner aufgrund des Verhaltens des Versicherers eine Disposition getroffen haben.[743] Das Unterlassen bestimmter Maßnahmen ist in der Praxis die häufigste Vertrauensdisposition.[744]
Der Versicherungsnehmer vertraut nach der unbeanstandeten Vertragsannahme durch den Versicherer zunächst darauf, dass er seiner vorvertraglichen Anzeigepflicht genüge getan hat und der Bestand des Versicherungsvertrages zumindest nicht wegen der Möglichkeit eines Rücktrittsrechts des Versicherers wegen vorvertraglicher Anzeigepflichtverletzung gefährdet ist. Das Vertrauen des Versicherungsnehmers in den Bestand des Versicherungsvertrages umschließt auch seinen Schutz gegen das versicherte Risiko des Todes und/oder der Berufsunfähigkeit. Wüsste der Versicherungsnehmer, dass der Bestand des Versicherungsvertrages aufgrund von ungenauen Angaben und damit der Möglichkeit des

741 vgl. *Dette*, Venire contra factum proprium, S. 61, 62 u. 68–71; *Teichmann*, JA 1985, 497 (501); OLG Köln, MDR 1973, 314 (314).
742 so auch BGH, RuS 1992, 213 (214).
743 vgl. *Canaris*, Vertrauenshaftung, S. 295, 296; *Dette*, Venire contra factum proprium, S. 63–67; *Teichmann*, JA 1985, 497 (501); a.A. *Roth* in MüKo zum BGB, § 242 Rdn. 299.
744 vgl. nur BGH, VersR 1982, 444 (444) (Verstreichenlassen einer Verjährungsfrist); OLG München, MDR 1981, 766 (766) (Verzicht auf Einrede).

Versicherers, wegen vorvertraglicher Anzeigepflichtverletzung zurückzutreten, nicht gesichert und damit auch der Risikofall nicht gedeckt ist, hätte der Versicherungsnehmer gerade bei solchen gravierenden Risiken wie dem Tod oder der Berufsunfähigkeit Vorkehrungen getroffen und sich nach anderweitigem Versicherungsschutz umgesehen.
Somit liegt in dem Unterlassen der erfolgreichen Absicherung seines Risikos eine Vertrauensdisposition des Versicherungsnehmers.[745]
Als letztes Kriterium muss dem Vertrauenden die Anpassung an die für ihn ungünstige Rechtslage nicht zugemutet werden können.[746]
Fraglich ist daher, ob dem Versicherungsnehmer das Risiko der ungewissen Wirksamkeit seines Versicherungsvertrages und damit der erfolgreichen Absicherung auferlegt werden kann. Eine Versicherung dient der Sicherstellung der Lebensplanung des Versicherungsnehmers in finanzieller Hinsicht und damit essentiellen Interessen. Die erfolgreiche Absicherung seines Risikos durch einen wirksamen Versicherungsvertrag ist für den Versicherungsnehmer die wichtigste Intention bei Abschluss eines Versicherungsvertrages.
Der Abschluss von Versicherungen basiert in sehr hohem Maß auf Vertrauen, da es sich bei Versicherungen um ein für den durchschnittlichen Versicherungsnehmer aufgrund der in ihnen umgesetzten Versicherungstechnik schwer verständliches und mangels Erfahrung im Versicherungsrecht in seiner Ausgestaltung schwer fassbares Produkt handelt. Die Funktion des Versicherungsvertrages und die Inanspruchnahme besonderen Vertrauens durch den Versicherer sprechen dafür, dass dem Versicherungsnehmer die Hinnahme von Unsicherheiten über die Wirksamkeit seines Versicherungsvertrages nicht zuzumuten ist.
Auch ein Vergleich von ökonomischen Aspekten auf Seiten des Versicherungsnehmers und auf Seiten des Versicherers stützt die Annahme der Unzumutbarkeit. Auf Seiten des Versicherungsnehmers steht die Einbuße der für die gesamte bis dahin bestehende Versicherungsperiode gezahlten sowie der bis zum Ende der laufenden Versicherungsperiode noch anstehenden Prämien aufgrund der Regelung des § 40 Abs. 1 S. 1 VVG. Auf Seiten des Versicherers verursacht die Durchführung einer ordnungsgemäßen Risikoprüfung zwar im Vergleich zu einer oberflächlichen Risikoprüfung zusätzliche Personalkosten, jedoch dienen diese Kosten auch seinem eigenen Interesse. Eine sorgfältige Risikoprüfung

[745] a.A. *Huesmann*, Die vorvertragliche Risikoprüfungsobliegenheit des Versicherers, S. 159, der als das Vertrauen begründende Dispositionen nur die Prämienzahlung und die Erwartung des Versicherungsschutzes ansieht und ihren Zusammenhang mit dem Vertrauen auf die Risikoprüfung verneint, woraufhin er zur Ablehnung des Vorliegens von widersprüchlichem Verhalten gelangt.
[746] vgl. BGH, WM 1970, 253 (255); BGH, WM 1980, 341 (341); *Heinrichs* in Palandt, BGB, § 242 Rdn. 5.

bildet für jeden Versicherer einen unverzichtbaren Eckpfeiler für sein langfristiges Bestehen am Markt. Nur aufgrund einer sorgfältigen Risikoprüfung sind dem Versicherer angemessene und stabile Prämien, eine schnelle und unkomplizierte Schadensregulierung sowie geringe und kalkulierbare Risiken im Versicherungsbestand garantiert. Die Auferlegung einer Risikoprüfung bedeutet für den Versicherer daher keine Mehrbelastung zu seinem Nachteil.

Die Hinnahme eines im Bestand unsicheren Versicherungsvertrages ist dem Versicherungsnehmer jedoch nicht in jedem Fall einer unterlassenen Risikoprüfung des Versicherers unzumutbar. Bei der Bewertung darf nicht die in den §§ 16 ff. VVG beabsichtigte Risikoverteilung zwischen Versicherer und Versicherungsnehmer außer Acht gelassen werden.[747] Der Versicherungsnehmer ist durch die gesetzliche Auferlegung der vorvertraglichen Anzeige der zuvorderst in die Pflicht Genommene. Dem steht die gesetzlich nicht normierte Risikoprüfungsobliegenheit des Versicherers gegenüber. Um diese ungleiche Wertigkeit der beiden Verpflichtungen aufrecht zu erhalten, darf nicht jedes Unterlassen der Risikoprüfungsobliegenheit zu einem Aufwiegen der vom Versicherungsnehmer nicht ordentlich ausgeführten Anzeigeverpflichtung führen. Der Verschuldensmaßstab beim Unterlassen der Risikoprüfung ist daher auf grobe Fahrlässigkeit und Vorsatz zu beschränken.[748]

In dem Fall, dass der Versicherer grob fahrlässig oder vorsätzlich seine Risikoprüfungsobliegenheit unterlassen hat, kann dem Versicherungsnehmer somit nicht zugemutet werden, bei Absicherung seines Risikos eine Ungewissheit bezüglich der Wirksamkeit hinnehmen zu müssen.

---

[747] vgl. dazu auch *Dreher*, JZ 1992, 926 (926).

[748] zustimmend *Hübner* in FS für E. Lorenz, S. 355 (373, 374); vgl. auch *Knappmann*, RuS 1996, 81 (83) und *Römer*, RuS 1998, 45 (49), die ebenfalls auf eine Einschränkung des Verschuldensmaßstabes bei der Risikoprüfungsobliegenheit des Versicherers hinweisen. Auch die Anhaltspunkte, welche die Rechtsprechung als Maßstab für den Umfang der Risikoprüfungsobliegenheit herausgearbeitet hat, gehen mit der Beschränkung des Verschuldensmaßstabs des Versicherers auf grobe Fahrlässigkeit und Vorsatz konform. Mit der Festlegung des Umfangs der Risikoprüfungsobliegenheit auf grobe Fahrlässigkeit und Vorsatz kann auch dem Vorwurf von *Dreher*, dass gegen die Annahme einer Risikoprüfungsobliegenheit die Rechtsunsicherheit über ihren Umfang spricht, begegnet werden.

cc. Ergebnis

Unterlässt der Versicherer grob fahrlässig seine Risikoprüfungsobliegenheit ist ein zusätzlicher, aus § 242 BGB zu begründender Ausschlussgrund für das Rücktrittsrecht gegeben.

d. Behandlung der Risikoprüfungsobliegenheit bei Einschaltung eines Dritten auf Seiten des Versicherers

Die Rechtsprechung[749] nimmt eine Risikoprüfungsobliegenheit und den Ausschluss des Rücktrittsrechts des Versicherers bei ihrem Unterlassen auch dann an, wenn nicht der Versicherer selbst, sondern ein Dritter bei der Antragsaufnahme Kenntnis von Umständen erhält, die Anlass zu Nachforschungen ergeben hätten und er die Risikoprüfung unterlässt. Voraussetzung ist, dass der Versicherer den Dritten eingeschaltet hat und ihm die Kenntnis des Dritten nach den Grundsätzen der Auge–und–Ohr–Rechtsprechung zuzurechnen ist.
Dem ist unter Heranziehung der oben aufgeführten Gründe[750] mit der Einschränkung zuzustimmen, dass ein Ausschluss des Rücktrittsrechts nicht in Betracht kommt, wenn das Unterlassen auf einfacher Fahrlässigkeit beruht. Auch kann sich der kollusiv mit dem Dritten zusammenwirkende Versicherungsnehmer nicht auf die Nichterfüllung der Risikoprüfungsobliegenheit des Versicherers und einen damit verbundenen Ausschluss des Rücktrittsrechts des Versicherers berufen, da keine Zurechnung des Wissens des Dritten zum Wissen des Versicherers stattfindet.[751]

e. Beweislast

Die Beweislast für das Vorliegen einer Verletzung der Risikoprüfungsobliegenheit durch den Versicherer trägt der Versicherungsnehmer.[752] Dies folgt aus dem Grundsatz, dass immer derjenige die Tatsache zu beweisen hat, auf die er sich zu seinen Gunsten beruft.

---

[749] BGH, VersR 1993, 871 (871, 872); OLG Hamm, VersR 1994, 294 (294, 295); OLG Hamm, NVersZ 2000, 166 (167); OLG Hamm, RuS 2001, 355 (356).

[750] s. unter e. cc..

[751] vgl. auch *Terbille* in van Bühren, Handbuch des Versicherungsrechts, § 14 Rdn. 361; *Schimikowski*, Versicherungsvertragsrecht, Rdn. 191.

[752] vgl. nur *Müller-Frank*, Aktuelle Rechtsprechung zur Berufsunfähigkeits-(Zusatz-)Versicherung, S. 280.

4. Andere Ausschlussgründe

a. Verzicht auf das Rücktrittsrecht

Ein Ausschluss des Rücktrittsrechts des Versicherers kommt bei einseitigem Verzicht des Versicherers auf das Gestaltungsrecht des Rücktritts in Betracht.
Der Verzicht ist ein einseitiges empfangsbedürftiges Rechtsgeschäft, das an keine Form gebunden ist. Der Verzicht kann ausdrücklich oder durch schlüssiges Verhalten erklärt werden.
Als ein konkludenter Verzicht ist in einigen Fällen eine vorbehaltlose Leistung in Kenntnis eines Verstoßes des Versicherungsnehmers gegen Obliegenheiten beurteilt worden.[753]
Ebenso wird eine Deckungszusage für einen eingetretenen Schaden sowie ein Anerkenntnis des Versicherers jedenfalls für solche Obliegenheitsverletzungen, die dem Versicherer schon bei Abgabe bekannt waren, als Verzicht ausgelegt.[754]
In der Einziehung der Prämie, auch nachdem der Versicherer den Rücktritt erklärt hat, kann jedoch kein konkludenter Verzicht gesehen werden, denn es handelt sich dabei lediglich um einen buchungstechnischen Vorgang.[755]

b. Vereinbarung einer Ausschlussklausel oder Verzicht im vorläufigen Versicherungsschutz

Bei der Vereinbarung einer vorläufigen Deckungszusage kann der Rücktritt trotz schuldhafter Verletzung der vorvertraglichen Anzeigepflicht ausgeschlossen sein, wenn die Vertragsparteien in dem Vertrag über die vorläufige Deckungszusage eine Ausschlussvereinbarung getroffen haben. Eine solche Ausschlussvereinbarung beinhaltet die Klausel: *„Die vorvertragliche Anzeigepflicht gilt als erfüllt.“*.[756]
Ein Ausschluss des Rücktrittrechts bei Vereinbarung einer vorläufigen Deckungszusage kann aber auch aufgrund eines einseitigen Verzichts des Versicherers in Betracht kommen. Als ein solcher Verzicht wird das in der Praxis übliche Verhalten angesehen, die Bestätigung zum vorläufigen Versicherungs-

[753] OLG Hamm, RuS 1988, 347 (347).
[754] BGH, VersR 1983, 30 (30); OLG Düsseldorf, VersR 1980, 33 (34).
[755] vgl. auch OLG Hamm, VersR 1973, 834 (836) wenn zwischen Rücktrittserklärung und Abbuchung nur wenige Tage liegen; OLG Köln, VersR 1998, 85 (86); a.A. *Röhr*, Die vorvertragliche Anzeigepflichtverletzung, S. 209.
[756] *Grebe*, Die vorläufige Deckungszusage unter besonderer Berücksichtigung ihrer Handhabung in der Lebensversicherung, S. 57; vgl. auch *Bruck/Möller*, VVG, § 16 Anm. 53.

schutz bereits mit der Antragstellung auszuhändigen, so dass der Vertrag ohne Risikoprüfung des Versicherers zustandekommt.[757]

c. Verlust des Rücktrittsrechts aus dem Grundsatz von Treu und Glauben

Einen Ausschluss des Rücktrittsrechts hat das OLG Frankfurt[758] unter Heranziehung des Grundsatzes von Treu und Glauben[759] in dem Fall angenommen, dass der Versicherer nach dem Rücktritt irrtümlich einem anderen Versicherer, den der Versicherungsnehmer für eine neue Versicherung vorgesehen hat, mitteilt, dass das Versicherungsverhältnis mit dem Versicherungsnehmer noch besteht und zusätzlich dem Versicherungsnehmer einen Nachtrag zum Versicherungsschein übersendet, in dem die Prämie neu angepasst und der Vertragsablauf verlängert wird, und schließlich die Zahlung der neuen Prämie annimmt.

III. Rechtswirksame Ausübung des Rücktrittrechts

1. Die Rücktrittsfrist

Gemäß § 20 Abs. 1 S. 1 VVG kann der Versicherer nur innerhalb eines Monats zurücktreten, nachdem er von der Verletzung der Anzeigepflicht des Versicherungsnehmers Kenntnis erhalten hat. Diese Frist ist auch dann maßgebend, wenn der Versicherungsfall innerhalb der einmonatigen Frist eingetreten ist.[760] Der Tod des Versicherungsnehmers schließt den Rücktritt nicht aus.[761]

a. Beginn der Rücktrittsfrist mit Kenntnis von der Anzeigepflichtverletzung

Nach dem Wortlaut des § 20 Abs. 1 S. 1 VVG löst die Kenntnis(erlangung) des Versicherers von der Verletzung der Anzeigepflicht des Versicherungsnehmers die Rücktrittsfrist aus.[762]

---

[757] vgl. Bischofberger, Die vorläufige Deckungszusage, S. 38; *Kurzendörfer*, Lebensversicherung, 5.4..

[758] OLG Frankfurt a.M., VersR 1999, 569 (569).

[759] insbesondere der Fallgruppe des widersprüchlichen Verhaltens („venire contra factum propium").

[760] *Voit (jun.)* in BK zum VVG, § 20 Rdn. 2.

[761] *Prölss* in Prölss/Martin, VVG, § 20 Rdn. 1; *Voit (jun.)* in BK zum VVG, § 20 Rdn. 2; a.A. *Ehrenzweig*, VersArch. 1955, 13 (16), nach dessen Auffassung im Falle des Todes des Versicherungsnehmers der Rücktritt nicht mehr möglich sei und bei Vorliegen der Voraussetzungen des Rücktritts durch Leistungsfreiheit ersetzt würde.

[762] vgl. BGH, RuS 1999, 85 (85, 86).

Für die Berechnung der Rücktrittsfrist gelten die §§ 187 Abs. 1, 188 Abs. 2 und Abs. 3, 193 BGB und nicht § 7 VVG.[763]
Bei der Fristberechnung gemäß § 187 Abs. 1 BGB wird der Tag der Kenntniserlangung nicht mitgerechnet. Die Frist endet gemäß § 188 Abs. 2 BGB mit dem Tag, welcher durch seine Zahl dem Tage entspricht, an dem der Versicherer Kenntnis von dem die Verletzung der Anzeigepflicht ergebenden Tatsachen erlangt hat. Wenn der maßgebliche Tag fehlt, endigt die Frist mit dem Ablauf des letzten Tages des Monats.

aa. Gegenstand der Kenntnis

Die Kenntnis, die den Lauf der Monatsfrist auslöst, bezieht sich auf den Tatbestand der Verletzung der Anzeigepflicht nach § 16 Abs. 2 oder § 17 Abs. 1 VVG.[764] Gegenstand der Kenntnis ist damit die unvollständige oder unrichtige Anzeige von Umständen, die im Zeitpunkt des Abschlusses des Versicherungsvertrages dem Versicherungsnehmer bekannt und für die abschlussrelevante Risikoeinschätzung durch den Versicherer bedeutsam sind.[765] Die erforderliche Kenntnis muss aber nicht die Tatsache umfassen, dass der verschwiegene oder falsch angegebene Umstand Einfluss auf den Eintritt des Versicherungsfalles oder den Umfang der Leistungspflicht des Versicherers gehabt hat, denn das wird kraft Gesetztes vermutet (§ 21 VVG).[766] Sie muss auch nicht bezüglich des Verschuldens des Versicherungsnehmers an der Anzeigepflichtverletzung beste-

---

763 vgl. BGH, VersR 1990, 258 (259) der zur Widerlegung der Revision, die anstelle der §§ 187 Abs. 1, 188 Abs. 2, 193 BGB § 7 VVG im Rahmen der Fristberechnung beim Rücktritt angewendet hat, ausführt, dass § 7 VVG, der ein Abweichung von den §§ 187 ff. BGB darstellt, nur fehlende Erklärungen der Parteien über Beginn und Ende der materiellen Versicherung ersetzen wolle und daher nicht auf sonstige zugangsbedürftige Willenserklärungen anwendbar sei. Der Normzweck des § 7 VVG gehe dahin, dass die Haftung bei Zeitversicherungen jeder Art bei Fehlen vertraglicher Abreden am Mittag des jeweils für den Haftungsbeginn maßgebenden Tages beginnen und am Mittag des letzten Fristtages enden soll, weil sonst der Zeitpunkt des Vertragsschlusses entscheidend wäre, der oftmals nur schwer genau feststellbar sei. Die Bestimmung wolle daher nur fehlende Erklärungen der Parteien über den Beginn und das Ende der materiellen Versicherung ersetzen. Wollte man sie auch auf sonstige zugangsbedürftige Willenserklärungen ausdehnen, so wäre das vom Sinn der Bestimmung nicht mehr gedeckt. Auch ihr Wortlaut lege eine solche Ausdehnung der Bestimmung nicht nahe, so dass sie nicht auf die Berechnung von Zahlungs- und ähnlichen Fristen anwendbar sei.

764 vgl. BGH, RuS 1999, 85 (85, 86); *Voit (jun.)* in BK zum VVG, § 20 Rdn. 6; *Prölss* in Prölss/Martin, VVG, § 20 Rdn. 2; *Langheid* in Römer/Langheid, VVG, § 20 Rdn. 1.

765 vgl. nur BGH, RuS 1999, 85 (85, 86).

766 *Voit (sen.)*, Berufsunfähigkeitsversicherung, Rdn. 195.

hen,[767] da das Verschulden in § 16 Abs. 3 VVG als rechtsverneinender Ausschlusstatbestand ausgestaltet ist und somit nicht zum Tatbestand der Anzeigepflichtverletzung gehört.[768]

bb. Vorliegen von mehreren Anzeigepflichtverletzungen

Liegen mehrere Anzeigepflichtverletzungen im Sinne des § 16 Abs. 2 oder § 17 Abs. 1 VVG vor, stellen diese selbständige Rücktrittsgründe dar, so dass je nach dem Zeitpunkt, in welchem der Versicherer Kenntnis von den einzelnen Verletzungen erhält, unterschiedliche, selbständige Rücktrittsfristen laufen können.[769] Stellt sich jedoch der neu bekannt gewordene Umstand nur als Ausprägung eines bereits bekannten Umstandes dar und ist dementsprechend bei der Risikoeinschätzung in dem bereits vorher bekannten Umstand voll erfasst, kommt ihm keine selbständige Bedeutung zu. Dem Versicherer ist in diesem Fall keine neue Frist zur Ausübung des Rücktrittsrechts einzuräumen.[770]

cc. Maß der Kenntnis

Gemäß § 20 Abs. 1 VVG beginnt die Rücktrittsfrist erst mit Kenntnis der Anzeigepflichtverletzung.
Allgemein[771] wird ausreichende Kenntnis im Sinne des § 20 Abs. 1 VVG dann angenommen, wenn der Versicherer „zuverlässige Kunde" von den Umständen erhalten hat, aus denen sich die Anzeigepflichtverletzung ergibt. Ein Kennenmüssen reicht für die nach § 20 Abs. 1 VVG erforderliche Kenntnis nicht aus. Der BGH[772] lehnt dementsprechend das Vorliegen bloßer Verdachtsmomente für die Verwirklichung des Tatbestandsmerkmals der Kenntnis ab.

---

[767] *Voit (jun.)* in BK zum VVG, § 20 Rdn. 6; *Prölss* in Prölss/Martin, VVG, § 20 Rdn. 3; *Langheid* in Römer/Langheid, VVG, § 20 Rdn. 2; a.A. *Lücke*, VersR 1996, 785 (786).
[768] *Voit (jun.)* in BK zum VVG, § 20 Rdn. 6.
[769] *Prölss* in Prölss/Martin, VVG, § 20 Rdn. 2; *Langheid* in Römer/Langheid, VVG, § 20 Rdn. 6; OLG Saarbrücken, VersR 1994, 847 (848).
[770] BGH, VersR 1984, 630 (631).
[771] vgl. nur *Prölss* in Prölss/Martin, VVG, § 20 Rdn. 2; *Voit (jun.)* in BK zum VVG, § 20 Rdn. 7; BGHZ 108, 326 (328).
[772] BGHZ 108, 326 (328); BGH, VersR 1991, 170 (172).

1) Erkundigungsobliegenheit des Versicherers

Der BGH[773] hat seine Rechtsprechung in Bezug auf die für den Beginn der Rücktrittsfrist maßgebliche Kenntnis des Versicherers durch Annahme einer Erkundigungsobliegenheit des Versicherers präzisiert.
Eine Erkundigungsobliegenheit hat der BGH[774] zunächst angenommen, wenn dem Versicherer durch bereits vorliegendes Tatsachenmaterial vor Augen geführt wird, dass ein Rücktritt wegen einer Anzeigepflichtverletzung des Versicherungsnehmers ernstlich in Betracht kommen könnte.
In einer späteren Entscheidung hat der BGH[775] die Voraussetzungen der Erkundigungsobliegenheit dahingehend abgeschwächt, dass der Versicherer solche Rückfragen stellen müsse, die ihm zur Vervollständigung und zur Abrundung des bereits gegebenen Kenntnisstandes geboten erscheinen.

2) Zeitliche Begrenzung der Erkundigungsobliegenheit

§ 20 Abs. 1 VVG enthält den Grundsatz, dass zwischen den Parteien alsbald Klarheit bestehen soll, ob ein durch eine Anzeigepflichtverletzung belastetes Versicherungsverhältnis vom Versicherer weiter aufrecht erhalten wird. Unter Hinweis auf diesen Grundsatz hat der BGH[776] entschieden, dass es einem Versicherer nicht freistehe, wann er eine von ihm zur Vervollständigung seiner Kenntnisse als geboten angesehene Rückfrage vornimmt. Der Versicherer dürfe die verhältnismäßig kurze Rücktrittsfrist des § 20 Abs. 1 VVG nicht dadurch unterlaufen, dass er gebotene Rückfragen unterlässt oder zurückstellt, sondern habe sie in angemessener Zeit durchzuführen.[777]
Was im Einzelfall als angemessene Zeit anzusehen ist, lässt sich nach Auffassung des BGH[778] nicht allgemein, vielmehr nur unter Berücksichtigung der Umstände des Einzelfalles bestimmen, wobei dem Versicherer ein Verhalten verwehrt sein soll, das durch Nachlässigkeit oder von Missbrauchsabsicht gekennzeichnet ist.

---

773 BGH, VersR 1989, 1249 (1250); BGH, VersR 1991, 170 (172); BGH, VersR 1999, 217 (219).
774 BGH, VersR 1989, 1249 (1250).
775 BGH, VersR 1991, 170 (172); nachfolgend auch BGH, VersR 1999, 217 (219).
776 BGHZ 108, 326 (328).
777 BGHZ, 108, 326 (328); BGH, VersR 1991, 170 (172); nachfolgend auch OLG Koblenz, NVersZ 1999, 125 (126).
778 vgl. BGH, NVersZ 1999, 70 (71).

Eine zögerliche Prüfung liegt nach Auffassung des BGH[779] nicht vor, wenn der Versicherer nach einer unzureichenden Auskunft des Hausarztes zunächst durch wiederholte Rückfrage beim Hausarzt versucht, sich Klarheit zu verschaffen, und sich nicht sofort um andere Auskunftsquellen, wie z.B. die Krankenkasse, bemüht.

3) Rechtsfolge bei Nichtbeachtung der Erkundigungsobliegenheit

Verletzt der Versicherer seine Erkundigungsobliegenheit, indem er die zur Vervollständigung seiner Kenntnisse für geboten erachteten Rückfragen unterlässt, soll sich der Versicherer nicht darauf berufen können, die Rücktrittsfrist sei noch nicht abgelaufen, da er erst jetzt Kenntnis von der Verletzung der Anzeigepflicht erhalten habe.[780] Die Erlangung einer ausreichenden Kenntnis wird zu dem Zeitpunkt fingiert, zu dem die gebotenen Erkundigungen nach dem normalen Ablauf der Geschehnisse abgeschlossen gewesen wären.[781]

dd. Maßgebende Personen für die Kenntniserlangung

Für die Kenntniserlangung kommt es nicht auf die Wahrnehmung durch die Vertretungsorgane des Versicherers an, sondern maßgebend ist bereits die Kenntniserlangung des zuständigen Mitarbeiters.[782] Mitunter ist auch auf die Kenntnis des Versicherungsagenten, des ausnahmsweise bevollmächtigten Versicherungsmaklers und des vom Versicherer zur Erstellung eines ärztlichen Gutachtens über den Versicherungsnehmer beauftragten Arztes abzustellen,[783] sofern diese für den Versicherer tätig geworden sind.
Eine Kenntnis des Versicherers ist unabhängig davon gegeben, ob die Kenntnis aktenmäßig festgehalten oder mündlich weitergeleitet worden ist.[784]

---

[779] BGH, NVersZ 1999, 70 (71, 72).
[780] BGH, VersR 1989, 1249 (1250).
[781] vgl. *Müller*, RuS 2000, 485 (487); *Voit (jun.)* in BK zum VVG, § 20 Rdn. 8; BGHZ 108, 326 (328, 329); BGH, VersR 1991, 170 (171).
[782] Bei der Frage der Zuständigkeit ist auf den dem Mitarbeiter übertragenen Aufgabenbereich abzustellen, wobei es ausreicht, dass der Mitarbeiter mit der Feststellung der Verletzung der vorvertraglichen Anzeigeobliegenheit betraut ist, auch wenn ihm die Entscheidung über die Ausübung des Rücktritts verwehrt ist (BGH, VersR 1996, 742 (742); vgl. auch OLG Stuttgart, VersR 1990, 76 (76)).
[783] vgl. *Voit (jun.)* in BK zum VVG, § 20 Rdn. 9; zum Versicherungsagenten als maßgebliche Person der Kenntniserlangung vgl. BGH, VersR 1988, 234 (235); zum vom Versicherer zur Erstellung eines ärztlichen Gutachtens über den Versicherungsnehmer beauftragten Arzt vgl. *Langheid* in Römer/Langheid, VVG, § 20 Rdn. 3.
[784] *Voit (jun.)* in BK zum VVG, § 20 Rdn. 9.

b. Die Wahrung der Rücktrittsfrist

Die Rücktrittsfrist ist gewahrt, wenn die Rücktrittserklärung dem Versicherungsnehmer vor Fristablauf zugeht.[785] Für den Zugang gelten die Grundsätze des § 130 Abs. 1 S. 1 BGB. Danach ist die Rücktrittserklärung zugegangen, wenn sie derart in den Machtbereich des Empfängers – hier des Versicherungsnehmers – gelangt ist, dass dieser bei normaler Gestaltung seiner Verhältnisse die Möglichkeit hat, vom Inhalt der Erklärung Kenntnis zu nehmen.[786] Vollendet ist der Zugang, wenn die Kenntnisnahme durch den Versicherungsnehmer möglich und nach der Verkehrsanschauung zu erwarten ist. Das Risiko des Übermittlungsweges geht zu Lasten des Versenders, also des Versicherers.

c. Beweislast

Ist die Nichteinhaltung der Monatsfrist streitig, hat der Versicherungsnehmer zu beweisen, dass der Versicherer zu einem Zeitpunkt Kenntnis von der Anzeigepflichtverletzung hatte, der länger als einen Monat bezogen auf den Zugang der Rücktrittserklärung zurückliegt.[787]
Steht jedoch der Fristbeginn fest, trägt der Versicherer die Beweislast für die Rechtzeitigkeit des Rücktritts. Da der Rücktritt als empfangsbedürftige Erklärung den Zugang voraussetzt, hat er im Streitfall sowohl den Zugang des Rücktrittsschreibens als auch den Zeitpunkt des Zugangs zu beweisen.[788]

2. Die Rücktrittserklärung

a. Adressat der Rücktrittserklärung

Bei der Rücktrittserklärung handelt es sich um eine einseitige, empfangsbedürftige Willenserklärung, deren Adressat gemäß § 20 Abs. 2 S. 1 VVG der Versicherungsnehmer ist. Er bleibt dies auch, wenn der Anspruch auf die Versiche-

---

[785] *Bruck/Möller*, VVG, § 20 Anm. 6; *Prölss* in Prölss/Martin, VVG, § 20 Rdn. 2; *Voit (jun.)* in BK zum VVG, § 20 Rdn. 11.

[786] vgl. nur *Hefermehl* in Soergel, BGB, § 130 Rdn. 8; *Heinrichs* in Palandt, BGB, § 130 Rdn. 5.

[787] BGH, VersR 1980, 762 (762); BGH, VersR 1991, 170 (171); BGH, VersR 1994, 1054 (1054); zuletzt BGH, NVersZ 2002, 254 (254).

[788] vgl. *Benkel/Hirschberg*, ALB- und BUZ-Kommentar, § 6 ALB Rdn. 64; *Terbille* in van Bühren, Handbuch des Versicherungsrechts, § 14 Rdn. 365.

rungsleistung abgetreten wurde[789] oder eine Bezugsberechtigung hinsichtlich des Anspruchs vorliegt[790].
Durch Erteilung einer Empfangsvollmacht kann der Versicherungsnehmer auch einen Dritten zum Adressaten der Rücktrittserklärung machen.
In § 6 Abs. 6 ALB ist für die Lebensversicherung eine solche Empfangsbevollmächtigung gesetzlich geregelt. Danach ist für den Versicherer nach dem Tode des Versicherungsnehmers, sofern nicht ein vom Versicherungsnehmer namentlich bezeichneter Zustellungsbevollmächtigter vorhanden war, der Bezugsberechtigte und, falls ein solcher nicht vorhanden oder sein Aufenthalt nicht feststellbar war, der Inhaber des Versicherungsscheins als bevollmächtigt zum Empfang von Willenserklärungen anzusehen, welche die Gültigkeit des Vertrages zum Gegenstand haben.[791] Die gesetzliche Erteilung dieser erst nach dem Tod wirksam werdenden Empfangsvollmacht verstößt weder gegen die nach § 34 a S. 1 VVG halbzwingende Natur[792] des § 20 Abs. 2 S. 1 VVG noch gegen die Vorschriften des Rechts der Allgemeinen Geschäftsbedingungen.[793]

b. Form der Rücktrittserklärung

In den Vorschriften des VVG ist kein Schriftformerfordernis für die Rücktrittserklärung des Versicherers normiert. Der Rücktritt ist damit formlos und kann grundsätzlich auch mündlich erfolgen.
Für die Lebensversicherung regelt jedoch § 14 Abs. 1 S. 1 ALB, dass Mitteilungen, die das Versicherungsverhältnis betreffen, schriftlich vorzunehmen sind.

c. Inhalt der Rücktrittserklärung

§ 20 Abs. 2 VVG sieht lediglich die Erklärung des Rücktritts vor, enthält aber keine Aussage über den Inhalt der Rücktrittserklärung.
Grundsätzlich muss die Rücktrittserklärung klar und unzweideutig erkennen lassen, dass der Versicherer vom Vertrag zurücktreten will. Der Ausdruck

---

[789] OLG Hamm, VersR 1981, 1148 (1150); OLG Stuttgart, VersR 1982, 797 (797); vgl. auch *Römer*, RuS 1998, 45 (47); *Voit (jun.)* in BK zum VVG, § 20 Rdn. 16.
[790] vgl. *Römer*, RuS 1998, 45 (47); *Voit (jun.)* in BK zum VVG, § 20 Rdn. 16.
[791] vgl. *Benkel/Hirschberg*, ALB- und BUZ-Kommentar, § 6 ALB Rdn. 104.
[792] Ist eine Vorschrift halbzwingend, kann sie grundsätzlich nur zum Vor- aber nicht zum Nachteil des Versicherungsnehmers geändert werden (s. *Dörner* in BK zum VVG, § 34 a Rdn. 2).
[793] vgl. *Winter* in Bruck/Möller/Winter, VVG, Anm. F 104; BGH, VersR 1982, 746 ff..

„Rücktritt" braucht jedoch nicht benutzt zu werden.[794] Nach allgemeiner Auffassung[795] muss aus der Rücktrittserklärung ferner hervorgehen, dass der Versicherer wegen vorvertraglicher Anzeigepflichtverletzung zurücktritt.
Ob in der Rücktrittserklärung auch die konkreten Umstände, auf die der Versicherer seinen Rücktritt gründet, angegeben werden müssen, ist hingegen in der Rechtsprechung und Literatur umstritten.

aa. Meinungsstand

Ein Teil der Instanzgerichte[796] und einige Vertreter[797] in der Literatur verlangen, dass der Versicherer in seiner Rücktrittserklärung auch anzugeben habe, auf welche Nicht- oder Falschanzeige des Versicherungsnehmers er sein Rücktrittsrecht stützt.
Sie gründen ihre Auffassung auf praktische Erwägungen und das jedem Versicherungsvertrag immanente Vertrauensverhältnis.[798] Bei Nichtangabe der den Rücktritt wegen vorvertraglicher Anzeigepflichtverletzung bedingenden Umstände würde man den schutzwürdigen Interessen des Versicherungsnehmers nicht gerecht werden.[799] Zum einen wäre es unbillig, wenn der Versicherungsnehmer erst einen Prozess führen müsste, dessen Risiko er mangels Angaben gar nicht abschätzen könne, um sich von der Begründetheit des Rücktritts zu überzeugen.[800] Zum anderen würde der Versicherungsnehmer in seiner Verteidigungsmöglichkeit unnötig beschränkt, wenn er mangels Angaben des Versiche-

---

[794] vgl. *Voit (jun.)* in BK zum VVG, § 20 Rdn. 17; *Bruck/Möller*, VVG, § 20 Anm. 12; *Kaiser* in Staudinger, BGB, § 349 Rdn. 16.
[795] *Bruck*, Privatversicherungsrecht, S. 197; *Bruck/Möller*, VVG, § 20 Anm. 12; *Prölss* in Prölss/Martin, VVG, § 20 Rdn. 9; *Schmidt*, VersR 1986, 511 (517 ff.).
[796] OLG Köln, RuS 1991, 6 (7); OLG Oldenburg, RuS 1994, 122 (123), jedenfalls in dem Fall, dass der Rücktritt wegen vorvertraglicher Anzeigepflichtverletzung nicht dem Versicherungsnehmer, sondern dessen Nachlasspfleger gegenüber erklärt wird.
[797] *Ehrenzweig*, Versicherungsvertragsrecht, S. 162; *Kisch*, Handbuch des Privatversicherungsrecht Bd. 2, S. 317; *Röhr*, Die vorvertragliche Anzeigepflicht, S. 226-228; *Wegmann*, Obliegenheiten in der privaten Krankenversicherung, S. 131-134; *Knappmann*, RuS 1996, 81 (85); *Schulz*, VersR 1968, 332 (334); einer Begründungspflicht positiv gegenüberstehend auch *Römer*, RuS 1998, 45 (47).
[798] vgl. *Kisch*, Handbuch des Privatversicherungsrecht Bd. 2, S. 317; *Wegmann*, Obliegenheiten in der privaten Krankenversicherung, S. 132, 133; *Röhr*, Die vorvertragliche Anzeigepflichtverletzung, S. 227; *Schulz*, VersR 1968, 332 (333), stellt auf die zwischen Versicherer und Versicherungsnehmer gegenseitig bestehenden Treuepflichten ab.
[799] *Knappmann*, RuS 1996, 81 (85).
[800] *Römer*, RuS 1998, 45 (47).

rers den von ihm zu führenden Beweis des Beginns des Ablaufs der Rücktrittsfrist nicht führen könnte.[801]

Andere Instanzgerichte[802] und andere Vertreter[803] in der Literatur sehen die Angabe als ausreichend an, der Rücktritt erfolge wegen einer Verletzung der vorvertraglichen Anzeigepflicht.
Dafür spreche schon der Wortlaut des § 20 Abs. 2 VVG, der nur eine Rücktrittserklärung gegenüber der Gegenpartei verlange, aber kein Begründungserfordernis vorsehe.[804] § 20 Abs. 2 VVG stimme insofern mit § 349 BGB überein, der für Rechtsverhältnisse aller Art nur die Rücktrittserklärung als solche erfordert. Es seien daher keinerlei Momente ersichtlich, welche die Angabe von Gründen gerade beim versicherungsrechtlichen Rücktritt rechtfertigen. Insbesondere könne auch nicht das Interesse des anderen Teils auf Nachprüfung der Gründe als ein solches Moment angesehen werden, da dieses Interesse auf anderen Rechtsgebieten nicht minder vorläge und dennoch nicht anerkannt sei.[805] Außerdem erscheine es gerade bei einer Vorschrift über die Art der Geltendmachung eines Rechts bedenklich, formale Hürden aufzubauen, die das Gesetz nicht einmal andeute. Dies verbiete sich bei einem so sorgfältig ausgearbeitetem Gesetz wie dem VVG.[806]

Ein Teil[807] dieser Meinungsgruppe lässt für den Rücktritt die Angabe der Verletzung einer vorvertraglichen Anzeigepflicht durch den Versicherungsnehmer genügen, legt aber dem Versicherer die Pflicht auf, den Rücktrittsgrund auf Nachfrage zu nennen.
Knüpfte man die Wirksamkeit des Rücktritts an die zutreffende Angabe des nicht oder falsch angezeigten Umstandes, liefe der Versicherer Gefahr, allein

---

[801] vgl. *Knappmann*, RuS 1996, 81 (85); *Wegmann*, Obliegenheiten in der privaten Krankenversicherung, S. 133.

[802] OLG Hamm, RuS 1987, 113 (114); OLG Köln, RuS 1992, 326 (326); OLG Saarbrücken, VersR 1993, 341 (342); KG Berlin, RuS 1998, 471 (473).

[803] *Bruck*, Privatversicherungsrecht, S. 197; *Bruck/Möller*, VVG, § 20 Anm. 12; *Mühsam*, ZVersWiss 1921, 169 (169, 170); *Voit (jun.)* in BK zum VVG, § 20 Rdn. 18; *Prölss* in Prölss/Martin, VVG, § 20 Rdn. 9; *Langheid* in Römer/Langheid, VVG, §§ 16, 17 Rdn. 34; implizit auch *Müller-Frank*, Aktuelle Rechtsprechung zur Berufsunfähigkeits-(Zusatz-)Versicherung, S. 287.

[804] vgl. *Mühsam*, ZVersWiss 1921, 169 (169); *Müller-Frank*, Aktuelle Rechtsprechung zur Berufsunfähigkeits-(Zusatz-)Versicherung, S. 287.

[805] vgl. *Mühsam*, ZVersWiss 1921, 169 (169).

[806] *Mühsam*, ZVersWiss 1921, 169 (169).

[807] *Voit (jun.)* in BK zum VVG, § 20 Rdn. 18; *Prölss* in Prölss/Martin, VVG, § 20 Rdn. 9; implizit auch *Müller-Frank*, Aktuelle Rechtsprechung zur Berufsunfähigkeits-(Zusatz-)Versicherung, S. 287.

durch eine falsche oder ungenaue Charakterisierung des Rücktrittsgrundes das Rücktrittsrecht zu verlieren oder jedenfalls mit Streitigkeiten konfrontiert zu werden, die allein durch die Bezeichnung des Rücktrittsgrundes ausgelöst werden würden.[808] Dem berechtigten Informationsbedürfnis des Versicherungsnehmers sei dadurch Rechnung getragen, dass der Versicherer verpflichtet sei, auf Nachfrage den Rücktrittsgrund zu nennen, und der Versicherungsnehmer bei Verletzung dieser Pflicht Schadensersatzansprüche (aus Verzug oder positiver Forderungsverletzung) gegen den Versicherer geltend machen könnte.[809]

bb. Eigene Auffassung und Stellungnahme

Bei der Beantwortung der Frage, ob die Rücktrittserklärung begründet werden muss, ist der besondere Charakter des Versicherungsvertragsverhältnisses und die sich daraus ergebende besondere Nähe- und Vertrauensbeziehung zwischen den Vertragsparteien zu berücksichtigen.

Der Versicherungsvertrag ist seinem Charakter nach ein Dauerrechtsverhältnis.[810] Bei einem Dauerrechtsverhältnis ist die langfristige Vertragsbeziehung zwischen den Vertragsparteien kennzeichnend und das Vertrauen der Vertragsparteien zueinander besitzt eine wesentlich größere Bedeutung für einen störungsfreien Ablauf der Vertragsbeziehungen als dies bei Verträgen der Fall ist, die auf einen kurzfristigen Leistungsaustausch ausgerichtet sind.

Bei Versicherungsverträgen besteht der besondere und prägende Vertrauenscharakter langfristiger Vertragsbeziehungen darüber hinaus in besonderem Maße, weil die Vertragsparteien auf die gegenseitige Unterstützung bei der Abwicklung des Vertrages angewiesen sind. Diese Angewiesenheit ist in der wechselnden Überlegenheit der Vertragspartner begründet. Der Versicherungsnehmer ist dem Versicherer überlegen, da er das zu versichernde Risiko besser und genauer kennt. Der Versicherer ist gegenüber dem Versicherungsnehmer im Vorteil, da er die Versicherungstechnik beherrscht, Geschäftskunde hat und über umfangreiche Erfahrungen in der Versicherungspraxis verfügt. Die Vertragsparteien müssen daher vertrauen können, dass der eine Vertragspartner seine jeweils bestehende Überlegenheit nicht zum Nachteil des anderen Vertragspartners ausnutzt.

Erklärt der Versicherer den Rücktritt vom Versicherungsvertrag, hängt die Wirksamkeit des Versicherungsvertrages von der Wirksamkeit des ausgesprochenen Rücktritts ab. Die Wirksamkeit des Rücktritts beruht wiederum auf dem

---

[808] *Prölss* in Prölss/Martin, VVG, § 20 Rdn. 9; *Voit (jun.)* in BK zum VVG, § 20 Rdn. 18.
[809] *Prölss* in Prölss/Martin, VVG, § 20 Rdn. 9.
[810] vgl. nur *Heinrichs* in Palandt, BGB, § 314 Rdn. 2.

Vorliegen der Rücktrittsvoraussetzungen. Es kann dabei nicht davon ausgegangen werden, dass jede Rücktrittserklärung des Versicherers auch rechtswirksam ist.[811] Damit der Versicherungsnehmer dies beurteilen und damit auch die für ihn wichtige Entscheidung treffen kann, ob er gegen den Vorwurf der vorvertraglichen Anzeigepflichtverletzung vorgehen oder sich um anderen Versicherungsschutz bemühen soll, muss er die Umstände kennen, auf die der Versicherer seinen Rücktritt stützt.
Damit der Versicherungsnehmer Klarheit über die Wirksamkeit des Versicherungsvertrages nach Erklärung des Rücktritts durch den Versicherer hat, ist aufgrund der besonderen Vertrauensbeziehung im Rahmen eines Versicherungsverhältnisses vom Versicherer zu verlangen, dem Versicherungsnehmer die Umstände zur Kenntnis zu bringen, auf die er seinen Rücktritt wegen vorvertraglicher Anzeigepflichtverletzung stützt.[812]
Für die Annahme einer Kenntnisverschaffungspflicht des Versicherers sprechen zudem Gründe der Prozessökonomie, da sich der Versicherungsnehmer Kenntnis über die Rücktrittsgründe ansonsten nur im Wege einer Klage verschaffen könnte.

Fraglich ist, wie die Kenntnisverschaffung zu gewährleisten ist.
Eine Möglichkeit wäre die Annahme einer Begründungspflicht für den Rücktritt mit der Folge der formellen Unwirksamkeit des Rücktritts bei Nichtangabe der Gründe.
Gegen die Einführung einer Begründungspflicht spricht jedoch zum einen, dass es keine Anhaltspunkte für die Annahme eines Begründungserfordernisses im Gesetz gibt. Zum anderen würde sie eine Abkehr von zivilrechtlichen Grundsätzen darstellen, da das Zivilrecht keine Begründungspflicht zur wirksamen Ausübung von Gestaltungsrechten enthält.[813]
Auch Wertungsgesichtspunkte sprechen gegen sie. Denn der Annahme eines gesetzlich nicht verankerten Ausschlussgrundes für das Rücktrittsrecht im Interesse des Versicherungsnehmers steht das gesetzlich geregelte Rücktrittsrecht

---

[811] Macht z.B. der Versicherer den Rücktritt wegen vorvertraglicher Anzeigepflichtverletzung aufgrund der Nichtangabe eines Gefahrumstandes im Antragsformular geltend, hat der Versicherungsnehmer diesen Gefahrumstand jedoch dem Versicherungsagenten des Versicherers mitgeteilt, wofür er einen Zeugen anführen kann, greift der vom Versicherer geltend gemachte Rücktritt nicht durch und der Versicherungsvertrag besteht fort.
[812] Entgegen der Auffassung von *Mühsam*, ZVersWiss 1921, 169 (169), wohnt dem Versicherungsvertrag damit ein solches Moment, das die Angabe von Gründen gerade nur beim versicherungsrechtlichen Rücktritt rechtfertigt, inne.
[813] vgl. nur *Becker*, AcP 188, 24 (36-47); insbesondere zum Gestaltungsrecht des Rücktritts statt vieler nur BGHZ 99, 182 (192); *Larenz/Wolf*, AT, § 13 II 7.

gegenüber, das der Gesetzgeber im Interesse des Versicherers und der Gemeinschaft der Versicherten zur Wahrung des versicherungsrechtlichen Grundprinzips festgesetzt hat.
Die Annahme einer Begründungspflicht im Wege der Rechtsfortbildung ist daher abzulehnen.[814]
Als andere Möglichkeit, dem Versicherungsnehmer Kenntnis von den rücktrittsbegründenden Umständen zu verschaffen, kommt die Verpflichtung des Versicherers zur Auskunft über die in Frage stehenden Umstände in Betracht.[815]
Begründet werden könnte eine solche Auskunftspflicht aus § 241 Abs. 2 BGB. Gemäß § 241 Abs. 2 BGB kann das Schuldverhältnis nach seinem Inhalt jeden Teil zur Rücksicht auf die Rechte, Rechtsgüter und Interessen des anderen Teils verpflichten. Es besteht insbesondere eine Aufklärungspflicht.[816] Das ist die Pflicht, den anderen Teil unaufgefordert über entscheidungserhebliche Umstände zu informieren.[817] Für die Zeit nach Vertragsschluss hat die Rechtsprechung[818] den Grundsatz entwickelt, dass der Schuldner, insbesondere der Fachmann, zur Aufklärung verpflichtet ist, wenn Gefahren für das Leistungs- oder Integritätsinteresse des Gläubigers bestehen, von denen dieser keine Kenntnis hat.
Bei einer begründeten Rücktrittserklärung des Versicherers besteht für den Versicherungsnehmer durch den drohenden Verlust des Versicherungsschutzes eine Gefahr für sein Integritätsinteresse. Dem Versicherer, der gegenüber dem im Versicherungsrecht weniger kundigen Versicherungsnehmer der Fachmann ist, obliegt daher die Pflicht, den Versicherungsnehmer über die Gründe aufzuklären, auf die er seinen Rücktritt stützt und die zum Verlust des Versicherungsschutzes des Versicherungsnehmers führen. Somit unterfällt die Mitteilung der Rücktrittsgründe der Aufklärungspflicht des Versicherers.
Die Verletzung der Aufklärungspflicht löst nach § 280 Abs. 1 BGB einen Schadensersatzanspruch aus.[819] Der Versicherungsnehmer kann Ersatz des durch die

---

[814] Damit ist auch den Bedenken von *Mühsam*, ZVersWiss 1921, 169 (169), Rechnung getragen, dass bei Annahme einer Begründungspflicht formale Schwierigkeiten hineingetragen würden, die das Gesetz nicht andeutet. Wenn *Mühsam* das Verbot der Annahme einer Begründungspflicht jedoch allein auf die sorgfältige Ausarbeitung des VVG, in dem keine Begründungspflicht enthalten sei, gründet, kann ihm aufgrund der in den letzten acht Jahrzehnten stattgefundenen rechtspolitischen und tatsächlichen Entwicklung, die sogar eine Reformbedürftigkeit des VVG notwendig macht, nicht beigepflichtet werden.
[815] s. *Prölss* in Prölss/Martin, VVG, § 20 Rdn. 9.
[816] *Heinrichs* in Palandt, BGB, § 241 Rdn. 7.
[817] *Heinrichs* in Palandt, BGB, § 280 Rdn. 30.
[818] s. BGHZ 36, 323 (328, 329); BGHZ 64, 46 (49).
[819] Aufgrund der Möglichkeit zur Sanktion bei ihrer Verletzung ist die Annahme der „Auskunftspflicht“ des Versicherers auch keine bloße Förmelei.

Pflichtverletzung entstandenen Schadens verlangen. Der Versicherer muss dem Versicherungsnehmer somit alle Aufwendungen ersetzen, die dem Versicherungsnehmer durch die Verletzung der Auskunftspflicht des Versicherers entstanden sind.[820]

Die Annahme einer „Auskunftspflicht" des Versicherers hinsichtlich der Gründe, auf die er seine Rücktrittserklärung stützt, stellt auch eine gerechte Abwägung zwischen den Interessen des Versicherungsnehmers und denen des Versicherers dar. Dem Versicherungsnehmer, der wissen möchte, ob der erklärte Rücktritt des Versicherers rechtswirksam ist, ist zuzumuten, den Versicherer um die Angabe der Rücktrittsgründe zu ersuchen. Ebenso ist es dem Versicherer möglich, die Umstände, auf die er seinen Rücktritt gründet, in dem Zeitpunkt, in dem er den Rücktritt erklärt, auch anzugeben.[821] Die Frist für die Erklärung des Rücktritts beginnt erst mit der Kenntnis des Versicherers von der Anzeigepflichtverletzung. Die Kenntnis wird aber als sichere Kunde verstanden, so dass der Versicherer genügend Zeit zur Ausforschung der Gründe hat, auf die er seinen Rücktritt stützen möchte.

Die Angabe der Rücktrittsgründe hingegen bereits in der Rücktrittserklärung zu fordern, wäre für den Versicherer mit hohem Zeitaufwand verbunden, durch den er in Anbetracht der kurzen Verjährungsfrist von einem Monat möglicherweise in die Gefahr des Verlusts seines Rücktrittsrechts wegen verspäteter Rücktrittserklärung kommen könnte. Der Härte, sein Rücktrittsrecht aufgrund einer Formalie durch Fristversäumung zu verlieren, steht kein schutzwürdiges Interesse auf Seiten des Versicherungsnehmers gegenüber. Dem Versicherungsnehmer kann zur Wahrung seiner Interesse, wie z.B. der Beweissicherung, durchaus zugemutet werden, die Rücktrittsgründe erst kurze Zeit nach der Rücktrittserklärung zu erfahren.

Somit reicht in dem Rücktrittsschreiben des Versicherers als Begründung der Rücktrittserklärung die Angabe aus, dass eine Verletzung der vorvertraglichen Anzeigepflicht durch den Versicherungsnehmer vorliegt. Auf Nachfrage des Versicherungsnehmers besteht jedoch eine Pflicht des Versicherers, diesem über

---

[820] Der Schaden des Versicherungsnehmers wären die Kosten, die er zur Anstrengung eines Prozesses aufwendet, um dort die rücktrittsbegründenden Umstände zu erfahren (z.B. Auslagen für in Anspruch genommene anwaltliche Beratung, Gerichtskostenvorschuss).

[821] so auch *Wegmann*, Obliegenheiten in der privaten Krankenversicherung, S. 133, der die Angabe der das Rücktrittsrecht auslösenden Anzeigepflichtverletzung ebenfalls als dem Versicherer auch ohne weiteres möglich ansieht, da er sich bei seinem Rücktritt nur auf einen in seiner Kenntnis stehenden Verstoß berufen kann.

die Umstände, auf welche sich die Rücktrittserklärung stützt, Auskunft zu erteilen.[822]

d. Die Problematik des Nachschiebens von Gründen

Der BGH[823] hat sich im Hinblick auf den Inhalt der Rücktrittserklärung bisher nur mit der Zulässigkeit des Nachschiebens von Gründen auseinandergesetzt. Nach seiner Auffassung darf ein Versicherer Gründe für den von ihm erklärten Rücktritt, die er innerhalb der Monatsfrist vor Erklärung seines Rücktritts vom Versicherungsvertrag erfahren hat, auch dann noch nachträglich geltend machen (nachschieben), wenn er seinen Rücktritt nicht ausdrücklich auf die nachgeschobenen Rücktrittsgründe gestützt hat. Zur Begründung führt der BGH aus, die Rücktrittsbegründung schaffe grundsätzlich keine Selbstbindung des Versicherers dahin, dass er nicht auch weitere ihm innerhalb der für den erklärten Rücktritt maßgeblichen Frist bekannt gewordene, für die Obliegenheitsverletzung zusätzlich relevante Umstände nachschieben dürfe.[824]

Gegen die vom BGH gewährte, unbeschränkte Zulässigkeit des Nachschiebens von Gründen hat sich das OLG Nürnberg[825] gewandt.
Ein Nachschieben von Rücktrittsgründen sei nur dann zulässig, wenn die Rücktrittsgründe bei ihrer erstmaligen Geltendmachung nicht verfristet seien, d.h. nicht mehr als ein Monat zwischen Kenntniserlangung und erstmaliger Geltendmachung vergangen sei. Für diese Sichtweise spreche der Schutzzweck des § 20 Abs. 1 VVG und der Grundsatz von Treu und Glauben gemäß § 242 BGB. Die Beschränkung des Rücktrittsrechts des Versicherers durch die Frist des § 20 Abs. 1 VVG solle der Vertragsklarheit dienen. Insbesondere dem Versicherungsnehmer müsse das bestehende Risiko für den Bestand des Versicherungsvertrages deutlich werden. Er müsse entscheiden können, ob er gegen den nach seiner Meinung unbegründeten Vorwurf der vorvertraglichen Anzeigepflichtverletzung vorgehen oder, wenn er die Verhinderung des Rücktritts für unwahr-

[822] Auch die von der Auffassung, die eine Begründungspflicht annimmt, angeführte Unbilligkeit, dass der Versicherungsnehmer bei Nichtbegründung der Rücktrittserklärung erst einen Prozess führen müsste, dessen Risiko er mangels Angaben gar nicht abschätzen könne, um sich von der Begründetheit des Rücktritts zu überzeugen, ist mit der Annahme einer Auskunftspflicht obsolet.
[823] BGH, VersR 1999, 217 (219); in Anlehnung an den BGH auch OLG Frankfurt a.M., VersR 2002, 559 (559); früher schon OLG Hamm, RuS 1987, (113) 114; OLG Köln, VersR 1973, 1017 (1018).
[824] BGH, VersR 1999, 217 (219).
[825] OLG Nürnberg, RuS 1999, 92 (92, 93).

scheinlich hält, sich um anderen Versicherungsschutz bemühen will.[826] Der Schutzgedanke des § 20 Abs. 1 VVG schließe daher ein Unterlaufen der Frist durch Nachschieben von ursprünglich im Rücktrittsschreiben nicht genannten Gefahrumständen nach Ablauf der Rücktrittsfrist aus. Ansonsten könne durch das Nachschieben von Gründen der Bestand des Versicherungsverhältnisses über Jahre in der Schwebe gehalten werden. Wenn der Versicherungsnehmer auf Deckungsschutz klagen und der Versicherer eine prozessuale Präklusion der Gründe vermeiden würde (§§ 276 Abs. 1 S. 2, 296 ZPO), würde sich das Schicksal des Vertrages erst nach einem langjährigen Rechtsstreit entscheiden, was aber gerade nach Sinn und Zweck der Rücktrittsfrist verhindert werden soll. Das OLG Nürnberg verweist zur Stützung seiner Auffassung auch auf die Anfechtungsfristen der §§ 121, 124 BGB, die nach herrschender Meinung[827] als Ausschlussfristen für die Geltendmachung der Anfechtungsgründe angesehen werden. Die zur Anfechtung berechtigte Vertragspartei könne solche Gründe, die ihr bereits bei der Anfechtungserklärung bekannt waren, nach Ablauf der Fristen aus den §§ 121, 124 BGB nicht mehr nachschieben.[828]

Entgegen der Auffassung des OLG Nürnberg ergibt sich unter Heranziehung des zuvor zur Begründung der Rücktrittserklärung gefundenen Ergebnisses[829] kein Bedürfnis, das Nachschieben von Rücktrittsgründen unter dem Aspekt der Rechtssicherheit und Rechtsklarheit zu verbieten. Der Versicherer hat auf Nachfrage des Versicherungsnehmers die Pflicht, diesem über die Umstände, auf welche sich die Rücktrittserklärung stützt, Auskunft zu erteilen. Somit hat der Versicherungsnehmer die Möglichkeit alle Umstände zu erfahren, auf die der Versicherer sein Rücktrittsrecht stützt. Teilt der Versicherer dem Versicherungsnehmer weitere rücktrittsbegründende Umstände nicht mit, die er innerhalb der Monatsfrist erfahren hat, und entsteht dem Versicherungsnehmer dadurch ein Schaden, steht dem Versicherungsnehmer gegen den Versicherer ein Schadensersatzanspruch nach § 280 Abs. 1 i.V.m. § 241 Abs. 2 BGB zu. Damit erwächst dem Versicherungsnehmer kein wirtschaftlicher Nachteil aus einem Nachschieben von Gründen, die er im Rahmen seines Auskunftsverlangens vom Versicherer nicht erfahren hat.

---

[826] OLG Nürnberg, RuS 1999, 92 (92).

[827] vgl. BGH, NJW 1966, 39 (39); BGH, NJW-RR 1989, 1183 (1184); BGH, NJW-RR 1993, 948 (948); *Mayer-Maly/Busche* in MüKo zum BGB, § 143 Rdn. 10; *Heinrichs* in Palandt, BGB, § 143 Rdn. 3; *Krüger-Nieland/Zöller* in RGRK, § 143 Rdn. 5; *Medicus*, AT, Rdn. 724; *Roth* in Staudinger, BGB, § 143 Rdn. 13.

[828] OLG Nürnberg, RuS 1999, 92 (93).

[829] s. unter c. bb..

e. Zur Auslegung und Umdeutung einer Anfechtungserklärung oder Kündigung in eine Rücktrittserklärung

Fraglich ist, ob die Annahme einer Rücktrittserklärung durch Auslegung oder Umdeutung einer Anfechtungserklärung oder einer Kündigung möglich ist.
Die Frage betrifft die Fälle, in denen z.B. ein Arglistanfechtungsbegehren mangels Nachweises von Arglist auf Seiten des Versicherungsnehmers nicht durchgreift[830] bzw. eine fristlose Kündigung des Versicherungsvertrages unter Berufung auf die §§ 16 ff. VVG wegen eines auf einer vorvertraglichen Anzeigepflichtverletzung beruhenden Rücktrittsrechts unwirksam ist[831].
Die Auslegung und Umdeutung von Willenserklärungen ist im allgemeinen Teil des BGB in den §§ 133, 157 u. 140 BGB geregelt.

aa. Auslegung einer Anfechtungserklärung oder einer Kündigung in eine Rücktrittserklärung

Voraussetzung für die Auslegung von Willenserklärungen ist die Auslegungsbedürftigkeit der auszulegenden Willenserklärung.
Nach überwiegender Auffassung[832] soll eine Auslegungsbedürftigkeit nicht gegeben sein, wenn ein besonders klarer Wortlaut der Willenserklärung keinen Raum für eine Auslegung lässt.
In der Versicherungspraxis bezeichnet der Versicherer sein Lösungsbegehren vom Versicherungsvertrag explizit als Rücktritt, Anfechtung oder Kündigung, so dass seine Erklärungen dem Wortlaut nach einen eindeutigen Inhalt haben.
Für die Auslegung einer Anfechtungserklärung oder einer Kündigung in eine Rücktrittserklärung ist daher kein Raum.

bb. Umdeutung einer Anfechtungserklärung in eine Rücktrittserklärung

Ob im Versicherungsrecht eine Anfechtungserklärung in einen Rücktritt umgedeutet werden kann, ist in Rechtsprechung und Schrifttum umstritten.

---

[830] BGHZ 19, 269 (273); BGHZ 20, 363 (371).
[831] OLG Köln, RuS 1986, 1 (1).
[832] vgl. nur BGH, NJW 1981, 1736 (1737); RGZ 158, 119 (124); *Heinrichs* in Palandt, § 133 Rdn. 6.

1) Meinungsstand

Nach einer Auffassung[833] kann die Erklärung der Anfechtung des Versicherungsvertrages nicht in einen Rücktritt vom Vertrag umgedeutet werden.
Die Möglichkeit einer Umdeutung wird aus Gründen der Rechtssicherheit und Rechtsklarheit abgelehnt. Die Rechtslage bzw. die Beweislast für den Versicherungsnehmer stelle sich je nachdem, ob er sich gegen eine Anfechtung wende oder sich einem Rücktritt ausgesetzt sehe, unterschiedlich dar. Im Falle der Anfechtung treffe den Versicherer die Beweislast für das Vorliegen einer arglistigen Täuschung des Versicherungsnehmers sowohl in objektiver als auch in subjektiver Hinsicht. Der Versicherungsnehmer werde sich daher eher auf einen Rechtsstreit einlassen, als im Falle eines Rücktritts, wo der Versicherungsnehmer die Beweislast hinsichtlich der Umstände, die einen Rücktritt ausschließen würden (z.B. §§ 16 Abs. 3, 21 VVG), trage und er den möglicherweise umfangreiche Gutachten erfordernden Nachweis führen müsse.[834] Die Interessen des Versicherungsnehmers an einer sachgerechten Vorbereitung seiner Rechtsdurchsetzung würden beeinträchtigt, ohne dass schützenswerte Interessen auf Seiten des Versicherers entgegenstünden, da dieser – anders als der rechtsunkundige Versicherungsnehmer – mit der Materie und den zur Verfügung stehenden Rechtsinstituten vertraut sei.[835]
Es bestünde auch kein Bedürfnis für eine Umdeutung, da der Versicherer neben der Anfechtung ebenso den Rücktritt erklären könne und es damit selbst in der Hand habe, gegenüber dem Versicherungsnehmer Rechtsklarheit zu schaffen.[836]

Eine andere Auffassung[837] bejaht hingegen die Möglichkeit der Umdeutung einer Anfechtungserklärung in eine Rücktrittserklärung im Rahmen eines Versicherungsverhältnisses.
Die Erklärung der Arglistanfechtung entspreche den Erfordernissen des Rücktritts, da die Voraussetzungen wie auch die Rechtsfolgen des Rücktritts vollständig in denen der Anfechtung enthalten seien.[838]

---

833 *Bruck/Möller*, VVG, § 20 Anm. 12; *Voit (jun.)* in BK zum VVG, § 20 Rdn. 17; *Roth* in Staudinger, BGB, § 140 Rdn. 71; OLG Düsseldorf, VersR 1961, 1014 (1014); OLG Oldenburg, VersR 1979, 269 (269); OLG Hamm, VersR 1988, 458 (460); OLG Köln, VersR 1990, 769 (771); OLG Köln, VersR 1993, 297 (297).
834 vgl. *Voit (jun.)* in BK zum VVG, § 20 Rdn. 17; OLG Köln, VersR 1993, 297 (297).
835 vgl. *Voit (jun.)* in BK zum VVG, § 20 Rdn. 17; OLG Köln, VersR 1993, 297 (297).
836 OLG Köln, VersR 1993, 297 (297).
837 *Prölss* in Prölss/Martin, VVG, § 20 Rdn. 8; *Heinrichs* in Palandt, BGB, § 140 Rdn. 6; *Palm* in Erman, BGB, § 140 Rdn. 20 a; *Bach*, VersR 1977, 881 (885); *Martin*, VersR 1979, 269 (270); vgl. implizit *Keinert*, Vorvertragliche Anzeigepflicht, S. 23.

Der Umdeutung einer Anfechtungserklärung in eine Rücktrittserklärung stünden dabei weder Gründe der Rechtssicherheit noch die unterschiedlichen Rechtsfolgen von Rücktritt und Anfechtung entgegen, da § 140 BGB nur auf das bei Kenntnis der Nichtigkeit Gewollte abstelle.[839]

2) Eigene Auffassung und Stellungnahme

Die Voraussetzungen einer Umdeutung sind in § 140 BGB geregelt. § 140 BGB erfasst nicht nur Verträge, sondern auch einseitige (empfangsbedürftige, aber auch nicht empfangsbedürftige) Rechtsgeschäfte.[840]

Objektive Voraussetzung einer Umdeutung ist zunächst, dass der mit dem Inhalt des Geschäfts beabsichtigte rechtliche Erfolg nicht eintreten und die rechtsgeschäftliche Regelung so, wie sie getroffen wurde, nicht gelten kann, sondern nichtig ist.[841] Eine Umdeutung setzt weiter objektiv voraus, dass das nichtige Rechtsgeschäft nach Form, Inhalt, Wirkung und Art den Erfordernissen eines „anderen Rechtsgeschäfts" entspricht.[842] Dabei darf das Ersatzgeschäft in seinen Wirkungen niemals über die des ursprünglich gewollten nichtigen Geschäfts hinausgehen.[843]
Als subjektive Voraussetzung ist bei der Umdeutung der hypothetische Parteiwille zum Zeitpunkt der Vornahme des nichtigen Rechtsgeschäfts zu beachten.[844] Es kommt auf die Feststellung an, ob die Parteien das dem nichtigen Rechtsgeschäft entsprechende Ersatzgeschäft geschlossen hätten, wenn sie bei Vertragsschluss die Nichtigkeit des beabsichtigten Rechtsgeschäfts erkannt haben würden.[845] Eine Umdeutung scheidet jedoch aus, wenn die Parteien einen

---

838 vgl. *Bach*, VersR 1977, 881 (885); *Martin*, VersR 1979, 269 (270); *Keinert*, Vorvertragliche Anzeigepflicht, S. 23.

839 *Prölss* in Prölss/Martin, VVG, § 20 Rdn. 8.

840 *Palm* in Erman, BGB, § 140 Rdn. 8.

841 *Palm* in Erman, BGB, § 140 Rdn. 9; *Hefermehl* in Soergel, BGB, § 140 Rdn. 1; vgl. *Roth* in Staudinger, BGB, § 140 Rdn. 8, 14-17; *Mayer-Maly/Busche* in MüKo zum BGB, § 140 Rdn. 10.

842 *Palm* in Erman, BGB, § 140 Rdn. 12; *Hefermehl* in Soergel, BGB, § 140 Rdn. 4; vgl. *Roth* in Staudinger, BGB, § 140 Rdn. 19-23; *Mayer-Maly/Busche* in MüKo zum BGB, § 140 Rdn. 14.

843 *Hefermehl* in Soergel, BGB, § 140 Rdn. 5; *Mayer-Maly/Busche* in MüKo zum BGB, § 140 Rdn. 15.

844 *Palm* in Erman, BGB, § 140 Rdn. 15 u.16; *Hefermehl* in Soergel, BGB, § 140 Rdn. 8; vgl. *Roth* in Staudinger, BGB, § 140 Rdn. 24; *Mayer-Maly/Busche* in MüKo zum BGB, § 140 Rdn. 17-20.

845 BGHZ 19, 269 (273); BGHZ 20, 363 (371).

Vertrag in Kenntnis seiner Nichtigkeit geschlossen bzw. eine Erklärung in Kenntnis ihrer Nichtigkeit abgegeben haben oder wenn eine Umdeutung gegen ihren erklärten Willen ist.[846]

Die Grundvoraussetzung, die Nichtigkeit des Rechtsgeschäfts bzw. der Willenserklärung, liegt vor, wenn die Anfechtung, z.B. mangels beweisbarer arglistiger Täuschung, „nichtig" ist. Betrachtet man die Anfechtung wegen arglistiger Täuschung und den Rücktritt hinsichtlich Form, Wirkung, Inhalt und Art, ergibt sich, dass die Anfechtung die Erfordernisse des Rücktritts erfüllt. In Bezug auf die Form muss der Rücktritt nicht als solcher bezeichnet und es müssen in der Rücktrittserklärung auch nicht die Gründe, auf denen er beruht, genannt werden.[847] Es muss nur kenntlich werden, dass der Vertrag aufgelöst werden soll und der Versicherer für vergangene und zukünftige Versicherungsfälle nicht mehr haften will.[848] Aus einer Anfechtungserklärung wird dem Versicherungsnehmer hinreichend deutlich, dass der Versicherer die Vertragsauflösung anstrebt.[849] Bezüglich des Inhalts von Anfechtungs- und Rücktrittserklärung gilt, dass sie durch dieselben Tatsachen, nämlich die Nichtanzeige von Gefahrumständen, ausgelöst und aufgrund des dadurch bedingten Irrtums des Versicherers über das eingegangene Risiko ausgesprochen werden.[850] Im Hinblick auf ihre Art gehören beide zu den Gestaltungsrechten des Versicherers zur Lösung vom Versicherungsvertrag.
Den vom OLG Düsseldorf[851] herausgestellten Unterschieden bei den Rechtsfolgen von Rücktritt und Anfechtung, nämlich dass sich die Rückabwicklung des angefochtenen Vertrages nach den §§ 812 ff. BGB, die Abwicklung nach einem Rücktritt hingegen nach den §§ 346 ff. BGB richtet und § 21 VVG und § 16 Abs. 3 VVG keine Entsprechungen in den Anfechtungsvorschriften finden, ist mit dem Sinn und Zweck der Umdeutung zu begegnen. Dieser besteht darin, den von den Parteien gewollten wirtschaftlichen Erfolg in einer anderen rechtlichen Gestaltung ganz oder teilweise zu erreichen.
Insofern ist mit Bach[852] die Begründung des OLG Düsseldorf für die Ablehnung einer Umdeutung damit zu verwerfen, dass die zur Rückabwicklung herangezogenen Vorschriften der §§ 812 ff. BGB und der §§ 346 ff. BGB keine wesentlich

---

[846] *Palm* in Erman, BGB, § 140 Rdn. 17; *Hefermehl* in Soergel, BGB, § 140 Rdn. 9; *Mayer-Maly/Busch*e in MüKo zum BGB, § 140 Rdn. 16.
[847] vgl. nur BGHZ 99, 182 (192); *Larenz/Wolf*, AT, § 13 II 7.
[848] vgl. auch *Bach*, VersR 1977, 881 (885); *Martin*, VersR 1979, 269 (270).
[849] vgl. auch *Martin*, VersR 1979, 269 (270).
[850] vgl. auch *Bach*, VersR 1977, 881 (885).
[851] OLG Düsseldorf, VersR 1961, 1014 (1014).
[852] *Bach*, VersR 1977, 881 (885).

anderen rechtlichen Auswirkungen für die Vertragsparteien bewirken und folglich sehr wohl vergleichbar sind. Sowohl nach wirksamer Anfechtung als auch nach wirksamem Rücktritt kann der Versicherungsnehmer seine gezahlten Prämien gemäß § 40 Abs. 1 VVG nicht zurückfordern. Die Haftung des Versicherungsnehmers hinsichtlich der Rückabwicklungsansprüche des Versicherers, der seine Regulierungs- und Erstattungsansprüche zurückfordern kann, verschärft sich zudem nicht nur im Rahmen der §§ 346 ff. BGB durch § 347 i.V.m. den §§ 989, 990 BGB, sondern auch im Rahmen der §§ 812 ff. BGB durch die Vorschriften der §§ 819, 818 Abs. 4, 292, 989, 990 BGB.[853]
Ebenso steht einer Umdeutung nicht entgegen, dass § 21 und § 16 Abs. 3 VVG keine Entsprechung in den Anfechtungsvorschriften finden. § 21 und § 16 Abs. 3 VVG sehen die Möglichkeit der Aufhebung des Rücktritts vor und bieten dementsprechend eine Beschränkung der Rechtsfolgen des Rücktritts gegenüber denen der Anfechtung. Eine Umdeutung darf zwar nicht zu einem Rechtsgeschäft mit weitergehenden Rechtsfolgen führen, aber da eine Beschränkung der Rechtsfolgen dem Versicherungsnehmer einen Vorteil und keinen Nachteil bringt, kann dieses „Minus" bei den Rechtsfolgen des Rücktritts einer Umdeutung nicht entgegenstehen.
Der hypothetische Parteiwille geht von Seiten des Versicherers dahin, dass er die Lösung vom Versicherungsvertrag aufgrund einer vorvertraglichen Anzeigepflichtverletzung durch den Versicherungsnehmer anstrebt. Hätte der Versicherer bei Erklärung der Anfechtung gewusst, dass die Arglistanfechtung z.B. mangels Nachweisbarkeit der Arglist des Versicherungsnehmers nicht durchgreifen würde, hätte er den Rücktritt erklärt. Denn sein wirtschaftliches Interesse besteht darin, das Vertragsverhältnis, das durch die nicht ordnungsgemäße vorvertragliche Anzeige des Versicherungsnehmers gestört ist, zu beenden.
Somit liegen die Voraussetzungen einer Umdeutung nach § 140 BGB vor.

Fraglich ist, ob die grundsätzliche Möglichkeit einer Umdeutung in der vorliegenden Situation aus Gründen mangelnder Rechtsicherheit und Rechtsklarheit für den Versicherungsnehmer auszuschließen ist.[854]
Bei einseitigen Rechtsgeschäften, wie der Anfechtungserklärung, dem Rücktritt und der Kündigung, liegt die Besonderheit vor, dass der rechtsgeschäftlich Handelnde durch einseitigen rechtsgestaltenden Akt nicht nur eine Veränderung der eigenen Rechtslage herbeiführt, sondern zugleich auch in die Rechtsverhältnisses eines anderen eingreift. Insofern besteht für den Erklärungsgegner, in

---

[853] *Bach*, VersR 1977, 881 (885).
[854] vgl. die Auffassung, die eine Umdeutung einer Anfechtungserklärung in eine Rücktrittserklärung ablehnt.

dessen Rechte durch die einseitige Erklärung eingegriffen wird, ein erhöhtes Bedürfnis nach Rechtssicherheit in dem Sinne, dass er Klarheit darüber haben muss, was der Erklärende will. Ihn interessiert, ob der Erklärende das Gestaltungsrecht ausüben will und ob dies in wirksamer Form geschieht oder nicht, um sich gegebenenfalls auf die veränderte Rechtslage einstellen zu können. Übertragen auf die Situation der Umdeutung einer nichtigen Anfechtung in einen Rücktritt muss für den Erklärungsempfänger bei Erhalt der Anfechtungserklärung aus dieser zweifelsfrei der Wille des Erklärenden erkennbar sein, das Vertragsverhältnis in jedem Fall, und zwar wenn schon nicht mit rückwirkender Kraft, dann wenigstens ab sofort zu beenden.[855]
Erklärt der Versicherer die Anfechtung des Versicherungsvertrages wegen arglistiger Täuschung und beruht sein Anfechtungsbegehren auf einer Verletzung der vorvertraglichen Anzeigepflicht durch den Versicherungsnehmer, ist es in der Versicherungswirtschaft gängige Praxis, dass der Versicherer die Anfechtung in seiner schriftlichen Erklärung auf den Vorwurf der vorvertraglichen Anzeigepflichtverletzung stützt. Insofern ist für den Versicherungsnehmer aus der Anfechtungserklärung erkennbar, dass der Versicherer sich wegen einer Verletzung der vorvertraglichen Anzeigepflicht durch den Versicherungsnehmer vom Versicherungsvertrag lösen will.
Durch die besondere Regelung der vorvertraglichen Anzeigepflichtverletzung zum einen im Versicherungsvertragsgesetz und zum anderen in den Allgemeinen Versicherungsbedingungen eines jeden Versicherungsvertrages, in der jeweils insbesondere auf das Rücktrittsrecht des Versicherers hingewiesen wird, weiß der Versicherungsnehmer, dass dem Versicherer bei Verletzung der vorvertraglichen Anzeigepflicht neben der Arglistanfechtung auch ein Rücktrittsrecht zusteht. Wenn der Versicherer die Arglistanfechtung erklärt und als Grund für sein Anfechtungsbegehren die Verletzung der vorvertraglichen Anzeigepflicht durch den Versicherungsnehmer angibt, ist für den Versicherungsnehmer erkennbar, dass das Interesse des Versicherers dahin geht, eine Vertragsauflösung aufgrund vorvertraglicher Anzeigepflichtverletzung zu bewirken. Dem Versicherungsnehmer ist außerdem bekannt, dass dem Versicherer die Möglichkeit des Rücktritts nach den §§ 16 ff. VVG offensteht. Der Versicherungsnehmer muss dementsprechend damit rechnen, dass der Versicherer bei Kenntnis der Nichtigkeit seines Anfechtungsbegehrens auf jeden Fall den Rücktritt gewollt hätte. Der Versicherungsnehmer bedarf daher keines weiteren Schutzes und sein Bedürfnis nach Rechtssicherheit ist durch eine Umdeutung nicht beeinträchtigt.

[855] vgl. BGH, NJW 1975, 1700 (1701); s. auch *Kahl*, Grenzen der Umdeutung rechtsgeschäftlicher Erklärungen (§ 140 BGB), S. 346.

Nicht unter das eine Umdeutung ausschließende Gebot der Rechtssicherheit und Rechtsklarheit kann der Aspekt einbezogen werden, dass auf den Versicherungsnehmer im Falle des Rücktritts andere Beweissituationen zukommen als im Falle der Anfechtung. Die Veränderung der Beweissituation für den Versicherungsnehmer bei Umdeutung einer unwirksamen Anfechtung in einen Rücktritt gehört zu den Rechtsunsicherheiten, die im Rahmen einer Umdeutung auftreten können. Sie sind zugunsten der Verwirklichung des Parteiwillens entsprechend der gesetzlichen Anordnung in § 140 BGB hinzunehmen,[856] da diese Schwierigkeiten in der Natur der Sache liegen.[857]

Als Ergebnis ist festzuhalten, dass die Umdeutung einer Anfechtung des Versicherungsvertrages wegen arglistiger Täuschung in einen Rücktritt vom Versicherungsvertrag möglich ist.

cc. Umdeutung einer Kündigung in einen Rücktritt

Eine Kündigung kann hingegen nicht in einen Rücktritt umgedeutet werden, da die Rechtsfolgen des Rücktritts, der eine rückwirkende Vertragsauflösung bewirkt, weiter reichen als die Rechtsfolgen der Kündigung, die den Vertrag nur für die Zukunft auflöst.[858] Voraussetzung einer Umdeutung ist, dass das Ersatzgeschäft in seinen Wirkungen niemals über die Wirkungen des ursprünglich gewollten, nichtigen Geschäfts hinausgehen darf.[859]

---

[856] Sinn und Zweck des § 140 BGB besteht darin, den von den Parteien erstrebten wirtschaftlichen Erfolg auch dann zu verwirklichen, wenn das rechtliche Mittel, das sie dafür gewählt haben, unzulässig ist, jedoch ein anderer, rechtlich gangbarer Weg zur Verfügung steht, der zum annähernd gleichen wirtschaftlichen Ergebnis führt (vgl. nur *Mayer-Maly/Busche* in MüKo zum BGB, § 140 Rdn. 1). Im Vordergrund steht damit bei der Ausübung eines einseitigen Rechtsgeschäfts der Wille des Erklärenden und dessen mögliche Verwirklichung. Auf die Interessen des Versicherungsnehmer kommt es im Rahmen des § 140 BGB nicht an.

[857] Unterstützend auch *Herschel*, JZ 1967, 727 (735), wenn er sagt, „... die durch Umdeutung gewonnene Aufrechterhaltung eines Rechtsgeschäfts liegt häufig im Interesse der Rechtssicherheit."

[858] vgl. *Bach*, VersR 1977, 881 (884); *Voit (jun.)* in BK zum VVG, § 20 Rdn. 17; OLG Köln, RuS 1986, 1 (1).

[859] s. *Hefermehl* in Soergel, BGB, § 140 Rdn. 5; *Mayer-Maly/Busche* in MüKo zum BGB, § 140 Rdn. 15.

f. Reformvorschlag hinsichtlich der Ausgestaltung der Rücktrittserklärung

Nach dem Vorschlag der Kommission soll der Rücktritt zum Schutz des Versicherungsnehmers schriftlich erklärt werden.[860] Weiterhin möchte die Kommission festlegen, dass der Versicherer bei Ausübung seiner Rechte die Umstände anzugeben hat, auf die er seine Erklärung stützt.[861] Damit will die Kommission – entgegen der in dieser Arbeit vertretenen Auffassung – die formelle Wirksamkeit der Rücktrittserklärung von der konkreten Angabe der Umstände, auf denen die Verletzung der vorvertraglichen Anzeigepflicht beruht, abhängig machen.
Unter Zugrundelegung der Rechtsprechung des BGH soll dem Versicherer jedoch erlaubt werden, Gründe für den Rücktritt nachzuschieben.[862] Als zeitlichen Rahmen für ein Nachschieben will die Kommission entgegen der Rechtsprechung des BGH und mit dem OLG Nürnberg eine einmonatige Frist zur Erklärung des Rücktritts in die neue gesetzliche Regelung aufnehmen.[863]

3. Einschränkung des Rücktrittsrechts durch Ausschlussfristen

In den meisten Versicherungsbedingungen der Berufsunfähigkeits- und Lebensversicherungsverträge befinden sich Ausschlussfristen, die eine Einschränkung des Rücktrittsrechts bewirken. Sie regeln, dass das Rücktrittsrecht des Versicherers nach Ablauf der in der Ausschlussfrist vereinbarten Zeit endgültig erlischt.[864]
Die Ausschlussfrist beginnt mit dem Abschluss des Versicherungsvertrages zu laufen, d.h. für den Fristbeginn ist auf den formellen, nicht auf den technischen Versicherungsbeginn abzustellen.[865] Zu beachten ist dabei, dass Vertragsänderungen während der Laufzeit als erneute Vertragsschlüsse angesehen werden können.[866]

---

[860] Abschlussbericht der Kommission zur Reform des Versicherungsvertragsrechts, S. 206 (vorgeschlagene Neufassung § 23 E).
[861] Abschlussbericht der Kommission zur Reform des Versicherungsvertragsrechts, S. 206 (vorgeschlagene Neufassung § 23 E).
[862] Abschlussbericht der Kommission zur Reform des Versicherungsvertragsrechts, S. 206 (vorgeschlagene Neufassung § 23 E).
[863] Abschlussbericht der Kommission zur Reform des Versicherungsvertragsrechts, S. 206 (vorgeschlagene Neufassung § 23 E).
[864] Die gesetzliche Ausschlussfrist des § 163 S. 1 VVG als auch die vertraglichen Ausschlussfristen sind von Amts wegen zu beachtende Ausschlussfristen (*Winter* in Bruck/Möller/Winter, VVG, Anm. F 132; *Schwintowski* in BK zum VVG, § 163 Rdn. 4, 5; BGH, VersR 1994, 1054 (1054)).
[865] vgl. *Kollhosser* in Prölss/Martin, VVG, § 163 Rdn. 3; *Benkel*, VersR 1991, 953 (956).
[866] s. dazu die Ausführungen im 2. Kapitel unter B. IV. 4..

a. Die gesetzliche Ausschlussfrist des § 163 VVG

In der Lebensversicherung ist ein Rücktritt des Versicherers wegen vorvertraglicher Anzeigepflichtverletzung des Versicherungsnehmers gemäß § 163 S. 1 VVG grundsätzlich ausgeschlossen, wenn seit Vertragsschluss mehr als zehn Jahre verstrichen sind.
Gemäß § 163 S. 2 VVG greift die Ausschlussfrist nicht, wenn der Versicherungsnehmer seine Anzeigepflicht arglistig verletzt hat.

b. Vertragliche Ausschlussfristen in den Allgemeinen Versicherungsbedingungen

Gemäß § 178 Abs. 1 VVG kann die Ausschlussfrist des § 163 S. 1 VVG zugunsten des Versicherungsnehmers gekürzt werden.[867]
In den Versicherungsbedingungen für die Lebensversicherung ist die Ausschlussfrist in § 6 Abs. 3 ALB auf drei Jahre nach Abschluss des Vertrages beschränkt.[868] Die Drei–Jahres–Frist läuft auch, wenn der Versicherungsfall in den ersten drei Jahren eintritt.[869] Der Festsetzung einer Drei–Jahres–Frist, wie sie in § 6 Abs. 3 ALB geregelt ist, haben sich nicht alle Versicherer angeschlossen, so dass die Vertragswerke der einzelnen Versicherer unterschiedliche Ausschlussfristen enthalten.[870]
Die jeweilige Ausschlussfrist im Rahmen der Lebensversicherung gilt gleichermaßen im Rahmen der Berufsunfähigkeitszusatzversicherung.[871]
Für die Berufsunfähigkeitsversicherung bleibt § 9 BUV bei der Zehn–Jahres–Frist.

---

[867] vgl. BGH, VersR 1994, 1054 (1054).

[868] Das Aufsichtsamt, VerBAV 1992, 336, hatte für den Fall des Todes als Folge einer HIV-Infektion die Erweiterung der Rücktrittsfrist auf die gesetzliche Höchstgrenze von zehn Jahren genehmigt. Zeitweilig fand sich daraufhin diesbezüglich eine Regelung in den Bedingungswerken, die in neueren Bedingungswerken jedoch nicht mehr auftaucht (s. *Kurzendörfer*, Lebensversicherung, 6.2.5.).

[869] vgl. *Kollhosser* in Prölss/Martin, VG, ALB 94 § 7 Rdn. 2; *Terbille* in van Bühren, Handbuch des Versicherungsrechts, § 14 Rdn. 371.

[870] z.B. eine Fünf-Jahres-Frist mit der Ausnahmeregelung für die Geltendmachung von Versicherungsfällen, die vor Ablauf der Frist eingetreten sind, enthalten die Bedingungen der BUZ-Versicherung der DBV-Winterthur Versicherungen von 4/1999, die Bedingungen der BUZ-Versicherung der Gerling Lebensversicherungs-AG sowie die Bedingungen der BUZ-Versicherung der Allianz-Lebensversicherungs-AG; eine Zehn-Jahres-Frist ohne Ausnahmeregelung enthalten die Bedingungen der BUZ-Versicherung der Westfälischen Provinzial Versicherungen.

[871] s. dazu die Erklärung in Fn. 519.

aa. Vorliegen des Versicherungsfalles in der Berufsunfähigkeits- und in der Lebensversicherung

Der Versicherungsfall tritt in der Berufsunfähigkeitsversicherung mit der Berufsunfähigkeit und in der Lebensversicherung mit dem Tod ein.
Der Versicherungsfall der Berufsunfähigkeit ist nicht identisch mit dem Eintritt der Krankheit, die zur Berufsunfähigkeit führte. Für den Eintritt des Versicherungsfalles ist vielmehr der Zustand maßgebend, der bei rückschauender Betrachtung nach dem Stand der medizinischen Wissenschaft keine Besserung bzw. Wiederherstellung der Arbeitsfähigkeit erwarten ließ.[872]

bb. Verknüpfungswirkung von Berufsunfähigkeitszusatz- und Lebensversicherung

Fraglich ist, wie weit beim Abschluss einer Lebensversicherung unter Einschluss einer Berufsunfähigkeitsversicherung die Verknüpfungswirkung von Berufsunfähigkeitszusatz- und Lebensversicherung reicht.

1) Die Auffassung des OLG Koblenz

Nach Auffassung des OLG Koblenz[873] soll der Versicherer berechtigt sein, auch nach Ablauf von drei Jahren nach Vertragsschluss von der Lebensversicherung zurückzutreten, wenn binnen der in den Versicherungsbedingungen für die Lebensversicherung festgelegten Drei–Jahres–Frist der Versicherungsfall in der Berufsunfähigkeitszusatzversicherung eintritt.
Der aus dem Gesamtzusammenhang der einschlägigen Vertragsbedingungen hervorgehende Zusammenhang zwischen den einzelnen abgeschlossenen Versicherungen rechtfertige eine übergreifende Auslegung der einzelnen Bedingungsteile. Nicht nur bei Verwirklichung des Todesfallrisikos binnen der ersten drei Vertragsjahre, sondern auch bei Verwirklichung des Berufsunfähigkeitsrisikos sollte die Rücktrittsmöglichkeit nach der in den Versicherungsbedingungen für die Lebensversicherung festgesetzten Drei–Jahres–Frist eröffnet bleiben.[874]

---

[872] BGH, NJW 1984, 2814 (2815); BGH, VersR 1990, 729 (730); OLG Saarbrücken, VersR 1996, 488 (488).
[873] OLG Koblenz, VersR 1996, 1222 (1222).
[874] OLG Koblenz, VersR 1996, 1222 (1222).

2) Die Auffassung des OLG Köln

Das OLG Köln[875] ist der Auffassung, dass der Versicherer nicht berechtigt sein soll, nach Ablauf von drei Jahren nach Vertragsschluss von der Lebensversicherung zurückzutreten, wenn binnen der in den Versicherungsbedingungen für die Lebensversicherung festgelegten Drei–Jahres–Frist der Versicherungsfall in der Berufsunfähigkeitszusatzversicherung eintritt.
Eine andere Sichtweise ergebe sich weder aus der betreffenden Klausel, welche die Ausschlussfrist regelt, noch folge sie aus den übrigen Versicherungsbedingungen. Für die Lebensversicherung würden eigenständige, aus sich heraus verständliche Bedingungen gelten, die keine Verweise beinhalten, dass ergänzend die Bedingungen für die Berufsunfähigkeitszusatzversicherung gelten sollen.[876]

3) Eigene Auffassung und Stellungnahme

Nach ständiger Rechtsprechung des BGH[877] gilt für die Auslegung von Allgemeinen Geschäftsbedingungen und damit auch für Allgemeine Versicherungsbedingungen der Grundsatz der objektiven Auslegung. Damit ist gemeint, dass ihr Sinngehalt nach objektiven Maßstäben zu ermitteln ist, die losgelöst von der zufälligen Gestaltung des Einzelfalles und den individuellen Vorstellungen der Vertragsparteien unter Beachtung ihres wirtschaftlichen Zwecks und der gewählten Ausdrucksweise zu betrachten sind.[878] Legt man bei der Würdigung der Versicherungsbedingungen einen objektiven Maßstab an, der insbesondere losgelöst von der zufälligen Gestaltung eines gemeinsamen Abschlusses von Lebensversicherung und Berufsunfähigkeitszusatzversicherung ist, dann ist als Versicherungsfall in den Bedingungen für die Lebensversicherung und damit auch in der Klausel, welche die Ausschlussfrist regelt, allein der in der Lebensversicherung versicherte Todesfall und nicht etwa die Berufsunfähigkeit gemeint, die keinerlei Bezug zum durch die Lebensversicherung abgedeckten Risiko des Todesfalles hat.[879]

---

875 OLG Köln, VersR 1998, 495 (495, 496); ebenso *Schwintowski* in BK zum VVG, § 163 Rdn. 5.
876 vgl. OLG Köln, VersR 1998, 1495 (1495).
877 BGHZ 22, 109 (113); BGHZ 51, 55 (58); BGHZ 77, 116 (118); BGHZ 79, 117 (119); BGH, NJW 1987, 319 (320).
878 vgl. BGHZ 22, 109 (113).
879 so auch OLG Köln, VersR 1998, 1495 (1495).

Die Möglichkeit eines solchen Verständnisses erkennt auch das OLG Koblenz an, hält es aber nicht für zwingend.[880]
Für die Annahme, dass der Versicherungsfall der Berufsunfähigkeit nicht auch Versicherungsfall im Rahmen der Drei–Jahres–Frist der Lebensversicherung ist, sprechen die Bedingungen für die Berufsunfähigkeitszusatzversicherung. Der Argumentation des OLG Köln, wonach der aufmerksame Versicherungsnehmer bei eingehendem Studium der für die Berufsunfähigkeitszusatzversicherung geltenden Bedingungen eher zu dem Ergebnis kommen wird, dass der Eintritt der Berufsunfähigkeit für den Bestand der Lebensversicherung gerade unerheblich sein soll, ist daher zuzustimmen. Gemäß § 9 Nr. 1 BUZ kann die Zusatzversicherung gerade nicht ohne die Hauptversicherung fortgesetzt werden, wohl ist dies aber umgekehrt der Fall.[881] Außerdem wird ein durchschnittlicher Versicherungsnehmer aus dem Vorhandensein einer Klausel zur Regelung der Ausschlussfrist sowohl in den Bedingungen der Lebensversicherung als auch in denen der Berufsunfähigkeitszusatzversicherung den Schluss ziehen, dass diese doppelte Regelung auf einem verschiedenen Inhalt der Klausel in dem jeweiligen Zusammenhang beruht. Der in der Klausel beschriebene Versicherungsfall ist im Rahmen der Lebensversicherung als Tod und im Rahmen der Berufsunfähigkeitszusatzversicherung als Berufsunfähigkeit zu verstehen.
Als weiteres Argument gegen ein einheitliches Verständnis der Berufsunfähigkeit als Versicherungsfall in beiden Versicherungen ist die Tatsache anzuführen, dass die Lebensversicherung und die Berufsunfähigkeitszusatzversicherung nur aus technischen Erwägungen zusammen abgeschlossen werden, ohne dass dies zu einer inhaltlichen Verbindung der beiden Versicherungen führen soll. Der Versicherungsfall der Berufsunfähigkeit löst insbesondere keine Leistung in der Lebensversicherung aus.[882]
Beim Abschluss einer Lebensversicherung unter Einschluss einer Berufsunfähigkeitsversicherung gilt im Rahmen von Ausschlussfristen die Berufsunfähigkeit somit nicht als Versicherungsfall in der Lebensversicherung. Eine Verknüpfungswirkung von Berufsunfähigkeitszusatz- und Lebensversicherung ist demzufolge zu verneinen, so dass der Eintritt des Versicherungsfalles der Berufsunfähigkeit innerhalb der Frist, die das Rücktrittsrecht im Rahmen der Lebensversicherung ausschließt, die Verfristung des Rücktrittsrechts nicht berührt.

---

[880] vgl. OLG Koblenz, VersR 1996, 1222 (1222).
[881] vgl. OLG Köln, VersR 1998, 1495 (1495, 1496).
[882] vgl. *Schwintowski* in BK zum VVG, § 163 Rdn. 5.

c. Beweislast

Die Beweislast für die Verfristung des Rücktritts trägt der Versicherungsnehmer.[883]

d. Reformvorschlag hinsichtlich der Einschränkung des Rücktrittrechts des Versicherers durch Ausschlussfristen

aa. Einführung einer Ausschlussfrist

Die Kommission möchte im neu zu fassenden Versicherungsvertragsrecht für den Rücktritt wegen vorvertraglicher Anzeigepflichtverletzung des Versicherungsnehmers eine Frist zur Ausübung des Rücktritts von drei Jahren gesetzlich festsetzen.[884]

bb. Reduzierung der Ausschlussfrist des § 163 VVG

Der Kommission erscheint die bisher in § 163 VVG vorgesehene gesetzliche Ausschlussfrist von zehn Jahren zu lang. Sie schlägt daher vor, die Frist für die Ausübung des Rücktrittsrechts im Rahmen einer Lebensversicherung auf fünf Jahre zu reduzieren.[885] Die vorgeschlagene erstmalige gesetzliche Regelung der Berufsunfähigkeitsversicherung enthält eine Verweisungsklausel, nach der die Regelung der Ausschlussfrist in der Lebensversicherung auf die Berufsunfähigkeitsversicherung entsprechend anzuwenden ist.[886]
Die bewusste Abweichung von der generellen Frist von drei Jahren in den vorgeschlagenen neuen Regelungen zur vorvertraglichen Anzeigepflicht beruht auf den Besonderheiten der Berufunfähigkeits- und Lebensversicherung.
Die Vereinbarung von kürzeren Fristen in den Allgemeinen Versicherungsbedingungen bleibt nach wie vor unbenommen.

---

883 so schon RGZ 128, 117 (120); vgl. auch BGH, VersR 1994, 1054 (1054).
884 Abschlussbericht der Kommission zur Reform des Versicherungsvertragsrechts, S. 206 (vorgeschlagene Neufassung § 23 Abs. 3 S. 1 E).
885 Abschlussbericht der Kommission zur Reform des Versicherungsvertragsrechts, S. 254 (vorgeschlagene Neufassung § 150 E).
886 Abschlussbericht der Kommission zur Reform des Versicherungsvertragsrechts, S. 261 (vorgeschlagene Neufassung § 168 E).

IV. Rechtsfolgen des Rücktritts

1. Umwandlung des Vertragsverhältnisses in ein Rückgewährschuldverhältnis

Durch den Rücktritt wandelt sich das Vertragsverhältnis mit dem Zugang der Rücktrittserklärung in ein Rückgewährschuldverhältnis (§ 346 S. 1 BGB).[887] Nach § 20 Abs. 2 S. 2 VVG ist der Versicherer grundsätzlich zur Rückgewähr der empfangenen Leistungen nach § 346 Abs. 1 BGB verpflichtet, soweit das Versicherungsvertragsgesetz nicht in Ansehung der Prämie eine andere Regelung getroffen hat. Nach § 40 Abs. 1 VVG soll dem Versicherer die Prämie bis zum Schluss der Versicherungsperiode gebühren, in der er von der Verletzung der Anzeigepflicht Kenntnis erlangt hat. Da der Versicherer in der Zeit vor dem Rücktritt die Gefahr getragen hat und insoweit eine Rückgewähr nicht möglich ist, hat der Versicherungsnehmer keinen Anspruch auf Rückgewähr der Beiträge im ganzen, sondern nur – soweit die Bedingungen dies vorsehen – auf den unverbrauchten Teil der Beiträge in Gestalt einer Rückvergütung.[888]

Der Rücktritt hebt ferner die im Vertrag begründeten primären Leistungspflichten auf, soweit sie noch nicht erfüllt oder sonst erloschen sind (sog. Befreiungswirkung).[889]

2. Durchbrechung des Grundsatzes der Leistungsfreiheit des Versicherers durch § 21 VVG

§ 21 VVG durchbricht den Grundsatz der Leistungsfreiheit des Versicherers. Nach § 21 VVG bleibt die Leistungspflicht des Versicherers trotz seines Rücktritts bestehen, wenn der Umstand, in Ansehung dessen die Anzeigepflicht verletzt worden ist, keinen Einfluss auf den Eintritt des Versicherungsfalles und auf den Umfang der Leistung des Versicherers gehabt hat (sog. Kausalitätsgegenbeweis).

Die Ausnahmeregelung des § 21 VVG ist auf vor dem Rücktritt eingetretene Versicherungsfälle beschränkt, denn durch den Rücktritt wird das Versicherungsverhältnis beendet.[890] Für Versicherungsfälle nach Wirksamwerden der

---

[887] vgl. nur *Heinrichs* in Palandt, BGB, § 346 Rdn. 4.

[888] wie z.B. bei der Kapitallebensversicherung auf den Rückkaufswert (§ 176 Abs. 1 VVG) (vgl. *Prölss* in Prölss/Martin, VVG, § 20 Rdn. 10).

[889] vgl. *Larenz*, Schuldrecht Bd. I AT, § 26 a).

[890] BGH, VersR 2001, 1014 (1015).

Rücktrittserklärung ist der Versicherer also in jedem Fall leistungsfrei, unabhängig davon, ob diese auf dem nicht angezeigten Umstand beruhen oder nicht.[891]

a. Vorliegen eines Einflusses auf den Eintritt des Versicherungsfalles und auf den Umfang der Leistung des Versicherers

Voraussetzung für den Eintritt der Leistungsfreiheit ist ein Ursachenzusammenhang zwischen dem nicht oder falsch angezeigten Umstand und dem Eintritt des Versicherungsfalles und dem Unfang der Leistung des Versicherers.[892]
Nach überwiegender Auffassung[893] muss der nicht oder falsch angezeigte Umstand für den Eintritt des Versicherungsfalles und den Umfang der Leistung des Versicherers nicht adäquat kausal gewesen sein, da es im Rahmen des § 21 VVG nicht um eine Verantwortung des Versicherungsnehmers für die Folgen des nicht oder falsch angezeigten Umstandes geht. Ein Einfluss auf den Eintritt des Versicherungsfalles wird von der Rechtsprechung[894] bereits dann angenommen, wenn der Umstand mitursächlich für den Eintritt des Versicherungsfalles oder den Umfang der Leistung des Versicherers war. Nicht relevant für das Vorliegen eines Ursachenzusammenhanges soll sein, ob der Versicherer den

---

891 vgl. *Voit (jun.)* in BK zum VVG, § 21 Rdn. 2.

892 Eine Beeinflussung der Höhe der Versicherungsleistungen ist generell nicht bei Summenversicherungen, wie dies die Berufsunfähigkeits- und die Lebensversicherungen im allgemeinen sind, gegeben (vgl. nur *Bruck/Möller*, VVG, § 21 Anm. 10). Wenn allerdings die Berufsunfähigkeits- und Lebensversicherungen in Ausnahmefällen auch einmal als Schadensversicherungen – bei Verpflichtung des Versicherers, dem Versicherungsnehmer den aus der Berufsunfähigkeit resultierenden Einkommensverlust zu ersetzen – mit variablen Leistungsumfang ausgestaltet sind, ist dementsprechend ein Einfluss auf den Umfang der Leistung des Versicherers möglich (*Bruck/Möller*, VVG, § 21 Anm. 10).

893 vgl. nur *Prölss* in Prölss/Martin, VVG, § 21 Rdn. 3; *Voit (jun.)* in BK zum VVG, § 21 Rdn. 9; *Langheid* in Römer/Langheid, VVG, § 21 Rdn. 6; *Röhr*, Die vorvertragliche Anzeigepflichtverletzung, S. 241; a.A. *Bruck/Möller*, VVG, § 21 Anm. 8, die das Vorliegen einer adäquate Kausalität fordern; ebenso *Wegmann*, Obliegenheiten in der privaten Krankenversicherung, S. 136, 137; vgl. auch OLG Hamm, VersR 1992, 1206 (1207); LG Köln, NJW-RR 1995, 1496 (1497), denen mit *Voit (jun.)* in BK zum VVG, § 21 Rdn. 9, entgegenzuhalten ist, dass die §§ 16 ff. VVG nicht den Charakter einer Sanktion für die schuldhafte Verletzung einer Obliegenheit haben, sondern dazu dienen, die kalkulatorischen Grundlagen des Versicherungsvertrages sicherzustellen, so dass es hinsichtlich des nicht oder falsch angezeigten Umstandes unabhängig von dessen Auswirkung auf die Risikoerhöhung nur auf dessen Einfluss auf den Eintritt des Versicherungsfalles ankommt.

894 BGH, VersR 1990, 297 (298); OLG Köln, RuS 1987, 56 (56); OLG Karlsruhe, RuS 1990, 138 (139).

Versicherungsvertrag bei korrekter Erfüllung der vorvertraglichen Anzeigepflicht nicht oder nur zu anderen Bedingungen geschlossen hätte.[895]
Die ganz überwiegende Meinung[896] lehnt den Einfluss von sog. vertragsgefährlichen Umständen[897] auf den Eintritt des Versicherungsfalles oder den Umfang der Leistung des Versicherers ab.
Indizierenden Umständen[898] wird hingegen ein Einfluss auf den Eintritt des Versicherungsfalles im Sinne des § 21 VVG zugestanden, wenn der indizierende Umstand selbst gefahrerheblich ist und auf den Umstand hinweist, der den Versicherungsfall herbeigeführt hat, und wenn die Angabe des indizierenden Umstandes zur Feststellung des für den Versicherungsfall ursächlichen und seinerseits gefahrerheblichen Umstandes geführt hätte.[899]

---

[895] *Bruck/Möller*, VVG, § 21 Anm. 7; *Knappmann*, RuS 1996, 81 (84); *Voit (jun.)* in BK zum VVG, § 21 Rdn. 4; *Prölss* in Prölss/Martin, VVG, § 21 Rdn. 1; *Röhr*, Die vorvertragliche Anzeigepflichtverletzung, S. 240, 241; vgl. auch BGH, VersR 1996, 830 (831); a.A. *Henrichs*, VersR 1989, 230 (231).

[896] OLG Frankfurt a.M., VersR 1992, 41 (43) (bei Vorliegen von mehreren Versicherungen und abgelehnten Anträgen); OLG Köln, VersR 1992, 231 (232) (bei Vorliegen von früheren Versicherungen); BGH, VersR 1996, 830 (831); OLG Hamm, VersR 1986, 864 (864) (bei Vorliegen von falschen Angaben über das Nettoeinkommen); *Prölss* in Prölss/Martin, VVG, § 21 Rdn. 4; *Voit (sen.)*, Berufsunfähigkeitsversicherung, Rdn. 202; *Voit (jun.)* in BK zum VVG, § 21 Rdn. 15; *Röhr*, Die vorvertragliche Anzeigepflichtverletzung, S. 242; vgl. auch *Bruck/Möller*, VVG, § 21 Anm. 9, die ebenfalls ausschließen, dass z.B. Ablehnungen, Kündigungen früherer Verträge, das Bestehen oder die Beantragung einer anderen Versicherung den Eintritt des Versicherungsfalles verursachen, diese Umstände jedoch als indizierende Umstände bezeichnen; a.A. *Langheid* in Römer/Langheid, VVG, § 21 Rdn. 10, ders., NJW 1991, 268 (271).

[897] s. im 2. Kapitel unter A. II. 1. b..

[898] s. im 2. Kapitel unter A. I. 1..

[899] OLG Frankfurt a.M., VersR 1975, 632 (634); OLG Schleswig, VersR 1985, 634 (634); OLG Hamburg, VersR 1988, 396 (397); OLG Köln, VersR 1989, 505 (506); OLG Hamm, VersR 1992, 1206 (1207); OLG Düsseldorf, VersR 1998, 349 (350); OLG Koblenz, NVersZ 1999, 125 (126); *Benkel/Hirschberg*, ALB- und BUZ-Kommentar, § 6 ALB Rdn. 56; *Prölss*, VersR 1954, 153 (154, 155); *Prölss* in Prölss/Martin, VVG, § 21 Rdn. 5; *Langheid* in Römer/Langheid, VVG, § 21 Rdn. 11; *Knappmann*, RuS 1996, 81 (84, 85); *Voit (sen.)*, Berufsunfähigkeitsversicherung, Rdn. 213; *Voit (jun.)* in BK zum VVG, § 21 Rdn. 12; a.A.: *Bruck/Möller*, VVG, § 21 Anm. 9; *Winter* in Bruck/Möller/Winter, VVG, Anm. F 128; *Röhr*, Die vorvertragliche Anzeigepflichtverletzung, S. 242, 243.

b. Beweislast

Die Darlegungs- und Beweislast dafür, dass der nicht angezeigte Umstand für den Eintritt des Versicherungsfalles oder den Umfang der Leistung des Versicherers nicht ursächlich war, trifft den Versicherungsnehmer.[900]
Bei Vorliegen von indizierenden Umständen wird dem Versicherer die Darlegungs- und Beweislast auferlegt, da er durch die Ausdehnung der Leistungsfreiheit bei Anzeigepflichtverletzungen bezüglich indizierender Umstände begünstigt ist.[901]

c. Reformvorschlag hinsichtlich der Regelung des § 21 VVG

Die Kommission nimmt in ihrem Vorschlag zur Neuregelung der vorvertraglichen Anzeigepflicht und der Lösungsrechte des Versicherers im Falle ihrer Verletzung die bisherige Einschränkung des Rücktrittsrechts durch § 21 VVG, die bisher auf der Rechtsfolgenebene durch Verpflichtung des Versicherers zur Leistung trotz Rücktritts erfolgt, nun auf der Tatbestandsebene vor. Der Rücktritt mit der Rechtsfolge der Leistungsfreiheit des Versicherers soll nach dem Vorschlag der Kommission auf die Fälle beschränkt sein, in denen der Versicherer bei Kenntnis der wirklichen Gefahrumstände keinen Vertrag geschlossen hätte.[902]

3. Risikoausschlussklauseln

Risikoausschlussklauseln sehen einen Ausschluss der Leistungspflicht des Versicherers vor, wenn der Versicherungsfall auf einem gefahrrelevanten Umstand beruht, soweit dieser schon im Zeitpunkt des Vertragsschlusses vorhanden war.[903] Risikoausschlussklauseln werden von den Versicherern zumeist dann verwendet, wenn sie von ihrer Risikoprüfungsmöglichkeit vor Vertragsschluss

[900] BGH, VersR 1990, 297 (298); OLG Hamm, NJW-RR 1991, 1484 (1485); LG Aachen, VersR 1991, 52 (54); *Winter* in Bruck/Möller/Winter, VVG, Anm. F 131; *Voit (sen.)*, Berufsunfähigkeitsversicherung, Rdn. 203; *Voit (jun.)* in BK zum VVG, § 21 Rdn. 6; a.A. OLG Karlsruhe, RuS 1990, 138 (139) und *Prölss* in Prölss/Martin, VVG, § 21 Rdn. 8, nach deren Auffassung der Versicherungsnehmer beweisen müsse, dass der Versicherungsfall definitiv aus einem anderen als dem nicht oder falsch angezeigten Umstand eingetreten ist.

[901] *Knappmann*, RuS 1996, 81 (85); *Voit (sen.)*, Berufsunfähigkeitsversicherung, Rdn. 214; *Voit (jun.)* in BK zum VVG, § 21 Rdn. 12; OLG Düsseldorf, VersR 1998, 349 (350).

[902] Abschlussbericht der Kommission zur Reform des Versicherungsvertragsrechts, S. 39; vgl. dazu bereits die Ausführungen unter A. II. 1. c. aa..

[903] vgl. *Voit (jun.)* in BK zum VVG, § 16 Rdn. 109, 110.

durch Verzicht auf Antragsfragen und damit auf die vorvertragliche Anzeigepflicht des Versicherungsnehmers keinen Gebrauch machen.[904]

a. Die rechtliche Beurteilung von Risikoausschlussklauseln in den Allgemeinen Versicherungsbedingungen

aa. Bei Anknüpfung der Klausel an dem Versicherungsnehmer unbekannte Umstände

Die Frage der Wirksamkeit von Risikoausschlussklauseln, die an Umstände anknüpfen, die dem Versicherungsnehmer unbekannt sind, wird in der Rechtsprechung und Literatur seit Jahrzehnten erörtert. Einen Einschnitt hat die Diskussion durch zwei relativ junge Entscheidungen des BGH erfahren, so dass die rechtliche Beurteilung nur anhand dieser Entscheidungen und der im Anschluss ergangenen Rechtsprechung der Instanzgerichte sowie der in der Literatur stattgefundenen Diskussion erfolgt.

1) Die Rechtsprechung des BGH

In der ersten Entscheidung[905] hat der BGH eine Klausel in den Allgemeinen Versicherungsbedingungen einer Reisekrankenversicherung, nach der keine Leistungspflicht für solche Krankheiten und Unfallfolgen bestehen soll, die bereits vor Beginn des Versicherungsschutzes akut behandlungsbedürftig waren, wegen Verstoßes gegen § 307 Abs. 2 Nr. 1 und Nr. 2 BGB für unwirksam erklärt.

Er führte zur Begründung seiner Entscheidung aus, dass ein solcher Risikoausschluss dem Versicherungsnehmer den Versicherungsschutz gerade in den Situationen versage, in denen der Versicherte unausweichlich auf ihn angewiesen sei. Dem Versicherer würde demgegenüber nichts vorenthalten, was von Bedeutung für dessen Entschluss hätte sein können, die Gefahrtragung nicht zu übernehmen. Darin liege sowohl eine mit wesentlichen Grundgedanken der gesetzlichen Regelung des Versicherungsvertrages nicht zu vereinbarende Abweichung gemäß § 307 Abs. 2 Nr. 1 BGB sowie eine die Erreichung des Vertragszwecks gefährdende Einschränkung der Hauptleistungspflicht des Versicherers und des damit korrespondierenden Anspruchs auf Versicherungsschutz nach § 307 Abs. 2 Nr. 2 BGB.[906]

---

904 Dies ist insbesondere in der Restschuldversicherung und im vorläufigen Versicherungsschutz häufig der Fall.

905 BGH, VersR 1994, 549 (551).

906 BGH, VersR 1994, 549 (551).

Der Gesetzgeber habe die §§ 16 ff. VVG zur Gewährleistung der Ausgewogenheit zwischen den Parteien und für die wichtige Abschätzung der jeweiligen Gefahrenlage vor Vertragsschluss geschaffen. Daher sei es gerechtfertigt, dem Versicherungsnehmer eine Anzeigepflicht nur für ihm tatsächlich bekannte Gefahrumstände aufzugeben und dem risikoprüfungsbereiten Versicherer nur unter bestimmten Voraussetzungen die Möglichkeit des Risikoausschlusses einzuräumen. Wenn der Versicherer auf eine Risikoprüfung verzichte, sich aber in seinen Versicherungsbedingungen Leistungsfreiheit durch Risikoausschlüsse ausbedinge, die über den von den §§ 16 ff. VVG gezogenen Rahmen hinaus gehen, höhle er die ihm gesetzlich vorgeschriebene Hauptleistungspflicht unzulässig aus.[907]
Wird ein Risikoausschluss für bereits vor Vertragsschluss vorhandene Krankheiten vereinbart, würde der Versicherungsschutz von einer im Nachhinein festgestellten Situation abhängig gemacht und nicht davon, dass der Versicherer – nach eigenverantwortlicher Abschätzung der Gefahrenlage – die Absicherung gegen die wirtschaftlichen Folgen eines von beiden Parteien nur für möglich gehaltenen zukünftigen Ereignisses übernommen habe. Die sich aus dem Versicherungsvertrag ergebende wesentliche Leistung des Versicherers, die Übernahme des beiden Vertragspartnern unbekannten Risikos, würde damit durch die Klausel zu Lasten des Versicherungsnehmers auf die wenigen Fälle beschränkt, in denen sich – nachträglich – feststellen ließe, dass auch für einen Dritten die Ursache für den Eintritt des Versicherungsfalles vor Antragsunterzeichnung objektiv nicht erkennbar war.

In der zweiten Entscheidung[908] sah der BGH eine in den Allgemeinen Versicherungsbedingungen einer Restschuldversicherung verwendete Klausel wegen Verstoßes gegen § 34 a S. 1 VVG als unwirksam an. Nach der Klausel sollte sich der Versicherungsschutz nicht auf Gesundheitsstörungen erstrecken, welche die versicherte Person in den letzten 12 Monaten vor Beginn des Versicherungsschutzes hatte, wenn der Versicherungsfall innerhalb von 24 Monaten seit Beginn des Versicherungsschutzes eintritt und mit diesen Gesundheitsstörungen in ursächlichem Zusammenhang steht.
Den Verstoß gegen § 34 a S. 1 VVG gründet der BGH schwerpunktmäßig darauf, dass die Klausel Abweichungen von dem zugunsten des Versicherungsnehmers zwingenden Inhalt der §§ 16 ff. VVG enthalte, nach denen nur solche Gefahrumstände einen Ausschluss vom Versicherungsschutz zur Folge haben

[907] BGH, VersR 1994, 549 (551).
[908] BGH, VersR 1996, 486 (487, 488).

können, die dem Versicherungsnehmer bei Vertragsschluss schon bekannt und bewusst sind.[909]
Nach den §§ 16 ff. VVG werde dem Versicherer ein Recht zur Leistungsverweigerung wegen vor Vertragsschluss vorhandenen Gefahrumständen nur dann zugebilligt, wenn er bei Schließung des Vertrages versucht habe, einen seinen praktizierten Risikoprüfungsgrundsätzen entsprechenden und damit für den korrekt handelnden Versicherungsnehmer voraussehbar bestandskräftigen Versicherungsschutz zu begründen. Der Versicherer, der das ihm angetragene Risiko unbesehen übernehme, verfehle damit den Zweck der Risikoprüfung. Der halbzwingende Charakter der §§ 16 ff. VVG verwehre dem Versicherer gemäß § 34 a S. 1 VVG, das Risiko erst nach Eintritt des Versicherungsfalles zu untersuchen, um erst dann zu entscheiden, ob er zurücktritt und sich auf Leistungsfreiheit beruft.

2) Meinungsstand bei den Instanzgerichten und in der Literatur

Das KG[910] und einige Vertreter[911] in der Literatur stimmen mit dem BGH überein und halten eine Risikoausschlussklausel, die an Umstände anknüpft, die dem Versicherungsnehmer unbekannt sind, ebenfalls für unwirksam. Die Unwirksamkeit einer solchen Risikoausschlussklausel begründen die verschiedenen Vertreter unterschiedlich und teilweise abweichend von der Auffassung des BGH.
Das KG[912] und Präve[913] stützen die Unwirksamkeit einer solchen Risikoausschlussklausel auf einen Verstoß gegen § 307 Abs. 2 Nr. 1 und Nr. 2 BGB und lehnen sich an die vom BGH in seiner ersten Entscheidung ausgesprochenen Grundsätze an.
Mit der vom BGH in seiner zweiten Entscheidung gewählten Begründung übereinstimmend nimmt Voit (jun.)[914] einen Verstoß einer solchen Risikoausschlussklausel gegen § 34 a S. 1 VVG an. Bei Anknüpfung eines Leistungsausschlusses an dem Versicherungsnehmer unbekannte Umstände würden die Vor-

[909] BGH, VersR 1996, 486 (487, 488) unter Heranziehung des von ihm in VersR 1994, 549 (551), herausgestellten, durch die halbzwingenden Vorschriften der §§ 16 ff. VVG gezogenen Rahmen.
[910] KG, VersR 1996, 1397 (1398, 1399).
[911] *Prölss* in Prölss/Martin, VVG, §§ 16, 17 Rdn. 45, ders., VersR 1994, 1216 (1217, 1218); *Wriede*, VersR 1996, 1473 (1473); *Voit (jun.)* in BK zum VVG, § 16 Rdn. 116; *Präve*, Versicherungsbedingungen und AGB-Gesetz, Rdn. 549.
[912] KG, VersR 1996, 1397 (1398, 1399).
[913] *Präve*, Versicherungsbedingungen und AGB-Gesetz, Rdn. 549.
[914] *Voit (jun.)* in BK zum VVG, § 16 Rdn. 116.

aussetzungen eines Leistungsausschlusses nach den §§ 16 ff. VVG zu Ungunsten des Versicherungsnehmers erweitert. Die §§ 16 ff. VVG würden einen Leistungsausschluss auf eine Verletzung der Anzeigepflicht bezüglich solcher Umstände beschränken, die dem Versicherungsnehmer bekannt sind.
Nach Prölss[915] könne der Ausschluss von bei Versicherungsbeginn vorhandenen und dem Versicherungsnehmer unbekannten Umständen unter dem Aspekt der Entwertung des Versicherungsschutzes gemäß § 307 Abs. 2 Nr. 2 BGB unwirksam sein. Die §§ 16 ff. VVG würden sich nur mit der Information des Versicherers zur Vermeidung von Fehleinschätzungen desjenigen Risikos befassen, welches der Versicherer nach seinen Vorstellungen überhaupt bereit sei zu übernehmen. Der Versicherungsnehmer würde insofern begünstigt, als ihm die Eruierung von unbekannten Umständen nicht obliege. Ferner sei eine solche Risikoausschlussklausel nach § 307 Abs. 1 BGB nichtig. Bei einem Risikoausschluss, der bei Versicherungsbeginn vorhandene, aber dem Versicherungsnehmer unbekannte Umstände umfasse, würde der Versicherungsnehmer – anders als bei einem konkreten Risikoausschluss nach erfolgter Risikoprüfung – das durch die Ausgangssituation geprägte Risiko, das er selbst tragen müsse, falsch einschätzen. Diese Fehleinschätzung sei für den Versicherer ohne weiteres erkennbar und vermeidbar, indem er eine Risikoprüfung durchführen oder eine Einbeziehung des Risikos in den Versicherungsschutz vornehmen würde. Voraussetzung der Nichtigkeit sei aber, dass die Einbeziehung des Umstandes in den Versicherungsschutz zu einer maßvollen Prämienerhöhung führen würde, die ein vernünftiger Versicherungsnehmer angesichts der Unsicherheit, ob bei ihm der fragliche Umstand vorhanden sei, tragen würde.
Wriede[916] ist der Auffassung, dass eine solche Risikoausschlussklausel zwar nicht gegen zwingendes Recht verstoße, aber mit den allgemeinen Grundsätzen über die mögliche Eingrenzung der versicherten Gefahr nicht zu vereinbaren und aus diesem Grunde unwirksam sei. Gefahrumstände seien nur dann bedeutsam, wenn sie erfahrungsgemäß auf das zu versichernde Risiko Einfluss nehmen könnten. Eine Einflussnahme würde jedoch ausgehöhlt, wenn ganz allgemein, ohne Konkretisierung auf zeitliche oder auf die Person abstellende Einschränkungen oder durch Begrenzung auf konkret bezeichnete Gefahrumstände, alle denkbaren Gefahrumstände aus der Zeit vor Vertragsschluss vom Versicherungsschutz ausgenommen würden.

---

[915] *Prölss*, VersR 1994, 1216 (1217, 1218), ders. in Prölss/Martin, VVG, §§ 16, 17 Rdn. 45.
[916] *Wriede*, VersR 1996, 1473 (1474, 1475).

Das OLG Hamm[917] sieht eine solche Risikoausschlussklausel ebenfalls als unwirksam an. Es ist aber der Auffassung, dass die durch den Wegfall der Klausel entstandene planwidrige Lücke im Vertragswerk mangels Eingreifens von dispositivem Gesetzesrecht im Wege der ergänzenden Vertragsauslegung zu schließen sei. Der Versicherungsnehmer dürfe bei ersatzloser Streichung der Klausel nicht auch wegen der ihm bekannten vorvertraglichen Gesundheitsstörungen in den Genuss des Deckungsschutzes kommen, da dies nicht mit einer sachgerechten Abwägung der beiderseitigen Interessen in Einklang zu bringen sei. Es sei daher davon auszugehen, dass die Parteien bei Kenntnis der Unwirksamkeit der Klausel eine Regelung getroffen hätten, die diese Lücke ausfüllt.[918] Insofern erscheine eine Fassung der Klausel entsprechend der Systematik der §§ 16 ff. VVG in dem Sinne sachgerecht, dass sich der Versicherungsschutz nicht auf dem Versicherungsnehmer bekannte Umstände erstrecke.[919] Dieses Ergebnis verstoße insbesondere auch nicht gegen die beiden Urteile des BGH zur Unwirksamkeit von Risikoausschlussklauseln, denn in den Urteilen sei hervorgehoben, dass eine Klausel, die klar zum Ausdruck bringe, dass die Freizeichnung des Versicherers nur für vom Versicherungsnehmer erkannte Gesundheitsstörungen Platz greife, mit dem in den §§ 16 ff. VVG geregelten Leitbild übereinstimme.[920]

Das OLG Düsseldorf[921] und Langheid[922] halten demgegenüber Risikoausschlussklauseln, die an Umstände anknüpfen, die dem Versicherungsnehmer unbekannt sind, für wirksam.
Das OLG Düsseldorf[923] sieht in der Verwendung einer solchen Risikoausschlussklausel keine Aushöhlung des Versicherungsschutzes und damit auch keinen Verstoß einer solchen Klausel gegen § 307 BGB. Zwar erleide der Versicherungsnehmer durch Verzicht auf eine Gesundheits- und Risikoprüfung insofern einen Nachteil, als ausgeschlossene Risiken nicht ausdrücklich bezeichnet würden. Er erfahre aber einen angemessenen Ausgleich, da die Ausschlussklau-

---

[917] OLG Hamm, VersR 1995, 649 (650) und mit der Lösung des OLG Hamm übereinstimmend auch OLG Köln, VersR 1996, 1399 (1400), nach dessen Auffassung allerdings die Klärung der Frage der Wirksamkeit der Risikoausschlussklausel dahingestellt bleiben könne unter Berufung auf die vom OLG Hamm aufgestellten Grundsätze der ergänzenden Vertragsauslegung.
[918] vgl. OLG Hamm, VersR 1995, 649 (650); OLG Köln, VersR 1996, 1399 (1400).
[919] vgl. OLG Hamm, VersR 1995, 649 (650); implizit auch OLG Köln, VersR 1996, 1399 (1400).
[920] OLG Köln, VersR 1996, 1399 (1400).
[921] OLG Düsseldorf, VersR 1995, 34 (35).
[922] *Langheid* in Römer/Langheid, VVG, §§ 16, 17 Rdn. 54.
[923] OLG Düsseldorf, VersR 1995, 34 (35).

sel nur Gesundheitsstörungen erfasse, die zwölf Monate vor Beginn des Versicherungsschutzes bestanden, und der Versicherungsschutz nach Ablauf von 24 Monaten auch Risiken einschließe, die nach einer vorgeschalteten Prüfung nicht versichert worden wären.
Langheid[924] begründet die Wirksamkeit einer solchen Risikoausschlussklausel damit, dass unbekannte Umstände mangels Anzeigemöglichkeit nicht in die Annahmeentscheidung des Versicherers einbezogen würden und daher auch nicht gegen die Grundsätze einer ordnungsgemäßen Risikoprüfung verstoßen könnten. Aber auch die §§ 307 Abs. 1 S. 1 oder Abs. 2 Nr. 1 oder Nr. 2 BGB dürften nicht zu einer Unwirksamkeit des Vorerkrankungsausschlusses führen, da es dem Versicherer unbenommen bleiben müsse, schon vor Beginn des Vertrages angelegte Versicherungsfälle von seiner Leistungspflicht auszunehmen.

3) Eigene Auffassung und Stellungnahme

a) Prüfung der Unabdingbarkeit gemäß § 34 a S. 1 VVG

Gemäß § 34 a S. 1 VVG kann sich der Versicherer auf eine Vereinbarung nicht berufen, durch welche von den Vorschriften der §§ 16 ff. VVG zum Nachteil des Versicherungsnehmers abgewichen wird.
Eine Risikoausschlussklausel, die an Umstände anknüpft, die dem Versicherungsnehmer unbekannt sind, ist – entgegen der Auffassung von Langheid[925] – im Lichte der Vorschriften der §§ 16 ff. VVG zu sehen. Langheid ist zwar beizupflichten, dass eine Risikoausschlussklausel, die nicht das zu versichernde Risiko insgesamt ausschließt, sondern nur an konkrete Gesundheitsstörungen anknüpft, nicht direkt auf die vorvertragliche Anzeigepflicht des Versicherungsnehmers abstellt.
Eine solche Klausel greift jedoch in den Regelungsbereich der §§ 16 ff. VVG ein. Zum einen macht sie den Risikoausschluss vom Vorliegen von Gesundheitsstörungen beim Versicherungsnehmer abhängig. Gesundheitsstörungen fallen im Rahmen von Berufsunfähigkeits- und Lebensversicherungen jedoch unter die gefahrerheblichen Umstände, die den Inhalt der Anzeigepflicht des Versicherungsnehmer ausmachen, so dass eine Risikoausschlussklausel und die §§ 16 ff. VVG den gleichen Bezugspunkt haben.[926] Zum anderen betrifft sie die Thematik der §§ 16 ff. VVG, deren Zweck die gerechte Verteilung der Risikotragung zwischen Versicherer und Versicherungsnehmer ist.

---

[924] *Langheid* in Römer/Langheid, VVG, §§ 16, 17 Rdn. 54.
[925] *Langheid* in Römer/Langheid, VVG, §§ 16, 17 Rdn. 54.
[926] vgl. dazu auch *Voit (jun.)* in BK zum VVG, § 16 Rdn. 110.

Eine Risikoausschlussklausel, deren Kriterium für den Ausschluss eines Risikos lediglich das objektive Vorhandensein eines gefahrerheblichen Umstandes vor Vertragsschluss ist, ohne dass es auf die Kenntnis des Versicherungsnehmers von dem Vorhandensein dieses gefahrerheblichen Umstandes ankommt, weicht auch zum Nachteil des Versicherungsnehmers von den Vorschriften der §§ 16 ff. VVG ab.

Die Vorschriften der §§ 16 ff. VVG dienen in erster Linie dem Interesse des Versicherers, Informationen vom Versicherungsnehmer über das von ihm zu versichernde Risiko zu erhalten, um eine entsprechende Prämiengestaltung vornehmen zu können. Die §§ 16 ff. VVG enthalten jedoch zur Wahrung eines vertraglichen Gleichgewichts zwischen Versicherungsnehmer und Versicherer auch Bestimmungen, welche die Anzeigepflicht des Versicherungsnehmers eingrenzen und damit seine Interessen verkörpern, wie z.B. die Einschränkung der Anzeigepflicht auf bekannte und gefahrerhebliche Umstände in § 16 Abs. 1 S. 1 VVG und die Anknüpfung des Rücktrittsrechts des Versicherers an ein Verschulden des Versicherungsnehmers in § 16 Abs. 3, 2. Alt. VVG.

Eine Risikoausschlussklausel, die dem Versicherungsnehmer unbekannte Umstände mitumfasst, geht damit über die in § 16 Abs. 1 S. 1 VVG zugunsten des Versicherungsnehmers gesetzte Grenze, nämlich die Beschränkung der Anzeigepflicht des Versicherungsnehmers gerade auf dem Versicherungsnehmer bekannte Umstände, zum Nachteil des Versicherungsnehmers hinaus.

Eine Risikoausschlussklausel regelt ferner eine Leistungsbefreiung des Versicherers unabhängig von einem Verschulden des Versicherungsnehmers und beinhaltet damit eine weitere den Versicherungsnehmer benachteiligende Abweichung von den §§ 16 ff. VVG.

Knüpft der Risikoausschluss an „solche Krankheiten und Unfallfolgen, die bereits akut behandlungsbedürftig waren"[927] oder an „Gesundheitsstörungen, ..., die mit den Gesundheitsstörungen, die den Versicherungsfall bedingen, in ursächlichem Zusammenhang stehen"[928], wird zusätzlich die gesetzliche Begrenzung der Gefahrerheblichkeit eines Umstandes ausgehebelt.[929] Da der Ver-

[927] s. die vom BGH beurteilte Klausel in BGH, VersR 1994, 549 ff..

[928] s. die vom BGH beurteilte Klausel in BGH, VersR 1996, 486 ff..

[929] Eine Aushebelung der Begrenzung der Gefahrerheblichkeit findet nicht statt, wenn die Leistungsfreiheit des Versicherers an solche den Versicherungsfall auslösenden Vorerkrankungen anknüpft, die auch bei wahrheitsgemäßer Beantwortung in einem Gesundheitsfragebogen zur Ablehnung des Versicherungsantrages geführt hätten (s. den Vorschlag von *Krämer*, VersR 2004, 713 (716)). Allerdings impliziert diese von *Krämer* vorgeschlagene Anknüpfung die Kenntnis des Versicherungsnehmers von den Vorerkrankungen und ist daher

sicherer Leistungsfreiheit bei Vorliegen von jeglichen Gesundheitsstörungen beanspruchen kann, lässt die Klausel eine Differenzierung nach der Erheblichkeit der Gesundheitsstörung gänzlich außer Acht. Es ist jedoch allgemein anerkannt und durch die Rechtsprechung des BGH[930] klargestellt, dass nicht jede frühere Gesundheitsstörung oder Erkrankung geeignet ist, einen Versicherer zu veranlassen, den Abschluss eines Versicherungsvertrages abzulehnen oder sich nur auf einen Vertrag mit einem vom Üblichen abweichenden Inhalt einzulassen.
Die Tatsache, dass die Ausschlussklausel nur solche Gesundheitsstörungen erfasst, die in den letzten zwölf Monaten vor Beginn des Versicherungsschutzes bestanden haben, und dass der Versicherungsschutz nach Ablauf von 24 Monaten auch solche Risiken einschließt, die nach einer vorgeschalteten Prüfung nicht versichert worden wären, kann entgegen der Auffassung des OLG Düsseldorf[931] dabei auch nicht als angemessener Ausgleich empfunden werden. Eine Benachteiligung aufgrund des Vorliegens von solchen Umständen, die für den Versicherer bei Kenntnis vor Vertragsschluss unerheblich gewesen wären, wird nicht dadurch ausgeglichen, dass sich für sie nach Ablauf von 24 Monaten eine Leistungspflicht ergibt.
Nach der Unabdingbarkeitsregelung des § 34 a S. 1 VVG kann sich der Versicherer somit nicht auf eine Risikoausschlussklausel berufen, die sich auf dem Versicherungsnehmer unbekannte Umstände bezieht.[932]

b) Unangemessene Benachteiligung gemäß § 307 Abs. 1 S. 1 i.V.m. Abs. 2 Nr. 1 BGB

Gemäß § 307 Abs. 1 S. 1 i.V.m. § 307 Abs. 2 Nr. 1 BGB[933] ist im Zweifel eine unangemessene Benachteiligung anzunehmen, wenn eine Bestimmung mit wesentlichen Grundgedanken der gesetzlichen Regelung, von der abgewichen wird, nicht vereinbar ist.[934]

---

bei der Untersuchung von Risikoausschlussklauseln, die an dem Versicherungsnehmer bekannte Umstände anknüpfen, zu betrachten.

930 BGH, VersR 1984, 629 (630); BGH, VersR 1984, 855 (855); BGH, VersR 1991, 578 (579).

931 OLG Düsseldorf, VersR 1995, 34 (35).

932 so auch *Voit (jun.)* in BK zum VVG, § 16 Rdn. 116.

933 vgl. zur Regelungssystematik des § 307 BGB schon die Ausführungen im 2. Kapitel unter D. II. 1. a. bb. 2) c) dd).

934 vgl. zu den Voraussetzungen des § 307 Abs. 1 i.V.m. § 307 Abs. 2 Nr. 1 BGB schon die Ausführungen im 2. Kapitel unter D. II. 1. A. bb. 2) c) dd).

Es wurde bereits festgestellt, dass eine Risikoausschlussklausel, die an Umstände anknüpft, die dem Versicherungsnehmer unbekannt sind, von den Regelungen der §§ 16 ff. VVG abweicht. Sie bedingt die Begrenzung der Anzeigepflicht auf unbekannte Umstände und die Haftung des Versicherungsnehmers nur für eine verschuldete Anzeigepflichtverletzung ab. Da die Begrenzung der Anzeigepflicht auf unbekannte Umstände und die Statuierung einer verschuldensabhängigen Haftung einem wesentlichen Schutzbedürfnis des Versicherungsnehmers dienen, ist ein wesentlicher Grundgedanke der §§ 16 ff. VVG betroffen. Indem eine solche Risikoausschlussklausel die den Versicherungsnehmer schützenden Elemente der §§ 16 ff. VVG aushebelt, werden die Interessen des Versicherungsnehmers einseitig beschnitten, was mit den Grundgedanken der gesetzlichen Regelung nicht vereinbar ist.
Die in Frage stehende Risikoausschlussklausel ist daher gemäß § 307 Abs. 1 S. 1 i.V.m. Abs. 2 Nr. 1 BGB unwirksam.[935]

c) Unangemessene Benachteiligung gemäß § 307 Abs. 1 S. 1 i.V.m. Abs. 2 Nr. 2 BGB

Eine unangemessen Benachteiligung gemäß § 307 Abs. 1 S. 1 i.V.m. Abs. 2 Nr. 1 BGB[936] liegt im Zweifel vor, wenn eine Bestimmung in einer den Vertragszweck gefährdenden Weise wesentliche, sich aus der Vertragsnatur ergebende Rechte und Pflichten einschränkt.
Die Natur des Vertrages wird durch den Zweck und Inhalt des Vertrages bestimmt.[937] Rechte und Pflichten, die sich aus der Natur des Vertrages ergeben, sind solche, welche die Parteien selbst als wesentlich angesehen haben oder die zum Schutz der zur Vertragsnatur gehörenden Interessen erforderlich sind.[938] Die Einschränkung der Rechte und Pflichten muss dazu führen, dass für den Vertragspartner die Erreichung des Vertragszwecks gefährdet ist. Eine Vertragszweckgefährdung für den Vertragspartner ist zu bejahen, wenn die Einschränkung seiner Rechte und Pflichten zur Folge hat, dass das als Ziel der Vertragsdurchführung angestrebte wirtschaftliche Ergebnis nur mit wesentlichen Einschränkungen erreicht wird oder durch eine Verlagerung der Vertragsrisiken zum Nachteil des Vertragspartners ernsthaft gefährdet ist.[939]

---

[935] so auch KG, VersR 1996, 1397 (1398, 1399); *Präve*, Versicherungsbedingungen und AGB-Gesetz, Rdn. 549.
[936] vgl. zur Regelungssystematik des § 307 BGB schon die Ausführungen im 2. Kapitel unter D. II. 1. a. bb. 2) c) dd).
[937] *Heinrichs* in Palandt, BGB, § 307 Rdn. 32.
[938] vgl. nur *Wolf* in Wolf/Horn/Lindacher, AGB-Kommentar, § 9 Rdn. 85.
[939] vgl. nur *Brandner* in Ulmer/Brandner/Hensen/Schmidt, AGB-Kommentar, § 9 Rdn. 145.

Der Zweck und Inhalt eines Versicherungsvertrages besteht in der vertraglichen Übernahme eines Risikos des Versicherungsnehmers durch den Versicherer. Es handelt sich daher bei einem Versicherungsvertrag um ein Risikoübernahmegeschäft nach Art eines Garantievertrages.[940] Der Versicherungsvertrag ist ein gegenseitiger Vertrag, bei dem auf der einen Seite die Leistung der Garantiegewährung durch den Versicherer und auf der anderen Seite die Prämienzahlung des Versicherungsnehmers steht.[941]
Die Garantiegewährung des Versicherers bezieht sich dabei in der Regel nur auf ein Risiko, das aufgrund eines ungewissen Ereignisses eintritt. Aus § 2 VVG ergibt sich, dass eine subjektive Ungewissheit gemeint ist, da § 2 VVG die Rückwärtsversicherung zulässt. Es genügt die Ungewissheit auf Seiten des Versicherungsnehmers, da der Versicherer bei freiwilliger Übernahme in Kenntnis des Versicherungsfalles seine Leistungsbereitschaft anzeigt.[942]
Wenn die betrachtete Risikoausschlussklausel eine Leistungsfreiheit des Versicherers auch in den Fällen begründet, in denen das Risiko auf Umständen beruht, die zwar vor Vertragsschluss objektiv vorhanden, aber dem Versicherungsnehmer nicht erkennbar waren, schränkt sie die den Versicherungsvertrag kennzeichnende Pflicht des Versicherers zur Garantiegewährung für ein subjektiv ungewisses Risiko erheblich ein. Die für den Vertrag wesentliche, insbesondere wirtschaftliche Leistung, die Übernahme des subjektiv ungewissen Risikos, wird zu Lasten des Versicherungsnehmers auf die wenigen Fälle beschränkt, in denen sich – nachträglich – feststellen lässt, dass auch für einen Dritten die Ursache für den Eintritt des Versicherungsfalles vor Antragsunterzeichnung nicht erkennbar war.
Eine Risikoausschlussklausel, die an dem Versicherungsnehmer ungekannte Umstände anknüpft, ist somit gemäß § 307 Abs. 1 S. 1 i.V.m. Abs. 2 Nr. 2 BGB unwirksam.[943]

Die Risikoprüfungsobliegenheit des Versicherers ist hingegen keine wesentliche Vertragspflicht im Sinne des § 307 Abs. 2 Nr. 2 BGB, die durch die Verwendung der betrachteten Risikoausschlussklausel eingeschränkt wird. Denn die Risikoprüfungsobliegenheit ist keine Pflicht, die mit der vorvertraglichen Anzeigepflicht im Gegenseitigkeitsverhältnis steht. Bei der vorvertraglichen Anzeigepflicht handelt es sich um eine gesetzlich geregelte Pflicht, wohingegen das Bestehen einer Risikoprüfungsobliegenheit nach der in dieser Arbeit vertretenen

---

[940] *Deutsch*, Versicherungsvertragsrecht, § 1 Rdn. 5.
[941] *Deutsch*, Versicherungsvertragsrecht, § 1 Rdn. 5.
[942] *Deutsch*, Versicherungsvertragsrecht, § 1 Rdn. 7.
[943] so auch KG, VersR 1996, 1397 (1398, 1399); *Präve*, Versicherungsbedingungen und AGB-Gesetz, Rdn. 549.

Auffassung[944] aus dem Regelungsgehalt der vorvertraglichen Anzeigepflicht sowie dem Versicherungsaufsichtsrecht hergeleitet wird. Außerdem schränkt eine Risikoausschlussklausel die Risikoprüfungsobliegenheit des Versicherers nicht ein, sondern der Versicherer verzichtet lediglich auf deren Vornahme. Eine Risikoausschlussklausel gestaltet die Risikoprüfungsobliegenheit daher nicht aus, sondern tritt an ihre Stelle.

d) Beachtung des in § 307 Abs. 1 S. 2 BGB verankerten Transparenzgebotes

Das in § 307 Abs. 1 BGB verankerte Transparenzgebot[945] verpflichtet den Verwender, Rechte und Pflichten seines Vertragspartners in den Allgemeinen Geschäftsbedingungen möglichst durchschaubar, richtig, bestimmt und klar darzustellen. Der rechtsunkundige Durchschnittsbürger muss nach seinem Verständnis- und Erwartungshorizont in der Lage sein, die ihn wirtschaftlich benachteiligende und belastende Wirkung einer Klausel ohne Einholung von Rechtsrat zu erkennen.[946] Allgemeine Geschäftsbedingungen dürfen daher durch ihre inhaltliche und formale Gestaltung die sich aus ihnen ergebenden wirtschaftlichen Vertragsfolgen nicht verschleiern und müssen insbesondere wirtschaftliche Nachteile und nicht zu erwartende Vertragsfolgen für den Durchschnittskunden so deutlich zu erkennen geben, wie dies nach den Umständen gefordert werden kann.[947]

Ein Teil der Literatur[948] vertritt die Auffassung, das ein Verstoß gegen das Transparenzgebot nur dann die Unwirksamkeit der Klausel nach sich zieht, wenn die Intransparenz die Gefahr einer inhaltlichen Benachteiligung des anderen Teils begründet. Die Rechtsprechung[949] und ein anderer Teil der Literatur[950]

---

[944] s. die Ausführungen unter II. 3. c. aa..

[945] Das Transparenzgebot hat in Umsetzung der EG-Klauselrichtlinie durch die AGB-Gesetz-Novelle 1996 eine gesetzliche Regelung erfahren (*Micklitz* in KompaktKom-BGB, § 307 Rdn. 1).

[946] grundlegend BGHZ 106, 42 (49 ff.); BGHZ 106, 259 (264 ff.); vgl. auch *Heinrichs* in Palandt, BGB, § 307 Rdn. 17; *Wolf* in Wolf/Horn/Lindacher, AGB-Kommentar, § 9 Rdn. 143; ferner BGH, NJW 1998, 454 (456); BGH, NJW 1999, 2279 (2280); BGH, NJW 2000, 651 (652); BGH, NJW 2001, 2014 (2016).

[947] vgl. BGHZ 136, 394 (401); BGH, NJW 1998, 2059 (2061).

[948] *Heinrichs* in Palandt, BGB, § 307 Rdn. 20; ders. in FS für R. Trinkner, S. 157 (162); *Koch*, WM 2002, 2173 (2175); *Wolf* in Wolf/Horn/Lindacher, AGB-Kommentar, § 9 Rdn. 146; *Graf v. Westphalen*, NJW 2002, 12 (17).

[949] s. nur BGHZ 112, 115 (121 ff.); BGHZ 136, 394 (401 ff.); BGHZ 140, 25 (31).

[950] *Ring/Klingelhöfer*, Das neue AGB-Recht, Rdn. 220; *Micklitz* in KompaktKom-BGB, § 307 Rdn. 2.

sind hingegen der Meinung, dass bereits die Intransparenz einer Vertragsbedingung deren Unwirksamkeit nach § 307 Abs. 1 S. 2 BGB begründe, ohne dass es auf die positive Feststellung einer unangemessenen Benachteiligung ankomme. Die praktische Relevanz der unterschiedlichen Auffassungen ist jedoch gering, da sie zum gleichen Ergebnis gelangen. Mit der Verletzung des Transparenzgebotes geht in der Regel die Gefahr einer sachlichen Benachteiligung einher.[951]

Das Transparenzgebot ist durch das Verständlichkeitsgebot, das Bestimmtheitsgebot und das Täuschungsverbot konkretisiert worden.[952]
Die betrachtete Klausel verstößt gegen das Verständlichkeitsgebot. Ein Verstoß gegen das Verständlichkeitsgebot liegt vor, wenn der Regelungsgehalt der Klausel für den Vertragspartner des Verwenders der Klausel zwar inhaltlich verständlich ist, ihm aber insbesondere die wirtschaftliche Tragweite der durch die Klausel getroffenen Anordnung unklar bleibt.[953] Dies ist der Fall, wenn der Vertragspartner beim Lesen der Klausel nicht ihre volle rechtliche Tragweite hinsichtlich aller auch entfernt liegenden Umstände und möglicherweise durch die Klausel betroffenen Fallgestaltungen durchschauen kann.[954]
Der Regelungsgehalt einer Risikoausschlussklausel, die sich auf dem Versicherungsnehmer unbekannte Umstände bezieht, ergibt sich für einen durchschnittlichen Versicherungsnehmer zunächst klar und deutlich. Der Versicherer ist von seiner Leistungspflicht im Falle des Eintritts des Versicherungsfalles befreit, wenn der Versicherungsfall auf gefahrerheblichen Umständen beruht, die schon vor Vertragsschluss erkennbar geworden sind. Der durchschnittliche Versicherungsnehmer wird die Erkennbarkeit der gefahrerheblichen Umstände regelmäßig als eine objektive Erkennbarkeit verstehen.[955]
Weniger klar und durchschaubar ist für den durchschnittlichen Versicherungsnehmer dagegen die sich aus der Klausel ergebende Konsequenz, dass die Rechtslage zu Lasten des Versicherungsnehmers vom Leitbild des Versicherungsvertragsrechts und seiner gesetzlichen Ausgestaltung in den §§ 16 ff. VVG abweicht. Dem Versicherungsnehmer wird durch die Klausel ein Teil des von ihm mit dem Abschluss des Versicherungsvertrages angestrebten Schutzes, nämlich die Absicherung des subjektiv ungewissen Risikos, genommen. Dies ist

---

951 s. BGHZ 136, 394 (401); *Heinrichs* in FS für R. Trinkner, S. 157 (162-164); *Ring/Klingelhöfer*, Das neue AGB-Recht, Rdn. 221.
952 vgl. *Heinrichs* in Palandt, BGB, § 307 Rdn. 21.
953 vgl. *Heinrichs* in Palandt, BGB, § 307 Rdn. 22; *Schäfer*, Das Transparenzgebot im Recht der Allgemeinen Geschäftsbedingungen, S. 14, 15.
954 vgl. *Schäfer*, Das Transparenzgebot im Recht der Allgemeinen Geschäftsbedingungen, S. 14, 15.
955 vgl. dazu auch OLG Saarbrücken, NJW-RR 2002, 28 (29).

für ihn jedoch nicht erkennbar. Da ihn die wirtschaftlichen Nachteile und Belastungen der Erweiterung der gesetzlichen Regelung durch die Risikotragung auch für ihm unbekannte Risiken treffen, erleidet er durch die unklare Regelung eine inhaltliche Benachteiligung.
Die in Frage stehende Risikoausschlussklausel verstößt daher gegen das in § 307 Abs. 1 S. 2 BGB verankerte Transparenzgebot.[956]

e) Ergebnis und Rechtsfolge

Risikoausschlussklauseln, die an dem Versicherungsnehmer unbekannte Umstände anknüpfen, sind unwirksam. Der Versicherer kann sich nach § 34 a S. 1 VVG auf solche Risikoausschlussklauseln nicht berufen und sie beinhalten eine unangemessene Benachteiligung des Versicherungsnehmers gemäß § 307 Abs. 1 S. 1 i.V.m. Abs. 2 Nr. 1 sowie gemäß § 307 Abs. 1 S. 1 i.V.m. Abs. 2 Nr. 2 BGB und missachten das in § 307 Abs. 1 S. 2 BGB verankerte Transparenzgebot.

§ 306 BGB regelt die Folgen einer Unwirksamkeit von Allgemeinen Geschäftsbedingungen. In Abweichung von § 139 BGB bestimmt § 306 Abs. 1 BGB, dass der Vertrag im Falle der Nichtigkeit einer oder einzelner Klauseln im übrigen wirksam weiterbestehen soll.[957] Gemäß § 306 Abs. 2 BGB tritt an die Stelle der unwirksamen Bestimmung das dispositive Recht.
Begehrt der Versicherer Leistungsfreiheit aufgrund des Vorliegens von Krankheiten, die vor Vertragsschluss erkennbar waren, sind die §§ 16 ff. VVG anwendbar. Sie regeln die Rücktrittsmöglichkeit des Versicherers bei Verletzung der Anzeigepflicht für das Bestehen von vor Vertragsschluss vorhandenen gefahrerheblichen Umständen, worunter bei Abschluss einer Berufsunfähigkeits- oder Lebensversicherung Krankheiten zweifellos fallen.
Eine das Rücktrittsrecht des Versicherers auslösende Verletzung der Anzeigepflicht des Versicherungsnehmers kommt nur in Bezug auf solche Gefahrumstände in Betracht, die dem Versicherungsnehmer bekannt sind. Durch die ausdrückliche Aufnahme des Erfordernisses der Kenntnis des Versicherungsnehmers von den Gefahrumständen in § 16 Abs. 1 S. 1 VVG bezweckte der Gesetzgeber demgemäß einen Ausschluss des Rücktrittsrechts des Versicherers bei Verletzung der Anzeigepflicht hinsichtlich solcher Gefahrumstände, die dem Versicherungsnehmer nicht bekannt sind. Insofern kommt ein Rücktrittsrecht

[956] Die von *Wriede*, VersR 1996, 1473 (1474, 1475), angenommene Unwirksamkeit aufgrund Unvereinbarkeit mit den allgemeinen Grundsätzen über die mögliche Eingrenzung der versicherten Gefahr wird damit obsolet.
[957] s. statt vieler nur *Heinrichs* in Palandt, BGB, § 306 Rdn. 1.

und damit eine Leistungsfreiheit des Versicherers nicht in Betracht, wenn sich zwar ergibt, dass vor Abschluss des Versicherungsvertrages Gesundheitsstörungen vorlagen, die ursächlich für die später den Versicherungsfall der Berufsunfähigkeit oder des Todes auslösende Gesundheitsstörung waren, aber der Versicherungsnehmer diese vorvertraglichen Gesundheitsstörungen nicht kannte.
Kritisch ist der ergänzenden Vertragsauslegung, wie sie das OLG Hamm[958] und das OLG Köln[959] im Anschluss an die Unwirksamkeitserklärung der Risikoausschlussklausel vertreten, gegenüber zu treten.
Die Entscheidungen des OLG Hamm und des OLG Köln widersprechen den vom BGH aufgestellten Grundsätzen für eine ergänzende Vertragsauslegung. Der BGH[960] hat eine ergänzende Vertragsauslegung nur für zulässig erklärt, wenn eine regelungsbedürftige Lücke besteht. Bei Unwirksamkeit der Risikoausschlussklausel greifen jedoch – entgegen der Annahme des OLG Hamm und des OLG Köln, nach denen keine gesetzliche Regelung zur Lückenfüllung besteht – die Regelungen der §§ 16 ff. VVG ein.[961]

bb. Bei Anknüpfung der Klausel an dem Versicherungsnehmer bekannte Umstände

Die Frage der Wirksamkeit von Risikoausschlussklauseln, die an Umstände anknüpfen, die dem Versicherungsnehmer bekannt sind, wird in der Rechtsprechung und Literatur ebenfalls verschiedentlich beurteilt.

1) Meinungsstand

Ein Teil der Literatur[962] und der Instanzgerichte[963] halten Risikoausschlussklauseln, die sich auf dem Versicherungsnehmer bekannte Umstände beziehen, für unwirksam.
Wriede[964] und Voit (jun.)[965] nehmen einen Verstoß solcher Risikoausschlussklauseln gegen § 34 a S. 1 VVG an, da der Ausschluss von dem Versicherungs-

---

958 s. OLG Hamm, VersR 1995, 649 (650).
959 s. OLG Köln, VersR 1996, 1399 (1400).
960 BGHZ 9, 273 (277); BGHZ 125, 7 (18); unter Zustimmung der Literatur vgl. statt vieler nur *Heinrichs* in Palandt, § 157 Rdn. 2 u. 3.
961 vgl. auch *Wriede*, VersR 1996, 1473 (1473, 1474) u. BGH, VersR 1996, 486 (488).
962 *Wriede*, VersR 1996, 1473 (1474); *Voit (jun.)* in BK zum VVG, § 16 Rdn. 114; *Präve*, Versicherungsbedingungen und AGB-Gesetz, Rdn. 549.
963 OLG Düsseldorf, VersR 2000, 1093 (1094); OLG Hamm, RuS 1999, 294 (294); mit Zweifeln auch OLG Frankfurt a.M., VersR 2000, 1135 (1136).
964 *Wriede*, VersR 1996, 1473 (1474).
965 *Voit (jun.)* in BK zum VVG, § 16 Rdn. 114.

nehmer bekannten Umständen verschuldensunabhängige Rechtsnachteile für den Versicherungsnehmer bewirke und damit die Regelung des § 16 Abs. 3 VVG unterlaufe.
Voit (jun.)[966] und das OLG Hamm[967] sehen zudem die Rechtsfolge solcher Risikoausschlussklauseln als eine für den Versicherungsnehmer nachteilige Abweichung von der gesetzlichen Regelung und damit als weiteren Verstoß gegen § 34 a S. 1 VVG an. Die Nachteilhaftigkeit ergebe sich zum einen aus der Schwierigkeit einer Abgrenzung zwischen gedecktem und nicht gedecktem Risiko für den Versicherungsnehmer und zum anderen aus der Perpetuierung des Zustandes der Rechtsunsicherheit, da ungewiss sei, ob eine Erkrankung gedeckt sei oder unter den Ausschluss falle.
Unter Aufgreifen des Aspekts der Unklarheit des Umfangs des Versicherungsschutzes für den Versicherungsnehmer hat das OLG Düsseldorf[968] eine Risikoausschlussklausel, die an dem Versicherungsnehmer bekannte Umstände anknüpft, als unwirksam aufgrund Verstoßes gegen das Transparenzgebot beurteilt.
Nach der Auffassung von Präve[969] sind Risikoausschlussklauseln – unabhängig von ihrer Bezugnahme auf dem Versicherungsnehmer bekannte oder unbekannte Umstände – sowohl nach § 307 Abs. 1 i.V.m. Abs. 2 Nr. 1 BGB als auch nach § 307 Abs. 1 i.V.m. § 307 Abs. 1 i.V.m. Abs. 2 Nr. 2 BGB unwirksam.[970] Das Interesse des Versicherungsnehmers am Bestandschutz korrespondiere insoweit nicht nur mit entsprechenden gesetzlichen Regelungen, sondern sei auch wesentlicher Bestandteil der vertraglichen Abrede und des intendierten Vertragszwecks.

Andere Vertreter der Literatur[971] sind der Auffassung, dass die Vereinbarung von Risikoausschlussklauseln, die an dem Versicherungsnehmer bekannte Umstände anknüpfen, grundsätzlich möglich sei.
Büsken[972], Teslau[973] und Prölss[974] führen als Begründung an, dass sich bei Herausnahme eines Risikos vom Versicherungsschutz durch eine Risikoaus-

---

[966] *Voit (jun.)* in BK zum VVG, § 16 Rdn. 114; bezugnehmend OLG Frankfurt a.M., VersR 2000, 1135 (1136).
[967] OLG Hamm, RuS 1999, 294 (294).
[968] OLG Düsseldorf, VersR 2000, 1093 (1094).
[969] *Präve*, Versicherungsbedingungen und AGB-Gesetz, Rdn. 549.
[970] s. zuvor unter aa. 2).
[971] *Büsken*, VersR 1991, 534 (534); *Langheid* in Römer/Langheid, VVG, §§ 16, 17 Rdn. 55; *Teslau* in van Bühren, Handbuch des Versicherungsrechts, § 13 Rdn. 167; *Prölss* in Prölss/Martin, VVG. §§ 16, 17 Rdn. 45; *Krämer*, VersR 2004, 713 (714 ff.).
[972] *Büsken*, VersR 1991, 534 (534).
[973] *Teslau* in van Bühren, Handbuch des Versicherungsrechts, § 13 Rdn. 167.

schlussklausel die Frage der Gefahrerheblichkeit eines Umstandes mangels Übernahme des Risikos gar nicht erst stelle. Demzufolge sei eine Risikoausschlussklausel nicht vom Regelungsgehalt der §§ 16 ff. VVG mitumfasst und könne demnach auch nicht nach § 34 a S. 1 VVG oder nach § 307 Abs. 1 i.V.m. Abs. 2 Nr. 2 BGB unwirksam sein.

In die Richtung geht auch Langheid[975], nach dessen Auffassung es keinen Unterschied machen könne, ob der Versicherer die gefahrerheblichen Umstände nach Anzeige durch den Antragsteller ausschließe, den Vertrag gar nicht erst annehme, oder ob generell alle bekannten Vorerkrankungen ausgeschlossen sein sollen.

Teslau[976] und Prölss[977] argumentieren ferner, dass bei vorangestelltem Ausschluss eines Risikos die Möglichkeit einer Fehleinschätzung dieses Risikos schon gar nicht bestehe und der Regelungsbereich der Anzeigepflicht, nach der dem Versicherer sämtliche Informationen zur Risikoeinschätzung zu liefern sind, nicht eröffnet sei.

Nach der Auffassung von Prölss[978] komme im Vergleich zu der Situation beim Ausschluss dem Versicherungsnehmer unbekannter Umstände bei einem Ausschluss dem Versicherungsnehmer bekannter Umstände auch keine Unwirksamkeit nach § 307 Abs 1 BGB in Betracht, da der Versicherungsnehmer in diesem Fall das von ihm selbst zu tragende Risiko kenne und einschätzen könne.

Krämer[979] sieht die Verwendung der in Frage stehenden Risikoausschlussklausel nur unter der Voraussetzung, dass die Klausel den Leistungsausschluss an solche den Versicherungsfall auslösende Vorerkrankungen knüpft, die auch bei wahrheitsgemäßer Beantwortung in einem Gesundheitsfragebogen zur Ablehnung des Versicherungsantrages geführt hätten, keiner ernstlichen Kollision mit dem gesetzlichen Leitbild der §§ 16 ff. VVG ausgesetzt. Würde eine solche Klausel verwendet, läge auch keine Intransparenz vor, da der durchschnittliche Versicherungsnehmer die wirtschaftlichen Nachteile und Belastungen der Klausel aufgrund ihrer Anlehnung an die gesetzliche Regelung der §§ 16 ff. VVG verstehe.

---

974 *Prölss* in Prölss/Martin, VVG, §§ 16, 17 Rdn. 45.
975 *Langheid* in Römer/Langheid, VVG, §§ 16, 17 Rdn. 55.
976 *Teslau* in van Bühren, Handbuch des Versicherungsrechts, § 13 Rdn. 167.
977 *Prölss* in Prölss/Martin, VVG, §§ 16, 17 Rdn. 45.
978 *Prölss* in Prölss/Martin, VVG, §§ 16, 17 Rdn. 45.
979 *Krämer*, VersR 2004, 713 (715, 716).

2) Eigene Auffassung und Stellungnahme

a) Prüfung der Unabdingbarkeit gemäß § 34 a S. 1 VVG

§ 34 a S. 1 VVG erlaubt dem Versicherer nicht die Vereinbarung von Regelungen, durch welche von den Vorschriften der §§ 16 ff. VVG zum Nachteil des Versicherungsnehmers abgewichen wird.
Wie zuvor bei der Prüfung der Unabdingbarkeit von Risikoausschlussklauseln, die sich auf dem Versicherungsnehmer unbekannte Umstände beziehen, ausgeführt,[980] sind Risikoausschlussklauseln unabhängig von ihrer Anknüpfung an bekannte oder unbekannte Umstände im Lichte der Regelungen der §§ 16 ff. VVG zu sehen. Der Regelungsgehalt des § 34 a S. 1 VVG ist somit eröffnet.[981]
Eine Klausel, die Leistungsfreiheit des Versicherers für solche Versicherungsfälle vorsieht, die auf dem Versicherungsnehmer vor Vertragsschluss bekannten Gefahrumständen beruhen, regelt abweichend von § 16 Abs. 3 VVG eine vom Verschulden des Versicherungsnehmers unabhängige Leistungsbefreiung des Versicherers.
Ob eine solche Klausel darüberhinaus auch die Begrenzung des Anknüpfungstatbestandes durch das in § 16 Abs. 1 S. 1 VVG geregelte Merkmal der Gefahrerheblichkeit beachtet, hängt von den in der Klausel ausgeschlossenen Risiken ab. Keine Bedenken stehen dabei nur solchen Klauseln gegenüber, die den Ausschluss des Versicherungsschutzes an solche Umstände knüpfen, die auch bei wahrheitsgemäßer Beantwortung in einem Gesundheitsbogen zur Ablehnung des Versicherungsantrages geführt hätten.[982]

Betrachtet man die Rechtsfolgen, die sich aus der betrachteten Risikoausschlussklausel ergeben, kann entgegen der Auffassung von Voit (jun.)[983] und dem OLG Hamm[984] keine nachteilige Abweichung von den Regelungen der §§ 16 ff. VVG festgestellt werden. Geht man von einer Anknüpfung der Klausel an im Sinne des § 16 Abs. 1 S. 1 VVG gefahrerhebliche Umstände aus, würde die ordnungsgemäße Angabe solcher gefahrerheblichen Umstände in Erfüllung

---

980 s. unter aa. 3) a).

981 Der Argumentation von *Büsken*, VersR 1991, 534 (534), *Teslau* in van Bühren, Handbuch des Versicherungsrechts, § 13 Rdn. 167, und *Prölss* in Prölss/Martin, VVG. §§ 16, 17 Rdn. 45, für die grundsätzliche Möglichkeit der Verwendung von Risikoausschlussklauseln mangels Betroffenheit des Regelungsgehaltes der §§ 16 ff. VVG wird damit entgegengetreten.

982 Insofern wird dem Vorschlag von *Krämer*, VersR 2004, 713 (715, 716), zugestimmt.

983 *Voit (jun.)* in BK zum VVG, § 16 Rdn. 114.

984 OLG Hamm, RuS 1999, 294 (294).

der vorvertraglichen Anzeigepflicht entweder zu einem Abschluss des Versicherungsvertrages unter Aufnahme eines Risikoausschlusses oder zur Ablehnung des Versicherungsantrages führen. Die unrichtige oder unterlassene Angabe solcher gefahrerheblichen Umstände würde ein Rücktrittsrecht des Versicherers auslösen, das die Umwandlung des Vertragsverhältnisses in ein Rückgewährschuldverhältnis bewirken würde. Mit der Umwandlung geht dabei eine rückwirkende Leistungsfreiheit des Versicherers für Versicherungsfälle einher, die auf den nicht oder falsch angezeigten gefahrerheblichen Umständen beruhen. Das Ergebnis entspricht damit dem Ergebnis, das sich aus der Verwendung einer Risikoausschlussklausel ergibt, nämlich das Nichtgewähren von Versicherungsschutz für ein dem Versicherungsnehmer vor Vertragsschluss bekanntes Risiko.

Eine Risikoausschlussklausel, die sich auf dem Versicherungsnehmer bekannte Umstände bezieht, verstößt somit nur mangels verschuldensabhängiger Haftung des Versicherungsnehmers gegen § 34 a S. 1 VVG und der Versicherer kann sich nicht auf sie berufen.[985]

b) Unangemessene Benachteiligung gemäß § 307 Abs. 1 S. 1 i.V.m. Abs. 2 Nr. 1 BGB

Eine unangemessene Benachteiligung nach § 307 Abs. 1 S. 1 i.V.m. Abs. 2 Nr. 1 BGB[986] liegt im Zweifel vor, wenn eine Bestimmung mit wesentlichen Grundgedanken der gesetzlichen Regelung, von der abgewichen wird, nicht vereinbar ist.

Wie zuvor festgestellt, weicht eine Risikoausschlussklausel, die an dem Versicherungsnehmer bekannte Umstände anknüpft, von § 16 VVG in der Hinsicht ab, dass sie eine vom Verschulden des Versicherungsnehmers unabhängige Leistungsbefreiung des Versicherers regelt.[987] Die Abweichung bedingt auch eine unangemessen Benachteiligung des Versicherungsnehmers.[988]

---

[985] so auch *Wriede*, VersR 1996, 1473 (1474) und *Voit (jun.)* in BK zum VVG, § 16 Rdn. 114.

[986] vgl. zur unangemessenen Benachteiligung gemäß § 307 Abs. 1 S. 1 i.V.m. Abs. 2 Nr. 1 BGB die ausführliche Darstellung zur Regelungssystematik des § 307 BGB im 2. Kapitel unter D. II. 1. a. bb. 2) c) dd) und zum Inhalt des § 307 Abs. 2 Nr. 1 BGB unter aa. 3) b).

[987] Eine solche Risikoausschlussklausel weicht jedoch entgegen der Auffassung von *Voit (jun.)* in BK zum VVG, § 16 Rdn. 114, und des OLG Hamm, RuS 1999, 294 (294), nicht von der Regelung der Rechtsfolgen der §§ 16 ff. VVG ab. Denn sie informiert den Versicherungsnehmer ebenfalls im Zeitpunkt des Vertragsschlusses, in welchem Umfang er Versicherungsschutz innehat, und beachtet damit den wesentlichen Grundgedanken der Risikoprüfungsobliegenheit. Bleibt man in dem Zusammenhang bei der hier gegebenen Kenntnis des Versicherungsnehmers von dem Umfang seines Risikos ist *Prölss* in Prölss/Martin, VVG, §§ 16, 17 Rdn. 45, zwar beizupflichten, wenn er darin eine Übereinstimmung mit wesentlichen Grund-

Eine Risikoausschlussklausel, die sich auf dem Versicherungsnehmer bekannte Umstände bezieht, ist daher gemäß § 307 Abs. 1 S. 1 i.V.m. Abs. 2 Nr. 1 BGB unwirksam.

c) Unangemessene Benachteiligung gemäß § 307 Abs. 1 S. 1 i.V.m. Abs. 2 Nr. 2 BGB

Gemäß § 307 Abs. 1 S. 1 i.V.m. § 307 Abs. 2 Nr. 2 BGB[989] ist im Zweifel eine unangemessene Benachteiligung anzunehmen, wenn eine Bestimmung in einer den Vertragszweck gefährdenden Weise wesentliche, sich aus der Vertragsnatur ergebende Rechte und Pflichten einschränkt.
Dies ist bei einer Risikoausschlussklausel, die sich auf Umstände bezieht, die dem Versicherungsnehmer bekannt sind, nicht der Fall.[990] Sie schränkt durch Anknüpfung an ein subjektiv gewisses Risiko die den Versicherungsvertrag kennzeichnende Pflicht des Versicherers zur Garantiegewährung für ein subjektiv ungewisses Risiko nicht ein.
Das durch die Klausel bedingte Unterlassen der Risikoprüfungsobliegenheit durch den Versicherer fällt nicht in den Regelungsbereich des § 307 Abs. 2 Nr. 2 BGB, da zum einen die Risikoprüfungsobliegenheit des Versicherers keine Pflicht ist, die sich aus der Vertragsnatur des Versicherungsvertrages ergibt, und zum anderen das Unterlassen der Risikoprüfungsobliegenheit keine Einschränkung ihrer selbst ist.[991]

---

gedanken der §§ 16 ff. VVG sieht. Jedoch ist seine Schlussfolgerung, dass damit eine Unwirksamkeit nach § 307 Abs. 1 i.V.m. Abs. 2 Nr. 1 BGB nicht in Betracht kommt, mit dem Hinweis auf das Fehlen der in den §§ 16 ff. VVG geregelten Verschuldensabhängigkeit der Leistungsbefreiung des Versicherers zu verwerfen.

[988] Die unter aa. 3) b) ausgeführte Begründung einer unangemessenen Benachteilung durch die Regelung einer verschuldensunabhängigen Leistungsbefreiung des Versicherers kann übertragen werden.

[989] vgl. zur unangemessenen Benachteiligung gemäß § 307 Abs. 1 S. 1 i.V.m. Abs. 2 Nr. 2 BGB die ausführliche Darstellung zur Regelungssystematik des § 307 BGB im 2. Kapitel unter D. II. 1. a. bb. 2) c) dd) und zum Inhalt des § 307 Abs. 2 Nr. 2 BGB unter aa. 3) c).

[990] Ob das Interesse des Versicherungsnehmers am Bestandschutz mit *Präve*, Versicherungsbedingungen und AGB-Gesetz, Rdn. 549, als ein wesentliches, sich aus der Vertragsnatur ergebendes Recht angesehen werden kann, mag dahinstehen, da dieses Interesse nicht durch eine Risikoausschlussklausel eingeschränkt ist. Eine Risikoausschlussklausel führt nicht zu einer Veränderung des Bestandsschutzes, da der Versicherungsvertrag auch im Falle des Eingreifens ihres Regelungsgehaltes bestehen bleibt und nur eine Leistungsfreiheit für bestimmte Versicherungsfälle eintritt.

[991] s. schon unter aa. 3) c).

d) Beachtung des in § 307 Abs. 1 S. 2 BGB verankerten Transparenzgebotes

Nach dem in § 307 Abs. 1 S. 2 BGB verankerten Transparenzgebot müssen Vertragsbedingungen möglichst durchschaubar, richtig, bestimmt und klar dargestellt werden.[992]
Geht man von der zur Zeit in der Versicherungswirtschaft verwendeten Formulierung aus[993], nach der sich der Versicherungsschutz nicht auf die der versicherten Person bekannten ernstlichen Erkrankungen und Unfallfolgen bezieht, wegen derer sie in den letzten zwölf Monaten vor Beginn des Versicherungsschutzes ärztlich beraten oder behandelt wurde, ist für einen durchschnittlichen Versicherungsnehmer der Umfang der ausgeschlossenen Risiken klar und bestimmbar. Das Transparenzgebot ist demgemäß beachtet.
Betrachtet man die von Krämer[994] vorgeschlagene Ausgestaltung der Risikoausschlussklausel, nach der solche den Versicherungsfall auslösenden Vorerkrankungen ausgeschlossen sein sollen, die auch bei wahrheitsgemäßer Beantwortung in einem Gesundheitsfragebogen zur Ablehnung des Versicherungsantrages geführt hätten, ist fraglich, ob für den durchschnittlichen Versicherungsnehmer der Umfang der ausgeschlossenen Risiken klar und bestimmbar ist.
Ist der Vorschlag von Krämer dahin zu verstehen, dass das ausgeschlossene Risiko abstrakt durch eine Antizipation der Gesundheitsprüfung beschrieben werden soll, könnte von den Konkretisierungen des Transparenzgebotes[995] das Bestimmtheitsgebot verletzt sein. Das Bestimmtheitsgebot ist verletzt, wenn eine solche Allgemeinheit oder Abstraktheit eines Begriffs oder einer Regelung vorliegt, dass eine zutreffende Ermittlung des geregelten Sachverhalts nicht möglich ist.[996] In der Umschreibung der ausgeschlossenen Risken durch die Antizipation der Gesundheitsprüfung liegt eine abstrakte Begrifflichkeit vor. Da der Versicherungsnehmer keinen Einblick in die internen Grundsätze zur Risikoprüfung des Versicherers hat und eine Risikoprüfung zudem von nicht festlegbaren einzellfallbezogenen Kriterien abhängt, ist für den Versicherungsnehmer nicht ermittelbar, bei welchen Gesundheitsstörungen oder Erkrankungen der Versicherer nach einer Risikoprüfung keinen Vertrag geschlossen hätte. Das Transparenzgebot ist damit in Form des Bestimmtheitsgebotes verletzt.
Versteht man Krämers Vorschlag hingegen dahin, dass jeder Versicherer das ausgeschlossene Risiko konkret nach Maßgabe seiner bei einer Gesundheitsprü-

---

[992] vgl. zum Transparenzgebot die ausführliche Darstellung unter aa. 3) d).
[993] s. *Krämer*, VersR 2004, 713 (714).
[994] s. *Krämer*, VersR 2004, 713 (716).
[995] vgl. *Heinrichs* in Palandt, BGB, § 307 Rdn. 21.
[996] vgl. *Kreienbaum*, Transparenz und AGB-Recht, S. 28; vgl. auch BGH, NJW 2001, 1205 (1206).

fung verwendeten Grundsätze als Bezugspunkt der Risikoausschlussklausel abschließend aufzählen muss, stehen dem Vorschlag keine Bedenken wegen Missachtung des Transparenzgebotes entgegen. Für den Versicherungsnehmer ist aufgrund der konkreten Nennung der Risiken klar und bestimmbar, für welche Risiken ein Ausschluss des Versicherungsschutzes vereinbart ist.
Zusammenfassend ist festzuhalten, dass bei konkreter und für einen Laien im medizinischen und versicherungstechnischen Bereich verständlicher, abschließender Beschreibung der ausgeschlossenen Risiken kein Verstoß gegen das Transparenzgebot vorliegt.[997]

e) Ergebnis

Risikoausschlussklausel, die sich auf dem Versicherungsnehmer bekannte Umstände beziehen, sind wegen Verstoßes gegen § 34 a S. 1 VVG und § 307 Abs. 1 S. 1 i.V.m. Abs. 2 Nr. 1 BGB unwirksam.

b. Die rechtliche Beurteilung von Risikoausschlussklauseln in den Allgemeinen Versicherungsbedingungen für den vorläufigen Versicherungsschutz

Nach der jüngsten Rechtsprechung des BGH[998] ist eine Klausel in den Allgemeinen Bedingungen für den vorläufigen Versicherungsschutz in der Lebensversicherung, nach der die Leistungspflicht für Versicherungsfälle auf Grund von Ursachen ausgeschlossen sein soll, die vor Unterzeichnung des Versicherungsantrages erkennbar geworden sind, auch wenn diese im Antrag angegeben wurden, wegen Verstoßes gegen § 307 Abs. 1 i.V.m. Abs. 2 Nr. 2 BGB unwirksam. Dieser Rechtsprechung haben sich bereits einige Instanzgerichte[999] angeschlossen.
Der Beurteilung der Klausel durch den BGH und auch der von ihm ausgeführten Begründung für einen Verstoß gegen § 307 Abs. 2 Nr. 2 BGB ist zutreffend.

[997] Der Auffassung des OLG Düsseldorf, VersR 2000, 1093 (1094), dass bei Verwendung einer Risikoausschlussklausel und Unterlassen einer Risikoprüfung für den Versicherungsnehmer Unklarheit hinsichtlich des Umfangs des Versicherungsschutzes bestehe, kann damit nicht gefolgt werden.
[998] BGH, NJW-RR 2001, 741 (742, 743).
[999] OLG Hamm, NVersZ 2000, 517 (518), nach dessen Auffassung eine solche Klausel gegen § 307 Abs. 2 Nr. 1 BGB verstößt; OLG Saarbrücken, NJW-RR 2002, 28 (29, 30), das einen Verstoß einer solchen Klausel gegen das Transparenzgebot (§ 307 Abs. 1 S. 2 BGB) annimmt.

Der BGH legt den Wortlaut der Klausel dahingehend aus, dass mit der Wendung „Versicherungsfälle auf Grund von Ursachen" jeder Umstand erfasst werde, der für den Eintritt des Versicherungsfalles ursächlich, wenn auch nur mitursächlich geworden ist.[1000] In dieser Auslegung schränke die Ausschlussklausel jedoch wesentliche Rechte des Versicherungsnehmers, die sich aus der Natur des Vertrages über vorläufigen Versicherungsschutz ergeben, in einer den Vertragszweck gefährdenden Weise ein. Der Versicherer bedinge sich über die Ausschlussklausel Leistungsfreiheit in einem Umfang aus, der den nach Durchführung einer Risikoprüfung bestehenden Umfang überschreite, obwohl er zuvor im Rahmen des vorläufigen Versicherungsschutzes auf die Durchführung einer Risikoprüfung gerade verzichtet habe. Die Sanktion der Leistungsfreiheit greife somit ein, ohne dass dem Versicherer vom Versicherungsnehmer unzulässigerweise etwas vorenthalten worden sei.
Unter Bezugnahmen auf die Stellungnahme zur Wirksamkeit von Risikoausschlussklauseln in den Allgemeinen Versicherungsbedingungen für den endgültigen Versicherungsschutz, die an dem Versicherungsnehmer unbekannte Umstände anknüpfen,[1001] ist ergänzend zu der Auffassung des BGH die Unwirksamkeit einer solchen Klausel auch aufgrund des Eingreifens von § 34 a S. 1 VVG und wegen Verstoßes gegen § 307 Abs. 1 S. 1 i.V.m. § 307 Abs. 2 Nr. 1 BGB anzunehmen.[1002] Die in der Stellungnahme aufgeführten Gründe können ohne Bedenken herangezogen werden, da die §§ 16 ff. VVG auch im Rahmen des vorläufigen Versicherungsschutzes Geltung haben[1003].

[1000] s. BGH, NJW-RR 2001, 741 (743).

[1001] Die Formulierung „*Ursachen, die ... erkennbar geworden sind, ...*" wird von einem durchschnittlichen Verwender als objektive Erkennbarkeit ausgelegt werden, so dass der Risikoausschluss auch dem Versicherungsnehmer unbekannte Umstände einbezieht.

[1002] s. dazu unter a. aa. 3) a) u. b).

[1003] s. im 2. Kapitel unter B. IV. 2..

B. Das Anfechtungsrecht des Versicherers wegen arglistiger Täuschung

Der Versicherer hat bei Verletzung der vorvertraglichen Anzeigepflicht durch den Versicherungsnehmer gemäß § 22 VVG das Recht zur Anfechtung des Versicherungsvertrages wegen arglistiger Täuschung nach § 123 BGB.
Das Anfechtungsrecht wegen arglistiger Täuschung ist für die Lebensversicherung in § 6 Abs. 4 ALB geregelt, dessen Regelungsgehalt der Regelung in § 22 VVG entspricht.[1004]
Dies gilt gleichermaßen für die Berufsunfähigkeitszusatzversicherung.[1005]
Für die selbständige Berufsunfähigkeitsversicherung ist die Möglichkeit der Arglistanfechtung in § 9 Nr. 4 BUV normiert, der ebenfalls die Regelung des § 22 VVG wiedergibt.

I. Voraussetzungen des Anfechtungsrechts wegen arglistiger Täuschung

Die Voraussetzungen des Anfechtungsrechts wegen arglistiger Täuschung ergeben sich aus § 123 Abs. 1 BGB. Danach kann die Anfechtung erklärt werden, wenn der Versicherer zur Abgabe der auf Abschluss des Versicherungsvertrages gerichteten Willenserklärung durch arglistige Täuschung bestimmt worden ist.
Eine arglistige Täuschung begeht, wer in dem Erklärungsgegner durch Vorspiegelung falscher oder durch Unterdrückung wahrer Tatsachen einen Irrtum hervorruft oder aufrechterhält und sich dabei bewusst ist, dass seine Angabe objektiv falsch und dadurch geeignet ist, den anderen infolge des durch die falsche Angabe hervorgerufenen Irrtums zu einer Willenserklärung zu veranlassen, die er bei Kenntnis der wahren Sachlage nicht oder nicht in dieser Form abgegeben hätte.
Neben der auf den Abschluss des Versicherungsvertrages gerichteten Willenserklärung des Versicherers kommen als Anfechtungsgegenstand auch Erklärungen in Betracht, durch welche vorläufige Deckung gewährt wird.[1006]

1. Täuschungshandlung

Täuschungshandlung im Sinne des § 123 Abs. 1 BGB ist jedes Verhalten, das bei einem anderen einen Irrtum erregen oder aufrechterhalten soll.[1007] Die Täu-

[1004] *Kollhosser* in Prölss/Martin, VVG, § 6 ALB Rdn. 16.
[1005] Für die Berufsunfähigkeitszusatzversicherung existiert keine eigene Regelung für eine Anfechtung wegen arglistiger Täuschung bei Verletzung der vorvertraglichen Anzeigepflicht und in § 9 Abs. 10 BUZ ist geregelt, dass in einem solchen Fall die Allgemeinen Bedingungen für die Hauptversicherung sinngemäß Anwendung finden.
[1006] BGH, VersR 1964, 1189 (1190).

schung kann sowohl in einem aktiven Tun, nämlich in dem Hervorrufen eines Irrtums, als auch in einem Unterlassen, nämlich in dem Verschweigen eines Umstandes, liegen.[1008] Täuschungsgegenstand kann grundsätzlich jeder Umstand – auch ein innerer Umstand – sein.

a. Hervorrufen eines Irrtums

Das Hervorrufen eines Irrtums kann entweder in Form der Vorspiegelung falscher Tatsachen oder in Form der Unterdrückung bzw. Verschleierung wahrer Tatsachen begangen werden.
Wenn der Versicherungsnehmer die vom Versicherer gestellten Antragsfragen unvollständig oder unrichtig beantwortet, er also eine Verletzung seiner vorvertraglichen Anzeigepflicht gemäß § 16 Abs. 2 oder § 17 Abs. 1 VVG begeht, ruft er durch dieses Verhalten einen Irrtum beim Versicherer hervor. Folglich liegt eine Täuschungshandlung vor.[1009]
Hinsichtlich des Vorliegens einer vorvertraglichen Anzeigepflichtverletzung bei Verwendung eines Fragenkatalogs im Antragsformular durch den Versicherer wird auf die Ausführungen im Rahmen des Rücktrittsrechts[1010] verwiesen.

b. Verschweigen eines Umstandes

Das Verschweigen eines Umstandes steht dem Hervorrufen eines Irrtums gleich, wenn den Versicherungsnehmer eine Offenbarungspflicht bezüglich dieses Umstandes trifft.[1011]
Eine solche Offenbarungspflicht ergibt sich bei Vorliegen gefahrerheblicher Umstände zum einen aus § 16 Abs. 1 S. 1 VVG, wonach der Versicherungsnehmer alle ihm bekannten, gefahrerheblichen Umstände bei Vertragsschluss anzuzeigen hat, und zum anderen aus § 16 Abs. 2 VVG, wonach der Versicherungsnehmer vom Versicherer schriftlich gestellte Antragsfragen vollständig zu beantworten hat. Wie beim Rücktrittsrecht wegen Verletzung der vorvertraglichen Anzeigepflicht kommt es darauf an, ob der Versicherungsnehmer gefahrerhebliche Umstände verschwiegen hat, obwohl er gemäß § 16 Abs. 1 oder Abs. 2 VVG zur Anzeige dieser Umstände gegenüber dem Versicherer verpflichtet

---

[1007] vgl. nur *Heinrichs* in Palandt, BGB, § 123 Rdn. 2.
[1008] vgl. nur *Heinrichs* in Palandt, BGB, § 123 Rdn. 2.
[1009] vgl. OLG Karlsruhe, VersR 1992, 1250 (1251); OLG Saarbrücken, VersR 1996, 488 (489); OLG Frankfurt a.M., NVersZ 2001, 115 (115).
[1010] s. unter A. I. 1. b. bb..
[1011] vgl. nur *Kramer* in MüKo zum BGB, § 123 Rdn. 16.

war.[1012] Es gelten daher die im Rahmen des Rücktrittsrechts gemachten Ausführungen zur Verletzung der vorvertraglichen Anzeigepflicht im Rahmen der spontanen Anzeigepflicht[1013] und bei Verwendung eines Fragenkatalogs im Antragsformular[1014] entsprechend.

c. Fehlvorstellung des Versicherers

Die Täuschung des Versicherungsnehmers muss eine Fehlvorstellung des Versicherers bedingen.
Eine Fehlvorstellung des Versicherers scheidet aus, wenn der Versicherer die Unvollständigkeit oder die Unrichtigkeit der Angaben des Versicherungsnehmers kennt oder erkennt. Hinsichtlich der Kenntnis des Versicherers von der Unvollständigkeit oder der Unrichtigkeit der Angaben des Versicherungsnehmers wird auf die im Rahmen des Rücktrittsrechts gemachten Ausführungen[1015] verwiesen.

2. Subjektives Tatbestandsmerkmal der arglistigen Täuschung

Subjektives Tatbestandsmerkmal der arglistigen Täuschung ist, dass der Versicherungsnehmer mit der wissentlich falschen Angabe von Tatsachen oder dem Verschweigen anzeige- und offenbarungspflichtiger Umstände auf die Entschließung des Versicherers, seinen Versicherungsantrag anzunehmen, Einfluss nehmen will und sich bewusst ist, dass der Versicherer bei wahrheitsgemäßen Angaben möglicherweise nicht oder nur unter erschwerten Bedingungen den Antrag annehmen würde.[1016]

a. Kenntnis von der Unrichtigkeit seiner Angaben

Der Versicherungsnehmer muss zunächst Kenntnis von der Unrichtigkeit seiner Angaben haben oder sich dieser Kenntnis bewusst verschlossen haben. Beding-

---

[1012] vgl. OLG Köln, VersR 1996, 831 (831).
[1013] s. unter A. I. 1. a..
[1014] s. unter A. I. 1. b. bb..
[1015] unter A. II. 1. a..
[1016] vgl. RGZ 128, 116 (121); RGZ 134, 43 (53); BGH, VersR 1985, 156 (157); BGH, VersR 1993, 170 (171); OLG Hamm, NVersZ 2000, 166 (166); OLG Koblenz, VersR 2002, 222 (222); *Voit (sen.)*, Berufsunfähigkeitsversicherung, Rdn. 238; *Voit (jun.)* in BK zum VVG, § 22 Rdn. 27; *Prölss* in Prölss/Martin, VVG, § 22 Rdn. 4, 8, 9.

ter Vorsatz hinsichtlich etwaiger falscher Antworten reicht für die Annahme des Täuschungsvorsatzes aus.[1017]
Das OLG Hamm[1018] hat demzufolge in dem Fall, dass der Versicherungsnehmer bei Beantwortung der Fragen Umstände als sicher dargestellt hat, obwohl er nicht weiß, ob die Angaben richtig oder falsch sind, also Angaben „ins Blaue hinein" macht, und dabei damit rechnet oder in Kauf nimmt, dass sie auch unrichtig sein können (bedingter Vorsatz), eine arglistige Täuschung angenommen; dass ihm die Umstände tatsächlich nicht bekannt waren, sei unerheblich. Das arglistige Verhalten liege hier nämlich darin, dass dem Erklärenden, was ihm auch bewusst war, jegliche zur sachgemäßen Beantwortung erforderliche Kenntnis fehlte und er gleichwohl diesen Umstand gegenüber dem anderen Teil verschwiegen habe.[1019]
Stellt der Versicherungsnehmer dagegen nicht bewusst etwas Unsicheres als sicher dar, sondern hat er nur aus Fahrlässigkeit die Unrichtigkeit der Behauptung nicht erkannt, ist ein Täuschungsvorsatz zu verneinen.[1020] Ebenso fehlt ihm die Kenntnis von der Unrichtigkeit seiner Angaben, wenn er seine Angabe irrtümlich – sei es auch aus grober Fahrlässigkeit – für richtig hält.[1021]
Eine Kenntnis von der Unrichtigkeit seiner Angaben scheidet ferner aus, wenn der Versicherungsnehmer eine objektiv eindeutige Frage anders verstanden und aus seiner Sicht zutreffend beantwortet,[1022] oder wenn es sich um objektiv unklare oder mehrdeutige Fragen gehandelt hat[1023].

b. Wille zur Irrtumserregung und Bewusstsein der Beeinflussung der Entschließung des Versicherers durch die Irrtumserregung

Die zweite Komponente des subjektiven Tatbestandsmerkmals der arglistigen Täuschung setzt sich zusammen aus dem Willen des Versicherungsnehmers, auf die Entschließung des Versicherers Einfluss zu nehmen, und dem Bewusstsein des Versicherungsnehmers, dass der Versicherer seinen Antrag bei wahrheits-

---

[1017] vgl. nur *Prölss* in Prölss/Martin, VVG, § 22 Rdn. 4.
[1018] OLG Hamm, VersR 1990, 765 (765); vgl. generell zum Vorliegen von Arglist, wenn der Handelnde, obwohl er mit der möglichen Unrichtigkeit seiner Angaben rechnet, „ins Blaue hinein" unrichtige Angaben macht BGH, NJW 1975, 642 (645).
[1019] BGH, NJW 1980, 2460 (2461); s. auch OLG Hamm, VersR 1990, 765 (765).
[1020] *Kramer* in MüKo zum BGB, § 123 Rdn. 9; *Hefermehl* in Soergel, BGB, § 123 Rdn. 26.
[1021] *Kramer* in MüKo zum BGB, § 123 Rdn. 9; *Hefermehl* in Soergel, BGB, § 123 Rdn. 26.
[1022] OLG Hamm, RuS 1993, 351 (351); OLG Hamm, RuS 1990, 168 (169, 170); KG, MDR 1998, 744 (744).
[1023] OLG Frankfurt a.M., VersR 1992, 41 (42); KG, MDR 1998, 744 (744).

gemäßer Beantwortung der an ihn gerichteten Fragen nicht oder nur unter erschwerten Bedingungen annehmen würde.[1024]

3. Kausalität

Die arglistige Täuschung muss schließlich für den Annahmeentschluss des Versicherers ursächlich geworden sein.
Der Versicherer dürfte den Vertrag nicht oder nicht mit diesem Inhalt abgeschlossen haben, wenn er nicht der täuschungsbedingten Fehlvorstellung unterlegen wäre.[1025] Eine Kausalität ist daher zu bejahen, wenn der Versicherer den Vertrag zwar auch ohne die Täuschung abgeschlossen, jedoch bei Kenntnis der wahren Umstände auf einem Risikozuschlag oder einem Risikoausschluss bestanden hätte.[1026] Ebenso wie bei der Frage der Gefahrerheblichkeit gemäß § 16 Abs. 1 S. 1 VVG kommt es für den Ursachenzusammenhang zwischen arglistiger Täuschung und Vertragsabschluss darauf an, welche Geschäftsgrundsätze der Versicherer bei der Risikoprüfung anwendet.[1027]

4. Täuschung durch am Abschluss des Versicherungsvertrages beteiligte Personen

Als Täuschender kommt grundsätzlich nur der Versicherungsnehmer in Betracht. Als von ihm verübte Täuschung wird aber auch eine Täuschung von am Abschluss des Versicherungsvertrages beteiligten Personen angesehen, die ihm zugerechnet werden können.

Gibt ein aktiver oder passiver Stellvertreter des Versicherungsnehmers entweder bewusst oder unbewusst, weil der vertretene Versicherungsnehmer ihm Informationen gezielt vorenthalten hat, eine arglistige Täuschung ab, wird dem Ver-

---

[1024] vgl. BGH, VersR 1957, 351 (352); BGH, NJW-RR 1991, 411 (412); *Prölss* in Prölss/Martin, VVG, § 22 Rdn. 2, 4.

[1025] vgl. *Bruck/Möller*, VVG, § 22 Anm. 15.

[1026] OLG Köln, VersR 1996, 831 (832); OLG Frankfurt a.M., RuS 2003, 165 (166).Hingegen ist die Kausalität einer arglistigen Täuschung bei Abschluss eines Versicherungsvertrages, der die Gewährung vorläufigen (sofortigen) Versicherungsschutzes betrifft, zu verneinen (vgl. OLG Saarbrücken, VersR 2004, 50 (51)). In dem Fall übernimmt der Versicherer das Risiko des Versicherungsnehmers ohne irgendeine Prüfung der von ihm im Versicherungsantrag gestellten Fragen. Folglich beeinflussen die Antworten des Versicherungsnehmers den Vertragsschluss über die Gewährung vorläufiger Deckung in keiner Weise.

[1027] *Prölss* in Prölss/Martin, VVG, § 22 Rdn. 6; OLG Frankfurt a.M., VersR 2002, 1134 (1135).

sicherungsnehmer das Verhalten seines Vertreters gemäß § 166 Abs. 2 BGB zugerechnet.[1028]
Dem Versicherungsnehmer werden ferner täuschende Angaben der von ihm als Wissenserklärungsvertreter[1029] eingesetzten Personen gemäß § 166 BGB analog zugerechnet.[1030] Entscheidend ist dabei, dass die Hilfsperson bei der ihr vorgeworfenen Handlung im Rahmen der ihr vom Versicherungsnehmer übertragenen Aufgabe tätig geworden ist. Dazu reicht aus, dass sie nach den tatsächlichen Verhältnissen mit dem Willen des Versicherungsnehmers bei der Erfüllung der diesem obliegenden Verbindlichkeiten als Hilfsperson tätig wird, z.B. Antworten auf die Antragsfragen gibt, wobei eine maßgebliche Beteiligung nicht erforderlich ist.
Täuscht ein Verhandlungsgehilfe[1031] des Versicherungsnehmers den Versicherer arglistig, rechnet der BGH[1032] dem Versicherungsnehmer die arglistige Täuschung seines Verhandlungsgehilfen gemäß § 278 BGB zu.[1033] Eine Einschränkung dieser Zurechnung selbst in dem Fall, dass der Verhandlungsgehilfe Interessen verfolgt, die denen des Versicherungsnehmers zuwiderlaufen,[1034] lehnt der BGH[1035] ab.
Auch die arglistige Täuschung eines Versicherungsmaklers wird dem Versicherungsnehmer zugerechnet, wenn der Versicherungsmakler „in dessen Lager"

[1028] § 19 VVG ist im Rahmen des § 22 VVG nicht anwendbar, wie sich aus seinem Wortlaut, der sich auf den Rücktritt beschränkt, und aus seinem Standort innerhalb der §§ 16 ff. VVG ergibt (vgl. RGZ 128, 116 (120); OLG Düsseldorf, VersR 1963, 229 (230); *Bruck/Möller*, VVG, § 22 Anm. 12; *Prölss* in Prölss/Martin, VVG, § 22 Rdn. 1).

[1029] s. Definition des Wissenserklärungsvertreters im 2. Kapitel unter D. II. 2. a..

[1030] Der Wissenserklärungsvertreter ist kein „Dritter" i.S. des § 123 Abs. 2 BGB (vgl. OLG Koblenz, VersR 2004, 849 (850)).

[1031] Der Verhandlungsgehilfe wird nach dem Willen des Versicherungsnehmers als dessen Hilfsperson in die Verhandlungen zum Abschluss eines Versicherungsvertrages eingeschaltet (BGH, RuS 1990, 95 (95)).

[1032] BGH, VersR 1989, 465 (466).

[1033] Der Verhandlungsgehilfe ist kein „Dritter" i.S. des § 123 Abs. 2 BGB (vgl. BGH, RuS 1990, 95 (95)).

[1034] so OLG Hamm, VersR 1988, 458 (459), das in dem Fall eine Einschränkung der Anwendung des § 278 BGB befürwortete, da eine solche nicht gerechtfertigt erscheine, wenn sich die Schädigungsabsicht des Gehilfen in erster Linie gerade gegen seinen Auftraggeber richte; zustimmend *Kramer* in MüKo zum BGB, § 123 Rdn. 23 Fn. 145.

[1035] s. BGH, VersR 1989, 465 (466, 467) (Revisionsentscheidung zu OLG Hamm, VersR 1988, 458 ff.), der zur Begründung seiner Entscheidung anführt, dass derjenige, der einen Dritten als Verhandlungsgehilfen einsetze, auch das Risiko eines interessewidrigen Tätigwerdens des Dritten tragen müsse. Für den Versicherer sei es ohne Bedeutung, ob zwischen dem Versicherungsnehmer und dem Verhandlungsgehilfen Interessenparallelität oder Interessengegensätze bestünden.

steht.[1036] Das ist der Fall, wenn er entweder kraft ausdrücklicher Bevollmächtigung durch den Versicherungsnehmer oder lediglich in dessen Interessenbereich tätig wird. In der ersten Situation liegt eine Stellvertretung vor, die zu einer Zurechnung gemäß § 166 Abs. 2 BGB führt. In der zweiten Situation ist eine Wissensvertretung gegeben, bei deren Vorliegen eine Zurechnung der Erklärungen des Wissensvertreters nach § 166 BGB analog erfolgt.[1037]
Der vom Versicherungsnehmer beauftragte Arzt ist Wissenserklärungsvertreter des Versicherungsnehmers, wodurch dem Versicherungsnehmer die Erklärungen des Arztes und damit auch eine arglistige Täuschung des Arztes analog § 166 BGB zugerechnet werden.[1038]

Nicht dem Versicherungsnehmer, sondern dem Versicherer sind hingegen die Erklärungen des Versicherungsagenten zuzurechnen.[1039] Dies gilt gleichermaßen für den Abschluss- wie auch den Vermittlungsagenten, der als aktiver bzw. passiver Vertreter des Versicherers tätig wird.[1040]
Eine Zurechnung des Handelns des Versicherungsmaklers findet ausnahmsweise auf Seiten des Versicherers statt, wenn er von diesem ausdrücklich bevollmächtigt worden ist, seine Interessen wahrzunehmen, wenn Tatsachen vorliegen, die auf eine solche Bevollmächtigung konkludent schließen lassen, oder wenn das Handeln des Versicherungsmaklers dem Versicherer nach den Regeln der Duldungs- oder Anscheinsvollmacht zuzurechnen ist.[1041]
Auch das Handeln des vom Versicherer beauftragten Arztes ist dem Versicherer zuzurechnen, da der Arzt passiver Stellvertreter des Versicherers ist.[1042]

Einen Sonderfall bildet in diesem Zusammenhang die im Falle der Fremdversicherung versicherte Person. Gemäß § 9 Nr. 10 BUZ i.V.m. § 6 Nr. 4 ALB und § 9 Nr. 4 BUV kann der Versicherer im Falle der Versicherung einer fremden Person auch dann anfechten, wenn nur der Versicherte den Versicherer arglistig getäuscht hat und der Versicherungsnehmer selbst davon nichts wusste. Diese Regelung geht über die gesetzliche Regelung des § 123 Abs. 2 S. 1 BGB hin-

---

[1036] Der Versicherungsmakler ist kein „Dritter" i.S. des § 123 Abs. 2 BGB (vgl. nur OLG Saarbrücken, VersR 2004, 50 (51)).
[1037] vgl. dazu die Ausführungen im 2. Kapitel unter D. II. 1. b. aa.
[1038] vgl. dazu die Ausführungen im 2. Kapitel unter D. II. 2. a..
[1039] Der Versicherungsagent wird als „Dritter" i.S. des § 123 Abs. 2 BGB angesehen (vgl. nur *Prölss* in Prölss/Martin, VVG, § 22 Rdn. 1).
[1040] vgl. dazu die Ausführungen im 2. Kapitel unter D. II. 1. a. aa. u. bb..
[1041] vgl. dazu die Ausführungen im 2. Kapitel unter D. II. 1. b. bb..
[1042] vgl. dazu die Ausführungen im 2. Kapitel unter D. II. 2. b..

aus,[1043] ist aber weder überraschend gemäß § 305 c BGB noch benachteiligt sie den Versicherer unangemessen gemäß § 307 BGB. Allen Beteiligten ist klar, dass der Versicherer für seine Risikoprüfung auf die Angaben der Gefahrperson angewiesen ist und ein berechtigtes Interesse daran hat, sich vom Vertrag lösen zu können, wenn er von der Gefahrperson arglistig getäuscht wird.[1044]

5. Beweislast

Der Versicherer als der Anfechtende trägt die Beweislast für das Vorliegen der Voraussetzungen der arglistigen Täuschung.[1045]

In Bezug auf den Nachweis der Arglist des Versicherungsnehmers gibt es keinen allgemeinen Satz der Lebenserfahrung des Inhalts, dass eine bewusst unvollständige oder unrichtige Beantwortung von Antragsfragen immer oder nur in der Absicht erfolgt, auf den Willen des Versicherers Einfluss zu nehmen.[1046] Deshalb muss der Versicherer entsprechend den allgemeinen Beweislastregeln nachweisen, dass der Versicherungsnehmer mit Hilfe der unterlassenen oder falschen Erklärung auf den Willen des Versicherers einwirken wollte, sich also bewusst war, dass der Versicherer seinen Antrag nicht oder möglicherweise nur mit erschwerten Bedingungen annehmen würde, wenn die Fragen vollständig und wahrheitsgemäß beantwortet worden wären.[1047] Diesbezüglich ist eine Gesamtschau des Verhaltens des Versicherungsnehmers unter vollständiger Würdigung aller Umstände vorzunehmen.[1048] Da es sich bei dem Bewusstsein des Versicherungsnehmers um eine innere Tatsache handelt, kann der Beweis regelmäßig nur durch einen Indizienbeweis geführt werden.[1049] Wesentliche Indizien für das Vorliegen von Arglist können sich ergeben aus Art, Umfang und Bedeutung der unvollständigen und unrichtigen Angaben, aus dem Persönlichkeitsbild des Versicherungsnehmers, seinem Bildungsstand, den besonderen

---

[1043] Gemäß § 123 Abs. 2 S. 1 BGB ist eine Erklärung, die einem anderen gegenüber abzugeben war, in dem Fall, dass ein Dritter die Täuschung verübt hat, nur anfechtbar, wenn der Erklärungsempfänger die Täuschung kannte oder kennen musste.

[1044] BGH, VersR 1991, 1404 (1405); *Prölss* in Prölss/Martin, VVG, § 22 Rdn. 1; *Voit (sen.)*, Berufsunfähigkeitsversicherung, Rdn. 240.

[1045] BGH, NJW 1957, 988 (988); *Prölss* in Prölss/Martin, VVG, § 22 Rdn. 5; *Terbille* in van Bühren, Handbuch des Versicherungsrechts, § 14 Rdn. 382.

[1046] vgl. OLG Saarbrücken, VersR 2004, 50 (51); OLG Koblenz, VersR 2002, 222 (222); OLG München, RuS 2001, 84 (85); *Benkel/Hirschberg*, ALB- und BUZ-Kommentar, § 6 ALB Rdn. 85; *Prölss* in Prölss/Martin, VVG, § 22 Rdn. 5.

[1047] OLG Saarbrücken, VersR 1996, 488 (489).

[1048] BGH, VersR 1994, 1457 (1458); OLG Frankfurt a.M., VersR 2002, 1134 (1135).

[1049] OLG Saarbrücken, VersR 2004, 50 (51); OLG Koblenz, NVersZ 2001, 503 (503).

Umständen beim Ausfüllen des Versicherungsantrages und der Art der in Frage stehenden Versicherung.[1050]
Nach den allgemeinen Grundsätzen hat der Versicherungsnehmer die Umstände, die seiner Sphäre angehören, wie z.B. die Gründe für die Falschangaben, im Rahmen der Beweisführung für das Vorliegen von Arglist darzutun, da der Versicherer diese nicht kennen kann.[1051]
Bezüglich der Annahme von Arglist hat sich in der Rechtsprechung die Regel herausgebildet, dass das Verschweigen schwerer oder erkennbar chronischer Erkrankungen oder die Vorenthaltung von Krankenhausaufenthalten sowie die deutliche Verharmlosung eines Krankheitsbildes eine arglistige Täuschung indiziert.[1052] Dagegen genügt das Verschweigen leichterer Erkrankungen oder solcher, die vom Versicherungsnehmer als solche angesehen werden, nicht für die Annahme von Arglist.[1053]
Den Nachweis des ursächlichen Zusammenhangs zwischen der Täuschung und seinem Annahmeentschluss kann der Versicherer nach den Regeln des Beweises des ersten Anscheins führen.[1054] Dieser ist geführt, wenn es der Lebenserfahrung widerspricht, dass ein Versicherer eine bestimmte Krankheit im Rahmen einer Berufsunfähigkeits- oder Lebensversicherung als bedingungslos versicherbar angesehen und bei Kenntnis aller Umstände den Versicherungsantrag ohne Einschränkung angenommen hätte.[1055] Gegebenenfalls muss der Versicherer seine Annahmegrundsätze offen legen.[1056] Von einer Substantiierung im Einzelnen ist er befreit, wenn die Bedeutung des fraglichen Umstandes auf der Hand liegt.[1057]

[1050] BGH, VersR 1957, 988 (989); OLG Saarbrücken, VersR 1996, 488 (489); OLG Saarbrücken, VersR 2004, 50 (51); *Benkel/Hirschberg*, ALB- und BUZ-Kommentar, § 6 ALB Rdn. 86.

[1051] vgl. BGH, VersR 1971, 142 (144); OLG Hamm, RuS 1992, 358 (359); OLG München, RuS 2001, 84 (85); OLG Frankfurt a.M., NVersZ 2002, 401 (402); *Prölss* in Prölss/Martin, VVG, § 22 Rdn. 5; *Langheid* in Römer/Langheid, VVG, § 22 Rdn. 6.

[1052] vgl. nur OLG Frankfurt a.M., RuS 2003, 165 (166); OLG Koblenz, VersR 2004, 849 (850).

[1053] vgl. BGH, VersR 1985, 156 (157); OLG Koblenz, NVersZ 2001, 503 (503).

[1054] so die h.M. vgl. nur *Prölss* in Prölss/Martin, VVG, § 22 Rdn. 6; OLG München, RuS 2001, 84 (85); OLG Saarbrücken, VersR 1996, 488 (489); OLG Hamm, RuS 1996, 199 (200).

[1055] vgl. OLG München, RuS 2001, 84 (85).

[1056] vgl. *Lücke*, VersR 1996, 785 (787).

[1057] vgl. dazu die Ausführungen im 2. Kapitel unter A. II. 2. d..

II. Ausschluss des Anfechtungsrechts wegen arglistiger Täuschung

1. Ausschluss der Berechtigung zur Anfechtung bei Unterlassen der Risikoprüfungsobliegenheit durch den Versicherer

Unterlässt der Versicherer grob fahrlässig seine Risikoprüfungsobliegenheit vor Vertragsannahme, ist sein Rücktrittsrecht aus §§ 16 ff. VVG ausgeschlossen.[1058] Fraglich ist, ob das grob fahrlässige Unterlassen der Risikoprüfungsobliegenheit durch den Versicherer auch zu einem Ausschluss seines Rechts zur Anfechtung wegen arglistiger Täuschung führt.

a. Die Auffassung der Rechtsprechung

Der BGH[1059] vertrat in seiner ersten Entscheidung zur Risikoprüfungsobliegenheit vom 25.3.1992 die Auffassung, dass bei Unterlassen einer ordnungsgemäßen Risikoprüfung neben dem Rücktrittsrecht auch das Recht zur Anfechtung wegen arglistiger Täuschung ausgeschlossen sei. Den Ausschluss der Anfechtung begründete der BGH dabei für beide Rechte einheitlich, so dass auf die vorherigen Ausführungen im Rahmen des Rücktrittsrechts[1060] verwiesen wird.
Zusammenfassend ist herauszustellen, dass der BGH die Verpflichtung des Versicherers zur sorgfältigen Prüfung der Angaben des Versicherungsnehmers vor Antragsannahme aus der bestimmenden Stellung des Versicherers herleitet, die sich insbesondere in der Verwendung von Antragsformularen widerspiegelt. In den Antragsformularen mache der Versicherer dem Versicherungsnehmer durch die Auswahl der Fragen Vorgaben, welche Angaben er für seine Antragsannahmeprüfung benötige, denen aber nur dann eine Berechtigung zuerkannt werden könne, wenn sich der Versicherungsnehmer darauf verlassen dürfe, dass der Versicherer alle erfragten Angaben durchlesen und in seine Prüfung einbringen werde.[1061]
Der Versicherer sei aufgrund seiner durch Sachwissen und Geschäftserfahrung überlegenen Stellung verpflichtet, eine ordnungsgemäße Risikoprüfung vor Vertragsschluss durchzuführen, wie es die §§ 16 ff. VVG durch die Regelung der vorvertraglichen Anzeigepflicht voraussetzen. Dem durch die §§ 16 ff. VVG verfolgten Zweck der Schaffung klarer Verhältnisse vor Vertragsschluss würde es zuwiderlaufen, wenn der Versicherer seiner Verpflichtung zur ordnungsgemäßen Risikoprüfung vor Vertragsschluss nicht nachkomme, sich aber auf sol-

1058 s. unter A. II. 3. c. cc..
1059 BGH, VersR 1992, 603 (604).
1060 s. unter A. II. 3. a..
1061 vgl. BGH, VersR 1992, 603 (604).

che Umstände, die er bei ordnungsgemäßem Risikoprüfungsverfahren erfahren hätte, zur Begründung eines Rücktritts berufen würde. Die Verpflichtung des Versicherers zu einem korrekten Vorgehen bleibe auch dann bestehen, wenn der Versicherer Anlass zu der Annahme hätte, der Antragsteller habe versucht, ihn arglistig zu täuschen.[1062]
In seinen nachfolgenden Entscheidungen[1063] zur Risikoprüfungsobliegenheit erörtert der BGH die Rechtsfolgen des Unterlassens der Risikoprüfungsobliegenheit lediglich in Bezug auf das Rücktrittsrecht und geht auf die Situation bei Ausübung des Anfechtungsrechts wegen arglistiger Täuschung nicht ein.

Auch einige Instanzgerichte[1064] vertreten unter Hinweis auf das Urteil des BGH vom 25.3.1992 und die vom BGH dort aufgeführten Gründe die Auffassung, dass dem Versicherer das Recht der Arglistanfechtung zu versagen sei, wenn er eine sorgfältige Risikoprüfung unterlassen habe. Eine Begründung ihrer Auffassung geben die Gerichte nicht.

In jüngerer Zeit wächst jedoch die Anzahl von Urteilen anderer Instanzgerichte[1065], die dem Versicherer, auch wenn dieser seiner Risikoprüfungsobliegenheit nicht sorgfältig nachgekommen ist, sein Recht nicht verwehren, den Vertrag wegen arglistiger Täuschung anzufechten.
Als Begründung ihrer Auffassung führen sie an, dass der Versicherungsnehmer, der sich den Vertrag arglistig erschlichen hat, nicht schutzwürdig sei.[1066] Dies folge aus einer wertenden Betrachtung der Verhaltensweise des Versicherungsnehmers und des Versicherers im Falle der Anfechtungssituation.[1067] Dem bloß nachlässigen Handeln des Versicherers bei Verletzung seiner Risikoprüfungsobliegenheit stünde die qualitativ schwer wiegendere Arglist des Versicherungsnehmers gegenüber. Es sei damit ein erhebliches Ungleichgewicht zwischen den beiden Verhaltensweisen vorhanden, so dass die Arglist des Versicherungsnehmers nicht aufgrund des Vorliegens einer Risikoprüfungsobliegenheitsverletzung durch den Versicherer folgenlos bleiben könne.[1068]

[1062] BGH, VersR 1992, 603 (604).
[1063] BGH, VersR 1993, 871 (872); BGH, VersR 1995, 80 (81); BGH, NVersZ 2000, 166 (167, 168), BGH, VersR 2001, 1541 (1542).
[1064] OLG Saarbrücken, VersR 1996, 488 (490); OLG Koblenz, RuS 1998, 50 (51); OLG Köln, ZfS 1997, 105 (106); KG, VersR 1998, 1362 (1362).
[1065] OLG Frankfurt a.M., NVersZ 2001, 115 (117); OLG Hamm, VersR 1982, 85 (86); OLG Hamm, VersR 2002, 342 (343, 344); OLG Düsseldorf, NVersZ 2002, 554 (555); LG Konstanz, VersR 1997, 1082 (1083); LG Berlin, RuS 2002, 490 (492).
[1066] vgl. OLG Hamm, VersR 2002, 342 (343); OLG Frankfurt a.M., NVersZ 2001, 115 (117).
[1067] vgl. OLG Hamm, VersR 2002, 342 (343); OLG Frankfurt a.M., NVersZ 2001, 115 (117).
[1068] vgl. LG Berlin, RuS 2002, 490 (492).

b. Meinungsstand in der Literatur

aa. Die Auffassung von Prölss, Wehrenberg und Dehner

Prölss[1069], Wehrenberg[1070] und Dehner[1071] verneinen die Möglichkeit einer Anfechtung des Versicherungsvertrages wegen arglistiger Täuschung, wenn der Versicherer seine Risikoprüfungsobliegenheit verletzt hat.

Prölss[1072] verweist zur Begründung dieser Auffassung auf die Gründe, die bei Verletzung der Risikoprüfungsobliegenheit durch den Versicherer einen Rücktritt entfallen lassen. Die Annahme einer vorvertraglichen Risikoprüfungsobliegenheit beruhe auf der Pflicht des Versicherers, dem Versicherungsnehmer vor Vertragsschluss Klarheit und Sicherheit über den Bestand des Versicherungsvertrages zu verschaffen. Daher sei dem Versicherer ein Berufen auf sein Rücktrittsrecht zu versagen, wenn er den Versicherungsnehmer sehenden Auges in eine vertragliche Bindung hineinziehe, von der er weiß, dass sie seiner Disposition unterliege, weil er mit der Möglichkeit rechne, sich später seiner Leistungspflicht durch Rücktritt entziehen zu können. Dabei spiele es keine Rolle, ob der Versicherungsnehmer billigerweise mit dem Vertragsschluss rechnen durfte oder nicht. Diese Grundsätze ließen daher auch bei arglistiger Täuschung des Versicherungsnehmers die Möglichkeit einer Anfechtung wegen arglistiger Täuschung entfallen.

Wehrenberg[1073] und Dehner[1074] sehen eine arglistige Täuschung bei Unterlassen der Risikoprüfung durch den Versicherer als tatbestandlich gar nicht möglich an. Es käme in dieser Situation nur zu einer versuchten Täuschung, die nicht unter den Tatbestand des § 123 BGB falle.

Wehrenberg verneint die Vollendung der Täuschung mangels Vorhandenseins eines „Anderen", der sich täuschen lässt.[1075]

Nach Dehner liegt nur der der Versuch einer Täuschung vor, da der Versicherer, der eine Risikoprüfung nicht durchführe, die Angaben des Versicherungsnehmers gar nicht zur Kenntnis nehmen würde.[1076] Falls dies ausnahmensweise der

---

1069 *Prölss* in Prölss/Martin, VVG, § 22 Rdn. 8 i.V.m. §§ 16, 17 Rdn. 25.
1070 *Wehrenberg*, NJW 1975, 816 (816, 817).
1071 *Dehner*, NJW 1992, 3007 (3008).
1072 *Prölss* in Prölss/Martin, VVG, § 22 Rdn. 8 i.V.m. §§ 16, 17 Rdn. 25.
1073 *Wehrenberg*, NJW 1975, 816 (816, 817).
1074 *Dehner*, NJW 1992, 3007 (3008).
1075 *Wehrenberg*, NJW 1975, 816 (816).
1076 *Dehner*, NJW 1992, 3007 (3008).

Fall seien sollte, würde für die Annahme einer vollendeten Täuschung die Ursächlichkeit der Täuschung für den Abschluss des Rechtsgeschäfts fehlen.[1077]

bb. Die herrschende Auffassung in der Literatur

Der Großteil der Literatur[1078] bejaht das Bestehen eines Anfechtungsrechts des Versicherers wegen arglistiger Täuschung des Versicherungsnehmers trotz Verletzung der Risikoprüfungsobliegenheit durch den Versicherer.
Langheid[1079] macht dem Versicherungsnehmer den Vorwurf der besonders subtilen Täuschung, die durch ein Festhalten am Vertrag nicht privilegiert werden dürfe, wenn dem Versicherer im Gegenzug bei der Risikoprüfungsobliegenheitsverletzung nur Fahrlässigkeit zur Last gelegt werden könne.
Auch Müller–Frank und Scherff[1080] weisen darauf hin, dass zwei verschiedene Verschuldensmaßstäbe vorliegen, wobei das schwächere Verschulden der Fahrlässigkeit auf Seiten des Versicherers nicht zu einer Einschränkung seiner Rechte führen dürfe, wenn auf Seiten des Versicherungsnehmers ein höherer Grad des Verschuldens in Form von Arglist vorliege.
Römer[1081] betont zunächst das Erfordernis einer Unterscheidung zwischen einer Versagung des Rechts zum Rücktritt und des Rechts zur Anfechtung wegen arglistiger Täuschung.[1082] Für die Gewährung der Arglistanfechtung sprächen dabei systematische Gesichtspunkte. Er hebt die vom Gesetzgeber bewusst gewählte, getrennte Regelung des Rechts zum Rücktritt (§§ 16 ff. VVG) und des Rechts zur Arglistanfechtung (§ 22 VVG) heraus und folgert daraus die Unab-

1077 *Dehner*, NJW 1992, 3007 (3008).
1078 *Langheid* in Römer/Langheid, VVG, § 22 Rdn. 8; *Schimikowski*, Versicherungsvertragsrecht, Rdn. 191; *Lücke*, VersR 1994, 128 (129); ders., VersR 1996, 785 (790); *Müller-Frank/Scherff*, VersR 1998, 1362 (1364); *Voit (jun.)* in BK zum VVG, § 22 Rdn. 18; *Knappmann*, RuS 1996, 81 (83); *Lorenz*, VersR 1993, 513 (517); *Müller-Frank*, Aktuelle Rechtsprechung zur Berufsunfähigkeits-(Zusatz-)Versicherung, S. 281-285; *Dreher*, JZ 1992, 926 (927, 928); *Römer*, RuS 1998, 45 (48, 49), der jedoch die Möglichkeit der Arglistanfechtung nicht explizit ausspricht; Bedenken gegen einen Ausschluss der Arglistanfechtung bei Risikoprüfungsobliegenheitsverletzung auch bei *Voit (sen.)*, Berufsunfähigkeitsversicherung, Rdn. 193 u. *Hübner/Matusche*, LM VVG § 16 Nr. 18.
1079 *Langheid* in Römer/Langheid, VVG, § 22 Rdn. 8.
1080 *Müller-Frank/Scherff*, VersR 1998, 1362 (1364).
1081 *Römer*, RuS 1998, 45 (48, 49).
1082 Auch *Müller-Frank/Scherff*, VersR 1998, 1362 (1364), sehen die Unterschiedlichkeit von Rücktritt und Arglistanfechtung als Argument für die Möglichkeit einer Arglistanfechtung an.

hängigkeit der in den §§ 16 ff. VVG verankerten Risikoprüfungsobliegenheit von dem Recht der Arglistanfechtung.[1083]
Desweiteren führt er an, ebenso wie auch Voit (sen.)[1084] und Schimikowski[1085], dass die Anwendung des Grundsatzes von Treu und Glauben, um dem Versicherer bei fahrlässig unterlassener Risikoprüfung sein Rücktrittsrecht zu versagen, nicht gerechtfertigt erscheine, wenn auf der anderen Seite ein arglistig handelnder Versicherungsnehmers stehe. Ein Festhalten am Vertrag durch Ausschluss der Anfechtungsmöglichkeit des Versicherers würde zu einer unangemessenen Protektion des arglistig Handelnden führen, der jedoch keine Schutzwürdigkeit verdiene[1086].
Römer verweist schließlich auf den Willen des Versicherers. Bei Unterlassen einer ordnungsgemäßen Risikoprüfung könne man zwar von einem Verzicht des Versicherers auf sein Rücktrittsrecht schließen, aber bei einer arglistigen Täuschung durch den Versicherungsnehmer könne man nicht annehmen, dass der Versicherer auf sein Anfechtungsrecht verzichte.[1087]
Voit (jun.)[1088] argumentiert mit dem allgemeinen zivilrechtlichen Grundsatz, nach dem selbst derjenige das Anfechtungsrecht behält, der es dem Täuschenden leicht gemacht hat, eine Fehlvorstellung zu erwecken, d.h. der die Sachlage aus Fahrlässigkeit, auch aus grober Fahrlässigkeit nicht kannte, da es auf das Verschulden des Getäuschten nicht ankommt. Die Risikoprüfungsobliegenheit rechtfertige sich aus dem Gedanken, dass die Anzeigeobliegenheit des Versicherungsnehmers zum Zwecke der Risikoprüfung angeordnet ist. Die Risikoprüfungsobliegenheit beinhalte aber nicht die Aufgabe, alle Angaben des Versicherungsnehmers nachzuprüfen. Würde man dem Versicherer bei arglistiger Täuschung des Versicherungsnehmers ein Anfechtungsrecht bei Verletzung der Risikoprüfungsobliegenheit versagen, würde man ihm eine generelle Nachprüfung und nicht eine sachgerechte Risikoprüfung auferlegen.
Müller–Frank[1089] zieht aus dem genannten allgemeinen zivilrechtlichen Grundsatz ebenfalls den Schluss, dass eine fahrlässige Verletzung der Risikoprüfungsobliegenheit durch den Versicherer dessen Anfechtungsrecht nicht ausschließe.

1083 so auch *Müller-Frank*, Aktuelle Rechtsprechung zur Berufsunfähigkeits-(Zusatz-) Versicherung, S. 282; in die Richtung auch *Knappmann*, RuS 1996, 81 (83), der hervorhebt, dass aus § 22 VVG folge, dass die Anfechtung gemäß § 123 BGB nicht ausgeschlossen sei.
1084 *Voit (sen.)*, Berufsunfähigkeitsversicherung, Rdn. 193.
1085 *Schimikowski*, Versicherungsvertragsrecht, Rdn. 191.
1086 so auch *Lücke*, VersR 1994, 128 (129); *Lorenz*, VersR 1993, 513 (517); *Dreher*, JZ 1992, 926 (927).
1087 s. auch *Müller-Frank/Scherff*, VersR 1998, 1362 (1364).
1088 *Voit (jun.)* in BK zum VVG, § 22 Rdn. 18.
1089 *Müller-Frank*, Aktuelle Rechtsprechung zur Berufsunfähigkeits-(Zusatz-)Versicherung, S. 282.

Außerdem bestünde bei einer arglistigen Täuschung über nicht gefahrerhebliche Umstände ohnehin keine Nachfrageobliegenheit, so dass eine nicht begründbare Ungleichbehandlung zwischen einer Täuschung über gefahrerhebliche und einer Täuschung über nicht gefahrerhebliche Umstände aufträte.
Auch Knappmann[1090] verweist auf den von Voit (jun.) herangezogenen allgemeinen zivilrechtlichen Grundsatz, mit dem Hinweis darauf, dass die Unvorsichtigkeit oder Vertrauensseligkeit des Getäuschten unter Umständen seinen Schadensersatzanspruch berühren, jedoch nicht eine Anfechtung ausschließen würden.
Dreher[1091] bringt vor, dass eine Nichtzulassung des Anfechtungsrechts einen erheblichen Widerspruch im Verhalten des Versicherungsnehmers unter grober Missachtung der Interessen des Versicherers unterstützen würde. Es sei nicht einsichtig, warum jemand, der arglistig Unklarheiten bei Vertragsschluss herbeigeführt und dementsprechend gegenüber dem Versicherer ein überlegenes Sachwissen habe, sich später gegenüber dem Versicherer auf diese Unklarheiten in der Gefahrenlage zu seinen Gunsten soll berufen dürfen.
Hübner und Matusche[1092] deuten auf die Missbrauchsgefahr hin, die durch die Versagung der Arglistanfechtung bei Unterlassen einer sorgfältigen Risikoprüfung erheblich gefördert würde.

c. Eigene Auffassung und Stellungnahme

aa. Annahme einer Risikoprüfungsobliegenheit des Versicherers

Zunächst müsste eine Risikoprüfungsobliegenheit des Versicherers auch im Rahmen des Rechts zur Arglistanfechtung gemäß § 22 VVG i.V.m. § 123 BGB bestehen.
Im Rahmen des Rücktrittsrechts nach den §§ 16 ff. VVG ergibt sich das Bestehen einer Risikoprüfungsobliegenheit des Versicherers aus dem Regelungszweck der §§ 16 – 21 VVG und aus dem Versicherungsaufsichtsrecht.[1093]
Der Regelungszweck der Anfechtung wegen arglistiger Täuschung ist der Schutz der rechtsgeschäftlichen Entschließungsfreiheit. Er beruht auf dem Gedanken, dass eine Willenserklärung nur dann Ausdruck wirklicher rechtsgeschäftlicher Selbstbestimmung ist, wenn sich die Willensbildung frei von Täuschung und Drohung vollzogen hat.[1094] Aus dem Regelungszweck der Arglistan-

---

[1090] *Knappmann*, RuS1996, 81 (83).
[1091] *Dreher*, JZ 1992, 926 (927).
[1092] *Hübner/Matusche*, LM § 16 VVG Nr. 18.
[1093] vgl. dazu die Ausarbeitung unter A. II. 3. c. aa..
[1094] *Heinrichs* in Palandt, BGB, § 123 Rdn. 1.

fechtung kann daher nicht auf die Annahme einer Risikoprüfungsobliegenheit im Rahmen der Arglistanfechtung geschlossen werden.
Das Bestehen einer Risikoprüfungsobliegenheit des Versicherers ergibt sich jedoch unabhängig von ihrer Begründung aus dem Regelungszweck der §§ 16 – 21 VVG, aus dem Versicherungsaufsichtsrecht und der in § 8 Abs. 1 Nr. 3 VAG geregelten Pflicht zur Wahrung der Belange der Versicherten.
Die §§ 16 – 21 VVG und § 22 VVG sind im Gesetz unter der Überschrift „Anzeigepflicht" zusammengefasst. Indem § 22 VVG neben § 16 Abs. 2 VVG dem Versicherer eine weitere Sanktionsmöglichkeit bei Nicht- oder Schlechterfüllung der Anzeigepflicht durch den Versicherungsnehmer an die Hand gibt, dient auch die Arglistanfechtung in § 22 VVG der Umsetzung des versicherungsrechtlichen Grundprinzips und unterstützt damit die im Versicherungsaufsichtsrecht verankerte Pflicht des Versicherers zur Wahrung der Belange der Versicherten.
Die Obliegenheit des Versicherers zur Risikoprüfung ist daher auch im Rahmen des Rechts zur Arglistanfechtung verankert.

bb. Kein Ausschluss der Arglistanfechtung bei Unterlassen der Risikoprüfung aus dem Einwand des widersprüchlichen Verhaltens gemäß § 242 BGB

Der Ausschluss des Rücktrittsrechts bei Unterlassen der Risikoprüfung basiert nach der in dieser Arbeit vertretenen Auffassung[1095] auf dem Eingreifen der aus den Rechtsätzen des § 242 BGB entwickelten Fallgruppe des widersprüchlichen Verhaltens. Insofern wäre ein Ausschluss der Arglistanfechtung bei Unterlassen der Risikoprüfung zu bejahren, wenn der Einwand des widersprüchlichen Verhaltens auch in der Situation der arglistigen Täuschung durch den Versicherungsnehmer bei Vertragsschluss vorgebracht werden kann.
Der Einwand des widersprüchlichen Verhaltens setzt voraus, dass ein Widerspruch zwischen früherem und gegenwärtigem Verhalten besteht, wodurch für den anderen Vertragsteil ein Vertrauenstatbestand geschaffen worden ist.[1096]
Durch die unbeanstandete Annahme des Versicherungsantrages setzt der Versicherer für den Versicherungsnehmer den zurechenbaren Vertrauenstatbestand, dass er seine Prüfung der vorvertraglichen Angaben des Versicherungsnehmers abgeschlossen hat und bezüglich eventuell vorhandener ungenauer Angaben

---

[1095] s. unter A. II. 3. c. bb. 3) b).

[1096] vgl. zum Nachweis des Einwands des widersprüchlichen Verhaltens durch die vier Merkmale der Zurechenbarkeit des Handelns des einen Vertragspartners, das „Vertrauen dürfen" des anderen Vertragspartners, das Treffen einer Vertrauensdisposition und die Vornahme einer Billigkeitskontrolle bereits die Ausführungen unter A. II. 3. c. bb. 3) b).

beschlossen hat, dass diese den Abschluss des Versicherungsvertrages nicht beeinträchtigen.[1097] Das Merkmal der Zurechenbarkeit des Handelns des einen Vertragspartners liegt daher vor.
Fraglich ist, ob das Merkmal des „Vertrauen dürfen" des Versicherungsnehmers im Falle einer arglistigen Täuschung gegeben ist.
Ein „Vertrauen dürfen" kann nicht angenommen werden, wenn der andere Vertragsteil leichtsinnig oder vertrauensselig ist oder selbst über ausreichende Kenntnisse und Erfahrungen verfügt, um das Verhalten seines Vertragspartners einschätzen zu können. In der Regel verfügt der Versicherer in der Situation des Vertragsschlusses gegenüber dem arglosen Versicherungsnehmer durch seine Routine über überlegenes Sachwissen und mehr Erfahrung. Dies gilt insbesondere in Bezug auf den Fragenkatalog und die mit ihm einhergehenden Pflichten für den Versicherungsnehmer sowie in Bezug auf die sich ergebenden Rechtsfolgen bei nicht ordnungsgemäßer Erfüllung dieser Pflichten. Täuscht hingegen der Versicherungsnehmer den Versicherer bei Vertragsschluss arglistig durch falsche oder unterlassene Angaben, verfügt er gegenüber dem Versicherer über ein überlegenes Wissen in Bezug auf die Beantwortung der Antragsfragen, da der Versicherer mit einer Täuschung in den Antworten nicht rechnet und den Antrag des Versicherungsnehmers nicht daraufhin untersucht. Dem bei Beantwortung der Antragsfragen arglistig täuschenden Versicherungsnehmer kann damit keine Schutzwürdigkeit seines Vertrauens auf eine ordnungsgemäße Erfüllung der dem Versicherer obliegenden Risikoprüfung zugesprochen werden.
Mangels eines „Vertrauen dürfen" des arglistig täuschenden Versicherungsnehmers greift der Einwand des widersprüchlichen Verhaltens als Begründung für einen Ausschluss des Rechts zur Arglistanfechtung bei unterlassener Risikoprüfung durch den Versicherer nicht ein.[1098]

[1097] vgl. insofern die Ausführungen unter A. II. 3. c. bb. 3) b).

[1098] Das Ergebnis der Prüfung, ob die Merkmale eines widersprüchlichen Verhaltens auch bei arglistiger Täuschung des Versicherungsnehmers vorliegen, ist, dass die Situation des Vertragsschlusses mit einem arglosen Versicherungsnehmer von der Situation des Vertragsschlusses mit einem arglistigen Versicherungsnehmer verschieden ist. Damit ist der Auffassung von *Prölss*, in Prölss/Martin, VVG, § 22 Rdn. 8 i.V.m. §§ 16, 17 Rdn. 25, dass die Grundsätze und Gedanken, welche zur Annahme einer Risikoprüfungsobliegenheit des Versicherers beim Rücktritt nach den §§ 16 ff. VVG und zur Begründung eines Ausschlusses des Rücktrittsrechts bei Unterlassen der Risikoprüfungsobliegenheit angeführt werden, auf die Situation der arglistigen Täuschung des Versicherungsnehmers übertragen werden können, kritisch zu begegnen.

cc. Ergebnis

Das Recht des Versicherers zur Arglistanfechtung bleibt bei unterlassener Risikoprüfung bestehen.[1099]

2. Andere Ausschlussgründe

a. Verzicht auf das Anfechtungsrecht

Der Versicherer kann durch Abgabe einer Verzichtserklärung oder konkludent auf das Anfechtungsrecht verzichten.
Bezüglich der Annahme eines ausdrücklichen oder konkludenten Verzichts ist auf die Ausführungen im Rahmen des Rücktrittsrechts[1100] zu verweisen, die auf die Situation der Arglistanfechtung übertragen werden können.
In der Situation der Arglistanfechtung ist allerdings im Hinblick auf einen möglichen Verzicht die Konstellation interessant, dass der Versicherer in Kenntnis des Anfechtungsgrundes zurücktritt, weil er annimmt, durch den Rücktritt leistungsfrei zu werden. Hier soll in der Rücktrittserklärung kein Verzicht auf das Anfechtungsrecht liegen.[1101]
Kündigt der Versicherer hingegen den Vertrag in Kenntnis der Anfechtungsmöglichkeit, kann darin ein Verzicht zu sehen sein.[1102]

b. Verlust des Anfechtungsrechts durch Verwirkung

Eine Verwirkung des Anfechtungsrechts kommt nur dann in Betracht, wenn der Versicherer in ganz ungewöhnlicher Weise den Versicherungsnehmer in der Annahme bestärkt hat, der Vertrag werde nicht angefochten.[1103]

1099 Der Argumentation von *Wehrenberg*, NJW 1975, 816 (816, 817), und *Dehner*, NJW 1992, 3007 (3008), die bereits das tatbestandliche Vorliegen einer arglistigen Täuschung ablehnen, ist entgegenzuhalten, dass eine Täuschung auch dann vorliegt, wenn der Getäuschte die Täuschung aus Unachtsamkeit nicht erkennt. Auf ein Verschulden des Getäuschten kommt es bei einer arglistigen Täuschung nicht an. Dementsprechend bestehen in der Situation, dass der Versicherer keine sorgfältige Risikoprüfung durchführt, keine Bedenken an dem Vorhandensein des Versicherers als dem „Anderen", der getäuscht wird sowie an der Kenntnisnahme der Täuschung durch den Versicherer. Auch die Ursächlichkeit der Täuschung ist gegeben, denn der Versicherer hätte ohne die Beantwortung der Antragsfragen, welche die Täuschung enthalten, den Versicherungsvertrag nicht geschlossen.

1100 s. dazu die Ausführungen unter A. II. 4. a..

1101 *Voit (jun.)* in BK zum VVG, § 22 Rdn. 41; vgl. auch *Prölss* in Prölss/Martin, VVG, § 22 Rdn. 17.

1102 *Voit (jun.)* in BK zum VVG, § 22 Rdn. 41.

III. Rechtswirksame Ausübung des Anfechtungsrechts wegen arglistiger Täuschung

1. Die Anfechtungsfrist

Die Anfechtung wegen arglistiger Täuschung muss gemäß § 124 BGB innerhalb einer Frist von einem Jahr nach Entdecken der Täuschung erklärt werden. Die Frist beginnt, wenn der Versicherer sichere Kenntnis von der arglistigen Täuschung erlangt hat.[1104]
Hat der Versicherungsnehmer in mehrfacher Hinsicht getäuscht, ist eine weitere Anfechtungserklärung erforderlich, solange die später entdeckte Täuschung nicht nur eine Intensivierung der bereits bekannten darstellt.[1105]
Die Anfechtungsfrist wird nur gewahrt, wenn die Anfechtungserklärung vor Fristablauf zugeht.
Es ist Sache des Versicherungsnehmers, darzulegen und gegebenenfalls zu beweisen, dass der Versicherer bereits länger als ein Jahr vor seiner Anfechtungserklärung Kenntnis von der Täuschung hatte.[1106]
Gemäß § 124 Abs. 3 BGB[1107] ist die Anfechtung ausgeschlossen, wenn seit Vertragsschluss 10 Jahre verstrichen sind.

2. Die Anfechtungserklärung

a. Adressat der Anfechtungserklärung

Die Anfechtungserklärung ist gemäß § 143 Abs. 2 BGB gegenüber dem Versicherungsnehmer bzw. seinem Gesamtrechtsnachfolger oder seinem Insolvenzverwalter abzugeben. Das gilt auch, wenn für den anderen Teil ein Vertreter aufgetreten ist oder wenn er die Rechte aus dem Vertrag an einen Dritten abgegeben hat (z.B. an die bezugsberechtigte Person).[1108]

1103 vgl. zur Verwirkung des Rechts auf Anfechtung wegen arglistiger Täuschung eines Kaufvertrages BGH, NJW 1971, 1795 (1800).

1104 vgl. nur *Langheid* in Römer/Langheid, VVG, § 22 Rdn. 18.

1105 vgl. *Terbille* in van Bühren, Handbuch des Versicherungsrechts, § 14 Rdn. 386; *Voit (jun.)* in BK zum VVG, § 22 Rdn. 39.

1106 BGH, NJW 1992, 2346 (2347).

1107 § 124 Abs. 3 BGB ist im Rahmen des Gesetzes zur Modernisierung des Schuldrechts vom 26.11.2001 (BGBl. I 3138) neu gefasst worden, indem die Ausschlussfrist von 30 Jahre auf 10 Jahre abgekürzt worden ist.

1108 vgl. nur *Heinrichs* in Palandt, BGB, § 143 Rdn. 5.

b. Form der Anfechtungserklärung

Die Anfechtungserklärung ist eine formfreie Willenserklärung.[1109]

c. Inhalt der Anfechtungserklärung

Als Anfechtungserklärung gilt jede Willenserklärung, die unzweideutig erkennen lässt, dass das Rechtsgeschäft rückwirkend beseitigt werden soll, weil der Anfechtende das Geschäft wegen eines Willensmangels nicht gelten lassen will.[1110] Es bedarf dabei nicht des Gebrauchs des Wortes „anfechten", sondern es kann genügen, wenn eine nach dem objektiven Erklärungswert der Willensäußerung übernommene Verpflichtung bestritten oder nicht anerkannt oder wenn ihr widersprochen wird.[1111] Der Inhalt der Anfechtungserklärung muss jedoch unzweifelhaft erkennen lassen, welche Rechtsfolge gewollt ist.
Unter Übertragung[1112] der im Rahmen der Rücktrittserklärung vertretenen Auffassung[1113] ist auch im Rahmen der Anfechtungserklärung eine Pflicht des Versicherers zu statuieren, dem Versicherungsnehmer auf dessen Nachfrage hin die Umstände zu nennen, auf die er seine Anfechtungserklärung wegen vorvertraglicher Anzeigepflichtverletzung stützt.[1114]
Hinsichtlich der Problematik des Nachschiebens von Gründen vertritt der BGH[1115] und ein Großteil der Literatur[1116] die Auffassung, dass eine Vertragspartei, die zur Anfechtung berechtigt ist und diese auch begründet, solche Grün-

---

[1109] vgl. nur *Heinrichs* in Palandt, BGB, § 143 Rdn. 2; *Mayer-Maly/Busche* in MüKo zum BGB, § 143 Rdn. 2.

[1110] BGHZ 88, 240 (245); BGHZ 91, 324 (331); BGH, NJW-RR 1988, 566 (566); BGH, NJW-RR 1995, 859 (859).

[1111] vgl. BGH, VersR 1995, 648 (648).

[1112] Einer Übertragung stehen keine Bedenken gegenüber, da auch im Rahmen der Arglistanfechtung des Versicherungsvertrages das allgemeine Bestreben unserer Rechtsordnung, Streitentscheidungen durch Prozesse zu vermeiden, und der besondere Charakter des Versicherungsvertragsverhältnisses, insbesondere als Dauerrechtsverhältnis, und die sich daraus ergebende besondere Vertrauensbeziehung zwischen den Vertragsparteien zu berücksichtigen ist.

[1113] s. unter III. 2. c. bb..

[1114] vgl. zu den verschiedenen Auffassungen, die über das Erfordernis einer Begründung der Anfechtungserklärung im allgemeinen Zivilrecht vertreten werden, *Roth* in Staudinger, § 143 Rdn. 10, 11.

[1115] vgl. BGH, NJW 1966, 39 (39); BGH, NJW-RR 1989, 1183 (1184); BGH, NJW-RR 1993, 948 (948).

[1116] *Mayer-Maly/Busche* in MüKo zum BGB, § 143 Rdn. 10; *Heinrichs* in Palandt, BGB, § 143 Rdn. 3; *Krüger-Nieland/Zöller* in RGRK, § 143 Rdn. 5; *Medicus*, AT, Rdn. 724; *Roth* in Staudinger, BGB, § 143 Rdn. 13.

de nach Ablauf der Fristen aus den §§ 121, 124 BGB nicht mehr nachschieben kann, die ihr bereits bei der Anfechtungserklärung bekannt waren. Die nachgeschobenen Gründe sind als Neuanfechtung zu werten, deren Rechtzeitigkeit nach dem Zeitpunkt ihrer Abgabe zu beurteilen ist.[1117]
Der Auffassung der Rechtsprechung ist unter Übertragung der im Rahmen der Rücktrittserklärung vertretenen Auffassung[1118], dass ein Nachschieben von Rücktrittsgründen nur innerhalb der einmonatigen Rücktrittsfrist des § 20 Abs. 1 VVG als zulässig zu erachten ist, zuzustimmen.

d. Auslegung und Umdeutung einer Rücktrittserklärung oder einer Kündigung in eine Anfechtungserklärung

aa. Auslegung einer Rücktrittserklärung oder einer Kündigung in eine Anfechtungserklärung

Die Auslegung einer Rücktrittserklärung oder einer Kündigung in eine Anfechtungserklärung kommt nicht in Betracht.[1119]

bb. Umdeutung einer Rücktrittserklärung oder einer Kündigung in eine Anfechtungserklärung

Die Umdeutung einer Rücktrittserklärung oder einer Kündigung in eine Anfechtungserklärung scheidet aus, da die Anfechtungserklärung in Inhalt und Wirkung nicht der Rücktrittserklärung oder der Kündigung entspricht.[1120]
Die Anfechtung weist zum einen Tatbestandsmerkmale auf, die über die wesentlichen Bestandteile des Rücktritts und der Kündigung hinausgehen.[1121] Zum anderen zieht die Anfechtung weitergehende Rechtsfolgen als der Rücktritt und die Kündigung nach sich.[1122]

[1117] vgl. BGH, NJW 1966, 39 (39); BGH, NJW-RR 1989, 1183 (1184); BGH, NJW-RR 1993, 948 (948, 949).
[1118] s. unter A. III. 2. d..
[1119] vgl. schon die Ausführungen unter A. III. 2. e. aa..
[1120] zu den Voraussetzungen der Umdeutung vgl. die Ausführungen unter A. III. 2. e. bb. 2).
[1121] wie z.B. den Vorwurf der arglistigen Täuschung oder die für die Entscheidung des Versicherers erheblichen Gefahrumstände, vgl. BGH, NJW-RR 1997, 1112 (1113); *Bach*, VersR 1977, 881 (884, 885).
[1122] Nichtigkeit des Vertrages von Anfang an gegenüber rückwirkender bzw. zukünftiger Vertragsauflösung, vgl. BGH, NJW-RR 1997, 1112 (1113); *Bach*, VersR 1977, 881 (884, 885).

IV. Rechtsfolgen der Anfechtung wegen arglistiger Täuschung

1. Nichtigkeit des Versicherungsvertrages

Die begründete Anfechtung eines Vertrages wegen arglistiger Täuschung hat gemäß § 142 Abs. 1 BGB die Nichtigkeit des gesamten Vertrages „ex tunc" zur Folge, so dass vertragliche Ansprüche nicht mehr bestehen.

2. Rückabwicklung bereits erbrachter Leistungen

Die erbrachten Leistungen sind grundsätzlich nach den Regeln des Bereicherungsrechts zurückzugewähren. Hinsichtlich der Prämien enthält § 40 Abs. 1 S. 1 VVG allerdings die Sonderregelung, dass ihre Rückforderung ausgeschlossen ist. Bei der Kapitallebensversicherung hat der Versicherer dem Versicherungsnehmer den Rückkaufswert zu erstatten (§ 176 Abs. 1 VVG).[1123]

3. Beschränkung der Nichtigkeitsfolge wegen unzulässiger Rechtsausübung gemäß § 242 BGB

Fraglich ist, ob die Nichtigkeitsfolge des § 142 Abs. 1 BGB wegen unzulässiger Rechtsausübung gemäß § 242 BGB auf eine Nichtigkeit nur mit Wirkung für die Zukunft beschränkt werden kann, wenn zwischen dem arglistig verschwiegenen Umstand und dem Eintritt des Versicherungsfalles kein ursächlicher Zusammenhang besteht.

a. Die Rechtsprechung des OLG Nürnberg

Das OLG Nürnberg[1124] vertritt die Auffassung, dass bei der Anfechtung eines Versicherungsvertrages wegen arglistiger Täuschung, wenn evident oder unstreitig ist, dass zwischen dem arglistig verschwiegenen Umstand und dem Eintritt des Versicherungsfalles kein ursächlicher Zusammenhang besteht, die Nichtigkeitsfolge dahin eingeschränkt sein soll, dass ausnahmsweise Leistungsfreiheit nur für die Zukunft, nicht aber für einen bereits abgeschlossenen Versicherungsfall bestehen soll.

[1123] vgl. *Prölss* in Prölss/Martin, VVG, § 22 Rdn. 15.

[1124] OLG Nürnberg, VersR 1998, 217 ff.; OLG Nürnberg, NVersR 2000, 264 ff.; OLG Nürnberg, VersR 2001, 1368 ff..

Die Begründung des ersten Urteils[1125] des OLG Nürnberg, in welchem das OLG seine „rechtsfolgenbeschränkende" Rechtsprechung „geboren" hat, beginnt mit einem Verweis darauf, dass sowohl in der Rechtsprechung als auch in der Literatur anerkannt sei, dass die Nichtigkeitsfolge des § 142 Abs. 1 BGB nach einer Anfechtung des Vertrages wegen arglistiger Täuschung in Ausnahmefällen aufgrund des Einwandes der unzulässigen Rechtsausübung keine Geltung habe. Der Einwand sei insbesondere begründet, wenn derjenige, der sich auf die Nichtigkeit des Vertrages berufe, durch sie gar nicht in seinen geschützten Interessen beeinträchtigt sei, sondern sich diese Nichtigkeit lediglich zunutze machen wolle, um andere Interessen damit zu verfolgen. Im folgenden überträgt das OLG Nürnberg die vorstehend genannten Grundsätze auf den vorliegenden Fall und stellt fest, dass sich der Versicherer trotz der erfolgten arglistigen Täuschung genau in der Lage befände, in der sein ursprünglicher, von der arglistigen Täuschung nicht betroffener Vertragswille mit dem entsprechenden Vertragswillen des anderen Teils übereinstimme. In dem zu entscheidenden Fall sei die Leistungspflicht des Versicherers durch die medizinischen Folgen eines Verkehrsunfalles ausgelöst, während die vom Versicherungsnehmer bei der Antragstellung verschwiegenen Gefahrumstände auf einem völlig anderen Gebiet lägen. Der Versicherer mache sich die durch die Arglistanfechtung ausgelöste Nichtigkeit damit lediglich zunutze, obwohl er durch sie nicht in seinen geschützten Interessen beeinträchtigt sei. Stehe der Eintritt des Versicherungsfalles mit den erhöhten Gefahrumständen nicht in Zusammenhang, müsse sich der Versicherer an seiner Erklärung – so wie er diese irrtumsfrei gewollt habe – festhalten lassen und könne sich auf Leistungsfreiheit nur für zukünftige Versicherungsfälle berufen.

Aufgrund der in der Literatur erhobenen Einwendungen sah sich das OLG Nürnberg in einer anschließenden Entscheidung[1126] veranlasst, seine „rechtsfolgenbeschränkende" Rechtsprechung auf eine breitere dogmatische Basis zu stellen und in ihren Grenzen zu präzisieren. Es beurteilt nunmehr die Nichtigkeitsfolge der Arglistanfechtung als einen Verstoß gegen das Verfassungsrecht (Übermaßverbot und Gleichheitssatz) und eine Verletzung des vertraglichen Äquivalenzprinzips. Ein Verstoß gegen das Übermaßverbot ergebe sich aus der Situation, dass dem Versicherungsnehmer bei der Anfechtung wegen arglistiger Täuschung eine Belastung auferlegt würde, die außer Verhältnis zu dem mit der Anfechtung verfolgten Zweck stünde und für den Versicherungsnehmer unzumutbar sei.

[1125] OLG Nürnberg, VersR 1998, 217 (218).
[1126] OLG Nürnberg, NVersZ 2000, 264 (264-266).

Es liege ein Verstoß gegen den Gleichheitssatz vor, weil der Versicherer die vom Versicherungsnehmer gezahlten Prämien gemäß § 40 Abs. 1 S. 1 VVG behalten darf, wohingegen der Versicherungsnehmer alle Ansprüche auf Versicherungsleistung verliert, ohne dass für diese Ungleichbehandlung ein tragfähiger Grund bestünde.
Die Betrachtung des rechtssystematischen Zusammenhanges der Anfechtungsregeln im Versicherungsrecht mache die Verletzung des vertraglichen Äquivalenzprinzips deutlich. Nach den gesetzlichen Regelungen verliert der Versicherungsnehmer im Falle der erfolgreichen Anfechtung durch den Versicherer nach § 123 Abs. 1 BGB seinen vertraglichen Erfüllungsanspruch nach § 142 Abs. 1 BGB. Demgegenüber behält der Versicherer gemäß § 40 Abs. 1 S. 1 VVG seinen Prämienanspruch bis zum Schluss der Versicherungsperiode, in der er von dem Anfechtungsgrund Kenntnis erlangt hat. Damit hebe der Gesetzgeber das funktionelle Synallagma des Versicherungsvertrages einseitig zu Lasten des Versicherungsnehmers auf. Der Versicherungsnehmer würde entschädigungslos seinen Anspruch auf Rückgewähr der bereits geleisteten Prämien verlieren, der ihm nach allgemeinen bürgerlich – rechtlichen Regeln zustünde. Aus dieser erheblichen Abweichung von den allgemeinen Rechtsgrundsätzen folgert das OLG Nürnberg einen Verstoß gegen das dem Vertragsrecht zugrundeliegende Äquivalenzprinzip, nach dem zwischen Leistung und Gegenleistung ein ausgewogenes Verhältnis bestehen soll.
Die durch den Verstoß gegen Verfassungsrecht und die Verletzung des vertraglichen Äquivalenzprinzips entstehende Lücke sei nach Ansicht des OLG Nürnberg über eine verfassungskonforme und sachgerechte Auslegung im Wege einer teleologischen Reduktion zu schließen. Dies müsse in Anlehnung an die richterrechtlich entwickelten Grundsätze über fehlerhafte Dauerschuldverhältnisse im Arbeits- und Gesellschaftsverhältnis erfolgen. Nach diesen werde die rückwirkende Nichtigkeit der Anfechtung bei einem vollzogenen Versicherungsvertrag auf eine („ex nunc" -) Wirkung ab Anfechtungserklärung reduziert. Diese Wirkung gelte aber nur für solche Versicherungsfälle, die mit den verschwiegenen – erhöhten – Gefahrumständen nicht im Zusammenhang stünden, ansonsten bleibe es bei der gesetzlichen („ex tunc" -) Wirkung.
In dem bisher letzten Urteil[1127] des OLG Nürnberg, in dem es sich mit der Thematik der Rechtsfolgen einer Arglistanfechtung zu befassen hatte, weist das OLG Nürnberg – ohne weitere Begründung seiner Rechtsprechung – noch einmal auf die Möglichkeit der Rechtsfolgenbeschränkung in bestimmten Ausnahmefällen hin.

[1127] OLG Nürnberg, VersR 2001, 1368 (1369).

b. Kritik aus der Literatur und der Rechtsprechung

Die Auffassung des OLG Nürnbergs ist sowohl in der Literatur[1128] als auch in der Rechtsprechung[1129] auf Kritik gestoßen.

Das OLG Saarbrücken[1130] führt aus, das OLG Nürnberg verkenne den Willen des Versicherers bei Übernahme des Risikos durch den Versicherungsvertrag. Dieser lasse sich nicht aufspalten in einen generellen Risikoübernahmewillen und einen speziellen Willen, ein erhöhtes Risiko nicht übernehmen zu wollen. Er sei vielmehr darauf gerichtet, über den Vertragsschluss erst nach Prüfung aller erbetenen Auskünfte entscheiden zu müssen und bei einem erhöhten Risiko eine den Vertragsschluss herbeiführende Willenserklärung entweder überhaupt nicht oder nur mit einem anderen Inhalt abzugeben.
Das LG Berlin[1131] und das OLG Saarbrücken[1132] sowie Langheid und Müller–Frank[1133] wenden ein, dass die Einführung eines Kausalitätserfordernisses und damit die Anwendung des § 21 VVG im Rahmen der Täuschungsanfechtung in eindeutigem Widerspruch zu den gesetzlichen Vorgaben stehe.
Seinem unmissverständlichen Wortlaut nach beziehe sich § 21 VVG ausschließlich auf den Rücktritt des Versicherers nach den §§ 16 ff. VVG, nicht aber auch auf den in § 22 VVG geregelten Fall der Arglistanfechtung.
§ 21 VVG lasse sich auch nicht entsprechend auf den Fall der Arglistanfechtung anwenden. Es fehle insoweit an der Grundvoraussetzung für eine Gesetzesanalogie, nämlich an einer planwidrigen Regelungslücke. Betrachte man die verschiedenen Regelungsthematiken der §§ 16 – 21 VVG und des § 22 VVG auf der einen Seite und ihre örtliche Nähe im Gesetz auf der anderen Seite sei es ausgeschlossen, dass der Gesetzgeber lediglich versehentlich die Bestimmung des § 21 VVG nicht auf den Fall der Arglistanfechtung ausgedehnt hat.
Das OLG Saarbrücken[1134] wendet sich insbesondere gegen die im zweiten Urteil vom OLG Nürnberg vorgebrachte Begründung, die rechtsfolgenbeschränkende Rechtsprechung beruhe auf verfassungsrechtlichen Bedenken in Hinblick auf § 40 Abs. 1 S. 1 VVG. Es bringt gegen diese Begründung vor, dass bei Annah-

---

[1128] *Dreher*, VersR 1998, 539 (541); *Voit (jun.)* in BK zum VVG, § 22 Rdn. 46; *Langheid/ Müller-Frank*, NJW 1998, 3680 (3682).
[1129] OLG Saarbrücken, NVersZ 2001, 350 ff.; LG Berlin, VersR 2001, 177 ff..
[1130] OLG Saarbrücken, NVersZ 2001, 350 (351); *Dreher*, VersR 1998, 539 (541); *Langheid/ Müller-Frank*, NJW 1998, 3680 (3682).
[1131] LG Berlin, VersR 2001, 177 (177, 178).
[1132] OLG Saarbrücken, NVersZ 2001, 350 (351).
[1133] *Langheid/Müller-Frank*, NJW 1998, 3680 (3682).
[1134] OLG Saarbrücken, NVersZ 2001, 350 (351).

me einer Unvereinbarkeit des § 40 Abs. 1 S. 1 VVG mit dem Grundgesetz nicht mehr folge als das Gebot, die Vorschrift im Falle der Anfechtung nicht anzuwenden und das Versicherungsverhältnis insgesamt nach § 812 BGB rückabzuwickeln. Etwaige Schwierigkeiten bei der Bewertung der vom Versicherer in Form von Organisations- und Risikoverwaltungsaufwand bereits erbrachten Leistungen und soziale Gesichtspunkte auf Seiten des Versicherungsnehmers würden es nicht rechtfertigen, die Rechtsfolgen des § 142 Abs. 1 BGB unter Missachtung des oben dargestellten rechtsgeschäftlichen Willens des Versicherers auf eine („ex nunc" –) Wirkung ab Anfechtungserklärung zu beschränken.
Voit (jun.)[1135] bringt gegen die Begründung des OLG Nürnberg vor, dass der Gedanke, die Anfechtung dürfe nicht dazu dienen, sich von einer aus anderen Gründen unerwünschten vertraglichen Verpflichtung zu befreien, bei einer Irrtumsanfechtung seine Berechtigung haben möge, aber nicht im Falle der arglistigen Täuschung überzeuge. Es sei einer Partei nicht zu verdenken, wenn sie sich von einem Vertrag mit rückwirkender Kraft lösen möchte, bei dessen Abschluss sie vom Vertragspartner arglistig getäuscht wurde. Auch wenn nicht zu verkennen sei, dass der zur Rückzahlung Verpflichtete durch diese Pflicht hart, möglicherweise existentiell getroffen sei, würde für die Anwendung des Grundsatzes von Treu und Glauben angesichts der Arglist des Versicherungsnehmers bei der Täuschung des Versicherers wenig Raum bleiben.

c. Eigene Auffassung und Stellungnahme

Es steht nicht in Abrede, dass § 40 Abs. 1 S. 1 VVG reformbedürftig ist, ob er jedoch gegen Verfassungsrecht verstößt, ist strittig.[1136] Die Frage der Verfassungswidrigkeit, die das OLG Nürnberg in seinem zweiten Urteil bejaht, kann hier jedoch unbeantwortet bleiben, wenn die weitere Begründung des OLG Nürnberg schon nicht zu überzeugen vermag.
Ginge man mit dem OLG Nürnberg von einer Verfassungswidrigkeit des § 40 Abs. 1 S. 1 VVG aus, würde dies bedeuten, dass die Regelung nichtig wäre. § 40 Abs. 1 S. 1 VVG regelt den Entgeltanspruch des Versicherers im Falle einer vorzeitigen Vertragsauflösung durch Kündigung, Rücktritt oder Anfechtung durch den Versicherer. Fiele die Regelung des § 40 Abs. 1 S. 1 VVG weg, würden bei einer Vertragsauflösung durch eine Anfechtung wegen arglistiger Täu-

[1135] *Voit (jun.)* in BK zum VVG, § 22 Rdn. 46.

[1136] Massive Bedenken an der Verfassungsmäßigkeit des § 40 Abs. 1 S. 1 BGB und gegen sie sprechende Gründe tragen z.B. *Prölss* in Prölss/Martin, VVG, § 40 Rdn. 9-12, *Römer* in Römer/Langheid, VVG, § 40 Rdn. 3, *Riedler* in BK zum VVG, § 40 Rdn. 10, *Sieg*, BB 1987, 2249 (2250-2252), vor.

schung die beiderseitigen Leistungen der am Rechtsgeschäft beteiligten Vertragspartner nach den Regeln des Bereicherungsrechts zurückgewährt.
An diesem Punkt setzt das OLG Nürnberg mit seiner Argumentation für die Einschränkung der Nichtigkeitsfolgen auf eine Wirkung ab Anfechtungserklärung („ex nunc") anstelle der grundsätzlichen Wirkung ab Vertragsschluss („ex tunc") an. Nach wirksamer Anfechtung sei bei in Vollzug gesetzten Dauerschuldverhältnissen der zugrunde liegende Vertrag nichtig. Es liege dann ein sog. fehlerhaftes Dauerschuldverhältnis vor. Da das Versicherungsverhältnis ein Dauerschuldverhältnis sei, falle nach Ansicht des OLG Nürnberg auch das Versicherungsverhältnis nach Anfechtung des Versicherungsvertrages in die Kategorie des fehlerhaften Dauerschuldverhältnisses. Dagegen sind keine Einwände vorzubringen.
Kritisch gegenüberzutreten ist jedoch der Übertragung der Lehren vom fehlerhaften Arbeitsverhältnis und von der fehlerhaften Gesellschaft auf das wegen arglistiger Täuschung angefochtene Versicherungsverhältnis.
Nach diesen von der Rechtsprechung und der überwiegenden Auffassung in der Literatur anerkannten Lehren[1137] wird der nichtige bzw. angefochtene Arbeits- bzw. Gesellschaftsvertrag für die Vergangenheit als wirksam betrachtet und damit die „ex tunc" – Nichtigkeitsanordnung des § 142 Abs. 1 BGB überwunden.
Als Grund für die Beschränkung der Nichtigkeitsfolgen auf einen Zeitpunkt „ex nunc" und die damit einhergehende Ablehnung der Anwendbarkeit des Bereicherungsrechts gibt die Lehre vom fehlerhaften Arbeitsverhältnis an, dass die Rechtsfolgen der §§ 812 ff. BGB keine sachgerechte Abwicklung ermöglichen würden, da sie nur auf die Rückabwicklung einmaliger Vermögensverschiebungen zugeschnitten seien.[1138] Die Lehre von der fehlerhaften Gesellschaft begründet die Beschränkung der Nichtigkeitsfolgen mit Interessen des Gläubigerschutzes nach außen und des Bestandschutzes nach innen.

[1137] Zur Lehre vom fehlerhaften Arbeitsverhältnis: BAG, AP Nr. 2 zu § 125 BGB; BAG, AP Nr. 2 zu § 123 BGB; BAG, AP Nr. 27 zu § 123; *Hueck/Nipperdey*, I, 186 ff.; *Richardi* in Staudinger, BGB, § 611 Rdn. 181; *Kraft* in Soergel, BGB, § 611 Rdn. 25; *Schaub*, § 35 III 3; *Picker*, ZfA 1981, 1 (53); a.A. *Beuthien*, RdA 1969, 161 (173, 174), der dieser Auffassung entgegenhält, dass sie nicht gesetzestreu sei.
Zur Lehre von der fehlerhaften Gesellschaft: RG, DR 1941, 633 (635); BGHZ 3, 285 (291); BGH, WM 1983, 305 (306); BGH, ZIP 1992, 247 (248); *Larenz*, Schuldrecht Bd. I AT, § 60 VII; *Schmidt*, Gesellschaftsrecht, § 6 III 2; *Brox*, BB 1964, 523 (526).
[1138] Das gewichtigste Argument gegen die Anwendbarkeit des Bereicherungsrechts auf vertragslos vollzogene Arbeitsverhältnisse ist jedoch, dass bei Anwendung der §§ 812 ff. BGB der Gedanke des Arbeitnehmerschutzes nicht hinreichend berücksichtigt werden könne (vgl. Wiedemann, Arbeitsverhältnis, S. 78).

Der dem Gesetz widersprechende Ausschluss der Rückwirkung der Nichtigkeit wird also mit Praktikabilitätsgesichtspunkten sowie Gerechtigkeits- und Billigkeitsaspekten, insbesondere der Schutzbedürftigkeit der am Vertragsverhältnis beteiligten Personen, begründet.

Eine Übertragung der Grundsätze der Lehre vom fehlerhaften Arbeitsverhältnis und von der fehlerhaften Gesellschaft würde dementsprechend voraussetzen, dass im Falle einer Anfechtung des Versicherers wegen arglistiger Täuschung die gleichen Gründe vorliegen, die eine Beschränkung der gesetzlichen Nichtigkeitsfolgen rechtfertigen. Dies ist jedoch nicht der Fall. Insbesondere der Aspekt der Schutzwürdigkeit des Anfechtungsgegners – übertragen auf das Versicherungsverhältnis also der Aspekt der Schutzwürdigkeit des Versicherungsnehmers – greift in der Situation der arglistigen Täuschung nicht durch.[1139] Bei einer arglistigen Täuschung durch den Versicherungsnehmer fehlt es an dessen Schutzwürdigkeit. Derjenige, der seinen Vertragspartner getäuscht hat, kann sich nicht auf den Bestand des Vertrages verlassen, sondern muss jederzeit mit einer Aufdeckung der Täuschung und einer Anfechtung des Vertrages rechnen.

Die mangelnde Schutzbedürftigkeit des arglistig Täuschenden vor den Rückwirkungen der Anfechtung kommt auch in der Regelung des § 122 BGB zum Ausdruck, wonach kein Anspruch des Täuschenden auf Ersatz des Vertrauensschadens entsteht. Außerdem muss der Täuschende nach § 124 Abs. 1 BGB hinnehmen, dass der Getäuschte nach Aufdeckung der Täuschung ein Jahr Zeit hat, die Anfechtung zu erklären, und bis dahin der Bestand des Vertrages im Ungewissen bleibt.

Bliebe der auf einer arglistigen Täuschung beruhende Versicherungsvertrag wirksam, würde man dem arglistig Täuschenden eben die Früchte erhalten, die er sich durch sein „betrügerisches", zur Anfechtung begründendes Verhalten verschafft hat. Damit würde die Einschränkung der Nichtigkeitsfolgen im Falle einer Anfechtung wegen arglistiger Täuschung gegen das der Rechtsordnung immanente Ziel verstoßen, den Rechtsverkehr von Täuschungen freizuhalten, und ist insofern als unbillig zu beurteilen.

Die verbleibenden zur Begründung angeführten Praktikabilitätsgesichtspunkte vermögen keine ausreichenden Stützen zur Begründung einer Abweichung von

---

[1139] ebenso auch eine weitverbreitete Auffassung bei Anfechtung wegen arglistiger Täuschung im Arbeitsrecht (*Ramm*, Die Anfechtung des Arbeitsvertrages, S. 38, 39; *Wiedemann*, Arbeitsverhältnis, S. 79; *Picker*, ZfA 1981, 1 (60)); a.A. AG Hamburg, NJW-RR 1998, 809 (809) im Mietrecht, nach dessen Auffassung die Anfechtung eines Mietvertrages wegen arglistiger Täuschung zu einer Auflösung des Mietvertrages „ex nunc" führt, da eine andere Wertung übersehe, dass durch das Invollzugsetzen des Dauerschuldverhältnisses ein sozialer Tatbestand geschaffen wurde, der sich nicht mehr für die Vergangenheit, sondern nur noch für die Zukunft beseitigen lasse.

dem im Gesetz statuierten Grundsatz der „ex tunc“ – Nichtigkeit eines angefochtenen Vertrages abzugeben.
Auch der vom OLG Nürnberg in seinem ersten Urteil zur Begründung der Beschränkung der Nichtigkeitsfolge vorgebrachte Einwand der unzulässigen Rechtausübung greift bei einer arglistigen Täuschung im Versicherungsverhältnis nicht durch. Der in Betracht kommende Vorwurf institutionellen Rechtsmissbrauchs, der dazu führt, dass die sich aus einem Rechtsinstitut oder einer Rechtsnorm ergebenden Rechtsfolgen unter Umständen zurücktreten müssen, wenn sie zu einem mit Treu und Glauben unvereinbaren, schlechthin untragbaren Ergebnis führen,[1140] liegt nicht vor.
Das ist z.B. im Arbeitsrecht im Hinblick auf die Arglistanfechtung angenommen worden, wenn der Anfechtungsgrund für die Durchführung des Arbeitsverhältnisses keine Bedeutung mehr hat,[1141] oder wenn der Anfechtungsgrund im Zeitpunkt der Anfechtungserklärung seine Bedeutung für die weitere Durchführung des Arbeitsrechtsverhältnisses bereits verloren hatte[1142].
Entgegen der Auffassung des OLG Nürnberg liegt im Zeitpunkt der Ausübung des Anfechtungsrechts jedoch nach wie vor eine Beeinträchtigung des Versicherungsverhältnisses durch die arglistige Täuschung des Versicherungsnehmers vor. Die arglistige Täuschung über einen gefahrerheblichen Umstand hat eine in Bezug auf diesen Umstand nicht angemessene Risikobewertung des Versicherers bewirkt, welche als Grundlage des Vertrages und insbesondere der Prämienfestsetzung fortwirkt.
Die Nichtigkeitsfolge des § 142 Abs. 1 BGB kann bei einer arglistigen Täuschung im Versicherungsverhältnis somit auch nicht in dem Fall, dass zwischen dem arglistig verschwiegenen Umstand und dem Eintritt des Versicherungsfalles kein ursächlicher Zusammenhang besteht, auf eine Wirkung nur für die Zukunft beschränkt werden.

V. Reformvorschlag hinsichtlich der Anfechtung wegen arglistiger Täuschung

Das Recht des Versicherers, den Vertrag wegen arglistiger Täuschung über Gefahrumstände anzufechten, bleibt in dem Vorschlag der Kommission unverändert bestehen.[1143]

1140 vgl. nur *Heinrichs* in Palandt, BGB, § 242 Rdn. 40.
1141 s. BAG, AP Nr. 17 zu § 123.
1142 s. BAG, AP Nr. 32 zu § 123.
1143 Abschlussbericht der Kommission zur Reform des Versicherungsvertragsrechts, S. 206 (vorgeschlagene Neufassung § 24 E).

C. Das Kündigungsrecht des Versicherers

Der Versicherer hat bei unverschuldeter oder in Unkenntnis erfolgter Anzeigepflichtverletzung des Versicherungsnehmers, bei der ihm ein Rücktrittsrecht nach den §§ 16 ff. VVG verwehrt ist, das Recht, den Versicherungsvertrag nach § 41 Abs. 2 VVG zu kündigen.
Ein Kündigungsrecht des Versicherers bei unverschuldeter oder in Unkenntnis erfolgter Anzeigepflichtverletzung durch den Versicherungsnehmer ist weder in den Allgemeinen Bedingungen für die Lebens-, noch für die Berufsunfähigkeitszusatz- oder die Berufsunfähigkeitsversicherung geregelt.

I. Voraussetzungen des Kündigungsrechts

1. Schuldlose Verletzung der vorvertraglichen Anzeigepflicht

Den Versicherungsnehmer darf an der Verletzung der vorvertraglichen Anzeigepflicht kein Verschulden treffen. Hinsichtlich des Vorliegens von Verschulden des Versicherungsnehmers wird auf die Ausführungen im Rahmen des Rücktrittsrechts verwiesen.[1144]

2. Fehlende Kenntnis des Versicherungsnehmers von den gefahrerheblichen Umständen

Der Versicherungsnehmer darf keine Kenntnis von den gefahrerheblichen Umständen haben, die er dem Versicherer bei Abschluss des Versicherungsvertrages im Rahmen seiner vorvertraglichen Anzeigepflicht hätte anzeigen müssen.

3. Keine Übernahme der höheren Gefahr gegen eine höhere Prämie nach den für den Geschäftsbetrieb des Versicherers maßgebenden Grundsätzen

Das Kündigungsrecht des Versicherers gemäß § 41 Abs. 2 VVG setzt eine tatsächliche Gefahrerhöhung voraus und fordert weiterhin, dass der Versicherer nach den für seinen Geschäftsbetrieb maßgebenden Grundsätzen die höhere Gefahr auch nicht gegen eine höhere Prämie versichert hätte. Die maßgeblichen Grundsätze des Versicherers müssen nicht notwendig in einem Geschäftsplan niedergelegt sein, entscheidend ist der Geschäftsgebrauch des Versicherers.[1145]

[1144] s. unter A. II. 2. b..

[1145] *Kisch*, Handbuch des Privatversicherungsrecht Bd. 2, S. 372; *Röhr*, Die vorvertragliche Anzeigepflichtverletzung, S. 214.

4. Beweislast

Der Versicherer muss darlegen und beweisen, dass der Versicherungsnehmer seine Anzeigepflicht verletzt hat, dass das Rücktrittsrecht mangels Verschuldens des Versicherungsnehmers oder mangels Kenntnis des Versicherungsnehmers von dem gefahrerheblichen Umstand ausgeschlossen ist und dass der nicht angezeigte Umstand ein höheres Risiko bedeutet, welches er nach seinen Geschäftsgrundsätzen auch gegen eine höhere Prämie nicht übernommen hätte.[1146]

II. Rechtswirksame Ausübung des Kündigungsrechts

1. Die Kündigungsfrist

Das Kündigungsrecht kann nur innerhalb der einmonatigen Ausschlussfrist des § 41 Abs. 3 S. 2 VVG geltend gemacht werden. Die Frist beginnt von dem Zeitpunkt zu laufen, in welchem der Versicherer von der Verletzung der Anzeigepflicht oder von dem nicht angezeigten Umstand Kenntnis erlangt.[1147] Hinsichtlich der Berechnung der Kündigungsfrist, der für den Beginn der Kündigungsfrist maßgeblichen Kenntnis des Versicherers von der Verletzung der Anzeigepflicht, der Wahrung der Kündigungsfrist und der Beweislast im Rahmen der Kündigungsfrist gelten die zur Rücktrittsfrist im Rahmen des Rücktrittsrechts gemachten Ausführungen entsprechend,[1148] da § 41 Abs. 3 VVG an § 20 Abs. 1 anknüpft[1149]. Anzumerken ist nur, dass sich bei schuldloser Verletzung der Anzeigepflicht die Kenntnis des Versicherers nicht auf die Schuldlosigkeit des Versicherungsnehmers zu erstrecken braucht.[1150]

2. Einschränkung des Kündigungsrechts durch analoge Anwendung der gesetzlichen Ausschlussfrist des § 163 VVG

Die Ausschlussfrist des § 163 VVG ist auf die Kündigung analog anzuwenden.[1151] Hinsichtlich des derzeitigen bzw. im Rahmen der Reform des Versiche-

---

1146 vgl. *Bruck*, Privatversicherungsrecht, S. 207; *Riedler* in BK zum VVG, § 41 Rdn. 20 i.V.m. Rdn. 19; *Römer* in Römer/Langheid, § 41 Rdn. 3.

1147 *Riedler* in BK zum VVG, § 41 Rdn. 14.

1148 s. unter A. III. 1. a., b. u. c..

1149 s. *Riedler* in BK zum VVG, § 41 Rdn. 12 mit Verweis auf die Motive zur Begründung des § 41 VVG.

1150 OLG Jena, JRPV 1941, 64 (64).

1151 vgl. *Röhr*, Die vorvertragliche Anzeigepflicht, S. 217; *Riedler* in BK zum VVG, § 41 Rdn. 14; *Präve*, ZfV 1992, 394 (396).

rungsvertragsrechts vorgesehenen zukünftigen Regelungsgehaltes des § 163 VVG wird auf die Ausführungen zu § 163 VVG im Rahmen des Rücktrittsrechts verwiesen.[1152]

3. Die Kündigungserklärung

a. Adressat der Kündigungserklärung

Die Kündigung ist als empfangsbedürftige Willenserklärung gegenüber dem Versicherungsnehmer abzugeben.[1153]

b. Form der Kündigungserklärung

Die Kündigungserklärung ist formfrei.[1154]

c. Inhalt der Kündigungserklärung

Die Kündigungserklärung des Versicherers muss klar und unzweideutig den Willen des Versicherers erkennen lassen, das Versicherungsverhältnis für die Zukunft aufzulösen; es ist jedoch nicht erforderlich, dass die Erklärung das Wort „Kündigung" enthält.[1155]

d. Auslegung und Umdeutung einer Rücktritts- oder Anfechtungserklärung in eine Kündigung

aa. Auslegung einer Rücktritts- oder Anfechtungserklärung in eine Kündigung

Die Möglichkeit der Auslegung einer Rücktritts- oder Anfechtungserklärung in eine Kündigung kommt nicht in Betracht.[1156]

[1152] s. unter A. III. 3. a. und d. bb..
[1153] *Riedler* in BK zum VVG, § 41 Rdn. 12.
[1154] *Riedler* in BK zum VVG, § 41 Rdn. 12.
[1155] vgl. nur *Bruck/Möller*, VVG, § 41 Anm. 19 i.V.m. § 8 Anm. 33.
[1156] vgl. schon die Ausführungen unter A. III. 2. e. aa..

bb. Umdeutung einer Rücktritts- oder Anfechtungserklärung in eine Kündigung

Nach überwiegender Auffassung[1157] ist eine Umdeutung der Rücktritts- oder Anfechtungserklärung in eine Kündigungserklärung möglich, wenn anzunehmen ist, dass der Versicherer bei Kenntnis der Unwirksamkeit des Rücktritts oder der Anfechtung eine Kündigung gewollt haben würde, d.h. wenn es ihm darauf ankam, auf jeden Fall vom Vertrag freizukommen.
Bruck/Möller[1158] und Knappmann[1159] verneinen demgegenüber eine solche Umdeutungsmöglichkeit. Nach der Auffassung von Bruck/Möller[1160] haben die Ausdrücke „Anfechtung" und „Rücktritt" eine so spezielle Bedeutung, dass eine Umdeutung in eine Kündigung nicht vorgenommen werden könne. Knappmann[1161] fehlt die subjektive Voraussetzung der Umdeutung. Es könne nicht davon ausgegangen werden, dass sich der Versicherer auch ohne die in den §§ 16, 17 VVG vorausgesetzten persönlichen Vorwürfe gegen den Versicherungsnehmer in jedem Fall von dem Vertrag lösen wolle.
Der überwiegenden Auffassung ist zuzustimmen. Unstreitig sind die wesentlichen Merkmale – Form, Inhalt, Wirkung und Art – einer Kündigung sowohl in der Rücktritts- als auch in der Anfechtungserklärung (als „Minus") enthalten, so dass die objektiven Voraussetzungen für eine Umdeutung[1162] vorliegen.
Es liegt aber auch die subjektive Voraussetzung für eine Umdeutung[1163] vor. Der Versicherer möchte sich im Falle der Verletzung der vorvertraglichen Anzeigepflicht, aufgrund derer er von einem falschen Risiko bei seiner Prämienkalkulation ausgegangen ist, vom Vertrag lösen. Der Vertrag beruht nicht mehr auf dem vom Versicherer angestrebten ausgewogenen Verhältnis von Leistung und Gegenleistung und ist damit für ihn nicht wirtschaftlich. Die in den §§ 16 ff. VVG vorausgesetzte Schuld des Versicherungsnehmers bei Verletzung der vorvertraglichen Anzeigepflicht und seine Kenntnis von den anzuzeigenden Umstän-

[1157] *Riedler* in BK zum VVG, § 41 Rdn. 16; *Römer* in Römer/Langheid, VVG, § 16, 17 Rdn. 39; *Bach*, VersR 1977, 881 (884, 885); *Schmidt*, VersR 1986, 511 (516); *Förstenberg*, Das Kündigungsrecht des Versicherers, S. 51; *Hahn*, Rücktritt und Kündigung im Versicherungsvertrage, S. 39; *Kisch*, Handbuch des Privatversicherungsrecht Bd. 2, S. 375; OLG Hamm, VersR 1985, 1032 (1033); LG Deggendorf, VersR 1978, 753 (753).
[1158] *Bruck/Möller*, VVG, § 41 Anm. 19 i.V.m. § 8 Anm. 33.
[1159] *Knappmann* in Prölss/Martin, VVG, § 41 Rdn. 5.
[1160] *Bruck/Möller*, VVG, § 41 Anm. 19 i.V.m. § 8 Anm. 33.
[1161] *Knappmann* in Prölss/Martin, VVG, § 41 Rdn. 5.
[1162] vgl. zu den objektiven Voraussetzungen einer Umdeutung die Ausführungen unter A. III. 2. e. bb. 2).
[1163] vgl. zu den subjektiven Voraussetzung einer Umdeutung die Ausführungen unter A. III. 2. e. bb. 2).

den, die Knappmann[1164] als persönliche Vorwürfe bezeichnet, führen allein zu einer Differenzierung im Hinblick auf das anzuwendende Lösungsrecht. Sie haben jedoch keine Wirkung auf den Willen des Versicherers, sich bei Verletzung der vorvertraglichen Anzeigepflicht vom Vertrag lösen zu wollen.
Die unwirksame Erklärung des Rücktritts oder der Anfechtung kann damit in eine Kündigung umgedeutet werden.

III. Rechtsfolgen des Kündigungsrechts

Die Kündigung beendet das Versicherungsverhältnis mit Ablauf der in § 41 Abs. 2 VVG normierten einmonatigen Frist. Bis zu diesem Zeitpunkt trägt der Versicherer die Versicherungsgefahr, auch wenn der Versicherungsfall auf dem nicht oder falsch angezeigten Umstand beruht, da bis zu diesem Zeitpunkt der Vertrag noch besteht.[1165]
Die Prämienzahlungspflicht des Versicherungsnehmers richtet sich nach § 41 Abs. 2 S. 2 i.V.m. § 40 Abs. 1 VVG. Der Versicherer hat einen Anspruch auf die volle Prämie für die laufende Versicherungsperiode. Wird die Kündigung erst in der nächsten Versicherungsperiode wirksam, gebührt dem Versicherer in entsprechender Anwendung des § 40 Abs. 1 S. 2 VVG die Prämie bis zur Beendigung des Versicherungsverhältnisses.[1166] Der Versicherer hat jedoch – wie auch bei Rücktritt und Arglistanfechtung – bei der Kapitallebensversicherung dem Versicherungsnehmer den Rückkaufswert zu erstatten (§ 176 Abs. 1 VVG).[1167]

IV. Reformvorschlag hinsichtlich des Kündigungsrechts des Versicherers

Nach dem Vorschlag der Kommission soll dem Versicherer ein Recht zur Kündigung des Versicherungsvertrages gewährt werden, wenn der Versicherungsnehmer leicht fahrlässig seine vorvertragliche Anzeigepflicht verletzt hat.[1168]

1164 *Knappmann* in Prölss/Martin, VVG, § 41 Rdn. 5.
1165 *Bruck/Möller*, VVG, § 41 Anm. 20; *Adam*, ZfV 1963, 876 (878); *Ehrenzweig*, Versicherungsvertragsrecht, S. 157, der die Haftung während der Kündigungsfrist rechtspolitisch als widerstreitend zu der vorausgesetzten technischen Untragbarkeit des Risikos ansieht, aber auch herausstellt, dass sie sich wegen der Seltenheit solcher Versicherungsfälle praktisch als erträglich gezeigt hat.
1166 *Riedler* in BK zum VVG, § 41 Rdn. 14.
1167 *Schwintowski* in BK zum VVG, § 176 Rdn. 8; *Präve*, ZfV 1992, 394 (396); *Winter* in Bruck/Möller/Winter, VVG, Anm. F 149.
1168 Abschlussbericht der Kommission zur Reform des Versicherungsvertragsrechts, S. 205 (vorgeschlagene Neufassung § 21 Abs. 3 S. 2 E).

D. Sonstige Lösungsrechte

Als weiteres Lösungsrecht bei Verletzung der vorvertraglichen Anzeigepflicht durch den Versicherungsnehmer käme für den Versicherer nur noch die Irrtumsanfechtung nach § 119 Abs. 2 BGB in Betracht.
Nach Auffassung der Rechtsprechung[1169] und der herrschenden Meinung in der Literatur[1170] schließen jedoch die §§ 16 ff. VVG als Sonderregelungen die Anfechtung des Vertrages durch den Versicherer wegen Irrtums über Gefahrumstände nach § 119 Abs. 2 BGB aus. Dies wird aus der vom Gesetzgeber gewählten Formulierung des § 22 VVG im Wege des „argumentum e contrario" geschlossen.

E. Konkurrenzverhältnis der Lösungsrechte

Der Versicherer kann neben der Erklärung des Rücktritts den Versicherungsvertrag auch wegen arglistiger Täuschung anfechten.
§ 22 VVG stellt ausdrücklich klar, dass die Regelungen über das Rücktrittsrecht in den §§ 16 ff. VVG keine Sperrwirkung gegenüber der Arglistanfechtung nach § 123 BGB entfalten. Die Anfechtung kann sowohl zeitgleich mit dem Rücktritt als auch noch nach erfolgtem Rücktritt vorgenommen werden. Hat der Versicherer den Vertrag wirksam angefochten, kommt ein nachfolgender Rücktritt von demselben Vertrag nicht mehr in Betracht.
Das Recht zur Kündigung nach § 41 Abs. 2 VVG ist bei Vorliegen der Voraussetzungen des Rücktrittsrechts und/oder der Arglistanfechtung ausgeschlossen. Der Versicherer kann den schuldhaften Versicherungsnehmer nicht gleichzeitig als einen schuldlosen behandeln.[1171] Ist der Versicherer jedoch zunächst von der Schuldlosigkeit des Versicherungsnehmers ausgegangen und stellt sich nachträglich heraus, dass der Versicherungsnehmer schuldhaft gehandelt hat, kann der Versicherer auch nach Kündigung des Versicherungsverhältnisses noch zurücktreten, da das Kündigungsverlangen die Rücktrittsmöglichkeit nicht konsumiert hat.[1172] Das gleiche gilt im umgekehrten Fall, wenn der Versicherer von einer schuldhaften Anzeigepflichtverletzung ausgeht und vom Vertrag zurück-

---

[1169] BGH, NJW-RR 1987, 148 (149); BGH, VersR 1995, 457 (458).
[1170] vgl. insbesondere *Wrabetz*, ZfV 1992, 147 (147-149); *Prölss* in Prölss/Martin, VVG, §§ 16, 17 Rdn. 47; *Bruck/Möller*, VVG, § 22 Anm. 6; *Voit (jun.)* in BK zum VVG, § 16 Rdn. 104.
[1171] BGH, VersR 1971, 810 (811); *Bruck/Möller*, VVG, § 41 Anm. 4; *Neeße*, VersR 1972, 213 (218).
[1172] vgl. *Riedler* in BK zum VVG, § 41 Rdn. 6.

tritt. Aufgrund der Unwirksamkeit des Rücktritts bleibt der Vertrag bestehen und kann vom Versicherer nach § 41 Abs. 2 VVG gekündigt werden.[1173]

1173 vgl. *Riedler* in BK zum VVG, § 41 Rdn. 6.

Abschließende Zusammenfassung

In dieser Arbeit werden die vorvertragliche Anzeigepflicht des Versicherungsnehmers und die Lösungsrechte des Versicherers, die ihm im Falle der Verletzung der vorvertraglichen Anzeigepflicht durch den Versicherungsnehmer zustehen, untersucht.
Sowohl die vorvertragliche Anzeigepflicht des Versicherungsnehmers als auch die Lösungsrechte des Versicherers im Falle ihrer Verletzung sind im Versicherungsvertragsgesetz geregelt. Seit Inkrafttreten des Versicherungsvertragsgesetzes am 30. Mai 1908[1174] hat die Wissenschaft und vor allem die Rechtsprechung die gesetzlichen Fundamente des Versicherungsvertragsgesetzes im Wege der Auslegung und durch richterliche Rechtsfortbildung weiterentwickelt. Um das Versicherungsvertragsrecht den gewandelten rechtspolitischen Überzeugungen anzupassen, hatte das Bundesministerium der Justiz im Juni 2000 eine Expertenkommission zum Zwecke der Erarbeitung von Reformvorschlägen eingesetzt, die am 19. April 2004 ihren Abschlussbericht vorgelegt hat.
Diese Arbeit setzt sich kritisch mit der Rechtsentwicklung auseinander. Sie nimmt zu allen Fragen im Zusammenhang mit dem Inhalt und Umfang der vorvertraglichen Anzeigepflicht und mit den Voraussetzungen und Rechtsfolgen der Lösungsrechte des Versicherers im Falle ihrer Verletzung Stellung. Das Ergebnis dieser Arbeit ist eine Präzisierung der aktuellen Voraussetzungen der Lösungsrechte des Versicherers, die durch die Darstellung der Reformvorschläge der Kommission und das Aufzeigen ihrer Auswirkungen ergänzt wird.

Die wesentlichen Ergebnisse der Arbeit lassen sich wie folgt zusammenfassen:

Im Rahmen der Untersuchung der vorvertraglichen Anzeigepflicht ist die Frage, ob die Beurteilung der Gefahrerheblichkeit eines Umstandes nach dem subjektiven Maßstab des jeweiligen Versicherers, d.h. nach der Geschäftspraxis des jeweiligen Versicherers, oder nach einem objektiven Maßstab, den ein durchschnittlicher, sachkundiger und vernünftiger Versicherer zugrunde legen würde, vorzunehmen ist, mit der Annahme eines subjektiven Maßstabes zu lösen.[1175] Für eine subjektive Beurteilung spricht insbesondere die Konzeption der Regelung der vorvertraglichen Anzeigepflicht sowie der Grundsatz der Vertragsfreiheit.

[1174] RGBl., S. 263.
[1175] s. 2. Kapitel A. II. 1. a..

Die Maßgeblichkeit der subjektiven Perspektive des jeweiligen Versicherers soll nach dem Vorschlag der Kommission nun auch gesetzlich festgelegt werden.[1176]

Maßgeblicher Zeitpunkt für die Erfüllung der vorvertraglichen Anzeigepflicht ist nach bisherigem Recht der Vertragsschluss. Die sich daraus ergebende Nachmeldeverpflichtung von gefahrerheblichen Umständen in dem Zeitraum zwischen Antragstellung und Vertragsschluss ist auch in dem Sonderfall des Abschlusses einer Rückwärtsversicherung anzuerkennen. Die vorvertragliche Anzeigepflicht besteht ohne Einschränkung in dem von der Rückwärtsversicherung erfassten Zeitraum, da ihr Bestand aufgrund ihrer zentralen Bedeutung im Versicherungsvertragsrecht nicht durch die Regelungen zur Rückwärtsversicherung berührt wird.[1177] Der Versicherungsnehmer muss daher einen Versicherungsfall, der in dem von der Rückwärtsversicherung erfassten Zeitraum zwischen Antragstellung und Vertragsschluss eingetreten ist, vor Vertragsschluss anzeigen.
Die Kommission schlägt eine Vorverlegung des für die Erfüllung der vorvertraglichen Anzeigepflicht maßgeblichen Zeitpunktes auf den Zeitpunkt der Abgabe der auf den Vertragsschluss gerichteten Willenserklärung des Versicherungsnehmers, also in der Regel den Zeitpunkt der Antragstellung, vor.[1178] Die bisher bestehende Nachmeldeverpflichtung des Versicherungsnehmers zwischen Antragstellung und Annahme des Antrages durch den Versicherer wird damit abgeschafft, so dass der bisher bestehende Streitstand obsolet werden würde.

Anzeigeadressat der vorvertraglichen Anzeigen des Versicherungsnehmers ist generell der Versicherer. Am Abschluss eines Versicherungsvertrages sind jedoch regelmäßig als klassische Versicherungsvermittler der Versicherungsagent und der Versicherungsmakler beteiligt. Nach der Definition des Versicherungsagenten ist er als selbständiger Gewerbetreibender ständig damit betraut, für einen Versicherer Verträge zu vermitteln und gegebenenfalls abzuschließen. Er kann sowohl als Abschlussagent als auch als Vermittlungsagent die vorvertraglichen Anzeigen des Versicherungsnehmers entgegennehmen.
Eine Beschränkung der Empfangsvollmacht insbesondere des Vermittlungsagenten für mündliche Erklärungen des Versicherungsnehmers, wie sie von den Versicherern angestrebt wird, kann weder durch eine Bestimmung in den Allgemeinen Versicherungsbedingungen oder dem Antragsformular noch durch einen individuellen mündlichen oder schriftlichen Hinweis erfolgen.[1179] Die

[1176] s. 2. Kapitel A. II. 1. e..
[1177] s. 2. Kapitel B. I. 4. c. b..
[1178] s. 2. Kapitel B. I. 5..
[1179] s. 2. Kapitel D. II. 1. a. bb. 2) c) ee).

einzig wirksame Möglichkeit wäre ein Ausschluss der Vollmacht des Vermittlungsagenten zur passiven Stellvertretung.[1180] Ein solcher Vollmachtsausschluss in den angesprochenen Formen verstößt jedoch gegen AGB–Recht und ist daher unwirksam.[1181]
Die Kommission sieht eine Beschränkung der Vertretungsmacht des Versicherungsvertreters durch Allgemeine Geschäftsbedingungen gegenüber Dritten ebenfalls als unwirksam an und will dies im neuen Versicherungsvertragsgesetz festschreiben.

Auch der Versicherungsmakler, der im Gegensatz zum Versicherungsagenten als rechtlich und wirtschaftlich unabhängiger Versicherungsvermittler definiert wird, kann ausnahmsweise Adressat vorvertraglicher Anzeigen des Versicherungsnehmers sein. Eine Bevollmächtigung des Versicherungsmaklers ist anzunehmen, wenn er entweder ausdrücklich oder konkludent vom Versicherer bevollmächtigt wurde oder die Voraussetzungen für die Annahme einer Rechtsscheinsvollmacht vorliegen.[1182] Diese liegen vor, wenn der Versicherungskunde den Versicherungsvermittler als Versicherungsagenten ansieht.
In Umsetzung der EU–Vermittlerrichtlinie finden nun auch Regelungen über den Versicherungsmakler Eingang in das neue Versicherungsvertragsrecht.
Durch die Verpflichtung des Vermittlers, sich in ein für Agenten und Makler jeweils vorgesehenes Register einzutragen und den Versicherungsnehmer über seine gesellschaftsrechtlichen Verbindungen zu Versicherern aufzuklären, soll dem Versicherungsnehmer eine Differenzierung zwischen der Vermittlertätigkeit des Agenten und des Maklers ermöglicht werden.[1183]

Das Rücktrittsrecht ist der praktisch bedeutsamste Rechtsbehelf des Versicherers bei Verletzung der vorvertraglichen Anzeigepflicht und dementsprechend ergaben sich im Rahmen der Untersuchung seiner Voraussetzungen die meisten Streitstände.

Das Rücktrittsrecht ist gesetzlich ausgeschlossen, wenn der Versicherer Kenntnis von dem anzeigepflichtigen, aber vom Versicherungsnehmer nicht angezeigten Umstand hat oder weiß, dass ein angezeigter Umstand unrichtig ist. Hat der Versicherer einen Arzt zur Erstellung eines ärztlichen Zeugnisses über den Versicherungsnehmer eingeschaltet, sind dem Versicherer auch Vorkenntnisse des Arztes zuzurechnen, die dieser aus Krankenunterlagen, früheren Untersu-

[1180] s. 2. Kapitel D. II. 1. a. bb. 2) c) bb).
[1181] s. 2. Kapitel D. II. 1. a. bb. 2) c) dd).
[1182] s. 2. Kapitel D. II. 1. b. bb..
[1183] s. 2. Kapitel D. II. 1. b. ee..

chungen und Behandlungen des Versicherungsnehmers erlangt hat.[1184] Unter Verweis auf die Berufsordnung der Deutschen Ärzte, ist die Auffassung abzulehnen, es handele sich bei Vorkenntnissen des Arztes um privates Wissen des Arztes, das mit dem dienstlichen Geschäft der Erstellung des ärztlichen Zeugnisses nichts zu tun habe und daher nicht zugerechnet werden könne. Aus der Berufsordnung der Deutschen Ärzte ergibt sich die Pflicht des Arztes, bei der Erstellung des ärztlichen Zeugnisses zuvor erstellte Aufzeichnungen bzw. Krankenunterlagen von früheren Untersuchungen oder Behandlungen heranzuziehen, um den Gesundheitszustand des Betroffenen nach bestem Wissen beurteilen zu können.

Neben den gesetzlich geregelten Ausschlussgründen stellt das grob fahrlässige Unterlassen einer ordnungsgemäßen Risikoprüfung durch den Versicherer einen weiteren Ausschlussgrund für das Rücktrittsrecht dar.[1185] Die Obliegenheit des Versicherers, vor Vertragsschluss das angetragene Risiko ordnungsgemäß zu prüfen, ergibt sich aus dem Regelungszweck der vorvertraglichen Anzeigepflicht sowie dem Versicherungsaufsichtsrecht.[1186] Unterlässt der Versicherer grob fahrlässig die ihm obliegende Risikoprüfung und stützt er seinen Rücktritt anschließend auf solche Umstände, die er bei ordnungsgemäßer Risikoprüfung erfahren hätte, ist ihm der Rücktritt wegen des Vorwurfs widersprüchlichen Verhaltens nach § 242 BGB verwehrt.[1187]

Zur rechtswirksamen Ausübung des Rücktrittsrechts genügt in der Rücktrittserklärung die bloße Angabe, dass eine vorvertragliche Anzeigepflicht verletzt wurde.[1188] Die teilweise vertretene Annahme einer Begründungspflicht für die Rücktrittserklärung ist abzulehnen, da sie eine Abkehr von zivilrechtlichen Grundsätzen darstellt. Der Versicherer hat aber hinsichtlich der Begründung seines Rücktritts eine Kenntnisverschaffungspflicht gegenüber dem Versicherungsnehmer, die sich in Form einer Auskunftspflicht aus § 241 Abs. 2 BGB ergibt.
Die Kommission schlägt im neuen Versicherungsvertragsgesetz die Statuierung der Verpflichtung des Versicherers zur Begründung seines Rücktritts vor.[1189]

[1184] s. 3. Kapitel A. II. a. dd. 3) c) bb).
[1185] s. 3. Kapitel A. II: 3. c. cc..
[1186] s. 3. Kapitel A. II. 3. c. aa..
[1187] s. 3. Kapitel A. II. 3. c. bb. 3) b).
[1188] s. 3. Kapitel A. III. 2. c. bb..
[1189] s. 3. Kapitel A. III. 2. f..

Eine wirksame Rücktrittserklärung kann sich auch aus der Umdeutung einer unwirksamen Anfechtung wegen arglistiger Täuschung ergeben.[1190] Dem Versicherungsnehmer ist nach Erklärung der Arglistanfechtung durch den Versicherer bewusst, dass dieser eine Lösung vom Vertrag aufgrund einer vorvertraglichen Anzeigepflichtverletzung des Versicherungsnehmers anstrebt. Zugunsten der in § 140 BGB angeordneten Verwirklichung des Parteiwillens muss der Versicherungsnehmer hinnehmen, dass er im Falle eines Rücktritts einer ungünstigeren Beweissituation ausgesetzt ist als im Falle einer Arglistanfechtung. Er kann sich insoweit nicht auf den Einwand mangelnder Rechtsklarheit und Rechtssicherheit berufen, wie teilweise vertreten wird.[1191]

Die Ausübung des Rücktrittsrechts kann durch vertragliche Ausschlussfristen eingeschränkt werden, nach deren Regelungsgehalt ein Rücktritt nur bei Eintritt des Versicherungsfalles innerhalb der Frist möglich ist. Die Frage, ob bei Abschluss einer Lebensversicherung unter Einschluss einer Berufsunfähigkeitsversicherung in bezug auf die Ausschlussfristen eine Verknüpfungswirkung zwischen den beiden Versicherungen besteht, ist zu verneinen.[1192] Der Eintritt des Versicherungsfalles der Berufsunfähigkeit innerhalb der Ausschlussfrist berührt nur die Verfristung des Rücktritts bei der Berufsunfähigkeitsversicherung und nicht auch bei der Lebensversicherung. Dies ergibt sich aus der Heranziehung des Standpunktes eines durchschnittlichen Versicherungskunden, auf dessen Sicht es bei der Auslegung einer Vertragsvereinbarung ankommt. Ein durchschnittlicher Versicherungskunde wird mit einer solchen Verknüpfungswirkung nicht rechnen.

Risikoausschlussklauseln, nach denen die Leistungspflicht des Versicherers entfällt, wenn der Versicherungsfall auf einem gefahrrelevanten Umstand beruht, der bereits vor Vertragsschluss vorlag, sind unwirksam.
Sie verstoßen zum einen gegen die Unabdingbarkeitsregelung im Versicherungsvertragsgesetz, nach der ein Berufen auf eine Vereinbarung ausgeschlossen ist, durch die von den Regelungen der vorvertraglichen Anzeigepflicht zum Nachteil des Versicherungsnehmers abgewichen wird.[1193] Zum anderen sind sie aus dem gleichen Aspekt auch nicht mit dem AGB–Recht vereinbar.[1194] Denn ist die Befreiung des Versicherers von seiner Leistungspflicht im Rahmen des Rücktrittsrechts von einem Verschulden des Versicherungsnehmers abhängig,

[1190] s. 3. Kapitel A. III. 2. e. bb. 2).
[1191] s. 3. Kapitel A. III. 2. e. bb. 2).
[1192] s. 3. Kapitel A. III. 3. b. bb. 3).
[1193] s. 3. Kapitel A. IV. 3. a. aa. 3) a) u. bb..
[1194] s. 3. Kapitel A. IV. 3. a. aa. 3) b), c) u. d) u. bb..

kommt durch eine Risikoausschlussklausel eine vom Verschulden des Versicherungsnehmers unabhängige Leistungspflichtbefreiung in Betracht.
Dies gilt sowohl für Risikoausschlussklauseln, die an dem Versicherungsnehmer bekannte Umstände anknüpfen, als auch für solche, die an dem Versicherungsnehmer unbekannte Umstände anknüpfen.
Bei Anknüpfung der Risikoausschlussklausel an dem Versicherungsnehmer unbekannte Umstände ist zudem die Menge an erheblichen Umständen größer als bei der gesetzlichen Anknüpfung an dem Versicherungsnehmer bekannte Umstände. Eine solche Risikoausschlussklausel verstößt ferner gegen § 307 BGB, indem sie die einen jeden Versicherungsvertrag kennzeichnende Pflicht des Versicherers, für den Eintritt eines subjektiv ungewissen Risikos einzustehen, einschränkt. Außerdem beachtet sie nicht das Transparenzgebot, da für den Versicherungsnehmer die Konsequenz aus der Klausel, dass er einen Teil des von ihm mit dem Abschluss des Versicherungsvertrages gerade angestrebten Schutzes – die Absicherung des subjektiv ungewissen Risikos – verliert, nicht klar und erkennbar ist.

Die bei Untersuchung der Voraussetzungen der Arglistanfechtung auftauchende Frage, ob unter Übertragung der im Rahmen des Rücktritts gefundenen Lösung die Arglistanfechtung ausgeschlossen sein soll, wenn der Versicherer grob fahrlässig seine Risikoprüfungsobliegenheit unterlässt, ist zu verneinen.[1195] Vom Bestand der Risikoprüfungsobliegenheit des Versicherers ist zwar auszugehen, aber die Voraussetzungen zur Annahme eines widersprüchlichen Verhaltens nach § 242 BGB liegen im Falle einer arglistigen Täuschung durch den Versicherungsnehmer nicht vor. Dem arglistig täuschenden Versicherungsnehmer kann keine Schutzwürdigkeit seines Vertrauens auf eine ordnungsgemäße Erfüllung der dem Versicherer obliegenden Risikoprüfung zugesprochen werden.

Die begründete Anfechtung eines Vertrages wegen arglistiger Täuschung hat gemäß § 142 Abs. 1 BGB die Nichtigkeit des gesamten Vertrages „ex tunc" zur Folge.[1196] Eine Beschränkung der Nichtigkeitsfolge auf eine bloße „ex nunc" – Wirkung, wenn zwischen dem arglistig verschwiegenen Umstand und dem Eintritt des Versicherungsfalles kein ursächlicher Zusammenhang besteht, ist entgegen der einzig vom OLG Nürnberg vertretenen Auffassung abzulehnen. Eine solche Bevorzugung des Versicherungsnehmers ist insbesondere aufgrund der mangelnden Schutzbedürftigkeit eines arglistig Täuschenden nicht gerechtfertigt.

[1195] s. 3. Kapitel B. II. 1 c. bb..
[1196] s. 3. Kapitel B. IV. 3. c..

ANHANG I

Text der in der Arbeit zitierten Allgemeinen Bedingungen für die Berufsunfähigkeits – Versicherung (Musterbedingungen)[1197]

§ 6 Was bedeutet die vorvertragliche Anzeigepflicht?

(1) Wir übernehmen den Versicherungsschutz im Vertrauen darauf, dass Sie alle in Verbindung mit dem Versicherungsantrag gestellten Fragen wahrheitsgemäß und vollständig beantwortet haben (vorvertragliche Anzeigepflicht). Das gilt insbesondere für die Fragen nach gegenwärtigen oder früheren Erkrankungen, gesundheitlichen Störungen und Beschwerden.

(2) Soll eine andere Person versichert werden, ist auch diese – neben Ihnen – für die wahrheitsgemäße und vollständige Beantwortung der Fragen verantwortlich.

(3) Wenn Umstände, die für die Übernahme des Versicherungsschutzes Bedeutung haben, von Ihnen oder der versicherten Person (vgl. Absatz 2) nicht oder nicht richtig angegeben worden sind, können wir binnen ... Jahren seit Vertragsschluss vom Vertrag zurücktreten. Den Rücktritt können wir aber nur innerhalb eines Monats erklären, nachdem wir von der Verletzung der Anzeigepflicht Kenntnis erhalten haben; die Kenntnis eines Vermittlers steht unserer Kenntnis nicht gleich. Wenn uns nachgewiesen wird, dass die falschen oder unvollständigen Angaben nicht schuldhaft gemacht worden sind, wird unser Rücktritt gegenstandslos. Haben wir den Rücktritt nach Eintritt des Versicherungsfalles erklärt, bleibt unsere Leistungspflicht bestehen, wenn uns nachgewiesen wird, dass die nicht oder nicht richtig angegebenen Umstände keinen Einfluss auf den Eintritt des Versicherungsfalles oder den Umfang unserer Leistung haben.

(4) Wir können den Versicherungsvertrag auch anfechten, falls durch unrichtige oder unvollständige Angaben bewusst und gewollt auf unsere Annahmeentscheidung Einfluss genommen worden ist. Handelt es sich um Angaben der versicherten Person, so können wir Ihnen gegenüber die Anfechtung erklären, auch wenn Sie von der Verletzung der vorvertraglichen Anzeigepflicht keine Kenntnis hatten.

(5) Die Absätze 1 bis 4 gelten bei einer unsere Leistungspflicht erweiternden Änderung oder Wiederherstellung entsprechend. Die ...– Jahresfrist beginnt mit

[1197] s. Internetseite des GDV (www.gdv/fachservice/index.html) als Quelle.

der Änderung oder Wiederherstellung der Versicherung bezüglich des geänderten oder wiederhergestellten Teils neu zu laufen.

(6) Auf den Rücktritt oder die Anfechtung des Versicherungsvertrages können wir uns auch dritten Berechtigten gegenüber berufen.

(7) Wenn die Versicherung durch Rücktritt oder Anfechtung aufgehoben wird, haben Sie weder Anspruch auf einen Rückkaufswert noch auf eine Rückzahlung der Beiträge.

...

Anhang II

Text der in der Arbeit zitierten für die kapitalbildende Lebensversicherung (Musterbedingungen)[1198]

§ 6 Was bedeutet die vorvertragliche Anzeigepflicht?

(1) Wir übernehmen den Versicherungsschutz im Vertrauen darauf, dass Sie alle in Verbindung mit dem Versicherungsantrag gestellten Fragen wahrheitsgemäß und vollständig beantwortet haben (vorvertragliche Anzeigepflicht). Das gilt insbesondere für die Fragen nach gegenwärtigen oder früheren Erkrankungen, gesundheitlichen Störungen und Beschwerden.

(2) Soll das Leben einer anderen Person versichert werden, ist auch diese – neben Ihnen – für die wahrheitsgemäße und vollständige Beantwortung der Fragen verantwortlich.

(3) Wenn Umstände, die für die Übernahme des Versicherungsschutzes Bedeutung haben, von Ihnen oder der versicherten Person (vgl. Abs. 2) nicht oder nicht richtig angegeben worden sind, können wir binnen drei Jahren seit Vertragsabschluss vom Vertrag zurücktreten. Den Rücktritt können wir aber nur innerhalb eines Monats erklären, nachdem wir von der Verletzung der Anzeigepflicht Kenntnis erhalten haben; die Kenntnis eines Vermittlers steht hinsichtlich des Fristbeginns unserer Kenntnis nicht gleich. Wenn uns nachgewiesen wird, dass die falschen oder unvollständigen Angaben nicht schuldhaft gemacht worden sind, wird unser Rücktritt gegenstandslos. Haben wir den Rücktritt nach Eintritt des Versicherungsfalles erklärt, bleibt unsere Leistungspflicht bestehen, wenn uns nachgewiesen wird, dass die nicht oder nicht richtig angegebenen Umstände keinen Einfluss auf den Eintritt des Versicherungsfalles oder den Umfang unserer Leistung gehabt haben.

(4) Wir können den Versicherungsvertrag auch anfechten, falls durch unrichtige oder unvollständige Angaben bewusst und gewollt auf unsere Annahmeentscheidung Einfluss genommen worden ist. Handelt es sich um Angaben der versicherten Person, können wir Ihnen gegenüber die Anfechtung erklären, auch wenn Sie von der Verletzung der vorvertraglichen Anzeigepflicht keine Kenntnis hatten.

[1198] s. Internetseite des GDV (www.gdv/fachservice/index.html) als Quelle.

(5) Die Absätze 1 bis 4 gelten bei einer unserer Leistungspflicht erweiternden Änderung oder bei einer Wiederherstellung der Versicherung entsprechend. Die Dreijahresfrist beginnt mit der Änderung oder Wiederherstellung der Versicherung bezüglich des geänderten oder wiederhergestellten Teils neu zu laufen.

(6) Wenn die Versicherung durch Rücktritt oder Anfechtung aufgehoben wird, zahlen wir den Rückkaufswert; § 9 Abs. 3 gilt entsprechend. Die Rückzahlung der Beiträge können Sie nicht verlangen.

(7) Sofern Sie uns keine andere Person als Bevollmächtigten benannt haben, gilt nach Ihrem Ableben eine Bezugsberechtigter als bevollmächtigt, eine Rücktritts- oder Anfechtungserklärung entgegenzunehmen. Ist auch ein Bezugsberechtigter nicht vorhanden oder kann sein Aufenthalt nicht ermittelt werden, können wir den Inhaber des Versicherungsscheins zur Entgegennahme der Erklärung als bevollmächtigt ansehen.

...

§ 9 Wann können Sie Ihre Versicherung kündigen oder beitragsfrei stellen?

...

(3) Nach § 176 VVG haben wir – soweit bereits entstanden – den Rückkaufswert zu erstatten. Er wird nach den anerkannten Regeln der Versicherungsmathematik für den Schluss der laufenden Versicherungsperiode als Zeitwert Ihrer Versicherung berechnet, wobei ein als angemessen angesehener Abzug von ... erfolgt.
Beitragsrückstände werden von dem Rückkaufswert abgesetzt.

...

§ 14 Was gilt für Mitteilungen, die sich auf das Versicherungsverhältnis beziehen?

(1) Mitteilungen, die das bestehende Versicherungsverhältnis betreffen, müssen stets schriftlich erfolgen. Für uns bestimmte Mitteilungen werden wirksam, sobald sie uns zugegangen sind. Vermittler sind zu ihrer Entgegennahme nicht bevollmächtigt.

Anhang III

Text der in der Arbeit zitierten Bedingungen für die Berufsunfähigkeits – Zusatzversicherung (Musterbedingungen)[1199]

§ 9 Wie ist das Verhältnis zur Hauptversicherung?

(1) Die Zusatzversicherung bildet mit der Versicherung, zu der sie abgeschlossen worden ist (Hauptversicherung), eine Einheit; sie kann ohne die Hauptversicherung nicht fortgesetzt werden. Spätestens wenn der Versicherungsschutz aus der Hauptversicherung endet, bei Rentenversicherungen spätestens mit dem vereinbarten Rentenbeginn, erlischt auch die Zusatzversicherung.

...

(10) Soweit in diesen Bedingungen nichts anderes bestimmt ist, finden die Allgemeinen Bedingungen für die Hauptversicherung sinngemäß Anwendung.

...

[1199] s. Internetseite des GDV (www.gdv/fachservice/index.html) als Quelle.

VERSICHERUNGSRECHTLICHE STUDIEN

Herausgegeben von Prof. Dr. Gerrit Winter

Band	1	Maximilian Teichler: Berufshaftpflichtversicherungen. Eine Untersuchung der Berufshaftpflicht, ihrer Versicherung und deren Beziehung zueinander am Beispiel der Rechtsanwälte, Ärzte und Architekten in Deutschland. 1985.
Band	2	Burkhard Messerschmidt: Hinweis- und Belehrungspflichten des Versicherers. 1986.
Band	3	Chao-Kuo Chiang: Das Interesse im Seeversicherungsrecht. 1986.
Band	4	Michael Grebe: Die vorläufige Deckungszusage unter besonderer Berücksichtigung ihrer Handhabung in der Lebensversicherung. 1987.
Band	5	Harald Zeller: Die Deckung von Haftpflicht-Risiken im Rahmen der Seekaskoversicherung. 1987.
Band	6	Annemarie Bender: Die Rechtsproblematik der Wartezeiten in der Privatversicherung unter besonderer Berücksichtigung der Rechtsschutzversicherung. 1988.
Band	7	Gerd Kühborth: Die Obliegenheiten des Versicherungsnehmers in der Rechtsschutzversicherung beim und nach dem Eintritt eines Versicherungsfalles. 1988.
Band	8	Peter Caninenberg: Die Sportveranstaltungsausfallversicherung. 1988.
Band	9	Carsten Meyer: Der Rückkaufswert in der Lebensversicherung. Eine Untersuchung aktueller Kritik an dem Recht des Lebensversicherungsvertrages unter Berücksich-tigung des AGB-Gesetzes und des Aufsichtsrechts. 1989.
Band	10	Heike Schwesinger: Versorgungsausgleich und berufsständische Versorgungswerke. 1989.
Band	11	Jens Fortmann: Die Investitionsgüterkreditversicherung. 1989.
Band	12	Hans Wille: Bedingungs- und satzungsgemäße Privilegien öffentlich-rechtlicher "Wettbewerbsanstalten" in der Gebäude-Feuerversicherung. Eine Untersuchung zum BGB, VVG, AGBG, GWB (UWG) und EWGV unter kritischer Berücksichtigung alter und neuer deutscher sowie supranationaler Judikatur. 1990.
Band	13	Ulrich Joseph: Lebensversicherung und Abtretung. 1990.
Band	14	Udo Hansen: Beweislast und Beweiswürdigung im Versicherungsrecht. 1990.
Band	15	Uwe Hamann: Die Rückdeckungsversicherung aus zivil-, versicherungs- und arbeitsrechtlicher Sicht. 1991.
Band	16	Hans-Eckhard Tribess: Die Leistungsfreiheit des Versicherers aus § 67 Abs. 1 Satz 3 VVG im Falle des Vorausverzichtes. 1991.
Band	17	Regina Testorf: Gewerbliche Schmuckversicherungen. 1991.
Band	18	Dieter Armbrust: Subsidiaritätsabreden in Versicherungsverträgen. 1991.
Band	19	Cornelia Thies: Die Auswirkungen von AIDS im Privatversicherungsrecht. Eine Untersuchung über AIDS-spezifische Probleme im Kranken-, Lebens- und Haftpflichtversicherungsrecht. 1991.
Band	20	Utz Meyer-Reim: Die Elektronik-Versicherung. Sachversicherung von Fernmelde- und sonstigen elektrotechnischen Anlagen. 1992.
Band	21	Thorsten Hinnekeuser: Der Versicherungsfall in der Bauleistungsversicherung. 1992.
Band	22	Christian Luckey: Mündliche Nebenabreden zu Allgemeinen Versicherungsbedingungen. 1992.
Band	23	Jürgen Möhle: Die Haftpflichtversicherung im Heilwesen. Eine Studie über die versicherungsrechtliche Deckung medizinischer Haftpflichtschäden. 1992.
Band	24	Torsten Busch: Genußkapital als Eigenmittel von Versicherungsunternehmen. 1992.
Band	25	Ulrich Möhrle: Verhaltensabhängige Risikobeschränkungen in der Gewässerschadenhaftpflichtversicherung. 1993.

Band 26 Paul Wollny: Die Directors' and Officers' Liability Insurance in den Vereinigten Staaten von Amerika (D&O-Versicherung). Vorbild für eine Aufsichtsratshaftpflichtversicherung in Deutschland? 1993.

Band 27 Jan Dreyer: Die Reiserücktrittskostenversicherung. 1993.

Band 28 Robert Nehrer: Entwendung und Entwendungsfolgeschäden in der Kraftfahrzeugkaskoversicherung. 1994.

Band 29 Jürgen Sackhoff: Die Anzeige-, Auskunfts- und Belegpflicht des Versicherungsnehmers nach Eintritt des Versicherungsfalles. Eine rechtsvergleichende Untersuchung unter besonderer Berücksichtigung des Richtlinienentwurfes zur Harmonisierung des Versicherungsvertragsrechts. Zugleich ein Beitrag zur Relevanzrechtsprechung des Bundesgerichtshofes. 1994.

Band 30 Anne Heidelbach: Der kleinere Versicherungsverein auf Gegenseitigkeit unter besonderer Berücksichtigung der gesellschaftsrechtlichen Probleme. 1994.

Band 31 Claudius Mann: Die zeitliche Beschränkung des Versicherungsschutzes in der Rechtsschutzversicherung. 1994.

Band 32 Martin Dietrich: Produktbeobachtungspflicht und Schadenverhütungspflicht der Produzenten. 1994.

Band 33 Barbara Halser: Die versicherte Gefahr und der Versicherungsfall in der Industrie-Straf-Rechtsschutzversicherung. 1994.

Band 34 Hans von Gehlen: Die Beeinflussung des Versicherungsfalls durch den Versicherungsnehmer in der Rechtsschutzversicherung. 1995.

Band 35 Thomas Adler: Das Tagegeld in der Krankenversicherung als Schadens- oder Summenversicherung. 1995.

Band 36 Achim Gmilkowsky: Die Produkthaftung für Umweltschäden und ihre Deckung durch die Produkthaftpflichtversicherung. 1995.

Band 37 Jens Hilgenhövel: Die gewohnheitsrechtliche Erfüllungshaftung des Versicherers für Auskünfte seiner Agenten. 1995.

Band 38 Wiebke Heinrich: Das Sachverständigenverfahren im Privatversicherungsrecht. 1996.

Band 39 Arnt Vespermann: Staatshaftung im Versicherungswesen. 1996.

Band 40 Hubertus W. Labes: Schiedsgerichtsvereinbarungen in Rückversicherungsverträgen. 1996.

Band 41 John Benjamin Schroeder: Die Kriegsgefahr im deutschen Versicherungsrecht. 1996.

Band 42 Hilke Wesselhöft: Datenschutz im Versicherungswesen. 1996.

Band 43 Klaus C. Kossen: Die Kautionsversicherung. 1996.

Band 44 Cord Imelmann: Versicherungsaufsichtsrechtliche Fragen der Allfinanzkonzeption. 1996.

Band 45 Marcus Lüpke: Versicherungsschutz bei behördlicher Inanspruchnahme zur Altlastsanierung. 1996.

Band 46 Bettina Kagelmacher: Die Beschränkungen der Privatversicherungsfreiheit im Hinblick auf das Allgemeininteresse sowie auf Rechte Dritter. Die Grenzen der Versicherbarkeit widerrechtlichen Verhaltens. 1997.

Band 47 Moritz Mittelbach: Die Verdienstausfallversicherung für See- und Binnenschiffe. 1997.

Band 48 Marc-Alexander Lüth: Rechtsberatung durch den Rechtsschutzversicherer. 1997.

Band 49 Ulf Liebelt-Westphal: Schadenverhütung und Versicherungsvertragsrecht. Schadenverhütung durch die Gestaltung des Versicherungsvertrages (Risikobeschreibung, Ausschluß von Risiken und Auferlegung von Obliegenheiten). 1997.

Band 50 Katrein Schneider: Die Feuer-Betriebsunterbrechungsversicherung. 1997.

Band 51 Hubertus Wegmann: Obliegenheiten in der Privaten Krankenversicherung. 1997.

Band 52 Sven Schubert: Das Sachverständigenverfahren im Seeversicherungsrecht. 1998.

Band 53 Horst Suhren: Alte und neue Informationspflichten des Rechtsschutzversicherers. 1998.

Band 54 Bianca Müller: Verbraucherschutz durch das Bundesaufsichtsamt für das Versicherungswesen. 1998.

Band 55 Thorsten Haeberlin: Der aktuelle Stand des Versicherungsnehmerschutzes im englischen und deutschen Versicherungsvertragsrecht vor dem Hintergrund der jüngsten EG-Rechtsentwicklung. 1998.

Band 56 Thorsten Meinert: Das Bereicherungsverbot im deutschen Seeversicherungsrecht. Mit einem Exkurs zum Entschädigungsprinzip im englischen Seeversicherungsrecht. 1998.

Band 57 Annette Wenckstern: Die Haftung bei der Arzneimittelprüfung und die Probandenversicherung. Haftungsersetzung durch Versicherungsschutz. 1999.

Band 58 Jan-Uwe Hungar: Die Rechtsstellung des Schiffshypothekengläubigers im Versicherungsfall. 1999.

Band 59 Torsten Stade: Die Kaskoversicherung für Luftfahrzeuge. 1999.

Band 60 Michael Rudolf Fischer: Versicherungsaufsichtsrecht und öffentliches Übernahmeangebot. 1999.

Band 61 Jill Bohnhorst: Gentechnologie in der Haftpflichtversicherung. 1999.

Band 62 Nils Abram: Die Berufshaftpflichtversicherung für Versicherungsvermittler. 2000.

Band 63 Carsten Hoppmann: Vorstandskontrolle im Versicherungsverein auf Gegenseitigkeit. 2000.

Band 64 Georg Lange: Die Reparaturkostenversicherung. 2000.

Band 65 Nikolas Streuf: Der Vertragsschluss mit einem englischen Versicherer via Internet. 2002.

Band 66 Jan Philipp Tietjen: Die Versicherungsdauer in der (See-)Güterversicherung nach den Grundsätzen der Haus-zu-Haus-Klausel. 2002.

Band 67 Axel Wehling: Schutz innovativer Versicherungsdienstleistungen. 2002.

Band 68 Alexander Wehowski: Die Zulassung ausländischer Versicherungsunternehmen in der Bundesrepublik Deutschland und den Vereinigten Staaten von Amerika. 2002.

Band 69 Marcus Hennies: Die Finanzaufsicht über Versicherungen in der Europäischen Gemeinschaft. Unter besonderer Berücksichtigung der Solvabilitätsvorschriften. 2003.

Band 70 Silke Riedel: Sicherungsschein und Sicherungsbestätigung in der Versicherungswirtschaft. 2004.

Band 71 Detlef A. Huber: Die Hagelversicherung. 2005.

Band 72 Frank-Hartmut Vogelsang: Die Berufshaftpflichtversicherung des Architekten. Deckungssummenbeschränkungen und Risikoausschlüsse. 2005.

Band 73 Inga Uhlenbrock: Die Lösungsrechte des Versicherers bei Verletzung der vorvertraglichen Anzeigepflicht durch den Versicherungsnehmer. Unter besonderer Betrachtung der Berufsunfähigkeitsversicherung. 2005.

FSC
www.fsc.org
MIX
Papier | Fördert
gute Waldnutzung
FSC® C083411

Kolibri 360 GmbH
Ferdinand-Jühlke-Straße 7
99095 Erfurt, Deutschland
produktsicherheit@kolibri360.de

Druck:
CPI Druckdienstleistungen GmbH
im Auftrag der
Kolibri 360 GmbH
Ferdinand-Jühlke-Str. 7
99095 Erfurt

Das Verhältnis von Anfechtungsklage und Spruchverfahren

Europäische Hochschulschriften
Publications Universitaires Européennes
European University Studies

Reihe II
Rechtswissenschaft

Série II Series II
Droit
Law

Bd./Vol. 4357

PETER LANG
Frankfurt am Main · Berlin · Bern · Bruxelles · New York · Oxford · Wien

Lorenz Holler

Das Verhältnis von Anfechtungsklage und Spruchverfahren

Eine Untersuchung ausgehend von den §§ 210, 212 UmwG unter schwerpunktmäßiger Berücksichtigung von BGHZ 146, 179 – *MEZ* und BGH ZIP 2001, 412 – *Aqua Butzke*

PETER LANG
Europäischer Verlag der Wissenschaften

Bibliografische Information Der Deutschen Bibliothek
Die Deutsche Bibliothek verzeichnet diese Publikation in der Deutschen Nationalbibliografie; detaillierte bibliografische Daten sind im Internet über <http://dnb.ddb.de> abrufbar.

Zugl.: Bonn, Univ., Diss., 2005

D 5
ISSN 0531-7312
ISBN 3-631-55090-1

www.peterlang.de

Meinen Eltern

Vorwort

Die vorliegende Untersuchung wurde von der Staats- und Rechtswissenschaftlichen Fakultät der Rheinischen Friedrich-Wilhelms-Universität Bonn im Wintersemester 2005/06 als Dissertation angenommen.
Die Arbeit wurde im Wesentlichen Anfang des Jahres 2004 fertiggestellt. Rechtsprechung und Literatur konnten bis April 2005 berücksichtigt werden, allerdings mit Ausnahme der Literatur zu § 243 Abs. 4 S. 2 AktG n.F.. Diese im Wege des zum 1. November in Kraft getretenen UMAG eingeführte Vorschrift, welche als teilweise Kodifizierung der in dieser Arbeit schwerpunktmäßig behandelten höchstrichterlichen Rechtsprechung „MEZ" und „Aqua Butzke" gedacht ist (vgl. RegE UMAG, ZIP 2004, 2455, 2468), wurde Anfang 2004 unmittelbar nach Fertigstellung der Arbeit erstmalig in der Öffentlichkeit vorgestellt; sie konnte daher nicht mehr eingearbeitet werden. Der gegenständlich auf wertbezogene Informationsrügen in der Hauptversammlung beschränkte und damit lediglich *partielle* Anfechtungsausschluß des § 243 Abs. 4 S. 2 AktG n.F. steht in einem interessanten wie bemerkenswerten Spannungsverhältnis zu dem sämtliche wertbezogenen Informationsrechtsverletzungen im Vorfeld und während der Hauptversammlung einbeziehenden und damit *umfassenden* Anfechtungsausschluß im Sinne der höchstrichterlichen Rechtsprechung. Die vorliegende Arbeit bleibt insofern - ungeachtet des oben erwähnten „Federstrichs des Gesetzgebers" - insbesondere für den Bereich wertbezogener Informationsrechtsverletzungen jenseits des Anwendungsbereichs der Vorschrift des § 243 Abs. 4 S. 2 AktG n.F. aktuell.
Mein herzlicher Dank gilt meinem Doktorvater, *Prof. Dr. Wolfgang Schön*, für die Betreuung und Unterstützung bei der Erstellung dieser Arbeit. Bedanken möchte ich mich ebenso herzlich bei Rechtsanwalt *Prof. Dr. Michael Hoffmann-Becking* für die Übernahme und die zügige Erstellung des Zweitgutachtens.
Zu besonderem Dank verpflichtet bin ich meinem treuen Studienfreund Carsten Beck, der mir stets mit hilfreichem Rat zur Seite stand.
Von ganzem Herzen danke ich schließlich meiner geliebten Ehefrau Verena für ihre Geduld und ihr Verständnis. Ohne ihre liebevolle und unermüdliche Unterstützung wäre diese Arbeit wohl nicht zustande gekommen.

Hamburg, im Dezember 2005 *Lorenz Holler*

Inhaltsverzeichnis

Abkürzungsverzeichnis

a.F.	alte Fassung
AG	Aktiengesellschaft, Die Aktiengesellschaft (Zeitschrift)
AktG	Aktiengesetz
Art.	Artikel
BB	Der Betriebs-Berater
BGB	Bürgerliches Gesetzbuch
BGHZ	Entscheidungen des Bundesgerichtshofes in Zivilsachen
BKR	Zeitschrift für Bank- und Kapitalmarktrecht
BT-Drucks.	Bundestagsdrucksache
BVerfG	Bundesverfassungsgericht
DAV	Deutscher Anwaltsverein
DB	Der Betrieb
DiskE	Diskussionsentwurf
DJT	Deutscher Juristentag
DStR	Deutsches Steuerrecht
DSW	Deutsche Schutzvereinigung für Wertpapierbesitz
EWiR	Entscheidungen zum Wirtschaftsrecht
F.A.Z.	Frankfurter Allgemeine Zeitung
FGG	Gesetz über die Angelegenheiten der freiwilligen Gerichtsbarkeit
FS	Festschrift, Festgabe
GesR	Gesellschaftsrecht
GG	Grundgesetz für die Bundesrepublik Deutschland
GmbHG	Gesetz betreffend die Gesellschaft mit beschränkter Haftung
GmbHR	GmbH-Rundschau
GroßKomm	Großkommentar
Hb.	Handbuch
Hrsg.	Herausgeber
hrsg.	herausgegeben
IDW	Institut für Wirtschaftsprüfer
JZ	Juristenzeitung
KfH	Kammer für Handelssachen
KölnKomm	Kölner Kommentar
LM	Nachschlagewerk des Bundesgerichtshofes (Loseblattsammlung)

MittRhNotK	Mitteilungen der Rheinischen Notarkammer
MünchKomm	Münchner Kommentar
m.w.N.	mit weiteren Nachweisen
n.F.	neue Fassung
NJW	Neue Juristische Wochenschrift
NJW-RR	NJW-Rechtsprechungsreport
NotBZ	Zeitschrift für die notarielle Beratungs- und Beurkundungspraxis
NZG	Neue Zeitschrift für Gesellschaftsrecht
RefE	Referentenentwurf
RegE	Regierungsentwurf
RG	Reichsgericht
RGZ	Entscheidungen des Reichsgerichts in Zivilsachen
SpruchG	Spruchverfahrensgesetz
UmwG	Umwandlungsgesetz
UmwBerG	Gesetz zur Bereinigung des Umwandlungsrechts
VGR	Gesellschaftsrechtliche Vereinigung
WiB	Wirtschaftsrechtliche Beratung
WM	Wertpapier-Mitteilungen
WpG	Die Wirtschaftsprüfung
WpÜG	Wertpapiererwerbs- und Übernahmegesetz
WuB	Entscheidungssammlung zum Wirtschafts- und Bankrecht
ZBB	Zeitschrift für Bankrecht und Bankwirtschaft
ZGR	Zeitschrift für Unternehmens- und Gesellschaftsrecht
ZHR	Zeitschrift für das gesamte Handels- und Wirtschaftsrecht
ZIP	Zeitschrift für Wirtschaftsrecht und Insolvenzpraxis
ZPO	Zivilprozeßordnung
ZR	Zivilrecht
ZRP	Zeitschrift für Rechtspolitik

A. Allgemeiner Teil

I. Einleitung

Die aktienrechtliche Anfechtungsklage ist gleichermaßen Gegenstand der gesellschaftsrechtlichen Diskussion wie das Spruchverfahren. Während sich das Rechtsschutzinstrument der Anfechtungsklage, die bereits früh in der aktienrechtlichen Diskussion als „Schreckgespenst[1]“bezeichnet wurde, auch in der aktuellen rechtspolitischen Diskussion verstärkter Kritik ausgesetzt sieht, erfreut sich das Spruchverfahren demgegenüber zunehmender Beliebtheit. Die Ausweitung des Spruchverfahrens ist dabei ebenso im *rechtspolitischen Trend*[2] wie die Einschränkung bzw. Zurückdrängung der Anfechtungsklage[3]. Gegenstand der vorliegenden Arbeit ist weniger das eine noch das andere Verfahren einschließlich seiner materiell- und verfahrensrechtlichen Besonderheiten für sich. Die Arbeit verfolgt nicht das Ziel einer isolierten Darstellung des einen oder anderen Rechtsbehelfs. Vielmehr geht es im Wesentlichen um das Verhältnis der beiden Rechtsbehelfe zueinander. Die aktuellen Reformüberlegungen zu Anfechtungsklage und Spruchverfahren überschneiden sich dort, wo eine Zurückdrängung der Anfechtungsklage zugunsten des Spruchverfahrens diskutiert wird. Anlaß und zugleich Schwerpunkt der Arbeit ist die jüngste BGH-Rechtsprechung zum Recht des Formwechsels. In seinen beiden Urteilen *MEZ*[4] und *Aqua Butzke*[5] spricht der II. Zivilsenat zentrale Aspekte der aktuellen rechtspolitischen Überlegungen, welche in die Richtung einer solchen Ausweitung des Spruchverfahrens „auf Kosten“ der Anfechtungsklage weisen, an und stellt hierfür ein anhand der §§ 210, 212 UmwG entwickeltes Lösungskonzept bereits de lege lata bereit. Vor diesem Hintergrund bildet die Untersuchung der §§ 210, 212 UmwG, zu denen die beiden „brisanten“ BGH-Entscheidungen ergangen sind, für die vorzunehmende Untersuchung des Verhältnisses zwischen Anfechtungsklage und Spruchverfahren der lex lata den Ausgangs- und Schwerpunkt zugleich. Im Anschluß an die Untersuchung der §§ 210,

---

1 Vgl. bereits kritisch zu dieser Qualifizierung *Knobbe-Keuk* FS Ballerstedt, 239, 254 unter Hinweis auf *Wieland* Handelsrecht, Bd. 2 (1931), S. 137 N.80; vgl. auch *Zöllner* AG 2000, 145, 147.

2 Vgl. *Kallmeyer* GmbHR 2001, 204 unter Hinweis auf die Beschlüsse Nr. 11 und 12 des 63. .DJT in Leipzig 2000; vgl. *Fritzsche/Dreier* BB 2002, 737, 738.

3 Vgl. dazu den umfassenden Überblick bei *Baums* Gutachten 63. DJT, F 98ff., dazu *Bayer* NJW 2000, 2609ff.; *Schindler/Witzel* NZG 2001, S. 577ff.; *Schwarz* ZRP 2000, 330ff.; siehe auch *Hüffer* in MünchKomm § 243 Rn. 13ff. m.w.N; *Schiessl* in VGR GesR 2000, S. 57ff.; *Bayer* in VGR GesR 2000, S. 35ff.; *Zöllner* in Semler Reformbedarf, S. 147ff.; *ders.* AG 2000, 145ff.

4 BGHZ 146, 179 – *MEZ.*

5 BGH ZIP 2001, 412 – *Aqua Butzke.*

212 UmwG werden die Paralleltatbestände in Aktien- und Umwandlungsgesetz[6] vor dem Hintergrund der Rechtsprechung beleuchtet[7].

II. Anfechtungsklage und Spruchverfahren als Instrumente zur Beschlußkontrolle bei Strukturänderungen des Aktien- und Umwandlungsgesetzes

Aktien- und Umwandlungsgesetz ermöglichen Strukturveränderungen[8] von Gesellschaften[9], um Wirtschaftsunternehmen beweglich zu halten und ihnen die Möglichkeit zu geben, ihre rechtlichen Strukturen jeweils den veränderten Umständen des Wirtschaftslebens anzupassen[10]. Allen diesen Strukturänderungen oder Strukturmaßnahmen[11] ist gemein, daß sie einen (qualifizierten) Mehrheitsbeschluß der Hauptversammlung[12] voraussetzen. Hierdurch können Gesellschaftsanteile gegen den Willen ihrer Inhaber umgestaltet, ausgehöhlt und mitunter auch ganz entzogen werden[13]. Ist das Mehrheitsvotum rechtmäßig zustande gekommen, so hat sich die betroffene Aktionärsminderheit diesem zu beugen[14]. Die überstimmten Minderheitsgesellschafter haben jedoch Anrecht auf eine Entschädigung bzw. Kompensation, die dem vollen wirtschaftlichen Wert ihrer verlorenen Rechtsposition entspricht; dies ist nicht nur ein Gebot der Gerechtigkeit, sondern auch der Verfassung[15]. Bei einer Vielzahl von Strukturänderungen gewährt der Gesetzgeber daher in Aktien- und Umwandlungsrecht den Anteilsinhabern der betroffenen Gesellschaft Umtausch-, Ausgleichs- und Abfindungsansprüche. So haben in allen Fällen einer Umwandlung, bei denen es zu einem Tausch von Anteilen oder zu einem Wechsel der Mitgliedschaft kommen kann, die Gesellschafter des übertragenden bzw. formwechselnden Rechtsträgers Anspruch auf einen angemessenen Gegenwert für die bisherige Beteiligung; wider-

---

6 Vgl. §§ 14 Abs. 2, 15, 32, 34 UmwG, §§ 304 Abs. 3, 305 Abs. 5, 320b Abs. 2, 327f AktG.

7 Siehe dazu unten C.

8 Verschmelzung, Spaltung (Auf- und Abspaltung, Ausgliederung), Vermögensübertragung, Formwechsel, Unternehmensvertrag, Eingliederung, Squeeze-Out.

9 Die Arbeit beschränkt sich auf die Darstellung der Aktiengesellschaft.

10 Vgl. *Ganske* Begr.RegE UmwBerG 1994, Begr. Allg., S. 11; *Lutter/Bezzenberger* AG 2000, 433, 435.

11 Zu diesen Begriffen, welche hier synonym gebraucht werden, *Kort* Bestandsschutz fehlerhafter Strukturänderungen, S. 1ff. mit zahlreichen Nachweisen zur unterschiedlichen Terminologie in Fn.1.

12 Vgl. §§ 65 Abs. 1 S. 1 UmwG (Verschmelzung), §§ 65 Abs. 1 S. 1 i.V.m. 125 S. 1 bzw. 176 Abs. 1 UmwG (Spaltung bzw. Vermögensübertragung), 240 Abs. 1 S. 1 UmwG (Formwechsel), §§ 293 Abs. 1 AktG (Unternehmensvertrag), 320 Abs. 1 S. 3 i.V.m. 319 Abs. 2 AktG (Eingliederung durch Mehrheitsbeschluß), 327a Abs. 1 AktG (Squeeze-Out).

13 *Lutter/Bezzenberger* AG 2000, 433, 435.

14 *Bayer* in VGR GesR 1999, 35, 36.

15 BVerfGE 14, 263, 283f. – *Feldmühle*; BVerfGE 100, 289, 303ff. – *DAT/Altana*.

sprechenden Anteilsinhabern ist darüber hinaus der Erwerb ihrer Anteile oder Mitgliedschaften gegen eine angemessene Barabfindung anzubieten[16]. Dem Spruchverfahren kommt dabei die Aufgabe zu, dieses Recht auf Erhalt einer angemessenen Kompensationsleistung verfahrensrechtlich abzusichern[17].
Der Gesetzgeber hat im Rahmen seiner Begründung des Umwandlungsbereinigungsgesetzes von 1994 klargestellt, daß der Minderheitenschutz bei den hier in Rede stehenden Strukturänderungen des Aktien- und Umwandlungsgesetzes eines seiner drei wesentlichen Regelungsanliegen ist[18]. Der Minderheitenschutz bei Umstrukturierungen ist jedoch bloß so wirksam, wie die Minderheitsgesellschafter die Respektierung der Schutzbestimmungen gegenüber den Leitungs- und Verwaltungsorganen aus eigener Rechtsmacht durchzusetzen oder anderweitig zu reagieren imstande sind[19]. Die Aktionärsminderheit hat sich lediglich dem rechtmäßigen – d.h. dem nach Verfahren und Inhalt den Vorgaben des Gesetzes und der Satzung entsprechenden - Mehrheitsvotum zu beugen; unrechtmäßiges Handeln dagegen kann den Mehrheitswillen nicht legitimieren[20]. Zum Schutze der Minderheit bedarf es daher einer effektiven Kontrolle der Entscheidungsmacht der Mehrheit und der von ihr eingesetzten Verwaltung; ein solcher Minderheitenschutz ist ebenfalls verfassungsrechtlich geboten[21]. Zur Kontrolle dieser strukturändernder Beschlüsse stellen Aktien- und Umwandlungsgesetz ein nahezu identisches Instrumentarium zur Verfügung[22]. Dabei eröffnen Umwandlungs- und Aktiengesetz dem Aktionär für diese Beschlußkontrolle grundsätzlich zwei[23] Wege: zum einen das *Spruchverfahren* und zum anderen die Klagen gegen die Wirksam-

16 *Krieger* in Lutter Kölner Umwandlungsrechtstage, 275.

17 Vgl. *Röhricht* ZHR 162 (1998), 249, 257.

18 Vgl. *Ganske* Begr.RegE UmwBerG 1994, Begr. Allg., S. 11.

19 *Hommelhoff* ZGR 1993, 452, 467f.

20 *Bayer* in VGR GesR 1999, 35, 36; vgl. *Hüffer* in MünchKomm AktG § 245 Rn. 6.

21 BVerfGE 14, 263, 283f. – *Feldmühle*.

22 *Hommelhoff* ZGR 1990, 447, 448; vgl. auch *Bork* ZGR 1993, 343, 346ff.

23 *Hommelhoff* ZGR 1990, 447, 448 spricht in diesem Zusammenhang unter Einbeziehung der Registersperre von einer „Trias der Kontrollbehelfe". Bei der Registersperre handelt es sich hingegen nicht eigentlich um einen Rechtsbehelf, sondern um einen Mechanismus zur Stärkung der rechtlichen Stellung des (Anfechtungs-) Klägers (vgl. *Ganske* Begr.RegE UmwBerG 1994, zu § 16 UmwG, S. 54). Das Unbedenklichkeitsverfahren als Verfahren zur Überwindung der Registersperre stellt dagegen zwar einen Rechtsbehelf dar (vgl. *Bork* ZGR 1993, 343, 356), jedoch steht dieser lediglich dem beklagten Rechtsträger zur Verfügung und ist daher nicht dem Instrumentarium des Aktionärs zur Beschlußkontrolle zuzurechnen, um das es hier allein gehen soll. Nichtsdestotrotz spielen Registersperre und Unbedenklichkeitsverfahren eine große Bedeutung für das Verhältnis von Spruchverfahren und Anfechtungsklage; siehe dazu ausführlich unten B.II.3.b)dd).

keit des Beschlusses[24], von denen hier lediglich die *Anfechtungsklage* behandelt werden soll[25].

III. Grundzüge, Regelungsstandort und Anwendungsbereich des Spruchverfahrens

Wenn Gesellschaftsanteile infolge von mehrheitlich beschlossenen Strukturveränderungen umgestaltet werden - also gewissermaßen die Grundlagen des Investments der Aktionäre durch Mehrheitsbeschluß verändert werden[26] - müssen die privaten Rechtsgeschäfte, die solche Veränderungen herbeiführen[27], für die betroffenen Gesellschafter oder jedenfalls für bestimmte Gesellschafter eine Kompensation vorsehen[28]. Je nach Art der jeweiligen Strukturänderung steht der Gesellschafter dabei in der Regel vor der Wahl, in der Gesellschaft zu verbleiben und dafür eine - im Regelfall einmalige[29] - Geldzahlung zu verlangen, oder aber gegen den Erhalt einer Abfindung in Geld oder in Anteilen einer anderen Gesellschaft aus der Gesellschaft auszuscheiden[30]. Erscheint den betroffenen Gesellschaftern die jeweilige Kompensationsleistung unangemessen, so gibt ihnen das Gesetz die Möglichkeit, auf Antrag in einem speziell auf die Wahrung ihrer Vermögensinteressen zugeschnittenen gerichtlichen Verfahren – dem Spruchverfahren - die Höhe der Kompensationsleistung überprüfen zu lassen. Im Spruchverfahren geht es also darum, die für Umtauschverhältnis, Barabfindung oder Ausgleichszahlung maßgebliche Unternehmensbewertung zu überprüfen und den „richtigen", d.h. angemessenen Umfang der den Aktionären zustehenden Leistungen zu bestimmen[31]. Die Minderheitsgesellschafter sind deshalb auf die besondere Gerichtsfürsorge des Spruchverfahrens angewiesen, weil dort, wo das Gesetz das Spruchverfahren bereitstellt, ein Mehrheitsaktionär oder ein herrschendes Unternehmen einseitig und eigenmächtig in die Rechtsstellung der Minderheitsgesellschafter eingreift[32] und die Grundlagen ihres Investments verändert[33], sei es indem er sich die

---

24 *Bork* ZGR 1993, 343, 353; Hommelhoff ZGR 1993, 452, 470 spricht in diesem Zusammenhang auch von einem „zweispurigen Gesellschafterschutz"; vgl. *Hommelhoff* ZGR 1990, 447, 448.

25 Vgl. *Ganske* Begr.RegE UmwBerG 1994, Begr. Allg., S. 11.

26 Vgl. *Baums* Gutachten 63. DJT, F 117.

27 Vgl. hierzu *Kort* Bestandsschutz fehlerhafter Strukturänderungen, S. 2.

28 *Lutter/Bezzenberger* AG 2000, 433, 434.

29 § 304 AktG sieht keine einmalige, sondern eine laufende Geldzahlung vor.

30 Im Falle der Eingliederung durch Mehrheitsbeschluß und des Squeeze-Out sieht das Gesetz lediglich ein Ausscheiden gegen Abfindung vor.

31 Vgl. *Hoffmann-Becking* in Henze/Hoffmann-Becking GesR 2001, 55, 60.

32 Vgl. dazu und zum Begriff des „Eingriffs" BayObLG AG 1999, 43, 44 – *EKU/März* in Anknüpfung an *Röhricht* ZHR 162 (1998), 249, 255ff.; BVerfGE 14, 263, 277ff. – *Feldmühle/Flick*; BVerfGE 100, 289, 303ff. – *DAT/Altana*; BGHZ 135, 374, 378f. – *Guano.*

Anteile der Minderheitsgesellschafter aneignet, oder sei es daß er unmittelbar auf das Gesellschaftsvermögen zugreift[34]. Die Minderheitsgesellschafter können eine angemessene Kompensation hierfür nicht selbständig im Verhandlungswege durchsetzen, sie sind daher in besonderem Maße auf einen justizförmigen Rechtsschutz angewiesen[35].

1. Regelungsstandort

Die Regelungen zum Spruchverfahren sind im Gesetz weit verstreut[36]; sie finden sich an zahlreichen Stellen in Aktien- und Umwandlungsgesetz[37]. Im Umwandlungsgesetz befindet sich die verfahrensrechtliche Regelung des Spruchverfahrens in den §§ 305-312 UmwG. Der hier im Mittelpunkt des Interesses stehende Anwendungsbereich des Spruchverfahrens ist im Umwandlungsgesetz im Zusammenhang mit der jeweiligen Umwandlung in den §§ 15, 34, 176 bis 181, 184, 186, 196 und 212 UmwG geregelt[38]. Das Aktiengesetz sieht parallele Regelungen[39] in den §§ 304-306 AktG für den Beherrschungs- und Gewinnabführungsvertrag sowie - im Wesentlichen hierauf verweisend - in § 320b AktG für die Eingliederung und § 327f AktG für das Squeeze-Out vor. Insbesondere die materiell-rechtliche Regelung des Spruchverfahrens ist insofern durch eine starke „Zersplitterung" gekennzeichnet[40].
Während im Aktienrecht regelmäßig noch die ältere Bezeichnung „Spruchstellenverfahren" anzutreffen ist, sieht das UmwG in der Überschrift des Sechsten Buches den Ausdruck „Spruchverfahren" vor; in der Sache geht es jedoch um dasselbe[41]. Das Spruchverfahrensneuordnungsgesetz sowie das Spruchverfahrensgesetz (SpruchG) - als dessen Bestandteil[42] - , welche zum 1. September 2003 in Kraft getreten sind, sprechen im Interesse einer einheitlichen Terminologie nun in allen Fällen von Spruchverfahren[43]. Das SpruchG sieht lediglich eine einheitliche und zusammenfassender Regelung des Verfahrens vor[44]. Den Anwendungsbereich des Spruchverfahrens hat der Gesetzgeber dagegen ausdrücklich nicht zum Ge-

---

33 Vgl. *Baums* Gutachten 63. DJT, F 117.
34 *G.Bezzenberger/T.Bezzenberger* FS Müller, 1, 16f.
35 *Lutter/Bezzenberger* AG 2000, 433, 435.
36 *Neye* NZG 2002, 23, 25.
37 Siehe zur historischen Entwicklung den Überblick bei *Behnke* Spruchverfahren S. 33ff.
38 Vgl. insoweit die Aufzählung in § 305 UmwG.
39 *Lutter/Krieger* UmwG (2. Aufl..) § 305 Rn. 5.
40 Vgl. *Röhricht* in VGR GesR 2001, 3, 34; *Neye* NZG 2002, 23, 28.
41 *Lutter/Bezzenberger* AG 2000, 433, 434.
42 Art.1 des Spruchverfahrensneuordnungsgesetz.
43 Vgl. *Neye* NZG 2002, 23ff.
44 Das Spruchverfahrensgesetz beinhaltet, „wie sein Name schon sagt", ausschließlich verfahrensrechtliche Regelungen, so ausdrücklich *Neye* Das neue Spruchverfahrensrecht, S. 18.

genstand seiner Neuordnung gemacht[45]. Die Regelung des § 1 Nr. 1 - 4 SpruchG besitzt in Bezug auf die materiell-rechtliche Regelung des Anwendungsbereichs insofern lediglich deklaratorische Funktion[46]. Dieser ergibt sich nach wie vor aus den in Aktien- und Umwandlungsgesetz verstreuten Regelungen.

2. Anwendungsbereich des Spruchverfahrens im Überblick

Im Einzelnen kommt ein Spruchverfahren nach Aktien- und Umwandlungsgesetz bei folgenden Strukturmaßnahmen zur Anwendung:

a) Verschmelzung

Bei der Verschmelzung wird das gesamte Vermögen eines Rechtsträgers (übertragender Rechtsträger) auf einen anderen, entweder schon bestehenden (aufnehmender Rechtsträger) oder neu gegründeten Rechtsträger im Wege der Gesamtrechtsnachfolge unter Auflösung ohne Abwicklung übertragen, wobei den Anteilsinhabern des übertragenden und erlöschenden Rechtsträgers im Wege des Anteilstauschs eine Beteiligung an dem übernehmenden oder neuen Rechtsträger gewährt wird[47]. Wer als ehemaliger Anteilsinhaber der übertragenden Gesellschaft das Umtauschverhältnis der Anteile für zu niedrig bemessen hält, kann von der übernehmenden oder neuen Gesellschaft einen Ausgleich durch bare Zuzahlung verlangen, § 15 Abs. 1 UmwG. Wenn diese Gesellschaft eine andere Rechtsform als die übertragende hat oder die Anteile hier mit Verfügungsbeschränkungen belegt werden, können die widersprechenden Anteilsinhaber sogar ganz gegen Barabfindung aus der Gesellschaft ausscheiden, § 29 Abs. 1 UmwG. In beiden Fällen führt der Streit über die Angemessenheit der jeweiligen Kompensation ins Spruchverfahren[48].

b) Auf- und Abspaltung

Bei der Auf- und Abspaltung überträgt eine Gesellschaft ihr gesamtes[49] oder Teile ihres Vermögens auf eine oder mehrere andere Gesellschaften, und im Gegenzug erhalten die Gesellschafter der gespaltenen Gesellschaft Anteile an der oder den

---

45 Der gesetzgeberische Verzicht auf die Regelung „ungeklärter Fragen" hinsichtlich des Anwendungsbereichs des Spruchverfahrens ist dabei nicht ohne Kritik geblieben, vgl. *DAV-Handelsrechtsausschuß* Stellungnahme zu SpruchG RefE NZG 2002, 119, 124.

46 § 1 SpruchG listet die „bekannten Anwendungsfälle aus dem Aktien- und Umwandlungsgesetz" auf, vgl. *Neye* Begr.RefE SpruchG NZG 2002, 23, 28.

47 *Ganske* Begr.RegE UmwBerG 1994, Begr. Allg., S. 11.

48 Vgl. §§ 15, 34 UmwG.

49 Die Übertragung des gesamten Vermögens ist lediglich bei der Aufspaltung (§ 123 Abs. 1 UmwG), nicht hingegen bei der Abspaltung (§ 123 Abs. 2 UmwG) möglich.

anderen Gesellschaften (§§ 123ff. UmwG)[50]. Die Gesellschafter der gespaltenen Gesellschaft können hier unter den gleichen Voraussetzungen wie bei der Verschmelzung Zuzahlungen in Geld oder eine Barabfindung verlangen[51] und diese Ansprüche im Spruchverfahren verfolgen[52].

c) Vermögensübertragung

Bei der Vermögensübertragung (§§ 174ff. UmwG[53]) handelt es sich wiederum um den Übergang des gesamten Vermögens eines Rechtsträgers im Wege der Gesamtrechtsnachfolge unter Auflösung ohne Abwicklung auf einen anderen Rechtsträger; jedoch wird den Anteilsinhabern des übertragenden Rechtsträgers keine Beteiligung an dem übernehmenden Rechtsträgers, sondern eine Gegenleistung in anderer Form gewährt[54], welche den Umtausch der Anteile ersetzt[55]. Diese Gegenleistung kann auf Antrag der Anteilsinhaber im Spruchverfahren überprüft werden[56]. Hat die übernehmende Gesellschaft eine andere Rechtsform als die übertragende oder werden die Anteile hier mit Verfügungsbeschränkungen belegt, können die widersprechenden Anteilsinhaber - wie bei der Verschmelzung - gegen Barabfindung aus der Gesellschaft ausscheiden und diese Barabfindung im Spruchverfahren überprüfen lassen[57].

d) Formwechsel

Diese Art der Umwandlung[58] beschränkt sich auf die Änderung der Rechtsform nur eines Rechtsträgers unter Wahrung seiner rechtlichen Identität, und zwar

---

50 Bei der Ausgliederung (§ 123 Abs. 3 UmwG) geht zwar ebenso wie bei der Abspaltung nur ein Teil oder Teile des Vermögens einer Gesellschaft auf eine andere über, jedoch gelangen die als Gegenwert gewährten Anteile der übernehmenden oder neuen Gesellschaft nicht in das Vermögen der Gesellschafter, sondern in das Vermögen der übertragenden Gesellschaft selbst; die Beteiligungen an dieser übertragenden Gesellschaft werden also nicht unmittelbar berührt, vgl. *Ganske* Begr.RegE UmwBerG 1994, Begr. Allg., S. 12.

51 Vgl. §§ 125 S. 1 i.V.m. 15, 29 UmwG.

52 Vgl. §§ 125 S. 1 i.V.m. 15, 34.

53 Die Frage, ob bei der Vermögensübertragung nach § 179a AktG ein Spruchverfahren statthaft ist, ist nicht Gegenstand der vorliegenden Untersuchung; siehe dazu näher unten A.III.2.h).

54 *Ganske* Begr.RegE UmwBerG 1994, Begr. Allg., S. 13.

55 *Ganske* Begr.RegE UmwBerG 1994, zu § 174 UmwG, S. 175.

56 Vgl. für die Vollübertragung §§ 176 i.V.m. 15 UmwG; für die Teilübertragung §§ 177 i.V.m. 125 S. 1 i.V.m. § 15 UmwG.

57 Vgl. für die Vollübertragung §§ 176 i.V.m. 34 UmwG; für die Teilübertragung §§ 177 i.V.m. 125 S. 1 i.V.m. § 34 UmwG.

58 Der Formwechsel wird auch als Umwandlung oder formwechselnde Umwandlung bezeichnet (vgl. *Ganske* Begr.RegE UmwBerG 1994, Begr. Allg., S. 12). Im Folgenden soll jedoch lediglich der Begriff des Formwechsels verwendet werden, um Verwechslungen mit dem Ober-

grundsätzlich auch unter Beibehaltung des bisherigen Kreises der Anteilsinhaber[59]. Der widersprechende Anteilsinhaber kann hier gemäß § 207 UmwG gegen Barabfindung ausscheiden, die verbleibenden Gesellschafter können gemäß § 196 UmwG von der Gesellschaft eine Zuzahlung verlangen, wenn die neu geformten Anteile weniger wert sind als die alten. Auch hier führt in beiden Fällen der Streit über die Angemessenheit der jeweiligen Kompensationsleistung ins Spruchverfahren[60].

e) Unternehmensvertrag

Als Unternehmensvertrag werden insbesondere der Beherrschungsvertrag sowie der Gewinnabführungsvertrag bezeichnet (vgl. § 291 Abs. 1 AktG). Durch einen Beherrschungsvertrag, im Rahmen dessen eine Aktiengesellschaft die Leitung ihrer Gesellschaft einem anderen, herrschenden Unternehmen unterstellt (§ 291 Abs. 1 S. 1 1.Alt. AktG), wird erreicht, daß diesem dadurch ein Weisungsrecht gegenüber der abhängigen Gesellschaft zusteht (§ 308 Abs. 1 S. 1 AktG). Durch einen Gewinnabführungsvertrag verpflichtet sich eine Aktiengesellschaft, ihren ganzen Gewinn an ein anderes Unternehmen abzuführen oder ihr Unternehmen für die Rechnung eines anderen zu führen (§ 291 Abs. 1 S. 1 und 2 AktG). In der Praxis ist der kombinierte Abschluß eines Beherrschungs- und Gewinnabführungsvertrages die Regel[61]. Kommt es zum Abschluß eines solchen Unternehmensvertrages, so gibt das Gesetz den außenstehenden Aktionären[62] die Möglichkeit, unter Beziehung eines angemessenen jährlichen Ausgleichs für den Wegfall der Gewinnteilhabe in der Gesellschaft zu verbleiben (§ 304 Abs. 1 und 2 AktG) oder aber ihre Anteile an das herrschende Unternehmen zu veräußern und damit gegen eine angemessene Abfindung aus der Gesellschaft auszuscheiden, wobei diese Abfindung in Geld oder in Anteilen des herrschenden Unternehmens bestehen kann (§ 305 Abs. 1 bis 4 AktG). Die außenstehenden Gesellschafter können

---

begriff „Umwandlung" im Sinne des § 1 Abs. 1 bzw. 2 UmwG (vgl. dazu *K.Schmidt* GesR § 12 I.2. (S. 333) und § 13 I.1. (S. 359)) für die verschiedenen Möglichkeiten der Umstrukturierung oder Reorganisation (vgl. *Ganske* aaO. S. 11), welche das UmwG für Unternehmen vorsieht, zu vermeiden.

59 *Ganske* Begr.RegE UmwBerG 1994, Begr. Allg., S. 12.

60 Vgl. §§ 212 bzw. § 196 UmwG.

61 *Hüffer* AktG § 291 Rn. 24; *Raiser* KapGesR § 54 Rn. 10 (S. 880).

62 Als außenstehende Aktionäre werden grundsätzlich alle Aktionäre der Gesellschaft bezeichnet mit Ausnahme des anderen Vertragsteils und derjenigen Aktionäre, die aufgrund rechtlich fundierter wirtschaftlicher Verknüpfung mit dem anderen Vertragsteil von der Gewinnabführung unmittelbar oder mittelbar in ähnlicher Weise profitieren wie dieser, vgl. *Kropff* Begr.RegE AktG 1965, zu § 295 AktG, S. 385; siehe dazu *Bilda* in MünchKomm AktG § 304 Rn. 17ff.

im Wege des Spruchverfahrens eine Erhöhung des Ausgleichs oder der Abfindung durchsetzen[63].

f) Eingliederung

Die Eingliederung einer Aktiengesellschaft in eine andere, mehrheitlich beteiligte Aktiengesellschaft entspricht wirtschaftlich der Verschmelzung, jedoch mit dem rechtlichen Unterschied, daß die eingegliederte Gesellschaft bestehen bleibt und daß die Minderheitsaktionäre dieser Gesellschaft aus ihr ausscheiden und im Gegenzug von der Hauptgesellschaft eine angemessene Abfindung in Aktien dieser Gesellschaft oder in Geld erhalten (§§ 319ff. AktG)[64]. Eine zu geringe Abfindung kann wiederum im Zuge des gerichtlichen Spruchverfahrens heraufgesetzt werden (vgl. § 320b Abs. 2 und 3 AktG).

g) Squeeze-Out

Mit dem Rechtsinstitut des „Ausschlusses von Minderheitsaktionären", im Folgenden „Squeeze-Out", wird einem Aktionär, der direkt oder indirekt über mindestens 95% der Anteile an einer Aktiengesellschaft oder einer Kommanditgesellschaft auf Aktien verfügt, dem sog. Hauptaktionär, die Möglichkeit gegeben, die Aktien der noch in der Gesellschaft verbliebenen Minderheitsaktionäre gegen Gewährung einer angemessenen Barabfindung zwangsweise zu erwerben und die Minderheitsaktionäre damit aus der Gesellschaft auszuschließen[65]. Eine zu geringe Abfindung kann auch hier wiederum im Zuge des gerichtlichen Spruchverfahrens heraufgesetzt werden kann, § 327f AktG.

h) Analoge Anwendung des Spruchverfahrens

Gegenstand der gesellschaftsrechtlichen Diskussion hinsichtlich der Frage, ob das Spruchverfahren über die in Aktien- und Umwandlungsgesetz ausdrücklich vorgesehenen Anwendungsfälle des Spruchverfahrens hinaus im Rahmen weiterer Maßnahmen analog anzuwenden ist, sind insbesondere zwei Fälle: die „übertragende Auflösung"[66] sowie das „Delisting"[67]. Die vorliegende Arbeit klammert

---

63 Vgl. §§ 304 Abs. 3 und 4 und 305 Abs. 5 AktG.

64 Vgl. *Ganske* Begr.RegE UmwBerG 1994, zu § den §§ 319ff. AktG, S. 301.

65 Begr.RegE WpÜG, Allg. Teil, BT-Drucks. 14/7034, S. 31 – abgedruckt bei *Hirte* WpÜG S. 114.

66 Eine analoge Anwendung des Spruchverfahrens auf die übertragende Auflösung der Aktiengesellschaft, d.h. die Auflösung der Aktiengesellschaft wegen Übertragung des gesamten Vermögens gemäß § 179 a AktG auf eine andere Gesellschaft, wurde in der oberlandesgerichtlichen Rechtsprechung bisher abgelehnt (OLG Stuttgart ZIP 1997, 362 – *Moto Meter II*; BayObLG ZIP 1998, 2002, 2004f. – *Magna Media*); im Schrifttum wird sie hingegen wohl überwiegend befürwortet (*Lutter/Leinekugel* ZIP 1999, 261, 263f.; *Leinekugel* Ausstrah-

diese beiden Fälle bewußt aus. Sie soll auf die Untersuchung des Verhältnisses zwischen Anfechtungsklage und Spruchverfahren bei denjenigen Strukturmaßnahmen beschränkt werden, für die Aktien- und Umwandlungsgesetz eine ausdrückliche Regelung betreffend den Ausschluß der Anfechtungsklage zugunsten des Spruchverfahrens vorsehen und an die § 1 SpruchG[68] insoweit anknüpft.

IV. Der Ausschluß der Anfechtungsklage zugunsten des Spruchverfahrens

Der Gesetzgeber ist nicht dabei stehengeblieben, dem Aktionär mit dem Spruchverfahren ein spezielles Verfahren zur Überprüfung der ihm im Rahmen der Strukturänderung angebotenen Kompensationsleistung zur Verfügung zu stellen. Gleichzeitig nimmt er den Aktionären bei den hier in Rede stehenden Strukturänderungen das klassische Kontroll- und Abwehrmittel, nämlich das Recht zur Anfechtung rechtswidriger Mehrheitsbeschlüsse, für seine „Bewertungsrüge“ weitgehend aus der Hand. So kann er den Beschluß über die Strukturveränderung nicht mit der Begründung anfechten, daß die als Kompensation angebotenen Leistungen zu gering seien (vgl. §§ 14 Abs. 2, 32, 195 Abs. 2, 210 UmwG, §§ 304 Abs. 3 S. 2, 305 Abs. 5 S. 1, 320b Abs. 2 S. 1, 327f Abs. 1 S. 1 AktG)[69].
Nach § 243 Abs. 1 AktG kann im Regelfall jeder Aktionär gesetzes- oder satzungswidrige Beschlüsse mit der Anfechtungsklage angreifen. Das Gesetz verlangt nicht nur, daß anläßlich von Strukturänderungen die privaten Rechtsgeschäf-

---

lungswirkungen des Umwandlungsgesetzes, S. 242f.; *Bayer* in VGR GesR 1999, 35, 53 Fn.71; *Wolf* ZIP 2002, 153, 157ff.; vgl. auch de lege ferenda *Lutter/Drygalla* FS Kropff, 191, 215, 222; für das Gebot einer Überprüfung der Bewertung – wenngleich nicht notwendig im Spruchverfahren BVerfG ZIP 2000, 1670 – *Moto Meter*), teilweise jedoch abgelehnt (*Hüffer* AktG § 179a Rn. 12a; ausführlich *Kallmeyer* FS Lutter, 1245, 1257ff.; zuletzt *Roth* NZG 2003, 998ff.).

67 Für den Fall des Widerrufs der Zulassung zur Börsennotierung auf Antrag der Gesellschaft (sog. „reguläres Delisting“) hat der BGH in seiner *Macroton*-Entscheidung (BGH NJW 2003, 1032ff. = BB 2003, 806ff. - *Macroton*) festgestellt, daß aus Art.14. Abs. 1 GG abzuleiten sei, daß den Minderheitsaktionären durch die Gesellschaft oder den Hauptaktionär ein Barabfindungsangebot zu machen sei, dessen Angemessenheit gerichtlich überprüft werden könne; dies habe in einem Spruchverfahren zu erfolgen (siehe dazu die Besprechungen von *K.Schmidt* NZG 2003, 601ff.; *Lutter* JZ 2003, 684ff.; *Adolff/Tieves* BB 2003, 797ff).

68 Im Gesetzgebungsverfahren ist angeregt worden, in § 1 SpruchG klarzustellen, daß das Spruchverfahren auch auf weitere dort nicht ausdrücklich genannte Fälle anwendbar sei, und zwar insbesondere im Hinblick auf die übertragende Auflösung und das Delisting (*DAV-Handelsrechtsausschuß* Stellungnahme zu RegE SpruchG NZG 2003, 316ff.). Der Gesetzgeber ist dem ausdrücklich nicht gefolgt und hat sich statt dessen ganz auf die verfahrensrechtliche Regelung des Spruchverfahrens beschränkt (vgl. *Neye* Das neue Spruchverfahrensrecht, S. 18f.): Infolgedessen steht § 1 SpruchG nicht der Annahme einer planwidrigen Regelungslücke entgegen (vgl. dazu *Neye* aaO S. 19; *Bungert/Mennicke* BB 2003, 2021, 2022f.).

69 *Lutter/Bezzenberger* AG 2000, 433, 435.

te, die solche Veränderungen herbeiführen[70], für die betroffenen Gesellschafter oder jedenfalls für bestimmte Gesellschafter eine Kompensation vorsehen[71]; es schreibt zugleich auch die Angemessenheit der Kompensationsleistung vor[72]. Im Falle ihrer Unangemessenheit verstößt der Hauptversammlungsbeschluß daher hinsichtlich der Kompensationsleistung gegen das Gesetz mit der Folge seiner Anfechtbarkeit gemäß § 243 Abs. 1 AktG[73]. Durch die Anordnung des Anfechtungsausschlusses zugunsten des Spruchverfahrens entzieht das Gesetz einem Streit über die Wirksamkeit der Strukturmaßnahme mit dieser Begründung von vornherein den Boden[74]. Die Wirksamkeit der Strukturmaßnahme hängt also nicht von der Angemessenheit der Kompensation ab; statt dessen wird diese Frage abgekoppelt und gesondert dem Spruchverfahren zugewiesen[75]. Diese funktionale Trennung zwischen den beiden Rechtsbehelfen der Anfechtungsklage und dem Spruchverfahren läßt sich treffend als „Verfahrensaufspaltung" charakterisieren[76].

1. Gesetzgeberischer Hintergrund

Der gesetzgeberische Hintergrund für den Ausschluß der Anfechtungsklage zugunsten des Spruchverfahrens ist ein *doppelter*. In der allgemeinen Begründung des Spruchverfahrensneuordnungsgesetzes heißt es dazu:

> *„Das Spruchverfahren wird vom Gesetz zur Verfügung gestellt, damit solche Maßnahmen[77] nicht durch Anfechtungsklagen von Minderheitsaktionären blockiert werden, für diese aber die gerichtliche Überprüfung der Angemessenheit der ihnen angebotenen Kompensation und damit effektiver Rechtsschutz garantiert wird"*[78].

---

70 Vgl. für die Differenzierung zwischen der Strukturänderung an sich und dem ihr zugrunde liegenden Rechtsakt *Kort* Bestandsschutz fehlerhafter Strukturänderungen, S. 2f.

71 Siehe oben A.III.2.

72 Vgl. §§ 12 Abs. 2 S. 1; 29 Abs. 1 S. 1 1.HS, 207 Abs. 1 S. 1, §§ 304 Abs. 1 S. 1, 305 Abs. 1, 320b Abs. 1 S. 1, 327a Abs. 1 S. 1 AktG. Daß das Gesetz bei der Verschmelzung ein angemessenes Umtauschverhältnis der Anteile fordert, folgt mittelbar aus § 12 Abs. 2 UmwG, vgl. *Bayer* ZHR 163 (1999), 505, 529.

73 Vgl. *G.Bezzenberger/T.Bezzenberger* FS Müller, 1, 2.

74 Vgl. *Ganske* Begr.RegE UmwBerG 1994, zu § 14 UmwG, S. 51.

75 *Lutter/Bezzenberger* AG 2000, 433, 435.

76 *Hommelhoff* ZGR 1993, 452, 469; *ders.* ZGR 1990, 447, 473; *Bork* ZGR 1993, 343, 353ff.; vgl. zu diesem Begriff der Verfahrensaufspaltung auch *Diskussionsbericht* abgedruckt bei Kleindiek ZGR 1990, 479, 480.

77 Gemeint sind Strukturmaßnahmen im Sinne des § 1 Nr. 1 - 4 SpruchG, vgl. *Neye* Begr.RegE Spruchverfahrensneuordnungsgesetz NZG 2002, S. 27.

78 *Neye* Begr.RegE Spruchverfahrensneuordnungsgesetz NZG 2002, S. 27.

Der Gesetzgeber berücksichtigt demzufolge mit seiner Regelungstechnik des Anfechtungsausschlusses zugunsten des Spruchverfahrens auf der einen Seite das Interesse des Aktionärs an effektivem Rechtsschutz und *gleichzeitig* auf der anderen Seite das Interesse der Gesellschaft an der Durchführung und dem Vollzug der beschlossenen Strukturänderung.

a) Gewährung effektiven Rechtsschutzes durch Ersatz des zu breitflächigen durch den zielgenaueren Rechtsbehelf - „Reformation statt Kassation“

Der Aktionär, dessen Gesellschaftsanteile im Wege der mehrheitlich beschlossenen Strukturänderung mit oder ohne seinen Willen umgestaltet, ausgehöhlt oder aber auch ganz entzogen werden, strebt in jedem Fall die Zubilligung einer angemessenen Kompensation an, welche dem Wert seiner bisherigen Beteiligung an der Gesellschaft entspricht. Für deren Überprüfung versagt der Gesetzgeber ihm die Anfechtungsklage; er nimmt ihm damit seine wirksamste Waffe[79], sein wichtigstes Kontrollinstrument[80], das „scharfe Schwert“ des Aktionärs[81].
Bei vordergründiger Betrachtung könnte diese „Entwaffnung“ des Aktionärs Anlaß dazu geben, die „wohlmeinende“ Intention des Gesetzgebers im Hinblick auf die Garantie effektiven Rechtsschutzes grundsätzlich in Zweifel zu ziehen. Schließlich wird so den einzelnen Aktionären die Möglichkeit genommen, über den drohend geschwungenen Knüppel der Unwirksamkeitsklage den Gesellschaften eine verbesserte Kompensationsleistung abzutrotzen[82]. Eine solche allein auf die Stärke oder „Schneidigkeit“ der Waffe der Anfechtungsklage abstellende Sichtweise greift indes zu kurz. Denn näherer Betrachtung liegt in der Substitution der Anfechtungsklage durch das Spruchverfahren eine echte Verbesserung der Rechtsschutzsituation des Minderheitsgesellschafters[83].
Das Spruchverfahren bietet dem rechtsschutzsuchenden Aktionär wesentliche verfahrenstechnische Vorteile bzw. Erleichterungen gegenüber der Anfechtungsklage[84]: So werden zum einen die betroffenen Aktionäre im Rahmen des Spruchverfahrens hinsichtlich ihrer Darlegungs- und Beweislast wesentlich entlastet, da

---

79 *Kropff* Begr.RegE AktG 1965, zu § 245, S. 332f.

80 Vgl. *Bayer* in VGR 1999, 35, 37, *Zöllner* Schranken mitgliedschaftlicher Stimmrechtsmacht § 33 I. 2. (S. 381ff., 383).

81 Vgl. *Zöllner* Schranken mitgliedschaftlicher Stimmrechtsmacht § 33 II. 6. (S. 391); vgl. zur Verwendung dieser Charakterisierung in jüngster Zeit *Baums* Kommissionsbericht Corporate Governance Rn. 139 (S. 166); *Bayer* in Hommelhoff/Lutter/Schmidt/Schön/Ulmer Corporate Governance 2002, 137, 139; *Zöllner* AG 2000, 145.

82 *Hommelhoff* ZGR 1993, 452, 469.

83 Vgl. *Hommelhoff* ZGR 1993, 452, 469f.

84 Auf diese hinweisend *Hommelhoff* ZGR 1993, 452, 469; *Martens* AG 2000, 301, 302.

das Spruchverfahren anders als die Anfechtung[85] durch den Grundsatz der Amtsermittlung geprägt ist[86]. Zum anderen brauchen sie aufgrund der Regelung des § 15 Abs. 2 SpruchG (vgl. auch § 312 Abs. 4 S. 1 UmwG a.F. bzw. § 306 Abs. 7 S. 7 AktG a.F.), wonach Schuldner der Verfahrenskosten grundsätzlich die beteiligten Gesellschaften sind, - anders als im Anfechtungsverfahren[87] - im Regelfall nicht das Kostenrisiko zu tragen[88]. Zwar stellen diese Verfahrenserleichterungen in der Tat eine wesentliche Verbesserung der Rechtsschutzsituation dar. Sie machen damit das Spruchverfahren aus der Perspektive des Aktionärs zu dem „bequemeren Verfahren". Der gesetzgeberischen Entscheidung für die Substitution der Anfechtungsklage durch das Spruchverfahren liegen indes weniger die o.g. verfahrensrechtlichen Vorteile zugrunde, welche das Verfahren für den Aktionär „bequemer" machen. Vielmehr hat sich der Gesetzgeber maßgeblich von Überlegungen leiten lassen, welche das konkrete Rechtsschutzziel des von der Strukturänderung in seinen Vermögensinteressen nachteilig betroffenen Aktionärs in den Vordergrund stellen und die „wesensimmanenten Schwächen" der Anfechtungsklage im Hinblick auf ihre begrenzten Rechtsschutzmöglichkeiten berücksichtigen:

Charakteristikum der Anfechtungsklage ist ihre grundsätzlich rein ***kassatorische*** Wirkung; durch eine erfolgreiche Anfechtungsklage erreicht der Kläger nichts anderes als die Nichtigerklärung des angefochtenen Beschlusses[89] (§§ 248 Abs. 1, 241 Nr. 5 AktG). Der Aktionär, dem das Spruchverfahren als besonderer Rechtsbehelf zur Wahrung seiner Vermögensinteressen nicht zur Verfügung steht, muß versuchen, den betreffenden Hauptversammlungsbeschluß zu Fall zu bringen[90]. Mit Hilfe der Anfechtungsklage bewirkt er jedoch lediglich die Nichtigerklärung des Beschlusses. Eine positive gerichtliche Entscheidung über die zutreffende Festsetzung der Kompensation, mit der sich die Angelegenheit dann in seinem

---

85 Die §§ 243ff. AktG enthalten keine Vorschrift über die Verteilung der Darlegungs- und Beweislast. Es ist daher anerkannt, daß nach dem allgemeinen Grundsatz jede Partei die Tatsachen zu behaupten und zu beweisen hat, die von den ihr günstigen Normen vorausgesetzt werden (sog. Normentheorie), vgl. *Hüffer* AktG § 243 Rn. 59ff. m.w.N., eingehend dazu *Hüffer* FS Fleck, 151ff.

86 Vgl. § 17 Abs. 1 SpruchG i.V.m. § 12 FGG; früher § 307 Abs. 2 UmwG bzw. §§ 306 Abs. 2, 99 Abs. 1 AktG i.V.m. § 12 FGG, dazu *Schulenberg* AG 1998, 74, 81f.

87 Vgl. § 247 AktG.

88 Vgl. aber § 15 Abs. 2 S. 2 SpruchG (früher § 306 Abs. 7 S. 8 AktG a.F., § 312 Abs. 4 S. 2 UmwG a.F.), wonach die Kosten, wenn dies der Billigkeit entspricht, ganz oder zum Teil einem anderen Beteiligten auferlegt werden können. Dem Antragsteller können dabei etwa in Fällen eines offensichtlich unzulässigen oder mißbräuchlichen Antrages die Kosten auferlegt werden; vgl. dazu *Lutter/Krieger* UmwG (2. Aufl..) § 312 Rn. 5 mit umfangreichen Nachweisen in Fn.17.

89 *Zöllner* Schranken mitgliedschaftlicher Stimmrechtsmacht § 33 II. 1. (S. 385); *ders.* in Köln-Komm AktG § 248 Rn. 24 m.w.N.

90 Vgl. *Baums* Gutachten 63. DJT, F 119.

Sinne abschließt, kann der Aktionär auf diesem Wege hingegen nicht erreichen[91]. Vielmehr ist er darauf angewiesen, im Anschluß an die Beschlußvernichtung die angemessene Kompensation selbständig im Verhandlungswege durchzusetzen[92] bzw. sich seine Beteiligung im Vergleichswege abkaufen zu lassen[93]. Im Hinblick auf die von ihm angestrebte Zubilligung angemessener Kompensation erweist sich die Anfechtungsklage damit als nicht „zielführend"[94]; sie würde funktionswidrig eingesetzt, um ein anderes Ziel zu erreichen[95]. Diese Funktionswidrigkeit des Einsatzes der Anfechtungsklage tritt besonders deutlich zu Tage, wenn man sich die Situation des dem Strukturänderungsvorhaben zustimmenden - und der Gesellschaft auch ansonsten loyal gegenüberstehenden - Aktionärs vor Augen führt: Der konsentierende und damit im Regelfall in der Gesellschaft verbleibende Aktionär befindet sich in der mißlichen Lage, daß er eine angemessene Kompensation nur im Wege der Verhinderung der Strukturänderung erreichen kann. Ihm geht es jedoch gerade nicht um die Verhinderung der grundsätzlich von ihm befürworteten Strukturänderung, sondern allein um die richtige Bewertung seiner neuen Anteile bzw. die richtige Bemessung seiner Kompensation[96]. Letztlich mag ihn zwar seine Loyalität gegenüber der Gesellschaft davon abhalten, seine Vermögensinteressen mit Hilfe der in ihrer Wirkung zu „breitflächigen[97]" Anfechtungsklage zu verfolgen[98]; effektiver Rechtsschutz im Hinblick auf die von ihm angestrebte Zubilligung angemessener Kompensation kommt ihm auf diesem Wege indes nicht zu und bleibt ihm nach Ablauf der Anfechtungsfrist auch verwehrt.

Die konzeptionelle Schwäche der Anfechtungsklage, daß die erfolgreiche Anfechtungsklage lediglich zur rückwirkenden Vernichtung des Zustimmungsbeschlusses der Hauptversammlung im Hinblick auf die Strukturänderung (§§ 293 Abs. 1 AktG, etc.) führt und *nicht* zur Zubilligung der angestrebten angemessenen Kompensationsleistung, hat der Gesetzgeber zum Anlaß genommen, die Anfechtungklage zugunsten des Spruchverfahrens auszuschließen[99].

Denn im Gegensatz zur Anfechtungsklage führt die gerichtliche Entscheidung im Spruchverfahren zu einem ***reformatorischen*** Ergebnis[100]. Dieses reformatorische

---

91 Diskussionsbeitrag *Henze* in Henze/Hoffmann-Becking GesR 2001, S. 74.

92 *Lutter/Bezzenberger* AG 2000, 433, 435.

93 *Baums* Gutachten 63. DJT, F 119.

94 Vgl. *Martens* AG 2000, 301, 304.

95 *Baums* Gutachten 63. DJT, F 119.

96 Vgl. *Martens* AG 2000, 301, 303; *Baums* Gutachten 63. DJT, F 121; ebenso *Vetter* FS Wiedemann, 1323, 1340; vgl. in diese Richtung auch *Hoffmann-Becking* ZGR 1990, 483, 484 in Fn.2, der für das Beispiel der Verschmelzung darauf hinweist, daß die Opposition gegen die Verschmelzung nicht identisch ist mit der Opposition gegen das Umtauschverhältnis.

97 Vgl. *Baums* Gutachten 63. DJT, F 124.

98 Vgl. *Vetter* FS Wiedemann, 1323, 1340; *Martens* AG 2000, 301, 304.

99 Vgl. *Kropff* Begr.RegE AktG 1965, zu § 304 AktG, S. 395.

100 *Martens* AG 2000, 301, 303; vgl. auch *Behnke* Spruchverfahren S. 36.

Ergebnis macht den wesentlich erhöhten „Rechtsschutzkomfort[101]" des Spruchverfahrens gegenüber der Anfechtungsklage aus. Das Gericht „bestimmt" die angemessene Kompensation[102]. Im Ergebnis wird dabei die rechtsgeschäftliche Grundlage der Strukturänderung im Hinblick auf die fehlerhafte Regelung der Kompensationsleistung rückwirkend „inhaltlich berichtigt". Im Spruchverfahren findet also eine richterliche Korrektur statt. Bestimmt das Gericht Ausgleich oder Abfindung bei Beherrschungs- und Gewinnabführungsverträgen neu, wird der Vertrag rückwirkend umgestaltet[103] mit der Folge, daß der nunmehr bestimmte angemessene Ausgleich bzw. die angemessene Abfindung an die Stelle der im Vertrag vereinbarten tritt[104]. Entsprechend wirkt auch die gerichtliche Entscheidung des Spruchverfahrens bei Eingliederung oder Squeeze-out, denen anders als beim Unternehmensvertrag kein organisationsrechtlicher Vertrag zugrunde liegt[105], berichtigend auf den Beschluß als den der Strukturänderung zugrundeliegenden Rechtsakt. Gleichermaßen tritt auch bei den Umwandlungen die gerichtliche Bestimmung der angemessenen Kompensationsleistung an die Stelle der im Rahmen der Umwandlung – je nach Art der Umwandlung in Vertrag[106] oder Beschluß[107] - getroffenen Regelung[108]. Auf diese Weise wird die fehlerhafte Festsetzung der jeweiligen Kompensationsleistung gerichtlich *korrigiert*[109]. Angesichts dieser Möglichkeit einer gezielten und isolierten Korrektur erweist sich das Spruchverfahren damit im Vergleich zur Anfechtungsklage, welche nur das „starre Entweder-Oder" der Beschlußnichtigkeit kennt[110], als zielgenauerer[111] und demzufolge *rechtsschutzintensiverer* Rechtsbehelf.

101 Vgl. zu dieser treffenden Charakterisierung den Diskussionsbeitrag von *Hoffmann-Becking* in Henze/Hoffmann-Becking GesR 2001, S. 74f.; vgl. auch die bildliche Umschreibung bei *Martens* AG 2000, 301, 302, nach der die Aktionäre „von dem dornenreichen Weg des Anfechtungsverfahrens auf den für sie bequemen Weg des Spruchverfahrens umgeleitet werden".

102 Vgl. §§ 304 Abs. 3 S. 3, 305 Abs. 5 S. 2, 320b Abs. 2 S. 2 und 3, 327f Abs. 1 S. 2 und 3 AktG, vgl. §§ 15, 34, 196, 212 i.V.m. § 305 UmwG.

103 *Bilda* in MünchKomm AktG § 306 Rn. 125; *Emmerich* in Habersack/Emmerich Aktien- und GmbH-Konzernrecht § 306 Rn. 45; *Hüffer* AktG Anh. § 305, § 13 SpruchG Rn. 3; die Entscheidung des Gerichts wird „Bestandteil des Unternehmensvertrags", vgl. *Kropff* Begr.RegE AktG 1965, zu § 306 AktG, S. 400.

104 *Bilda* in MünchKomm AktG § 304 Rn. 205 und § 305 Rn. 123.

105 Vgl. *Kort* Bestandsschutz fehlerhafter Strukturänderungen, S. 2.

106 So bei Verschmelzung, Spaltung und Vermögensübertragung.

107 So beim Formwechsel.

108 Vgl. *Lutter/Krieger* UmwG (2. Aufl..) § 311 Rn. 3; *Krieger* in Lutter Kölner Umwandlungsrechtstage, 275, 293.

109 Vgl. *Bayer* in Hommelhoff/Lutter/Schmidt/Schön/Ulmer Corporate Governance 2002, 137, 141; *ders.* in VGR GesR 1999, 35, 56; vgl. auch *Biedenkopf/Koppensteiner* in KölnKomm (1985) AktG § 320 Rn. 12; *Obermüller-Werner-Winden* AktG 1965, S. 192.

110 Vgl. *G.Bezzenberger/T.Bezzenberger* FS Müller, 1, 9.

111 Vgl. *Baums* Gutachten 63. DJT, F 119; vgl. auch *Martens* AG 2000, 301, 304, der insoweit von „zielführend" spricht.

Die in der zu breitflächigen Wirkung liegende Schwäche des Anfechtungsurteils einerseits sowie die zielgenaue Wirkung des Spruchverfahrensurteils andererseits bilden einen der beiden wesentlichen gesetzgeberischen Hintergründe für die Substitution der Anfechtungsklage durch das Spruchverfahren im Interesse der Gewährung effektiven Rechtsschutzes.

b) Schutz der strukturänderungswilligen Gesellschaft vor der Blockade ihres Strukturänderungsvorhabens

Der zweite für die Gesetzestechnik des Anfechtungsausschlusses zugunsten des Spruchverfahrens wesentliche Aspekt berücksichtigt die Interessen der zur Leistung angemessener Kompensation verpflichteten Gesellschaft: Der Anfechtungsausschluß zugunsten des Spruchverfahrens soll verhindern, daß Strukturänderungen durch entsprechende Anfechtungsklagen *blockiert* werden[112].

aa) Die Blockadewirkung der Anfechtungsklage

Strukturänderungsbeschlüsse bedürfen zu ihrer Wirksamkeit der Eintragung in das Handelsregister[113]. Wenn ein Aktionär gegen den Beschluß Anfechtungsklage erhoben hat, wird der Hauptversammlungsbeschluß nach der Praxis der Registergerichte nicht in das Handelsregister eingetragen. Der Beschluß wird nicht wirksam, die Gesellschaft kann die Strukturmaßnahme nicht durchführen, das Umstrukturierungsvorhaben ist „blockiert"[114].

Für die Strukturänderungen nach dem UmwG folgt diese Blockadewirkung der Anfechtungsklage aus dem Umstand, daß *ohne* ein sog. Negativattest als formale Eintragungsvoraussetzung im Sinne des § 16 Abs. 2 UmwG die Verschmelzung und sonstige Umwandlungen[115] grundsätzlich nicht eingetragen werden[116]. Dieses Negativattest verlangt von den Vertretungsorganen bei der Anmeldung der Umwandlung die Erklärung, daß eine Anfechtungsklage nicht oder nicht fristgemäß erhoben oder eine solche Klage rechtskräftig abgewiesen oder zurückgenommen worden ist. Entsprechendes gilt für die Eingliederung (§ 319 Abs. 5 AktG) und das Squeeze-Out (§ 327e Abs. 2 i.V.m. § 319 Abs. 5 AktG). Zwar sieht das Gesetz bei den genannten Strukturänderungen eine Möglichkeit zur Überwindung

---

112 Vgl. Begr.RegE Spruchverfahrensneuordnungsgesetz NZG 2002, 23, 27.

113 Vgl. § 20 Abs. 1 UmwG (für die Verschmelzung, Spaltung (i.V.m. § 125 UmwG) und Vermögensübertragung (i.V.m. § 176 Abs. 1 UmwG)); § 202 Abs. 1 UmwG (für den Formwechsel); § 294 Abs. 2 AktG (für den Unternehmensvertrag); § 320a S. 1 AktG (für die Eingliederung); § 327e Abs. 3 S. 1 AktG (für das Squeeze-Out).

114 Vgl. *Sinewe* DB 2001, 690.

115 Die Vorschrift des § 16 Abs. 2 UmwG gilt kraft Verweisung für die Spaltung (§ 125 UmwG), die Vermögensübertragung (§ 176 Abs. 1 UmwG) und für den Formwechsel (§ 198 Abs. 3 UmwG).

116 Siehe dazu ausführlich unten B.II.3.b)dd)(1).

oder „Durchbrechung“ der durch die Erhebung der Anfechtungsklage ausgelösten Registersperre im Wege eines Freigabebeschlusses auf Antrag der Gesellschaft vor (§ 16 Abs. 3 UmwG, § 319 Abs. 6, § 327e Abs. 2 i.V.m. § 319 Abs. 6 AktG). Ein solcher Beschluß stellt jedoch nach der gesetzgeberischen Konzeption die Ausnahme dar[117]. Er setzt voraus, daß das Prozeßgericht die Klage entweder für unzulässig oder offensichtlich unbegründet hält oder ein vorrangiges Eintragungsinteresse der Gesellschaft annimmt[118]. Das Beschlußverfahren kann sich auch auf diese Weise lange hinziehen, ehe der angegriffene Hauptversammlungsbeschluß aufgrund eines rechtskräftigen Freigabebeschlusses, der in der Praxis nicht selten erst ein halbes Jahr nach Eingang des Antrages ergeht[119], in das Handelsregister eingetragen wird.

Bei den gleichermaßen eintragungsbedürftigen Unternehmensverträgen besteht zwar grundsätzlich keine Registersperre, da das Gesetz für die Eintragung eines Unternehmensvertrages kein Negativattest verlangt[120]. Die anhängige Anfechtungsklage stellt jedoch nur bei vordergründiger Betrachtung kein Hindernis für die Eintragung des Unternehmensvertrages in das Handelsregister dar[121]. Denn im Falle eines Widerspruchs oder einer Anfechtungsklage entscheidet das Registergericht gemäß § 127 FGG von Amts wegen nach pflichtgemäßem Ermessen, ob es das Eintragungsverfahren aussetzt oder die Eintragung verfügt[122]. Ist die Anfechtungsklage erhoben, so wird nach der Praxis der Registergerichte das Eintragungsverfahren bis zur Entscheidung des Prozeßgerichts über die Anfechtungsklage ausgesetzt[123]. Insofern läßt sich hier von einer „faktischen Registersperre“ sprechen[124]. Damit werden im Ergebnis auch die Unternehmensverträge durch die Erhebung einer Anfechtungsklage vorerst blockiert[125].

Damit steckt bei allen hier in Rede stehenden eintragungsbedürftigen Strukturänderungen im Anfechtungsrecht zugleich eine „Blockademacht“ des einzelnen Aktionärs, welche gravierende Rechts- und Planungsunsicherheiten für die betroffenen Unternehmen mit sich bringen kann[126]. Besondere Brisanz erhält die Blocka-

---

117 Siehe zu diesem Regel-Ausnahme-Verhältnis unten B.II.3.b)dd)(2).

118 Vgl. § 16 Abs. 3 S. 2 UmwG, § 319 Abs. 6 S. 2 AktG auch in Verbindung mit § 327e Abs. 2 AktG.

119 Vgl. *Noack* ZHR 164 (2000), 274, 278; vgl. insoweit die Kritik zu langer (Freigabe-) Verfahrensdauer bei *Baums* Gutachten 63. DJT, F 179; *Lutter* JZ 2000, 837, 840.

120 *Bayer* ZGR 1995, 613, 619f.

121 *Bayer* ZGR 1995, 613, 619f.

122 Vgl. *Lutter* JZ 2000, 837, 839.

123 *Noack* ZHR 164 (2000), 274, 288; *Lutter* JZ 2000, 837, 839; vgl. hierzu auch *Schiessl*, VGR GesR 2000, 57, 63.

124 *Noack* ZHR 164 (2000), 274, 288; *Schiessl* VGR GesR 2000, 57, 63.

125 Vgl. für die Frage der Möglichkeit einer Heranziehung der in § 16 Abs. 3 UmwG formulierten Grundsätze *Timm* ZGR 1996, 247, 262f.; *Noack* ZHR 164 (2000) 287ff.; *Baums* Gutachten 63. DJT, F 167ff.

126 Vgl. *G.Bezzenberger/T.Bezzenberger* FS Müller, 1, 8.

dewirkung der Anfechtungsklage durch die sog. „räuberischen Aktionäre[127]“. Die Blockadewirkung macht eine Gesellschaft erpressbar; denn für die Gesellschaft kann es wirtschaftlich günstiger sein, dem Anfechtungskläger die Klage in einem Abfindungsvergleich abzukaufen[128], als den Ausgang des Anfechtungsprozesses abzuwarten und die Maßnahme auf nicht oder nur schwer absehbare Zeit nicht realisieren zu können[129].

bb) Interesse der Gesellschaft am zeitnahen Vollzug der Strukturänderung

Die besondere Problematik der durch die Anfechtungsklage ausgelösten Blockade besteht aus Sicht der betroffenen Gesellschaft darin, daß Strukturänderungsvorgänge sehr oft unternehmensstrategische Maßnahmen von großer kaufmännischer Tragweite sind, die – auch aus bilanziellen und steuerrechtlichen Gründen[130] – nicht nur zeitnah, sondern auch zeitgenau eingetragen sein müssen, so daß jede Verzögerung von Schaden sein kann[131]. Strukturänderungen sind in aller Regel kurzfristig umsetzungsbedürftig[132]; ihre zeitnahe Umsetzung kann für den wirtschaftlichen Erfolg von entscheidender Bedeutung sein[133]. Die Folgen ihrer Verzögerung um nur wenige Monate hat für die Unternehmen und ihre Aktionäre unter Umständen katastrophale Folgen[134]. So kann die Verzögerung geplanter Synergiepotentiale etwa bei einer Verschmelzung erhebliche Kosten verursachen[135]. Im Einzelfall kann das Abwarten eines langen Rechtsstreits um die Wirksamkeit des Strukturänderungsbeschlusses sogar den mit der Strukturänderung angestrebten wirtschaftlichen Erfolg gänzlich vereiteln[136]. Nicht zuletzt aus diesem Grunde ist die Anfechtungsklage mit ihrer Blockadewirkung den Unternehmen ein besonderer „Dorn im Auge“. Ungeachtet dessen gilt es jedoch zu beachten, daß die betroffenen Gesellschaften *stets* ein erhebliches Interesse an der zügi-

---

127 Vgl. zu diesem Begriff erstmals *Lutter* FS 40 Jahre Der Betrieb, 193ff.

128 Vgl. dazu den Überblick bei *Henze* ZIP 2002, 97, 100f.; vgl. zum Auskauf opponierender Aktionäre *Schlaus* AG 1988, 113ff.; siehe eingehend dazu *Diekgräf* Sonderzahlungen an opponierende Kleinaktionäre, S. 1ff.; daß der Auskauf immer noch stattfindet, betont *Schiessl* AG 1999, 442, 445.

129 *Schwarz* ZRP 2000, 330, 331; siehe ausführlich zur Problematik des Mißbrauchs der Anfechtungsklage *Baums* Gutachten 63. DJT, F 144ff. mit rechtshistorischem Überblick; *Slabschi* Die sog. rechtsmißbräuchliche Anfechtungsklage; siehe zur Behandlung des Mißbrauchs im UmwG bzw. die Reaktion des UmwBerG 1994 auf das Mißbrauchsszenario der „räuberischen Aktionäre“ eingehend unten B.II.3.b)dd)(2)(a).

130 Vgl. *Timm* in Timm Mißbräuchliches Aktionärsverhalten, 1, 17.

131 Vgl. *K.Schmidt* GesR § 12 III 2. a) (S. 350).

132 *Hommelhoff* ZGR 1990, 447, 473.

133 *Schiessl* AG 1999, 442, 444.

134 Vgl. *Schiessl* in VGR GesR 1999, 57, 63.

135 Vgl. eingehend zu den möglichen Folgen einer Verzögerung *Schiessl* in VGR GesR 1999, 57, 63; *ders.* AG 1999, 442, 443f.

136 Vgl. *Ganske* Begr.RegE UmwBerG 1994, zu § 16 UmwG, S. 55.

gen Eintragung haben. Bei der Bewertung und Würdigung des Vollzugsinteresses darf daher nicht außer acht gelassen werden, daß das Interesse an der Verhinderung bzw. Beseitigung der durch die Anfechtungsklage ausgelösten Blockade mithin immer auch unabhängig von der Frage der Rechtmäßigkeit des Umwandlungsbeschlusses und insofern auch unabhängig von der Frage der Legitimität der Erhebung der „blockierenden[137]“ Anfechtungsklage bzw. ihrer Begründetheit besteht[138]. Schließlich wird in aller Regel im Falle begründeter Anfechtungsklagen überhaupt kein Rechtsanspruch des Unternehmen auf Eintragung und Vollzug der Strukturmaßnahme bestehen bzw. anzuerkennen sein, weshalb sich die Eintragung in das Handelsregister auch nicht in rechtliche zu mißbilligender Weise „verzögern“ kann[139]. Ebenso gilt es in diesem Zusammenhang zu berücksichtigen, daß die lange Verfahrensdauer nicht nur die Unternehmen wirtschaftlich massiv belastet, sondern darüber hinaus auch den gutwillig und zu Recht klagenden kontrollierenden Aktionär[140]. Vor diesem Hintergrund erscheint Vorsicht geboten und ist vor einer vorschnellen Annahme eines berechtigten Vollzugsinteresses zu warnen.

cc) Entlastung des Anfechtungsverfahrens von der Schwierigkeit der Unternehmens- und Anteilsbewertung im Zusammenhang mit der Bestimmung des „richtigen Umfangs der Kompensationsleistung“

Für die Beurteilung, ob ein Gesellschafter für seine im Wege der Strukturänderung umgestalteten oder erloschenen Anteile eine angemessene Kompensation in Gestalt einer Zuzahlung, eines Ausgleich oder einer Abfindung erhalten hat, ist eine Anteilsbewertung erforderlich[141]. Da der Anteilswert grundsätzlich ein abgeleiteter Unternehmenswert, der Wert des Anteils also eine Quote vom Gesamtwert des Unternehmens ist[142], bedarf es hierfür in aller Regel einer Bewertung des gesamten Unternehmens[143]. Eine Unternehmensbewertung ist ein schwieriges, aufwendiges und unsicheres Unterfangen[144]. Nicht zuletzt wegen der hierfür vielfach aufzustellenden Prognosen insbesondere über zukünftige Erträge und wegen der Quantifizierung der Risiken steckt die gesamte Unternehmensbewertung - und damit auch die Anteilsbewertung, für die im Prinzip dieselben Regeln gelten[145] -

[137] Terminus der „Blockade“ haftet eine negative Konnotation an, von daher wäre es treffender, im Falle der begründeten Anfechtungsklage von „Aufhalten“ des Vollzugs zu sprechen.
[138] Vgl. auch *Schiessl* in VGR GesR 1999, 57, 63.
[139] So zu Recht *Bokelmann* DB 1994, 1341, 1345; vgl. *Lutter* ZGR 1978, 347, 359.
[140] Auf dessen Belastung zu Recht hinweisend *Schön* in Sitzungsberichte 63. DJT Band II/2, O 139.
[141] *Lutter/Bezzenberger* AG 2000, 433, 436.
[142] *Großfeld* Unternehmens- und Anteilsbewertung U. I. (S. 227).
[143] Vgl. *Lutter/Bezzenberger* AG 2000, 433, 436.
[144] *Lutter/Bezzenberger* AG 2000, 433, 436.
[145] *Großfeld* Unternehmens- und Anteilsbewertung U. I. (S. 227).

voller Ungewißheiten und Einschätzungsspielräumen[146]. Bei Beteiligung mehrerer Gesellschaften an der Strukturänderung werden diese Schwierigkeiten und Unsicherheiten sogar noch dadurch potenziert, daß in diesem Fall eine mehrfache und vergleichende Anteils- und Unternehmensbewertung[147] erforderlich ist[148]. Angesichts dieser Ungewißheiten und Einschätzungsspielräume wird für die jeweils anzubietende Kompensationsleistung in den wenigstens Fällen nur ein einziger Wert vertretbar und damit angemessen sein[149]. Statt dessen gibt es bei der Unternehmens- und Anteilsbewertung fast immer ein mehr oder weniger breites Spektrum vertretbarer Lösungen[150] Infolge dieser schwer absehbaren bzw. kaum zu vermeidenden Schwierigkeiten und Unsicherheiten im Bereich der Unternehmensbewertung kann es leicht zu erheblichen Meinungsverschiedenheiten über die Angemessenheit der zur Kompensation angebotenen Leistungen kommen[151]. Im Hinblick auf dieses Konflikt- und Streitpotential und die darin liegende besondere Gefährlichkeit, die Wirksamkeit des Strukturänderungsbeschlusses mit dem Gesellschafterinteresse an der Zubilligung angemessener Kompensation zu verkoppeln, hat der Gesetzgeber im Interesse der „strukturänderungswilligen" Gesellschaft dem Aktionär für seine „Bewertungsrüge" den Weg der Anfechtungsklage abgeschnitten und ihn insoweit auf das Spruchverfahren verwiesen. Im Wege des Ausschlusses der Anfechtungsklage zugunsten des Spruchverfahrens wird insofern die Frage des Vollzugs der beschlossenen Strukturänderung von der regelmäßig schwierigen und zeitaufwendigen Nachprüfung einer Ausgleichs- oder Abfindungsleistung bzw. des Umtauschverhältnisses der Anteile *abgekoppelt*[152]. Der in seiner Wirkung die Strukturänderung blockierende Anfechtungsprozeß soll auf diese Weise entlastet werden, um eine die Eintragung hinauszögernde langwierige Klärung bewertungsrechtlicher Einzelheiten einer jeden Strukturänderung, die in der Praxis regelmäßig nicht ohne die Hilfe von Sachverständigen erfolgen kann[153], zu vermeiden[154]. Der somit „blockade-präventiv" wirkende An-

---

146 *G.Bezzenberger/T.Bezzenberger* FS Müller, 1, 9.

147 Siehe für die Einzelheiten der für die Ermittlung des Umtauschverhältnisses und der baren Zuzahlung bei der Verschmelzung erforderlichen vergleichenden Unternehmens- und Anteilsbewertung *Lutter/Lutter* UmwG § 5 Rn. 16ff.

148 Vgl. *Lutter/Bezzenberger* AG 2000, 433, 436.

149 Vgl. *Lutter/Decher* UmwG (2. Aufl..) § 208 Rn. 26 für die Abfindung beim Formwechsel; vgl. auch für die Verschmelzung *Lutter/Lutter/Drygala* UmwG § 5 Rn. 18f., der in diesem Zusammenhang betont, daß es ein „exakt richtiges Umtauschverhältnis" überhaupt nicht gibt.

150 *G.Bezzenberger/T.Bezzenberger* FS Müller, 1, 25; vgl. auch für die Abfindung beim Formwechsel *Lutter/Decher* UmwG (2. Aufl..) § 208 Rn. 26.

151 Vgl. *App* BB 1995, 267; *Wiedemann/Hirte* Festgabe 50 Jahre BGH, 337, 379f.

152 *Bayer* ZGR 1995, 613, 618; vgl. *Hommelhoff* ZGR 1990, 447, 473.

153 Vgl. *DAV-Handelsrechtsausschuß* Stellungnahme RefE UmwBerG WM 1993, Sonderbeilage Nr. 2 Rn. 51 (S. 10).

154 *Vetter* FS Wiedemann 1323, 1331; vgl. *Hirte* ZGR 1994, 644, 660; *Bayer* ZHR 163 (1999), 505, 547.

fechtungsausschluß zugunsten des Spruchverfahrens stellt damit eine erhebliche Erleichterung der Strukturänderung dar[155].
Durch die Anordnung des Anfechtungsausschlusses zugunsten des Spruchverfahrens entzieht der Gesetzgeber einem mit Hilfe der Anfechtungsklage ausgetragenen Streit um die Wirksamkeit der Strukturänderung von vornherein den Boden[156]. Die Gesellschaften und die Aktionärsmehrheiten, welche die Strukturänderung befürworten, können diese somit auch dann in Kraft setzen, wenn über die Angemessenheit der angebotenen Kompensationsleistungen gestritten wird[157]. Auf diesem Wege wird den Gesellschaften und ihren Großgesellschaftern gewissermaßen *per Gesetz* ein erhebliches Maß an Planungssicherheit („Transaktionssicherheit") im Hinblick auf die Verfügung über das mehrheitliche Unternehmenseigentum eingeräumt[158]. Die durch die Möglichkeit der Überwindung der durch die Anfechtungsklage ausgelösten Registersperre im Wege des Freigabeverfahrens[159] gewährleistete „Transaktionssicherheit" wird damit durch die Gesetzestechnik vom Anfechtungsausschluß zugunsten Spruchverfahren gewissermaßen ergänzt[160].
Aktien- und Umwandlungsgesetz weisen insofern mit dieser Regelungstechnik vom Anfechtungsausschluß zugunsten Spruchverfahren eine gewisse „Tendenz zur Beschlußerhaltung"[161] auf.

c) Ergebnis

Mit dem „Modell Spruchverfahren statt Anfechtungsklage[162]" verfolgt der Gesetzgeber damit ein doppeltes Regelungsanliegen. Es berücksichtigt gleichzeitig die Interessen des kompensationsleistungs*berechtigten* Aktionärs als auch die Interessen der kompensationsleistungs*verpflichteten* Gesellschaft.

---

[155] Vgl. *Decher* in Lutter Kölner Umwandlungsrechtstage, 201, 219; *Kallmeyer* FS Lutter, 1245, 1258.

[156] *Ganske* Begr.RegE UmwBerG 1994, zu § 14 UmwG, S. 51; vgl. *Hommelhoff* ZGR 1990, 447, 473; *Baums* Gutachten 63. DJT, F 119.

[157] Vgl. *G.Bezzenberger/T.Bezzenberger* FS Müller, 1, 3.

[158] Vgl. *Lutter/Bezzenberger* AG 2000, 433, 436; vgl. auch *Horn* FS Lutter, 1113, 1118, der in diesem Zusammenhang von „Transaktionssicherheit" spricht.

[159] Vgl. § 16 Abs. 3 UmwG, § 319 Abs. 6 AktG.

[160] Vgl. auch *Horn* FS Lutter, 1113, 1118; siehe zum Zusammenhang zwischen der Registersperre bzw. ihrer Überwindung und dem Anfechtungsausschluß zugunsten Spruchverfahren näher unten B.II.3.b)dd).

[161] Vgl. *Kort* Bestandsschutz fehlerhafter Strukturänderungen, S. 69; - daß das Umwandlungsgesetz 1994 eine allgemeine Tendenz aufweist, gesellschaftsrechtliche Akte möglichst zu erhalten, geht auch in anderem Zusammenhang aus der Gesetzesbegründung hervor, vgl. *Ganske* Begr.RegE UmwBerG 1994 zu § 20 UmwG, S. 62; siehe dazu näher unten B.II.3.b)dd).

[162] Vgl. *Bayer* in VGR GesR 1999, 35, 52.

Bereits dem Regelungskonzept der §§ 304ff. AktG von 1965 liegt die Erkenntnis zugrunde, daß mit der Beschlußvernichtung im Wege der Anfechtungsklage „allen Beteiligten nicht gedient" ist[163]. Auf diesen Regelungsgedanken der gleichzeitigen Befriedigung der Aktionärs- und Gesellschaftsinteressen, welcher bereits in der Begründung der §§ 304ff. AktG 1965 deutlich zum Ausdruck kommt[164] und durch den Gesetzgeber im Rahmen der Begründung des SpruchG wiederaufgegriffen und damit bestätigt wird[165], basieren letztlich sämtliche der Parallelvorschriften des Aktien- (§ 320b[166] und 327f AktG[167]; vgl. bereits § 352c AktG a.F.[168]) und Umwandlungsgesetzes[169] (§§ 14 Abs. 2, 32, 195 Abs. 2, 210 UmwG), welche den Anfechtungsausschluß zugunsten des Spruchverfahrens zum Gegenstand haben.

Für das Verhältnis der beiden mit dieser Regelungstechnik gleichermaßen berücksichtigten Interessen gilt es angesichts des Vorbildcharakters der §§ 304ff. AktG[170] zu beachten, daß diese aktienrechtlichen Vorschriften in gesetzessystematischer Hinsicht im Kontext der „Sicherung der außenstehenden Aktionäre bei Gewinnabführungs- und Beherrschungsverträgen" stehen[171]. Wenn hieraus auch kein sicherer Schluß auf die Gewichtung der beiden verfolgten Interessen zu ziehen sein dürfte, so gibt dies doch jedenfalls Anlaß zur Vorsicht im Hinblick auf eine Überbetonung des Vollzugsinteresses bzw. der Transaktionssicherheit auf Seiten der Gesellschaft bzw. der Gesellschaftermehrheit.

---

163 Vgl. *Kropff* Begr.RegE AktG 1965, zu § 304, S. 395.

164 Vgl. *Kropff* aaO; dafür, daß § 305 Abs. 5 AktG auf § 304 AktG zurückgeht und für diesen im Prinzip dieselben Grundsätze gelten, vgl. *Kropff* Begr.RegE AktG 1965, zu § 305 AktG, S. 399.

165 Vgl. Neye NZG 2002, 23, 27; siehe oben A.IV.1.

166 Vgl. *Kropff* Begr.RegE AktG 1965, zu § 320 AktG a.F., S. 425.

167 Die Vorschriften zur Eingliederung dienten den §§ 327a ff. AktG als Vorbild; die Regelung des § 327f Abs. 1 und 2 AktG ist dabei der Vorschrift § 320b Abs. 2 AktG nachgebildet, vgl. *Hirte* Begr.RegE WpÜG, Allgemeiner Teil, S. 124f. (BT-Drucks. 14/7034, S. 32) und zu § 327f AktG, S. 285 (BT-Drucks. 14/7034, S. 73); siehe dazu unten C.I.4.

168 Schon bei der Regelung des § 352c AktG a.F. hatte der Gesetzgeber die Absicht, den Aktionärsschutz im Rahmen der Verschmelzung wie beim Abschluß von Beherrschungs- und Gewinnabführungsverträgen auszugestalten, vgl. BT-Drucks. 9/1065, S. 20.

169 Vgl. *Ganske* Begr.RegE UmwBerG 1994, zu § 14 UmwG, S. 51; *Hommelhoff* ZGR 1990, 447, 472ff.; *Sagasser* in Sagasser/Bula/Brünger (3.A.) C 17 (S. 28).

170 *Hommelhoff* ZGR 1990, 447, 472f.; *Sagasser* in Sagasser/Bula/Brünger (3.A.) C 17 (S. 28); vgl. auch *Ganske* Begr.RegE UmwBerG 1994, zu § 14 UmwG, S. 51.

171 Vgl. *Kropff* Begr.RegE AktG 1965, zu den §§ 304ff., S. 394.

2. Die kompensatorische Funktion des Spruchverfahrens und die hieraus resultierende untrennbare Regelungseinheit zwischen den Tatbeständen des Anfechtungsausschlusses und der Eröffnung des Spruchverfahrens

Nach der Vorstellung des Gesetzgebers stellt das Recht, die Kompensationsleistung in einem Spruchverfahren gerichtlich nachprüfen zu lassen, den Ausgleich für den Verlust der Anfechtungsmöglichkeit dar[172]. Das jeweilige Antragsrecht ersetzt und kompensiert damit das jeweilige Anfechtungsrecht[173]. Demzufolge soll das Spruchverfahren, damit es seiner kompensatorischen Funktion gerecht wird, anstelle des Anfechtungsrechts für die Abhilfe bzw. Korrektur[174] des jeweiligen Rechtsverstoßes sorgen[175]. Der Anfechtungsausschluß bedeutet aus Sicht des Aktionärs also gewissermaßen den "Preis", den er für die Möglichkeit des Spruchverfahrens bezahlen muß[176]. Dieser *innere Zusammenhang* zwischen dem Anfechtungsausschluß einerseits und der Eröffnung des Spruchverfahrens andererseits verknüpft die beiden Tatbestände, welche die speziellen Anfechtungsausschluß- und Spruchverfahrensantragsgründe zum Gegenstand haben, zu einer untrennbar verknüpften Regelungseinheit[177].
Diesen für das richtige Verständnis des Verhältnisses der beiden Rechtsbehelfe zueinander charakteristischen und zugleich maßgebenden Aspekt der *untrennbaren Regelungseinheit* gilt es insbesondere dort zu beachten, wo der Gesetzgeber zwischen der Regelung des Anfechtungsausschlusses und der Regelung des materiellen Anwendungsbereichs des Spruchverfahrens eine „redaktionelle Trennung" vorgenommen hat mit der Folge, daß Anfechtungsausschluß und Spruchverfahren jeweils Regelungsgegenstand verschiedener „selbständiger" Paragraphen sind (vgl. etwa die insoweit getrennte umwandlungsgesetzliche Regelung[178] der §§ 210 und 212 UmwG gegenüber der noch einheitlichen Vorgängerregelung in § 375 Abs. 2 AktG a.F. bzw. entsprechend die getrennte Regelung der §§ 14 Abs. 2 und 15 Abs. 1 UmwG gegenüber der Vorgängerregelung § 352c Abs. 1 AktG a.F.)[179].

---

172 *Ganske* Begr.RegE UmwBerG 1994, zu § 14 UmwG, S. 51.

173 Vgl. *Lutter/Bezzenberger* AG 2000, 433, 435; *Martens* AG 2000, 301, 303.

174 Siehe oben A.IV.1.a) und 2.

175 Vgl. *Lutter/Grunewald* UmwG § 32 Rn. 4.

176 Vgl. in diesem Sinne *Priester* NJW 1983, 1459, 1463.

177 Vgl. im Ergebnis ähnlich *Kallmeyer* FS Lutter, 1245, 1258: „Der Anfechtungsausschluß ist untrennbarer Bestandteil der Vorschriften über das Spruchverfahren".

178 Vgl. demgegenüber auch die im Aktiengesetz jeweils zusammenhängenden Regelungen in den § 304 Abs. 3, 305 Abs. 5, 320b Abs. 2, 327f Abs. 1 AktG.

179 Die Vorgängerregelungen (§§ 375 AktG a.F., 13 UmwG a.F.) regelten noch zusammenhängend innerhalb einer Vorschrift Anfechtungsausschlußgrund und Spruchverfahrensantragsgrund. Die Trennung im Sinne einer „Spaltung" – welche wie an anderer Stelle des UmwG (vgl. *Ganske* Begr.RegE UmwBerG 1994, zu § 16 UmwG, S. 54 im Hinblick auf die §§ 16, 17 UmwG) höchstwahrscheinlich einer „besseren Lesbarkeit" dienen sollte – birgt die Gefahr

Sie haben durch die redaktionelle Überarbeitung des UmwG nur scheinbar eine „Eigenständigkeit“ erhalten, welche nicht zur isolierten, d.h. vom gesetzgeberischen Hintergrund losgelösten Auslegung verleiten darf. Der Regelungszusammenhang, welcher in der jetzigen Fassung in einer gewissen „Spiegelbildlichkeit“ zwischen den Anfechtungsausschlußgründen auf der einen und den Spruchverfahrensantragsgründen auf der anderen Seite zum Ausdruck kommt[180], steht einer isolierten Betrachtung des Anfechtungsausschlusses, welche die kompensatorische Funktion des Spruchverfahrens außer acht läßt, entgegen. Die Tatbestände des Anfechtungsausschlusses und der Eröffnung des Spruchverfahrens erfordern vielmehr statt dessen eine *einheitliche Betrachtung*. Der Anfechtungsausschluß erschöpft sich seiner Funktion nach nicht in dem bloßen Ausschluß der Anfechtungsklage; er hat vielmehr gewissermaßen eine „Umleitungsfunktion“: die Aktionäre werden hinsichtlich der Wahl des zulässigen bzw. „statthaften“ Rechtsbehelfs nach der Gesetzestechnik lediglich „umgeleitet“[181]. Demnach kommt dem Anfechtungsausschluß nach der gesetzgeberischen Regelungstechnik die (doppelte) Aufgabe zu, nicht nur den betreffenden Mangel einer Geltendmachung mit Hilfe der Anfechtungsklage zu entziehen sondern diesen gleichzeitig der besonderen Überprüfung im Rahmen des Spruchverfahren - als den die Anfechtungsklage substituierenden Rechtsbehelf[182] - zuzuweisen bzw. zuzuführen[183].

einer isolierten Auslegung, welche die Funktion des Ausschlusses *zugunsten* des Spruchverfahrens außer acht läßt. Diese Deutung entspricht einem allgemeinen „redaktionellen“ Anliegen des UmwBerG 1994. Denn der Entwurf bemühte sich ausweislich der Materialien darum, die einzelnen Vorschriften kürzer zu fassen und moderner zu formulieren. Lange Vorschriften – wie z.B. § 375 AktG ohne jeden Zweifel eine war - wurden aufgeteilt. Damit sollte (allein) die Lesbarkeit des Gesetzes verbessert werden. Ein Ziel, dem der Gesetzgeber besondere Aufmerksamkeit gewidmet hat (vgl. *Ganske* Begr.RegE UmwBerG 1994, Begründung Allgemeines, S. 23f.).

180 Vgl. etwa die „Mängelkongruenz“ zwischen § 32 und § 34 UmwG bzw. § 14 Abs. 2 und § 15 Abs. 1 UmwG oder § 210 und § 212 UmwG.

181 Vgl. für den Begriff der „Umleitung“ *Martens* AG 2000, 301, 302.

182 Vgl. *Zöllner* in Semler Reformbedarf, 147, 150.

183 Vgl. etwa *Kalss* in Semler/Stengel UmwG § 212 Rn. 2.

3. Der Anfechtungsausschluß als Ausnahmevorschrift zu den aktienrechtlichen Anfechtungsvorschriften der §§ 243ff. AktG

Bei den aktien- und umwandlungsrechtlichen Anfechtungsausschlüssen handelt es sich um *Sonderregeln*, die bestimmte Fälle der Beschlußrechtswidrigkeit als Anfechtungsgründe ausschließen[184] und auf diese Art und Weise die allgemeinen aktienrechtlichen Anfechtungsvorschriften der §§ 243ff. AktG *ergänzen*[185]. Die systematische Stellung der Anfechtungsausschlußtatbestände innerhalb der aktienrechtlichen Anfechtungsvorschriften wird besonders deutlich, wenn man sich die Konzeption der umwandlungsgesetzlichen Ausschlußtatbestände vor Augen führt. Den umwandlungsrechtlichen Anfechtungsausschlüssen, denen die aktienrechtlichen Anfechtungsausschlüsse als Vorbild dienten[186], liegt die gesetzgeberische Vorstellung eines „Eingriffs in das allgemeine Gesellschaftsrecht" zugrunde[187]. Das UmwG regelt die Gründe für eine eventuelle Beschlußunwirksamkeit selbst nicht[188]. Vielmehr setzt das UmwG wie im Allgemeinen so auch für den Bereich der Beschlußanfechtung die Geltung der Normen der allgemeinen gesellschaftsrechtlichen Gesetze voraus[189]. Daß sich die Beschlußanfechtung nach den für die jeweilige Rechtsform maßgebenden allgemeinen Vorschriften richtet, ergibt sich dabei bereits aus der Regelung, daß Klagen gegen die Wirksamkeit der Beschlüsse binnen eines Monats nach der Beschlußfassung erhoben werden müssen (§§ 14 Abs. 1, 195 Abs. 1 UmwG)[190]. Vor diesem Hintergrund betrachtet, begreift der Gesetzgeber damit den umwandlungsgesetzlichen Anfechtungsausschluß als Eingriff in das allgemeine aktienrechtliche Anfechtungsrecht der §§ 243ff. AktG. Diese Charakterisierung als Eingriff ist im Zusammenhang mit dem konzeptionellen Anliegen des Umwandlungsgesetzgebers zu sehen, nach dem die Normen der allgemeinen gesellschaftsrechtlichen Gesetze möglichst wenig angetastet werden sollen[191]. Für die systematische Stellung, welche der Ge-

---

184 *K.Schmidt* in GroßKomm AktG § 243 Rn. 63.

185 Vgl. *Hüffer* in MünchKomm AktG § 243 Rn. 4.

186 Vgl. *Ganske* Begr.RegE UmwBerG 1994, zu § 14 UmwG, S. 51; *Hommelhoff* ZGR 1990, 447, 472ff.; *Sagasser* in Sagasser/Bula/Brünger (3.A.) C 17 (S. 28).

187 Vgl. *Ganske* Begr.RegE UmwBerG 1994, zu § 14 UmwG, S. 52.

188 *Marsch-Barner* in Kallmeyer UmwG § 14 Rn. 7.

189 Vgl. *Ganske* Begr.RegE UmwBerG 1994, zu Art.1 – Änderungen des UmwG, S. 33 – was die Aktiengesellschaft betrifft, so stehen die allgemeinen Vorschriften des UmwG danach gewissermaßen in dem System der aktienrechtlichen „Organisationsnormen". – Siehe dafür, daß für die Aktiengesellschaft die Frage der Anfechtbarkeit der Umwandlungsbeschlüsse grundsätzlich den allgemeinen Vorschriften der §§ 243ff. AktG folgt: *Zimmermann* in Kallmeyer UmwG § 13 Rn. 46; *Stratz* in Schmitt/Hörtnagl/Stratz UmwG § 13 Rn. 26; *Gehling* in Semler/Stengel UmwG § 14 Rn. 5 (für den Verschmelzungsbeschluß); *Zimmermann* in Kallmeyer UmwG § 193 Rn. 36; *Stratz* in Schmitt/Hörtnagl/Stratz UmwG § 193 Rn. 14; vgl. *Bärwaldt* in Semler/Stengel UmwG § 193 Rn. 31 (für den Formwechselbeschluß).

190 *Henze* ZIP 2002, 97, 100f.

191 Vgl. *Ganske* Begr.RegE UmwBerG 1994, zu Art.1 – Änderungen des UmwG, S. 33.

setzgeber den Anfechtungsausschlüssen im Rahmen der aktienrechtlichen Anfechtungsvorschriften zugedacht hat, folgt hieraus, daß der jeweilige gesetzlich angeordnete Anfechtungsausschlußgrund die Ausnahme von der Regel der Anfechtbarkeit gemäß § 243 AktG darstellt. Der Anfechtungsausschluß soll lediglich *bestimmte* Beschlußmängel bei bestimmten Beschlußarten aus der Anfechtbarkeit herausnehmen[192] und einer besonderen gerichtlichen Überprüfung im Spruchverfahren zuweisen bzw. zuführen[193]. Der Anfechtungsausschluß – der umwandlungsgesetzliche wie sein aktienrechtliches Vorbild - ist folglich ein *Ausnahmetatbestand.* Jeder einzelne in ihm enthaltene spezifische Anfechtungsausschlußgrund ist danach als Ausnahme von der Regel der Anfechtbarkeit im Sinne des § 243 AktG zu verstehen.

4. Verbleibender Anwendungsbereich der Anfechtungsklage als Instrument zur Rechtmäßigkeitskontrolle von Strukturänderungsbeschlüssen

Soweit die Anfechtung auf andere als die spezifischen, in den Anfechtungsausschlußtatbeständen genannten Gründen bzw. Beschlußmängel gestützt wird, schließen diese die Anfechtung nicht aus[194]. Den (wenigen und „überschaubaren") Anfechtungsgründen, welche Gegenstand der Anfechtungsausschlüsse sind, steht die Vielzahl anderer erdenklicher Anfechtungsgründe gegenüber, die jedoch nicht Gegenstand dieser Arbeit sind. Wie anfänglich ausgeführt, konzentriert sich die Arbeit auf die Beleuchtung der Ausschlußgründe und die sich daran messende Reichweite der Anfechtungsausschlußgründe, welche für das Verhältnis zwischen Anfechtungsklage und Spruchverfahren maßgebend sind.

Bei der Frage, welchem dieser beiden Rechtsbehelfe welche Beschlußmängel zuzuweisen sind, werden Funktion und Bedeutung des Spruchverfahrens und der Anfechtungsklage gleichermaßen Berücksichtigung finden müssen. Schließlich hat das Umwandlungsgesetz in Anlehnung an das Aktiengesetz für den Schutz der Aktionäre eine *Kombination* von Anfechtungsklage und Spruchverfahren realisiert[195].

---

192 Vgl. *Zöllner* in Semler Reformbedarf, 147, 150.

193 Vgl. *Kalss* in Semler/Stengel UmwG § 212 Rn. 2.

194 *Baums* Gutachten 63. DJT, F 125; *Bork* ZGR 1993, 343 und 347.

195 Vgl. *Bayer* ZHR 163 (1999), 505, 545.

a) Die „Doppelfunktion" der Anfechtungsklage

Die Anfechtungsbefugnis ist ein aus der durch jede Aktie vermittelten Mitgliedschaft folgendes Verwaltungsrecht des Aktionärs, das ihm erlaubt, Gesetz- und Satzungsmäßigkeit von Hauptversammlungsbeschlüssen unter gerichtliche Kontrolle zu stellen, indem er die Vernichtung des Beschlusses durch Gestaltungsurteil begehrt[196]. Die Anfechtungsklage besitzt dabei eine doppelte Funktion: sie weist Elemente des Individualschutzes und institutionelle Elemente auf, denn sie dient in von Fall zu Fall unterschiedlichem Maße sowohl den subjektiven Interessen des Klägers als auch den objektiven Interessen an der Vermeidung bzw. Beseitigung rechtswidriger Beschlußlagen[197].

aa) Individueller Rechtsschutz

Aus der Perspektive der als subjektives Recht verstandenen Mitgliedschaft[198] liegt in der Berechtigung, die Überschreitung der durch Gesetz und Satzung auferlegten Grenzen durch die den Beschluß tragende Hauptversammlungsmehrheit zu rügen und dem Beschluß die gewollte Wirkung zu nehmen, die Abwehr des gesetz- oder satzungswidrigen Übergriffs[199]. Angesichts dieser Abwehrfunktion der durch die Mitgliedschaft vermittelten Anfechtungsbefugnis ficht der Aktionär Hauptversammlungsbeschlüsse an, um seine mitgliedschaftlichen Belange gegen die Mehrheit zu wahren, und zwar im Sinne eines Individualrechts, nicht im Sinne eines nur als erwünschte Nebenfolge eintretenden Minderheitenschutzes[200].

bb) Objektive Rechtskontrolle

Die Konzeption des Aktionärsschutzes beruht auf der rechtspolitischen Entscheidung, die Aktiengesellschaft keiner Staatsaufsicht zu unterstellen, sondern die Rechtmäßigkeitskontrolle privat zu organisieren und vorrangig in die Hände der Aktionäre selbst zu legen[201]. Erst weil das Gesetz dem Aktionär die Rolle eines Mitgaranten für die Legalität innerhalb der Aktiengesellschaft zuweist, die

---

196 *Hüffer* FS Brandner, 57, 59.

197 *K.Schmidt* in GroßKomm AktG § 246 Rn. 11; vgl. auch hierzu Beschluß des 63. DJT Nr.I.1.C.a) (abgedruckt in Sitzungsberichte 63. DJT Bd. II/1, O 73 = DB 2000, 2108), nach dem diese Doppelfunktion der Anfechtungsklage als Mittel des individuellen Rechtsschutzes und der objektiven Rechtskontrolle nicht zu beanstanden ist.

198 Vgl. dazu *Habersack* Die Mitgliedschaft, S. 226ff.

199 Vgl. *Hüffer* in MünchKomm AktG § 245 Rn. 6.

200 *Zöllner* in KölnKomm AktG § 245 Rn. 6; *Hommelhoff* ZGR 1990, 447, 451ff.; *Hüffer* FS Brandner, 57, 59f.

201 Vgl. zur Kontrollaufgabe des Aktionärs *Lutter* NJW 1969, 1873, 1878; *ders.* ZGR 1978, 349, 349f.; *Bayer* in VGR GesR 1999, 35, 36ff. mit weiteren Nachweisen zur Gesetzgebungsgeschichte in Fn.2f.; *K.Schmidt* in GroßKomm AktG § 245 Rn. 10.

Rechtmäßigkeitskontrolle insofern „privat" organisiert ist[202], kann folgerichtig darauf verzichtet werden, staatliche Stellen mit der Legalitätskontrolle der Verwaltungsorgane zu betrauen[203]. Da das Gericht die Rechtsbehauptung des Aktionärs, der angegriffenen Hauptversammlungsbeschluß verstoße gegen das Gesetz oder gegen die Satzung, zu prüfen hat, liegt in der Anfechtungsbefugnis auch ein Recht zur objektiven Rechtskontrolle. Dieser Gesichtspunkt führt über den Schutz der Mitgliedschaft bzw. den durch sie vermittelten individuellen Rechtsschutz hinaus, weil es auch im richtig verstandenen Interesse der Gesellschaft liegt, daß die Wahrung der Rechtmäßigkeit von Beschlüssen nicht allein in der Hand des Vorstands (§ 245 Nr. 4 AktG) oder unter weiteren Voraussetzungen in der der Verwaltungsmitglieder liegt (§ 245 Nr. 5 AktG), sondern auch der privaten Initiative des einzelnen Aktionärs anheimgegeben wird[204].

b) Präventions- und Steuerungsfunktion der Anfechtungsklage

Die Anfechtungsklage ist in ihrer Ausgestaltung als Individualrecht von erheblicher institutioneller Bedeutung für das gewaltenteilige System der Aktiengesellschaft; allein schon ihre Existenz soll den Vorstand dazu veranlassen, die Mitverwaltungsrechte der einzelnen Aktionäre und ihrer Gesamtheit in der Hauptversammlung ernst zu nehmen[205]. Das reicht von ihren Entscheidungskompetenzen über die Begründungs-, Erläuterungs- und Informationspflichten des Vorstands bis hin zum Auskunftsanspruch des einzelnen Aktionärs[206]. Das Risiko der rückwirkenden Beschlußvernichtung als Rechtsfolge einer erfolgreichen Anfechtungsklage[207], besitzt eine starke präventive Wirkung[208]. Es verleiht der Anfechtungsklage damit gewissermaßen eine *Präventionswirkung*[209], welche die Verwaltung dazu anhält, Gesetz und Satzung zu respektieren[210]. Die dadurch bedingte - und

---

202 *Bayer* NJW 2000, 2609, 2617; *Baums* Gutachten 63. DJT F 18ff. spricht insoweit von „privatisiertem Anlegerschutz".

203 *Hommelhoff/Timm* AG 1989, 168; die Einführung einer Staatsaufsicht befürwortet hingegen in jüngster Zeit *Schiessl* in VGR GesR 1999, 57, 68ff.; dagegen eingehend *K.Schmidt* in Sitzungsberichte 63. DJT Bd. II/1, O 13.

204 *Hüffer* in MünchKomm AktG § 245 Rn. 8; *Lutter* ZGR 1978, 347, 349f.; *K.Schmidt* in GroßKomm AktG § 245 Rn. 10.

205 *Hommelhoff/Timm* AG 1989, 168.

206 *Hommelhoff/Timm* AG 1989, 168.

207 Vgl. §§ 248 Abs. 1, 241 Nr. 5 AktG.

208 *Bayer* in VGR GesR 1999, 35, 38; *ders.* in Hommelhoff/Lutter/Schmidt/Schön/Ulmer Corporate Governance 2002, 137, 141.

209 *Bayer* in VGR GesR 1999, 35, 38f.

210 *Bayer* NJW 2000, 2609, 2617; *ders.* in VGR GesR 2000, 35, 40f.; *Hommelhoff* ZGR 1990, 447, 454; *Bork* ZGR 1993, 343, 359; *Zöllner* Schranken mitgliedschaftlicher Stimmrechtsmacht § 33 II. 6. (S. 391); in diesem Sinne bereits *Pinner* in Verhandlungen des 34. DJT (1926), 4. Abteilung für Wirtschafts- und Steuerrecht, S. 611 (S. 630), der in diesem Zusammenhang von einem „sehr wertvollen Zwang" spricht.

vielfach kritisierte - Rechtsunsicherheit hat insofern positive, weil *steuernde* Wirkung[211]. Die Anfechtungsklage wirkt auf diese Weise „disziplinierend“ auf die Verhaltensweise des Vorstands. Die gerade im Hinblick auf die Durchführung einer Strukturänderung angestrebte Rechtssicherheit kann sich die Gesellschaft – vertreten durch ihren Vorstand - nur durch entsprechenden Einsatz und Fleiß im Rahmen der Beschlußvorbereitung und –durchführung „verdienen“.
Jede Einschränkung der Anfechtbarkeit bzw. die Einführung alternativer Rechtsschutzmodelle, die trotz des Vorliegens nicht unerheblicher Beschlußmängel eine Beschlußnichtigkeit vermeiden, verzichtet auf diese Präventionswirkung und geht insoweit einher mit der Gefahr, daß die Verwaltung Gesetz und Satzung weniger sorgfältig als bisher, nachlässig oder gar nicht mehr beachtet[212]. Denn wie wird es mit der Bereitschaft des Management zur Selbstprüfung stehen, wenn nicht im schlimmsten Fall mit einem Anfechtungsprozeß zu rechnen ist[213]?

c) Verbleibende Bedeutung der Anfechtungsklage neben dem Spruchverfahren

Vor dem Hintergrund insbesondere der Präventionswirkung und der disziplinierenden Steuerungsfunktion der Anfechtungsklage kommt dem Rechtsbehelf der Anfechtungsklage neben dem Spruchverfahren nach wie vor und vor allem dort entscheidende Bedeutung zu, wo ein kongruenter Schutz des Aktionärs durch den Rechtsbehelf des Spruchverfahrens als Ersatzsanktion nicht gewährleistet ist[214]. Rechts- und Planungssicherheit kann im Wege der Herausnahme bestimmter Beschlußmängel aus der Anfechtungsklage mit ihrer gleichzeitigen Verweisung ins Spruchverfahren - und damit per Gesetz[215] - nur dort gewährleistet werden, wo das Spruchverfahren nach Konzeption, Wesen und Funktion effektiven Rechtsschutz zu garantieren vermag. Außerhalb dieses Bereichs bleibt die Anfechtungsklage unverzichtbar gerade auch im Hinblick darauf, den Vorstand dazu anzuhalten, zur Vermeidung von anfechtungsbewehrten Beschlußmängeln entsprechenden Fleiß bei der Beachtung von Gesetz und Satzung an den Tag zu legen, um für die anvisierte Strukturänderung die erforderliche Rechts- und Transaktionssicherheit zu erreichen.

---

211 Vgl. *K.Schmidt* in Sitzungsberichte 63. DJT Band II 2, O 157f.

212 Vgl. *Bayer* in VGR GesR 1999, 35, 39; *Hommelhoff* ZGR 1990, 447, 454; vgl. auch *Bork* ZGR 1993, 343, 359f.; *Zöllner* in Semler Reformbedarf, 147.

213 *K.Schmidt* in Sitzungsberichte 63. DJT Bd. II/1, O 14; unter Hinweis auf *Lutter* ZHR 159 (1995), 287, 305, zur „verhaltenssteuernden Wirkung“ eines Prozesses.

214 Vgl. *Zöllner* in Semler Reformbedarf, 147, 150.

215 Siehe oben A.IV.1.b)cc).

V. Rechtspolitische Tendenz in Richtung einer Ausweitung des Spruchverfahrens unter gleichzeitiger Zurückdrängung der Anfechtungsklage

In Literatur und Rechtsprechung zeichnet sich eine deutliche rechtspolitische Tendenz[216] in Richtung einer Ausweitung des Spruchverfahrens ab[217]. Dabei steht im Vordergrund die Zurückdrängung der Anfechtungsklage insbesondere zur Vermeidung von Reibungs- und Störungsverluste, die diese Klagen den Gesellschaften zufügen[218].

1. Rechtspolitische Forderungen *de lege ferenda*

Die rechtpolitischen Forderungen im Hinblick auf eine Erweiterung des Anwendungsbereiches des Spruchverfahrens, welche (bislang) – trotz entsprechender Kritik[219] selbst im Rahmen der Neuordnung des Spruchverfahrens - keine Umsetzung erfahren haben[220], weisen im Wesentlichen in zwei Richtungen: sie befürworten den Anfechtungsausschluß verbunden mit der Verweisung ins Spruchverfahren zum einen für die Rüge kompensationsleistungswertbezogener Informationsmängel und zum anderen für die Rüge einer zu hoch bemessenen Kompensationsleistung durch diejenigen Aktionäre, welche der zur Leistung der Kompensation verpflichteten Akteingesellschaft angehören:

a) Die Rüge kompensationsleistungswertbezogener Informationsmängel

Schon anläßlich des damaligen Diskussions- und Referentenentwurfes für ein UmwG ist es von verschiedenen Seiten in der Literatur als wertungsunstimmig kritisiert worden, einerseits zwar die Überprüfung von Umtausch-, Ausgleichs- und Abfindungsleistungen in das Spruchverfahren zu verweisen, andererseits für die Rüge mangelhafter Information über jene „Gegenleistungen" aber die Unwirksamkeits- oder Anfechtungsklage zuzulassen[221]. Der mit dieser Kritik zu-

---

216 Vgl. *Kallmeyer* GmbHR 2001, 204, der von einem „rechtspolitischen Trend" spricht.

217 Vgl. den Beschluß Nr. 11 a) des 63. Deutschen Juristentages abgedruckt in Sitzungsberichte 63. DJT Bd. II/1, O 76 = DB 2000, 2108, 2109: „Der Gesetzgeber sollte verstärkt von der Möglichkeit Gebrauch machen, Anfechtungsklagen durch Spruchverfahren zu ersetzen" (angenommen: 40:21:5).

218 Vgl. *Lutter/Bezzenberger* AG 2000, 433, 435f.; *Kort* Bestandsschutz fehlerhafter Strukturänderungen, S. 70.

219 Vgl. etwa *DAV-Handelsrechtsausschuß* Stellungnahme RefE SpruchG NZG 2002, 119, 124.

220 Der Gesetzgeber hat im Rahmen seiner Begründung klargestellt, daß § 1 SpruchG lediglich deklaratorische Bedeutung zukommen soll und daß der Katalog für den Fall, daß dem Spruchverfahren in Zukunft weitere Bereiche zugewiesen werden sollten, unschwer ergänzt werden kann, vgl. *Neye* NZG 2002, 23 unter III.2.

221 So bereits zum Diskussionsentwurf *Hommelhoff* ZGR 1990, 447, 474; vgl. in diesem Sinne auch schon *Boujong* FS Kellermann, 1, 14; *Hoffmann-Becking* in Lutter 25 Jahre AktG, 147,

gleich erhobenen Forderung nach einer Verweisung dieser wertbezogenen Informationsrüge in das Spruchverfahren, welche ihrerseits nicht ohne Kritik blieb[222], ist der Umwandlungsgesetzgeber 1994 ausdrücklich nicht gefolgt[223]. Die wirtschaftsrechtliche Abteilung des 63. DJT in Leipzig hat nun abermals eine entsprechende Forderung Ende des Jahres 2000 formuliert: „In allen Fällen, in denen die Bewertungsrüge in das Spruchverfahren verwiesen ist, sollte die Anfechtungsklage für Rügen unzureichender Information über Bewertungsfragen ausgeschlossen sein"[224]. Diese Aufforderung an den Gesetzgeber wurde mit deutlicher Mehrheit bekräftigt[225]. Die Auffassung, entsprechendes gesetzgeberisches Handeln sei dringend geboten, wird von einigen Stimmen in der Literatur[226] geteilt und jüngst auch von der Regierungskommission Corporate Governance unterstützt[227].

b) Die Rüge der zu hoch bemessenen Kompensationsleistung

Die Einführung des Rechtsschutzmodels "Spruchverfahren statt Anfechtungsklage" wird in der Literatur verstärkt auch für den Schutz der Aktionäre der leistungsverpflichteten Aktiengesellschaft gegen die Festsetzung *überhöhter* Kompensationsleistungen wie Abfindung, Ausgleich oder Zuzahlung gefordert[228].

149; *Westermann* ZHR 156 (1992), 203, 225; zum Referentenentwurf: *Hommelhoff* ZGR 1993, 452, 471; *Bork* ZGR 1993, 343, 354; *Arbeitskreis Umwandlungsrecht* ZGR 1993, 321, 323; *Röhricht* in IDW Reform des Umwandlungsrechts, S. 68; *Hirte* in IDW Reform des Umwandlungsrechts, S. 87; *Stellungnahme* des Handelsrechtsausschusses des Deutschen Anwaltsvereins e.V. zum RefE des UmwBerG, WM 1993, Sonderbeilage Nr. 2, Rn. 54 (S. 11).

222 Vgl. gegen eine Verweisung ins Spruchverfahren im Rahmen der Diskussion im Vorfeld des UmwG *Kleindiek* Bericht über die Diskussion ZGR 1990, 479, 481; *Grunewald* in IDW Reform des Umwandlungsrechts, S. 88f.; die gesetzgeberische Entscheidung verteidigend *Lutter/Lutter* UmwG (2. Aufl..) § 8 Rn. 55; insbesondere *Bayer* ZGR 1995, 613, 617f.; *ders.* in VGR GesR 1999, 35, 53.

223 *Neye* Begr.RegE UmwG/UmwStG zu § 14 UmwG S. 138.

224 Beschluß Nr. 11 b) abgedruckt in Sitzungsberichte 63. DJT Bd. II/1, O 76 = DB 2000, 2108, 2109.

225 Beschluß Nr. 11 b) abgedruckt in Sitzungsberichte 63. DJT Bd. II/1, O 76 = DB 2000, 2108, 2109 (angenommen: 50:16:1).

226 *Baums* DJT-Gutachten, F 129; *Kallmeyer* GmbHR 2001, 204; *Kleindiek* NZG 2001, 552, 555; *Noack* ZHR 164 (2000), 274, 283; *Reichert* in Hommelhoff/Lutter/Schmidt/Schön/Ulmer Corporate Governance 2002, 165, 182f, 185 ; vgl. bereits vor dem 63. DJT *Rebmann* Ausweitung des aktienrechtlichen Spruchverfahrens, S. 114ff.; *Engelmeyer* Die Spaltung von Aktiengesellschaften, S. 445ff.

227 Vgl. *Baums* Kommissionsbericht Corporate Governance Rn. 134 (S. 164).

228 Zuletzt *DAV-Handelsrechtsausschuß* Stellungnahme RefE SpruchG NZG 2002, 119, 124; ebenso *Hoffmann-Becking* in Henze/Hoffmann-Becking GesR 2001, 55, 68ff.; vgl. auch *Henze* ZIP 2002, 97, 108; *Vetter* in FS Wiedemann, 1323, 1340ff., 1343.

Auch diese Frage war - jedenfalls was die prinzipielle Behandlung der Wertrüge des Gesellschafters der *leistungsverpflichteten* Gesellschaft in Aktien- und Umwandlungsgesetz anbelangt[229] - Gegenstand der Diskussion im Vorfeld des UmwBerG 1994. Trotz entsprechender Kritik[230] hat es der Gesetzgeber bei Schaffung des UmwG im Rahmen der §§ 14 Abs. 2, 15 Abs. 1 UmwG ausdrücklich abgelehnt, für die Rüge des Gesellschafters der übernehmenden Gesellschaft, das Umtauschverhältnis sei zu hoch bemessen, die Anfechtung auszuschließen und das Spruchverfahren zu eröffnen[231].
Die wirtschaftsrechtliche Abteilung des 63. DJT in Leipzig hat – entgegen dieser gesetzgeberischen Entscheidung - die damals erhobene Forderung aufgegriffen und mit großer Mehrheit beschlossen: „Die auf Bewertungsmängel gestützte Anfechtungsklage gegen den Umwandlungsbeschluß der übernehmenden Gesellschaft sollte in Erweiterung von § 14 Abs. 2 UmwG ausgeschlossen und durch ein Spruchverfahren ersetzt werden[232]". Darüber hinaus hat sie – wenn auch mit weniger starker Mehrheit – beschlossen: „Der Gesetzgeber sollte verstärkt von der Möglichkeit Gebrauch machen, Anfechtungsklagen durch Spruchverfahren zu ersetzen[233]". Vor dem Hintergrund der rechtspolitischen Diskussion läßt sich letzterer Beschluß dahingehend verstehen, daß er diejenigen Stimmen berücksichtigt, welche de lege ferenda den Ausschluß der Anfechtungsklage verbunden mit der Eröffnung des Spruchverfahrens für den Fall fordern, daß der Aktionär der leistungsverpflichteten Gesellschaft die Festsetzung überhöhter Leistungen rügt[234].

---

229 Vgl. *Hoffmann-Becking* in Henze/Hoffmann-Becking GesR 2001, 55, 68ff.

230 *Bork* ZGR 1993, 343, 354; *Arbeitskreis Umwandlungsrecht* ZGR 1993, 321, 323; *Hommelhoff* ZGR 1993, 452, 470; *Hoffmann-Becking* in IDW Reform des Umwandlungsrechts, S. 59f.; *Röhricht* in IDW Reform des Umwandlungsrechts, S. 70; *Hirte* in IDW Reform des Umwandlungsrechts, S. 87; vgl. auch die Kritik zur Vorgängerregelung des § 352c AktG a.F.: *Timm* JZ 1982, 403, 410; *Kraft* in KölnKomm AktG (1990) § 352c Rn. 3; *Boujong* FS Kellermann, 1, 14; *Döss* S. 52; *Hoffmann-Becking* ZGR 1990, 482, 484f.; *ders.* FS Fleck, 105, 123f.; *Rowedder-Zimmermann* GmbHG (1991) Anh. § 77 Rn. 460, *Priester* NJW 1983, 1459, 1463; *Bayer* AG 1982, 323, 324; *ders.* WM 1989, 121, 124; *Heckschen* MittRhNotK 1989, 101, 104; *ders.* Verschmelzung S. 46; *Keil* Verschmelzungsbericht, S. 73 Fn.102.

231 Vgl. *Neye* Begr.RegE UmwG/UmwStG zu § 14 UmwG S. 136.

232 Beschluß Nr. 12 a) abgedruckt in Sitzungsberichte 63. DJT Bd. II/1, O 76 = DB 2000, 2108, 2109 (angenommen: 50:9:2).

233 Beschluß Nr. 11 a) abgedruckt in Sitzungsberichte 63. DJT Bd. II/1, O 76 = DB 2000, 2108, 2109 (angenommen: 40:21:5).

234 Vgl. *DAV-Handelsrechtsausschuß* Stellungnahme RefE SpruchG NZG 2002, 119, 124. - Interessant ist in diesem Zusammenhang, daß § 6 DiskE-SEEG (Diskussionsentwurf Gesetz zur Einführung der Europäischen Gesellschaft (SEEG), abgedruckt in AG 2003, S. 204ff.) noch einen Ausschluß der Anfechtungsklage zugunsten des Spruchverfahrens ausdrücklich auch für die Anteilsinhaber der übernehmenden und damit leistungsverpflichteten Gesellschaft vorsah, *Neye/Teichmann* AG 2003, 169, 171f.; vgl. dazu auch *Kalss* ZGR 2003, 593, 620ff. Jedoch rückte § 6 RegE-SEEG hiervon ab und folgte insoweit dem Vorschlag des Handelsrechtsausschusses des DAV (*DAV-Handelsrechtsausschuß* Stellungnahme RefE SEEG NZG 2004, 75, 76), den Ausschluß auf die Aktionäre der übertragenden Gesellschaft

2. Ausweitung *de lege lata* durch BGH „MEZ“ und „Aqua Butzke“

In seinen beiden Entscheidungen „MEZ[235]“ und „Aqua Butzke[236]“ hat der BGH Grundsätze aufgestellt, welche erhebliche Bedeutung für das Verhältnis zwischen Anfechtungsklage und Spruchverfahren besitzen. Sie betreffen beide dargestellten Aspekte der rechtspolitischen Diskussion über eine Ausweitung des Spruchverfahrens zugleich. Den Entscheidungen kommen insofern erhebliche Brisanz und Tragweite[237] zu, als sich der BGH in ihnen nunmehr bereits de lege lata zu einer Lösung bekennt, die lange Zeit nahezu ausschließlich de lege ferenda erörtert worden war[238]. Im Ergebnis versagt der BGH den Aktionären für die Rüge mangelhafter Information zur Barabfindung im Recht des Formwechsels deren Geltendmachung mit Hilfe der Anfechtungsklage (§ 210 UmwG) und verweist sie insoweit auf das Spruchverfahren (§ 212 UmwG). Danach gilt nach Ansicht des BGH der in den §§ 210, 212 UmwG für die Fälle des zu niedrigen, des nicht ordnungsgemäßen und des fehlenden Barabfindungsangebots normierte Anfechtungsausschluß auch insoweit, als die von der Strukturmaßnahme betroffenen Anteilsinhaber die Verletzung von Informations-, Auskunfts- oder Berichtspflichten im Zusammenhang mit der gemäß § 207 UmwG anzubietenden Barabfindung geltend machen; solche die Abfindung betreffenden abfindungswertbezogenen Informationsmängel können ausschließlich im Spruchverfahren gemäß §§ 305ff. UmwG gerügt werden[239].
Darüber hinaus will der BGH – wie er im Rahmen eines „obiter dictum“ feststellt – den in der formwechselnden Gesellschaft verbleibenden Aktionären für die Rüge einer zu hoch bemessenen Abfindung den Weg des Spruchverfahrens im Wege einer analogen Anwendung der §§ 210, 212 UmwG eröffnen und damit zugleich für ihre Geltendmachung den Weg der Anfechtungsklage versperren[240].

---

zu beschränken, *DAV-Handelsrechtsausschuß* Stellungnahme RegE SEEG NZG 2004, 957. Dieser begründete die vorgeschlagene Beschränkung u.a. mit der Notwendigkeit, die Bemühungen um eine Ausweitung des Spruchverfahrens auf die Bewertungsrüge bei der übernehmenden Gesellschaft im Verschmelzungsrecht mit der entsprechenden Fragestellung bei Unternehmensverträgen und Kapitalerhöhungen zu koordinieren. Es sei nicht sinnvoll, eine punktuelle Regelung für die Verschmelzung zur SE zu treffen, ohne das Problem auch im UmwG und AktG zu lösen, *DAV-Handelsrechtsausschuß* Stellungnahme RefE SEEG NZG 2004, 75, 76.

235 BGHZ 146, 179 – *MEZ.*

236 BGH ZIP 2001, 412 – *Aqua Butzke.*

237 Vgl. *Hoffmann-Becking* in Henze/Hoffmann-Becking GesR 2001, 55f.

238 Zutreffend insoweit *Kleindiek* NZG 2001, 552, 553; dazu bekennt sich ausdrücklich auch *Röhricht* in VGR GesR 2001, 3, 31 in seinem Rechtsprechungsbericht als (vorsitzendes) Mitglied des II. Zivilsenats.

239 BGHZ 146. 179f. – *MEZ.*

240 BGHZ 146. 179, 189 – *MEZ.*

Besondere (zusätzliche) Brisanz erhält die Rechtsprechung des II. Zivilsenats – gerade vor dem Hintergrund der Beschlüsse des 63. DJT[241] - insofern, als sie den Anfechtungsausschluß zugunsten des Spruchverfahrens als Mittel zur Zurückdrängung der Anfechtungsklage zur Vermeidung von Registerblockaden in den Mittelpunkt der aktien- und umwandlungsrechtlichen Diskussion gerückt hat. Denn die beiden Entscheidungen, welche nach der Einschätzung eines Senatsmitglieds „nur einen Stein ins Wasser" werfen konnten[242], haben eine Anschlußdiskussion über die Übertragbarkeit der Rechtsprechungsgrundsätze bzw. –ergebnisse auf die aktienrechtlichen- und umwandlungsgesetzlichen Parallelregelungen entfacht[243]. Damit ist die vom 63. DJT wieder aufgegriffene Diskussion von damals betreffend eine Ausweitung des Spruchverfahrens unter gleichzeitiger Zurückdrängung der Anfechtungsklage für die Bereiche der Rügen kompensationsleistungswertbezogener Informationsmängel und zu hoch bemessener Kompensationsleistungen vollends „wieder entflammt".

---

241 *Röhricht* in VGR GesR 2001, 3, 31 betont in diesem Zusammenhang, daß beide Entscheidungen schon vor dem Votum des Deutschen Juristentages abschließend beraten worden waren.

242 Vgl. *Röhricht* in VGR GesR 2001, 3, 34.

243 Siehe hierzu insbesondere *Henze* in Henze/Hoffmann-Becking GesR 2001, 39ff.; *Hoffmann-Becking* in Henze/Hoffmann-Becking GesR 2001, 55ff.; *Vetter* in FS Wiedemann, 1323ff.; *Kleindiek* NZG 2001, 552ff.

VI. Zusammenfassende Bewertung und Folgerung für die Fragestellung dieser Arbeit

Daß aus Sicht der Unternehmenspraxis die jüngste Rechtsprechung des BGH durchweg begrüßt wird[244], ist nicht weiter verwunderlich. Schließlich hat der II. Zivilsenat eine Auslegung des § 210 UmwG vorgenommen, welche ganz im Lichte des „berechtigten Unternehmensinteresse(s) an einer zügigen Durchführung der beschlossenen Strukturmaßnahme" zu stehen scheint[245]. Zudem ist die Anfechtungsklage den Unternehmen angesichts ihrer unliebsamen Wirkungen so sehr ein „Dorn" im Auge[246], daß davon ausgegangen werden muß, daß jeder irgendwie geartete Schritt, den Rechtsprechung oder Gesetzgeber in Richtung ihrer Zurückdrängung gehen, auf uneingeschränkte Zustimmung von Seiten der Wirtschaft stoßen wird.

Die zunehmende Häufigkeit von Anfechtungsklagen seit Mitte der 80er Jahre[247] und ihre für die betroffenen Gesellschaften teilweise negativen Wirkungen, namentlich die rechtliche oder tatsächliche Blockade wesentlicher Maßnahmen, haben zu verschiedenen Überlegungen und Vorschlägen geführt, ob und wie die Anfechtung von Hauptversammlungsbeschlüssen durch die Aktionäre begrenzt werden sollte[248]. Die Zurückdrängung der Anfechtungsklage im Wege der Ausweitung des Spruchverfahrens ist einer dieser zahlreichen Vorschläge[249] und von daher in dem Kontext dieser Überlegungen zu sehen. Im Rahmen der Diskussion über die Ausweitung des Spruchverfahrens de lege lata wie de lege ferenda stellt sich insofern die (entscheidende) Frage, ob und inwieweit das Instrument des Anfechtungsausschlusses zugunsten des Spruchverfahrens einen geeigneten - und auch aus dogmatischer Sicht zu befürwortenden - Anknüpfungspunkt für die Eindämmung der Anfechtungsklage und den Rückbau von Anfechtungsgründen darstellt.

Hierbei gilt es insbesondere zu beachten, daß im Vordergrund der Vorschläge zur Reform der Anfechtungsklage das „Schreckgespenst der räuberischen Aktionäre" steht bzw. Reformvorschläge in der Literatur überwiegend unter dem Eindruck

---

244 *Vetter* FS Wiedemann, 1323, 1330.

245 Vgl. insoweit die einleitende Feststellung BGHZ 146, 179, 182 – *MEZ*; BGH ZIP 2001, 412, 413 – *Aqua Butzke.*

246 So wird die Anfechtungsklage immer wieder als Bedrohung für den Wirtschaftsstandort Deutschland angesehen, vgl. etwa *Schiessl* in VGR GesR 1999, 57, 58f.

247 Vgl. zum Anstieg der Häufigkeit von Anfechtungsklagen *Baums/Vogel/Tacheva* ZIP 2000, 1649, 1650ff.

248 Vgl. dazu den umfassenden Überblick bei *Baums* Gutachten 63. DJT, F 98ff., sowie daran anknüpfend *Bayer* NJW 2000, 2609ff.; *Schwarz* ZRP 2000, 330ff.; siehe auch *Schiessl* in VGR GesR 2000, S. 57ff.; *Bayer* in VGR GesR 2000, S. 35ff.; *Zöllner* in Semler Reformbedarf, S. 147ff.; *ders.* AG 2000, 145ff.

249 Siehe dazu etwa den Überblick bei *Hüffer* in MünchKomm AktG § 243 Rn. 13ff. jeweils m.w.N.

des Mißbrauchs der Anfechtungsklage vorgebracht werden[250]. Dementsprechend wird in der rechtspolitischen Diskussion auch die Erweiterung des Spruchverfahrens insbesondere vor dem Hintergrund der Vermeidung der Strukturänderungsblockade durch *mißbräuchlich* erhobene Anfechtungsklagen diskutiert und befürwortet[251]. Selbstverständlich muß rechtspolitisches Ziel sein, die Anfechtungsklage gegen Rechtsmißbrauch zu schützen[252] und ihrer rechtsmißbräuchlichen Erhebung entgegenzuwirken. Gleichzeitig ist jedoch nachdrücklich davor zu warnen, den Rechtsbehelf der Anfechtungsklage allein auf den Mißbrauchsfall auszurichten[253]. Von daher dürfen Überlegungen zur Einschränkung der Anfechtungsklage nicht im Sinne bloßer „Mißbrauchsverhinderungsvorschläge“ verengt werden[254]. Dies gilt auch und - angesichts der besonderen „Attraktivität“ des Anfechtungsausschlusses als Anknüpfungspunkt für den Rückbau von Anfechtungsgründen – im besonderen Maße für den Versuch einer (weitergehenden) Einschränkung im Wege der Ausweitung des Spruchverfahrens. Denn schließlich erfreut sich das Spruchverfahren nicht zuletzt aufgrund der ihm immanenten „blockade-präventiven“ Wirkung[255] – und der damit verbundenen und aus Unternehmenssicht äußerst „willkommenen“ Möglichkeit eines Vollzugs der Strukturänderung ungeachtet eines bestehenden Streits - zunehmender Beliebtheit in der rechtspolitischen Diskussion über einen Rückbau der Anfechtungsgründe[256]. Insofern besteht hier die Gefahr, daß die Forderung der Erweiterung des Spruchverfahrens in Wirklichkeit gewissermaßen unter dem Deckmantel der Kritik zu weit reichender Anfechtungsmöglichkeiten und deren Mißbrauch erhoben wird, ohne dabei den spezifischen Regelungszusammenhang zu beachten. Zum einen gilt es hier zu berücksichtigen, daß Strukturänderungen schließlich nicht nur durch unberechtigte Anfechtungsklagen blockiert werden, sondern gleichermaßen auch durch berechtigte[257]. Zum anderen droht durch ein allzu einseitiges Abstellen auf den Vorteil der mit der Verweisung ins Spruchverfahren vermiedenen Strukturänderungsblockade die Diskussion um die Ausweitung des Spruchverfahrens in das „falsche Fahrwasser“ zu geraten. Überlegungen zu einer Ausweitung des

---

250 So zutreffend *Baums* Gutachten 63. DJT, F 99.

251 Vgl. *Kort* Bestandsschutz fehlerhafter Strukturänderungen S. 70; vgl. in diesem Zusammenhang etwa den insoweit „aussagekräftigen“ Titel bei *Rebmann*: „Die Ausweitung des aktienrechtlichen Spruchverfahrens – eine Möglichkeit zur Vermeidung von Verschmelzungsblockaden durch mißbräuchliche Anfechtungsklagen?“.

252 Vgl. etwa *Henze* ZIP 2002, 97f.

253 Zu Recht *Leinekugel* Ausstrahlungswirkungen des Umwandlungsgesetzes, S. 187.

254 *K.Schmidt* in Sitzungsberichte 63. DJT Bd. II/1, O 14.

255 Siehe dazu oben A.IV.1.b).

256 Vgl. in diesem Zusammenhang den treffenden Hinweis im Rahmen der Diskussion des RefE UmwG 1994 von *Bork* ZGR 1993, 343, 353, der feststellt, daß das Spruchverfahren als solches allein schon wegen des Anfechtungsausschlusses auf breite Zustimmung stößt.

257 Siehe dazu bereits oben A.IV.1.b)bb).

Spruchverfahrens haben, um dem gesetzgeberischen Hintergrund[258] der Regelungstechnik Anfechtungsausschluß zugunsten Spruchverfahren gerecht zu werden, nicht nur den blockadeverhindernden Aspekt der Regelungstechnik, sondern daneben den Aspekt der *gleichzeitig* beabsichtigten Garantie effektiven Rechtsschutzes zu berücksichtigen. Insofern sind angesichts der kompensatorischen Funktion des Spruchverfahrens[259] als Ersatzsanktion einer weitergehenden Substitution der Anfechtungsklage durch das Spruchverfahren in anderen Bereichen von vornherein engste Grenzen gesetzt[260].

Zwar vermeidet der BGH in seinen beiden Entscheidungen "MEZ[261]" und "Aqua Butzke[262]" den Begriff des Mißbrauchs der Anfechtungsklage. Die Begründungen enthalten indes dort einen versteckten Hinweis auf die Mißbrauchsproblematik, wo von einem „Unterlaufen" des Gesetzeszweckes des § 210 UmwG durch die Erhebung der Anfechtungsklage zur Rüge abfindungswertbezogener Informationsmängel die Rede ist[263]. Die Rechtsprechung des BGH wird auch im Schrifttum mitunter ausdrücklich als Reaktion auf den Mißbrauch des Anfechtungsrechts angesehen[264]. Die BGH-Rechtsprechung wirft damit ebenso wie die Diskussion um die Zurückdrängung der Anfechtungsklage im „Kampf gegen ihren Mißbrauch" die Frage auf, ob und inwieweit die Ausweitung des Spruchverfahrens ein adäquates Mittel, diesen Kampf zu führen, bzw. die geeignete und angemessene Reaktion auf das Mißbrauchsszenario darstellt.

Anlaß und Schwerpunkt dieser Arbeit bildet die jüngste Rechtsprechung des BGH sowie die Überprüfung derselben auf ihre Vereinbarkeit mit dem geltenden Recht. Von daher soll das Verhältnis zwischen Anfechtungsklage und Spruchverfahren ausgehend von den Tatbeständen der §§ 210, 212 UmwG, anhand derer der BGH seine Ausweitung des Anwendungsbereichs des Spruchverfahrens begründet hat, untersucht werden. Aufgrund des Ausnahmecharakters der Regelung des Anfechtungsausschlusses[265] ist für das Verhältnis zwischen Anfechtungsklage und Spruchverfahren von entscheidender Bedeutung, welche konkreten Mängel sich unter die in den Anfechtungsausschlüssen genannten Anfechtungsgründe subsu-

---

258 Siehe eingehend dazu oben A.IV.1.

259 Siehe dazu oben A.IV.2.

260 Vgl. im Ergebnis ähnlich *Zöllner* in Semler Reformbedarf, 147, 150; *ders.* AG 2000, 145, 147.

261 BGHZ 146, 179 – *MEZ.*

262 BGH ZIP 2001, 412 – *Aqua Butzke.*

263 BGHZ 146, 179, 183 – *MEZ;* BGH ZIP 2001, 412, 413 – *Aqua Butzke.*

264 Vgl. *Hasselbach* EWiR § 131 AktG 1/01, 205, 206, der davon ausgeht, daß sich der BGH als Reaktion auf die berechtigten Klagen der Unternehmen über das verbreitete Übel der „berufsmäßigen Anfechtungskläger" zu einer bewußten Einschränkung der besonderes Erpressionspotential bietenden bewertungsrechtlichen Anfechtungsklagen entschlossen hat; in diese Richtung weisen auch die Ausführungen bei *Vetter* FS Wiedemann, 1323, 1330f.; *Sinewe* DB 2001, 690, 691; vgl. auch *Habersack* ZIP 2001, 1230, 1234.

265 Siehe oben A.IV.3.

mieren lassen. Gegenstand der Untersuchung kann und soll demnach weniger die Frage sein, welche Anfechtungsgründe daneben verbleiben, sondern vielmehr, welche konkreten Rechtsmängel einen Anfechtungsausschlußgrund bilden.
Für die hier vorzunehmende Untersuchung des Verhältnisses zwischen Anfechtungsklage und Spruchverfahren ist insofern die Bestimmung der Reichweite des jeweiligen Anfechtungsausschlusses bzw. den Umfang seiner „Sperrwirkung[266]“ maßgebend.

---

[266] Vgl. zu diesem Begriff *Hirte* ZGR 1994, 644, 659 (in Bezug auf § 304 Abs. 3 S. 2 AktG); *Vetter* FS Wiedemann, 1323, 1328 (in Bezug auf § 210 UmwG).

B. Die Reichweite des Anfechtungsausschlusses des § 210 UmwG zugunsten des Spruchverfahrens gemäß § 212 UmwG

Gemäß § 210 UmwG kann eine Klage gegen die Wirksamkeit des Umwandlungsbeschlusses nicht darauf gestützt werden, daß das Angebot nach § 207 zu niedrig bemessen oder daß die Barabfindung im Umwandlungsbeschluß nicht oder nicht ordnungsgemäß angeboten worden ist. Nach § 212 S. 1 UmwG hat das Gericht für den Fall, daß ein Anteilsinhaber geltend macht, daß eine im Umwandlungsbeschluß bestimmte Barabfindung, die ihm nach § 207 Abs. 1 anzubieten war, zu niedrig bemessen sei, auf seinen Antrag die angemessene Barabfindung zu bestimmen. Das gleiche gilt gemäß § 212 S. 2, wenn die Barabfindung nicht oder nicht ordnungsgemäß angeboten worden ist.
Damit schließt § 210 UmwG die - hier allein interessierende - aktienrechtliche Anfechtungsklage wegen derjenigen Mängel aus, derentwegen § 212 S. 1 und 2 UmwG eine gerichtliche Nachprüfung im Spruchverfahren zuläßt[267]. Die für das Verhältnis zwischen Anfechtungsklage und Spruchverfahren maßgebende Reichweite des Anfechtungsausschlusses bemißt sich demnach danach, welche Mängel sich unter die Tatbestandsvarianten des § 210 UmwG subsumieren lassen.

I. Das nach § 207 UmwG zu niedrig bemessene Angebot der Barabfindung, § 210 1.HS UmwG

§ 210 1.HS UmwG schließt zugunsten des Spruchverfahrens gemäß § 212 S. 1 UmwG zunächst die Anfechtungsklage insoweit aus, als sie darauf gestützt wird, daß das Angebot nach § 207 zu niedrig bemessen worden ist.

1. Das Angebot der Barabfindung im Umwandlungsbeschluß, §§ 194 Abs. 1 Nr. 6, 207 Abs. 1 S. 1 UmwG

Die Regelung des § 207 UmwG trägt dem allgemeinen Rechtsgedanken Rechnung, daß den Anteilsinhabern bei wesentlichen Strukturmaßnahmen, die mit einer nachhaltigen Veränderung oder Beeinträchtigung der Rechte der Anteilsinhaber verbunden sind, ein Austrittsrecht aus wichtigem Grund zusteht[268]. § 207 UmwG enthält nach Aussage des Gesetzgebers die Grundlagen der einvernehmlichen Abfindung widersprechender Anteilsinhaber[269]. Der Anteilsinhaber steht vor der Wahl, entweder in der Gesellschaft zu verbleiben und gegebenenfalls eine

267 *Meister/Klöcker* in Kallmeyer UmwG § 210 Rn. 1.
268 Vgl. *Lutter/Grunewald* UmwG (2. Aufl..) § 29 Rn. 21; *Wiedemann* ZGR 1978, 477, 484.
269 *Ganske* Begr.RegE UmwBerG 1994, zu § 207 UmwG, S. 208.

bare Zuzahlung gemäß § 196 UmwG zu erhalten, oder sich für ein Ausscheiden aus der Gesellschaft gegen Barabfindung zu entscheiden[270].
Gemäß § 207 Abs. 1 S. 1 1.HS UmwG hat der formwechselnde Rechtsträger jedem Anteilsinhaber, der gegen den Umwandlungsbeschluß Widerspruch zur Niederschrift erklärt, den Erwerb seiner umgewandelten Anteile oder Mitgliedschaften gegen eine angemessene Barabfindung anzubieten. § 207 UmwG ist gemeinsam mit § 194 Abs. 1 Nr. 6 UmwG zu lesen: Danach ist das Angebot der Barabfindung nur solchen Anteilsinhabern zu unterbreiten, die dem Formwechsel widersprechen, ihn aber nicht hindern können, weil sie bei einer zulässigen Mehrheitsentscheidung in der Minderheit bleiben und die Wirksamkeit auch sonst nicht von ihrer Zustimmung abhängt[271]. Gemäß § 194 Abs. 1 Nr. 6 UmwG muß dieses Barabfindungsangebot Gegenstand des Umwandlungsbeschlusses sein[272] und der Höhe nach konkret beziffert sein[273]. Es muß dabei inhaltlich so präzise bestimmt sein, daß es durch eine Annahmeerklärung gemäß § 209 UmwG einfach angenommen werden kann[274].

2. Zu niedrige Bemessung

Das Gesetz verlangt, daß die anzubietende Barabfindung angemessen ist, § 207 Abs. 1 1.HS UmwG. Zur Feststellung der angemessenen Barabfindung nach §§ 207, 208, 30 UmwG im Umwandlungsbeschluß ist der "exakte" Unternehmenswert zu ermitteln[275]. Das Gesetz differenziert zwischen den Begriffen der Angemessenheit und der zu niedrigen Bemessung. Jedenfalls dem Wortlaut nach könnte eine unangemessene Barabfindung auch eine zu hoch bemessene Barabfindung sein, da diese nämlich dann aus der Perspektive der in der zur Leistung verpflichteten Gesellschaft verbleibenden Anteilsinhaber "unangemessen" wäre[276]. Jedoch spricht sowohl § 210 UmwG als auch § 212 S. 1 UmwG ausdrücklich von einem zu niedrig bemessenen Angebot aus der Sicht des ausscheidewilligen Anteilsinhabers. Von daher erschöpft sich die Bedeutung der 1. Tatbestandsvariante des § 210 UmwG angesichts des eindeutigen Wortlauts und der Systematik darin, daß der Wert der angebotenen Barabfindung hinter dem

270 *Lutter/Decher* UmwG § 207 Rn. 4.

271 *Lutter/Decher* UmwG § 207 Rn. 5.

272 Zu Ausnahmen von der Pflicht zum Barabfindungsangebot siehe *Lutter/Decher* UmwG § 207 Rn. 6f.

273 *Meister/Klöcker* in Kallmeyer UmwG § 207 Rn. 28; *Lutter/Decher* UmwG § 207 Rn. 15; *Kalss* in Semler/Stengel UmwG § 207 Rn. 8; *Veil* Umwandlung einer AG, S. 111ff.

274 *Kalss* in Semler/Stengel UmwG § 207 Rn. 8; *Meister/Klöcker* in Kallmeyer UmwG § 207 Rn. 27, vgl. auch *Marsch-Barner* in Kallmeyer UmwG § 29 Rn. 14; *Bermel* in Goutier/Knopf/Tulloch UmwG § 29 Rz.23.

275 *Bayer* ZIP 1997, 1613, 1617; zur Ermittlung der angemessenen Barabfindung eingehend *Lutter/Decher* UmwG § 208 Rn. 7ff.

276 Siehe hierzu ausführlich unten B.III.

tatsächlich angemessenen Wert zurückbleibt. Ein zu hoch bemessenes Angebot wird demnach nicht erfaßt[277].

II. Das im Umwandlungsbeschluß fehlende oder nicht ordnungsgemäße Angebot, § 210 2.HS UmwG

Zugunsten des Spruchverfahrens gemäß § 212 S. 2 UmwG schließt § 210 2. HS UmwG die Anfechtungsklage insoweit aus, als sie darauf gestützt wird, daß „die Barabfindung im Umwandlungsbeschluß nicht oder nicht ordnungsgemäß angeboten worden ist".

1. Kein annahmefähiges Barabfindungsangebot im Sinne des §§ 194 Abs. 1 Nr. 6, 207 UmwG

Das fehlende Angebot im Umwandlungsbeschluß beschreibt den Fall, daß entgegen der gesetzlichen Verpflichtung in den §§ 194 Abs. 1 Nr. 6, 207 UmwG der Umwandlungsbeschluß kein Barabfindungsangebot enthält. Was hingegen mit dem nicht ordnungsgemäßen Angebot gemeint ist, ist nicht leicht zu sagen, da die Fälle des zu niedrigen und des fehlenden Angebotes gesondert genannt sind[278]. Einigkeit über die Interpretation dieser Tatbestandsvariante herrscht insoweit, als ein nicht ordnungsgemäßes Angebot in den Fällen einer unklaren, widersprüchlichen oder unvollständigen Formulierung des Barabfindungsangebots im Umwandlungsbeschluß angenommen wird[279]. Diese Mängel haben allesamt – ebenso wie das fehlende Angebot - zur Folge, daß mit ihnen für den Anteilsinhaber kein ohne weiteres annahmefähiges Angebot vorliegt[280]. Vor diesem Hintergrund bezweckt die Aufnahme eines ordnungsgemäßen Angebotes in den Umwandlungsbeschluß, daß die Aktionäre ohne gerichtliche Hilfe durch Annahme dieses Angebotes einen Barabfindungsanspruch erwerben können[281]. Es handelt sich also sowohl bei dem nicht ordnungsgemäßen als auch bei dem fehlenden Barabfindungsangebot im Prinzip um materielle Mängel der Abfindungsregelung im Umwandlungsbeschluß.

277 Siehe zu der Frage der Möglichkeit einer Analogie für den Fall eines zu hoch bemessenen Angebotes ausführlich unten B.III.3.b).

278 Vgl. *Lutter/Grunewald* UmwG § 32 Rn. 4 zu der verschmelzungsrechtlichen Parallelvorschrift.

279 BGHZ 146, 179, 185 - *MEZ*; BGH ZIP 2001, 412, 414 – *Aqua Butzke*; *Bärwaldt* in Semler/Stengel UmwG § 210 Rn. 5; *Lutter/Decher* UmwG (2. Aufl..) § 210 Rn. 3; vgl. auch *Marsch-Barner* in Kallmeyer UmwG § 32 Rn. 2; *Lutter/Grunewald* UmwG § 32 Rn. 4.

280 Vgl. *Marsch-Barner* in Kallmeyer UmwG § 32 Rn. 2

281 *Kallmeyer* GmbHR 2001, 204.

Keine Einigkeit herrscht hingegen hinsichtlich der Frage, ob und inwieweit § 210 2.HS UmwG über diese Mängel hinaus Bedeutung besitzt, nämlich ob und inwieweit darüber hinaus auch abfindungswertbezogene Informationsmängel dem Anfechtungsausschluß unterliegen.

2. Einbeziehung von abfindungswertbezogenen Informationsmängeln?

Die praktische Bedeutung der Tatbestandsmerkmale des fehlenden und nicht ordnungsgemäßen Barabfindungsangebotes wurde über lange Zeit als eher gering eingestuft[282]. Erst nach einer (extensiven) Auslegung durch den BGH[283] haben die beiden Tatbestandsvarianten entschieden an Bedeutung bzw. an „Brisanz" gewonnen.

a) Die Vertreter eines „generellen" Anfechtungsausschlusses

Nach Ansicht des BGH[284] - und ihm folgend der herrschenden Meinung in der Literatur[285] - unterliegen dem Anfechtungsausschluß des § 210 UmwG *sämtliche* Verletzungen abfindungswertbezogener Informationspflichten im Vorfeld und während der Beschlußfassung.

---

282 Vgl. *Lutter/Decher* UmwG (2. Aufl..) § 210 Rn. 3; *Lutter/Grunewald* UmwG (2. Aufl..) § 32 Rn. 4; so bereits *Lutter/Decher* UmwG (1. Aufl..) § 210 Rn. 3; *Lutter/Grunewald* UmwG (1. Aufl..) § 32 Rn. 4.

283 BGHZ 146, 179 – *MEZ*; BGH ZIP 2001, 412 – *Aqua Butzke*.

284 BGHZ 146, 179 – *MEZ*; BGH ZIP 2001, 412 – *Aqua Butzke*.

285 *Lutter/Decher* UmwG § 210 Rn. 4; *Kalss* in Semler/Stengel UmwG § 212 Rn. 7; *Mayer* in Widmann/Mayer UmwG § 192 Rn. 44; *Vollrath* in Widmann/Mayer UmwG § 210 Rn. 9f.; *Kubis* in MünchKomm AktG § 131 Rn. 150a; *Tielmann* in Happ Aktienrecht 18.01. Rn. 12 (S. 1754); *Henze* ZIP 2002, 97, 103ff.; *ders.* in Henze/Hoffmann-Becking GesR 2001, 39ff.; *ders.* (authentische Interpretation eines Mitglieds des II. Zivilsenats); *Habersack* ZIP 2001, 1230, 1237; *Heckschen* NotBZ 2001, 206, 207; Diskussionsbeitrag *dess.* in Henze/Hoffmann-Becking GesR 2001, S. 72; *Kurzwelly* in Henze/Hoffmann-Becking GesR 2001, 1, 21; *Vetter* FS Wiedemann, 1323, 1328ff.; *Kleindiek* NZG 2002, 18, 21; *K.Schmidt* GesR § 28 IV. 5 d) (S. 859); *Witt* WuB II N. § 210 UmwG 1.01, 287, 289f.; *ders.* WuB II N. § 210 UmwG 2.01, 425, 426f.; *Klöhn* AG 2002, 443, 445; *Marsch-Barner* LM H. 5/2001 Bl. 990f.; *Röhricht* in VGR GesR 2001, 3, 28ff.; *Hirte* ZHR 167 (2003), 8ff.; *ders.* Kapitalgesellschaftsrecht, Rz.6.217 (S. 340f.); *Baums* Kommissionsbericht Corporate Governance, Rn. 134 (S. 164f.); *Reichert* in Semler/Volhard Unternehmensübernahmen, Bd. 1, § 17 Rn. 17 Fn.29; *ders.* in Hommelhoff/Lutter/Schmidt/Schön/Ulmer Corporate Governance 2002, 165, 182f.; *Sinewe* DB 2001, 690; *van Aerssen* F.A.Z. Nr. 116 v.19.05.2001, S. 23; kritisch, aber im Ergebnis wohl zustimmend *Hoffmann-Becking* in Henze/Hoffmann-Becking GesR 2001, 55, 61.

aa) Der Schluß *a maiore ad minus* – BGH „MEZ" und „Aqua Butzke"

Der BGH leitet seine Auffassung von einem „generellen"[286] Ausschluß von Anfechtungsklagen wegen der Verletzung der Informationsrechte zur Barabfindung aus dem systematischen Zusammenhang der drei Tatbestandsalternativen des zu niedrigen, des fehlenden und des nicht ordnungsgemäßen Barabfindungsangebots in § 210 UmwG ab[287]. Zur Begründung des Ergebnisses, nach dem die Einbeziehung solcher Informationsmängel in den Anfechtungsausschluß gesetzlich vorgesehen sei[288], bedient sich der BGH im Wesentlichen eines Erst-Recht-Schlusses[289]. Im Falle des fehlenden Barabfindungsangebots seien sämtliche durch das Umwandlungsrecht eingeräumten Informationsrechte der Anteilsinhaber tangiert[290]. Fehle das Barabfindungsangebot im Umwandlungsbeschluß, so gebe es mangels Darstellung auch keine Herleitung und Erläuterung hierzu im Umwandlungsbericht (§ 192 Abs. 1 UmwG), keine entsprechende Barabfindungsprüfung (§§ 208, 30 UmwG) und keine der verschiedenen Mitteilungen aus Anlaß der Vorbereitung der Hauptversammlung (§§ 238 i.V.m. 230, 231 UmwG)[291]. Dieses durch das fehlende Barabfindungsangebot verursachte Ausbleiben der vorgesehenen Vorabinformation – „vollständiges Informationsdefizit[292]" - unterfalle ebenso dem Anfechtungsausschluß wie die daraus resultierenden sachlichen Informationsdefizite im Zusammenhang mit den Berichten oder Auskünften des Vertretungsorgans auf Fragen der Aktionäre in der Hauptversammlung[293].
Vor dem Hintergrund dieses Erst-Recht-Schlusses erfasse § 210 2.Alt. 2.Fall UmwG, also das nicht ordnungsgemäße Barabfindungsangebot, sämtliche Verstöße – einzeln oder kombiniert – gegen die durch das UmwG angeordneten Informations- und Mitteilungspflichten der Gesellschaft im Zusammenhang mit dem Barabfindungsangebot[294]. Bei Informationsrechtsverstößen solcher Art sei die Barabfindung sowohl im Wort- als auch im Rechtssinne „nicht ordnungsgemäß angeboten" worden[295]. Die Nichtbeantwortung oder unzureichende Beantwortung abfindungswertrelevanter Fragen als Verletzung des Auskunftsrechts gemäß § 131 AktG sei derartigen Verstößen gleichzustellen[296].

286 BGHZ 146, 179, 182f. – *MEZ*.
287 BGHZ 146, 179, 182 – *MEZ*.
288 So ausdrücklich BGHZ 146, 179, 186f. – *MEZ*; BGH ZIP 2001, 412, 414 – *Aqua Butzke*.
289 Vgl. *Hoffmann-Becking* in Henze/Hoffmann-Becking GesR 2001, 55, 61.
290 BGHZ 146, 179, 184 – *MEZ*; BGH ZIP 2001, 412, 413 – *Aqua Butzke*.
291 BGHZ 146, 179, 184 – *MEZ*; BGH ZIP 2001, 412, 413 – *Aqua Butzke*.
292 BGHZ 146, 179, 186 – *MEZ*; BGH ZIP 2001, 412, 415 – *Aqua Butzke*.
293 BGHZ 146, 179, 184f. – *MEZ*; BGH ZIP 2001, 412, 413 – *Aqua Butzke*.
294 BGHZ 146, 179, 185f. – *MEZ*; BGH ZIP 2001, 412, 414 – *Aqua Butzke*.
295 BGHZ 146, 179, 186 – *MEZ*; BGH ZIP 2001, 412, 414 – *Aqua Butzke*.
296 Vgl. BGHZ 146, 179, 186 – *MEZ*; BGH ZIP 2001, 412, 415 – *Aqua Butzke*.

Der BGH hat diese Grundsatzentscheidung in einem weiteren Urteil ausdrücklich bestätigt[297]. In dieser „Folgeentscheidung“, welche dem BGH Gelegenheit bot, seine Rechtsauffassung zu § 210 UmwG bei fast identischem Sachverhalt zu bestätigen, lag bis zum Ende der Abstimmung in der Hauptversammlung der Umwandlungsprüfungsbericht (§§ 208, 30 Abs. 2, 12 UmwG) nicht vor und zudem verweigerte der Vorstand die Auskunft über Fragen zu diesem Bericht[298]. Danach erstrecke sich der Anfechtungsausschluß auch auf solche Informationsrechtsverletzungen, welche die Prüfung der Barabfindung betreffen[299].

bb) „Generalklauselartig erweitertes Verständnis“ des nicht ordnungsgemäßen Angebotes

Eine Ansicht in der Literatur[300] folgt im Wesentlichen den Ausführungen des BGH und gelangt im Ergebnis ebenso zu einem generellen Anfechtungsausschluß wegen abfindungswertbezogener Informationsmängel. Abweichend von dem Begründungsansatz des BGH stellt sie indes weniger entscheidend auf das fehlende als auf das nicht ordnungsgemäße Angebot ab, und befürwortet im Ergebnis ein „generalklauselartig erweitertes Verständnis des nicht ordnungsgemäßen Angebots“[301]. Das nicht ordnungsmäßige Angebot sei danach als sonstiges Verletztsein der Angebotspflicht neben gänzlichem Unterlassen und inhaltlicher Unangemessenheit zu interpretieren[302].

b) Die Vertreter eines nur „partiellen“ Anfechtungsausschlusses

Eine andere Auffassung in der Literatur[303] folgt dem BGH lediglich insoweit, als der Anfechtungsausschluß nur die abfindungswertbezogene Auskunftsrechtsverletzung in der Hauptversammlung (§ 131 AktG) erfassen soll. Der Aktionär könne hinreichend informiert über den Formwechsel nur dann entscheiden, wenn er im Vorfeld der Hauptversammlung zur Frage der Unternehmensbewertung Informa-

---

297 BGH ZIP 2001, 412ff. – *Aqua Butzke*.

298 BGH ZIP 2001, 412 – *Aqua Butzke*.

299 BGH ZIP 2001, 412, 415f. – *Aqua Butzke*.

300 *Hüffer* AktG § 243 Rn. 18b; *ders.* ZGR 2001, 833, 860.

301 *Hüffer* AktG § 243 Rn. 18b; in diesem Sinne auch *ders.* ZGR 2001, 833, 860; *Hirte* ZHR 167 (2003), 8, 10.

302 *Hüffer* AktG § 243 Rn. 18b; im Ergebnis ähnlich *Hirte* ZHR 167 (2003), 8, 10, der das ordnungsgemäße Angebot als Pflicht zur korrekten Information begreift und infolgedessen vertritt, daß dies allein bereits die Entscheidung des BGH hätte tragen können.

303 In diesem Sinne *Decher* in GroßKomm AktG § 131 Rn. 65b und 405b; für die Beschränkung des Anfechtungsausschlusses nur auf die Verletzung des Auskunftsrechts wohl auch *Obermüller/Werner/Winden* Die Hauptversammlung, G.V.1. Rn. 92 in Fn.152a (S. 265), wenn auch ohne nähere Begründung oder Erläuterung; *Karrer* Die Angemessenheit der Leistung, S. 206f.

tionen erhält, die ihm eine Plausibilitätskontrolle ermöglichen. Die Annahme eines vollständigen Anfechtungsausschlusses wegen der Verletzung aller gesetzlicher Informations- und Berichtspflichten im Vorfeld der Hauptversammlung betreffend Fragen der Unternehmensbewertung könne dazu führen, daß sich der Vorstand sanktionslos darauf beschränken könne, die Aktionäre hinsichtlich näherer Informationen zur Angemessenheit einer Barabfindung beim Formwechsel auf das Spruchverfahren zu verweisen, was nicht empfehlenswert sei[304]. Schließlich sei zweifelhaft, ob das Spruchverfahren einen gleichwertigen Rechtsschutz darstellt[305].

c) Die Gegner eines Anfechtungsausschlusses wegen abfindungswertbezogener Informationsmängel

Die Gegenansicht in der Literatur[306] lehnt dagegen die Einbeziehung abfindungswertbezogener Informationsmängel in den Anfechtungsausschluß des § 210 UmwG gänzlich ab. Die Bedeutung des § 210 2.HS UmwG erschöpfe sich im Ausschluß der Anfechtungsklage, soweit diese auf *materielle* Mängel der Abfindungsregelung im Umwandlungsbeschluß gestützt wird[307]. Schließlich sei die Information zur Barabfindung bereits für Entscheidung über Umwandlung notwendig[308]. Die Verweisung des Aktionärs auf das Spruchverfahren wegen abfindungswertbezogener Informationsmängel führte dazu, daß es das Organ des formwechselnden Rechtsträgers weitgehend in der Hand hat, jegliche Informationen bezüglich einer Barabfindung zurückzuhalten, ohne daß dies die Wirksamkeit des Umwandlungsbeschlusses berührt[309]. Dies zu ermöglichen, sei nicht Sinn und Zweck des § 210 UmwG[310].

---

304 *Decher* in GroßKomm AktG § 131 Rn. 65b.

305 *Decher* in GroßKomm AktG § 131 Rn. 405b.

306 Vgl. die vom BGH vertretene Erstreckung des Anfechtungsausschlusses auf Informationsmängel ablehnend: *Emmerich* in Emmerich/Habersack Aktien- und GmbH-Konzernrecht (3.A.) § 293 Rn. 38a und b; *Lutter/Grunewald* UmwG § 32 Rn. 5; *Bärwaldt* in Semler/Stengel UmwG § 210 Rn. 5; *ders.* GmbHR 2001, 251; *Kallmeyer* GmbHR 2001, 204; *Bayer* in Hommelhoff/Lutter/Schmidt/Schön/Ulmer Corporate Governance 2002, 137, 148 Fn.56; *Grunewald/Müller* JZ 2001, 1120, 1131; *Grunewald* ZIP 2002, 18, 21; *Wenger* EWiR § 210 UmwG 1/01, 331f.; vgl. dieses Ergebnis bereits vor der BGH-Entscheidung vertretend *Lutter/Decher* UmwG (2. Aufl..) § 210 Rn. 3; *Veil* Umwandlung einer AG, S. 186f.

307 Vgl. *Kallmeyer* GmbHR 2001, 204; vgl. *Bärwaldt* in Semler/Stengel UmwG § 210 Rn. 5.

308 *Grunewald/Müller* JZ 2001, 1120, 1131; *Bärwaldt* GmbHR 2001, 251, 252.

309 *Bärwaldt* in Semler/Stengel UmwG § 210 Rn. 5; *ders.* GmbHR 2001, 251, 252.

310 *Bärwaldt* GmbHR 2001, 251, 252.

3. Stellungnahme

Die Frage der Reichweite des Anfechtungsausschlusses bzw. des Umfangs seiner Sperrwirkung im Hinblick auf die Einbeziehung von Informationsrechtsverletzungen soll anhand einer umfassenden Auslegung der Vorschrift des § 210 UmwG untersucht werden[311]. Im Vordergrund steht dabei die Frage, ob § 210 2.HS UmwG einen geeigneten Anknüpfungspunkt darstellt, um de lege lata die Einbeziehung von wertbezogenen Informationsmängeln in den Anfechtungsausschluß zugunsten des Spruchverfahrens zu erreichen.

a) Grammatische Auslegung

Nach Ansicht des BGH ist die Barabfindung bei sämtlichen Verstößen gegen Informations- bzw. Mitteilungspflichten, welche das UmwG im Zusammenhang mit der Barabfindung anordnet, im Umwandlungsbeschluß im Rechtssinne und im Wortsinn „nicht ordnungsgemäß angeboten" worden[312]. Damit sieht der 2. Zivilsenat seine extensive Auslegung des § 210 UmwG als bereits vom Wortlaut gedeckt an.

Was zunächst den möglichen Wortsinn des *nicht ordnungsgemäßen Angebotes* - für sich betrachtet - anbelangt, so mag man zwar darunter grundsätzlich jeden Verstoß gegen das gesetzlich vorgeschriebene, die Barabfindung betreffende Verfahren verstehen können. Dieser grammatischen Interpretation durch den BGH liegt jedoch bereits eine stark eingeschränkte Wortlautbetrachtung zugrunde, gegen deren Zulässigkeit erhebliche Zweifel bestehen. Sie isoliert das nicht ordnungsgemäße Angebot und löst es aus dem Wortlautkontext heraus. § 210 UmwG spricht eindeutig nicht von dem nicht ordnungsgemäßen Angebot als solchem im Sinne eines unter irgendeinem Gesichtspunkt nicht ordnungsgemäßen Angebotes, sondern vielmehr davon, daß die Barabfindung *im Umwandlungsbeschluß* nicht oder nicht ordnungsgemäß angeboten worden ist. Durch das Tatbestandsmerkmal „im Umwandlungsbeschluß" erfährt die Bedeutung des Klageausschlusses eine entscheidende Begrenzung in gegenständlicher und zeitlicher Hinsicht. Nach seinem Wortlaut geht es in § 210 2.HS UmwG ersichtlich allein um inhaltliche

311 Die Untersuchung folgt dabei der klassischen Methode (vgl. zu den unterschiedlichen Auslegungsansätzen *Hegenbarth* Juristische Hermeneutik, S. 165ff.; *Schmalz* Methodenlehre, Rn. 219ff. (S. 100ff.). Die klassische Auslegung geht zurück auf *Friedrich Carl von Savigny*, Systematik des heutigen Römischen Rechts, S. 206ff, 213ff.; sie hat insbesondere in der Rechtsprechung des Bundesverfassungsgerichts ihren Niederschlag gefunden, vgl. BVerfGE 11, 126, 130) der grammatischen, systematischen, historischen und teleologischen Auslegung (vgl. *Larenz* Methodenlehre, S. 305ff.; *Zippelius* Juristische Methodenlehre, S. 39ff.).

312 BGHZ 146, 179, 186 – *MEZ*; BGH ZIP 2001, 412, 414 – *Aqua Butzke.*

Mängel des Umwandlungsbeschlusses[313]. Für die erste Alternative des § 210 UmwG – das zu niedrige Angebot – folgt dies aus der ausdrücklichen Bezugnahme auf § 207 UmwG, für die 2.Alt. enthält der Wortlaut durch die Wörter „im Umwandlungsbeschluß" eine diesbezügliche Klarstellung. Verstöße gegen das die Barabfindung betreffende Verfahren im Vorfeld des Umwandlungsbeschlusses werden damit von dem insoweit eindeutigen Wortlaut des § 210 UmwG ausdrücklich *nicht* erfaßt. Die Auslegung des § 210 UmwG durch den BGH unter Einbeziehung sämtlicher Verstöße gegen Informations- und Mitteilungspflichten im Zusammenhang mit der Barabfindung ist daher mit dem Wortlaut des § 210 UmwG nicht vereinbar[314].

Dem Wortlaut nach geht es allein um das Angebot im Umwandlungsbeschluß als solches, nicht um die an daran anknüpfenden Verfahrens- bzw. Informationspflichten.

---

313 *Kallmeyer* GmbHR 2001, 204; *Klöhn* AG 2002, 443, 445; vgl. auch *Bärwaldt* in Semler/Stengel UmwG § 210 Rn. 5.

314 Vgl. *Bärwaldt* GmbHR 2001, 251; *ders.* in Semler/Stengel UmwG § 210 Rn. 5; *Kallmeyer* GmbHR 2001, 204; *Klöhn* AG 2002, 443, 445; *Karrer* Die Angemessenheit der Leistung, S. 206f.; im Ergebnis wohl auch *Vetter* FS Wiedemann, 1323, 1330.

b) Systematische Auslegung

Im Rahmen der systematischen Auslegung ist zu untersuchen, ob die in sachlichem Zusammenhang mit § 210 UmwG stehenden Vorschriften Rückschlüsse auf die unter den Anfechtungsausschluß zu subsumierenden Beschlußmängel und damit auf die Reichweite des Anfechtungsausschlusses erlauben.

aa) Das System der abfindungswertbezogenen Informationspflichten

Vor der Erörterung einer möglichen Einbeziehung von Informationsverletzungen durch den Ausschlußtatbestand ist es geboten, zunächst das differenzierte System der Informations- und Berichtspflichten, die das Barabfindungsangebot betreffen, darzustellen.
Der Gesetzgeber war bei der Fassung des UmwG bestrebt, den Interessen der von der Strukturmaßnahme der formwechselnden Umwandlung betroffenen Anteilsinhaber an hinreichend ausführlicher Vorab-Information *auch* hinsichtlich der zu gewährenden Barabfindung durch Formalisierung grundlegender Information in einer Reihe von Vorschriften Rechnung zu tragen[315]. Eines der drei zentralen Ziele des Umwandlungsbereinigungsgesetzes von 1994 war die Verbesserung des Schutzes der Anteilsinhaber, insbesondere von Minoritäten durch die stärkere Ausgestaltung von Informations- und Prüfungsrechten *vor* ihrer Entscheidung über die Umwandlung (sog. A-priori-Schutz)[316].

(1) Umwandlungsbericht und Barabfindung

Gemäß § 192 Abs. 1 UmwG hat das Vertretungsorgan des formwechselnden Rechtsträgers einen ausführlichen schriftlichen Bericht zu erstatten, in dem der Formwechsel und insbesondere die künftige Beteiligung der Anteilsinhaber an dem Rechtsträger rechtlich und wirtschaftlich erläutert und begründet werden (Umwandlungsbericht).
Vor der Untersuchung des gesetzlich vorgeschriebenen Berichtsinhalts insbesondere im Hinblick auf die anzubietende Abfindung, soll zunächst die Zielrichtung der umwandlungsrechtlichen Berichtspflichten allgemein beleuchtet werden.

---

315 BGHZ 146, 179, 183f. – *MEZ*; BGH ZIP 2001, 412, 413 – *Aqua Butzke*.

316 *Ganske* Begr.RegE UmwBerG 1994, Begründung Allgemeines, S. 11; vgl. *ders.* in Wassermeyer Unternehmensbesteuerung, 43, 45.

(a) Sinn und Zweck der Berichtspflicht

Die Berichtspflicht wurde eingeführt durch das Verschmelzungsrichtlinie-Gesetz vom Jahre 1982, das sich eine Verstärkung des Minderheitenschutzes bei der Verschmelzung bereits im Vorfeld des Beschlusses (A-priori-Schutz) zum Ziel gesetzt hatte[317]. Diese vorab zu erfüllende Berichtspflicht wurde schließlich durch das Umwandlungsgesetz von 1995 auf alle Formen der Umwandlung – Verschmelzung, Spaltung, Vermögensübertragung und Formwechsel[318] - ausgedehnt[319]. Die Stoßrichtung dieser Pflicht zu ausführlicher Vorabinformation ist dabei eine mehrfache: sie dient nicht nur dem Ziel einer optimalen Entscheidungsfindung durch die Hauptversammlung, sondern bezweckt gleichzeitig, die Rechtmäßigkeit des Vorgangs abzusichern[320].

(aa) Information als Grundlage der Stimmabgabe

Zunächst sollten die Aktionäre durch den Bericht in die Lage versetzt werden, in Kenntnis aller relevanten Umstände über die Verschmelzung abzustimmen[321]. Eines der Hauptanliegen des UmwG war es, *jeden* Umwandlungsvorgang - ausgehend von der Eigenverantwortlichkeit der Anteilsinhaber – ihrer freier Entscheidung zu unterstellen[322]. Eine wesentliche Funktion der Berichtspflichten besteht folglich darin, die unternehmerische Entscheidungsfähigkeit des einzelnen Gesellschafters zu steigern[323]. Sachgerecht können die Anteilsinhaber über die Umwandlung nur abstimmen, wenn ihnen die entscheidungsrelevanten Informationen zustehen[324]. Die Entscheidungszuständigkeit des Aktionärs und die damit einher gehende ausführliche Information durch weitreichende Berichtspflichten sind Kernstück des UmwG[325]. Der Gesetzgeber sah eine hinreichende Information der Anteilsinhaber zur Vorbereitung der Entscheidungsfindung allein durch die allgemeinen Unterrichtungs- und Einsichtsrechte der Anteilsinhaber als nicht gesichert an. Deswegen hat er die "passive" Informationspflicht der Vertretungsorgane, d.h. die Pflicht zur Information erst auf ein entsprechendes Auskunftsbegehren der Gesellschafter hin, durch eine formalisierte *aktive* Unterrichtungsrechts ergänzt[326] und damit im Wesentlichen die "Initiativlast" verlagert. Auf

---

317 *Priester* ZGR 1990, 420, 421.

318 Vgl. §§ 8, 125 S. 1, 176 Abs. 1, 192 UmwG.

319 Vgl. *Hoffmann-Becking* in Henze/Hoffmann-Becking GesR 2001, 55, 57.

320 *Priester* ZGR 1990, 420, 427; *Hommelhoff* ZGR 1993, 452, 453f.; *Leinekugel* Ausstrahlungswirkungen des Umwandlungsgesetzes, S. 202.

321 BT-Drucks. 9/1065, S. 14f.; *Priester* ZGR 1990, 420, 421.

322 *Ganske* Begr.RegE UmwBerG 1994, zu Art.1, S. 33.

323 *Ganske* Begr.RegE UmwBerG 1994, zu Art.1, S. 33.

324 Vgl. Priester ZGR 1990, 420, 433; Hommelhoff ZGR 1993, 452, 454.

325 Vgl. *Ganske* Begr.RegE UmwBerG 1994, zu Art.1, S. 33; *Hommelhoff* ZGR 1993, 452, 453.

326 Vgl. Ganske Begr.RegE UmwBerG 1994, zu § 8 UmwG, S. 43.

diesem Weg soll der Anteilsinhaber nicht nur möglichst vollständig, sondern darüber hinaus auch *rechtzeitig* über Zweck und Einzelheiten der Umwandlung unterrichtet werden[327].

(bb) Information als Voraussetzung der Rechtmäßigkeitskontrolle von Mehrheitsbeschlüssen

Die Berichterstattung dient nicht allein dem Ziel der Gesellschafterinformation als Grundlage der Stimmabgabe, sondern ist zugleich notwendige Voraussetzung der Rechtmäßigkeitskontrolle von Mehrheitsbeschlüssen[328]. Das Stimmpotential der Gesellschafter-Minderheit kann in aller Regel nichts bewirken[329]. Dies rechtfertigt hingegen keinesfalls eine Einschränkung der Berichtspflicht[330]. Denn nach der umwandlungsgesetzlichen Konzeption des Minderheitenschutzes gehen die Schutzwirkungen zugunsten dieser Minderheit nicht so sehr von der Beteiligung aller Gesellschafter am Umstrukturierungs-Entscheid aus. Vielmehr ist es das System der Gesellschafter-Information vor und zum Zwecke ihrer Beschlußfassung auf der einen Seite und die an die Entscheidungsfindung anknüpfenden Kontrollrechte eines jeden einzelnen Gesellschafters in Gestalt der Anfechtungsklage auf der anderen Seite, welche die Gesellschafterminderheit in „höchst subtiler" Weise schützen[331]. Die Vorab-Informationen sind deshalb für die Gesellschafter-Minderheit von großem Gewicht, weil der Respekt der Kompetenzen und Informationen der Gesellschafter erst durch die Anfechtungsbefugnis und die Drohung mit ihr gewährleistet wird[332]. Erst weil jeder Aktionär unabhängig von der Größe seines Anteilsbesitzes[333] Informationen beanspruchen und Anfechtungsklage er-

---

327 *Ganske* WM 1993, 1117, 1122.

328 *Priester* ZGR 1990, 420, 427.

329 *Hommelhoff* ZGR 1993, 452, 453.

330 *Priester* ZGR 1990, 420, 427.

331 *Hommelhoff* ZGR 1993, 452, 453.

332 *Hommelhoff* ZGR 1990, 447, 454; siehe zu Präventionswirkung und Steuerungsfunktion der Anfechtungsklage oben A.IV.4.b).

333 Forderungen, welche die Einführung eines Quorums verlangen, konnten sich im Vorfeld des UmwBerG 1994 nicht durchsetzen (dafür *Grunewald* in IDW Reform des Umwandlungsrechts, S. 88; *Boujong* FS Kellermann, 1, 14; dagegen *Hommelhoff* ZGR 1990, 447, 453f.); vgl. die Stimmen für die Einführung aus neuerer Zeit *Hüffer* FS Brandner, 57, 58ff.; *Schiessl* in VGR GesR 1999, 57, 72ff.; *ders.* AG 1999, 442, 445; *Schlaus* AG 1998, 113, 117; zögerlich *Krieger* ZHR 163 (1999), 343, 361; zuletzt *Marsch-Barner* in Sitzungsberichte 63. DJT Bd. II/1, O 56ff.; einschränkend für auf Informationsrechtsverletzungen gestützte Anfechtungsklagen *Baums* Kommissionsbericht Corporate Governance Rn. 139; vgl. demgegenüber gegen die Einführung eines Quorums *Lutter* JZ 2000, 837f.; *Bayer* NJW 2000, 2609, 2617; *Zöllner* AG 2000, 145, 147f.; auch der 63. DJT 2000 in Leipzig hat sich jüngst mit deutlicher Mehrheit dagegen ausgesprochen, die Klagebefugnis von einer Mindestbeteiligung des Klägers abhängig zu machen, vgl. Beschluß Nr. 7 b), abgedruckt in Sitzungsberichte 63. DJT Bd. II/1, O 76 = DB 2000, 2108, 2109.

heben kann, sind Verwaltungsorgane darum bemüht, sich im Verhältnis zur Hauptversammlung und zu den Aktionären stets und überall rechtmäßig zu verhalten, insbesondere die notwendigen Informationen zu geben[334]. Denn gerade das Damoklesschwert der Anfechtungsklage mit seinen negativen Konsequenzen für die Gesellschaft stellt sicher, daß die formalisierte Berichtspflicht ihre Informations- und Kontrollfunktion erfüllen kann[335]. Der im UmwG angelegte Gesellschafter- und Minderheitenschutz durch Vorabinformation erhält seine Effektivität und Schärfe damit erst durch das Recht jedes einzelnen Gesellschafters, den Umstrukturierungs-Beschluß der Gesellschafter-Gesamtheit im Klagewege mit der Begründung anzugreifen, die Gesellschafter seien im Augenblick der Beschlußfassung nicht in jenem Maße ausreichend informiert gewesen, wie es für einen verantwortlichen Letztentscheid aller Gesellschafter geboten gewesen wäre[336]. Die Beteiligung der Minderheit an der Rechtmäßigkeitskontrolle der Umwandlung ist der Preis, den die Mehrheit dafür zu zahlen hat, daß sie die beabsichtigte Änderung der Unternehmensstruktur vornehmen darf[337]. Die Vorabinformationspflicht besitzt damit Transparenz- und Kontrollfunktion im Hinblick darauf, die Rechtmäßigkeit des Vorgangs abzusichern[338]. Der Bericht soll den Umstrukturierungsvorgang und seine Hintergründe für die außenstehenden Aktionäre transparent gestalten, damit sie sich ein Bild darüber machen können, ob die Umstrukturierung wirtschaftlich zweckmäßig ist und den gesetzlichen Anforderungen genügt[339].

(b) Der Umwandlungsbericht, § 192 UmwG

Insbesondere durch die Einführung des Umwandlungsberichts für den Formwechsel, dessen Vorschriften sich inhaltlich im Wesentlichen an den alten Regelungen der §§ 362ff. AktG a.F. orientieren[340], wurde die Information der Anteilsinhaber *wesentlich* ausgebaut[341]. So hat der Gesetzgeber im Rahmen des UmwBerG 1994 auch für den Formwechsel den Schutz der Anteilsinhaber auf das aktienrechtliche Niveau der Verschmelzungsvorschriften angehoben[342]. Der Umwandlungsbericht

---

334 *Hommelhoff* ZGR 1990, 447, 454.

335 *Leinekugel* Ausstrahlungswirkungen des Umwandlungsgesetzes, S. 205.

336 *Hommelhoff* ZGR 1993, 452, 454.

337 *Bayer* in Hommelhoff/Röhricht GesR 1997, 133, 134.

338 *Leinekugel* Ausstrahlungswirkungen des Umwandlungsgesetzes, S. 202.

339 Vgl. BGHZ 107, 296, 302f. = BGH ZIP 1989, 980, 982 - *Kochs Adler*; BGH ZIP 1990, 168, 169 – *DAT/Altana II*; BGH ZIP 1990, 1560, 1562 – *SEN*; OLG Düsseldorf ZIP 1999, 793, 794; OLG Hamm 1999, 798, 801; LG Essen AG 1999, 329, 331- *Thyssen/Krupp*.

340 *Ganske* Begr.RegE UmwBerG 1994, S. 185.

341 *Lutter/Decher* UmwG vor § 190 Rn. 7.

342 *Lutter/Decher* UmwG vor § 190 Rn. 7.

stellt dabei das „Herzstück" der Regeln zum Schutz der Anteilsinhaber dar[343]. Die Anteilsinhaber sollen wissen, worüber sie entscheiden[344]. Der Umwandlungsberichtspflicht liegt daher dieselbe Zielrichtung eines a-priori-Schutzes der Aktionäre durch eine eingehende und ausführliche Vorab-Information zugrunde wie im Verschmelzungsrecht[345]. Diese identische Zielrichtung des A-priori-Schutzes rechtfertigt die Anlegung der verschmelzungsrechtlichen Maßstäbe auch an den Bericht über einen Formwechsel[346]. Die Gesellschafter sollen insbesondere durch den Umwandlungsbericht in die Lage versetzt werden, sich im Vorfeld der Beschlußfassung eine fundierte Meinung über den Formwechsel zu bilden und in Kenntnis *aller* entscheidungsrelevanten Umstände abzustimmen[347]. Sie sollen anhand des Umwandlungsberichts die erwarteten Vorteile gegen die möglichen Risiken abwägen können[348]. Gleichzeitig bezweckt der Umwandlungsbericht, den Umwandlungsvorgang und seine Hintergründe für die außenstehenden Aktionäre transparent zu gestalten, damit sie sich neben der wirtschaftlichen Zweckmäßigkeit des Formwechsels auch ein Bild darüber machen können, ob der Formwechsel den gesetzlichen Anforderungen genügt[349]. Ebensowenig wie der Verschmelzungsbericht bezweckt auch der Umwandlungsbericht dabei jedoch nicht die Ermöglichung einer Detailkontrolle oder einer inhaltlichen Richtigkeitskontrolle, sondern lediglich die einer Plausibilitätskontrolle[350]. Dieses Ziel beschränkt damit zugleich auch die Möglichkeit der gerichtlichen Kontrolle eines Umwandlungsberichts. Möglich ist danach die Überprüfung, ob der Bericht formal vollständig in dem Sinn ist, daß er eine Plausibilitätskontrolle ermöglicht, nicht Gegenstand einer möglichen gerichtlichen Überprüfung ist hingegen die inhaltliche Richtigkeit oder die Überzeugungskraft seiner Ausführungen[351].

---

343 *Lutter/Decher* UmwG § 192 Rn. 2.

344 *Kiem* in Seibert/Kiem Hb. d.kl. AG, C.II.1.a) aa) Rn. 211 (S. 74).

345 Vgl. *Hoffmann-Becking* in Henze/Hoffmann-Becking GesR 2001, 55, 58.

346 Vgl. *Lutter/Decher* UmwG § 192 Rn. 10; *Meister/Klöcker* in Kallmeyer UmwG § 192 Rn. 11.

347 OLG Frankfurt GmbHR 2003, 1274, 1275f.; *Bärwaldt* in Semler/Stengel UmwG § 192 Rn. 2; *Lutter/Decher* UmwG § 192 Rn. 2; *Mayer* in Widmann/Mayer § 192 Rn. 4; *Kiem* in Seibert/Kiem Hb. d.kl. AG, C.II.1.a) aa) Rn. 211 (S. 74).

348 *Bärwaldt* in Semler/Stengel UmwG § 192 Rn. 2.

349 Vgl. *Lutter/Decher* UmwG (2. Aufl..) § 192 Rn. 10f.

350 *Meister/Klöcker* in Kallmeyer UmwG § 192 Rn. 12; vgl. für den Verschmelzungsbericht: OLG Düsseldorf ZIP 1999, 793; OLG Hamm DB 1988, 1842, 1843; OLG Karlsruhe WM 1989, 1134, 1138; *Grunewald* in G/H/E/K AktG § 340a Rn. 8; *Lutter/Lutter/Drygala* UmwG § 8 Rn. 14; *Marsch-Barner* in Kallmeyer UmwG § 8 Rn. 6; *Priester* DNotZ 1995, 427, 439; *Keil* Verschmelzungsbericht S. 76; *Mertens* AG 1990, 20, 22f.; *Bayer* ZIP 1999, 1613, 1619.

351 *Lutter/Decher* UmwG § 192 Rn. 10 m.w.N.

(aa) Erläuterung und Begründung der anzubietenden Barabfindung als ein Schwerpunkt des Umwandlungsberichts

Gemäß § 192 Abs. 1 S. 1 UmwG hat das Vertretungsorgan des formwechselnden Rechtsträgers einen ausführlichen schriftlichen Bericht zu erstatten, in dem der Formwechsel und insbesondere die künftige Beteiligung der Anteilsinhaber an dem Rechtsträger rechtlich und wirtschaftlich erläutert und begründet werden. Im Gegensatz zu § 8 Abs. 1 S. 1 UmwG sieht der Wortlaut des § 192 Abs. 1 UmwG damit keine ausdrückliche Verpflichtung vor, die Höhe der anzubietenden Barabfindung zu erläutern und zu begründen. Trotzdem entspricht es nahezu allgemeiner Ansicht, daß das Vertretungsorgan gemäß § 192 UmwG auch zur Erläuterung und Begründung der anzubietenden Barabfindung im Umwandlungsbericht verpflichtet ist[352]. Lediglich vereinzelt wird unter Berufung auf den Wortlaut des § 192 Abs. 1 UmwG und die fehlende Verweisung auf § 8 Abs. 1 S. 1 UmwG, der die Barabfindung ausdrücklich erwähnt, die Pflicht zur Erläuterung und Begründung der Barabfindung im Umwandlungsbericht abgelehnt[353]. Der fehlenden Verweisung ist, wie sich aus Systematik und Sinn und Zweck der Vorschrift ergibt, indes keineswegs die Bedeutung einer bewußten Limitierung der Berichtspflicht durch den Gesetzgeber beizumessen[354].
Die Barabfindung gehört zur vermögensrechtlichen Seite einer jeden Umstrukturierung; diese bildet grundsätzlich den Schwerpunkt jedes Umstrukturierungsberichts[355]. Dies geht für den Verschmelzungsbericht (§ 8 Abs. 1 S. 1 UmwG) - und aufgrund der Verweisungstechnik damit auch für den Spaltungsbericht (§ 125 S. 1 UmwG) und den (Vermögens-) Übertragungsbericht (§ 176 Abs. 1 UmwG) sowie für den Unternehmensvertragsbericht (§ 293a Abs. 1 S. 1 AktG) und den Eingliederungsbericht (§ 320 Abs. 4 S. 2 AktG) - bereits aus dem Wortlaut der entsprechenden Vorschriften hervor. In systematischer Sicht kann und soll für den Um-

352 BGHZ 146, 179, 184 – *MEZ*; BGH ZIP 2001, 412 – *Aqua Butzke*; KG NZG 1999, 508, 510; LG Mainz DB 2001, 1136, 1137; *Lutter/Decher* UmwG § 192 Rn. 30ff.; *Mayer* in Widmann/Mayer § 192 Rn. 44; *Meister/Klöcker* in Kallmeyer UmwG § 192 Rn. 14; *Bärwaldt* in Semler/Stengel UmwG § 192 RN. 12; *Bayer* ZIP 1997, 1613, 1622; *Kiem* EWiR § 192 UmwG 1/97, 421, 422; *Kiem* in Seibert/Kiem Hb. d.kl. AG, C.II.1.d) dd) Rn. 233 (S. 82); *Veil* EWiR § 207 UmwG 1/96, 901, 902; *Zeidler* NZG 1999, 510, 511; *Meyer-Landrut/Kiem* WM 1997, 1413, 1416; *Zürbig* Formwechsel einer Personengesellschaft, S. 85; *Sagasser/Sickinger* in Sagasser/Bula/Brünger R 46; *Stratz* in Schmitt/Hörtnagl/Stratz UmwG § 192 Rn. 15.; *Mayer* in Widmann/Mayer § 192 Rn. 44; *Laumann* in Goutier/Knopf/Tulloch UmwG § 192 Rn. 12; *Quack* FS Bezzenberger, 321, 323; *Jaeger* WiB 1997, 311; *Raiser* Kapitalgesellschaftsrecht, § 47 Rn. 12 (S. 764).

353 *Heckschen* DB 1998, 1385, 1397; (ebenso LG Berlin ZIP 1997, 1065, 1066 – *Aqua Butzke* = Vorinstanz zu BGH ZIP 2001, 413 – *Aqua Butzke*).

354 LG Mainz DB 2001, 1137 Fn.11; *Kiem* EWiR § 192 UmwG 1/97, 421, 422; *Bärwaldt* in Semler/Stengel UmwG § 192 Rn. 13.

355 Vgl. *Hommelhoff* ZGR 1993, 452, 463.

wandlungsbericht trotz fehlender Erwähnung der Abfindung im Wortlaut des § 192 Abs. 1 UmwG nichts anderes gelten.
Die Notwendigkeit der Erläuterung und Begründung der Barabfindung folgt zudem aus der Verweisung in § 192 Abs. 1 S. 2 auf § 8 Abs. 1 S. 2 UmwG. Danach ist auch beim Formwechsel auf besondere Schwierigkeiten der Bewertung des Rechtsträgers hinzuweisen. Die Notwendigkeit einer solchen Bewertung ergibt sich beim Formwechsel jedoch lediglich für den Zweck der Ermittlung der Abfindung[356], so daß hieraus das Bestehen der Berichtspflicht im Hinblick auf die Erläuterung der Abfindung abzuleiten ist[357]. Die Erläuterung und Begründung der anzubietenden Barabfindung bildet danach neben der qualitativen Veränderung der Mitgliedschaftsrechte einen zweiten Schwerpunkt der Berichterstattung[358]. Daß eine Verweisung auf § 8 Abs. 1 S. 1 UmwG nicht erfolgt ist, läßt sich somit in systematischer Hinsicht allein damit erklären, daß dort Angaben zum Umtauschverhältnis erforderlich sind, die beim Formwechsel nicht einschlägig sind[359]. Von einer globalen Verweisung auf § 8 UmwG wurde somit nur deshalb Abstand genommen, weil an einem Formwechsel nur ein Rechtsträger beteiligt ist[360].
Die Notwendigkeit der Erläuterung folgt schließlich rein formal aus dem Umstand, daß der Umwandlungsbericht der näheren Erläuterung des Umwandlungsbeschlusses dient[361]. Das Barabfindungsangebot ist einerseits als Teil des Mindestinhalts des Umwandlungsbeschlusses zu erläutern, § 194 Abs. 1 Nr. 6 UmwG[362] andererseits ebenso als ein für die rechtlichen und wirtschaftlichen Folgen des Formwechsels wesentliches Element des Umwandlungsbeschlusses, welche ebenfalls der Berichtspflicht unterliegen[363]. Zudem muß der Umwandlungsbericht gemäß § 192 Abs. 1 S. 3 UmwG einen Entwurf des Umwandlungsbeschlusses enthalten. Der Entwurf des Umwandlungsbeschlusses unterscheidet sich von dem tatsächlich beschlossenen Umwandlungsbeschluß allein im Hinblick auf die fehlende Endgültigkeit[364]. Er unterliegt im Übrigen jedoch den gleichen Anforde-

---

356 *Lutter/Decher* UmwG § 192 Rn. 31; *Meister/Klöcker* in Kallmeyer UmwG § 192 Rn. 9; *Bayer* ZIP 1997, 1613, 1620; *Kiem* EWiR 1997, 421, 422.

357 *Mayer* in Widmann/Mayer § 192 Rn. 44; *Zeidler* NZG 1999, 510, 511.

358 *Zürbig* Formwechsel einer Personengesellschaft, S. 85 und 162; vgl. *Hommelhoff* ZGR 1993, 452, 463; vgl. auch *Lutter/Decher* UmwG § 192 Rn. 30ff. unter Hinweis auf die überwiegende Praxis von börsennotierten Aktiengesellschaften (Rn. 32).

359 *Kiem* EWiR § 192 UmwG 1/97, 421, 422.

360 *Bayer* ZIP 1997, 1613, 1619.

361 *Kiem* EWiR 1997, 421, 422.

362 *Mayer* in Widmann/Mayer § 192 Rn. 44; *Lutter/Decher* UmwG § 192 Rn. 31; *Sagasser/Sickinger* in Sagasser/Bula/Brünger R 46.

363 *Lutter/Decher* UmwG § 192 Rn. 31; *Bärwaldt* in Semler/Stengel UmwG § 192 Rn. 13.

364 *Bayer* ZIP 1997, 1613, 1620.

rungen[365]. Die bloße Wiedergabe des Umwandlungsbeschlusses ist nicht ausreichend[366]. Im Interesse einer umfassenden Information muß der Bericht über den Formwechsel jeden einzelnen Bestandteil des Umwandlungsbeschlusses, sofern dieser nicht bereits aus sich selbst heraus verständlich ist, näher erläutern[367]. Infolgedessen muß das Barabfindungsangebot bereits im Entwurf des Umwandlungsbeschlusses enthalten sein[368] und erläutert werden.
Neben der beschriebenen Systematik verbieten auch Sinn und Zweck des Umwandlungsberichts, welcher in der *umfassenden* Unterrichtung der Anteilseigner über die Umwandlung besteht[369], einen der wichtigsten Aspekte des Formwechsels für die einzelnen Gesellschafter aus der Berichterstattungspflicht auszuklammern[370]. Der Umwandlungsbericht erläutert nur dann *ausführlich* im Sinne des § 192 Abs. 1 UmwG, wenn er auch das Barabfindungsangebot kommentiert[371]. Hierbei gilt es besonders zu beachten, daß das Abfindungsangebot wirtschaftliche Auswirkungen sowohl für die ausscheidenden als auch für die verbleibenden Anteilsinhaber hat[372]. Der ausscheidewillige Anteilsinhaber als potentieller Gläubiger des Abfindungsanspruchs möchte dabei wissen, wie hoch die Abfindung als Gegenleistung für seine Anteile ausfallen wird. Der zum Verbleib in der zur Abfindungsleistung verpflichteten Gesellschaft „tendierende“ oder bereits entschlossene Gesellschafter hat – gewissermaßen als „mittelbarer“ Schuldner - ein nicht geringes Interesse daran, einschätzen zu können, wie hoch die durch eventuelle Abfindungszahlungen auftretende Belastung der Gesellschaft möglicherweise - im schlimmsten Fall - ausfallen kann[373]. Dies zu wissen kann für den verbleibenden Aktionär für seine Zustimmung zum Formwechsel von entscheidender Bedeutung sein[374]. Das Informationsbedürfnis im Hinblick auf die Barabfindung und die ihr zugrunde liegende Bewertung besteht damit gleichermaßen für den ausscheidewilligen Gesellschafter wie auch für den am Verbleib in der Gesellschaft interessier-

---

365 *Bayer* ZIP 1997, 1613, 1620; vgl. *Ganske* Begr.RegE UmwBerG 1994, zu § 192 UmwG, S. 190.

366 *Lutter/Decher* UmwG § 192 Rn. 28.

367 *Bärwaldt* in Semler/Stengel UmwG § 192 Rn. 20; *Mayer* in Widmann/Mayer UmwG § 192 Rn. 37; *Lutter/Decher* UmwG § 192 Rn. 28.

368 *Kiem* in Seibert/Kiem Hb. d.kl. AG, C.II.1.a) ee) Rn. 215 (S. 76).

369 Siehe dazu oben B.II.3.b)aa)(1).

370 *Meyer-Landrut/Kiem* WM 1997, 1413, 1416; *Zürbig* Formwechsel einer Personengesellschaft, S. 85.

371 *Bärwaldt* in Semler/Stengel UmwG § 192 Rn. 13.

372 *Bärwaldt* in Semler/Stengel UmwG § 192 Rn. 13; vgl. BGHZ 146, 179, 189 – *MEZ*; BGH ZIP 2001, 412, 415 – *Aqua Butzke*, der betont, daß ein zu hoch bemessenes Barabfindungsangebot für den verbleibenden Aktionär eine Beeinträchtigung des Wertes seiner Anteile darstellen kann; vgl. auch *Henze* in Henze/Hoffmann-Becking GesR 2001, 38, 49.

373 Vgl. *Zeidler* NZG 1999, 510, 511.

374 Vgl. für den Parallelfall der Eingliederung *Kropff* Begr.RegE AktG 1965, zu § 320 AktG, S. 425.

ten Gesellschafter[375]. Die Information zur Barabfindung als Bestandteil der Information zur vermögensrechtlichen Seite der Umstrukturierung benötigt der Gesellschafter damit für seine Entscheidung über seinen Verbleib in der Gesellschaft[376]. Die Abfindung erweist sich damit als eine wesentliche Kondition des Formwechsels, hinsichtlich derer die Hauptversammlung für ihren Beschluß in besonderem Maße informationsbedürftig ist[377]. Gerade die Gesellschafter, die aus Anlaß des Formwechsels vor der Frage stehen, ob sie an dem „umstrukturierten Gebilde" beteiligt bleiben oder gegen Barabfindung ausscheiden wollen, benötigen vor diesem Hintergrund eine wirtschaftliche und rechtliche Gesamtinformation über die geplante Umstrukturierung gerade im Hinblick auf ihre vermögensrechtliche Seite[378]. Diese vermögensrechtliche Seite bildet damit nach der gesetzlichen Konzeption einen Schwerpunkt der Informationspflicht der Strukturveränderung[379]. Dem entspricht die Erstreckung der Berichtspflicht auch auf den Bereich der Barabfindung. Erst anhand der konkreten Information zur Bewertung und den Grundlagen der Ermittlung der Barabfindung wird für den Aktionär ersichtlich, welches für ihn unter wirtschaftlichen Gesichtspunkten die sinnvollere Alternative darstellt[380].
Im Ergebnis ist daher festzuhalten, daß die Angemessenheit der Barabfindung einen Schwerpunkt[381] der Berichterstattung bildet und somit im Umwandlungsbericht im Einzelfall *ausführlich* zu erläutern und begründen ist. Die fehlende ausdrücklichen Erwähnung in § 192 Abs. 1 UmwG stellt daher lediglich eine redaktionelle Schwäche des UmwG dar.

(bb) Berichtsintensität hinsichtlich der Barabfindung

Das Gesetz macht keine konkreten Vorgaben im Hinblick auf die erforderliche Berichtsintensität[382]. Was den Mindestinhalt des Verschmelzungsberichts betrifft, so hat dieser jedoch durch Literatur und Rechtsprechung eine weitgehende Kon-

---

375 Vgl. *Bärwaldt* in Semler/Stengel UmwG § 192 Rn. 13; *Zeidler* NZG 1999, 510, 511.

376 Vgl. *Hommelhoff* ZGR 1993, 452, 463; *Bayer* ZGR 1995, 613, 615; vgl. LG Heidelberg AG 1996, 523 – *Scheidemandel AG*.

377 Vgl. *Lutter/Lutter/Drygala* UmwG § 12 Rn. 12 (für die Verschmelzung).

378 Vgl. *Hommelhoff* ZGR 1993, 452, 463.

379 Vgl. *Bayer* in Hommelhoff/Lutter/Schmidt/Schön/Ulmer Corporate Governance 2002, 137, 150; *Hommelhoff* ZGR 1993, 452, 463.

380 Vgl. LG Heidelberg AG 1996, 523 – *Scheidemandel AG*.

381 Lediglich ergänzend sei darauf hingewiesen, daß in wirtschaftlicher Hinsicht beim Formwechsel einer AG, bei dem die Vermögensaufstellung gemäß § 192 Abs. 2 UmwG als Informationsquelle gemäß § 238 S. 2 UmwG nicht zur Verfügung steht, *erst recht* der Schwerpunkt der Berichterstattung auf die Unternehmensbewertung und dem daraus abgeleiteten Barabfindungsangebot zu legen ist, vgl. *Kiem* EWiR 1997, 421, 422; *ders.* in Seibert/Kiem Hb. d.kl. AG, C.II.1.a) bb) Rn. 211 (S. 74).

382 Vgl. *Lutter/Decher* UmwG § 192 Rn. 7.

kretisierung erfahren[383]. Durch den Verschmelzungsbericht soll der Gesellschafter in die Lage versetzt werden, - nötigenfalls unter Hinzuziehung sachverständiger Hilfe - eine Plausibilitätskontrolle vorzunehmen[384], nicht aber, den Verschmelzungsvorgang bis in alle Einzelheiten nachzurechnen bzw. nachzuvollziehen[385]. Dieser Maßstab gilt aufgrund der identischen Zielrichtung eines eingehenden A-priori-Schutzes durch ausführliche Information[386] auch für den Bericht über einen Formwechsel[387].

Um den Anteilsinhabern eine zuverlässige Beurteilungsgrundlage für ihre Entscheidung über den Formwechsel zur Verfügung zu stellen, müssen demzufolge die Darlegungen zur Bewertung und zur Ermittlung der Barabfindung – ebenso wie im Verschmelzungsbericht – eine Plausibilitätskontrolle durch die Anteilsinhaber ermöglichen[388]. Die abstrakte Wiedergabe allgemeiner Bewertungsgrundsätze ist daher unzureichend[389]. Bezüglich des Angebots der angemessenen Barabfindung ist anzugeben, welche Bewertungsmethoden angewandt wurden und aus welchen Gründen die Anwendung dieser Methoden angemessen ist[390]. Darüber hinaus muß der Bericht Angaben und Zahlen enthalten, die eine Plausibilitätskontrolle ermöglichen[391]. Neben dieser plausiblen Erläuterung der Höhe der Barabfindung muß dabei auch die zukünftige Ergebnisentwicklung der Gesellschaft hinreichend konkret dargelegt werden, um eine Plausibilitätskontrolle zu ermöglichen[392]. Da eine Detailkontrolle nicht bezweckt ist, geht die Berichtspflicht indes nicht so weit, daß die Anteilsinhaber in die Lage versetzt werden müssen, selbst die Richtigkeit kraft eigener Sachkunde oder unter Heranziehung eines Sachver-

---

383 *Hoffmann-Becking* in Henze/Hoffmann-Becking GesR 2001, 55, 58; vgl. *Lutter* JZ 2000, 837, 838.

384 OLG Düsseldorf ZIP 1999, 793 - *Thyssen/Krupp*; OLG Hamm WM 1988, 1164, 1167 – *Kochs Adler*; OLG Karlsruhe ZIP 1989, 988, 990 – *SEN*; *Grunewald* in G/H/E/K AktG § 340a Rn. 8; *Lutter/Lutter/Drygala* UmwG § 8 Rn. 14; *Marsch-Barner* in Kallmeyer UmwG § 8 Rn. 6; *Priester* DNotZ 1995, 427, 439; *Keil* Verschmelzungsbericht, S. 76; *Mertens* AG 1990, 20, 22f.; *Bayer* ZIP 1999, 1613, 1619.

385 Vgl. OLG Düsseldorf ZIP 1999, 793, 794 - *Thyssen/Krupp*; OLG Hamm ZIP 1999, 798, 801 – *Thyssen/Krupp*; OLG Karlsruhe ZIP 1989, 988, 990 – *SEN*; OLG Hamm WM 1988, 1164, 1167 – *Kochs Adler*; LG Frankenthal ZIP 1990, 232, 234 – *Hypothekenbankschwestern*; *Bayer* ZIP 1613, 1619.

386 Vgl. *Hoffmann-Becking* in Henze/Hoffmann-Becking GesR 2001, 55, 58; siehe dazu oben B.II.3.b)aa)(1)(a).

387 *Bärwaldt* in Semler/Stengel UmwG Rn. 9; *Lutter/Decher* UmwG § 192 Rn. 10; *Meister/Klöcker* in Kallmeyer UmwG § 192 Rn. 11; *Bayer* ZIP 1613, 1619.

388 LG Mainz DB 2001, 1137; *Lutter/Decher* UmwG § 192 Rn. 32; *Meister/Klöcker* in Kallmeyer UmwG § 192 Rn. 14.

389 *Meister/Klöcker* in Kallmeyer UmwG § 192 Rn. 14; *Lutter/Decher* UmwG § 192 Rn. 33; *Zeidler* NZG 1999, 510, 511.

390 LG Heidelberg DB 1996, 1768, 1769; *Meister/Klöcker* in Kallmeyer UmwG § 192 Rn. 14.

391 *Meister/Klöcker* in Kallmeyer UmwG § 192 Rn. 14.

392 LG Mainz DB 2001, 1137.

ständigen nachzuprüfen[393]. Im Bericht müssen daher nicht alle denkbaren Zahlen und Tatsachen aufgeführt werden[394]. Dem Aktionär soll lediglich der Nachvollzug der zugrunde gelegten Bewertungen, nicht hingegen deren Nachprüfung ermöglicht werden[395].

Gleichzeitig gilt es jedoch zu beachten, daß die Berichtsintensität ansonsten lediglich durch § 8 Abs. 2 UmwG begrenzt wird, der gemäß § 192 Abs. 1 S. 2 UmwG entsprechend auf den Umwandlungsbericht Anwendung findet. Wenn dort hervorgehoben wird, daß der Bericht solche Tatsachen, deren Bekanntwerden geeignet ist, der Gesellschaft einen nicht unerheblichen Nachteil zuzufügen, nicht enthalten muß, so bringt das Gesetz damit zum Ausdruck, daß anderenfalls – wenn also keine erheblichen Nachteile zu befürchten sind – sämtliche für die plausible Beurteilung der Angemessenheit der Abfindung erforderlichen Tatsachen mitzuteilen sind.

(2) Der Prüfungsbericht, §§ 208, 30 Abs. 2 S. 2, 12 UmwG

Gemäß §§ 208, 30 Abs. 2 S. 2, 12 Abs. 1 S. 1 UmwG haben die Prüfer über das Ergebnis der Prüfung der Barabfindung schriftlich zu berichten.

(a) Die Prüfung der anzubietenden Barabfindung, §§ 208, 30 Abs. 2 UmwG

Die Angemessenheit der anzubietenden Barabfindung ist gemäß §§ 208, 30 Abs. 2 S. 1 UmwG stets durch unabhängige Prüfer zu prüfen. Diese Prüfung ist damit nicht etwa abhängig von einem entsprechenden Antrag von Seiten der Anteilsinhaber[396]; sie ist vielmehr für jeden Formwechsel *zwingend* vorgeschrieben[397]. Von der Prüfung der Barabfindung kann lediglich abgesehen werden, wenn die *strengen* Voraussetzungen eines wirksamen Verzichts gemäß §§ 208, 30 Abs. 2 S. 3 UmwG vorliegen[398]. §§ 208, 30 Abs. 2 S. 2 UmwG erklärt die §§ 10-

393 LG Mainz DB 2001, 1137; *Lutter/Decher* UmwG § 192 Rn. 33 mit zahlreichen Nachweisen.

394 LG Mainz DB 2001, 1137; *Lutter/Decher* UmwG § 192 Rn. 33.

395 Dies betont zu recht *Mertens* AG 1990, 20, 22, 30; im Ergebnis praktisch ebenso Bayer AG 1988, 323, 327, der meint, der Aktionär müsse selbst oder mit Hilfe sachkundiger Berater die Grundlagen der Bewertung „auf Schlüssigkeit und ansatzweise auf Richtigkeit überprüfen können".

396 *Lutter/Decher* UmwG § 208 Rn. 15; eine solche Prüfung auf Verlangen eines Gesellschafters ist der gesetzliche Ausnahmefall; vgl. etwa § 225 S. 1 UmwG; vgl. den Überblick zu Antrags- und Pflichtprüfung bei *Lutter/Lutter/Drygala* UmwG § 9 Rn. 6.

397 *Bayer* ZIP 1997, 1613, 1622.

398 Die Pflicht zur Prüfung des Barabfindungsangebots entfällt gleichermaßen im Falle der Entbehrlichkeit des Angebotes nach § 194 Abs. 1 Nr. 6 UmwG, vgl. dazu *Lutter/Decher* UmwG § 194 Rn. 21ff.; darüber hinaus für den Fall des zulässigen Verzichts auf das Barabfindungs-

12 UmwG für entsprechend anwendbar und schreibt damit die Berichterstattung über die Prüfung gemäß den Anforderungen des § 12 UmwG vor.
Anders als bei der Verschmelzung (§§ 9-12 UmwG) ist für den Formwechsel keine umfassende Prüfung der Umwandlung vorgeschrieben[399]. Ausweislich der Gesetzesbegründung wurde darauf verzichtet, eine Prüfung des Anteilswechsels durch Sachverständige vorzuschreiben, um zu hohe Kosten der Umwandlung zu vermeiden[400]. Der Gesetzgeber hat insoweit allein aus Kostengründen die Prüfungspflicht beim Formwechsel gegenständlich auf die Abfindung beschränkt.

(b) Sinn und Zweck der Prüfung gemäß § 208 UmwG

Die Prüfer haben zu beurteilen, ob die für die Ermittlung der angemessenen Barabfindung angewendeten Methoden der Unternehmensbewertung sowie die getroffenen Prognose- und Wertungsentscheidungen nachvollziehbar und vertretbar waren und den Regeln einer ordnungsgemäßen Unternehmensbewertung entsprechen[401]. Sinn und Zweck der Prüfung gemäß § 208 UmwG ist dabei ein mehrfacher.
Mit der Einführung der Prüfungspflicht der Kompensationsleistungen durch das UmwBerG 1994 verfolgte der Gesetzgeber das Ziel, die außenstehenden Aktionäre besser zu informieren und das gerichtliche Verfahren möglichst zu vermeiden, jedenfalls abzukürzen[402]. Darüber hinaus sollen nach dem gesetzlichen Leitbild des SpruchG die im Rahmen der beschlußvorbereitenden Prüfung gewonnenen Erkenntnisse der Prüfer im Spruchverfahren stärker nutzbar gemacht werden.

(aa) A-priori-Schutz durch ausführliche Information

Prüfung und Prüfungsbericht dienen ausschließlich dem Interesse der Anteilsinhaber, wie sich aus der Regelung der Verzichtsmöglichkeit ergibt, §§ 208, 30 Abs. 2 S. 3 1.HS UmwG. Der gesetzlichen Anordnung der Pflicht zu Prüfung und entsprechender Berichterstattung beim Formwechsel liegen dieselbe Zielrichtung eines A-priori-Schutzes durch ausführliche Vorabinformation zugrunde wie bereits dem Umwandlungsbericht[403]. Die Prüfung dient damit dem Präventivschutz insbesondere der Minderheit[404] und ist daher zwingend *vor* der Anteilsinhaberver-

---

angebot, vgl. dazu *Lutter/Decher* UmwG § 194 Rn. 23 m.w.N. und zur verschmelzungsrechtlichen Parallelvorschrift *Lutter/Grunewald* UmwG § 29 Rn. 17f.

399 *Lutter/Decher* UmwG § 208 Rn. 2.

400 *Ganske* Begr.RegE UmwBerG 1994, zu § 192 UmwG, S. 191.

401 *Lutter/Decher* UmwG § 208 Rn. 22; *Stratz* in Schmitt/Hörtnagl/Stratz UmwG § 12 Rn. 4.

402 *Kropff* in Lutter 25 Jahre AktG, 19, 46.

403 Vgl. *Lutter/Grunewald* § 30 Rn. 6; *Müller* in Kallmeyer UmwG § 30 Rn. 14; *Bermel* in Goutier/Knopf/Tulloch UmwG § 30 Rn. 11, § 208; *Bayer* ZIP 1997, 1613, 1621f.; *Hoffmann-Becking* in Henze/Hoffmann-Becking GesR 2001, 55, 58.

404 Vgl. *Wiesen* ZGR 1990, 503, 508.

sammlung der formwechselnden Gesellschaft, die über den Formwechsel beschließt, durchzuführen[405].

Grund für die Einführung der Prüfungspflicht nach § 30 Abs. 2 UmwG bei der Verschmelzung war die Erkenntnis des Gesetzgebers, daß der austrittsberechtigte Anteilsinhaber aufgrund der schwerwiegenden Bedeutung des Austritts im Hinblick auf die Barabfindung in gleichem hohen Maße schutzbedürftig ist wie der im Unternehmen verbleibende Anteilsinhaber im Hinblick auf das - gemäß §§ 9ff. UmwG prüfungspflichtige - Umtauschverhältnis[406]. Diese gesetzgeberische Wertung steht insoweit auch im Einklang mit der gesetzgeberischen Entscheidung, die vermögensrechtliche Seite einer jeden Umstrukturierung – Umtauschverhältnis und Barabfindung – zum Schwerpunkt der Umstrukturierungsberichte zu machen (vgl. § 8 Abs. 1 S. 1 1.HS)[407]. Umtauschverhältnis und Barabfindung sind damit auf der materiell-rechtlichen Ebene der Berichtspflichten – Bericht und Prüfungsbericht - einander formal gleichgestellt. Dem entspricht es auch, daß für die Erläuterung und Begründung der anzubietenden Barabfindung im Verschmelzungsbericht im Wesentlichen dieselben Grundsätze gelten wie bei der Erläuterung und Begründung des Umtauschverhältnisses[408]. In der Begründung zu § 30 Abs. 2 UmwG kommt damit die gesetzgeberische Vorstellung zum Ausdruck, daß auch an die Information über die Prüfung der Barabfindung derselbe hohe Maßstab anzulegen ist wie an die Information über die Prüfung des Umtauschverhältnisses[409].

(bb) Der Prüfungsbericht als eine den Umwandlungsbericht ergänzende Schutzmaßnahme

Ebenso wie im Verschmelzungsrecht dem Aktionär zur Beurteilung der Angemessenheit des Umtauschverhältnisses Verschmelzungsbericht und Verschmelzungsprüfungsbericht zur Verfügung stehen, steht dem Aktionär im Recht des

---

405 *Lutter/Grunewald* § 30 Rn. 6; *Müller* in Kallmeyer UmwG § 30 Rn. 14; *Bermel* in Goutier/Knopf/Tulloch UmwG § 30 Rn. 11, § 208.

406 Vgl. *Ganske* Begr.RegE UmwBerG 1994, zu § 30, S. 70.

407 Vgl. *Hommelhoff* ZGR 1993, 452, 463; siehe dazu oben B.II.3.b)aa)(1)(b)(aa).

408 Vgl. *Marsch-Barner* in Kallmeyer UmwG § 8 Rn. 23; *Lutter/Lutter/Drygala* UmwG § 8 Rn. 27; *Gehling* in Semler/Stengel UmwG § 8 Rn. 49.

409 Da die Prüfung für den Formwechsel gegenständlich auf die Barabfindung beschränkt ist, folgt daraus, daß die Vorabinformation bezüglich der Barabfindung im Recht des Formwechsels gegenüber der Vorabinformation bezüglich der künftigen Beteiligung im Gesetz intensiver ausgestaltet und damit privilegiert worden ist. Damit hat der Gesetzgeber beim Formwechsel das Schutzbedürfnis der Aktionäre im Hinblick auf die Information zur Abfindung höher eingestuft im Vergleich zu der Information zu der künftigen Beteiligung, für die den Aktionären nur die eine „Säule" (zu diesem Begriff siehe sogleich unten) des Umwandlungsberichts als Informationsquelle zur Verfügung steht, in dem diese gemäß § 192 Abs. 1 UmwG wirtschaftlich zu erläutern ist.

Formwechsels als Informationsquelle für die Beurteilung der Angemessenheit der Barabfindung neben dem Bericht des Vorstands – dem Umwandlungsbericht (§ 192 UmwG) - der Prüfungsbericht im Sinne des §§ 208, 30 Abs. 2 S. 2, 12 UmwG zur Seite.
Im Verschmelzungsrecht ist anerkannt, daß Verschmelzungsbericht und Verschmelzungsprüfungsbericht einander ergänzende Maßnahmen sind, mit denen der Schutz der Anteilseigner so vollkommen wie möglich ausgestaltet werden soll[410]. Die §§ 9ff. UmwG dienen wie § 8 UmwG ausschließlich dem Präventivschutz der Anteilsinhaber[411]. Sie sollen sicherstellen, daß die Anteilsinhaber in Kenntnis der Wertrelationen der beteiligten Rechtsträger über die Verschmelzung abstimmen und daß Benachteiligungen durch unzutreffende Umtauschverhältnisse von vornherein verhindert werden[412]. Kernstück der Verschmelzungsprüfung ist - mehr noch als beim Verschmelzungsbericht - die Kontrolle der Umtauschverhältnisse[413]. Gerade im Hinblick auf die Prüfung der Angemessenheit des Umtauschverhältnisses sind die Anteilsinhaber besonders auf den Sachverstand der Prüfer angewiesen[414]. Das gilt vor allem deshalb, weil der Verschmelzungsbericht keine eigenständige Nachprüfung durch den Anteilsinhaber, sondern nur eine Plausibilitätskontrolle ermöglicht[415]. Verschmelzungsbericht und Verschmelzungsprüfungsbericht bilden daher ein ineinander greifendes System der Vorabinformation[416]. Beide Instrumente zusammen müssen den Verschmelzungsvorgang in wirtschaftlicher und rechtlicher Hinsicht so transparent machen, daß die Anteilsinhaber in Kenntnis aller relevanten Umstände entscheiden können, ob die Verschmelzung wirtschaftlich zweckmäßig ist, den gesetzlichen Anforderungen genügt und ihren subjektiven Vorstellungen entspricht[417]. Damit stellen Verschmelzungsbericht und Verschmelzungsprüfungsbericht gemeinsam die wesentliche Informationsgrundlage für die Anteilsinhaber dar, ihr Stimmrecht bei der Beschlußfassung über die Verschmelzung sachgerecht und verantwortlich auszuüben[418].
Wie im Verschmelzungsrecht hat sich der Gesetzgeber gleichermaßen auch für den A-priori-Schutz beim Formwechsel dafür entscheiden, dem Aktionär neben dem Umwandlungsbericht mit dem Prüfungsbericht nach §§ 208, 30 Abs. 2 S. 2,

---

410 BGHZ 107, 296, 302f. = BGH ZIP 1989, 980, 982 – *Kochs Adler*; BGH ZIP 1990, 168, 169 – *DAT/Altana II*; *Müller* in Kallmeyer UmwG § 9 Rn. 2; *Zeidler* in Semler/Stengel UmwG § 12 Rn. 1; vgl. BT-Drucks. 9/1065, S. 21.

411 *Müller* in Kallmeyer UmwG § 9 Rn. 2.

412 *Lutter/Lutter/Drygala* UmwG § 9 Rn. 4.

413 *Lutter/Lutter/Drygala* UmwG § 9 Rn. 10; *Müller* in Kallmeyer UmwG § 9 Rn. 22; *Bayer* ZIP 1613, 1621; *Ganske* WM 1993, 1117, 1122.

414 *Lutter/Lutter/Drygala* UmwG § 9 Rn. 10.

415 *Lutter/Lutter/Drygala* UmwG § 9 Rn. 10.

416 *Lutter/Lutter/Drygala* UmwG § 9 Rn. 10; *Müller* in Kallmeyer UmwG § 9 Rn. 2.

417 *Müller* in Kallmeyer UmwG § 12 Rn. 6.

418 *Zeidler* in Semler/Stengel UmwG § 12 Rn. 2.

12 UmwG ein zweites Schutzinstrument an die Hand zu geben. Zwar gilt dies für den Formwechsel angesichts des eingeschränkten Prüfungsumfangs nicht in dem gleichen Maße wie bei der Verschmelzung. Insofern läßt sich beim Formwechsel vielleicht nicht davon sprechen, daß die Prüfung mit der entsprechenden Berichterstattung eine "zweite Säule[419]" der Information darstellt[420]. Jedoch müssen jedenfalls für den Bereich der Barabfindung Umwandlungsbericht und Prüfungsbericht als einander ergänzende Schutzinstrumente betrachtet werden können, mit denen der Schutz der Anteilseigner so vollkommen wie möglich ausgestaltet werden soll und welche zusammen den Formwechsel in wirtschaftlicher und rechtlicher Hinsicht für den Bereich der Abfindung - und damit der ihr zugrunde liegenden Unternehmensbewertung[421] - so transparent machen sollen, daß die Anteilsinhaber in Kenntnis aller relevanten Umstände entscheiden können, ob der Formwechsel in dieser Hinsicht den gesetzlichen Anforderungen genügt. Daß für den vermögensrechtlichen Bereich des Formwechsels im Hinblick auf die Barabfindung und deren Prüfung dieselben Grundsätze gelten sollen wie im Verschmelzungsrecht, wird nicht zuletzt anhand des uneingeschränkten Verweises in §§ 208, 30 Abs. 2 S. 2 UmwG auf die §§ 10-12 UmwG ersichtlich. Insbesondere aus der Anwendbarkeit des § 12 Abs. 2 UmwG und den darin enthaltenen Vorgaben geht hervor, daß die Einschränkung der Prüfungsberichtspflicht eine rein "gegenständliche" ist, welche keinen Einfluß auf die gleichermaßen hohen Anforderungen an die Berichtsintensität hat und insofern keine Absenkung der hohen Anforderungen zu rechtfertigen vermag[422].

In der Konsequenz der beschriebenen Ergänzungsfunktion gilt im Verschmelzungsrecht, daß die Berichtspflicht des Vorstands im Hinblick auf die daneben bestehende Verschmelzungsprüfung nicht eingeschränkt wird, ebensowenig wie sich umgekehrt die Berichterstattung durch die Prüfer *nicht* aufgrund der vorherigen Aussagen des Vorstands im Verschmelzungsbericht erübrigt oder an den Inhalt geringere Anforderungen zu stellen wären[423]. Dasselbe hat konsequenterweise auch für das Verhältnis zwischen Umwandlungsbericht und Prüfungsbericht gemäß §§ 208, 30 Abs. 2, 12 UmwG im Hinblick auf die Information zur Barabfindung zu gelten. Infolgedessen rechtfertigt der Umstand, daß die Höhe der Abfindung auch Gegenstand eines Berichts des Umwandlungsprüfers ist, weder den Verzicht auf die Erläuterung der Abfindung im Umwandlungsbericht noch auch nur eine Absenkung der Anforderungen für diesen Bereich[424]. Ebensowenig können angesichts der Kontrollfunktion der Prüfung unter Hinweis auf die Ausfüh-

---

419 Vgl. für die Verschmelzungsprüfung *Müller* in Kallmeyer UmwG § 12 Rn. 3ff.

420 Vgl. *Lutter/Decher* UmwG § 192 Rn. 9f.

421 Siehe dazu obenA.IV.1.b)cc).

422 Siehe dazu sogleich unten B.II.3.b)aa)(2)(c).

423 Vgl. zum Verschmelzungsrecht BGHZ 107, 296, 302f. = BGH ZIP 1989, 980, 982 – *Kochs Adler*.

424 Im Ergebnis ebenso *Lutter/Decher* UmwG § 192 Rn. 31.

rungen des Vorstands im Umwandlungsbericht umgekehrt an den Inhalt des Prüfungsberichts geringere Anforderungen gestellt werden.

(cc) (Verstärkte) Bedeutung der beschlußvorbereitenden Prüfung nach dem SpruchG

Eines der wesentlichen Anliegen der Reform des Spruchverfahrens ist es, die Erkenntnisse der sachverständigen Prüfer, die zur Vorbereitung der jeweiligen Umstrukturierungsmaßnahme nach den Vorschriften des AktG und UmwG einzuschalten waren[425], im Spruchverfahren stärker nutzbar zu machen[426]. Dies erscheint um so mehr gerechtfertigt, wenn - wie in Art.4 des Spruchverfahrensneuordnungsgesetzes vorgesehen[427] - gleichzeitig die gerichtliche Bestellung dieser Personen zur Pflicht gemacht und damit die Akzeptanz ihrer Feststellungen wesentlich erhöht werden soll[428]. Durch die gerichtliche Bestellung der Prüfer gemäß § 10 Abs. 1 S. 1 UmwG und §§ 293c Abs. 1 S. 2, 320 Abs. 3 S. 2 AktG erlangen die Berichte einen höheren Beweiswert, sie sollen verstärkt als Grundlage zur Entscheidungsfindung des Gerichts dienen[429]. Gleichzeitig wird auf diese Weise dem Eindruck der Parteinähe[430] des vorgerichtlichen Prüfers entgegengewirkt, was zur Folge haben dürfte, daß seine Ergebnisse stärker als bisher von den Beteiligten akzeptiert werden[431]. Bereits im Rahmen des UmwBerG 1994 hatte der Gesetzgeber beabsichtigt, daß mit der Anordnung der obligatorischen Prüfung spätere gerichtliche Überprüfungen der Kompensationsleistung im Spruchverfahren möglichst überflüssig gemacht werden könnten[432]. Diese Hoffnung hat sich jedoch bislang nicht bewahrheitet[433]. Ob dies durch die nun obligatorische gerichtliche Bestellung der Prüfer geschehen wird, bleibt abzuwarten.
Außerdem soll durch die gerichtliche Bestellung unabhängiger Prüfer zugleich die Rolle des Sachverständigen im Spruchverfahren verändert werden[434]. Der im Rahmen der Strukturmaßnahme tätige sachverständige Prüfer ist damit der „gebo-

---

425 Vgl. § 293e AktG (jeweils auch i.V.m. § 320 Abs. 3 S. 3 und § 327c Abs. 2 S. 4 AktG); § 12 UmwG (jeweils auch i.V.m. § 30 Abs. 2 S. 2 und § 208 UmwG).

426 *Neye* DStR 2002, 178, 179; *ders.* in FS Wiedemann, 1127, 1135f.

427 Durch Art.4 des Spruchverfahrensneuordnungsgesetzes wird § 10 UmwG, durch Art.2 werden die §§ 293c, 320 Abs. 3 S. 2 AktG entsprechend geändert, BT-Drucks. 15/838, S. 20ff.

428 *Neye* NZG 2002, 23, 24 li.Sp.

429 *Neye* NZG 2002, 23, 29 re.Sp.

430 Vgl. zu der Gefahr der Parteinähe der (Verschmelzungs-) Prüfer *Keil* Verschmelzungsbericht, S. 68ff.

431 *Baums* Kommissionsbericht Corporate Governance, Rz.170 (S. 188).

432 Vgl. *Ganske* Begr.RegE UmwBerG 1994, zu § 293b AktG n.F., S. 300; vgl. auch *Wiesen* ZGR 1990, 503, 508: „Mittel zur Beschränkung der Spruchverfahren".

433 *Emmerich in* Emmerich/Habersack Aktien- und GmbH-Konzernrecht § 293b Rn. 4; *Krieger* in Münchner Handbuch GesR AG (2.Aufl.) § 70 Rn. 33 (S. 1031).

434 *Neye* NZG 2002, 23, 28 li.Sp. unter 3.

rene" Gehilfe des Gerichts[435]. Dadurch soll eine objektive Entscheidung sichergestellt werden, die den Interessen aller Beteiligten gerecht wird[436].Die bisherige vollständige Unterwerfung unter die Grundsätze des FGG hatte zur Folge, daß der Amtsermittlungsgrundsatz nach § 12 FGG zu einer umfassenden und oft mühsamen Aufklärung des Sachverhalts durch das Gericht zwang. Dies hat jedoch gleichzeitig dazu geführt, daß die im Vorfeld der gerichtlichen Auseinandersetzung erstellten Unternehmensbewertungen regelmäßig nur am Rande verwertet wurden und die Entscheidung in aller Regel von den im Verfahren selbst erstellten Sachverständigengutachten abhingen[437]. Die Gerichte fühlten sich mit der ihnen vom Gesetz zugewiesenen schwierigen Aufgabe der Bestimmung der angemessenen Kompensation von Amts wegen nicht selten überfordert und delegierten die Ermittlungsaufgabe in aller Regel an gerichtlich bestellte Sachverständige weiter, die dann umfassende, flächendeckende Gesamtgutachten zur Unternehmens- und Anteilsbewertung verfaßten[438]. Die damit zwangsläufig verbundene erhebliche Dauer - von im Durchschnitt[439] rund fünf Jahren - ist seit vielen Jahren von vielen Seiten beklagt worden[440]. So wurde es allgemein als ungerecht empfunden, daß auf der einen Seite die Gesellschaften und ihre Mehrheitsgesellschafter durch ihre Strukturveränderung schnell und beweglich über ihr gesellschaftlich gebundenes Eigentum verfügen können, während auf der anderen Seite die Minderheitsgesellschafter auf ihre ausgleichenden Leistungen jahrelang warten müssen[441].
Angesichts der Intention des Gesetzgebers, die im Rahmen der beschlußvorbereitenden Prüfung gewonnenen Erkenntnisse der Prüfer im Spruchverfahren stärker nutzbar zu machen, steht zu erwarten, daß die Gerichte in Zukunft vermehrt die Erstellung zusätzlicher Sachverständigengutachten im Spruchverfahren für entbehrlich halten werden. Einige Gerichte sind in letzter Zeit bereits in solchen Fällen so verfahren, in denen zuvor gerichtlich bestellte Prüfer tätig waren[442]. Damit sollen im Rahmen des Spruchverfahrens keine „flächendeckenden" Gesamtgutachten mehr, sondern lediglich – falls erforderlich – gezielte Beurteilungen spezieller Einzelfragen stattfinden, um dem obersten Ziel des SpruchG der Verfah-

---

435 *DAV-Handelsrechtsausschuß* Stellungnahme RefE SpruchG NZG 2002, 119, 122.
436 *Neye* NZG 2002, 23, 28 li.Sp. unter 2.
437 *Neye* NZG 2002, 23, 28 li.Sp. unter 2.
438 *Lutter/Bezzenberger* AG 2000, 433.
439 Den bisherigen Rekord hält wohl das Spruchstellenverfahren in Sachen „Sinalco AG", das über zwei Instanzen vom Juli 1982 bis zum September 1999 gedauert hat, mehr als 17 Jahre, und schließlich durch einen Vergleich zu einem Ende gekommen ist, *Lutter/Bezzenberger* AG 2000, 433, 436 Fn.17; nach *Schiessl* AG 1999, 442, 446 sind acht bis zehn Jahre bis zu einer endgültigen Entscheidung keine Seltenheit.
440 Siehe etwa *Beyerle* BB 1978, 784ff.; *Hoffmann-Becking* ZGR 1990, 482, 498; *Bilda* NZG 2000 296ff.
441 *Lutter/Bezzenberger* AG 2000, 433.
442 Vgl. OLG Düsseldorf NZG 2000, 1079; OLG Düsseldorf DB 2001, 190, 191; LG Frankfurt DB 2001, 1980.

rensstraffung und –beschleunigung gerecht zu werden[443]. Damit hat die beschlußvorbereitende Prüfung für die Durchführung eines späteren Spruchverfahrens erheblich an Bedeutung gewonnen.
Gleichzeitig hat auch die Bedeutung der Information über das Ergebnis der Prüfung für den Aktionär in seiner Rolle als Antragsteller erheblich an Bedeutung gewonnen. Von ihm wird in Zukunft gemäß § 4 Abs. 2 S. 1 SpruchG verlangt, daß er seinen Antrag auf gerichtliche Entscheidung begründet[444]. Anträge, die den zumutbaren Mindestanforderungen nicht genügen, sollen künftig als unzulässig abgewiesen werden können[445]. Der Aktionär hat insofern ein besonderes Interesse an der Information über die Einzelheiten der Prüfung. Schließlich wird doch gerade hieraus ersichtlich, ob und inwieweit ein Spruchverfahren aussichtsreich erscheint[446].

(c) Inhaltliche Anforderungen an den Umwandlungsprüfungsbericht, §§ 208, 30 Abs. 2 S. 2, 12 UmwG

Für die Erstattung des Prüfungsberichts verweisen die §§ 208, 30 Abs. 2 S. 2 UmwG auf die verschmelzungsrechtliche Vorschrift des § 12 UmwG. Bei der sinngemäßen Anwendung dieser Norm ist zu berücksichtigen, daß die Prüfung gemäß § 208 UmwG anders als die Verschmelzungsprüfung nicht den gesamten Umwandlungsvorgang zum Gegenstand hat, sondern nur den Ausschnitt der gemäß § 207 UmwG anzubietenden Barabfindung[447]. Die nach § 12 Abs. 2 UmwG erforderlichen Angaben beziehen sich daher allein auf die Barabfindung[448]. Dabei ist jedoch die erforderliche Berichtsintensität gegenüber der Verschmelzungsprüfung nicht eingeschränkt. Dies folgt bereits aus der uneingeschränkten Anwendbarkeit des § 12 UmwG sowie aus dem gesetzgeberischen Hintergrund der Anordnung der Prüfungspflichtigkeit der Barabfindung[449].
Der Prüfer überprüft im Rahmen seiner Prüfungstätigkeit die ihm vorgegebene, typischerweise aus einer Unternehmensbewertung abgeleitete Barabfindung und die ihr zugrundeliegenden konkreten Bewertungen, Wertansätze und Prognosen auf ihre Angemessenheit, also auf ihre Nachvollziehbarkeit und Vertretbarkeit im

---

443 Vgl. *Neye* NZG 2002, 23, 28 li.Sp. unter 3.
444 Siehe zu dieser Substantiierungspflicht unten B.II.3.b)cc)(4)(b).
445 *Neye* Begr.RegE zu § 4 SpruchG, ZIP 2002, 2097, 2101.
446 Vgl. *Lutter/Lutter* UmwG (2. Aufl..) § 8 Rn. 55; *Hocker* in Sitzungsbericht 63. DJT Bd. II/2, O 93; *Vollrath* in Widmann/Mayer UmwG § 208 Rn. 6, der zu Recht auf die Bedeutung dieser Information auch im Hinblick auf die Entlastung von einer evtl. drohenden Kostenlast des § 312 Abs. 4 UmwG (jetzt § 15 Abs. 2 SpruchG) hinweist.
447 *Lutter/Decher* UmwG § 208 Rn. 16.
448 *Müller* in Kallmeyer UmwG § 30 Rn. 14.
449 Siehe dazu oben B.II.3.b)aa)(2)(b).

Hinblick auf eine ordnungsgemäße Ermessensausübung[450]. Schließlich gibt es bei der Anteilsbewertung fast immer ein mehr oder weniger breites Spektrum vertretbarer Lösungen[451], so daß angesichts der bei der zu überprüfenden Unternehmensbewertung vielfach aufzustellenden Prognosen insbesondere über die zukünftigen Erträge dabei regelmäßig eine ganze Bandbreite für die Abfindung und nicht nur eine einzige Abfindung vertretbar und damit angemessen sein wird[452]. Zwar ist der Prüfungsbericht in erster Linie ein Ergebnisbericht[453]. Die Charakterisierung als „Ergebnisbericht" darf jedoch nicht darüber hinwegtäuschen, daß das Gesetz ausdrücklich *mehr* als den Bericht über das Ergebnis der Prüfung im Sinne des Testats[454] verlangt. Demzufolge darf sich der Bericht keinesfalls in der Bestätigung der Angemessenheit der Barabfindung erschöpfen[455]. Der gemäß §§ 208, 30 Abs. 2 UmwG entsprechend anzuwendende § 12 Abs. 2 S. 1 UmwG bestimmt insoweit, daß der Prüfungsbericht mit einer Erklärung darüber „abzuschließen" ist, ob die Barabfindung angemessen ist. Erst am Schluß des Prüfungsberichts steht insofern das sogenannte Testat. Indem die Bestätigung für den „Abschluß" des Prüfungsberichts vorgeschrieben ist, setzt der Gesetzgeber logisch voraus, daß ihr entsprechende Erläuterungen vorausgehen. § 12 Abs. 2 S. 2 UmwG sieht ausdrücklich vor, daß in dem Prüfungsbericht über die bloße Bestätigung der Angemessenheit hinaus anzugeben ist, nach welchen Methoden die vorgeschlagene Barabfindung ermittelt wurde und aus welchen Gründen die Anwendung dieser Methoden angemessen ist[456]. Schließlich kann der Aktionär auch nur anhand des Prüfungsberichts beurteilen, ob die vom Vorstand über die Angemessenheit der letztlich angewandten Berechnungsmethode sowie die Gründe für diese Wahl getroffenen Erwägungen zutreffend sind und von den Prüfern geteilt werden[457]. Anders als der Vorstandsbericht soll also der Prüfungsbericht die Information darüber liefern, ob die der Bemessung der Kompensationsleitung zugrundeliegende Bewertung und die Angaben des Vorstands korrekt sind[458]. Der Bericht soll damit dem Aktionär eine objektive Information im Verhältnis zu den Angaben des

---

450 *Lutter/Decher* UmwG § 208 Rn. 22; vgl. auch *Lutter/Lutter/Drygala* UmwG § 9 Rn. 11ff. insoweit entsprechend zur Verschmelzungsprüfung; vgl. *Altmeppen* in MünchKomm AktG § 293b Rn. 8 zur Unternehmensvertragsprüfung.

451 Vgl. *G.Bezzenberger/T.Bezzenberger* FS Müller, 1, 25.

452 *Lutter/Decher* UmwG (2. Aufl..) § 208 Rn. 26.

453 *Zeidler* in Semler/Stengel UmwG § 12 Rn. 7; *Müller* in Kallmeyer UmwG § 12 Rn. 3ff.

454 Vgl. dafür den Formulierungsvorschlag IDW WPg 1989, 42.

455 LG Heidelberg AG 1996, 523, 524 - *Scheidemandel AG.*; *Meister/Klöcker* in Kallmeyer UmwG § 207 Rn. 21.

456 LG Heidelberg AG 1996, 523, 524 - *Scheidemandel AG.*; *Meister/Klöcker* in Kallmeyer UmwG § 207 Rn. 21.

457 LG Heidelberg AG 1996, 523, 524 - *Scheidemandel AG.*

458 Vgl. entsprechend für das Verschmelzungsrecht OLG Hamm ZIP 1999, 798 – *Thyssen Krupp*; *Lutter/Lutter/Drygala* UmwG § 8 Rn. 20.

Vorstands im Bericht liefern[459] und ihn so in die Lage versetzen, sich selbst ein Bild über die Stichhaltigkeit des Ergebnisses zu machen[460] bzw. das Ergebnis der Bewertung plausibel nachvollziehen zu können („Plausibilitätskontrolle"[461]). Daß sich der Bericht dabei nicht auf die bloße Bestätigung beschränken darf, folgt zudem aus § 12 Abs. 3 UmwG, welcher uneingeschränkt auf die Geheimhaltungsklausel des § 8 Abs. 2 UmwG verweist. Danach brauchen in den Prüfungsbericht Tatsachen nicht aufgenommen werden, deren Bekanntwerden geeignet ist, dem formwechselnden Rechtsträger einen nicht unerheblichen Nachteil zuzufügen. Hieraus wird ersichtlich, daß neben dem Umwandlungsbericht auch der Prüfungsbericht nach der Vorstellung des Gesetzgebers konkrete Tatsachen und Zahlen wiedergeben muß[462]. Demgegenüber wird für die Verschmelzung im Schrifttum die Erforderlichkeit der Berichterstattung über konkrete Zahlen abgelehnt und unter Zuhilfenahme der Geheimhaltungsklausel eingewandt, es sei nicht überzeugend, aus einer Norm, die den Berichtsinhalt begrenzen soll, die Erweiterung seines Mindestinhalts abzuleiten[463]. Dieser Einwand – so einleuchtend er auf den ersten Blick erscheinen mag - verfängt indes nicht. Zum einen läßt sich das Erfordernis der Angabe konkreten Zahlenmaterials bereits unmittelbar § 12 Abs. 2 Nr. 3 UmwG entnehmen. Danach ist anzugeben „welches Umtauschverhältnis" bzw. „welche Barabfindung" sich bei der Anwendung verschiedener Methoden jeweils ergeben würde. Es ist nicht ersichtlich, wie der Prüfer hier – jedenfalls was die Barabfindung anbelangt – ohne die Nennung konkreter Zahlen auskommen soll. Der Prüfungsberichtsinhalt wird insofern nicht „erweitert"[464]. Zum anderen ist äußerst zweifelhaft, ob sich Bericht und Prüfungsbericht – wie vom Gesetzgeber vorgesehen[465] – im Interesse einer möglichst umfassenden „wertbezogenen Information" sinnvoll wechselseitig *ergänzen* können, wenn sich nur einer der beiden konkret zu Tatsachen und Zahlen verhält.

---

459 *Zeidler* NZG 1999, 511.

460 OLG Frankfurt ZIP 2000, 1928, 1932 – *Piper Generalvertretung Deutschland*; dazu die zust. Anm. von *Keil* EWiR § 8 UmwG 1/2000, 1125, 1126; *Zeidler* in Semler/Stengel UmwG § 12 Rn. 7.

461 Vgl. bereits zum Umwandlungsbericht oben B.II.3.b)aa)(1)(b)(ba).

462 OLG Frankfurt ZIP 2000, 1928, 1932 - *Piper Generalvertretung Deutschland*; OLG Karlsruhe AG 1990, 35, 37f.; *Bayer* AG 1988, 323, 328; *ders.* WM 1989, 121, 123 (zum Verschmelzungsprüfungsbericht).

463 *Lutter/Lutter/Drygala* UmwG § 12 Rn. 10; zustimmend *Zeidler* in Semler/Stengel UmwG § 12 Rn. 14.

464 Schließlich geht es bei der Berufung auf § 8 Abs. 2 UmwG auch nicht um eine gewollte Erweiterung der Prüfungsberichtspflicht, sondern vielmehr darum, daß der Vorschrift des § 12 Abs. 3 UmwG zu einer „sinnvollen" Norm verholfen wird. Denn wenn sich der Bericht auf die Bestätigung der Angemessenheit und die Angabe der angewandten Methoden (ohne Bezugnahme auf Zahlen) beschränken dürfte, wäre die Verweisung auf § 8 Abs. 2 UmwG sinnlos mangels (ernst zu nehmender) Gefährdung des Geheimhaltungsinteresses.

465 Vgl. BT-Drucks. 9/1065, S. 21; siehe dazu oben B.II.3.b)aa)(2)(b)(ba).

(d) Möglichkeit des Verzichts auf Prüfung und/oder Prüfungsbericht, §§ 208, 30 Abs. 2 S. 3 UmwG

Gemäß §§ 208, 30 Abs. 2 S. 3 1.HS UmwG können die Berechtigten auf die Prüfung oder den Prüfungsbericht verzichten. „Berechtigte“ im Sinne der Vorschrift sind zwar grundsätzlich – anders als beim Verzicht auf den Umwandlungsbericht nach § 192 Abs. 3 UmwG – nicht sämtliche Anteilsinhaber; vielmehr genügt im Prinzip ein Verzicht derjenigen, die aus dem Unternehmen ausscheiden wollen[466]. Da jedoch über die Durchführung der Prüfung ihrem Sinn und Zweck nach schon vor der Beschlußfassung über den Formwechsel entschieden werden muß, muß auch bezogen auf diesen Zeitpunkt bestimmt werden, wer Berechtigter ist[467]. Im Grundsatz können dies alle Anteilsinhaber sein. Ausgenommen sind lediglich die Anteilsinhaber, welche bereits erklärt haben, daß sie nicht austreten bzw. nicht gegen den Formwechsel stimmen werden[468]. Gemäß §§ §§ 208, 30 Abs. 2 S. 3 2.HS UmwG bedürfen die Verzichtserklärungen der notariellen Beurkundung[469].

(3) Offenlegung von Umwandlungsbericht und Prüfungsbericht

Die gesetzgeberische Konzeption des A-priori-Schutzes durch Information geht zurück auf das Verschmelzungsrichtlinie-Gesetz. Der Gesetzgeber hat sich auch für den Formwechsel für die Einführung des verschmelzungsrechtlichen Standards entschieden[470] und damit den Schutz der Aktionäre *vor* die Beschlußfassung

---

466 *Ganske* Begr.RegE UmwBerG 1994, zu § 30 UmwG, S. 70; *Lutter/Decher* UmwG § 208 Rn. 28; vgl. dazu auch *Lutter/Lutter/Drygala* UmwG § 9 Rn. 7 a.E.; *H.Schmidt* in Lutter Kölner Umwandlungsrechtstage, 59, 77.

467 *Lutter/Decher* UmwG § 208 Rn. 28, der insoweit auf die Ausführungen von *Lutter/Grunewald* UmwG § 30 Rn. 8 verweist.

468 Wie aus § 209 UmwG hervorgeht, steht frühestens zwei Monate nach Bekanntmachung der Eintragung des Formwechsels fest, wer das Angebot annehmen will. Da zu diesem Zeitpunkt die Überprüfung des Angebots aber schon längst stattgefunden haben muß, damit die Anteilsinhaber, die austreten wollen, die Abfindung in ihr Kalkül einbeziehen können, muß die Bestimmung, wer Berechtigter ist, auf einen früheren Zeitpunkt vorgezogen werden; vgl. *Lutter/Decher* UmwG § 208 Rn. 28, der insoweit auf die Ausführungen von *Lutter/Grunewald* UmwG § 30 Rn. 8 verweist.

469 Bei der AG - jedenfalls bei der nicht personalistischen AG - bestehen diese Verzichtsmöglichkeiten lediglich insofern theoretisch, als bei einer Gesellschaft mit größerem Gesellschafterkreis ein „einmütiger Verzicht“ kaum zu erzielen sein wird und die Beurkundung der Verzichtserklärungen zahlreicher Gesellschafter enormen zusätzlichen Aufwand verursacht, vgl. *Lutter/Lutter/Drygala* UmwG § 8 Rn. 49; *Kallmeyer* ZIP 1994, 1746, 1755; *Ganske* WM 1993, 1117, 1122 Fn.71 – „Das Erfordernis der notariellen Beurkundung dürfte die Vorschrift bei Streubesitz einer Publikums-AG zum toten Buchstaben machen.“

470 Siehe dazu oben B.II.3.b)aa)(1)(a).

der Hauptversammlungen gelegt. Daß die Aktionäre dem Ziel der Berichte entsprechend in Kenntnis aller Umstände abstimmen, soll dabei nach der gesetzgeberischen Konzeption durch weitgehende *Offenlegungspflichten* erreicht werden[471].

(a) Offenlegung des Umwandlungsberichts gemäß §§ 238 S. 1, 230 Abs. 2 S. 1 UmwG

Der Umwandlungsbericht soll eine rechtzeitige Vorabinformation der Anteilsinhaber zur Vorbereitung ihrer Entscheidungsfindung bei der Gesellschafterversammlung gewährleisten[472]. Gemäß §§ 238 S. 1, 230 Abs. 2 S. 1 UmwG ist daher der Umwandlungsbericht – mitsamt dem Entwurf des Umwandlungsbeschlusses und der Vermögensaufstellung[473] als seinen Bestandteilen[474] - von der Einberufung der Hauptversammlung an, die den Formwechsel beschließen soll, in dem Geschäftsraum der Gesellschaft zur Einsicht der Aktionäre auszulegen. Daneben ist er gemäß §§ 238 S. 1, 232 Abs. 1 UmwG auch in der Hauptversammlung auszulegen.

(b) Offenlegung des Prüfungsberichts

Für den gemäß §§ 208, 30 Abs. 2 S. 2, 12 UmwG zu erstattenden Prüfungsbericht schreibt das Gesetz dagegen die Offenlegung nicht ausdrücklich vor. Nach Ansicht des BGH[475] und einem Teil des Schrifttums[476] folgt daraus, daß der Bericht weder vor noch in der Hauptversammlung offenzulegen ist. Für die Kenntnisnahme des Berichtsinhalts sei der Aktionär vielmehr auf sein allgemeines Auskunftsrecht gemäß § 131 AktG angewiesen.

---

471 Vgl. BT-Drucksache 9/1065, S. 14f. und 13.

472 *Lutter/Decher* UmwG § 192 Rn. 48; siehe dazu ausführlich oben B.II.3.b)aa)(1)(a).

473 Beim Formwechsel einer AG steht die Vermögensaufstellung im Sinne des § 192 Abs. 2 UmwG als Informationsquelle gemäß § 238 S. 2 UmwG nicht zur Verfügung.

474 Vgl. *Mayer* in Widmann/Mayer UmwG § 192 Rn. 8f., die Bestimmungen der §§ 192 Abs. 1 S. 3 und Abs. 2 S. 2 UmwG sind in den § 238 S. 1 UmwG mit „hineinzulesen", *Laumann* in Goutier/Knopf/Tulloch UmwG § 192 Rn. 3.

475 BGH ZIP 2001, 412, 415 - *Aqua Butzke*; vgl. auch erstinstanzliches Urteil im vorgenannten BGH-Verfahren LG Berlin ZIP 1997, 1065, 1066f., das allerdings schon die Pflicht zur Erteilung der Auskunft gemäß § 131 AktG verneint.

476 *Lutter/Decher* UmwG § 208 Rn. 25; *Lutter/Happ* UmwG § 232 Rn. 5; *Lutter/Grunewald* UmwG § 30 Rn. 6; *Riegger* in Widmann/Mayer UmwG § 239 Rn. 7.1; *Ihrig* in Semler/Stengel UmwG § 232 Rn. 6; *Quack* FS Bezzenberger, 321, 323ff.; *Vetter* FS Wiedemann,1323, 1333f.; *Kiem* EWiR § 192 UmwG 1/97, 421, 422; *Veil* EWiR § 207 1/96, 901f.; *Witt* WuB II N. § 210 UmwG 2.01, 425, 426; *Hirte* Kapitalgesellschaftsrecht Rz.6.217 (S. 341); *Raiser* Kapitalgesellschaftsrecht, § 47 Rn. 15 (S. 765).

Die Gegenansicht[477] bejaht dagegen eine Offenlegungspflicht. Sie begründet dieses Ergebnis überwiegend im Wege der analogen Anwendung des § 63 Abs. 1 Nr. 5 UmwG.
Von daher soll, bevor zu dieser Streitfrage Stellung genommen wird, zunächst der Frage nachgegangen werden, ob die verschmelzungsrechtliche Vorschrift des § 63 Abs. 1 Nr. 5 UmwG, welche die Offenlegung der Prüfungsberichte im Sinne des § 12 UmwG vorschreibt, auch den Prüfungsbericht im Sinne des § 30 Abs. 2 S. 2, 12 UmwG erfaßt.

(aa) Offenlegungspflicht im verschmelzungsrechtlichen Parallelfall gemäß §§ 63 Abs. 1 Nr. 5 UmwG, § 64 Abs. 1 S. 1 UmwG

Zu der Frage der Offenlegungspflicht im verschmelzungsrechtlichen Parallelfall gemäß § 63 Abs. 1 Nr. 5 UmwG nimmt der BGH in diesem Zusammenhang jedenfalls indirekt Stellung. Er führt dazu aus, daß die Vorschrift des § 12 UmwG, auf die § 63 Abs. 1 Nr. 5 UmwG verweist, sich nicht auf den Prüfungsbericht nach § 30 UmwG beziehe, und insofern aus der Vorschrift keine entsprechende Pflicht zur Offenlegung vor oder in der Hauptversammlung hergeleitet werden könne[478]. Die wohl herrschende Meinung in der Literatur geht dagegen im Verschmelzungsrecht von der Offenlegungspflicht des Prüfungsberichts im Sinne des §§ 30 Abs. 2 S. 2, 12 UmwG aus[479].
Der Wortlaut des § 63 Abs. 1 Nr. 5 UmwG bietet eine eindeutige Grundlage weder für die Annahme noch für die Ablehnung einer Offenlegungspflicht. Zwar nimmt er ausdrücklich nur auf § 12 UmwG Bezug. Daraus läßt sich jedoch noch nicht schließen, daß er sich nicht auch auf § 30 UmwG bezieht. Schließlich ist § 12 UmwG gemäß § 30 Abs. 2 S. 2 UmwG auch für die Prüfung der Barabfindung anwendbar, weshalb man diese prinzipiell auch als von § 63 Abs. 1 Nr. 5

---

477 *Bayer* ZIP 1997, 1613, 1622; *ders.* EWiR 1998, 469, 470; *Müller* in Kallmeyer UmwG § 30 Rn. 14; *Meister/Klöcker* in Kallmeyer UmwG § 207 Rn. 21; *Zeidler* NZG 1999, 510, 511; i.E. für Offenlegungspflicht auch *Lutter/Lutter/Drygala* UmwG § 12 Rn. 12; *Heckschen* DB 1998, 1385, 1397; *Hirte* ZHR 167 (2003), 8, 13; im Ergebnis wohl auch *Hoffmann-Becking* in Henze/Hoffmann-Becking GesR 2001, 55, 62 und 58, der auch hinsichtlich des Prüfungsberichts eine Vorabinformationspflicht mit A-priori-Schutz-Wirkung (S. 58) annimmt; von einer Offenlegungspflicht scheint auch der Handelsrechtsausschuß des DAV auszugehen, wenn er davon spricht, daß die Unterlage des Prüfungsbericht den Anteilsinhabern „im Vorfeld der Maßnahme zur Verfügung zu stellen" ist, vgl. *DAV-Handelsrechtsausschuß* Stellungnahme zu SpruchG-RefE NZG 2002,119, 122; offenlassend dagegen LG Heidelberg AG 1996, 523, 524 - *Scheidemandel AG*.

478 BGH ZIP 2001, 412, 415 – *Aqua Butzke*; vgl. auch schon die übereinstimmende Argumentation bei *Kiem* EWiR § 192 UmwG 1/97, 421, 422.

479 *Bayer* ZIP 1997, 1613, 1621f.; *Müller* in Kallmeyer UmwG § 30 Rn. 14; *Lutter/Lutter* UmwG § 12 Rn. 12; wohl auch *Vetter* FS Wiedemann, 1323, 1334; *Hirte* ZHR 167 (2003), 8, 13; *Lutter/Decher* UmwG § 208 Rn. 25; andere Ansicht *Kiem* EWiR § 192 UmwG 1/97, 421, 422; unklar *Quack* in FS Bezzenberger, 321, 323.

UmwG erfaßt ansehen kann[480]. Die Offenlegungspflicht läßt sich von daher nicht einfach unter Berufung auf den insoweit nicht weiterführenden Wortlaut ablehnen.

Daß die Anordnung der Prüfungspflichtigkeit der Barabfindung nicht zusammen mit der Prüfungspflichtigkeit des Umtauschverhältnisses erfolgte, ist allein darauf zurückzuführen, daß eine Barabfindung nicht für jede Verschmelzung schlechthin, sondern lediglich in bestimmten Fällen gemacht werden muß[481]. Denn in den Fällen, in denen ein Abfindungsangebot gemäß § 29 Abs. 1 UmwG zu machen ist, bildet die Prüfung der Barabfindung neben der Prüfung des Umtauschverhältnisses den Schwerpunkt der Verschmelzungsprüfung[482]. Der Gesetzgeber ging bei der Einführung der Prüfungspflicht davon aus, daß der austrittsberechtigte Anteilsinhaber im Hinblick auf die Barabfindung in dem gleichem hohen Maße schutzbedürftig ist wie der im Unternehmen verbleibende Anteilsinhaber im Hinblick auf das Umtauschverhältnis[483]. Im Vordergrund stand dabei der Schutzzweck eines ausführlichen A-priori-Schutzes durch umfassende Information[484]. Wenn also der Aktionär durch die *gleichzeitige* Offenlegung des Verschmelzungsberichts (§ 63 Abs. 1 Nr. 4 UmwG) und des Verschmelzungsprüfungsberichts (Nr. 5) die Angemessenheit des Umtauschverhältnisses beurteilen können soll, kann angesichts der in der Begründung zu § 30 Abs. 2 UmwG zum Ausdruck kommenden gesetzgeberischen Wertung für die Barabfindung, welche gleichermaßen Schwerpunkt des Verschmelzungsberichts bildet, nichts anderes gelten. Dem Umstand, daß § 63 Abs. 1 Nr. 5 UmwG nicht ausdrücklich auch auf § 30 UmwG Bezug nimmt, kann vor diesem Hintergrund keine entscheidende Bedeutung im Sinne einer bewußten Limitierung der Offenlegungspflicht beigemessen werden. Auch vor dem Hintergrund des SpruchG kann nicht angenommen werden, daß eine entsprechende Differenzierung zwischen Prüfungsbericht über die Verschmelzung als solche und Prüfungsbericht hinsichtlich der Barabfindung im Sinne des Gesetzgebers ist. § 8 Abs. 3 S. 2 SpruchG spricht allgemein von dem Bericht über die Prüfung der Umwandlung[485] und bezieht damit ausweislich der Gesetzesbegründung zugleich die Berichte über die Prüfung der Barabfindung mit

480 In diesem Sinne *Bayer* ZIP 1997, 1613, 1621 in Fn.132.

481 Gemäß § 29 Abs. 1 S. 1 UmwG ist ein Barabfindungsangebot für den Fall der „Mischverschmelzung" zu machen, d.h. wenn der aufnehmende Rechtsträger eine andere Rechtsform hat als der übertragende. Außerdem ist ein Abfindungsangebot für den Fall des Bestehens von Verfügungsbeschränkungen zu machen, wenn also die Anteile an dem übernehmenden Rechtsträger, die an die Stelle der Anteile an dem übertragenden Rechtsträger treten, Verfügungsbeschränkungen unterworfen sind, vgl. *Lutter/Grunewald* UmwG § 29 Rn. 2ff.

482 Vgl. *Lutter/Decher* UmwG § 208 Rn. 25; *Müller* in Kallmeyer UmwG § 9 Rn. 22; *Grunewald/Winter* in Lutter Kölner Umwandlungsrechtstage, 19, 35.

483 Vgl. *Ganske* Begr.RegE UmwBerG 1994, zu § 30, S. 70.

484 Siehe dazu ausführlich oben B.II.3.b)aa)(2)(b).

485 Umwandlung meint hier nicht Formwechsel, sondern jede Umstrukturierung nach UmwG.

ein[486]. Es ist nicht nachvollziehbar, warum „Prüfungsbericht" im Sinne des § 8 Abs. 3 S. 2 SpruchG anders auszulegen sein sollte als der Prüfungsbericht im Sinne des § 63 Abs. 1 Nr. 5 UmwG.

Die Ablehnung der entsprechenden Offenlegungspflicht widerspräche zudem dem gesetzgeberischen Anliegen, die Information der Anteilsinhaber im Vorfeld der Beschlußfassung insbesondere durch *Formalisierung* der Information zu verbessern. Der Gesetzgeber hat das Informationsrecht des Anteilsinhabers im Hinblick auf die Prüfung der Barabfindung durch die Anordnung der Berichtspflicht gemäß §§ 30 Abs. 2 S. 2, 12 UmwG gleichermaßen einer solchen Formalisierung zugeführt. Durch die Formalisierung des Informationsrechts bezweckte der Gesetzgeber ausweislich der Materialien eine Steigerung des Informationswertes gegenüber dem allgemeinen Auskunftsrechts[487]. Von daher verbietet es sich, den Aktionär für die Kenntnisnahme vom Berichtsinhalt allein auf sein Auskunftsrecht zu verweisen. Dem Aktionär würde damit – der gesetzgeberischen Absicht zuwider – die Initiativlast[488] zugewiesen. Schließlich wird das Ziel des A-priori-Schutzes durch Information nach der gesetzgeberischen Konzeption nicht bereits allein durch die gesetzmäßige Erstellung des Berichts erreicht, sondern erst durch die Erfüllung von Offenlegungspflichten, welche sicherstellen, daß der Aktionär in Kenntnis aller Umstände über die Strukturmaßnahme abstimmen[489].

Daß der Gesetzgeber auch die Offenlegung des Prüfungsberichts im Sinne des § 30 Abs. 2 S. 2, 12 UmwG vorschreiben wollte, geht nicht zuletzt aus der Vorschrift des § 8 Abs. 2 UmwG hervor, die über §§ 30 Abs. 2 S. 2, 12 Abs. 3 UmwG auch auf den Prüfungsbericht Anwendung findet. Die Vorschrift des § 8 Abs. 2 UmwG trägt dem Geheimhaltungsbedürfnis der Gesellschaft Rechnung. Dieses kann indes ernsthaft erst bei Offenlegung des Prüfungsberichts wirklich tangiert bzw. gefährdet sein. Hätte der Gesetzgeber gewollt, daß der Aktionär erst über sein Auskunftsrecht Kenntnis vom Berichtsinhalt erlangen sollte, dann hätte es der entsprechenden Anwendbarkeit des § 8 Abs. 2 UmwG für den Prüfungsbericht nicht bedurft. Schließlich enthält § 131 Abs. 3 Nr. 1 AktG eine eigenständige entsprechende Regelung. Diese diente der Regelung des § 8 Abs. 2 UmwG sogar als gesetzgeberisches Vorbild[490]. Damit erhält die Verweisung auf § 8 Abs. 2 UmwG über die §§ 30 Abs. 2 S. 2, 12 Abs. 3 UmwG erst durch die Annahme der Offenlegungspflicht des Prüfungsberichts ihren eigentlichen Sinn.

Die Erforderlichkeit der Annahme der Offenlegungspflicht wird durch den systematischen Vergleich mit den aktienrechtlichen Vorschriften der §§ 293f Abs. 1

486 Vgl. *Neye* NZG 2002, 23, 29.

487 Vgl. *Ganske* Begr.RegE UmwBerG 1994, zu § 192 UmwG, S. 190 und zu § 8 UmwG, S. 43.

488 Vgl. zu der Verlagerung der Informationsinitiative oben B.II.3.b)aa)(1)(a)(aa).

489 Vgl. BT-Drucksache 9/1065, S. 14f.; der Gesetzgeber spricht im Zusammenhang der a-priori-schützenden Maßnahmen von „Maßnahmen der Offenlegung zum Schutze der Aktionäre" (aaO S. 13).

490 *Ganske* Begr.RegE UmwBerG 1994, zu § 8 UmwG, S. 44.

Nr. 3, 320 Abs. 4 S. 1 AktG bekräftigt. Dort ist die Offenlegung des Prüfungsberichts auch im Hinblick auf die zu gewährende Abfindung vorgeschrieben. Ausweislich der Materialien sollte die Vorschrift des § 293f AktG der verschmelzungsrechtlichen Regelung des § 63 UmwG entsprechen[491]. Die Tatsache, daß die Regelung des § 63 UmwG insofern das gesetzgeberische Vorbild für § 293f AktG lieferte[492], spricht dafür, daß der Gesetzgeber bei § 63 Abs. 1 Nr. 5 UmwG von der Offenlegungspflicht *auch* hinsichtlich des Berichts über die Prüfung der Barabfindung ausging. Vor diesem Hintergrund erscheint es geradezu widersinnig, den Aktionär auf seinen Auskunftsanspruch zu verweisen. Durch die Verweisung des Aktionärs auf sein Auskunftsrecht würde der Prüfungsbericht im praktischen Ergebnis den *individuellen* Informationsrechten[493] zugeordnet. Die Prüfungsberichte als Informationsinstrument zählen hingegen prinzipiell zu den organschaftlichen Informationsrechten[494], wie bereits die Systematik zeigt, vgl. §§ 293f Abs. 1 Nr. 3, 320 Abs. 4 S. 1 AktG, 63 Abs. 1 UmwG. Sie bestehen gegenüber dem Gesellschaftsorgan Hauptversammlung, weshalb sie auch als *kollektive* Informationsrechte bezeichnet werden[495]. Sie bestehen damit unabhängig von einem individuellen Auskunftsverlangen des einzelnen Aktionärs und treten damit neben die individuellen hauptversammlungsbezogenen Auskunftsrechte[496]. Die kollektiven Informationspflichten werden durch die individuellen ergänzt[497]. Vor diesem Hintergrund ist die Verweisung des Aktionärs auf sein individuelles Informationsrecht für die Kenntnisnahme vom Inhalt des Prüfungsberichts systemwidrig.
Letztlich enthält auch die Begründung zu § 63 UmwG einen „versteckten Hinweis“, welcher die Annahme rechtfertigt, daß die Einbeziehung des Prüfungsberichts im Sinne der §§ 30 Ab.2 S. 2, 12 UmwG dem Willen des Gesetzgebers entspricht. Danach entspricht § 63 UmwG „unter Einbeziehung der Mischverschmelzung“ dem geltenden Recht[498] (vgl. § 340d Abs. 2 bis 4 AktG a.F.). Für die Mischverschmelzung sieht das UmwG die Sondervorschriften der §§ 29ff. UmwG vor, zu denen auch die Regelung des § 30 Abs. 2 S. 2 UmwG zählt. Die gesetzgeberische Vorstellung von der Einbeziehung der Mischverschmelzung im Rahmen

---

491 Vgl. *Ganske* Begr.RegE UmwBerG 1994, zu § 293f AktG, S. 300.

492 Vgl. *Hüffer* AktG § 293f Rn. 4; *Emmerich* in Emmerich/Habersack Aktien- und GmbH-Konzernrecht § 293f Rn. 1.

493 Vgl. zu der Unterscheidung zwischen individuellen und kollektiven Informationspflichten *K.Schmidt* Informationsrechte, S. 15ff.; *Wohlleben* Informationsrechte, S. 2; *Groß* AG 1997, 97, 100; *Hüffer* ZIP 1996, 401, 404; *Wilde* ZGR 1998, 423f.; *Obermüller/Werner/Winden* Die Hauptversammlung, G.I.2f. Rn. 2ff. (S. 230ff.).

494 Vgl. *Decher* in GroßKomm AktG § 131 Rn. 25; *Obermüller/Werner/Winden* Die Hauptversammlung, G.I.2. Rn. 3 (S. 231); *Wilde* ZGR 1998, 423, 437.

495 *K.Schmidt* Informationsrechte, S. 15; *Wohlleben* Informationsrechte, S. 2; *Obermüller/Werner/Winden* Die Hauptversammlung, G.IV.3.d) Rn. 62 (S. 252).

496 Vgl. *Decher* in GroßKomm AktG § 131 Rn. 24.

497 *Obermüller/Werner/Winden* Die Hauptversammlung, G.IV.3.d) Rn. 62 (S. 252)

498 *Ganske* Begr.RegE UmwBerG 1994, zu § 63 UmwG, S. 93.

der Regelung zur Vorbereitung der Hauptversammlung in § 63 UmwG läßt sich vor diesem Hintergrund dahingehend interpretieren, daß die Auslegung auch des Prüfungsberichts im Sinne des § 30 Abs. 2 S. 2 UmwG gemäß § 63 Abs. 1 Nr. 5 UmwG im Sinne des historischen Gesetzgebers ist.
Im Ergebnis ist somit festzuhalten, daß von der Offenlegungspflicht des § 63 Abs. 1 Nr. 5 UmwG auch der Bericht über die Prüfung der anzubietenden Barabfindung erfaßt wird. Nur durch die *gleichzeitige* Offenlegung dieses Prüfungsberichts und des Verschmelzungsberichts (§ 63 Abs. 1 Nr. 4 UmwG) kann dieser seiner Ergänzungs- und Kontrollfunktion[499] im Hinblick auf die Angaben zur Barabfindung im Verschmelzungsbericht gerecht werden[500]. Einer analogen Anwendung des § 63 Abs. 1 Nr. 5 UmwG bedarf es hierfür nicht[501].
Folglich zählt der Prüfungsbericht zu den „in § 63 Abs. 1 UmwG bezeichneten Unterlagen" im Sinne des § 64 Abs. 1 S. 1 UmwG, welche auch in der Hauptversammlung auszulegen sind.

(bb) Analoge Anwendung der §§ 63 Abs. 1 Nr. 5, 64 Abs. 1 S. 1 UmwG auf den Umwandlungsprüfungsbericht

Die Offenlegungspflicht des Umwandlungsprüfungsberichts im Sinne des §§ 208, 30 Abs. 2 S. 2 UmwG läßt sich nach den vorstehenden Ausführungen zum Verschmelzungsrecht nicht schon mit dem alleinigen Hinweis auf den Wortlaut des § 63 Abs. 1 Nr. 5 UmwG verneinen[502]. Fraglich ist jedoch, ob die zutreffende Feststellung, daß die Bestimmungen des Formwechsels keinen Verweis auf § 63 Abs. 1 Nr. 5 UmwG enthalten[503], ein gegenüber dem Verschmelzungsrecht abweichendes Ergebnis für das Recht des Formwechsel rechtfertigt. § 238 S. 1 UmwG, der auf § 230 Abs. 2 UmwG verweist, sieht lediglich die Auslegung des Umwandlungsberichts, nicht aber des Prüfungsberichts vor[504]. Es stellt sich daher die Frage, ob es sich bei dieser Regelung der Offenlegungspflicht um eine abschließende handelt, welche einer Analogie im Wege steht. Unter Berufung auf die §§ 238 S. 1, 230 Abs. 2 UmwG wird dies zum Teil bejaht; bei der fehlenden ausdrücklichen Regelung der Offenlegungspflicht des Prüfungsberichts handele es sich auch nicht um ein gesetzgeberisches Versehen[505]. Diese Sichtweise überzeugt

499 Siehe dazu ausführlich oben B.II.3.b)aa)(2)(b)(ba).
500 Vgl. im Ergebnis ebenso *Lutter/Grunewald* UmwG (2. Aufl..) § 30 Rn. 6.
501 Vgl. *Bayer* ZIP 1997, 1613, 1621, Fn.132; *Müller* in Kallmeyer UmwG § 30 Rn. 14; für die analoge Anwendung dagegen *Lutter/Grunewald* UmwG (2. Aufl..) § 30 Rn. 6.
502 So aber BGH ZIP 2001, 412, 415 – *Aqua Butzke*; ebenso *Kiem* EWiR 1997, 421, 422.
503 *Kiem* EWiR 1997, 421; *Quack* FS Bezzenberger, 321, 323; vgl. auch *Veil* EWiR 1996, 901, 902; *Hirte* ZHR 167 (2003), 8, 13.
504 Insoweit zutreffend *Quack* FS Bezzenberger, 321, 323; *Veil* EWiR 1996, 901, 902.
505 *Quack* FS Bezzenberger, 321, 323; *Lutter/Happ* UmwG § 232 Rn. 5; für abschließende Regelung auch *Veil* EWiR 1996, 901, 902; im Ergebnis wohl auch BGH ZIP 412, 415 – *Aqua Butzke*.

m.E. nicht. Weder Gesetz noch Materialien bieten einen geeigneten Anhaltspunkt für die Annahme, daß der Gesetzgeber *bewußt* auf die Anordnung der entsprechenden Offenlegungspflicht verzichtet hat. Im Gegenteil verfolgte der Gesetzgeber mit § 230 UmwG das Ziel einer Anpassung der für eine rechtzeitige Unterrichtung der Anteilsinhaber erforderlichen Maßnahmen an das für die Verschmelzung vorgesehene Verfahren, insbesondere an § 63 UmwG[506]. Wenn er dabei den Prüfungsbericht nicht ausdrücklich erwähnt, so erscheint es vor diesem Hintergrund doch naheliegender anzunehmen, daß eine Regelung allein deswegen unterblieb, weil im Formwechsel keine umfassende Prüfung des Formwechsels vorgeschrieben ist[507]. Wenn in diesem Zusammenhang vertreten wird, die Offenlegungspflicht sei gerade deswegen nicht vorgeschrieben worden, weil beim Formwechsel eine Prüfung nicht generell, sondern nur beschränkt für die Frage der Barabfindung vorgesehen ist[508], so verkennt diese Ansicht, daß es sich bei dieser Einschränkung um eine „rein gegenständliche" handelt[509], welche den Sinn und Zweck, insbesondere den a-priori-schützenden Charakter der Prüfung[510] unberührt läßt. Ausweislich der Gesetzesbegründung erfolgte sie allein aus Kostengründen[511], nicht hingegen aus Gründen eines geringer einzustufenden Informationsinteresses bzw. –bedürfnisses, dessen Annahme nicht zuletzt die umfassende und vorbehaltlose Anwendbarkeit des § 12 UmwG gemäß §§ 208, 30 Abs. 2 S. 2 UmwG entgegensteht. Auch der Einwand, auf das Verschmelzungsrecht könne grundsätzlich aufgrund der rechtlichen Unterschiede zu den Übertragungsvorgängen nicht verwiesen werden[512], verfängt nicht, weist doch die Regelung des § 208 UmwG einschließlich ihres Sinn und Zwecks gegenüber § 30 UmwG - ausweislich des eindeutigen Wortlauts und der Gesetzesbegründung[513] - gerade keinerlei Unterschiede auf[514]. Besonders augenscheinlich wird die Systemwidrigkeit der Ablehnung der Offenlegungspflicht und die damit verbundene Verweisung des Aktionärs auf sein allgemeines Auskunftsrecht, wenn der Versuch unternommen wird, die inhaltlichen Berichtsanforderungen des § 12 Abs. 2 S. 2 UmwG als Maßstab für die Ordnungsmäßigkeit der zu erteilenden Auskunft gemäß § 131

---

506 Vgl. *Ganske* Begr.RegE UmwBerG 1994, zu § 230 UmwG, S. 225.

507 Im Ergebnis ebenso *Bayer* ZIP 1613, 1622.

508 So aber *Veil* EWiR § 207 UmwG 1/96, 902; *Jaeger* WiB 1997, 311; *Witt* WuB II N. § 210 UmwG 2.01, 426.

509 Siehe oben B.II.3.b)aa)(2)(a).

510 Siehe dazu oben B.II.3.b)aa)(2)(b)(aa).

511 *Ganske* Begr.RegE UmwBerG 1994, zu § 192 UmwG, S. 191.

512 Vgl. die Ausführungen des LG Berlin ZIP 1997, 1065, 1066f. – *Aqua Butzke*.

513 *Ganske* Begr.RegE UmwBerG 1994, zu § 208 UmwG, S. 209.

514 Wenn die Begründung festhält, daß das Recht des Formwechsels angesichts der erheblichen Unterschiede des Formwechsels nicht allgemein auf das Verschmelzungsrecht verweisen kann (vgl. *Ganske* Begr.RegE UmwBerG 1994, zum Fünften Buch (§§ 190ff. UmwG), S. 186), so läßt sich hieraus angesichts der Verweisung auf die Vorschriften der § 30 i.V.m §§ 10-12 UmwG in § 208 UmwG nichts Gegenteiliges entnehmen.

AktG zugrunde zu legen und gewissermaßen „1:1“ zu übertragen[515]. Dies läuft dem mit der Formalisierung des Informationsrechts verfolgten gesetzgeberischen Zweck, dem Aktionär eine *standardisierte* Informationsquelle an die Hand zu geben, diametral entgegen. Die vergleichsweise kurzen und knappen Antworten zur Erfüllung des Auskunftsanspruchs nach § 131 AktG können die Möglichkeit einer genauen Auseinandersetzung mit der Materie unter Beiziehung sachkundiger Berater nach vorheriger, ausführlicher und schriftlicher Information nicht annähernd aufwiegen und vermitteln den außenstehenden Aktionären gerade nicht die benötigten Informationen, um sich ein eigenes Bild von der Angemessenheit der Abfindung zu machen und sie auf ihre Plausibilität hin zu überprüfen. Gerade weil sich der Inhalt des Prüfungsberichts nicht in der bloßen Bestätigung der Angemessenheit erschöpfen darf[516], reicht die Erteilung einer bloßen Auskunft zur Befriedigung des vom Gesetzgeber in § 12 UmwG berücksichtigten Informationsinteresses und –bedürfnisses nicht aus. Das Auskunftsrecht des Aktionärs kann die Offenlegung des Berichts nicht adäquat ersetzen. Vielmehr kommt die Auskunft nach § 131 AktG lediglich als eine die Offenlegung *ergänzende* Information in Betracht[517]. Schließlich sprechen gegen die Verweisung auf das Auskunftsrecht dieselben Erwägungen wie im Verschmelzungsrecht[518].
Die Offenlegungspflicht läßt sich auch nicht etwa deshalb verneinen, weil die Erkenntnismöglichkeit des Prüfungsberichts angesichts der ausführlichen Erläuterung zur Angemessenheit der Barabfindung im Umwandlungsbericht gering sei[519]. Wäre der Gesetzgeber von der Geringfügigkeit der Erkenntnismöglichkeit ausgegangen, hätte er auf die beschlußvorbereitende Prüfung gleich ganz verzichten können[520]. Diese Auffassung widerspricht zudem der Konzeption der gegen-

---

515 Vgl. *Quack* FS Bezzenberger, 321, 326: „Die Auskunft ist dann vollständig, wenn mindestens das Ergebnis des Prüfungsberichts, die Methoden, mit denen die vorgeschlagene Barabfindung ermittelt worden ist, die Gründe, aus welchen die Anwendung dieser Methoden angemessen ist, und bei Anwendung mehrerer Methoden diese und die Gründe warum mehrere Methoden angewendet wurden, offengelegt werden.“

516 Siehe dazu oben B.II.3.b)aa)(2)(c).

517 *Bayer* ZIP 1997, 1613, 1621; vgl. *Lutter/Lutter/Drygala* UmwG § 12 Rn. 12. – Angesichts der Erfahrung der Praxis, welche zeigt, daß seit der Formalisierung (Offenlegung) obligatorische Prüfungsberichte immer dünner werden und infolgedessen oft nicht sehr aussagekräftig sind (vgl. *Lutter/Bezzenberger* AG 2000, 433, 439), gilt dies um so mehr. Vgl. in diesem Zusammenhang auch *Puszkajler* ZIP 2003, 518, 520, der die „Farblosigkeit“ vieler Prüfungsberichte beklagt und darauf hinweist, daß diese zu 90% aus dem „Schreibautomaten“ zu stammen scheinen, kaum Zahlen enthalten und stets bescheinigen, daß keine besonderen Schwierigkeiten bei der Bewertung aufgetreten sind.

518 Schließlich beanspruchen die für § 8 Abs. 2 UmwG maßgeblichen Grundsätze für das Verschmelzungsrecht aufgrund der Verweisung der §§ 208, 30 Abs. 2 S. 2, 12 Abs. 3 UmwG gleichermaßen Geltung für das Recht des Formwechsels.

519 In diesem Sinne aber *Quack* FS Bezzenberger, 321, 323f.

520 Die Überprüfung des Barabfindungsangebots ist vor allem beim Formwechsel einer Aktiengesellschaft von praktischer Bedeutung, denn Aktionäre haben regelmäßig keine näheren

seitigen Ergänzungsfunktion von Bericht und Prüfungsbericht, welche keine geringeren Anforderungen, geschweige denn einen Verzicht auf die Ausführungen rechtfertigt[521].

Schließlich spricht auch der systematische Vergleich mit der verschmelzungsrechtlichen Prüfung im Sinne der §§ 44 und 48 UmwG dafür, daß das Formwechselrecht keine abschließende Regelung der Offenlegungspflichten enthält und die fehlende Regelung der Offenlegungspflicht hinsichtlich des Prüfungsberichts ein gesetzgeberisches Versehen darstellt. Nach ganz herrschender Ansicht besteht im Falle einer gemäß § 44 S. 1 bzw. § 48 S. 1 UmwG erforderlichen Prüfung *auch ohne* eine ausdrückliche Regelung in § 42 bzw. § 47 UmwG die Pflicht zur Übersendung des Prüfungsberichts[522]. Auch hier wird angesichts der fehlenden Regelung von einem Redaktionsversehen ausgegangen[523]. Von daher spricht viel für die Annahme einer redaktionellen Schwäche, welche schließlich auch - nach nahezu allgemeiner Ansicht - in der fehlenden Erwähnung der Barabfindung in § 192 Abs. 1 S. 1 UmwG liegt[524]. Die besseren Gründe sprechen somit m.E. für die Annahme einer planwidrigen Regelungslücke. Es ist nicht ersichtlich, warum in dieser Frage im Formwechselrecht etwas anderes gelten soll als im Verschmelzungsrecht[525]. Schließlich scheint auch die Praxis von einer entsprechenden Pflicht auszugehen, jedenfalls entspricht es den Erfahrungen der Praxis, daß der Prüfungsbericht aus rechtlicher Vorsorge vielfach ausgelegt wird[526].

Kenntnisse über die Vermögens- und Ertragslage des Unternehmens, *Raiser* Kapitalgesellschaftsrecht, § 47 Rn. 15 (S. 765). Denn gemäß § 238 S. 2 UmwG ist § 192 Abs. 2 UmwG nicht anzuwenden und folglich eine Vermögensaufstellung nicht erforderlich.

521 Siehe dazu oben B.II.3.b)aa)(2)(b)(ba).

522 Vgl. für die Prüfung nach § 44 UmwG: *Lutter/H.Schmidt* UmwG § 42 Rn. 6 m.w.N.; für die Prüfung nach § 48 UmwG: *Lutter/M.Winter* UmwG § 47 Rn. 7 m.w.N.

523 Vgl. schon *Hommelhoff* ZGR 1993, 452, 462 Fn.23.

524 Siehe dazu ausführlich oben B.II.3.b)aa)(1)(b)(aa).

525 Vgl. *Hirte* ZHR 167 (2003), 8, 13; vgl. auch *Vetter* FS Wiedemann, 1323, 1334, der zu Recht diese Frage aufwirft; von daher erscheint seine Ablehnung der Offenlegungspflicht für den Formwechsel nicht konsequent.

526 Nach *Vetter* FS Wiedemann,1323, 1334 Fn.29 wird der Prüfungsbericht in der Praxis „ungeachtet der Streitfrage" gleichwohl vielfach offengelegt. Anders ließe es sich nicht erklären, daß in der Praxis den Aktionären von börsennotierten AG nicht selten aus Gründen rechtlicher Vorsorge in einer umfangreichen Broschüre neben dem Bericht des Vorstands über den Formwechsel auch der Prüfungsbericht des Prüfers gemäß § 208 UmwG zur Verfügung gestellt wird (vgl. *Lutter/Decher* UmwG § 208 Rn. 25). Die Praxis wird damit dem Regelungsziel des § 208 UmwG gerecht. Schließlich kommt der Gesellschaft zugute, daß einer derartigen Praxis weitere Auskünfte in der Hauptversammlung gemäß § 131 AktG nur begrenzt „erforderlich" sind (so noch *Lutter/Decher* UmwG (2. Aufl..) § 208 Rn. 30), so daß letztlich durch die Vermeidung des Risikos von Formfehlern die Annahme der Offenlegungspflicht des Prüfungsberichts analog § 63 Abs. 1 Nr. 5 UmwG auch dem Bedürfnis der Gesellschaft nach Rechtssicherheit entspricht. Wird der Bericht offengelegt, so haben die Aktionäre zwar auch ein Auskunftsrecht, welches sich unmittelbar aus § 12 UmwG und aus § 131 AktG ergibt (vgl. *Lutter/Lutter/Drygala* UmwG § 12 Rn. 12). Die Auskunftserteilung hinsichtlich des

Der Zweck der Berichtspflichten wird nur dann erreicht, wenn der Formwechselvorgang den außenstehenden Aktionären in allen relevanten Einzelheiten offengelegt wird. Dies erfordert eben auch die Offenlegung des Prüfungsberichts. Die Hauptversammlung beschließt über den Formwechsel und mithin auch über die Abfindung als Kondition des Formwechsels. Dafür ist unbedingt notwendig, daß die Aktionäre den Bericht über die Prüfung der Barabfindung einsehen können, d.h. daß der Prüfungsbericht auszulegen ist[527]. Die zwingend vorgeschriebene Prüfung der Barabfindung beim Formwechsel würde völlig entwertet, würde man die Pflicht zur Offenlegung des Prüfungsberichts verneinen[528].
Daher ist sie analog § 63 UmwG anzunehmen. Konsequenterweise ist zugleich analog § 64 Abs. 1 S. 1 UmwG die Pflicht zur Auslage des Prüfungsberichts in der Hauptversammlung zu bejahen, da auch hier eine unterschiedliche Behandlung nicht gerechtfertigt erscheint.

(4) Mitteilung des Abfindungsangebotes, § 231 UmwG

Gemäß § 231 S. 1 UmwG hat der Vorstand der formwechselnden Aktiengesellschaft den Aktionären spätestens zusammen mit der Einberufung der Hauptversammlung, die den Formwechsel beschließen soll, das Abfindungsangebot nach § 207 UmwG zu übersenden. Nach Satz 2 steht es der Übersendung gleich, wenn das Abfindungsangebot im Bundesanzeiger und den sonst bestimmten Gesellschaftsblättern[529] bekanntgemacht wird. Mit dieser Regelung soll ausweislich der Gesetzesbegründung für alle Anteilsinhaber ein unmittelbarer Zugang zu dem Abfindungsangebot sichergestellt werden[530]. Adressat der Mitteilung sind danach alle Aktionäre[531]. Die Verpflichtung zur Übersendung oder öffentlichen Bekanntmachung besteht in allen Fällen des Formwechsels einer Aktiengesellschaft in eine Personengesellschaft – und gemäß § 238 S. 1 UmwG des Formwechsels in eine Kapitalgesellschaft anderer Rechtsform - , in denen ein Abfindungsangebot gemäß § 207 UmwG zu machen ist[532]. Keine Pflicht zur Mitteilung eines Barabfindungsangebotes besteht dagegen, wenn es keines Barabfindungsangebotes bedarf, also etwa wenn der Umwandlungsbeschluß zu seiner Wirksamkeit der Zu-

---

Berichtsinhalts erübrigt sich jedoch in aller Regel; denn sie ist nicht „erforderlich" im Sinne des § 131 Abs. 1 AktG (s. dazu näher unten B.II.3.b)aa)(5)(b)(ba)). Von daher ist die Offenlegung rechtspolitisch aus Sicht des Aktionärs und aus Sicht des Unternehmens zur Reduzierung des Risikos von Formfehlern zugleich sinnvoll und sachgerecht (vgl. *Lutter/Decher* UmwG (2. Aufl..) § 208 Rn. 30).

527 Vgl. *Lutter/Lutter/Drygala* UmwG § 12 Rn. 12.

528 *Bayer* ZIP 1997, 1613, 1622.

529 Gemäß § 25 S. 1 AktG hat die Mitteilung daher jedenfalls im Bundesanzeiger zu erfolgen.

530 *Ganske* Begr.RegE UmwBerG 1994, zu § 231 UmwG, S. 226.

531 *Ihrig* in Semler/Stengel UmwG § 231 Rn. 9.

532 Vgl. *Ihrig* in Semler/Stengel UmwG § 231 Rn. 2.

stimmung aller Anteilsinhaber bedarf (§ 194 Abs. 1 Nr. 6 UmwG) oder weil die Anteilsinhaber auf ein Abfindungsangebot verzichten[533].

(5) Der aktienrechtliche Auskunftsanspruch des § 131 AktG im Hinblick auf die gemäß § 207 UmwG anzubietende Barabfindung

Mit der Zuweisung einer Entscheidung an die Hauptversammlung ist nach § 131 AktG ein Auskunftsrecht verbunden[534]. Im Rahmen von Strukturänderungen billigt die Hauptversammlung das der Ermittlung angemessener Kompensationsleistungen zugrundeliegende Bewertungsergebnis[535]. Die Kompetenz hinsichtlich der Bestimmung der Höhe der Abfindung liegt insoweit - trotz der Möglichkeit eines Spruchverfahrens - bei der Hauptversammlung[536]. Im Prinzip kann demnach jeder Aktionär Auskunft zu der gemäß § 207 UmwG anzubietenden Barabfindung verlangen[537].

(a) Kein tatbestandlicher Ausschluß des Auskunftsanspruchs durch die speziellen umwandlungsgesetzlichen Informationspflichten

Nach ganz herrschender Meinung steht der aktienrechtliche Auskunftsanspruch gemäß § 131 Abs. 1 S. 1 AktG grundsätzlich neben den umwandlungsgesetzlichen Informationspflichten[538] und damit bezogen auf die Barabfindung grundsätzlich auch neben den speziellen abfindungswertbezogenen Informationspflichten beim Formwechsel[539]. Dies wird teilweise bezweifelt und ein tatbestandlicher Ausschluß des Auskunftsrechts im Hinblick auf die Spezialität der umwandlungsgesetzlichen Normen angenommen[540]. Dieser Ansicht liegt die Auffassung zugrunde, daß sich dem UmwG kein Anhaltspunkt dafür entnehmen lasse, daß das Auskunftsrecht des § 131 Abs. 1 AktG neben den speziellen Informationspflich-

---

533 *Lutter/Happ* UmwG § 238 Rn. 8; *Ihrig* in Semler/Stengel UmwG § 231 Rn. 2; *Mutter/Arnold* in Semler/Stengel UmwG § 238 Rn. 8.

534 *Ebenroth* AG 1988, 1, 5; *ders.* Konzernbildungs- und Konzernleitungskontrolle, S. 47ff.

535 Vgl. *Hoffmann-Becking* in Henze/Hoffmann-Becking GesR 2001, 55, 60.

536 Vgl. *Lutter/Lutter/Drygala* UmwG § 12 Rn. 12.

537 Der materiell-rechtliche Auskunftsanspruch in Bezug auf die Abfindung wurde vom BGH (BGHZ 146, 179- *MEZ*; BGH ZIP 2001, 412 – *Auqa Butzke*) nicht in Abrede gestellt, so zutreffend *Kubis* in MünchKomm AktG § 131 Rn. 150a.

538 Vgl. *Decher* in GroßKomm AktG § 131 Rn. 24, 38; *Schiessl* in VGR GesR 1999, 57, 66f.; *Lutter* FS Fleck, 169, 180f.; *Henze* ZIP 2001, 97, 103; *Kubis* in FS Kropff, 171, 186; *Wilde* ZGR 1998, 423, 443.

539 BGHZ 146, 179, 186 – *MEZ*; BGH ZIP 2001, 412, 415 – *Aqua Butzke*; *Ihrig* in Semler/Stengel UmwG § 232 Rn. 13; *Lutter/Happ* UmwG § 232 Rn. 14.

540 *Hirte* ZHR 167 (2003), 8, 14ff.

ten des UmwG anwendbar sei[541]. Insbesondere könne aus der Vorschrift des § 64 Abs. 2 UmwG nichts Gegenteiliges abgeleitet werden[542]. § 64 Abs. 2 UmwG setze zwar voraus, daß über die für die Verschmelzung wesentlichen Angelegenheiten des eigenen Rechtsträgers Auskunft zu erteilen ist, er sage aber nichts zu der Frage, *wie* dies zu geschehen habe[543]. Insbesondere verlange § 64 Abs. 2 UmwG nicht, daß diese Informationspflicht außer nach den spezialgesetzlichen Vorgaben des UmwG auch nach § 131 AktG zu erfüllen sei[544]. Dieser Einwand läuft indes leer.

Gesetzliche Grundlage für den Anspruch auf Auskunft über die für die Verschmelzung wesentlichen Angelegenheiten in der Hauptversammlung ist nämlich nicht § 64 Abs. 2 UmwG, sondern § 131 Abs. 1 S. 1 AktG[545]. Dies folgt schon aus der Gesetzesbegründung, derzufolge mit § 64 Abs. 2 UmwG nicht in die allgemeinen Vorschriften des AktG über das Recht der Auskunftsverweigerung nach § 131 Abs. 3 AktG eingegriffen werden sollte[546]. Hätte der Gesetzgeber gewollt, daß der Auskunftsanspruch nicht nach § 131 Abs. 1 AktG, sondern nach § 64 Abs. 2 UmwG – als gesetzliche Grundlage - zu erfüllen wäre, hätte es hierfür einer entsprechenden Regelung nicht nur der Voraussetzungen der in der Begründung ausdrücklich angesprochenen Auskunftsverweigerung, sondern vielmehr schon der allgemeinen Tatbestandsvoraussetzungen des Auskunftsanspruchs bedurft, welche § 64 Abs. 2 UmwG aber gerade vermissen läßt. Es ist also vielmehr davon auszugehen, daß die Norm ein Sonderfall des Auskunftsrechts nach § 131 AktG ist, für den die allgemeinen Regeln dieser Norm gelten[547]. Da § 64 Abs. 2 UmwG insofern nach dem Willen des Gesetzgebers kein selbständiger Auskunftstatbestand sein soll, kann nicht angenommen werden, daß § 64 Abs. 2 UmwG nicht verlange, daß die Informationspflicht außer nach den spezialgesetzlichen Vorgaben des UmwG auch nach § 131 AktG zu erfüllen ist[548]. Wenn aber der Auskunftsanspruch gemäß § 64 Abs. 2 UmwG nach § 131 AktG zu erfüllen ist, dann kann für das Verhältnis zwischen den Berichtspflichten und dem § 131 AktG keine Spezialität in dem Sinne angenommen werden, daß erstere den Auskunftsanspruch verdrängen[549]. Das Gesetz trägt in § 64 Abs. 2 UmwG der Tatsache

---

541 *Hirte* ZHR 167 (2003), 8, 14.

542 *Hirte* ZHR 167 (2003), 8, 14.

543 *Hirte* ZHR 167 (2003), 8, 14.

544 *Hirte* ZHR 167 (2003), 8, 15.

545 *Riegger* in Widmann/Mayer UmwG § 64 Rn. 11; *Kraft* in KölnKomm AktG § 340d Rn. 15; *Semler* in Münchner Handbuch des GesR § 37 Rn. 21 (S. 479); *Bayer* AG 1988, 323, 329; *Keil* Der Verschmelzungsbericht, S. 58.

546 *Ganske* Begr.RegE UmwBerG 1994, zu § 64 UmwG, S. 94.

547 *Lutter/Grunewald* UmwG § 64 Rn. 8; *Engelmeyer* BB 1998, 330, 335; vgl. zur Vorgängerregelung *Kraft* in KölnKomm AktG § 340d Rn. 15; *Grunewald* in G/H/E/K AktG § 340d Rn. 17; *Bayer* AG 1988, 323, 329; *Keil* Der Verschmelzungsbericht, S. 58.

548 So aber *Hirte* ZHR 167 (2003), 8, 15.

549 So aber *Hirte* ZHR 167 (2003), 8, 17.

Rechnung, daß nur dann sachgerecht über die Verschmelzung befunden werden kann, wenn auch über den oder die Verschmelzungspartner Informationen erteilt werden[550]. § 64 Abs. 2 UmwG ist insofern im Zusammenhang mit den Vorschriften der §§ 63 Abs. 1 Nr. 4, 8 Abs. 1 UmwG zu sehen, nach denen Verschmelzungsberichte für alle beteiligten Rechtsträger zu erstatten und auszulegen sind[551]. Damit hat der Gesetzgeber jedoch ausdrücklich klargestellt, daß jedenfalls hinsichtlich der Information in Bezug auf die *anderen* an der Verschmelzung beteiligten Rechtsträger keine Spezialität zwischen den Berichtspflichten (§§ 63 Abs. 1 Nr. 4 und 5, 8 Abs. 1, 12 Abs. 1 UmwG) und dem aktienrechtlichen Auskunftsanspruch bestehen kann. Vor diesem Hintergrund ist die Annahme, daß hinsichtlich des *eigenen* Rechtsträgers eine entsprechende Spezialität anzunehmen sei, systemwidrig. Es ist auch wenig sachgerecht und insofern nicht nachvollziehbar, warum dem Aktionär im Hinblick auf die Information über den anderen Rechtsträger umfangreichere Informationswege offen stehen sollen als in Bezug auf den eigenen. Die Systemwidrigkeit der Annahme einer Verdrängung des Auskunftsrechts infolge Spezialität wird unterstrichen durch die Anordnung des Gesetzgebers in § 8 Abs. 1 S. 4 UmwG (§ 192 Abs. 1 S. 2 UmwG), nach der Berichts- und Auskunftsgegenstand grundsätzlich identisch sein können[552].
Die Annahme, die durch das UmwG beabsichtigte wesentliche Verbesserung der Information finde gewissermaßen „auf Kosten des allgemeinen Auskunftsanspruchs“ statt, widerspricht schließlich auch dem konzeptionellen Anliegen des Umwandlungsgesetzgebers, der ausweislich der Gesetzesbegründung die Geltung der allgemeinen gesellschaftsrechtlichen Gesetze voraussetzt und sich im UmwG darum bemüht, diese Normen möglichst wenig und nur dort anzutasten, wo die besonderen Erfordernisse der verschiedenen Umwandlungsvorgänge dies unumgänglich machen oder geboten erscheinen lassen[553]. Wie sich insbesondere an der Vorschrift des § 64 Abs. 2 UmwG zeigt, hat der Gesetzgeber demzufolge das allgemeine Auskunftsrecht nach § 131 AktG hinsichtlich der Angelegenheiten des eigenen Rechtsträgers nicht nur nicht angerührt[554], sondern es vielmehr vorausgesetzt und gegenständlich ausgedehnt[555] bzw. erweitert[556]. § 64 Abs. 2 UmwG soll

550 *Lutter/Grunewald* UmwG § 64 Rn. 6.

551 Vgl. *Riegger* in Widmann/Mayer UmwG § 64 Rn. 11.

552 § 8 Abs. 1 S. 4 UmwG setzt – ebenso wie § 64 Abs. 2 UmwG und die entsprechende Regelung des § 49 Abs. 3 UmwG) - die Auskunftspflichten der allgemeinen gesellschaftsrechtlichen Gesetze (§ 131 AktG, § 51a GmbHG) voraus (vgl. *Lutter/Lutter/Drygala* UmwG § 8 Rn. 43). Die Auskunft nach § 8 Abs. 1 S. 4 UmwG ist demnach - wie die Auskunft nach § 64 Abs. 2 UmwG - nach § 131 AktG zu erteilen.

553 *Ganske* Begr.RegE UmwBerG 1994, S. 33.

554 *Ganske* Begr.RegE UmwBerG 1994, zu § 64 UmwG, S. 94.

555 Vgl. *Hoffmann-Becking* in Henze/Hoffmann-Becking GesR 2001, 55, 56.

556 Vgl. *Lutter/Grunewald* UmwG § 64 Rn. 6; *Diekmann* in Semler/Stengel UmwG § 64 Rn. 15; *Obermüller/Werner/Winden* Die Hauptversammlung, G.IV.3.d) Rn. 63 (S. 252) *Emmerich* in Emmerich/Habersack Aktien- und GmbH-Konzernrecht § 293g Rn. 11; *Habersack* in

damit keinen „zusätzlichen umwandlungsgesetzlichen Informationsweg" schaffen, sondern einen bereits nach allgemeinem Gesellschaftsrecht bestehenden Informationsweg gegenständlich ausdehnen bzw. erweitern.
Danach steht das allgemeine Auskunftsrecht des Aktionärs gemäß § 131 Abs. 1 AktG grundsätzlich selbständig neben den speziellen Informationspflichten des UmwG.

(b) Interdependenz zwischen (abfindungswertbezogenem) Auskunftsanspruch und den speziellen umwandlungsgesetzlichen Informationspflichten

Wenn der allgemeine aktienrechtliche Auskunftsanspruch also nicht durch die speziellen umwandlungsrechtlichen Informationspflichten ausgeschlossen wird, sondern vielmehr neben diesen „selbständig" zur Anwendung kommt, so könnte hieraus gefolgert werden, daß auch sein Umfang ebenso selbständig, d.h. gänzlich unabhängig von den umwandlungsrechtlichen Informationsinstrumenten zu beurteilen ist. Angesichts des weitreichenden Umfangs der ausführlichen formalisierten beschlußvorbereitenden Information drängt sich indes die Frage, ob und inwieweit eine Interdependenz zwischen beiden Informationsinstrumenten besteht, geradezu auf.

(aa) Erforderlichkeit der Auskunft unter Berücksichtigung der ausführlichen formalisierten beschlußvorbereitenden Information

Der Auskunftsanspruch ist bei Strukturmaßnahmen nach dem UmwG als Bestandteil des umfassenden umwandlungsgesetzlichen Systems von Informationsrechten und –pflichten[557] und insofern lediglich als Baustein[558] zu begreifen. Er ist gewissermaßen in das Informationssystem „eingebettet". § 131 Abs. 1 S. 1 AktG verlangt, daß die Auskunft zur sachgemäßen Beurteilung des Gegenstandes der Tagesordnung *erforderlich* ist. Zwar hat der Gesetzgeber mit den umwandlungsgesetzlichen Informationspflichten eine Wertung vorgenommen, welche Information für die Beurteilung der Umwandlungsmaßnahme erforderlich ist. Dies bedeutet indes nicht zugleich, daß eine begehrte Auskunft, welche sich auf den umwandlungsgesetzlichen Informationsgegenstand bezieht, auch im (technischen) Sinne des § 131 Abs. 1 S. 1 AktG erforderlich ist. Vielmehr gibt der weitreichende Ausbau der Informationsrechte des Aktionärs Anlaß dazu, für die Beurteilung der

---

MünchKomm AktG § 293g Rn. 13f.; *Hüffer* AktG § 131 Rn. 13; *Groß* AG 1997, 97, 107; abweichend *Decher* in GroßKomm AktG § 131 Rn. 258, der infolge einer weiten Auslegung des § 131 AktG der Vorschrift des § 64 Abs. 2 UmwG lediglich klarstellende Bedeutung beimißt.

557 Vgl. *Decher* in GroßKomm AktG § 131 Rn. 20; *Hommelhoff* ZGR 2000, 748, 755.

558 Vgl. *Seibt* in VGR GesR 2000, 37, 42f.

Erforderlichkeit einer begehrten Auskunft zu berücksichtigen, von welchem Informationsniveau aus gefragt wird[559]. Denn mit Rücksicht auf die Entwicklung der Gesetzgebung im Hinblick auf die Befriedigung des berechtigten Informationsbedürfnis durch andere gesetzliche Mechanismen im Vorfeld der Hauptversammlung[560] hat das berechtigte Interesse an der Erteilung von Auskünften in der Hauptversammlung entschieden an Gewicht verloren[561]. Die Auffassung einer *Begrenzung* des Auskunftsrechts durch die umfängliche Information im Vorfeld der Hauptversammlung[562] widerspricht – im Gegensatz zu der Auffassung einer vollständigen Verdrängung[563] - nicht dem Prinzip des grundsätzlichen Nebeneinanders von Auskunftspflicht und umwandlungsgesetzlichen Informationspflichten. Den Materialien läßt sich diesbezüglich ein gewisses Rangverhältnis entnehmen, nach dem der Gesetzgeber dem durch das UmwG formalisierten Informationsrecht gegenüber dem allgemeinen Auskunftsrecht den größeren Wert und damit einen gewissen Bedeutungsvorrang eingeräumt hat[564]. Vor diesem Hintergrund ist die Annahme, die Erforderlichkeit sei grundsätzlich weit auszulegen, da das allgemeine Auskunftsrecht des Aktionärs das wichtigste Schutzinstrument darstelle[565], jedenfalls dann nicht gerechtfertigt, wenn die betreffende, den Gegenstand der begehrten Auskunft bildende Information bereits einen wesentlichen Schwerpunkt der dem Aktionär zugänglichen Unterlagen bildet. Zwar werden dem Auskunftsrecht durch die besonders weitreichenden Informationspflichten im Vorfeld der Hauptversammlung prinzipiell neue Bereiche erschlossen[566], was sich auch an der Regelung des § 64 Abs. 2 UmwG zeigt. Im Wesentlichen wird man jedoch insbesondere durch das vielfach erreichte hohe Niveau der Berichterstattung des Vorstands eine das individuelle Auskunftsrecht begrenzende Wirkung annehmen müssen[567]. Die umwandlungsgesetzlichen Informationspflichten im Vorfeld der Hauptversammlung reduzieren danach das Maß dessen, was im Sinne des § 131 Abs. 1 S. 1 AktG als erforderlich angesehen werden muß[568]. Demzufolge ist dort kein Raum für die Annahme der Erforderlichkeit einer begehrten Aus-

559 Vgl. *Decher* in GroßKomm AktG § 131 Rn. 157 m.w.N.

560 Vgl. dazu auch *Hoffmann-Becking* in Henze/Hoffmann-Becking GesR 2001, 55, 56ff.

561 *Joussen* AG 2000, 241, 250f.

562 Vgl. *Decher* in GroßKomm AktG § 131 Rn. 40; *Groß* AG 1996, 111, 118; *Schiessl* in VGR GesR 1999, 57, 66f.; *Zöllner* AG 2000, 145, 153; *Joussen* AG 2000, 241, 250f.; *Hirte* ZHR 167 (2003), 8, 18.

563 Siehe zu der Ansicht von *Hirte* oben B.II.3.aa)(5)(a).

564 Vgl. Ganske Begr.RegE UmwBerG 1994, zu § 8 UmwG, S. 43.

565 In diesem Sinne aber zum Auskunftsrecht beim Unternehmensvertrag gemäß §§ 131 Abs. 1, 293g Abs. 3 AktG *Emmerich* in Emmerich/Habersack Aktien- und GmbH-Konzernrecht § 293g Rn. 20; *Habersack* in MünchKomm AktG § 293g Rn. 15

566 Vgl. *Decher* in GroßKomm AktG § 131 Rn. 39.

567 *Decher* in GroßKomm AktG § 131 Rn. 40; *Groß* AG 1996, 111, 118; *Hirte* ZHR 167 (2003), 8, 18.

568 Vgl. *Hirte* ZHR 167 (2003), 8, 18.

kunft im Sinne des § 131 Abs. 1 S. 1 AktG, wenn sich diese hinreichend aus den dem Aktionär zugänglichen bzw. zur Verfügung gestellten Unterlagen der Beschlußvorbereitung beantwortet[569]. Auf mündliche Auskunft kann also dann verzichtet werden, wenn die erforderlichen Informationen vor der Beschlußfassung in schriftlicher Form an anderer Stelle erteilt werden[570]. In diese Richtung weisen auch die Vorschläge der Regierungskommission Corporate Governance[571]. Der Auskunftsanspruch des Aktionärs geht insoweit ins Leere[572].

(bb) Eingeschränkte Erforderlichkeit der Auskunft zur Barabfindung neben Umwandlungsbericht und Prüfungsbericht beim Formwechsel

Da der Gesetzgeber beim Formwechsel das Niveau des Schutzes durch Vorab-Information auf das (hohe) verschmelzungsrechtliche Niveau angehoben hat[573], gelten die vorstehenden Überlegungen zum Verschmelzungsrecht gleichermaßen für das Recht des Formwechsels. Für die Erforderlichkeit der begehrten Auskünfte im Hinblick auf die Begründung und Erläuterung der anzubietenden Barabfindung beim Formwechsel folgt hieraus, daß es insbesondere angesichts der eingehenden Information durch Umwandlungsbericht und Prüfungsbericht - die ordnungsgemäße Erfüllung der Berichtspflichten *und* der Offenlegungspflichten wohlgemerkt vorausgesetzt - grundsätzlich an der Erforderlichkeit der begehrten Auskünfte fehlen dürfte[574]. Die Barabfindung bildet als Teil der vermögensrechtlichen Seite der Strukturmaßnahme den Schwerpunkt der Berichterstattung[575] und ist darüber hinaus Gegenstand eines ausführlichen Prüfungsberichts. Beide Unterlagen sind von der Einberufung der Hauptversammlung an in dem Geschäftsraum der Gesellschaft und in der Hauptversammlung auszulegen, §§ 192 Abs. 1 i.V.m. 238 S. 1, 230 Abs. 2 S. 1, 239 Abs. 1 bzw. §§ 208, 30 Abs. 2 S. 2, 12 Abs. 1 i.V.m. analog §§ 63 Abs. 1 Nr. 5, 64 Abs. 1 S. 1 UmwG[576]. Umwandlungs- und Prüfungsbericht müssen den Aktionären eine Plausibilitätskontrolle der anzubie-

---

569 *Zöllner* AG 2000145, 154; *Hommelhoff* ZGR 2000, 748, 755; *Hüffer* ZGR 2001, 833, 845; *Obermüller/Werner/Winden* Die Hauptversammlung, G.IV.3.d) Rn. 65 (S. 253); *Wilde* ZGR 1998, 423, 443; vgl. *Kubis* in FS Kropff, 171, 186; *Volhard* in Semler/Volhard Arbeitshandbuch für die HV, I F 23 (S. 374).

570 Vgl. *Bayer* in Hommelhoff/Lutter/Schmidt/Schön/Ulmer Corporate Governance 2002, 137, 149.

571 *Baums* Kommissionsbericht Corporate Governance Rn. 105; vgl. dem Vorschlag zustimmend *Reichert* in Hommelhoff/Lutter/Schmidt/Schön/Ulmer Corporate Governance 2002, 165, 180.

572 *Hommelhoff* ZGR 2000, 748, 755.

573 *Lutter/Decher* UmwG vor § 190 Rn. 7; siehe dazu näher oben B.II.3.b)aa)(1)(b).

574 Vgl. für den Prüfungsbericht *Lutter/Decher* UmwG (2. Aufl..) § 208 Rn. 30.

575 Siehe dazu eingehend oben B.II.3.b)aa)(1)(b)(aa).

576 Siehe zur Offenlegungspflicht des Umwandlungsberichts *und* des Prüfungsberichts ausführlich oben B.II.3.b)aa)(3).

tenden Barabfindung ermöglichen[577]. Von daher erscheint es in der Tat gerechtfertigt, die Erforderlichkeit - die ordnungsgemäße Berichterstattung[578] und Offenlegung vorausgesetzt – für den Regelfall zu verneinen. Der Vorstand kann in diesem Fall den Aktionär, der diesbezüglich Auskunft begehrt, auf die ihm zugänglichen Informationsquellen und die entsprechenden Passagen der Berichte verweisen[579]. Zwar ist die Erforderlichkeit prinzipiell immer Frage des Einzelfalls[580]. Insofern wird man gegenüber einer allzu generalisierenden Betrachtung grundsätzlich einwenden müssen, daß es nicht auszuschließen ist, daß die begehrte Auskunft trotz der ausliegenden Unterlagen im Einzelfall erforderlich sein kann. Insofern bleiben Zweifelsfragen hinsichtlich des Umfangs der Informations- bzw. Auskunftsverpflichtung. Denn selbst die ausführlichsten Berichte werden nicht immer von vornherein alle berechtigten Fragen beantworten können; insbesondere können für den Laien bei schwierigen Sachverhalten Verständnisfragen möglich bzw. offen bleiben[581]. Jedoch wird eine wirklich erforderliche Auskunft die seltene Ausnahme bleiben und man jedenfalls für den Regelfall von der fehlenden Erforderlichkeit ausgehen können. Dies erscheint im Hinblick auf die Barabfindung im Vergleich zu anderen Gegenständen der Vorabinformationspflicht *eher* gerechtfertigt, weil für ihre Beurteilung bzw. Nachvollziehbarkeit der Prüfungsbericht als zweite wichtige Säule neben dem Umwandlungsbericht für eine möglichst umfassende Information zur Verfügung steht[582].
Für die regelmäßige Verneinung der Informationspflicht spricht nicht zuletzt auch entscheidend, daß der Aktionär zwar ausführlich und umfassend über die zu beschließende Strukturmaßnahme informiert werden soll. Die Informationspflicht des Vorstands reicht indes nicht so weit, daß sie dem Aktionär eine Detailkontrolle ermöglichen soll. Vielmehr sollen gerade im Hinblick auf die Beurteilung der anzubietenden Barabfindung Umwandlungsbericht und Prüfungsbericht dem Aktionäre nicht weniger, aber auch nicht mehr als eine Plausibilitätskontrolle ermöglichen[583]. Diesem Informationsziel nunmehr widerspricht es, wenn der Aktionär sein Auskunftsrecht in der Hauptversammlung dazu gebraucht, Detailinformationen abzufragen, um auf diese Weise eine Detailkontrolle zu erreichen. In der Praxis wird das Auskunftsrecht häufig eingesetzt, um eine Vielzahl detaillierter Be-

---

577 Siehe zu der Ergänzungsfunktion des Prüfungsberichts oben B.II.3.b)aa)(2)(b)(ba).

578 Die Verneinung der Erforderlichkeit setzt voraus, daß die Gesellschaft hinsichtlich der Erläuterungen fleißig genug war, vgl. *Zöllner* AG 2000, 142, 152.

579 Vgl. *Decher* in GroßKomm AktG § 131 Rn. 157.

580 *Hüffer* AktG § 131 Rn. 17.

581 *Decher* in GroßKomm AktG § 131 Rn. 40.

582 Hier zeigt sich besonders deutlich die rechtspolitische Notwendigkeit der Annahme einer Offenlegungspflicht des Prüfungsberichts analog § 63 Abs. 1 Nr. 5 UmwG; siehe dazu ausführlich oben B.II.3.b)aa)(3)(b).

583 Siehe oben B.II.3.b)aa)(1)(b)(ba) und (2)(c).

wertungsfragen auszubreiten[584]. Die Vorstandsberichte werden vielfach weniger als Informationsquelle genutzt, denn als „Steinbruch“, um aus angeblichen Lücken Anfechtungsgründe zu machen, indem die Nicht- bzw. Fehlbeantwortung provoziert wird[585]: Man fragt so lange, bis man glaubt, die Verwaltung an einer nicht beantworteten Frage „festnageln“ zu können[586]. Einer solchen „Fehlentwicklung“ bzw. einem solchen „Mißbrauchs“ des Auskunftsanspruchs[587] kann und sollte indes de lege lata bereits durch eine restriktive Auslegung des Tatbestandsmerkmals „erforderlich“ im Sinne des § 131 Abs. 1 S. 1 AktG begegnet und entgegengewirkt werden, wie es schon dem Anliegen des Gesetzgebers zum AktG 1965 entsprach[588]. Dies ist jedenfalls dort gerechtfertigt, wo lediglich eine Plausibilitätskontrolle bezweckt ist und diese durch die für den Aktionär zugänglichen Unterlagen ermöglicht wird. Denn dem Auskunftsanspruch kann hier lediglich eine ergänzende bzw. unterstützende Bedeutung im Hinblick auf die Ermöglichung der Plausibilitätskontrolle zukommen. Die beschränkte Kontrolldichte schließt indes aus, daß Detailinformationen zur Barabfindung abgefragt werden. Entweder der Bericht ermöglicht zusammen mit dem Prüfungsbericht eine solche Plausibilitätskontrolle, dann ist für Auskünfte kein Raum, oder die Berichte erreichen dies nicht, dann sind bereits diese fehlerhaft; eine Auskunft kann dies nicht heilen[589].

Die Auskunft zur anzubietenden Barabfindung wird demnach angesichts der gemeinsam durch Umwandlungsbericht und Prüfungsbericht zu ermöglichenden Plausibilitätskontrolle - jedenfalls in der Regel - nicht erforderlich im Sinne des

584 Ebenso *DAV-Handelsrechtsausschuß Stellungnahme* Gesetzgebungsvorschläge der Regierungskommission Corporate Governance, BB Beilage 4/2003, 1, 8.

585 *Schiessl* in VGR GesR 1999, 57, 67; *Vetter* FS Wiedemann, 1323, 1331; vgl. auch *Seibt* in VGR GesR 2000, 37, 42f.

586 *Lutter* JZ 2000, 837, 838, der in diesem Zusammenhang darauf hinweist, daß die vorzulegenden Berichte - nachdem die Gesellschaften und ihre Berater aus anfänglichen Fehlern gelernt haben (BGHZ 107, 296 = BGH ZIP 1989, 980 – *Kochs Adler*) – heute keine Angriffsfläche mehr bieten und insofern der Auskunftsanspruch ins Zentrum der Politik der „professionals“ gerückt ist; ebenso *Reichert* in Hommelhoff/Lutter/Schmidt/Schön/Ulmer Corporate Governance 2002, 165, 179.

587 Vgl. dazu *Decher* in GroßKomm AktG § 131 Rn. 51f. mit zahlreichen Nachweisen in Fn.53.

588 Das zusätzlich Erfordernis der Erforderlichkeit sollte Mißbräuche des Auskunftsrechts verhindern und einen ordnungsgemäßen Ablauf der Hauptversammlung gewährleisten, *Kropff* Begr.RegE AktG 1965, zu § 131 AktG, S. 185.

589 Die Ergänzungsfunktion des Auskunftsrechts führt nicht dazu, daß der Vorstand im Vorstandsbericht fehlende oder fehlerhafte Angaben, die für den Berichtszweck („Plausibilitätskontrolle“) wesentlich sind, durch seine mündlichen Erläuterungen in der Hauptversammlung oder durch Beantwortung von Aktionärsfragen wirksam nachbessern und damit Anfechtungsklagen den Boden entziehen kann, *Wilde* ZGR 1998, 423, 443 mit umfangreichen Nachweisen auch zur Gegenansicht, welche jedoch – wie etwa *Bayer* ZGR 1995, 613ff. – lediglich geringfügige Berichtsmängel für behebbar halten.

§ 131 Abs. 1 S. 1 AktG sein und ein dennoch geltend gemachter Auskunftsanspruch infolgedessen ins Leere gehen.

(c) Ergebnis

Im Ergebnis ist daher festzuhalten, daß es insoweit dem Vorstand einer formwechselinteressierten Aktiengesellschaft obliegt, durch entsprechenden Fleiß im Rahmen der beschlußvorbereitenden Information die fehlende Erforderlichkeit der Auskunft zur anzubietenden Abfindung herbeizuführen. Die Gerichte können und sollten in Zukunft verstärkt entsprechende (erkennbare) Anstrengungen durch restriktive Handhabung bis hin zur Verneinung des Tatbestandsmerkmals der Erforderlichkeit im Sinne des § 131 AktG würdigen und entsprechend honorieren.

(6) Zusammenfassung

Der A-priori-Schutz durch ausführliche Information im Vorfeld der Hauptversammlung stellt einen gesetzgeberischen Schwerpunkt des UmwG dar. Bei seiner Ausgestaltung hat der Gesetzgeber wiederum besonderes Gewicht auf die vermögensrechtliche Seite der jeweiligen Umwandlung, zu der auch die anzubietende Barabfindung beim Formwechsel zählt[590], gelegt. Dementsprechend findet sich im Recht des Formwechsels ein differenziertes und umfangreiches System von abfindungswertbezogenen Informations- und Berichtspflichten. Auch wenn die Regelungen der einzelnen Informationspflichten zum Teil redaktionelle Schwächen aufweisen[591], deren Existenz angesichts des zu Recht als „Verweisungsdschungel[592]" bezeichneten UmwG nicht verwundert, so vermögen diese nicht über die eindeutige Schwerpunktsetzung durch den Umwandlungsgesetzgeber hinweg zu täuschen und dürfen insoweit insbesondere nicht zum Anlaß genommen werden, an der besonderen Bedeutung der abfindungswertbezogenen Informationspflichten zu zweifeln oder sie in Frage zu stellen. Wenn der BGH in seiner Urteilsbegründung insoweit ausführt, daß der Gesetzgeber bei der Fassung des UmwG „*bestrebt*" war, den Interessen der von der Strukturmaßnahme der formwechselnden Umwandlung betroffenen Anteilsinhaber an hinreichend ausführlicher Vorab-Information „*auch*" hinsichtlich der zu gewährenden Barabfindung durch Forma-

---

590 Vgl. *Hommelhoff* ZGR 1993, 452, 463.

591 Vgl. etwa die fehlende ausdrückliche Erwähnung der im Umwandlungsbericht gemäß § 192 Abs. 1 UmwG ausführlich zu begründenden und erläuternden Barabfindung (s. dazu ausführlich oben B.II.3.b)aa)(1)(b)(aa)) oder die fehlende ausdrückliche Regelung der Offenlegungspflicht des Prüfungsberichts im Sinne des §§ 208, 30 Abs. 2, 12 UmwG (s. dazu ausführlich oben B.II.3.b)aa)(3)(b)).

592 Vgl. *Bayer/Wirth* ZIP 1996, 817 (zur Spaltung); *Bayer* ZIP 1997, 1613, 1626; *Kiem* in Hommelhoff/Röhricht GesR 1997, 105, 107.

lisierung grundlegender Information in einer Reihe von Vorschriften Rechnung zu tragen[593], so ist diese Feststellung zwar an sich zutreffend; sie „verharmlost" jedoch gewissermaßen die gesetzgeberische Schwerpunktsetzung bzw. wird sie ihr jedenfalls nicht in vollem Umfang gerecht. Dieser Umstand ist insofern von erheblicher Bedeutung, als Einschnitte im Bereich der abfindungswertbezogenen Information unter einer solchen zweifelhaften, die Bedeutung der abfindungswertbezogenen Information „unterschätzenden" Prämisse wesentlich leichter fallen. Die Beurteilung der Frage, ob und inwieweit die Verletzung abfindungswertbezogener Informationspflichten dem Anfechtungsausschluß des § 210 UmwG unterfallen, muß statt dessen vielmehr in ihrem Ausgangspunkt Umfang und Bedeutung der abfindungswertbezogenen Information berücksichtigen, die der Gesetzgeber ihr zugedacht hat.

Die Kenntnis der Abfindungshöhe sowie der für deren Ermittlung maßgeblichen Umstände und Bewertungsmethoden sind für eine sinnvolle und rationale Entscheidung der Aktionäre in der Hauptversammlung unentbehrlich[594]. Der noch unentschiedene Gesellschafter soll im Wege ausführlicher abfindungswertbezogener Information in die Lage versetzt werden zu beurteilen, ob die Abfindung angemessen ist und der Zustimmung zu der Strukturmaßnahme unter diesem Gesichtspunkt keine Bedenken entgegenstehen[595]. Obwohl die abfindungswertbezogene Information auch die Entscheidung darüber ermöglichen soll, ob die Aktionäre in der formwechselnden Gesellschaft verbleiben oder gegen Erhalt einer Abfindung aus ihr ausscheiden wollen[596], erschöpft sich ihre Bedeutung insofern nicht darin, das Austrittsrecht des ausscheidewilligen Aktionärs lediglich zu „flankieren". Das Austrittsrecht ist zwar ein wesentlicher, jedoch neben der Information und der Mitwirkung an der Entscheidungsfindung über den Formwechsel lediglich ein *ergänzender* Bestandteil des Minderheitenschutzes[597].

---

593 BGHZ 146, 179, 183f. – *MEZ*; BGH ZIP 2001, 412, 413 – *Aqua Butzke*.

594 *Veil* EWiR § 207 UmwG 1/96, 901.

595 *Hoffmann-Becking* in Henze/Hoffmann-Becking GesR 2001, 55, 58; so auch BGHZ 146, 179, 183 - *MEZ*; BGH ZIP 2001, 412, 413 - *Aqua Butzke*.

596 *Bayer* ZGR 1995, 613, 615; *Hommelhoff* ZGR 1993, 453, 463; vgl. *Bärwaldt* in Semler/Stengel UmwG § 192 Rn. 13; siehe dazu oben B.II.3.b)aa)(1)(b)(aa).

597 *Kalss* in Semler/Stengel UmwG § 207 Rn. 1; vgl. *Ganske* Begr.RegE UmwBerG 1994, zu Art.1, S. 33.

bb) Anfechtungsausschluß wegen Verletzung sämtlicher abfindungswertbezogener Informationspflichten im Wege des Erst-Recht-Schlusses?

Nach Ansicht des BGH[598] und der ihm folgenden Literatur[599] erfaßt der Anfechtungsausschluß des § 210 UmwG jede Rüge des Aktionärs, welche die mangelhafte Information vor oder in der Hauptversammlung im Hinblick auf die Barabfindung zum Gegenstand hat, also sämtliche Fälle der Verletzung abfindungswertbezogener Informationspflichten, die das Recht des Formwechsels zum Schutz des Aktionärs anordnet.

(1) Die Argumentation des BGH auf der Basis der Annahme eines vollständigen Informationsdefizits im Falle des § 210 2.Alt. UmwG – Der Erst-Recht-Schluß des BGH

Der BGH leitet seine Auffassung von einem „generellen Ausschluß" von Anfechtungsklagen wegen der Verletzung der Informationsrechte zur Barabfindung aus dem systematischen Zusammenhang der drei Tatbestandsalternativen des zu niedrigen, des fehlenden und des nicht ordnungsgemäßen Barabfindungsangebot in § 210 UmwG ab[600]. Im Wesentlichen knüpft er dabei an die erste Tatbestandsalternative des § 210 2.HS UmwG an, welche den Ausschluß der Anfechtung für den Fall anordnet, daß „die Barabfindung im Umwandlungsbeschluß nicht angeboten worden ist". Der BGH schließt *a maiore ad minus*: Wenn der Aktionär sogar bei völligem Fehlen des Barabfindungsangebots diesen Mangel nicht im Wege der Anfechtungsklage rügen kann, sondern ausschließlich auf das Spruchverfahren verwiesen ist (§ 212 S. 2 1.Alt. UmwG), muß dasselbe erst recht gelten, wenn er rügt, er sei im Vorfeld der Hauptversammlung und in der Hauptversammlung selbst nicht ausreichend über die dem Angebot zugrunde liegende Bewertung unterrichtet worden[601].

(a) Annahme eines vollständigen Informationsdefizits im Falle des Fehlens des Barabfindungsangebotes

Ausgangspunkt der Argumentation bildet dabei die Auffassung, im Falle des fehlenden Barabfindungsangebots seien sämtliche durch das Umwandlungsrecht eingeräumten Informationsrechte der Anteilsinhaber tangiert[602]:

---

[598] BGHZ 146, 179 – *MEZ*; BGH ZIP 2001, 412 – *Aqua Butzke*.

[599] Siehe die Nachweise oben B.II.2.a).

[600] BGHZ 146, 179, 182 – *MEZ*.

[601] *Hoffmann-Becking* in Henze/Hoffmann-Becking GesR 2001, 55, 61.

[602] BGHZ 146, 179, 184 – *MEZ*; BGH ZIP 2001, 412, 413 – *Aqua Butzke*.

Fehle das Barabfindungsangebot im Umwandlungsbeschluß, so gebe es mangels Darstellung auch keine Herleitung und Erläuterung hierzu im Umwandlungsbericht, keine entsprechende Barabfindungsprüfung und keine der verschiedenen Mitteilungen aus Anlaß der Vorbereitung der Hauptversammlung[603]. Dieses durch das fehlende Barabfindungsangebot verursachte Ausbleiben der vorgesehenen Vorabinformation unterfalle ebenso dem Anfechtungsausschluß wie die daraus resultierenden sachlichen Informationsdefizite im Zusammenhang mit den Berichten oder Auskünften des Vertretungsorgans auf Fragen der Aktionäre in der Hauptversammlung[604]. Nach Ansicht des BGH habe damit das Fehlen des Barabfindungsangebots ein „vollständiges Informationsdefizit" zur Folge[605].

(b) Betrachtung sämtlicher die Barabfindung betreffenden Informationsrechtsverstöße als Fall des nicht ordnungsgemäßen Angebotes

Vor dem Hintergrund und auf der Grundlage dieses Erst-Recht-Schlusses erfasse die zweite Tatbestandsalternative des § 210 2.HS UmwG, also der Fall, daß die Barabfindung nicht ordnungsgemäß angeboten worden ist, sämtliche Verstöße – einzeln oder kombiniert – gegen die durch das UmwG angeordneten Informations- und Mitteilungspflichten der Gesellschaft im Zusammenhang mit dem Barabfindungsangebot[606]. Bei Informationsrechtsverstößen solcher Art sei die Barabfindung sowohl im Wort- als auch im Rechtssinne „nicht ordnungsgemäß angeboten" worden[607]. Die Nichtbeantwortung oder unzureichende Beantwortung abfindungswertrelevanter Fragen als Verletzung des Auskunftsrechts gemäß § 131 AktG sei derartigen Verstößen gleichzustellen[608]. Diese Gleichstellung sei jedenfalls im Vergleich zu dem fehlenden Angebot gerechtfertigt: Wenn nicht einmal das gänzliche Fehlen eines Abfindungsangebots, das ein vollständiges Informationsdefizit zur Folge habe, die Anfechtbarkeit des Umwandlungsbeschlusses begründe, so könne erst recht nicht eine Auskunftsrechtsverletzung in Form des nur unvollständig oder mangelhaft begründeten und erläuterten Abfindungsangebots – als geringerer Mangel im Hinblick auf die Willensbildung des Aktionärs – die Anfechtungsklage eröffnen[609]. Gewissermaßen als Ergebnis seiner Überlegungen stellt der BGH in seiner Urteilsbegründung fest, daß die Einbeziehung sämtlicher abfindungswertbezogener Informationsmängel gesetzlich vorgesehen sei[610].

---

603 BGHZ 146, 179, 184 – *MEZ*; BGH ZIP 2001, 412, 413 – *Aqua Butzke*.
604 BGHZ 146, 179, 184f. – *MEZ*; BGH ZIP 2001, 412, 413 – *Aqua Butzke*.
605 BGHZ 146, 179, 186 – *MEZ*; BGH ZIP 2001, 412, 415 – *Aqua Butzke*.
606 BGHZ 146, 179, 185f. – *MEZ*; BGH ZIP 2001, 412, 414 – *Aqua Butzke*.
607 BGHZ 146, 179, 186 – *MEZ*; BGH ZIP 2001, 412, 414 – *Aqua Butzke*.
608 Vgl. BGHZ 146, 179, 186 – *MEZ*; BGH ZIP 2001, 412, 415 – *Aqua Butzke*.
609 BGHZ 146, 179, 186 – *MEZ*; BGH ZIP 2001, 412, 415 – *Aqua Butzke*.
610 BGHZ 146, 179, 186 – *MEZ*; BGH ZIP 2001, 412, 414 – *Aqua Butzke*.

(2) Kritische Stellungnahme zum Erst-Recht-Schluß und der Auslegung des BGH – Systemwidrigkeit der Annahme eines „vollständigen Informationsdefizits“

Entgegen einer im Schrifttum vertretenen Ansicht[611] ist zweifelhaft, ob der Schluß *a maiore ad minus* des BGH „zwingend“ ist[612]. Bereits die Annahme eines vollständigen Informationsdefizits, welche gewissermaßen das „Fundament“ der Argumentation bildet, begegnet *erheblichen* systematischen Bedenken.
Der Argumentation des BGH liegt die Vorstellung zugrunde, daß derjenige, der die abfindungswertbezogene Informationsverletzung rügt, mit Hilfe dieser Rüge dasjenige Informationsdefizit ausgleichen möchte, welches durch die in § 210 UmwG beschriebenen Mängel zwangsläufig auftritt. Nach Ansicht des BGH könne daher, soweit das Informationsbegehren als Gegenstand der Anfechtungsklage darauf abziele, das Defizit des fehlenden oder nicht ordnungsgemäßen Angebotes auszugleichen, diese Informationsrüge nicht anders behandelt werden als das fehlende oder nicht ordnungsgemäße Angebot selbst[613]. Dieser Ansicht kann im Prinzip uneingeschränkt beigepflichtet werden. Nicht überzeugend ist jedoch die Konsequenz, welche der BGH aus dieser Aussage zu ziehen wagt. Es ist nicht ersichtlich, weshalb *jeder* Aktionär, der die Rüge mangelhafter Information zur Barabfindung erhebt, aus dem alleinigen Beweggrund handeln sollte, daß „für ihn mehr herausspringt“[614]. Insoweit bedient sich der BGH einer aus systematischen Erwägungen fragwürdigen Unterstellung, die insbesondere hinsichtlich ihrer Vereinbarkeit mit Sinn und Zweck und Systematik der abfindungswertbezogenen Information zu überprüfen ist.

(a) Die Relevanz der abfindungswertbezogenen Information für die Entscheidung über den Formwechsel

Es ist fraglich, ob der Gesetzgeber dies so gesehen hat und im Falle des Fehlens des Barabfindungsangebotes im Umwandlungsbeschluß im Sinne des § 210 UmwG von einem solchen vollständigen Informationsdefizit des Anteilsinhabers ausgegangen ist. Denn im praktischen Ergebnis erwiesen sich die betreffenden

---

611 *Heckschen* in Heckschen/Simon Umwandlungsrecht, § 10 C. Rn. 6 (S. 286); *ders.* NotBZ 2001, 206, 207; *Hoffmann-Becking* in Henze/Hoffmann-Becking GesR 2001, 55, 61; *Hirte* ZHR 167 (2003), 8, 10; vgl. auch *Vetter* FS Wiedemann, 1323, 1330, nach dessen Ansicht der Vorstand „zwangsläufig“ keine Information geben könne.

612 Im Ergebnis ebenso *Grunewald/Müller* JZ 2001, 1120, 1131; *Grunewald* ZIP 18, 21; *Bayer* in Hommelhoff/Lutter/Schmidt/Schön/Ulmer Corporate Governance 2002, 137, 148 Fn.56; *Bärwaldt* GmbHR 2001, 251 f.; *Kallmeyer* GmbHR 2001, 204.

613 Zutreffend insoweit - die authentische Interpretation eines Mitglieds des II. Zivilsenats - *Henze* in Henze/Hoffmann-Becking GesR 2001, 38, 47.

614 Vgl. insoweit zu Recht kritisch bereits *Grunewald* in IDW Reform des Umwandlungsrechts, S. 88.

gesetzlichen Vorschriften allesamt als *leges imperfectae*[615]. Die beschlußvorbereitende Information, der A-priori-Schutz durch Information, bildet jedoch einen, wenn nicht sogar *den* gesetzgeberischen Schwerpunkt des UmwG[616]. Innerhalb der Berichts- und Informationspflichten bildet der Gegenstand der Barabfindung dabei gleichermaßen einen Schwerpunkt[617]. Wenn der BGH diesbezüglich ausführt, der Reformgesetzgeber sei „bestrebt" gewesen, den Interessen der von der Strukturmaßnahme der formwechselnden Umwandlung betroffenen Anteilsinhaber an hinreichend ausführlicher Vorabinformation durch Formalisierung grundlegender Information „Rechnung zu tragen"[618], so scheint dies der gesetzgeberischen Schwerpunktsetzung nicht hinreichend gerecht zu werden und insofern die Bedeutung des A-priori-Schutzes durch abfindungswertbezogene Information gewissermaßen zu *verharmlosen*[619].

Der A-priori-Schutz bezweckt in erster Linie die Vorbereitung der Entscheidung des Aktionärs über die Strukturmaßnahme. Diese Funktion der abfindungswertbezogenen Vorab-Information sieht auch der BGH, der diesbezüglich einräumt, die Information über die Abfindung diene „auch" dem Ziel, daß der noch unentschlossene Gesellschafter in die Lage versetzt wird zu beurteilen, ob der angebotene bzw. vereinbarte Ausgleichsanspruch angemessen ist und der Zustimmung zu der Strukturmaßnahme unter diesem Gesichtspunkt keine Bedenken entgegenstehen[620]. Erste Zweifel an der Richtigkeit dieser Interpretation ergeben sich bereits im Hinblick darauf, daß der BGH die Bedeutung dieses Ziels als „sekundär" ansieht. Dies erscheint, jedenfalls was die Begründung und Erläuterung der Barabfindung als Gegenstand der Berichtspflicht gemäß § 192 Abs. 1 UmwG anbelangt, äußerst fragwürdig. Die Berichtspflicht dient *in erster Linie* der Entscheidungsfindung über die Maßnahme. Es ist daher systemwidrig, wenn man dem Gesetzgeber unterstellt, er sei bei seiner Entscheidung, die anzubietende Barabfindung zum *wesentlichen* Gegenstand der Berichtspflicht zu machen, davon ausgegangen, daß diese Information für die Entscheidung über die Strukturmaßnahme kaum oder überhaupt nicht relevant sei[621]. Es muß vielmehr davon ausgegangen werden,

---

615 So zu Recht kritisch *Hoffmann-Becking* in Henze/Hoffmann-Becking GesR 2001, 55, 62; vgl. *ders.* WpG 2001 Sonderheft, 121, 126.; vgl. auch *DAV-Handelsrechtsausschuß Stellungnahme* Gesetzgebungsvorschläge der Regierungskommission Corporate Governance, BB Beilage 4/2003, 1, 7.

616 Vgl. *Ganske* Begr.RegE UmwBerG 1994, zu Art.1, S. 33.

617 Siehe dazu bereits oben B.II.3.b)aa)(1)(b)(aa).

618 BGHZ 146, 179, 183f. – *MEZ*; BGH ZIP 2001, 412, 413 – *Aqua Butzke*.

619 Siehe zum System der abfindungswertbezogenen Informationspflichten ausführlich oben B.II.3.b)aa).

620 BGHZ 146, 179, 183 – *MEZ*; BGH ZIP 2001, 412, 413 – *Aqua Butzke*.

621 Abzulehnen ist daher die Ansicht, die abfindungswertbezogene Information sei für die Beschlußfassung nicht relevant; vgl. *Kallmeyer* GmbHR 2001, 204; vgl. auch die insoweit zweifelhafte Ansicht von *Witt* WuB II N. § 210 UmwG 1.01, 287, 289, nach der es der Vorstel-

daß der Gesetzgeber bei der Festlegung des abstrakten Informationsstandards bzw. des Mindestinhalts des Umwandlungsberichts lediglich solche *für die Beschlußfassung* erhebliche Angaben vorgeschrieben hat[622]. Von daher spielt die Bedeutung der abfindungswertbezogenen Information im Hinblick auf die Zustimmung zum Formwechsel nicht etwa eine „untergeordnete“ oder sekundäre, sondern vielmehr eine zentrale, übergeordnete Rolle: Die Berichtspflicht stellt das Herzstück des Minderheitenschutzes dar[623].
Zweifelhaft ist überdies die Auffassung des BGH, daß diese (zentrale) die Entscheidung über den Formwechsel vorbereitende und ermöglichende Funktion der abfindungswertbezogenen Information lediglich für den Fall des zu niedrig bemessenen Barabfindungsangebotes gemäß § 210 1.Var. UmwG zum Tragen kommen soll[624]. Vor dem Hintergrund der umfassenden Entscheidungszuständigkeit der Anteilsinhaber im Hinblick auf den Umwandlungsvorgang des Formwechsels[625] ist nicht ersichtlich, warum dies nicht stets, d.h. in jedem Fall und damit unabhängig davon, welchen Mangel der Umwandlungsbeschluß im Hinblick auf das Barabfindungsangebot gemäß § 210 2. Und 3. Var. UmwG aufweist, gelten soll. Die beiden Fälle, daß die Barabfindung im Umwandlungsbeschluß nicht oder nicht ordnungsgemäß angeboten worden ist, sind dem Fall des nach § 207 UmwG zu niedrig bemessenen Angebotes formal *gleichgestellt*. Diese Gleichstellung läßt darauf schließen, daß der Gesetzgeber auch von einer *sachlichen Vergleichbarkeit* im Hinblick auf Inhalt und Ausmaß der drei Beschlußmängel ausgegangen sein wird. Für die sachliche Vergleichbarkeit der Mängel spricht bereits, daß in allen drei Fällen der §§ 210, 212 UmwG das Gericht die angemessene Abfindung bestimmt und insofern das Verfahrensziel im Sinne des § 212 UmwG dasselbe ist[626]. Es ist insofern nicht einleuchtend, warum der Regelungsauftrag der a-priori-schützenden Vorschriften von dem jeweiligen Mangel abhängen und nur im Fall des zu niedrigen Angebotes zur Geltung kommen soll. Dies führte zu einem „*Tatbestandsungleichgewicht*“ innerhalb der Vorschrift des § 210

---

lung des Gesetzgebers entspreche, daß der ausscheidewillige Anteilsinhaber vor der Beschlußfassung über den Formwechsel keinerlei Information über den Formwechsel benötige.

622 Vgl. *Lutter/Lutter/Drygala* UmwG § 8 Rn. 54 und § 13 Rn. 43.

623 Siehe oben B.II.3.b)aa)(1)(b).

624 Vgl. insoweit die Ausführungen des BGH zu dem Fall des zu niedrigen Angebotes des § 210 1.HS UmwG, im Rahmen derer er feststellt, daß die Information über die Abfindung auch dem weitergehenden Ziel dient, daß der noch unentschlossene Gesellschafter in die Lage versetzt wird zu beurteilen, ob der angebotene bzw. vereinbarte Ausgleichsanspruch angemessen ist und unter diesem Gesichtspunkt keine Bedenken entgegenstehen, BGHZ 146, 179, 183 – *MEZ*; BGH ZIP 2001, 412, 413 – *Aqua Butzke* unter Hinweis auf BGH WM 1990, 140, 142 = ZIP 1990, 169 – *DAT/Altana II*; BGHZ 122, 211, 238; BGH ZIP 1995, 1256, 1258 – *Rieter/SSI II*.

625 Vgl. *Ganske* Begr.RegE UmwBerG 1994, zu Art.1, S. 33.

626 Vgl. *Lutter/Grunewald* UmwG § 34 Rn. 5 (für die verschmelzungsrechtliche Parallelvorschrift).

UmwG von erheblichen Ausmaß, welches gerade auch in kompetenzrechtlicher Hinsicht bedenklich erscheint. Schließlich läßt § 210 UmwG die Entscheidungszuständigkeit der Hauptversammlung prinzipiell unangetastet. Die Kompetenz der Hauptversammlung im Hinblick auf die Strukturmaßnahme und deren wesentlichen Konditionen, zu denen die Barabfindung zweifelsohne zählt, bleibt unberührt von der Verlegung des Streits über die Höhe der Abfindung ins Spruchverfahren[627]. Wenn der BGH als Ergebnis seiner extensiven Auslegung des § 210 UmwG dem Aktionär zumutet, ohne jegliche Information, also selbst im Falle eines vollständigen Informationsdefizits, über den Formwechsel abzustimmen, so läuft diese Auslegung in ihrem praktischen Ergebnis darauf hinaus, daß der Hauptversammlung im Hinblick auf die Bestimmung der Barabfindung ihre Kompetenz entzogen wird. Soweit der Aktionär dazu aufgefordert ist, in der Hauptversammlung Beschlüsse zu fassen, müssen ihm jedoch die Entscheidungsgrundlagen offengelegt werden[628]. Die Entscheidungszuständigkeit des Aktionärs und die damit einher gehenden umfassenden Unterrichtungs- und Aufklärungspflichten der Unternehmensleitungen sind ein Kernstück des UmwG[629]. Die Information zur Barabfindung als Teil der vermögensrechtlichen Seite des Strukturwandels bildet dabei einen Schwerpunkt dieser Informationspflichten[630]. Der Aktionär kann über eine Strukturmaßnahme jedoch nur hinreichend informiert entscheiden, wenn er im Vorfeld der Hauptversammlung zur Frage der Unternehmensbewertung Informationen erhält, die ihn zu einer Plausibilitätskontrolle in die Lage versetzen[631]. Die Hauptversammlung soll schließlich mit der erforderlichen Mehrheit auch das Bewertungsergebnis billigen[632]. Vor diesem Hintergrund drängt sich die Frage auf, warum die a-priori-schützenden Vorschriften, welche die abfindungswertbezogene Information zum Gegenstand haben, im Lichte des § 210 UmwG auszulegen sein sollen bzw. ob sie überhaupt im Lichte des § 210 UmwG ausgelegt werden dürfen oder ob nicht de lege lata vielmehr - umgekehrt - § 210 UmwG im Lichte der umfassenden Unterrichtungs- und Aufklärungspflichten des Vorstandes auszulegen ist.

---

627 Vgl. *Lutter/Lutter/Drygala* UmwG § 12 Rn. 12.

628 *Bayer* in Hommelhoff/Lutter/Schmidt/Schön/Ulmer Corporate Governance 2002, 137, 147.

629 Vgl. *Ganske* Begr.RegE UmwBerG 1994, zu Art.1, S. 33; *Hommelhoff* ZGR 1993, 452, 453.

630 *Hommelhoff* ZGR 1993, 452, 463; *Bayer* in Hommelhoff/Lutter/Schmidt/Schön/Ulmer Corporate Governance 2002, 137, 150; vgl. auch *DAV-Handelsrechtsausschuß Stellungnahme* Gesetzgebungsvorschläge der Regierungskommission Corporate Governance, BB Beilage 4/2003, 1, 7.

631 *Decher* in GroßKomm AktG § 131 Rn. 65b; vgl. *DAV-Handelsrechtsausschuß Stellungnahme* Gesetzgebungsvorschläge der Regierungskommission Corporate Governance, BB Beilage 4/2003, 1, 7.

632 Vgl. *Hoffmann-Becking* in Henze/Hoffmann-Becking GesR 2001, 55, 60.

(b) Das Informationsbedürfnis des verbleibenden Anteilsinhabers

Grundsätzlich zuzustimmen ist der Auffassung, daß die Begründung und Erläuterung des Barabfindungsangebotes dem austrittswilligen Anteilsinhaber auch die Entscheidung ermöglichen soll, ob er das Angebot sogleich annehmen oder ein Spruchverfahren einleiten möchte[633]. Es läßt sich insofern zwar sagen, daß in dem Fall, daß der Umwandlungsbeschluß kein Barabfindungsangebot enthält, die Entscheidungsalternative zwischen Angebotsannahme und Einleitung eines Spruchverfahrens grundsätzlich nicht stellt[634]. Die Funktion der abfindungswertbezogenen Information erschöpft sich indes nicht darin, die Aktionäre bei der Durchsetzung der angemessenen Abfindung zu unterstützen[635]. Von daher läßt sich insofern von dem Fehlen des Angebotes nicht ohne weiteres auf das Fehlen der Information zum Angebot schließen. Diesem Schluß steht bereits im Wege, daß – anders als das Angebot im Sinne des § 207 UmwG selbst - die abfindungswertbezogene Information nicht allein auf das Informationsbedürfnis des austrittswilligen Aktionär zugeschnitten ist. Dies wird bereits daran deutlich, daß der Gesetzgeber den Schwerpunkt der abfindungswertbezogenen Information nicht im Rahmen der §§ 207-212 UmwG geregelt hat, welche sich ausweislich ihrer Begründung in erster Linie an die widersprechenden Anteilsinhaber richten[636], sondern diesen in der Berichtspflicht des § 192 Abs. 1 UmwG angesiedelt hat. Die abfindungswertbezogene Information berücksichtigt demzufolge gleichermaßen das Informationsbedürfnis des verbleibenden und nicht austrittswilligen (Minderheits-) Aktionärs[637], welcher gerade nicht unbedingt dem Mehrheitskreis der Gesellschafter angehören muß[638]. Adressaten der abfindungswertbezogenen Information müssen allein schon deshalb *alle* Anteilsinhaber sein, weil die Abfindung wirtschaftliche Auswirkungen gleichermaßen für den ausscheidenden wie für den verbleibenden Anteilsinhaber hat[639]. So kann – wie auch der BGH im Rahmen seines *obiter dictum* feststellt[640] - für den verbleibenden Aktionär ein zu hoch bemessenes Barabfindungsangebot[641] eine Beeinträchtigung des Wertes seiner An-

---

633 *Kleindiek* NZG 2001, 552, 555.

634 Vgl. *Kleindiek* NZG 2001, 552, 555.

635 In diesem Sinne jedoch im Anschluß an die BGH-Rechtsprechung *Kleindiek* NZG 2001, 552, 555; vgl. auch *Mülbert* FS Ulmer, 433, 446.

636 Vgl. *Ganske* Begr.RegE UmwBerG 1994, zu den §§ 207ff. UmwG, S. 207.

637 Vgl. *Zeidler* NZG 1999, 510, 511.

638 Der verbleibende Aktionär darf nicht mit dem Mehrheitsaktionär gleichgestellt werden. Jeder Aktionär hat schließlich die freie Wahl zwischen Austritt gegen Abfindung und dem Verbleib mit eventueller Zuzahlung gemäß § 196 UmwG (vgl. *Lutter/Decher* UmwG § 207 Rn. 4). Bedenklich insofern *Luttermann* BB 2001, 282, 284, der davon ausgeht, daß der verbleibende Aktionär „regelmäßig" dem Mehrheitskreis der Gesellschafter angehören wird.

639 *Bärwaldt* in Semler/Stengel UmwG § 192 Rn. 13.

640 BGHZ 146, 179, 189 – *MEZ*; BGH ZIP 2001, 412, 415 – *Aqua Butzke*.

641 Siehe dazu ausführlich unten B.III.

teile darstellen[642]. Er muß die Barabfindung mittelbar bezahlen[643]. Dies macht ihn mindestens ebenso informationsbedürftig im Hinblick auf die Erläuterung und Begründung des Barabfindungsangebotes wie den ausscheidewilligen Aktionär. Die Information über die Höhe der Barabfindung kann für seine Entscheidung über den Formwechsel erhebliche Bedeutung haben. Daß auch der Gesetzgeber davon ausgeht, daß der (mittelbare) Abfindungsschuldner – bzw. der Anteilsinhaber des leistungsverpflichteten Rechtsträgers - unter Umständen seine Zustimmung von der Höhe der Abfindung abhängig machen wird, geht eindeutig bereits aus den Materialien des AktG 1965 zur abfindungswertbezogenen Information bei der Eingliederung hervor[644]. Auch vor diesem Hintergrund erscheinen die Ausführungen des BGH zweifelhaft, denn sie konzentrieren sich in erster Linie auf das mögliche Informationsdefizit des ausscheidewilligen Anteilsinhabers im Hinblick auf die „ihm geschuldete" Abfindung[645]. Gerade wenn man wie der BGH annimmt, die §§ 210, 212 UmwG bezweckten den Interessenausgleich zwischen verbleibenden und ausscheidenden Gesellschaftern[646], so spricht dies gegen die Einbeziehung von Informationsmängeln, denn damit würde auch dem Gesellschafter, der in der Gesellschaft verbleiben möchte, für die Informationsrüge die Anfechtungsklage abgeschnitten. Das Spruchverfahren nach § 212 UmwG steht indes de lege lata lediglich dem ausscheidewilligen, nicht dagegen dem verbleibenden Aktionär offen, auch nicht im Wege des durch den BGH befürworteten[647] Analogieschlusses[648]. Da § 210 UmwG die Anfechtung *ausschließlich* zugunsten des Spruchverfahrens nach § 212 UmwG ausschließt, erscheint es nicht gerechtfertigt, die Frage eines möglichen Informationsdefizits allzu einseitig im Hinblick auf die dem ausscheidewilligen Aktionär geschuldete Abfindung zu beleuchten. § 212 UmwG vermag das Informationsdefizit beim verbleibenden Aktionär im Hinblick auf die „von ihm" – wenn auch nur mittelbar - geschuldete Abfindung nicht zu rechtfertigen. Daher vermag die aus dem Fehlen des Barabfindungsangebotes im Umwandlungsbeschluß (§ 210 2. Var. UmwG) abgeleitete Annahme eines vollständigen Informationsdefizits im Hinblick auf die Barabfindung nicht zu überzeugen. Das Abfindungsangebot im Umwandlungsbeschluß an sich (§§ 194 Abs. 1 Nr. 6, 207 Abs. 1 UmwG) und die abfindungswertbezogene Information weisen damit prinzipiell einen unterschiedlichen Adressatenkreis auf. Demgegenüber beschreiben die Fälle des nicht oder nicht ordnungsgemäßen Angebotes im Umwandlungsbeschluß eine Rechtsverletzung mit ausschließlicher

642 Vgl. *Henze* in Henze/Hoffmann-Becking GesR 2001, 38, 49.
643 Vgl. *Zeidler* NZG 1999, 510, 511.
644 Vgl. *Kropff* Begr.RegE AktG 1965, zu § 320 AktG a.F., S. 425.
645 Vgl. BGHZ 146, 179, 183 – *MEZ*; BGH ZIP 2001, 412, 413 – *Aqua Butzke*.
646 BGHZ 146, 179, 182 – *MEZ*; BGH ZIP 2001, 412, 413 – *Aqua Butzke*; vgl. *Kalss* in Semler/Stengel UmwG § 212 Rn. 6.
647 BGHZ 146, 179, 189 – *MEZ*; BGH ZIP 2001, 412, 415 – *Aqua Butzke*.
648 Siehe dazu ausführlich unten B.III.3.b)ba).

Relevanz für den widersprechenden Anteilsinhaber. Demzufolge läßt sich keinesfalls pauschal feststellen, derjenige Aktionär, welcher die abfindungswertbezogene Informationsrüge erhebt, wolle damit stets - oder auch nur im Regelfall - das durch ein fehlendes oder nicht ordnungsgemäßes Angebot bewirkte Informationsdefizit ausgleichen. Dies steht bereits einer Gleichbehandlung bzw. Gleichstellung von Mängeln des Barabfindungsangebotes im Umwandlungsbeschluß (§ 210 2.und 3.Var. UmwG) mit Mängeln der Information in Bezug auf das Barabfindungsangebot entgegen.

(c) Die Bedeutung der abfindungswertbezogenen Information für die Entscheidung über Austritt und Verbleib

Schließlich ist bereits zweifelhaft, ob sich überhaupt zwischen dem Informationsbedürfnis des ausscheidewilligen Anteilsinhabers einerseits und demjenigen des verbleibenden Anteilsinhaber andererseits differenzieren läßt. Die abfindungswertbezogene Information dient der Entscheidung der Anteilsinhaber über seinen Verbleib in dem formwechselnden Rechtsträger[649]. Er soll anhand der Information ersehen können, ob der Verbleib oder aber der Austritt gegen Barabfindung die für ihn wirtschaftlich sinnvollere Alternative darstellt[650]. Der BGH hat zwar das Informationsbedürfnis der noch unentschlossenen Anteilsinhabers gesehen. Ob er es hingegen gebührend berücksichtigt hat, ist fragwürdig. Denn im Ergebnis mutet er den noch unentschlossenen Anteilseignern zu, ohne jegliche Information zur Abfindung über die Umwandlung abzustimmen[651]. Nach Ansicht des BGH stehe es den Anteilsinhabern frei, die Umwandlung insgesamt abzulehnen, wenn sie diesen „Unsicherheitsfaktor" nicht in Kauf nehmen wollen[652]. Die Verweisung des Minderheitsaktionärs im Falle der Informationsverweigerung des Vorstands auf sein Recht, die Umwandlung abzulehnen, ist indes nicht nur systemwidrig, sondern darüber hinaus vor dem Hintergrund eines zu gewährleistenden effektiven Minderheitenschutzes sehr bedenklich. Die Mehrheiten in den Gesellschaften stehen in aller Regel fest. Wird dem Aktionär jegliche Information oder Auskunft über die Grundlagen der Barabfindung verweigert, so ist es ihm gänzlich verwehrt, abzuwägen, ob es vorteilhafter für ihn wäre, aus der Gesellschaft auszuscheiden oder den Umwandlungsbeschluß mitzutragen[653]. „Unsicherheit" soll nach der gesetzgeberischen Konzeption allein insofern bestehen und zu tolerieren sein, als die Höhe angesichts der Möglichkeit eines Spruchverfahrens noch nicht

---

649 Vgl. *Hommelhoff* ZGR 1993, 452, 463; *Bayer* ZGR 1995, 613, 615; *Veil* Umwandlung einer AG S. 187; *Bärwaldt* GmbHR 2001, 251, 252.

650 Vgl. LG Heidelberg AG 1996, 523, 524 – *Scheidemandel AG*; *Bärwaldt* GmbHR 2001, 251, 252.

651 Vgl. BGHZ 146, 179, 187 – *MEZ*; BGH ZIP 2001, 412, 414 - *Aqua Butzke*.

652 BGHZ 146, 179, 187 – *MEZ*; BGH ZIP 2001, 412, 414 - *Aqua Butzke*.

653 Vgl. *Bärwaldt* GmbHR 2001, 251, 252.

endgültig feststeht, sondern zunächst nur „vorläufig" ist[654], und zwar sowohl aus Sicht des potentiellen Abfindungsgläubigers als auch aus der Perspektive des potentiellen Abfindungsschuldners. Es ist insoweit strikt zwischen Unsicherheit der Bewertung und Unsicherheit aufgrund restriktiver oder falscher Informationspolitik bzw. Informationsrechtsverletzungen zu differenzieren. Das will offensichtlich auch der Gesetzgeber so: Das UmwG toleriert nämlich zwar Unsicherheiten bei der Bewertung - nur so läßt sich erklären, daß die Angemessenheit der anzubietenden Kompensationsleistungen nicht Wirksamkeitsvoraussetzung der Strukturmaßnahme sein soll[655]. Auch mutet das Gesetz dem Anteilsinhaber zu, trotz dieser - praktisch nicht zu vermeidenden Unsicherheiten[656] - über den Formwechsel abzustimmen. Gleichzeitig hat der Gesetzgeber jedoch sichergestellt, daß der Anteilsinhaber diese „Unsicherheit" nur dann in Kauf nehmen muß, wenn er ausreichend über die besonderen Schwierigkeiten bei der Bewertung informiert worden ist, vgl. § 192 Abs. 1 S. 2 i.V.m. § 8 Abs. 1 S. 2 UmwG[657] und §§ 208, 30 Abs. 2 S. 2, 12 Abs. 2 Nr. 3 a.E.. D.h. der Gesetzgeber hat der Transparenz der Bewertung und ihrer Schwierigkeit zum Schutze des Aktionärs auch beim Formwechsel besondere Aufmerksamkeit gewidmet, wo sich die Erforderlichkeit der Bewertung allein anläßlich der Barabfindung ergibt[658]. Vor diesem Hintergrund kann nicht angenommen werden, daß der Gesetzgeber dem Aktionär eine Entscheidung über den Formwechsel zumutet, ohne (jegliche) Information über die der Abfindung zugrundeliegende Bewertung[659]. Soweit im Gesetz ein zumutbarer Unsicherheitsfaktor planmäßig angelegt ist, so basiert dieser nach der gesetzgeberischen Konzeption gerade nicht auf einer „Informationsschwäche" bedingt durch restriktive oder falsche Informationspolitik der Geschäftsleitung, sondern vielmehr auf einer „Bewertungsschwäche" im Sinne einer Bewertungsschwierigkeit, welche ihrerseits vollumfänglich[660] der Informationspflicht des Vorstands unterliegt. Das Gesetz bietet zwar die Möglichkeit, daß die Anteilsinhaber trotz dieser Bewertungsschwierigkeiten abstimmen und diese Bewertung als Grundlage der Barabfindung billigen bzw. akzeptieren; gleichzeitig stellt es aber durch die Schutzinstrumente Bericht und Prüfung sicher, daß sich die Anteilsinhaber dar-

654 Vgl. *Kropff* Begr.RegE AktG 1965, zu § 320 AktG a.F., S. 425.

655 Vgl. *Lutter/Bezzenberger* AG 2000, 433, 435; vgl. *Hommelhoff* ZGR 1990, 447, 473.

656 Siehe dazu oben A.IV.1.b)cc).

657 Siehe dazu näher *Bärwaldt* in Semler/Stengel UmwG § 192 Rn. 15 m.w.N.

658 Siehe oben B.II.3.b)aa)(1)(b)(aa).

659 So aber im Ergebnis BGHZ 146, 179, 187 – *MEZ*; BGH ZIP 2001, 412, 414 - *Aqua Butzke*; vgl. auch *Röhricht* in VGR GesR 2001, 3, 30, der besonders hervorhebt, der BGH habe diese Folge „nicht verkannt"; vgl. auch *Witt* WuB II N. § 210 UmwG 1.01, 287, 289.

660 Eine Grenze ergibt sich allerdings aus dem Geheimhaltungsbedürfnis des § 8 Abs. 2 UmwG, der gemäß §§ 12 Abs. 3, 192 Abs. 1 S. 2, 208 i.V.m. 30 Abs. 2 S. 2 UmwG jeweils entsprechende Anwendung findet.

über jedenfalls *bewußt* sind[661]. Dadurch wird der „Unsicherheitsfaktor" zu einem überschaubaren und kalkulierbaren Risiko für alle Anteilsinhaber.

(d) Systemwidrige (faktische) Verlagerung der „A-priori-Schutz-Disponibilität" vom Aktionär auf den Vorstand

Ein äußerst empfindliches „Störgefühl" bereitet die Annahme eines vollständigen Informationsdefizits als Konsequenz der extensiven Auslegung des § 210 UmwG durch den BGH schließlich insofern, als im praktischen Ergebnis das gesamte die Barabfindung betreffende beschlußvorbereitende Verfahren zur Disposition des Vorstandes steht[662]. Nach Ansicht des BGH könne der Vorstand das Angebot bewußt unterlassen und damit ein vollständiges Informationsdefizit bewirken, um Anfechtungsklagen, die auf die unvollständige Begründung eines solchen Angebotes gestützt werden, den Boden zu entziehen[663]. In diesem Fall sei das gesamte die Barabfindung betreffende Verfahren von Gesetzes wegen in das Spruchverfahren verwiesen[664]. Fehlt das Barabfindungsangebot, so gebe es insbesondere keine Erläuterung hierzu im Umwandlungsbericht sowie keine Barabfindungsprüfung aus Anlaß der Vorbereitung der Hauptversammlung[665].
Die *Systemwidrigkeit* dieser Konsequenz, daß das gesamte die Barabfindung betreffende Verfahren zur Disposition des Vorstands steht, tritt besonders deutlich zu Tage, wenn man sich die Dispositionsregelungen, welche das UmwG an verschiedenen Stellen trifft, vor Augen führt, vgl. u.a. §§ 8 Abs. 3, 9 Abs. 3, 12 Abs. 3, 30 Abs. 2 S. 3 sowie §§ 192 Abs. 3, 208, 30 Abs. 2 S. 3 UmwG. Der Umwandlungsgesetzgeber hat damit eine ausdrückliche Regelung der Dispositionsberechtigung hinsichtlich der Informations- bzw. Prüfungspflichten getroffen und diese unmißverständlich der Gesamtheit der Aktionäre[666] bzw. der Minderheit[667] zugewiesen. Hierbei handelt es sich um *mehrheitsfeste* Rechtspositionen. Die Kehrseite dieser Dispositionsmöglichkeit auf Seiten der Aktionäre bedeutet jedoch ein *Dispositionsverbot* des Vorstands. Durch die extensive Auslegung des

---

661 Vgl. zum Umtauschverhältnis *Lutter/Lutter/Drygala* UmwG § 5 Rn. 18; diese Erwägung hat wegen der identischen Schutzrichtung der Prüfung - vgl. *Ganske* Begr.RegE UmwBerG 1994, zu § 30 UmwG S. 70 - auch für die Barabfindung zu gelten; siehe näher dazu oben B.II.3.b)aa)(2)(b).

662 Zu Recht kritisch insofern *Decher* in GroßKomm AktG § 131 Rn. 65b; *Bärwaldt* GmbHR 2001, 251, 252; *Hoffmann-Becking* in Henze/Hoffmann-Becking GesR 2001, 55, 62; *Vetter* FS Wiedemann, 1323, 1345f.

663 Vgl. BGHZ 146, 179, 185 – *MEZ*; BGH ZIP 2001, 412, 414 – *Aqua Butzke*.

664 BGHZ 146, 179, 185 – *MEZ*; BGH ZIP 2001, 412, 414 – *Aqua Butzke*.

665 BGHZ 146, 179, 184 – *MEZ*; BGH ZIP 2001, 412, 413 – *Aqua Butzke*.

666 § 8 Abs. 3 S. 1 UmwG, auf den die §§ 9 Abs. 3, 12 Abs. 3 verweisen bzw. die entsprechende Regelung des § 192 Abs. 3 S. 1 UmwG verlangt einen Verzicht *aller* Anteilsinhaber.

667 § 30 Abs. 2 S. 3 UmwG, auf den § 208 UmwG verweist, verlangt den Verzicht der „Berechtigten" (siehe zum Begriff der Berechtigten oben B.II.3.b)aa)(2)(d)).

§ 210 UmwG – die Annahme eines vollständigen Informationsdefizits - wird diese Regelung der Dispositionsberechtigung praktisch auf den Kopf gestellt und in sein Gegenteil verkehrt.
Daß in dem hier interessierenden Fall der abfindungswertbezogenen Information beim Formwechsel diese nicht zur Disposition des Vorstands steht, folgt insbesondere aus den Verzichtsmöglichkeiten der §§ 192 Abs. 3 bzw. 208, 30 Abs. 2 S. 3 UmwG. Zwar bestehen die Verzichtsmöglichkeiten bei der AG - jedenfalls bei der nicht personalistischen AG[668] - lediglich insofern theoretisch, als bei einer Gesellschaft mit größerem Gesellschafterkreis ein „einmütiger Verzicht" kaum zu erzielen sein wird und die Beurkundung der Verzichtserklärungen zahlreicher Gesellschafter enormen zusätzlichen Aufwand verursacht[669]. Daraus läßt sich hingegen keineswegs schließen, daß deswegen eine Abweichung von dem gesetzlich vorgeschriebenen Mindeststandard in diesem Bereich auch ohne einen entsprechenden Verzicht möglich wäre. Der Gesetzgeber hat unmißverständlich festgestellt und betont, daß Ausnahmen und Einschränkungen im Bereich des Minderheitenschutzes durch Information engste Grenzen gesetzt sind.
Die Dispositionsregelungen sind im Zusammenhang mit der Vorschrift des § 1 Abs. 3 UmwG zu sehen. § 1 Abs. 3 UmwG bezweckt neben dem Gläubigerschutz insbesondere den Minderheitenschutz[670]. Nach Satz 1 kann von den Vorschriften des Umwandlungsgesetzes nur abgewichen werden, wenn dies ausdrücklich zugelassen ist. § 1 Abs. 3 UmwG stellt damit klar, daß die Vorschriften des UmwG zwingendes Recht enthalten[671]. § 1 Abs. 3 UmwG erlaubt keine Abstriche vom Minderheitenschutz und macht das umwandlungsgesetzliche Verfahren zwingend[672]. Die Berichtspflicht nach § 192 Abs. 1 UmwG[673] sowie die Prüfungs- und Prüfungsberichtspflicht nach § 208 UmwG[674] stellen danach zwingendes Recht dar und sind folglich zwingend zu erfüllen, sofern nicht die Voraussetzungen für einen wirksamen Verzicht vorliegen. Zwar erhält die Vorschrift des § 1 Abs. 3 UmwG ihr besonders Gewicht im Wesentlichen durch die Sicherung der im UmwG vorgeschriebenen Mehrheitserfordernisse[675]. Ihre Bedeutung erschöpft sich jedoch keineswegs darin, sondern erstreckt sich auch auf die inhaltliche Ausgestaltung des Verfahrens. Zwingenden Charakter erhalten die Berichtspflichten damit nicht nur hinsichtlich der Frage des „ob" ihrer Erfüllung, sondern ebenso

---

668 Vgl. *Lutter/Lutter/Drygala* UmwG § 8 Rn. 49.
669 *Kallmeyer* ZIP 1994, 1746, 1755; *Ganske* WM 1993, 1117, 1122 Fn.71 – „Das Erfordernis der notariellen Beurkundung dürfte die Vorschrift bei Streubesitz einer Publikums-AG zum toten Buchstaben machen."
670 *Priester* DB 1997, 560, 563; *Lutter/Lutter/Drygala* UmwG § 1 Rn. 40.
671 *Ganske* Begr.RegE UmwBerG 1994, zu § 1 UmwG, S. 35.
672 Vgl. *Lutter/Lutter/Drygala* UmwG § 1 Rn. 40.
673 *Meister/Klöcker* in Kallmeyer UmwG § 192 Rn. 3.
674 Vgl. *Lutter/Decher* UmwG § 208 Rn. 15f.; *Bayer* ZIP 1997, 1613, 1621f.
675 Vgl. *Lutter/Lutter/Drygala* UmwG § 1 Rn. 41; vgl. *Ganske* Begr.RegE UmwBerG 1994, zu § 1 UmwG, S. 35.

hinsichtlich des „wie“. Vor diesem Hintergrund ist eine Verschärfung der Berichtspflicht gemäß § 192 Abs. 1 UmwG im Sinne einer Ergänzung (vgl. § 1 Abs. 3 S. 2 UmwG) mit § 1 Abs. 3 UmwG vereinbar[676], nicht hingegen eine Unterschreitung des gesetzlich vorgeschriebenen Mindestinhalts. Die Annahme eines vollständigen Informationsdefizits im Hinblick auf das völlige Fehlen jeglicher Begründung und Erläuterung der Barabfindung im Umwandlungsbericht ist demzufolge im Hinblick auf § 1 Abs. 3 UmwG nicht vereinbar. Wenn die Begründung und Erläuterung der Barabfindung jedoch zwingend ist, muß sie auch mit Hilfe der Anfechtungsklage erzwingbar sein. Denn es stellt sich die Frage, welchen Wert zwingendes Recht hat, wenn seine Beachtung nicht jedenfalls erzwingbar ist. Die Vorschrift des § 210 UmwG kann in diesem Zusammenhang nicht als Ausnahme im Sinne des § 1 Abs. 3 S. 1 UmwG betrachtet werden. Gemäß § 1 Abs. 3 S. 1 UmwG ist eine *ausdrückliche* Zulassung der Gesetzesabweichung erforderlich; eine solche ist in § 192 Abs. 3 UmwG abschließend geregelt. In § 210 UmwG ist dagegen eine ausdrückliche Zulassung einer Gesetzesabweichung in dem Sinne, daß sich die Berichtspflicht im Falle des Fehlens des Barabfindungsangebotes im Umwandlungsbeschluß erübrigte, nicht enthalten. Hierfür fehlt es jedenfalls an der erforderlichen „Ausdrücklichkeit“ nach § 1 Abs. 3 S. 1 UmwG.
Diese Erwägungen gelten entsprechend für die Prüfung und den Prüfungsbericht gemäß §§ 208, 30 Abs. 2 UmwG. Der Gesetzgeber hat auch hier mit den §§ 208, 30 Abs. 2 S. 3 UmwG entsprechende Verzichtsmöglichkeiten vorgesehen[677]. Damit hat der Gesetzgeber sowohl die Prüfung der Barabfindung als auch den Prüfungsbericht ausdrücklich zu zwingendem Recht im Sinne des § 1 Abs. 3 UmwG erhoben. Der Vorstand kann sich durch den bewußten Verzicht auf das Angebot der Barabfindung im Umwandlungsbeschluß nicht des Aufwands der Prüfung entledigen. Der mit der Prüfung verbundene Aufwand kann *nur* vermieden werden, wenn sich die Aktionäre darüber einig sind[678]. Lediglich ein wirksamer Verzicht gemäß §§ 208, 30 Abs. 2 S. 3 UmwG befreit vom Aufwand der entsprechenden Beschlußvorbereitung[679], wobei zu beachten ist, daß die Verzichtsregelung zwischen der Prüfung an sich und dem Prüfungsbericht differenziert, d.h. auf die Erstellung eines kostenaufwendigen[680] Berichts gesondert verzichtet werden

---

676 Vgl. *Meister/Klöcker* in Kallmeyer UmwG § 192 Rn. 3.

677 Siehe dazu oben B.II.3.b)aa)(2)(d).

678 Vgl. *Müller* in Kallmeyer UmwG § 208 Rn. 1; *Lutter/Lutter/Drygala* UmwG § 9 Rn. 17.

679 Äußerst bedenklich insofern die „Erwartung“, durch die extensive Auslegung des § 210 UmwG werde der Aufwand für die Erstellung der Umwandlungsberichte „sicherlich in Zukunft nur noch in eingeschränktem Umfang nötig werden“, vgl. *Heckschen* NotBZ 2001, 206, 207; *ders.* in Heckschen/Simon Umwandlungsrecht § 10 C. Rn. 6 (S. 286).

680 Der Gesetzgeber geht dabei davon aus, daß die Anteilsinhaber nach Durchführung der Prüfung deren Ergebnis nach mündlicher Erörterung mit dem Prüfer billigen und daher den häufig kostenaufwendigen Bericht nicht mehr für erforderlich halten, vgl. *Ganske* Begr.RegE UmwBerG 1994, zu § 12 UmwG, S. 48; vgl. auch *Lutter/Lutter/Drygala* UmwG § 12 Rn. 15.

kann[681]. § 210 UmwG bietet auch hier keine hinreichende Ausnahmeregelung, da es jedenfalls an der gemäß § 1 Abs. 3 UmwG zum Schutze der Minderheit erforderlichen „Ausdrücklichkeit" der Ausnahmeregelung fehlt.
Bei den Verzichtsregelungen, welche die Dispositionsberechtigung hinsichtlich der Erfüllung der abfindungswertbezogenen Informationspflichten ausdrücklich dem Vorstand entziehen, handelt es sich angesichts der durch § 1 Abs. 3 S. 1 UmwG normierten "Strenge" des UmwG um abschließende Regelungen. Vor diesem Hintergrund ist die praktische Konsequenz der extensiven Auslegung des § 210 UmwG, daß die Erfüllung der Berichtspflichten in das Ermessen des Vorstands gestellt werden bzw. daß der Vorstand sie „ungeniert missachten"[682] kann, systemwidrig. Die umwandlungsgesetzlichen Dispositionsvorschriften im Zusammenhang mit § 1 Abs. 3 S. 1 UmwG sprechen eher dafür, daß die Berichts- und Prüfungspflichten in jedem Fall zwingend zu erfüllen sind, d.h. der Gesetzgeber ihre gesetzmäßige Erfüllung in jedem der drei Fälle des § 210 UmwG – und damit auch im Falle des fehlenden Angebotes im Umwandlungsbeschluß - voraussetzt. Es läßt sich insofern auch nicht annehmen, im Falle eines völligen Fehlens des Barabfindungsangebotes im Umwandlungsbeschluß werde regelmäßig auch keine Unternehmensbewertung als Grundlage eines solchen Angebotes vorliegen[683]. Der zwingende Charakter der Berichts- und Prüfungspflicht (§§ 192 Abs. 1, 208, 30 Abs. 2 UmwG) spricht damit gegen eine extensive Auslegung des § 210 UmwG[684]. Gleichzeitig wird durch den zwingenden Charakter die Annahme eines Spannungsfeldes[685] zwischen dem Fehlen des Barabfindungsangebotes im Umwandlungsbeschluß (§ 210 2.Alt. UmwG) und der formalisierten abfindungswertbezogenen Information im Vorfeld der Beschlußfassung grundsätzlich in Frage gestellt. Die dargestellte Systematik steht einer Auslegung der abfindungswertbezogenen Information im Lichte des § 210 2.Var. UmwG entgegen. Sie legt vielmehr nahe, § 210 UmwG im Lichte des zwingenden Rechts des umwandlungsgesetzlichen Verfahrens auszulegen.
In der Konsequenz der Verlagerung sämtlicher abfindungswertbezogener Informationsmängel – selbst im Extremfall eines vollständigen Informationsdefizits – in das Spruchverfahren liegt eine systemwidrige - jedenfalls *faktische* - Verlagerung der Disponibilität der abfindungswertbezogenen Informationspflichten. Diese ist mit der umwandlungsgesetzlichen Kompetenzverteilung nicht vereinbar.

---

681 Vgl. *Lutter/Grunewald* UmwG § 30 Rn. 9; siehe oben B.II.3.b)aa)(2)(d).

682 Vgl. *Hoffmann-Becking* in Henze/Hoffmann-Becking GesR 2001, 55, 62.

683 So aber *Vetter* FS Wiedemann, 1323, 1330.

684 Für die Anfechtbarkeit des Umwandlungsbeschlusses im Falle des Fehlens der Prüfung oder des Prüfungsberichts ohne entsprechenden (wirksamen) Verzicht *Vollrath* in Widmann/Mayer UmwG § 208 Rn. 11; im Ergebnis ebenso *Meister/Klöcker* in Kallmeyer UmwG § 208 Rn. 9; *Müller* in Kallmeyer UmwG § 30 Rn. 17.; *Zeidler* in Semler/Stengel UmwG § 208 Rn. 8 Fn.13, § 12 Rn. 3; *Bayer* EWiR 1998, 469, 470.

685 BGHZ 146, 179, 183f. – *MEZ*; BGH ZIP 2001, 412, 413- *Aqua Butzke*.

(3) Zwischenergebnis

Im Ergebnis ist festzuhalten, daß die Regelungssystematik der abfindungswertbezogenen Informationspflichten eindeutig gegen die Annahme eines vollständigen Informationsdefizits im Falle des fehlenden Barabfindungsangebotes im Umwandlungsbeschluß im Sinne des § 210 2.HS 1.Alt. UmwG sprechen. Danach scheint dem Erst-Recht-Schluß seine „existentielle Grundlage" entzogen.

(4) Konsequenz für die Auslegung des fehlenden oder nicht ordnungsgemäßen Angebotes im Umwandlungsbeschluß

Die vorstehenden Überlegungen sind gleichermaßen bei der Auslegung des nicht ordnungsgemäßen Abfindungsangebotes im Umwandlungsbeschluß (§ 210 2.HS 2.Alt. UmwG) zu beachten. Sie werfen damit erhebliche Zweifel an der Auffassung des BGH auf, nach der diese Tatbestandsalternative den verbleibenden Bereich zwischen dem zu niedrig bemessenen und dem im Umwandlungsbeschluß fehlenden Barabfindungsangebot ausfüllt und damit sämtliche Verstöße – einzeln oder kombiniert – gegen die umwandlungsgesetzlichen Informationspflichten im Zusammenhang mit der Barabfindung erfassen soll[686]. Denn dieses Verständnis basiert gleichermaßen auf der mit dem Gesetz nicht im Einklang stehenden Annahme eines vollständigen Informationsdefizits im Falle des fehlenden Angebotes im Sinne des § 210 2.HS 1.Alt. UmwG.
Der systematische Zusammenhang zwischen den Informationspflichten und § 210 UmwG legt vielmehr eine restriktive Auslegung nahe, nach der sich die Bedeutung des fehlenden oder nicht ordnungsgemäßen Angebots darauf beschränkt, Verstöße gegen die Vorschriften über den notwendigen Inhalt des Umwandlungsbeschlusses (§ 194 Abs. 1 Nr. 6 UmwG) zu beschreiben[687], d.h. daß das Angebot im Umwandlungsbeschluß gar nicht gemacht oder aber unklar, widersprüchlich oder unvollständig formuliert worden ist[688]. Nicht befürwortet werden kann insofern auch die Ansicht, welche sich für „generalklauselartig erweitertes Verständnis des nicht ordnungsgemäßen Angebots" ausspricht[689]. Sie dürfte bereits mit dem Ausnahmecharakter, die dem Anfechtungsausschluß im Rahmen der Vorschriften des Anfechtungsrechts zukommt[690], schwerlich vereinbar sein: Die Qualifizierung der Ausnahmetatbestände als „Generalklausel" verbietet sich vielmehr

---

686 BGHZ 146, 179, 185f. – *MEZ*; BGH ZIP 2001, 412, 414 *Aqua Butzke.*

687 Vgl. *Kallmeyer* GmbHR 2001, 204; *Bärwaldt* GmbHR 2001, 251.

688 *Bärwaldt* in Semler/Stengel UmwG § 210 Rn. 5; vgl. zur Parallelvorschrift des § 32 UmwG: *Lutter/Grunewald* UmwG § 32 Rn. 4; *Marsch-Barner* in Kallmeyer UmwG § 32 Rn. 2.

689 *Hüffer* AktG § 243 Rn. 18b; in diesem Sinne auch *ders.* ZGR 2001, 833, 860; vgl. ähnlich auch *Hirte* ZHR 167 (2003), 8, 10.

690 Siehe dazu oben A.IV.3.

geradezu vor dem Hintergrund der vom Gesetzgeber gewählten Regelungstechnik.

(5) Kein partieller Anfechtungsausschluß beschränkt auf die Verletzung des Auskunftsanspruchs im Hinblick auf die Barabfindung

Vor dem Hintergrund der im Regelfall *nicht* erforderlichen Auskunft[691] könnte demgegenüber bei vordergründiger Betrachtung ein „partieller" Anfechtungsausschluß wegen der Verletzung des Auskunftsrechts zu erwägen sein[692]. Die Befürworter dieses zwischen den Informationspflichten im Vorfeld der Hauptversammlung und dem Auskunftsrecht in der Hauptversammlung differenzierenden Ansicht halten dabei zu Recht an der besonderen Bedeutung der Informations- und Berichtspflichten im Vorfeld der Hauptversammlung gerade im Hinblick auf die der Ermittlung der Abfindung zugrunde liegende Bewertung zugunsten der Ermöglichung der Plausibilitätskontrolle der Unternehmensbewertung fest[693]. Zustimmungswürdig ist zunächst der Ausgangspunkt ihrer Überlegung, nämlich daß der Aktionär nicht mit Hilfe seines Auskunftsrechts eine Detailkontrolle der Unternehmensbewertung erreichen können soll, welche ohnehin im nachfolgenden Spruchverfahren durchgeführt werde[694]. Schließlich beschränken sich, wie bereits dargestellt, Umwandlungsbericht und Prüfungsbericht ihrer Funktion nach auf die Ermöglichung einer Plausibilitätskontrolle[695]. Vor diesem Hintergrund mag jedenfalls für den Regelfall auch die Annahme der fehlenden Erforderlichkeit der Auskunft gerechtfertigt sein, so daß folgerichtig in diesem Fall die auf eine Auskunftsrechtsverletzung gestützte Anfechtung aus rechtspolitischer Sicht unbefriedigend ist. Da der Vorstand insoweit in der Hauptversammlung weder vollständig über Bewertungsdetails informieren kann noch soll, erscheint es in der Tat nicht gerechtfertigt, das rechtliche Schicksal der Beschlußfassung der Hauptver-

---

691 Siehe dazu ausführlich oben B.II.3.b)aa)(5)(b)(ba).

692 In diesem Sinne anscheinend *Decher* in GroßKomm AktG § 131 Rn. 65b, der den Ansatz des BGH insoweit auf die Verletzung des Auskunftsrechts befürwortet; im Ergebnis ebenso *DAV-Handelsrechtsausschuß Stellungnahme* Gesetzgebungsvorschläge der Regierungskommission Corporate Governance, BB Beilage 4/2003, 1, 7f., allerdings wohl nur de lege ferenda; für die Beschränkung des Anfechtungsausschlusses nur auf die Verletzung des Auskunftsrechts anscheinend auch *Obermüller/Werner/Winden* Die Hauptversammlung, G.V.1. Rn. 92 in Fn.152a (S. 265), jedoch ohne nähere Erläuterung.

693 Vgl. *Decher* in GroßKomm AktG § 131 Rn. 65b; *DAV-Handelsrechtsausschuß Stellungnahme* Gesetzgebungsvorschläge der Regierungskommission Corporate Governance, BB Beilage 4/2003, 1, 7f.

694 Vgl. *Decher* in GroßKomm AktG § 131 Rn. 226; *DAV-Handelsrechtsausschuß Stellungnahme* Gesetzgebungsvorschläge der Regierungskommission Corporate Governance, BB Beilage 4/2003, 1, 8.

695 Siehe für den Umwandlungsbericht oben B.II.3.b)aa)(1)(b)(ba) sowie für den Prüfungsbericht oben B.II.3.b)aa)(2)(c).

sammlung hiervon abhängig zu machen[696]. Zweifelhaft ist demgegenüber jedoch zum einen, ob der *vollständige* Ausschluß der Anfechtungsklage wegen bewertungsrelevanter Auskunftsrechtsverletzungen gerechtfertigt ist, zum anderen, ob eine solche „Extension" des Anfechtungsausschlusses zugunsten des Spruchverfahrens ein adäquates und dogmatisch zu befürwortendes Instrument für die Reaktion auf die Fehlentwicklung des Gebrauchs des Auskunftsrechts und die „Entschärfung" der Anfechtungsklage darstellt. Schließlich ist gegenüber der Vollständigkeit des Ausschlusses in seiner *Absolutheit* einzuwenden, daß dieser allenfalls zu rechtfertigen ist, sofern und soweit es bei der begehrten Auskunft lediglich um Detailergänzungen[697] und bzw. oder für das Verständnis nicht ganz wesentlichen Erläuterungen zu insgesamt den gesetzlichen Anforderungen entsprechenden Berichten geht[698]. Die Annahme eines generellen Anfechtungsausschlusses gemäß § 210 UmwG erlaubt hier keinerlei Differenzierung zwischen berechtigten bzw. erforderlichen und unberechtigten bzw. nicht erforderlichen Auskünften und erscheint angesichts dessen als *zu starr* und in Ausmaß und Wirkung *zu breitflächig*. Diese fehlende Differenzierungsmöglichkeit wirft auch Zweifel dahingehend auf, ob dieser Weg rechtspolitisch zu befürworten sein kann. Denn es gilt zu bedenken, daß nahezu jede Auskunft in Zusammenhang mit der Barabfindung bzw. der Unternehmensbewertung steht[699] und damit auch nahezu jedes Auskunftsbegehren leicht bzw. „bequem" in diesen Kontext gestellt werden kann. Vor diesem Hintergrund steht zu befürchten, daß der Vorstand sich in Zukunft im Interesse der Vermeidung von Anfechtungsklagen gewissermaßen „prophylaktisch" darum bemühen könnte, jedes – und damit auch das an sich berechtigte - Auskunftsverlangen in Zusammenhang mit der Barabfindung zu bringen, um damit unter bewußter Ausnutzung eines durch § 210 UmwG gewährten „Freibriefs" nahezu jede begehrte Auskunft verweigern und den Aktionär insoweit auf das Spruchverfahren verweisen zu können. Diese Gefahr, daß ein genereller Anfechtungsausschluß wegen abfindungswertbezogener Auskunftsrechtsverletzungen über diese schwer von anderen abgrenzbaren Fälle hinaus gehen könnte, spricht von daher gegen den rechtsmethodischen Weg, diesen mit dem starren und inflexiblen Anfechtungsausschluß des § 210 UmwG zu begegnen[700]. Das Auskunftsrecht im Sinne des § 131 AktG drohte im praktischen Ergebnis zur lex imperfecta degradiert zu werden[701]. Aus dogmatischer Sicht spricht zudem gegen den An-

696 Soweit zutreffend *DAV-Handelsrechtsausschuß Stellungnahme* Gesetzgebungsvorschläge der Regierungskommission Corporate Governance, BB Beilage 4/2003, 1, 8.
697 Vgl. zu dieser Einschränkung bereits *Priester* ZGR 1990, 420, 425.
698 Siehe zu den möglicherweise offenbleibenden Verständnisfragen oben B.II.3.b)aa)(5)(b)(ba).
699 Vgl. *Grunewald* ZIP 2002, 18, 21.
700 Siehe zu der demgegenüber vorzugswürdigeren, weil eine „doppelte" Differenzierung zwischen erforderlicher und nicht erforderlicher sowie abfindungsbezogener und nicht abfindungsbezogener Auskunft erlaubenden „Entschärfung" über (den als „Mißbrauchsfilter" vorgesehenen) § 16 Abs. 3 UmwG unten B.II.3.b)dd)(4)(b)(ba).
701 Vgl. im Ergebnis ebenso *Hoffmann-Becking* WpG 2001 Sonderheft, 121, 126.

fechtungsausschluß – von der ohnehin unter Tauglichkeitsgesichtspunkten äußerst fragwürdigen Erklärung der Auskunftsrechtsverletzung zum Verfahrensgegenstand eines Spruchverfahrens einmal abgesehen[702] -, daß in der Konsequenz der Annahme eines solchen Anfechtungsausschlusses die in der Gesellschaft verbleibenden Aktionäre auf ein Verfahren verwiesen würden, das de lege lata nicht ihnen, sondern allein den ausscheidenden Aktionären offen steht[703]. Die Symmetrie der Informationsrechte verlangt dagegen die Symmetrie der Rechtsschutzmöglichkeiten gegen ihre Verletzung. Aufgrund der vorstehenden Überlegungen empfiehlt sich von daher auch nicht die Annahme eines nur „partiellen", auf die Rüge abfindungswertbezogener Auskunftsrechtsverletzungen beschränkten Anfechtungsausschlusses.

(6) Zwischenergebnis

Das systematische Verhältnis von § 210 UmwG zu den Informationsrechten und -pflichten im Hinblick auf die gemäß § 207 UmwG anzubietenden Barabfindung legt eine restriktive Auslegung des § 210 UmwG nahe, nach der für den Bereich der abfindungswertbezogenen Information selbst der Ausschluß der Anfechtung wegen abfindungswertbezogener Auskunftsmängel in der Hauptversammlung fragwürdig erscheint.

---

702 Siehe dazu unten B.III.3.b)cc).

703 Siehe dazu ausführlich unten B.III.

cc) Zum (zwingenden) Regelungszusammenhang zwischen §§ 210 und 212 UmwG - Spruchverfahren als (geeignete) „Ersatzsanktion" für die Geltendmachung von Informationsmängeln?

Bei der Untersuchung der Reichweite des Anfechtungsausschlusses (§ 210 2.HS UmwG) darf der systematische Kontext und (zwingende) Regelungszusammenhang[704] zu § 212 S. 2 UmwG nicht außer acht gelassen werden. Die Ansicht, daß die abfindungswertbezogene Information nun ausschließlich im Spruchverfahren zu gewähren sein soll, wirft die Frage auf, ob das Spruchverfahren der richtige Ort für Informationsrügen ist bzw. ob das Spruchverfahren eine geeignete bzw. ausreichende Ersatzsanktion für die Anfechtungsklage darstellt.

(1) Das Spruchverfahren als substituierender Rechtsbehelf mit Kompensationsfunktion - Das Prinzip der Mängelkongruenz und das daraus resultierende Verbot der isolierten Auslegung des § 210 UmwG

Nach § 212 S. 1 UmwG hat das Gericht für den Fall, daß ein Anteilsinhaber geltend macht, daß eine im Umwandlungsbeschluß bestimmte Abfindung, die ihm nach § 207 Abs. 1 UmwG anzubieten war, zu niedrig bemessen sei, auf seinen Antrag die angemessene Barabfindung zu bestimmen. Nach S. 2 gilt das gleiche, wenn der Aktionär geltend macht, die Barabfindung sei nicht oder nicht ordnungsgemäß angeboten worden. Damit schließt § 210 UmwG Unwirksamkeitsklagen wegen derjenigen Mängel aus, derentwegen § 212 S. 1 und 2 UmwG eine gerichtliche Nachprüfung im Spruchverfahren zuläßt[705]. Die Anfechtungsklage wird folglich nach der eindeutigen gesetzlichen Regelungstechnik *lediglich zugunsten* des Spruchverfahrens ausgeschlossen. Das Antragsrecht im Spruchverfahren ersetzt das Anfechtungsrecht[706]. Es findet also eine Substitution des Rechtsbehelfs statt, der Ausschluß der Anfechtbarkeit wird nach der gesetzgeberischen Konzeption durch die Möglichkeit des Spruchverfahrens *kompensiert*[707]. Die Geltung dieses Prinzips ist dabei keinesfalls auf den Fall des § 210 1.HS UmwG - des zu niedrig bemessenen Angebots der Barabfindung - beschränkt, sondern beansprucht gleichermaßen Geltung für die Mängelvarianten des § 210 2.HS UmwG, daß die Barabfindung im Umwandlungsbeschluß nicht oder nicht ordnungsgemäß angeboten worden ist. Dies ergibt sich aus der insoweit übereinstimmenden Fassung der Antragsgründe des § 212 S. 2 UmwG. Aus dieser *Kongruenz* der in den §§ 210, 212 UmwG genannten drei Mangelvarianten ist das

---

704 Siehe dazu näher oben A.IV.2.

705 *Meister/Klöcker* in Kallmeyer UmwG § 210 Rn. 1.

706 *Lutter/Bezzenberger* AG 2000, 433, 435.

707 Vgl. *Ganske* Begr.RegE UmwBerG 1994, zu § 14 UmwG, S. 51; vgl. *Lutter/Grunewald* UmwG § 32 Rn. 4; siehe dazu näher oben A.IV.2.

gesetzgeberische Verständnis abzuleiten, daß die Normen in *untrennbarem* Zusammenhang stehen sollen. Dies gilt, obwohl sie Gegenstand zweier räumlich bzw. systematisch voneinander getrennter Regelungen in zwei Paragraphen sind. In den Vorgängerregelungen der §§ 375 AktG a.F., 13 UmwG a.F. war der jetzt in den §§ 210, 212 UmwG enthaltene Regelungsauftrag noch innerhalb einer einzigen Norm zusammengefaßt. Diese haben erst im Wege des Umwandlungsbereinigungsgesetzes 1994 eine räumliche bzw. gegenständliche Trennung erfahren. Da insoweit keine Anhaltspunkte in den Materialien ersichtlich sind, ist davon auszugehen, daß diese Trennung einen rein redaktionellen Hintergrund hatte[708]. Durch die „Spaltung" der Regelungen des Anfechtungsausschlußgrundes und des Spruchverfahrensantragsgrundes und die damit verbundene „Isolation" des Anfechtungsausschlusses hat der Gesetzgeber die Gefahr geschaffen, daß der Rechtsanwender seinen Blick allzu einseitig auf den Ausschluß der Anfechtungsklage richtet. Eben diese Gefahr ist es, die sich m.E. mit der BGH-Rechtsprechung realisiert hat. Der nun isoliert dastehende Anfechtungsausschluß darf indes nicht *isoliert* und damit losgelöst von seinem Regelungsauftrag, die Anfechtung *zugunsten* des Spruchverfahrens auszuschließen, betrachtet und interpretiert werden[709]. Bedenklich ist insofern, wenn man § 210 UmwG allein vor dem Hintergrund interpretiert, daß einem Gesetzesverstoß die anfechtungsbegründende Wirkung genommen wird[710]. Es gilt daher bei der Auslegung des § 210 UmwG besonders zu beachten, daß jeder der drei dort genannten Ausschlußgründe für sich genommen zugleich einen eigenen inhaltsgleichen Antragsgrund im Sinne des § 212 S. 1 bzw. S. 2 UmwG darstellt. Die von der Unwirksamkeitsklage ausgenommenen Rechtsmängel werden also einer besonderen gerichtlichen Überprüfung im Spruchverfahren zugewiesen bzw. zugeführt[711]. Der Aktionär wird ge-

708 Die Vorgängerregelungen (§§ 375 AktG a.F., 13 UmwG a.F.) regelten noch zusammenhängend innerhalb einer Vorschrift Anfechtungsausschluß und Antragsgrund. Die Trennung – welche wahrscheinlich wie an anderer Stelle (Vgl. *Ganske* Begr.RegE UmwBerG 1994, zu § 16 UmwG, S. 54 im Hinblick auf die §§ 16, 17 UmwG) einer „besseren Lesbarkeit" dienen sollte – birgt die Gefahr einer isolierten Auslegung, welche die Funktion des Ausschlusses *zugunsten* des Spruchverfahrens außer acht läßt. Diese Deutung entspricht einem allgemeinen „redaktionellen" Anliegen des UmwBerG 1994. Denn der Entwurf bemühte sich ausweislich der Materialien darum, die einzelnen Vorschriften kürzer zu fassen und moderner zu formulieren. Lange Vorschriften – wie etwa § 375 AktG zweifelsohne eine darstellte - wurden aufgeteilt. Damit sollte die Lesbarkeit des Gesetzes verbessert werden. Ein Ziel, dem der Gesetzgeber besondere Aufmerksamkeit gewidmet hat (vgl. *Ganske* Begr.RegE UmwBerG 1994, Begründung Allgemeines, S. 23f.).

709 Daß die Gefahr einer isolierten Auslegung besteht, zeigt sich etwa anhand des Titels eines Besprechungsaufsatzes von *Heckschen* NotBZ 2001, 206ff.: „Beschränkung des Klagerechts im Umwandlungsverfahren".

710 In diese Richtung weisen die insoweit kritisch zu bewertenden Ausführungen bei *Hüffer* ZGR 2001, 833, 859f.

711 *Kalss* in Semler/Stengel UmwG § 212 Rn. 2.

wissermaßen von dem Weg der Anfechtungsklage auf den Weg des Spruchverfahrens „umgeleitet[712]".

(2) Mangelnde Eignung des Spruchverfahrens als Mittel zur Geltendmachung von Informationsmängeln

Infolge der beschriebenen Mangelkongruenz in den §§ 210, 212 UmwG bedeutet die Annahme eines Anfechtungsausschlußgrundes wegen abfindungswertbezogener Informationsmängel nach § 210 UmwG im Sinne der BGH-Rechtsprechung *zwingend* zugleich auch die Annahme eines inhaltlich entsprechenden Antragsgrundes für das Spruchverfahren gemäß § 212 UmwG. Das bedeutete, daß der Aktionär, dem für die Rüge abfindungswertbezogener Informationsmängel der Weg der Anfechtungsklage abgeschnitten wird, insoweit für die Geltendmachung dieser Informationsrüge auf das Spruchverfahren verwiesen wird. Im Sinne der im UmwG angelegten Funktionstrennung[713] zwischen Anfechtungsklage und Spruchverfahren stellte das Spruchverfahren damit die einzige Reaktionsmöglichkeit[714] auf abfindungswertbezogener Informationsmängel dar. Vor diesem Hintergrund stellt sich die Frage, ob das Spruchverfahren als Rechtsbehelf zur Geltendmachung von Informationsmängeln im Rahmen der Beschlußvorbereitung geeignet ist und als Sanktion für die Verletzung a-priori-schützender Vorschriften einen adäquaten Rechtsschutz des Aktionärs darstellt.

(a) Kein (sinnvolles) Nachholen a-priori-schützender Information im Rahmen des Spruchverfahrens – Abwesenheit einer reformatorischen Wirkung für den Bereich der Information

Das Spruchverfahren ist bei Licht besehen kein Rechtsmittel gegen die Verletzung von Auskunfts- und Informationspflichten[715]. Denn im Spruchverfahren stehen allein Eingriffe in die Aktionärs-Vermögensrechte, nicht hingegen die gesetzmäßige Erfüllung der Informationspflichten des Vorstands - als Aktionärs-Kontrollrechte[716] - zur Überprüfung[717]. Gegenstand des Spruchverfahrens ist danach allein die sachliche Entscheidung über die Höhe der Abfindung; nicht hingegen ist das Spruchverfahren ein Verfahren zur Informationserzwingung[718]. Daß dies nur hin-

---

712 Vgl. zu dem Begriff der „Umleitung" *Martens* AG 2000, 301, 302.

713 Zu diesem Begriff *Hommelhoff* ZGR 1993, 452, 469; vgl. *Bork* ZGR 1993, 343, 353ff.

714 Vgl. zu dem Begriff der Reaktionsmöglichkeit *Hommelhoff* ZGR 1993, 452, 467f.

715 *Hoffmann-Becking* in Henze/Hoffmann-Becking GesR 2001, 55, 60; *Bayer* in Hommelhoff/Lutter/Schmidt/Schön/Ulmer Corporate Governance 2002, 137, 150.

716 Siehe dazu oben B.II.3.b)aa)(1)(a)(ba).

717 *Bayer* in VGR GesR 2000, 35, 53.

718 Kritisch auch insofern *Hoffmann-Becking* in Henze/Hoffmann-Becking GesR 2001, 55, 62.

sichtlich der Tatbestandsalternative des zu niedrig bemessenen Barabfindungsangebotes im Sinne der §§ 210 1.HS, 212 S. 1 UmwG gelten soll, ist so wenig ersichtlich wie nachvollziehbar. Denn das Verfahrensziel bzw. -ergebnis ist in allen drei Tatbestandsvarianten der §§ 210, 212 UmwG dasselbe[719]. Schon deshalb ist die Annahme geboten, daß es sich insoweit auch bei den drei verschiedenen Mangelvarianten des § 210 UmwG um der Sache nach vergleichbare und damit gewissermaßen *homogene* Mängel handelt, welche alle drei allein die Regelung einer inhaltlich fehlerhaften Barabfindungsregelung im Umwandlungsbeschluß zum Gegenstand haben.

Die Berechtigung dieser Annahme findet ihre Bestätigung, wenn man sich die Wirkung des Spruchverfahrens vor Augen führt. Während die Anfechtungsklage lediglich kassatorisch wirkt, führt die Entscheidung im Spruchverfahren zu einem reformatorischen Ergebnis[720]. Die gerichtliche Bestimmung der angemessenen Barabfindung tritt dabei an die Stelle der im Rahmen der Umwandlung getroffenen Regelung[721]. Ihr kommt insofern im Hinblick auf §§ 194 Abs. 1 Nr. 6, 207 Abs. 1 UmwG beschlußgestaltende Wirkung zu. Gerade hierin liegt der Vorteil des Spruchverfahrens gegenüber der Anfechtungsklage mit ihrer beschlußvernichtenden Wirkung. Die Anfechtungsklage ist zum Erreichen des Rechtsschutzziels, der Feststellung der angemessenen Abfindung, prinzipiell ungeeignet, da sie in ihrer Wirkung zu breitflächig ist[722]. Sie kennt nur das starre Entweder-Oder, den angefochtenen Beschluß entweder bestehenzulassen oder ihn für nichtig zu erklären[723]. Dies ist der Grund, weshalb der Gesetzgeber die Anfechtungsklage in dafür geeigneten Fällen durch den zielgenaueren Rechtsbehelf des Spruchverfahrens ersetzt hat. Die Anfechtungsklage kann dabei sinnvollerweise nur von einer zeitaufwendigen Wertüberprüfung entlastet werden, nicht aber von der Überprüfung, ob den gesetzlichen Kontrollrechten der Aktionäre ordnungsgemäß Rechnung getragen wurde[724]. Die gesetzgeberischen Erwägungen, welche den Hintergrund und die Rechtfertigung für den Anfechtungsausschluß bilden, treffen auf den Fall der Informationsrechtsverletzung *nicht* zu. Ob der Aktionär ausreichend informiert worden ist, um eine verantwortungsvolle Entscheidung über den Formwechsel zu treffen, ist keine Frage, welche dem Spruchverfahren als dem gegenüber der Anfechtungsklage zielgenaueren Rechtsbehelf zur Klärung überantwortet werden könnte. Schon die reformatorische Wirkung der Entscheidung im Spruchverfahren paßt nicht auf den Fall der Informationsrechtsverletzung. Die Ansicht, der Aktionär sei nach Informationserteilung im Spruchverfahren „faktisch" so gestellt, als habe er die Information von der Aktiengesellschaft für die Beurteilung

---

719 Siehe die Kritik eines „Tatbestandsungleichgewichts" oben B.II.3.b)bb)(2)(a).

720 *Martens* AG 2000, 301, 303; siehe dazu eingehend oben A.IV.1.a).

721 *Krieger* in Lutter Kölner Umwandlungsrechtstage, 275, 293.

722 Siehe dazu oben A.IV.1.a).

723 *G.Bezzenberger/T.Bezzenberger* FS Müller, 1, 25.

724 *Bayer* in Hommelhoff/Lutter/Schmidt/Schön/Ulmer Corporate Governance 2002, 137, 151.

der Frage, in welcher Höhe sich eine angemessene Abfindung bewegen müsse, erhalten[725], wird insofern weder dem Sinn und Zweck des A-priori-Schutzes durch ausführliche, d.h. auch abfindungswertbezogene Information, noch dem Sinn und Zweck des Spruchverfahrens gerecht. Sinn und Zweck des Spruchverfahrens ist es nicht, den Aktionären Informationen zukommen zu lassen, nachdem und weil sie ihnen zuvor vorenthalten worden sind[726]. Die unterbliebene Information kann im Spruchverfahren nicht sinnvoll nachgeholt werden, da die eigentlichen Entscheidungen bereits getroffen sind[727]. Der Aktionär soll nach dem eindeutigen Willen des Gesetzgebers *a-priori* informiert werden, nicht erst *a-posteriori*. Im Spruchverfahren geht es allein darum, die für die Barabfindung maßgebliche Unternehmensbewertung zu überprüfen und den „richtigen", gemäß § 207 Abs. 1 S. 1 1.HS UmwG angemessenen Umfang der den Aktionären zustehenden Abfindungsleistung zu bestimmen[728]. Liegt hingegen ein Beschlußmangel vor, welcher einer Korrektur im Spruchverfahren nicht zugänglich ist, so kann das Spruchverfahren die ihm zugewiesene Funktion, den Anfechtungsausschluß für eben diesen Mangel zu *kompensieren*[729], nicht erfüllen[730]. Damit entfällt zugleich die Rechtfertigung der Annahme eines entsprechenden Anfechtungsausschlusses. Der Anfechtungsausschluß ist gewissermaßen der „Preis[731]", den der Aktionär für die Möglichkeit effektiven Rechtsschutzes im Spruchverfahren zahlen muß. Diesen Preis kann man dem Aktionär indes dann nicht „bezahlen" lassen, wenn sich das Spruchverfahren für die Korrektur des geltend gemachten Mangels nicht eignet. Der konkrete Anfechtungsausschlußgrund wird erst durch den Spruchverfahrensantragsgrund legitimiert. Die Annahme eines Anfechtungsausschlußgrundes, welcher kompensationslos erfolgt, ist indes systemwidrig und läßt sich mit der Regelungstechnik der §§ 210, 212 UmwG nicht vereinbaren. Der insoweit untrennbare Regelungszusammenhang zwischen den §§ 210, 212 UmwG verbietet die isolierte Betrachtung und Anwendung des § 210 UmwG, welche einseitig auf die Beseitigung der möglichen Beschlußkassation, nicht hingegen auf das Erfordernis der gleichzeitigen Beschlußreformation abstellt. Aufgrund des in den §§ 210, 212 UmwG angeordneten Prinzips der Mangelkongruenz kann und darf der Tatbestand der Anfechtungsausschlußgründe (§ 210 UmwG) nicht weiter reichen als der Tatbestand der Spruchverfahrensantragsgründe (§ 212 UmwG). Vor diesem Hintergrund der mangelnden Eignung des Spruchverfahrens als Rechtsschutzinstrument für die Geltendmachung von Informationsmängeln vermag auch

[725] *Henze* ZIP 2002, 97, 105; *ders.* BB 2002, 893, 898.

[726] *Hoffmann-Becking* in Henze/Hoffmann-Becking GesR 2001, 55, 60; vgl. auch *Emmerich* in Emmerich/Habersack GmbH- und Aktienkonzernrecht (3.A.) § 293 Rn. 38b.

[727] *Emmerich* in Emmerich/Habersack Aktien- und GmbH-Konzernrecht (3.A.) § 293 Rn. 38b.

[728] Vgl. *Hoffmann-Becking* in Henze/Hoffmann-Becking GesR 2001, 55, 60.

[729] Siehe zu der kompensatorischen Funktion des Spruchverfahrens oben A.IV.2.

[730] Im Ergebnis ebenso *Jaeger* WiB 1997, 311.

[731] Vgl. zu dieser treffenden Charakterisierung *Priester* NJW 1983, 1459, 1463.

der Hinweis auf den Vorteil des Spruchverfahrens gegenüber der Anfechtungsklage, was Kostenlast bzw. –risiko[732] anbelangt[733], den Anfechtungsausschluß wegen abfindungswertbezogener Informationsmängel nicht zu rechtfertigen. Der Anfechtungsausschluß wird nicht durch die verfahrenstechnischen Vorzüge des Spruchverfahrens gerechtfertigt bzw. legitimiert, sondern dadurch, daß das Spruchverfahren für die Geltendmachung bestimmter Rechtsmängel, das zielgenauere und damit *rechtsschutzintensivere* Rechtsschutzinstrument darstellt[734].
Der Versuch, im Wege eines Erst-Recht-Schlusses Verfahrensmängel – abfindungswertbezogene Informationsmängel - zum Gegenstand eines Spruchverfahrens zu erklären, weiß demzufolge nicht zu überzeugen[735]. Ebenso zweifelhaft erscheint der alternative Begründungsansatz, eines generalklauselartig erweiterten Verständnisses des nicht ordnungsgemäßen Angebotes im Umwandlungsbeschluß[736], um dasselbe Ergebnis zu erreichen. Angesichts der reformatorischen bzw. beschlußgestaltenden Wirkung der Entscheidung im Spruchverfahren kann es sich bei den in den §§ 210, 212 UmwG beschriebenen Mängeln lediglich um solche materiellen Mängel des Umwandlungsbeschlusses und der darin enthaltenen Abfindungsregelung handeln, welche einer Reformation im Sinne einer richterlichen Korrektur zugänglich sind. Der Richter muß diesen Beschlußmängeln im Spruchverfahren insofern sinnvoll, d.h. der Funktion des Spruchverfahrens gerecht, Abhilfe schaffen können. Von daher ist die Bedeutung des nicht ordnungsgemäßen Angebotes im Sinne der §§ 210 2.HS 2.Alt., 212 S. 2 UmwG darauf beschränkt, neben dem zu niedrig bemessenen oder fehlenden Barabfindungsangebot im Umwandlungsbeschluß sonstige materielle Mängel der dortigen Regelung zu beschreiben.
Angesichts der fehlenden Eignung des Spruchverfahrens verbietet sich die Subsumtion von abfindungswertbezogenen Informationsmängeln unter den Anfechtungsausschluß des § 210 UmwG. Dessen Funktion erschöpft sich nicht im reinen Anfechtungsausschluß, sondern geht insofern darüber hinaus, als er die dem Ausschluß der Anfechtung unterliegenden Rechtsmängel der Überprüfung in einem spezielleren und dafür besser geeigneten Verfahren zuführt bzw. zuweist[737].

---

732 Vgl. § 15 Abs. 2 S. 2 SpruchG (§§ 312 Abs. 4 S. 1 UmwG a.F., 306 Abs. 7 S. 7 AktG a.F.) gegenüber § 247 AktG

733 In diese Richtung weisen die Ausführungen des BGHZ 146, 179, 187f. - *MEZ*; BGH ZIP 2001, 412, 414; vgl. auch *Vetter* FS Wiedemann, 1323, 1332.

734 Sie dazu oben A.IV.1.a).

735 Die Ansicht, der BGH habe die berechtigten Informationsinteressen der Aktionäre lediglich dorthin verwiesen, wohin sie kraft Gesetzes gehörten, nämlich ins Spruchverfahren, vermag insofern nicht zu überzeugen, so aber *Kurzwelly* in Henze/Hoffmann-Becking GesR 2001, 1, 21.

736 Ein solches Verständnis vertritt *Hüffer* AktG § 243 Rn. 18b; *ders.* ZGR 2001, 833, 860.

737 Siehe zu dieser „Umleitungsfunktion" des Anfechtungsausschlusses oben A.IV.2.

(b) Fehlender Sanktions- und Präventionscharakter des Spruchverfahrens

Das Anfechtungsrecht kann man nur einschränken, wenn man andere *Sanktionen* für die dadurch „anfechtungslos" gestellten Rechtsverletzungen vorsieht[738]. Vor diesem Hintergrund ist die Zulässigkeit der Annahme des Ausschlusses der Anfechtungsklage zugunsten des Spruchverfahrens für die Rüge abfindungswertbezogener Informationsmängel auch deshalb in Zweifel zu ziehen, weil das die Anfechtungsklage substituierende Spruchverfahren lediglich bei vordergründiger Betrachtung Sanktionscharakter aufweist.

Wenn im Rahmen der rechtspolitischen Diskussion ein entsprechender Anfechtungsausschluß mit dem Hinweis befürwortet wird, daß bereits die gemäß § 15 Abs. 2 S. 1 SpruchG[739] unabhängig vom Verfahrensausgang drohende Kostenbelastung für „hinreichenden Informationsfluß" sorgen wird[740], so hat sich diese Erwartung nicht zuletzt vor dem Hintergrund der den BGH-Entscheidungen zugrundeliegenden Sachverhalte gerade nicht bewahrheitet[741]. Trotz der keineswegs in Zweifel zu ziehenden mitunter gravierenden Kostenbelastung eines Spruchverfahrens[742], erweist sich die „Hoffnung[743]", daß die Vorstände auch in Zukunft trotz Verweisung abfindungswertbezogener Informationsmängel ins Spruchverfahren den ihnen obliegenden Informationspflichten (gewissenhaft) nachkommen werden, vor dem Hintergrund der praktischen Erfahrungen als unbegründet, ja geradezu „blauäugig". Die „drohende" Kostenlast eines Spruchverfahrens für das Unternehmen hält die Vorstände in der Praxis nicht einmal davon ab, trotz des gesetzlichen Angemessenheitserfordernisses[744] *durchweg* erheblich zu niedrige Abfindungen anzubieten[745] und es insoweit auf ein späteres Spruchverfahren be-

---

738 So zutreffend *Zöllner* in Semler Reformbedarf, 147.

739 Vgl. §§ 312 Abs. 4 S. 1 UmwG a.F., 306 Abs. 7 S. 7 AktG a.F.

740 In diesem Sinne zuerst *Hommelhoff* ZGR 1990, 447, 474; siehe auch *Kleindiek* Diskussionsbericht ZGR 1990, 477, 481; vgl. aus jüngster Zeit etwa *Reichert* in Hommelhoff/Lutter/Schmidt/Schön/Ulmer Corporate Governance 2002, 165, 184f., nach dessen Ansicht es nicht im Interesse der Unternehmen liegen kann und wird, die Aktionäre durch ungenügende Angaben über die Bewertungen in ein für die betroffenen Gesellschaften „kostenträchtiges" Spruchverfahren zu zwingen.

741 Im Fall *Aqua Butzke* lag bis zum Ende der Abstimmung nicht einmal der Umwandlungsprüfungsbericht vor, Kallmeyer GmbHR 2001, 251; vor kurzem ist ein Spruchverfahren eingeleitet worden, bei dem die Gesellschaft auf ein Bewertungsgutachten gänzlich verzichtet hat (LG München I, 5 HK O 17415/02), vgl. *Puszkajler* ZIP 2003, 518, 520.

742 Vgl. dazu den Bericht aus der Praxis bei *Lehmann* in Timm Mißbräuchliches Aktionärsverhalten, 51, 58ff.

743 Vgl. insoweit *Vetter* FS Wiedemann, 1323, 1346: „hoffentlich".

744 Vgl. etwa §§ 29 Abs. 1 S. 1 1.HS, 207 Abs. 1 S. 1 1.HS UmwG, §§ 305 Abs. 1, 320b Abs. 1 S. 1 AktG.

745 Vgl. zu den praktischen Erfahrungen die Untersuchung von *Dörfler/Gahler/Unterstraßer/Wirichs* BB 1994, 156, 160, nach der die angebotene Abfindung im Durchschnitt im Spruchverfahren um (mehr als) 34% erhöht wurde.

wußt ankommen zu lassen[746]. Warum sollten die abfindungswertbezogenen Informationspflichten vor diesem Hintergrund ein anderes Schicksal erleiden und durch die Unternehmensleitung – wenn überhaupt noch – nicht nur nachlässig befolgt werden?
Dem Spruchverfahren fehlt insoweit trotz der Kostenregelung der erforderliche Sanktions- und mithin auch Präventionscharakter[747]. Beim Spruchverfahren handelt es sich nicht um eine unmittelbare „Sanktion" für fehlerhafte Information bzw. das fehlerhafte Informationsverhalten des Vorstandes, sondern für unrichtige Bemessung von Umtauschverhältnis oder einer Abfindung[748].
Im Hinblick auf eine effektive Prävention von Verfahrens- und Informationsrechtsverletzungen ist das Spruchverfahren als Reaktionsmöglichkeit insoweit insuffizient, als es die „Anfechtungslosigkeit" der Informationsrechtsverletzungen[749] nicht aufzufangen bzw. hinreichend zu kompensieren vermag. Wer zukünftig keine Anfechtung wegen Informationsmängeln zu befürchten hat, wird weniger oder gar keine Information mehr erteilen[750]. Es besteht daher die begründete Befürchtung, die Unternehmensleitungen könnten durch den Wegfall des Anfechtungsrisikos dazu verleitet werden, die im Gesetz vorgesehenen Berichts- und Informationspflichten zur Bewertung und Abfindung mangels spürbarer Sanktionen in Zukunft nicht mehr ernst zu nehmen und die Aktionäre stets auf das Spruchverfahren zu verweisen[751]. Die abfindungswertbezogene Information ist jedoch bereits für die Entscheidungsfindung der Aktionäre von wesentlicher Bedeutung[752], so daß die nicht ordnungsgemäße Erteilung durch die Anfechtungsklage sanktioniert sein muß[753]. Aus rechtspolitischer Sicht ist es daher äußerst zweifelhaft, die bewertungsbezogenen Berichts- und Informationspflichten des Vorstandes zu nicht einklagbaren leges imperfectae abzuwerten[754].

---

[746] Vgl. in diesem Zusammenhang den Diskussionsbeitrag von *Lutter* in Timm Mißbräuchliches Aktionärsverhalten, S. 92f., der den Verdacht hege, daß Unternehmen im Rahmen des Abschlusses von Beherrschungs-, Gewinnabführungs- und Verschmelzungsverträgen schlechte Konditionen (Ausgleich, Abfindung, Umtauschverhältnis) anböten, weil man davon ausgehe, es werde ohnehin ein Spruchstellenverfahren beantragt.

[747] Vgl. zu diesem Zusammenhang *Bayer* in VGR GesR 1999, 35,38; siehe dazu bereits oben A.IV.1.b)cc).

[748] Zutreffend insofern *Baums* Gutachten 63. DJT, F 128; *Vetter* FS Wiedemann, 1323, 1346.

[749] Vgl. *Zöllner* in Semler Reformbedarf, 147.

[750] So die berechtigte Befürchtung von *Wenger* EWiR § 210 UmwG 1/01, 331, 332 unter 4; ebenso *Götz* in Sitzungsberichte 63. DJT Band II/2, O 154 und 156.

[751] Vgl. *Vetter* FS Wiedemann, 1323, 3145; *Decher* in GroßKomm AktG § 131 Rn. 65b; vgl. auch *Puszkajler* ZIP 2003, 518, 520, der darauf hinweist, daß vor kurzem ein Spruchverfahren eingeleitet worden sei, bei dem Gesellschaft auf ein Bewertungsgutachten gänzlich verzichtet hat (LG München I, 5 HK O 17415/02).

[752] Siehe dazu ausführlich oben B.II.3.b)aa)(1)(b)(aa).

[753] In diesem Sinne bereits *Kleindiek* Diskussionsbericht ZGR 1990, 477, 480f.; *Veil* Umwandlung einer AG, S. 187.

[754] *Hoffmann-Becking* WpG 2001 Sonderheft, 121, 126.

(3) Kritik eines Nebeneinanders von Spruchverfahren und Anfechtungsklage als Rechtsschutzinstrumente für die Rüge von Informationsmängeln

Die Verweisung des Aktionärs wegen abfindungswertbezogener Informationsrechtsverletzungen auf das Spruchverfahren hat zwangsläufig ein *Nebeneinander* der beiden Rechtsbehelfe Anfechtungsklage und Spruchverfahren für den Bereich von Informationsrechtsverletzungen zur Folge. Diese Konsequenz, daß dem Aktionär Anfechtungsklage und Spruchverfahren kumulativ als statthafte Rechtsbehelfe für die Informationsrüge zur Verfügung stehen, ist nicht zuletzt aus rechtsschutzsystematischen Erwägungen unbefriedigend. Das Nebeneinander wird in der Praxis unweigerlich zu nicht oder nur sehr schwer lösbaren *Abgrenzungsschwierigkeiten* für den im Falle der Verletzung seiner Informationsrechte rechtsschutzsuchenden Aktionär führen[755]. Für ihn stellt sich die Frage, welche der beiden Reaktionsmöglichkeiten[756] im konkreten Einzelfall – nicht zuletzt auch unter Kostenrisiko-Aspekten - die „richtige" ist. Folgte man der Ansicht eines Anfechtungsausschlusses wegen abfindungswertbezogener Informationsrechtsverletzungen, so wäre jeder Aktionär, der die Erhebung einer Anfechtungsklage im Falle einer Informationsrechtsverletzung erwägt, zunächst vor die im Einzelfall - wenn überhaupt - nur sehr schwer zu beantwortende Frage gestellt, ob die zu rügende, für unzureichend bzw. unzutreffend befundene Information einen Bezug zur Barabfindung aufweist.

(a) Problem der Abgrenzung zwischen bewertungsrelevanten und nicht-bewertungsrelevanten Informationsgegenständen

Als besonders mißlich erweist sich die Konsequenz eines Nebeneinanders der beiden Rechtsbehelfe Anfechtungsklage und Spruchverfahren für den Bereich von Informationsrechtsverletzungen vor dem Hintergrund, daß nahezu alle Informationen für die Berechnung der Abfindung wichtig sind[757]. Für die Bemessung der Abfindung sind alle wertbildenden - nicht nur finanziellen - Faktoren unterschiedlichster Art[758] zu beachten; das gilt selbst für Billigkeitsgesichtspunkte, die sich nicht zahlenmäßig klar fassen lassen[759]. Von daher erscheint es äußerst zweifelhaft, ob eine Differenzierung bzw. Abgrenzung zwischen bewertungsrelevanten

[755] Vgl. insoweit zutreffend *Baums* Gutachten 63. DJT, F 127.

[756] *Hommelhoff* ZGR 1993, 452, 467f.

[757] *Grunewald* ZIP 2002, 18, 21 mit dem zutreffenden Hinweis, daß praktisch jede Anfechtung wegen Informationsmängel „illusorisch" würde.

[758] Vgl. zu der Komplexität bzw. Ursachenvielfältigkeit der "Preisbildung" eingehend *Müller* FS Bezzenberger, 705, 715f.

[759] *Großfeld* Unternehmens- und Anteilsbewertung A. I. 3. b) (S. 7).

und nicht-bewertungsrelevanten Daten überhaupt gelingen kann[760]. Besonders augenscheinlich wird diese Abgrenzungsproblematik am Beispiel des Verschmelzungsberichts.
Gemäß § 8 Abs. 1 S. 1 UmwG ist im Rahmen der Berichtspflicht - neben Umtauschverhältnis und Barabfindung als der unmittelbar "vermögensrechtlichen Seite des Strukturwandels[761]" - u.a. die Verschmelzung als solche rechtlich und wirtschaftlich zu erläutern. Dabei ist auszuführen, welche rechtlichen und wirtschaftlichen Gründe die Verschmelzung als das geeignete Mittel zur weiteren Verfolgung des Unternehmenszweckes erscheinen lassen, zu erläutern ist also das rechtliche und unternehmerische Für und Wider der Umwandlungsmaßnahme[762]. Bei vordergründiger Betrachtung dieser beiden Berichtsgegenstände des § 8 Abs. 1 S. 1 UmwG - Umtauschverhältnis und Abfindung sowie Verschmelzung - ließe sich eine Differenzierung der jeweiligen Informationen in bewertungsrelevante und nicht - bewertungsrelevante ganz einfach anhand des Berichtsgegenstandes vornehmen. Danach wären die rechtliche und wirtschaftliche Erläuterung von Umtauschverhältnis und Barabfindung bewertungsrelevante, die wirtschaftliche und rechtliche Erläuterung der Verschmelzung hingegen rein "strategierelevante" bzw. nicht-bewertungsrelevante Informationen. Eine entsprechende Differenzierung kann indes nicht zuletzt im Hinblick auf Art und Umfang der im Rahmen der Angaben zur Verschmelzung zu machenden Angaben nicht gelingen. So ist für die rechtliche und wirtschaftliche Erläuterung der Verschmelzung zunächst über die wirtschaftliche Ausgangslage der beteiligten Gesellschaften zu berichten. Hierfür ist eine kurze Vorstellung der beteiligten Unternehmen einschließlich ihrer Lage und Ausrichtung, ihres Markt- und Wettbewerbsumfeldes, ihres Um-satzes, Tätigkeitsfeldes, Marktanteils, ihrer wesentlichen Beteiligungen und ihres Kapitals erforderlich[763]. Jeder der genannten berichtspflichtigen Unternehmensparameter hat unmittelbar oder jedenfalls mittelbar Einfluß auf die Bewertung des jeweiligen an der Verschmelzung beteiligten Unternehmens und fließt somit in diese ein[764].

---

760 Vgl. Diskussionsbericht *Schäfer* in Hommelhoff/Lutter/Schmidt/Schön/Ulmer Corporate Governance 2002, S. 203.

761 Vgl. *Hommelhoff* ZGR 1993, 452, 463; siehe dazu ausführlich oben B.II.3.b)aa)(1)(b)(aa).

762 *Lutter/Lutter/Drygala* UmwG § 8 Rn. 15.

763 Vgl. *Lutter/Lutter/Drygala* UmwG § 8 Rn. 16; *Gehling* in Semler/Stengel UmwG § 8 Rn. 16.

764 Als eindeutig nicht-bewertungsrelevant zu klassifizieren sein müßte angesichts des bei der Berechnung der Ertragswerte nach herrschender Meinung anzuwendenden "stand-alone-Prinzips" jedenfalls die Information zu beabsichtigten Synergieeffekten (z.B. Verbesserung der Einkaufsmöglichkeiten, rentablere Produktion, vermeidbare Doppelinvestitionen, stärkere Stellung im Wettbewerb). Synergien sind wegen des "stand-alone-Prinzips" bei der Ermittlung von Umtauschverhältnis und Barabfindung nach herrschender Meinung nicht zu berücksichtigen (vgl. *Lutter/Lutter/Drygala* UmwG § 5 Rn. 31 m.w.N.). Von daher ist der beabsichtigte Nutzen der Verschmelzung im Rahmen der Berichtspflicht (§ 8 Abs. 1 UmwG) auch nicht bei der Erläuterung von Umtauschverhältnis und Barabfindung, sondern nur im Rah-

M.E. sind hinreichend geeignete Kriterien für die Abgrenzung zwischen bewertungsrelevanter und nicht-bewertungsrelevanter Information nicht ersichtlich. Insbesondere erweisen sich die umwandlungsgesetzlichen Informations- und Berichtspflichten - wie das Beispiel des Verschmelzungsberichts zeigt - als Anknüpfungspunkt für eine aus rechtspolitischen Gründen wünschenswerte wie erforderliche scharfe Abgrenzung als prinzipiell ungeeignet.

(b) Rechtspolitische Gefahr für Wirksamkeit und Effektivität des A-priori-Schutzes durch ausführliche Information ingesamt

Die Unschärfe des Begriffes der abfindungswertbezogenen, kompensationsleistungsbezogenen bzw. bewertungsrelevanten Information sowie die hieraus resultierende Gefahr eines denkbar extensiven Verständnisses stellen eine erhebliche Gefahr für Wirksamkeit und Effektivität des vom Gesetzgeber in Aktien- und Umwandlungsgesetz angelegten A-priori-Schutzes durch ausführliche Information[765] dar. Es besteht Anlaß zu der Befürchtung, daß die Annahme eines Anfechtungsausschlusses wegen der Verletzung wertbezogener Informationspflichten, welche nach der gesetzgeberischen Konzeption und Ausgestaltung zu den *wichtigsten*[766] zählen, eine mögliche Basis – gewissermaßen einen gefährlichen „Nährboden" - für *weitere* Erst-Recht-Schlüsse bereiten könnte. Auf diese Weise drohten in Zukunft auch weitere Bereiche der a-priori zu erteilenden Information zu wertbezogener Information deklariert und die Aktionäre für die Rüge ihrer Verletzung auf das Spruchverfahren verwiesen zu werden. In der Folge würden weitere Informationsrechte bzw. -pflichten zu nicht einklagbaren *leges imperfectae* degradiert und der beabsichtigte A-priori-Schutz durch Information schließlich völlig ausgehöhlt. Nicht zuletzt wegen dieser drohenden Gefahr ist die Verweisung informationsrechtlicher Streitigkeiten in das Spruchverfahren, welche einen erheblichen Bruch im Beschlußmängelrecht bedeutet, abzulehnen.

---

men der Angaben zur Verschmelzung zu berücksichtigen (vgl. *Lutter/Lutter/Drygala* UmwG § 8 Rn. 23). Demnach fehlte der Information über die beabsichtigten Synergien die in Frage stehende bewertungsrechtliche Relevanz.

765 Siehe dazu oben B.II.3.b)aa)(1)(a).

766 Die vermögensrechtliche Seite einer jeden Umwandlung bildet als Gegenstand der zu erteilenden Information nach der gesetzgeberischen Auffassung und Ausgestaltung im Gesetz den Schwerpunkt, s. dazu oben B.II.3.b)aa), insbesondere (1)(b)(aa).

(4) Das SpruchG und die Bedeutung der abfindungswertbezogenen Information

Im folgenden soll untersucht werden, ob und inwieweit die Neuordnung des gesellschaftsrechtlichen Spruchverfahrens Rückschlüsse auf die Frage der Zulässigkeit der Verweisung abfindungswertbezogener Informationsverletzungen in das Spruchverfahren zulassen. Es ist daher zu prüfen, ob sie mit den Vorstellungen des Reformgesetzgebers im Rahmen der Neuordnung des gesellschaftsrechtlichen Spruchverfahrens im Einklang steht bzw. vereinbar ist.

(a) Die gesetzgeberische Entscheidung gegen eine Regelung des materiellen Anwendungsbereichs des Spruchverfahrens im Rahmen des SpruchG

§ 1 SpruchG-RefE bestimmt den Anwendungsbereich des Gesetzes im Wege der Auflistung der bekannten Anwendungsfälle aus dem Aktien- und Umwandlungsgesetz[767]. Der Aufzählung in den Nr. 1-4 kommt dabei ausweislich der Gesetzesbegründung lediglich deklaratorische Funktion zu[768]. Der materielle Anwendungsbereich des Spruchverfahrens richtet sich damit grundsätzlich nach den speziellen Regelungen in Aktien- und Umwandlungsgesetz und bleibt durch das SpruchG unberührt[769]. Wenn der Gesetzgeber Forderungen und Anregungen der Regierungskommission Corporate Governance, der wirtschaftsrechtlichen Abteilung des 63. Deutschen Juristentages in Leipzig sowie der Deutschen Schutzvereinigung für Wertpapierbesitz e.V. aufgegriffen hat[770], so ist dies vor diesem Hintergrund zu sehen. Damit können nur solche Anregungen aufgriffen worden sein, welche die Kritik der verfahrensrechtlichen Regelung des Spruchverfahrens zum Gegenstand hatten, nicht hingegen solche Forderungen, welche auf die Ausweitung des Anwendungsbereichs des Spruchverfahrens und damit gleichzeitig auf die Zurückdrängung der Anfechtungsklage abzielten[771]. Eine solche Anregung

[767] *Neye* NZG 2002, 23.

[768] *Neye* NZG 2002, 23, 28.

[769] Einer im Gesetzgebungsverfahren vom Handelsrechtsausschuß des DAV (*DAV-Handelsrechtsausschuß* Stellungnahme zu RegE SpruchG NZG 2003, 316ff.) angeregten Klarstellung im Hinblick auf die Anwendbarkeit des Spruchverfahrens auf das Delisting (vgl. BGH NJW 2003, 1032 – *Macroton*) und die sog. übertragende Auflösung (vgl. BVerfG ZIP 2000, 1670 – *Motometer*) ist der Gesetzgeber nicht gefolgt, *Neye* Das neue Spruchverfahrensrecht, S. 18.

[770] *Neye* NZG 2002, 23, 27.

[771] Für die Vorschläge der Regierungskommission Corporate Governance läßt sich dies dem Hinweis bei *Neye* NZG 2001, 23 in Fn.9 auf den Abschlußbericht (*Baums* Kommissionsbericht Corporate Governance) entnehmen. Die dort zitierten Rn. 169ff. enthalten nicht die Anregungen im Hinblick auf eine Ausweitung des materiellen Anwendungsbereichs des Spruchverfahren (diese finden sich in den Rn. 134 und 151), sondern beschränken sich auf die Überarbeitung der §§ 306 AktG, 305ff. UmwG (vgl. *Baums* aaO. Rn. 169) und damit der verfahrensrechtlichen Ausgestaltung des Spruchverfahrens. – Für die Vorschläge des 63. DJT

von Seiten des Handelsrechtsausschusses des DAV[772] hat der Gesetzgeber nicht aufgegriffen[773]. Vor diesem Hintergrund kann dem bloßen Hinweis in der Begründung auf die Rechtsprechung des BGH[774] nicht etwa die Bedeutung beigemessen werden, der Reform liege eine entsprechende gesetzgeberische Intention der Verweisung von Informationsmängel ins Spruchverfahren zugrunde. Der Gesetzgeber hat mit dem SpruchG eine einheitliche Regelung für alle Fälle der in UmwG und AktG vorgesehenen Kompensationsleistungen im Rahmen von Umstrukturierungsmaßnahmen getroffen. Die Bedeutung der BGH-Rechtsprechung scheint der Gesetzgeber hingegen auf „abfindungswertbezogene Informationsmängel bei Umwandlungen[775]" beschränkt zu sehen[776]. Insofern läßt sich der Hinweis auf die Rechtsprechung im Zusammenhang mit der gesetzgeberischen Zurückhaltung, welche sich in der ausdrücklichen Abstandnahme von einer materiellen Regelung zeigt, vielmehr so interpretieren, daß die prinzipielle Einbeziehung von Informationsmängeln in den materiellen Anwendungsbereich des Spruchverfahrens - wie jede andere Erweiterung des Anwendungsbereichs - ein weiteres Tätigwerden des Gesetzgeber erforderlich macht. Der Erwähnung der Rechtsprechung in der gesetzgeberischen Begründung kann insofern keine präjudizierende Bedeutung beigemessen werden. Vielmehr spricht die Regelung des § 1 SpruchG dafür, daß das Spruchverfahrensgesetz insgesamt den materiellen Anwendungsbereich des Spruchverfahrens unangetastet läßt und sich insoweit auf die alleinige *Verfahrens*-Regelung beschränkt[777]. Diese Interpretation steht auch im Einklang mit der Intention des Gesetzgebers, den Katalog des § 1 SpruchG für den Fall zu ergänzen, daß zukünftig dem Spruchverfahren weitere Bereiche zugewiesen werden sollten[778].

---

folgt dies entsprechend aus dem Hinweis bei *Neye* NEZG 2002, 23 in Fn.8 auf den Beschluß Nr. 11 c). Dieser enthält lediglich die Anregung einer Überprüfung der Verfahrensregeln des Spruchverfahrens, um ihre übermäßig lange Dauer abzukürzen. Anregungen hinsichtlich einer Ausweitung des Anwendungsbereichs sind dagegen lediglich Gegenstand der Beschlüsse Nr. 11 a) und b), 12 a) und b).

772 Vgl. *DAV-Handelsrechtsausschuß* Stellungnahme RefE SpruchG NZG 2002, 119, 124.

773 Vgl. *Neye* Das neue Spruchverfahrensrecht, S. 18f.

774 *Neye* NZG 2002, 23, 28.

775 Mit „Umwandlungen" meint der SpruchG-RefE ausschließlich Strukturmaßnahmen nach dem UmwG, er differenziert insoweit eindeutig zwischen Strukturmaßnahmen von Unternehmen (Neye NZG 2002, 23, 27) bzw. Umstrukturierungsmaßnahmen (S. 28 unter 3.) als Oberbegriff für Strukturmaßnahmen nach AktG und UmwG einerseits und Umwandlungen (S. 28 unter 3.) und Umstrukturierungsmaßnahmen nach dem AktG (S. 32 zu Nr. 2 (§ 10 UmwG)) andererseits.

776 Vgl. *Neye* Begr.RefE SpruchG Allgemeine Begründung, NZG 2002, 23, 28.

777 Vgl. in diesem Zusammenhang *Neye* Das neue Spruchverfahrensrecht, S. 18, der im Rahmen seiner Einführung zum Spruchverfahrensneuordnungsgesetz ausdrücklich feststellt, daß das Spruchverfahrensgesetz, „wie sein Name schon sagt", ausschließlich verfahrensrechtliche Regelungen beinhaltet.

778 Vgl. *Neye* NZG 2002, 23.

Es bleibt daher zu untersuchen, ob die verfahrensrechtliche Ausgestaltung durch das SpruchG sich mit der Verweisung abfindungswertbezogener Informationsmängel in das Spruchverfahren durch den BGH vereinbaren läßt.

(b) Die Pflicht zur Substantiierung des Antrags, § 4 Abs. 2 S. 2 Nr. 4 SpruchG

Gemäß § 4 Abs. 2 S. 1 SpruchG soll der Antragsteller seinen Antrag auf gerichtliche Entscheidung begründen. Nach S. 2 sind dabei bestimmte Mindestangaben zu machen. Dadurch soll verhindert werden, daß der Antragsteller - wie dies in der Praxis bisher nicht selten der Fall war[779] – praktisch mit einem Satz und ohne jede sachliche Erläuterung ein aufwendiges und kostenträchtiges Überprüfungsverfahren in Gang setzen kann[780]. Im Mittelpunkt der Begründungspflicht steht dabei das Erfordernis einer *konkreten* Bewertungsrüge, die gegen die Feststellung des Unternehmenswertes des Antragsgegners zu richten ist, wie er als Bezugspunkt für die Bemessung einer der in § 1 SpruchG genannten Kompensationsleistungen insbesondere in den Vorstandsberichten *und* den Prüfungsberichten seinen Niederschlag gefunden hat[781] (vgl. § 4 Abs. 2 S. 2 Nr. 4 SpruchG). Anträge, die den – von der Rechtsprechung zu konkretisierenden – zumutbaren Mindestanforderungen nicht genügen, sollen künftig als unzulässig abgewiesen werden können[782]. Damit enthält der Regierungsentwurf eine entscheidende Neuerung gegenüber dem SpruchG-RefE[783], der die konkrete Bewertungsrüge eigentlich erst im Rahmen der Einwendung gemäß § 8 Abs. 4 S. 2 SpruchG-RefE[784] erforderte[785]. Der Gesetzgeber ist dabei offensichtlich entsprechenden Forderungen kritischer Stellungnahmen zum SpruchG-RefE[786] gefolgt[787]. Diese kritisierten die Abwesenheit einer entsprechenden Substantiierungslast des Antragstellers vor dem Hintergrund, daß die im Vorfeld der Maßnahme dem Antragsteller vorgelegten und zur

779 Vgl. *Sigle/Zinger* FAZ v. 27.11.2002, Nr. 276, S. 25.

780 *Neye* Begr.RegE zu § 4 SpruchG, ZIP 2002, 2097, 2100f.; siehe zu der Problematik des hieraus resultierenden Mißbrauchspotentials eingehend *Lehmann* in Timm Mißbräuchliches Aktionärsverhalten, S. 51ff.

781 *Neye* Begr.RegE zu § 4 SpruchG, ZIP 2002, 2097, 2101.

782 *Neye* Begr.RegE zu § 4 SpruchG, ZIP 2002, 2097, 2101.

783 *Neye* Begr.RegE zu § 4 SpruchG, ZIP 2002, 2097, 2100.

784 § 7 Abs. 4 S. 2 SpruchG.

785 Vgl. *Neye* NZG 2002, 23, 24: „Spätestens in diesem Stadium" sei der Antragsteller gehalten, konkrete Zweifel im Hinblick auf die Angemessenheit der angebotenen Leistung darzulegen.

786 Vgl. *DAV-Handelsrechtsausschuß* Stellungnahme RefE SpruchG NZG 2002, 119, 122; vgl. *Baums* Kommissionsbericht Corporate Governance Rn. 171 (S. 189); vgl. auch schon *Lutter/Bezzenberger* AG 2002, 433, 439.

787 Auf die besondere Bedeutung der Anregungen insbesondere der Regierungskommission Corporate Governance für die Entwicklung des SpruchG gerade im Hinblick auf die Einführung einer Substantiierungspflicht weist *Neye* FS Wiedemann, 1127, 1129 hin.

Verfügung gestellten Unterlagen im Sinne des § 7 Abs. 3 SpruchG[788] – Bericht und Prüfungsbericht – es dem Antragsteller bereits in ausreichendem Maße möglich machen, konkrete Zweifel an der Bewertung vorzutragen, die er auf der Basis dieser Unterlagen hat[789]. Ohne das Erfordernis einer konkreten Bewertungsrüge könne der Antragsteller ein aufwendiges Spruchverfahren gewissermaßen „ins Blaue hinein" einleiten; es sei zudem nicht sinnvoll, das Verfahren erst mit der schriftlichen Erwiderung des Antragsgegners beginnen zu lassen, denn in dieser Erwiderung könnte nichts anderes stehen als das, was zur Angemessenheit der Kompensationsleistung in den dem Antragsteller vorliegenden Unterlagen dargelegt wurde[790].

Das Erfordernis eines substantiierten Antrages setzt jedoch voraus, daß der Aktionär bereits in diesem Stadium des Verfahrens – d.h. noch *vor* den speziellen Maßnahmen des § 7 SpruchG zur Vorbereitung der mündlichen Verhandlung[791] - durch die ihm im Rahmen der Vorbereitung der Beschlußfassung über die Umstrukturierungsmaßnahme zur Verfügung gestellten bzw. offengelegten Unterlagen über die Grundlagen für die Berechnung der ihm angebotenen Kompensationsleistung so umfassend informiert ist, daß ihm konkrete Einwände gegen die konkrete Bemessung überhaupt möglich sind[792]. Mit der Substantiierung seines Antrags - der Darlegung der Erwägungen, die den Antragsteller veranlassen, die angebotene Abfindung als nicht angemessen anzusehen -, soll der Aktionär deshalb nicht überfordert sein, weil von ihm erwartet werden kann, daß der Antragsteller die ihm zugänglichen Informationsmöglichkeiten ausschöpft, um sich jedenfalls ein „grobes Urteil" über die wertbestimmenden Faktoren seines Unternehmens zu bilden[793].

Damit wird jedoch zugleich der Erst-Recht-Schluß des BGH bzw. die von ihm befürwortete Verweisung sämtlicher abfindungswertbezogener Informationsmängel ins Spruchverfahren unter Berufung auf das durch das Fehlen der Abfindung im Umwandlungsbeschluß bewirkte „vollständige Informationsdefizit" in Frage gestellt[794].

Hätte der Gesetzgeber im Rahmen der Neuordnung des Spruchverfahrens an die Rechtsprechung des BGH angeknüpft, so hätte er konsequenterweise von dem

788 § 8 Abs. 3 SpruchG-RefE.

789 Vgl. *DAV-Handelsrechtsausschuß* Stellungnahme RefE SpruchG NZG 2002, 119, 122; vgl. *Baums* Kommissionsbericht Corporate Governance Rz.171 (S. 189); vgl. auch schon *Lutter/Bezzenberger* AG 2002, 433, 439.

790 *DAV-Handelsrechtsausschuß* Stellungnahme RefE SpruchG NZG 2002, 119, 122.

791 Siehe dazu näher sogleich unten B.II.3.b)cc)(4)(c).

792 Vgl. in diesem Sinne auch schon *Lutter/Bezzenberger* AG 2000, 433, 439.

793 Vgl. *Bilda* NZG 2000, 296, 298.

794 Vgl. im Ergebnis ebenso *Puszkajler* ZIP 2003, 518, 520, der zutreffend darauf hinweist, daß die Verschärfung der Begründungspflicht im Spruchverfahren nicht zu der von der BGH-Rechtsprechung dekretierten folgenlosen Informationsrechtsverletzung zu Bewertungsfragen in der Hauptversammlung paßt.

Erfordernis einer Substantiierungslast absehen und statt dessen zunächst dem Antragsgegner auferlegen müssen darzulegen, daß und weshalb die angebotene Kompensationsleistung angemessen ist[795]. Interessant ist in diesem Zusammenhang, daß der RefE-SpruchG noch - unter Verzicht auf eine Substantiierungspflicht - vorsah, daß das Verfahren mit einer schriftlichen Erwiderung des Antragsgegners beginnen sollte, vgl. § 8 Abs. 2 S. 1 SpruchG-RefE[796]. Eine solche „Verfahrenseröffnung", welche die „Substantiierungsinitiativlast" dem Antragsgegner zuweist und somit vor dem Hintergrund der BGH-Rechtsprechung konsequent und folgerichtig gewesen wäre, wurde sodann im Zusammenhang mit der Abwesenheit einer qualifizierten Substantiierungspflicht des Antragstellers kritisiert[797]. Der Gesetzgeber hielt an dieser Regelung schließlich nicht fest, sondern entschied sich statt dessen für die Einführung der Substantiierungspflicht, mit der die BGH-Rechtsprechung in keinen vernünftigen Einklang zu bringen ist. Der gesetzgeberischen Konzeption dieser qualifizierten Substantiierungslast für den Antragsteller auf der Grundlage des Vorstandsberichts (§ 192 Abs. 1 UmwG) und des Prüfungsberichts (§§ 208, 30 Abs. 2 S. 2, 12 UmwG[798]) widerspricht es zum einen, wenn der BGH annimmt, daß sich der Umwandlungsbericht im Falle des Fehlens eines Barabfindungsangebotes im Umwandlungsbeschluß (§ 210 2.HS 1.Alt. UmwG) nicht zur Barabfindung verhalten müsse[799]. Unvereinbar damit ist zum anderen schließlich auch die Vorstellung, daß aus Anlaß der Vorbereitung der Hauptversammlung die Barabfindung nicht zu prüfen sei[800] bzw. der Prüfungsbericht den Aktionären nicht offengelegt werden müsse[801]. Die Annahme eines vollständigen Informationsdefizits ist systemwidrig. Der Antragsteller müßte das Spruchverfahren gewissermaßen „blind[802]" beantragen. Dies soll ihm hingegen aufgrund der Neuregelung in Zukunft ja gerade nicht mehr möglich sein und liefe damit der gesetzgeberischen Intention zuwider. Anhand der Entscheidung des Gesetzgebers, in jedem Fall eine konkrete Bewertungsrüge des Antragstellers zu verlangen, wird ersichtlich, daß der insbesondere durch den Um-

---

795 Vgl. im Ergebnis ebenso *Puszkajler* ZIP 2003, 518, 520.

796 Jetzt insoweit unverändert § 7 Abs. 2 S. 1 SpruchG.

797 Vgl. *DAV-Handelsrechtsausschuß* Stellungnahme RefE SpruchG NZG 2002, 119, 122.

798 § 8 Abs. 3 S. 2 SpruchG-RefE (bzw. § 7 Abs. 3 SpruchG) spricht zwar ausdrücklich nur von dem Bericht über die Prüfung der „Umwandlung" als solche, bezieht jedoch ausweislich der Begründung trotz des gegenständlich auf die Barabfindung beschränkten Prüfungsumfangs beim Formwechsel auch den Prüfungsbericht im Sinne des §§ 208, 30 Abs. 2 S. 2, 12 UmwG mit ein, vgl. *Neye* NZG 2002, 23, 29. Der Begriff der „Unterlagen" im Sinne des SpruchG meint damit neben dem Umwandlungsbericht (§ 192 Abs. 1 UmwG) *auch* den Prüfungsbericht (§§ 208, 30 Abs. 2 S. 2, 12 UmwG).

799 So aber BGHZ 146, 179, 184 - *MEZ*; BGH ZIP 2001, 412, 413 - *Aqua Butzke*.

800 So aber BGHZ 146, 179, 184 – *MEZ*.

801 So aber BGH ZIP 2001, 412, 415 - *Aqua Butzke;* siehe zu der Frage der Offenlegungspflicht des Prüfungsberichts gemäß § 63 Abs. 1 Nr. 5 UmwG analog ausführlich oben B.II.3.b)aa)(3)(b)(ba).

802 Vgl. zutreffend *Wenger* EWiR 2001, 331, 332.

wandlungsbericht und den Prüfungsbericht gewährleistete A-priori-Schutz durch Information bezüglich der Barabfindung beim Formwechsel nicht davon abhängen kann, welchen Mangel der Umwandlungsbeschluß im Sinne der §§ 210, 212 UmwG im Hinblick auf die Regelung der Barabfindung aufweist. In *jedem* der drei dort geregelten Fälle – auch in den Fällen, daß die Barabfindung *im Umwandlungsbeschluß* nicht oder nicht ordnungsgemäß angeboten worden ist - müssen Vorstandsbericht und Prüfungsbericht detaillierte Auskunft über die Barabfindung geben, damit der Antragsteller seiner Substantiierungspflicht nachkommen kann[803]. Eine Differenzierung im Sinne der Rechtsprechung des BGH[804] läßt sich demzufolge mit dem SpruchG, insbesondere dem Regelungsgedanken des § 4 Abs. 2 SpruchG nicht vereinbaren. Das Modell, welches von dem Antragsteller gezielte Angriffe gegen die Bewertung verlangt, läßt sich nur praktizieren, wenn zuvor im Rahmen der Beschlußvorbereitung die gesetzlich vorgeschriebenen Informationen auch erteilt werden[805]. Daß die Anforderungen an den Inhalt des Antrages „nicht überspannt" werden dürfen und bei Antragszulassung „etwaige besondere Schwierigkeiten der Informationsbeschaffung für den Antragsteller" zu berücksichtigen sind[806], rechtfertigt es keinesfalls, dem Aktionär bei offensichtlichen Verstößen gegen die Informationspflichten im Rahmen der Beschlußvorbereitung auf sein Antragsrecht nach § 212 UmwG zu verweisen. Zwar müßte er wohl voraussichtlich nicht um die Zulassung seines Antrages bangen. Es ist jedoch mehr als zweifelhaft, daß der Gesetzgeber dabei die Möglichkeit eines *vollständigen* Informationsdefizits vor Augen hatte. Auch die gesetzgeberische Vorstellung, daß die dem Antragsteller zumutbaren Mindestanforderungen von der Rechtsprechung zu konkretisieren sind[807], machte im Falle eines vollständigen Informationsdefizits keinen Sinn. Mit den in der Begründung angesprochenen „Schwierigkeiten der Informationsbeschaffung" kann der Gesetzgeber lediglich meinen, daß der Antragsteller zum Zwecke der Substantiierung seines Antrages die genannten Unterlagen nicht „zur Hand" hatte. Dieses Verständnis verlangt schon der Wortsinn des Begriffes „beschaffen". Dies wird insbesondere aus dem weiteren Ablauf des Verfahrens, insbesondere anhand des systematischen Zusammenhangs zu § 7 SpruchG und der darin angeordneten Pflichten des Antragsgegners deutlich.

---

803 Dieses Ergebnis steht im Einklang mit der „Gleichgewichtigkeit der drei Tatbestandsalternativen"; siehe dazu oben B.II.3.b)bb)(2)(a).

804 Mit der Folge eines Tatbestandsungleichgewichts zwischen den Tatbestandsvarianten des § 210 UmwG, siehe dazu oben B.II.3.b)bb)(2)(a).

805 *Bayer* in Hommelhoff/Lutter/Schmidt/Schön/Ulmer Corporate Governance 2002, 137, 151f.

806 *Neye* Begr.RegE zu § 4 SpruchG, ZIP 2002, 2097, 2101.

807 *Neye* Begr.RegE zu § 4 SpruchG, ZIP 2002, 2097, 2101.

(c) Die Darlegungslast des Antragsgegners im Rahmen der Vorbereitung der mündlichen Verhandlung, § 7 SpruchG

§ 7 SpruchG ist ein Kernpunkt der Spruchverfahrensneuordnung. Die darin enthaltenen Bestimmungen zur Vorbereitung der mündlichen Verhandlung sollen den Ablauf des Spruchverfahrens künftig deutlicher strukturieren und nachhaltig beschleunigen[808]. Nachdem das Gericht gemäß § 7 Abs. 1 SpruchG dem Antragsgegner die Anträge der Antragsteller zugestellt hat, ist der Antragsgegner gemäß Abs. 2 aufgefordert, im Rahmen einer schriftlichen Erwiderung Stellung zur Höhe des Ausgleichs, der Zuzahlung oder der Barabfindung zu nehmen. Abs. 3 verpflichtet den Antragsgegner, die im Rahmen der jeweiligen Umstrukturierungsmaßnahme nach den Vorschriften des AktG und des UmwG erstellten Berichte und Prüfungsberichte dem Gericht vorzulegen[809]. Sofern die Antragsteller diese Unterlagen nicht schon anläßlich der über die jeweilige Strukturmaßnahme Beschluß fassenden Hauptversammlung erhalten haben[810], haben sie gemäß § 7 Abs. 3 S. 3 SpruchG die Möglichkeit, daß ihnen auf Anordnung des Gerichts vom Antragsgegner eine kostenlose Abschrift erteilt wird[811]. Darüber hinaus wird dem Antragsteller gemäß § 7 Abs. 4 S. 1 SpruchG die Stellungnahme des Antragsgegners zugeleitet.

§ 7 SpruchG stellt sicher, daß der Antragsteller spätestens in diesem Stadium des Verfahrens umfassend über die Grundlagen der Bemessung der angebotenen Leistung informiert ist. Die Vorschrift darf indes nicht dahingehend interpretiert werden, daß dem Antragsgegner Gelegenheit dazu gegeben werden soll, im Rahmen der Vorbereitung der mündlichen Verhandlung die Erfüllung der gesetzlichen Informationspflichten, denen er im Rahmen der Beschlußvorberereitung nicht nachgekommen ist, nunmehr nachzuholen. Die Offenlegungspflichten im Rahmen der Beschlußvorbereitung stehen in keinem Substitutitonsverhältnis zu den "Offenlegungspflichten" im Sinne des § 7 SpruchG. Gegen ein solches Verständnis spricht bereits, daß der Antragsgegner – anders als noch nach dem SpruchG-RefE[812] - nicht in jedem Fall zur Erteilung einer Abschrift verpflichtet ist, sondern nur noch auf entsprechenden Antrag des Antragsstellers. In der Konsequenz der Rechtsprechung des BGH könnte der Antragsteller seinen Antrag nicht nur nicht substantiieren. Er müßte zudem – sofern sein Antrag überhaupt zugelassen wird – für die erstmalige Möglichkeit der Kenntnisnahme

808 Vgl. *Neye* Begr.RegE zu § 7 SpruchG, ZIP 2002, 2097, 2102.

809 *Neye* Begr.RegE zu § 7 SpruchG, ZIP 2002, 2097, 2102.

810 Vgl. §§ 293f, 320 Abs. 4, 327c Abs. 3 und 4 AktG; §§ 63, 230 Abs. 2 UmwG.

811 *Neye* Begr.RegE zu § 7 SpruchG, ZIP 2002, 2097, 2102.

812 Vgl. § 8 Abs. 4 S. 1 SpruchG. Der Verzicht auf die „automatische“ Zuleitung der Unterlagen ist vor demselben Hintergrund zu sehen, welcher auch der Einführung der Substantiierungspflicht zugrunde liegt, nämlich daß der Antragsteller schon aufgrund der Information im Rahmen der Beschlußvorbereitung in der Lage ist, die Rüge konkret zu begründen.

vom Inhalt des Prüfungsberichts gemäß § 7 Abs. 3 S. 3 SpruchG beim Richter beantragen, dem Antragsgegner aufzugeben, ihm eine entsprechende Abschrift zu erteilen. Dies ist ein ebenso wenig praktikables wie sinnvolles Ergebnis. Der Aktionär müßte sich die Information "holen", welche den Gegenstand der umfassenden "aktiven" Informationspflicht des Vorstandes im Rahmen der Beschlußvorbereitung bildet[813]. Der Sinn und Zweck des § 7 Abs. 3 S. 3 SpruchG kann hingegen nicht darin gesehen werden, dem Aktionär die erstmalige Kenntnisnahme vom Inhalt der Unterlagen zu ermöglichen. Die Vorschrift regelt gerade nicht die Offenlegung, sondern die Möglichkeit für den Antragsteller, die Unterlagen in Form der Abschrift zu *erhalten*. Es geht mithin allein um den "Erhalt" der Unterlagen. Der Antragsteller soll ein eigenes Exemplar der jeweiligen Unterlagen in den Händen haben, um gemäß § 7 Abs. 4 S. 2 SpruchG seine Einwendungen gegen die Erwiderung des Antragsgegners und die Unterlagen vorbringen zu können, zu denen er, ohne daß ihm die Unterlagen zu seiner eigenen Verfügung stünden, allein - oder unter Herbeiziehung fremder, professioneller Hilfe - nicht in der Lage wäre. Auch würde für den Fall, daß § 7 Abs. 3 S. 3 SpruchG die erste Möglichkeit der Kenntnisnahme vom Inhalt der Unterlagen für den Aktionär böte, das Verfahren mangels substantiierten Antrages praktisch erst mit der Einwendung des Antragstellers beginnen. Dies wollte der Gesetzgeber jedoch gerade vermeiden[814]. Schließlich liefe dies dem mit der Regelung des § 7 SpruchG verfolgten gesetzgeberischen Ziel einer nachhaltigen Beschleunigung des Verfahrens[815] zuwider. Durch § 7 Abs. 3 S. 3 SpruchG soll daher als Ausnahme vom Regelfall, daß der Antragsteller noch nicht anläßlich der Hauptversammlung eine Abschrift erhalten hat, allein die Möglichkeit des Erhalts einer Abschrift der Unterlagen sichergestellt werden.
Vor diesem Hintergrund des § 7 Abs. 3 S. 3 SpruchG sind auch die im Rahmen der Antragszulassung zu berücksichtigenden Schwierigkeiten der Informationsbeschaffung zu sehen. Unter Informations*beschaffung* läßt sich schon vom Wortsinn her allein die *Unterlagen*beschaffung verstehen, nicht hingegen die Kenntniserlangung. Im Rahmen der Entscheidung des Richters über die Zulassung des Antrags können die zu stellenden Anforderungen an Inhalt und Begründung der Bewertungsrüge nur danach variieren, ob dem Antragsteller die inhaltlich den gesetzlichen Anforderungen genügenden Unterlagen – Vorstandsbericht und Prüfungsbericht - in Form einer Abschrift für die Substantiierung seines Antrages zur Verfügung standen oder nicht. Daß der Antragsteller die Unterlagen nicht schon anläßlich der Hauptversammlung erhalten hat, kann dabei etwa schlichtweg darauf zurückzuführen sein, daß er keinen entsprechenden Antrag auf Erteilung

813 Siehe zu der Verlagerung der Initiativlast - im Sinne einer Initiativ*entlastung* auf Seiten des Aktionärs bzw. einer Initiativ*belastung* auf Seiten des Vorstands - oben B.II.3.b)aa)(1)(a)(aa).
814 Siehe oben B.II.3.b)cc)(4)(b).
815 *Neye* Begr.RegE zu § 7 SpruchG, ZIP 2002, 2097, 2102.

einer Abschrift gestellt hat[816]. Keinesfalls kann und darf dem Aktionär jedoch die Offenlegung des Prüfungsberichts im Rahmen der Beschlußvorbereitung unter Hinweis auf sein Recht nach § 7 Abs. 3 S. 3 SpruchG verweigert werden.

(d) Ergebnis

Der Ausgestaltung, welche das Spruchverfahren durch das Spruchverfahrensneuordnungsgesetz erfahren hat, läßt sich keineswegs entnehmen, daß die Anfechtung wegen abfindungswertbezogener Informationsmängel gemäß §§ 210, 212 UmwG zugunsten des Spruchverfahrens ausgeschlossen sein soll. Im Gegenteil: Das SpruchG knüpft nicht nur an die ordnungsgemäße bzw. gesetzmäßige Beschlußvorbereitung an. Vielmehr baut das neue Verfahren auf sie auf und setzt sie damit zwingend voraus. Die strikte Einhaltung des beschlußvorbereitenden, die Abfindung betreffenden Verfahrens einschließlich der Informationspflichten bildet erst die Voraussetzung für ein sinnvolles und ein – auch aus verfassungsrechtlicher Hinsicht gebotenes[817] - *zügiges* Spruchverfahren. Diese im Gesetz angelegte "Abhängigkeit" des Spruchverfahrens von der gesetzmäßigen Beschlußvorbereitung steht einer Verlagerung des (gesamten) die Barabfindung betreffenden Verfahrens in das Spruchverfahren, wie es der BGH[818] und das ihm folgende Schrifttum[819] befürworten, deutlich entgegen. Folgte man dem von ihnen befürworteten extensiven Verständnis des § 210 UmwG, so würde die gesetzgeberische Kozeption geradezu auf den Kopf gestellt. Der Gesetzgeber macht sich zum Zwecke der Beschleunigung des Spruchverfahrens insbesondere das Schutzinstrument der beschlußvorbereitenden Prüfung zu nutze[820], weil sie „ohnehin“ erforderlich[821] und gemäß § 1 Abs. 3 UmwG sogar zwingend vorgeschrieben[822] ist für die Vorbereitung der Beschlußfassung über die Strukturmaßnahme (A-priori-Schutz durch Information)[823]. Dies gilt gleichermaßen für den Vorstandsbericht. Diese gesetzgeberische Konzeption darf nicht in ihr Gegenteil verkehrt werden in dem Sinne, daß sich der Vorstand die Information, welche „ohnehin“ im Spruchverfahren erteilt werden muß, gewissermaßen dadurch zu nutze macht, daß er die Information verweigert und den Aktionär auf dessen Erkenntnismöglichkeit im Spruchverfahren verweist. Dies liefe auch dem primären Ziel des SpruchG, wel-

816 Hierzu ist er keinesfalls verpflichtet.

817 Vgl. *Bilda* NZG 2000, 296; *Lutter/Bezzenberger* AG 2000, 433, 436; vgl. zum Problem der Verzögerung der Kompensation durch das Spruchverfahren auch BVerfGE 14, 263, 286 – *Feldmühle/Flick*; BVerfG NZG 1999, 711; LG München AG 1990, 404, 406 – *Paulaner.*

818 BGHZ 146, 179, 185 – *MEZ*; BGH ZIP 2001, 412, 414 - *Aqua Butzke.*

819 Siehe die Nachweise oben B.II.2.a).

820 *Neye* NZG 2002, 23, 24; *ders.* DStR 2002, 178, 179.

821 *Lutter/Bezzenberger* AG 2000, 433, 439.

822 Siehe oben B.II.3.b)bb)(2)(d).

823 Siehe zu dieser a-priori-schützenden Funktion der Prüfung oben B.II.3.b)aa)(2)(b)(aa).

ches in einer *wesentlichen* Verfahrensbeschleunigung besteht[824], diametral entgegen. Denn müßte für den Fall des im Umwandlungsbeschluß fehlenden Barabfindungsangebotes (§ 210 2.HS 1.Alt. UmwG) tatsächlich keine beschlußvorbereitende Prüfung stattfinden[825], wäre im Rahmen eines späteren Spruchverfahren ein flächendeckendes Gesamtgutachten zur Unternehmens- und Anteilsbewertung erforderlich, welches der Gesetzgeber gerade zu vermeiden beabsichtigte[826]. Das SpruchG zeigt insoweit auch, daß § 210 UmwG keinesfalls so interpretiert werden darf, daß der Vorstand von erheblichem Aufwand im Rahmen der Beschlußvorbereitung befreit würde[827].

---

824 *Neye* NZG 2002, 23, 28 li.Sp. unter 3.

825 BGHZ 146, 179, 184 – *MEZ*; BGH ZIP 2001, 412, 413 – *Aqua Butzke*; vgl. auch *Vetter* FS Wiedemann, 1323, 1330: „keine Unternehmensbewertung als Grundlage eines solchen Angebotes".

826 *Neye* NZG 2002, 23, 28 li.Sp. unter 3; vgl. *Lutter/Bezzenberger* AG 2000, 433f.

827 So aber anscheinend *Heckschen*, der annimmt, die häufig intensive und kostenaufwendige Inanspruchnahme externer Hilfe werde in Zukunft – nach der BGH-Entscheidung - nur noch in eingeschränktem Umfang nötig werden; vgl. *Heckschen* NotBZ 2001, 206, 207; *ders.* in Heckschen/Simon Umwandlungsrecht § 10 C. Rn. 6 (S. 286); äußerst bedenklich auch die Folgerung von *Mutter/Arnold* in Semler/Stengel UmwG § 238 Rn. 7, man könne sich in der Praxis jetzt bei der Erläuterung des Abfindungsangebotes kürzer fassen.

(5) Kein Ersatz des A-priori-Schutzes durch ausführliche (wertbezogene) Information durch den A-posteriori-Schutz durch Spruchverfahren

In der Konsequenz der BGH-Rechtsprechung, die das gesamte die Abfindung betreffende Verfahren in das Spruchverfahren verlagern möchte[828], liegt de facto eine partielle Verlagerung des A-priori-Schutzes durch ausführliche Vorab-Information in den Bereich des A-posteriori-Schutzes durch Spruchverfahren. Daß der A-priori-Schutz durch Information im Bereich einer seiner Schwerpunkte – der Information zur Barabfindung als ein zentraler Aspekt der vermögensrechtlichen Seite des Strukturwandels[829] - jedoch nicht in dem A-posteriori-Schutz durch Spruchverfahren aufgehen bzw. durch diesen im Wege einer „Schutz-Verlagerung" ersetzt werden kann, folgt auch aus dem konzeptionellen Verständnis des Gesetzgebers von dem Verhältnis zwischen A-priori-Schutz und A-posteriori-Schutz, welches dem Verschmelzungsrichtlinie-Gesetz zugrunde liegt. Die dort zunächst für den Fall der Verschmelzung entwickelte Konzeption eines effektiven Minderheitenschutzes durch A-priori-Schutz und A-posteriori-Schutz - Bericht, Prüfung, Wertkontrolle[830] - liegt als Regelungsvorbild dem Minderheitenschutz des Umwandlungsbereinigungsgesetzes und infolgedessen dem aktien- und umwandlungsgesetzlichen Minderheitenschutz bei Umstrukturierungen zugrunde[831].

(a) Das Verhältnis zwischen A-priori-Schutz und A-posteriori-Schutz nach dem Verschmelzungsrichtlinie-Gesetz

Zur Verbesserung des allgemein als unzulänglich empfundenen Aktionärsschutzes hatte das deutsche Schrifttum im Vorfeld der Verschmelzungsrichtlinie vorgeschlagen, die gerichtliche Nachprüfung der Angemessenheit des Umtauschverhältnisses der Aktien in einem Spruchstellenverfahren nach den Vorbildern der §§ 305, 306, 320 AktG und der §§ 15, 12, 30ff. UmwG in den Vordergrund zu stellen[832].

Die Richtlinie ging dagegen *bewußt* einen anderen Weg[833]: Sie legt den Schutz der Aktionäre statt dessen *vor* die Beschlußfassung der Hauptversammlungen über die Verschmelzung und will durch weitgehende Offenlegungspflichten errei-

---

828 BGHZ 146, 179, 185 - *MEZ*; BGH ZIP 2001, 412, 414 – *Aqua Butzke*; vgl. *Kleindiek* NZG 2001, 552, 555.

829 Vgl. *Hommelhoff* ZGR 1993, 452, 463; siehe dazu ausführlich oben B.II.3.b)aa)(1)(b)(aa).

830 Vgl. *Lutter/Drygala* in FS Kropff, 191, 208.

831 Vgl. zum verschmelzungsrechtlichen Schutzniveau *Lutter/Decher* UmwG vor § 190 Rn. 7.

832 *Günther* AG 1968, 98, 104ff.; *Immenga* BB 1970, 629, 635; *Wiedemann* ZGR 1978, 477, 490f.; *Timm* JZ 1982, 403, 406f.; *Schilling* in GroßKomm AktG (3.Aufl.) vor § 339 Anm.3; *Kraft* in KölnKomm AktG (1972) § 339 Rn. 7; *Kraft/Höhn* in Lutter Die Europäische AG, S. 301.

833 BT-Drucksache 9/1065, S. 14.

chen, daß die Aktionäre in Kenntnis *aller* Umstände über die Verschmelzung abstimmen[834]. Bei der Umsetzung der Richtlinie in deutsches Recht stand der deutsche Gesetzgeber somit vor der Frage, ob *zusätzlich* zu dem durch die Richtlinie verlangten verbesserten A-priori-Schutz der Aktionäre noch ein A-posteriori-Schutz durch ein Spruchstellenverfahren vorgesehen werden sollte[835]. Der deutsche Gesetzgeber hat sich schließlich dafür entschieden, für die Sicherstellung einer umfassenden Stärkung der Aktionärsposition „*zweigleisig*" zu fahren[836]. Der A-priori-Schutz der Aktionäre, dessen wesentliche Elemente Verschmelzungsbericht und Verschmelzungsprüfungsbericht sind[837], sollte dabei also ausweislich der Gesetzesbegründung im Interesse eines möglichst vollkommenen Aktionärsschutzes lediglich *ergänzt* werden durch einen A-posteriori-Schutz in Gestalt einer gerichtlichen Nachprüfung der Angemessenheit des Umtauschverhältnisses der Aktien[838]. Der Schwerpunkt dieses umfassenden Aktionärsschutzes liegt damit nach der gesetzgeberischen Grundkonzeption des Aktionärsschutzes trotz der *zusätzlichen* Schutzmöglichkeit eines Spruchverfahrens auf dem A-priori-Schutz durch Information im Vorfeld der Beschlußfassung.
Dem A-posteriori-Schutz durch Spruchverfahren kommt damit nach der gesetzgeberischen Vorstellung lediglich die Bedeutung eines ergänzenden, d.h. zusätzlichen bzw. *akzidentiellen* Schutzes im Verhältnis zu dem *essentiellen* A-priori-Schutz durch Vorab-Information zu.

(b) Etablierung des verschmelzungsrechtlichen Minderheitenschutzes als Standard bei Strukturmaßnahmen nach Aktien- und Umwandlungsgesetz im Wege des UmwBerG 1994

Die anläßlich des Verschmelzungsrichtlinie-Gesetzes entwickelte Konzeption eines umfassenden Aktionärsschutzes durch ein Nebeneinander von A-priori-Schutz und A-posteriori-Schutz hat der Gesetzgeber als allgemeingültigen Standard für Strukturmaßnahmen etabliert. Das UmwG knüpft dabei an die Regelungen des Verschmelzungsrichtlinie-Gesetz an und führt sie fort[839]. Die Konzeption eines effektiven Aktionärsschutzes im Wege des A-priori-Schutzes durch ausführliche Vorabinformation, wie sie erstmals mit den §§ 340a ff. AktG eingeführt wurde, hat der Gesetzgeber mit dem UmwBerG[840] aufgenommen und

---

834 BT-Drucksache 9/1065, S. 14f.; vgl. BGHZ 107, 296, 302 – *Kochs-Adler* unter besonderer Betonung „aller Umstände"; *Priester* ZGR 1990, 420, 421.

835 *Ganske* DB 1982, 1551, 1552.

836 Vgl. *Priester* NJW 1983, 1459, 1460.

837 Siehe zu gegenseitigen Ergänzungsfunktion von Bericht und Prüfungsbericht oben B.II.3.b)aa)(2)(b)(ba).

838 BT-Drucksache 9/1065, S. 15 und S. 20; *Bayer* AG 1988, 323, 324.

839 *J.Semler/Stengel* in Semler/Stengel UmwG Einl. A Rn. 48.

840 BGBl. 1994 I 2310ff., abgedruckt bei *Ganske* Begr.RegE UmwBerG 1994.

bestätigt[841], indem er nicht nur im UmwG für alle Umwandlunsformen, sondern daneben auch im AktG für den Abschluß von Beherrschungs- und Gewinnabführungsverträgen[842], die Eingliederung[843] - und schließlich durch das WpÜG auch für das Squeeze-out[844] - ausführliche Berichtspflichten vorgesehen hat. Dabei folgen nicht nur Konzeption und Ausgestaltung des A-priori-Schutzes durch Information nach dem Umwandlungsbereinigungsgesetz dem Standard des aktienrechtlichen Verschmelzungsrechts[845]. Auch mit der Ausgestaltung des A-posteriori-Schutzes durch Spruchverfahren ist der Umwandlungsgesetzgeber dem aktienrechtlichen (Verschmelzungs-) Vorbild gefolgt[846]. Demzufolge bildet das Nebeneinander von A-priori- und A-posteriori-Schutz, wie ihn das UmwG erstmalig vorgesehen hat, den heutigen Standard in Sachen Aktionärsschutz bei Umstrukturierungsmaßnahmen nach Umwandlungs- und Aktiengesetz[847].
Infolgedessen ist auch die Konzeption des Nebeneinander von A-priori-Schutz und A-posteriori-Schutz nach dem UmwBerG ganz im Lichte des Regelungsvorbilds des Verschmelzungsrichtlinie-Gesetzes zu sehen. Entsprechend der dem Verschmelzungsrichtlinie-Gesetz zugrunde liegenden Akzentuierung bzw. Schwerpunktsetzung auf den A-priori-Schutz ist im Wege des UmwBerG 1994 der Aktionärsschutz durch ausführliche Vorabinformation gegenüber der Möglichkeit des A-posteriori-Schutzes durch Spruchverfahren in den Vordergrund gerückt worden. Dieser A-priori-Schutz wird danach lediglich *ergänzt* durch den A-posteriori-Schutz durch Spruchverfahren. Die bis dahin bestehende Regelung des A-posteriori-Schutzes durch Spruchverfahren (z.B. §§ 304f. AktG) sind damit gewissermaßen „überlagert“ worden durch die Regelungen einer ausführlichen Vorabinformation (z.B. §§ 293a ff. AktG) im Interesse eines A-priori-Schutzes, welche es dem Aktionär ermöglichen sollen, in Kenntnis aller Umstände über die Umstrukturierung abzustimmen.

---

841 Vgl. *Reichert* in Habersack/Koch/Winter Die Spaltung, 25, 60; vgl. *Kort* Bestandsschutz fehlerhafter Strukturänderungen S. 252; *Emmerich* in Emmerich/Habersack Aktien- und GmbH-Konzernrecht § 293a Rn. 2; *Schwarz* DStR 1994, 1694, 1696.

842 Vgl. dazu *Ganske* Begr.RegE UmwBerG 1994, zu den §§ 293a ff. AktG, S. 298ff.

843 Vgl. dazu *Ganske* Begr.RegE UmwBerG 1994, zu den §§ 319ff. AktG, S. 301ff.

844 Vgl. dazu *Hirte* Begr.RegE WpÜG, zu §§ 327c ff. AktG, S. 282ff.

845 *Hommelhoff* ZGR 1993, 452, 462ff., 467; vgl. *Priester* ZGR 1990, 420, 421.

846 *Hommelhoff* ZGR 1990, 447, 472f.; vgl. *Ganske* Begr.RegE UmwG 1994 zu § 14 UmwG, S. 51 mit Verweis auf die §§ 305, 306 AktG sowie auf § 352c AktG a.F., der wiederum auf die Regelungsvorbilder der §§ 304ff. AktG zurückgeht, vgl. BT-Drucks. 9/1065, S. 20.

847 Vgl. *Lutter/Decher* UmwG vor § 190 Rn. 14; *Lutter/Drygala* FS Kropff, 191, 208; *Lutter* FS Fleck, 169, 177.

(c) Schlußfolgerung

Vor dem Hintergrund des gesetzgeberischen Verständnisses der Vorrangigkeit des A-priori-Schutzes vor dem A-priori-Schutz begegnet die Zurückdrängung des A-priori-Schutzes für den Bereich der abfindungswertbezogenen Information im Wege der extensiven Handhabung des Anfechtungsausschlusses des § 210 UmwG de lege lata erheblichen Zweifeln.

Zu betonen ist schließlich, daß der Gesetzgeber auch für den Formwechsel den verschmelzungsrechtlichen Standard in Sachen Minderheitenschutz durch Information eingeführt hat[848]. Im Rahmen des erheblichen Ausbaus dieses A-priori-Schutzes hat er dabei – wie auch im Verschmelzungsrecht - nicht zwischen Umtauschverhältnis und Barabfindung unterschieden, sondern beide Formen der Kompensationsleistung hinsichtlich der Informations- und Berichtspflichtigkeit des Vorstands formal einander gleichgestellt[849]. Das Verschmelzungsrichtlinie-Gesetz geht davon aus, daß der Aktionär, nachdem er vor der Beschlußfassung umfassend informiert worden ist, für oder gegen die Verschmelzung stimmt und sich - auch erst umfassend informiert - für oder gegen die Einleitung eines Spruchverfahrens entscheidet[850]. Dabei differenziert das Verschmelzungsrichtlinie-Gesetz zwischen dem *„vor dem Wirksamwerden der Verschmelzung vorgesehene(n) Schutz“*, dem A-priori-Schutz durch ausführliche – insbesondere wertbezogene - Information, und der *„Möglichkeit, die Angemessenheit des Umtauschverhältnisses nach dem Wirksamwerden der Verschmelzung“*, dem A-posteriori-Schutz durch Spruchverfahren[851]. Der Schutz durch Information vor dem Wirksamwerden der Strukturmaßnahme, deren Schwerpunkt auf der wertbezogenen Information liegt, ist indes lediglich so wirksam bzw. effektiv, wie die Minderheitsgesellschafter die Respektierung der Schutzbestimmungen gegenüber den Leitungs- und Verwaltungsorganen aus eigener Rechtsmacht durchzusetzen oder anderweitig zu reagieren imstande sind[852]. Für die Durchsetzung der Einhaltung der wertbezogenen Informationspflichten können die Aktionäre nicht auf das Spruchverfahren verwiesen werden, da dieses nicht geeignet ist, den Schutz durch wertbezogene Information *vor* dem Wirksamwerden des Formwechsels zu gewährleisten, und es insoweit auch keine ausreichende (Ersatz-)Sanktion darstellt. Hierfür sind die Aktionäre vielmehr auf den Rechtsbehelf der Anfechtungsklage

---

848 *Lutter/Decher* UmwG § 190 Rn. 7; siehe dazu oben B.II.3.b)aa)(1)(b).

849 Siehe eingehend dazu bereits oben B.II.3.b)aa)(2)(b)(aa); vgl. insoweit auch entsprechend die Regelung der Berichtspflichten zu Ausgleich und Abfindung in den §§ 293a ff. AktG.

850 Vgl. BT-DruckS. 9/1065, S. 20.

851 Vgl. BT-DruckS. 9/1065, S. 20.

852 *Hommelhoff* ZGR 1993, 452, 467f.; vgl. auch *Zöllner* Schranken mitgliedschaftlicher Stimmrechtsmacht § 33 II. 6. (S. 391) „Das Wohlverhalten der Mehrheit und der Gesellschaftsorgane kann auf die Dauer nur sichergestellt werden, wenn ausreichende Sanktionen zur Verfügung stehen“.

mit der ihr immanenten „Steuerungs- und Präventionswirkung“[853] angewiesen. Von daher erlangt der insoweit vorrangige A-priori-Schutz durch Information seine Effektivität vor der Beschlußfassung erst dadurch, daß die Verletzung der wertbezogenen Informationspflichten anfechtungsbewehrt ist[854].

(6) Ergebnis

Im Ergebnis ist festzuhalten, daß das Spruchverfahren als Verfahren für die Rüge (abfindungs-) wertbezogener Informationsmängel weder geeignet noch nach der gesetzgeberischen Konzeption dazu bestimmt ist. Vor diesem Hintergrund erscheint die Annahme einer „gesetzlichen Einbeziehung[855]“ dieser Informationsrechtsverletzungen in den Anfechtungsausschluß, der durch die Rechtsschutzmöglichkeit des Spruchverfahrens *stets* kompensiert werden soll[856], mehr als fragwürdig. Die vorstehenden Überlegungen sprechen vielmehr gegen die Auffassung, daß die berechtigten Informationsinteressen der Aktionäre ins Spruchverfahren gehören[857].
Daß die Erhebung einer Anfechtungsklage im Einzelfall unverhältnismäßig oder mißbräuchlich sein kann, sofern sie auf eine nicht ins Gewicht fallende abfindungswertbezogene Informationsrechtsverletzung – wie z.B. die Auskunftsrechtsverletzung bei ordnungs- und gesetzmäßiger Berichterstattung – gestützt wird, steht außer Frage. Dies allein vermag angesichts erheblicher systematischer Bedenken indes eine pauschale Verweisung jeglicher abfindungswertbezogener Informationsmängel ohne jede Rücksicht auf Art und Ausmaß als „Wertstreitigkeiten“[858] oder „Bewertungsrüge“[859] ins Spruchverfahren nicht zu rechtfertigen, so „attraktiv“ und „bequem“ ihre Subsumtion auch erscheinen mag[860].
Die fehlende konzeptionelle Eignung des Spruchverfahrens verlangt somit nach einer alternativen, weniger „breitflächigen“ bzw. „zielgenaueren“ Lösung im Hinblick auf eine „Entschärfung“ unberechtigter oder unredlich erhobener, auf abfindungswertbezogene Informationsmängel gestützter Anfechtungsklagen.

---

853 Siehe oben A.IV.4.b).

854 Siehe zu der „Subtilität“ des Minderheitenschutzes durch Information oben B.II.3.b)aa)(1)(a)(ba).

855 Vgl. BGHZ 146, 179, 186 – *MEZ*; BGH ZIP 2001, 412, 414 – *Aqua Butzke*.

856 Siehe dazu ausführlich oben A.IV.2.

857 So aber ausdrücklich *Kurzwelly* in Henze/Hoffmann-Becking GesR 2001, 1, 21, nach dessen Auffassung sie dorthin „kraft Gesetzes“ gehörten.

858 Vgl. zu dieser fragwürdigen Charakterisierung der Informationsrüge *Hommelhoff* ZGR 1993, 447, 471.

859 Vgl. auch *Hirte* ZHR 167 (2003), 1, 31, der offenbar zwischen „echten“ und unechten Bewertungsrügen unterscheidet.

860 Vgl. zu der „Attraktivität“ des Spruchverfahrens (allein) aufgrund des Anfechtungsausschlusses kritisch bereits oben A.VI.

dd) Die Reichweite des Anfechtungsausschlusses gemäß § 210 UmwG vor dem Hintergrund der Registersperre und der Möglichkeit ihrer Überwindung

Das Umwandlungsgesetz weist eine allgemeine Tendenz auf, gesellschaftsrechtliche Akte möglichst zu erhalten[861]. Diese „beschlußerhaltende Tendenz" kommt in verschiedenen Regelungen zum Ausdruck. Dazu gehören neben den Vorschriften, welche die Anfechtung zugunsten des Spruchverfahrens ausschließen, und der Anordnung der Bestandskraft der einmal erwirkten Eintragung in das Handelsregister (vgl. §§ 20, 202 UmwG) das sog. Unbedenklichkeits- bzw. Freigabeverfahren zur Überwindung der Registersperre, § 16 Abs. 3 UmwG. Angesichts dieser allen drei Regelungen gemeinen Tendenz sind diese eng miteinander verwoben und existieren in gegenseitiger Abhängigkeit[862]. Im Folgenden soll das Verhältnis bzw. das Zusammenspiel zwischen dem Anfechtungsausschluß einerseits und der Registersperre und ihrer Überwindung andererseits untersucht werden. Im Vordergrund stehen damit die Regelungen, welche das Gesetz im Rahmen der allgemeinen Tendenz zur Beschlußerhaltung gegen „Bestandsschutzgefährdungen während des Umwandlungsverfahrens[863]", d.h. vor Eintragung der Umwandlung, bereithält; der Bestandsschutz nach Eintragung kann und soll jedoch hierfür nicht unberücksichtigt bleiben. Im Wesentlichen soll dabei der Frage nachgegangen werden, ob und inwieweit das systematische Verhältnis zwischen § 210 UmwG und den §§ 198 Abs. 3, 16 Abs. 2 und 3 UmwG Rückschlüsse auf die Reichweite des Anfechtungsausschlusses bzw. den Umfang seiner Ausschlußwirkung zuläßt.

(1) Der Grundsatz der Registersperre, §§ 198 Abs. 3, 16 Abs. 2 UmwG

Aufgrund der Verweisung des § 198 Abs. 3 UmwG auf § 16 Abs. 2 UmwG ist auch bei der Anmeldung des Formwechsels eine Negativerklärung der Vertretungsorgane über das Vorliegen einer Klage gegen die Wirksamkeit des Umwandlungsbeschlusses gegenüber dem Registergericht erforderlich[864]. Gemäß §§ 198 Abs. 3, 16 Abs. 2 S. 1 1.HS UmwG haben die Vertretungsorgane bei der Anmeldung zu erklären, daß eine Klage gegen die Wirksamkeit eines Umwandlungsbeschlusses nicht oder nicht fristgerecht erhoben oder daß eine solche Klage rechtskräftig abgewiesen oder zurückgenommen worden ist. Liegt ein solches sog. „Ne-

---

861 Vgl. *Ganske* Begr.RegE UmwBerG 1994, zu § 20 UmwG, S. 62 und zu § 202 UmwG, S. 204.

862 Vgl. zutreffend *Noack* ZHR 164 (2000), 274, 276.

863 Vgl. zu dieser begrifflichen Differenzierung zwischen Bestandsschutzgefährdungen während des Umwandlungsverfahrens und Bestandsschutzgefährdungen nach der Eintragung *K.Schmidt* GesR § 13 I 2. c) (S. 361f.).

864 *Lutter/Decher* UmwG § 198 Rn. 35.

gativattest[865]" nicht vor und liegt auch kein wirksamer Klageverzicht der Anteilsinhaber vor, so darf gemäß §§ 198 Abs. 3, 16 Abs. 2 S. 2 UmwG die Umwandlung nicht eingetragen werden. Es fehlt eine formelle Eintragungsvoraussetzung, weil die der Anmeldung beizufügenden Eintragungsunterlagen unvollständig sind[866].

Zwar läßt sich sagen, daß damit durch das UmwG auch in das Recht des Formwechsels das bislang nur der aktienrechtlichen Verschmelzung immanente „Blockaderisiko" Einzug erhalten hat[867]. Diesbezüglich gilt es jedoch zu beachten, daß der Gesetzgeber durch seine Entscheidung, die Registersperre auch für den Formwechsel vorzusehen, zugleich bewußt in Kauf genommen hat, daß es zu unliebsamen Verzögerungen kommen kann[868]. Die damit verbundene „Erschwerung" des Formwechsels soll jedoch nach Ansicht des Gesetzgebers im Interesse einer möglichst weitgehenden Vereinheitlichung des Umwandlungsrechts hingenommen werden[869]. Gleichzeitig darf im Rahmen der Kritik der Registersperre angesichts der begrenzten Möglichkeiten ihrer Überwindung insbesondere im Hinblick auf ihre möglichen wirtschaftlichen Folgen für die betroffenen Unternehmen[870] auch nicht verkannt werden, daß es sich hierbei lediglich um eine unerwünschte Nebenfolge der Registersperre handelt. In diesem Zusammenhang gilt es zudem zu betonen, daß die von der Registersperre betroffenen Gesellschaften *stets* - und damit unabhängig von der Rechtmäßigkeit oder Redlichkeit der Erhebung der Anfechtungsklage - ein erhebliches Interesse an der zügigen Eintragung der Strukturmaßnahme haben[871]. Schließlich wird innerhalb der Stimmen, welche die Blockademacht des einzelnen Aktionärs „beklagen"[872], immer wieder außer acht gelassen - oder jedenfalls nicht hinreichend berücksichtigt - , daß die lange Verfahrensdauer - die Blockade – nicht nur die Unternehmen wirtschaftlich massiv belastet, sondern darüber hinaus auch den gutwillig und zu Recht klagenden „kontrollierenden" Aktionär[873]. Bevor auf die Möglichkeit der Überwindung der durch die Erhebung der Anfechtungsklage ausgelösten Registersperre eingegangen werden soll, soll daher zunächst der Hintergrund der Einführung der Registersperre beleuchtet werden.

---

865 *Lutter/Bork* UmwG § 16 Rn. 9.

866 *Bork* ZGR 1993, 343, 357.

867 So *Decher* in Lutter Kölner Umwandlungsrechtstage, 201, 214.

868 Vgl. *Happ* in Lutter Kölner Umwandlungsrechtstage, 223, 239.

869 Vgl. in diesem Zusammenhang *Ganske* Begr.RegE UmwBerG 1994, vor §§ 228ff. UmwG, S. 223.

870 Siehe dazu oben A.IV.1.b)bb).

871 Vgl. so zu Recht *Schiessl* in VGR GesR 1999, 57, 63; vgl. dazu oben A.IV.1.b)bb).

872 Vgl. etwa *Schiessl* in VGR GesR 1999, 57, 72ff.; *Kiem* in Hommelhoff/Röhricht GesR 1997, 105, 108ff.; *Schlaus* AG 1988, 113, 117; *Hüffer* FS Brandner, 57ff.

873 Auf dessen Belastung zu Recht hinweisend *Schön* in Sitzungsberichte 63. DJT Band II/2, O 139.

Durch das Erfordernis einer Negativerklärung und dem Automatismus der Registersperre im Falle ihres Fehlens soll ausweislich der Gesetzesbegründung die Stellung etwaiger Kläger gestärkt werden[874]. Die Anordnung der Registersperre gemäß §§ 198 Abs. 3, 16 Abs. 2 UmwG ist im Kontext mit der Vorschrift des § 202 Abs. 3 UmwG zu sehen[875]. Voraussetzungen und Effektivität der Beschlußkontrolle ergeben sich vor allem aus diesen beiden Regelungen[876]. Gemäß § 202 Abs. 3 UmwG lassen Mängel des Formwechsels die Wirkungen der Eintragung der neuen Rechtsform oder des Rechtsträgers neuer Rechtsform in das Register unberührt. Anlaß für die Anordnung der Einschränkung der Nichtigkeit auch beim Formwechsel war für den Gesetzgeber, daß die Rückabwicklung des Formwechsels bei Umwandlungsfällen aller Art mit besonderen Schwierigkeiten, insbesondere der Rückführung neu erlangter Strukturelemente verbunden sein kann[877]. Vorschlägen, die sich für eine Rückabwicklung der eingetragenen, aber durch rechtskräftiges Anfechtungsurteil als rechtswidrig erkannten Strukturänderung aussprachen[878], ist der Gesetzgeber ausweislich der insoweit eindeutigen Begründung weder für die Verschmelzung[879] noch für den Formwechsel gefolgt[880]. Die insoweit ausdrückliche gesetzgeberische Entscheidung für die *Irreversibilität* von Verschmelzung und Formwechsel hat der Gesetzgeber in § 16 Abs. 3 S. 6 2.HS UmwG, der gleichermaßen über § 198 Abs. 3 UmwG vorbehaltlos und uneingeschränkt Anwendung findet, eindeutig bestätigt und bekräftigt[881]. Vor diesem Hintergrund vermag der Versuch, die Möglichkeit einer Rückgängigmachung de lege lata zu begründen[882], nicht zu überzeugen. Die Eintragung des Formwechsels führt daher *stets* zu einer Rückabwicklungssperre[883]. Die Anordnung der an die bloße Erhebung der Klage geknüpften Registersperre gemäß §§ 198 Abs. 3, 16 Abs. 2 UmwG muß insofern als „Korrektiv" dieser endgültigen Wirkung der Eintragung und damit als Korrektiv der Irreversibilität des Formwechsels angesehen

---

874 *Ganske* Begr.RegE UmwBerG 1994, zu § 16 UmwG, S. 54.

875 *Lutter/Decher* UmwG § 198 Rn. 32 und § 202 Rn. 56; *Veil* ZIP 1996, 1065, 1066.

876 *Veil* ZIP 1996, 1065, 1066.

877 *Ganske* Begr.RegE UmwBerG 1994, zu § 202 UmwG, S. 204.

878 *Arbeitskreis Umwandlungsrecht* (Bork/Hommelhoff/Lutter/K.Schmidt/Schulze-Osterloh/Teichmann/Zöllner) ZGR 1993, 321, 324; *Hirte* DB 1993, 77, 78f; *Bork* ZGR 1993, 343, 365.

879 *Ganske* Begr.RegE UmwBerG 1994, zu § 20 UmwG, S. 62; vgl. dazu bereits die Begr. des Verschmelzungsrichtlinie-Gesetz BT-DruckS. 9/1065 S. 19f..

880 Vgl. *Ganske* Begr.RegE UmwBerG 1994, zu § 202 UmwG, S. 204,

881 Vgl. *Bork* in Lutter Kölner Umwandlungsrechtstage, 261, 264.

882 *Schmid* ZGR 1997, 493, 511f.; *ders.* ZIP 1998, 1057, 1058; die Möglichkeit der Rückgängigmachung nur des Formwechsels nimmt *Veil* ZIP 1996, 1065, 1067ff. an. Der Gesetzgeber wollte indes, wie aus der Begründung unmißverständlich hervorgeht, ersichtlich keine unterschiedliche Behandlung der jeweiligen Umwandlungsformen.

883 *Riegger/Schockenhoff* ZIP 1997, 2105, 2107; *Decher* AG 1997, 388, 389; *Sosnitza* NZG 1999, 965, 974.

werden[884]. Im Hinblick auf die Irreversibilität gemäß § 202 UmwG kommt der vorherigen Beschlußkontrolle insbesondere durch die Anfechtungsklage besondere Bedeutung zu[885]. Auf diese Weise wird der Eintritt irreversibler Folgen *vor* der Entscheidung über die Klage verhindert[886], und zwar zugunsten der Gewährleistung eines effektiven Minderheitenschutzes[887]. Der Registersperre kommt insoweit eine herausragende Bedeutung für den Schutz der Anteilsinhaber beim Formwechsel zu[888]. Die Möglichkeit ihrer Durchbrechung im Wege des Unbedenklichkeitsbeschlusses birgt die Gefahr, daß Minderheitenrechte überspielt werden[889] und insbesondere der A-priori-Schutz durch Information ausgehöhlt wird[890]. Von daher erscheint eine restriktive Handhabung gerade für den Bereich der Verletzung der beschlußvorbereitenden Information geboten. Daß diese im Sinne des Gesetzgebers ist, ergibt sich zudem daraus, daß nach seiner Auffassung insbesondere die ausführliche Vorabinformation der Gesellschafter den von den Gesellschaften zu zahlenden „Preis" für den Bestandsschutz bzw. die Tendenz in Richtung einer Erhaltung gesellschaftsrechtlicher Akte darstellt[891]. Nach Aussage des Gesetzgebers entspricht es der Einschränkung der Nichtigkeit (§ 20 UmwG), daß die Stellung der Anteilsinhaber *vor* dem Wirksamwerden der Verschmelzung durch Unterrichtungs- und Prüfungsrechte verstärkt wird[892]. Für die entsprechende Regelung beim Formwechsel[893] (§ 202 UmwG) treffen diese Erwägungen ausweislich der Begründung gleichermaßen zu[894]. Ihnen läßt sich somit die gesetzgeberische Wertung entnehmen, daß *jede* Einschränkung der Nichtigkeit im Sinne einer „Beschlußerhaltung" – ob im Wege des Anfechtungsausschlusses, des Freigabeverfahrens oder des Bestandsschutzes nach Eintragung - ihre Rechtfertigung erst in der Garantie eines effektiven A-priori-Schutzes, d.h. der ausführlichen Vorab-Information durch Unterrichtungs- und Prüfungsrechte findet[895].

---

884 *Lutter/Decher* UmwG § 198 Rn. 32.

885 Vgl. *Bork* ZGR 1993, 343, 355.

886 *Ganske* Begr.RegE UmwBerG 1994, zu 16 UmwG, S. 54.

887 *Decher* AG 1997, 388, 389; *Sosnitza* NZG 1999, 965, 974.

888 Vgl. *Lutter/Decher* UmwG § 198 Rn. 32, der die Registersperre neben dem Umwandlungsbericht als das „Herzstück" des Schutzes der Anteilsinhaber beim Formwechsel bezeichnet.

889 *Sosnitza* NZG 1999, 965, 974.

890 Vgl. *Bayer* ZGR 1995, 613ff., der zu Recht vor einem „Abschied vom Minderheitenschutz durch Information" im Wege einer extensiven Handhabung des § 16 Abs. 3 UmwG warnt.

891 Vgl. *Ganske* Begr.RegE UmwBerG 1994, zu § 20 UmwG, S. 62 und 204.

892 *Ganske* Begr.RegE UmwBerG 1994, zu § 20 UmwG, S. 62.

893 *Lutter/Decher* UmwG § 202 Rn. 4.

894 Vgl. *Ganske* Begr.RegE UmwBerG 1994, zu § 202 UmwG, S. 204.

895 Vgl. *Schwarz* DStR 1994, 1694, 1696; vgl. auch *Bayer* in Hommelhoff/Röhricht GesR 1997, 133, 133f., nach dessen zu befürwortender Ansicht die Einhaltung des strengen umwandlungsgesetzlichen Verfahrens der „Preis" einer jeden Umwandlung ist, den die Gesellschaft dafür zahlen muß, daß sie ihre Struktur nach Belieben verändern darf.

(2) Das Unbedenklichkeitsverfahren als Möglichkeit der (ausnahmsweisen) „Durchbrechung" der Registersperre, §§ 198 Abs. 3, 16 Abs. 3 UmwG

§§ 198 Abs. 3, 16 Abs. 3 UmwG enthält für den formwechselnden Rechtsträger die Möglichkeit, die Registersperre *ausnahmsweise* zu überwinden. Gemäß §§ 198 Abs. 3, 16 Abs. 3 S. 1 UmwG steht es dem Negativattest gleich, wenn nach Erhebung einer Klage gegen die Wirksamkeit eines Umwandlungsbeschlusses das zuständige Prozeßgericht auf Antrag des Rechtsträgers, gegen dessen Umwandlungsbeschluß sich die Klage richtet, durch rechtskräftigen Beschluß festgestellt hat, daß die Erhebung der Klage der Eintragung nicht entgegensteht. Die sachlichen Voraussetzungen, unter denen ein solcher sog. Unbedenklichkeitsbeschluß ergehen kann, sind abschließend in § 16 Abs. 3 S. 2 UmwG geregelt[896]. Ist dieser Unbedenklichkeitsbeschluß rechtskräftig, so ersetzt er das Negativattest, so daß der Registerrichter nunmehr eintragen kann[897]. Trägt der Registerrichter daraufhin die Umwandlung ein, so hat dies nach § 202 UmwG zur Folge, daß die Verschmelzung selbst dann (irreversibel[898]) vollzogen wird, wenn der Beschluß tatsächlich mangelhaft war[899].

Der gesetzlichen Anordnung der Registersperre und der Möglichkeit ihrer Überwindung liegt die gesetzgeberische Konzeption eines Regel-Ausnahme-Verhältnisses zugrunde. Der Gesetzgeber ist dem Vorschlag, die Registersperre abzuschaffen[900], ausdrücklich nicht gefolgt[901]. Er ist statt dessen bei der Regelung des neu geschaffenen Unbedenklichkeitsverfahrens nach wie vor vom Grundsatz der Registersperre bei Vorliegen einer Klage gegen den Umwandlungsbeschluß ausgegangen[902]. Der einer Überwindung der Registersperre im Wege des Freigabeverfahrens vom Gesetzgeber zugedachte „Ausnahmecharakter" wird schon anhand des Wortlauts des § 16 Abs. 3 S. 2 UmwG erkennbar. Dort heißt es: „Der Beschluß *darf nur* ergehen, wenn (...) ."; bereits diese Formulierung gibt Anlaß zu seiner restriktiven Handhabung. Der Gesetzgeber war also bestrebt, eine Lösung zu finden, die es ermöglicht, die Registersperre bei vorrangigem Unternehmensinteresse im Einzelfall zu überwinden, ohne gleich „das Kind mit dem Bade auszuschütten" und auf die Registersperre ganz zu verzichten[903].

---

896 *Ganske* Begr.RegE UmwBerG 1994, zu § 16 UmwG, S. 55; *Lutter/Bork* UmwG § 16 Rn. 18.

897 *Bork* in Lutter Kölner Umwandlungsrechtstage, 261, 264.

898 Siehe oben B.II.3.b)dd)(1).

899 Vgl. entsprechend zur Verschmelzung *Bork* in Lutter Kölner Umwandlungsrechtstage, 261, 264.

900 Vgl. *DAV-Handelsrechtsausschuß* Stellungnahme zum RefE des UmwBerG, WM 1993, Sonderbeilage Nr. 2, Rn. 63 (S. 12); vgl. auch *Hoffmann-Becking* in IDW Reform des Umwandlungsrechts 1993, 58, 60f.

901 *Marsch-Barner* in Kallmeyer UmwG § 16 Rn. 32.

902 *Marsch-Barner* in Kallmeyer UmwG § 16 Rn. 32; *Bork* in Lutter Kölner Umwandlungsrechtstage, 261, 264; *Decher* AG 1997, 388, 389.

903 *Bork* in Lutter Kölner Umwandlungsrechtstage, 261, 262.

(a) Gesetzgeberischer Hintergrund

Der Gesetzgeber hat mit der Möglichkeit der Durchbrechung der Registersperre gemäß § 16 Abs. 3 UmwG eine Regelung geschaffen, die beträchtlich in die Interessen der Minderheit eingreift[904]. Deswegen spielt neben dem Ausnahmecharakter für das richtige Verständnis der Möglichkeit der Überwindung der Registersperre ganz wesentlich auch der gesetzgeberische Hintergrund ihrer Einführung eine entscheidende Rolle. Im Vordergrund stand dabei der Mißbrauch des Anfechtungsrechts. Das Unbedenklichkeitsverfahren wurde insofern zu Recht als „(neue) Waffe" im Kampf gegen „räuberische Aktionäre" bezeichnet[905].

(aa) Das Problem der räuberischen Aktionäre

Nach altem Recht haben die sog. „räuberischen Aktionäre"[906] nicht unwesentlich davon profitiert, daß ein angefochtener Verschmelzungsbeschluß gemäß § 345 Abs. 2 AktG a.F. nicht in das Handelsregister eingetragen werden konnte. Die Eintragung nach altem Recht setzte ausnahmslos das Negativattest voraus[907]. Konnte der Vorstand kein Negativattest abgeben, konnte das Registergericht den Verschmelzungsbeschluß nicht eintragen und die Verschmelzung somit nicht wirksam werden[908]. Der Registerrichter mußte das Eintragungsverfahren analog § 127 FGG bis zur Entscheidung des Anfechtungsverfahrens aussetzen[909]. Angesichts der häufig langen Dauer eines aktienrechtlichen Anfechtungsverfahrens waren die betroffenen Aktiengesellschaften vielfach gezwungen, auf den Vollzug der Maßnahme über viele Jahre bis zu einer rechtskräftigen Entscheidung zu verzichten. Der wirtschaftliche Erfolg der Maßnahme drohte im Einzelfall sogar vereitelt zu werden[910]. Das damit verbundene Erpressungspotential haben sich einige Aktionäre zunutze gemacht, indem sie Anfechtungsklagen erhoben haben nur mit dem Ziel, sich den Lästigkeitswert solcher Klagen durch hohe Zahlungen abkaufen zu lassen[911].

---

904 *Lutter/Lutter* UmwG (2. Aufl..) § 8 Rn. 52; *Bork* in Lutter Kölner Umwandlungsrechtstage, 261, 270f.

905 *Bork* in Lutter Kölner Umwandlungsrechtstage, 261, 261; *Schmid* ZGR 1997, 493.

906 Vgl. zu diesem Begriff erstmals *Lutter* FS 40 Jahre Der Betrieb, 193ff.

907 *Bork* in Lutter Kölner Umwandlungsrechtstage, 261, 261.

908 *Decher* AG 1997, 388, 388.

909 BGHZ 112, 9, 25f. - *Hypothekenbank*; *Bork* ZGR 1993, 343, 357.

910 *Decher* AG 1997, 388, 388.

911 *Bork* in Lutter Kölner Umwandlungsrechtstage, 261, 262; *Decher* AG 1997, 388, 388; siehe dazu bereits *Lutter* 1978, 347ff.; *Boujong* FS Kellermann, 1, 3ff.; *Schlaus* AG 1988, 113ff.; siehe eingehend dazu *Diekgräf* Sonderzahlungen an opponierende Kleinaktionäre, S. 1ff.; vgl. auch zuletzt den Überblick bei *Henze* ZIP 2002, 97, 100f.

(bb) Teilweise „Entschärfung" durch BGHZ 107, 296 – *Kochs-Adler* und BGHZ 112, 9 - *Hypothekenbank*

Nachdem auf der Grundlage des § 345 Abs. 2 AktG a.F. das Problem räuberischer Aktionäre in den achtziger Jahren besonders virulent wurde[912], traf der BGH im Jahre 1990 im Anschluß an Forderungen aus der Literatur[913] eine Grundsatzentscheidung. Er hatte bereits zuvor den Grundsatz aufgestellt, daß eine Anfechtungsklage individuell rechtsmißbräuchlich sein kann, wenn sie mit dem Ziel erhoben wird, die verklagte Gesellschaft in grob eigennütziger Weise zu einer Leistung zu veranlassen, auf die der Kläger keinen Anspruch hat und billigerweise auch nicht erheben kann[914]. Daran anschließend legte er in einer weiteren Grundsatzentscheidung § 345 Abs. 2 S. 1 AktG a.F. einschränkend dahingehend aus, daß Anfechtungsklagen einer Eintragung nicht entgegenstehen, wenn sie von vornherein unschlüssig oder unbegründet sind oder wenn sie zwar begründet, jedoch – im Sinne der vorgenannten Entscheidung – mit dem Ziel erhoben werden, die Gesellschaft in grob eigennütziger Weise zu einer Leistung veranlassen, auf die der klagende Aktionär keinen Anspruch hat und auch billigerweise nicht erheben kann[915].

(cc) Die daran anknüpfende Lösung des § 16 Abs. 3 S. 2 UmwG

Diese höchstrichterliche Rechtsprechung zur Registersperre bildete den Ausgangspunkt für der Ausgestaltung der gesetzlichen Regelung des § 16 Abs. 3 S. 2 UmwG. Der Gesetzgeber hat die Formulierung des Satz 2 bewußt an die Formulierung des BGH angelehnt und die vom BGH aufgestellten Grundsätze insoweit fortgeführt und erweitert[916]. Nach dem Willen des Umwandlungsgesetzgebers sollte das leidige Problem der mißbräuchlichen Anfechtungsklagen durch eine besondere Regelung eingedämmt werden[917]. Der Mißbrauch des Anfechtungsrechts stand damit im Mittelpunkt des gesetzgeberischen Interesses[918].
Zwar sah der erste Referentenentwurf zur Bereinigung des Umwandlungsrechts bereits die Möglichkeit des beklagten Rechtsträgers vor, einen Unbedenklichkeitsbeschluß des Prozeßgerichts herbeizuführen, inhaltlich begnügte er sich indes damit, die vom BGH anerkannten Ausnahmetatbestände lediglich festzuschreiben[919]. Dies brachte jedoch keinen wesentlichen Fortschritt im Kampf gegen die

---

912 Vgl. eingehend dazu *Timm* in Timm Räuberisches Aktionärsverhalten, S. 1ff.; *Windbichler* in Timm Räuberisches Aktionärsverhalten, S. 35ff..

913 *Baums* BB 1981, 259, 263; *Hirte* BB 1988, 1469, 1476; *Timm/Schick* DB 1990, 1221, 1222.

914 BGHZ 107, 296, 311 – *Kochs-Adler*.

915 BGHZ 112, 9, 24 - *Hypothekenbank*.

916 *Ganske* Begr.RegE UmwBerG 1994, zu § 16 UmwG, S. 55.

917 *Neye* in Lutter Kölner Umwandlungsrechtstage, 1, 13.

918 Vgl. *Ganske* Begr.RegE UmwBerG 1994, zu § 16 UmwG, S. 55f.

919 Vgl. RefE vom 15.4.1992, Bundesanzeiger Nr. 112 vom 20.6.1992, Beilage 112a.

räuberischen Aktionäre, welche ihre Vorgehensweise entsprechend änderten und ihre Ziele weniger offensichtlich verfolgten[920], indem sie nachweisbare Aussagen, mit denen der Mißbrauch im Prozeß belegt werden könnte, vermieden[921]. Trotz prinzipieller Zustimmung wurde in der sich anschließenden Diskussion die im Referentenentwurf vorgesehene Regelung dann auch als „zu eng" kritisiert: Es könne nur selten festgestellt werden, daß eine Anfechtungsklage unzulässig oder offensichtlich unbegründet sei; insbesondere sei die Blockade von Strukturveränderungen durch rechtsmißbräuchliche Klagen nach wie vor zu befürchten, da sich weder der Rechtsmißbrauch unschwer nachweisen lasse noch die erhobenen Klagen im Regelfall offensichtlich unbegründet seien[922]. Es würde so die Chance vertan, neben den beiden vorgesehenen Alternativen als dritte Möglichkeit eine Interessenabwägung vorzusehen, die dem Aufschubinteresse des Klägers das Vollzugsinteresse der Gesellschaft gegenüberstellt[923]. Der Regierungsentwurf vom 4.2.1994 hat diese Kritik ausweislich seiner Begründung aufgegriffen und in § 16 Abs. 3 S. 2 2. Halbsatz die Möglichkeit einer Interessenabwägung aufgenommen[924]. Dem Grundsatz nach ist der Gesetzgeber damit weitgehend einem Vorschlag gefolgt, nach dem ein Unbedenklichkeitsbeschluß auch dann möglich sein sollte, wenn das Vollzugsinteresse des Unternehmens gegenüber den vom Kläger geltend gemachten Nachteilen vorrangig erscheint[925]. Im Rahmen der damaligen Diskussion stieß dieser auf breite Zustimmung[926] und setzte sich schließlich gegenüber anderen Vorschlägen, welche auf die Einführung eines Quorums[927] oder die Abschaffung der Registersperre[928] abzielten, durch.

---

[920] Vgl. *Decher* AG 1997, 388, 388.

[921] Vgl. *Schiessl* AG 1999, 442, 445.

[922] *Arbeitskreis Umwandlungsrecht* ZGR 1993, 321, 324; *Bork* ZGR 1993, 343, 362ff.; *Hommelhoff* ZGR 1993, 452, 469; *Hirte* DB 1993, 77ff.; *Kiem* AG 1992, 430, 431f.

[923] *Hommelhoff* ZGR 1990, 430, 432; *ders.* ZGR 1993, 452, 468f.; *Kiem* AG 1992, 430; *Bork* ZGR 1993, 343, 362ff.; *Röhricht* in IDW Reform des Umwandlungsrechts, S. 67ff.; *Hirte* DB 1993, 77.

[924] *Ganske* Begr.RegE UmwBerG 1994, zu § 16 UmwG, S. 56.

[925] *Hommelhoff* ZGR 1990, 430, 432; *ders.* ZGR 1993, 452, 468f.

[926] *Kiem* AG 1992, 430, 432; *Röhricht* in IDW Reform des Umwandlungsrechts, S. 72.

[927] Vgl. dafür etwa *Grunewald* in IDW Reform des Umwandlungsrechts 1993, S. 88f.; *Boujong* FS Kellermann, 1, 14.

[928] Vgl. *DAV-Handelsrechtsausschuß* Stellungnahme zum RefE des UmwBerG, WM 1993, Sonderbeilage Nr. 2, Rn. 63 (S. 12); vgl. auch *Hoffmann-Becking* in IDW Reform des Umwandlungsrechts, 58, 60f.

(b) Voraussetzungen des Unbedenklichkeitsbeschlusses

Die Vorschrift des § 16 Abs. 3 S. 2 UmwG enthält eine abschließende Regelung der sachlichen Voraussetzungen für den Beschluß des Prozeßgerichts[929].

(aa) Unzulässigkeit und offensichtliche Unbegründetheit, § 16 Abs. 3 S. 2, 1. und 2. Var. UmwG

Nach den ersten beiden Fällen des § 16 Abs. 3 S. 2 UmwG darf der Unbedenklichkeitsbeschluß zunächst nur ergehen, wenn die Klage gegen die Wirksamkeit des Beschlusses unzulässig oder offensichtlich unbegründet ist. Da sich das Tatbestandsmerkmal der Offensichtlichkeit nach dem eindeutigen Wortlaut des § 16 Abs. 3 S. 2 UmwG allein auf die Unbegründetheit bezieht, ist der Antrag zunächst bei jedem, auch bei einem nicht offensichtlichen Zulässigkeitsmangel begründet[930]. Das Gericht hat daher die Zulässigkeit der gegen den Umwandlungsbeschluß erhobenen Klage vollumfänglich zu prüfen, bevor es einen Unbedenklichkeitsbeschluß erlassen kann[931].
Daneben kann ein Unbedenklichkeitsbeschluß im Falle der offensichtlichen Unbegründetheit der Klage ergehen, § 16 Abs. 3 S. 2 2.Var.. Ausweislich der Gesetzesbegründung[932] wollte der Gesetzgeber damit an die bisherige Rechtsprechung[933] anknüpfen und die Überwindung der Registersperre bei offensichtlichem Rechtsmißbrauch ermöglichen[934]. Rechtsmißbräuchlich[935] ist die Klage, wenn sie allein mit dem Ziel erhoben ist, die Gesellschaft in grob eigennütziger Weise zu einer Leistung zu veranlassen, auf die der klagende Anteilsinhaber keinen Anspruch hat und auch billigerweise nicht erheben kann[936]. Dabei muß sich der Kläger bei Erhebung der Klage von der Vorstellung leiten lassen, die verklagte Ge-

---

929 *Ganske* Begr.RegE UmwBerG 1994, zu § 16 UmwG, S. 55.

930 *Lutter/Bork* UmwG § 16 Rn. 18; *Rettmann* Rechtmäßigkeitskontrolle, S. 129.

931 *Sosnitza* NZG 1999, 965, 968.

932 *Ganske* Begr.RegE UmwBerG 1994, zu § 16 UmwG, S. 55.

933 Siehe zur allgemeinen Unbegründetheit wegen rechtsmißbräuchlicher Anfechtungsklagen BGZ 112, 9, 123f. – *Hypothekenbank*; BGHZ 107, 296, 308ff. – *Kochs Adler*; siehe dazu oben B.II.3.b)dd)(2)(a).

934 OLG Frankfurt NJW-RR 1996, 417, 418; *Decher* AG 1997, 388, 390f.; *Bork* in Lutter Kölner Umwandlungsrechtstage, 261, 268; *Riegger/Schockenhoff* ZIP 1997, 2105, 2108; *Sosnitza* NZG 1999, 965, 969; siehe zur Unbegründetheit der Anfechtungsklage wegen Rechtsmißbrauchs *Boujong* FS Kellermann, 1, 10.

935 Vgl. den Überblick zum Mißbrauch des Anfechtungsrechts bei *Hüffer* in MünchKomm AktG § 245 Rn. 47ff. und *K.Schmidt* in GroßKomm AktG § 245 Rn. 47ff.; *Baums* Gutachten 63. DJT, F 144ff.; vgl. dazu eingehend auch *Henze* ZIP 2002, 97, 100f.

936 BGH ZIP 1990, 168, 171 – *DAT Altana II*; BGH ZIP 1990, 1560, 1563 - *SEN*; BGHZ 112, 9, 24 - *Hypothekenbank*; OLG Stuttgart AG 2001, 315, 316; OLG Frankfurt ZIP 1996, 379, 380 – *Frankfurter Hypothekenbank.*

sellschaft werde – wegen ihres möglichen Erfolgs oder auch nur wegen der zeitlichen Verzögerung bis zur richterlichen Klärung – die Leistung in der Hoffnung erbringen, sie könne den Eintritt des klagebedingten Nachteils und weiterer Schäden dadurch vermeiden oder zumindest gering halten[937].

Der Unbedenklichkeitsbeschluß ist neben offensichtlichem Rechtsmißbrauch in jedem Fall der offensichtlichen Unbegründetheit möglich, also etwa, wenn der Anfechtungskläger im Zeitpunkt der Hauptversammlung noch nicht Gesellschafter war[938] oder wenn die geltend gemachten Beschlußmängel nicht vorliegen[939]. Keine Einigkeit in Rechtsprechung und Literatur herrscht jedoch darüber, wann diese Offensichtlichkeit der Unbegründetheit anzunehmen ist. In der Rechtsprechung wurde das Merkmal der Offensichtlichkeit zunächst sehr eng verstanden in dem Sinne, daß der Klage die Unbegründetheit gewissermaßen „auf der Stirn geschrieben“ stehen müsse[940]. Nach einer Ansicht in Rechtsprechung und Literatur ist die offensichtliche Unbegründetheit der Klage darüber hinaus anzunehmen, wenn das Gericht ohne weitere sachlichen Ermittlungen bzw. Beweiserhebung und schwierige rechtliche Überlegungen zu der Überzeugung kommt, daß die Klage zweifelsfrei unbegründet ist[941]. Demgegenüber hält die Gegenansicht eine volle rechtliche Würdigung für notwendig, bei der auch schwierige rechtliche Prüfungen durchzuführen sind[942].

Zwar könnte der allgemeine Sprachgebrauch zunächst dafür sprechen, daß eine Klage nur dann offensichtlich unbegründet ist, wenn die Unbegründetheit ohne weiteres, d.h. ohne schwierige rechtliche Überlegung erkennbar ist[943] und deshalb offen zutage tritt[944]. Das Tatbestandsmerkmal „offensichtlich“ ist jedoch lediglich bei vordergründiger Betrachtung derart eng auszulegen. Der gesetzgeberische Hintergrund, wie er in den Materialien zum Ausdruck kommt, spricht für ein anderes Verständnis der Offensichtlichkeit. Wie aus der Begründung hervorgeht, ist insbesondere der Fall der offensichtlichen Unbegründetheit im Zusammenhang

---

937 Zuletzt OLG Stuttgart AG 2001, 315, 316.

938 OLG Frankfurt NJW-RR 1999, 334 = EWiR § 16 UmwG 1998, S. 665f m. Anm. *Bayer*; vgl. zuletzt OLG Köln BB 2003, 2307 m. zust. Anm. *Aha* DB 2003, 2307, 2310; vgl. auch *ders.* F.A.Z. Nr. 263 vom 12.11.2003, S. 27.

939 *Lutter/Bork* UmwG § 16 Rn. 19.

940 LG Hanau ZIP 1995, 1820, 1821 – *Schwab/Otto*.

941 OLG Frankfurt AG 1997, 472f. – *Chemische Werke Brockhues AG*; OLG Düsseldorf ZIP 1999, 793 – *Thyssen Krupp*; LG Freiburg AG 1998, 536; *Lutter/Bork* UmwG § 16 Rn. 19a; *Volhard* in Semler/Stengel UmwG § 16 Rn. 30; *Marsch-Barner* in Kallmeyer UmwG § 16 Rn. 41.

942 OLG Frankfurt AG 1998, 428, 429; OLG Hamm ZIP 1999, 798, 799 - *Thyssen Krupp*; *Volhard* in Semler/Stengel UmwG § 16 Rn. 30; Schmitt/Hörtnagl/Stratz UmwG § 16 Rn. 52; *Timm* ZGR 1996, 247, 259; *Bayer* EWiR 1998, 665, 666; *Veil* EWiR 1999, 521; *Brandner/Bergmann* FS Bezzenberger, 59, 66f.; *Heckschen* RPfleger 1999, 357, 361; *ders.* DB 1998, 1385, 1392; *Sosnitza* NZG 1999, 965, 969f.

943 OLG Frankfurt AG 1997, 472, 473 - *Chemische Werke Brockhues AG*.

944 LG Freiburg AG 1998, 536.

mit der Entscheidung BGHZ 112, 9 – *Hypothekenbank* zu sehen[945]. Von daher liegt es nahe, auf das vom BGH entwickelte Verständnis der „Offensichtlichkeit" zurückzugreifen[946]. Dort führt der BGH zur Rechtsmißbräuchlichkeit der Klage aus, daß diese offensichtlich ist, „wenn nach menschlichem Ermessen eine abweichende Würdigung durch die Prozeßgerichte ausgeschlossen erscheint"[947]. Hängt die Entscheidung über die Begründetheit der schwebenden Anfechtungsklage von nicht zweifelsfrei zu beantwortenden Rechtsfragen oder von der Bewertung von Tatsachen, insbesondere auch Beweisergebnissen ab, die bei der gebotenen zurückhaltenden Betrachtung unterschiedlicher Würdigung zugänglich sind, so habe die Eintragung bis zur rechtskräftigen Entscheidung des Anfechtungsrechtsstreits zu unterbleiben, selbst wenn damit für die beteiligten Unternehmen nicht unbeträchtliche wirtschaftliche Nachteile verbunden sind[948]. Dem Verständnis des BGH von dem Tatbestandsmerkmal „offensichtlich" liegt damit weniger ein solches zugrunde, das entscheidend auf die „Schnelligkeit" der Entscheidungsfindung des Prozeßgerichts abhebt, als vielmehr darauf, daß die Entscheidung bzw. die Würdigung der Sach- und Rechtslage durch das Prozeßgerichts „frei von Zweifeln" ist[949]. Daß der Umwandlungsgesetzgeber von dem Tatbestandsmerkmal der Offensichtlichkeit ein hiervon abweichendes Verständnis hatte, ist nicht ersichtlich. Im Gegenteil: Der Gesetzgeber nimmt für die Beurteilung der Frage, wann die Anfechtungsklage offensichtlich keinen Erfolg hat, ausdrücklich Bezug auf das Urteil[950]. Entscheidend für die Bestimmung der offensichtlichen Unbegründetheit ist danach die Eindeutigkeit der Sach- und Rechtslage[951] bzw. wie zweifelsfrei eine gefundene Wertung der Sach- und Rechtslage ist[952]. Demzufolge ist eine offensichtliche Unbegründetheit lediglich dann gegeben, wenn eine abweichende Beurteilung der Sach- und Rechtslage nach menschlichem Ermessen ausgeschlossen erscheint[953].

Diese restriktive Auffassung steht auch im Einklang mit der Begründung, nach der die Fälle, in denen das Prozeßgericht ohne aufwendige Beweiserhebungen eine Unzulässigkeit oder offensichtliche Unbegründetheit feststellen kann, selten sein dürften und daß es zudem dafür Wertungen bedürfe, welche das Gericht in

---

945 Vgl. *Ganske* Begr.RegE UmwBerG 1994, zu § 16 UmwG, S. 55; siehe dazu oben B.II.3.b)dd)(2)(a).

946 Vgl. auch *Stratz* in Schmitt/Hörtnagl/Stratz UmwG § 16 Rn. 52.

947 Vgl. BGHZ 112, 9, 24 - *Hypothekenbank*.

948 BGHZ 112, 9, 25 - *Hypothekenbank*.

949 Vgl. in diesem Sinne auch *Volhard* in Semler/Stengel UmwG § 16 Rn. 31; *Stratz* in Schmitt/Hörtnagl/Stratz UmwG § 16 Rn. 52.

950 *Ganske* Begr.RegE UmwBerG 1994, zu § 16 UmwG, S. 55.

951 *Volhard* in Semler/Stengel UmwG § 16 Rn. 31; *Hüffer* in MünchKomm AktG § 243 Rn. 131.

952 OLG Frankfurt WM 1999, 386, 387; *Bayer* in Hommelhoff/Röhricht GesR 1997, 133, 136; *Timm* ZGR 1996, 247, 259; *Stratz* in Schmitt/Hörtnagl/Stratz UmwG § 16 Rn. 52.

953 *Rettmann* Rechtmäßigkeitskontrolle, S. 124.

einem beschleunigten Verfahren nur schwer vornehmen kann[954]. Nach dem gesetzgeberischen Willen kann und soll es demnach für die Feststellung der offensichtlichen Unbegründetheit weder auf aufwendige Beweiserhebungen noch auf rechtliche Wertungen ankommen. Dies schließt hingegen nicht aus, daß im Rahmen der rechtlichen Würdigung auch schwierige rechtliche Prüfungen durchzuführen sind. Der Zweck des Tatbestandsmerkmals der Offensichtlichkeit liegt allein in der Sicherstellung eines materiell richtigen Ergebnisses[955]. Für diesen Zweck ist eine volle rechtliche Würdigung notwendig. Bietet die Sach- und Rechtslage Anlaß für Zweifel, so ist für den Erlaß eines Unbedenklichkeitsbeschlusses wegen offensichtlicher Unbegründetheit kein Raum.

Da Unzulässigkeit oder offensichtliche Unbegründetheit danach nur ausnahmsweise vorliegen dürften, dürfte die Erforderlichkeit einer Abwägung gemäß § 16 Abs. 3 S. 2 3.Var. UmwG nach der gesetzgeberischen Konzeption praktisch die Regel zur Rechtfertigung eines Unbedenklichkeitsbeschlusses sein[956].

(bb) „Spezifische" Abwägung zwischen Vollzugs- und Aufschubinteresse, § 16 Abs. 3 S. 2, 3.Var. UmwG

Nach der dritten Tatbestandsvariante des § 16 Abs. 3 S. 2 UmwG kommt ein Unbedenklichkeitsbeschluß schließlich in Betracht, wenn das alsbaldige Wirksamwerden der Verschmelzung nach freier Überzeugung des Gerichts unter Berücksichtigung der Schwere der mit der Klage geltend gemachten Rechtsverletzung zur Abwendung der vom Antragsteller dargelegten wesentlichen Nachteile für die an der Verschmelzung beteiligten Rechtsträger und ihre Anteilsinhaber vorrangig erscheint. Es ist also grundsätzlich eine Abwägung zwischen dem Vollzugsinteresse des Unternehmens und dem Aufschubinteresse des Anfechtungsklägers vorzunehmen[957].

Für die Abwägung zwischen den widerstreitenden Interessen soll dem Gericht nach Aussage des Gesetzgebers zwar grundsätzlich größtmögliche Entscheidungsfreiheit eingeräumt werden[958]. Der besonderen Betonung bedarf an dieser Stelle, daß das Gesetz dabei jedoch keineswegs eine allgemeine Verhältnismäßigkeitsprüfung erlaubt. Bei der durchzuführenden Interessenabwägung geht es also gerade nicht allein um eine Abwägung des individuellen Interesses des Aktionärs mit demjenigen der Gesellschaft, denn eine solche allgemeine Verhältnismäßigkeitsprüfung drohte praktisch immer zu Lasten des klagenden einzelnen Aktionärs

954 *Ganske* Begr.RegE UmwBerG 1994, zu § 16 UmwG, S. 56.

955 *Rettmann* Rechtmäßigkeitskontrolle, S. 122.

956 *Sosnitza* NZG 1999, 965, 971; vgl. *Ganske* Begr.RegE UmwBerG 1994, zu § 16 UmwG, S. 56.

957 *Marsch-Barner* in Kallmeyer UmwG § 16 Rn. 43; *Bork* ZGR 1993, 343, 363; *Bayer* ZGR 1995 613, 623; *Sosnitza* NZG 1999, 965, 970.

958 *Ganske* Begr.RegE UmwBerG 1994, zu § 16 UmwG, S. 57.

auszugehen, wenn und weil er an der AG nur eine geringe Beteiligung hält und deshalb sein wirtschaftliches Interesse an der Anfechtungsklage per se nur gering sein kann[959]. Der Gesetzgeber hat sich in § 16 Abs. 3 S. 2 3.Var. UmwG vielmehr gerade nicht damit begnügt, dem Gericht aufzugeben, über den Erlaß eines Unbedenklichkeitsbeschlusses aufgrund einer allgemeinen Interessenabwägung zu entscheiden, sondern hat selbst eine Aussage über die Kriterien der Interessenabwägung getroffen[960]. § 16 Abs. 3 S. 2 3.Var. UmwG erfordert eine *spezielle* Interessenabwägung. Es geht insofern zu weit, wenn man sagt, daß mit § 16 Abs. 3 S. 2 UmwG das Verhältnismäßigkeitsprinzip in das Anfechtungsrecht eingeführt worden ist[961]. Stimmen, die den Erfolg einer gegen den Gesellschafterbeschluß gerichteten Klage von einer Verhältnismäßigkeitsprüfung abhängig machen wollen[962], haben sich bislang nicht durchsetzen können. Die Verfahrensvorschrift des § 16 Abs. 3 UmwG ist nicht der richtige Ort für eine derartige fundamentale Umgestaltung des geltenden Aktienrechts[963].

(i) Wesentliche Nachteile

Die *spezielle* Verhältnismäßigkeitsprüfung verlangt, daß bei der Abwägung auf der Seite des Vollzugsinteresse nur *wesentliche* Nachteile für die beteiligten Rechtsträger und ihre Anteilsinhaber einzubeziehen sind. Abgestellt wird ausweislich der Gesetzesbegründung nicht auf jeden noch so geringfügigen Nachteil, sondern nur auf solche Nachteile, denen im Hinblick auf die durch die Umwandlungsmaßnahme beabsichtigten wirtschaftlichen Vorteile einiges Gewicht zukommt[964]. Mit der pauschalen Behauptung hoher Kosten oder eines hohen Arbeitsaufwandes als schwerwiegende Nachteile läßt sich das besondere Vollzugsin-

---

959 Vgl. *Decher* in GroßKomm AktG § 131 Rn. 400.

960 *Rettmann* Rechtmäßigkeitskontrolle, S. 132; vgl. *Decher* in GroßKomm AktG § 131 Rn. 400.

961 Vgl. aber *Bork* in Lutter Kölner Umwandlungsrechtstage, 261, 271; *Kiem* in Hommelhoff/Röhricht GesR 1997, 105, 113f.; vgl. zurückhaltender *Marsch-Barner* in Kallmeyer UmwG § 16 Rn. 44, nach dessen Ansicht das Verhältnismäßigkeitsprinzip mittelbar eingeführt worden sei.

962 *Werner* in FS Semler, 419, 436; *Bayer* AG 1988, 323, 330f.; *ders.* ZGR 1995, 613, 617; *Zöllner* in Semler Reformbedarf, 147, 158f.; *ders.* AG 1994, 336, 339; *Kort* Bestandsschutz fehlerhafter Strukturänderungen, S. 73f.; vgl. auch *Mertens* AG 1990, 49, 55; vgl. auch zuletzt den Beschluß des 63. DJT in Leipzig Nr. 8 b), abgedruckt in Sitzungsberichte 63. DJT Bd. II/1, O 76 = DB 2000, 2108, 2109.

963 So zu recht *Bayer* in Hommelhoff/Röhricht GesR 1997, 133, 138; i.E. ebenso *Rettmann* Rechtmäßigkeitskontrolle, S. 148; daß der Umwandlungsgesetzgeber 1994 dies nicht beabsichtigte, läßt sich auch der allgemeinen Begründung entnehmen, vgl. *Ganske* Begr.RegE UmwBerG 1994, zu Art.1, S. 33, siehe zu dem dort geäußerten gesetzgeberischen Bemühen, die allgemeinen gesellschaftsrechtlichen Gesetze möglichst wenig anzutasten, bereits oben A.IV.3.

964 *Ganske* Begr.RegE UmwBerG 1994, zu § 16 UmwG, S. 57.

teresse hingegen nicht bereits rechtfertigen[965]. Demgegenüber sind als wesentliche Nachteile etwa die Unmöglichkeit der späteren Vollziehung[966] oder ausbleibende Synergie- und Rationalisierungseffekte zu berücksichtigen[967]. Zweifelhaft ist, ob Marktirritationen und Image-Einbußen als schwerwiegende Nachteile mit in die Abwägung einzubeziehen sind[968]. Solche Nachteile sind stets mit einer schwebenden Umwandlung verbunden, so daß sie für sich allein nicht bereits die Abwägung zugunsten des Antragstellers entscheiden können[969]. Der Antragsteller hat die wesentlichen Nachteile konkret und substantiiert darzulegen[970]. Da die Verzögerung der Eintragung bei der heute üblichen professionell vorbereiteten Umwandlungsmaßnahme fast immer mit wesentlichen Nachteilen für das beteiligte oder die beteiligten Unternehmen und ihre Anteilsinhaber verbunden ist, wird es der Beklagtenseite in der Regel nicht schwerfallen, diese Voraussetzung glaubhaft zu machen und zu substantiieren[971]. Vor diesem Hintergrund wird es deswegen im praktischen Ergebnis letztlich immer auf die Schwere der behaupteten Rechtsverletzung ankommen[972].

(ii) Schwere der mit der Klage geltend gemachten Rechtsverletzung – Erforderlichkeit ihrer *Geringfügigkeit*

Den wesentlichen Nachteilen ist die Schwere der mit der Klage geltend gemachten Rechtsverletzung gegenüberzustellen. Zwar hat das Gericht dabei ausweislich der Begründung[973] die vom Kläger behaupteten, aber im summarischen Verfahren nicht ohne weiteres zu klärenden Beschlußmängel als gegeben zu unterstellen[974], so daß einer starken Literaturansicht, nach der die Erfolgsaussichten der Klage für die Abwägung nicht zu berücksichtigen sind[975], im Prinzip zugestimmt werden

---

965 OLG Frankfurt ZIP 1997, 1291, 1292 = AG 1997, 472, 473 – *Chemische Werke Brockhues AG.*

966 *Lutter/Bork* UmwG § 16 Rn. 21; OLG Düsseldorf ZIP 1999, 793, 798 – *Thyssen Krupp.*

967 OLG Düsseldorf ZIP 1999, 793, 798 – *Thyssen Krupp*; LG Essen NZG 1999, 556, 557f.

968 So etwa LG Duisburg NZG 1999, 564, 565 – *Krupp/Thyssen II.*

969 *Sosnitza* NZG 1999, 965, 971; kritisch auch *Marsch-Barner* in Kallmeyer UmwG § 16 Rn. 46.

970 LG Hanau ZIP 1995, 1820, 1821 – *Schwab/Otto*; OLG Frankfurt ZIP 1997, 1291, 1292 = AG 1997, 472, 473 – *Chemische Werke Brockhues AG.*

971 *Bork* in Lutter Kölner Umwandlungsrechtstage, 261, 271.

972 *Bork* in Lutter Kölner Umwandlungsrechtstage, 261, 271; vgl. im Ergebnis ebenso *Hommelhoff* Diskussionsbeitrag in Hommelhoff/Röhricht GesR 1997, S. 142f. sowie diesem zustimmend *Röhricht* Diskussionsbeitrag aaO, S. 143.

973 *Ganske* Begr.RegE UmwBerG 1994, zu § 16 UmwG, S. 56.

974 *Lutter/Bork* UmwG § 16 Rn. 22; *Marsch-Barner* in Kallmeyer UmwG § 16 Rn. 44; *Volhard* in Semler/Stengel UmwG § 16 Rn. 32; *Bayer* EWiR 1998, 469.

975 *Bork* in Lutter Kölner Umwandlungsrechtstage, 261, 269f.; *Decher* AG 1997, 388, 391; *Schmid* ZGR 1997, 493, 498; *Bermel* in Goutier/Knopf/Tulloch UmwG § 16 Rn. 50; vgl. auch OLG Düsseldorf ZIP 1999, 793, 797 - *Thyssen Krupp.*

kann. Insbesondere kann diese Ansicht die Gesetzesbegründung für sich beanspruchen[976]. Allerdings kann dies angesichts der gesetzgeberischen Motivation für die Einführung der dritten Tatbestandsalternative des § 16 Abs. 3 S. 2 UmwG[977] lediglich für die Fälle gelten, in denen sich das tatsächliche Vorliegen des behaupteten Beschlußmangels nicht oder nur schwer feststellen läßt. Liegt der behauptete Beschlußmangel hingegen offensichtlich vor und erscheint infolgedessen der Erfolg der Klage wahrscheinlich oder steht er sogar für das Gericht fest, so muß der Erlaß eines Unbedenklichkeitsbeschlusses ausscheiden[978]. Diese Maßgabe ergibt sich aus Gründen der Systematik, des Sinn und Zwecks sowie des gesetzgeberischen Hintergrunds:

Zwar steht zunächst der Wortlaut der Vorschrift der Subsumtion offenkundiger Beschlußmängel nicht entgegen. Die dritte Variante des § 16 Abs. 3 S. 2 UmwG darf indes nicht isoliert, sondern muß in ihrem systematischen Zusammenhang mit den ersten beiden Varianten betrachtet werden. Der Gesetzgeber hat den Grundsatz, daß eine eintragungspflichtige Strukturänderung trotz anhängiger Klage eingetragen werden kann, wenn die Klage „offensichtlich keine Aussicht auf Erfolg hat", mit der Regelung des Abs. 3 ausweislich der Begründung fortgeführt und „erweitert"[979]. Diese Erweiterung - über die Fälle der Unzulässigkeit und offensichtlichen Begründetheit hinaus - muß daher ebenso im Zusammenhang mit diesem Grundsatz, d.h. der der Regelungskonzeption des Abs. 3 zugrundeliegenden „offensichtlichen Erfolglosigkeit der Klage" gesehen werden. Dem widerspricht es, neben den Fällen der Unzulässigkeit und der offensichtlichen Unbegründetheit der Klage einen Unbedenklichkeitsbeschluß zuzulassen, wenn die Klage offensichtlich begründet ist, also bei offensichtlichen Beschlußmängeln bzw. bei offensichtlich rechtswidrigen Beschlüssen. In diesem Fall fehlt es bereits an einem anerkennenswürdigen Schutzbedürfnis des Antragstellers, also der beklagten Gesellschaft. Die Gesetzesbegründung geht eindeutig davon aus, daß die Erfolgschancen der Klage offen sind[980]. Eröffnete das Gesetz dem Antragsteller – d.h. der beklagten Gesellschaft - die Möglichkeit, trotz feststehenden Mangels einen Unbedenklichkeitsbeschluß wegen schwerwiegender Nachteile zu erwirken, so wäre die Gesellschaft in die Lage versetzt, im Vorfeld der Beschlußfassung die Verhältnismäßigkeit zu prüfen bzw. professionell überprüfen zu lassen, um damit entsprechend bei der Frage der Einhaltung bestimmter Verfahrensvorschriften bereits im Vorfeld der Maßnahme entsprechend taktieren zu können; ein aus

---

976 *Ganske* Begr.RegE UmwBerG 1994, zu § 16 UmwG, S. 56.

977 Siehe dazu oben B.II.3.b)dd)(2)(a)(ca).

978 Vgl. OLG Frankfurt ZIP 2000, 1928, 1933 – *Piper Generalvertretung Deutschland*; *Volhard* in Semler/Stengel UmwG § 16 Rn. 40; *Rettmann* Rechtmäßigkeitskontrolle, S. 149 und 156; *Noack* ZHR 164 (2000), 274, 283; *Sosnitza* NZG 1999, 965, 971; *Decher* AG 1997, 388, 391; *Bayer* ZGR 1995, 613, 625; *ders.* in Hommelhoff/Röhricht GesR 1997, 133, 135.

979 *Ganske* Begr.RegE UmwBerG 1994, zu § 16 UmwG, S. 55; *Lutter/Bork* UmwG § 16 Rn. 15.

980 So zutreffend *Sosnitza* NZG 1999, 965, 972.

rechtspolitischer Sicht äußerst unbefriedigendes Ergebnis. Wie sich aus der Gesetzesbegründung ergibt[981], sollte mit dem Unbedenklichkeitsverfahren als Ausnahme von dem Grundsatz des Abs. 2 S. 2 lediglich verhindert werden, daß der beklagte Rechtsträger vor dem Vollzug der Maßnahme stets den rechtskräftigen Abschluß des Rechtsstreits abwarten muß[982]. So heißt es in der Begründung, daß es wirtschaftlich unvertretbar sein *könne*, dem beklagten Rechtsträger ein Abwarten zuzumuten[983]. Das wirtschaftliche Interesse an der beschleunigten Durchführung ohne entsprechendes Abwarten läßt sich bei offenkundigen Beschlußmängeln indes nicht rechtfertigen. Was gesetzwidrig ist, kann nicht dadurch zulässig werden, daß es wirtschaftlich nützlich erscheint[984]. Es ist nicht ersichtlich, daß der Gesetzgeber mit der Regelung der Abwägungsmöglichkeit von diesem Grundsatz prinzipiell abweichen wollte.
Schließlich steht die Annahme der Möglichkeit eines Unbedenklichkeitsbeschlusses im Falle offensichtlich vorliegender Beschlußmängel nicht im Einklang mit dem gesetzgeberischen Hintergrund der Einführung der dritten Tatbestandsalternative des § 16 Abs. 3 S. 2 UmwG. Die Erweiterung des Tatbestandes gegenüber den kodifizierten Rechtsprechungsgrundsätzen, welche als zu eng empfunden wurden, fand vor dem Hintergrund statt, daß die Anfechtungskläger ihre Taktik umstellten, ihre unredlichen und mißbräuchlichen Absichten nicht mehr offensichtlich erkennbar waren, und sich somit die Gesetzeswidrigkeit nur schwer feststellen ließ und sich die beklagten Gesellschaften erheblichen Beweisschwierigkeiten ausgesetzt sahen[985]. Hintergrund der Forderungen nach einer weitergehenden Lösung bildete der Versuch einer effektiven Bekämpfung der „räuberischen Aktionäre“[986] bzw. die Bekämpfung des Mißbrauchs im Allgemeinen[987]. Unter dem Eindruck des sich wandelnden Mißbrauchsszenarios bot das Gesetz die Möglichkeit, den wirtschaftlichen Interessen der Gesellschaft - dem Vollzugsinteresse

---

981 *Ganske* Begr.RegE UmwBerG 1994, zu § 16 UmwG, S. 55.

982 *Rettmann* Rechtmäßigkeitskontrolle, S. 147.

983 *Ganske* Begr.RegE UmwBerG 1994, zu § 16 UmwG, S. 55.

984 *Knobbe-Keuk* FS Ballerstedt, 239, 244; *Lutter* ZGR 1978, 347, 359; in diesem Sinne bereits RG 40, 33, 35: „Was statuten- und gesetzwidrig ist, wird nicht dadurch zulässig, daß es nützlich und sittlich oder sozial geboten ist“; vgl. auch RGZ 107, 169.

985 Vgl. zutreffend *Bayer* in Hommelhoff/Röhricht GesR 1997, 133, 137; siehe dazu oben B.II.3.b)dd)(2)(a)(ca).

986 So zu Recht *Bork* in Lutter Kölner Umwandlungsrechtstage, 261, 269; ders. ZGR 1993, 343, 348; *Timm* ZGR 1996, 247, 258; vgl. auch *Bayer* ZGR 1995, 613, 621f.

987 Vgl. in diesem Zusammenhang *Hoffmann-Becking* in IDW Reform des Umwandlungsrechts, S. 91f., der darauf hinweist, daß man sich bei der „Typologie der erpresserischen Anfechtungskläger“ davor hüten müsse, immer nur diejenigen Aktionäre im Auge zu haben, welche eine Geldzahlung erreichen wollen; schließlich gebe es auch andere Ziele, die durch das Druckmittel der Anfechtungsklage mißbräuchlich erzwungen werden könnten, wie etwa die Korrektur der Mehrheitsentscheidung im Hinblick auf Änderungen, Zusätze oder Zugeständnisse.

– den Vorrang einzuräumen[988]. Im Fall eines offensichtlichen Rechtsmangels bzw. der begründeten Anfechtungsklage wird man indes der Gesellschaft in aller Regel einen Rechtsanspruch auf Eintragung der Strukturmaßnahme kaum zubilligen können, weshalb sich die Eintragung auch nicht in rechtlich zu mißbilligender Weise verzögern kann[989]. Interessant ist in diesem Zusammenhang, daß auch der Vorschlag, an den die heutige Fassung des § 16 Abs. 3 UmwG am stärksten angelehnt ist[990], lediglich im Regelfall die Entscheidung des Prozeßgerichts ohne Blick auf die Prozeßchancen der Parteien zulassen wollte[991]. Dagegen sollte für eine Interessenabwägung dann kein Raum sein bzw. sollte die Entscheidung allein nach dem Prozeßausgang getroffen werden müssen, wenn das Prozeßgericht die Klage für zulässig und begründet halte[992]. Die 3. Var. des § 16 Abs. 3 S. 2 UmwG darf daher nicht als *Vehikel* betrachtet werden, einen rechtswidrigen Beschluß zu „retten" und dessen Vollzug zu ermöglichen[993] und diesem Beschluß damit im Ergebnis gewissermaßen durch die Hintertür zur Wirksamkeit zu verhelfen. Vielmehr bietet § 16 Abs. 3 S. 2 3.Var. UmwG allein die Möglichkeit im Falle eines *non liquet* - , welches bei der Frage der offensichtlichen Unbegründetheit der Klage zu Lasten der antragstellenden Gesellschaft geht[994], - eine Entscheidung zu Lasten des Klägers zu treffen, wenn zugleich die qualifizierten Voraussetzungen des § 16 Abs. 3 S. 2 3.Var. UmwG vorliegen. Der historische Gesetzgeber, der lediglich „in bestimmten Fällen"[995] für die Frage der Eintragungsfähigkeit eine Interessenabwägung vorsieht, läßt sich insofern nur so verstehen, daß mit diesen *bestimmten Fällen* lediglich solche Konstellationen gemeint sein können und sollen, in denen sich das Vorliegen einer Rechtsverletzung nicht schon von vornherein im Rahmen des beschleunigten Verfahrens ausschließen läßt - dann ist ein Fall der offensichtlichen Unbegründetheit gegeben[996] - gleichzeitig aber auch nicht positiv feststellen läßt. Steht der Erfolg der gegen den Beschluß gerichteten Klage fest, und erscheint die Abweisung der Klage dem Gericht daher nicht zumindest möglich, ist die Möglichkeit eines Unbedenklichkeitsbeschlusses abzulehnen[997].

---

988 Siehe zu diesem gesetzgeberischen Hintergrund oben B.II.3.b)dd)(2)(a)(ca); zu weit geht daher die Ansicht von *Kiem* in Hommelhoff/Röhricht GesR 1997, 105, 113f., dem lediglich insofern beizupflichten ist, daß sich die gesetzgeberischen Erwägungen nicht allein auf die Fälle *„räuberischen"* Aktionärstums beschränken, vgl. *Kiem* aaO Fn.51; vgl. dazu die vorherige Fn.

989 Vgl. zu Recht *Bokelmann* DB 1994, 1341, 1345.

990 Vgl. *Hommelhoff* ZGR 1990, 447, 471.

991 Hierauf verweist zutreffend *Rettmann* Rechtmäßigkeitskontrolle, S. 147.

992 *Hommelhoff* ZGR 1990, 447, 471.

993 Vgl. *Bayer* in Hommelhoff/Lutter/Schmidt/Schön/Ulmer Corporate Governance 2002, 137, 146.

994 Vgl. *Reichert* in Hommelhoff/Lutter/Schmidt/Schön/Ulmer Corporate Governance 2002, 165, 193.

995 *Ganske* Begr.RegE UmwBerG 1994, zu § 16 UmwG, S. 56.

996 Siehe dazu oben B.II.3.b)dd)(2)(b)(aa).

997 *Rettmann* Rechtmäßigkeitskontrolle, S. 149 und 156.

Neben dieser Unüberwindbarkeit der Registersperre im Falle des Vorliegens offensichtlicher Beschlußmängel ist zu beachten, daß die Möglichkeit eines Unbedenklichkeitsbeschlusses aufgrund der Abwägung zwischen Aufschub- und Vollzugsinteresses stets erfordert, daß die Rechtsverletzung lediglich *geringfügig* ist[998]. Dies folgt zwar nicht schon aus dem Wortlaut der Bestimmung, der lediglich von der Berücksichtigung der „Schwere" der behaupteten Rechtsverletzung spricht. Aus der Gesetzesbegründung geht indes unmißverständlich hervor, daß eine Abwägung nach der gesetzgeberischen Vorstellung nur dann in Betracht kommen soll, wenn den behaupteten Rechtsverletzungen nur ein geringes Gewicht beizumessen ist[999]. Die Festlegung, wann eine Rechtsverletzung geringfügig ist, soll dabei der Einzelfallentscheidung der Rechtsprechung überlassen bleiben[1000]. Ließe man eine Abwägung zu Lasten des Klägers auch bei schwerwiegenden Rechtsverletzungen zu[1001], so wäre eine Anfechtungsklage bzw. die Rechtmäßigkeitskontrolle durch Unwirksamkeitsklagen illusorisch, wenn nur das Umwandlungsprojekt entsprechende wirtschaftliche Ausmaße aufweist, welche eine Verzögerung der Eintragung stets unvertretbar erscheinen lassen. Die Unternehmensleitungen könnten sich dann veranlaßt bzw. verleitet fühlen, mit zunehmender Größe und wirtschaftlicher Bedeutung der Umwandlungsmaßnahme es mit der Beachtung der gesetzlichen Rechtmäßigkeitsanforderungen insbesondere der gesetzmäßigen Beschlußvorbereitung weniger genau zu nehmen. Daß dies nicht gewollt ist, ergibt sich auch aus der Entstehungsgeschichte der Vorschrift bzw. der Erweiterung der Freigabemöglichkeiten über die Fälle der Unzulässigkeit und offensichtlichen Unbegründetheit hinaus. Denn auch die dritte Möglichkeit eines Unbedenklichkeitsbeschlusses im Sinne des § 16 Abs. 3 S. 2 UmwG, welche ein vorrangiges Vollzugsinteresses als Beschlußgrund voraussetzt, ist vor dem Hintergrund der „räuberischen Aktionäre" zu sehen, die noch aus *kleinsten* Fehlern bei der Beschlußfassung Kapital schlagen wollen[1002]. Der historische Kontext bekräftigt insofern das Erfordernis einer in jedem Fall geringfügigen Rechtsverletzung. Anzuerkennen ist daher zwar grundsätzlich eine gewisse Wechselwirkung zwischen den voraussichtlichen Nachteilen und der Schwere der gerügten Mängel in dem Sinne, daß je gewichtiger die behaupteten Beschlußmängel sind, desto gravierender auch die Nachteile der Verzögerung der Umwandlung für die Anerkennung der Vorrangigkeit des Vollzugsinteresses sein müssen[1003].

---

998 Vgl. im Ergebnis ähnlich *Hommelhoff* Diskussionsbeitrag in Hommelhoff/Röhricht GesR 1997, S. 142f. sowie diesem zustimmend *Röhricht* Diskussionsbeitrag aaO, S. 143.

999 *Ganske* Begr.RegE UmwBerG 1994, zu § 16 UmwG, S. 56.

1000 *Ganske* Begr.RegE UmwBerG 1994, zu § 16 UmwG, S. 56.

1001 So im Ergebnis etwa *Schwarz* in Widmann/Mayer UmwG § 16 Rn. 25.4; vgl. auch die bedenklich weit gehende Ansicht von *Kiem* in Hommelhoff/Röhricht, 105, 113ff., 119f.

1002 Vgl. *Bork* in Lutter Kölner Umwandlungsrechtstage, 261, 269.

1003 *Schwarz* in Widmann/Mayer UmwG § 16 Rn. 27; *Volhard* in Semler/Stengel UmwG § 16 Rn. 37; *Bermel* in Goutier/Knopf/Tulloch UmwG § 16 Rn. 51; *Sosnitza* NZG 1999, 965, 970.

Dieser müssen jedoch aus rechtspolitischen Gründen insofern von vornherein Grenzen gesetzt werden, als jedenfalls gravierende Rechtsverletzungen sich nicht mit „noch gravierenderen“ Nachteilen rechtfertigen lassen[1004]. Der für die Gesellschaft handelnde Vorstand soll sich vor dem Hintergrund der Möglichkeit des Unbedenklichkeitsverfahrens nicht etwa erhebliche Fehler erlauben dürfen. Dies anzunehmen, bedeutete ein falsches Signal. Bei der Bestimmung der Geringfügigkeit ist vielmehr zu berücksichtigen, daß eine großzügige Handhabung des Unbedenklichkeitsverfahrens die Gefahr in sich birgt, daß Minderheitenrechte von der Mehrheit vernachlässigt werden in der Hoffnung, durch das Verfahren nach § 16 Abs. 3 UmwG gleichwohl eine vorzeitige Vollziehung durchsetzen zu können[1005]. Um zu vermeiden, daß der Minderheitenschutz über die Möglichkeit eines Unbedenklichkeitsbeschlusses ausgehöhlt wird, ist eine restriktive Anwendung geboten[1006]. Dies entspricht auch dem im Gesetz klar angelegten[1007] und in der Begründung auch unmißverständlich zum Ausdruck kommenden[1008] Regel-Ausnahme-Grundsatz[1009], nach dem die gesetzlich vorgesehene Registersperre den Regelfall und die Überwindung den Ausnahmefall darstellt[1010]. Einer somit zu befürwortenden restriktiven Handhabung kommt auf diese Weise eine (notwendige) *disziplinierende* Wirkung zu[1011].

1004 Abzulehnen ist daher die zu weit gehende Ansicht von *Schwarz* in Widmann/Mayer UmwG § 16 Rn. 25.4, der einen Unbedenklichkeitsbeschluß im Falle eines erheblichen Mangels für denkbar hält, falls dem höher zu bewertenden Interessen der beteiligten Rechtsträger gegenüberstehen.

1005 *Bayer* ZGR 1995, 613, 625; *ders.* in Hommelhoff/Röhricht GesR 1997, 133, 136; *Sosnitza* NZG 1999, 965, 971; vgl. auch *Bork* in Lutter Kölner Umwandlungsrechtstage, 261, 272.

1006 *Bayer* ZGR 1995, 613, 623ff.; *Sosnitza* NZG 1999, 965, 971; *Kösters* WM 2000, 1921, 1929; vgl. auch *Heermann* ZIP 1999, 1861, 1862.

1007 Vgl. § 16 Abs. 3 S. 2 UmwG, wo es heißt, „der Beschluß nach Satz 1 *darf nur* ergehen, ...“.

1008 *Ganske* Begr.RegE UmwBerG 1994, zu § 16 UmwG, S. 55.

1009 Siehe dazu bereits oben B.II.3.b)dd)(2).

1010 Vgl. *Kösters* WM 2000, 1921, 1929; *Sosnitza* NZG 1999, 965, 971.

1011 Vgl. *Hommelhoff* Diskussionsbeitrag in Hommelhoff/Röhricht GesR 1997, S. 142f. sowie diesem zustimmend *Röhricht* Diskussionsbeitrag aaO, S. 143.

(3) Entbehrlichkeit eines Unbedenklichkeitsbeschlusses im Falle einer auf die Anfechtungsausschlußgründe des § 210 UmwG gestützten Anfechtungsklage – Keine Blockade aufgrund der den Umfang der Registersperre begrenzenden Wirkung des Anfechtungsausschlusses

Die Anfechtungsklage, welche auf Gründe gestützt wird, die gemäß § 210 UmwG ausgeschlossen sind, ist *unzulässig*[1012].
Vor diesem Hintergrund wird von einer Ansicht im Schrifttum vertreten, es bedürfe im Falle der Erhebung einer gemäß § 210 UmwG ausgeschlossenen Anfechtungsklage eines Unbedenklichkeitsbeschlusses des Prozeßgerichts, da eine im Sinne des § 16 Abs. 3 S. 2 1.Var. UmwG „unzulässige" Klage in jedem Fall zunächst die Registersperre gemäß §§ 198 Abs. 3, 16 Abs. 2 UmwG auslöse. Soweit sich die Klage ausschließlich auf Gründe stützt, welche nach § 210 UmwG ausgeschlossen sind, könne jedoch das Prozeßgericht die Registersperre zügig durch einen Beschluß gemäß §§ 198 Abs. 3, 16 Abs. 3 UmwG wegen Unzulässigkeit lösen[1013].
Demgegenüber lehnen der BGH[1014] und die ganz herrschende Meinung in der Literatur[1015] die Auslösung der Registersperre infolge einer gemäß § 210 UmwG ausgeschlossenen Anfechtungsklage ab. Die Erhebung einer solchen Klage stehe der Wirksamkeit des Formwechsels gerade nicht entgegen, so daß es des besonderen Verfahrens zur Überwindung der Registersperre gemäß §§ 198 Abs. 3, 16 Abs. 3 UmwG nicht bedürfe[1016]. Vielmehr werde der Umfang der Eintragungssperre durch die §§ 210, 212 UmwG beschränkt[1017].

1012 *Vollrath* in Widmann/Mayer § 210 Rn. 13; *Meister/Klöcker* in Kallmeyer UmwG § 210 Rn. 7; *Lutter/Decher* UmwG § 210 Rn. 3; *Bärwaldt* in Semler/Stengel UmwG § 210 Rn. 4; vgl. *Vollrath* in Widmann/Mayer UmwG § 210 Rn. 1; vgl. auch *Bork* ZGR 1993, 345, 347 für sämtliche Anfechtungsausschlüsse; - vgl. entsprechend zu § 14 Abs. 2 UmwG: *Lutter/Bork* UmwG § 14 Rn. 15; *Marsch-Barner* in Kallmeyer UmwG § 14 Rn. 13; *Bork* ZGR 1993, 345, 347; *Brandner/Bergmann* FS Bezzenberger, 63f., *Rettmann* Rechtmäßigkeitskontrolle, S. 128, *Noack* ZHR 164 (2000), 274, 280; *Martens* AG 2000, 301, 302; *Kiem* in Hommelhoff/Röhricht GesR 1997, 105, 110; zu § 352c AktG a.F.: *Kraft* in KölnKomm AktG § 352c Rn. 4; *Grunewald* in G/H/E/K AktG § 352c Rn. 3 m.w.N.

1013 *Meister/Klöcker* in Kallmeyer UmwG § 210 Rn. 7, ebenso für gemäß § 195 UmwG unzulässige Klagen *ders.* aaO. § 195 Rn. 22 und 25f.

1014 BGHZ 146, 179, 182 – *MEZ*; BGH ZIP 2001, 412, 413 – *Aqua Butzke.*

1015 *Lutter/Decher* UmwG § 210 Rn. 3; *Vollrath* in Widmann/Mayer UmwG § 210 Rn. 1; *Stratz* in Schmitt/Hörtnagel/Stratz UmwG § 210 Rn. 4; *Bärwaldt* in Semler/Stengel UmwG § 210 Rn. 4; *Kalss* in Semler/Stengel UmwG § 212 Rn. 6; *Henze* ZIP 2002, 97, 104; vgl. auch *Röhricht* in VGR GesR 2001, 3, 29.

1016 *Lutter/Decher* UmwG § 210 Rn. 3; *Stratz* in Schmitt/Hörtnagel/Stratz UmwG § 210 Rn. 4.

1017 BGHZ 146, 179, 182 - *MEZ*; BGH ZIP 2001, 412, 413 – *Aqua Butzke*; *Kalss* in Semler/Stengel UmwG § 212 Rn. 6.

Für die Ansicht, welche die Registersperre befürwortet und somit einen Unbedenklichkeitsbeschluß für erforderlich hält, spricht zunächst der Wortlaut des § 16 Abs. 2 und 3 UmwG. Gemäß §§ 198 Abs. 3, 16 Abs. 2 S. 1 1.HS UmwG hat das Vertretungsorgan des formwechselnden Rechtsträgers zu erklären, daß eine Klage gegen die Wirksamkeit des Umwandlungsbeschlusses nicht oder nicht fristgemäß erhoben oder eine solche Klage rechtskräftig abgewiesenen oder zurückgenommenen worden ist. Der Gesetzgeber hat dem Vorstand damit nicht die Möglichkeit eingeräumt, im Rahmen der Negativerklärung gemäß § 16 Abs. 3 S. 1 1.HS UmwG zu erklären, daß zwar eine Anfechtungsklage gegen den Umwandlungsbeschluß erhoben worden ist, diese jedoch auf einen der gemäß § 210 UmwG ausgeschlossenen Anfechtungsgründe gestützt worden ist. Demzufolge wäre der Vorstand zur Abgabe einer Negativerklärung nicht in der Lage, und gemäß §§ 198 Abs. 3, 16 Abs. 2 S. 2 UmwG würde automatisch die Registersperre ausgelöst. In der Konsequenz wäre ein Unbedenklichkeitsbeschluß erforderlich, um gemäß § 16 Abs. 3 S. 1 UmwG das fehlende Negativattest zu ersetzen. Da die trotz des Ausschlusses im Sinne des § 210 UmwG erhobene Anfechtungsklage unzulässig ist, wäre jedoch stets die sachliche Voraussetzung der Unzulässigkeit im Sinne des § 16 Abs. 3 S. 2 1.Var. UmwG gegeben, so daß sich die Registersperre zügig überwinden ließe.

Diese Argumentation stellt allzu einseitig auf den Wortlaut des § 16 Abs. 2 und 3 UmwG ab und läßt dabei Sinn und Zweck der Registersperre einerseits sowie Sinn und Zweck des Anfechtungsausschlusses zugunsten des Spruchverfahrens andererseits weitestgehend unberücksichtigt. Durch das Erfordernis einer Negativerklärung und dem Automatismus der Registersperre im Falle ihres Fehlens soll ausweislich der Gesetzesbegründung die Stellung etwaiger Kläger gestärkt werden[1018]. Mit diesem formalisierten Mittel stellt das Gesetz sicher, daß keine materiell unwirksame, d.h. auf einem mängelbehafteten Umwandlungsbeschluß beruhende Umwandlung ins Register eingetragen wird[1019]. Im Falle einer gemäß § 210 UmwG ausgeschlossenen Klage steht die Eintragung einer materiell unwirksamen Umwandlung deswegen nicht zu befürchten, weil die in § 210 UmwG aufgeführten Mängel die Wirksamkeit des Umwandlungsbeschlusses materiell-rechtlich unberührt lassen[1020]. Entsprechend der Regelung des § 14 Abs. 2 UmwG hat der Gesetzgeber dem Streit über die Wirksamkeit der Umwandlung bzw. einer Anfechtungsklage mit der Begründung, welche die dort genannten Mängel zum Gegenstand hat, ausdrücklich den Boden entzogen und statt dessen den Streit in das Spruchverfahren verlagert[1021]. Das Spruchverfahren stellt aus Sicht des rechtsschutzsuchenden Aktionärs für die Überprüfung der Angemessenheit der Abfin-

---

1018 *Ganske* Begr.RegE UmwBerG 1994, zu § 16 UmwG, S. 54.

1019 Vgl. *Schwarz* in Widmann/Mayer UmwG § 16 Rn. 10.

1020 Vgl. *Meister/Klöcker* in Kallmeyer UmwG § 210 Rn. 8.

1021 Vgl. *Ganske* Begr.RegE UmwBerG 1994, zu § 14 UmwG, S. 51.

dung den zielgenaueren und damit rechtsschutzintensiveren Rechtsbehelf dar[1022]. Der Erhebung einer Anfechtungsklage bedarf es hierfür nicht[1023]. Insofern ist der Aktionär in diesen Fällen auch von vornherein nicht auf den durch das Erfordernis der Negativerklärung und das Eingreifen der Registersperre verstärkten Schutz des Anfechtungsklägers[1024] angewiesen. Die Annahme der Erforderlichkeit der Überwindung der Registersperre durch ein Unbedenklichkeitsverfahren bedeutete sowohl aus Sicht des formwechselnden Rechtsträgers als auch aus Sicht des Klägers vor diesem Hintergrund einen unnötigen Formalismus und führt zu einer für beide Seiten unbefriedigenden Verzögerung. Überdies besteht schon keine Notwendigkeit, in diesen Fällen im Rahmen eines schnellen gerichtlichen Rechtsschutzverfahrens die unbegründete von der begründeten Klage abzugrenzen[1025], was angesichts der hierfür in aller Regel erforderlichen zeitaufwendigen sachverständigen Prüfung[1026] auch gar nicht möglich wäre. Über die schwierigen und zeitaufwendigen Bewertungsfragen im Zusammenhang mit einer angemessenen Barabfindung soll nicht im Anfechtungsverfahren, sondern statt dessen gemäß § 212 UmwG im speziellen Spruchverfahren entschieden werden, ohne daß hierdurch die Wirksamkeit des Formwechsels beeinträchtigt wird[1027]. Der Formwechsel soll insofern nicht durch den Streit über die vermögenswerten Interessen der austrittswilligen Anteilsinhaber blockiert werden, die im Spruchverfahren gebührend berücksichtigt werden[1028]. Der Gesetzgeber wollte damit das Eintragungsverfahren durch § 210 UmwG von Streitigkeiten über die dort bezeichneten Mängel freihalten[1029]. Ausweislich der Begründung des Spruchverfahrensneuordnungsgesetzes wird das Spruchverfahren vom Gesetz zur Verfügung gestellt, damit Strukturänderungen nicht durch Anfechtungsklagen von Minderheitsaktionären blockiert werden, für diese aber die gerichtliche Überprüfung der Angemessenheit der ihnen angebotenen Kompensation und damit effektiver Rechtsschutz garantiert wird[1030]. § 210 UmwG kommt damit auch die Funktion zu, den Formwechsel gerade im Hinblick auf die weitreichenden Folgen einer Registersperre und dem

---

1022 Siehe dazu bereits oben A.IV.1.a).

1023 Vgl. *Henze* ZIP 2002, 97, 104.

1024 Siehe zu dieser Funktion oben B.II.3.b)dd)(1).

1025 Vgl. *Bayer* NJW 2000, 2609, 2618.

1026 *Bayer* NJW 2000, 2609, 2618; Vgl. *DAV-Vorschläge* zur Änderung des UmwG NZG 2000, 802, 803.

1027 *Lutter/Decher* UmwG § 210 Rn. 1; siehe dazu ausführlich oben A.IV.1.b)cc).

1028 *Kalss* in Semler/Stengel UmwG § 212 Rn. 1; *Stratz* in Schmitt/Hörtnagl/Stratz UmwG § 210 Rn. 4; siehe dazu oben A.IV.1.b)cc).

1029 *Vollrath* in Widmann/Mayer UmwG § 210 Rn. 1.

1030 Begr.RegE Spruchverfahrensneuordnungsgesetz NZG 2002, S. 27; siehe dazu ausführlich A.IV.1.

damit verbundenen Blockaderisiko zu erleichtern[1031]. Angesichts des berechtigten Unternehmensinteresses an einer zügigen Durchführung der beschlossenen Strukturmaßnahme beschränkt § 210 UmwG daher von vornherein den Umfang der Eintragungssperre, die §§ 198 Abs. 3, 16 Abs. 2 UmwG bei der Erhebung der Anfechtungsklage anordnet und die zu erheblichen finanziellen Schäden der Gesellschaft führen kann[1032].
Aufgrund der vorstehende Erwägungen kann auch einer vereinzelt vertretenen Ansicht[1033], der *Register*richter könne in den Fällen, in denen die Barabfindung im Umwandlungsbeschluß nicht oder nicht ordnungsgemäß angeboten worden ist, die Eintragung des Formwechsels ablehnen, nicht gefolgt werden[1034]. Eine solche Möglichkeit liefe dem Anliegen des § 210 UmwG der Blockadevermeidung diametral entgegen. Der Registerrichter ist insoweit einer entsprechenden inhaltlichen Kontrolle - gewissermaßen per Gesetz - enthoben[1035].
Im Ergebnis ist damit festzuhalten, daß die Erforderlichkeit eines Unbedenklichkeitsbeschlusses schon mangels Eingreifens der Registersperre durch die Erhebung einer gemäß § 210 UmwG ausgeschlossenen Klage abzulehnen ist.

[1031] *Lutter/Decher* UmwG § 210 Rn. 1; *Bärwaldt* in Semler/Stengel UmwG § 210 Rn. 1; *Decher* in Lutter Kölner Umwandlungsrechtstage, 201, 219; *Zürbig* Formwechsel einer Personengesellschaft, S. 171.

[1032] Insoweit zutreffend BGHZ 146, 179, 182 - *MEZ*; BGH ZIP 2001, 412, 413 – *Aqua Butzke*; *Kalss* in Semler/Stengel UmwG § 212 Rn. 6; vgl. *Henze* ZIP 2002, 97, 104.

[1033] *Lutter/Grunewald* UmwG § 32 Rn. 3; *Marsch-Barner* in Kallmeyer UmwG § 32 Rn. 2; ebenso noch *Lutter/Decher* UmwG (2. Aufl..) § 210 Rn. 3.

[1034] Zutreffend insoweit BGHZ 146, 179, 185 – *MEZ*; BGH ZIP 2001, 412, 414 – *Aqua Butzke*.

[1035] Vgl. *Bork* ZGR 1993, 343, 346.

(4) Erforderlichkeit eines Unbedenklichkeitsbeschlusses im Falle der Verletzung abfindungswertbezogener Informationspflichten?

Fraglich ist, ob der somit in § 210 UmwG dekretierte Wegfall des Automatismus der Registersperre auch dann gerechtfertigt ist bzw. der gesetzgeberischen Konzeption entspricht, wenn die Verletzung der abfindungswertbezogenen Information Gegenstand der mit der Anfechtung geltend gemachten Rüge ist. Dies wäre die folgerichtige - und zugleich „folgenschwere" - Konsequenz der vom BGH[1036] befürworteten extensiven Auslegung des § 210 UmwG, welche gerade die besondere Tragweite bzw. „Brisanz" seiner Rechtsprechung ausmacht.
Den Materialien läßt sich auf den ersten Blick zunächst unmittelbar nichts entgegenstehendes entnehmen. Allerdings enthält die Gesetzesbegründung zu § 16 UmwG einen versteckten Hinweis zu dieser Fragestellung bzw. Problematik. Ihr läßt sich jedenfalls *mittelbar* eine Aussage bzw. Anhaltspunkte entnehmen, welche die Annahme rechtfertigen, daß ein entsprechend weitreichender Anfechtungsausschluß gerade *nicht* im Sinne des Gesetzgebers war: Die Materialien enthalten nämlich eine klare Aussage in Bezug auf die Verletzung der Information zum Umtauschverhältnis, welches gemäß den §§ 14 Abs. 2, 15 UmwG wie die Barabfindung ebenfalls ausschließlich im Spruchverfahren zu überprüfen ist.

(a) Eingreifen der Registersperre im Falle der Verletzung der Informationspflichten zum Umtauschverhältnis

Während auch die gemäß § 14 Abs. 2 UmwG ausgeschlossene Klage bzw. die auf die dort genannten Ausschlußgründe gestützte Anfechtungsklage nicht die Registersperre auszulösen vermag[1037], geht aus der Begründung zu § 16 UmwG hingegen eindeutig hervor, daß die auf die Verletzung der Information zum Umtauschverhältnis gestützte Anfechtungsklage – trotz des Anfechtungsausschlusses und der daraus folgenden ausschließlichen Überprüfungsmöglichkeit des Umtauschverhältnisses im Spruchverfahren - *stets* die Registersperre auslöst und diese infolgedessen nur im Wege eines Unbedenklichkeitsverfahrens überwunden werden kann. Dies folgt unmittelbar aus der Begründung zu § 16 Abs. 3 S. 2 UmwG, nach der die häufig geltend gemachte Behauptung, das Umtauschverhältnis sei nicht ausreichend begründet und erläutert worden, im Einzelfall als geringfügig angese-

---

[1036] Vgl. BGHZ 146, 179, 182f. – *MEZ*; BGH ZIP 2001, 412, 413 - *Aqua Butzke*.

[1037] *Lutter/Bork* UmwG § 14 Rn. 15; *Bork* ZGR 1993, 345, 347; *Noack* ZHR 164 (2000), 274, 280; *Brandner/Bergmann* FS Bezzenberger, 63f., *Kiem* in Hommelhoff/Röhricht GesR 1997, 105, 110; *Martens* AG 2000, 301, 302; vgl. bereits zu der Vorgängerregelung des § 352c AktG a.F.: *Kraft* in KölnKomm AktG § 352c Rn. 4; *Grunewald* in G/H/E/K AktG § 352c Rn. 3 m.w.N; vgl. auch zu der Parallelregelung des § 210 UmwG oben B.II.3.b)dd)(3).

hen werden kann[1038]. Der Gesetzgeber geht insofern eindeutig von der grundsätzlichen Anfechtbarkeit des Umwandlungsbeschlusses im Falle von Informationsmängeln in Bezug auf das Umtauschverhältnis aus.
Diese gesetzgeberische Grundsatzentscheidung ist im Kontext mit der in diesem Zusammenhang ebenso bedeutenden Aussage zu sehen, die der Gesetzgeber im Rahmen der Begründung des § 14 Abs. 2 UmwG getroffen hat:

(aa) Kein genereller (materiell-rechtlicher) Anfechtungsausschluß zugunsten des Spruchverfahrens

Ausweislich der Gesetzesbegründung zu § 14 Abs. 2 UmwG hat sich der Gesetzgeber eindeutig *gegen* die Einbeziehung der Rüge unzureichender Information zum Umtauschverhältnis in den Anfechtungsausschluß zugunsten des Spruchverfahrens (§ 15 UmwG) entschieden[1039]. Er ist damit entsprechender Kritik bzw. Vorschlägen hinsichtlich einer entsprechenden Erweiterung des Anfechtungsausschlusses aus Wissenschaft und Praxis[1040], welche schließlich Gegenstand einer ablehnenden Stellungnahme des Bundesrates[1041] waren[1042], ausdrücklich nicht gefolgt[1043].
Im Rahmen entsprechender Vorschläge wurde als Kritik einer Nichteinbeziehung im Wesentlichen vorgebracht, daß der Streit über die unzureichende Information zum Umtauschverhältnis nichts anderes als den Auftakt zu Forderungen nach einem höher zu bewertenden Umtauschverhältnis darstelle[1044]. Es sei insofern inkonsequent und wertungswidersprüchlich, daß einerseits die Strukturmaßnahme zwar nicht an der fehlenden materiellen Vollwertigkeit der „Gegenleistung", andererseits aber an unzureichender Information über die Gegenleistung scheitern könne[1045]. Auf diese Art und Weise werde das vom Gesetzgeber verfolgte Ziel,

---

1038 *Ganske* Begr.RegE UmwBerG 1994, zu § 16 UmwG, S. 56.

1039 *Neye* UmwG/UmwStG zu § 14 UmwG S. 138.

1040 *Hommelhoff* ZGR 1990, 447, 474; *ders.* ZGR 1993, 452, 471; *Boujong* FS Kellermann, 1, 14; *Hoffmann-Becking* in Lutter 25 Jahre AktG, 147, 149; *Westermann* ZHR 156 (1992), 203, 225; *Arbeitskreis Umwandlungsrecht* ZGR 1993, 321, 323; *Bork* ZGR 1993, 343, 354; *Röhricht* in IDW Reform des Umwandlungsrechts, S. 68; *Hirte* in IDW Reform des Umwandlungsrechts, S. 87; *DAV-Handelsrechtsausschuß* Stellungnahme zum RefE des UmwBerG, WM 1993, Sonderbeilage Nr. 2, Rn. 54 (S. 11).

1041 Vgl. die Stellungnahme des Bundesrates, abgedruckt bei *Neye* UmwG/UmwStG zu § 14 UmwG S. 137.

1042 Vgl. *Heckschen* in Widmann/Mayer UmwG § 14 Rn. 7.

1043 Vgl. die Gegenäußerung der Bundesregierung, abgedruckt bei *Neye* UmwG/UmwStG zu § 14 UmwG S. 138.

1044 Stellungnahme des Bundesrates, abgedruckt bei *Neye* UmwG/UmwStG zu § 14 UmwG S. 137.

1045 Vgl. *Hommelhoff* ZGR 1990, 447, 474; *ders.* ZGR 1993, 452, 471; *Arbeitskreis Umwandlungsrecht* ZGR 1993, 321, 323; *Bork* ZGR 1993, 343, 354; *Röhricht* in IDW Reform des Umwandlungsrechts, S. 68.

die Anfechtungsklage zu beschränken, „unterlaufen"[1046]. Von daher seien neben den materiellen auch die „informationellen Defizite", die im Ergebnis nur Art und Höhe der zu gewährenden Kompensation betreffen könnten („wertbezogene Informationsmängel"), ins Spruchverfahren zu verweisen[1047]. Insbesondere wurde der Anfechtungsausschluß und die entsprechende Verweisung auf das Spruchstellenverfahren de lege ferenda vor dem Hintergrund des „Pressions-Potentials" befürwortet; der Mißstand der auf unseriöse Abkaufsverhandlungen angelegten Anfechtungsklagen sollte auf diese Art und Weise zumindest teilweise beseitigt werden[1048].

Die Vorschläge hinsichtlich einer Ausweitung des Anfechtungsausschlusses waren bereits im Rahmen der Diskussion über den Diskussionsentwurf des UmwBerG[1049] auf Kritik gestoßen. Ihnen gegenüber wurde eingewandt, daß die Unternehmen dadurch dem Zwang enthoben werden, die Gesellschafter umfassend über die Berechnung des Umtauschverhältnisses zu informieren[1050]. Diese Informationen seien aber schon für den Zustimmungsentscheid von Bedeutung[1051]. Der Streit um ein etwaiges Informationsdefizit dürfe deshalb nicht in das Spruchstellenverfahren verlagert werden[1052].

Letztere Auffassung hat sich gegenüber der Kritik, welche behauptete, die wertbezogenen Informationen hätten letztlich nur Bedeutung für die Höhe der bei Durchführung der Umstrukturierung zu erbringenden Kompensationsleistungen[1053] und seien daher ebenfalls als Wertstreitigkeiten ins Spruchverfahren zu verweisen[1054], durchgesetzt. Eine Erweiterung des Anfechtungsausschlusses, wie sie für die Verletzung des Informationsrechts im Hinblick auf das Umtauschverhältnis vorgeschlagen wurde, erschien dem Gesetzgeber lediglich vertretbar, wenn der betreffende Anteilsinhaber sein Anliegen auf andere Weise verfolgen könne[1055]. Die Eignung einer Auskunftsklage, welche als Alternative zur Anfech-

---

1046 Vgl. *DAV-Handelsrechtsausschuß* Stellungnahme zum RefE des UmwBerG, WM 1993, Sonderbeilage Nr. 2, Rn. 54 (S. 11).

1047 *Hommelhoff* ZGR 1993, 452, 471; *Röhricht* in IDW Reform des Umwandlungsrechts, S. 68; *Hirte* in IDW Reform des Umwandlungsrechts, S. 87.

1048 In diesem Sinne etwa *Boujong* FS Kellermann, 1, 14; vgl. auch *Hommelhoff* ZGR 1990, 447, 473.

1049 Diskussionsentwurf „Gesetz zur Bereinigung des Umwandlungsrechts", Bundesanzeiger Nr. 214a, 1988.

1050 *Kleindiek* Bericht über die Diskussion ZGR 1990, 479, 481.

1051 *Kleindiek* Bericht über die Diskussion ZGR 1990, 479, 481; vgl. auch *Grunewald* in IDW Reform des Umwandlungsrechts, S. 88.

1052 *Kleindiek* Bericht über die Diskussion ZGR 1990, 479, 481; vgl. auch *Grunewald* in IDW Reform des Umwandlungsrechts, S. 88.

1053 *Röhricht* in IDW Reform des Umwandlungsrechts, S. 67.

1054 Vgl. in diesem Sinne *Hommelhoff* ZGR 1990, 447, 474 und 476; *ders.* ZGR 1993, 452, 471.

1055 Gegenäußerung der Bundesregierung, abgedruckt bei *Neye* UmwG/UmwStG zu § 14 UmwG S. 138.

tungsklage vorgeschlagen wurde[1056], erschien dem Gesetzgeber dabei ebenso zweifelhaft wie die des Spruchverfahrens als eine solche ausreichende anderweitige Möglichkeit[1057]. Der Gesetzgeber befürchtete insofern, daß das Umtauschverhältnis betreffende Informationspflichtverletzungen u.U. ohne jede Sanktion bleiben und die entsprechenden Informaitons- und Berichtspflichten damit in größerem Umfang als bisher mißachtet werden könnten[1058]. Im Ergebnis hat sich der Gesetzgeber damit dazu bekannt, daß die das Umtauschverhältnis betreffende Informationsrüge keine solche "Wertstreitigkeit" darstellt, welche in das Spruchverfahren verwiesen werden könnte, daß also die auf das Umtauschverhältnis betreffende Informationsmängel gestützte Anfechtungsklage nicht vom Anfechtungsausschluß erfaßt und damit prinzipiell möglich sein soll.

Gleichzeitig gilt es jedoch zu betonen, daß die Kritiker dieser „Anfechtbarkeit" – also die Befürworter eines entsprechend weitreichenden Anfechtungsausschlusses – mit ihrer Kritik beim Gesetzgeber nicht in vollem Umfang auf „taube Ohren" stießen. Ihre Kritik blieb insofern nicht gänzlich unberücksichtigt, als der Gesetzgeber in seiner Begründung zu § 14 Abs. 2 UmwG auf die Möglichkeit des Unbedenklichkeitsverfahren gemäß § 16 Abs. 3 UmwG zur Überwindung einer etwaigen Blockade von Umstrukturierungsvorhaben durch mißbräuchliche Anfechtungsklage verweist[1059]. Der Gesetzgeber hat sich damit – und dies gilt es wiederum zu betonen - ***bewußt*** dagegen entschieden, dem Mißbrauch durch Erweiterung des Anfechtungsausschlusses zugunsten des Spruchverfahrens zu begegnen. Gleichzeitig wird hieraus ersichtlich, daß der Gesetzgeber den Vorwurf des Mißbrauchs des Anfechtungsrechts im Falle von Informationsmängeln zum Umtauschverhältnis nur im Einzelfall für begründet, im Regelfall jedoch für unbegründet hält. Von daher verbietet es sich, de lege lata die wertbezogene Informationsrüge per se als rechtsmißbräuchlich einzustufen bzw. ihrer Erhebung in jedem Fall die Motivation einer „Umgehung" des Anfechtungsausschlusses zu unterstellen. Derartige Annahmen stellten die gesetzgeberische Intention nicht nur in Frage, sondern geradezu auf den Kopf. Der Gesetzgeber hat sich vielmehr dafür entscheiden, selbst im Falle geringerer (wertbezogener) Mängel nicht die Anfechtungsmöglichkeit auszuschließen, sondern die Folgen der Anfechtung für die betroffene Gesellschaft dadurch zu mildern, indem in einem solchen Fall auf Entscheidung des Prozeßgerichts hin der Vollzug der Maßnahme möglich ist[1060]. Der Gesetzgeber hat damit der prozeßrechtlichen Lösung über § 16 Abs. 3 UmwG

1056 So die Stellungnahme des Bundesrates, abgedruckt bei *Neye* UmwG/UmwStG zu § 14 UmwG S. 137.

1057 Gegenäußerung der Bundesregierung, abgedruckt bei *Neye* UmwG/UmwStG zu § 14 UmwG S. 138.

1058 Vgl. *Baums* Gutachten 63. DJT, F 129.

1059 So die Gegenäußerung der Bundesregierung, abgedruckt bei *Neye* UmwG/UmwStG zu § 14 UmwG S. 138.

1060 Zutreffend *Lutter/Lutter* UmwG (2. Aufl..) § 8 Rn. 55.

den Vorrang gegenüber einer materiellen Einschränkung des Anfechtungsrechts gegeben[1061].

(bb) Voraussetzungen eines Unbedenklichkeitsbeschlusses im Falle der Verletzung der Informationspflichten im Hinblick auf das Umtauschverhältnis

Der Gesetzgeber hat zwar festgestellt, daß im Falle der Verletzung der Informationsrechte hinsichtlich der Erläuterung und Begründung des Umtauschverhältnisses im Grundsatz der Erlaß eines Unbedenklichkeitsbeschlusses möglich sein soll. Problematisch ist indes, daß er es im Prinzip bei dieser allgemein gehaltenen Aussage hat bewenden lassen, ohne näher zu konkretisieren, unter welchen Voraussetzungen im Einzelnen die Überwindung der Registersperre zulässig sein soll.

(i) Notwendigkeit der Einzelfallbetrachtung

Der Gesetzgeber führt in der Begründung zu § 16 Abs. 3 UmwG aus, daß die häufig geltend gemachte Behauptung, das Umtauschverhältnis sei nicht ausreichend begründet und erläutert worden, *im Einzelfall* als geringfügig angesehen werden könne[1062].

In Anknüpfung an diese Aussage ist im Schrifttum der Versuch einer generalisierenden Betrachtung dahingehend unternommen worden, daß der unzureichenden Begründung des Umtauschverhältnisses von vornherein nur ein so geringes Gewicht beizumessen sei, daß sie eine Verzögerung der Verschmelzung nicht rechtfertigen könne[1063].

Eine derartige Verallgemeinerung ist - als eine aus dem Zusammenhang gerissene „Überinterpretation" - mit aller Entschiedenheit abzulehnen. Sie droht in ihrer Konsequenz, die Aussage des Gesetzgebers in ihr genaues Gegenteil zu verkehren. So liefe sie darauf hinaus, daß das Ergebnis der im Rahmen des § 16 Abs. 3 S. 2 UmwG vorzunehmenden Interessenabwägung stets in dem Sinne präjudiziert sein soll, daß das Aufschubinteresse des Klägers bei unzureichender Information zum Umtauschverhältnis als grundsätzlich nachrangig gegenüber dem Vollzugsinteresse wäre. Diese Konsequenz läßt sich jedoch weder mit dem Wortlaut noch mit Hintergrund und Intention der betreffenden Passage in den Materialien vereinbaren. Die Festlegung, in welchen Fällen der behaupteten Rechtsverletzungen nur ein geringes Gewicht beizumessen ist, soll nach dem ausdrücklichen Willen

---

1061 Vgl. *Lutter/Lutter/Drygala* UmwG § 8 Rn. 55; ausdrücklich in diesem Sinne noch *Lutter/Lutter* UmwG (2. Aufl..) § 8 Rn. 55 m.w.N.

1062 *Ganske* Begr.RegE UmwBerG 1994, zu § 16 UmwG, S. 56.

1063 In diesem Sinne *Marsch-Barner* in Kallmeyer UmwG § 16 Rn. 44; vgl. *Volhard* in Semler/Stengel UmwG § 16 Rn. 36, *Noack* ZHR 164 (2000), 274, 284f.; *Brandner/Bergmann* FS Bezzenberger, 59, 68; ähnlich *Riegger/Schockenhoff* ZIP 1997, 2105, 2110.

des Gesetzgebers der *Einzelfall*entscheidung der Rechtsprechung überlassen bleiben[1064]. Dementsprechend beschränkt sich die Aussage zur Informationspflicht zum Umtauschverhältnis auch auf die Feststellung, daß nur „im Einzelfall" ihre Verletzung als geringfügig angesehen werden kann. Hervorzuheben ist zudem, daß der Mangel als geringfügig angesehen werden „kann", also keineswegs angesehen werden „muß". Damit hat der Gesetzgeber unmißverständlich zum Ausdruck gebracht, daß in jedem Fall eine Einzelfallprüfung durch das Prozeßgericht vorgenommen werden muß[1065]. Von daher verbietet sich jeder Versuch einer Generalisierung dahingehend, daß bestimmte Mängel – wie der exemplarisch genannte Informationsmangel – die Eintragung von vornherein nicht mehr hindern können[1066]. In diesem Sinne hat der Gesetzgeber auch nicht etwa – wie ausdrücklich für die Frage der „offensichtlich unbegründeten Klage" vorgesehen[1067] - der Rechtsprechung aufgetragen, entsprechende Kriterien und Kategorien herauszubilden, anhand derer sich die Geringfügigkeit von vornherein einschätzen bzw. präjudizieren ließe, sondern im Gegenteil die Beurteilung der Frage der Geringfügigkeit der geltend gemachten Rechtsverletzung der Einzelfallentscheidung der Gerichte überlassen[1068].
Die generalisierende Betrachtung ist auch deshalb abzulehnen, weil sie eine ernstzunehmende Bedrohung für den Minderheitenschutz durch ausführliche Vorab-Information (a-priori-Schutz) bedeutet. Sie ist deshalb so gefährlich, weil die Information zum Umtauschverhältnis den Mittelpunkt des Gesellschafter-Informationsinteresses und damit den Schwerpunkt der entscheidungsrelevanten und vorab zu erteilenden Information darstellt[1069]. Vor diesem Hintergrund besteht die Gefahr, daß von der Qualifizierung der Verletzung dieser wichtigsten Information als geringfügig auf die Geringfügigkeit vergleichsweise weniger wichtiger Information geschlossen wird, mit einer entsprechenden generalisierenden Betrachtung also gewissermaßen der Grundstein für sich daran anschließende Erst-Recht-Schlüsse gelegt werden könnte. Dies ließe eine weitreichende und folgenschwere „Aushöhlung" des a-priori-Schutzes durch Information befürchten[1070].
Das gesetzgeberische Bekenntnis zur Einzelfallprüfung - und damit gegen eine entsprechende Generalisierung - steht auch im Einklang mit der Grundwertung des § 16 Abs. 2 UmwG, namentlich dem Schutz der Klage durch den Grundsatz

---

[1064] *Ganske* Begr.RegE UmwBerG 1994, zu § 16 UmwG, S. 56.

[1065] *Schwarz* in Widmann/Mayer § 16 Rn. 25.2; *Rettmann* Rechtmäßigkeitskontrolle, S. 137.

[1066] So aber *Bork* in Lutter Umwandlungsrechtstage, 261, 272.

[1067] Vgl. *Ganske* Begr.RegE UmwBerG 1994, zu § 16 UmwG, S. 56.

[1068] Vgl. *Ganske* Begr.RegE UmwBerG 1994, zu § 16 UmwG, S. 56.

[1069] Vgl. *Ganske* Begr.RegE UmwBerG 1994, zu § 8 UmwG, S. 44; *Hommelhoff* ZGR1993, 452, 463; *Bayer* in Hommelhoff/Lutter/Schmidt/Schön/Ulmer Corporate Governance 2002, 137, 150.

[1070] Zu recht warnt *Bayer* ZGR 1995, 613ff., wenn auch nicht in diesem konkreten Zusammenhang, vor einem „Abschied vom Minderheitenschutz durch Information".

der Eintragungssperre[1071] sowie dem Ausnahmecharakter ihrer Überwindung[1072]. Die Aussage zur ausnahmsweisen Geringfügigkeit läßt sich damit auch nicht etwa als Widerspruch oder „bemerkenswerter Gegensatz" zu der Entscheidung des Gesetzgebers gegen eine materiell-rechtliche Einschränkung des Anfechtungsrechts zugunsten des Spruchverfahrens verstehen[1073]. Vor dem Hintergrund seiner Entscheidung stellt der Gesetzgeber in seiner Begründung doch gerade unmißverständlich fest, daß der Aktionär wegen der Verletzung seiner Informationsrechte im Hinblick auf das Umtauschverhältnis Anfechtungsklage erheben können soll mit der Folge, daß die Registersperre eingreift und nur durch einen Unbedenklichkeitsbeschluß „durchbrochen" werden kann. Dies soll also *trotz* des Anfechtungsausschlusses gemäß § 14 Abs. 2 UmwG gelten. Diese Aussage steht damit grundsätzlich im Einklang mit der Begründung zu § 14 Abs. 2 UmwG. Insofern ist als gesetzgeberische Wertung festzuhalten, daß im Regelfall eine entsprechende Behauptung zur Begründung einer Anfechtungsklage nicht als geringfügig anzusehen ist. Im Umkehrschluß bedeutet dies, daß der Gesetzgeber davon ausgeht, daß das Gewicht der Behauptung einer entsprechenden Rechtsverletzung im Regelfall als *schwerwiegend* einzustufen ist.
Vor dem Hintergrund der Begründung zu § 14 Abs. 2 UmwG läßt sich demzufolge feststellen, daß der Gesetzgeber den Vorwurf des Mißbrauchs des Anfechtungsrechts im Sinne eines gezielten „Umgehens" oder „Unterlaufens" des Ausschlußtatbestands durch die Rüge von Informationsmängeln zum Umtauschverhältnis zum einen gesehen hat und zum anderen – dies gilt es zu betonen - im Regelfall für unbegründet, d.h. lediglich *im Einzelfall* für begründet hält. Der Gesetzgeber hat damit eine *flexible*, d.h. für eine differenzierte Beurteilung der Umstände des Einzelfalls offene Regelung getroffen, welche ausnahmsweise im Einzelfall die „Disqualifizierung" einer Informationsrüge als rechtsmißbräuchlich erlaubt. Von daher verbietet es sich, pauschal, d.h. in jedem Fall der Erhebung der Rüge einer entsprechenden Informationsrechtsverletzung von einem Mißbrauch im Sinne einer „Umgehung" des Anfechtungsausschlusses zu sprechen.

(ii) Die begrenzte Bedeutung der Möglichkeit der anderweitigen Interessenwahrung durch Spruchverfahren, Informationserzwingungsverfahren und Schadensersatzanspruch gemäß § 16 Abs. 3 S. 6 UmwG als Kriterien für die Geringfügigkeit

Nach dem ausdrücklichen Willen des Gesetzgebers soll es für die Festlegung, in welchen Fällen den behaupteten Rechtsverletzungen nur ein geringes Gewicht beizumessen ist, entscheidend darauf ankommen, inwieweit das Individualinteres-

---

[1071] Siehe zu dem Regel-Ausnahme-Verhältnis zwischen der Registersperre und ihrer Überwindung oben B.II.3.b)dd)(1).; vgl. auch *Rettmann* Rechtmäßigkeitskontrolle, S. 136f.

[1072] Siehe dazu näher oben B.II.3.b)dd)(2).

[1073] In diesem Sinne jedoch *Bork* in Lutter Umwandlungsrechtstage, 261, 272.

se des Klägers auch anderweitig gewahrt ist[1074]. Für die Beurteilung, wann im Einzelfall der Rüge der Information zum Umtauschverhältnis lediglich geringfügige Bedeutung beizumessen ist, kommt insoweit der Frage, ob und inwieweit das Individualinteresse des Klägers auch anderweitig gewahrt ist, zentrale Bedeutung zu[1075].

Bei vordergründiger Betrachtung käme als eine solche Möglichkeit der anderweitigen Möglichkeit der Wahrung des Individualinteresses des Klägers zunächst das Spruchverfahren in Betracht. So wird auch zum Teil vertreten, daß hinter der Begründung der Gedanke stehe, daß die Verletzung deswegen als geringfügig angesehen werden könnte, weil die Belange des Klägers im Spruchverfahren ausreichend geschützt werden[1076]. In dieselbe Richtung geht die Auffassung, die Behauptung unzureichender Information zum Umtauschverhältnis könne deshalb als geringfügig eingestuft werden, weil dem Kläger insoweit mit dem Spruchverfahren ein "speziellerer Rechtsbehelf" zur Verfügung stehe[1077]. Diese Auffassung vermag indes nicht zu überzeugen. Schließlich hat der Gesetzgeber im Rahmen seiner Begründung zur Reichweite des Anfechtungsausschlusses zugunsten des Spruchverfahrens eindeutig klargestellt, daß das Spruchverfahren im Falle von Informationsrechtsverletzungen in Bezug auf das Umtauschverhältnis gerade *keine* ausreichende Möglichkeit für den betroffenen Anteilsinhaber biete, sein Anliegen der ausreichenden Information zu verfolgen[1078]. Auch ist das Spruchverfahren - wie bereits an anderer Stelle dargestellt - als Verfahren für Informationmängel prinzipiell ungeeignet[1079]. Den Anteilsinhaber im Rahmen der Entscheidung über den Unbedenklichkeitsbeschluß wegen der Informationsrechtsverletzung auf das Spruchverfahren zu verweisen, bedeutete die Mißachtung des eindeutigen gesetzgeberischen Willen, nach dem Informationsmängel gerade *nicht* Gegenstand eines Spruchverfahrens sein sollten, und liefe im Ergebnis damit auf eine Erweiterung des Anfechtungsausschlusses zugunsten des Spruchverfahrens "durch die Hintertür" hinaus. Käme das Spruchverfahren hier tatsächlich als anderweitiger Rechtsbehelf zur Wahrung des verletzten Interesses in Betracht, dann bedeutete die Registersperre und der Unbdenklichkeitsbeschluß schließlich einen unnötigen und nicht zu rechtfertigen Formalismus; der Gesetzgeber hätte sich insofern gleich für die Erweiterung des Anfechtungsausschlusses entscheiden können. Dies hat er jedoch nachdrücklich abgelehnt. Daher verbietet es sich, den Anteilsinhaber hier wegen der Informationsrechtsverletzung auf das Spruchverfahren zu verweisen. Die Möglichkeit eines Spruchverfahrens kann daher für sich

---

1074 *Ganske* Begr.RegE UmwBerG 1994, zu § 16 UmwG, S. 56.

1075 Vgl. *Volhard* in Semler/Stengel UmwG § 16 Rn. 39.

1076 *Marsch-Barner* in Kallmeyer UmwG § 16 Rn. 44; *Decher* AG 1997, 388, 392.

1077 Vgl. *Riegger/Schockenhoff* ZIP 1997, 2105, 2110.

1078 Vgl. Gegenäußerung der Bundesregierung, abgedruckt bei *Neye* UmwG/UmwStG zu § 14 UmwG S. 138; siehe oben B.II.3.b)dd)(4)(a)(aa).

1079 Siehe ausführlich oben B.II.3.b)cc).

genommen kein Kriterium für die Annahme der Geringfügigkeit der Informationsrüge sein. Insofern ist festzuhalten, daß es dem Gesetzgeber keineswegs darum gegangen sein kann, den Anteilsinhaber im Rahmen der Interessenabwägung "wegen" der wertbezogenen Informationsrechtsverletzung, sondern allenfalls *trotz* einer entsprechenden Informationsrechtsverletzung im Einzelfall auf das Spruchverfahren zu verweisen.
Ebensowenig wie das Spruchverfahren stellt auch das Auskunftserzwingungsverfahren gemäß § 132 AktG[1080] eine hinreichende Möglichkeit der anderweitigen Interessenwahrung im Falle der Verletzung der Informationsrechte in Bezug auf das Umtauschverhältnis dar, welche die Annahme der Geringfügigkeit im Einzelfall rechtfertigen könnte. Zum einen gilt es auch hier zu beachten, daß der Gesetzgeber selbst die Auskunftsklage im Rahmen der Diskussion um eine entsprechende Erweiterung des Anfechtungsausschlusses für nicht ausreichend erachtet hat[1081]. Zum anderen darf nicht außer acht gelassen werden, daß der Weg des Auskunftserzwingungsverfahren gemäß § 132 AktG de lege lata[1082] zwar für den Fall der verweigerten Auskunftserteilung in der Hauptversammlung, nicht hingegen im Falle unterbliebener Vorabinformation in Bericht und Prüfungsbericht gangbar ist[1083]. Dies steht jedoch der Annahme der Geringfügigkeit der Verletzung der Berichtspflichten - die *primären* und wesentlichen Quellen der wertbezogenen Information[1084] - entscheidend entgegen. Im Übrigen gilt auch hier, daß die auf einen A-priori-Schutz gerichtete Information nicht nach der Beschlußfassung sinnvoll nachgeholt werden kann[1085].
Da weder Spruchverfahren noch Auskunftserzwingungsverfahren als im Rahmen der Feststellung der Geringfügigkeit zu berücksichtigende Möglichkeiten anderweitiger Interessenwahrung in Betracht kommen, bleibt daher hier allein der Schadensersatzanspruch gemäß § 16 Abs. 3 S. 6 UmwG. Es stellt sich somit die

---

1080 Wenn der Gesetzgeber von einer „besonderen Auskunftsklage" spricht (vgl. die Gegenäußerung der Bundesregierung, abgedruckt bei *Neye* UmwG/UmwStG zu § 14 UmwG S. 138.), so kann er damit für den Fall der Aktiengesellschaft lediglich das Auskunftserzwingungsverfahren gemäß § 132 AktG gemeint haben; vgl. i.E. ebenso *Mülbert* FS Ulmer, 433, 447f.

1081 Vgl. die Gegenäußerung der Bundesregierung, abgedruckt bei *Neye* UmwG/UmwStG zu § 14 UmwG S. 138.

1082 Vgl. für eine Erstreckung des Erzwingungsverfahrens auf Berichtspflichten de lege ferenda *Baums* Kommissionsbericht Corporate Governance Rz.139.

1083 *Hoffmann-Becking* in Henze/Hoffmann-Becking GesR 2001, 55, 62 mit dem zutreffenden Hinweis, daß dieses „harmlose" Verfahren darüber hinaus auch keine Überprüfung der Richtigkeit der erteilten Information ermöglicht (so die herrschende Meinung, vgl. hierzu die Nachweise bei *Decher* in GroßKomm AktG § 132 Rn. 6 Fn.9); vgl. zum Gegenstand des Auskunftserzwingungsverfahrens näher *Decher* aaO Rn. 6f.

1084 Vgl. dazu oben B.II.3.b)aa)(a)(aa).

1085 Siehe dazu bereits oben B.II.3.b)cc)(2)(a); von daher kann auch der an den Gesetzgeber gerichteten Vorschlag von *Kallmeyer* GmbHR 2001, 204, nach dem die Frist für die Einleitung eines Spruchverfahrens erst zu laufen beginnen sollen, wenn etwaige Auskunftserzwingungsverfahren rechtskräftig abgeschlossen sind, nicht überzeugen.

Frage, ob die Rüge der Informationsrechtsverletzung in Bezug auf das Umtauschverhältnis deswegen als geringfügig angesehen werden kann, weil die Möglichkeit eines Schadensersatzanspruchs besteht.
Erweist sich die Klage in der Hauptsache, welche sich durch den Unbedenklichkeitsbeschluß grundsätzlich nicht erledigt[1086], als begründet, so ist der Rechtsträger gemäß § 16 Abs. 3 S. 6 UmwG verpflichetet, dem Antragsgegner den Schaden zu ersetzen, der ihm aus der infolge des Beschlusses erfolgten Eintragung entstanden ist. Es handelt sich dabei im Gegensatz zu § 25 UmwG, der Verschulden voraussetzt[1087], um eine verschuldensunabhängige Haftung[1088]. Demzufolge steht dem Aktionär, der seine Anfechtungsklage auf die Verletzung seiner das Umtauschverhältnis betreffenden Informationsrechte stützt, für den Fall, daß ein Unbedenklichkeitsbeschluß ergeht und sich seine Klage schließlich als begründet erweist, ein verschuldensunabhängiger Anspruch auf Schadensersatz zu[1089].
Für die Frage, ob die Rechtsverletzung im Einzelfall als geringfügig angesehen werden kann, ist zu berücksichtigen, ob die geltend gemachten Rechtsverletzungen zu einem ausgleichsfähigen Schadensersatzanspruch führen[1090]. Grundsätzlich wird man zwar sagen können, daß das Interesse des Klägers im Falle der Informationsrechtsverletzung im Hinblick auf das Umtauschverhältnis bezifferbar ist[1091]. Es ist indes zweifelhaft, ob die Möglichkeit der Geltendmachung des Schadensersatzanspruchs nach § 16 Abs. 3 S. 6 UmwG als anderweitige Möglichkeit der Interessenwahrung und damit als geeignetes Kriterium für die Annahme der Geringfügigkeit der Rechtsverletzung in Betracht kommen kann.
Hiergegen läßt sich nicht bereits einwenden, der Schadensersatzanspruch komme lediglich dem Kläger, nicht aber auch den übrigen Anteilsinhabern zugute[1092]. Zwar läßt sich die Geringfügigkeit damit nur für den Kläger, nicht aber auch für die übrigen Anteilsinhaber feststellen. Diesen bleibt es jedoch unbenommen, selbst Klage zu erheben oder sich der Klage als Nebenintervenient anzuschließen[1093]. Die Kritik, der Schadensersatzanspruch sei wegen seiner fehlenden Wirkung für die übrigen Anteilsinhaber als Kriterium für die Annahme der

1086 *Lutter/Bork* UmwG § 16 Rn. 32.
1087 *Lutter/Grunewald* UmwG § 25 Rn. 13.
1088 *Lutter/Bork* UmwG § 16 Rn. 33.
1089 Insofern nicht zutreffend *Baums* Gutachten 63. DJT, F 128, der den Aktionär auf § 25 UmwG verweisen möchte (s. Fn.334). Dies wäre lediglich die folgerichtige Konsequenz, wenn diese Informationsrüge dem Anfechtungsausschluß unterläge und folglich keine Registersperre auszulösen vermochte, eine Lösung, die *Baums* aaO indes de lege lata ablehnt.
1090 Vgl. *Decher* AG 1997, 388, 394.
1091 *Rettmann* Rechtmäßigkeitskontrolle, S. 138; *Rebmann* Die Ausweitung des aktienrechtlichen Spruchverfahrens, S. 113f.
1092 Vgl. aber *Rebmann* Die Ausweitung des aktienrechtlichen Spruchverfahrens, S. 112.
1093 So zu recht *Rettmann* Rechtmäßigkeitskontrolle, S. 139; *Volhard* in Semler/Stengel UmwG § 16 Rn. 39.

Geringfügigkeit untauglich, kann insofern nicht überzeugen und ist daher zurückzuweisen.
Besondere Beachtung verdient in diesem Zusammenhang hingegen die Kritik, welche die konzeptionelle Schwäche des Schadensersatzanspruchs rügt und demzufolge zur Zurückhaltung hinsichtlich der Annahme der Geringfügigkeit angesichts der Kompensationsmöglichkeit im Sinne des § 16 Abs. 3 S. 6 UmwG mahnt[1094]. Der als Kompensation gedachte Schadensersatzanspruch ist in der Praxis nur schwer zu substantiieren[1095], so daß ein ersatzfähiger Vermögensschaden oft nicht nachgewiesen werden kann[1096]. Die theoretische Möglichkeit des Ersatzanspruchs erweist sich damit als praktisch nahezu wertlos[1097]. Sie kann und darf insofern nicht dazu führen, daß die Frage der Geringfügigkeit durch sie präjudiziert wird. Die Frage der Geringfügigkeit muß und soll schließlich auch eine anhand des konkreten Einzelfalls zu beurteilende Frage bleiben[1098]. Schließlich ist im Hinblick auf eine großzügige Annahme der Geringfügigkeit angesichts der Möglichkeit des § 16 Abs. 3 S. 6 UmwG auch insofern aus rechtspolitischen Gründen besondere Vorsicht angebracht, als das Risiko einer möglichen Schadensersatzverpflichtung bei einer erfolgreichen Anfechtungsklage gegenüber einigen wenigen Kleinaktionären wohl kaum noch als Drohung für die Verwaltungen empfunden werden wird, die sie zu einer besonders sorgfältigen und gewissenhaften Informationspolitik anhalten könnte[1099]. Vor diesem Hintergrund erscheint die Kompensationsmöglichkeit nach § 16 Abs. 3 S. 6 UmwG als taugliches Kriterium für die Annahme der Geringfügigkeit der Verletzung höchst zweifelhaft. Ihr kann insofern bei dem Versuch der Bestimmung, wann im Einzelfall die Geringfügigkeit der Informationsrechtsverletzung im Hinblick auf das Umtauschverhältnis angenommen werden kann, keine - jedenfalls keine entscheidende - Bedeutung beigemessen werden.

(iii) Versuch der Bestimmung der „Geringfügigkeit" der Informationsrechtsverletzung

Aufschluß darüber, wann eine Geringfügigkeit jedenfalls nicht angenommen werden kann, könnte der Hinweis in den Materialien auf die BGH-Rechtsprechung zum Mißbrauch der Anfechtungsklage geben, die der Gesetzgeber beispielhaft für die Unbegründetheit der Klage im Sinne des § 16 Abs. 3 S. 2 2.Alt. UmwG an-

---

1094 Vgl. *Heermann* ZIP 1999, 1861, 1862 und 1866; *Bayer* ZGR 1995, 613, 624.
1095 *Bork* in Lutter Kölner Umwandlungsrechtstage, 261, 272; *Lutter/Bork* UmwG § 16 Rn. 34.
1096 *Decher* AG 1997, 388, 395; *Heermann* ZIP 1999, 1861, 1862; vgl. *Schmid* ZGR 1997, 493, 503; vgl. auch *Hoffmann-Becking* in Henze/Hoffmann-Becking GesR 2001, 55, 62.
1097 *Lutter/Bork* UmwG § 16 Rn. 34; *Decher* AG 1997, 388, 395.
1098 Siehe oben B.II.3.b)dd)(4)(a)(ba)(i).
1099 Vgl. zu recht *Bayer* ZGR 1995, 613, 624; *Bork* in Lutter Kölner Umwandlungsrechtstage, 261, 272; vgl. auch *Heermann* ZIP 1999, 1861, 1862.

führt[1100]. Interessant ist in diesem Zusammenhang, daß der BGH sich in jeder der drei dort zitierten Entscheidungen ausführlich zu den Anforderungen äußert, welche an den Verschmelzungsbericht im Hinblick auf die Erläuterung und Begründung des Umtauschverhältnisses zu stellen sind[1101]. Unter besonderer Hervorhebung der Bedeutung der Information zum Umtauschverhältnis für den Minderheitsaktionär hielt der BGH die Anfechtungsklage in den Fällen für begründet, in denen der Verschmelzungsbericht *offensichtlich* nicht den gesetzlichen Anforderungen entspricht[1102]. In den entschiedenen Fällen enthielten die Berichte lediglich eine abstrakte Wiedergabe der Grundsätze, nach denen das Umtauschverhältnis ermittelt worden war[1103]. Diesbezüglich hat der BGH festgestellt, daß die Kenntnis allein der Bewertungsgrundsätze dem Aktionär noch nicht die Beurteilung ermöglicht, ob das Umtauschverhältnis angemessen ist[1104]. Die an sich begründeten Anfechtungsklagen hatten am Ende *nur* deshalb keinen Erfolg, weil der BGH die erpresserische Vorgehensweise der Aktionäre als rechtsmißbräuchlich betrachtete[1105]. Besonders hervorzuheben ist in diesem Zusammenhang allerdings, daß der BGH die Frage der unzureichenden Information einerseits und die Frage der Rechtsmißbräuchlichkeit andererseits unabhängig voneinander - und insoweit sachlich getrennt - untersucht und beantwortet hat. Die beiden Fragen bilden insofern zwei getrennte Gegenstände der jeweiligen Urteile. Maßgeblich für die Feststellung der Rechtsmißbräuchlichkeit bzw. für die Erfolglosigkeit der Klage war daher keinesfalls die Rüge der unzureichenden Information zum Umtauschverhältnis an sich. Denn diese war ohne jeden Zweifel begründet. Vielmehr hat die betreffende höchstrichterliche Zurückweisung der Verschmelzungsberichte als unzureichend doch gerade ganz wesentlich dazu beigetragen, daß sich in der Praxis außerordentlich hohe Standards der Berichterstattung insbesondere im Hinblick auf die Detailliertheit der Angaben zur Unternehmensbewertung entwickelt haben[1106].

Vor dem Hintergrund dieser höchstrichterlichen Rechtsprechung zu den ungenügenden Verschmelzungsberichten werden zum Teil Sinn und Richtigkeit der ge-

---

1100 *Ganske* Begr.RegE UmwBerG 1994, zu § 16 UmwG, S. 55f. unter ausdrücklichen Hinweis auf BGHZ 107, 296 - *Kochs-Adler*; BGH ZIP 1990, 1560 - *SEN*; BGH NJW-RR 1990, 350 = BGH ZIP 1990, 168 - *DAT Altana II*.

1101 BGHZ 107, 296, 300ff. = BGH ZIP 1989, 980, 981f. - *Kochs-Adler*; BGH ZIP 1990, 168ff. - *DAT Altana II*; BGH ZIP 1990, 1561f. - *SEN*.

1102 BGHZ 107, 296, 307 = BGH ZIP 1989, 980, 983 - *Kochs-Adler*; BGH ZIP 1990, 168, 170 - *DAT Altana II*; BGH ZIP 1990, 1560, 1561f. - *SEN*.

1103 BGHZ 107, 296, 302f. = BGH ZIP 1989, 980, 982 - *Kochs-Adler*; BGH ZIP 1990, 1560, 1561f. - *SEN*; BGH ZIP 1990, 168f. - *DAT Altana II*.

1104 BGH ZIP 1990, 168, 169 - *DAT Altana II*.

1105 Vgl. dazu *Boujong* FS Kellermann, 1, 4ff.

1106 *Hoffmann-Becking* in Henze/Hoffmann-Becking GesR 2001, 55, 58; vgl. *Lutter* JZ 2000, 837, 838.

setzgeberischen Begründung in Frage gestellt[1107]. Diesem Einwand ist zu entgegnen, daß die Aussage des Gesetzgebers in der Begründung zu § 16 Abs. 3 UmwG nicht grundsätzlich im Widerspruch zu den Ausführungen des BGH zu Inhalt und Bedeutung der Angaben zum Umtauschverhältnis im Verschmelzungsbericht stehen. Die Kritik berücksichtigt nicht hinreichend, daß die Abqualifizierung der entsprechenden Rüge - ausweislich der Begründung - ausdrücklich dem *Einzelfall* vorbehalten ist und diese - vor dem Hintergrund des Regel-Ausnahme-Verhältnisses von Registersperre und ihrer Überwindung – somit auch die Ausnahme bilden soll[1108]. Anstatt in der betreffenden Passage der Gesetzesbegründung einen Widerspruch zu erblicken, ist eine mögliche plausible Erklärung dafür, daß der Gesetzgeber gerade diese wertbezogene Informationsrüge in Bezug auf das Umtauschverhältnis vor Augen hatte, vielmehr darin zu sehen, daß in der bis dahin anzutreffenden Mißbrauchspraxis gerade diese Rüge sehr beliebt war[1109]. Infolgedessen stand hier wohl mehr der Mißbrauch der Anfechtungsklage als die Erhebung einer entsprechenden Informationsrüge im Vordergrund der gesetzgeberischen Überlegungen. Diese Interpretation findet ihre Bestätigung auch in der Begründung zu § 14 Abs. 2 UmwG, in der eine Einbeziehung der Informationsrüge ausdrücklich abgelehnt *und* in diesem Zusammenhang auf die Möglichkeit des § 16 Abs. 3 UmwG zur Mißbrauchsbekämpfung hingewiesen wurde[1110].
Da sich bei der Beurteilung der Geringfügigkeit - wie bereits dargestellt[1111] - jede generalisierende Betrachtung verbietet, ist demnach der Versuch zu unternehmen, die gesetzgeberische Aussage zu § 16 Abs. 3 S. 2 UmwG im Sinne einer Einzelfallbetrachtung so weit wie möglich mit der gesetzgeberischen Grundsatzentscheidung zugunsten eines effektiven Minderheitenschutzes durch Information in Einklang zu bringen.
Vor dem Hintergrund der genannten höchstrichterlichen Entscheidungen kann der Rüge unzureichender Information in den Fällen, in denen der Verschmelzungsbericht unter keinen Umständen den gesetzlichen Anforderungen entspricht, keinesfalls nur eine geringfügige Bedeutung im Sinne der Gesetzesbegründung beige-

---

1107 So etwa *Bayer* ZGR 1995, 613, 623, der in diesem Zusammenhang von einer „zweifelhaften Ansicht des Gesetzgebers" spricht.

1108 Vgl. *Bayer* ZGR 1995, 613, 623, der insoweit *nicht* entscheidend auf die Geringfügigkeit „im Einzelfall" abstellt, sondern diese *wesentliche* Einschränkung für das Zitat der betreffenden Passage in der Begründung „unterschlägt".

1109 BGHZ 107, 296 = BGH ZIP 1989, 980 - *Kochs-Adler*; BGH ZIP 1990, 168 - *DAT Altana II*; BGH ZIP 1990, 1561 - *SEN*; vgl. insoweit *Ganske* Begr.RegE UmwBerG 1994, zu § 16 UmwG, S. 56 (... „die in der Vergangenheit bei Klagen häufig geltend gemachte Behauptung" ...); vgl. auch *Boujong* FS Kellermann, 1ff., 14; siehe dafür, daß diese Rüge auch heute noch beliebt ist, *Baums/Vogel/Tacheva* ZIP 2000, 1649, 1652f.

1110 Siehe dazu oben B.II.3.b)dd)(4)(a)(aa). Dies bekräftigt zudem die Richtigkeit der Auffassung, daß die 3.Var des § 16 Abs. 3 S. 2 UmwG ganz im Zeichen des Mißbrauchs steht; siehe dazu oben B.II.3.b)dd)(2)(b)(ba)(ii).

1111 Siehe dazu oben B.II.3.b)dd)(4)(a)(ba)(i).

messen werden, sondern sie ist im Gegenteil - angesichts der grundlegenden Entscheidung des Gesetzgebers für einen schwerpunktmäßigen Schutz durch ausführliche Vorabinformation[1112] - als „schwerwiegend“ anzusehen[1113]. Die Verletzung wesentlicher Berichtspflichten ist grundsätzlich immer wesentlich[1114]. Dies hat erst recht für die Verletzung der Berichtspflicht in ihrem Schwerpunkt, welche die Erläuterung und Begründung des Umtauschverhältnisses bildet[1115], zu gelten[1116]. Diese Auffassung findet sich im Ergebnis insoweit auch in der Rechtsprechung wieder[1117], welche im Einklang mit der beschriebenen gesetzgeberischen Vorstellung von der Behandlung der wertbezogenen Informationsrüge steht. Von daher widerspricht die im Schrifttum geäußerte Kritik an der durch die Gerichte bislang praktizierten Interessenabwägung mit dem Ergebnis einer zurückhaltenden Handhabung des Unbedenklichkeitsverfahrens[1118] der Konzeption der lex lata[1119]. Jedenfalls dem Grundsatz nach muß die Entscheidung zwischen anfechtungsrelevanten und nicht anfechtungsrelevanten Informationspflichten im materiellen Recht fallen[1120], und zwar über den Umfang der Informations-, speziell der Berichtspflichten[1121]. Von daher kann die richtige Adresse für das (kategorische) Ausblenden geringfügiger Mängel insoweit nicht das Freigabeverfahren sein[1122].

1112 Siehe dazu ausführlich oben B.II.3.b)cc)(5)(c).

1113 Vgl. im Ergebnis ebenso *Bayer* ZGR 1995, 613, 623f.; etwas vorsichtiger *Decher* AG 1997, 388, 392.

1114 Vgl. *Lutter/Lutter/Drygala* UmwG § 8 Rn. 54 und § 13 Rn. 43.

1115 Siehe dazu *Ganske* Begr.RegE UmwBerG 1994, zu § 8 UmwG, S. 44, wonach die Hauptfunktion des Verschmelzungsberichts die Unterrichtung der Anteilsinhaber ist, damit sie sich vor ihrer Entscheidung ein ausreichendes Bild über die tatsächlichen Grundlagen für die Ermittlung des angemessenen Umtauschverhältnisses machen können.

1116 Siehe zum Schwerpunkt der Berichtspflicht oben B.II.3.b)aa)(1)(b)(aa).

1117 Für die Annahme eines entsprechend erheblichen Rechtsverstoßes OLG Frankfurt ZIP 2000, 1928, 1933 - *Piper Generalvertretung Deutschland*; LG München AG 2000, 86, 88 – *MHM AG/Hucke AG*; vgl. auch OLG Düsseldorf NZG 1999, 565, 568 – *Thyssen/Krupp IV*, das den Bericht in dem zu entscheidenden Fall jedoch für ausreichend erachtete.

1118 Vgl. *Kiem* in Hommelhoff/Röhricht GesR 1997, 105, 113ff., 119f.; *Martens* Diskussionsbeitrag in Hommelhoff/Röhricht GesR 1997, S. 140f.; vgl. auch die insoweit nicht gerechtfertigte Kritik von *Sinewe* DB 2001, 690, 691 (Fn.21).

1119 Vgl. gegenüber der Kritik dafür, daß sich das Verfahren gemäß § 16 Abs. 3 UmwG in der Praxis im Prinzip bewährt habe, etwa *Bayer* in Hommelhoff/Lutter/Schmidt/Schön/Ulmer Corporate Governance 2002, 137, 144f., der unabhängig davon zu Recht die zu lange Dauer des Unbedenklichkeitsverfahrens rügt. Vgl. für eine Beschleunigung des Verfahrens *Hirte* Diskussionsbeitrag in Hommelhoff/Röhricht GesR 1997, S. 139f. sowie in jüngster Zeit *Baums* Kommissionsbericht Corporate Governance Rn. 155f., der eine gesetzliche Frist von drei Monaten vorschlägt. Daß die Beendigung eines Verfahrens in dieser Zeit möglich ist, zeigt das Beispiel der Thyssen/Krupp-Fusion, bei der die Eintragung in der Rekordzeit von dreieinhalb Monaten erreicht wurde, vgl. *Schiessl* AG 1999, 442, 445.

1120 Vgl. *Noack* ZHR 164 (2000), 274, 283.

1121 Nach zutreffender Ansicht *Lutter/Lutter/Drygala* UmwG § 8 Rn. 54 ist auf materieller Ebene zu entscheiden, ob eine bestimmte Angabe erforderlich ist, um dem Anteilsinhaber die Plau-

Die Prognose bzw. die Erwartung, in der Praxis werde sich alles darauf konzentrieren, ob eine unzureichende Begründung oder Erläuterung des Umtauschverhältnisses ein schwerer oder ein leichter Mangel ist[1123], hat sich insoweit zu Recht nicht bestätigt. Diese Auffassung, nach der die Umstände des Einzelfalles allenfalls noch Randkorrekturen bewirken können sollen[1124], widerspricht insoweit eindeutig der gesetzgeberischen Entscheidung gegen eine generalisierende Betrachtung[1125]. Die vom Gesetzgeber durch das Bekenntnis zur Einzelfallentscheidung favorisierte differenzierende Lösung darf von daher auch nicht als „Spiegelfechterei" abgetan werden[1126]. Vielmehr bringt sie die gesetzgeberische Zurückhaltung zum Ausdruck, welche Anlaß zur restriktiven Handhabung bzw. zur Vorsicht vor der vorschnellen Annahme der Geringfügigkeit der Informationsrechtsverletzung im Interesse eines effektiven Minderheitenschutzes durch Information bietet[1127]. Unter Berücksichtigung der BGH-Rechtsprechung ist der vom Gesetzgeber angesprochene Fall der Geringfügigkeit daher *erheblich* unterhalb der Schwelle eines offenkundig unzureichenden und nicht den gesetzlichen Anforderungen entsprechenden Berichts anzusiedeln. Denn in diesem Fall liegt ein schwerwiegender und zudem auch offenkundiger Beschlußmangel vor, so daß die Anfechtungsklage Erfolg haben wird und ein Unbedenklichkeitsbeschluß infolgedessen - wie bereits dargestellt[1128] - grundsätzlich nicht in Betracht kommt[1129].
Ebenso wie es dem BGH entscheidend darauf ankam, daß auch der Minderheitsaktionär ausreichend informiert über die Verschmelzung zu entscheiden in der Lage war[1130], wird man daher für die Annahme der Geringfügigkeit der Informationsrechtsverletzung verlangen müssen, daß der Prozeßrichter im Rahmen der Ausübung seiner größtmöglichen Entscheidungsfreiheit[1131] anhand der jeweiligen Umstände des Einzelfalls beurteilt, ob die trotz des Mangels gewährte Information

---

sibilitätskontrolle für die Entscheidung in der Hauptversammlung zu ermöglichen; vgl. in diesem Sinne auch *Zöllner* AG 2000, 145, 152.

1122 Vgl. *Noack* ZHR 164 (2000), 274, 283.

1123 So etwa *Bork* in Lutter Kölner Umwandlungsrechtstage, 261, 272.

1124 Vgl. *Bork* in Lutter Kölner Umwandlungsrechtstage, 261, 272.

1125 Siehe dazu oben B.II.3.b)dd)(4)(a)(ba)(i).

1126 So aber *Bork* in Lutter Kölner Umwandlungsrechtstage, 261, 272.

1127 Vgl. in diesem Sinne *Schwarz* in Widmann/Mayer UmwG § 16 Rn. 25.1; *Bayer* ZGR 1995, 624f.

1128 Siehe zum einen dafür, daß im Falle offensichtlicher Rechtsverletzungen kein Freigabebeschluß in Betracht kommt, und für das Erfordernis der Geringfügigkeit oben B.II.3.b)dd)(2)(ba)(ii).

1129 LG München AG 2000, 87, 88 – *MHM AG/Hucke AG; Riegger/Schockenhoff* ZIP 1999, 2105, 2109; *Decher* AG 1997, 388, 391; *Sosnitza* NZG 1999, 965, 972; vgl. auch OLG Frankfurt ZIP 1999, 1928, 1933 - *Piper Generalvertretung Deutschland* sowie die zust. Anm. n von *Keil* EWiR § 8 UmwG 1/2000, 1125, 1126.

1130 Vgl. BGHZ 107, 296, 307 = BGH ZIP 1989, 980, 983 - *Kochs-Adler*; BGH ZIP 1990, 168, 170 - *DAT Altana II*; BGH ZIP 1990, 1560, 1561f. - *SEN*.

1131 *Ganske* Begr.RegE UmwBerG 1994, zu § 16 UmwG, S. 57.

zum Umtauschverhältnis – ihrem Sinn und Zweck nach - eine hinreichende Entscheidung über die Verschmelzung ermöglicht hat. Für die Entscheidung, ob der jeweilige Informationsmangel erheblich oder unerheblich ist, muß insofern darauf abgestellt werden, ob der jeweilige Informationsmangel die eigenverantwortliche Entscheidung der Anteilsinhaber über die Verschmelzung gleichwohl noch zuließ[1132], ob also die Information zum Umtauschverhältnis insbesondere durch Verschmelzungsbericht *und* –prüfungsbericht[1133] trotz ihres Mangels eine ausreichende Grundlage für den Beschluß darstellte oder nicht. Die Informationsverletzung muß also unwesentlich, d.h. für die Beschlußfassung aus Sicht eines objektiv denkenden Aktionärs unerheblich sein[1134]. Dabei gilt es insbesondere zu beachten, daß der Verschmelzungsbericht keine Detailkontrolle, sondern lediglich eine Plausibilitätskontrolle ermöglichen soll[1135]. An dieser Funktion wird sich auch der Prozeßrichter orientieren müssen. Es ist daher im Einzelfall zu entscheiden, ob das Informationsbedürfnis im Hinblick auf das Umtauschverhältnis im Wesentlichen durch die beiden Berichte abgedeckt wird und ob diese eine Plausibilitätskontrolle ermöglichen[1136]. Als geringfügig anzusehen sein dürften infolgedessen lediglich kleinere Mängel des Verschmelzungsberichts bzw. Verschmelzungsprüfungsberichts[1137] oder der Auskunftserteilung in der Hauptversammlung[1138] im Hinblick auf das Umtauschverhältnis[1139]. Dies wird man etwa in Grenzfällen, insbesondere bei bestehender Unsicherheit über den Umfang der entsprechenden Informationsverpflichtung annehmen können[1140]. Was die Auskunftsrechtsverletzung betrifft, dürfte das Fehlen oder die fehlende Vollständigkeit einer Auskunft, die sich für den Anteilsinhaber unschwer aus dem Zusammenhang der ihm zur Verfügung gestellten Unterlagen erschließen läßt, jedenfalls als geringfügig anzusehen sein[1141], sofern man der Auskunft deswegen nicht bereits die „Erforderlichkeit" im Sinne des § 131 Abs. 1 AktG absprechen kann[1142]. Die Beurteilung der Frage, ob die Auskunftsrechtsverletzung im Einzelfall schwer oder weniger schwer wiegt, wird man darüber hinaus auch vom Verhalten und dem Bemühen

---

1132 Vgl. zutreffend *Schwarz* in Widmann/Mayer UmwG § 16 Rn. 25.2; ebenso *Heermann* ZIP 1999, 1861, 1866.

1133 Siehe zu der wechselseitigen Ergänzungsfunktion oben B.II.3.b)aa)(2)(b)(ba).

1134 *Bayer* in Hommelhoff/Lutter/Schmidt/Schön/Ulmer Corporate Governance 2002, 137, 149.

1135 Siehe oben B.II.3.b)aa)(1)(b)(ba).

1136 Vgl. OLG Frankfurt ZIP 2000, 1928, 1932f. - *Piper Generalvertretung Deutschland*; OLG Düsseldorf NZG 1999, 565, 568 - *Krupp/Thyssen IV*; LG München AG 86, 88 – *MHM AG/Hucke AG.*

1137 *Marsch-Barner* in Kallmeyer UmwG § 16 Rn. 44; *Bayer* ZGR 1995, 613, 625.

1138 *Marsch-Barner* in Kallmeyer UmwG § 16 Rn. 44.

1139 *Decher* in GroßKomm AktG § 131 Rn. 402.

1140 So etwa *Bayer* ZGR 1995, 613, 625.

1141 Zu weitgehend jedoch *Riegger/Schockenhoff* ZIP 1997, 2105, 2110, nach deren Ansicht das Fehlen der Auskunft zum Umtauschverhältnis anscheinend prinzipiell nicht zu Lasten des Rechtsträgers berücksichtigt werden dürfe.

1142 Vgl. dazu eingehend oben B.II.3.b)aa)(5)(b)(ba).

des Vorstands in der Hauptversammlung abhängig machen können[1143]. Dabei ist eine weniger schwere Auskunftsrechtsverletzung anzunehmen, wenn der Vorstand sich erkennbar bemüht hat, auf die Frage umfassend zu antworten, bzw. wenn er die Frage jedenfalls teilweise beantwortet hat[1144]. Demgegenüber liegt eine schwere Auskunftsrechtsverletzung vor, wenn der Vorstand in der Hauptversammlung keine ernsthaften Anstrengungen unternommen hat, selbst grundlegendste Fragen zu beantworten, indem etwa zu wesentlichen Beschlußgegenständen erklärt wird, Auskünfte würden nicht gegeben[1145]. Je stärker in das Informationsrecht der Anteilsinhaber eingegriffen wurde, desto weniger ist demnach anzunehmen, daß eine eigenverantwortliche Entscheidung der Anteilsinhaber vor der Beschlußfassung möglich war[1146]. Die Intensität der behaupteten Rechtsverletzung ist insofern in die Abwägung mit einzubeziehen[1147]. Die Verweigerung jeglicher (bzw. wesentlicher) Information in oder im Vorfeld der Hauptversammlung dürfte daher stets als gravierend anzusehen sein[1148]. Ob es dagegen für die Annahme der Geringfügigkeit des gerügten Mangels des Verschmelzungsberichts darauf ankommen kann, daß sich die Gesellschaft bemüht hat, diese durch ergänzende Auskünfte in der Hauptversammlung auszugleichen[1149], ist mehr als zweifelhaft[1150]. Der Vorstand kann grundsätzlich fehlende oder fehlende Angaben im Bericht durch seine mündlichen Erläuterungen in der Hauptversammlung nicht wirksam nachbessern[1151]. Die eine solche Nachbesserungsmöglichkeit befürwortende Gegenansicht[1152] berücksichtigt nicht hinreichend, daß diese ergänzenden Auskünfte die nicht erschienenen Aktionäre nicht erreichen können, die Informationswege insofern untereinander nicht austauschbar sind[1153]. Ließe man die Möglichkeit, über den Weg einer solchen Nachbesserung einen Unbedenklichkeitsbeschluß zugunsten der Gesellschaft zu erreichen, zu, drohte das durch das UmwG verwirklichte Prinzip des Minderheitenschutzes durch Information im Stadium der Beschlußvorbereitung, insbesondere die gesetzlichen Anforderungen an Inhalt und Umfang der Berichte, leerzulaufen bzw. erheblich an Effektivität

---

1143 Vgl. *Bayer* ZGR 1995, 613, 625; *Decher* in GroßKomm AktG § 131 Rn. 403f.

1144 *Decher* in GroßKomm AktG § 131 Rn. 403.

1145 *Decher* in GroßKomm AktG § 131 Rn. 404.

1146 *Rettmann* Rechtmäßigkeitskontrolle, S. 142.

1147 *Rettmann* Rechtmäßigkeitskontrolle, S. 142.

1148 Vgl. *Lutter/Bork* UmwG § 16 Rn. 22a.

1149 So aber *Bayer* ZGR 1995, 613, 625; vgl. *Schwarz* in Widmann/Mayer UmwG § 16 Rn. 25.2 Fn.4.

1150 Kritisch auch *Heermann* ZIP 1999, 1861, 1865.

1151 LG München AG 2000, 86, 87 – *MHM AG/Hucke AG*; LG Köln DB 1988, 542; LG Frankfurt AG 1998, 45, 47; *Lutter/Lutter/Drygala* UmwG § 8 Rn. 55; *Grunewald* in G/H/E/K AktG § 340a Rn. 22; *Wilde* ZGR 1998, 423, 443; vgl. *Hommelhoff* ZGR 1993, 452, 467.

1152 *Bayer* AG 1988, 323, 330; *Mertens* AG 1990, 20, 29f.; vgl. auch *Marsch-Barner* in Kallmeyer UmwG § 8 Rn. 35.

1153 So zu Recht *Grunewald* in MünchKomm AktG § 319 Rn. 44.

einzubüßen. Von daher kann und darf der Versuch der Nachbesserung von Berichtsmängeln durch mündliche Erläuterung in der Hauptversammlung gerade aus rechtspolitischen Gründen nicht zugunsten der Annahme der Geringfügigkeit der Verletzung der Berichtspflichten Berücksichtigung finden.
Wie bereits festgestellt, wird es in der Praxis in erster Linie auf die Schwere der gerügten Rechtsverletzung ankommen[1154]. Festzuhalten ist jedoch, daß die Annahme der Geringfügigkeit im Einzelfall für sich allein noch nicht ausreicht, den Unbedenklichkeitsbeschluß zu begründen. Dementsprechend führt auch die Feststellung einer bloß unwesentlichen bzw. geringfügigen Informationsrechtsverletzung für sich genommen nicht bereits notwendig zur Abweisung der darauf gestützten Anfechtungsklage wegen Unverhältnismäßigkeit[1155]. Vielmehr müssen in jedem Fall *wesentliche* Nachteile im Sinne des § 16 Abs. 3 S. 2 UmwG vorgetragen und substantiiert werden[1156]. Zu Recht verlangt daher auch die Rechtsprechung trotz der Geringfügigkeit der Informationsrechtsverletzung im Hinblick auf die Begründung und Erläuterung des Umtauschverhältnisses ganz erhebliche Nachteile[1157]. Dieses Erfordernis folgt schließlich bereits aus dem insoweit eindeutigen Wortlaut des § 16 Abs. 3 S. 2 UmwG[1158].
Im Ergebnis läßt sich feststellen, daß die Annahme der Geringfügigkeit die Ausnahme bleiben wird. Dies entspricht indes dem Willen des Gesetzgebers. Dementsprechend läßt wohl auch die bisherige Rechtsprechung[1159] nicht befürchten, daß der im UmwG angelegte Minderheitenschutz durch Information (A-priori-Schutz) verloren zu gehen droht[1160]. Zwar läßt sich nicht von der Hand weisen, daß in der Konsequenz ein gewisses Blockade- und Verzögerungsrisiko besteht. Gleichzeitig darf indes nicht verkannt werden, daß der Vorstand bzw. die Gesellschaft sich das Scheitern der Verschmelzung selbst zuzuschreiben hat, indem sie einen unzureichenden Bericht vorgelegt hat[1161]. Eine gewissenhafte Verwaltung kann die Risiken einer Behinderung der Strukturänderung ohne weiteres beherrschen[1162]. Ihr Bemühen um eine Ermöglichung derselben wird ebenso zu Gunsten der Gesellschaft berücksichtigt wie ein "bewußtes Mauern" zu ihren Lasten berück-

---

1154 Siehe oben B.II.3.b)dd)(2)(b)(ba)(i).

1155 Vgl. zu Recht *Decher* in GroßKomm AktG § 131 Rn. 405.

1156 Siehe dazu und der „speziellen" Verhältnismäßigkeitsprüfung oben B.II.3.b)dd)(2)(b)(ba).

1157 So das OLG Düsseldorf NZG 1999, 565, 569 - Krupp/Thyssen IV.

1158 Abzulehnen ist daher die Ansicht von *Kiem* in Hommelhoff/Röhricht GesR 1997, 105, 118, der im Ergebnis das Erfordernis der *schwerwiegenden* Nachteile grundsätzlich in Frage stellt.

1159 Vgl. etwa OLG Frankfurt ZIP 2000, 1928, 1932f. - *Piper Generalvertretung Deutschland*; OLG Düsseldorf NZG 1999, 565, 568 - *Krupp/Thyssen IV*; LG München AG 86, 88 – *MHM AG/Hucke AG*.

1160 Vgl. *Bayer* ZHR 163 (1999), 505, 546f., der in diesem Sinne feststellt, daß sich das Unbedenklichkeitsverfahren in der Praxis bewährt hat.

1161 So zu Recht LG München AG 2000, 87, 88f.

1162 *Bayer* in Hommelhoff/Lutter/Schmidt/Schön/Ulmer Corporate Governance 2002, 137, 149.

sichtigt werden muß; in diesem Fall ist die Strukturveränderung gefährdet[1163]. Der Gefahr der Anfechtung wegen unrichtiger oder unvollständiger Auskunftserteilung sowie wegen unrichtiger oder unvollständiger Verschmelzungsberichte in Bezug auf das Umtauschverhältnis und den damit verbundenen Rechtsrisiken kann der Vorstand durch sorgfältige, wenn auch manchmal strapaziöse Informationspolitik vorbeugen[1164]. Dieses „Engagement" kann der Prozeßrichter gegebenenfalls entsprechend honorieren bzw. „belohnen", indem er z.B. entweder die Erforderlichkeit der erstrebten Auskunft verneint und den Aktionär insoweit auf die ausführliche und umfassende beschlußvorbereitende Information verweist oder aber die Geringfügigkeit der Auskunftsrechtsverletzung feststellt. Eine unnötige Behinderung der Strukturveränderung steht nicht zu befürchten, wenn die Informationsrechtsverletzung nur unwesentlich ist[1165]. Geht die Informationsverletzung hingegen über ein in den aufgezeigten Grenzen tolerierbares, geringfügiges Maß hinaus, besteht - trotz jedes abstrakt bestehenden Eilbedürfnisses der Umsetzung der Strukturmaßnahme[1166] - kein Schutzbedürfnis der strukturänderungswilligen Gesellschaft[1167]. Sinn und Zweck des § 16 Abs. 3 UmwG ist nicht, einen rechtswidrigen Beschluß zu retten, um die Durchführung eines rechtswidrigen Beschlusses zu ermöglichen[1168].

(b) Konsequenz für die Rüge der Verletzung abfindungswertbezogener Information

Die gesetzgeberische Wertung zu den Folgen der Rüge unzureichender Information zum Umtauschverhältnis begründen erhebliche Zweifel im Hinblick auf das extensive Verständnis des § 210 UmwG, welches die unzureichende Information zur Barabfindung in dessen Ausschlußwirkung mit einbezieht. Wie bereits festgestellt, vermag die auf einen der Ausschlußgründe des § 210 UmwG erhobene Anfechtungsklage nicht die Registersperre gemäß §§ 198 Abs. 3, 16 Abs. 2 UmwG auszulösen[1169]. In der Konsequenz der Subsumtion abfindungswertbezogener

---

1163 Vgl. *Bayer* in Hommelhoff/Lutter/Schmidt/Schön/Ulmer Corporate Governance 2002, 137, 149.

1164 *Martens* AG 2000, 301, 302.

1165 Vgl. *Bayer* in Hommelhoff/Lutter/Schmidt/Schön/Ulmer Corporate Governance 2002, 137, 149; ebenso *Hommelhoff* in Röhricht/Hommelhoff GesR 1997, S. 142f. sowie ihm zustimmend *Röhricht* aaO, S. 143.

1166 Siehe dazu, daß das Interesse an einem schleunigen Vollzug in jedem Fall, d.h. unabhängig von der Rechtmäßigkeit der Maßnahme besteht, oben A.IV.1.b)bb)).

1167 Im Ergebnis ebenso *Hommelhoff* in Röhricht/Hommelhoff GesR 1997, S. 142f., der zu Recht auf die notwendige „Disziplinierung" einer derartigen Differenzierung hinweist; ihm zustimmend *Röhricht* aaO, S. 143.

1168 *Bayer* in Hommelhoff/Lutter/Schmidt/Schön/Ulmer Corporate Governance 2002, 137, 146.

1169 Siehe oben B.II.3.b)dd)(3).

Mängel unter die Ausschlußgründe des § 210 UmwG wäre – mangels Eingreifen der Registersperre – kein Unbedenklichkeitsverfahren erforderlich. Vor dem Hintergrund der bisherigen Erkenntnisse betreffend die Verletzung der wertbezogenen Information in Bezug auf das Umtauschverhältnis ist dies ein durchaus fragwürdiges Ergebnis.
Der Umstand, daß die Begründung zu § 16 Abs. 3 S. UmwG neben der Verletzung der wertbezogenen Informationsrechte in Bezug auf das Umtauschverhältnis[1170] nicht auch diejenige in Bezug auf die anzubietende Abfindung ausdrücklich erwähnt, gibt keinen Anlaß zu dem Schluß, daß die Verletzung der abfindungswertbezogenen Informationsrechte beim Formwechsel grundsätzlich anders zu behandeln wäre. Schließlich wird an verschiedenen Stellen des Gesetzes und der Begründung deutlich, daß der Gesetzgeber das jeweils zu gewährleistende Informationsniveau in Bezug auf Umtauschverhältnis und Abfindung für gleich hoch erachtet und dementsprechend die betreffenden Berichts- und Informationspflichten gleich stark, ja sogar „parallel" ausgestaltet hat[1171]. Insoweit bilden Umtauschverhältnis und Abfindung gemeinsam *und* gleichberechtigt den Schwerpunkt der Vorab-Berichterstattung[1172]. Vor diesem Hintergrund kann der Abwesenheit einer Erwähnung auch der abfindungswertbezogenen Information in der Begründung zu § 16 Abs. 3 UmwG keine entscheidende Bedeutung beigemessen werden. Statt dessen läßt sich die fehlende Erwähnung sinnvoll etwa damit erklären, daß die Pflicht zum Barabfindungsangebot bei der Verschmelzung gemäß § 29 Abs. 1 UmwG lediglich für besondere Fälle[1173] angeordnet ist und somit die Ausnahme darstellt, der Gesetzgeber im Rahmen der Begründung des § 16 UmwG jedoch den Regelfall der Verschmelzung *ohne* das Erfordernis eines Barabfindungsangebotes vor Augen hatte. Von daher versteht sich, daß auch die Begründung zu § 198 Abs. 3 UmwG, welche wegen entsprechender Interessenlage der Beteiligten ohne jede Einschränkung und in nur einem Satz auf die Begründung zu § 16 Abs. 2 und 3 UmwG verweist[1174], jeden Hinweis vermissen läßt.
Nach Auffassung des BGH dienen Rügen, welche die unzureichende Information zur Barabfindung beanstanden, fast ausschließlich dem Ziel, die Hauptrüge, das

---

[1170] *Ganske* Begr.RegE UmwBerG 1994, zu § 16 UmwG, S. 56.
[1171] Siehe dazu oben B.II.3.b)aa)(2)(b)(aa).
[1172] Vgl. *Hommelhoff* ZGR 1993, 452, 463; *Bayer* in Hommelhoff/Lutter/Schmidt/Schön/Ulmer Corporate Governance 2002, 137, 150; *ders.* ZGR 1995, 613, 617f.; siehe dazu oben B.II.3.b)aa)(2)(b)(aa).
[1173] Gemäß § 29 Abs. 1 S. 1 UmwG ist ein Barabfindungsangebot für den Fall der „Mischverschmelzung" zu machen, d.h. wenn der aufnehmende Rechtsträger eine andere Rechtsform hat als der übertragende. Außerdem ist ein Abfindungsangebot für den Fall des Bestehens von Verfügungsbeschränkungen zu machen, wenn also die Anteile an dem übernehmenden Rechtsträger, die an die Stelle der Anteile an dem übertragenden Rechtsträger treten, Verfügungsbeschränkungen unterworfen sind, vgl. *Lutter/Grunewald* UmwG § 29 Rn. 2f.
[1174] *Ganske* Begr.RegE UmwBerG 1994, zu § 198 UmwG, S. 199.

Angebot sei zu niedrig, zu begründen[1175]. Die Gefahr einer solchen „Umgehung[1176]" des § 210 UmwG wurde bereits vor dem Urteil des BGH erkannt[1177]. Der BGH erhebt nun einen pauschalen *Mißbrauchsvorwurf* gegen Anfechtungsklagen, die auf eine entsprechende Begründung gestützt werden. Wohlgemerkt soll dies auch für den Fall eines vollständigen Informationsdefizits gelten, selbst wenn dieses durch eine vorsätzliche Informationsverweigerung des Vorstandes, welche der BGH bewußt in seine Erwägungen mit einbezieht[1178], bedingt ist. Die Urteilsbegründungen lassen damit gleich zu Beginn erkennen, daß es dem II. Zivilsenat im Ergebnis darum geht, die „Umgehung" des Anfechtungsausschlusses durch eine entsprechend extensive Auslegung des § 210 UmwG unter unmittelbarer Einbeziehung abfindungswertbezogener Informationsmängel zu verhindern. Die Rechtsprechung des BGH läßt insofern als Reaktion auf den Mißbrauch des Anfechtungsrechts interpretieren[1179].

(aa) Maßgeblichkeit der gesetzgeberischen Entscheidung *gegen* einen generellen Ausschluß der Anfechtung zugunsten des Spruchverfahrens bei § 14 Abs. 2 UmwG für die Parallelvorschrift des § 210 UmwG

Dieser Argumentationsansatz zur Vermeidung eines „Unterlaufens" des Anfechtungsausschlusses ist nicht neu. Inhaltlich entspricht er derjenigen Argumentation, welche Gegenstand der dargestellten Kritik zu § 14 Abs. 2 UmwG war und gleichzeitig den Hintergrund der gesetzgeberischen Entscheidung für eine prozeßrechtliche Lösung zur Abhilfe der Blockade über § 16 Abs. 3 S. 2 UmwG bildete[1180]. Da der Gesetzgeber einer entsprechenden Argumentation eine klare Absage erteilt hat[1181], stellt sich nun die Frage, inwieweit diese gesetzgeberische Wertung auch für die entsprechende Problematik in § 210 UmwG Gültigkeit besitzt.
Der BGH hat offensichtlich erkannt, daß seine Überlegungen zu § 210 UmwG mit der Begründung des § 14 Abs. 2 UmwG nicht im Einklang stehen. Seiner Auffas-

---

1175 BGHZ 146, 179, 183 – *MEZ*; BGH ZIP 2001, 412, 413 – *Aqua Butzke*; ausdrücklich zustimmend *Hirte* ZHR 167 (2003), 8, 11.

1176 Vgl. auch *Kubis* in MünchKomm AktG § 131 Rn. 150a, der in diesem Zusammenhang von einem „verfahrenstechnischen Trick" spricht.

1177 So ausdrücklich *Dehmer* UmwG § 210 Rn. 1; vgl. auch *Meister/Klöcker* in Kallmeyer (1.A.) § 210 Rn. 9.

1178 BGHZ 146, 179, 185 – *MEZ*; BGH ZIP 2001, 412, 413 – *Aqua Butzke*.

1179 Vgl. *Hasselbach* EWiR § 131 AktG 1/01, 205, 206, der davon ausgeht, daß sich der BGH als Reaktion auf die berechtigten Klagen der Unternehmen über das verbreitete Übel der „berufsmäßigen Anfechtungskläger" zu einer bewußten Einschränkung der besonderes Erpressionspotential bietenden bewertungsrechtlichen Anfechtungsklagen entschlossen hat; in diese Richtung weisen auch die Ausführungen bei *Vetter* FS Wiedemann, 1323, 1330f.; *Sinewe* DB 2001, 690, 691; vgl. auch *Habersack* ZIP 2001, 1230, 1234.

1180 Siehe dazu oben B.II.3.b)dd)(4)(a)(aa).

1181 Siehe oben B.II.3.b)dd)(4)(a)(aa).

sung nach lasse diese Begründung jedoch „keine sicheren" Rückschlüsse für den weitergehenden Anfechtungsausschluß gemäß § 210 UmwG zu[1182]. Dementsprechend findet sich in der Literatur die Auffassung, die Vorschriften „seien ohnehin nur benachbart", weshalb die Begründung des § 14 Abs. 2 UmwG nicht auch auf § 210 UmwG zutreffe[1183]. Dies ist m.E. nicht überzeugend. Daß der BGH selbst nicht gänzlich überzeugt ist, wird nämlich schon daran erkennbar, daß er seine Aussage selbst relativiert, indem er nicht etwa sagt, die Begründung zu § 14 Abs. 2 UmwG lasse *überhaupt* keine Rückschlüsse zu. Dies mag überspitzt klingen. Jedoch läßt sich bereits an dieser Feststellung erkennen, daß der BGH den Zusammenhang nicht gänzlich leugnen konnte[1184] und er sich insofern über mögliche Zweifel hinweggesetzt hat.

Entgegen der Auffassung des BGH kommt der Begründung zu § 14 Abs. 2 UmwG in diesem Zusammenhang jedoch entscheidende Bedeutung zu. Der Tatbestand des § 14 Abs. 2 UmwG bildet das Regelungsvorbild für sämtliche Anfechtungsausschlüsse im Umwandlungsrecht[1185] einschließlich der die Abfindung betreffenden Anfechtungsausschlüsse der §§ 32, 210 UmwG. Eine dahingehende Aussage läßt sich auch den Materialien entnehmen. So verweist die Begründung der Parallelvorschrift des § 32 UmwG, die nach allgemeiner Ansicht – und selbst nach Auffassung eines Mitglieds des II. Zivilsenats[1186] - § 210 UmwG sachlich entspricht[1187], uneingeschränkt auf die Begründung zu § 14 Abs. 2 UmwG[1188]. Der Gesetzgeber hat damit die Technik des Anfechtungsausschlusses zugunsten des Spruchverfahren in § 14 Abs. 2 UmwG – und damit für die Verschmelzung

---

1182 BGHZ 146, 179, 188 – *MEZ*; BGH ZIP 2001, 412, 414 – *Aqua Butzke*; dieser Argumentation zustimmend *Kleindiek* NZG 2001, 552, 554; *Röhricht* in VGR GesR 2001, 3, 31; *Hirte* ZHR 167 (2003), 8, 25.

1183 *Kleindiek* NZG 2001, 552, 554.

1184 Ganz in diese Richtung gehen auch die Ausführungen eines Mitglieds des II. Zivilsenats *Röhricht* in VGR GesR 2001, 3, 31, welcher einräumt, dem Senat sei es – trotz des Fehlens eines vergleichbaren Hinweises in den Gesetzesmaterialien - gleichwohl nicht leicht gefallen, sich über die daraus gleichwohl folgenden Bedenken hinwegzusetzen.

1185 Vgl. *Ganske* Begr.RegE UmwBerG zu § 14 UmwG, S. 51, und zu § 195 UmwG, S. 195.

1186 Siehe dazu *Henze* ZIP 2002, 97, 106; *ders.* in Henze/Hoffmann-Becking GesR 2001, 39, 50, nach dessen Aussage § 32 UmwG für die Barabfindung die gleiche Regelung wie § 210 UmwG trifft.

1187 *Bärwaldt* in Semler/Stengel UmwG § 210 Rn. 1; *Vollrath* in Widmann/Mayer UmwG § 210 Rn. 3; *Stratz* in Schmitt/Hörtnagl/Stratz UmwG § 210 Rn. 1; *Lutter/Decher* UmwG § 210 Rn. 2; *Meister/Klöcker* in Kallmeyer UmwG Rn. 2; *Tielmann* in Happ Aktienrecht 18.01. Rn. 12 (S. 1754); *Bayer* in Hommelhoff/Lutter/Schmidt/Schön/Ulmer Corporate Governance 2002, 137, 148 Fn.56; *Henze* ZIP 2002, 97, 106; *Henze* in Henze/Hoffmann-Becking GesR 2001, 39, 50; *Vetter* FS Wiedemann, 1323, 1336; nach zutreffender Ansicht von *Hoffmann-Becking* in Henze/Hoffmann-Becking GesR 2001 deckt sich der Anfechtungsausschluß des § 32 UmwG vollauf mit § 210 UmwG.

1188 *Ganske* Begr.RegE UmwBerG 1994, zu § 32 UmwG, S. 71.

als den Grundfall[1189] bzw. Grundtatbestand[1190] einer Umwandlung - *exemplarisch* für alle anderen Anfechtungsausschlußtatbestände geregelt[1191]. Vor diesem Hintergrund kann dem Fehlen eines entsprechenden Hinweises in der Begründung zu § 210 UmwG, auf das sich der BGH maßgeblich zu stützen scheint[1192], keine entscheidende Bedeutung beigemessen werden. Im Gegenteil läßt sich doch gerade aus dem Umstand, daß § 32 UmwG die „gleiche" Regelung wie § 210 UmwG enthält, der Schluß ziehen, daß entsprechend der gesetzgeberischen Vorstellung zu § 32 UmwG[1193] auch § 210 UmwG der Vorschrift des § 14 UmwG im Wesentlichen entspricht. Dafür, daß der Gesetzgeber in § 14 Abs. 2 UmwG allgemeine Grundsätze aufgestellt hat, welche auch für die entsprechenden „Abfindungstatbestände" der §§ 32, 210 UmwG Geltung besitzen, spricht auch, daß er in seiner Begründung zu § 14 UmwG das Umtauschverhältnis bzw. die umgetauschten Anteile selbst als Form der „Abfindung" betrachtet. Dies läßt insbesondere darauf schließen, daß er keine strikte Trennung bzw. Differenzierung zwischen den jeweiligen Kompensationsleistungsformen vorgenommen hat[1194]. Die Materialien bieten daher einen hinreichenden Anhaltspunkt für die Annahme, daß der Gesetzgeber die Absicht hatte, die Rüge unzureichender Information auch hinsichtlich der anzubietenden Abfindung zum einen nicht generell, zum anderen aber auch nicht zugunsten des Spruchverfahren auszuschließen[1195]. Schließlich hätte der Gesetzgeber ansonsten niemals angenommen bzw. auch nur annehmen können, daß die Vorschrift des § 32 UmwG derjenigen des § 14 Abs. 2 UmwG „entspricht"[1196], wenn sich die beiden Anfechtungsausschlüsse tatsächlich in *Wesen und Umfang* mit derart weitreichenden und einschneidenden Konsequenzen für den Minderheitenschutz durch ausführliche Vorabinformation unterschieden. Vielmehr wäre ein entsprechender Verweis in der Begründung zu § 32 UmwG unterblieben bzw. hätte er sich von vornherein verboten. Für § 210 UmwG kann

---

1189 *J.Semler/Stengel* in Semler/Stengel UmwG Einleitung A Rn. 69; vgl. *Ganske* Begr.RegE UmwBerG 1994, zu Art.1, S. 33.

1190 *Lutter/Lutter/Drygala* UmwG § 2 Rn. 2.

1191 Vgl. dafür, daß das Recht der Verschmelzung gewissermaßen den vor die Klammer vorgezogenen Allgemeinen Teil des UmwG darstellt *Stratz* in Schmitt/Hörtnagl/Stratz UmwG vor §§ 2-38 Rn. 4; siehe instruktiv zu Aufbau und Systematik des UmwG („Baukastensystem") den Überblick bei *J.Semler/Stengel* in Semler/Stengel UmwG Einleitung A Rn. 60ff.

1192 BGHZ 146, 179, 188 – *MEZ*; BGH ZIP 2001, 412, 414 – *Aqua Butzke*.

1193 *Ganske* RegBegr. UmwBerG 1994, zu § 32 UmwG, S. 71.

1194 Vgl. *Ganske* Begr.RegE UmwBerG 1994, zu § 14 UmwG, S. 51; in diesem Sinne ist auch der gleichzeitige Hinweis auf die alte Regelung des § 352c AktG a.F. und auf die rein abfindungsbezogene Regelung des § 305 AktG zu verstehen. Der Gesetzgeber scheint von daher zu differenzieren zwischen Abfindung im engeren Sinne - §§ 29, 207 UmwG - und Abfindung im weiteren Sinne, welche *daneben* auch das Umtauschverhältnis bzw. die umgetauschten Anteile erfaßt.

1195 Im Ergebnis ebenso *Baums* Gutachten 63. DJT, F 125ff., nach dessen Ansicht insofern nur ein Anfechtungsausschluß de lege ferenda in Betracht kommt (F 129).

1196 *Ganske* RegBegr. UmwBerG 1994, zu § 32 UmwG, S. 71.

angesichts seiner inhaltlichen und sachlichen Übereinstimmung mit § 32 UmwG hier nichts anderes gelten.
Daß diese Deutung im Einklang mir der gesetzgeberischen Vorstellung eines entsprechend restriktiven Verständnisses der §§ 32, 210 UmwG steht, wird auch aus der Begründung zu § 34 UmwG deutlich, welche ausweislich der Begründung des § 212 UmwG eben dieser Vorschrift entspricht[1197]. Dort weist der Gesetzgeber auf die besondere Bedeutung des A-priori-Schutzes der betroffenen Anteilsinhaber hin, welcher durch die Einführung und nähere Gestaltung des schriftlichen Verschmelzungsberichts beträchtlich gestärkt worden ist[1198]. Im Zusammenhang mit den § 32, 34 UmwG kann der Gesetzgeber hier nur die ausführliche Information zur Barabfindung im Rahmen des A-priori-Schutzes angesprochen haben. Diese Information ist demzufolge nach der gesetzgeberischen Auffassung erst Voraussetzung dafür, daß sich der Anteilsinhaber gemäß § 34 UmwG an das Gericht wenden will[1199]; keineswegs soll er sich dorthin für die Erlangung der zuvor vorenthaltenen Information wenden müssen.
Diese Auffassung, daß die im Rahmen der Begründung zu § 14 Abs. 2 UmwG klargestellte Ablehnung einer Einbeziehung von wertbezogenen Informationsmängeln gleichermaßen für die §§ 32, 210 UmwG Geltung beansprucht, steht auch im Einklang mit der Gesetzgebungsgeschichte des § 14 Abs. 2 UmwG. Denn bereits die im Rahmen der Diskussion des DiskE und RefE UmwG geäußerte Kritik hinsichtlich der fehlenden Einbeziehung der Informationsrüge beschränkte sich keineswegs auf die Anfechtbarkeit wegen unzureichender Information im Hinblick auf das *Umtauschverhältnis*. Sie galt vielmehr in gleichem Maße auch der Anfechtungsmöglichkeit wegen entsprechender Informationsdefizite in Bezug auf die anzubietende *Abfindung*[1200]. Da der Gesetzgeber jedoch die Kritik der Nichteinbeziehung von Informationsmängeln schon für das in der Vorschrift des § 14 Abs. 2 UmwG zu erblickende Regelungsvorbild abgelehnt hatte, erübrigte sich eine weitere Stellungnahme im Rahmen der Begründung der Parallelnormen des § 32 UmwG sowie des - diesem sachlich entsprechenden - § 210 UmwG.
Schließlich treffen auch die gesetzgeberischen Einwände gegen die Einbeziehung der Rüge von Informationsmängeln in den Anfechtungsausschluß[1201] sachlich auf den Ausschlußtatbestand des § 210 UmwG zu. Wie bereits dargestellt, ist das Spruchverfahren als Verfahren zur Bereitstellung bzw. Nachholung der *beschluß-*

1197 *Ganske* RegBegr. UmwBerG 1994, zu § 212 UmwG, S. 210: „Die Vorschrift des § 212 UmwG entspricht § 34 UmwG, auf dessen Begründung verwiesen wird."

1198 *Ganske* RegBegr. UmwBerG 1994, zu § 34 UmwG, S. 72.

1199 Vgl. *Ganske* RegBegr. UmwBerG 1994, zu § 34 UmwG, S. 72.

1200 Siehe dazu *Hommelhoff* ZGR 1993, 452, 471; siehe bereits *Kleindiek* Bericht über die Diskussion ZGR 1990, 479, 481; vgl. auch Röhricht in IDW Reform des Umwandlungsrechts, S. 64ff., S. 68, der – anders als *Hommelhoff* aaO - begrifflich nicht differenziert, sondern allgemein von Kompensation spricht und damit auch den Fall der Abfindung anspricht; ebenso *Hirte* in IDW Reform des Umwandlungsrechts, S. 87 unter Bezugnahme auf *Röhricht* aaO.

1201 Siehe oben B.II.3.b)dd)(4)(a)(aa).

vorbereitenden Information prinzipiell ungeeignet[1202], wobei dies gleichermaßen für die Information zum Umtauschverhältnis wie für die Information zur Abfindung gilt. Ebenso wenig ist die Auskunftsklage (§ 132 AktG) geeignet, das Informationsinteresse des Aktionärs zu wahren[1203]. Denn diese betrifft nur die Erzwingung der in der Hauptversammlung verweigerten Auskünfte, nicht hingegen die unterlassene Vorabinformation im Umwandlungs- bzw. Prüfungsbericht und ermöglicht zudem auch keine Überprüfung der Richtigkeit der erteilten Auskunft[1204]. Da das Interesse an abfindungswertbezogener Information beim Formwechsel ebensowenig anderweitig gewahrt ist wie bei der Information im Hinblick auf das Umtauschverhältnis bei der Verschmelzung, kann die Beurteilung der Reichweite der Anfechtungsausschlüsse im Hinblick auf die Einbeziehung der wertbezogenen Informationsrügen von daher nur einheitlich ausfallen[1205].
Die Begründung zu § 14 Abs. 2 UmwG erlaubt vor diesem Hintergrund sehr wohl Rückschlüsse für die Auslegung nicht nur des § 32 UmwG[1206], sondern auch des § 210 UmwG. Danach ist davon auszugehen, daß sich der Gesetzgeber nicht nur im Rahmen der Vorschrift des § 14 Abs. 2 UmwG, sondern darüber hinaus trotz des abweichenden Wortlauts gleichermaßen auch im Rahmen der §§ 32, 210 UmwG hinsichtlich der wertbezogenen – abfindungswertbezogenen - Informationsrüge gegen einen materiell-rechtlichen Anfechtungsausschluß verbunden mit ihrer Verweisung ins Spruchverfahrens entschieden hat[1207].

(bb) Voraussetzungen eines (erforderlichen) Unbedenklichkeitsbeschlusses gemäß §§ 198 Abs. 3, 16 Abs. 3 UmwG im Falle der Verletzung abfindungswertbezogener Informationsrechte

In der Konsequenz dieser Entscheidung löst nach der gesetzgeberischen Konzeption damit auch die auf die Verletzung abfindungswertbezogener Informationspflichten gestützte Anfechtungsklage die Registersperre aus mit der Folge, daß diese lediglich im Wege des Unbedenklichkeitsverfahrens überwunden werden

---

1202 Siehe oben B.II.3.b)cc)(2).

1203 Siehe oben B.II.3.b)dd)(4)(a)(ba)(ii).

1204 Vgl. *Hoffmann-Becking* in Henze/Hoffmann-Becking GesR 2001, 55, 62; siehe dazu bereits oben B.II.3.b)dd)(4)(a)(ba)(ii).

1205 Zutreffend insoweit *Mülbert* FS Ulmer, 433, 447f.

1206 Vgl. im Ergebnis ebenso *Baums* Kommissionsbericht Corporate Governance Rn. 134 (S. 164), der offenbar eine Übertragung der BGH-Rechtsprechung (BGH *MEZ* und *Aqua Butzke*) auf die Parallelnorm des § 32 UmwG unter Hinweis auf die Gesetzesbegründung zu § 14 Abs. 2 UmwG für bedenklich hält. Konsequenterweise hätte er jedoch die Bedeutung der gesetzgeberischen Aussage zu § 14 Abs. 2 UmwG auch für die - mit § 32 UmwG übereinstimmende - Regelung des § 210 UmwG annehmen und folgerichtig die höchstrichterliche Rechtsprechung in Frage stellen müssen.

1207 Im Ergebnis ebenso *Bayer* ZGR 1995, 613, 617f.; *Veil* Umwandlung einer AG, S. 186; vgl. auch *Mülbert* FS Ulmer, 433, 447f.

kann[1208]. Für die Frage, unter welchen Voraussetzungen ein Unbedenklichkeitsbeschluß trotz der Erhebung einer auf die Verletzung abfindungswertbezogener Informationspflichten gestützten Anfechtungsklage ergehen darf, kann demzufolge prinzipiell nichts anderes gelten als für den Fall der Verletzung der Informationsrechte im Hinblick auf das Umtauschverhältnis. Hierfür spricht bereits die formale Gleichstellung der Berichtspflichten im Hinblick auf Umtauschverhältnis und Barabfindung[1209]. Zudem resultiert der Informationsanspruch des Aktionärs in Bezug auf die anzubietende Barabfindung gleichermaßen wie in Bezug auf das Umtauschverhältnis aus der Kompetenz hinsichtlich der Bestimmung der jeweiligen Kompensationsleistung, welche trotz der Verlagerung des Streits um ihre Angemessenheit ins Spruchverfahren bei der Hauptversammlung verbleibt[1210]. Von daher liefe es der umwandlungsgesetzlichen Systematik zuwider, die Informationsrüge im Hinblick auf die Barabfindung anders zu behandeln als die Informationsrüge in Bezug auf das Umtauschverhältnis[1211]. Ihre Gleichbehandlung erscheint auch insofern erforderlich und systemstimmig, als das Spruchverfahren für den Fall, daß die Informationsrechtsverletzung die Begründung und Erläuterung der Abfindung betrifft, nicht etwa ein „Mehr an Rechtsschutz" gegenüber dem Fall zu gewährleisten in der Lage ist, daß sie die Begründung und Erläuterung des Umtauschverhältnisses betrifft. Das Spruchverfahren kann hier insoweit gegenüber der Anfechtungsklage keinen „gleichwertigeren" Rechtsschutz bieten, welcher eine unterschiedliche Behandlung der jeweiligen Informationsrügen rechtfertigen könnte. Statt dessen ist das Spruchverfahren für beide Fälle gleichermaßen ungeeignet[1212]. Dies bekräftigt insoweit die Richtigkeit der Auffassung, daß dem Umstand, daß die Begründung zu § 16 UmwG lediglich den Fall des Umtauschverhältnisses anspricht, einen entsprechenden ausführlichen Hinweis auf die Barabfindung hingegen nicht aufweist, keine entscheidende Bedeutung beigemessen werden kann[1213]. Die Rüge der mangelhaften abfindungswertbezogenen Information ist insofern trotz ihrer fehlenden Erwähnung in den Materialien ebenso zu behandeln wie die Informationsrüge im Hinblick auf das Umtauschverhältnis.
Demzufolge kann zwar auch die unzureichende Begründung oder Erläuterung der Barabfindung im Einzelfall als geringfügig anzusehen sein[1214]. Allerdings verbie-

---

1208 Im Ergebnis ebenso *Veil* Umwandlung einer AG, S. 187; *Bayer* in Hommelhoff/Lutter/Schmidt/Schön/Ulmer Corporate Governance 2002, 137, 148f.; *ders.* ZGR 1995, 613, 617; vgl. auch – wenn auch mit anderem Ergebnis - *Mülbert* FS Ulmer, 433, 447f.

1209 Siehe dazu oben B.II.3.b)aa)(2)(b)(aa).

1210 Vgl. *Lutter/Lutter/Drygala* UmwG § 12 Rn. 12.

1211 Vgl. im Ergebnis ebenso *Bayer* in Hommelhoff/Lutter/Schmidt/Schön/Ulmer Corporate Governance 2002, 137, 148 in Fn.56 a.E.; *Grunewald* ZIP 2002, 18, 21.

1212 Siehe oben B.II.3.b)cc)(2).

1213 Siehe dazu oben B.II.3.b)dd)(4)(b)(aa).

1214 So zutreffend noch *Lutter/Decher* UmwG (2. Aufl..) § 198 Rn. 44.

tet sich auch hier jede generalisierende Betrachtung[1215] in dem Sinne, daß die Geringfügigkeit bereits deswegen angenommen werden könnte, weil dem Anteilsinhaber das Spruchverfahren zur Überprüfung der Angemessenheit der Barabfindung offen steht[1216]; statt dessen ist auch hier eine Entscheidung nach den Umständen des Einzelfalles erforderlich[1217]. Ebensowenig kann der Auffassung gefolgt werden, die Rüge der Verletzung abfindungswertbezogener Informationsrechtsverletzung sei stets von keinem nennenswerten Gewicht[1218]. Wäre diese Sichtweise zutreffend, liefe der Minderheitenschutz durch Information leer[1219]. Das Ergebnis der Interessenabwägung wäre stets zugunsten des Vollzugsinteresses präjudiziert. Diese Konsequenz ist aus rechtspolitischen Gründen äußerst bedenklich und letztlich nicht hinnehmbar. Vielmehr ist die Frage der Geringfügigkeit m.E. im Einzelfall danach zu beantworten, ob die Information im Hinblick auf die Barabfindung eine Plausibilitätskontrolle hinsichtlich der der Ermittlung und Begründung der Barabfindung zugrundeliegenden Unternehmensbewertung ermöglicht hat und die Anteilsinhaber eine eigenverantwortliche Entscheidung treffen konnten. Die Geringfügigkeit wird man daher – ebenso wie im Fall der Verletzung der Informationsrechte im Hinblick auf die Begründung und Erläuterung des Umtauschverhältnisses - bejahen können, wenn der Umwandlungsbericht bzw. der Prüfungsbericht im Hinblick auf die Erläuterung und Begründung der anzubietenden Barabfindung kleinere Mängel aufweist oder die Verletzung

1215 Siehe dazu oben B.II.3.b)dd)(4)(a)(ba)(i). - Von daher kann der Ansicht, die auf entsprechende Informationsmängel gestützte Anfechtungsklage sei per se "offensichtlich unbegründet" im Sinne des § 16 Abs. 3 UmwG (*Lutter/Decher* UmwG § 198 Rn. 45 und 62; *Hirte* ZHR 167 (2003), 8, 12), nicht gefolgt werden. Zudem steht diese Ansicht von *Lutter/Decher* aaO. nicht im Einklang mit seiner zutreffenden Aussage, dass es des besonderen Verfahrens zur Überwindnung der Registersperre gemäß §§ 198 Abs. 3, 16 Abs. 3 UmwG nicht bedarf für den Fall, daß eine Anfechtungsklage auf einen Ausschlußgrund des § 210 UmwG gestützt wird, vgl. insoweit *Lutter/Decher* UmwG § 210 Rn. 3, s. dazu oben B.II.3.b)dd)(3).

1216 Zu weitgehend daher bereits *Lutter/Decher* UmwG (2. Aufl..) § 198 Rn. 44 und 52.

1217 Siehe zum Erfordernis der Einzelfallentscheidung oben B.II.3.b)dd)(4)(a)(ba)(i).

1218 So aber *Veil* Umwandlung einer AG, S. 187, dessen Ansicht in bemerkenswertem Gegensatz zu der von ihm vertretenen und richtigen Auffassung steht, die Information bezüglich der Barabfindung sei für die Entscheidungsfindung der Aktionäre von wesentlicher Bedeutung, so daß die ordnungsgemäße Erteilung durch die Anfechtungsklage sanktioniert werden muß (vgl. *Veil* aaO).

1219 Nicht gefolgt werden kann daher der Auffassung, der Zweck, die Gesellschaft zur ordnungsgemäßen Information anzuhalten, werde bereits durch die Anfechtbarkeit an sich gewährleistet, weshalb das Aufschubinteresse bei der Rüge unzureichender Information vor der Beschlußfassung nicht das Vollzugsinteresse überwiegen könne (so aber *Veil* Umwandlung einer AG, S. 176). Hätte die Gesellschaft lediglich eine Verzögerung und nicht die Versagung des Vollzugs der Umwandlung zu befürchten, so bestünde die Gefahr, daß die Gesellschaften dies entsprechend in ihr Kalkül bzw. in ihre Informationspolitik mit einbeziehen könnten und sie die für den Minderheitenschutz wesentlichen Informationspflichten insoweit sanktionslos verletzen könnten; vgl. zu dieser Gefahr bereits oben B.II.3.b)dd)(2)(b)(ba)(ii).

des Auskunftsrechts des Aktionärs nicht ins Gewicht fällt[1220]. Letzteres wird man insbesondere annehmen können, wenn sich das Auskunftsverlangen auf Punkte bezieht, welche sich bereits hinreichend aus den ausgelegten Umwandlungsbericht und Prüfungsbericht[1221] ergeben. Nicht hingegen wird man das Fehlen des Prüfungsberichts oder seine fehlende Offenlegung als geringfügig einstufen können. Schließlich ist die Bedeutung, welche der Gesetzgeber der Prüfung gemäß §§ 208, 30 Abs. 2 UmwG und der Information über die Prüfung beigemessen hat[1222], keineswegs gering, sondern gehört im Gegenteil zum Schwerpunkt der zu gewährenden Information. Gegen die Geringfügigkeit spricht bereits, daß die Frage hinsichtlich des „ob“ des Prüfungsberichts nicht zur Disposition der Mehrheit steht[1223]. Außerdem ist die Intensität der Verletzung, auf die bei der Frage der Geringfügigkeit der Informationsverletzung abzustellen ist[1224], im Falle des Fehlens des Prüfungsberichts oder seiner Offenlegung schwerwiegend[1225]. Käme man in diesen Fällen zur Annahme der Geringfügigkeit, so drohte die Prüfungsberichtspflicht im Ergebnis gänzlich leerzulaufen, wenn der denkbar weitestgehende Verstoß gegen sie sanktionslos bliebe. Darüber hinaus liegt mit dem Fehlen des Prüfungsberichts bzw. seiner fehlenden Offenlegung – wie dies im Fall *Aqua Butzke*[1226] der Fall war - ein offenkundiger Mangel vor. In diesen Fällen kommt ein Unbedenklichkeitsbeschluß mangels berechtigten bzw. schutzwürdigen Vollzugsinteresses des beklagten Rechtsträgers jedoch von vornherein nicht in Be-

1220 Vgl. entsprechend oben B.II.3.b)dd)(4)(a)(ba)(iii).

1221 Siehe zur Offenlegungspflicht der Berichte oben B.II.3.b)aa)(3).

1222 Siehe dazu oben B.II.3.b)aa)(2)(b).

1223 Zum Teil wird vertreten, daß für den Fall, daß die geltend gemachte Rechtsverletzung eine Rechtsnorm betrifft, von der durch Mehrheitsbeschluß abgewichen werden kann (z.B. § 53 Abs. 2 GmbHG, § 179 Abs. 2 AktG), diese Disponibilität *für* die Geringfügigkeit der Rechtsnorm bzw. des Verstoßes gegen sie spricht (*Rettmann* Rechtmäßigkeitskontrolle, S. 140). Gegen die Tauglichkeit dieses Kriteriums der Geringfügigkeit wird zu Recht eingewandt, daß etwa Minderheitenrechte, welche einmal durch Mehrheitsbeschluß eingeräumt worden sind, nicht unter Berufung auf ihre Abänder- oder Aufhebbarkeit verletzt bzw. ausgehöhlt werden können (vgl. *Heermann* ZIP 1999, 1861, 1866). In diesem Zusammenhang wird man statt dessen jedoch sagen können, daß der Umstand, daß die Befolgung einer Rechtsnorm, welche – wie die der Prüfungs- und Prüfungsberichtspflicht im Sinne der §§ 208, 30 Abs. 2 UmwG (s.o. B.II.3.b)aa)(2)(d)) – ausdrücklich der Mehrheitsmacht entzogen ist, angesichts der dieser „Indisponibilität“ bzw. „Mehrheitsfestigkeit“ immanenten gesetzgeberischen Wertung (siehe dazu oben B.II.3.b)bb)(2)(d)) gerade *gegen* die Annahme der Geringfügigkeit ihrer Verletzung sprechen dürfte.

1224 Vgl. oben B.II.3.b)dd)(4)(a)(ba)(iii).

1225 Vgl. von daher im Ergebnis zu recht in diesem Sinne für die Anfechtungsklage im Falle des Fehlens der Prüfung oder des Prüfungsberichts ohne entsprechenden (wirksamen) Verzicht *Vollrath* in Widmann/Mayer UmwG § 208 Rn. 11; im Ergebnis ebenso *Meister/Klöcker* in Kallmeyer UmwG § 208 Rn. 9; *Müller* in Kallmeyer UmwG § 30 Rn. 17.; *Zeidler* in Semler/Stengel UmwG § 208 Rn. 8 Fn.13, § 12 Rn. 3; *Bayer* EWiR 1998, 469, 470.

1226 BGH ZIP 2001, 412 – *Aqua Butzke*.

tracht[1227]. Raum für die Annahme der Geringfügigkeit der Verletzung abfindungswertbezogener Informationspflichten ist daher etwa auch in solchen Fällen, in denen der Umfang der Informationspflicht für den Umwandlungsbericht bzw. Prüfungsbericht oder im Rahmen der Auskunftserteilung im Detail zwar nicht zweifelsfrei festgestellt werden kann[1228], die durch das Gesetz bezweckte Plausibilitätskontrolle aufgrund der erteilten Information jedoch hinreichend ermöglicht worden ist.

Zu beachten ist schließlich auch hier, daß zur Überwindung der Registersperre im Wege des Unbedenklichkeitsverfahrens die Feststellung der Geringfügigkeit allein nicht ausreicht, sondern daß der beklagte Rechtsträger darüber hinaus gemäß §§ 198 Abs. 3, 16 Abs. 3 S. 2 UmwG in jedem Fall *wesentliche* Nachteile konkret darzulegen hat[1229]. Solche wesentlichen Nachteile sind bei einem Formwechsel in der Regel nur sehr schwierig glaubhaft zu machen[1230]. Der Formwechsel ist mit keinerlei Vermögensübertragungen verbunden[1231]. Gewichtige Synergieeffekte lassen sich für den Vollzug eines Formwechsels ebenso wenig anführen wie erhebliche konkrete Kostennachteile, die mit dem Unterbleiben des Formwechsels verbunden wären[1232]. Der beklagte Rechtsträger hat insofern aufzuzeigen, warum es für ihn mit - gemäß §§ 198 Abs. 3 i.V.m. 16 Abs. 3 S. 2 3.Var. UmwG in jedem Fall erforderlichen – *wesentlichen* Nachteilen verbunden ist, daß er bis zur Entscheidung über die Anfechtungsklage im Hauptverfahren seine bisherige Rechtsform beibehalten soll. Dies wird ihm nur im Ausnahmefall, nämlich nur dann gelingen, wenn die Zielrechtsform bestimmte Möglichkeiten bietet, die der Ausgangsrechtsform verschlossen sind[1233]. Von daher ist festzuhalten, daß das Vollzugsinteresse beim Formwechsel grundsätzlich schwierig glaubhaft zu machen ist[1234]. Können demnach wesentliche Nachteile nicht dargelegt werden, so scheidet folgerichtig ein Unbedenklichkeitsbeschluß im Ergebnis auch bei nur

---

1227 Siehe oben B.II.3.b)dd)(2)(b)(ba)(ii); in diesem Zusammenhang überrascht die im Rahmen eines Rechtsprechungsberichts geäußerte Ansicht eines Mitglieds des II. Zivilsenats, § 16 Abs. 3 UmwG helfe bei der Rüge abfindungswertbezogener Informationsrechtsverletzung regelmäßig nicht weiter, weil die Berechtigung solcher Rügen für das Gericht häufig zunächst nur schwer zu beurteilen und damit einer schnellen Entscheidung durch Freigabeentschlüsse entzogen sei, so *Röhricht* in VGR GesR 2001, 3, 29. Schließlich war im Fall *Aqua Butzke* die Berechtigung der Anfechtungsklage gerade nicht schwer zu beurteilen.

1228 Vgl. im Ergebnis ebenso *Bayer* ZGR 1995, 613, 625.

1229 Siehe oben B.II.3.b)dd)(2)(b)(ba)(i); vgl. zum Formwechsel OLG Frankfurt ZIP 1997, 1291, 1292 – *Chemische Werke Brockhues.*

1230 *Stratz* in Schmitt/Hörtnagl/Stratz UmwG § 16 Rn. 56 und § 198 Rn. 12; *Timm* ZGR 1996, 247, 259.

1231 *Timm* ZGR 1996, 247, 259.

1232 *Lutter/Decher* UmwG (2. Aufl..) § 198 Rn. 47.

1233 *Timm* ZGR 1996, 247, 259, der hierfür als Beispiel die Eröffnung des Zugangs zur Börse aufführt.

1234 *Stratz* in Schmitt/Hörtnagl/Stratz UmwG § 16 Rn. 56 und § 198 Rn. 12.

geringfügigen Rechtsverletzungen aus[1235]. In der Praxis hat demgemäß die Schwierigkeit der Substantiierung *wesentlicher* Nachteile dazu geführt, daß Verfahren zur Überwindung der Registersperre gemäß §§ 198 Abs. 3, 16 Abs. 3 UmwG ganz überwiegend erfolglos geblieben oder im Wege des Vergleichs beendet worden sind[1236]. Dieses Ergebnis mag rechtspolitisch unbefriedigend sein, es beruht indes auf der konsequenten Auslegung des Gesetzes im Sinne des Willens des Gesetzgebers, der sich bewußt für die Einführung der Registersperre und die damit verbundene Erschwerung des Formwechsels entschieden hat[1237].

(5) Ergebnis

Die Untersuchung des Zusammenspiels der beiden Regelungen mit "beschlußerhaltender Tendenz", des Anfechtungsausschlusses gemäß § 210 UmwG einerseits und der Möglichkeit der Überwindung der Registersperre im Wege des Unbedenklichkeitsverfahrens gemäß §§ 198 Abs. 3 i.V.m. 16 Abs. 3 UmwG andererseits, hat gezeigt, daß die Annahme einer Einbeziehung jeglicher abfindungswertbezogener Informationsrechtsverletzung in den Anwendungsbereich des Anfechtungsausschlusses gemäß § 210 UmwG erheblichen systematischen Zweifeln begegnet und von daher abzulehnen ist.
Daß dieses Ergebnis der gesetzgeberischen Konzeption dieses Zusammenspiels entspricht, wird durch den Kontext der in § 202 UmwG getroffenen Anordnung des Bestandsschutzes nach Eintragung gestützt, welche in diesem Zusammenhang zu berücksichtigen ist[1238]. Nach der Vorstellung des Umwandlungsgesetzgebers entspricht es nicht nur im Verschmelzungsrecht, sondern gleichermaßen im Recht des Formwechsels der Einschränkung der Nichtigkeit des Formwechsels, die Stellung der Anteilsinhaber vor dem Wirksamwerden des Formwechsels durch Unterrichtungs- und Prüfungsrechte zu verstärken[1239]. D.h. nach der Auffassung des Gesetzgebers findet die Bestandskraft des Formwechsels nach seiner Eintragung ihre sachliche Rechtfertigung erst in der Garantie eines effektiven A-priori-Schutzes durch umfassende Information insbesondere durch Bericht und Prüfungsbericht; insbesondere durch wertbezogene Information in Bezug auf die anzubietenden Kompensationsleistungen. Dabei ist im Verschmelzungsrecht nicht

---

1235 Vgl. im Ergebnis ebenso *Decher* in GroßKomm AktG § 131 Rn. 405; siehe oben B.II.3.b)dd)(2)(b)(ba)(i).

1236 Vgl. die Nachweise bei *Lutter/Decher* UmwG (2. Aufl..) § 198 Rn. 47 in Fn.42.

1237 Vgl. *Decher* in Lutter Kölner Umwandlungsrechtstage, 201, 214; *Happ* in Kölner Umwandlungsrechtstage, 223, 239; *Ganske* Begr.RegE UmwBerG 1994, vor §§ 228ff. UmwG, S. 223

1238 Vgl. *Noack* ZHR 164 (2000), 274, 276; siehe bereits oben B.II.3.b)dd)(1).

1239 *Ganske* Begr.RegE UmwBerG 1994, zu § 20 UmwG, S. 62, für die verschmelzungsrechtliche Regelung des § 20 Abs. 2 UmwG, deren Begründung auch für die Parallelvorschrift im Recht des Formwechsels zutrifft, vgl. *Ganske* Begr.RegE UmwBerG 1994, zu § 202 UmwG, S. 204; siehe bereits oben B.II.3.b)dd)(1).

zwischen Umtauschverhältnis und Barabfindung differenziert, schließlich ist die Prüfung beim Formwechsel auch auf die Abfindung beschränkt, woraus ersichtlich wird, daß der Gesetzgeber hier nur die abfindungswertbezogene Information angesprochen haben kann. Dieser gesetzgeberischen Wertung entspricht es, dem Aktionär dann ein Anfechtungsrecht mit der Folge der Registersperre einzuräumen, wenn er in diesen vom Gesetzgeber angesprochenen wertbezogenen Informationsrechten verletzt worden ist. Vor diesem Hintergrund kann und darf der Aktionär bei wertbezogenen Informationsrechtsverletzung – gleich, ob das Umtauschverhältnis oder die Barabfindung betroffen ist - nicht auf ein Verfahren verwiesen werden, welches das Eintragungsverfahren nicht hindern soll[1240] und damit für ausreichenden Schutz erst nach dem irreversiblen Wirksamwerden des Formwechsels sorgen kann bzw. soll. Anderenfalls erhielte der Anteilsinhaber entgegen der Intention des Gesetzgebers diese wertbezogene Information erst im Spruchverfahren und demzufolge nicht *vor*, sondern erst *nach* Wirksamwerden der Verschmelzung bzw. des Formwechsels. Die wertbezogene Information durch Bericht und Prüfung muß indes vor der Eintragung sichergestellt sein. Hierfür ist der Aktionär auf das Rechtsschutzinstrument der Anfechtungsklage angewiesen.

Die vom II. Zivilsenat und der ihm folgendenden Literaturansicht[1241] befürwortete Annahme eines generellen Anfechtungsausschlusses wegen abfindungswertbezogener Informationsrechtsverletzungen gemäß § 210 UmwG ermöglicht es zwar, unberechtigte bzw. mißbräuchlich erhobene Informationsrügen "unschädlich" zu machen. Insofern besteht an ihrer "Eignung" im Hinblick auf eine effektive Mißbrauchsbekämpfung kein Zweifel. Sie ist indes zu "starr" und unflexibel. Da sie keinerlei Differenzierung zwischen berechtigten und unberechtigten bzw. mißbräuchlichen Informationsrügen erlaubt, ist sie insofern in ihrer "Filterwirkung" zu *breitflächig* und von daher unverhältnismäßig. Der hier vertretene Weg einer Entschärfung des Problems der mißbräuchlich erhobenen wertbezogenen Informationsrüge mittels Anfechtungsklage über die prozeßrechtliche Lösung, welche das Unbedenklichkeitsverfahren gemäß § 16 Abs. 3 S. 2 UmwG vorsieht, verdient insofern den Vorzug, als dieser Weg eben diese Differenzierung anhand der Umstände des Einzelfalls erlaubt und infolgedessen das flexiblere, einzelfallgerechtere und zugleich "mildere Mittel" darstellt. Diese Lösung kommt der Vorstellung des Gesetzgebers am nächsten, der sich im Rahmen der materiellrechtlichen Einschränkung der Anfechtungsklage sowie ihrer prozeßrechlichen Einschränkung gegen eine generalisierende Betrachtung und für die Beurteilung anhand der Umstände des Einzelfalls entschieden hat. Mit seinen beiden Urteilen hat der BGH bei seiner Interpretation des § 210 UmwG in der praktischen Konsequenz genau diese generalisierende Betrachtung vorgenommen, welche das Ergebnis der Beurteilung der Geringfügigkeit der wertbezogenen Informations-

1240 Siehe dazu oben A.IV.1.b).

1241 Siehe Nachweise oben B.II.2.a).

rüge stets *präjudiziert*. Dies geht nicht zuletzt aus der Urteilsbegründung hervor, wonach abfindungswertbezogene Informationsmängel fast ausschließlich dem Ziel dienten, die Hauptrüge, das Angebot sei zu niedrig, zu begründen[1242]. Im Ergebnis läuft dies auf die unterschiedslose Unterstellung der bewußten Umgehung des Anfechtungsausschlusses hinaus. Diese Interpretation widerspricht damit der gesetzgeberischen Absicht, diese generalisierende Betrachtungsweise durch die Anordnung der Einzelfallprüfung gerade zu vermeiden[1243].
Die extensive Auslegung des § 210 UmwG, mit der der BGH eine Begrenzung des Umfangs der Registersperre beabsichtigt[1244] und im Wege derer er - bildlich gesehen - gewissermaßen die "Klippe der Registersperre umschifft", erscheint vor dem Hintergrund der durch das Unbedenklichkeitsverfahren zur Verfügung bereitgestellten Differenzierungsmöglichkeit als eine *Überreaktion* auf das Mißbrauchsszenario[1245]. Diesbezüglich gilt es schließlich zu beachten, daß es sich bei den mißbräuchlichen Anfechtungsklägern bzw. Berufsopponenten, die noch aus kleinsten Fehlern bei der Beschlußfassung Kapital schlagen wollen, zahlenmäßig lediglich um eine verschwindend geringe Ausnahmeerscheinung und nicht etwa um ein Massenphänomen handelt[1246]. Es ist jedoch nachhaltig davor zu warnen, komplexe Verfahrensmechanismen ganz auf den Mißbrauchsfall zuzuschneiden, dabei den Normalfall aus dem Auge zu verlieren und so letztlich zu Lösungen zu kommen, die dem Schutzbedürfnis der weit überwiegenden Anzahl der redlichen Aktionäre nicht gerecht werden[1247]. Überlegungen zur Einschränkung der Anfechtungsklage dürfen nicht im Sinne bloßer „Mißbrauchsverhinderungsvorschläge"

1242 BGHZ 146, 179, 183 – *MEZ*; BGH ZIP 2001, 412, 413 – *Aqua Butzke*.

1243 Zudem ist nicht ersichtlich, warum derartige Rügen "fast ausschließlich" dem Ziel dienen sollen, die Hauptrüge, das Angebot sei zu niedrig, zu begründen, so BGHZ 146, 179, 183 – *MEZ*; BGH ZIP 2001, 412, 413 –*Aqua Butzke*. Interesant ist, daß sich diese Auffassung inhaltlich mit der Kritik deckt, welche sich im Vorfeld des UmwG 1994 gegen die Nichteinbeziehung entsprechender Inforamtionsrügen in den Anfechtungsausschlußtatbestand wendete und behauptete, entsprechende Informationsrügen stellten lediglich den Auftakt zu Forderungen nach einem höher zu bewertenden Umtauschverhältnis dar (s. dazu oben B.II.3.b)dd)(4)(a)(aa)). Wenn der die Informationsrüge erhebende Aktionär tatsächlich allein am Erhalt einer höheren Abfindung interessiert wäre, dann würde er in seinem eigenen Interesse direkt den Weg des Spruchverfahrens einschlagen und nicht erst den - auch aus seiner Sicht nachteiligen, weil den Erhalt der Abfindung hinauszögernden - Weg der Anfechtungsklage beschreiten. Denn ein Spruchverfahren kann erst in Gang gesetzt werden, nachdem die Umwandlung als ins Handelsregister eingetragen gilt, vgl. § 305 UmwG a.F.. Der redliche, allein an einer höheren Abfindung interessierte Aktionär wird daher jede Verzögerung bzw. Blockade der Strukturänderung bzw. ihrer Eintragung tunlichst vermeiden, damit ein Spruchverfahren möglichst zügig in Gang kommen kann.

1244 Vgl. BGHZ 146, 179, 182 - *MEZ*; BGH ZIP 2001, 412, 413 - *Aqua Butzke*.

1245 Vgl. zu Recht *Bayer* in Hommelhoff/Lutter/Schmidt/Schön/Ulmer Corporate Governance 2002, 137, 148.

1246 *Leinekugel* Ausstrahlungswirkungen des Umwandlungsgesetzes S. 187; vgl. *Schwarz* ZRP 2000, 330, 331; vgl. auch *Lutter* in Sitzungsberichte 63. DJT Band II/2, O 129.

1247 *Leinekugel* Ausstrahlungswirkungen des Umwandlungsgesetzes S. 187.

verengt werden[1248]. Dies hat auch und - angesichts der besonderen „Attraktivität“ des Anfechtungsausschluß als Anknüpfungspunkt für den Rückbau von Anfechtungsgründen – im besonderen Maße für den Versuch einer (weitergehenden) Einschränkung im Wege der Ausweitung des Spruchverfahrens zu gelten[1249]. Vor diesem Hintergrund muß es möglich sein, im Einzelfall und diesem jeweils gerecht werdend dem Mißbrauch zu begegnen. Erforderlich ist, daß insbesondere die Gerichte konsequent dazu beitragen, den wenigen „schwarzen Schafen“ unter den Aktionären ihr Obstruktionspotential zu nehmen[1250]. Die vom BGH vertretene denkbar *extensive* Auslegung des § 210 UmwG schießt insofern über dieses erstrebenswerte Ziel hinaus. Eine Entschärfung des Obstruktionspotentials läßt sich dagegen auf schonendere Art und Weise über § 16 Abs. 3 S. 2 UmwG und, was etwa den Mißbrauch des Fragerechts in der Hauptversammlung betrifft, insbesondere durch eine restriktive Handhabung des Tatbestandsmerkmals der Erforderlichkeit im Sinne des § 131 Abs. 1 AktG durch die Gerichte erreichen[1251]. Es steht zu befürchten, daß die pauschale und ohne jede Differenzierungsmöglichkeit getroffene Verweisung ins Spruchverfahren regelmäßig die „falschen“ Klagen treffen[1252] und darüber hinaus auch nur einen geringen Beitrag im Kampf gegen mißbräuchliche Klagen leisten können wird. Denn die Berufskläger werden sich auf andere Bereiche, etwa andere Teile der Berichte konzentrieren[1253]. Insofern ist zu bezweifeln, daß der BGH durch seine extensive Auslegung den Berufsklägern die Angriffsfläche gegen formwechselnde Umwandlungsbeschlüsse genommen hat[1254]. Bedenkt man in diesem Zusammenhang, daß mit der Rüge nicht ausreichender Begründung und Erläuterung der Kompensationsleistungen die vermögensrechtliche Seite der Strukturänderung und damit der Schwerpunkt der Berichterstattung betroffen ist[1255], so erschiene es wertungswidersprüchlich, wenn Berufskläger gerade mit der Rüge der Verletzung weniger wichtiger Berichtspflichten Erfolg hätten. Die wertbezogene Information darf insofern nicht vollumfänglich dem Anliegen zum Opfer fallen, Herr der Mißbrauchsproblematik der

---

[1248] *K.Schmidt* in Sitzungsberichte 63. DJT Bd. II/1, O 14; vgl. in diesem Sinne bereits *Zöllner* Schranken mitgliedschaftlicher Stimmrechtsmacht § 33 II. 6 (S. 392); siehe dazu kritisch bereits oben A.VI.

[1249] Vgl. in diesem Zusammenhang den treffenden Hinweis im Rahmen der Diskussion des RefE UmwG 1994 von *Bork* ZGR 1993, 343, 353, der zu Recht feststellt, daß das Spruchverfahren als solches allein schon wegen des Anfechtungsausschlusses auf breite Zustimmung stößt.

[1250] *Leinekugel* Ausstrahlungswirkungen des Umwandlungsgesetzes S. 187, der hier auf *Hommelhoff* ZGR 1993, 452, 455 verweist.

[1251] Vgl. *Bayer* in Hommelhoff/Lutter/Schmidt/Schön/Ulmer Corporate Governance 2002, 137, 148f.; siehe dazu oben B.II.3.b)aa)(5)(b)(ba).

[1252] Vgl. dazu *Bayer* ZGR 1995, 613, 623.

[1253] Vgl. insoweit zutreffend die berechtigte Befürchtung von *Heckschen* NotBZ 2001, 206, 207.

[1254] So zu Recht – wenn auch im Ergebnis abzulehnen - *Heckschen* in Heckschen/Simon § 10 Rn. 7 (S. 286), *ders.* NotBZ 2001, 206, 207, der in diesem Zusammenhang vor einem entsprechenden „Trugschluß“ warnt.

[1255] Siehe oben B.II.3.b)aa)(1)(b)(aa).

Anfechtungsklage zu werden. Schließlich steht zu befürchten, daß die Informationspflichten mangels (spürbarer) Sanktion nicht mehr ernst genommen oder sogar gar nicht mehr beachtet werden und mithin zu *leges imperfectae* verkommen[1256]. Diese Sorge läßt sich auch nicht etwa wegen der inzwischen erreichten hohen Informationsstandards als („hoffentlich") unberechtigt einstufen bzw. abtun[1257]. Denn auch die inzwischen etablierten hohen Berichtsstandards sind nur so wirksam, wie ihre Einhaltung sanktionsrechtlich abgesichert ist.

Nur das flexible Rechtsinstrument des Unbedenklichkeitsverfahrens und seine restriktive Handhabung erlauben es, die mangels ausreichender Ersatzsanktion erforderliche general-präventive Funktion der Anfechtungsklage zugunsten eines effektiven im Umwandlungsgesetz angelegten Minderheitenschutzes durch ausführliche Vorab-Information aufrechtzuerhalten und andererseits „zielgenau" die unberechtigten bzw. mißbräuchliche Vorgehensweise einiger weniger Berufsopponenten bzw. Mißbrauchskläger herauszufiltern. Allein die *Kompromißlösung* des § 16 Abs. 3 UmwG ist damit zugleich in der Lage, durch die Erteilung der Freigabe einerseits das Bedürfnis, die Mehrheit vor der Minderheit zu schützen[1258], um so die mit der unredlich erhebobenen Anfechtungsklage verbundene "zeitweilige Herrschaft der Minderheit über die Mehrheit"[1259] zu verhindern oder jedenfalls abzumildern, andererseits jedoch durch die Versagung der Freigabe die Minderheit vor der Mehrheit zu schützen und zu verhindern, daß essentielle Aktionärsrechte wie die (wertbezogenen) Informationsrechte im Ergebnis nicht gänzlich leerlaufen. Die Auslegung des § 16 Abs. 3 S. 2 UmwG, welche bereits beträchtlich in die Minderheitenrechte eingreift[1260], hat daher spezial- und generalpräventiv die Belange des Minderheitenschutzes durch Information zu berücksichtigen[1261]. Das Spruchverfahren ist hierzu weder bestimmt noch imstande.

Das systematische Verhältnis zwischen Anfechtungsausschluß und Spruchverfahren spricht mithin gegen die Erstreckung der Ausschlußwirkung des § 210 UmwG auf abfindungswertbezogene Informationsrechtsverletzungen.

1256 *Hoffmann-Becking* in Henze/Hoffmann-Becking GesR 2001, 55, 62; *ders.* WpG 2001 Sonderheft, 121, 126; *Vetter* in FS Wiedemann, 1323, 1345; *Decher* in GroßKomm AktG § 131 Rn. 65b ; *Wenger* EWiR 2001, 331, 332; *Götz* in Sitzungsberichte 63. DJT Band II/2, O 154, 156; vgl. *Bayer* ZGR 1995, 613, 617.

1257 So aber *Vetter* FS Wiedemann, 1323, 1346.

1258 Vgl. *Bayer* in VGR GesR 1999, 35, 55.

1259 Vgl. *Bayer* in VGR GesR 1999, 35, 46; vgl. dazu auch *Hirte* DB 1993, 77, 78.

1260 *Lutter/Lutter* UmwG (2. Aufl..) § 8 Rn. 55; *Bork* in Lutter Kölner Umwandlungsrechtstage, 261, 272.

1261 *Bayer* ZGR 1995, 613, 624; *Heermann* ZIP 1999, 1861, 1862; im Ergebnis ebenso *Hommelhoff* in Röhricht/Hommelhoff GesR 1997, S. 142f. sowie ihm zustimmend *Röhricht* aaO, S. 143.

ee) Zusammenfassung und Ergebnis der systematischen Auslegung

Als Ergebnis der systematischen Auslegung ist festzuhalten, daß der Regelungszusammenhang mit den ebenso umfangreichen wie differenzierten Informations- und Berichtspflichten, dem Spruchverfahren gemäß § 212 UmwG sowie dem Unbedenklichkeitsverfahren gegen ein extensive Verständnis des § 210 UmwG unter Einbeziehung von Informationsmängeln in Bezug auf die Abfindung spricht.

c) Historische Auslegung

Im Rahmen der historischen Auslegung soll untersucht werden, ob und inwieweit die Entstehungsgeschichte des § 210 UmwG Aufschluß über die Reichweite des Anfechtungsausschlusses im Hinblick auf eine mögliche Einbeziehung von abfindungswertbezogenen Informationsrügen gibt.

aa) Erweiterung der Reichweite des Anfechtungsausschlusses des § 210 UmwG gegenüber der Vorgängerregelung des § 375 Abs. 2 AktG a.F. um das fehlende und nicht ordnungsgemäße Barabfindungsangebot

§ 210 UmwG geht auf die Regelungen der § 375 Abs. 2 AktG a.F., § 13 UmwG 1969 zurück[1262]. Das fehlende sowie das nicht ordnungsgemäße Barabfindungsangebot waren bereits Gegenstand der jeweiligen Vorgängerregelungen. Da es sich dabei um einander entsprechende Regelungen handelt[1263] und der BGH in erster Linie auf die aktienrechtlichen Bestimmungen Bezug nimmt[1264], beschränkt sich die folgende Darstellung auf die aktienrechtliche Vorschrift des § 375 Abs. 2 AktG a.F..
Während § 210 UmwG den Klageausschluß auch für solche Klagen anordnet, die darauf gestützt werden, die Barabfindung sei im Umwandlungsbeschluß nicht oder nicht ordnungsgemäß angeboten worden, beschränkte sich nach altem Recht der Klageausschluß zugunsten des Spruchverfahrens auf den Fall des nicht angemessenen Barabfindungsangebots, § 375 Abs. 2 S. 1 und 2 AktG a.F.. Demgegenüber bestimmte § 375 Abs. 2 S. 3 AktG a.F., daß die Bestimmung der angemessenen Barabfindung im Spruchverfahren auch dann auf Antrag zulässig sei, wenn die Gesellschaft eine Barabfindung nicht oder nicht ordnungsgemäß angeboten hat und eine hierauf gestützte Anfechtungsklage innerhalb der Anfechtungsfrist nicht erhoben oder zurückgenommen oder rechtskräftig abgewiesen worden ist.

1262 *Lutter/Decher* UmwG § 210 Rn. 2; vgl. *Ganske* Begr.RegE UmwBerG 1994, zu § 210 UmwG, S. 210.

1263 *Dehmer* Umwandlungsrecht § 375 AktG Anm.8 (S. 800).

1264 BGHZ 146, 179, 186 - *MEZ*, BGH ZIP 2001, 412, 414 unter 1. c) – *Aqua Butzke*, der Hinweis auf das alte Umwandlungsrecht beschränkt sich dort auf die §§ 375 Abs. 2 S. 2 und 3, 369 Abs. 4 AktG aF.

bb) Interpretation des historischen Gesetzgebers durch den BGH – Verzicht auf die Zweigleisigkeit gerichtlicher Verfahren bezüglich der Barabfindung

Nach Ansicht des BGH hat der Gesetzgeber in bewußter Abkehr von den früheren Regelungen der §§ 375 Abs. 2 S. 2 und 3 AktG a.F., § 13 UmwG 1969 den Anfechtungsausschluß bewußt erweitert, indem er den Klageausschluß ausdrücklich auch für das fehlende und nicht ordnungsgemäße Abfindungsangebot angeordnet hat[1265]. Damit habe er sich zugleich bewußt von der Subsidiarität des Spruchstellenverfahrens, welche die §§ 375 Abs. 2 S. 2 und 3 AktG a.F., § 13 UmwG 1969 in diesen Fällen gegenüber der Anfechtungsklage vorsahen, verabschiedet[1266]. Dieser Interpretation zustimmend und insoweit daran anknüpfend wird in der Literatur argumentiert, daß damit der Aktionär nicht mehr - wie früher - in der Lage sei, mit Hilfe der Anfechtungsklage eine neue, nunmehr mit (erläutertem) Abfindungsangebot versehene Beschlußvorlage zu erzwingen, die dem Gesellschafter die Entscheidung zwischen Angebotsannahme und Spruchverfahren ermöglicht[1267]. Der Gesetzgeber sei von diesem Konzept gerade abgerückt[1268] und habe infolgedessen das Verhältnis zwischen Anfechtungsklage und Spruchverfahren „teilweise neu gestaltet“[1269]. Der Gesetzgeber habe damit bewußt auf die früher bestehende Zweigleisigkeit gerichtlicher Verfahren bezüglich der Barabfindung verzichtet[1270]. Infolgedessen sei das gesamte die Barabfindung betreffende Verfahren von Gesetzes wegen in das Spruchverfahren verwiesen[1271].

cc) Kritische Stellungnahme

Der Ansicht des BGH kann insoweit uneingeschränkt gefolgt werden, als der Gesetzgeber mit der Regelung des § 210 UmwG gegenüber der früheren Regelung des § 375 Abs. 2 S. 2 und 3 AktG a.F. den Anfechtungsausschluß erweitert hat, indem er den Klageausschluß ausdrücklich auch für das fehlende und nicht ordnungsgemäße Abfindungsangebot angeordnet hat[1272]. Dabei kann zwar sicherlich davon ausgegangen werden, daß es sich insoweit auch um eine „bewußte“ Entscheidung des Gesetzgebers handelt. Allerdings bleibt angesichts fehlender Anhaltspunkte in den Gesetzesmaterialien *unklar*, mit welchem konkreten Ziel der

---

1265 BGHZ 146, 179, 184 und 188 – *MEZ*; BGH ZIP 2001, 412, 413 und 414 – *Aqua Butzke*.

1266 BGHZ 146, 179, 184 – *MEZ*; BGH ZIP 2001, 412, 413 – *Aqua Butzke*.

1267 *Kleindiek* NZG 2001, 552, 555.

1268 *Kleindiek* NZG 2001, 552, 555.

1269 BGHZ 146, 179, 187 – *MEZ*; BGH ZIP 2001, 412, 414 – *Aqua Butzke*.

1270 BGHZ 146, 179, 187 – *MEZ*; BGH ZIP 2001, 412, 414 – *Aqua Butzke*.

1271 BGHZ 146, 179, 185 - *MEZ*; BGH ZIP 2001, 412, 414 – *Aqua Butzke*; ebenso *Kleindiek* NZG 2001, 552, 555.

1272 BGHZ 146, 179, 184 und 188 – *MEZ*; BGH ZIP 2001, 412, 413 und 414 – *Aqua Butzke*.

Gesetzgeber diesen Schritt vollzogen hat. Schließlich – und dies gilt es zu betonen – läßt sich der gesetzgeberischen Entscheidung zugunsten eines Anfechtungsausschlusses für sich genommen zunächst keine Aussage hinsichtlich des konkreten Inhalts und der Bedeutung der beiden Tatbestandsmerkmale - jedenfalls was eine mögliche Einbeziehung abfindungswertbezogener Informationsmängel betrifft- entnehmen; ebenso schweigen sich die Materialien zu dieser Frage aus.

Wenn auch angesichts dessen die Bestimmung von Inhalt und Bedeutung der beiden Rechtsmängel – fehlendes und nicht ordnungsgemäßes Barabfindungsangebot - Schwierigkeiten bereitet, so ist zunächst doch ebenso auffällig wie interessant, daß der Gesetzgeber sie „wortgetreu" aus dem alten Recht übernommen hat. Die Verwendung insoweit *identischer* Rechtsmängelbegriffe in den §§ 210 UmwG und 375 Abs. 2 S. 3 AktG a.F. legt von daher zunächst den Schluß nahe, daß der Gesetzgeber habe diesen beiden Tatbestandsmerkmalen - im alten wie im neuen Recht - *dieselbe* inhaltliche Bedeutung beigemessen hat. Die unveränderte Verwendung identischer Tatbestandsmerkmale ist insofern von besonderer Bedeutung und Interesse, als das Recht des Formwechsels im Zuge des UmwBerG 1994 wesentliche Änderungen erfahren hat. Zwar „orientieren" sich die Vorschriften zum Formwechsel ausweislich der Gesetzesmaterialien inhaltlich im Wesentlichen an den alten Regelungen der §§ 362ff. AktG[1273]. Jedoch wird hieran nicht hinreichend deutlich, daß die Anforderungen insbesondere an die Vorbereitung und Beschlußfassung im Vergleich zum früheren Recht *wesentlich* geändert worden sind[1274]. So gab es nach altem Recht überhaupt *keine* beschlußvorbereitende Information im Hinblick auf die Barabfindung und die ihr zugrunde liegende Bewertung[1275]. Vielmehr hat der Gesetzgeber erst im Zuge des UmwBerG 1994 dem Interesse der von der Strukturmaßnahme der formwechselnden Umwandlung betroffenen Anteilsinhaber an hinreichend ausführlicher Vorabinformation auch und im Besonderen hinsichtlich der zu gewährenden Barabfindung durch Formalisierung grundlegender Information in einer Reihe von Vorschriften Rechnung getragen[1276]. Angesichts der Abwesenheit von Pflichten zu ausführlicher beschlußvorbereitender Information insbesondere in Bezug auf die Barabfindung drängt sich folglich die Frage auf, inwiefern der Gesetzgeber eine „Abkehr" in dem vom BGH befürworteten Sinne beabsichtigt haben können soll. Schließlich fehlt es hierfür bereits an einer für die Annahme einer entsprechenden Abkehr erforderlichen Vergleichbarkeit der die Barabfindung betreffenden Informations- und Verfahrensvorschriften. Vielmehr gilt es zu beachten, daß der Gesetzgeber ungeachtet

1273 Vgl. *Ganske* Begr.RegE UmwBerG 1994, zum Fünften Buch- Formwechsel, S. 185.

1274 Dies betont zu recht *Lutter/Dehmer* UmwG vor § 190 Rn. 7.

1275 So zutreffend *Veil* EWiR § 207 UmwG 1/96, 901; zu der Bedeutung des § 369 Abs. 4 AktG a.F. siehe sogleich unten B.II.3.c)(2).

1276 Vgl. auch BGHZ 146, 179, 183f. – *MEZ*; BGH ZIP 2001, 412, 413 – *Aqua Butzke*; siehe zu dem System der abfindungswertbezogenen Informationspflichten ausführlich oben B.II.3.b)aa).

und trotz der Einführung dieser umfangreichen und differenzierten Informationspflichten an der Formulierung der Rechtsmängel „fehlendes oder nicht ordnungsgemäßes Angebot" in § 210 UmwG festgehalten hat. Infolgedessen ist die Annahme, der Gesetzgeber habe sich im Rahmen des UmwBerG 1994 bei der Formulierung des § 210 UmwG von der Vorstellung tragen lassen, daß gerade der Verstoß gegen die neu eingeführten umfassenden Informationspflichten in Bezug auf die Barabfindung unter das nicht ordnungsgemäße oder fehlende Barabfindungsangebot zu subsumieren sei, mehr als fragwürdig. Zwar wird man dieser Argumentation entgegnen können, sie lasse keine sicheren Schlüsse zu. Allerdings ist die „Identität der im neuen wie im alten Recht anzutreffenden Rechtsmängel" jedenfalls als ein nicht ungewichtiges *Indiz* dafür anzusehen, daß der Verstoß gegen die neu eingeführten Pflichten eben nicht unter die „alt bekannten" Rechtsmängel in der neuen Bestimmung des § 210 UmwG zu subsumieren sein soll. Mangels entgegenstehender Anhaltspunkte in den Materialien ist ferner davon auszugehen, daß der Gesetzgeber den beiden Tatbestandsmerkmalen im neuen Umwandlungsrecht im Vergleich zum alten Recht keine in Art und Umfang wesentlich abweichende Bedeutung beigemessen haben kann. Dies spricht insoweit gegen die Annahme, der Gesetzgeber habe mit der Vorschrift des § 210 UmwG die Einbeziehung abfindungswertbezogener Informationsmängel beabsichtigt.

Für die Beantwortung der Frage, ob der Gesetzgeber – wie vom BGH behauptet – bei der Formulierung des § 210 UmwG einen das gesamte die Barabfindung betreffende Verfahren einbeziehenden - und damit „generellen[1277]" - Anfechtungsausschluß vor Augen hatte, kann und darf nicht allzu einseitig auf den Wortlaut der Normen bzw. den Wegfall des Nachsatzes in § 375 Abs. 2 S. 3 AktG a.F. abgestellt werden. Die Untersuchung des historischen Hintergrundes kann hier nicht stehen bleiben, vielmehr hat sie Sinn und Bedeutung der alten Regelung insbesondere im Hinblick auf die Frage zu berücksichtigen, inwieweit und unter welchem Gesichtspunkt eine Anfechtungsklage nach altem Recht eröffnet war. Außerdem dürfen hierbei weitere maßgebliche Entscheidungen des historischen Gesetzgebers im Rahmen der Neuregelung des Formwechsels nicht außer acht gelassen werden, welche er auch gerade im Zusammenhang mit der Barabfindung und dem betreffenden Anfechtungsausschluß getroffen hat.

1277 Siehe die Nachweise oben B.II.2.a).

(1) Die bewußte gesetzgeberische Entscheidung gegen eine Erweiterung des Anfechtungsausschlusses im Hinblick auf eine Einbeziehung abfindungswertbezogener Informationsmängel

Zunächst ist festzustellen, daß die Interpretation des historischen Gesetzgebers durch den BGH in eklatantem Widerspruch zu der Tatsache steht, daß sich der Gesetzgeber - wie bereits an anderer Stelle dargestellt - nicht nur im Rahmen der Vorschrift des § 14 Abs. 2 UmwG, sondern – entgegen der Auffassung des BGH[1278] - darüber hinaus gleichermaßen auch im Rahmen der §§ 32, 210 UmwG hinsichtlich der wertbezogenen – abfindungswertbezogenen - Informationsrüge gegen einen materiell-rechtlichen Anfechtungsausschluß verbunden mit ihrer Verweisung ins Spruchverfahrens entschieden hat[1279]. Der Gesetzgeber hat sich insoweit bewußt gerade *gegen* eine entsprechende „Eingleisigkeit" gerichtlicher Verfahren bezüglich der Abfindung entschieden. Dieser entgegenstehende Wille des historischen Gesetzgebers allein spricht bereits gegen die Interpretation des BGH und damit gegen die Annahme einer derart weitreichenden Abkehr im Sinne eines „Verzichts auf eine Zweigleisigkeit".

(2) Die (eingeschränkte) Bedeutung des § 375 Abs. 2 S. 3 1.HS AktG a.F. und die „zweifelhafte" Regelung des § 375 Abs. 2 S. 3 2. HS AktG a.F.

Gegenstand der Regelung des § 375 Abs. 2 S. 3 AktG a.F. waren die materiellen Voraussetzungen für den Antrag der Festsetzung einer angemessenen Abfindung im Spruchverfahren[1280]. § 375 Abs. 2 S. 3 1.HS AktG a.F. regelte dabei – in Ergänzung zu dem Antragsgrund der Unangemessenheit der Barabfindung im Sinne des § 375 Abs. 3 S. 2 AktG a.F. - zwei weitere Spruchverfahrensantragsgründe, nämlich das fehlende und das nicht ordnungsgemäße Barabfindungsangebot. Dem 2.HS des § 375 Abs. 2 S. 3 AktG a.F. kam demgegenüber die Bedeutung zu, sicherzustellen, daß eine Entscheidung über die Höhe im Spruchverfahren erst ergeht, wenn die Umwandlung rechtskräftig feststeht[1281]. Eine schwebende Anfechtungsklage hinderte stets die Eröffnung des gerichtlichen Abfindungsverfah-

---

1278 BGHZ 146, 179, 188 – *MEZ*; BGH ZIP 2001, 412, 414 – *Aqua Butzke*; dieser Argumentation zustimmend *Kleindiek* NZG 2001, 552, 554; *Röhricht* in VGR GesR 2001, 3, 31; *Hirte* ZHR 167 (2003), 8, 25.

1279 Siehe ausführlich dazu oben B.II.3.b)dd)(4)(a)(aa); siehe ausführlich dazu, daß die bewußte Entscheidung des Gesetzgebers gegen die Einbeziehung von wertbezogenen Informationsmängel in den Anfechtungsausschluß zugunsten des Spruchverfahrens auch für § 210 UmwG maßgebend ist, oben B.II.3.b)dd)(4)(b)(aa).

1280 Vgl. *Grunewald* in G/H/E/K AktG § 375 Rn. 26; vgl. auch *Zöllner* in KölnKomm AktG § 375 Rn. 34.

1281 Vgl. *Grunewald* in G/H/E/K AktG § 375 Rn. 26; *Godin-Wilhelmi* AktG § 375 Anm.9; vgl. auch zu der Parallelregelung des § 320 Abs. 6 S. 3 AktG a.F. *Koppensteiner* in KölnKomm AktG § 320 Rn. 29.

rens[1282]. Dies folgte bereits aus der Fristbestimmung des § 375 Abs. 3 S. 2 AktG a.F., wonach der Antrag auf Bestimmung der angemessenen Barabfindung nur binnen zwei Monaten nach dem Tage gestellt werden konnte, an dem die Eintragung der Umwandlung in das Handelsregister nach § 10 des Handelsgesetzbuches als bekanntgemacht galt. Die Festsetzung einer angemessenen Höhe der Barabfindung setzte damit eine rechtswirksame Umwandlung voraus[1283]; schließlich wäre es sinnwidrig, im Falle einer Anfechtung des Umwandlungsbeschlusses die Höhe der Barabfindung durch das Gericht festsetzen zu lassen[1284]. Von daher kam der Regelung des § 375 Abs. 2 S. 3 2.HS AktG a.F. angesichts der Regelung des Fristbeginns in § 375 Abs. 3 S. 2 AktG a.F. lediglich *klarstellende* Funktion zu. Insofern hat der Gesetzgeber lediglich noch einmal festgestellt, daß ein Spruchverfahren nicht in Gang gesetzt werden kann, solange eine auf die dort gesondert genannten speziellen Mängel gestützte Anfechtungsklage läuft[1285]. Streng genommen war die Regelung des § 375 Abs. 2 S. 3 2.HS AktG a.F. damit *überflüssig*[1286].

Berechtigte Zweifel am Sinn der Regelung des § 375 Abs. 2 S. 3 2.HS AktG a.F. werfen auch die darin als Anfechtungsgründe genannten Mängel des Barabfindungsangebotes auf[1287]. Nach altem Recht war ein der Höhe nach bestimmtes Barabfindungsangebot erst in der die Umwandlung beschließenden Hauptversammlung zu unterbreiten[1288] und nicht bereits im Rahmen der Bekanntmachung[1289]. Ein entsprechendes Erfordernis eines konkreten Angebotes geht aus dem Gesetzeswortlaut nicht hervor[1290], vielmehr spricht das Gesetz in § 369 Abs. 4 AktG a.F. lediglich von der Bereitschaft zur Zahlung einer Abfindung[1291].

1282 *Grunewald* in G/H/E/K AktG § 375 Rn. 26; *Dehmer* Umwandlungsrecht § 375 AktG unter 8. (S. 800).

1283 *Grunewald* in G/H/E/K AktG § 375 Rn. 32.

1284 *Godin-Wilhelmi* AktG § 375 Anm.9.

1285 Nicht gefolgt werden kann daher der Ansicht, die Anfechtung aufgrund anderer Mängel solle offenbar die Bestimmung der Abfindung nicht hindern, so aber *Zöllner* KölnKomm AktG § 375 Rn. 36. Sie übersieht insoweit die Fristenregelung des § 375 Abs. 3 S. 2 AktG a.F.

1286 Vgl. *Koppensteiner* in KölnKomm AktG (2.Aufl.) § 320 Rn. 29, der zu recht die Erforderlichkeit der Parallelregelung des § 320 Abs. 6 S. 3 2.HS AktG a.F. vor dem Hintergrund des § 319 Abs. 3 S. 2 AktG a.F. anzweifelt.

1287 Vgl. *Zöllner* in KölnKomm AktG § 375 Rn. 30, 36.

1288 So zu Recht die herrschende Meinung *Zöllner* in KölnKomm AktG § 369 Rn. 54; *Grunewald* in G/H/E/K AktG § 369 Rn. 35; *Dehmer* Umwandlungsrecht § 369 AktG unter 6. (S. 779f.); vgl. auch *Veil* EWiR § 207 UmwG 1/96, 901.

1289 So aber *Meyer-Landrut* in GroßKomm AktG § 375 Anm.1; ebenso - wenn auch ohne Begründung - *Godin-Wilhelmi* AktG § 375 Anm.5.

1290 *Zöllner* in KölnKomm AktG § 369 Rn. 53.

1291 *Grunewald* in G/H/E/K AktG § 369 Rn. 35.

Zudem hat der Gesetzgeber durch die Aufnahme der Regelung der *Abfindungshöhe* in § 375 Abs. 1 AktG a.F. zum Ausdruck gebracht, daß die Höhe der Barabfindung erst in der Hauptversammlung, die über die Umwandlung beschließt, bestimmt werden muß[1292]. § 369 Abs. 4 AktG a.F. entspricht von daher auch nicht der Bekanntmachungsregelung des § 320 Abs. 2 AktG a.F.[1293], nach der gemäß dem in der Begründung zum Ausdruck kommenden gesetzgeberischen Willen[1294] ein konkretes, d.h. der Höhe nach bestimmtes Angebot erforderlich ist[1295]. § 369 Abs. 4 AktG a.F. verlangte insoweit lediglich, daß das Angebot die Voraussetzungen des Abfindungsanspruchs klar erkennen ließ[1296]. Eine Anfechtung im Zusammenhang mit der Barabfindung war infolgedessen - allgemeinen Regeln folgend[1297] - *allein* möglich, soweit sie auf die fehlerhafte Ankündigung der Abfindung zur Tagesordnung gestützt wurde, §§ 243 Abs. 1, 124 Abs. 4 S. 1 AktG[1298]. Die Anfechtungsklage ließ sich hingegen nicht darauf stützen, daß ein Angebot in der Hauptversammlung nicht oder nicht ordnungsgemäß gemacht wurde[1299]. Die Annahme einer entsprechenden Anfechtungsmöglichkeit bedeutete eine Überschreitung der Hauptversammlungskompetenz[1300]. Denn nach altem Recht war es nicht Sache der Hauptversammlung, die Abfindung und deren Höhe zu bestimmen[1301]. Vor diesem Hintergrund ist der Sinn der Regelung des § 375 Abs. 2 S. 3 2.HS AktG a.F. auch nicht voll erkennbar[1302]. Entgegen der Ansicht des BGH und der ihm folgenden Literaturansicht[1303] konnte also mit Hilfe der Anfechtungsklage gerade kein annahmefähiges konkretes, d.h. der Höhe nach bestimmtes Barabfindungsangebot erzwungen werden. Vor dem Hintergrund der fehlenden Erforderlichkeit einerseits und der fehlenden Erkennbarkeit des Sinns des 2.HS andererseits ist von daher höchst fragwürdig, ob diese „zweifelhafte" Bestimmung über-

---

1292 *Dehmer* Umwandlungsrecht § 369 AktG unter 6. (S. 780).

1293 So aber *Meyer-Landrut* in GroßKomm AktG § 369 Anm.10.

1294 *Kropff* Begr.RegE AktG 1965, zu § 320, S. 424.

1295 *Zöllner* in KölnKomm AktG § 369 Rn. 54; *Grunewald* in G/H/E/K AktG § 369 Rn. 35.

1296 *Zöllner* in KölnKomm AktG § 369 Rn. 53; *Grunewald* in G/H/E/K AktG § 369 Rn. 34.

1297 *Grunewald* in G/H/E/K AktG § 375 Rn. 32; *Baumbach-Hueck* AktG § 375 Rn. 6; § 375 Abs. 2 AktG a.F. enthielt insoweit nicht etwa eine konstitutive Regelung der Anfechtbarkeit.

1298 *Zöllner* in KölnKomm AktG § 369 Rn. 55; *Grunewald* in G/H/E/K AktG § 375 Rn. 32, § 369 Rn. 36; *Meyer-Landrut* in GroßKomm AktG § 369 Anm.10; *Godin-Wilhelmi* AktG § 369 Anm.9; *Baumbach-Hueck* AktG § 369 Rn. 9.

1299 *Grunewald* in G/H/E/K AktG § 375 Rn. 31; *Zöllner* in KölnKomm AktG § 375 Rn. 29f., 36; *Godin-Wilhelmi* AktG § 375 Anm.11.

1300 *Zöllner* in KölnKomm AktG § 375 Rn. 29f., 36; *Grunewald* in G/H/E/K AktG § 375 Rn. 31; *Godin-Wilhelmi* AktG § 375 Anm.11.

1301 *Grunewald* in G/H/E/K AktG § 375 Rn. 31; das Angebot der Barabfindung ist nicht Bestandteil des Umwandlungsbeschlusses, von daher ist ein Beschluß über die Barabfindung nicht zu fassen, so zu Recht *Godin-Wilhelmi* AktG § 375 Anm.11.

1302 In diesem Sinne *Zöllner* in KölnKomm AktG § 375 Rn. 30.

1303 *Kleindiek* NZG 2001, 552, 555.

haupt Rückschlüsse für die hier interessierende Frage einer möglichen Einbeziehung abfindungswertbezogener Informationsmängel erlaubt.
Die Bedeutung des § 375 Abs. 2 S. 3 AktG a.F. scheint sich demnach allein darin zu erschöpfen, Antragsgründe für ein Spruchverfahren zu beschreiben und damit die Statthaftigkeit dieses Verfahrens zu regeln. Zwar stellt die fehlerhafte Bekanntmachung der Barabfindung nach altem Recht einen Anfechtungsgrund dar. Auch ist nach dem allgemeinen Sprachgebrauch das Angebot in diesem Fall „nicht ordnungsgemäß". Dieser Gesetzesverstoß begründet indes keinen Fall des nicht ordnungsgemäßen Barabfindungsangebotes im (gesetzestechnischen) Sinne des § 375 Abs. 2 S. 3 AktG a.F., welcher zu einem Antrag auf gerichtliche Festsetzung der Barabfindung berechtigte. Denn nach zutreffender Auffassung stellt die fehlende oder unzureichende Bekanntmachung für sich genommen keinen (sinnvollen) Antragsgrund für ein Spruchverfahren dar[1304]. Sofern im Zusammenhang mit der Frage des nicht ordnungsgemäßen Angebotes vertreten wird, daß die fehlerhafte Bekanntmachung einen Fall des nicht ordnungsgemäßen Angebotes darstelle[1305], so läßt sich dies etwa damit erklären, daß nach altem Recht in der Praxis die Frage im Vordergrund stand, unter welchem Gesichtspunkten eine Anfechtbarkeit des Umwandlungsbeschlusses im Zusammenhang mit der Barabfindung möglich war[1306]. Die Frage nach einem sinnvollen Antragsgrund wurde bei dieser Untersuchung hingegen gänzlich ausgeklammert oder jedenfalls vernachlässigt. Die Erkenntnis, daß der Gesetzgeber nicht den Fall der nicht ordnungsgemäßen Bekanntmachung gemeint haben kann, läßt sich schließlich auch mit dem systematischen Argument stützen, daß der Gesetzgeber (bereits) im Aktiengesetz 1965 zwischen der „nicht ordnungsgemäßen Bekanntmachung" (§ 124 Abs. 4 S. 1 AktG) einerseits und dem „nicht ordnungsgemäßen Angebot" (§ 375 Abs. 2 S. 3 AktG a.F.) andererseits begrifflich differenziert hat. Vor diesem Hintergrund weiß die Auffassung, daß die fehlerhafte, d.h. nicht ordnungsgemäße Bekanntmachung einen Fall des nicht ordnungsgemäßen Angebotes darstellen soll, nicht zu überzeugen.
Ein sinnvoller Antragsgrund lag vielmehr bereits nach altem Recht nur dann vor, wenn das Angebot der Abfindung inhaltliche Mängel aufwies, d.h. in materieller

---

1304 Vgl. zu der Parallelproblematik im Rahmen des § 320 Abs. 6 S. 2 AktG a.F. zutreffend *Koppensteiner* in KölnKomm AktG (2.Aufl.) § 320 Rn. 29 sowie *Krieger* in Münchner Handbuch GesR AG (1988) § 73 Rn. 22 (S. 892); vgl. auch den zutreffenden Hinweis bei *Dehmer* UmwG (2.Aufl.) § 307 Rn. 44; *Rowedder/Zimmermann* GmbHG § 77 Anh. Rn. 231, daß Einwendungen, die die Rechtsgültigkeit der Umwandlung betreffen, kein tauglicher Gegenstand des Spruchverfahrens sind. Um eine solche Einwendung handelt es sich jedoch bei der Rüge der fehlerhaften Bekanntmachung.

1305 Vgl. so etwa zu Unrecht *Meyer-Landrut* in GroßKomm AktG § 375 Rn. 6; vgl. entsprechend für die Eingliederung *Würdinger* in GroßKomm AktG § 320 Anm.16 c.

1306 Vgl. für die besondere Bedeutung dieser Frage *Grunewald* in G/H/E/K AktG § 375 Rn. 29; *Zöllner* in KölnKomm AktG § 375 Rn. 27.

Hinsicht nicht ordnungsgemäß war[1307] und damit einer Korrektur mit reformatorischem Ergebnis am Ende des Spruchverfahrens zugänglich war. Es ist nicht auszuschließen, daß der Gesetzgeber dies mit dem Zusatz „im Umwandlungsbeschluß" in § 210 UmwG hat klarstellen wollen.

(3) Bewußte gesetzgeberische „Abkehr" von der Entscheidungsunzuständigkeit der Hauptversammlung in Bezug auf die Barabfindung

Im Vergleich zum alten Recht ist der Inhalt eines Umwandlungsbeschlusses erheblich ausgeweitet worden[1308]. Bei der formwechselnden Umwandlung beschränkte sich die Beschlußfassung lediglich auf die Tatsache der Umwandlung in einen Rechtsträger neuer Rechtsform und ggf. die Festsetzung der Firma sowie weiterer zur Durchführung der Umwandlung nötiger Satzungsänderungen (vgl. etwa § 369 Abs. 1 und 5, § 376 Abs. 1 und 3 AktG a.F.)[1309]. Nach altem Recht war zwar das Angebot der Barabfindung aufgrund ausdrücklicher gesetzlicher Bestimmung Bestandteil der Bekanntmachung der Umwandlung als Gegenstand der Tagesordnung[1310]; es war damit aber nicht etwa Bestandteil des Umwandlungsbeschlusses[1311]. Ein Beschluß über die Barabfindung war insofern nicht zu fassen[1312]. Es war von daher nicht Sache der Hauptversammlung, die Abfindung und deren Höhe zu bestimmen[1313].
Im Zuge des UmwBerG 1994 hat sich der Gesetzgeber zugunsten einer *umfassenden* Entscheidungszuständigkeit der Gesellschafterversammlung entschieden. Der Gesetzgeber ist dabei von der Eigenverantwortlichkeit der Gesellschafter ausgegangen[1314]. Er hat demzufolge *jeden* Umwandlungsvorgang ihrer freien Entscheidung unterworfen[1315]. Diese Eigenverantwortlichkeit der Gesellschafterversammlung hat der Gesetzgeber ausdrücklich auch auf das Angebot einer angemessenen Barabfindung erstreckt. Dementsprechend hat der Gesetzgeber vorgeschrieben,

---

1307 Vgl. die nicht ganz fernliegende Vermutung von *Zöllner*, daß die Formulierung des § 375 Abs. 2 S. 3 AktG a.F. auf der Übernahme des Textes in § 320 Abs. 6 S. 3 AktG a.F. beruht, vgl. *Zöllner* in KölnKomm AktG § 375 Rn. 30. Das nicht ordnungsgemäße Angebot beschrieb dort hingegen Fälle der Nichtbeachtung der gesetzlich vorgeschriebenen Abfindungsform (vgl. etwa *Biedenkopf/Koppensteiner* in KölnKomm AktG § 320 Rn. 12; *Würdinger* in GroßKomm AktG § 320 Anm.16) und damit auch nur materiell-rechtliche Mängel, welche einer gerichtlichen „Korrektur" (vgl. *Biedenkopf/Koppensteiner* aaO) zugänglich sind.

1308 *Lutter/Decher* UmwG § 194 Rn. 2.

1309 *Lutter/Decher* UmwG § 194 Rn. 2; vgl. zum alten Recht eingehend *Zöllner* in KölnKomm AktG § 369 Rn. 7ff.; *Grunewald* in G/H/E/K AktG § 369 Rn. 7ff.

1310 Siehe dazu oben B.II.3.c)cc)(2).

1311 *Godin-Wilhelmi* AktG § 375 Anm.11.

1312 *Godin-Wilhelmi* AktG § 375 Anm.11.

1313 *Grunewald* in G/H/E/K AktG § 375 Rn. 31; vgl. auch *Zöllner* in KölnKomm AktG (1985) § 375 Rn. 29.

1314 *Ganske* Begr.RegE UmwBerG 1994, zu Art.1, S. 33.

1315 *Ganske* Begr.RegE UmwBerG 1994, zu Art.1, S. 33.

daß der Umwandlungsbeschluß ein angemessenes Barabfindungsangebot zu enthalten hat (§§ 194 Abs. 1 Nr. 6, 207 Abs. 1 UmwG). Die Hauptversammlung beschließt mit dem Umwandlungsbeschluß im Sinne des § 194 Abs. 1 UmwG bzw. dessen Entwurf mithin also auch dessen Konditionen[1316]; die Kompetenz hinsichtlich der Angemessenheit der Barabfindung ist damit der Hauptversammlung zugewiesen. Die Hauptversammlung beschließt insofern auch über die Abfindung[1317]. Dies gilt trotz Verlagerung des Streits über die Angemessenheit der Barabfindung ins Spruchverfahren, weshalb der Aktionär in besonderem Maße der Information zur Angemessenheit der Barabfindung bedarf[1318]. Wer entscheidet, braucht Entscheidungsgrundlagen, braucht Informationen[1319]. Der erhebliche Ausbau des A-priori-Schutzes durch umfassende Berichts- und Prüfungspflichten auch und gerade im Hinblick auf die Barabfindung ist daher vor dem Hintergrund der Begründung der (erweiterten) Entscheidungszuständigkeit der Hauptversammlung zu sehen[1320]. Ausweislich der Materialien soll die Meinungsbildung der Anteilsinhaber durch umfassende Unterrichtungs- und Aufklärungspflichten der Unternehmensleitungen ermöglicht und erleichtert werden[1321]. Nach dem Willen des Umwandlungsgesetzgebers, der insoweit an die Grundsätze der §§ 340a und b AktG a.F. anknüpft[1322], soll der Aktionär in Kenntnis *aller* wesentlichen Faktoren über die Umwandlung abstimmen[1323]. Nicht zuletzt aufgrund der gesetzgeberischen Entscheidung, die Barabfindung zum Gegenstand des Berichts zu machen[1324], läßt sich nicht ernsthaft bezweifeln, daß nach der Auffassung des Gesetzgebers zu diesen wesentlichen Faktoren auch die zu leistende Abfindung zählt.

Der Gesetzgeber hat sich damit in bewußter „Abkehr" vom alten Recht im Rahmen des UmwBerG 1994 zu der Entscheidungszuständigkeit der Hauptversammlung auch im Hinblick auf die Abfindung bekannt. Hierfür hätte indes, wenn man von der Richtigkeit der Interpretation des BGH ausginge, überhaupt keine Notwendigkeit bestanden, ebenso wie auch der Ausbau der Informationspflichten in Bezug auf die Abfindung geradezu überflüssig gewesen wäre. Deswegen kann die historische Interpretation des BGH, welche im Ergebnis darauf hinausläuft, daß es sich bei den im Rahmen des UmwBerG 1994 eingeführten abfindungswertbezo-

---

1316 Vgl. *Lutter/Lutter/Drygala* UmwG § 12 Rn. 12 entsprechend für die Verschmelzung.

1317 Vgl. *Hoffmann-Becking* Diskussionsbeitrag in Henze/Hoffmann-Becking GesR 2001, S. 76.

1318 Vgl. *Lutter/Lutter/Drygala* UmwG § 12 Rn. 12 entsprechend für die Verschmelzung.

1319 *Hommelhoff* ZHR 151 (1987), 493, 509.

1320 Siehe zu dem Zusammenhang zwischen der gesetzgeberischen Entscheidung zugunsten der Entscheidungszuständigkeit der Gesellschafterversammlung und dem erheblichen Ausbau der Vorabinformation bereits oben B.II.3.b)aa)(1)(a)(aa).

1321 *Ganske* Begr.RegE UmwBerG 1994, zu Art.1, S. 33.

1322 Siehe dazu oben B.II.3.b)cc)(5)(b).

1323 Vgl. BT-Drucksache 9/1065, S. 14f.; vgl. auch BGHZ 107, 296, 302f. = BGH ZIP 1989, 980, 982 – *Kochs Adler*.

1324 Siehe dazu ausführlich oben B.II.3.b)aa)(1)(b)(aa).

genen Berichts- und Informationspflichten lediglich um solche das Angebot als solches flankierende Pflichten handelt, welche lediglich die Entscheidung zwischen der Angebotsannahme und der Entscheidung über die Einleitung eines Spruchverfahrens erleichtern sollen[1325], nicht überzeugen. Sie stellt allzu formal auf den Wegfall des ohnehin fragwürdigen 2.HS des § 375 Abs. 2 S. 3 AktG a.F. ab und berücksichtigt in diesem Zusammenhang bedeutsame (andere) Entwicklungen und Entscheidungen des Umwandlungsgesetzgebers nicht hinreichend. Schließlich ist zu bedenken, daß ein Umwandlungsbericht, der nur für die Beschlußfassung über den Formwechsel erhebliche Angaben enthalten muß[1326], keine für die Beschlußfassung unerhebliche Angaben enthalten kann, welche allein für die – der Entscheidung über den Formwechsel nachgelagerte - Entscheidung über die Angebotsannahme oder die Einleitung eines Spruchverfahrens von Bedeutung sein sollen.
Demzufolge kann im Zusammenhang mit § 210 UmwG nicht die Rede davon sein, daß die Berichts- und Informationsrechte in Bezug auf die Barabfindung nur die Entscheidung über die Annahme des Angebotes flankieren. Von daher können die abfindungswertbezogenen Informationspflichten auch nicht von einem etwaigen gesetzgeberischen „Verzicht auf die Zweigleisigkeit gerichtlicher Verfahren bezüglich der Abfindung[1327]" erfaßt worden sein. Vielmehr legt der historische Kontext der Entwicklung des Umwandlungsrechts den Schluß nahe, daß der Anfechtungsausschluß des § 210 UmwG und seine fragwürdige „Erweiterung" gegenüber § 375 Abs. 2 AktG a.F. gewissermaßen durch die erweiterte Entscheidungskompetenz im Hinblick auf die Abfindung „überlagert" wird[1328].

(4) Ergebnis

Der Versuch, die extensive Auslegung des § 210 UmwG unter Einbeziehung sämtlicher Verstöße gegen das die Barabfindung betreffende Verfahren historisch zu begründen bzw. zu rechtfertigen, vermag insbesondere angesichts der eindeutigen gesetzgeberischen Absicht, die Rüge kompensationsleistungswertbezogener Informationsmängel nicht zum Gegenstand des Anfechtungsausschluß zu machen,

[1325] In diesem Sinne *Kleindiek* NZG 2001, 552, 555 im Anschluß an die Rechtsprechung des BGH (vgl. dazu bereits oben B.II.3.b)bb)(2)(b).

[1326] Vgl. *Lutter/Lutter/Drygala* UmwG § 8 Rn. 54 a.E., die zutreffend feststellen, daß in einem Bericht, der nur für die Beschlußfassung erhebliche Angaben enthalten muß, keine „unerheblichen" Angaben fehlen können.

[1327] Vgl. so aber BGHZ 146, 179, 187 – *MEZ*; BGH ZIP 2001, 412, 414 – *Aqua Butzke*.

[1328] Diese Interpretation steht auch im Einklang mit dem Verhältnis zwischen A-priori-Schutz durch Information und A-posteriori-Schutz durch Spruchverfahren, welches dem Verschmelzungsrichtlinie-Gesetz zugrunde liegt und dem Spruchverfahren lediglich die Bedeutung einer *„Ergänzungsfunktion"* im Verhältnis zur ausführlichen (wertbezogenen) Information zuweist, siehe dazu ausführlich oben B.II.3.b)cc)(5).

nicht zu überzeugen. Der Verzicht auf eine Zweigleisigkeit gerichtlicher Verfahren in Bezug auf die Barabfindung stellt insofern nichts anderes als ein alt bekanntes rechtspolitisches Postulat[1329] dar, das sich im Rahmen der Diskussion im Vorfeld des UmwBerG 1994 nicht durchzusetzen konnte. Der Gesetzgeber hat den vom BGH angenommenen Schritt von der Zweigleisigkeit hin zur Eingleisigkeit gerade nicht vollzogen. Er läßt sich auch nicht unter Berufung auf eine fragwürdige Abkehr von einer ebenso fragwürdigen Regelung in die Vorschrift des § 210 UmwG und ihren historischen Kontext hinein interpretieren. Nicht zutreffend ist infolgedessen auch die Ansicht, der Anwendungsbereich des Spruchverfahrens im Sinne des § 212 UmwG sei im Vergleich zu der Regelung des § 375 Abs. 2 AktG a.F. erweitert worden[1330]. Das Spruchverfahren war bereits nach altem Recht nicht etwa subsidiär für die Rüge der Verletzung von Verfahrensvorschriften[1331]. Schließlich bietet das Spruchverfahren nach dem UmwG 1994 keineswegs weitergehende Rechtsschutzmöglichkeiten bzw. ein höheres Maß an Rechtsschutzintensität als das alte Recht. Statt dessen hat das Spruchverfahren seinen materiell-rechtlichen Anwendungsbereich nach Art und Umfang in § 212 UmwG gegenüber § 375 Abs. 2 AktG a.F. beibehalten[1332].
Angesichts der nicht ganz ersichtlichen Bedeutung des Nachsatzes des § 375 Abs. 2 S. 3 AktG a.F. läßt sich schließlich auch nicht ganz ausschließen, daß sein Wegfall bloß redaktionell bedingt, d.h. daß der Nachsatz einer redaktionellen Änderung des Umwandlungsrechts zum Opfer gefallen ist. Die Vorschrift des § 375 AktG wurde aller Voraussicht nach zugunsten einer besseren Lesbarkeit in § 210 und § 212 UmwG geteilt[1333]. Die Vorschriften des UmwG sollten im Rahmen der Bereinigung nicht nur moderner, sondern zugleich auch *kürzer* gefaßt werden[1334]. Der Nachsatz könnte möglicherweise im Zuge eben dieses Anliegens weggefallen sein.

[1329] Vgl. als erster *Hommelhoff* ZGR 1990, 447, 474; siehe dazu oben B.II.3.b)dd)(4)(a)(aa).

[1330] So aber *Kalss* in Semler/Stengel UmwG § 212 Rn. 2.

[1331] Siehe zu der fehlenden Statthaftigkeit des Spruchverfahrens für die Rüge der fehlerhaften Bekanntmachung oben B.II.3.c)cc)(2).

[1332] Vgl. auch *Ganske* Begr.RegE UmwBerG 1994, zu § 212 UmwG, S. 210, der auf die Vorgängerregelung des § 375 Abs. 2 S. 2 und 3 AktG a.F. hinweist.

[1333] Die Teilung des § 375 Abs. 2 AktG a.F. sollte wahrscheinlich - wie anderer Stelle (vgl. *Ganske* Begr.RegE UmwBerG 1994, zu § 16 UmwG, S. 54 im Hinblick auf die §§ 16, 17 UmwG) - einer „besseren Lesbarkeit" dienen. Diese Deutung entspricht einem allgemeinen „redaktionellen" Anliegen des UmwBerG 1994. Denn der Entwurf bemüht sich ausweislich der Materialien darum, die einzelnen Vorschriften „kürzer zu fassen und moderner zu formulieren". Lange Vorschriften sollten aufgeteilt werden. Damit sollte die Lesbarkeit des Gesetzes verbessert werden. Ein Ziel, dem der Gesetzgeber „*besondere* Aufmerksamkeit" gewidmet hat, *Ganske* Begr.RegE UmwBerG 1994, Begründung Allgemeines, S. 23f.

[1334] *Ganske* Begr.RegE UmwBerG 1994, Begründung Allgemeines, S. 23.

d) Teleologische Auslegung

Im Rahmen der teleologischen Auslegung des § 210 UmwG ist schließlich zu ergründen, ob sich die Einbeziehung abfindungswertbezogener Informationsmängel in den Anwendungsbereich des Anfechtungsausschluß mit dem Sinn und Zweck des § 210 UmwG vereinbaren läßt.

aa) Schutz der Gesellschaft vor der Blockade ihres Formwechselvorhabens durch Entlastung des Anfechtungsverfahrens von der Schwierigkeit der Unternehmens- und Anteilsbewertung

Die Ermittlung der angemessenen Barabfindung entsprechend dem wahren Wert der Anteilsrechte bzw. Mitgliedschaften erfolgt anhand einer Unternehmensbewertung[1335]. Da der Anteilswert grundsätzlich ein abgeleiteter Unternehmenswert, der Wert des Anteils also eine Quote vom Gesamtwert des Unternehmens ist[1336], bedarf es hierfür in aller Regel einer Bewertung des gesamten Unternehmens, welche ein schwieriges, aufwendiges und unsicheres Unterfangen darstellt[1337]. Infolge der schwer absehbaren und kaum zu vermeidenden Schwierigkeiten und Unsicherheiten im Bereich der Unternehmens- und Anteilsbewertung[1338] kann es leicht zu erheblichen Meinungsverschiedenheiten über die Angemessenheit der Barabfindung und der ihr zugrunde liegenden konkreten Bewertungen kommen[1339]. Im Hinblick auf dieses Konflikt- und Streitpotential und die darin liegende besondere Gefährlichkeit, die Wirksamkeit des Formwechselbeschlusses mit dem Gesellschafterinteresse an der Zubilligung angemessener Kompensation (§ 207 UmwG) zu verkoppeln, hat der Gesetzgeber im Interesse der „formwechselwilligen" Gesellschaft dem Aktionär für seine „Bewertungsrüge" den Weg der Anfechtungsklage gemäß § 210 UmwG abgeschnitten und ihn insoweit auf das Spruchverfahren verwiesen. Über die schwierigen Bewertungsfragen im Zusammenhang mit einer angemessenen Barabfindung soll statt dessen gemäß § 212 UmwG im speziellen Spruchverfahren entschieden werden, ohne daß hierdurch die Wirksamkeit des Formwechsels beeinträchtigt wird[1340]. Sinn und Zweck des § 210 UmwG besteht folglich darin, die Frage des Vollzugs der beschlossenen Umwandlung von der regelmäßig ebenso schwierigen wie zeitaufwendigen Nachprüfung der Abfindungsleistung „abzukoppeln"[1341]. Die Vorschrift des § 210

[1335] *Lutter/Decher* UmwG § 208 Rn. 7.

[1336] *Großfeld* Unternehmens- und Anteilsbewertung U. I. (S. 227).

[1337] *Lutter/Bezzenberger* AG 2000, 433, 436.

[1338] Siehe dazu näher oben A.IV.1.b)cc).

[1339] Vgl. *App* BB 1995, 267; *Wiedemann/Hirte* Festgabe 50 Jahre BGH, 337, 379f.

[1340] *Lutter/Decher* UmwG § 210 Rn. 1.

[1341] *Bayer* ZGR 1995, 613, 618; vgl. *Hommelhoff* ZGR 1990, 447, 473.

UmwG soll damit den Formwechsel erleichtern[1342], indem sie den Anfechtungsprozeß, der die Strukturänderung blockieren „kann"[1343], insofern *entlastet*, als eine die Eintragung hinauszögernde langwierige Klärung bewertungsrechtlicher Einzelheiten, die in der Praxis regelmäßig nicht ohne die Hilfe von Sachverständigen erfolgen kann[1344], vermieden wird[1345].

bb) Umleitungs- und Zuweisungs- bzw. Überantwortungsfunktion des Anfechtungsausschlusses

Von besonderer Bedeutung für das richtige Verständnis der „Entlastungsfunktion" des § 210 UmwG, insbesondere was Art und Umfang dieser Entlastung betrifft, ist die Tatsache, daß sich der Regelungsauftrag des Anfechtungsausschlusses keineswegs in dem bloßen Ausschluß der Anfechtungsklage im Sinne eines schlichten „Unschädlichmachens" der Anfechtungsklage erschöpft[1346].
Es gilt vielmehr zu beachten, daß § 210 UmwG die Anfechtungsklage wegen derjenigen Mängel ausschließt, *derentwegen* § 212 UmwG eine gerichtliche Nachprüfung im Spruchverfahren zuläßt[1347]. Zwischen dem Anfechtungsausschluß des § 210 UmwG und der Eröffnung des Spruchverfahrens nach § 212 UmwG besteht folglich ein *untrennbarer* Regelungszusammenhang[1348]. Nach der Vorstellung des Gesetzgebers stellt das Recht, die Kompensationsleistung in einem Spruchverfahren gerichtlich nachprüfen zu lassen, den Ausgleich für den Verlust der Anfechtungsmöglichkeit dar; aufgrund dieser kompensatorischen Funktion des Spruchverfahrens sind die §§ 210 und 212 UmwG zu einer „untrennbaren Regelungseinheit" verbunden[1349]. Das jeweilige Antragsrecht ersetzt und kompensiert das jeweilige Anfechtungsrecht[1350]. Ebenso wie der Anfechtungsausschluß aus

---

[1342] *Decher* in Lutter Kölner Umwandlungsrechtstage, 201, 219.

[1343] Siehe zur Kritik des Begriffs „Blockade" oben A.IV.1.b)bb).

[1344] Vgl. *DAV-Handelsrechtsausschuß* Stellungnahme RefE UmwBerG WM 1993, Sonderbeilage Nr. 2 Rn. 51 (S. 10).

[1345] *Vetter* FS Wiedemann 1323, 1331; vgl. *Hirte* ZGR 1994, 644, 660; *Bayer* ZHR 163 (1999), 505, 547; *ders.* in Hommelhoff/Lutter/Schmidt/Schön/Ulmer Corporate Governance 2002, 137, 151.

[1346] Diese Funktion kommt nach der Regelungssystematik des UmwG allenfalls dem Freigabe- oder Unbedenklichkeitsverfahren (s. dazu oben B.II.3.b)dd)) zu. Zu beachten ist jedoch, daß auch das Unbedenklichkeitsverfahren sich streng genommen nicht darin erschöpft, da es nicht zu einer Beendigung des Hauptsacheverfahrens führt, dieses also trotz der Eintragung fortgesetzt werden kann und der Kläger im Falle seines Obsiegens gemäß § 16 Abs. 3 S. 6 1.HS UmwG Schadensersatz verlangen kann (siehe dazu *Lutter/Bork* UmwG § 16 Rn. 32f.).

[1347] *Meister/Klöcker* in Kallmeyer UmwG § 210 Rn. 1.

[1348] Vgl. *Kallmeyer* in FS Lutter, 1245, 1258, der den Anfechtungsausschluß sogar als „untrennbaren Bestandteil der Vorschriften über das Spruchverfahren" bezeichnet.

[1349] Siehe dazu oben A.IV.2.

[1350] Vgl. *Lutter/Bezzenberger* AG 2000, 433, 435; *Martens* AG 2000, 301, 303.

Sicht des Aktionärs also gewissermaßen den "Preis" bedeutet, den er für die Möglichkeit des Spruchverfahrens bezahlen muß[1351], ist umgekehrt aus der Perspektive der Gesellschaft das Spruchverfahren der Preis für den Genuß des Schutzes vor Anfechtungsklagen. Der gesetzgeberischen Regelungstechnik folgend kommt dem Anfechtungsausschluß des § 210 UmwG damit eine „Umleitungsfunktion" zu, nach der die Aktionäre hinsichtlich der Wahl des für die Rüge des jeweiligen Rechtsmangels zulässigen bzw. „statthaften" Rechtsbehelfs lediglich „umgeleitet" werden[1352]. Die durch § 210 UmwG von der Anfechtungsklage ausgenommenen Rechtsmängel werden demzufolge einer besonderen gerichtlichen Überprüfung im Spruchverfahren zugewiesen[1353] bzw. überantwortet. Eben diese Umleitungs- und Zuweisungsfunktion des § 210 UmwG tritt zwar weniger offensichtlich zu Tage, seitdem das Gesetz im Zuge des UmwBerG 1994 die Regelung des Anfechtungsausschlusses und die der Eröffnung des Spruchverfahrens nicht mehr - wie noch in der Vorgängerregelung des § 375 AktG a.F. - in einer Norm vereint, sondern sie zum Gegenstand zweier gegenständlich getrennter Vorschriften (§§ 210 und 212 UmwG) gemacht hat[1354]. Nichtsdestotrotz wird jedoch insbesondere anhand der Kongruenz der in den §§ 210 und 212 UmwG genannten Rechtsmängel deutlich erkennbar, daß der Anfechtungsausschluß allein für solche Mängel greifen soll, für deren Überprüfung das Spruchverfahren insofern sinnvoll Platz greifen kann, als das Spruchverfahren für eine richterliche *Korrektur*[1355] sorgen und dem Mangel insoweit Abhilfe leisten kann.

cc) Unzulässigkeit der *isolierten* und damit „funktionswidrigen" Zweckbestimmung

Art und Umfang derjenigen Mängel, welche sich nach Sinn und Zweck der Vorschrift unter § 210 UmwG subsumieren lassen, werden dadurch begrenzt, welchen Schutz das Spruchverfahren zu leisten imstande ist bzw. wann ein vernünftiger, unter dem Gesichtspunkt der Gewährleistung effektiven Rechtsschutzes sinnvoller Antragsgrund vorliegt. Folglich kann der Versuch einer Subsumtion solcher Mängel, welche nicht sinnvoll bzw. adäquat zum Schutze des betroffenen Aktionärs im Spruchverfahren behoben werden können, de lege lata nicht gelingen. Er ist mit der Umleitungs- und Zuweisungsfunktion des § 210 UmwG, welche Ausdruck des Substitutions- und Kompensationscharakters des Spruchverfahrens ist und unmißverständlich in der Mängelkongruenz zum Ausdruck kommt, unvereinbar.

1351 Vgl. in diesem Sinne *Priester* NJW 1983, 1459, 1463.

1352 Vgl. für den Begriff der „Umleitung" *Martens* AG 2000, 301, 302.

1353 So zutreffend *Kalss* in Semler/Stengel UmwG § 212 Rn. 2.

1354 Siehe zu dieser bloß „redaktionellen" Änderung bereits oben A.IV.2.

1355 Siehe dazu bereits oben A.IV.1.a).

(1) Keine Reduzierung des Anfechtungsausschlusses auf seine bloße Ausschlußfunktion

Indem der BGH[1356] und die ihm folgende Literatur[1357] den Anfechtungsausschluß des § 210 UmwG auf sämtliche die Barabfindung betreffenden Informationsrechtsverletzungen erstreckt, wird der Ausschluß im praktischen Ergebnis *funktionswidrig* auf seine Ausschlußfunktion reduziert. Die entsprechende „Umleitung" führt ins Leere: Das Spruchverfahren ist kein Verfahren für Informationsmängel[1358]; es ist dafür weder geeignet noch bestimmt[1359]. Die Verweisung des Aktionärs auf das Spruchverfahren für die Informationsrüge läuft damit auf einen funktionswidrigen Einsatz des § 210 UmwG hinaus. § 210 UmwG soll indes nicht den Ausschluß der Anfechtungsklage um des bloßen Ausschlusses willen ermöglichen. Dieses Ergebnis kann und soll nach der umwandlungsgesetzlichen Systematik *allein* mit Hilfe des Freigabe- bzw. Unbedenklichkeitsverfahren[1360], welches auf das bloße „Unschädlichmachen" der Anfechtungsklage angelegt ist, erreicht werden können. Durch den Anfechtungsausschluß des § 210 UmwG wird den darin beschriebenen Gesetzesverstößen dagegen nicht einfach die anfechtungsbegründende Wirkung im Interesse eines „Rückbaus von Anfechtungsgründen" genommen[1361]. Angesichts der Umleitungs- und Zuweisungsfunktion des Anfechtungsausschlusses ist für ein „generalklauselartig erweitertes Verständnis des nicht ordnungsgemäßen Abfindungsangebotes"[1362] kein Raum. Vor dem Hintergrund der Substitutions- und Kompensationsfunktion des Spruchverfahrens muß auch ernsthaft bezweifelt werden, ob die Fragestellung, ob bzw. inwiefern der Anfechtungsausschluß die Einbeziehung weiterer Mängel verbietet, methodisch in die richtige Richtung weist[1363]. Ebenso zweifelhaft ist insofern auch die Ansicht, ein Rechtsverstoß könne dem Anfechtungsausschluß deswegen unterfallen und folglich ins Spruchverfahren verwiesen werden, weil es keinen Rechtssatz des Inhalts gebe, daß das materiell und formell korrekte Zustandekommen der Strukturentscheidung ausschließlich im Anfechtungsprozeß zu überprüfen sei[1364]. In

---

1356 BGHZ 146, 179 – *MEZ*; BGH ZIP 2001, 412 – *Aqua Butzke*.

1357 Siehe die Nachweise oben B.II.2.a).

1358 *Bayer* in Hommelhoff/Lutter/Schmidt/Schön/Ulmer Corporate Governance 2002, 137, 150; *Hoffmann-Becking* in Henze/Hoffmann-Becking GesR 2001, 55, 60; *Emmerich* in Emmerich/Habersack GmbH- und Aktienkonzernrecht (3.A.) § 293 Rn. 38b; *Baums* Gutachten 63. DJT, F 128; vgl. auch *Vetter* FS Wiedemann, 1323, 1346.

1359 Im Ergebnis ebenso *Emmerich* in Emmerich/Habersack GmbH- und Aktienkonzernrecht (3.A.) § 293 Rn. 38b; siehe dazu ausführlich oben B.II.3.b)cc).

1360 Siehe dazu ausführlich oben B.II.3.b)dd).

1361 So aber anscheinend *Hüffer* ZGR 2001, 833, 859f.

1362 *Hüffer* AktG § 243 Rn. 18b; im Ergebnis ähnlich *Hirte* ZHR 167 (2003), 8, 10, der das ordnungsgemäße Angebot als Pflicht zur korrekten Information begreift.

1363 Vgl. aber *Hirte* ZGR 1994, 644, 659.

1364 Vgl. aber *Hirte* ZHR 167 (2003), 1, 11.

entsprechenden Argumentationsansätzen kommt der Versuch der „Isolation" des § 210 UmwG zum Ausdruck, die Reichweite des Anfechtungsausschlußtatbestandes des § 210 UmwG ohne Rücksicht auf den untrennbaren Zusammenhang mit § 212 UmwG zu erweitern. Dies läßt sich dogmatisch nicht rechtfertigen. Ein Rechtsmangel kann und soll *allein* deswegen nicht zur Anfechtung berechtigen, weil mit der durch die Anfechtungsklage bewirkten Beschlußkassation *keinem* der Beteiligten gedient[1365] und seine Behebung bzw. Korrektur im zielgenaueren Spruchverfahren im Interesse aller Beteiligten sinnvoll und sachgerecht ist[1366].

(2) Gefahr der Fehlinterpretation des § 210 UmwG in der Unternehmenspraxis

Schließlich ist es zu weit gegriffen, den Sinn und Zweck des § 210 UmwG darin zu erblicken, daß die Organe eines umwandelnden Rechtsträgers einen Freibrief erhalten sollten, gegen sämtliche die Barabfindung betreffenden Informationspflichten verstoßen[1367] und so erheblichen Zeit- und Kostenaufwand[1368] einsparen zu können. Die bewertungsbezogenen Berichts- und Informationspflichten des Vorstandes dürfen nicht zu nicht einklagbaren *leges imperfectae* degradiert werden[1369]. Daß aus Sicht der Unternehmenspraxis die jüngste Rechtsprechung des BGH durchweg begrüßt wird[1370], ist wenig verwunderlich[1371], gibt jedoch zugleich berechtigten Anlaß zu der Befürchtung, die Vorstände strukturänderungswilliger Gesellschaften könnten die vom BGH befürwortete extensive Handhabung des § 210 UmwG als Einladung zur Mißachtung sämtlicher Informations- und Berichtspflichten in Bezug auf die Barabfindung und die ihr zugrunde liegende Unternehmensbewertung verstehen[1372]. Daß diese Sorge keineswegs unbegründet oder übertrieben ist, zeigt sich zum einen an der Aufnahme und Interpretation der Rechtsprechung durch Teile der Literatur, wonach die häufig intensive und kostenaufwendige Inanspruchnahme externer Hilfe in Zukunft nur noch in

---

1365 Vgl. *Kropff* Begr.RegE AktG 1965, zu § 304, S. 395.

1366 Siehe dazu oben A.IV.1.a).

1367 Vgl. zutreffend *Bärwaldt* GmbHR 2001, 251.

1368 Diesen Zeit- und Kostenaufwand einer jeden Umwandlung, mit dem die Abfindung von Mitgliedern verbunden ist betont *Lutter/Lutter* UmwG Einl. Rn. 46.

1369 Vgl. *Hoffmann-Becking* WpG 2001 Sonderheft, 121, 126; *Decher* in GroßKomm AktG § 131 Rn. 65b; zu Recht kritisch auch *Hoffmann-Becking* in Henze/Hoffmann-Becking GesR 2001, 55, 62; *Vetter* in FS Wiedemann, 1323, 1345f.; vgl. auch *Emmerich* in Emmerich/Habersack Aktien- und GmbH-Konzernrecht § 293 AktG Rn. 38b.

1370 *Vetter* FS Wiedemann, 1323, 1330.

1371 Da die Anfechtungsklage mitunter als Bedrohung für den Wirtschaftsstandort Deutschland angesehen wird (vgl. etwa *Schiessl* in VGR GesR 1999, 57, 58f.) muß davon ausgegangen werden, daß jeder irgendwie geartete Schritt in Richtung ihrer Zurückdrängung auf großen Beifall bzw. uneingeschränkte Zustimmung stoßen wird.

1372 Vgl. *Bayer* in VGR GesR 2000, 35, 53.

eingeschränktem Umfang nötig werden[1373] und die Praxis sich nun bei der Erläuterung des Abfindungsangebotes kürzer fassen können soll[1374]. Demgegenüber ist einzuwenden, daß der Gesetzgeber dem Bedürfnis an weniger großem Aufwand im Rahmen der Beschlußvorbereitung, insbesondere was die Vermeidung der damit verbundenen Kosten betrifft, anderweitig, nämlich bereits durch das Absehen von der Regelung weitergehender Pflichten Rechnung getragen hat[1375]. Im Übrigen soll die Gesellschaft sich des erheblichen kostspieligen Formalaufwands, der sich aus der Beachtung zwingender minderheitenschützender Normen ergibt[1376], einzig und allein im Wege der Durchführung eines Squeeze-out (§§ 327a ff. AktG) entledigen können[1377]. Sinn und Zweck des § 210 UmwG weisen keineswegs in diese Richtung[1378]. Zudem ist Befürchtung, § 210 UmwG könne als Freibrief fehlinterpretiert werden, auch vor dem Hintergrund erster Erfahrungen der Gerichte gerechtfertigt: So hatte jüngst eine Gesellschaft auf ein Bewertungsgutachten gar gänzlich verzichtet[1379]. Von daher erweist sich die „Hoffnung"[1380], die Vorstände würden auch in Zukunft trotz Verweisung abfindungswertbezogener Informationsmängel ins Spruchverfahren den ihnen obliegenden Informationspflichten (gewissenhaft) nachkommen, als unbegründet, ja geradezu „blauäugig". Daß nach dem Regelungsgedanken des § 210 UmwG der Streit über die richtige Bemessung der Abfindung beim Formwechsel diesen nicht verhindert, entwertet nicht diejenigen Beschlußvoraussetzungen, die wie Umwandlungsbericht und Prüfungsbericht zusätzlich auch auf die Transparenz und Nachprüfbarkeit der Barabfindung und der ihr zugrunde liegenden Unternehmensbewertung zielen[1381].

1373 So etwa *Heckschen* NotBZ 2001, 206, 207; *ders.* in Heckschen/Simon Umwandlungsrecht § 10 C. Rn. 6 (S. 286).

1374 So *Mutter/Arnold* in Semler/Stengel UmwG § 238 Rn. 7.

1375 Vgl. *Ganske* Begr.RegE UmwBerG 1994, § 192 UmwG, S. 191 zum gesetzgeberischen Verzicht auf die Anordnung der Pflicht zur Prüfung des Anteilswechsels durch Sachverständige beim Formwechsel aus *Kostengründen*; siehe dazu bereits oben B.II.3.b)aa)(2)(a).

1376 Vgl. Begr.RegE WpÜG, Allgemeiner Teil, BT-Drucks. 14/7034, S. 31, abgedruckt bei *Hirte* WpÜG S. 124.

1377 Siehe dazu unten C.I.4.

1378 Siehe auch zu der Unvereinbarkeit einer entsprechender Annahme mit den verfahrensrechtlichen (Neu-) Regelungen im SpruchG oben B.II.3.b)cc)(4).

1379 Vgl. *Puszkajler* ZIP 2003, 518, 520, der von einem Spruchverfahren berichtet, welches vor kurzer Zeit eingeleitet worden ist, bei dem die Gesellschaft auf ein Bewertungsgutachten gänzlich verzichtet hat (LG München I, 5 HK O 17415/02),

1380 Vgl. insoweit *Vetter* FS Wiedemann, 1323, 1346: „hoffentlich".

1381 Vgl. zu Recht bereits *Windbichler* in Timm Mißbräuchliches Aktionärsverhalten, 35, 45 (zu § 352c AktG a.F.); vgl. i.E. anscheinend ebenso *Decher* in GroßKomm AktG § 131 Rn. 65b a.E.; *Hoffmann-Becking* WpG 2001 Sonderheft, 121, 126; *DAV-Handelsrechtsausschuß Stellungnahme* Gesetzgebungsvorschläge der Regierungskommission Corporate Governance, BB Beilage 4/2003, 1, 7.

dd) Zwischenergebnis

Daß der Anfechtungsausschluß des § 210 UmwG eine Ausdehnung auf die Verletzung von Informationsrechtsverletzungen im Zusammenhang mit der anzubietenden Barabfindung erfahren soll, läßt sich teleologisch nicht begründen[1382]. Der BGH und die ihm folgende Literatur verstärkt den Schutz des Mehrheitsaktionärs vor Anfechtungsklagen gegen den Umwandlungsbeschluß[1383] über das von § 210 UmwG intendierte Maß hinaus. § 210 UmwG soll nicht vor Informations- und Verfahrensverstößen schützen, welche sich lediglich „bei Gelegenheit"[1384] der Strukturmaßnahme und ihrer Vorbereitung ereignen[1385]. Vielmehr ist der Sinn und Zweck der Vorschrift allein darin zu sehen, die Verwirklichung eines *gesetzeskonform* getroffenen Beschlusses von der regelmäßig sehr schwierigen und zeitaufwendigen Nachprüfung der Angemessenheit der Abfindungsleistung abzukoppeln[1386]. Rechts- und Transaktionssicherheit kann und darf das Gesetz dementsprechend nur hinsichtlich solcher inhaltlicher *materieller* Mängel der Abfindungsregelung im Umwandlungsbeschluß[1387] gewährleisten, welche ihre Ursache in der Schwierigkeit und Unsicherheit der Bewertung haben. Darüber hinausgehende Sicherheit kann und darf das Gesetz nicht per se bieten[1388], vielmehr muß der Vorstand sich diese durch sein Bemühen um Gesetzeskonformität des Strukturwandels und entsprechenden Fleiß im Rahmen der Beschlußvorbereitung verdienen[1389]. § 210 UmwG soll keinen rechtswidrigen Beschluß "retten", von daher soll die Vorschrift auch nicht ermöglichen, daß sich der Vorstand, nachdem er Informations- und Berichtspflichten verletzt hat, gewissermaßen in den Anfechtungsausschluß "flüchten" kann. Ebenso wie die Gesellschaft vor einem funktionswidrigen Einsatz der Anfechtungsklage zu schützen ist[1390], muß auch der Aktionär zur Wahrung seiner berechtigten Informationsinteressen vor einem funktionswidrigen Gebrauch des Anfechtungsausschlusses geschützt werden.

1382 Zu Recht *Bärwaldt* GmbHR 2001, 251.

1383 *Wenger* EWiR § 210 UmwG 1/01, 331 unter 2.

1384 Vgl. zutreffend *Zöllner* in KölnKomm AktG § 243 Rn. 251.

1385 Im Fall *Aqua Butzke* (BGH ZIP 2001, 412) lag bis zum Ende der Abstimmung noch nicht einmal ein Umwandlungsbericht vor, vgl. *Bärwaldt* GmbHR 2001, 251.

1386 *Bayer* ZGR 1995, 613, 618; vgl. *ders.* in Hommelhoff/Lutter/Schmidt/Schön/Ulmer Corporate Governance 2002, 137, 151.

1387 Vgl. zutreffend insoweit *Kallmeyer* GmbHR 2001, 204; ebenso *Bärwaldt* GmbHR 2001, 251; vgl. auch zutreffend LG Berlin NZG 1999, 508, 510 – *Aqua Butzke* (als Vorinstanz zu BGH ZIP 2001, 412 – *Aqua Butzke*).

1388 Vgl. dazu oben A.IV.1.b)cc) und 4.c).

1389 Siehe oben A.IV.4.b); diese kann und muß dann entsprechend gewürdigt und honoriert werden, siehe dazu oben A.IV.1.b)dd)(4)(a)(ba)(iii).

1390 Siehe oben A.IV.1.a).

4. Ergebnis

Als Ergebnis der umfassenden Auslegung ist festzuhalten, daß sich die Annahme eines Anfechtungsausschlusses wegen der Verletzung von Informations- und Berichtspflichten in Bezug auf die beim Formwechsel anzubietende Barabfindung de lege lata nicht begründen läßt.

III. Anfechtungsausschluß und Spruchverfahren bei zu hoch bemessenem Barabfindungsangebot?

Die §§ 210, 212 UmwG enthalten keine ausdrückliche Aussage hinsichtlich eines zu hohen Angebots[1391]. Ausscheidewillige Anteilsinhaber werden eine entsprechende Rüge selbstverständlich nicht erheben, da es ihnen ja gerade um eine möglichst hohe Abfindung geht. Ein zu hoch bemessenes Abfindungsangebot entspricht auch nicht den Erfahrungen der Praxis[1392], so daß ein solches wohl eher selten vorkommen wird[1393]. Dennoch spielt das zu hoch bemessene Angebot, wenn auch nicht aus der Perspektive der ausscheidewilligen Anteilsinhaber, so doch aus der entgegengesetzten Perspektive der beim Rechtsträger neuer Rechtsform verbleibenden Anteilsinhaber eine nicht unwesentliche Rolle. Denn diese schulden die Barabfindung jedenfalls mittelbar[1394]. Demzufolge stellt sich die Frage, ob diese ihre Anfechtungsklage darauf stützen können, daß das Angebot der Barabfindung gemäß § 207 UmwG zu hoch bemessen worden ist. Eben diese Frage hat in der gesellschaftsrechtlichen Diskussion entschieden an Aktualität gewonnen, nachdem der BGH diesbezüglich im Rahmen eines *obiter dictum* Stellung genommen hat[1395].

1. Prinzipielle Anfechtbarkeit wegen zu hoch bemessener Barabfindung ohne Rücksicht auf eine etwaige Ausschlußwirkung des § 210 UmwG

In seinem *obiter dictum* stellt der BGH fest, daß, soweit das neue UmwG für die Form der Beeinträchtigung eines zu hohen Abfindungsangebots nicht ausdrück-

---

1391 BGHZ 146, 179, 189 – *MEZ*; BGH ZIP 2001, 412, 415 – *Aqua Butzke*.

1392 Vgl. zu den praktischen Erfahrungen die Untersuchung von *Dörfler/Gahler/Unterstraßer/Wirichs* BB 1994, 156, 160, nach der die angebotene Abfindung im Durchschnitt im Spruchverfahren um (mehr als) 34% erhöht wurde; vgl. aus jüngster Zeit auch die Untersuchung von *Rathausky* AG Report 1/2004, R24, 26, der zu ähnlichen Ergebnissen kommt; vgl. zur Häufigkeit einer beträchtlichen späteren Heraufsetzung der von dem verpflichteten Unternehmen angebotenen Kompensation im Spruchverfahren auch *Lutter/Bezzenberger* AG 2000, 433, 435 in Fn.11 m.w.N.

1393 So auch *Vollrath* in Widmann/Mayer UmwG § 210 Rn. 15. Allerdings gilt es hier zu beachten, daß Gegenstand der Studie nur diejenigen Fälle wurden, in denen es tatsächlich auch zu einem Spruchverfahren gekommen ist. Dies schließt indes keineswegs aus, daß es nicht auch in vielen Fällen zu einer zu hoch bemessenen Abfindung kommt und ein Spruchverfahren auf diese Weise von vornherein zu vermeiden versucht wird. So werden in der Praxis Meinungsverschiedenheiten über die Angemessenheit der angebotenen Abfindung nicht selten durch großzügiges Entgegenkommen der am Formwechsel und an der Vermeidung langwieriger Rechtsstreitigkeiten interessierten Mehrheitsgesellschafter bereinigt, vgl. *App* BB 1995, 267.

1394 Vgl. dazu bereits oben B.II.3.b)aa)(1)(b)(aa).

1395 BGHZ 146, 179, 189 – *MEZ*; BGH ZIP 2001, 412, 415 – *Aqua Butzke*; siehe oben Einleitung.

lich ein Spruchverfahren vorsieht, den verbleibenden Anteilsinhabern „Rechtsschutz sowohl durch analoge Anwendung der Vorschriften über das Spruchverfahren als auch durch die Eröffnung der Möglichkeit einer Anfechtungsklage" gewährt werden könne[1396]. Ausgangspunkt der Überlegungen des BGH bildete damit die Auffassung, daß sich die bei dem Unternehmensträger der neuen Rechtsform verbleibenden Anteilseigner gegen ein zu hohes Angebot nicht einmal mit Hilfe der Anfechtungsklage zur Wehr setzen können; infolgedessen stellte sich für den BGH von vornherein nicht die Frage, ob die auf ein zu hoch bemessenes Angebot gestützte Anfechtungsklage gemäß § 210 UmwG ausgeschlossen ist. Diese Auffassung ist indes nicht zutreffend[1397]. Ebenso wie im Falle eines zu niedrig bemessenen Barabfindungsangebots verstößt auch im Falle eines zu hoch bemessenen Barabfindungsangebotes der Umwandlungsbeschluß gegen die Vorschrift des § 207 Abs. 1 S. 1 UmwG, da diese seine Angemessenheit vorschreibt[1398]. Demzufolge ist - ebenso wie der Umwandlungsbeschluß ohne die Vorschrift des § 210 1.Var. UmwG wegen eines zu niedrig bemessenen Abfindungsangebots anfechtbar wäre - der Beschluß im Falle eines zu hoch bemessenen Angebots ebenfalls gemäß § 243 Abs. 1 AktG anfechtbar[1399]. Diese prinzipielle Anfechtbarkeit – ohne Rücksicht auf eine etwaige Ausschlußwirkung des § 210 UmwG - entspricht auch allgemeiner Ansicht in der Literatur[1400]. Schließlich bildet sie doch gerade den Ausgangspunkt der Diskussion über einen möglichen Ausschluß durch § 210 UmwG[1401]. Es liegt der Verdacht nahe, daß der II. Zivilsenat aus der fehlenden ausdrücklichen Erwähnung des zu hohen Angebotes in den §§ 210, 212 UmwG geschlossen hat, daß eine hierauf gestützte Anfechtungsklage

1396 BGHZ 146, 179, 189 – *MEZ*; BGH ZIP 2001, 412, 415 – *Aqua Butzke*.

1397 Vgl. *Hoffmann-Becking* in Henze/Hoffmann-Becking GesR 2001, 55, 69.

1398 Vgl. auch *Bayer* ZHR 163 (1999), 505, 529 zu der parallelen Frage des Erfordernisses der Angemessenheit der Umtauschverhältnisses.

1399 Daß auch der Gesetzgeber ursprünglich - d.h. vor der Anordnung des Ausschlusses - von der prinzipiellen Anfechtbarkeit wegen Unangemessenheit der Kompensationsleistung gemäß § 243 Abs. 1 AktG ausgegangen ist, läßt sich auch den aktienrechtlichen Bestimmungen der §§ 320b Abs. 2 S. 1, 327f Abs. 1 S. 1 AktG sowie § 352c AktG a.F. entnehmen. Denn der dort angeordnete Ausschluß wegen der auf § 243 Abs. 2 AktG gestützten Anfechtung ist nur verständlich, wenn daneben auch die Anfechtbarkeit gemäß § 243 Abs. 1 AktG gegeben ist.

1400 *Lutter/Decher* UmwG § 210 Rn. 6; *Vollrath* in Widmann/Mayer § 210 Rn. 14; *Stratz* in Schmitt/Hörtnagl/Stratz UmwG § 210 Rn. 4; *Kalss* in Semler/Stengel UmwG § 207 Rn. 9; *DAV-Handelsrechtsausschuß* Stellungnahme RefE SpruchG NZG 2002, 119, 124; *Hoffmann-Becking* in Henze/Hoffmann-Becking GesR 2001, 55, 68ff.; *Vetter* in FS Wiedemann, 1323, 1341; *Witt* WuB II N. § 210 UmwG 1.01, 289, 290 unter 4.; *Hirte* ZHR 167 (2003), 8, 12 Fn.18; Diskussionsbeitrag *M.Winter* in Henze/Hoffmann-Becking GesR 2001, S. 75; *Meister/Klöcker* in Kallmeyer UmwG § 210 Rn. 10; *Bärwaldt* in Semler/Stengel UmwG § 210 Rn. 5; *Luttermann* BB 2001, 382, 384; *Henze* ZIP 2002, 97, 108 unter 8; *ders.* in Henze/Hoffmann-Becking GesR 2001, 39, 49; vgl. auch Diskussionsbeitrag *dess.* aaO. S. 74; *Obermüller/Werner/Winden* Die Hauptversammlung, G.V.1. Rn. 92 in Fn.152a (S. 265).

1401 Siehe zu dieser Diskussion sogleich unten B.III.2.

nicht möglich sei. Dies scheint jedenfalls der Auffassung eines der Senatsmitglieder zu entsprechen, derzufolge die Vorstellung des Gesetzgebers von der Anfechtbarkeit wegen eines zu hoch bemessenen Abfindungsangebots im Gesetz nicht zum Ausdruck gekommen sei[1402]. Es gilt indes zu beachten, daß das UmwG die Gründe für eine eventuelle Beschlußunwirksamkeit selbst nicht regelt[1403]. Vielmehr setzt das UmwG die Geltung insbesondere des Aktiengesetzes und damit zugleich das Recht der Beschlußanfechtung voraus, so daß das UmwG gewissermaßen in dem System der aktienrechtlichen Organisationsnormen steht[1404]. Die Frage der Anfechtbarkeit von Umwandlungsbeschlüssen folgt demnach grundsätzlich den allgemeinen Vorschriften der §§ 243ff. AktG[1405]. Lediglich ihr Ausschluß ist Gegenstand der spezialgesetzlichen Regelung im UmwG, welche als Ausnahmeregelung aufzufassen ist[1406]. Für den Anteilseigner, der sich gegen eine zu hohe Abfindung zur Wehr setzen will, ist daher das Rechtsmittel der Anfechtungsklage eröffnet. Diesen Umstand hat der BGH offenbar nicht bedacht[1407]. Infolgedessen ist vor der Erörterung der Frage der Analogiefähigkeit der §§ 210, 212 UmwG zunächst zu untersuchen, ob nicht § 210 UmwG bereits - in seiner direkten Anwendung - einen Anfechtungsausschluß wegen des zu hoch bemessenen Abfindungsangebots vorsieht.

2. Sperrwirkung des § 210 UmwG wegen zu hoher Barabfindung?

Darüber, ob der Anfechtungsausschluß des § 210 UmwG auch zugunsten des zu hoch bemessenen Barabfindungsangebots im Sinne des § 207 UmwG eingreift, besteht im Schrifttum keine Einigkeit. Nach einer Mindermeinung[1408] ist die Anfechtungsklage mit der Begründung eines zu hoch bemessenen Abfindungsangebotes ebenso gemäß § 210 UmwG ausgeschlossen wie die auf das zu niedrig bemessene Abfindungsangebot gestützte Anfechtungsklage. Der Sinn und Zweck der Regelung des § 210 UmwG bestehe darin, zu verhindern, daß Meinungsverschiedenheiten über die Bemessung der Barabfindung das Wirksamwerden des Formwechsels verzögern. Diesem Zweck liefe es zuwider, wenn man eine entsprechende Anfechtungsklage zuließe. Demgegenüber vertritt die ganz herrschen-

---

1402 *Röhricht* in VGR GesR 2001, 3, 33.

1403 *Marsch-Barner* in Kallmeyer UmwG § 14 Rn. 7; siehe dazu bereits oben A.IV.3.

1404 Vgl. *Ganske* Begr.RegE UmwBerG 1994, zu Art. 1, S. 33.

1405 *Zimmermann* in Kallmeyer UmwG § 13 Rn. 46.

1406 Siehe dazu bereits oben A.IV.3.

1407 Darauf weist *Hoffmann-Becking* in Henze/Hoffmann-Becking GesR 2001, 55, 69 zutreffend hin.

1408 *Meister/Klöcker* in Kallmeyer UmwG § 210 Rn. 10; *Bärwaldt* in Semler/Stengel UmwG § 210 Rn. 5; einen entsprechenden Anfechtungsausschluß befürwortet de lege lata anscheinend auch *Luttermann* BB 2001, 382, 384.

de Auffassung in der Literatur[1409], daß die Klage des verbleibenden Anteilsinhabers wegen eines zu hohen Angebots von § 210 UmwG de lege lata nicht erfaßt wird. Zwar sei die Rechtsfolge der Anfechtbarkeit rechtspolitisch unbefriedigend. Trotzdem sei ein Ausschluß de lege lata abzulehnen.
Schon nach dem Wortlaut des § 210 UmwG stellt das zu hoch bemessene Angebot keinen Fall des Anfechtungsausschlusses dar[1410]. Der Wortlaut schweigt nicht nur hinsichtlich eines zu hoch bemessenen Angebotes. Er spricht vielmehr ausdrücklich von dem - in gegenteiliger Hinsicht unangemessenen - zu niedrig bemessenen Angebot, § 210 1.Var. UmwG. Vor diesem Hintergrund verbietet sich etwa auch die Annahme, eine zu hoch bemessene Barabfindung sei „nicht ordnungsgemäß angeboten" im Sinne der Vorschrift[1411].
Für eine fehlende Ausschlußwirkung des § 210 UmwG im Hinblick auf das zu hoch bemessene Barabfindungsangebot spricht zudem die Entstehungsgeschichte der Vorschrift. So sprach der Wortlaut der Vorgängerregelung des § 375 Abs. 2 S. 3 AktG a.F. noch ausdrücklich von dem „nicht angemessenen" Angebot der Barabfindung. Dementsprechend wurde das nicht angemessene Angebot angesichts des insoweit „offenen" Wortlauts vereinzelt auch als zu hoch bemessenes Angebot verstanden[1412]. Angesichts der Tatsache, daß der Gesetzgeber in den §§ 210, 212 UmwG von dieser Formulierung Abstand genommen hat, läßt sich nunmehr gut begründen, daß er sich - im Interesse einer Klarstellung - bewußt für die Beschränkung auf das zu niedrig bemessene und damit gleichzeitig bewußt gegen eine entsprechende Ausschlußwirkung in Bezug auf das zu hoch bemessene Barabfindungsangebot entschieden hat.
Diese Auffassung läßt sich auch durch den systematischen Vergleich mit § 207 Abs. 1 1.HS UmwG stützen, der ausdrücklich von der „Angemessenheit" der Barabfindung spricht[1413]. Demzufolge kann davon ausgegangen werden, daß der Gesetzgeber entsprechend differenziert und in § 210 UmwG bewußt lediglich den Fall der Unangemessenheit im Sinne einer zu niedrigen Bemessung geregelt hat.
Entgegen der Auffassung der Minderansicht haben die §§ 210, 212 UmwG nicht den Sinn und Zweck, dem Streit über die Wirksamkeit des Formwechsels mit der Begründung der Unangemessenheit der Abfindung allgemein, d.h. unter Einbe-

---

1409 *Lutter/Decher* UmwG § 210 Rn. 6; *Vollrath* in Widmann/Mayer § 210 Rn. 14; *Kalss* in Semler/Stengel UmwG § 207 Rn. 9; *Stratz* in Schmitt/Hörtnagl/Stratz UmwG § 210 Rn. 4; *Hoffmann-Becking* in Henze/Hoffmann-Becking GesR 2001, 55, 68ff.; *Vetter* in FS Wiedemann, 1323, 1341; *Witt* WuB II N. § 210 UmwG 1.01, 289, 290 unter 4.; *Hirte* ZHR 167 (2003), 8, 12 Fn.18; Diskussionsbeitrag *M.Winter* in Henze/Hoffmann-Becking GesR 2001, S. 75; vgl. auch *Henze* in Henze/Hoffmann-Becking GesR 2001, 39, 49; wohl auch *Obermüller/Werner/Winden* Die Hauptversammlung, G.V.1. Rn. 92 in Fn.152a (S. 265).

1410 *Vollrath* in Widmann/Mayer UmwG § 210 Rn. 14.

1411 In diesem Sinne aber *Meister/Klöcker* in Kallmeyer UmwG § 210 Rn. 10.

1412 So ausdrücklich *Zöllner* in KölnKomm AktG § 375 Rn. 28.

1413 Vgl. dazu bereits oben B.II.3.a).

ziehung des zu hoch bemessenen Angebotes den Boden zu entziehen[1414]. Der Gesetzgeber hat sich bei der Ausgestaltung der Regelung des Anfechtungsausschlusses zugunsten des Spruchverfahrens dafür entschieden, lediglich bestimmte Mängel, nicht hingegen bestimmte Beschlußgegenstände als solche von der Anfechtbarkeit auszunehmen[1415]. Weder ist demzufolge die Abfindung per se noch ihre Angemessenheit als solche aus der Anfechtungsmöglichkeit herausgenommen worden. Die Annahme, die §§ 210, 212 UmwG erfaßten Meinungsverschiedenheiten über die richtige Bemessung der Abfindung als solche – d.h. in beide Richtungen - steht somit im Widerspruch zu dem sämtlichen Anfechtungsausschlüssen immanenten Regel-Ausnahme-Prinzip, nach dem es bei allen Anfechtungsgründen, welche nicht (ausdrücklich) Gegenstand des jeweiligen Anfechtungsausschlusses sind, bei der prinzipiellen Anfechtbarkeit verbleibt[1416].
Vor diesem Hintergrund vermag auch der Rückgriff auf den Rechtsgedanken des § 195 Abs. 2 UmwG[1417] zur Begründung einer entsprechenden Ausschlußwirkung des § 210 UmwG in Bezug auf das zu hoch bemessene Angebot nicht zu überzeugen. Zwar sind die verbleibenden Anteilsinhaber durch eine zu hoch bemessene Abfindung in ihrer Rechtsstellung insofern nachteilig betroffen, als ihre Beteiligung gewissermaßen *mittelbar* entwertet wird. Dies allein rechtfertigt indes keinesfalls die Annahme einer entsprechend weitreichenden Ausschlußwirkung des § 210 UmwG. Sie widerspricht zudem dem Regelungszusammenhang der §§ 210, 212 UmwG insbesondere im Hinblick auf die eingeschränkte Möglichkeit der Entscheidungswirkung im Spruchverfahren. Nach der Regelungstechnik des Gesetzgebers und dem Prinzip der *Untrennbarkeit* der §§ 210, 212 UmwG kommt ein Anfechtungsausschluß nur dort in Betracht, wo er durch die Möglichkeit eines Spruchverfahrens entsprechend kompensiert wird[1418]. Das Spruchverfahren ist ausweislich der Gesetzesbegründung allein auf die Verbesserung der Barabfindung angelegt[1419]; es kann daher de lege lata lediglich zu einer Erhöhung der Abfindung führen, nicht dagegen zu einer Herabsetzung[1420]. Wenn jedoch das

---

1414 So *Meister-Klöcker* in Kallmeyer UmwG § 210 Rn. 10; *Bärwaldt* in Semler/Stengel UmwG § 210 Rn. 5.

1415 So zutreffend *Zöllner* in Semler Reformbedarf, 147, 149f.

1416 Siehe dazu oben A.IV.3.

1417 Vgl. *Meister-Klöcker* in Kallmeyer UmwG § 210 Rn. 10; *Bärwaldt* in Semler/Stengel UmwG § 210 Rn. 5, nach deren Ansicht die Anteilsinhaber der Sache nach rügten, ihre durch eine zu hohe Bemessung der Barabfindung belasteten Anteile seien kein ausreichender Gegenwert für ihre bisherige Beteiligung am formwechselnden Rechtsträger.

1418 Siehe oben A.IV.2.

1419 Vgl. *Ganske* RegBegr. UmwBerG 1994, vor §§ 305ff. UmwG, S. 271f.

1420 *Meister/Klöcker* in Kallmeyer UmwG § 307 Rn. 23; *Schwarz* in Widmann/Mayer UmwG § 307 Rn. 40; *Grunewald* in Lutter UmwG § 32 Rn. 2, 4; *Lutter/Krieger* UmwG § 307 Rn. 14; *Krieger* in Lutter Kölner Umwandlungsrechtstage, 275, 291; *Vetter* in FS Wiedemann, 1323, 1342; *Witt* WuB II N. § 210 UmwG 1.01, 289, 290 unter 4; siehe dazu näher unten B.III.3.b)(ba)(2)(a)(ca).

Spruchverfahren infolgedessen als Abhilfe nicht in Betracht kommt, scheidet zwangsläufig auch ein Anfechtungsausschluß wegen zu hoch bemessener Abfindung aus[1421]. Denn die Annahme eines Anfechtungsausschlusses, welcher in diesem Fall mangels Abhilfemöglichkeit *kompensationslos* erfolgte, liefe der Regelungssystematik des UmwG zuwider[1422]. Insofern widerspricht die Annahme, die §§ 210, 212 UmwG bezweckten, der Anfechtungsklage für den Streit um die Angemessenheit unter Einbeziehung des zu hoch bemessenen Angebots den Boden zu entziehen[1423], nicht nur dem Regel-Ausnahme-Prinzip der Anfechtungsausschlußregelung, sondern geht zudem weit über das Maß hinaus, das die §§ 210, 212 UmwG an Schutz nach geltendem Recht leisten können.
Im Ergebnis ist daher festzuhalten, daß der Fall des zu hoch bemessenen Abfindungsangebotes im Umwandlungsbeschluß (§ 207 UmwG) *nicht* von der Ausschlußwirkung des § 210 UmwG erfaßt wird.

3. Substitution der Anfechtungsklage durch das Spruchverfahren im Wege des Analogieschlusses zu den §§ 210, 212 UmwG?

Da dem Aktionär demzufolge für die Rüge des zu hoch bemessenen Angebots die Anfechtungsklage als Rechtsbehelf zur Verfügung steht, ist die vom II. Senat angestellte Überlegung zur Ermöglichung der Anfechtungsklage insoweit gegenstandslos. Es bleibt daher zu untersuchen, ob nicht die Einführung eines Spruchverfahrens mittels Analogieschlusses zu den §§ 210, 212 UmwG, welche der BGH in seinem *obiter dictum* alternativ zur Eröffnung der Anfechtungsklage angedacht bzw. erwogen hat[1424], für den Fall des zu hoch bemessenen Barabfindungsangebots als Ersatz für die Anfechtungsklage in Betracht kommt.

a) Kritik der Asymmetrie der Rechtsschutzmöglichkeit gegen das *unangemessene* Barabfindungsangebot

Während die ausscheidewilligen Aktionäre auf Grund der gesetzlichen Anordnung in § 212 UmwG ihre Rechte auf Überprüfung der Angemessenheit des Abfindungsangebotes im Spruchverfahren nach den §§ 305ff. UmwG verfolgen können und somit zur Sicherung ihrer Vermögensrechte nicht auf die Anfechtung des Hauptversammlungsbeschlusses angewiesen sind, bleibt den in der Gesellschaft verbleibenden Aktionären die Möglichkeit der Anfechtung. Auch wenn sie ihrer

---

1421 Vgl. i.E. ebenso *Grunewald* in Lutter UmwG § 32 Rn. 4.

1422 Vgl. *Wiesen* ZGR 1990, 503, 507, der zutreffend darauf hinweist, daß einem Anfechtungsausschluß stets ein Äquivalent eines Ausgleichsanspruchs gegenüberstehen muß, welcher durch die Möglichkeit eines Spruchverfahrens überprüfbar ist.

1423 *Meister/Klöcker* in Kallmeyer UmwG § 210 Rn. 10.

1424 BGHZ 146, 179, 189 – *MEZ*; BGH ZIP 2001, 412, 415 – *Aqua Butzke*.

Gesellschaft loyal verbunden sind und der Änderung der Rechtsform ihrer Gesellschaft positiv gegenüberstehen, müssen sie, wenn sie die zugrunde liegende Unternehmensbewertung in Frage stellen und die Angemessenheit der angebotenen Abfindung überprüfen lassen wollen, die Anfechtungsklage mit den von ihnen nicht erwünschten aber unvermeidbaren negativen Folgen der Registersperre[1425] oder gar der Beschlußvernichtung erheben. Natürlich bleibt es ihnen unbenommen, ihre eigenen Interessen zurückzustellen und auf die Erhebung der Anfechtungsklage im Interesse der Durchführung des Rechtsformwechsels zu verzichten[1426]. Sie können schließlich auch der Umwandlung bereits ihre Zustimmung mit der Begründung eines zu hoch bemessenen Barabfindungsangebots verweigern[1427]. Jedoch zeigt sich gerade hieran, daß die Situation für den verbleibenden Aktionär mißlich ist. Soll der Aktionär eine Umwandlung ablehnen oder den Umwandlungsbeschluß mit Hilfe der Anfechtungsklage zu kassieren versuchen müssen, nur weil er die Abfindung für zu hoch hält? Die insoweit bestehende *A-symmetrie* der Rechtsschutzmöglichkeiten[1428], daß dem ausscheidenden Aktionär gemäß § 212 UmwG die Möglichkeit des Spruchverfahrens zur Überprüfung der Angemessenheit zur Verfügung steht, der verbleibende Aktionär dagegen hierfür auf die Möglichkeit der Anfechtungsklage beschränkt bleibt, erscheint insofern unter rechtspolitischen Gesichtspunkten unbefriedigend[1429].

1425 *Vetter* FS Wiedemann, 1323, 1340.

1426 *Vetter* FS Wiedemann, 1323, 1340.

1427 Hier läge es bei vordergründiger Betrachtung nahe zu sagen, der Aktionär, der dem Umwandlungsbeschluß, welcher ein zu hoch bemessenes Barabfindungsangebot enthält, zugestimmt hat, sei selbst schuld, er müsse sich an seiner Zustimmung festhalten lassen und dürfe sich zu seinem Vorverhalten- seiner Zustimmung – nicht in Widerspruch setzen. Nicht außer acht gelassen werden kann jedoch, daß der verbleibende Aktionär nicht in jedem Fall mit dem sich in der Mehrheit befindlichen und der Umwandlung zu jedem Preis zustimmenden Aktionär gleichgesetzt werden darf. Zwar wird er im Regelfall der Mehrheit angehören (so auch *Luttermann* BB 2001, 382, 384). Jedoch weist *Henze* ZIP 2002, 97, 107 zutreffend darauf hin, daß es bei den anstehenden Überlegungen *auch* um den Schutz des nicht konsentierenden und trotzdem in der Gesellschaft neuer Rechtsform verbleibenden Aktionär gehen muß.

1428 *Vetter* FS Wiedemann, 1323, 1340.

1429 Im Ergebnis ebenso *Stratz* in Schmitt/Hörtnagl/Stratz UmwG § 32 Rn. 4; *Hoffmann-Becking* in Henze/Hoffmann-Becking GesR 2001, 55, 68f.; *Vetter* FS Wiedemann, 1323, 1340; *Henze* in Henze/Hoffmann-Becking GesR 2001, 39, 49; *Röhricht* in VGR GesR 2001, 3, 34; wohl auch *Heckschen* in Simon/Heckschen Umwandlungsrecht, § 10 C. Rn. 6ff. (S. 286); *Witt* WuB II N. § 210 UmwG 1.01, 289, 290 unter 4, der von einem „berechtigten Störgefühl" des Senats spricht.

aa) Widerspruch zum gesetzgeberischen Prinzip von „Spruchverfahren statt Anfechtungsklage“ bei Bewertungsstreitigkeiten

Der Umwandlungsgesetzgeber hat zugunsten einer klaren Funktionstrennung der Rechtsbehelfe zur effektiven Beschlußkontrolle zwischen der Anfechtungsklage und dem Spruchverfahren wegen der ausschließlichen Vermögensinteressen der Gesellschafter und ihrer Sicherung getrennt[1430]. Mit dieser Verfahrensaufspaltung werden die in aller Regel kurzfristig umsetzungsbedürftigen Strukturänderungen von dem regelmäßig langwierigen Streit um den Schutz der Gesellschaftervermögen abgekoppelt[1431]. Gesetzgeberischer Ausgangspunkt für die Wahl dieser Regelungstechnik war, daß mit dem Ergebnis der Beschlußkassation nach erfolgreicher Anfechtung regelmäßig keinem der Beteiligten gedient ist[1432]. Der Gesetzgeber hat sich bei der gesetzestechnischen Umsetzung der Funktionstrennung durch Anfechtungsausschuß zugunsten des spezielleren Spruchverfahrens für den Bereich der (ausschließlichen) Vermögensinteressen die größere Zielgenauigkeit des Spruchverfahrens gegenüber der in ihrer Wirkung zu breitflächigen Anfechtungsklage zunutze gemacht, um die Interessen aller Beteiligten zu berücksichtigen[1433]. Vor dem Hintergrund dieser gesetzgeberischen Erwägungen erscheint es aber inkonsequent, bei der Umsetzung der Funktionstrennung im Interesse einer effektiven Beschlußkontrolle vor dem zu hoch bemessenen Barabfindungsangebot insoweit halt zu machen, als für die Beschlußkontrolle dem verbleibenden Aktionär ausschließlich die Anfechtungsklage mit ihrer beschlußvernichtenden Wirkung zur Verfügung steht, obwohl in diesem Fall ausschließlich dessen Vermögensinteressen betroffen sind und damit allein der Schutz der Gesellschaftervermögen in Rede steht. Mit der Beschlußvernichtung in diesem Fall ist den Beteiligten ebensowenig geholfen wie im Fall eines zu niedrigen Angebots.

Die im Schrifttum anzutreffende Ansicht, die mit einer Klage gegen die Wirksamkeit des Umwandlungsbeschlusses wegen einer zu hohen Barabfindung verbundene Registersperre werde der Rechtsträger häufig im besonderen Verfahren gemäß §§ 198 Abs. 3, 16 Abs. 3 UmwG überwinden können[1434], vermag nicht zu überzeugen. § 16 Abs. 3 UmwG ist prinzipiell ungeeignet, bei Bewertungsrügen weiterzuhelfen[1435]. Bei Fragen der Unternehmens- und Anteilsbewertung, für die schon die Anfechtungsklage als solche schlecht paßt, hilft auch das Eintragungs-

1430 *Hommelhoff* ZGR 1993, 452, 469; vgl. *Bork* ZGR 1993, 343, 353ff.

1431 *Hommelhoff* ZGR 1990, 447, 473; siehe dazu ausführlich oben A.IV.1.b)cc) und B.II.3.d)aa).

1432 Vgl. *Kropff* Begr.RegE AktG 1965 zu 304, S. 395.

1433 Siehe dazu ausführlich oben A.IV.1.a).

1434 *Lutter/Decher* UmwG § 210 Rn. 6; vgl. auch *Baums* FS Zöllner, 65, 84.

1435 Vgl. *Hoffmann-Becking* F.A.Z. Nr. 216 vom 16.09.2000, S. 22, der darauf hinweist, daß es praktisch so gut wie ausgeschlossen sei, eine Freigabe der blockierten Eintragung in dem besonderen Verfahren nach § 16 Abs. 3 UmwG zu erreichen, wenn die Anfechtungsklage auf eine angeblich falsche Bewertung gestützt wird.

freigabeverfahren nicht weiter[1436], denn um Anteile zu bewerten, muß das Gericht eine Fülle von Tatsachen kennen, und das paßt nicht zum „kursorischen" Charakter[1437] des Freigabeverfahrens[1438]. Das Unbedenklichkeitsverfahren schafft keine wirksame Abhilfe und beseitigt das Blockaderisiko nicht, da eine Bewertungsrüge, die in der Regel nur mit Hilfe von Sachverständigengutachten beurteilt werden kann, so gut wie niemals „offensichtlich unbegründet" sein wird[1439]. Denkbar wäre dies allenfalls im Falle eines offensichtlich viel zu hoch bemessenen Barabfindungsangebotes, jedoch wird dieser Fall nicht zuletzt angesichts gegenteiliger Erfahrungen[1440] wohl kaum praktisch werden. Auch die in § 16 Abs. 3 UmwG zugelassene Abwägung zwischen der Schwere des geltend gemachten Mangels und den negativen Folgen einer Verzögerung für die beklagte Gesellschaft hilft im Falle einer auf ein zu hoch bemessenes Barabfindungsangebot nicht weiter, da es dem Kläger nicht schwer fallen wird, einen Bewertungsmangel zu behaupten, der die Abfindung gravierend in Frage stellt[1441].
Die Anfechtungsklage mit Bewertungsrüge bietet ein unbefriedigendes hohes Maß an Erpressungspotential[1442]. Berufsopponenten wird damit der Weg bereitet, sich anläßlich eines Formwechsels einfach gegen ein Ausscheiden und für den Verbleib in der Gesellschaft zu entscheiden und ihre Anfechtungsklage auf ein (vermeintlich) zu hoch bemessenes Angebot zu stützen[1443]. Nicht zuletzt die Gefahr eines entsprechenden Mißbrauchs, dem mit den zur Verfügung stehenden Mitteln nicht beizukommen ist, macht deutlich, daß die bestehende Möglichkeit der Anfechtungsklage mit Bewertungsrüge aus rechtspolitischer Sicht keine zufriedenstellende Lösung darstellen kann.

bb) Verfahrensrechtliche Nachteile für den verbleibenden Aktionär

Kritikwürdig erscheint die bestehende Rechtsschutzasymmetrie, wenn man sich die durch die bestehende Asymmetrie bedingte verfahrensrechtliche Ungleichbe-

---

1436 *G.Bezzenberger/T.Bezzenberger* FS Müller, 1, 10 m.w.N.

1437 *Hoffmann-Becking* in IDW Reform des Umwandlungsrechts, S. 60.

1438 *G.Bezzenberger/T.Bezzenberger* FS Müller, 1, 10.

1439 *Hoffmann-Becking* in IDW Reform des Umwandlungsrechts, S. 60; *DAV-Handelsrechtsausschuß* Vorschläge zur Änderung des UmwG, NZG 2000, 802, 803; *Baums* Gutachten 63. DJT, F 121; ebenso *Fritzsche/Dreier* BB 2002, 737, 741.

1440 Siehe dazu oben B.III.

1441 Vgl. *DAV-Handelsrechtsausschuß* Vorschläge zur Änderung des UmwG, NZG 2000, 802, 803; vgl. i.E. ebenso *Baums* Gutachten 63. DJT, F 121, der darauf hinweist, daß Interessenabwägung nicht oder nur kaum im vorhinein einzuschätzen ist.

1442 *DAV-Handelsrechtsausschuß* Vorschläge zur Änderung des UmwG, NZG 2000, 802, 803.

1443 Sie brauchen dafür eigentlich nur eine einzige Aktie zu behalten. Denn der Anteilsinhaber, welcher mehrere Anteile innehat, kann nach wohl überwiegender Ansicht das Barabfindungsverlangen auf einzelne dieser Anteile beschränken, siehe dazu *Marsch-Barner* in Kallmeyer UmwG § 29 Rn. 19 m.w.N.

handlung vor Augen führt. Während die verbleibenden Aktionäre zum einen das volle Kostenrisiko der Beschlußanfechtung trifft und sie die Darlegungs- und Beweislast tragen, entstehen den ausscheidewilligen Aktionären für die Überprüfung der Abfindung im Spruchverfahren regelmäßig keine Kosten, da diese in der Regel vom Unternehmen getragen werden[1444]; darüber hinaus stellt auch der Amtsermittlungsgrundsatz[1445] eine deutliche Verfahrenserleichterung dar[1446]. Verschärft wird die verfahrensrechtliche Benachteiligung der verbleibenden Aktionäre durch den Umstand, daß sich diese gemäß § 195 Abs. 1 UmwG innerhalb der kurzen Monatsfrist gegen das unangemessene Angebot zur Wehr setzen müssen, während den ausscheidenden Aktionären gemäß § 4 Abs. 1 S. 1 Nr. 4 SpruchG[1447] drei Monate nach Bekanntmachung der Eintragung verbleiben[1448].

cc) Symmetrie der Rechtsschutzmöglichkeiten gegen abfindungswertbezogene Informationsmängel

Schließlich erscheint die bestehende Asymmetrie der Rechtsschutzmöglichkeit des verbleibenden Aktionärs auch und insbesondere angesichts der Symmetrie des A-priori-Schutzes durch Information und der symmetrisch ausgestalteten Rechtsschutzmöglichkeiten gegen abfindungswertbezogene Informationsmängeln unbefriedigend[1449]. Der Schutz vor unangemessener Abfindung durch ausführliche Vorabinformation (A-priori-Schutz) – ob zu hoch oder zu niedrig - ist symmetrisch ausgestaltet. Da alle Aktionäre - also sowohl die ausscheidewilligen als auch die zum Verbleiben entschlossenen Aktionäre - an der Entscheidung über die Umwandlung beteiligt sind und dementsprechend ausführlich informiert werden müssen, sollte aus Symmetriegründen auch beiden das Recht zur Beantragung einer nachträglichen Korrektur zustehen. Auf diese Weise ließe sich im Rahmen ihrer Rechtsschutzmöglichkeiten eine Art „Waffengleichheit" herstellen, da inso-

1444 Vgl. § 15 Abs. 2 SpruchG; § 312 Abs. 4 S. 2 UmwG a.F.

1445 Siehe zur Einschränkung des Amtsermittlungsgrundsatzes im Zuge des SpruchG *Bungert/Mennicke* BB 2003, 2021, 2023.

1446 Vgl. *Bayer* ZHR 163 (1999), 505, 548f., *Baums* Gutachten 63. DJT, F 121 zur parallelen Problematik im Rahmen des § 14 Abs. 2 UmwG.

1447 Die frühere Regelung des § 305 UmwG a.F. sah noch eine kürzere Frist von zwei Monaten vor.

1448 Vgl. *Baums* Kommissionsbericht Corporate Governance Rz.151 (S. 175) zur parallelen Problematik im Rahmen des § 14 Abs. 2 UmwG.

1449 Auf diesen Zusammenhang weist - insoweit zutreffend - auch *Witt* WuB II N. § 210 UmwG 1.01, 289, 290 unter 4. hin, der jedoch – dem BGH folgend und insofern unzutreffend - methodisch genau umgekehrt argumentiert, indem er die Antragsbefugnis des verbleibenden Anteilsinhabers deswegen befürwortet, weil damit der Vorstellung des Gesetzgebers zum Durchbruch verholfen würde, daß der nicht ausscheidewillige Anteilsinhaber zum Zeitpunkt der Beschlußfassung über den Formwechsel – wie sein ausscheidewilliger Kollege – keinerlei Informationen über die Abfindung benötigt. Siehe dazu, daß dies nicht der gesetzgeberischen Vorstellung entspricht oben B.II.3.b)bb)(2)(b).

weit auch beiden für die Rüge der abfindungswertbezogenen Informationsrechtsverletzung die Anfechtungsklage offensteht[1450].

dd) Ergebnis

Aufgrund der beschriebenen Schwächen bzw. Unzulänglichkeiten der bestehenden Rechtsschutzasymmetrie erscheint es aus rechtspolitischer Sicht wünschenswert, daß das Prinzip vom „Anfechtungsausschluß zugunsten Spruchverfahren" insoweit konsequent fortentwickelt und symmetrisch ausgestaltet wird[1451].

b) Rechtspolitisches Ziel einer Analogie - Schutz vor zu hohem Angebot *durch* oder Schutz vor Erhöhung des Angebots *im* Spruchverfahren?

Die Herstellung einer solchen Symmetrie der Rechtsschutzmöglichkeiten hatte wohl auch der BGH im Rahmen seines *obiter dictum* vor Augen. Daß es dem II. Zivilsenat dabei darum ging, die gegenüber der Anfechtungsklage größere Zielgenauigkeit des Spruchverfahrens zu nutzen, wird deutlich, wenn er hervorhebt, daß die Eröffnung der Anfechtungsklage im Widerspruch zu den Zielen stünde, die der Gesetzgeber mit den §§ 210, 212 UmwG verfolgt[1452]. In diese Richtung weisen auch die die Rechtsprechung näher erläuternden Ausführungen eines Senatsmitglieds[1453]. Die rechtspolitischen Überlegungen bilden insofern den Ausgangspunkt für die Erwägung des BGH, auch dem verbleibenden Aktionär die Möglichkeit eines Spruchverfahrens zur Überprüfung des Barabfindungsangebots mittels Analogieschlusses zu eröffnen.
Es stellt sich jedoch die Frage, welches das konkrete Ziel der vom BGH erwogenen Analogie sein bzw. welche Reichweite ihr zukommen soll[1454]. Dieses nämlich wird durch die ebenso vorsichtigen wie knappen Ausführungen des Senats nicht hinreichend deutlich. Einerseits spricht er zu Beginn seines *obiter dictum* ausdrücklich das „zu hohe Angebot" an, hinsichtlich dessen die §§ 210, 212 UmwG keine ausdrückliche Aussage enthalten[1455]. Dies läßt zunächst darauf schließen, daß es dem BGH in erster Linie darum ging, den verbleibenden Aktionär vor der Gefahr eines bereits im Beschluß zu hoch bemessenen Angebots nach § 207

[1450] Siehe dazu ausführlich oben B.II.3.
[1451] Zu Möglichkeiten und Grenzen der Ausgestaltung einer entsprechenden Fortentwicklung siehe unten B.III.3.b)ba).
[1452] BGHZ 146, 179, 189 – *MEZ*; BGH ZIP 2001, 412, 415 – *Aqua Butzke*.
[1453] Vgl. *Henze* in Henze/Hoffmann-Becking GesR 2001, 39, 49; *ders.* ZIP 2002, 97, 107.
[1454] Vgl. *Heckschen* in Simon/Heckschen Umwandlungsrecht § 10 C. Rn. 8 (S. 286), *ders.* NotBZ 2001, 206, 207, der zutreffend darauf hinweist, daß unklar bleibe, mit welchem Ziel eine Umsetzung der Gedankenführung des II. Zivilsenats erfolgen soll.
[1455] BGHZ 146, 179, 189 – *MEZ*; BGH ZIP 2001, 412, 415 – *Aqua Butzke*.

UmwG – im Sinne einer zu hoch beschlossenen Abfindung - zu schützen[1456]. Andererseits führt der BGH aus, daß die Anfechtungsklage keinen ausreichenden Schutz davor biete, daß die Abfindung ausscheidender Anteilsinhaber erst im Spruchverfahren heraufgesetzt oder erstmals zu hoch festgesetzt wird, weshalb dem verbleibenden Aktionär Rechtsschutz im Spruchverfahren eröffnet werden müsse[1457]. Diese Feststellung läßt hingegen darauf schließen, daß der BGH vielmehr - oder aber zusätzlich – das Ziel eines Schutzes gegen eine nachträgliche Erhöhung der Barabfindung im Spruchverfahren verfolgte.
Es stellt sich von daher die Frage, ob für den verbleibenden Aktionär Rechtsschutz *durch* Spruchverfahren – durch Einräumung eines eigenen Antragsrechts zum Erwirken eines „Weniger" an Abfindung - oder aber Rechtsschutz *im* Spruchverfahren - im Wege der Verfahrensbeteiligung zur Verhinderung eines „Mehr" an Abfindung - bereitzustellen ist.

aa) Ausreichender Schutz vor Erhöhung *im* Spruchverfahren aufgrund der Möglichkeit der Nebenintervention

Die vom BGH angestellten Überlegungen zugunsten eines Schutzes des verbleibenden Aktionärs vor einer Erhöhung der Abfindung im Spruchverfahren sind vor dem Hintergrund der praktischen Erfahrungen zu sehen, nach denen die zu gewährende Abfindung häufig eine beträchtliche Heraufsetzung im Spruchverfahren erfahren haben[1458]. Zwar geht eine jede solche spätere Heraufsetzung der Abfindung, welche die ausscheidenden außenstehenden Aktionäre im Spruchverfahren erreichen, durch Entzug von Vermögenssubstanz der Gesellschaft gleichzeitig zu Lasten der in der Gesellschaft verbleibenden Anteilseigner[1459]. Fraglich ist jedoch, ob nicht bereits das geltende Recht es dem verbleibenden Anteilsinhaber ermöglicht, einer über die tatsächliche Angemessenheit hinaus gehende Erhöhung der Abfindung im Spruchverfahren entgegenzuwirken. Um den verbleibenden Aktionär davor zu schützen, daß im Spruchverfahren der ausscheidenden Gesellschafter die Abfindung am Ende des langen Verfahrens heraufgesetzt wird, kommt hier seine individuelle Beteiligung als Nebenintervenient auf Seiten der Gesellschaft in Betracht.

1456 Vgl. *Luttermann* BB 2001, 382, 384, der das *obiter dictum* anscheinend als eine – analog gedachte – vierte Alternative der §§ 210, 212 UmwG versteht.
1457 BGHZ 146, 179, 189 – *MEZ*; BGH ZIP 2001, 412, 415 – *Aqua Butzke*.
1458 Siehe dazu B.III.
1459 *Röhricht* in VGR GesR 2001, 3, 32.

(1) Anwendbarkeit der zivilprozessualen Vorschriften zur Streithilfe (§ 17 Abs. 1 SpruchG)

Gemäß § 17 Abs. 1 SpruchG[1460] ist auf das Spruchverfahren das FGG anzuwenden, soweit das SpruchG nichts anderes bestimmt. Zwar ist die Streithilfe selbst im FGG nicht geregelt. Jedoch werden die Vorschriften der ZPO über die Streithilfe in den sog. echten Streitverfahren des FGG in der Regel generell für anwendbar erachtet[1461]. Da es sich bei dem Spruchverfahren um ein echtes Streitverfahren des FGG handelt[1462], ist zunächst gemäß § 17 Abs. 1 2.HS SpruchG[1463] erforderlich, daß die Vorschriften des SpruchG[1464] nicht entgegenstehen.
Der Zulässigkeit einer individuellen Beteiligung des verbleibenden Anteilsinhabers und damit der (entsprechenden) Anwendbarkeit des § 66 Abs. 1 ZPO könnte hier allenfalls die Institution des gemeinsamen Vertreters entgegenstehen, § 6 SpruchG[1465]. Zum Teil wird vertreten, daß Aktionäre, die nicht zu den außenstehenden Aktionären gehören und deren Rechte deshalb nicht von dem gemeinsamen Vertreter wahrgenommen werden, sich dem Verfahren nicht im Wege der Nebenintervention anschließen können[1466]. Dieser Auffassung kann jedoch angesichts des Sinn und Zweck des § 6 SpruchG nicht gefolgt werden. Die Einrichtung des gemeinsamen Vertreters bezweckt einzig und allein die Gleichbehandlung aller außenstehenden Anteilsinhaber[1467], d.h. den Schutz gegen eine Ungleichbehandlung unter diesen. Der Schutzzweck der Einrichtung des gemeinsamen Vertreters reicht hingegen nicht so weit, sonstige Dritte vom Spruchverfahren bzw. von einer Beteiligung an diesem fern zu halten[1468]. Eine derart weitreichende Interpretation des § 6 SpruchG findet im Gesetz keine Stütze. Der (alleinige) Schutzzweck der Gleichbehandlung der außenstehenden Aktionäre wird durch die Möglichkeit der Nebenintervention durch Anteilsinhaber des leistungsverpflichte-

---

1460 Vgl. § 307 Abs. 1 UmwG a.F.

1461 BGHZ 38, 110; BayObLGZ 1970, 65; BayObLGZ 1987, 251; OLG Hamm NJW-RR 1991, 1092; OLG Hamm NJW-RR 1996, 335; OLG Schleswig NZG 2000, 48 – *Lübecker Hypothekenbank AG/Eurohypo AG* - mit zust. Anm. *Behnke* NZG 2000, 48f.; *Schwarz* in Widmann/Mayer § 307 Rn. 27.

1462 BayObLG AG 1996, 127– *Paulaner AG*; OLG Düsseldorf AG 1993, 40, 41; OLG Schleswig NZG 2000, 48– *Lübecker Hypothekenbank AG/Eurohypo AG*; *Meister/Klöcker* in Kallmeyer UmwG § 307 Rn. 1; *Lutter/Bezzenberger* AG 2000, 433, 437; *Bilda* NZG 2000, 296, 298; *Neye* DStR 2002, 178.

1463 § 307 Abs. 1 UmwG a.F.

1464 §§ 307ff. UmwG a.F.

1465 § 308 UmwG a.F.

1466 *Bilda* in MünchKomm AktG § 306 Rn. 79.

1467 *Ganske* Begr.RegE UmwBerG 1994, zu § 308 UmwG, S. 274; *Volhard* in Semler/Stengel UmwG § 308 Rn. 1.

1468 Im Ergebnis ebenso *Behnke* NZG 2000, 48, 49; offenlassend OLG Schleswig NZG 2000, 48 – *Lübecker Hypothekenbank AG/Eurohypo AG*.

ten Rechtsträgers nicht beeinträchtigt, so daß § 6 SpruchG der Nebenintervention nicht im Wege steht.

(2) Interventionsinteresse des verbleibenden Anteilsinhabers

Es kommt somit entscheidend darauf an, ob der verbleibende Aktionär die Voraussetzungen des § 66 ZPO erfüllt. Nach § 66 Abs. 1 ZPO kommt eine Streithilfe nur für denjenigen in Betracht, der ein rechtliches Interesse daran hat, daß in einem zwischen anderen Personen anhängigen Verfahren die eine Partei obsiege. Ein tatsächliches, ein ideelles oder ein rein wirtschaftliches Interesse genügt hingegen nicht[1469], insbesondere genügt auch nicht das Interesse des Aktionärs am Obsiegen seiner Aktiengesellschaft im Hinblick auf seine Dividende[1470]. Der Annahme eines rechtlichen Interesses im Sinne des § 66 ZPO in dem hier interessierenden Fall könnte zwar entgegengehalten werden, daß der verbleibende Anteilsinhaber, der sich gegen die Erhöhung der Abfindung im Spruchverfahren wendet, rein wirtschaftliche Interessen verfolgt. Das Interventionsinteresse liegt jedoch unabhängig davon stets vor, wenn das Urteil über die Parteien hinaus auch für oder gegen den Dritten Rechtskraft haben würde (§ 69 ZPO)[1471]. Gemäß § 13 S. 2 SpruchG[1472] wirkt die Entscheidung des Gerichts für und gegen alle. Gegenstand der gerichtlichen Entscheidung ist die Bestimmung der angemessenen Barabfindung im Sinne des § 207 Abs. 1 UmwG[1473]. Diese Entscheidung wirkt gemäß § 13 S. 2 SpruchG also nicht nur für und gegen Antragsteller und Antragsgegner[1474], sondern gleichsam auch für und gegen alle nicht beteiligten Anteilsinhaber[1475]. Mit Rücksicht auf diese Rechtskraftwirkung der Entscheidung kommt dem verbleibenden Anteilsinhaber nach § 69 ZPO die Stellung eines Streitgenossen im Sinne des § 61 ZPO zu[1476]. Er kann damit dem Spruchverfahren als Nebenintervenient beitreten[1477]. Hierfür bedarf es keiner besonderen gesetzlichen Rege-

---

1469 *Zöller/Vollkommer* ZPO § 66 Rn. 9.

1470 RGZ 83, 182; *Bork* in Stein-Jonas ZPO § 66 Rn. 14.

1471 *Bork* in Stein-Jonas ZPO § 66 Rn. 18.

1472 § 311 S. 2 UmwG a.F.

1473 *Meister/Klöcker* in Kallmeyer UmwG § 212 Rn. 8.

1474 Vgl. § 5 SpruchG.

1475 *Lutter/Krieger* UmwG Anhang I SpruchG § 13 Rn. 1ff.; *Volhard* in Semler/Stengel UmwG § 311 Rn. 2; *Meister/Klöcker* in Kallmeyer UmwG § 311 Rn. 3; *Lutter/Bezzenberger* AG 2000, 433, 441f.

1476 *Henze* ZIP 2002, 97, 107.

1477 Für die Zulässigkeit der Nebenintervention de lege lata *Hoffmann-Becking* in Henze/Hoffmann-Becking GesR 2001, 55, 69f.; *Henze* ZIP 2002, 97, 107; *DAV-Handelsrechtsausschuß* Stellungnahme RefE SpruchG NZG 2002, 119, 124; *Emmerich* in Emmerich/Habersack Aktien- und GmbH-Konzernrecht § 293 Rn. 38c; vgl. auch *Puszkajler* BB 2003, 1692, 1694 Fn.18; dagegen für lediglich de lege ferenda möglich erachtend: *Hirte* ZHR 167 (2003), 8, 28f. unter Hinweis auf OLG Schleswig NZG 2000, 48 - *Lübecker Hypothekenbank AG/Eurohypo AG*; wohl auch *M.Winter* Diskussionsbeitrag in Henze/Hoffmannlung[1478]. Die Versagung der Möglichkeit einer individuellen Beteiligung wäre zudem unter dem Gesichtspunkt des rechtlichen Gehörs verfassungsrechtlich bedenklich. Schließlich kommt der gerichtlichen Entscheidung am Ende des Spruchverfahrens beschlußgestaltende Wirkung zu[1479]. Die gerichtliche Bestimmung der angemessenen Barabfindung tritt an die Stelle der im Rahmen der Umwandlung getroffenen Regelung[1480]. Sie ersetzt damit die Regelung der Abfindung im Umwandlungsbeschluß. Von daher erschiene es unter dem Gesichtspunkt des rechtlichen Gehörs[1481] verfassungsrechtlich bedenklich, in einem Spruchverfahren, das - wie das Anfechtungsverfahren[1482] - für und gegen alle wirkt, ein abweichendes Beschlußergebnis festzustellen, ohne daß dem Gesellschafter Gelegenheit gegeben wird, Einwendungen hiergegen in dem anhängigen Verfahren zu erheben[1483].

Im Ergebnis ist daher festzuhalten, daß es für den Schutz des verbleibenden Anteilsinhabers vor einer Heraufsetzung der Abfindung am Ende eines langen Spruchverfahren der ausscheidenden Gesellschafter - entgegen der Ansicht des BGH[1484] - nicht der Eröffnung eines eigenen Spruchverfahrens durch Gewährung eines eigenen Antragsrechts bedarf. Die Einräumung eines entsprechenden Antragsrechts zu dem Zweck der Verhinderung einer entsprechenden Erhöhung stünde überdies nicht im Einklang mit der gesetzlichen Rollenverteilung im Spruchverfahren[1485]. Antragsgegner war bereits vor Inkrafttreten des SpruchG allein die zur Leistung verpflichtete Gesellschaft, nicht aber die anderen (verbleibenden) Anteilsinhaber, § 307 Abs. 2 UmwG a.F.. Der Gesetzgeber hat das Spruchverfahren damit gerade nicht als echtes zweiseitiges Verfahren in dem Sin-

---

Becking GesR 2001, S. 75f.; unklar, ob de lege lata oder de lege ferenda *Heckschen* in Simon/Heckschen Umwandlungsrecht § 10 C. Rn. 8 (S. 286); *ders.* NotBZ 2001, 206, 207; offenlassend *Röhricht* in VGR GesR 2001, 3, 33 Fn.77.

1478 So aber anscheinend *Hirte* ZHR 167 (2003), 8, 28f., der sich in diesem Zusammenhang auf die eine Nebeninterventionsmöglichkeit ablehnende Entscheidung des OLG Schleswig NZG 2000, 48 – *Lübecker Hypothekenbank AG/Eurohypo AG* - beruft. Dort ging es hingegen um eine abweichende Sachverhaltskonstellation, nämlich um die Nebenintervention einer Aktionärin einer antragsberechtigten Anteilsinhaberin, nicht hingegen um die hier in Rede stehende Nebenintervention eines Anteilsinhabers des leistungsverpflichteten Rechtsträgers; vgl. auch Nachweise in vorheriger Fn.

1479 Vgl. entsprechend zur rückwirkend vertragsgestaltenden Wirkung der gerichtlichen Bestimmung des unternehmensvertraglichen Ausgleichs bzw. der Abfindung im Spruchverfahren *Koppensteiner* in KölnKomm AktG § 304 Rn. 66 und § 305 Rn. 55; *Hüffer* AktG § 304 Rn. 22 m.w.N. und § 305 Rn. 31.

1480 *Lutter/Krieger* UmwG (2. Aufl..) § 311 Rn. 3; *Krieger* in Lutter Kölner Umwandlungsrechtstage, 275, 293; vgl. dazu bereits oben A.IV.1.a).

1481 Art. 103 GG.

1482 § 248 Abs. 1 S. 1 AktG.

1483 Vgl. entsprechend für den Anfechtungs- und Feststellungsprozeß BGHZ 188, 320, 330.

1484 BGHZ 146, 179, 189 – *MEZ*; BGH ZIP 2001, 412, 415 – *Aqua Butzke*.

1485 Zu Recht *Hoffmann-Becking* in Henze/Hoffmann-Becking GesR 2001, 55, 69f.

ne ausgestaltet, daß auch die Anteilsinhaber der jeweils anderen Seite dort ihre Interessen gleichberechtigt zur Geltung bringen können[1486]. Entsprechenden Reformvorschlägen[1487] ist der Gesetzgeber auch mit dem SpruchG nicht gefolgt[1488], vgl. § 5 Nr. 4 SpruchG. Es ist und bleibt grundsätzlich Sache der Gesellschaft, nicht aber der anderen Gesellschafter, den gefaßten Beschluß im Spruchverfahren gegen eine Erhöhung zu verteidigen[1489]. Wenn ein Anteilsinhaber befürchten muß, daß der für die Gesellschaft handelnde Vorstand den Rechtsstreit nicht entschieden genug führt, kann er dem Rechtsstreit als Nebenintervenient beitreten[1490]. Ein entsprechendes Schutzbedürfnis läßt sich auch nicht etwa unter Hinweis auf den im Spruchverfahren geltenden Amtsermittlungsgrundsatz[1491] (vgl. § 17 Abs. 1 SpruchG bzw. § 307 Abs. 1 UmwG a.F. i.V.m. § 12 FGG) prinzipiell in Zweifel ziehen[1492]. Schließlich ist es nicht auszuschließen, daß der Vorstand im Einzelfall im Interesse einer zügigen Streitbeilegung bei der Verteidigung des Abfindungsangebotes im Spruchverfahren weniger „Kampfgeist" an den Tag legen wird und dementsprechend die Frage der Angemessenheit der Abfindung *großzügiger* zugunsten der abfindungsberechtigten Anteilsinhaber handhaben wird[1493]. In solchen Fällen muß dem Aktionär, der seine Vermögensinteressen durch eine „nachlässige Verfahrensführung" seitens des Vorstandes, welche sich in einem über das tatsächlich angemessene Maß hinausgehenden Abfindungsangebot niederzuschlagen droht, gefährdet sieht, die Möglichkeit einer Einflußnahme eingeräumt werden.

1486 Vgl. *Röhricht* in VGR GesR 2001, 3, 33.

1487 Vgl. *Martens* AG 2000, 301, 308, der sich de lege ferenda für eine „kontradiktorische Auseinandersetzung zwischen den Aktionären der aufnehmenden und den Aktionären der übertragenden Gesellschaft" ausspricht. Nach seinen Vorstellungen soll der aufnehmenden Gesellschaft als Antragsgegnerin in der Sache nur eine passive, gleichsam schiedsrichterliche Rolle zukommen.

1488 Vgl. zu entsprechenden Vorschlägen in letzter Zeit: *Sernetz* Diskussionsbeitrag in Henze/Hoffmann-Becking GesR 2001, S. 71; *Röhricht* in VGR GesR 2001, 3, 33.

1489 *Hoffmann-Becking* in Henze/Hoffmann-Becking GesR 2001, 55, 70; *DAV-Handelsrechtsausschuß* Stellungnahme RefE SpruchG NZG 2002, 119, 124; in diesem Sinne auch *Henze* ZIP 2002, 97. 107.

1490 *Hoffmann-Becking* in Henze/Hoffmann-Becking GesR 2001, 55, 70.

1491 *Meister/Klöcker* in Kallmeyer UmwG § 307 Rn. 2; *Krieger* in Lutter Kölner Umwandlungsrechtstage, 275, 286; *Bilda* NZG 2000, 296, 298; *Schulenberg* AG 1998, 74, 81; vgl. zu den Einschränkungen im Rahmen des SpruchG *Bungert/Mennicke* BB 2003, 2021, 2023.

1492 Vgl. aber die Zweifel von *M.Winter* Diskussionsbeitrag in Henze/Hoffmann-Becking GesR 2001, S. 76.

1493 Vgl. zu entsprechenden Erfahrungen der Praxis *App* BB 1995, 267; siehe dazu bereits oben B.III.

(3) „Schutzgrenze" durch das Verbot der *reformatio in peius*

Der verbleibende Aktionär kann sich somit zwar grundsätzlich im Wege der Nebenintervention an dem Spruchverfahren beteiligen und sich auf diesem Wege gegen eine „überhöhte" Abfindung zu schützen bzw. wehren versuchen. Hierbei gilt es jedoch zu beachten, daß das allgemein in echten Streitsachen der freiwilligen Gerichtsbarkeit geltende Verbot der *reformatio in peius*[1494] auch im Spruchverfahren gilt[1495] und dem Schutz des verbleibenden Aktionärs im Spruchverfahren Grenzen auferlegt. Das vom ausscheidewilligen Anteilsinhaber beantragte Spruchverfahren kann aufgrund des Verbots der *reformatio in peius* nicht zu einer Verschlechterung der Rechtsposition des antragstellenden (ausscheidewilligen) Aktionärs führen[1496]. Demzufolge kann der in der Gesellschaft verbleibende Aktionär im Wege der Nebenintervention lediglich verhindern, daß die Abfindung im Spruchverfahren heraufgesetzt wird. Nicht hingegen kann er auf diesem Wege eine Reduzierung derselben erreichen. Die Möglichkeit der Nebenintervention vermag ihn damit nur gegen die Gefahr einer Erhöhung der Abfindung im Spruchverfahren, nicht hingegen gegen eine aus seiner Sicht bereits im Umwandlungsbeschluß zu hoch bemessene Abfindung zu schützen.

(4) Ergebnis

Es bleibt insofern festzuhalten, daß der verbleibende Anteilsinhaber zum Schutz vor der Gefahr einer Erhöhung der Abfindung im Spruchverfahren diesem als Nebenintervenient beitreten kann, ohne daß es hierfür einer Analogie[1497] oder einer spezialgesetzlichen Regelung bedürfte[1498].

1494 *Kayser* in Keidel/Kuntze/Winkler § 12 FGG Rz.200; vgl. auch BayObLG AG 1996, 127 – *Paulaner*.

1495 BayObLG AG 1996, 127 – *Paulaner*; *Meister-Klöcker* in Kallmeyer UmwG § 307 Rn. 23; *Bilda* in MünchKomm AktG § 306 Rn. 112; *Hüchting* Abfindung und Ausgleich, S. 78.

1496 *App* BB 1995, 267, 269.

1497 *Hoffmann-Becking* in Henze/Hoffmann-Becking GesR 2001, 55, 70.

1498 *DAV-Handelsrechtsausschuß* Stellungnahme RefE SpruchG NZG 2002, 119, 124; i.E. ebenso *Hoffmann-Becking* in Henze/Hoffmann-Becking GesR 2001, 55, 69f.; *Henze* ZIP 2002, 97, 107; *Reichert* in Semler/Volhard Unternehmensübernahmen, § 17 Rn. 8 (S. 806); offenlassend *Röhricht* in VGR GesR 2001, 3, 33 Fn.77; nicht zutreffend insofern *Hirte* ZHR 167 (2003), 8, 28f., der sich in diesem Zusammenhang auf die eine Nebeninterventionsmöglichkeit ablehnende Entscheidung des OLG Schleswig NZG 2000, 48 – *Lübecker Hypothekenbank AG/Eurohypo AG* - beruft. Dort ging es hingegen um eine abweichende Sachverhaltskonstellation, d.h. nicht um die Nebenintervention auf Seiten des leistungsverpflichteten Rechtsträgers, sondern um die Nebenintervention einer Aktionärin einer antragsberechtigten Anteilsinhaberin.

bb) Schutz *durch* Spruchverfahren vor der zu hoch bemessenen Abfindung im Umwandlungsbeschluß

Da insoweit die Möglichkeit der Verfahrensbeteiligung im Wege der Nebenintervention ausreichenden Schutz gegen die mögliche Erhöhung im Spruchverfahren bietet, kommt als Ziel der in Frage stehenden Analogie lediglich der Schutz *durch* Spruchverfahren gegen die im Umwandlungsbeschluß zu hoch bemessene Abfindung in Betracht. Dies könnte etwa durch die Einräumung eines eigenen Antragsrechts für den verbleibenden Anteilsinhaber geschehen. Ein entsprechendes Bedürfnis nach einem eigenen Antragsrecht ließe sich insbesondere in den begrenzten Schutzmöglichkeiten der bloßen Verfahrensbeteiligung erblicken: Voraussetzung dafür, daß die Gesellschaft den Umwandlungsbeschluß - in Ausübung der ihr gesetzlich zugewiesenen Parteirolle - im Spruchverfahren verteidigen kann, ist zunächst, daß der Beschluß tatsächlich auch angegriffen worden ist, daß also ein antragsberechtigter Anteilsinhaber von seinem Antragsrecht Gebrauch gemacht hat. Die Möglichkeit der Verfahrensbeteiligung im Wege der Nebenintervention setzt daher naturgemäß stets voraus, daß überhaupt ein Antrag auf Spruchverfahren durch die außenstehenden Aktionäre bei Gericht anhängig gemacht wird[1499]. Mit der bloßen Möglichkeit einer Beteiligung an einem *fremden* Verfahren ist dem verbleibenden Anteilsinhaber also dann nicht geholfen, wenn keiner der antragsberechtigten Aktionäre ein Spruchverfahren beantragt. Die antragsberechtigten Aktionäre werden jedoch bei den geringsten Anzeichen bzw. - aus Sicht der verbleibenden Aktionäre - der leisesten *Gefahr* einer im Umwandlungsbeschluß zu hoch bemessenen Abfindung vernünftigerweise einen Antrag auf Überprüfung im Spruchverfahren gerade unterlassen. Wartet der verbleibende Aktionär dann jedoch – vergeblich - ab, ob ein solcher Antrag innerhalb der gesetzlichen Frist[1500] gestellt wird, so läßt er damit zwangsläufig auch seine Anfechtungsfrist[1501] verstreichen[1502]. Entschließt sich keiner der ausscheidenden Aktionäre für einen Antrag, steht dem verbleibenden Aktionär infolgedessen keine Möglichkeit offen, sich gegen das zu hoch bemessene Angebot zur Wehr zu setzen. Hinzukommt, daß selbst für den unwahrscheinlichen, theoretisch aber durchaus möglichen Fall, daß einem außenstehenden Anteilsinhaber das im Umwandlungsbeschluß tatsächlich zu hoch bemessene Abfindungsangebot zu niedrig erscheint und er daher ein

---

1499 Vgl. Diskussionsbeitrag *Henze* in Henze/Hoffmann-Becking GesR 2001, S. 77.

1500 Gemäß § 4 Abs. 1 S. 1 Nr. 4 SpruchG beträgt die Frist drei Monate seit dem Tag, an dem die Eintragung der Umwandlung im Handelsregister nach den Vorschriften des Umwandlungsgesetzes als bekannt gemacht gilt (§ 305 UmwG a.F. sah demgegenüber noch eine kürzere Frist von nur zwei Monaten vor).

1501 Gemäß § 195 Abs. 1 AktG beträgt die Frist einen Monat seit der Beschlußfassung über die Umwandlung.

1502 So zutreffend der BGH in BGHZ 146, 179, 189 – *MEZ*; BGH ZIP 2001, 412, 415 – *Aqua Butzke*, der diese Überlegung jedoch im Zusammenhang mit der Eröffnung der Möglichkeit einer Anfechtungsklage anstellt.

Spruchverfahren beantragt, der verbleibende Anteilsinhaber wegen des Verbotes der *reformatio in peius* keine Herabsetzung der Abfindung erreichen könnte[1503]. Da die Rüge, die von der Hauptversammlung beschlossene Abfindung sei zu hoch, insoweit auch nicht Sache des Vorstandes ist, bedarf es hier infolgedessen in der Tat einer Überlegung, wie der Aktionär selbst zu seinem Recht kommt[1504]. Das Problem des Verbots der *reformatio in peius* ließe sich lösen, sofern dem verbleibenden Anteilsinhaber ein eigenes Antragsrecht zustünde, da dann die „spiegelbildliche" Situation bestünde: Es ist dann *sein* Verfahren. Das Verbot der reformatio in peius gälte dann insofern zu seinen Gunsten, als die Abfindung in dem von ihm beantragten Verfahren nicht heraufgesetzt werden dürfte, auch nicht wenn sich der ausscheidende Anteilsinhaber – insoweit „spiegelbildlich" zu der oben geschilderten Situation - als Nebenintervenient am Verfahren beteiligte[1505].
Es ist anzunehmen, daß es dem BGH im Rahmen seiner Überlegungen zu einer analogen Anwendung der §§ 210, 212 UmwG darum ging, daß der Aktionär selbst sein Vermögensrecht verteidigen können sollte[1506] und daher - zumindest *auch* – um die Einräumung eines eigenen Antragsrechts[1507]. Es ist also zu prüfen, ob dem verbleibenden Aktionär de lege lata ein eigenes Antragsrecht im Wege der Analogie eingeräumt werden kann.
Voraussetzung für den vom BGH in Erwägung gezogenen Analogieschluß ist das Bestehen einer planwidrigen Regelungslücke[1508]. Sie ist nur dann gegeben, wenn die geltenden gesellschaftsrechtlichen Bestimmungen zum Schutz des verbleibenden Anteilsinhabers gegen ein zu hohes Angebot wesentliche Schutzlücken aufweisen *und* der Gesetzgeber dies nicht in seine Überlegungen einbezogen hat. An dieser Stelle ist zu beachten, daß der BGH bereits die Anfechtungsmöglichkeit des verbleibenden Aktionärs wegen eines zu hoch bemessenen Abfindungsangebotes verneint[1509]. Er erblickt infolgedessen in dem vermeintlichen Fehlen jeglicher

---

1503 Siehe oben B.III.3.b)aa)(3).

1504 *Hoffmann-Becking* Diskussionsbeitrag in Henze/Hoffmann-Becking GesR 2001, S. 76; vgl. *Henze* Diskussionsbeitrag in Henze/Hoffmann-Becking GesR 2001, S. 77.

1505 Die Ausführungen zur Möglichkeit einer individuellen Beteiligung des verbleibenden Aktionärs am Spruchverfahren des ausscheidenden Aktionärs müßten insoweit entsprechend für die Möglichkeit einer individuellen Beteiligung des ausscheidenden Aktionärs am Spruchverfahren des verbleibenden Aktionärs gelten; siehe oben B.III.3.b)aa).

1506 Vgl. *Henze* Diskussionsbeitrag in Henze/Hoffmann-Becking GesR 2001, S. 77.

1507 Vgl. *Henze* Diskussionsbeitrag in Henze/Hoffmann-Becking GesR 2001, S. 77, aus dem hervorgeht, daß der II. Senat über die Einräumung eines eigenen Antragsrechts – wenn auch noch nicht abschließend – nachgedacht habe; so wird auch die Zielrichtung des *obiter dictum* weitgehend interpretiert: vgl. *Witt* WuB II N. § 210 UmwG 1.01, 289, 290 unter 4; *Heckschen* in Simon/Heckschen Umwandlungsrecht, § 10 C. Rn. 8; *ders.* NotBZ 2001, 206, 207; *Vetter* FS Wiedemann, 1323, 1341f.; *Hoffmann-Becking* in Henze/Hoffmann-Becking GesR 2001, 55, 69f.; *M.Winter* Diskussionsbeitrag in Henze/Hoffmann-Becking GesR 2001, S. 76.

1508 Dazu *Larenz/Canaris* Methodenlehre, S. 194ff.

1509 Siehe zum Bestehen der entsprechenden Anfechtungsmöglichkeit entgegen der Ansicht des BGH ausführlich oben B.II.3.

Rechtsschutzmöglichkeit – der vermeintlichen Rechtsschutzlücke - die für die Analogie notwendige Regelungslücke im Gesetz. Da nun einmal die Anfechtungsklage besteht, stellt sich die Frage nach einem möglichen Analogieschluß jetzt – insofern abweichend vom ursprünglichen Konzept des BGH – in der Form, ob die bestehende Anfechtungsmöglichkeit im Wege eines Analogieschlusses durch die Möglichkeit eines Spruchverfahrens ersetzt werden kann[1510].

(1) Bestehen einer Regelungslücke

Ausgangspunkt für die im Schrifttum im Anschluß an die Überlegungen des BGH getroffene Annahme der für die Analogie vorausgesetzten Lücke im Gesetz bildet die Behauptung unzureichenden Schutzes des verbleibenden Aktionärs bei der Umwandlung durch sein Anfechtungsrecht[1511]. Denn mit dem Anfechtungsrecht erreiche der Aktionär nicht mehr als die Nichtigerklärung des Beschlusses mit der weiteren Konsequenz, daß die Bewertung von vorne beginne[1512]. Nicht aber könne auf diesem Wege eine positive gerichtliche Entscheidung über die jetzt niedriger zu treffende Festsetzung erreicht werden, mit der sich die Angelegenheit im Sinne des Aktionärs dann abschließt[1513]. Dies könne nur ein Spruchverfahren leisten, und darin liege durchaus die Gesetzeslücke[1514]. Von daher sollte dem verbleibenden Anteilsinhaber über den jetzigen § 212 UmwG hinaus ein eigenes Antragsrecht auf die Einleitung eines „spiegelbildlichen Spruchverfahrens“ zugestanden werden[1515]. Der Antrag ginge dann entsprechend auf Herabsetzung der im Umwandlungsbeschluß festgesetzten Abfindung[1516]. Demgegenüber wird von einer Ansicht im Schrifttum[1517] die Existenz einer Regelungslücke verneint. Die Tatsache, daß das Spruchverfahren das im Hinblick auf das vom Aktionär anvisierte Rechtsschutzziel – der Zubilligung angemessener Kompensation - im Vergleich zur Anfechtungsklage besser geeignete Rechtsschutzinstrument ist, könne nicht zur Annahme einer Regelungslücke führen[1518].

1510 Vgl. *Hoffmann-Becking* in Henze/Hoffmann-Becking GesR 2001, 55, 69; vgl. auch *Henze* Diskussionsbeitrag in Henze/Hoffmann-Becking GesR 2001, S. 74.

1511 *Henze* Diskussionsbeitrag in Henze/Hoffmann-Becking GesR 2001, S. 74; vgl. *Hirte* ZHR 167 (2003), 8, 28f.

1512 *Henze* Diskussionsbeitrag in Henze/Hoffmann-Becking GesR 2001, S. 74.

1513 *Henze* Diskussionsbeitrag in Henze/Hoffmann-Becking GesR 2001, S. 74.

1514 *Henze* Diskussionsbeitrag in Henze/Hoffmann-Becking GesR 2001, S. 74.

1515 *Hirte* ZHR 167 (2003), 8, 29.

1516 Vgl. *Henze* Diskussionsbeitrag in Henze/Hoffmann-Becking GesR 2001, S. 74; *Hirte* ZHR 167 (2003), 8, 29.

1517 *Hoffmann-Becking* in Henze/Hoffmann-Becking GesR 2001, 55, 69.

1518 *Hoffmann-Becking* in Henze/Hoffmann-Becking GesR 2001, 55, 69 und 74f.; vgl. auch die insoweit entsprechende Argumentation von *Kallmeyer* FS Lutter, 1245, 1258 im Zusammenhang mit der Frage einer analogen Anwendung der Vorschriften über das Spruchverfahren und den Ausschluß der Anfechtung auf die übertragende Auflösung.

Zwar weist das Gesetz keine Regelungslücke im Sinne einer „Rechtsschutzlücke" auf. Der die Regelungslücke verneinenden Ansicht kann somit insofern beigepflichtet werden, als das Gesetz mit der Anfechtungsklage eine Rechtsschutzmöglichkeit gegen ein zu hohes Barabfindungsangebot vorsieht[1519]. Das Anliegen der hier zu untersuchenden Analogie darf indes nicht darauf reduziert werden, gegenüber einem an sich geeigneten Rechtsbehelf einem (noch) besser geeigneten Rechtsbehelf den Vorzug zu geben. Statt dessen bildet den Ausgangspunkt der Analogieüberlegung die Diagnose, daß das Gesetz dem verbleibenden Aktionär mit der Anfechtungsklage einen wenig geeigneten, weil nicht zielführenden Rechtsbehelf[1520] an die Hand gibt, von dem ein der Gesellschaft loyal verbundener Aktionär mit lauteren Absichten angesichts dessen mitunter katastrophalen Auswirkungen für die weiteren Geschicke der Gesellschaft stets „die Finger lassen wird"[1521]. Im praktischen Ergebnis läuft dies sogar auf ein – wenn auch nur faktisches – echtes Rechtsschutzdefizit im Sinne einer „Rechtsschutzlücke" hinaus. Es ist jedoch eben diese Tatsache, daß das Gesetz gerade *keinen* für das vom verbleibenden Aktionär mit der Rüge einer zu hohen Abfindung anvisierte Rechtsschutzziel geeigneten, *zielgenauen* Rechtsbehelf zur Verfügung stellt, welche zu der Annahme einer Regelungslücke im Gesetz führt. Denn für das konkrete Verfahrensziel der Reformation der Abfindungsregelung im Umwandlungsbeschluß enthält das Gesetz für den verbleibenden Aktionär keinen speziellen Rechtsbehelf, sondern mit der Anfechtungsklage lediglich den allgemeinen und in seiner Wirkung zu breitflächigen Rechtsbehelf. Die Argumentation der die Regelungslücke ablehnenden Ansicht verfängt insofern nicht, als sie offen läßt, warum immer dann, wenn das Gesetz bereits einen allgemeinen Schutzmechanismus zur Verfügung stellt, der Weg für die Bereitstellung eines spezielleren im Wege der Analogie versperrt sein sollte. Man mag die Lücke im Gesetz als „dünn" bezeichnen[1522]. Die Ansicht, welche ihre Existenz vollumfänglich abstreitet, vermag m.E. jedoch nicht zu überzeugen, denn sie verschließt die Augen vor dem Umstand, daß mit der durch die Anfechtungsklage bewirkten Beschlußkassation im Falle einer fehlerhaften Bewertung keinem der Beteiligten gedient ist[1523].

(2) Planwidrigkeit der Regelungslücke?

Von der Frage, ob eine Regelungslücke vorliegt, ist die Frage, ob es sich bei ihr auch um eine *planmäßige* Schutzlücke handelt, strikt zu trennen. Nicht ausreichend für eine Analogie ist allein der Umstand, daß die gesellschaftsrechtlichen

---

1519 Siehe zu der Anfechtbarkeit oben B.III.1. und 2.

1520 Siehe oben A.IV.1.a).

1521 Siehe oben A.IV.1.a).

1522 So *Henze* Diskussionsbeitrag in Henze/Hoffmann-Becking GesR 2001, S. 74f.

1523 Vgl. ausdrücklich in diesem Sinne bereits *Kropff* Begr.RegE AktG 1965, zu § 304 AktG, S. 395; siehe dazu allgemein oben A.IV.1.a).

Bestimmungen wesentliche Schutzlücken aufweisen, vielmehr ist darüber hinaus erforderlich, daß der Gesetzgeber eben diese nicht in seine Überlegungen mit einbezogen hat[1524]. Hinsichtlich der Annahme eben dieser *Planwidrigkeit* der gesetzgeberischen Ausgestaltung des umwandlungsgesetzlichen Rechtsschutzkonzeptes bestehen jedoch erhebliche Bedenken. So bieten Gesetz und Materialien Anhaltspunkte dafür, daß der Umwandlungsgesetzgeber 1994 ein entsprechendes Schutzdefizit bei der Rechtsschutzkonzeption in seine Erwägungen mit einbezogen und sich von daher ***bewußt*** gegen eine entsprechende Rechtsschutzmöglichkeit des verbleibenden Anteilsinhabers entschieden hat. Insofern könnte der Wille des historischen Gesetzgebers einer Rechtsfortbildung durch Analogieschluß entgegenstehen.

(a) Die bewußte gesetzgeberische Entscheidung gegen die Regelung eines Anfechtungsausschlusses zugunsten des Spruchverfahrens für die Anteilsinhaber des leistungsverpflichteten Rechtsträgers

Der Gesetzgeber hat den Schutz der Anteilsinhaber des leistungsverpflichteten Rechtsträgers vor beschlossenen überhöhten Kompensationsleistungen im Wege des Spruchverfahrens im UmwG nicht geregelt[1525]. Es ist daher zu untersuchen, ob der fehlenden Regelung eines entsprechenden Schutzes eine bewußte Entscheidung in dem Sinne zugrunde liegt, als daß der Gesetzgeber das hieraus resultierende Schutzdefizit für die betroffenen Anteilsinhaber bewußt in seine Erwägungen mit einbezogen hat.

(aa) Planmäßig „asymmetrische Ausgestaltung“ der Rechtsschutzmöglichkeiten gegen ein *unangemessenes* Umtauschverhältnis im Recht der Verschmelzung (§§ 14 Abs. 2, 15 Abs. 1 UmwG)

Bei der Verschmelzung können die Anteilsinhaber des übertragenden Rechtsträgers nach § 14 Abs. 2 UmwG eine Anfechtungsklage gegen den Verschmelzungsbeschluß nicht darauf stützen, daß das Umtauschverhältnis der Anteile zu niedrig bemessen ist. Statt dessen sieht das UmwG für die Anteilsinhaber des übertragenden Rechtsträgers das Spruchverfahren als exklusiven Rechtsbehelf zur gerichtlichen Kontrolle des Umtauschverhältnisses vor. Demgegenüber enthält § 14 Abs. 2 UmwG keinen Anfechtungsausschluß für den Verschmelzungsbeschluß eines übernehmenden Rechtsträgers wegen eines zu hoch bemessenen Umtauschverhältnisses der Anteile. Die Anteilsinhaber des übernehmenden Rechtsträgers können daher eine Anfechtungsklage gegen den Verschmelzungsbeschluß mit der

---

1524 Vgl. *Priester* ZHR 163 (1999), 187, 192.

1525 Vgl. *DAV-Handelsrechtsausschuß* Stellungnahme RefE SpruchG NZG 2002, 119, 124.

Begründung erheben, das Umtauschverhältnis der Anteile sei unangemessen[1526]. Nach § 15 Abs. 1 UmwG sind nur die Anteilsinhaber des übertragenden Rechtsträgers zur Beantragung eines Spruchverfahrens berechtigt. Den Anteilsinhabern des übernehmenden Rechtsträgers steht dagegen das Spruchverfahren nicht offen[1527]. Es ist insofern festzustellen, daß auch hier die Rechtsschutzmöglichkeiten der Anteilsinhaber der übertragenden Gesellschaft einerseits und der Anteilsinhaber der übernehmenden Gesellschaft andererseits insoweit *asymmetrisch* ausgestaltet worden sind.
Bereits das alte Umwandlungsrecht (§ 352c AktG a.F.) war kritisiert worden, da die Gesellschafter der übertragenden und der übernehmenden Gesellschaft keinen vergleichbaren Schutz besaßen[1528]. Diese Kritik setzte sich in Bezug auf den Referentenentwurf des Umwandlungsbereinigungsgesetzes 1994 fort[1529]. Der Umwandlungsgesetzgeber hat diese Kritik jedoch ausweislich seiner Gesetzesbegründung nicht aufgegriffen[1530]. Er hat es bei der Verschmelzung vielmehr ausdrücklich abgelehnt, für die Rüge des Gesellschafters der übernehmenden Gesellschaft, das Umtauschverhältnis sei zu hoch bemessen, die Anfechtung auszuschließen

---

1526 BGHZ 112, 9, 19 - *Hypothekenbank*; *Lutter/Bork* UmwG § 14 Rn. 14; *Heckschen* in Widmann/Mayer UmwG § 14 Rn. 49; *Marsch-Barner* in Kallmeyer UmwG § 14 Rn. 16; *Stratz* in Schmitt/Hörtnagl/Stratz UmwG § 14 Rn. 20; *Gehling* in Semler/Stengel UmwG § 14 Rn. 13; *Reichert* in Semler/Volhard Unternehmensübernahmen, § 17 Rn. 8 (S. 806); *Hoffmann-Becking* ZGR 1990, 482, 484f.; *Bork* ZGR 1993, 343, 354; *Arbeitskreis Umwandlungsrecht* ZGR 1993, 321, 323; *Hommelhoff* ZGR 1993, 452, 470; *Wiesen* ZGR 1990, 503, 506f; *Baums* FS Zöllner, 65, 83; *van Aerssen* AG 1999, 249, 254f.; abweichend OLG Hamm WM 1988, 1164, 1169 (zust. LG Frankfurt WM 1990, 592, 594f.), das einen Anfechtungsausschluß in analoger Anwendung des § 352c AktG a.F. befürwortete. Eine solche Analogie ist indes abzulehnen, da sie dem eindeutigen Willen des Gesetzgebers, § 352c AktG auf die übertragende Gesellschaft zu beschränken, widerspricht, vgl. *Bayer* AG 1989, 121, 124; *Hoffmann-Becking* ZGR 1990, 483, 485; *Henze* AG 1993, 341, 346 Fn.23; vgl. auch *Grunewald* in G/H/E/K AktG § 352c Rn. 9; *Kraft* in KölnKomm § 352c Rn. 7. Angesichts des eindeutigen gesetzgeberischen Willens gilt dies entsprechend auch für § 14 Abs. 2 UmwG, vgl. *Ganske* Begr.RegE UmwBerG 1994, zu § 14 UmwG, S. 51f.

1527 *Lutter/Bork* UmwG § 15 Rn. 2 ; *Heckschen* in Widmann/Mayer UmwG § 15 Rn. 7; *Stratz* Schmitt/ Hörtnagl/Stratz UmwG § 14 Rn. 20; *Gehling* in Semler/Stengel UmwG § 15 Rn. 7; *Marsch-Barner* in Kallmeyer UmwG § 15 Rn. 3; *Baums* FS Zöllner, 65, 83; *van Aerssen* AG 1999, 249, 254f.

1528 *Timm* JZ 1982, 403, 410; *Kraft* in KölnKomm AktG (1990) § 352c Rn. 3; *Boujong* FS Kellermann, 1, 14; *Döss* S. 52; *Hoffmann-Becking* ZGR 1990, 482, 484f.; *ders.* FS Fleck, 105, 123f.; *Priester* NJW 1983, 1459, 1463; *Bayer* AG 1982, 323, 324; *ders.* WM 1989, 121, 124; *Heckschen* MittRhNotK 1989, 101, 104; *ders.* Verschmelzung, S. 46; *Keil* Verschmelzungsbericht, S. 73 Fn.102.

1529 *Bork* ZGR 1993, 343, 354; *Arbeitskreis Umwandlungsrecht* ZGR 1993, 321, 323; *Hommelhoff* ZGR 1993, 452, 470; *Hoffmann-Becking* in IDW Reform des Umwandlungsrechts, S. 59f.; *Röhricht* in IDW Reform des Umwandlungsrechts, S. 70; *Hirte* in IDW Reform des Umwandlungsrechts, S. 87.

1530 *Ganske* Begr.RegE UmwBerG 1994, zu § 14 UmwG, S. 52.

und das Spruchverfahren zu eröffnen[1531]. Das UmwG beschränkt den Schutz durch Spruchverfahren damit ausdrücklich auf die Anteilsinhaber des übernehmenden Rechtsträgers[1532]. Damit einher gehend hat es der Umwandlungsgesetzgeber - gleichermaßen *gezielt* - auf der Ebene der übernehmenden Gesellschaft bei der Möglichkeit der Anfechtungsklage belassen[1533].
Es ist somit festzuhalten, daß die Asymmetrie der Rechtsschutzmöglichkeiten gegen ein unangemessenes Umtauschverhältnis insofern nicht etwa das Resultat eines gesetzgeberischen Versehens, sondern vielmehr *planmäßig* im Umwandlungsgesetz von 1994 angelegt ist. Dies gilt es zu beachten, obgleich man sich in der Literatur darüber einig ist, daß dies eine gesetzgeberische „Fehlentscheidung" war[1534] und daß auch den Aktionären der übernehmenden Gesellschaft ein Spruchverfahren anstelle der Anfechtungsklage eröffnet werden sollte, soweit das Umtauschverhältnis der Aktien im Streit steht[1535].
Trotz nicht verstummender, sondern im Gegenteil immer lauter werdender Kritik[1536] und sogar gezielter Anregungen im Rahmen der Diskussion um das SpruchG[1537] hat der Gesetzgeber die sich ihm im Rahmen der Reform des Spruchverfahrens bietende Gelegenheit nicht genutzt, für entsprechende Abhilfe zu sorgen. Vielmehr beschränkte er sich auf die verfahrensrechtliche Neuordnung[1538] und knüpfte folglich an die bestehenden materiell-rechtlichen Regelungen des UmwG von 1994 an[1539] und schloß damit auch die § 14 Abs. 2, 15 UmwG

1531 *Ganske* Begr.RegE UmwBerG 1994, zu § 14 UmwG, S. 52.

1532 *Bayer* ZHR 163 (1999), 505, 547.

1533 *Hoffmann-Becking* in Henze/Hoffmann-Becking GesR 2001, 55, 68; *Krieger* in Lutter Kölner Umwandlungsrechtstage, 275, 279.

1534 *Lutter* JZ 2000, 837, 839 („offenbarer Fehler"); *Hoffmann-Becking* in Henze/Hoffmann-Becking GesR 2001, 55, 68 („Fehlentscheidung"); *Marsch-Barner* in Kallmeyer UmwG § 14 Rn. 16 („verfehlt").

1535 *DAV-Handelsrechtsausschuß* WM 1993, Beil.2, Rz.49ff.; *ders.* Änderungsvorschläge UmwG, NZG 2000, 803; *DAV-Handelsrechtsausschuß* Stellungnahme RefE SpruchG NZG 2002, 119, 124; *DSW* Reformvorschläge, Das Wertpapier 2000, Sonderbeilage, Abschnitt I 5; Beschlüsse des 63. DJT 2000, Abt. Wirtschaftsrecht, Beschluß Nr. 12; *Zöllner* AG 2000, 145, 151; *Lutter* JZ 2000, 837, 839; *Bayer* ZHR 163 (1999), 505, 548f.; *ders.* In VGR GesR 1999, 35, 52; *ders.* NJW 2000, 2609, 2618; *Hommelhoff* ZGR 1993, 452, 470; *Bork* ZGR 1993, 343, 354; *Schiessl* AG 1999, 442, 446; *ders.* In VGR GesR 1999, 57, 74; *Martens* AG 2000, 301, 307f.; *Baums* Gutachten 63. DJT, F 120ff.; *Hoffmann-Becking* in Henze/Hoffmann-Becking GesR 2001, 555, 68; *ders.* ZGR 1990, 482, 484; *Engelmeyer* S. 425ff.

1536 Vgl. aus jüngster Zeit *Baums* Gutachten 63. DJT, F 120ff.; Verhandlungen des 63. DJT, Bd. II/1, Beschlüsse, Teil O, Beschluß Nr. 12.a), O 76.; . *Baums* Kommissionsbericht Corporate Governance Rn. 151 (S. 175); *DAV-Handelsrechtsausschuß* NZG 2000, 802, 803; *Hoffmann-Becking* in Hommelhoff/Lutter/Schmidt/Schön/Ulmer Corporate Governance 2002, 215, 226f.; *Heckschen* NotBZ 2001, 206, 208.

1537 *DAV-Handelsrechtsausschuß* Stellungnahme RefE SpruchG NZG 2002, 119, 124.

1538 Das Spruchverfahrensgesetz beinhaltet, „wie sein Name schon sagt", ausschließlich verfahrensrechtliche Regelungen, so ausdrücklich *Neye* Das neue Spruchverfahrensrecht, S. 18.

1539 Vgl. *Neye* NZG 2002, 23, 28.

mit der ihnen immanenten „altbekannten" Rechtsschutzasymmetrie in seinen gesetzgeberischen Willen mit ein.

(bb) Planmäßige Asymmetrie der Rechtsschutzmöglichkeiten gegen ein *unangemessenes* Barabfindungsangebot im Rahmen der §§ 210, 212 UmwG

Die Situation des zu hohen Angebotes aus Sicht des verbleibenden Anteilsinhabers entspricht derjenigen des zu hohen Umtauschverhältnisses aus Sicht des Anteilsinhabers des übernehmenden Rechtsträgers bei der Verschmelzung[1540]. Die bestehende Asymmetrie der Rechtsschutzmöglichkeiten gegen das zu hohe Abfindungsangebot korrespondiert mit der gleichfalls asymmetrisch ausgestalteten Rechtsschutzmöglichkeit gegen ein unangemessenes Umtauschverhältnis im Recht der Verschmelzung. Beide Fälle betreffen den Schutz der Anteilsinhaber des leistungsverpflichteten Rechtsträgers[1541]. Der Gesetzgeber hat als Rechtsbehelf bewußt die Anfechtungsklage zum Schutz des Anteilsinhabers vorgesehen[1542]. Gegen die Planwidrigkeit dieser Rechtsschutzasymmetrie - und damit dafür, daß der Gesetzgeber die Beschränkung des Rechtsschutzes auf die Anfechtungsklage *planmäßig* in seine Überlegungen mit einbezogen – spricht auch hier, daß der Gesetzgeber die Grenzen der Rechtsschutzmöglichkeiten des Spruchverfahrens als Ersatz für die Anfechtungsklage exemplarisch, d.h. am Beispiel des § 14 Abs. 2 UmwG geregelt hat[1543]. Die Erweiterung des Spruchverfahrens wurde anhand der Regelung des § 14 Abs. 2 UmwG angeregt, diskutiert und schließlich abgelehnt[1544]. Eine weitere Diskussion im Rahmen der umwandlungsgesetzlichen Paralleltatbestände erübrigte sich demzufolge. Von daher beanspruchen die Ausführungen im Rahmen der Regelung des § 14 Abs. 2 UmwG über die Einzelregelung hinausgehend allgemeine Gültigkeit, was den umwandlungsrechtlichen Rechtsschutz der Anteilsinhaber des verpflichteten Rechtsträgers gegen überhöhte Kompensationsleistungen betrifft. Diese Ansicht wird bekräftigt durch die Tatsache, daß die Begründung zu der Vorschrift des § 32 UmwG, die wie § 14 Abs. 2 UmwG nur für den übertragenden Rechtsträger gilt[1545], allgemein und insoweit

---

1540 Vgl. *Vollrath* in Widmann/Mayer UmwG § 210 Rn. 14; *Hoffmann-Becking* in Henze/Hoffmann-Becking GesR 2001, 55, 68f.; *Henze* ZIP 2002, 97. 107; *Vetter* FS Wiedemann, 1323, 1342; *Lutter/Grunewald* UmwG § 32 Rn. 2 und 4; *DAV-Handelsrechtsausschuß* Stellungnahme RefE SpruchG NZG 2002, 119, 124.

1541 *DAV-Handelsrechtsausschuß* Stellungnahme RefE SpruchG NZG 2002, 119, 124.

1542 Vgl. *Hoffmann-Becking* in Henze/Hoffmann-Becking GesR 2001, 55, 68ff.

1543 Siehe oben B.II.3.b)dd)(4)(b)(aa).

1544 Vgl. bereits oben B.II.b)dd)(4)(a)(aa) in Bezug auf die Erweiterung im Hinblick auf Erweiterung um die „kompensationsleistungsbezogenen" Informationsmängel.

1545 *Vollrath* in Widmann/Mayer UmwG § 32 Rn. 7; *Marsch-Barner* in Kallmeyer UmwG § 32 Rn. 4; *Stratz* in Schmitt/Hörtnagl/Stratz UmwG § 32 Rn. 4; *Gehling* in Semler/Stengel UmwG § 32 Rn. 7.

ohne jede Einschränkung auf die Begründung zu § 14 Abs. 2 UmwG verweist[1546]. Da nun die Vorschriften der §§ 32 und 210 UmwG sachlich einander entsprechen[1547], kann für den Rechtsschutz des Anteilsinhabers des zur Kompensationsleistung verpflichteten Rechtsträgers im Rahmen der §§ 210, 212 UmwG insoweit nichts anderes gelten. Interessant und in eben diese Richtung weisend ist auch der Umstand, daß der Gesetzgeber im Rahmen der Begründung des § 14 Abs. 2 UmwG den Begriff „Abfindung“ gewissermaßen als Oberbegriff für alle umwandlungsgesetzlichen Kompensationsleistungen verwendet[1548]. Dies ist als Indiz für die Allgemeingültigkeit seiner Ausführungen ohne Rücksicht auf die unterschiedliche Form der Kompensation und der Art der Strukturänderung[1549] zu deuten. Der Gesetzgeber hat sich damit auch hier bewußt für den Rechtsbehelf der Anfechtungsklage und gegen das Spruchverfahren entschieden. Er hat demzufolge die Rechtsschutzmöglichkeiten der ausscheidenden und der verbleibenden Anteilsinhaber planmäßig asymmetrisch ausgestaltet. Trotz entsprechender Kritik und Anregungen[1550] hat der Gesetzgeber diesbezüglich auch im Rahmen der Neuordnung des Spruchverfahrens keine Abhilfe geleistet, sondern es vielmehr bei der materiell-rechtlichen Regelung der §§ 210, 212 UmwG belassen und diese in ihrer geltenden Fassung vorausgesetzt[1551]. Insofern steht der Rechtsfortbildung im Wege des Analogieschlusses trotz eines (wünschenswerten) erhöhten Rechtsschutzkomforts[1552] des gegenüber der Anfechtungsklage zielgenaueren Spruchverfahrens der historische Gesetzgeber im Wege.

(cc) Gesetzgeberische Konzeption des Spruchverfahrens als „Verbesserungs-“ oder „augmentativen Rechtsbehelf“

Daß der Gesetzgeber sich *bewußt* nicht für die Ausgestaltung des Spruchverfahrens als „Abwehrrechtsbehelf“ *gegen* ein Mehr an Kompensation seiner ausscheidenden „Anteilsinhaberkollegen“ entschieden und das Spruchverfahren infolgedessen nicht zum Schutze des Anteilsinhabers des leistungsverpflichteten Rechtsträgers, sondern ausschließlich zum Schutzes des leistungsberechtigten Anteilsinhabers zur Verfügung gestellt hat, läßt sich auch anderen Stellen der Gesetzesmaterialien entnehmen. So ist dort - neben der allgemeinen Charakterisierung des

1546 Vgl. Ganske Begr.RegE UmwBerG 1994, zu § 32 UmwG, S. 71.

1547 Siehe dazu oben B.II.3.b)dd)(4)(b)(aa) m.w.N.

1548 Vgl. *Ganske* Begr.RegE UmwBerG 1994, zu § 14 UmwG, S. 51.

1549 Hierfür spricht auch, daß das Recht der Verschmelzung nach der umwandlungsgesetzlichen Regelungssystematik („Baukastenprinzip“) den Allgemeinen Teil des Umwandlungsrechts bildet, siehe dazu bereits oben B.II.3.b)dd)(4)(b)(aa).

1550 *DAV-Handelsrechtsausschuß* Stellungnahme RefE SpruchG NZG 2002, 119, 124.

1551 Siehe bereits oben A.III.1.

1552 Vgl. die treffende Charakterisierung von *Hoffmann-Becking* Diskussionsbeitrag in Henze/Hoffmann-Becking GesR 2001, S. 74f.

Spruchverfahrens als „Verfahren zur Entschädigung"[1553] - lediglich von „*Verbesserung*" der jeweiligen Kompensation die Rede[1554]. Das Spruchverfahren soll de lege lata damit *allein* der „Nachbesserung[1555]" der Ansprüche der Anteilsinhaber bezüglich der neuen Beteiligung oder Mitgliedschaft bzw. der Höhe der Abfindung dienen[1556]. Auch aus der Begründung der aktienrechtlichen Parallelvorschrift des § 320 AktG a.F. geht hervor, daß das Abfindungsangebot im Spruchverfahren einer Veränderung lediglich im Sinne einer Erhöhung bzw. *Vermehrung* zugänglich sein soll und damit einen absoluten *Mindestwert* besitzt, auf den die Anteilsinhaber vertrauen dürfen[1557]. Schließlich läßt sich auch der Wortlautwandel des § 210 UmwG gegenüber § 375 AktG a.F. von „nicht angemessen" zu „zu niedrig"[1558] als bewußte gesetzgeberische Entscheidung *gegen* eine mögliche Herabsetzung der Abfindung als mögliches Verfahrensziel des Spruchverfahrens interpretieren. Den Gesetzesmaterialien lassen sich somit zahlreiche Wertungen entnehmen, welche den gesetzgeberischen Willen belegen, das mögliche Verfahrensziel eines Spruchverfahrens auf die „Verbesserung" von Umtauschverhältnis und Abfindung zu beschränken und insoweit das Spruchverfahren *abschließend* als einen auf Vermehrung gerichteten, also *augmentativen* Rechtsbehelf („Verbesserungsrechtsbehelf") zu regeln.

Mit diesem dem Spruchverfahren immanenten Prinzip der Verbesserung („Augmentation") wäre die Eröffnung des Spruchverfahrens für den verbleibenden Anteilsinhaber allenfalls dann vereinbar, wenn ihm seinerseits ein eigener Ausgleichs- oder Abfindungsanspruch zur Kompensation der Überzahlung zugestanden würde[1559]. Die Einräumung eines solchen Anspruchs ist jedoch de lege lata nicht möglich. Diese Alternative kommt wegen des Kapitalaufbringungs- und Kapitalerhaltungsgebots lediglich de lege ferenda in Betracht[1560]. Wegen des Verbots der Einlagenrückgewähr (§ 57 Abs. 1 AktG) wäre nämlich eine ausdrückliche Gestattung durch den Gesetzgeber erforderlich.

Überdies begegnet die Erweiterung der Schutzrichtung des Spruchverfahrens mit dem Ergebnis eines dann „ambivalenten" Schutzzwecks – Schutz des „leistungsberechtigten" sowie zugleich des (mittelbar) „leistungsverpflichteten" Anteilsin-

---

1553 Vgl. *Ganske* Begr.RegE UmwBerG 1994, zu Art.1, S. 33.

1554 Vgl. *Ganske* Begr.RegE UmwBerG 1994, zu § 305 UmwG, S. 271f.

1555 *Ganske* WM 1993, 1117, 1124.

1556 *Sagasser* in Sagasser/Bula/Brünger C Rn. 24 (S. 32).

1557 Vgl. *Kropff* Begr.RegE AktG 1965 zu § 320, S. 425.

1558 Siehe dazu oben B.I.2.

1559 Vgl. die Überlegung von *Sernetz* zur Ausstattung des verbleibenden Anteilsinhabers mit im Spruchverfahren überprüfbaren Abfindungsansprüchen in dessen Diskussionsbeitrag in Henze/Hoffmann-Becking GesR 2001, S. 71 und die Äußerung *Henzes* in seinem Diskussionsbeitrag in Henze/Hoffmann-Becking GesR 2001, S. 76, aus welcher hervorgeht, daß es dem II. Senat gerade nicht darum, sondern um den Einsatz des Spruchverfahrens mit „reiner Abwehrfunktion" ging.

1560 Vgl. *Vetter* FS Wiedemann, 1323, 1342.

habers – nicht unerheblichen praktischen Problemen, die mit der Gewährung eines eigenen Antragsrechts der verbleibenden Anteilsinhaber und dem Verfahrensziel einer Herabsetzung der Abfindung verbunden sind. Für die praktische Umsetzung der dem Spruchverfahren dann zugedachten Abwehrfunktion gegen das Mehr des ausscheidenden Anteilsinhabers[1561] stellt sich nämlich die Frage, ob und wie sich de lege lata die Rückzahlung bereits ausgezahlter zu hoch bemessener Abfindungsbeträge von ihren Empfängern erreichen läßt. Ein Problem stellt dabei sicherlich das Risiko dar, ob und wieviel Geld dort noch erlangt werden kann[1562]. Von zentraler Bedeutung ist jedoch vielmehr, ob sich ein entsprechender Rückzahlungsanspruch überhaupt de lege lata begründen läßt, und ob sich eine Rückzahlung bzw. Rückerstattung solcher „Überzahlungen" als Verfahrensziel und Konsequenz eines vom verbleibenden Anteilsinhaber beantragten Spruchverfahrens mit der gesetzgeberischen Vorstellung und Konzeption dieses Rechtsbehelfs vereinbaren läßt. Grundsätzlich sind Anteilsinhaber, die eine höhere Barabfindung erhalten haben, als vom Gericht im Spruchverfahren festgestellt wurde, nicht zur Rückerstattung der Differenz verpflichtet. Gegenstand des – vom abfindungsberechtigten Anteilsinhabers beantragten - Spruchverfahrens ist allein die erstrebte oder erwartete höhere Barabfindung durch gerichtliche Feststellung[1563]. Es sind daher die Feststellungen im Beschluß, die den „vom Gesetz so gewollten Mindestbetrag" darstellen[1564]. Nicht hingegen kommt es für diesen Mindestwert auf die „wahre" Angemessenheit der Abfindung an. Der Umwandlungsbeschluß bildet insofern die rechtsgeschäftliche Grundlage für die gezahlte Abfindung, und zwar auch im Falle der Überzahlung. Die Empfänger sind folglich nicht einem Rückzahlungsanspruch gemäß § 812 BGB ausgesetzt[1565]. Ein Rückzahlungsanspruch wird sich de lege lata nicht begründen lassen[1566].

Im Übrigen entspricht das Verfahrensziel einer Reduzierung der Abfindung mit der Folge einer Rückzahlung des zu viel Gezahlten auch nicht den Vorstellungen des Gesetzgebers, was insbesondere die Parallele zu § 14 UmwG zeigt[1567]. Der Gesetzgeber hat sich nicht nur bewußt dagegen entschieden, den von einem aus ihrer Sicht zu hoch bemessenen Umtauschverhältnis betroffenen Anteilsinhabern

---

1561 *Henze* Diskussionsbeitrag in Henze/Hoffmann-Becking GesR 2001, S. 76.

1562 Vgl. *Henze* Diskussionsbeitrag in Henze/Hoffmann-Becking GesR 2001, S. 75 und 76; vgl. auch *Heckschen* in Simon/Heckschen Umwandlungsrecht, § 10 C. Rn. 8; *ders.* NotBZ 2001, 206, 207.

1563 *Schwarz* in Widmann/Mayer UmwG § 311 Rn. 14.

1564 *Schwarz* in Widmann/Mayer UmwG § 311 Rn. 14.

1565 Vgl. LG Stuttgart DB 1997, 1661; *Neye* EWiR 1997, 1015, 1016 (zu der parallelen Problematik einer zu hoch bemessenen Abfindung im Sinne des § 305 AktG); vgl. auch *Grunewald* in FS Boujong, 175, 191.

1566 Im Ergebnis ebenso *Sernetz* Diskussionsbeitrag in Henze/Hoffmann-Becking GesR 2001, S. 71; kritisch wohl auch *Heckschen* in Simon/Heckschen Umwandlungsrecht, § 10 C. Rn. 8 (S. 286); *ders.* NotBZ 2001, 206, 207.

1567 Vgl. *Lutter/Grunewald* UmwG § 32 Rn. 4 Fn.1.

des übernehmenden Rechtsträgers einen im Spruchverfahren überprüfbaren Ausgleich zu gewähren, sondern damit zugleich auch dagegen, daß diese eine Herabsetzung des Umtauschverhältnisses - gewissermaßen als „Rückzahlung" - erreichen können. Insofern ist anzunehmen, daß der Gesetzgeber sich bewußt gegen die Ausgestaltung des Spruchverfahrens als Abwehrrechtsbehelf und für die Konzeption eines echten „Verbesserungsrechtsbehelfs" entschieden hat.

(b) Ergebnis

Die Überlegungen zu einer Herabsetzung der Abfindung im Spruchverfahren mittels Analogieschlusses sind angesichts der damit einher gehenden praktischen Umsetzungsprobleme nicht nur als nicht zu Ende gedacht anzusehen[1568]. Vielmehr steht ihrer Umsetzung bereits der historische Gesetzgeber im Wege. Infolgedessen ist hier Abhilfe allenfalls durch den Gesetzgeber möglich[1569].

(3) Kollision der Analogie mit dem Abweichungsverbot des § 1 Abs. 3 S. 1 UmwG

Schließlich spricht neben der Abwesenheit einer planwidrigen Regelungslücke noch ein weiterer Aspekt gegen die Möglichkeit, eine Reduzierung der Barabfindung im Spruchverfahren mittels Analogieschlusses zu erreichen. Gemäß § 1 Abs. 3 S. 1 UmwG kann von den Vorschriften des UmwG nur abgewichen werden, wenn dies ausdrücklich zugelassen ist. § 1 Abs. 3 UmwG ist ausweislich der Begründung des Gesetzgebers an § 23 Abs. 5 AktG angelehnt[1570]. Die Vorschrift verbietet damit in erster Linie parteiautonome Regelungen insbesondere in Verträgen, aber auch im Organisationsstatut eines beteiligten Rechtsträgers, wenn und soweit dadurch der Regelungsgehalt einer Norm verändert wird[1571]. Im Gegensatz zu § 23 Abs. 5 AktG erschöpft sich die Bedeutung des § 1 Abs. 3 S. 1 UmwG jedoch nicht in dem Abweichungsverbot im Organisationsstatut des Rechtsträgers. Die umwandlungsrechtliche Regelung stellt darüber hinaus generell und allgemein klar, daß es sich bei den Vorschriften des UmwG um *zwingendes Recht* handelt[1572]. Der Vorschrift des § 1 Abs. 3 S. 1 UmwG ist damit ein Abweichungsverbot entnehmen, das sich auch an den Rechtsanwender richtet und das damit in

---

1568 Vgl. Diskussionsbeitrag *M. Winter* in Henze/Hoffmann-Becking GesR 2001, S. 76; vgl. auch *Heckschen* NotBZ 2001, 206, 207; *ders.* in Simon/Heckschen Umwandlungsrecht, § 10 C Rn. 8 (S. 286) „für die Praxis noch nicht vollständig durchdacht".

1569 Im Ergebnis ebenso *Vetter* FS Wiedemann, 1323, 1342; *M. Winter* Diskussionsbeitrag in Henze/Hoffmann-Becking S. 76; vgl. auch *Hoffmann-Becking* in Henze/Hoffmann-Becking GesR 2001, 55, 69.

1570 Vgl. *Ganske* Begr.RegE UmwBerG 1994, zu § 1 UmwG, S. 35.

1571 *Stratz* in Schmitt/Hörtnagl/Stratz UmwG § 1 Rn. 30.

1572 *Ganske* Begr.RegE UmwBerG 1994, zu § 1 UmwG, S. 35; *Kallmeyer* in Kallmeyer UmwG § 1 Rn. 25.

seiner Bedeutung und Wirkung über die des vergleichbaren Verbots des § 23 Abs. 5 AktG hinausgeht. Jedenfalls wird man sagen können, daß diejenigen Einschränkungen, welche das Gesetz der Parteiautonomie in § 1 Abs. 3 UmwG entzogen hat, auch nicht über eine Gesetzesanalogie durch den Rechtsanwender vorgenommen werden können. Wenn also § 1 Abs. 3 UmwG das Umwandlungsverfahren, dessen Bestandteil das Spruchverfahren ist[1573], in seiner gesetzlichen Ausgestaltung insbesondere hinsichtlich seines materiell-rechtlichen Anwendungsbereichs zwingend macht[1574], so erscheint die Zulässigkeit einer Abweichung von den gesetzlich vorgesehenen Verfahrenszielen des Spruchverfahrens im Sinne einer Herabsetzung der Abfindung äußerst zweifelhaft. Im Rahmen des § 1 Abs. 3 UmwG ist nämlich zu beachten, daß der gesetzlich bezweckte Schutz lediglich – im Sinne einer Art Günstigkeitsprinzip – verstärkt werden kann[1575]. Zulässig sind danach alle zusätzlichen, sachlich über die gesetzliche Regelung hinausgehenden, „strengeren" Bestimmungen, soweit sie wiederum nicht abschließende oder zwingende Umwandlungsvorschriften konterkarieren[1576]. Zu den zwingenden Normen gehören beim Binnenrecht der betroffenen Rechtsträger alle Normen des UmwG, welche dem Minderheitenschutz dienen[1577]. „Nach oben" in dem Sinne, daß die Abweichung über den Mindeststandard hinausgeht, darf dagegen abgewichen werden[1578]. Nach den bisher dargestellten Erkenntnissen spricht viel dafür, daß § 212 UmwG mit dem Verfahrensziel der Verbesserung der Barabfindung eine abschließende Regelung darstellt. Jedenfalls stellte die Abweichung hiervon im Sinne einer Reduzierung der Abfindung zu Lasten des ausscheidenden Minderheitsaktionärs eine den gesetzlich vorgegebenen Mindeststandard *unterschreitende* Abweichung dar. Es handelte sich dabei also um eine unzulässige Abweichung „nach unten". Die Analogie, welche eine solche Abweichung zum Gegenstand hat, verstößt gegen zwingendes Recht und unterfällt damit dem Abweichungsverbot des § 1 Abs. 3 UmwG[1579]. Infolgedessen steht für den ausscheidewilligen An-

---

1573 Vgl. den Überblick zum Ablauf eines Umwandlungsvorgangs bei *Lutter/Lutter* UmwG Einl. Rn. 50ff.

1574 *Lutter/Lutter/Kallmeyer* UmwG § 1 Rn. 40; *Bayer* in Hommelhoff/Röhricht GesR 1997, 133.

1575 *Kallmeyer* in Kallmeyer UmwG § 1 Rn. 26.

1576 *Schwarz* in Widmann/Mayer UmwG § 1 Rn. 40.

1577 *Schwarz* in Widmann/Mayer UmwG § 1 Rn. 39.

1578 *Lutter/Lutter* UmwG (2. Aufl..) § 1 Rn. 27; *Stratz* in Schmitt/Hörtnagl/Stratz UmwG § 1 Rn. 31.

1579 Andere Ansicht wohl *Heckschen* in Simon/Heckschen Umwandlungsrecht, § 10 C. Rn. 11 (S. 287); *ders.* NotBZ 2001, 206, 208, nach dessen Ansicht die Entscheidung des II. Senats klarmache, daß § 1 Abs. 3 UmwG der Analogie durch die Praxis und Rechtsprechung nicht entgegensteht (i.E. ebenso *Kallmeyer* GmbHR 2001, 204). Unverständlich ist hingegen der gleichzeitige Bezug auf das (in § 1 Abs. 2 UmwG geregelte) Analogieverbot. Dieses ist hier nämlich – insoweit ist der Ansicht von *Heckschen* und *Kallmeyer* zu folgen – nicht einschlägig und steht mithin nicht entgegen. Denn ein Analogieverbot kommt nur insoweit in Betracht, als es um die Ausdehnung der Umwandlungsformen des UmwG oder der Schöpfung neuer Umwandlungsformen geht (*K.Schmidt* FS Kropff, 259, 261; *Kallmeyer* FS Lutter, teilsinhaber de lege lata auch wegen § 1 Abs. 3 UmwG eine Herabsetzung der Abfindung im Spruchverfahren (auf Antrag eines verbleibenden Anteilsinhabers) nicht zu befürchten[1580].

(4) Keine verfassungswidrige Beeinträchtigung der Mitgliedschaft durch die Versagung des Schutzes durch Spruchverfahren

Schließlich hilft auch der vereinzelt erhobene Hinweis auf eine mögliche Verfassungswidrigkeit der eingeschränkten Rechtsschutzmöglichkeit der verbleibenden Anteilsinhaber nicht über die Hindernisse hinweg, die dem Analogieschluß im Wege stehen. Der II. Senat, der die Ermöglichung des Spruchverfahrens für von Verfassungs wegen geboten hält, weil die verbleibenden Anteilsinhaber ansonsten einen Vermögensverlust erleiden müßten, der möglicherweise auf eine verfassungswidrige Beeinträchtigung ihres durch Art.14 GG geschützten Mitgliedschaftsrechts hinausliefe[1581], hat dabei die diesen offenstehende Rechtsschutzmöglichkeit der Anfechtungsklage übersehen[1582]. Im sog. „Moto-Meter-Fall" hat das Bundesverfassungsgericht jedoch den Schutz der schutzwürdigen Eigentumsbelange des Aktionärs durch die Möglichkeit der gerichtlichen Kontrolle der Unternehmensbewertung im Wege der Anfechtungsklage im Hinblick auf Art.14 GG für ausreichend erachtet und damit zugleich festgestellt, daß die alternative Eröffnung eines Schutzes durch Spruchverfahren verfassungsrechtlich keinesfalls zwingend geboten ist[1583]. Aus Sicht des Verfassungsrechts stehen Spruchverfahren und Anfechtungsklage vielmehr grundsätzlich gleichwertig nebeneinander[1584]. Die derzeitige Gesetzeslage, wonach die Anfechtungsklage für die Wertrüge zur Verfügung steht, ist also mit Blick auf Art.14 GG nicht etwa verfassungswidrig[1585]. Dem läßt sich auch nicht entgegenhalten, daß mit Hilfe der Anfechtungsklage, welche lediglich kassatorische Wirkung besitzt, im Gegensatz zum Spruchverfahren keine positive gerichtliche Entscheidung über eine jetzt niedriger zu treffende Festsetzung der Abfindung erreicht werden kann[1586]. Der gegenüber der

---

1245, 1248). Demgegenüber schließt § 1 Abs. 2 UmwG Analogien innerhalb der Umwandlungsvorschriften nicht aus (*Schwarz* in Widmann/Mayer UmwG § 1 Rn. 36). Richtigerweise ist demzufolge zwischen dem Analogieverbot des § 1 Abs. 2 und dem – insoweit selbständigen - Abweichungsverbot des § 1 Abs. 3 UmwG zu differenzieren.

1580 Dementsprechend dürfte de lege lata auch die Vereinbarung der Möglichkeit einer späteren Herabsetzung bzw. der Rückzahlung bei Überzahlung an der Vorschrift des § 1 Abs. 3 UmwG scheitern.

1581 BGHZ 146, 179, 189 – MEZ; BGH ZIP 2001, 412, 415 – Aqua Butzke.

1582 Siehe oben B.III.1. und 2.

1583 BVerfG ZIP 2000, 1670, 1673 – *Moto Meter*.

1584 Vgl. hierzu *Schön* FS Ulmer, 1359, 1390f. m.w.N. aus der Rechtsprechung des BVerfG.

1585 *Hoffmann-Becking* in Henze/Hoffmann-Becking GesR 2001, 55, 69.

1586 So aber *Henze* Diskussionsbeitrag in Henze/Hoffmann-Becking GesR 2001, S. 74.

Anfechtungsklage erhöhte Rechtsschutzkomfort des Spruchverfahrens[1587] vermag angesichts der eindeutigen Aussage des Bundesverfassungsgerichts nicht die Verfassungswidrigkeit der bestehenden Rechtslage begründen.

Eine Verfassungswidrigkeit läßt sich auch nicht auf eine Verletzung des Gleichbehandlungsgebots des Art.3 Abs. 1 GG stützen[1588]. Der Gleichheitssatz verbietet dem Gesetzgeber, wesentlich Gleiches willkürlich ungleich und wesentlich Ungleiches willkürlich gleich zu behandeln[1589]. Zwar scheint hier zunächst eine Ungleichbehandlung auf der Hand zu liegen, da der verbleibende im Gegensatz zum ausscheidenden Anteilsinhaber nicht in den Genuß der Vorteile des Spruchverfahrens gegenüber der Anfechtungsklage kommt[1590]. Allerdings bestehen bereits hinsichtlich der Gleichartigkeit der Sachverhalte erhebliche Zweifel. Es ist nämlich nicht ersichtlich, aus welchem Grund der konsentierende Anteilsinhaber, der sich unter Billigung des Umwandlungsbeschlusses und seines Inhalts - einschließlich der zu hoch bemessenen Abfindung als Kondition der Umwandlung - für den Verbleib in der Gesellschaft entschieden hat, gleich mit dem dissentierenden Anteilsinhaber zu behandeln sein sollte, der sich zum Austritt entschieden hat. Schließlich war es ihm aufgrund der gesetzlich vorgeschriebenen ausführlichen Vorabinformation in Bezug auf die anzubietende Barabfindung[1591] möglich, plausibel nachzuvollziehen, mit welcher Abfindungshöhe zu rechnen ist[1592] und worauf er sich mit seiner Entscheidung für den Verbleib in der Gesellschaft einläßt[1593]. Von daher ist bereits die Annahme einer Ungleichbehandlung im Sinne des Art.3 Abs. 1 GG zweifelhaft. Jedenfalls ist für die Annahme einer *willkürlichen* Ungleichbehandlung nicht zuletzt aufgrund der beschriebenen praktischen Schwierigkeiten der Umsetzung einer Herabsetzung der Barabfindung im Spruchverfahren kein Raum. Ob sich der Gesetzgeber mit der asymmetrischen Ausgestaltung der Rechtsschutzmöglichkeiten der ausscheidenden und des verbleibenden Anteilsinhabers für die „zweckmäßigste, vernünftigste oder gerechteste Lösung" entschieden hat, ist für die Frage der Verfassungsmäßigkeit im Hinblick auf Art.3 Abs. 1 GG nicht entscheidend, da er hierzu aufgrund von Art.3 Abs. 1 GG auch nicht verpflichtet ist[1594]. Vielmehr besteht Übereinstimmung dahingehend, daß der Gesetzgeber im Rahmen von Art.3 Abs. 1 GG eine weitgehende Gestaltungsfrei-

---

1587 Vgl. *Hoffmann-Becking* Diskussionsbeitrag in Henze/Hoffmann-Becking GesR 2001, S. 74.

1588 Vgl. aber *Hirte* ZHR 167 (2003), 8, 29, der – ohne nähere Begründung – mit Blick auf Art.3 GG für den verbleibenden Anteilsinhaber die Möglichkeit des Spruchverfahren de lege lata fordert.

1589 Ständige Rechtsprechung des BVerfG, BVerfGE 1, 14 [52]; 49, 148 [165]; 51, 60 [76].

1590 Siehe dazu eingehend oben A.IV.1.a).

1591 Siehe dazu ausführlich oben B.II.3.b)aa).

1592 Dies unterstreicht erneut die besondere Bedeutung der abfindungswertbezogenen Vorab-Information.

1593 Schließlich steht auch ihm der Weg offen, gegen Barabfindung auszuscheiden.

1594 BVerfGE 4, 144 [155]; 84, 348 [359]; BGHZ 112, 163 [173]; *Gubelt* in v.Münch/Kunig GG Art.3 Rn. 23.

heit hat[1595]. In der Versagung der Rechtsschutzmöglichkeit des Spruchverfahrens gegen ein im Umwandlungsbeschluß zu hoch bemessenes Barabfindungsangebot unter Verweisung auf die Möglichkeit der Anfechtungsklage liegt somit auch kein Verstoß gegen Art.3 Abs. 1 GG.
Daß für den verbleibenden Anteilsinhaber der Weg des Spruchverfahrens für die Rüge der zu hoch bemessenen Abfindung de lege lata nicht eröffnet ist, stellt für diesen mithin keine verfassungswidrige Beeinträchtigung seiner Mitgliedschaft dar.

4. Ergebnis

Zusammenfassend ist festzustellen, daß – entgegen der Ansicht des BGH – dem verbleibenden Anteilsinhaber für die Rüge eines zu hoch bemessenen Abfindungsangebotes im Umwandlungsbeschluß der Weg des Spruchverfahrens nicht im Wege des Analogieschlusses zu den §§ 210, 212 UmwG eröffnet werden kann. Eine Substitution der hierfür statthaften Anfechtungsklage durch das Spruchverfahren bleibt vielmehr dem Gesetzgeber vorbehalten.

1595 BVerfGE 3, 162 [182]; 78, 249 [287]; 90, 22 [26]; *Gubelt* in v.Münch/Kunig GG Art.3 Rn. 23 m.w.N.

C. Anfechtungsausschluß und Spruchverfahren bei anderen Umwandlungs- und Strukturmaßnahmen – Überprüfung und Bestätigung der zu den §§ 210, 212 UmwG gewonnenen Ergebnisse

Mit den in Aktien- und Umwandlungsgesetz weit „verstreuten"[1596] Vorschriften der §§ 14 Abs. 2, 32 UmwG für die Verschmelzung, den §§ 304, Abs. 3, 305 Abs. 5 AktG für den Abschluß eines Unternehmensvertrages, dem § 320b Abs. 2 AktG für die Eingliederung und dem § 327f AktG für den Squeeze-out liegen mit der Vorschrift des § 210 UmwG übereinstimmende oder jedenfalls vergleichbare Regelungen vor, bei denen sich die Frage der Bestimmung des Verhältnisses zwischen Anfechtungsklage und Spruchverfahren parallel stellt[1597]. Aus den Stellungnahmen einzelner Senatsmitglieder geht unmißverständlich hervor, daß die einheitliche Handhabung der Parallelvorschriften eine der wesentlichen rechtspolitischen Zielsetzungen der Entscheidungen des BGH bildete[1598]. Angesichts der Tatsache, daß sich im Anschluß an die höchstrichterliche Rechtsprechung zu den §§ 210, 212 UmwG eine rege gesellschaftsrechtliche Diskussion über die Übertragbarkeit der Rechtsprechungsgrundsätze entwickelt hat[1599], soll nun – in gebotener Kürze – Stellung zu diesen Überlegungen genommen werden. So sollen die zu den §§ 210, 212 UmwG gewonnenen Ergebnisse überprüft und bestätigt werden. Im Zentrum der Untersuchung des jeweiligen Anfechtungsausschlusses zugunsten des Spruchverfahrens stehen dabei – den rechtspolitischen Bestrebungen in der gesellschaftsrechtlichen Diskussion entsprechend[1600] - zwei Aspekte: die Einbeziehung zum einen der kompensationsleistungsbezogenen Informationsrüge[1601] und zum anderen die der Rüge einer zu hoch bemessenen Kompensation durch den Aktionär der zu ihrer Leistung verpflichteten Gesellschaft[1602].

1596 Vgl. *Neye* NZG 2002, 23, 25; *Röhricht* in VGR GesR 2001, 3, 34: „extreme Zersplitterung".

1597 Zutreffend insofern *Vetter* FS Wiedemann, 1323, 1335.

1598 Vgl. *Röhricht* in VGR GesR 2001, 3, 34, der die (beschränkte) Bedeutung der Entscheidungen darin sieht, daß lediglich ein „Stein ins Wasser" geworfen worden ist; vgl. auch *Henze* in Henze/Hoffmann-Becking GesR 2001, 39, 50ff.; *ders.* ZIP 2001, 97, 106ff.

1599 Vgl. nur die Darstellungen von *Hoffmann-Becking* in Henze/Hoffmann-Becking GesR 2001, 55, 63ff.; *Henze* in Henze/Hoffmann-Becking GesR 2001, 39, 50ff.; *Vetter* FS Wiedemann, 1323, 1334ff.; *Hirte* ZHR 167 (2003), 8, 25ff.; *Kleindiek* NZG 2001, 552, 555; *Grunewald* ZIP 2002, 18, 21; *Bayer* in Hommelhoff/Lutter/Schmidt/Schön/Ulmer Corporate Governance 2002, 137, 148 Fn.56.

1600 Siehe oben A.V.1.

1601 Siehe dazu bereits oben A.V.1.a).

1602 Siehe dazu bereits oben A.V.1.a).

I. Kein Ausschluß der Anfechtung wegen der Rüge kompensationsleistungsbezogener Informationsmängel

Zunächst gilt es die hier vertretene ablehnende Haltung gegenüber einer Einbeziehung kompensationsleistungsbezogener Informationsrechtsverletzungen durch den Anfechtungsausschluß verbunden mit ihrer Verweisung in das Spruchverfahren anhand der aktien- und umwandlungsgesetzlichen Paralleltatbestände im Recht der Verschmelzung (§§ 14 Abs. 2, 15 Abs. 1, 34, 34 UmwG), der Unternehmensverträge (§§ 304 Abs. 3, 305 Abs. 5 AktG), der Eingliederung (§ 320b Abs. 2 AktG) sowie des Squeeze-out (§ 327f Abs. 1 AktG) zu überprüfen und zu bestätigen.

1. Verschmelzung, §§ 14 Abs. 2, 15 Abs. 1, 32, 34 UmwG

Für das Recht der Verschmelzung sieht das UmwG in den §§ 14 Abs. 2, 32 UmwG Anfechtungsausschlüsse zugunsten des Spruchverfahrens (§§ 15 Abs. 1, 34 UmwG) vor.

a) Kein Ausschluß der Anfechtung wegen Informationsmängel in Bezug auf Umtauschverhältnis und Barabfindung

§ 32 UmwG schließt zugunsten des Spruchverfahrens (§ 34 UmwG) die Erhebung der Anfechtungsklage gegen den Verschmelzungsbeschluß eines übertragenden Rechtsträgers insoweit aus, als sie darauf gestützt wird, daß das Angebot nach § 29 UmwG zu niedrig bemessen oder daß die Barabfindung im Verschmelzungsvertrag nicht oder nicht ordnungsgemäß angeboten worden ist. Die Vorschrift des § 32 UmwG entspricht damit – insoweit herrscht Einigkeit[1603] - der Vorschrift des § 210 UmwG[1604].

[1603] *Marsch-Barner* in Kallmeyer UmwG § 32 Rn. 2; *Gehling* in Semler/Stengel UmwG § 32 Rn. 5; *Vollrath* in Widmann/Mayer UmwG § 32 Rn. 4; *Stratz* in Schmitt/Hörtnagl/Stratz UmwG § 32 Rn. 2; *Tielmann* in Happ Aktienrecht, 18.01. Rn. 12 (S. 1754); *Obermüller/Werner/Winden* Die Hauptversammlung, G.V.1. Rn. 92, Fn.152a (S. 265); *Grunewald* ZIP 2002, 18, 21; *Bayer* in Hommelhoff/Lutter/Schmidt/Schön/Ulmer Corporate Governance 2002, 137, 148 Fn.56; *Baums* Kommissionsbericht Corporate Governance, Rz.134 (S. 164); *Hüffer* ZGR 2001, 833, 860; *ders.* AktG § 243 Rn. 18b; *Witt* WuB II N. § 210 UmwG 2.01, 425, 426; *Hoffmann-Becking* in Henze/Hoffmann-Becking GesR 2001, 55, 63; *Henze* in Henze/Hoffmann-Becking GesR 2001, 39, 50; *ders.* ZIP 2002, 97, 106; *Hirte* ZHR 167 (2003), 8, 25f.; *Vetter* FS Wiedemann, 1323, 1336; *Kleindiek* NZG 2001, 552, 554; *Kirchner/Sailer* NZG 2002, 305, 312; *Sinewe* DB 2001, 690; *van Aerssen* F.A.Z. Nr. 116 v.19.05.2001, S. 23.

[1604] Gleiches gilt angesichts entsprechender „Mangelkongruenz“ (s. dazu oben B.II.3.b)cc)(1)) für die §§ 34, 212 UmwG.

Da nach der hier vertretenen Ansicht den vom BGH für den Formwechsel aufgestellten Grundsätzen, nach denen die Anfechtungsklage wegen abfindungswertbezogener Informationsrechtsverletzungen zugunsten des Spruchverfahrens ausgeschlossen sein soll[1605], de lege lata nicht gefolgt werden kann[1606], können diese konsequenterweise ebenso wenig Geltung für die entsprechende Vorschrift des § 32 UmwG beanspruchen[1607]. Dem steht bereits der Wille des historischen Gesetzgebers entgegen[1608]. Dies übersieht auch der BGH nicht, der mit seiner Feststellung, daß die Gesetzesmaterialien zu §§ 210, 212 UmwG einen Hinweis, wie ihn diejenigen zu § 32 UmwG enthalten[1609], vermissen lassen[1610], erkennen läßt, daß die einer Einbeziehung von Informationsmängeln entgegenstehende gesetzgeberische Aussage im Rahmen der Begründung zu § 14 Abs. 2 UmwG[1611] auch für die Auslegung des § 32 UmwG zu beachten ist[1612]. Vor diesem Hintergrund geben Stellungnahmen eines Mitglieds des II. Zivilsenats, nach denen eine Übertragung auf den verschmelzungsrechtlichen Paralleltatbestand problemlos möglich sein soll, Anlaß zu gewisser Verwunderung[1613]. Angesichts des parallel ausgestalteten A-priori-Schutzes durch ausführliche, in einem ihrer Schwerpunkte auf die Barabfindung bezogene Information mit identischer Zielrichtung (vgl. §§ 8 Abs. 1

1605 BGHZ 146, 179 – *MEZ*; BGZ ZIP 2001, 412 – *Aqua Butzke*; siehe für Nachweise aus dem ihm folgenden Schrifttum oben B.II.2.a).

1606 Siehe ausführlich dazu oben B.II.3.

1607 Im Ergebnis ebenso: *Grunewald* ZIP 2002, 18, 21; *Bayer* in Hommelhoff/Lutter/Schmidt/Schön/Ulmer Corporate Governance 2002, 137, 148 Fn.56; *Lutter/Grunewald* UmwG § 32 Rn. 5; wohl auch *Marsch-Barner* in Kallmeyer UmwG § 32 Rn. 2; kritisch - jedoch dem BGH zu § 210 UmwG prinzipiell folgend - auch *Baums* Kommissionsbericht Corporate Governance, Rz.134 (S. 164); dagegen stimmt der Übertragung der BGH-Rechtsprechungsgrundsätze die wohl herrschende Meinung in der Literatur zu: *Gehling* in Semler/Stengel UmwG § 32 Rn. 5; *Stratz* in Schmitt/Hörtnagl/Stratz UmwG § 32 Rn. 2; *Tielmann* in Happ Aktienrecht, 18.01. Rn. 12 (S. 1754); *Hüffer* ZGR 2001, 833, 860; *ders.* AktG § 243 Rn. 18b; *Witt* WuB II N. § 210 UmwG 2.01, 425, 426; *Hoffmann-Becking* in Henze/Hoffmann-Becking GesR 2001, 55, 63; *Henze* in Henze/Hoffmann-Becking GesR 2001, 39, 50; *ders.* ZIP 2002, 97, 106; *Hirte* ZHR 167 (2003), 8, 25f.; *Vetter* FS Wiedemann, 1323, 1336; *Kleindiek* NZG 2001, 552, 554; *Kirchner/Sailer* NZG 2002, 305, 312; *Obermüller/Werner/Winden* Die Hauptversammlung, G.V.1. Rn. 92, Fn.152a (S. 265); *Sinewe* DB 2001, 690; *van Aerssen* F.A.Z. Nr. 116 v.19.05.2001, S. 23; wohl auch *Vollrath* in Widmann/Mayer UmwG § 32 Rn. 4.

1608 Siehe dazu bereits ausführlich oben B.II.3.b)dd)(4)(b)(aa).

1609 Vgl. *Ganske* Begr.RegE UmwBerG 1994, zu § 32 UmwG, S. 71: „Die Vorschrift entspricht § 14".

1610 Vgl. BGHZ 146, 179, 188, - *MEZ*; BGH ZIP 2001, 412, 414- *Aqua Butzke*.

1611 Siehe oben B.II.3.b)dd)(4)(a)(aa).

1612 Nicht überzeugend insofern *Kleindiek* NZG 2001, 552, 554 (siehe dort insbesondere Fn.24), der einen entsprechenden Geltungsanspruch aus der bloßen Bezugnahme auf die Vorschrift des § 32 UmwG in den Urteilsgründen herleitet.

1613 Vgl. *Henze* in Henze/Hoffmann-Becking GesR 2001, 39, 50; *ders.* ZIP 2002, 97, 106; vgl. demgegenüber zu Recht zurückhaltend *Röhricht* in VGR GesR 2001, 3, 31f.

S. 1, 30 Abs. 2 S. 2, 12, 63 Abs. 1 Nr. 5, 64 UmwG, § 131 AktG)[1614] kann uneingeschränkt auf die Ausführungen zu § 210 UmwG verwiesen werden[1615]. Im Übrigen gilt es zu beachten, daß der Wortlaut des § 32 UmwG, der lediglich auf Vertragsmängel abhebt[1616], noch weniger geeignet ist, den Weg für eine extensive Auslegung unter Einbeziehung sämtlicher abfindungswertbezogener Beschlußmängel zu ebnen[1617]. Er ist vielmehr als Bestätigung dafür zu verstehen, daß der Anfechtungsausschluß lediglich für inhaltliche Mängel der Abfindungsregelung gilt[1618].

Nach zutreffender und ganz herrschender Meinung[1619] läßt sich ein Anfechtungsausschluß für Informationsmängel in Bezug auf das Umtauschverhältnis gemäß § 14 Abs. 2 UmwG – so wie vom BGH zu Recht angenommen[1620] - nicht zuletzt angesichts des eindeutig entgegenstehenden gesetzgeberischen Willens de lege lata nicht begründen. Selbst wenn man - entgegen der hier vertretenen Ansicht - dem BGH in seinem extensiven Verständnis des § 210 UmwG und seiner Argumentation folgte, kann daher der Versuch, das Ergebnis eines entsprechenden generellen Anfechtungsausschlusses in Anknüpfung an die höchstrichterliche Rechtsprechung zu erreichen, nicht gelingen[1621]. Hiergegen spricht zudem, daß bereits der Wortlaut des § 14 Abs. 2 UmwG jeden Anknüpfungspunkt für eine Übertra-

---

1614 Siehe zu diesem System der abfindungswertbezogenen Informations- und Berichtspflichten ausführlich oben B.II.3.b)aa).

1615 Siehe oben B.II.

1616 Dem Tatbestandsmerkmal „im Umwandlungsbeschluß" in § 210 UmwG, dem eine wesentliche, weil einschränkende Bedeutung zukommt (siehe oben B.II.3.a) und B.II.3.c)cc)), entspricht die Einschränkung „im Verschmelzungsvertrag" in § 32 UmwG.

1617 Von daher können die – bereits zu § 210 UmwG zweifelhaften - Erwägungen des BGH zum Wortsinn des „nicht ordnungsgemäßen Angebots im Umwandlungsbeschluß" (vgl. BGHZ 146, 179, 186 - *MEZ*; BGH ZIP 2001, 412, 414 – *Aqua Butzke*) auf § 32 UmwG „erst recht" nicht zutreffen.

1618 Siehe dazu etwa oben B.II.3.d)dd).

1619 *Gehling* in Semler/Stengel UmwG § 14 Rn. 29; *Bärwaldt* in Semler/Stengel UmwG § 196 Rn. 28; *Lutter/Lutter/Drygala* UmwG § 8 Rn. 55; *Tielmann* in Happ Aktienrecht 18.01. Rn. 12 (S. 1754); *Kleindiek* NZG 2001, 552, 554; *Hoffmann-Becking* in Henze/Hoffmann-Becking GesR 2001, 55, 64; *Henze* in Henze/Hoffmann-Becking GesR 2001, 39, 50ff.; *ders.* ZIP 2002, 97, 106f.; *Bayer* in Hommelhoff/Lutter/Schmidt/Schön/Ulmer Corporate Governance 2002, 137, 148 Fn.56; *Reichert* in Hommelhoff/Lutter/Schmidt/Schön/Ulmer Corporate Governance 2002, 165, 183; *Heckschen* in Simon/Heckschen Umwandlungsrecht § 10 C. Rn. 9f. (S. 286f.); *ders.* NotBZ 2001, 206, 208; *Vetter* FS Wiedemann, 1323, 1336; kritisch auch *Fleischer* ZGR 2002, 757, 783f.; *Obermüller/Werner/Winden* Die Hauptversammlung, G.V.1. Rn. 92, Fn.152a (S. 265).

1620 BGHZ 146, 179, 188, - *MEZ*; BGH ZIP 2001, 412, 414- *Aqua Butzke*.

1621 De lege lata verbietet sich daher ein entsprechender Versuch einer Minderansicht, vgl. *Sinewe* DB 2001, 690; Diskussionsbeitrag *Heckschen* in Henze/Hoffmann-Becking GesR 2001, S. 72; *Stratz* in Schmitt/Hörtnagl/Stratz UmwG § 14 Rn. 21; wohl auch *Marsch-Barner* in Kallmeyer UmwG § 14 Rn. 14 a.E.; *K.Schmidt* GesR, § 13 III.5. c) Fn.101 (S. 390); *Hirte* ZHR 167 (2003), 8, 27f.

gung der BGH-Rechtsprechung bzw. für eine entsprechende Argumentation vermissen läßt. Zum einen ist der Fall, daß die Angabe des Umtauschverhältnisses im Verschmelzungsvertrag „nicht ordnungsgemäß" ist, dort nicht geregelt. Infolgedessen läßt sich ein Anfechtungsausschluß schon nicht begründen, wenn man ein generalklauselartig erweitertes Verständnis der Tatbestandsalternative des nicht ordnungsgemäßen Abfindungsangebots vertritt[1622]. Zum anderen ist der Ausschluß der Anfechtungsklage auch für den Fall, daß die Angabe des Umtauschverhältnisses - entgegen § 5 Abs. 1 Nr. 3 UmwG - völlig fehlt, nicht vorgesehen[1623]. Damit läßt bereits der Wortlaut des § 14 Abs. 2 UmwG einen „Erst-Recht-Schluß", wie ihn der BGH zu § 210 UmwG vorgenommen hat, nicht[1624], - nach hier vertretener Ansicht „erst recht" nicht - zu. Den einzig möglichen Begründungsansatz für dieses Ergebnis bildet somit der Fall des zu niedrig bemessenen Umtauschverhältnisses in § 14 Abs. 2 UmwG. Im Grundsatz ist hier jedoch die gleiche Sachlage gegeben wie bei der Unterbreitung eines zu niedrig bemessenen Barabfindungsangebotes[1625]. Die Unangemessenheit *allein* ist aber – wie der II. Senat in Bezug auf § 210 UmwG zutreffend ausdrücklich eingeräumt hat[1626] – nicht geeignet, eine entsprechend weit gehende Auslegung zu begründen.

b) Systemwidrigkeit der sanktionsrechtlichen Ungleichbehandlung wertbezogener Informationsrügen in Bezug auf Abfindung und Umtauschverhältnis

Unterstützt wird die hier vertretene Ansicht, daß nicht nur die Informationsrüge in Bezug auf das Umtauschverhältnis, sondern (bereits) die Informationsrüge in Bezug auf die Abfindung nicht dem Ausschluß der Anfechtungsklage zugunsten des Spruchverfahrens unterliegt, durch die systematisch nicht zu rechtfertigende sanktionsrechtliche Ungleichbehandlung der beiden wertbezogenen Informationsrügen, welche Konsequenz der von der herrschenden Meinung[1627] befürworteten Übertragbarkeit der Rechtsprechungsgrundsätze zu § 210 UmwG auf § 32 UmwG ist.

1622 Vgl. *Hüffer* AktG § 243 Rn. 18b, nach dem der Akzent weniger auf dem Erst-Recht-Schluß als auf dem „generalklauselartig erweiterten Verständnis des nicht ordnungsgemäßen Angebots" liegen sollte. Er hält eine Erstreckung der Lösung des BGH auf § 14 Abs. 2 UmwG jedoch auch für fraglich.

1623 *Vetter* FS Wiedemann, 1323, 1335; *Henze* ZIP 2002, 97, 106.

1624 *Henze* ZIP 2002, 97, 106; *Vetter* FS Wiedemann, 1323, 1335; *Kleindiek* NZG 2001, 552, 554; vgl. *Hoffmann-Becking* Diskussionsbeitrag in Henze/Hoffmann-Becking, S. 73; *Kirchner/Sailer* NZG 2002, 305, 312.

1625 So auch *Henze* ZIP 2002, 97, 106.

1626 BGHZ 146, 179, 183 – *MEZ*; BGH ZIP 2001, 412, 413 – *Aqua Butzke*: „Allein aus dem zu niedrigen Angebot ließe sich der vollständige Anfechtungsausschluß für die Rüge abfindungswertbezogener Informationsmängel nicht herleiten".

1627 Siehe Nachweise oben C.I.1.a).

aa) Die verfahrensrechtliche Ungleichbehandlung als systemunstimmige, aber unausweichliche Konsequenz der Rechtsprechung BGH „MEZ“ und „Aqua Butzke“

Vor dem Hintergrund dieses Ergebnisses drängt sich die Frage auf, warum kompensationsbezogene Informationsmängel einerseits anfechtungsbewehrt sein sollen, sofern sie das Umtauschverhältnis betreffen, andererseits kompensationsbezogene Informationsmängel jedoch, sofern es um die Abfindung geht, dem Anfechtungsausschluß unterliegen und demzufolge ausschließlich im Spruchverfahren geltend zu machen sein sollen. Damit werden zwei der Sache nach vergleichbare, wenn nicht sogar identische Beschlußmängelrügen zwei verschiedenen Beschlußkontrollbehelfen zugeordnet. Dieses vereinzelt als „zwingend“ angesehene[1628] Ergebnis einer verfahrensrechtlichen Ungleichbehandlung wertbezogener Informationsrügen wird vom Großteil des Schrifttums zu recht als wenig sinnvoll bzw. mißlich erachtet[1629]. Überwiegend wird dabei für die Beseitigung dieser Systemunstimmigkeit an den Gesetzgeber appelliert und eine Fortentwicklung im Sinne der BGH-Rechtsprechung propagiert[1630]. Angesichts dieses anhand der Regelung des § 14 Abs. 2 UmwG deutlich zu Tage tretenden eklatanten und de lege lata nicht zu lösenden Wertungswiderspruchs verwundert es jedoch geradezu, daß dieser im Endeffekt – wenn auch nicht kritiklos - hingenommen wird und lediglich Anlaß zu Kritik des Gesetzes gibt. Statt dessen sollten vielmehr die geradezu ins Auge springenden „Unstimmigkeiten“ Anlaß dazu geben, im Sinne der hier vertretenen Ansicht die Vereinbarkeit der jüngsten BGH-Rechtsprechung zu den §§ 210, 212 UmwG mit dem geltenden Recht grundsätzlich in Frage zu stellen und darüber hinaus nicht zuletzt im Interesse einer einheitlichen Lösung bereits de lege lata zu verneinen[1631].

1628 Vgl. *Henze* in Henze/Hoffmann-Becking GesR 2001, 39, 52.

1629 *Kleindiek* NZG 2001, 552, 554; *Grunewald* ZIP 2002, 18, 21; *Röhricht* in VGR GesR 2001, 3, 34; *Heckschen* NotBZ 2001, 206, 208; *ders.* in Simon/Heckschen Umwandlungsrecht § 10 C. Rn. 10 (S. 287); *Reichert* in Hommelhoff/Lutter/Schmidt/Schön/Ulmer Corporate Governance 2002, 165, 183; vgl. auch *Baums* Kommissionsbericht Corporate Governance, Rz.134 (S. 164f.).

1630 *Henze* in Henze/Hoffmann-Becking GesR 2001, 39, 52; *Kleindiek* NZG 2001, 552, 554; *Röhricht* in VGR GesR 2001, 3, 34; *Reichert* in Hommelhoff/Lutter/Schmidt/Schön/Ulmer Corporate Governance 2002, 165, 183; *Baums* Kommissionsbericht Corporate Governance, Rz.134 (S. 164f.); offenlassend *Hoffmann-Becking* in Henze/Hoffmann-Becking GesR 2001, 55, 67f.

1631 Wie hier *Grunewald* ZIP 2002, 18, 21; im Ergebnis ebenso *Bayer* in Hommelhoff/Lutter/Schmidt/Schön/Ulmer Corporate Governance 2002, 137, 148, Fn.56.

bb) Versuch ihrer Rechtfertigung im Wege der Differenzierung zwischen „essentiellem" und (nur) „akzidentiellem" Schutz der Gesellschafterrechte

Auf den ersten Blick konsequenter als der Ruf nach dem Gesetzgeber[1632] erscheint vor diesem Hintergrund der vereinzelt unternommene Versuch, die verfahrensrechtliche Ungleichbehandlung der wertbezogenen Informationsrügen zu rechtfertigen bzw. hierfür eine plausible Erklärung zu finden[1633]. Ausgangspunkt dafür bildet die Überlegung, daß man sich zwar einen Formwechsel oder eine Verschmelzung auf einen anderen Rechtsträger ohne Barabfindungsangebot vorstellen könne, nicht aber eine Verschmelzung ohne Umtauschverhältnis, da die Gesellschafter des übertragenden Rechtsträgers zwangsläufig durch die Verschmelzung ihre Anteilsrechte verlieren und ein Ersatz durch Anteilsrechte beim übernehmenden Rechtsträger unbedingt erfolgen müsse[1634]. Damit bilde das Umtauschverhältnis ein Essentiale - ein Kernelement[1635] - der Verschmelzung, die Barabfindung hingegen nur ein Akzidens im Sinne einer zusätzlichen, aber nicht wesensnotwendigen Sicherung des Gesellschafters beim Formwechsel und bei der Verschmelzung auf einen Rechtsträger anderer Rechtsform[1636]. Diese unterschiedliche Behandlung von Umtauschverhältnis und Barabfindung rechtfertige die verfahrensrechtliche Ungleichbehandlung der wertbezogenen Informationsrüge im Sinne einer systematischen Unterscheidung zwischen einem essentiellem und einem nur akzidentiellen Schutz der Gesellschafterrechte[1637].

cc) Kritische Stellungnahme

Was den Ausgangspunkt der Argumentation betrifft, so ist der Annahme dieses Wesensunterschiedes zwischen Barabfindung und Umtauschverhältnis uneingeschränkt zuzustimmen. Erhebliche Bedenken bestehen indes gegen den Schluß von wesensnotwendigen Elementen eines Strukturwandels auf Art und Ausmaß des umwandlungsrechtlichen Minderheitenschutzes. Minderheitenschutz ist niemals notwendiger Bestandteil des Strukturwandels. Gerade hierin liegt die besondere Gefährlichkeit, im Rahmen des Minderheitenschutzes unter Rückgriff auf wesensnotwendige Elemente einer Strukturänderung zu argumentieren. Schlußfolgerungen dieser Art steht zudem bereits die gesetzgeberische Wertung des § 1

1632 Denn dieser impliziert gleichzeitig den Vorwurf, er habe einen systemwidrigen Unterschied geschaffen.

1633 *Hoffmann-Becking* in Henze/Hoffmann-Becking GesR 2001, 55, 63f.; zustimmend *Vetter* FS Wiedemann, 1323, 1335f.

1634 *Hoffmann-Becking* in Henze/Hoffmann-Becking GesR 2001, 55, 64.

1635 *Vetter* FS Wiedemann, 1323, 1335.

1636 *Hoffmann-Becking* in Henze/Hoffmann-Becking GesR 2001, 55, 64.

1637 Vgl. *Hoffmann-Becking* in Henze/Hoffmann-Becking GesR 2001, 55, 64 und 67; im Ergebnis ebenso *Vetter* FS Wiedemann1323, 1335f.

Abs. 3 UmwG im Wege, der den *zwingenden* Charakter des Minderheitenschutzes anordnet. Damit wird dieser – gleichgültig ob für den Umwandlungsvorgang „wesensnotwendig" oder nicht – jedenfalls im (umwandlungs-) *rechtlichen* Sinne zu einem wesensnotwendigen Bestandteil einer jeden Umwandlung[1638]. Die Zulässigkeit der behaupteten entsprechenden Differenzierung im Sinne einer Privilegierung der wertbezogenen Rüge zum Umtauschverhältnis gegenüber der zur Abfindung erforderte demgemäß nach § 1 Abs. 3 UmwG eine *ausdrückliche* gesetzliche Gestattung. Eine solche ausdrückliche Gestattung kann jedoch weder in § 210 UmwG[1639] noch in § 32 UmwG gesehen werden[1640].
Auch den Gesetzesmaterialien lassen sich keinerlei Hinweise darauf entnehmen, daß der Gesetzgeber die in § 32 UmwG enthaltene und gegenüber § 14 Abs. 2 UmwG weitergehende Einschränkung der Anfechtbarkeit des Verschmelzungsbeschlusses mit Blick auf eine Differenzierung zwischen Essentiale und Akzidenz eingefügt hat[1641]. Vielmehr sprechen gegen eine bewußte Privilegierung der Informationsrüge in Bezug auf das Umtauschverhältnis und damit für eine Gleichbehandlung doch gerade die parallele und gleichförmige Ausgestaltung der Informations- und Berichtspflichten zu Umtauschverhältnis und Barabfindung im Rahmen des A-priori-Schutzes (vgl. § 8 Abs. 1 S. 1 1.HS UmwG, § 12 Abs. 1 UmwG, §§ 30 Abs. 2 S. 2, 12 Abs. 1 UmwG)[1642]. Hätte der Gesetzgeber systematisch zwischen essentiellem und akzidentiellen Schutz differenzieren wollen, so hätte es nahe gelegen, diese Differenzierung auf materiell-rechtlicher Ebene und nur dort vorzunehmen. Interessant ist in diesem Zusammenhang auch die Tatsache, daß die Prüfung der Barabfindung gemäß § 30 Abs. 2 S. 1 UmwG, anders als die nicht immer erforderliche Prüfung des Umtauschverhältnisses, nach dem Willen des Gesetzgebers *stets* stattfinden soll[1643]; damit hat der Gesetzgeber den Schutz hinsichtlich des „vermeintlichen Akzidens" gegenüber der Essentiale sogar gewissermaßen noch „privilegiert"[1644]. Es ist schlichtweg nicht einzusehen, warum die Information zur Abfindung sanktionslos zurückgehalten werden können soll, während die zum Umtauschverhältnis demgegenüber sanktionsbewehrt erteilt

1638 Vgl. *Bayer* in Hommelhoff/Röhricht GesR 1997, 133, 133f., nach dessen überzeugender Ansicht die Einhaltung des umwandlungsgesetzlichen Verfahrens den „Preis" der Umwandlungsmöglichkeit darstellt.

1639 Siehe dazu bereits oben B.II.3.b)bb)(2)(d).

1640 Zu recht dafür, daß das Erfordernis der „Ausdrücklichkeit" zwingend ernst zu nehmen ist, vgl. (zu der aktienrechtlichen Parallelvorschrift) *Röhricht* in GroßKomm AktG § 23 Rn. 168. In das Schweigen des Gesetzes kann keinesfalls eine ausdrückliche Zulassung hinein gelesen werden, so zutreffend *Röhricht* aaO Rn. 170 m.w.N.

1641 Vgl. zutreffend insoweit *Wilsing/Kruse* DB 2002, 1539, 1541; vgl. dafür, daß der historische Gesetzgeber statt dessen die „sanktionsrechtliche Gleichbehandlung" beabsichtigte, oben B.II.3.b)dd)(4)(b)(aa).

1642 Siehe dazu oben B.II.3.b)aa)(2)(a).

1643 *Ganske* Begr.RegE UmwBerG 1994, zu § 30 UmwG, S. 70.

1644 Siehe oben B.II.3.b)aa)(2)(b)(ba).

werden muß. Schließlich liegt die Ermittlung der Barabfindung gewissermaßen „auf dem Wege der Ermittlung des Umtauschverhältnisses". Denn Verschmelzungswertrelation und Barabfindung werden nach denselben Grundsätzen ermittelt; einziger Unterschied ist dabei nur, daß im Falle der Barabfindung am Schluß der Rechnung kein Vergleich mit der anderen Gesellschaft erfolgt, sondern nur der Anteil am Unternehmenswert ausgewiesen wird[1645]. Vor diesem Hintergrund erscheint die unterschiedliche Behandlung der beiden Informationsrügen geradezu *sinnwidrig*[1646]. M.E. vermag der Versuch einer Erklärung bzw. Rechtfertigung der verfahrensrechtlichen Ungleichbehandlung von daher nicht zu überzeugen.

c) Ergebnis

Die Ausschlußwirkung der §§ 14 Abs. 2, 32 UmwG erstreckt sich nicht auf die Rüge kompensationsleistungsbezogener Informationsmängel. Die systematisch nicht zu rechtfertigende sanktionsrechtliche Ungleichbehandlung, welche sich als Folge der Übertragung der Rechtsprechung ergibt und anhand derer eine gewisse „resignierende Hilflosigkeit" der Befürworter einer einheitlichen Verweisung wertbezogener Informationsmängel ins Spruchverfahren deutlich wird, spricht gegen die Vereinbarkeit der Rechtsprechung zu § 210 UmwG – insbesondere ihres Erst-Recht-Schlusses - mit der lex lata und bestätigt damit die hier vertretene Ansicht.

1645 *Lutter/Lutter/Drygala* UmwG § 8 Rn. 27.

1646 Vgl. im Ergebnis ebenso *Grunewald* ZIP 2002, 18, 21.

2. Unternehmensvertrag, §§ 304 Abs. 3, 305 Abs. 5 AktG

Die Vorschriften der §§ 304, 305 AktG bezwecken in erster Linie eine volle Entschädigung der außenstehenden Aktionäre für die Beeinträchtigung ihrer Vermögens- und Herrschaftsrechte, wie sie typischerweise mit dem Abschluß von Beherrschungs- und Gewinnabführungsverträgen verbunden ist[1647]. Dabei soll § 304 AktG die vermögensrechtlichen Beeinträchtigungen durch den Ausgleich kompensieren, während § 305 AktG dem außenstehenden Aktionär die Möglichkeit bietet, gegen Abfindung auszuscheiden[1648]. Das AktG sieht in den §§ 304 Abs. 3, 305 Abs. 5 AktG entsprechende Regelungen zum Ausschluß der Anfechtungsklage zugunsten des Spruchverfahrens vor.

a) Kein Ausschluß der Anfechtungsklage wegen Informationsmängel in Bezug auf Abfindung und Ausgleich

Bevor auf die Frage einer möglichen Einbeziehung von kompensationsleistungsbezogenen Informationsmängeln durch die Anfechtungsausschlüsse der §§ 304, 305 AktG eingegangen wird, soll zunächst die Entwicklung der Informations- und Berichtspflichten im Unternehmensvertragsrecht kurz skizziert werden.

aa) Gesetzgeberische Entscheidung zugunsten eines effektiven A-priori-Schutzes durch ausführliche Information (§§ 293a ff. AktG) im Zuge des UmwBerG 1994

Ausweislich der Gesetzesbegründung führt der Abschluß eines Unternehmensvertrags und die Verschmelzung im Regelfall für die übertragende Gesellschaft oder abhängig werdende Aktiengesellschaft zu demselben wirtschaftlichen Ergebnis, nämlich der organisatorischen Eingliederung des Unternehmens der Gesellschaft in eine andere wirtschaftliche und rechtliche Einheit[1649]. Damit sind nach Aussage des Gesetzgebers auch dieselben wirtschaftlichen Folgen für die Aktionäre der übertragenden oder abhängig werdenden Aktiengesellschaft verbunden [1650]. Diese prinzipielle wirtschaftliche und rechtliche Vergleichbarkeit[1651] der beiden Struk-

---

1647 *Emmerich* in Emmerich/Habersack Aktien- und GmbH-Konzernrecht § 304 Rn. 4; *Bilda* in MünchKomm AktG § 305 Rn. 2.

1648 *Bilda* in MünchKomm AktG § 305 Rn. 2.

1649 *Ganske* Begr.RegE UmwBerG 1994, zu den §§ 293a ff. AktG, S. 297.

1650 *Ganske* Begr.RegE UmwBerG 1994, zu den §§ 293a ff. AktG, S. 297.

1651 *Ganske* Begr.RegE UmwBerG 1994, zu den §§ 293a ff. AktG, S. 297 spricht von „Austauschbarkeit".

turmaßnahmen und ihrer Folgen für die Aktionäre[1652] gab Anlaß und bildete den Ausgangspunkt dafür, auch den aktienrechtlichen Schutz der Anteilsinhaber auf das verschmelzungsrechtliche Niveau anzuheben[1653]. Mit den §§ 293a ff. AktG hat der Gesetzgeber damit den für das Verschmelzungsrecht konzipierten A-priori-Schutz durch ausführliche Vorabinformation (§§ 340a ff. AktG a.F.) auch für das Unternehmensvertragsrecht eingeführt. Zwar lag bereits dem AktG 1965 die gesetzgeberische Vorstellung zugrunde, daß der Aktionär stets erfahren soll, worüber er abstimmt[1654]. Die erst durch das UmwBerG eingeführte Pflicht zu *ausführlicher* Information hat jedoch insofern den Sinn, die zur Zustimmung zum Unternehmensvertrag aufgerufenen Aktionäre noch umfangreicher und *effektiver* zu informieren, als dies früher der Fall war (vgl. § 293 Abs. 3 S. 2-6, Abs. 4 AktG a.F.)[1655]. Die Einführung des Unternehmensvertragsberichts und der Vertragsprüfung verfolgt dabei in erster Linie den Zweck, die Aktionäre durch rechtzeitige Information vor der Hauptversammlung zu schützen[1656]. Dazu sollen ihnen die maßgeblichen Vorgänge transparent gemacht werden, so daß sie in der Lage sind, in Kenntnis *aller* relevanten Umstände über die Billigung des vom Vorstand vorgeschlagenen Unternehmensvertrags zu entscheiden[1657]. Wie im Verschmelzungsrecht bildet dabei die ausführliche Information im Hinblick auf Ausgleich und Abfindung den Schwerpunkt dieses A-priori-Schutzes: Auch beim Unternehmensvertragsbericht liegt das Schwergewicht auf den Angaben zu Art und Höhe des Ausgleichs und der Abfindung[1658]. Das ergibt sich schon aus dem Wortlaut des § 293a Abs. 1 S. 1 1.HS AktG, nach dem in dem „ausführlichen" Bericht „insbesondere" Art und Höhe des Ausgleichs nach § 304 und der Abfindung nach § 305 AktG rechtlich und wirtschaftlich zu erläutern und begründen sind[1659]. Schließlich liegt auch der Schwerpunkt der Prüfung und der Berichterstattung auf der Angemessenheit von Ausgleich und Abfindung[1660]. Dies folgt jedenfalls aus § 293e Abs. 2 S. 2 und 3 AktG, der den Mindestinhalt des Prüfungsberichts vorgibt[1661]. Nach der Zweckrichtung der ausführlichen Vorabinformation (A-priori-Schutz) sollen jedem Aktionär durch rechtzeitige Information *vor* der Hauptversammlung die maßgeblichen Vorgänge – dazu zählen demnach in erster

1652 *Ganske* Begr.RegE UmwBerG 1994, zu den §§ 293a ff. AktG, S. 297.

1653 *Bungert* DB 1995, 1384; *Altmeppen* ZIP 1998, 1853; *Lutter/Drygala* FS Kropff, 191, 207f.

1654 *Kropff* Begr.RegE AktG 1965, zu § 293, S. 381.

1655 *Altmeppen* ZIP 1998, 1853.

1656 *Emmerich/Sonnenschein/Habersack* Konzernrecht § 17 I. (S. 230).

1657 *Emmerich* in Emmerich/Habersack Aktien- und GmbH-Konzernrecht § 293a Rn. 5; *Emmerich/Sonnenschein/Habersack* Konzernrecht § 17 I. (S. 229f.).

1658 *Krieger* in Münchner Handbuch GesR AG (2.Aufl.) § 70 Rn. 31 (S. 1029); *Bungert* DB 1995, 1384, 1388.

1659 Vgl. auch *Bungert* DB 1995, 1384, 1388.

1660 *Altmeppen* in MünchKomm AktG § 293b Rn. 8 und § 293e Rn. 1,5; *Bungert* DB 1995, 1384, 1390f.

1661 *Altmeppen* in MünchKomm AktG § 293e Rn. 5; *Humbeck* BB 1995, 1893, 1897.

Linie Ausgleich und Abfindung als wesentliche Konditionen des Unternehmensvertrages[1662] – transparent gemacht werden, so daß er in die Lage versetzt wird, in Kenntnis aller relevanten Umstände über die Billigung des von dem Vorstand vorgeschagenen Unternehmensvertrags abzustimmen[1663].
Im Ergebnis ist demzufolge festzuhalten, daß der im Wege des UmwBerG 1994 in das AktG implantierte A-priori-Schutz durch Information nach Art und Ausmaß dem umwandlungsgesetzlichen Standard bzw. Niveau entspricht[1664].

bb) Anfechtungsausschluß und Abfindung, § 305 Abs. 5 AktG

Die Erhebung der Anfechtungsklage gegen den Zustimmungsbeschluß ist gemäß § 305 Abs. 5 S. 1 und 2 AktG zugunsten des Spruchverfahrens ausgeschlossen, soweit der Vertrag keine angemessene Abfindung, überhaupt keine oder eine den § 305 Abs. 1-3 AktG nicht entsprechende Abfindung vorsieht.

(1) Abwesenheit des "nicht ordnungsgemäßen Angebots"

Beim Vergleich der Vorschrift mit den §§ 32, 210 UmwG fällt zunächst auf, daß der Wortlaut des § 305 Abs. 5 S. 2 AktG im Gegensatz zu den "parallel verlaufenden" Regelungen[1665] das Tatbestandsmerkmal des nicht ordnungsgemäßen Angebotes nicht aufweist. Damit steht das nicht ordnungsgemäße Angebot nicht zur Verfügung, um die Rechtsprechungsgrundsätze - sofern man ihnen entgegen der hier vertretenen Auffassung folgte – "eins zu eins" zu übertragen[1666]. Insoweit vermag auch hier ein "generalklauselartig erweitertes Verständnis" dieser Tatbestandsalternative nicht weiterzuhelfen[1667]. Gewissermaßen als "pendant"[1668] zum nicht ordnungsgemäßen Angebot nennt der Ausschlußtatbestand den Verstoß gegen die Abs. 1-3 des § 305 AktG. Ein Verstoß gegen Abs. 1 im Sinne des § 305 Abs. 5 AktG liegt etwa vor, wenn der Unternehmensvertrag nicht den anderen Vertragsteil, sondern die Gesellschaft als Schuldner der Abfindung ausweist[1669]. Abs. 2 ist verletzt, wenn der Vertrag eine andere als die gesetzliche vorgesehene Abfindungsart vorsieht[1670]. Bei der Regelung des Abs. 3 geht es

---

1662 Vgl. zutreffend *Beyerle* BB 1978, 784, 786.

1663 Vgl. *Emmerich* in Emmerich/Habersack Aktien- und GmbH-Konzernrecht § 293a Rn. 5.

1664 Der Gesetzgeber hat mit dem Minderheitenschutz durch A-priori- und A-posteriori-Schutz einen Standard definiert, der heute zum Schutz der Minderheit bei „Umstrukturierungen" insgesamt erforderlich ist, *Lutter*/Drygalla FS Kropff, 191, 208.

1665 Vgl. *Henze* BB 2002, 893, 898.

1666 Zutreffend insofern *Kleindiek* NZG 2001, 552, 554.

1667 So aber wohl *Hüffer* ZGR 2001, 833, 860; *ders.* AktG § 243 Rn. 18b.

1668 „Entsprechung" wird so auch gesehen von *Henze* BB 2002, 893, 898; *ders.* in Henze/Hoffmann-Becking GesR 2001, 39, 52.

1669 *Bilda* in MünchKomm AktG § 305 Rn. 119; *Hüffer* AktG § 305 Rn. 30.

1670 *Bilda* in MünchKomm AktG § 305 Rn. 120; *Hüffer* AktG § 305 Rn. 30.

ausschließlich um Bewertungsfehler[1671], da sie insoweit lediglich das schon in Abs. 1 aufgestellte Postulat einer angemessenen Abfindung konkretisiert[1672]. Das „pendant" zum nicht ordnungsgemäßen Angebot beschreibt damit ersichtlich allein Verstöße gegen die inhaltliche Gestaltung des Abfindungsangebotes[1673]. Von daher bestätigt der Vergleich der Tatbestandsvarianten in § 305 Abs. 5 AktG und § 210 UmwG, daß das nicht ordnungsgemäße Angebot ebenso wie sein „pendant" lediglich inhaltliche *materielle* Mängel der Abfindungsregelung beschreibt[1674].

(2) Unzulässigkeit der Verweisung abfindungswertbezogener Mängel im Wege des Erst-Recht-Schlusses

Da die Unangemessenheit für sich genommen keine tragfähige Grundlage bilden kann[1675], bliebe damit als einziger Anknüpfungspunkt für eine Auslegung des § 305 Abs. 5 AktG im Sinne der BGH-Rechtsprechung zu § 210 UmwG allenfalls das Fehlen des Abfindungsangebots im Unternehmensvertrag[1676]. Unter Berufung auf die Übereinstimmung[1677] bzw. die Vergleichbarkeit[1678] der Regelungen wird überwiegend von demjenigen Teil der Literatur, welcher der Rechtsprechung bereits zu § 210 UmwG folgt, die Übertragbarkeit der Rechtsprechungsgrundsätze zu § 210 UmwG auf § 305 Abs. 5 AktG befürwortet[1679]. Der Tatsache, daß der II. Senat die Herleitung des Anfechtungsausschlusses wegen sämtlicher abfindungswertbezogener Informationsmängel nicht allein auf das Fehlen des Abfindungsangebotes, sondern *maßgeblich* auf den systematischen Zusammenhang zu den drei Tatbestandsmerkmalen "nicht angemessenes, fehlendes und nicht ordnungsgemäßes Angebot" gestützt hat[1680], wird dabei keine oder

---

1671 *Bilda* in MünchKomm AktG § 305 Rn. 121; *Hüffer* AktG § 305 Rn. 30.

1672 *Koppensteiner* in KölnKomm AktG § 305 Rn. 27.

1673 Im Ergebnis ebenso *Klöhn* AG 2002, 443, 445.

1674 Siehe oben B.II.3.d)dd).

1675 BGHZ 146, 179, 183 – *MEZ*; BGH ZIP 2001, 412, 413 – *Aqua Butzke*.

1676 *Kleindiek* NZG 2001, 552, 554; *Hoffmann-Becking* in Henze/Hoffmann-Becking GesR 2001, 55, 65.

1677 *Henze* BB 2002, 893, 898; vgl. *Vetter* FS Wiedemann, 1323, 1337 für „weitgehende" Entsprechung.

1678 *Henze* ZIP 2002, 97, 107.

1679 *Hoffmann-Becking* in Henze/Hoffmann-Becking GesR 2001, 55, 65; *Henze* in Henze/Hoffmann-Becking GesR 2001, 39, 52; *ders.* ZIP 2002, 97, 107; *Hüffer* ZGR 2001, 833, 860; *ders.* AktG § 243 Rn. 18b; *Witt* WuB II N. § 210 UmwG 2.01, 425, 426; *Vetter* FS Wiedemann, 1323, 1337; *Henze* BB 2002, 893, 898; *Röhricht* in VGR GesR 2001, 3, 32; *Kleindiek* NZG 2001, 552, 554; *Reichert* in Hommelhoff/Lutter/Schmidt/Schön/Ulmer Corporate Governance 2002, 165, 183; *Obermüller/Werner/Winden* Die Hauptversammlung, G.V.1. Rn. 92, Fn.152a (S. 265); *Sinewe* DB 2001, 690; *Hirte* ZHR 167 (2003), 8, 26; *Tielmann* in Happ Aktienrecht, 18.01. Rn. 12 (S. 1753); *van Aerssen* F.A.Z. Nr. 116 v.19.05.2001, S. 23.

1680 Vgl. BGHZ 146, 179, 183 – *MEZ*; in diesem Sinne ausdrücklich *Henze* Diskussionsbeitrag in Henze/Hoffmann-Becking, GesR 2001, S. 73.

jedenfalls keine entscheidende Bedeutung beigemessen. Bereits dieser Umstand bietet Anlaß zu einiger Verwunderung. Statt dessen wird der Rückgriff auf den "Erst-recht-Schluß" für ausreichend erachtet, um für § 305 Abs. 5 AktG dasselbe Ergebnis eines denkbar weit gefaßten Anfechtungsausschlusses wegen sämtlicher abfindungswertbezogener Informationmängel wie für § 210 UmwG zu begründen[1681]. Gegen die Zulässigkeit eines entsprechenden Schlusses "a maiore ad minus" im Rahmen des § 305 Abs. 5 AktG bestehen indes nicht zuletzt angesichts der einander in Art und Ausmaß entsprechenden Ausgestaltung des A-priori-Schutzes durch Information in Bezug auf die vermögensrechtliche Seite der Strukturänderung[1682] im Unternehmensvertragsrecht wie im Umwandlungsrecht dieselben gravierenden Bedenken wie schon bei § 210 UmwG[1683]. Im Aktienrecht gilt es ebenso wie im Umwandlungsrecht zu beachten, daß das für beide im Zuge des SpruchG nun einheitlich geregelte Spruchverfahren[1684] als "Sanktion" bzw. Rechtsschutzinstrument für die Rüge von Informationsmängeln weder geeignet noch bestimmt ist[1685].

Es ist insbesondere auch nicht ersichtlich, daß der Gesetzgeber bereits mit dem AktG 1965 oder aber im Zuge des UmwBerG 1994 das gesamte die Abfindung betreffende Verfahren in das Spruchverfahren verweisen wollte. Wenn zur Begründung des genauen Gegenteils auf die Aussagen des Gesetzgebers zum AktG 1965[1686] zurückgegriffen wird[1687], so ist hiergegen bereits einzuwenden, daß das AktG 1965 den erst durch das UmwBerG 1994 eingeführten, moderneren und wesentlich differenzierteren A-priori-Schutz durch ausführliche Vorabinformation noch gar nicht kannte. Seit dem UmwBerG 1994 folgt nunmehr auch das Recht des Vertragskonzerns dem vom UmwG her bekannten und auf das alte Verschmelzungsrecht der §§ 340a ff AktG zurückgehenden[1688] System von Bericht, Prüfung, Beschluß und Wertkontrolle[1689]. Der Gesetzgeber hat mit diesem Minderheitschutz des UmwG - A-priori-Schutz durch Spruchverfahren und A-posteriori-Schutz durch Information - einen Standard definiert, der heute zum Schutz der Minderheit bei Umstrukturierungen insgesamt erforderlich ist[1690]. Bei der Einführung dieses Standards im Wege des UmwBerG 1994 in das

---

1681 Vgl. *Kleindiek* NZG 2001, 552, 554; *Hoffmann-Becking* in Henze/Hoffmann-Becking GesR 2001, 55, 65.

1682 Siehe oben C.I.2.a)aa).

1683 Siehe oben B.II.3.b)bb).

1684 Vgl. *Neye* NZG 2002, 23: „Konzentration an einem Ort".

1685 Im Ergebnis ebenso *Emmerich* in Emmerich/Habersack Aktien- und GmbH-Konzernrecht (3.A.) § 293 Rn. 38b; siehe dazu ausführlich oben B.II.3.b)cc).

1686 *Kropff* Begr.RegE AktG 1965, zu § 304, S. 395.

1687 Vgl. *Vetter* FS Wiedemann, 1323, 1338, vgl. bereits *Hirte* ZGR 1994, 644, 660; *ders.* ZHR 167 (2003), 8, 27f. Fn.85.

1688 Siehe dazu oben C.I.2.a)aa).

1689 *Lutter/Drygala* FS Kropff, 191, 208.

1690 *Lutter/Drygala* FS Kropff, 191, 208.

Unternehmensvertragsrecht gilt es allerdings besonders zu beachten, daß der bis dahin bestehende Schutz der außenstehenen Aktionäre dort - angesichts der bereits vor dem UmwBerG 1994 bestehenden Möglichkeit der Wertkontrolle im Spruchverfahren (§§ 304, 305 AktG) - nicht etwa grundlegend neu geregelt worden ist, sondern lediglich eine *Ergänzung* im Sinne einer *Verbesserung*[1691] erfahren hat[1692].
Vor dem Hintergrund dieser Entwicklung des aktienrechtlichen Minderheitenschutzes erscheint es mehr als nur zweifelhaft, daß ein *vor* dem UmwBerG bereits bestehendes Schutzinstrument – die Möglichkeit der Überprüfung der Angemessenheit der Barabfindung im Spruchverfahren – die Sanktion der Verletzung der neu eingeführten a-priori-schützenden Informations- und Berichtspflichten darstellen kann[1693]. Diese Bedenken werden gestützt durch die Rolle bzw. die Bedeutung, welche der Verschmelzungsrichtlinie-Gesetzgeber dem A-posteriori-Schutz durch Spruchverfahren im Verhältnis zu dem (neu eingeführten) A-priori-Schutz durch ausführliche Information zugedacht hat[1694]. Danach sollte das Spruchverfahren den Schutz durch Information lediglich im Sinne eines nur akzidentiellen Schutzes[1695] *ergänzen*[1696]. Vor diesem Hintergrund mutet die Ansicht, die Verletzung der im Zuge des UmwBerG 1994 zur Verbesserung des Minderheitenschutzes eingeführten wertbezogenen Informations- und Berichtspflichten sollte durch die unverändert gebliebenen Anfechtungsausschlüsse der §§ 304, 305 AktG mit einbezogenen werden, geradezu „anachronistisch“ an.
Infolgedessen erscheint die ausdrückliche Aufgabe der *SSI*-Rechtsprechung zu § 305 AktG (*SSI II*)[1697] durch die jüngste BGH-Rechtsprechung zu den §§ 210, 212 UmwG[1698] erst recht fragwürdig, da die *SSI II*- Entscheidung vor der besagten Implantierung der §§ 293a ff AktG erging. Unter Berücksichtigung der Tatsache, daß der Einführung des A-priori-Schutzes durch ausführliche Information im Wege ausführlicher Informations- und Berichtspflichten die gesetzgeberische Vorstellung zugrunde lag, daß der allgemeine Auskunftsanspruch des Aktionärs zu „schwach“ ist[1699], ist es jedoch weder ersichtlich noch nachvollziehbar, warum nach bzw. trotz der ausdrücklichen und unmißverständlich im Gesetz zum Ausdruck kommenden „Stärkung“ der wertbezogenen Information jetzt nicht einmal mehr die Verletzung des „schwächsten“ Informationsrechts zur Anfechtung be-

---

1691 Vgl. *Ganske* Begr.RegE UmwBerG 1994, zu den §§ 293a ff. AktG, S. 297.
1692 Siehe oben B.II.3.b)cc)(5).
1693 Vgl. auch oben B.II.3.c)cc)(4).
1694 Siehe dazu ausführlich oben B.II.3.b)cc)(5).
1695 Siehe oben B.II.3.b)cc)(5)(c).
1696 Vgl. BT-Drucksache 9/1065, S. 15 und S. 20.
1697 BGH ZIP 1995, 1256, 1258 - *SSI II*.
1698 BGHZ 146, 179, 188f. – *MEZ*; BGH ZIP 2001, 412, 414f. – *Aqua Butzke*.
1699 Vgl. die insoweit für alle Berichtspflichten maßgebliche Begründung zu § 8 UmwG bei *Ganske* Begr.RegE UmwBerG 1994, zu § 8 UmwG S. 43f.

rechtigen soll. Die Entwicklung der Rechtsprechung läuft damit der Entwicklung des Gesetzgebers diametral entgegen.
Im Ergebnis ist demzufolge festzuhalten, daß sich ein Anfechtungsausschluß wegen abfindungswertbezogener Informationsmängel verbunden mit ihrer Verweisung ins Spruchverfahren gemäß § 305 Abs. 5 AktG nicht begründen läßt[1700].

cc) Anfechtungsausschluß und Ausgleich, § 304 Abs. 3 S. 2 AktG

Die Vorschrift des § 304 Abs. 3 S. 2 AktG schließt die Anfechtungsklage zugunsten des Spruchverfahrens (S. 3) lediglich insoweit aus, als diese darauf gestützt wird, daß der im Vertrag bestimmte Ausgleich nicht angemessen ist. Unter dem Gesichtspunkt der Unangemessenheit des Ausgleichs läßt sich die Anfechtung des Zustimmungsbeschlusses auch nicht auf § 243 Abs. 2 AktG stützen[1701]. Im Übrigen bleibt die Anfechtbarkeit des Zustimmungsbeschlusses nach allgemeinen Regeln unberührt[1702].
Ebensowenig wie § 14 Abs. 2 UmwG schließt auch § 304 Abs. 3 S. 2 AktG nicht die Anfechtung wegen eines fehlenden oder nicht ordnungsgemäßen Angebots des Ausgleichs oder vergleichbarer Mängel aus. Folglich läßt sich nach zutreffender und ganz herrschender Meinung ein Klageausschluß wegen der Verletzung der Informations- und Berichtspflichten in Bezug auf den Ausgleich schon wegen des insoweit eindeutigen Wortlauts *nicht* begründen[1703]. Der Gegenansicht[1704] ist nicht zuletzt entgegenzuhalten, daß das Spruchverfahren als Informationsverfahren weder geeignet noch bestimmt ist[1705]. Im Übrigen gelten die gegen die Einbe-

---

1700 Im Ergebnis ebenso: *Emmerich* in Emmerich/Habersack Aktien- und GmbH-Konzernrecht § 293 Rn. 38b sowie § 305 Rn. 83; *Grunewald* ZIP 2002, 18, 21; *Bayer* in Hommelhoff/Lutter/Schmidt/Schön/Ulmer Corporate Governance 2002, 137, 148 Fn.56; kritisch in diesem Sinne auch *Emmerich/Sonnenschein/Habersack* Konzernrecht § 21 VIII. 2. (S. 323).

1701 Vgl. *Hüffer* AktG § 304 Rn. 21; *Emmerich* in Emmerich/Habersack Aktien- und GmbH-Konzernrecht § 304 Rn. 81; *Krieger* in Münchner Handbuch GesR AG (2.Aufl.) § 70 Rn. 88.

1702 Zu Recht *Emmerich* in Emmerich/Habersack Aktien- und GmbH-Konzernrecht § 304 Rn. 82.

1703 *Emmerich* in Emmerich/Habersack Aktien- und GmbH-Konzernrecht § 293 Rn. 38b sowie § 304 Rn. 82a; *Hoffmann-Becking* in Henze/Hoffmann-Becking GesR 2001, 55, 65f.; *Kleindiek* NZG 2001, 552, 554; *Bayer* in Hommelhoff/Lutter/Schmidt/Schön/Ulmer Corporate Governance 2002, 137, 148 Fn.56; *Grunewald* ZIP 2002, 18, 21; *Röhricht* in VGR GesR 2001, 3, 32; *Henze* in Henze/Hoffmann-Becking GesR 2001, 39, 52f.; *Reichert* in Hommelhoff/Lutter/Schmidt/Schön/Ulmer Corporate Governance 2002, 165, 183; kritisch auch *Obermüller/Werner/Winden* Die Hauptversammlung, G.V.1. Rn. 92, Fn.152a (S. 265); vgl. auch *Bilda* in MünchKomm AktG § 304 Rn. 199.

1704 *Vetter* FS Wiedemann, 1323, 1339; *Henze* BB 2002, 893, 898; *Hüffer* ZGR 2001, 833, 860; *ders.* AktG § 243 Rn. 18b; *Hirte* ZHR (2003), 8, 27f.; *Tielmann* in Happ Aktienrecht, 18.01. Rn. 12 (S. 1753).

1705 Im Ergebnis ebenso *Emmerich* in Emmerich/Habersack Aktien- und GmbH-Konzernrecht § 293 Rn. 38b; siehe dazu ausführlich oben B.II.3.b)cc).

ziehung abfindungsbezogener Informationsmängel in § 305 Abs. 5 AktG erhobenen Einwände hier entsprechend[1706].
Die Auffassung der mangelnden Ausschlußwirkung des § 304 AktG in Bezug auf ausgleichsbezogene Informationsmängel scheint auch mit derjenigen des BGH übereinzustimmen. Nachdem er zu Beginn seiner Ausführungen zunächst beide Urteile seiner *SSI*-Rechtsprechung[1707] zitiert[1708], welche die Anfechtungsbewehrtheit abfindungs- und ausgleichsbezogener Auskunftsrechtsverletzungen (unterschiedslos) feststellt, steht am Ende seiner Urteilsbegründungen schließlich *lediglich* die Aufgabe der Rechtsprechung zur Abfindung nach § 305 AktG (*SSI II*)[1709]. Damit hat der BGH offenbar die Rechtsprechung zur Parallelfrage beim Ausgleich nach § 304 AktG (*SSI I*)[1710] bewußt nicht in die Änderung der bisherigen Rechtsprechung mit einbezogen[1711]. Dies ist vor dem Hintergrund seiner Argumentation für die Begründung des Anfechtungsausschlusses wegen sämtlicher abfindungswertbezogener Informationsmängel gemäß § 210 UmwG auch insoweit folgerichtig, als sich darin seine Auffassung widerspiegelt, daß sich ein Anfechtungsausschluß nicht allein auf die Unangemessenheit der Kompensation stützen läßt[1712].
Der Versuch, einen Anfechtungsausschluß allein am Tatbestandsmerkmal der Unangemessenheit festzumachen[1713], vermag nicht zuletzt vor diesem Hintergrund nicht zu überzeugen[1714]. Erheblichen Zweifel begegnet schließlich auch die Behauptung, daß die bei der Umwandlung und der Verschmelzung bestehenden

---

1706 Siehe oben C.I.2.a)bb)(2).

1707 BGHZ 122, 211, 238 (= BGH ZIP 1993, 751, 761) – *SSI I* (zum Ausgleich nach § 304 AktG); BGH ZIP 1995, 1256, 1258 - *SSI II* (zur Abfindung nach § 305 AktG).

1708 BGHZ 146, 179, 183 – *MEZ*; BGH ZIP 412, 413 – *Aqua Butzke.*

1709 BGHZ 146, 179, 188f. – *MEZ*; BGH ZIP 412, 414 – *Aqua Butzke.*

1710 BGHZ 122, 211, 238 – *SSI I.*

1711 *Vetter* FS Wiedemann, 1323, 1338; *Henze* in Henze/Hoffmann-Becking GesR 2001, 39, 52; *ders.* ZIP 2002, 97, 107; *ders.* BB 2002, 893, 898; *Hoffmann-Becking* in Henze/Hoffmann-Becking GesR 2001, 55, 66.

1712 BGHZ 146, 179, 183- *MEZ*; BGH ZIP 2001, 412, 413 - *Aqua Butzke.*

1713 Nicht nachvollziehbar insofern *Henze* BB 2002, 893, 898, nach dessen Ansicht bei Vorliegen eines nicht angemessenen Ausgleichsangebotes die Anfechtungsklage nach den Grundsätzen der BGH-Rechtsprechung wegen diesbezüglicher Informationsmängel nicht zulässig sein soll, der BGH seiner Auffassung nach auch nicht an seiner Rechtsprechung zu § 304 AktG (BGHZ 122, 211, 238 – *SSI I*) festhalten müsse.

1714 Nicht zu überzeugen vermag daher auch die Ansicht von *Hüffer* AktG § 243 Rn. 18b, nach der die Abwesenheit entsprechender Tatbestandsmerkmale in § 304 AktG anscheinend insofern unschädlich sein soll, als offenbar übersehen worden sei, § 304 AktG entsprechend an § 305 AktG (bzw. § 320 Abs. 5 AktG a.F.) anzupassen. Demgegenüber ist einzuwenden, daß ein entsprechendes „gesetzgeberisches Übersehen" ebenso wenig ersichtlich wie naheliegend ist und *Hüffer* hierfür auch keinen Nachweis anführt. Allerdings läßt sich – ohne daß dies seine Ansicht unterstütze - feststellen, daß der Gesetzgeber entsprechenden Vorschlägen einer Anpassung des § 304 AktG nicht gefolgt ist (vgl. *DAV-Handelsrechtsausschuß* Stellungnahme zum RefE des UmwBerG, WM 1993, Sonderbeilage Nr. 2, Rz.174).

Schwierigkeiten – damit können nur die eines möglicherweise entgegenstehenden historischen Gesetzgebers gemeint sein[1715] - im Unternehmensvertragsrecht nicht bestünden[1716]. Zwar enthalten die Materialien in der Tat einen entsprechenden Hinweis, wie ihn die Begründung der Parallelregelung des § 14 Abs. 2 UmwG aufweist[1717], nicht ausdrücklich. Dies rechtfertigt indes lediglich bei vordergründiger Betrachtung die Annahme der Abwesenheit eines entgegenstehenden gesetzgeberischen Willens. Die gesetzgeberische Entscheidung gegen die Verweisung auf das Spruchverfahren wegen Informationsmängeln im Rahmen des § 14 Abs. 2 UmwG *muß* für die §§ 304, 305 AktG bereits deswegen unmittelbare Geltung beanspruchen, weil die Beseitigung von Unterschieden zwischen Verschmelzung und Unternehmensvertragsrecht in Sachen Minderheitenschutz sowohl hinsichtlich des Niveaus des A-priori-Schutzes als auch des A-posteriori-Schutzes erklärtes gesetzgeberisches Ziel des UmwBerG 1994 gewesen ist[1718]. Damit enthalten die Materialien zumindest einen versteckten Hinweis auf einen entsprechenden gesetzgeberischen Willen, der der Einbeziehung ausgleichs- wie auch abfindungswertbezogener Informationsmängel in die §§ 304, 305 AktG entgegensteht. Schließlich gilt es auch bei der Auslegung der §§ 304, 305 AktG zu beachten, daß im Rahmen der Modifikationen des Minderheitenschutzes im Zuge des UmwBerG 1994 die Vorschrift des § 14 Abs. 2 UmwG das "Regelungsvorbild" für sämtliche Regelungen des Anfechtungsausschlusses zugunsten des Spruchverfahrens darstellte[1719]. Anhand dieses Vorbildes hat der Gesetzgeber gewissermaßen *exemplarisch* und insofern allgemeingültig die Unzulässigkeit der Einbeziehung von Informationsmängeln festgestellt. Demzufolge erübrigte sich eine entsprechende Wiederholung in der Begründung zu den §§ 304, 305 AktG ebenso wie in der Begründung zu § 210 UmwG[1720].
Im Ergebnis ist somit feszuhalten, daß sich ein Anfechtungsausschluß wegen der Verletzung von Informations- und Berichtspflichten in Bezug auf den Ausgleich gemäß § 304 AktG nicht begründen läßt.

1715 Vgl. dafür, daß mit den „Schwierigkeiten" offensichtlich auf den historischen Gesetzgeber Bezug genommen wird, *Henze* ZIP 2002, 97, 106 reSp; vgl. in diesem Zusammenhang auch *ders.* in Henze/Hoffmann-Becking GesR 2001, 39, 53.

1716 *Henze* ZIP 2002, 97, 107.

1717 Siehe dazu oben B.II.3.b)dd)(4)(a)(aa).

1718 Vgl. *Ganske* Begr.RegE UmwBerG 1994, zu den §§ 293a ff. AktG, S. 297.

1719 Siehe dazu bereits oben B.II.3.b)dd)(4)(b)(aa).

1720 Siehe oben B.II.3.b)dd)(4)(b)(aa).

dd) Sanktionsrechtliche Ungleichbehandlung der abfindungs- und ausgleichswertbezogenen Informationsrügen als *systemwidrige* Konsequenz der Rechtsprechung BGH „MEZ" und „Aqua Butzke"

Die Richtigkeit der hier vertretenen Ansicht wird - wie bereits im Recht der Verschmelzung[1721] - durch das Auftreten nicht zu rechtfertigender Wertungsunstimmigkeiten im Unternehmensvertragsrecht als Konsequenz der BGH-Rechtsprechung zu § 210 UmwG belegt. Ihre Übertragung auf die Anfechtungsausschlußtatbestände des Unternehmensvertragsrechts führt im Ergebnis zu einer unterschiedlichen sanktionsrechtlichen Behandlung der Informationsrügen in Bezug auf Abfindung und Ausgleich, welche ein ganz und gar unvernünftiges Ergebnis darstellt[1722]. Die wertbezogenen Informationen, die der Vorstand zu Ausgleich und Abfindung in seinem schriftlichen Bericht und in der Hauptversammlung vorzutragen hat, sind sachnotwendig und über weite Strecken identisch[1723]. Dies beruht im Wesentlichen darauf, daß die Unternehmensbewertung sowohl für die Abfindung als auch für den Ausgleich der zentrale Ausgangspunkt ist und die gemeinsame Basis für die Berechnung der beiden Entschädigungsformen darstellt[1724], zwischen denen die Aktionäre wählen können[1725]. Vor diesem Hintergrund ist die verfahrensrechtliche Ungleichbehandlung der Informationsrügen erst recht sinnwidrig[1726]. Sie läßt sich auch nicht unter Hinweis auf die unterschiedliche Rechtsfolge, welche die §§ 304 Abs. 3 S. 1, 305 Abs. 5 S. 2 AktG für das Fehlen der Regelung der jeweiligen Kompensation anordnen - § 304 Abs. 3 S. 1 AktG sieht insoweit die Nichtigkeit des Vertrages vor - , erklären oder gar rechtfertigen[1727]. Für diese unterschiedliche Regelung bei Ausgleich und Abfindung lassen sich nämlich weder in den Gesetzesmaterialien noch im Schrifttum überzeugende Gründe finden[1728]. Die Ansicht, der Gesetzgeber habe den Ausgleich als „Mindestsicherung" des in der Gesellschaft verbleibenden Aktionärs und damit

---

1721 Siehe oben C.I.1.b)cc).

1722 *Hoffmann-Becking* in Henze/Hoffmann-Becking GesR 2001, 55, 66; *Grunewald* ZIP 2002, 18, 21: „ein wohl wenig sinnvolles Ergebnis".

1723 *Hoffmann-Becking* in Henze/Hoffmann-Becking, 55, 66; ebenso *Vetter* FS Wiedemann, 1323, 1338f.

1724 Vgl. insoweit entsprechend zum Verschmelzungsrecht oben C.I.1.b)cc).

1725 *Vetter* FS Wiedemann, 1323, 1338.

1726 *Hoffmann-Becking* in Henze/Hoffmann-Becking, 55, 66; *Vetter* FS Wiedemann, 1323, 1338.

1727 Vgl. im Ergebnis zutreffend, wenn auch entgegengesetzt in Richtung eines Ausschluß abfindungs- *und* ausgleichsbezogener Informationsmängel argumentierend *Henze* in Henze/Hoffmann-Becking GesR 1997, 39, 52f.

1728 *Koppensteiner* in KölnKomm AktG § 304 Rn. 58; *Beyerle* BB 1974, 784, 789; *Vetter* FS Wiedemann, 1323, 1338; *DAV-Handelsrechtsausschuß* Stellungnahme zum UmwBerG-RefE, WM 1993 Sonderbeilage Nr. 2, Rz.174; *Henze* in Henze/Hoffmann-Becking GesR 2001, 39, 53.

als Essentiale des Vertrages angesehen[1729], ist nicht zuletzt angesichts der „Gleichwertigkeit" der beiden sich dem Aktionär bietenden Optionen – Abfindung und Ausgleich – nicht nur höchst zweifelhaft[1730]. Letztlich beschränkt sie sich lediglich auf nicht zu belegende Mutmaßungen. Auch der Versuch einer Erklärung dahingehend, daß das Fehlen einer Ausgleichsregelung im Gegensatz zur nicht angemessenen Regelung ohne Schwierigkeiten festgestellt werden könne und dies bei der Eintragung in das Handelsregister von entscheidender Bedeutung sei[1731], vermag keinesfalls zu überzeugen, denn diese Problematik stellt sich in gleichem Maße bei der Abfindung[1732].
Anhand der „verzweifelten", weil ohne Erfolg angestellten Versuche, eine Erklärung für eine verfahrensrechtliche Ungleichbehandlung der beiden Informationsrügen zu finden, wird deutlich, daß dieses „Dilemma"[1733] sich erst als Folge einer abzulehnenden „Überinterpretation" des § 210 UmwG und des diesem entsprechenden § 305 Abs. 5 AktG darstellt und demzufolge keineswegs dem Aktien- oder Umwandlungsgesetz „immanent" ist[1734]. Der Appell an den Gesetzgeber, für eine Vereinheitlichung im Sinne einer verfahrensrechtlichen Gleichbehandlung de lege ferenda zu sorgen[1735], geht folglich ins Leere.

b) Ergebnis

Als Ergebnis gilt es festzuhalten, daß weder die Rüge der Informationsrechtsverletzung in Bezug auf die Abfindung noch diejenige in Bezug auf den Ausgleich von der Ausschlußwirkung der §§ 304 Abs. 3, 305 Abs. 5 AktG erfaßt werden[1736].

1729 So *Hoffmann-Becking* in Henze/Hoffmann-Becking, 55, 66 unter Hinweis auf *Koppensteiner* in KölnKomm AktG § 305 Rn. 3.

1730 Diese kommt nicht zuletzt durch den „gleichwertigen" Ausbau des A-priori-Schutzes durch Information in Bezug auf Ausgleich *und* Abfindung zum Ausdruck, welche die abfindungs- und ausgleichsbezogene Information gewissermaßen einander gleichstellt.

1731 So aber *Koppensteiner* in KölnKomm AktG § 304 Rn. 58.

1732 Im Ergebnis ebenso *Henze* in Henze/Hoffmann-Becking GesR 2001, 39, 53.

1733 *Hoffmann-Becking* in Henze/Hoffmann-Becking, 55, 66.

1734 Vgl. für die Annahme einer solchen „Überinterpretation" auch *Bayer* in Hommelhoff/Lutter/Schmidt/Schön/Ulmer Corporate Governance 2002, 137, 148 Fn.56; i.E. ebenso *Grunewald* ZIP 2002, 18, 21; siehe dazu oben B.II.3.d)cc).

1735 *Kleindiek* NZG 2001, 552, 555; *Hoffmann-Becking* in Henze/Hoffmann-Becking GesR 2001, 55, 66 und 67; *Henze* in Henze/Hoffmann-Becking GesR 2001, 39, 52f.

1736 Im Ergebnis ebenso *Emmerich* in Emmerich/Habersack Aktien- und GmbH-Konzernrecht § 293 Rn. 38b; *Grunewald* ZIP 2002, 18, 21; *Bayer* in Hommelhoff/Lutter/Schmidt/Schön/Ulmer Corporate Governance 2002, 137, 148 Fn.56.

3. Eingliederung durch Mehrheitsbeschluß, § 320b Abs. 2 AktG

Ausweislich der Begründung zum UmwBerG 1994 entspricht die Eingliederung wirtschaftlich der Verschmelzung[1737], jedoch mit dem rechtlichen Unterschied, daß die eingegliederte Gesellschaft bestehen bleibt und daß die Minderheitsaktionäre dieser Gesellschaft aus ihr ausscheiden müssen und statt dessen Aktionäre der Hauptgesellschaft werden oder eine Barabfindung erhalten[1738].

a) Minderheitenschutz auf Niveau des Verschmelzungsrechts

Ebenso wie für den Unternehmensvertrag[1739] hat der Gesetzgeber ausgehend von der wirtschaftlichen Vergleichbarkeit auch für die Eingliederung den Schutz der Aktionäre auf das verschmelzungsrechtliche Niveau angehoben und die Schutzvorschriften dem Verschmelzungsrecht angepaßt[1740]. Im Zuge dessen hat der Gesetzgeber für die Eingliederung durch Mehrheitsbeschluß speziell die Verbesserung des Schutzes der gegen Abfindung ausscheidenden Aktionäre vor Augen gehabt[1741]. Dafür begründet § 320 Abs. 4 AktG entsprechende Informationsmöglichkeiten der Minderheitsaktionäre der einzugliedernden Gesellschaft und dehnt zudem die Berichtspflicht ausdrücklich auf die gemäß § 320b AktG zu gewährende Abfindung aus[1742]. Die Vorschrift des § 320 Abs. 4 S. 2 AktG bezweckt eine entsprechende Information sowohl der Aktionäre der zukünftigen Hauptgesellschaft als auch der außenstehenden Aktionäre der einzugliedernden Gesellschaft[1743]. Ausweislich der Gesetzesbegründung entspricht das Schutzbedürfnis der Minderheitsaktionäre bei der Eingliederung demjenigen der Verschmelzung[1744], was den Anlaß dafür gegeben haben dürfte, den A-priori-Schutz durch Information insbesondere mit der Vorschrift des § 320 Abs. 4 AktG[1745] auf das umwandlungsgesetzliche Niveau anzuheben[1746].

1737 Vgl. auch schon *Kropff* Begr.RegE AktG 1965, S. 421.

1738 *Ganske* Begr.RegE UmwBerG 1994, S. 301.

1739 Siehe zu der Anhebung des Minderheitenschutzes auf das verschmelzungsrechtliche Niveau oben C.I.2.a)aa).

1740 *Ganske* Begr.RegE UmwBerG 1994, zu den §§ 293a ff. AktG, S. 301.

1741 *Ganske* Begr.RegE UmwBerG 1994, zu § 320, AktG S. 303.

1742 *Habersack* in Emmerich/Habersack Aktien- und GmbH-Konzernrecht § 320 Rn. 7.

1743 *Habersack* in Emmerich/Habersack Aktien- und GmbH-Konzernrecht § 320 Rn. 16.

1744 *Ganske* Begr.RegE UmwBerG 1994, zu § 320 AktG, S. 303.

1745 § 320 Abs. 4 AktG knüpft an § 319 Abs. 3 AktG an und erweitert dort geregelte Informationspflichten, *Hüffer* AktG § 320 Rn. 13; siehe dazu auch *Grunewald* in MünchKomm AktG § 320 Rn. 10ff.

1746 Vgl. *Habersack* in Emmerich/Habersack Aktien- und GmbH-Konzernrecht § 319 Rn. 17ff.; siehe zu den Informationspflichten gemäß § 320 Abs. 4 AktG eingehend *Habersack* aaO § 320 Rn. 17.

b) Kein Ausschluß wegen abfindungswertbezogener Informationsmängel

Gemäß § 320b Abs. 2 S. 1 AktG kann die Anfechtung des Beschlusses, durch den die Hauptversammlung der eingegliederten Gesellschaft die Eingliederung der Gesellschaft beschlossen hat, nicht auf § 243 Abs. 2 AktG oder darauf gestützt werden, daß die von der Hauptversammlung nach § 320 Abs. 2 Nr. 2 AktG angebotene Abfindung nicht angemessen ist. Dieser Anfechtungsausschluß beruht – wie in den Parallelfällen der §§ 304 Abs. 3, 305 Abs. 5 AktG – darauf, daß eine unangemessen niedrige Abfindung auf Antrag jedes Abfindungsberechtigten gerichtlich korrigiert werden kann[1747]. Daher verweist § 320b Abs. 2 S. 2 AktG den Abfindungsberechtigten für die Rüge der Unangemessenheit auf das Spruchverfahren.

Dagegen kann der Eingliederungsbeschluß – abweichend von den Parallelregelungen der §§ 32, 210 UmwG, § 305 Abs. 5 AktG - gemäß § 320b Abs. 2 S. 3 AktG angefochten werden, wenn eine Abfindung nicht oder nicht ordnungsgemäß angeboten worden ist. Da § 320b Abs. 2 AktG die Anfechtung insoweit *allein* für den Fall der Unangemessenheit der Abfindung ausschließt, läßt sich ein Anfechtungsausschluß wegen abfindungswertbezogener Informationsmängel auch anhand dieses Tatbestandes nach zutreffender herrschender Meinung in der Literatur nicht begründen[1748]. Wie schon für die §§ 304 AktG, 14 Abs. 2 UmwG gilt daher auch für § 320b Abs. 2 AktG, daß sich – wie der BGH zutreffend und unmißverständlich für § 210 UmwG festgestellt hat[1749] – ein entsprechender Klageausschluß allein mit dem Ausschluß wegen Unangemessenheit nicht begründen läßt. Selbst wenn man dem BGH - entgegen der hier vertretenen Auffassung - in seiner Interpretation des fehlenden und nicht ordnungsgemäßen Abfindungsangebotes

---

1747 *Koppensteiner* in KölnKomm AktG § 320 Rn. 12; *Grunewald* in MünchKomm AktG § 320b Rn. 14, die zutreffend darauf hinweist, daß die Anfechtung nur insoweit nicht auf § 243 Abs. 2 AktG gestützt werden kann, wie gerügt wird, daß die Sondervorteile in der Unangemessenheit des Umtauschverhältnisses liegen, weshalb die Klage sehr wohl auf das Vorliegen anderer Sondervorteile, die nicht im Spruchverfahren gerügt werden können, gestützt werden kann.

1748 *Habersack* in Emmerich/Habersack Aktien- und GmbH-Konzernrecht § 320b Rn. 20; *Hoffmann-Becking* in Henze/Hoffmann-Becking GesR 2001, 55, 67; *Bayer* in Hommelhoff/Lutter/Schmidt/Schön/Ulmer Corporate Governance 2002, 137, 148 Fn.56; *Grunewald* ZIP 2002, 18, 21; *Reichert* in Hommelhoff/Lutter/Schmidt/Schön/Ulmer Corporate Governance 2002, 165, 183; *Kleindiek* NZG 2001, 552, 554; *Hüffer* ZGR 2001, 833, 860; *ders.* AktG § 243 Rn. 18b; *Vetter* FS Wiedemann, 1323, 1337; *Röhricht* in VGR GesR 2001, 3, 32; kritisch auch *Obermüller/Werner/Winden* Die Hauptversammlung, G.V.1. Rn. 92, Fn.152a (S. 265).

1749 BGHZ 146, 179, 183 – *MEZ*; BGH ZIP 2001, 412, 413 – *Aqua Butzke*: „Allein aus dem zu niedrigen Angebot ließe sich der vollständige Anfechtungsausschluß für die Rüge abfindungswertbezogener Informationsmängel nicht herleiten".

folgte, so gelangte man entgegen einer Ansicht in der Literatur[1750] folgerichtig gerade nicht zu einem Anfechtungsausschluß, denn das Gesetz geht eindeutig und unmißverständlich von der Zulässigkeit einer entsprechend begründeten Anfechtungsklage aus[1751]. Dem Tatbestandsmerkmal des nicht ordnungsgemäßen Abfindungsangebotes läßt sich nicht „nach Belieben" eine jeweils diametral entgegengesetzte Bedeutung beimessen je nach dem, welche Interpretation zur Begründung des Anfechtungsausschlusses wegen Informationsmängel gerade opportun erscheint. Die Ansicht, welche einmal – bei § 210 UmwG - unter dem nicht ordnungsgemäßen Barabfindungsangebot „sämtliche Verstöße – einzeln oder kombiniert – gegen die durch das UmwG angeordneten Informations- und Mitteilungspflichten der Gesellschaft im Zusammenhang mit dem Barabfindungsangebot"[1752] verstanden haben will, setzt sich dem Vorwurf *unverkennbarer* Widersprüchlichkeit aus, wenn sie ein anderes Mal – bei § 320b Abs. 2 AktG – das genaue Gegenteil vertritt, nämlich daß das nicht ordnungsgemäße Angebot, für das § 320b Abs. 2 AktG die Anfechtbarkeit dekretiert, ungeachtet dessen eben diese Informationsmängel nicht erfasse. Sie verkennt zudem die Systematik des Beschlußmängelrechts, nach der dem Anfechtungsausschluß zugunsten des Spruchverfahrens die Rolle eines Ausnahmetatbestands zukommt, der die Möglichkeit der Erhebung der Anfechtungsklage, soweit sie auf andere als die dort genannten Rechtsmängel – und bei der Eingliederung ist dies nur die Unangemessenheit der Abfindung – gestützt wird, *unberührt* läßt[1753]. Die Einbeziehung von Informationsrechtsverletzungen in Bezug auf die anzubietende Abfindung läßt sich gemäß § 320b Abs. 2 AktG ebenso wenig teleologisch begründen wie eine entsprechende Sperrwirkung des § 210 UmwG[1754]. Die gesetzgeberische Regelungstechnik, nach der zwischen Anfechtungsausschluß und Spruchverfahren ein zwingender Regelungszusammenhang besteht, weist dem Anfechtungsausschluß eine „Umleitungsfunktion" zu, d.h. er überantwortet die von der Ausschlußwirkung erfaßten Rechtsmängel der richterlichen Überprüfung im Spruchverfahren und macht sie so einer richterlichen *Korrektur*[1755] zugänglich[1756]. Die Einbeziehung von Informationsrechtsverletzungen in die Ausschlußwirkung des § 320b Abs. 2 AktG, der wie alle übrigen Paralleltatbestände lediglich einen Ausschluß *zugunsten* des Spruchverfahrens anordnet, wird diesem Regelungszusammenhang nicht gerecht. Denn das Spruch-

---

1750 So aber *Henze* ZIP 2002, 97, 107; *Wilsing/Kruse* DB 2002, 1539, 1540ff.; *Sinewe* DB 2001, 690; *Witt* WuB II N. § 210 UmwG 2.01, 425, 426; *Tielmann* in Happ Aktienrecht, 18.01. Rn. 12 (S. 1753); *van Aerssen* F.A.Z. Nr. 116 v.19.05.2001, S. 23.

1751 Zutreffend, weil folgerichtig insoweit *Hoffmann-Becking* in Henze/Hoffmann-Becking GesR 2001, 55, 67; *Vetter* FS Wiedemann, 1323, 1337; *Hüffer* AktG § 320b Rn. 8; *Röhricht* in VGR GesR 2001, 3, 32.

1752 BGHZ 146, 179, 185f. – *MEZ*; BGH ZIP 2001, 412, 414 – *Aqua Butzke.*

1753 Siehe oben A.IV.3.

1754 Siehe dazu oben B.II.3.d).

1755 Vgl. Grunewald in MünchKomm AktG § 320b Rn. 14.

1756 Siehe oben B.II.3.d).bb).

verfahren ist als Verfahren für die Rüge von Informationsmängel weder geeignet noch bestimmt[1757] und kann der ihr zugedachten Kompensationsfunktion von daher in keinster Weise gerecht werden.

Eben dieser Regelungszusammenhang führt zu der Erkenntnis, daß sich Verfahrensmängel wie der Verstoß gegen Informations- und Berichtspflichten im Hinblick auf die Abfindung bei § 320b Abs. 2 AktG nicht unter das Tatbestandsmerkmal des „nicht ordnungsgemäßen Angebots" subsumieren lassen. Statt dessen beschreibt dieses lediglich den Fall, daß das Angebot der Gattung nach nicht den gesetzlichen Anforderungen genügt[1758] und betrifft daher – gleichermaßen wie schon sein „pendant" in § 305 AktG[1759] – lediglich materielle Mängel des Abfindungsangebotes[1760]. Schon vor der Einführung der qualifizierten Informationspflichten im Hinblick auf die Abfindung durch das UmwBerG 1994 fiel infolgedessen nach richtiger Auffassung[1761] die nicht ordnungsgemäße Bekanntmachung nicht unter § 320b Abs. 2 S. 3 AktG[1762] und berechtigte daher auch nicht, eine gerichtliche Festsetzung der Abfindung zu beantragen. Zwar liegt mit der nicht ordnungsgemäßen Bekanntmachung dem möglichen Wortsinn nach ein „nicht ordnungsgemäßes Angebot" vor[1763]. Auch führt diese gemäß §§ 243 Abs. 1, 124 Abs. 4 S. 1 AktG zur Beschlußanfechtbarkeit[1764]. Jedoch hätte eine entsprechende Subsumtion dieses Mangels zwangsläufig zur Folge, daß die Gesetzmäßigkeit der Bekanntmachung zum Gegenstand des Spruchverfahrens würde, ein Ergebnis, das mit Sinn und Zweck des Spruchverfahrens nicht vereinbar

---

1757 Siehe oben. B.II.3.b)cc).

1758 *Koppensteiner* in KölnKomm AktG § 320 Rn. 12; *Habersack* in Emmerich/Habersack Aktien- und GmbH-Konzernrecht § 320b Rn. 19; *Grunewald* in MünchKomm AktG § 320b Rn. 14 und 16 a.E., 3ff.; *Kamprad/Römer* AG 1990, 486, 487; vgl. auch OLG Hamm AG 1994, 376, 378 – *Siemens Nixdorf Informationssysteme AG*.

1759 Siehe oben C.I.2.a)bb)(1) zu § 305 AktG.

1760 Vgl. zutreffend bereits *Würdinger* in GroßKomm AktG (1975) § 320 Anm.16 unter b).

1761 *Krieger* in Münchner Handbuch GesR AG (2.Aufl.) § 73 Rn. 41 (S. 1157); *Koppensteiner* in KölnKomm AktG § 320 Anm.29; vgl. auch *Grunewald* in MünchKomm AktG § 320b Rn. 16 a.E., 3ff.

1762 Nicht zutreffend daher *Veit* Unternehmensverträge und Eingliederung, S. 139 Fn.211, nach dem das Erfordernis des „ordnungsgemäßen Angebots" die Vorschriften über die Bekanntgabe der Tagesordnung für die Hauptversammlung betrifft, die über die Eingliederung beschließen soll; in diesem Sinne anscheinend auch *Hüffer* AktG § 320b Rn. 9 unter Hinweis auf Rn. 8 sowie *Habersack* in Emmerich/Habersack § 320b Rn. 19, die eine Bestimmung dieses Tatbestandsmerkmals offensichtlich allein an der Frage der Beschlußanfechtbarkeit ausrichten (siehe in diesem Zusammenhang bereits oben B.II.3.c)cc)(2)).

1763 Vgl. *Koppensteiner* in KölnKomm AktG § 320 Rn. 13.

1764 LG Berlin AG 1996, 230, 232; LG Mosbach AG 2001, 206, 209.

ist. Damit steht das Spruchverfahren weder als „primärer“[1765] noch als subsidiärer Rechtsbehelf[1766] für die Rüge von Verfahrensmängeln zur Verfügung.

Schließlich ist ergänzend auf einen weiteren Aspekt hinzuweisen, der nicht nur gegen den Ausschluß der Informationsrüge gemäß § 320b Abs. 2 AktG, sondern gleichermaßen bereits gegen eine entsprechend extensive Interpretation des § 210 UmwG spricht. Als Folge konsequenter Anwendung der vom BGH zu § 210 UmwG entwickelten Rechtsprechungsgrundsätze gelangte man zu dem wertungswidersprüchlichen Ergebnis, daß beim Formwechsel die Informationsrüge in Bezug auf die Barabfindung ausgeschlossen, bei der Eingliederung diese hingegen möglich wäre. Erneute Konsequenz wäre somit eine sanktionsrechtlichen Ungleichbehandlung entsprechender Beschlußmängelrügen[1767]. Auch dieser Wertungswiderspruch läßt sich nicht überzeugend auflösen bzw. rechtfertigen. Wenn man hierfür wie vereinzelt vertreten bei der Eingliederung systematisch zwischen einem essentiellem und einem nur akzidentiellen Schutz der Gesellschafterrechte unterscheiden wollte[1768], dann erweist sich die Angabe eines Umtauschverhältnisses für die Abfindung in Aktien der Hauptgesellschaft – dies ist der Regelfall gemäß § 320b Abs. 1 S. 2 AktG – zwar in der Tat als Essentiale[1769] bzw. als Kernelement, das auch im Spruchverfahren nicht „nachgeholt“ werden kann[1770]. Bei konsequenter Fortführung einer entsprechenden Differenzierung wäre jedoch die gemäß § 320b Abs. 1 S. 2 AktG für den Fall der Abhängigkeit der Hauptgesellschaft alternativ anzubietende Barabfindung[1771] lediglich ein Akzidens der Eingliederung. Folgerichtig müßte dann die Informationsrüge in Bezug auf die Abfindung in Aktien mit Hilfe der Anfechtungsklage geltend gemacht werden, während die Informationsrüge in Bezug auf die Barabfindung ins Spruchverfahren verwiesen wäre. Dieses Ergebnis einer verfahrensrechtlichen Ungleichbehandlung ist – wie bereits entsprechend für das Verschmelzungs- und Unternehmensvertragsrecht festgestellt[1772] - fragwürdig. Es ist zudem mit der Vorschrift des § 320b Abs. 2 AktG, die *offensichtlich* nicht zwischen Mängeln der Abfindung in Aktien

---

[1765] So im Ergebnis aber die Befürworter eines Anfechtungsausschlusses wegen Informationsrechtsverletzungen in Bezug auf die Abfindung gemäß § 320b Abs. 2 AktG.

[1766] So aber anscheinend *Vetter* FS Wiedemann, 1323, 1337; vgl. auch *Hüffer* AktG § 320b Rn. 9.

[1767] Für die Systemstimmigkeit dagegen *Hoffmann-Becking* in Henze/Hoffmann-Becking GesR 2001, 55, 67; vgl. auch *Vetter* FS Wiedemann, 1323, 1336f., der sich damit jedoch in Widerspruch zu seinen Ausführungen andererorts setzt, vgl. *ders.* DB 2001, 743, 746.

[1768] In diesem Sinne *Hoffmann-Becking* in Henze/Hoffmann-Becking GesR 2001, 55, 67; im Ergebnis ebenso *Vetter* FS Wiedemann, 1323, 1337; vgl. dazu bereits oben bei der Verschmelzung C.I.b)cc).

[1769] *Hoffmann-Becking* in Henze/Hoffmann-Becking GesR 2001, 55, 67.

[1770] *Vetter* FS Wiedemann, 1323, 1337.

[1771] Das Angebot der Hauptgesellschaft muß im Fall des S. 3 beide Formen der Abfindung enthalten, *Habersack* in Emmerich/Habersack Aktien- und GmbH-Konzernrecht § 320b Rn. 9; *Hüffer* AktG § 320b Rn. 5.

[1772] Siehe oben C.I.1.b)cc).

einerseits und Mängeln der Abfindung in bar andererseits differenziert, nicht zu vereinbaren. Es widerspräche überdies dem in § 320b Abs. 1 S. 3 AktG verankerten *Wahlrecht*[1773] des Aktionärs zwischen zwei gleichwertigen Abfindungsalternativen. Die Differenzierung zwischen einem essentiellen und einem nur akzidentiellen Schutz der Gesellschafterrechte findet damit im Gesetz („fehlendes oder nicht ordnungsgemäßes Angebot") keine Stütze und vermag daher als Rechtfertigung eines auf das Recht des Formwechsels, der Verschmelzung und des Unternehmensvertragsrechts beschränkten Anfechtungsausschlusses wegen abfindungswertbezogener Informationsmängel nicht zu überzeugen. Nicht zuletzt angesichts der Anhebung des Minderheitenschutzes für die abfindungsberechtigten Aktionäre bei der Eingliederung durch Mehrheitsbeschluß auf das verschmelzungsrechtliche Niveau[1774] kann im Recht der Eingliederung für den Rechtsschutz gegen abfindungswertbezogene Informationsmängel nichts anderes gelten als für die Verschmelzung, den Formwechsel und den Unternehmensvertrag.
Die Annahme eines entsprechenden Anfechtungsausschlusses gemäß § 320b Abs. 2 AktG läßt sich folglich de lege lata nicht begründen[1775].

[1773] *Habersack* in Emmerich/Habersack Aktien- und GmbH-Konzernrecht § 320b Rn. 9; *Grunewald* in MünchKomm AktG § 320b Rn. 7; *Hüffer* AktG § 320b Rn. 5.

[1774] Siehe oben C.I.3.a).

[1775] Wie hier im Ergebnis ebenso *Grunewald* ZIP 2002, 18, 21; *Bayer* in Hommelhoff/Lutter/Schmidt/Schön/Ulmer Corporate Governance 2002, 137, 148 Fn.56.

4. Squeeze-out, § 327f Abs. 1 AktG

Mit den §§ 327a ff. AktG hat der Gesetzgeber ein bis dahin dem deutschen Gesellschaftsrecht nicht bekanntes Rechtsinstitut, den Squeeze-out, eingeführt, durch das für den Aktionär, dem mindestens 95 Prozent der Anteile einer Gesellschaft gehören (Hauptaktionäre), die Möglichkeit geschaffen wird, die Minderheitsaktionäre in gesetzlich zulässiger Weise aus der Gesellschaft gegen Gewährung einer Barabfindung auszuschließen[1776]. Einer der wesentlichen gesetzgeberischen Hintergründe der Einführung war dabei, daß die Beteiligung von Minderheitsaktionären einen erheblichen kostspieligen Formalaufwand darstellt, der sich aus der Beachtung zwingender minderheitsschützender Normen ergibt[1777]. Der Gesetzgeber reagierte insbesondere auf Kritik von Seiten der Wirtschaft, die bemängelte, daß Kleinstbeteiligungen oftmals den Mehrheitsaktionär durch Anfechtung von Hauptversammlungsbeschlüssen gerade bei notwendigen Umstrukturierungen behinderten[1778]. Die Begründung des Gesetzgebers stellt damit den Aspekt der Kosten und die Erschwernisse des Minderheitenschutzes im Allgemeinen sowie die Erfahrungen mit den räuberischen Aktionären im Besonderen in den Vordergrund[1779].

Bemerkenswert ist vor diesem Hintergrund vor allem, daß der Gesetzgeber auch für die Durchführung eines Squeeze-out wiederum erhebliche Vorkehrungen für den Minderheitenschutz getroffen und in den §§ 327a ff. AktG eine Vielzahl von Schutzmechanismen angeordnet hat, welche gleichermaßen einen ebenso intensiven wie kostspieligen Formalaufwand erfordern: So ist der Gesetzgeber, wie nicht zuletzt anhand der §§ 327e Abs. 2 und 327f Abs. 1 AktG ersichtlich, einem im Gesetzgebungsverfahren gemachten Vorschlag, auf einen Hauptversammlungsbeschluß als Voraussetzung für einen Squeeze-out solle namentlich im Hinblick auf das mit einem solchen Beschluß verbundenen Anfechtungsrisiko verzichtet werden[1780], ausdrücklich nicht gefolgt[1781]. Statt dessen hat er sich vielmehr dafür entschieden, das Squeeze-Out als Grundlagengeschäft[1782] der Aktiengesellschaft

---

[1776] Begr.RegE WpÜG, BT-Drucks. 14/7034, S. 31, abgedruckt bei *Hirte* WpÜG S. 124.

[1777] Begr.RegE WpÜG, BT-Drucks. 14/7034, S. 31, abgedruckt bei *Hirte* WpÜG S. 124.

[1778] Begr.RegE WpÜG, BT-Drucks. 14/7034, S. 31f., abgedruckt bei *Hirte* WpÜG S. 124.

[1779] Vgl. *Habersack* ZIP 2001, 1230, 1233.

[1780] Vgl. *Vetter* DB 2001, 743ff.; *ders.* ZIP 2000, 1817, 1819ff.; *Habersack* ZIP 2001, 1230, 1237; kritisch zur Notwendigkeit eines Hauptversammlungsbeschlusses und der damit verbundenen Anfechtbarkeit *Hoffmann-Becking* Diskussionsbeitrag in Henze/Hoffmann-Becking GesR 2001, S. 354f. mit der Anregung eines „Abspecken von Verfahrenssicherungen" (S. 355).

[1781] Vgl. *Grzimek* in Geibel/Süßmann WpÜG Art.7 (§ 327a AktG) Rn. 32; *Kiem* in Henze/Hoffmann-Becking GesR 2001, 329, 338.

[1782] Dafür, daß das Squeeze-out als *Strukturänderung* im Sinne eines Grundlagengeschäfts zu qualifizieren ist, überzeugend *Kiem* Diskussionsbeitrag in Henze/Hoffmann-Becking GesR 2001, S. 355; i.E. ebenso *Lutter/Bezzenberger* AG 2000, 433, 435; auch das SpruchG ordnet einzuordnen und es damit zugleich auch dem hohen Niveau des für Grundlagengeschäfte geltenden Aktionärsschutzes[1783] zu unterwerfen[1784]. Dementsprechend sollen durch § 327c Abs. 2 AktG ausweislich der Gesetzesbegründung die Interessen der Minderheitsaktionäre ebenso wie beim Abschluß von Unternehmensverträgen, bei der Eingliederung und bei Umwandlungsvorgängen durch einen Bericht, der hier vom Hauptaktionär zu bestimmen ist, und zusätzlich durch eine Prüfung unabhängiger Sachverständiger geschützt werden, damit jeder Minderheitsaktionär die der Festlegung der Barabfindung zugrunde liegenden Überlegungen nachvollziehen kann[1785]. Gesetzgeberisches Ziel der für das Squeeze-out vorgeschriebenen Informationspflichten ist somit ebenso wie bei den genannten Strukturänderungen die *umfassende Information* der Minderheitsaktionäre, welche in erster Linie durch die Offenlegung der in § 327c Abs. 3 AktG genannten Unterlagen erreicht werden soll[1786].

a) Ausschluß der Anfechtung wegen Unangemessenheit der Abfindung

§ 327f Abs. 1 S. 1-3 AktG enthält eine mit § 320b Abs. 2 S. 1-3 AktG *inhaltsgleiche* Vorschrift[1787]. Satz 1 schließt danach die Anfechtung des Übertragungsbeschlusses zugunsten des Spruchverfahrens (Satz 2) aus, soweit sie auf die Unangemessenheit der durch den Hauptaktionär festgelegten Barabfindung gestützt wird[1788]. Hat der Hauptaktionär eine Barabfindung nicht oder nicht ordnungsgemäß angeboten, so hat das in § 2 Spruchverfahrensgesetz[1789] bestimmte Gericht auf Antrag die angemessene Barabfindung zu bestimmen, wenn eine hierauf gestützte Anfechtungsklage innerhalb der Anfechtungsfrist nicht erhoben, zurückgenommen oder rechtskräftig abgewiesen worden ist. Der Gesetzgeber hat demzufolge die Möglichkeiten der Beschlußkontrolle durch die Minderheitsaktionäre im Wege der Anfechtungsklage (§§ 243ff. AktG) und des Spruchverfahrens (§ 327f Abs. 1 AktG) ausweislich der Begründung „wie bei der Mehrheitseingliederung" ausgestaltet[1790] und damit *identische* Regelungen geschaffen. Dies steht insoweit mit der gesetzgeberischen Intention, die Squeeze-out-Regelung in ihrer Ausgestaltung möglichst weitgehend an das Vorbild der Eingliederung anzulehnen[1791], im Einklang.

---

das Squeeze-out den Strukturmaßnahmen zu, vgl. *Neye* Begr.RefE SpruchG NZG 2002, 23, 27.

1783 Vgl. zu diesem bereits oben etwa C.I.2.a)aa).

1784 Vgl. *Kiem* in Henze/Hoffmann-Becking GesR 2001, 329, 338.

1785 Begr.RegE WpÜG, BT-Drucks. 14/7034, S. 73, abgedruckt bei *Hirte* WpÜG S. 283.

1786 Begr.RegE WpÜG, BT-Drucks. 14/7034, S. 73, abgedruckt bei *Hirte* WpÜG S. 283.

1787 *Krieger* BB 2002, 53, 60 Fn.75; *Hüffer* AktG § 327f Rn. 2; vgl. *Neye* in Hirte WpÜG, 25, 31.

1788 Vgl. bereits zur Eingliederung oben C.I.3.b).

1789 Früher § 306 AktG a.F.

1790 Begr.RegE WpÜG, BT-Drucks. 14/7034, S. 73, abgedruckt bei *Hirte* WpÜG S. 285.

1791 Begr.RegE WpÜG, BT-Drucks. 14/7034, S. 32, abgedruckt bei *Hirte* WpÜG S. 124f.

b) Kein Ausschluß wegen abfindungswertbezogenen Informationsmängeln

Seinem eindeutigen Wortlaut nach sieht § 327f AktG die Ausschließlichkeit des Spruchverfahrens lediglich für den Fall der Unangemessenheit der Barabfindung vor[1792]. Nach zutreffender Ansicht[1793] schließt § 327f AktG demzufolge - ebensowenig wie die inhaltsgleiche Regelung bei der Eingliederung - die Anfechtung insoweit aus, als sie auf Informationsrechtsverletzungen in Bezug auf die Barabfindung gestützt wird. Der Versuch der überwiegenden Gegenansicht[1794], sich für eine Erweiterung der Reichweite des Anfechtungsausschlusses zugunsten des Spruchverfahrens über den eindeutigen Wortlaut der Norm hinwegzusetzen, kann daher hier ebenso wenig überzeugen wie bei der Eingliederung. Insoweit kann auf die Ausführungen zu § 320b Abs. 2 AktG verwiesen werden[1795]. Zwar ist der Annahme einer teleologischen Vergleichbarkeit[1796], Entsprechung[1797] oder sogar Übereinstimmung[1798] des § 327f Abs. 1 AktG mit § 210 UmwG jedenfalls dem Grundsatz nach nicht zu widersprechen. Sie vermag indes keinesfalls die Einbeziehung der Informationsrüge in Bezug auf die Barabfindung zu rechtfertigen, da sich ein derart weitreichender Anfechtungsausschluß bereits für § 210 UmwG teleologisch nicht begründen läßt[1799]. Aus eben diesem Grunde ist hier – wie bereits für das Recht der Verschmelzung, der Unternehmensverträge und der Eingliederung - vielmehr genau umgekehrt, d.h. gegen eine solche Einbeziehung zu

---

1792 *Krieger* BB 2002, 57, 60.

1793 LG Frankfurt DB 2003, 1726, 1727; Habersack in Emmerich/Habersack Aktien- und GmbH-Konzernrecht § 327f Rn. 4; *Hüffer* AktG § 327f Rn. 2; *Grzimek* in Geibel/Süßmann § 327f AktG Rn. 4; *Grunewald* ZIP 2002, 18, 21; *Angerer* BKR 2002, 260, 266; *Krieger* BB 2002, 57, 60; *Gesmann-Nuissl* WM 2002, 1205, 1209; *Marsch-Barner* in Zschocke/Schuster Übernahmerecht G 10.1 Rn. 46 (S. 259f.); wohl auch *Röhricht* in VGR GesR 2001, 3, 32.

1794 LG Hamburg ZIP 2003, 947, 950 – *Volksfürsorge Holding AG* (nicht rechtskräftig; mit zust. Anm. *Wilsing* EWiR § 327a AktG 3/03, 553f.); OLG Köln BB 2003, 2307, 2308 (mit zust. Anm. *Aha* BB 2003, 2310); *Hasselbach* in Hirte/v.Bülow WpÜG § 327f AktG Rn. 3; *Steinmeyer/Häger* WpÜG § 327f AktG Rn. 5; *Tielmann* in Happ Aktienrecht, 18.01. Rn. 12 (S. 1753f.); *Vetter* DB 2001, 743, 746; *ders.* FS Wiedemann, 1323, 1340; *ders.* AG 2002, 176, 189; *Habersack* ZIP 2001, 1230, 1237; *Witt* WuB II N. § 210 UmwG 2.01, 425, 426; *Fuhrmann/Simon* WM 2002, 1211, 1217; *Krause* NJW 2002, 705, 715; *Klöhn* AG 2002, 443, 452; *Wilsing/Kruse* DB 2002, 1539, 1540ff.; *Kiem* in Henze/Hoffmann-Becking GesR 2001, 329, 343; *Sieger/Hasselbach* ZGR 2002, 120, 160; *Sinewe* DB 2001, 690; *Keul* ZIP 2003, 566, 567; ebenso *Hirte* ZHR 167 (2003), 8, 26f.; *H.Schmidt* in FS Ulmer, 543, 548ff.

1795 Siehe zur Eingliederung oben C.I.3.b).

1796 *Kiem* in Henze/Hoffmann-Becking GesR 2001, 329, 343.

1797 *Tielmann* in Happ Aktienrecht, 18.01. Rn. 12 (S. 1753f.); *Vetter* DB 2001, 743, 746; *Sinewe* DB 2001, 690.

1798 Vgl. eine „identische" rechtspolitische Zielsetzung annehmend *Vetter* AG 2002, 176, 189; *Keul* ZIP 2003, 566, 567; vgl. i.E. ähnlich auch *H.Schmidt* FS Ulmer, 543, 548ff.; *Sieger/Hasselbach* ZGR 2002, 120, 160.

1799 Siehe ausführlich dazu oben B.II.3.d).

argumentieren[1800]. Eine entsprechende Sperrwirkung des Anfechtungsausschlusses läßt sich aus dogmatischen Gründen auch nicht mit der Annahme begründen, dem Anfechtungsausschluß wie auch seiner Begründung lasse sich nicht entnehmen, daß die entsprechende Anfechtbarkeit gegeben sei[1801]. Sie verkennt die systematische Stellung des Anfechtungsausschlusses im Rahmen der aktien- und umwandlungsgesetzlichen Anfechtungsvorschriften, innerhalb derer dem Anfechtungsausschluß die Bedeutung einer *Ausnahmevorschrift* zukommt[1802]. Danach bleiben solche Anfechtungsgründe, die der Ausschluß nicht erfaßt, *unberührt*[1803]. Dieses der Regelungstechnik des Anfechtungsausschlusses zugunsten des Spruchverfahrens immanente Prinzip hat der Gesetzgeber für den Übertragungsbeschluß beim Squeeze-out mit der Regelung des § 327f Abs. 1 AktG nicht bloß übernommen, sondern sich darüber hinaus im Rahmen seiner Begründung auch ausdrücklich dazu bekannt[1804]. Ebenso interessant wie auffällig ist in diesem Zusammenhang auch die Tatsache, daß sowohl die Begründung als auch die den Squeeze-out als solchen befürwortenden Stellungnahmen jeglichen Hinweis auf die Debatte über die Einschränkung des Anfechtungsrechts wegen Informationsmängel und deren Verweisung ins Spruchverfahren vermissen lassen[1805]. Bereits dieser Umstand spricht insofern doch wohl eher dagegen als dafür, daß dem Gesetzgeber ein derart extensives Verständnis des Anfechtungsausschlusses „vorschwebte".

Ein verstärktes Maß an Beachtung gebührt dagegen der im Zusammenhang mit der Befürwortung einer entsprechenden Ausschlußwirkung des § 327f Abs. 1 AktG erhobenen Kritik der Möglichkeit einer Anfechtung des Squeeze-out-Beschlusses, die auf die Verletzung von Informationsrechten in Bezug auf die Abfindung gestützt wird. Die beschlußvorbereitende abfindungsbezogene Information hat beim Squeeze-out angesichts des 95%-Beteiligungserfordernisses weder „Entscheidungsfunktion noch –relevanz"[1806]. Die Minderheitsaktionäre sind beim Squeeze-Out auch nicht in der Lage, eine *echte* Desinvestitionsentscheidung zu treffen[1807]. Ihnen steht nämlich kein Wahlrecht zu, ob sie ihre Anteile veräu-

---

1800 Zu Recht daher *Bayer* in Hommelhoff/Lutter/Schmidt/Schön/Ulmer Corporate Governance 2002, 137, 148 Fn.56 a.E.; i.E. ebenso *Grunewald* ZIP 2002, 18, 21.

1801 Vgl. *H.Schmidt* FS Ulmer, 543, 553; vgl. die entsprechende Argumentation von *Henze* ZIP 2002, 97, 103 zu der Parallelfrage der Anfechtbarkeit wegen abfindungs- und ausgleichsbezogener Informationsmängel.

1802 Siehe dazu oben A.IV.3.

1803 Vgl. *Krieger* BB 2002, 57, 60; *Steinmeyer/Häger* WpÜG § 327f Rn. 27; *Grzimek* in Geibel/Süßmann WpÜG Art.7 § 327f Rn. 6.

1804 Vgl. Begr.RegE WpÜG, BT-Drucks. 14/7034, S. 73, abgedruckt bei *Hirte* WpÜG S. 285.

1805 Vgl. den zutreffenden Hinweis von *Habersack* ZIP 2001, 1230, 1233f.

1806 Zutreffend *H.Schmidt* in FS Ulmer, 543, 551f.; i.E. ebenso *Hasselbach* in Hirte/v.Bülow WpÜG § 327f AktG Rn. 3; vgl. auch LG Hamburg ZIP 2003, 947, 950 – *Volksfürsorge Holding AG*.

1807 *Kiem* in Henze/Hoffmann-Becking GesR 2001, 329, 348.

ßern und damit ausscheiden oder in der Gesellschaft verbleiben wollen[1808]. Das Votum des Vorstands kann mithin beim Squeeze-Out nicht als Entscheidungsgrundlage für ein Verbleiben in der Gesellschaft oder ein Ausscheiden aus der Gesellschaft verstanden werden[1809]. Insoweit unterscheidet sich die Situation beim Squeeze-out maßgeblich von derjenigen etwa beim Formwechsel[1810]. Wenn sich nun die Funktion der Information – abgesehen von ihrer Entscheidungsrelevanz im Hinblick auf die Einleitung eines Spruchverfahrens - auf eine bloße Kontrollfunktion reduziert[1811], so sprechen verständige Gründe gegen die Möglichkeit, daß der Squeeze-out-Beschluß mit der Begründung mangelhafter Information in Bezug auf die Abfindung angefochten und damit unter Umständen vernichtet werden können soll. Es ist jedoch ebenso wenig ersichtlich wie nachvollziehbar, warum diese (spezielle) Informationsrüge allein aufgrund der fehlenden Entscheidungsrelevanz der als fehlerhaft gerügten Information de lege lata in das Spruchverfahren zu verweisen sein sollte, denn im Prinzip weist diese Problematik keinerlei spezifischen Zusammenhang zu der konkreten Informationsrüge in Bezug auf die Abfindung auf. Den Befürwortern einer entsprechenden Verweisung muß entgegen gehalten werden, daß sich ihre Kritik der Sache nach damit nicht etwa gegen eine vom Gesetzgeber vom Umfang her zu gering bemessene Ausschlußwirkung des § 327f Abs. 1 AktG wendet, sondern daß sie sich vielmehr gegen das für das Squeeze-out vorgesehene Beschlußerfordernis als solches und der damit verbundenen prinzipiellen Anfechtbarkeit an sich richtet. Man mag die Entscheidung des Gesetzgeber zugunsten des Hauptversammlungsbeschlußerfordernisses sowie der damit einher gehenden Anfechtbarkeit als zweifelhaft und unbefriedigend empfinden[1812]; de lege lata ist sie indes zu respektieren. Schließlich ist der Squeeze-out keine Geschäftsführungsmaßnahme. Der Gesetzgeber hat den Squeeze-out entgegen der Kritik in die Reihe der Grundlagengeschäfte der Aktiengesellschaft eingeordnet[1813]. Die Berichterstattung als bloße „Förmelei" einzustufen[1814], ist daher mit der Konzeption der lex lata unvereinbar[1815]. Der Gesetzgeber hat es für die Frage der Anfechtbarkeit ausdrücklich bei den hierfür geltenden allgemeinen Regeln belassen. Eine Ausnahme gilt gemäß § 327f Abs. 1 AktG hier *allein* für die Bewertungsrüge im Hinblick auf die Unangemessenheit der Barabfindung[1816].

1808 *Kiem* in Henze/Hoffmann-Becking GesR 2001, 329, 348.

1809 *Kiem* in Henze/Hoffmann-Becking GesR 2001, 329, 348.

1810 Zu Recht insoweit *H.Schmidt* in FS Ulmer, 543, 552; siehe dazu etwa oben B.II.3.b)bb)(2) insbesondere (c).

1811 Vgl. *H.Schmidt* in FS Ulmer, 543, 551f.

1812 Siehe die Kritik bei *Vetter* DB 2001, 743ff.; *ders.* ZIP 2000, 1817, 1819ff.; *Habersack* ZIP 2001, 1230, 1237; kritisch auch *Hoffmann-Becking* Diskussionsbeitrag in Henze/Hoffmann-Becking GesR 2001, S. 354f.

1813 Vgl. *Kiem* in Henze/Hoffmann-Becking GesR 2001, 329, 338.

1814 *Vetter* ZIP 2000, 1817, 1820ff.; *ders.* DB 2001, 743, 744.

1815 Vgl. kritisch auch *Kiem* in Henze/Hoffmann-Becking GesR 2001, 329, 338.

1816 Siehe dazu oben C.I.4.a).

Die Feststellung, daß es vielleicht nahe gelegen hätte, als Instrument für die Beschlußkontrolle beim Squeeze-out nur das Spruchverfahren zur Verfügung zu stellen[1817], hilft hier angesichts der eindeutigen gesetzgeberischen Entscheidung nicht weiter. Von daher ist die Auffassung, der Gesetzgeber habe „sämtliche Fragen des bewertungs(verfahrens)rechtlichen Minderheitenschutzes in § 327f Abs. 1 AktG dem Spruchverfahren - und nur diesem - überantwortet"[1818], verfehlt[1819].
Daß die auf Informationsrechtsverletzungen in Bezug auf die Abfindung gestützte Anfechtungsklage beim Squeeze-out angesichts der fehlenden Entscheidungsrelevanz der Information aus rechtspolitischen Gründen keinen Erfolg haben sollte, macht das Spruchverfahren noch nicht zum richtigen Ort der Informationsrüge[1820] und ist infolgedessen auch keine Frage dieses speziellen gerichtlichen Verfahrens, die die Annahme eines entsprechend weit gehenden Anfechtungsausschlusses zugunsten dieses Verfahrens gemäß § 327f Abs. 1 AktG in seiner direkten oder analogen Anwendung[1821] rechtfertigt[1822]. De lege lata kann vielmehr nur auf alternativem Wege versucht werden, im Rahmen der bestehenden Möglichkeiten den Beschluß für den Fall unberechtigt oder unredlich erhobener Informationsrügen zu „erhalten". So kann die fehlende Relevanz der Information etwa im Rahmen eines Freigabeverfahrens gemäß § 327e Abs. 2 AktG einheitlich für alle Fälle der Informationsmängel und damit ohne Rücksicht auf ihren Gegenstand berücksichtigt werden[1823].
Schließlich ist zu beachten, daß auch für den Entzug der Mitgliedschaft als schwersten Eingriff in die Mitgliedschaft - jedenfalls de lege lata - das Erfordernis der Rechtmäßigkeit gilt[1824]. Erst ein rechtmäßiger Beschluß und sein Vollzug bringen die Gesellschaft in den Genuß des Vorteils, daß - der gesetzgeberischen Zielvorstellung entsprechend[1825] - der mit dem Minderheitenschutz verbundene kostenintensive Formalaufwand wegfällt. Dagegen bezweckt § 327f Abs. 1 AktG de lege lata keinesfalls, daß schon „vorher" Einsparungen durch Vernachlässigung

---

1817 Vgl. *Henze* Diskussionsbeitrag in Henze/Hoffmann-Becking GesR 2001, S. 356.

1818 So aber ausdrücklich *Hasselbach* in Hirte/v.Bülow WpÜG § 327f AktG Rn. 3.

1819 Gleichermaßen fehl geht die Annahme, die Aktionäre seien bereits dann ausreichend informiert, wenn ihnen bekannt ist, daß die Höhe der angebotenen Abfindung im Spruchverfahren gerichtlich überprüft und notfalls auf die angemessene Höhe angehoben werden wird; ganz in diesem Sinne jedoch – und zwar bereits zu § 210 UmwG - *Witt* WuB N. § 210 UmwG 1.1, 289, 290; ihm zustimmend *Hasselbach* in Hirte/v.Bülow KölnKomm WpÜG § 327f AktG Rn. 4 Fn.8.

1820 Siehe dazu ausführlich oben B.II.3.b)cc).

1821 In diesem Sinne *H.Schmidt* FS Ulmer, 543, 548ff.; vgl. auch den entsprechenden Ansatz bei *Sieger/Hasselbach* ZGR 2002, 120, 160.

1822 In diesem Sinne aber *H.Schmidt* FS Ulmer, 543, 552.

1823 Zu diesem Verfahren *Keul* ZIP 2003, 566ff., der jedoch entgegen der hier vertretenen Ansicht einen Anfechtungsausschluß gemäß § 327f Abs. 1 AktG befürwortet.

1824 Vgl. zu Recht *Bayer* in Hommelhoff/Lutter/Schmidt/Schön/Ulmer Corporate Governance 2002, 137, 140.

1825 Siehe dazu oben C.I.4.

oder gar Verzicht im Rahmen des verfahrensrechtlichen Minderheitenschutzes bei der Beschlußvorbereitung und –durchführung ermöglicht werden sollen[1826]. Die Ausschlußwirkung des § 327 Abs. 1 AktG erfaßt damit nicht die Rüge von Informationsrechtsverletzungen in Bezug auf die Abfindung.

[1826] Vgl. in diesem Zusammenhang zu der Gefahr der Fehlinterpretation des § 210 UmwG bereits oben B.III.3.d)(cc)(2).

5. Ergebnis

Im Ergebnis ist festzuhalten, daß ganz im Sinne der Einheitlichkeit des Beschlußmängelrechts bzw. des Rechts der Beschlußkontrolle sowohl im Aktien- als auch Umwandlungsgesetz ein Anfechtungsausschluß wegen kompensationsleistungsbezogener Informationsrechtsverletzungen verbunden mit ihrer Verweisung in das Spruchverfahren de lege lata nicht in Betracht kommt[1827].
Zu der Feststellung eines Mitglieds des II. Zivilsenats, derzufolge die Entscheidungen des BGH „nur einen Stein ins Wasser werfen" konnten[1828] und welche damit als bloße „Zwischenstandsmeldung" aufgefaßt werden muß, ist insofern zu sagen, daß es zu hoffen bleibt, daß der BGH diesen Stein „wieder herausholt" und die nächste sich ihm hierfür bietende Gelegenheit nutzt, da ansonsten zu befürchten steht, daß der Minderheitenschutz durch Information (A-priori-Schutz) in anderen Bereichen dasselbe Schicksal erleiden könnte, daß er im praktischen Ergebnis - wie die Information in Bezug auf die Abfindung und die ihr zugrunde liegende Bewertung – zu einer lex imperfecta degradiert wird[1829].

[1827] Im Ergebnis ebenso *Grunewald* ZIP 2002, 18, 21; *Bayer* in Hommelhoff/Lutter/Schmidt/Schön/Ulmer Corporate Governance 2002, 137, 148 Fn.56.

[1828] *Röhricht* in VGR GesR 2001, 3, 34.

[1829] Siehe zu dieser Gefahr bereits oben B.II.3.b)cc)(3).

II. Kein Ausschluß der Bewertungsrüge des Anteilsinhabers des leistungsverpflichteten Rechtsträgers

Die Betrachtung der Rechtsschutzmöglichkeiten der Aktionäre der formwechselnden Gesellschaft gegen ein zu hoch bemessenes Barabfindungsangebot hat gezeigt, daß das geltende Recht ihnen die Möglichkeit der Einleitung eines Spruchverfahrens verwehrt und sie insoweit für die Erhebung einer entsprechenden Bewertungsrüge auf die Möglichkeit der Anfechtungsklage beschränkt bleiben[1830]. Im Anschluß an diese Untersuchung der §§ 210, 212 UmwG sollen nun die Parallelvorschriften bei Verschmelzung, Unternehmensvertrag, Eingliederung durch Mehrheitsbeschluß und Squeeze-out im Hinblick auf die Frage beleuchtet werden, welche Möglichkeiten dem Aktionär des jeweils zur Kompensationsleistung verpflichteten Rechtsträgers zur Verfügung stehen, um sich gegen überhöhte Kompensationsleistungen zur Wehr zu setzen.

1. Keine Möglichkeit des Spruchverfahrens für den Anteilsinhaber des übernehmenden Rechtsträgers im Verschmelzungsrecht

Wie bereits dargestellt[1831], zeigt gerade das Verschmelzungsrecht, daß die Bewertungsrüge der Geltendmachung mittels Anfechtungsklage nicht vollumfänglich, d.h. nicht vollkommen im Sinne einer konsequenten Funktionstrennung zwischen Anfechtungsklage und Spruchverfahren[1832] entzogen ist[1833].

a) Zu hoch bemessene Barabfindung

Das Anfechtungsrecht der Anteilsinhaber des *übernehmenden* Rechtsträgers bleibt durch § 32 UmwG unberührt. Die Regelung ist auf den *übertragenden* Rechtsträger zugeschnitten und beschränkt.[1834]. Daß die §§ 32, 34 UmwG de lege lata nicht – auch nicht analog – zum Schutz des Anteilsinhabers des übertragenden Rechtsträgers gegen ein zu hoch bemessenes Barabfindungsangebot Anwendung finden können, folgt nicht zuletzt aus dem ausdrücklich entgegenstehenden Willen des Gesetzgebers, nach dem Anfechtungsausschluß und Spruchverfahren ausschließlich für Beschlüsse übertragender Rechtsträger gelten sollen[1835]. Die Situation der

---

1830 Siehe dazu ausführlich oben B.III.

1831 Siehe oben B.III.3.b)(ba)(2)(a)(aa).

1832 Siehe dazu bereits oben A.IV.1.

1833 Vgl. *Obermüller/Werner/Winden* Die Hauptversammlung, O.III.2. Rn. 100 (S. 512).

1834 *Vollrath* in Widmann/Mayer UmwG § 29 Rn. 3; *Lutter/Grunewald* UmwG § 32 Rn. 2; *Vetter* FS Wiedemann, 1323, 1336; *Noack* ZHR 164 (2000), 274, 285; *Obermüller/Werner/Winden* Die Hauptversammlung, O.III.2. Rn. 100 (S. 512).

1835 Vgl. *Ganske* Begr.RegE UmwBerG 1994, zu § 14 UmwG, S. 52 und den uneingeschränkten Verweis hierauf in der Begründung zu § 32 UmwG, S. 71.

Anteilsinhaber des übernehmenden Rechtsträgers im Falle einer zu hohen Bemessung des Barabfindung entspricht derjenigen der verbleibenden Anteilsinhaber beim Formwechsel[1836]. Insoweit kann auf die dortigen Ausführungen verwiesen werden[1837].

b) Das zu hoch bemessene Umtauschverhältnis

Wie bereits dargestellt[1838], ist den Aktionären der aufnehmenden Gesellschaft bei der Verschmelzung die Möglichkeit der Einleitung eines Spruchverfahrens auch für die Rüge des unangemessenen Umtauschverhältnisses verwehrt. Ihre Rechtsschutzmöglichkeiten sind insoweit darauf beschränkt, die Bewertungsrüge im Rahmen der Anfechtung des Verschmelzungsbeschlusses geltend zu machen[1839]; im Übrigen verbleibt ihnen die Möglichkeit einer Beteiligung an dem Spruchverfahren der Aktionäre des übertragenden Rechtsträgers im Wege der Nebenintervention[1840]. Die eindeutige gesetzgeberische Entscheidung gegen die Ausweitung des Anfechtungsausschlusses zugunsten des Spruchverfahrens in den §§ 14 Abs. 2, 15 Abs. 1 UmwG gilt es de lege lata zu respektieren. Die Herstellung einer entsprechend symmetrisch ausgestalteten Rechtsschutzmöglichkeit im Wege Erweiterung des Prinzips „Anfechtungsausschluß zugunsten Spruchverfahren" auf den übernehmenden Rechtsträger ist folglich dem Gesetzgeber vorbehalten.

2. Rechtsschutzmöglichkeiten der Aktionäre der herrschenden Gesellschaft gegen eine zu hohe Kompensationsleistung (Abfindung/Ausgleich) im Unternehmensvertragsrecht

Die Problematik der Rechtsschutzmöglichkeiten des Anteilsinhabers des zur Leistung verpflichteten Rechtsträgers gegen die zu hohe Bemessung der Kompensationsleistung stellt sich im Unternehmensvertragsrecht ebenso wie im Recht des Formwechsels und der Verschmelzung[1841]. Auch hier ist dementsprechend zwischen der Gefahr der Erhöhung von Ausgleich und Abfindung im Spruchverfahren einerseits und der Gefahr einer zu hoch bemessenen Kompensation bereits im Vertrag andererseits zu differenzieren.

1836 Vgl. *Hoffmann-Becking* in Henze/Hoffmann-Becking GesR 2001, 55, 69; *Vetter* FS Wiedemann, 1323, 1342; *Henze* ZIP 2002, 97, 107; *DAV-Handelsrechtsausschuß* Stellungnahme RefE SpruchG NZG 2002, 119, 124; vgl. auch *Lutter/Decher* UmwG § 210 Rn. 5.

1837 Siehe oben B.III.

1838 Siehe oben B.III.3.b)ba)(2)(a)(aa).

1839 Siehe dazu oben mit umfangreichen Nachweisen B.III.3.b)ba)(2)(a)(aa).

1840 Siehe die Nachweise oben B.III.3.b)(aa)(2).

1841 Vgl. *Hoffmann-Becking* in Henze/Hoffmann-Becking GesR 2001, 55, 68f.; vgl. *Henze* ZIP 2002, 97, 107.

a) Schutz gegen die bereits im Vertrag zu hoch bemessene Kompensation

Wie schon in den umwandlungsgesetzlichen Parallelvorschriften fehlt auch in den §§ 304, 305 AktG eine ausdrückliche Regelung der Rechtsschutzmöglichkeiten gegen den im Vertrag zu hoch bemessenen Ausgleich bzw. die im Vertrag zu hoch bemessene Abfindung. Die Antragsberechtigung für die gerichtliche Überprüfung des Ausgleichs im Spruchverfahren - früher in § 304 Abs. 4 AktG a.F. geregelt, der gemäß § 305 Abs. 5 S. 4 AktG a.F. entsprechende Anwendung fand - ist jetzt einheitlich in § 3 Nr. 1 SpruchG geregelt. Für die Antragsberechtigung im Hinblick auf die Überprüfung von Ausgleich und Abfindung gelten von daher dieselben Grundsätze[1842]. Die Vorschrift des § 304 Abs. 4 AktG a.F. beschränkte die Antragsberechtigung ausdrücklich auf die außenstehenden Aktionäre. Die Aktionäre des anderen Vertragsteils waren damit ebensowenig wie der andere Vertragsteil selbst antragsberechtigt[1843]. Hieran hat die Neuregelung des § 3 SpruchG nichts geändert[1844]. Damit scheitert jeder Versuch, den vertraglich zugesagten Ausgleich oder die vertraglich zugesagte Abfindung herabzusetzen[1845]. Da den Aktionären der herrschenden Gesellschaft kein Antragsrecht zusteht, bleibt auch ihr Anfechtungsrecht durch die §§ 304, 305 AktG unberührt: Ein Anfechtungsausschluß erfolgte insoweit kompensationslos und stellte damit einen Fremdkörper in der Regelungssystematik dar[1846]. Den Aktionären der herrschenden Gesellschaft verbleibt demzufolge die Möglichkeit, den Zustimmungsbeschluß mit der Begründung anzufechten, Abfindung oder Ausgleich seien im Vertrag zu hoch bemessen[1847].

1842 Vgl. zu den Vorgängerregelungen *Bilda* in MünchKomm AktG § 305 Rn. 115f.; *Hüffer* AktG (5. Aufl..) § 305 Rn. 33.

1843 Für die Vorgängerregelungen *Hüffer* AktG (5. Aufl..) § 304 Rn. 23, § 305 Rn. 33.

1844 § 3 Nr. 1 SpruchG übernimmt die Regelung des § 304 Abs. 4 S. 1 AktG ohne inhaltliche Änderung, *Neye* Begr.RefE SpruchG NZG 2002, 23, 29.

1845 Zu den Vorgängerregelungen *Bilda* in MünchKomm AktG § 304 Rn. 212; *Hüffer* AktG § 304 Rn. 23; *Koppensteiner* in KölnKomm AktG § 304 Rn. 62; i.E. ebenso *Lutter* ZGR 1978, 347, 351.

1846 Siehe oben A.IV.2.

1847 Im Ergebnis ebenso für den Ausgleich (§ 304 AktG): *Krieger* in Münchner Handbuch GesR AG (2.Aufl.) § 70 Rn. 88 (S. 1057) ("rechtspolitisch völlig verfehlt"); *Emmerich* in Emmerich/Habersack Aktien- und GmbH-Konzernrecht § 304 Rn. 82b; *Bilda* in Münch-Komm AktG § 304 Rn. 199; *Henze* in Henze/Hoffmann-Becking GesR 2001, 38, 41. Für die Abfindung (§ 305 AktG): *Hoffmann-Becking* in Henze/Hoffmann-Becking GesR 2001, 55, 68f.; im Ergebnis ebenso *Henze* in Henze/Hoffmann-Becking GesR 2001, 38, 41; *ders.* ZIP 2002, 97, 107; *Obermüller/Werner/Winden* Die Hauptversammlung, O.III.2. Rn. 100 (S. 512).

aa) Kein Spruchverfahren durch Analogieschluß zu den §§ 304, 305 AktG

Ein Analogieschluß zu den §§ 304, 305 AktG mit dem Ziel, den Aktionären der herrschenden Gesellschaft die Möglichkeit der gerichtlichen Überprüfung der Angemessenheit von Ausgleich und Abfindung im Spruchverfahren zu eröffnen, kommt de lege lata nicht in Betracht[1848]. Ihm stehen dieselben Bedenken entgegen wie schon bei den §§ 210, 212 UmwG[1849]. Ob man in dem Umstand, daß der Aktionär der herrschenden Gesellschaft mit der Anfechtungsklage – anders als im Rahmen eines Spruchverfahrens – keine positive gerichliche Entscheidung über die niedriger zu treffende Festsetzung erreichen kann, die für die Analogie vorausgesetzte Lücke erblicken mag[1850], kann dahin gestellt bleiben[1851]. Denn jedenfalls handelt es sich *nicht* um eine planwidrige Lücke. Der Gesetzgeber hat keinen Zweifel daran gelassen, daß die §§ 304, 305, 306 AktG ausschließlich dem Schutz der außenstehenden Aktionäre der abhängig werdenden Gesellschaft und insoweit auch allein ihrer *Besserstellung* dienen sollen[1852].

bb) Herabsetzung von Ausgleich und Abfindung im Spruchverfahren als de lege lata unzulässiges Verfahrensziel

Auch dem aktienrechtlichen Spruchverfahren liegt die gesetzgeberische Vorstellung zugrunde, daß das Spruchverfahren keinesfalls zu einer Reduzierung der vertraglichen Bemessung von Ausgleich und Abfindung führen können soll[1853]. Gegen die Möglichkeit einer Herabsetzung der vertraglich vereinbarten Leistung als zulässiges Verfahrensziel spricht, daß dem Zustimmungsbeschluß nach § 293 AktG in der Konsequenz die Grundlage entzogen würde[1854]. Denn für diesen Fall, daß sich durch die gerichtliche Abänderung des Inhalts des Unternehmensvertrages die Bedingungen für die außenstehenden Aktionäre verschlechtern würden, kann nicht unterstellt werden, daß der Zustimmungsbeschluß auch zu den abgeänderten, ungünstigeren Bedingungen zustande gekommen wäre[1855]. Dabei sei auch an dieser Stelle noch einmal darauf hingewiesen, daß die Kompetenz hinsichtlich der Bestimmung von Abfindung

---

1848 Im Ergebnis ebenso *Emmerich* in Emmerich/Habersack Aktien- und GmbH-Konzernrecht § 293 Rn. 38c sowie § 304 Rn. 82b.

1849 Siehe oben B.III.3.b)ba).

1850 Vgl. *Henze* Diskussionsbeitrag in Henze(Hoffmann-Becking GesR 2001, S. 74f.

1851 Vgl. jedoch die dafür sprechenden Argumente oben B.III.3.b)ba)(1).

1852 Im Ergebnis ebenso *Koppensteiner* in KölnKomm AktG § 304 Rn. 62; *Baumbach/Hueck* AktG § 306 Rn. 7; *Hüchting* Abfindung und Ausgleich, S. 78; vgl. *Biedenkopf/Koppensteiner* in KölnKomm AktG (1985) § 306 Rn. 8.

1853 Im Ergebnis ebenso *Lutter* ZGR 1978, 347, 351.

1854 *Biedenkopf/Koppensteiner* in KölnKomm AktG (1985) § 306 Rn. 8.

1855 *Godin/Wilhelmi* AktG § 306 Anm.6; *Hüchting* Abfindung und Ausgleich, S. 78.

und Ausgleich – der wesentlichen Konditionen des Unternehmensvertrages[1856] – trotz Verlegung des Streits ins Spruchverfahren bei den Aktionären verbleibt: Die Hauptversammlung beschließt über den Vertrag und mithin auch über dessen Konditionen[1857]. Deswegen erforderte eine Herabsetzung als Vertragsänderung aus kompetenzrechtlicher Sicht eine erneute entsprechende Beschlußfassung[1858].
Daß als *alleinige* mögliche Wirkung der gerichtlichen Entscheidung die Vertragsanpassung im Sinne einer *Verbesserung* der Ausgleichs- und Abfindungsbeträge möglich sein soll, läßt sich auch der speziellen und allein auf diesen Fall zugeschnittenen Kündigungsmöglichkeit entnehmen, welche der Gesetzgeber dem anderen Vertragsteil gemäß § 304 Abs. 5 AktG für den Fall einräumt, daß das Gericht eine höhere Bemessung von Ausgleich oder Abfindung[1859] als im Vertrag vorgesehen vorsieht[1860]. Ausweislich der Gesetzesbegründung hat der Gesetzgeber damit berücksichtigt, daß eine Erhöhung von Ausgleich und Abfindung im Spruchverfahren den anderen Vertragsteil – die herrschende Gesellschaft - einer bei Vertragsschluß nicht vorhergesehenen Mehrbelastung aussetzen kann[1861]. Hieraus wird ersichtlich, daß der Gesetzgeber nur von der Möglichkeit einer Erhöhung der Kompensation im Spruchverfahren ausging.
Diese Interpretation, derzufolge die Aktionäre der abhängig werdenden Gesellschaft -, was die vertragliche Festsetzung von Ausgleich und Abfindung betrifft, - von einem "Mindestwert" ausgehen können und insofern eine Unterschreitung nicht befürchten müssen[1862], steht insoweit auch im Einklang mit dem gesetzgeberischen Verständnis, wie es in den Begründungen zur Parallelregelung bei der Eingliederung zum Ausdruck gekommen ist. Danach steht die Höhe des Leistungsangebotes der Hauptgesellschaft im Zeitpunkt der Beschlußfassung zwar noch nicht endgültig fest, da durch die gerichtliche Entscheidung eine höhere Abfindung bestimmt werden kann[1863]. "Immerhin" sollen die Aktionäre der Hauptgesellschaft aber aus dem Angebot ersehen können, mit welcher Leistung (Abfindung) die Hauptgesellschaft "*mindestens*" rechnen muß[1864]. Was die Entscheidungswirkung des Spruchverfahrens im Sinne des § 306 AktG a.F.[1865] betrifft, kann für die unternehmensvertraglichen Kompensationsleistungen von

---

1856 Vgl. *Beyerle* BB 1978, 784, 786.
1857 Vgl. *Lutter/Lutter/Drygala* UmwG § 12 Rn. 12 – insoweit entsprechend - zum Verschmelzungsrecht.
1858 Vgl. *Godin-Wilhelmi* AktG § 306 Anm.6 a.E.
1859 § 304 Abs. 5 AktG gilt gemäß § 305 Abs. 5 S. 4 AktG sinngemäß auch für den Fall der Erhöhung der Abfindung.
1860 Vgl. *Godin/Wilhelmi* AktG § 306 Anm.6; *Hüchting* Abfindung und Ausgleich, S. 78.
1861 *Kropff* Begr.RegE AktG 1965, zu § 304, S. 396.
1862 Vgl. *Obermüller/Werner/Winden* AktG 1965, S. 192.
1863 *Kropff* Begr.RegE AktG 1965, zu § 320, S. 425.
1864 *Kropff* Begr.RegE AktG 1965, zu § 320, S. 425.
1865 Jetzt § 13 SpruchG.

Abfindung und Ausgleich nichts anderes gelten als bei der sich für die Eingliederung parallel stellenden Problematik.
Aufgrund der im Gesetz und den Begründungen zum Ausdruck gekommenen gesetzgeberischen Wertungen ist eine Reduzierung von Ausgleich und Abfindung als Verfahrensziel des aktienrechtlichen Spruchverfahrens damit allenfalls de lege ferenda möglich. De lege lata erschöpft sich das Spruchverfahren in seiner Funktion als „Verbesserungs-“ oder augmentativer Rechtsbehelf”[1866].

cc) Unzulässigkeit der Gewährung einer “eigenen” Kompensationsleistung

Da insoweit eine Herabsetzung der “fremden” Kompensation – Ausgleich und Abfindung für die Aktionäre der abhängig werdenden Gesellschaft - de lege lata ausscheidet, ließe sich schließlich allein noch an die Gewährung einer “eigenen” Kompensation für die von einer zu hohen Bemessung von Ausgleich und Abfindung betroffenen Aktionäre der herrschenden Gesellschaft denken. Gegen die Vereinbarkeit einer solchen Lösung mit der Konzeption des geltenden Rechts spricht jedoch zum einen, daß der Gesetzgeber ausdrücklich und bewußt den Schutz auf die Anteilsinhaber der übertragenden bzw. der abhängig werdenden Gesellschaft beschränkt hat[1867]. Zum anderen bedarf die Zahlung eines Ausgleichs oder einer Abfindung als Einlagenrückgewähr einer besonderen gesetzlichen Zulassung. Da es insoweit an der zwingend erforderlichen ausdrücklichen gesetzlichen Gestattung[1868] mangelt, bedeuteten solche Zahlungen de lege lata einen Verstoß gegen das Verbot der Einlagenrückgewähr, § 57 Abs. 1 S. 1 AktG. Für die Abfindung folgt dies aus den §§ 57 Abs. 1 S. 2, 71 Abs. 1 Nr. 3 AktG. Bei der Regelung der Ausnahmen vom Erwerbsverbot eigener Aktien im Sinne des § 71 Abs. 1 Nr. 3 AktG handelt es sich ausweislich der Gesetzesbegründung[1869] um eine abschließende Regelung[1870]. Insoweit dürfte der Versuch, den § 71 Abs. 1 Nr. 3 AktG über die dort aufgeführten Tatstände hinaus um einen weiteren Abfindungsfall zu erweitern, auch an dem ausdrücklich entgegenstehenden Willen des Gesetzgebers, nach dem der Erwerb eigener Aktien “*nur in den wenigen Fällen*” des § 71 Abs. 1 Nr. 3 AktG zulässig sein soll[1871], scheitern.
Vor diesem Hintergrund ist wie schon im UmwG auch im Recht des Unternehmensvertrages kein Raum für die Annahme einer planwidrigen Regelungslücke, welche den Weg für einen Analogieschluß ebnen könnte zum

---

1866 Siehe oben B.III.3.b)ba)(2)(ca).

1867 Vgl. *Ganske* Begr.RegE UmwBerG 1994, zu den §§ 293ff., S. 297.

1868 Vgl. dazu *Bayer* in MünchKomm AktG § 57 Rn. 75; *Hüffer* AktG § 57 Rn. 6.

1869 Vgl. *Ganske* Begr.RegE UmwBerG 1994, zu § 71 Abs. 1 Nr. 3 AktG, S. 295 – durch das UmwBerG wurden die zulässigen Erwerbsfälle um die §§ 29 Abs. 1, 207 Abs. 1 UmwG erweitert.

1870 *Hüffer* AktG § 71 Rn. 15; vgl. auch schon *Kropff* Begr.RegE AktG 1965, zu § 71, S. 90.

1871 *Ganske* Begr.RegE UmwBerG 1994, zu § 71 Abs. 1 Nr. 3 AktG, S. 295.

Schutz der Aktionäre der herrschenden Gesellschaft gegen die zu hohe vertragliche Bemessung von Ausgleich und Abfindung im Wege des Spruchverfahrens.

b) Schutz gegen die Gefahr einer (späteren) Erhöhung von Abfindung und Ausgleich im Spruchverfahren

Hinsichtlich des Schutzes der Aktionäre der herrschenden Gesellschaft gegen die Gefahr einer nachträglichen Erhöhung von Ausgleich und Abfindung im Spruchverfahren kann auf die Ausführungen zum Recht des Formwechsels verwiesen werden[1872]. Auch im Unternehmensvertragsrecht ist es Sache der herrschenden Gesellschaft, nicht aber ihrer Gesellschafter, den gefaßten Beschluß im Spruchverfahren gegen eine Erhöhung zu verteidigen[1873]. Die Interessen der Gesellschafter werden durch die Gesellschaft vertreten, da Verfahrensgegner der andere Vertragsteil des Unternehmensvertrages, also die herrschende Gesellschaft ist[1874]. Dies war zwar - anders als im UmwG[1875] - nicht ausdrücklich geregelt. Daß dem herrschenden Unternehmen vor Inkrafttreten des SpruchG die Stellung eines Antragsgegners zukam, läßt sich jedoch mittelbar den Bestimmungen entnehmen[1876]. Das Gesetz brachte dies durch die Vorschrift des § 306 Abs. 4 S. 1 AktG a.F. zum Ausdruck, wonach die Vertragsparteien in dem Verfahren vom Gericht zu hören waren[1877]. § 5 Nr. 1 SpruchG enthält insofern ausweislich seiner Begründung eine Klarstellung[1878]. Jeder Aktionär der herrschenden Gesellschaft, welcher sich nicht ausreichend vertreten fühlt bzw. der befürchten muß, daß der Vorstand das Verfahren nicht entschieden genug führt, kann dem Verfahren als Nebenintervenient beitreten[1879]. Ihm kommt aufgrund der Rechtskraftwirkung der

---

1872 Siehe dazu oben B.III.3.b)aa).

1873 *Hoffmann-Becking* in Henze/Hoffmann-Becking GesR 2001, 55, 70.

1874 OLG Düsseldorf AG 1992, 200, 201; *Emmerich* in Emmerich/Habersack Aktien- und GmbH-Konzernrecht § 306 Rn. 16; *Bilda* in MünchKomm AktG § 306 Rn. 52; *Henze* ZIP 2002, 97, 107; vgl. *DAV-Handelsrechtsausschuß* Stellungnahme RefE SpruchG NZG 2002, 119, 124.

1875 § 307 Abs. 2 UmwG a.F.

1876 *Neye* ZIP 2002, 2097, 2101.

1877 *Emmerich* in Emmerich/Habersack Aktien- und GmbH-Konzernrecht § 306 Rn. 16; *Bilda* in MünchKomm AktG § 306 Rn. 52.

1878 Ausweislich der Begr.RefE SpruchG wird durch § 5 SpruchG-RefE für die aktienrechtlichen Ausgleichs- und Abfindungsfälle erstmals ausdrücklich geregelt, gegen wen der Antrag zu richten ist. Dabei soll es sich lediglich um eine Klarstellung handeln (*Neye* ZIP 2002, 2097, 2101).

1879 *Emmerich* in Emmerich/Habersack Aktien- und GmbH-Konzernrecht § 293 Rn. 38c; *Hoffmann-Becking* in Henze/Hoffmann-Becking GesR 2001, 55, 69f.; *Henze* ZIP 2002, 97, 107; *DAV-Handelsrechtsausschuß* Stellungnahme RefE SpruchG NZG 2002, 119, 124.

Entscheidung gemäß § 13 S. 2 SpruchG[1880] nach § 69 ZPO die Stellung eines Streitgenossen im Sinne des § 61 ZPO zu[1881].

3. Rechtsschutzmöglichkeiten der Aktionäre der Hauptgesellschaft gegen eine zu hohe Abfindung bei der Mehrheitseingliederung

Was die Geltendmachung von Beschlußmängeln des Hauptversammlungsbeschlusses der Hauptgesellschaft betrifft, so gelten die allgemeinen Regeln der §§ 241ff. AktG[1882]. Nach der sämtlichen Anfechtungsausschlüssen zugrunde liegenden Regelungstechnik läßt der Anfechtungsausschluß die Anfechtbarkeit abgesehen von den spezifischen, in den Anfechtungsausschlußtatbeständen genannten Gründen unberührt[1883]. § 320b Abs. 2 AktG beschränkt demzufolge *allein* die Anfechtbarkeit des Beschlusses der einzugliedernden Gesellschaft[1884]. Für die Bewertungsrüge zur Überprüfung der Angemessenheit der Entschädigung der Aktionäre der einzugliedernden Gesellschaft ist den Aktionären der Hauptgesellschaft nach § 320 AktG der Weg zur Einleitung eines Spruchverfahrens nicht eröffnet; ihnen steht insoweit kein Antragsrecht zu[1885]. Insoweit ist hier dieselbe Situation wie bereits im Recht der Verschmelzung, des Formwechsels und des Unternehmensvertragsrecht anzutreffen[1886]. Danach können die Anteilsinhaber des leistungsverpflichteten Rechtsträgers - die Aktionäre der Hauptgesellschaft - sich *nur* mit Hilfe der Anfechtung des Hauptversammlungsbeschlusses gegen die zu hoch bemessene Abfindung zur Wehr setzen[1887]. Entsprechend der Situation bei Verschmelzung, Formwechsel und Unternehmensvertrag kommt die Möglichkeit eines Spruchverfahrens auch bei der Mehrheitseingliederung für die Aktionäre der Hauptgesellschaft lediglich de lege ferenda in Betracht[1888].

1880 Vgl. §§ 306 Abs. 2, 99 Abs. 5 S. 2 AktG a.F.

1881 *Henze* ZIP 2002, 97, 107; siehe dazu bereits oben B.III.3.b)aa).

1882 *Hüffer* AktG § 320b Rn. 8; *Grunewald* in MünchKomm AktG § 320 Rn. 22, § 319 Rn. 26, § 320b Rn. 15.

1883 Siehe dazu oben A.IV.3.

1884 *Hüffer* AktG § 320b Rn. 8; *Grunewald* in MünchKomm AktG § 320 Rn. 22.

1885 *Grunewald* in MünchKomm AktG § 320 Rn. 22; *Vetter* FS Wiedemann, 1323, 1343; *Henze* ZIP 2002, 97, 107.

1886 Vgl. *Hoffmann-Becking* GesR 2001, 55, 69; *Henze* ZIP 2002, 97, 107; *DAV-Handelsrechtsausschuß* Stellungnahme RefE SpruchG NZG 2002, 119, 124.

1887 *Habersack* in Emmerich/Habersack Aktien- und GmbH-Konzernrecht § 320b Rn. 16; *Hüffer* AktG § 320b Rn. 8; *Grunewald* in MünchKomm AktG § 320 Rn. 22, § 320b Rn. 15; *Henze* ZIP 2002, 97, 107; vgl. auch *Hoffmann-Becking* in Henze/Hoffmann-Becking GesR 2001, 55, 68f.; *Obermüller/Werner/Winden* Die Hauptversammlung, O.III.2. Rn. 100 (S. 512); *Krieger* in Münchner Handbuch GesR AG (2.Aufl.) § 73 Rn. 40 (S. 1157).

1888 *Henze* ZIP 2002, 97, 107; *Vetter* FS Wiedemann, 1323, 1343; vgl. *Hoffmann-Becking* in Henze/Hoffmann-Becking GesR 2001, 55, 69.

Allerdings ist wiederum darauf hinzuweisen, daß auch dem Aktionär der Hauptgesellschaft bei der Mehrheitseingliederung die Möglichkeit bleibt, dem von einem der außenstehenden Aktionäre der eingegliederten Gesellschaft beantragten Spruchverfahren als Nebenintervenient beizutreten[1889]. Ihm kommt mit Rücksicht auf die Rechtskraftwirkung der Entscheidung gemäß § 13 S. 2 SpruchG[1890] nach § 69 ZPO die Stellung eines Streitgenossen im Sinne des § 61 ZPO zu[1891]. Insoweit kann auf die Ausführungen zu § 210 UmwG verwiesen werden[1892].

4. Abwesenheit einer entsprechenden Situation beim Squeeze-out

Eine entsprechende Problematik der Anfechtbarkeit wegen eines zu hoch bemessenen Barabfindungsangebots stellt sich beim Squeeze-out nicht. Hier wäre allenfalls an Anfechtungsklagen von Aktionären des Hauptaktionärs zu denken. Einer Zustimmung der Hauptversammlung zur Durchführung des Squeeze-out bedarf es – anders als bei der Eingliederung (§ 319 Abs. 2 S. 1 AktG) – nicht[1893]. Zum einen stellt der Erwerb von maximal 5% der Aktien an einer Gesellschaft, an der der Hauptaktionär bereits eine Beteiligung von 95% hält, eine reine Geschäftsführungsmaßnahme dar, zum anderen kommt es hierbei auch nicht zur Ausgabe von Aktien des Hauptaktionärs an die Minderheitsaktionäre[1894]. Anfechtungsklagen der Aktionäre des Hauptaktionärs spielen im Bereich des Squeeze-out damit grundsätzlich keine Rolle[1895].

1889 Vgl. *Hoffmann-Becking* in Henze/Hoffmann-Becking GesR 2001, 55, 70; *Henze* ZIP 2002, 97, 107.

1890 §§ 320b Abs. 3 S. 3 AktG, 306 Abs. 2, 99 Abs. 5 S. 2 AktG a.F.

1891 Vgl. *Henze* ZIP 2002, 97, 107.

1892 Siehe oben B.III.3.b)aa).

1893 *Hasselbach/Sieger* ZGR 2002, 122, 161; *Hasselbach* in Hirte/v.Bülow KölnKomm WpÜG § 327a Rn. 48; *Steinmeyer/Häger* WpÜG § 327a Rn. 18.

1894 *Hasselbach* in Hirte/v.Bülow KölnKomm WpÜG § 327a Rn. 48.

1895 Vgl. *Hasselbach* in Hirte/v.Bülow KölnKomm WpÜG § 327f AktG Rn. 6.

5. Ergebnis

Im Ergebnis ist festzuhalten, daß der auf die Möglichkeit einer Anfechtungsklage und der Nebenintervention beschränkte Rechtsschutz, den die lex lata dem Aktionär der zur Kompensationsleistung verpflichteten Gesellschaft zum Schutz gegen überhöhte Kompensationsleistungen bietet, *unvollkommen* ist. Insbesondere die ihm für die Bewertungsrüge verbleibende Anfechtungsmöglichkeit ist mißlich: Abgesehen davon, daß die Möglichkeit der Anfechtungsklage keinen zielführenden Rechtsschutz bietet, ist sie vor allem angesichts ihres „Pressionspotentials" rechtspolitisch unbefriedigend, da sie insoweit dem Mißbrauch Tür und Tor öffnet. Insoweit ist der Gesetzgeber aufgefordert, für entsprechende Abhilfe zu sorgen[1896].

[1896] Siehe unten D.II.

D. Wesentliches Ergebnis der Untersuchung und Überlegungen de lege ferenda

Das Verhältnis zwischen Anfechtungsklage und Spruchverfahren, wie es die lex lata beschreibt, wird bestimmt durch die Reichweite des jeweiligen Anfechtungsausschlusses. Aufgrund der Kompensationsfunktion des Spruchverfahrens besitzt der zu kompensierende Anfechtungsausschluß „Überleitungs-" bzw. „Überantwortungsfunktion"; d.h. ihm unterliegen de lege lata ausschließlich solche materiellen Mängel der jeweiligen Kompensationsleistungsregelung, die einer Überprüfung *und* zugleich einer Korrektur im reformatorischen Sinne zugänglich sind[1897]. Will man an diesem kompensatorischen Charakter festhalten und das Spruchverfahren demzufolge auch in Zukunft als „Ersatzsanktion"[1898] für die Anfechtungsklage verstanden wissen, so muß dieser zwingende und untrennbare Regelungszusammenhang zwischen Anfechtungsausschluß und Spruchverfahren auch im Zentrum derjenigen Überlegungen stehen, die eine Ausweitung des Spruchverfahrens „auf Kosten" der Anfechtungsklage zum Gegenstand haben[1899].

I. Ablehnung der Ausweitung des Prinzips „Anfechtungsausschluß zugunsten Spruchverfahren" auf die kompensationsleistungsbezogene Informationsrüge

Wesentliches Ergebnis dieser Arbeit ist die Feststellung, daß der Ausschluß der Anfechtungsklage zugunsten des Spruchverfahrens für den „Rückbau von Anfechtungsgründen"[1900] im Bereich der Informationsrechtsverletzungen weder geeignet noch bestimmt ist. Entgegen einer weit verbreiteten Ansicht[1901] ist die Erweiterung des Anfechtungsausschlusses insofern auch de lege ferenda nicht zu befürworten. Meines Erachtens scheint hier die gesellschaftsrechtliche Diskussion in ihrem *berechtigten* Bemühen um ein Zurückdrängen unberechtigter und unredlich erhobener Anfechtungsklagen insbesondere im „Kampf gegen den Mißbrauch" in das „falsche Fahrwasser" geraten zu sein. Vor dem Hintergrund der fehlenden Eignung des Spruchverfahrens sowie des gesetzgeberischen Anliegens, im Wege dieses speziellen und auf die Rüge bestimmter Rechtsmängel „maßgeschneiderten" Rechtsbehelfs effektiven und *zielgenauen* Rechtsschutz zu garantie-

---

1897 Vgl. zu der reformatorischen Wirkung der Entscheidung im Spruchverfahren im Hinblick auf die Kompensationsregelung bereits oben A.IV.1.a); siehe zur Überleitungsfunktion oben B.II.3.d)bb).

1898 Siehe oben die Kritik der Qualifizierung des Spruchverfahrens als Sanktion B.II.3.b)cc)(2)(b).

1899 Siehe zu entsprechenden rechtspolitischen Überlegungen bereits oben A.V.

1900 Vgl. aber dezidiert in diesem Sinne *Hüffer* ZGR 2001, 833, 859f.

1901 Siehe oben die Nachweise A.V.1.a).

ren, ist es ebenso wenig nachvollziehbar wie ersichtlich, warum das Spruchverfahren der Ort sein soll, wohin die berechtigten Informationsinteressen der Aktionäre gehören sollen[1902]. Die Bekämpfung der mißbräuchlichen Erhebung der Anfechtungsklage erfordert ein Korrektiv, welches im Gegensatz zum Anfechtungsausschluß mit seiner zu „breitflächigen" Wirkung einzelfallgerecht eine Differenzierung zwischen berechtigten und unberechtigten bzw. redlichen und unredlichen Informationsrügen erlaubt. Zudem ist die Problematik des Mißbrauchs der Anfechtungsklage keineswegs auf die Erhebung unberechtigt bzw. unredlich erhobener Informationsrügen in Bezug auf im Rahmen von Strukturmaßnahmen anzubietender und im Spruchverfahren überprüfbarer Kompensationsleistungen beschränkt. Abgesehen von der Tatsache, daß die Rüge bewertungsrelevanter Information in der Praxis eine überdurchschnittlich beliebte ist[1903], weist der Kampf gegen die mittels Anfechtungsklage erhobenen Informationsrügen keinerlei „spezifischen Zusammenhang" mit bewertungsrechtlichen Fragen auf. Die entsprechende Erweiterung des Anfechtungsausschlusses ist dem Gesetzgeber von daher bereits aus dem Grunde nicht anzuraten, weil sie im Rahmen solcher zustimmungsbedürftiger Maßnahmen, für die das Gesetz kein Spruchverfahren vorsieht, keine Abhilfe zu leisten vermag[1904]. Folglich ist de lege ferenda nicht zuletzt im Interesse eines einheitlichen Beschlußmängelrechts statt dessen ein solches Korrektiv zur Bewältigung der Problematik zu befürworten, das für jeden Fall der auf eine Informationsrechtsverletzung gestützten Beschlußanfechtung eingreifen kann, und zwar unabhängig vom Gegenstand des vom Aktionär erstrebten bzw. gerügten Informationsgegenstandes[1905]. Die vorstehenden Überlegungen veranschaulichen, daß die sich dem Gesetzgeber stellende Problematik im Bereich des allgemeinen Anfechtungsrechts anzusiedeln und demzufolge auch nur dort zu bewältigen ist[1906]. Die vorliegenden Arbeit kann und soll sich hier auf die Feststellung beschränken, daß das gesetzgeberische Regelungsinstrument „Spruchverfahren statt Anfechtungsklage" weder de lege lata noch de lege ferenda einen ge-

---

1902 Vgl. aber als einer unter vielen etwa *Kurzwelly* in Henze/Hoffmann-Becking GesR 2001, 1, 21.

1903 Vgl. die statistische Erhebung bei *Baums/Vogel/Tacheva* ZIP 2000, 1649, 1652f.

1904 Vgl. in diesem Zusammenhang *Grunewald* ZIP 2002, 18, 21.

1905 Erwägenswert ist als ein solches Korrektiv etwa die Einführung eines Freigabeverfahrens in Anlehnung an § 16 Abs. 3 UmwG für alle Hauptversammlungsbeschlüsse; vgl. in diesem Zusammenhang den Vorschlag einer Ausdehnung des Freigabeverfahrens auf strukturändernde Beschlüsse *Baums* Kommissionsbericht Corporate Governance Rn. 153 (S. 176).

1906 Zu bedenken ist, daß sich ein Rückbau von Anfechtungsgründen praktisch auch ganz einfach dadurch bewerkstelligen läßt, indem man die Rechtmäßigkeitsanforderungen an die jeweiligen zu fassenden Hauptversammlungsbeschlüsse herabsenkt; vgl. zu diesem Gedanken *Hüffer* ZGR 2001, 833, 859; siehe in diesem Zusammenhang auch *Zöllner* AG 2000, 145, 152, der eine „gewisse Zurückschneidung der gesellschaftsrechtlichen Informationspflichten, soweit es um die Vorbereitung gesellschaftsrechtlicher Entscheidungen geht", erwägt.

eigneten dogmatischen Anknüpfungspunkt für den Rückbau von Anfechtungsgründen im Zusammenhang mit Informationsrechtsverletzungen bietet.

II. Befürwortung der Verweisung der Bewertungsrüge im Hinblick auf die zu hoch bemessene Kompensationsleistung ins Spruchverfahren unter gleichzeitigem Ausschluß der Anfechtungsklage

Prinzipiell anders verhält es sich dagegen mit der Rüge der zu hoch bemessenen Kompensationsleistung durch den Aktionär der zur Leistung verpflichteten Gesellschaft: Diese stellt im Gegensatz zur kompensationsleistungsbezogenen Informationsrüge tatsächlich eine „Bewertungsrüge" dar[1907]. Hier kann das Spruchverfahren insoweit die ihr zugedachte Kompensationsfunktion entfalten. Die gezielte „Umleitung" dieser Bewertungsrüge im Wege eines Anfechtungsausschlusses ist vor diesem Hintergrund de lege ferenda zu befürworten. Sie wird - im Gegensatz zu der nicht zu befürwortenden Umleitung der Informationsrüge - dem „doppelten Regelungsanliegen", welches dem Prinzip „Spruchverfahren statt Anfechtungsklage" immanent ist[1908], vollumfänglich gerecht. So verwirklicht sie einerseits das Interesse des von der zu hohen Bemessung betroffenen Aktionärs an zielgenauem und effektivem Rechtsschutz und andererseits das Interesse der Gesellschaft an der zügigen Durchführung und am Vollzug der beschlossenen Strukturänderung durch die Verhinderung einer Blockade. Letzteres ist insbesondere zur Vermeidung des mit der Möglichkeit einer auf die fehlerhafte Bewertung gestützten Anfechtungsklage verbundenen nicht unerheblichen „Pressionspotentials" im Interesse aller Beteiligten sinnvoll, ja sogar geboten.
Vor diesem Hintergrund entspricht die Annahme eines entsprechenden gesetzgeberischen Regelungsbedarfs hinsichtlich eines Anfechtungsausschlusses zugunsten des Spruchverfahrens für den übernehmenden Rechtsträger bei der Verschmelzung entsprechend der auf den übertragenden Rechtsträger beschränkten Regelung der §§ 14 Abs. 2, 15 Abs. 1 UmwG auch allgemeiner Ansicht[1909]. Es empfiehlt sich daher eine ausdrückliche Ausdehnung auf die übernehmende Gesellschaft. Die sich bei einem Barausgleich zugunsten der Aktionäre der aufnehmenden Gesellschaft ergebenden Konflikte mit dem Verbot der Einlagenrückgewähr im Sinne des § 57 Abs. 1 AktG[1910] sind lösbar: Der Gesetzgeber hat es insoweit selbst in der Hand, dieses Hindernis durch entsprechende Gestattung zu

---

1907 Siehe für die Kritik einer entsprechenden Qualifizierung der Informationsrüge als Bewertungsrüge oben; abzulehnen ist auch der Versuch einer Differenzierung zwischen „echter und unechter Bewertungsrüge", vgl. in diesem Sinne aber wohl *Hirte* ZHR 167 (2003), 1, 31.

1908 Siehe dazu oben A.IV.1.

1909 Siehe die umfangreichen Nachweise oben B.III.3.b)ba)(2)(a)(aa).

1910 Vgl. zu den gesetzgeberischen Bedenken *Ganske* Begr.RegE UmwBerG 1994, zu § 14 UmwG, S. 52.

beseitigen[1911]. Die Problematik der Aufbringung der hierfür erforderlichen Mittel[1912] läßt sich lösen, indem der verpflichteten Gesellschaft im Wege der Ergänzung des § 71 Abs. 1 Nr. 3 AktG nachgelassen wird, den geschuldeten Ausgleich durch Ausgaben von Anteilen aus Gesellschaftsmitteln zu erfüllen[1913].
Der Gestaltungsbedarf des Gesetzgebers beschränkt sich jedoch keineswegs auf die Regelung im Zusammenhang mit dem unangemessenen Umtauschverhältnis bei der Verschmelzung. Vielmehr ist der Gesetzgeber aufzufordern, überall dort, wo dem Aktionär der zur Kompensationsleistung verpflichteten Gesellschaft für die Rüge ihrer zu hohen Bemessung nur die Anfechtungsklage möglich ist[1914], gerade im Hinblick auf das Pressionspotential für entsprechende Abhilfe zu sorgen und die Anfechtungsklage entsprechend zugunsten des Spruchverfahrens auszuschließen: So sollte die Anfechtungsklage auch für die Rüge der zu hoch bemessenen Kompensation in Form der Abfindung - im Unternehmensvertragsrecht auch des Ausgleichs - in Aktien- und Umwandlungsgesetz *durchweg* zugunsten des Spruchverfahrens - und, damit das Rechtsinstrument des Anfechtungsausschlusses in jedem Fall „funktionsgerecht" eingesetzt wird und insoweit nicht systemwidrig kompensationslos erfolgt, *nur* auf diesem Wege - ausgeschlossen werden. De lege lata empfiehlt sich m.E. nicht die Einführung der Möglichkeit eine Reduzierung der jeweiligen Kompensation im Wege des Spruchverfahrens im Sinne einer „Korrektur nach unten". Für die Beibehaltung des Charakters des Spruchverfahrens als Verbesserungs- oder „augmentativer" Rechtsbehelf spricht, daß im Zeitpunkt der Beschlußfassung über die jeweilige Strukturmaßnahme Klarheit darüber besteht, daß der jeweils angebotenen Kompensationsleistung, wie sie Gegenstand des jeweiligen Strukturmaßnahmeberichts und Prüfungsberichts ist, ein *Mindestwert* als „Richtschnur" für die ausscheidewilligen ebenso wie für die zum Verbleib entschlossenen Anteilsinhaber darstellt. Die Unveränderlichkeit jedenfalls in eine Richtung zu wissen, wird dabei zum einen der der Hauptversammlung zugewiesenen Kompetenz im Hinblick auf die Bestimmung der Kompensationsleistung bzw. die Billigung des dieser zugrunde liegenden Bewertungsergebnisses gerecht. Hierfür spricht nicht zuletzt der Gesichtspunkt des Vertrauensschutzes. Darüber hinaus entspricht sie auch der Rollenverteilung zwi-

---

[1911] *Arbeitskreis Umwandlungsrecht* (Bork/Hommelhoff/Lutter/K.Schmidt/Schulze-Osterloh/Teichmann/Zöllner) ZGR 1993, 321, 323; vgl. dazu auch *Hommelhoff* ZGR 1993, 452, 470, der darauf hinweist, daß die bare Zuzahlung ohne Gläubigergefährdung aus freien Rücklagen der Gesellschaft oder aber von Seiten Dritter geleistet werden könnte.

[1912] Vgl. *Ganske* Begr.RegE UmwBerG 1994, zu § 14 UmwG, S. 52.

[1913] Vgl. bereits *Hoffmann-Becking* ZR 1990, 482, 486; *DAV-Handelsrechtsausschuß* Stellungnahme zum RefE des UmwBerG, WM 1993, Sonderbeilage Nr. 2, Rn. 53 (S. 11); *ders.* NZG 2000, 802, 803; *Baums* Gutachten 63. DJT, F 121; *ders.* Kommissionsbericht Corporate Governance Rn. 151 (S. 175); eingehend dazu *Bayer* ZHR 163 (1999), 505, 550f.; vgl. zuletzt *Hoffmann-Becking* in Hommelhoff/Lutter/Schmidt/Schön/Ulmer Corporate Governance 2002, 215, 225f.

[1914] Siehe dazu eingehend oben C.II.

schen den Parteien im Spruchverfahren nach altem und neuem Spruchverfahrensrecht. Nur auf diesem Wege läßt sich zudem die Gefahr von „Privatfehden"[1915] zwischen (zerstrittenen) Aktionärskollegen vermeiden. Die vorstehenden Überlegungen sprechen m.E. gegen die Ermöglichung einer Korrektur „nach unten" im Sinne einer Reduzierung der Kompensation und zugleich dafür, für die von ihrer zu hohen Bemessung betroffenen Aktionäre einen eigenen im Spruchverfahren überprüfbaren Ausgleich zu schaffen. Zwar ist mit diesem hier befürworteten Lösungsweg zwangsläufig das Risiko einer zusätzlichen finanziellen Belastung der Gesellschaft verbunden, die u.U. zusätzlichen Zahlungsverpflichtungen ausgesetzt ist[1916]. Jedoch gilt es in diesem Zusammenhang zu bedenken, daß auch für diese Situation eine – dann im SpruchG vorzusehende – Substantiierungspflicht im Sinne eines „Filters" Schutz vor unberechtigten Anträgen bzw. Ausgleichsersuchen bietet. Zudem wird die mit der Einräumung eines eigenen im Spruchverfahren überprüfbaren Ausgleichs verbundene Kostenlast der Gesellschaft die Unternehmensleitungen in ihrem Bemühen verstärken bzw. dazu „anspornen", von vornherein in tatsächlicher Hinsicht angemessene Kompensationsleistungen anzubieten, ein aus rechtspolitischer Sicht wünschenswerter Nebeneffekt, der im Interesse *aller* Beteiligten ist. Entsprechend der für das Verschmelzungsrecht vorgeschlagenen Lösung bedarf es für die Einräumung entsprechender Kompensationsmöglichkeiten, welche entsprechend auch durch die Ausgabe von Aktien (§ 71 Abs. 1 Nr. 3 AktG) erfüllbar sein sollten, auch hier einer ausdrücklichen gesetzlichen Gestattung.

1915 Vgl. kritisch zu ihrer Ermöglichung *Hoffmann-Becking* Diskussionsbeitrag in Henze/Hoffmann-Becking GesR 2001, S. 77.

1916 Siehe in diesem Zusammenhang die Kritik von *Sernetz* in Henze/Hoffmann-Becking GesR 2001, S. 71, der die Zubilligung eines eigenen Ausgleichs ablehnt, da „dafür die Gesellschaft zahle, die übrig bleibt". Er hält dagegen zur Bewältigung der Problematik der Rüge zu hoher Abfindungen die Möglichkeit für denkbar, daß die Abfindungsleistung des ausscheidenden Aktionärs erst am Ende des Spruchverfahrens erbracht wird und zu hohe Zahlungen auf diese Weise von vornherein vermieden werden (diesen Vorschlag findet auch *Hoffmann-Becking* in Henze/Hoffmann-Becking GesR 2001, S. 71 interessant). Dieser Vorschlag mag zwar geeignet sein, zu hohe Abfindungen zu vermeiden, so daß sich folgerichtig auch das Problem eines eigenen im Spruchverfahren überprüfbaren Ausgleichs für den verbleibenden Aktionär erübrigt. Er läßt indes jeden konstruktiven Vorschlag zur Beseitigung der Anfechtbarkeit wegen der (auch nur vermeintlich) zu hoch bemessenen Abfindung und des damit verbundenen Pressionspotentials vermissen. Schließlich bleibt ein zu hoch bemessenes Abfindungsangebot nach diesem Vorschlag auch insoweit tatsächlich möglich, als für den Fall, daß ein Spruchverfahren von den ausscheidewilligen Aktionären gar nicht erst angestrengt wird, die Abfindung sofort - und zu hoch - und nicht erst am Ende eines Spruchverfahrens in angemessener Höhe gezahlt wird.

III. Vorschlag der Vereinheitlichung der jeweiligen „Regelungseinheiten" von Anfechtungsausschluß und Spruchverfahren

Die verschiedenen Kompensationsregelungen bei Unternehmensverträgen und Umwandlungen, die bisher durch einen Zustand der „rechtlichen Zersplitterung" gekennzeichnet sind, bei dem das Gesetz Anfechtungsklagen teilweise zuläßt, teils – und das wiederum in unterschiedlichem Maße – ausschließt, bedürfen einer einheitlichen Ordnung[1917]. Insoweit läßt sich an entsprechende Vereinheitlichungstendenzen, die der Gesetzgeber in Bezug auf die Ausgestaltung des Minderheitenschutzes im Rahmen des UmwBerG 1994 unzweifelhaft erkennen läßt, anknüpfen und konsequent im Bereich der Regelung von Anfechtungsausschluß und Spruchverfahren fortführen. Anhaltspunkte dafür, daß der Gesetzgeber im Rahmen des UmwBerG 1994 um eine entsprechende Vereinheitlichung der Kompensationsregelungen bemüht war, lassen sich auch den Materialien entnehmen: Dort spricht der Gesetzgeber von einer „erforderlichen Parallele der Abfindungsregelungen" in Umwandlungs- und Aktiengesetz[1918]. Darüber hinaus ist im Wege des UmwBerG 1994 die beschlußvorbereitende Information nach Art und Ausmaß in Bezug auf die Kompensationsleistungen ohne Rücksicht auf Unterschiede - weder der jeweiligen Strukturmaßnahme noch der jeweiligen Kompensationsform - weitestgehend identisch ausgestaltet und damit vereinheitlicht worden. Das SpruchG knüpft an diese einheitlichen Informationsstandards an und ebnet damit gleichfalls den Weg für eine Vereinheitlichung über die von ihr verwirklichte verfahrensrechtliche hinaus auch im Hinblick auf eine einheitliche materiellrechtliche Regelung. Vernünftige Gründe dafür, daß dieses Bestreben nach Vereinheitlichung der aktien- und umwandlungsgesetzlichen Kompensationsregelungen vor der Konzeption eines einheitlichen Rechtsschutzes durch Anfechtungsklage und Spruchverfahren im Zusammenhang mit diesen halt machen sollte, sind nicht ersichtlich.

Infolgedessen erscheint im Interesse eines einheitlichen Beschlußmängelrechts eine einheitliche Formulierung der Anfechtungsausschlüsse wünschenswert. Sie ist insbesondere vor dem Hintergrund ebenso geboten wie gerechtfertigt, daß Art und Ausmaß, welche das Spruchverfahren, zu „dessen Gunsten" die Anfechtung ausgeschlossen ist, an Rechtsschutz zu leisten imstande ist, weder nach der Form der jeweiligen Kompensationsleistung noch nach der Art der jeweiligen Strukturänderung differieren. Im Zuge der hier befürworteten Angleichung sollte eine einheitliche abstrakte Formulierung der jeweiligen Tatbestände gewählt werden, welche sicherstellt, daß dem Anfechtungsausschluß über den Fall der – in beide

---

1917 Soweit zutreffend *Röhricht* in VGR GesR 2001, 3, 34, der diese Feststellung indes im Zusammenhang mit der Befürwortung einer – nach der hier vertretenen Ansicht abzulehnenden - einheitlichen Verweisung kompensationsleistungsbezogener Informationsrügen in das Spruchverfahren trifft.

1918 Vgl. *Ganske* Begr.RegE UmwBerG 1994, zu § 71 AktG, S. 295.

Richtungen weisenden - Unangemessenheit hinaus einerseits *alle,* andererseits *ausschließlich* solche der jeweiligen Kompensationsregelung anhaftenden materiellen Rechtsmängel unterliegen, die einer Überprüfung und zielführenden Korrektur im Spruchverfahren zugänglich sind. Damit sollen de lege ferenda dem Anfechtungsverfahren sämtliche materiellen Einwendungen entzogen und insoweit dem Spruchverfahren überantwortet werden.

Literaturverzeichnis

Adolff, Johannes/ Tieves, Johannes Über den rechten Umgang mit einem entschlusslosen Gesetzgeber: Die aktienrechtliche Lösung des BGH für den Rückzug von der Börse, BB 2003, S. 797ff.

Aerssen, Rick van Aktionäre sind auf das Spruchverfahren verwiesen – Neue Urteile des Bundesgerichtshofes gelten nicht nur für Umwandlungen, F.A.Z. Nr. 116 vom 19.05.2001, S. 23

Ders. Die Antragsbefugnis im Spruchstellenverfahren des Aktiengesetzes und im Spruchverfahren des Umwandlungsgesetzes, AG 1999, S. 249ff.

Aha, Christof Anfechtungstourismus muß ein Ende haben – Schützen die Gerichte vor mißbräuchlichen Anfechtungen im Aktienrecht?, F.A.Z. Nr. 263 vom 12.11.2003, S. 27

Ders. BB-Kommentar, Anm. zu OLG Köln, Beschluß vom 06.10.2003 – 18 W 35/03, BB 2003, S. 2307ff.

Altmeppen, Holger Zum richtigen Verständnis der neuen §§ 293a – 293g AktG zu Bericht und Prüfung beim Unternehmensvertrag, ZIP 1998, S. 1853ff.

Angerer, Lutz Der Squeeze-out, BKR 2002, S. 260ff.

App, Michael Das Spruchstellenverfahren bei der Abfindung von Gesellschaftern nach einer Umwandlung, BB 1995, S. 267ff.

Arbeitskreis Umwandlungsrecht Vorschläge zum Referentenentwurf eines Umwandlungsgesetzes, ZGR 1993, S. 321ff.

Bärwaldt, Roman Kommentar zu BGH v. 29.1.2001 – II ZR 368/98, GmbHR 2001, S. 251f.

Baumbach, Adolf/ Hueck, Alfred/ Hueck, Götz Kommentar zum Aktiengesetz, 13. Auflage, München 1968 (zitiert: Baumbach/Hueck AktG)

Baums, Theodor Anmerkung zu OLG Hamm BB 1981, S. 259ff.; BB 1981, S. 262ff.

Ders. Verschmelzung mit Hilfe von Tochtergesellschaften, in: Festschrift für Wolfgang Zöllner, herausgegeben von Manfred Lieb, Ulrich Noack, Harm Peter Westermann, Köln-Berlin-Bonn-München 1998, S. 65ff.

Ders. (Hrsg.) Bericht der Regierungskommission Corporate Governance – Unternehmensführung, Unternehmenskontrolle, Modernisierung des Aktienrechts, Köln 2001 (zitiert: Baums Kommissionsbericht Corporate Governance)

Ders./ Vogel, Hans-Gert/ Tacheva, Maja Rechtstatsachen zur Beschlußkontrolle im Aktiengesetz, ZIP 2000, S. 1649ff.

Bayer, Walter Aktionärsklagen de lege lata und de lege ferenda, in NJW 2000, S. 2609ff.
Ders. Umwandlungsrecht – Rückschau und Entwicklungstendenzen nach drei Jahren Praxis, in: Hommelhoff/ Röhricht (Hrsg.) Gesellschaftsrecht 1997, S. 133ff.
Ders. Informationsrechte bei der Verschmelzung von Aktiengesellschaften, AG 1988, S. 323ff.
Ders. Aktionärsrechte und Anlegerschutz – Kritische Betrachtung der lex lata und Überlegungen de lege ferenda vor dem Hintergrund des Berichts der Regierungskommission Corporate Governance und des Entwurfes eines 4. Finanzmarktförderungsgesetzes, in: Hommelhoff/Lutter/Schmidt/Schön/Ulmer (Hrsg.) Corporate Governance 2002, Heidelberg 2002, S. 137ff.
Ders Verschmelzung und Minderheitenschutz – Besprechung der Entscheidung des OLG Hamm WM 1988, S. 1164, WM 1989, S. 121ff.
Ders. 1000 Tage neues Umwandlungsrecht – eine Zwischenbilanz, ZIP 1997, S. 1613ff.
Ders. Kapitalerhöhung mit Bezugsrechtsausschluß und Vermögensschutz der Aktionäre nach § 255 Abs. 2 AktG, ZHR 163 (1999), S. 505ff.
Ders Kein Abschied vom Minderheitenschutz durch Information – Plädoyer für eine restriktive Anwendung des § 16 Abs. 3 UmwG, ZGR 1995, S. 613ff.
Ders. Die Kontrollfunktion der aktienrechtlichen Anfechtungsklage – Rechtsdogmatische Grundlegung, in: Gesellschaftsrecht in der Diskussion 1999, herausgegeben von der Gesellschaftsrechtlichen Vereinigung (VGR), Köln 2000, S. 35ff.
Ders./ Wirth, Gernot Eintragung der Spaltung und Eintragung der neuen Rechtsträger – oder: Pfadsuche im Verweisungsdschungel des neuen Umwandlungsrechts, ZIP 1996, S. 817ff.
Becker, Robert Die gerichtliche Kontrolle von Maßnahmen bei der Verschmelzung von Aktiengesellschaften, AG 1988, S. 223ff.
Behnke, Thorsten Das Spruchverfahren nach §§ 306 AktG, 305ff. UmwG, Bayreuth 2001 (zitiert: Behnke Spruchverfahren)
Ders. Anmerkung zu OLG Schleswig, Beschluß v.25.8.1999 – 2 W 98/99, NZG 2000, S. 48f.
Beyerle, Konrad Notwendige Änderungen im Verfahren der Freiwilligen Gerichtsbarkeit nach § 306 AktG, BB 1978, S. 784ff.
Bezzenberger, Gerold/ Bezzenberger, Tilman Rechtsschutzmittel der Aktionäre gegen Kapitalverwässerungen – Anfechtungsklage oder Spruchverfahren bei Verschmelzungen und Kapitalerhöhungen mit Bezugsrechtsausschluß -, in: Festschrift für Welf Müller, herausgegeben von Peter Hommelhoff, Roger Zätzsch, Bernd Erle, München 2001, S. 1ff.
Bilda, Klaus Zur Dauer des Spruchstellenverfahrens, NZG 2000, S. 296ff.

Bokelmann, Gunther Eintragung eines Beschlusses: Prüfungskompetenz des Registerrichters bei Nichtanfechtung, rechtsmißbräuchlicher Anfechtungsklage und bei Verschmelzung, DB 1994, S. 1341ff.

Bork, Reinhard Beschlußverfahren und Beschlußkontrolle nach dem Referentenentwurf eines Gesetzes zur Bereinigung des Umwandlungsrechts, ZGR 1993, S. 343ff.

Ders. Das Unbedenklichkeitsverfahren nach § 16 Abs. 3 UmwG, in: Marcus Lutter (Hrsg.), Kölner Umwandlungsrechtstage Verschmelzung Spaltung Formwechsel nach neuem Umwandlungsrecht und Umwandlungssteuerrecht, Köln 1995, S. 261ff.

Böttcher, Conrad/ Meilicke, Heinz Umwandlung und Verschmelzung von Kapitalgesellschaften, 5. Auflage, Berlin-Frankfurt 1958

Boujong, Karlheinz Rechtsmißbräuchliche Aktionärsklagen vor dem Bundesgerichtshof – Eine Zwischenbilanz, in: Festschrift für Alfred Kellermann, herausgegeben von Reinhard Gordeler, Peter Hommelhoff, Marcus Lutter, Walter Odersky und Herbert Wiedemann, Berlin–New York 1991, S. 1ff.

Brandner, Hans Erich/ Bergmann, Alfred Anfechtungsklage und Registersperre, in: Festschrift für Gerold Bezzenberger, herausgegeben von Harm Peter Westermann und Klaus Mock, Berlin-New York 2000, S. 59ff.

Büchel, Helmut Neuordnung des Spruchverfahrens, NZG 2003, S. 793ff.

Bungert, Hartwin Anmerkung zu OLG Karlsruhe NZG 1999, S. 604f., NZG 1999, S. 605ff.

Ders. Unternehmensvertragsbericht und Unternehmensvertragsprüfung gemäß §§ 293a ff. AktG (Teil I), DB 1995, S. 1384ff., (Teil II), S. 1449ff.

Ders./ Mennicke, Petra BB-Gesetzgebungsreport: Das Spruchverfahrensneuordnungsgesetz, eine einheitliche, umfassende Regelung des Spruchverfahrens ab dem 1.9.2003, BB 2003, S. 2021ff.

Decher, Christian E. Die Überwindung der Registersperre nach § 16 Abs. 3 UmwG, AG 1997, S. 388ff.

Ders. Formwechsel – Allgemeine Vorschriften, in: Marcus Lutter (Hrsg.), Kölner Umwandlungsrechtstage Verschmelzung Spaltung Formwechsel nach neuem Umwandlungsrecht und Umwandlungssteuerrecht, Köln 1995, S. 201ff.

Dehmer, Hans Umwandlungsrecht, Umwandlungssteuerrecht, München 1994 (zitiert: Dehmer Umwandlungsrecht)

Ders. Umwandlungsgesetz – Umwandlungssteuergesetz, 2. Auflage, München 1996 (zitiert: Dehmer UmwG)

Deutsche Schutzvereinigung für Wertpapierbesitz e.V.(DSW) Reformvorschläge zum Anfechtungs- und Organhaftungsrecht, Das Wertpapier 2000, Sonderbeilage, Abschnitt I 5

Deutscher Anwaltsverein (DAV) DAV: Stellungnahme des Deutschen Anwaltsvereins zum Referentenentwurf eines Spruchverfahrensneuordnungsgesetzes, NZG 2002, S. 119ff. (zitiert: DAV Handelsrechtsausschuß Stellungnahme RefE SpruchG NZG 2002)

Ders. DAV: Stellungnahme des Deutschen Anwaltsvereins zum Regierungsentwurf eines Spruchverfahrensneuordnungsgesetzes, NZG 2003, S. 316ff. (zitiert: DAV Handelsrechtsausschuß Stellungnahme RegE SpruchG NZG 2003)

Ders. Stellungnahme (des Handelsrechtsausschusses des Deutschen Anwaltsvereins) zu den Gesetzgebungsvorschlägen der Regierungskommission Corporate Governance, BB 2003, Beilage 4/2003 (zitiert: DAV-Handelsrechtsausschuß Stellungnahme Gesetzgebungsvorschläge der Regierungskommission Corporate Governance, BB Beilage 4/2003)

Ders. Stellungnahme des Handelsrechtsausschusses des Deutschen Anwaltsvereins zum Referentenentwurfes eines Gesetzes zur Bereinigung des Umwandlungsrechts, WM Sonderbeilage 2/1993 (zitiert: DAV-Handelsrechtsausschuß Stellungnahme RefE UmwBerG WM 1993)

Ders. Vorschläge des Handelsrechtsausschusses des Deutschen Anwaltsvereins e.V. zur Änderung des UmwG, NZG 2000, S. 802ff. (zitiert: DAV-Handelsrechtsausschuß Änderungsvorschläge UmwG NZG 2000)

Ders. Stellungnahme zu dem Regierungsentwurf eines Gesetzes zur Einführung der Europäischen Gesellschaft (SEEG), NZG 2004, S. 957ff. (zitiert: DAV-Handelsrechtsausschuß RegE SEEG NZG 2004)

Ders. Stellungnahme zum Diskussionsentwurf eines Gesetzes zur Ausführung der Verordnung (EG) Nr. 2157/2001 des Rates vom 8.10.2001 über das Statut der Europäischen Gesellschaft (SE) (SE-Ausführungsgesetz-SEAG), NZG 2004, S. 75ff. (zitiert: DAV-Handelsrechtsausschuß DiskE SEEG NZG 2004)

Deutsches Anwaltsinstitut e.V. (Hrsg.) Jahrbuch der Fachanwälte für Steuerrecht 1995/96, Aktuelle steuerrechtliche Beiträge, Referate und Diskussionen der 46. Steuerrechtlichen Jahresarbeitstagung, Wiesbaden, vom 22. bis 24. Mai 1995, Herne/Berlin 1996 (zitiert: Verfasser in Jahrbuch der Fachanwälte für Steuerrecht 1995/96)

Diekgräf, Robert Sonderzahlungen an opponierende Kleinaktionäre im Rahmen von Anfechtungs- und Spruchstellenverfahren, Heidelberg 1990

Dirrigl, Hans Die Angemessenheit des Umtauschverhältnisses bei einer Verschmelzung als Problem der Verschmelzungsprüfung und der gerichtlichen Überprüfung, Wpg 1989, S. 413ff. und S. 454ff.

Dörfler, Wolfgang/ Gahler, Wolfgang/ Unterstraßer, Stefan/ Wirichs, Robert Probleme bei der Wertermittlung von Abfindungsangeboten – Ergebnisse einer empirischen Untersuchung, BB 1994, S. 156ff.

Döss, Manfred Die Auswirkungen von Mängeln einer Verschmelzung durch Aufnahme auf die rechtliche Stellung einer übertragenden Gesellschaft und ihrer Aktionäre, Mainz 1990

Ebenroth, Carsten Die Kompetenzen des Vorstands und der Aktionärsschutz in der Konzernobergesellschaft, AG 1988, S. 1ff.

Ders. Konzernbildungs- und Konzernleitungskontrolle – Ein Beitrag zu den Kompetenzen von Vorstand und Hauptversammlung, Konstanz 1987

Emmerich, Volker/ Habersack, Matthias Kommentar zum Aktien- und GmbH-Konzernrecht, 2. Auflage, München 2001 (zitiert: Bearbeiter in Emmerich/ Habersack Aktien- und GmbH-Konzernrecht)

Dies. Kommentar zum Aktien- und GmbH-Konzernrecht, 3. Auflage, München 2003 (zitiert: Bearbeiter in Emmerich/ Habersack Aktien- und GmbH-Konzernrecht)

Emmerich, Volker/ Sonnenschein, Jürgen/ Habersack, Matthias Konzernrecht, Das Recht der verbundenen Unternehmen bei Aktiengesellschaft, GmbH, Personengesellschaften, Genossenschaft, Verein und Stiftung, 7.Auflage, München 2001 (zitiert: Emmerich/Sonnenschein/Habersack Konzernrecht)

Engelmeyer, Cäcilie Die Spaltung von Aktiengesellschaften nach dem neuen Umwandlungsrecht, Köln 1995

Dies. Informationsrechte und Verzichtsmöglichkeiten im Umwandlungsgesetz, BB 1998, S. 330ff.

Fleischer, Holger Das neue Recht des Squeeze out, ZGR 2002, S. 757ff.

Fritzsche, Michael/ Dreier, Peter Spruchverfahren und Anfechtungsklage: Vorrang oder Ausnahme des Anfechtungsausschlusses gemäß § 14 Abs. 2 UmwG?, BB 2002, S. 737ff.

Fuhrmann, Lambertus/ Simon, Stefan Der Ausschluß von Minderheitsaktionären – Gestaltungsüberlegungen zur neuen Squeeze-out-Gesetzgebung, WM 2002, S. 1211ff.

Ganske, Joachim Reform des Umwandlungsrechts – ein Bericht, WM 1993, S. 1117ff.

Ders. Die Reform des Umwandlungsrechts, in Wassermeyer (Hrsg.) Grundfragen der Unternehmensbesteuerung, S. 43ff. (zitiert: Ganske in Wassermeyer Grundfragen der Unternehmensbesteuerung)

Ders. Änderungen des Verschmelzungsrechts, DB 1981, S. 1551ff.

Ders. (Hrsg.) Umwandlungsrecht, Düsseldorf 1994 (zitiert: Ganske Begr.RegE UmwBerG 1994)

Geibel, Stephan/ Süßmann, Rainer (Hrsg.) Kommentar zum Wertpapiererwerbs- und Übernahmegesetz (WpÜG), München 2002 (zitiert: Bearbeiter in Geibel/Süßmann WpÜG)

Geißler, Markus Der aktienrechtliche Auskunftsanspruch im Grenzbereich des Mißbrauchs, NZG 2001, S. 539ff.

Gesellschaftsrechtliche Vereinigung (Hrsg.) Gesellschaftsrecht in der Diskussion 2001, Schriftenreihe der Gesellschaftsrechtlichen Vereinigung (VGR), Köln 2002 (zitiert: Verfasser in VGR GesR 2001)

Dies. Gesellschaftsrecht in der Diskussion 1999, Schriftenreihe der Gesellschaftsrechtlichen Vereinigung (VGR), Bd.2, Köln 2000 (zitiert: Verfasser in VGR GesR 1999)

Gesman-Nuissl, Dagmar Die neuen Squeeze-out-Regeln im Aktienrecht, WM 2002, S. 1205ff.

Geßler, Ernst Zur Anfechtung wegen Strebens nach Sondervorteilen (§ 243 Abs. 2 AktG), in: Festschrift für Carl Hans Barz, herausgegeben von Robert Fischer, Philipp Möhring, Harry Westermann; Berlin-New York 1974, S. 97ff.

Ders./ Hefermehl, Wolfgang/ Eckhardt, Ulrich/ Kropff, Bruno Kommentar zum Aktiengesetz, Band VI, §§ 291-410, München 1994 (zitiert: Bearbeiter in G/H/E/K AktG)

Goutier, Klaus/ Knopf, Rüdiger/ Tulloch, Anthony Kommentar zum Umwandlungsgesetz, Heidelberg 1995 (zitiert: Bearbeiter in Goutier/Knopf/Tulloch UmwG)

Groß, Wolfgang Informations- und Auskunftsrechts des Aktionärs, AG 1997, S. 97ff.

Großfeld, Bernhard Unternehmens- und Anteilsbewertung im Gesellschaftsrecht, 4. Auflage, Köln 2002

Großkommentar Aktiengesetz Kommentar zum Aktiengesetz, begründet von W. Gadow und E. Heinichen, bearbeitet von Carl Hans Barz, Herbert Brönner, Ulrich Klug, Konrad Mellerowicz, Joachim Meyer-Landrut, Wolfgang Schiller, Herbert Wiedemann und Hans Würdinger, 3. Auflage, Vierter Band, §§ 291-410, Berlin-New York 1975 (zitiert Bearbeiter in GroßKomm AktG (3. Aufl.))

Großkommentar Aktiengesetz Kommentar zum Aktiengesetz, begründet von W. Gadow und E. Heinichen, herausgegeben von Klaus J. Hopt und Herbert Wiedemann, 4. Auflage, 7. Lieferung, §§ 23-40, Berlin-New York 1997, 6. Lieferung, §§ 131, 132, Berlin-New York 2001, 6. Lieferung, §§ 241-255, Berlin-New York 1996, (zitiert: Bearbeiter in GroßKomm AktG)

Grunewald, Barbara Gesellschaftsrecht, 5. Auflage, Tübingen 2002 (zitiert: Grunewald GesR)

Dies. Austrittsrechte als Folge von Mischverschmelzungen und Verfügungsbeschränkungen (§ 29 UmwG), in: Festschrift für Karlheinz Boujong, herausgegeben von Carsten Thomas Ebenroth, Dieter Hesselberger, Manfred Eberhard Rinne, München 1996, S. 175ff.

Dies. Die neue Squeeze-out-Regelung, ZIP 2002, S. 18ff.

Dies./ Winter Martin Die Verschmelzung von Kapitalgesellschaften, in: Marcus Lutter (Hrsg.), Kölner Umwandlungsrechtstage Verschmelzung Spaltung Formwechsel nach neuem Umwandlungsrecht und Umwandlungssteuerrecht, Köln 1995, S. 19ff.

Grunewald, Barabara/ Müller, Hans-Friedrich Die Entwicklung des Gesellschaftsrechts 1999 und 2000, JZ 2001, S. 1120ff.

Günther, Walter Konzernverschmelzung und Schutz außenstehender Aktionäre, AG 1968, S. 98ff.

Gutheil, Stefan Die Auswirkung von Umwandlungen auf Unternehmensverträge nach §§ 291, 292 AktG und die Rechte außenstehender Aktionäre, Baden-Baden 2001

Habersack, Matthias Die Mitgliedschaft – subjektives und „sonstiges" Recht, Tübingen 1996 (zitiert: Habersack Die Mitgliedschaft)

Ders. Europäisches Gesellschaftsrecht, München 1999

Ders. Der Finanzplatz Deutschland und die Rechte der Aktionäre, ZIP 2001, S. 1230ff.

Happ, Wilhelm (Hrsg.) Aktienrecht, Handbuch-Mustertexte-Kommentar, 2. Auflage, Köln-Berlin-Bonn-München 2003 (zitiert: Bearbeiter in Happ Aktienrecht)

Hasselbach, Kai Urteilsanmerkung zu LG Mosbach, Urteil v.28.12.2000 – KfH O 56/00; EWiR § 131 AktG 1/01, S. 205f.

Hecker, Renate/ Wenger, Ekkehard Der Schutz von Minderheiten im Vertragskonzern, ZBB 1995, S. 321ff.

Heckschen, Heribert Verschmelzung von Kapitalgesellschaften, Stuttgart 1989 (zitiert: Heckschen Verschmelzung)

Ders. Die Entwicklung des Umwandlungsrechts aus Sicht der Rechtsprechung und Praxis, DB 1998, S. 1385ff.

Ders. Verschmelzung von Kapitalgesellschaften unter Berücksichtigung des Entwurfs zum Umwandlungsgesetz, MittRhNotK 1989, S. 101ff.

Ders. Beschränkung des Klagerechts im Umwandlungsverfahren – zugleich eine Besprechung der Entscheidungen des BGH v. 18.12.2000 und 29.1.2001, NotBZ 2001, S. 206ff.

Ders./ Simon, Stefan Umwandlungsrecht – Gestaltungsschwerpunkte der Praxis, Köln-Berlin-Bonn-München 2003 (zitiert: Bearbeiter in Heckschen/Simon Umwandlungsrecht)

Heermann, Peter Auswirkungen einer Behebbarkeit oder nachträglichen Korrektur von gerügten Verfahrensmängeln auf das Unbedenklichkeitsverfahren nach § 16 Abs. 3 UmwG, ZIP 1999, S. 1861ff.

Hegenbarth, Rainer Juristische Hermeneutik und linguistische Pragmatik, Königstein/Taunus 1982

Heidel, Thomas Anmerkung zum BGH-Urteil vom 15.11.2002 – II ZR 133/01, DB 2003, S. 548ff.

Henze, Hartwig Rechtsschutz bei Verletzung von Auskunfts- und Informationsrechten im Unternehmensvertrags -, Umwandlungs - und Verschmelzungsrecht – Gesetzliche Ausgangslage und Rechtsprechung des Bundesgerichtshofs, in Henze/Hoffmann-Becking (Hrsg.) GesR 2001, S. 39ff.

Ders. Aspekte und Entwicklungstendenzen der aktienrechtlichen Anfechtungsklage in der Rechtsprechung des BGH, ZIP 2002, S. 97ff.

Ders. Die „zweistufige Konzernverschmelzung, AG 1993, S. 341ff.

Ders. Aktienrecht – Höchstrichterliche Rechtsprechung, 5. Auflage, Köln 2002

Ders. Pünktlich zur Hauptversammlungssaison: Ein Rechtsprechungsüberblick zu Informations- und Auskunftsrechten, BB 2002, S. 893ff.

Ders. Sachsenmilch: Ordnungsgemäße Besetzung eines nach zwingender gesetzlicher Vorgabe zweigliedrigen Vorstands bei Wegfall eines Mitglieds, BB 2002, S. 847ff.

Ders./ Hoffmann-Becking, Michael (Hrsg.) Gesellschaftsrecht 2001, Tagungsband zum RWS-Forum am 8. und 9. März 2001 in Berlin, Köln 2001 (zitiert: Verfasser in Henze/Hoffmann-Becking GesR 2001)

Hirte, Heribert Grenzen der Vertragsfreiheit bei aktienrechtlichen Unternehmensverträgen – Besprechung der Entscheidung BGHZ 122, 211, ZGR 1994, S. 644ff.

Ders. Informationsmängel und Spruchverfahren – Anmerkung zu den Urteilen des BGH vom 18.12.2000 – II ZR 1/99 – (MEZ) und vom 19.1.2001 – II ZR 368/98 – (Aqua Butzke Werke), ZHR 167 (2003), S. 8ff.

Ders. Kapitalgesellschaftsrecht, 4. Auflage, Köln 2003 (zitiert: Hirte Kapitalgesellschaftsrecht)

Ders. Mißbrauch aktienrechtlicher Anfechtungsklagen, BB 1988, S. 1469ff.

Ders. Behandlung unbegründeter und mißbräuchlicher Gesellschafterklagen im Referentenentwurf eines Umwandlungsgesetzes, DB 1993, S. 77ff.

Ders. (Hrsg.) Wertpapiererwerbs- und Übernahmegesetz mit Übernahmekodex und City Code, Gesetzestexte, Quellen, Materialien, Köln–Berlin-Bonn-München 2002 (zitiert: Verfasser in Hirte WpÜG)

Ders./ Bülow, Christoph von (Hrsg.) Kölner Kommentar zum WpÜG, Köln-Berlin-Bonn-München 2003 (zitiert: Bearbeiter in Hirte/v.Bülow WpÜG)

Hoffmann-Becking, Michael (Hrsg.) Münchner Handbuch des Gesellschaftsrechts, Band 4, Aktiengesellschaft, München 1988 (zitiert: Bearbeiter in Münchner Handbuch GesR AG (1988))

Ders. (Hrsg.) Münchner Handbuch des Gesellschaftsrechts, Band 4, Aktiengesellschaft, 2. Auflage, München 1999 (zitiert: Bearbeiter in Münchner Handbuch GesR AG (2. Aufl.))

Ders. Rechtsschutz bei Informationsmängeln im Unternehmensvertrags- und Umwandlungsrecht – Überlegungen im Anschluß an die Entscheidungen „MEZ“ und „Aqua Butzke“ des Bundesgerichtshofs, in Henze/Hoffmann-Becking (Hrsg.) GesR 2001, S. 55ff.

Ders. Defizite des aktienrechtlichen Anfechtungs- und Organhaftungsrechts und Möglichkeiten zur Verbesserung, WpG 2001 Sonderheft, S. 121ff.

Ders. Das neue Verschmelzungsrecht in der Praxis, in: Festschrift für Hans-Joachim Fleck, herausgegeben von Reinhard Gordeler, Peter Hommelhoff, Marcus Lutter und Herbert Wiedemann, Berlin-New York 1988, S. 105ff.

Ders. Der materielle Gesellschafterschutz: Abfindung und Spruchverfahren, ZGR 1990, S. 482ff.

Ders. Vorschläge der Regierungskommission „Corporate Governance" zum Recht der Unternehmensfinanzierung, in: Hommelhoff/Lutter/Schmidt/Schön/Ulmer (Hrsg.) Corporate Governance 2002, Heidelberg 2002, S. 215ff.

Ders. Welche Korrekturen des Umwandlungsgesetzes sind erforderlich?, F.A.Z. Nr. 216 vom 16.09.2000, S. 22

Hommelhoff, Peter 100 Bände BGHZ: Aktienrecht, ZHR 151 (1987), S. 493ff

Ders. Zur Kontrolle strukturändernder Gesellschafterbeschlüsse, ZGR 1990, S. 447ff.

Ders. Minderheitenschutz bei Umstrukturierungen, ZGR 1993, S. 452ff.

Ders. Anlegerinformation im Aktien-, Bilanz- und Kapitalmarktrecht, ZGR 2000, S. 748ff.

Ders./ Timm, Wolfram Aufwandspauschalen für Anfechtungskläger?, AG 1989, S. 168ff.

Hommelhoff, Peter/ Röhricht, Volker (Hrsg.) Gesellschaftsrecht 1997, Tagungsband zum RWS-Forum 10, Köln 1998 (zitiert: Verfasser in Hommelhoff/ Röhricht GesR 1997)

Hommelhoff, Peter/ Lutter, Marcus/ Schmidt, Karsten/ Schön, Wolfgang/ Ulmer, Peter (Hrsg.) Corporate Governance, Gemeinschaftssymposion der Zeitschriften ZHR / ZGR, Heidelberg 2002 (zitiert: Verfasser in Hommelhoff/ Lutter/Schmidt/Schön/Ulmer Corporate Governance 2002)

Horn, Norbert Verträge über internationale Unternehmenszusammenschlüsse, in: Festschrift für Marcus Lutter, herausgegeben von Uwe H. Schneider, Peter Hommelhoff, Karsten Schmidt, Wolfram Timm, Barbara Grunewald, Tim Drygala, Köln 2000, S. 1113ff.

Hüchting, Hans-Jochen Abfindung und Ausgleich im aktienrechtlichen Beherrschungsvertrag, Köln-Berlin-Bonn-München 1972

Hüffer, Uwe Aktiengesetz, 6. Auflage, München 2004 (zitiert: Hüffer AktG)

Ders. Aktiengesetz, 5. Auflage, München 2002 (zitiert: Hüffer AktG (5. Aufl.))

Ders. Die Ausgleichsklausel des § 243 Abs. 2 S. 2 AktG – eine mißlungene Privilegierung der Mehrheitsherrschaft oder Grundlage bloßen Vermögensschutzes des Kapitalanlegers?, in: Festschrift für Bruno Kropff, herausgegeben von Karl-Heinz Forster, Barbara Grunewald, Marcus Lutter, Johannes Semler, Düsseldorf 1997, S. 127ff.

Ders. Anfechtungsbefugnis und Mindestanteilsbesitz – Vorschläge und Überlegungen zu einer gesetzlichen Neuorientierung, in: Festschrift für Hans Erich Brandner, herausgegeben von Gerd Pfeiffer, Joachim Kummer, Silke Scheuch, Köln 1996, S. 57ff.

Ders. Minderheitsbeteiligungen als Gegenstand aktienrechtlicher Auskunftsbegehren, ZIP 1996, S. 401ff.

Ders. Zur Darlegungs- und Beweislast bei der aktienrechtlichen Anfechtungsklage, in: Festschrift für Hans-Joachim Fleck, herausgegeben von Reinhard Gordeler, Peter Hommelhoff, Marcus Lutter und Herbert Wiedemann, Berlin-New York 1988, S. 151ff.

Ders. Beschlußmängel im Aktienrecht und im Recht der GmbH – eine Bestandsaufnahme unter Berücksichtigung der Beschlüsse von Leitungs- und Überwachungsorganen, ZGR 2001, S. 833ff.

Humbeck, Jochen Die Prüfung der Unternehmensverträge nach neuem Recht, BB 1995, 1893ff.

Immenga, Ulrich Unternehmensfusion und Aktionärsrechte, BB 1970, S. 629ff.

Institut der Wirtschaftsprüfer (IDW) (Hrsg.) Stellungnahme des Hauptfachausschusses (HFA) 6/1988, WpG 1989, S. 42ff.

Dass. Reform des Umwandlungsgesetzes, Vorträge und Diskussionen, IDW-Umwandlungssymposion am 8./9. Oktober 1992, Düsseldorf 1993

Jaeger, Carsten Anmerkung zu LG Heidelberg – Urteil vom 7.8.1996 – KfH O 4/96 II, WiB 1997, S. 311

Joussen, Peter Der Auskunftsanspruch des Aktionärs, AG 2000, S. 241ff.

Kallmeyer, Harald Anwendung von Verfahrensvorschriften des Umwandlungsgesetzes auf Ausgliederungen nach Holzmüller, Zusammenschlüsse nach der Pooling-of-interests-Methode und die sog. übertragende Lösung, in: Festschrift für Marcus Lutter, herausgegeben von Uwe H. Schneider, Peter Hommelhoff, Karsten Schmidt, Wolfram Timm, Barbara Grunewald, Tim Drygala, Köln 2000, S. 1245ff.

Ders. Das neue Umwandlungsgesetz – Verschmelzung, Spaltung und Formwechsel von Handelsgesellschaften, ZIP 1994, S. 1746ff.

Ders. Kommentar zu BGH v. 18.12.2000 – II ZR 1/99, GmbHR 2001, S. 204

Ders. (Hrsg.) Kommentar zum Umwandlungsgesetz, Köln 1997 (zitiert: Bearbeiter in Kallmeyer UmwG (1.Aufl.))

Ders. Kommentar zum Umwandlungsgesetz, 2. Auflage, Köln 2001 (zitiert: Bearbeiter in Kallmeyer UmwG)

Kalss, Susanne Der Minderheitenschutz bei Gründung und Sitzverlegung der SE nach dem Diskussionsentwurf, ZGR 2003, S. 593ff.

Kamprad, Balduin/ Römer, Hans-Jürgen Die Abfindung der außenstehenden Aktionäre bei der Eingliederung durch Mehrheitsbeschluß nach § 320 AktG, AG 1990, S. 486ff.

Karrer, Götz G. Die Angemessenheit der Leistung im Konzern-, Übernahme- und Ausschlußrecht, Baden-Baden 2003 (zitiert: Karrer Die Angemessenheit der Leistung)

Keidel, Theodor/ Kuntze, Joachim/ Winkler, Karl Kommentar zum Gesetz über die Angelegenheiten der freiwilligen Gerichtsbarkeit, 14. Auflage, München 1999 (zitiert: Bearbeiter in Keidel/Kuntze/Winkler FGG)

Keil Tilo Anmerkung zu OLG Karlsruhe, Urteil vom 30.6.1989 – 15 U 76/88, EWiR 1989, S. 847f

Ders. Anmerkung zu OLG Frankfurt a.M., Beschluß vom 22.08.2000 – 14 W 23/00, EWiR § 8 UmwG 1/2000, S. 1125f.

Ders. Der Verschmelzungsbericht nach § 340a AktG, Köln 1990 (zitiert: Keil Verschmelzungsbericht)

Keul, Thomas Anfechtungsklage und Überwindung der Registersperre im Rahmen eines Squeeze-out, ZIP 2003, S. 566ff.

Kiem, Roger Anmerkung zu LG Berlin, Urteil vom 26.2.1997 – 99 O 178/96, - EWiR 1997, S. 421f.

Ders. Umwandlungsrecht – Rückschau und Entwicklungstendenzen nach drei Jahren Praxis, in: Hommelhoff/Röhricht (Hrsg.) Gesellschaftsrecht 1997, Köln 1998, S. 105ff.

Ders. Das neue Übernahmegesetz: „squeeze-out“, in Henze/Hoffmann-Becking GesR 2001, S. 329ff.

Ders. Das neue Umwandlungsrecht und die Vermeidung „räuberischer“ Anfechtungsklagen, AG 1992, S. 430ff.

Ders. Die Eintragung der angefochtenen Verschmelzung, Köln-Berlin-Bonn-München 1991

Kirchner, Jörg/ Sailer, Viola Rechtsprobleme bei Einbringung und Verschmelzung, NZG 2002, S. 305ff.

Kleindiek, Detlef Abfindungsbezogene Informationsmängel und Anfechtungsausschluß – Kommentar zu BGH NZG 2001, 574, NZG 2001, S. 552ff.

Ders. Diskussionsbericht, ZGR 1990, S. 477ff.

Klöhn, Lars Der Abfindungsanspruch des Aktionärs als Aufopferungsanspruch, AG 2002, S. 443ff.

Knobbe-Keuk, Brigitte Das Klagerecht des Gesellschafters einer Kapitalgesellschaft wegen gesetz- und satzungswidriger Maßnahmen der Geschäftsführung, in Festschrift für Kurt Ballerstedt, herausgegeben von Werner Flume, Peter Raisch, Ernst Steindorff, Berlin 1975

Kölner Kommentar Kommentar zum Aktiengesetz, herausgegeben von Wolfgang Zöllner, Band 1 (§§ 1-147), Band 2 (§§ 148-290), Band 3 (§§ 291-410), Köln-Berlin-Bonn-München 1985, Band 6, 1. Lieferung §§ 291-328, Band 7, 1. Lieferung §§ 339-361, 2. Auflage, Köln-Berlin-Bonn-München 1987 und 1990 (zitiert: Bearbeiter in KölnKomm AktG)

Kort, Michael Bestandsschutz fehlerhafter Strukturänderungen im Kapitalgesellschaftsrecht, München 1998 (zitiert: Kort Bestandsschutz fehlerhafter Strukturänderungen)

Kösters, Friedrich Das Unbedenklichkeitsverfahren nach § 16 Abs. 3 UmwG, WM 2000, S. 1921ff.

Kraft, Alfons/ Höhn, Günther Verschmelzung und Umwandlung im Vorschlag des Statuts für Europäische Aktiengesellschaften, in: Die Europäische Aktiengesellschaft, herausgegeben von Marcus Lutter, Köln-Berlin-Bonn-München 1976, S. 327ff.

Krause, Hartmut Das neue Übernahmerecht, NJW 2002, S. 705ff.

Krieger, Gerd Spruchverfahren (§§ 305-312 UmwG), in: Marcus Lutter (Hrsg.), Kölner Umwandlungsrechtstage Verschmelzung Spaltung Formwechsel nach neuem Umwandlungsrecht und Umwandlungssteuerrecht, Köln 1995, S. 275ff.

Ders. Squeeze-Out nach neuem Recht: Überblick und Zweifelsfragen, BB 2002, S. 53ff.

Ders. Aktionärsklage zur Kontrolle des Vorstands- und Aufsichtsratshandelns, ZHR 163 (1999), S. 343ff.

Kropff, Bruno 25 Jahre Aktiengesetz – was waren die Ziele und was wurde erreicht?, in: 25 Jahre Aktiengesetz, herausgegeben von Marcus Lutter, Düsseldorf 1991, S. 19ff.

Ders. (Hrsg.) Aktiengesetz mit Begründung des Regierungsentwurfs, Düsseldorf 1965 (zitiert: Kropff Begr.RegE AktG 1965)

Ders./ Semler, Johannes (Hrsg.) Münchner Kommentar zum Aktiengesetz, 2. Auflage, Band 2, §§ 53a-75, München 2003, Band 4, §§ 118-147, München 2004, Band 7, §§ 222-277, München 2001, Band 8, §§ 278-328, München 2000 (zitiert: Bearbeiter in MünchKomm AktG)

Kubis, Dietmar Die „formunwirksame" schriftliche Auskunftserteilung nach § 131 AktG, in: Festschrift für Bruno Kropff, herausgegeben von Karl-Heinz Forster, Barbara Grunewald, Marcus Lutter, Johannes Semler, Düsseldorf 1997, S. 171ff.

Kuhn, Martin Die Reform des Spruchverfahrens – der Entwurf des Spruchverfahrensneuordnungsgesetzes vom 6.November 2002, Der Syndikus, Ausgabe März/April 2003, S. 21ff.

Kurzwelly, Jens-Peter Neueste Rechtsprechung des Bundesgerichtshofs zum Gesellschaftsrecht, in Henze/Hoffmann-Becking (Hrsg.) GesR 2001, S. 1ff.

Lamb, Jochen/ Schluck-Amend, Alexandra Die Neuregelung des Spruchverfahrens durch das Spruchverfahrensneuordnungsgesetz, DB 2003, S. 1259ff.

Larenz, Karl Methodenlehre der Rechtswissenschaft, 5. Auflage, Berlin 1983

Ders./ Canaris, Claus-Wilhelm Methodenlehre der Rechtswissenschaft, 3. Auflage, Berlin u.a. 1995

Lehmann, Jürgen Mißbrauch des Auskunfts-, Frage- und Rederechts sowie im Spruchstellenverfahren, in: Mißbräuchliches Aktionärsverhalten, herausgegeben von Wolfram Timm, Köln 1990, S. 51ff.

Leinekugel, Rolf Die Ausstrahlungswirkungen des Umwandlungsgesetzes, Köln-Berlin-Bonn-München 2000

Leuering, Dieter Die Erteilung von Abschriften an Aktionäre, ZIP 2000, S. 2053ff.

Lieb, Manfred Abfindungsanprüche im (qualifizierten?) faktischen Konzern, in: Festschrift für Marcus Lutter, herausgegeben von Uwe H. Schneider, Peter Hommelhoff, Karsten Schmidt, Wolfram Timm, Barbara Grunewald, Tim Drygala, Köln 2000, S. ff.

Lutter, Marcus Zur Vorbereitung und Durchführung von Grundlagenbeschlüssen in Aktiengesellschaften, in: Festschrift für Hans-Joachim Fleck, herausgegeben von Reinhard Gordeler, Peter Hommelhoff, Marcus Lutter und Herbert Wiedemann, Berlin-New York 1988, S. 169ff.

Ders. Materielle und förmliche Erfordernisse eines Bezugsrechtsausschlusses – Besprechung der Entscheidung BGHZ 71, 40 (Kali + Salz), ZGR 1979, S. 401ff.

Ders. Die Funktion der Gerichte im Binnenstreit von Kapitalgesellschaften – ein rechtsvergleichender Überblick, ZGR 1998, S. 191ff.

Ders. Zur Abwehr räuberischer Aktionäre, in: Festschrift 40 Jahre Der Betrieb, Stuttgart 1988, S. 193ff.

Ders. Aktionärs-Klagerechte, JZ 2000, S. 837ff.

Ders. Die entgeltliche Ablösung von Anfechtungsrechten – Gedanken zur aktiven Gleichbehandlung im Aktienrecht, ZGR 1978, S. 347ff.

Ders. Defizite für eine effiziente Aufsichtsratstätigkeit und gesetzliche Möglichkeiten der Verbesserung, in ZHR 159 (1995), S. 287ff.

Ders. Die Eintragung anfechtbarer Hauptversammlungsbeschlüsse ins Handelsregister, in NJW 1969, S. 1873ff.

Ders. (Hrsg.) Umwandlungsgesetz, Band I (§§ 1-151), Band II (§§ 152-325), 2. Auflage, Köln 2000 (zitiert: Lutter/Bearbeiter UmwG (2. Aufl.))

Ders./ Winter, Martin (Hrsg.) Umwandlungsgesetz, Band I (§§ 1-137), Band II (§§ 138-325, SpruchG), 3. Auflage, Köln 2004 (zitiert: Lutter/Bearbeiter UmwG)

Lutter, Marcus (Hrsg.) Umwandlungsgesetz, Köln 1996 (zitiert: Lutter/Bearbeiter UmwG (1. Aufl.))

Ders (Hrsg.) Kölner Umwandlungsrechtstage: Verschmelzung Spaltung Formwechsel nach neuem Umwandlungsrecht und Umwandlungssteuerrecht, Köln 1995 (zitiert: Verfasser in Lutter Kölner Umwandlungsrechtstage)

Ders. (Hrsg.) Die Europäische Aktiengesellschaft, Köln-Berlin-Bonn-München 1976, (zitiert: Verfasser in Lutter Die europäische AG)

Ders. (Hrsg.) 25 Jahre Aktiengesetz – Ein Symposion der Deutschen Schutzvereinigung für Wertpapierbesitz e.V. (DSW) am 30. Oktober 1990 in Bonn, Düsseldorf 1991

Ders./ Drygala, Tim Die Übertragende Auflösung: Liquidation der Aktiengesellschaft oder Liquidation des Minderheitenschutzes?, in: Festschrift für Bruno Kropff, herausgegeben von Karl-Heinz Forster, Barbara Grunewald, Marcus Lutter, Johannes Semler, Düsseldorf 1997, S. 191ff.

Lutter, Marcus/ Leinekugel, Rolf Planmäßige Unterschiede im umwandlungsrechtlichen Minderheitenschutz, ZIP 1999, S. 261ff.

Lutter, Marcus/ Bezzenberger,Tilman Für eine Reform des Spruchverfahrens im Aktien- und Umwandlungsrecht, AG 2000, S. 433ff.

Luttermann, Claus Kommentar zu BGH v. 18.12.2000 – II ZR 1/99, BB 2001, S. 382ff.

Maier-Reimer,Georg Verbesserung des Umtauschverhältnisses im Spruchverfahren, ZHR 164 (2000), S. 563ff.

Marsch-Barner, Reinhard Anmerkung LM H. 5/2001 Bl. 989f.

Martens, Klaus Peter Der Erwerb eigener Aktien zum Umtausch im Verschmelzungsverfahren, in: Festschrift für Karlheinz Boujong, herausgegeben von Carsten Thomas Ebenroth, Dieter Hesselberger, Manfred Eberhard Rinne, München 1996, S. 335ff.

Ders. Verschmelzung, Spruchverfahren und Anfechtungsklage in Fällen eines unrichtigen Umtauschverhältnisses, AG 2000, S. 301ff.

Mertens, Bernd Die Geltendmachung von Mängeln eines Unternehmensvertrages durch Aktionäre, BB 1995, S. 1417ff.

Mertens, Hans-Joachim Die Gestaltung von Verschmelzungs- und Verschmelzungsprüfungsbericht, AG 1990, S. 20ff.

Messer, Herbert Die Kausalität von Mängeln des Verschmelzungsberichts als Voraussetzung für die Anfechtbarkeit des Verschmelzungsbeschlusses, in: Festschrift für Karlheinz Quack, herausgegeben von Harm Peter Westermann und Wolfgang Rosener, Berlin – New York 1991, S. 321ff.

Meyer-Landrut, Andreas/ Kiem, Roger Der Formwechsel einer Publikumsaktiengesellschaft – Erste Erfahrungen aus der Praxis - Teil I, WM 1997, S. 1361ff. und Teil II, WM 1997, S. 1413ff.

Möller, Thomas Der aktienrechtliche Verschmelzungsbeschluß – Rechtmäßigkeitsvoraussetzungen und Geltendmachung der Rechtswidrigkeit, Berlin 1991

Mülbert, Otto Aktiengesellschaft, Unternehmensgruppe und Kapitalmarkt – Die Aktionärsrechte bei Bildung und Umbildung einer Unternehmensgruppe zwischen Verbands- und Anlegerschutzrechten, 2. Auflage, München 1996

Ders. Abschwächungen des mitgliedschaftlichen Bestandsschutzes im Aktienrecht, in: Festschrift für Peter Ulmer, herausgegeben von Matthias Habersack, Peter Hommelhoff, Uwe Hüffer und Karsten Schmidt, Berlin 2003, S. 433ff.

Müller, Welf Die Unternehmensbewertung in der Rechtsprechung, in: Festschrift für Gerold Bezzenberger, herausgegeben von Harm Peter Westermann und Klaus Mock, Berlin - New York 2000, S. 705ff.

Münch, Ingo von/ Kunig, Philip (Hrsg.) Grundgesetz-Kommentar, Band 1 (Präambel bis Art.19), 5. Auflage, München 2000 (zitiert: Bearbeiter in v.Münch/Kunig GG)

Neye, Hans-Werner Anmerkung zu LG Stuttgart, Urteil vom 13.5.1997 – 25 O 703/96, EWiR 1997, S. 1015f.

Ders. Anmerkung zu BVerfG, Beschl.v.23.8.2000 – 1 BvR 68/95, 1 BvR 147/97, ZIP 2000, S. 1670, in: EWiR 2000, S. 913f.

Ders. Anmerkung zu BVerfG, Beschl.v.27.4.1999 – 1 BvR 1613/94, ZIP 1999, S. 1436, in: EWiR 1999, S. 751f.

Ders. Die Reform des Spruchverfahrens, NZG 2002, S. 23ff.

Ders. Die Reform des Spruchverfahrens, DStR 2002, S. 178ff.

Ders. Auf dem Weg zu einem neuen Spruchverfahren – Ein Zwischenbericht, in: Festschrift für Herbert Wiedemann, herausgegeben von Rolf Wank, Heribert Hirte, Kaspar Frey, Holger Fleischer, Gregor Thüsing, München 2002, S. 1126ff.

Ders. Der Ausschluß von Minderheitsaktionären („Squeeze-out"), in: Wertpapiererwerbs- und Übernahmegesetz, herausgegeben von Heribert Hirte, München 2002, S. 25ff.

Ders. Überblick über die Gesetzesänderungen, in: Marcus Lutter (Hrsg.), Kölner Umwandlungsrechtstage Verschmelzung Spaltung Formwechsel nach neuem Umwandlungsrecht und Umwandlungssteuerrecht, Köln 1995, S. 1ff.

Ders. (Hrsg.) Umwandlungsgesetz UmwG Umwandlungssteuergesetz UmwStG, Köln 1994 (zitiert: Neye UmwG/UmwStG)

Ders. (Hrsg.) Das neue Spruchverfahrensrecht, Einführung – Erläuterung – Materialien, Köln 2003 (zitiert: Neye Das neue Spruchverfahrensrecht)

Ders./ Teichmann, Christoph Der Entwurf für das Ausführungsgesetz zur Europäischen Aktiengesellschaft, AG 2003, S. 169ff.

Noack, Ulrich Das Freigabeverfahren bei Umwandlungsbeschlüssen – Bewährung und Modell, ZHR 164 (2000), S. 274ff.

Ders. Fehlerhafte Beschlüsse in Gesellschaften und Vereinen, Köln-Berlin-Bonn-München 1989

Obermüller, Walter/ Werner, Winfried/ Winden, Kurt Die Hauptversammlung der Aktiengesellschaft, 4. Auflage, vollständig neu bearbeitet und erweitert von Volker Butzke, Stuttgart 2001 (zitiert: Obermüller-Werner-Winden Die Aktiengesellschaft)

Dies. Aktiengesetz 1965, Erläuterungen mit praktischen Hinweisen, Stuttgart 1965 (zitiert: Obermüller/Werner/Winden AktG 1965)
Preisenberger, Simon Die Heilbarkeit fehlerhafter Vorstandsberichte nach Aktien- und Umwandlungsrecht, Freiburg 1999
Priester, Hans-Joachim Strukturänderungen – Beschlußvorbereitung und Beschlußfassung, ZGR 1990, S. 420ff.
Ders. Mitgliederwechsel im Umwandlungszeitpunkt – Die Identität des Gesellschafterkreises – ein zwingender Grundsatz?, DB 1997, S. 560ff.
Ders. Das neue Verschmelzungsrecht, NJW 1983, S. 1459ff.
Ders. Die klassische Ausgliederung – ein Opfer des Umwandlungsgesetzes 1994?, ZHR 163 (1999), S. 187ff.
Puszkajler, Karl Peter Diagnose und Therapie von aktienrechtlichen Spruchverfahren – Einige Anmerkungen aus der richterlichen Praxis zum geplanten Spruchverfahrensneuordnungsgesetz. ZIP 2003, S. 518ff.
Ders. Verschmelzungen zum Börsenkurs? – Verwirklichung der BVerfG-Rechtsprechung, BB 2003, S. 1694ff.
Quack, Karlheinz Die Offenlegung des Prüfungsberichts nach §§ 208, 30 UmwG, in: Festschrift für Gerold Bezzenberger, herausgegeben von Harm Peter Westermann und Klaus Mock, Berlin-New York 2000, S. 321ff.
Raiser, Thomas Recht der Kapitalgesellschaften, 3. Auflage, München 2001 (zitiert: Raiser Kapitalgesellschaftsrecht)
Rathausky, Uwe Squeeze-out in Deutschland: Eine Empirische Untersuchung zu Anfechtungsklagen und Spruchverfahren, AG Report 1/2004, R 24
Rebmann, Volker Die Ausweitung des aktienrechtlichen Spruchverfahrens – eine Möglichkeit zur Vermeidung von Verschmelzungsblockaden durch mißbräuchliche Anfechtungsklagen?, Baden-Baden 1994
Reichert, Jochem Aktionärsrechte und Anlegerschutz – Stellungnahme zu den Vorschlägen der Corporate Governance Kommission, in: Hommelhoff/Lutter/Schmidt/Schön/Ulmer (Hrsg.) Corporate Governance 2002, Heidelberg 2002, S. 165ff.
Ders. Ausstrahlungswirkungen der Ausgliederungsvoraussetzungen nach UmwG auf andere Strukturmaßnahmen, in: Die Spaltung im neuen Umwandlungsrecht und ihre Rechtsfolgen, herausgegeben von Matthias Habersack, Ulrich Koch und Martin Winter, Heide!berg 1999, S. 25ff.
Rettmann, Stephanie Die Rechtmäßigkeitskontrolle von Verschmelzungsbeschlüssen – Das Unbedenklichkeitsverfahren nach § 16 Abs. 3 UmwG, Köln 1998
Riegger, Bodo/ Schockenhoff, Martin Das Unbedenklichkeitsverfahren zur Eintragung der Umwandlung in das Handelsregister, ZIP 1997, S. 2105ff.
Röhricht, Volker Die aktuelle höchstrichterliche Rechtsprechung zum Gesellschaftsrecht, in: Gesellschaftsrecht in der Diskussion 2001, herausgegeben von der Gesellschaftsrechtlichen Vereinigung, Köln 2002, S. 3ff.

Ders. Die Rechtsstellung der außenstehenden Aktionäre beim Beitritt zum Beherrschungsvertrag, ZHR 162 (1998) S. 249ff.

Roth, Markus Die übertragende Auflösung nach Einführung des Squeeze-out, NZG 2003, S. 998ff.

Rowedder, Heinz/ Schmidt-Leithoff, Christian GmbH-Gesetz, Kommentar, 4. Auflage, München 2002 (zitiert: Rowedder/Bearbeiter GmbHG)

Rühland, Philipp Der squeezeout nach dem RefE zum Wertpapiererwerbs- und Übernahmegesetz vom 12.3.2001, NZG 2001, S. 448ff.

Sagasser, Bernd/ Bula, Thomas/ Brünger, Thomas R. Umwandlungen – Verschmelzung, Spaltung, Formwechsel, Vermögensübertragung, 3. Auflage, München 2002 (zitiert: Bearbeiter in Sagasser/Bula/Brünger)

Savigny, Friedrich Carl von System des heutigen Römischen Rechts, Dritte Ausgabe, Unveränderter fotomechanischer Nachdruck der Ausgabe von 1849, Darmstadt 1961

Schäfer, Carsten Bericht über die Diskussion der Referate Bayer und Reichert, in: Hommelhoff/Lutter/Schmidt/Schön/Ulmer (Hrsg.) Corporate Governance 2002, Heidelberg 2002, S. 203ff.

Schaub, Bernhard Das Abfindungsangebot nach § 29 UmwG, NZG 1998, S. 626ff.

Schiessl, Maximilian Die Kontrollfunktion der aktienrechtlichen Anfechtungsklage – Erwiderung aus der Sicht der Praxis, in: Gesellschaftsrecht in der Diskussion 1999, herausgegeben von der Gesellschaftsrechtlichen Vereinigung (VGR), Köln 2000, S. 57ff.

Ders. Ist das deutsche Aktienrecht kapitalmarkttauglich?, AG 1999, S. 442ff.

Schindler, Oliver/ Witzel, David Bedarf es einer gesetzlichen Regelung des Anfechtungsrechts zur Bekämpfung räuberischer Aktionäre? – Stellungnahme zu den Empfehlungen der wirtschaftlichen Abteilung des 63. DJT, NZG 2001, S. 577ff.

Schlaus, Wilhelm Auskauf opponierender Aktionäre, AG 1988, S. 113ff.

Schmalz, Dieter Methodenlehre für das juristische Studium, 3. Auflage, Baden-Baden 1992

Schmid, Christoph Das umwandlungsrechtliche Unbedenklichkeitsverfahren zur Eintragung und die Reversibilität registrierter Verschmelzungsbeschlüsse – Neue Waffen im Kampf gegen die Räuber -, ZGR 1997, S. 493ff.

Ders. Einstweiliger Rechtsschutz von Kapitalgesellschaften gegen die Blockade von Strukturentscheidungen durch Anfechtungsklagen, ZIP 1998, S. 1057ff.

Schmidt, Harry Ausschluß der Anfechtung des Squeeze-out –Beschlusses bei abfindungswertbezogenen Informationsmängeln, in: Festschrift für Peter Ulmer, herausgegeben von Matthias Habersack, Peter Hommelhoff, Uwe Hüffer und Karsten Schmidt, Berlin 2003, S. 543ff.

Schmidt, Karsten Informationsrechte in Gesellschaften und Verbänden, Heidelberg 1984 (zitiert: K.Schmidt Informationsrechte)

Ders. Gesellschaftsrecht, 4. Auflage, Köln-Berlin-Bonn-München 2002 (zitiert: K.Schmidt GesR)

Ders. Zum Analogieverbot des § 1 Abs. 2 UmwG – Denkanstöße gegen ein gesetzliches Denkverbot, in: Festschrift für Bruno Kropff, herausgegeben von Karl-Heinz Forster, Barbara Grunewald, Marcus Lutter, Johannes Semler, Düsseldorf 1997, S. 259ff.

Ders. Macroton oder: weitere Ausdifferenzierung des Aktionärsrechtsschutzes durch den BGH, NZG 2003, S. 601ff.

Schmitt, Joachim/ Hörtnagl, Robert/ Stratz, Rolf-Christian Kommentar zum Umwandlungsgesetz und zum Umwandlungssteuergesetz (begründet von Hans Dehmer), 3. Auflage, München 2001 (zitiert: Bearbeiter in Schmitt/Hörtnagl/Stratz UmwG)

Schön, Wolfgang Der Aktionär im Verfassungsrecht, in: Festschrift für Peter Ulmer, herausgegeben von Matthias Habersack, Peter Hommelhoff, Uwe Hüffer und Karsten Schmidt, Berlin 2003, S. 1359ff.

Schulenberg, Matthias Die Antragsberechtigung gemäß §§ 15, 305ff. UmwG und die „Informationslast" des Antragstellers im Spruchverfahren, AG 1998, S. 74ff.

Schüppen, Matthias Übernahmegesetz ante portas!, Wpg 2001, S. 958ff.

Schwarz, Günter Christian Empfiehlt sich eine Neuregelung des aktienrechtlichen Anfechtungs- und Organhaftungsrechts, insbesondere der Klagemöglichkeiten von Aktionären?, ZRP 2000, S. 330ff.

Schwarz, Hans-Detlef Das neue Umwandlungsrecht, DStR 1994, S. 1694ff.

Schwenn, Dirk Der Ausgleichs- und Abfindungsanspruch der außenstehenden Aktionäre im Unternehmensvertrag bei Eintritt neuer Umstände, Frankfurt am Main 1998

Schwirblat, Cay Hans Der Mißbrauch des Anfechtungsrechts bei der Verschmelzung von Aktiengesellschaften, Kiel 1989

Seibert, Ulrich / Kiem, Roger (Hrsg.) Handbuch der kleinen AG, 4. Auflage, Köln 2000 (zitiert: Bearbeiter in Seibert/Kiem Hb. d.kl. AG)

Seibt, Christoph Kapitalmarktrechtliche Überlagerungen im Aktienrecht, in Gesellschaftsrecht in der Diskussion 2000, herausgegeben von der Gesellschaftsrechtlichen Vereinigung (VGR), Köln 2001, S. 37ff.

Semler, Johannes/ Stengel, Arndt Kommentar zum Umwandlungsgesetz, München 2003

Semler, Johannes/ Volhard, Rüdiger (Hrsg.) Arbeitshandbuch für Unternehmensübernahmen, Band 1, Unternehmensübernahme, München 2001 (zitiert: Bearbeiter in Semler/Volhard Unternehmensübernahmen)

Semler, Johannes/ Volhard, Rüdiger (Hrsg.) Arbeitshandbuch für die Hauptversammlung, München 1999

Sieger, Jürgen/ Hasselbach, Kai Der Ausschluß von Minderheitsaktionären nach den neuen §§ 327a ff. AktG, ZGR 2002, S. 120ff.

Sigle, Axel/ Zinger, Georg Aktionäre sollen schneller zu ihrem Recht kommen, in FAZ vom 27. November 2002, Nr. 276, S. 25

Sinewe, Patrick Keine Anfechtungsklage gegen Umwandlungsbeschlüsse bei wertbezogenen Informationsmängeln, DB 2001, S. 690f.

Sosnitza, Olaf Das Unbedenklichkeitsverfahren nach § 16 Abs. 3 UmwG, NZG 1999, S. 965ff.

Ständige Deputation des Deutschen Juristentages (Hrsg.) Verhandlungen des Dreiundsechszigsten Deutschen Juristentages Leipzig 2000: Empfiehlt sich eine Neuregelung des aktienrechtlichen Anfechtungs- und Organhaftungsrechts, insbesondere der Klagemöglichkeiten von Aktionären?, Band I Gutachten Teil F, erstattet von Theodor Baums, (zitiert: Baums Gutachten 63.DJT), Band II/1 und 2 (Sitzungsberichte – Referate und Beschlüsse) Teil O (zitiert: Sitzungsberichte 63.DJT Bd. II/1), Band II/2 (Sitzungsberichte – Diskussion und Beschlußfassung) Teil O (zitiert: Sitzungsberichte 63.DJT, Bd. II/2) München 2000

Dies. (Hrsg.) Verhandlungen des vierunddreißigsten Deutschen Juristentages zu Köln 1926, Zweiter Band, Berlin und Leipzig 1927

Stein-Jonas Kommentar zur Zivilprozeßordnung, Band 1, §§ 1-90, 21. Auflage, Tübingen 1993 (zitiert: Bearbeiter in Stein-Jonas ZPO)

Steinmeyer, Roland Kommentar zum Wertpapiererwerbs- und Übernahmegesetz mit Erläuterungen zum Minderheitenausschluß nach §§ 327a ff. AktG, Berlin 2002 (zitiert: Steinmeyer/Bearbeiter WpÜG)

Timm, Wolfgang Zur Bedeutung des „Hoesch"-Urteils für die Fortentwicklung des Konzern- und Verschmelzungsrechts, JZ 1982, S. 403ff.

Ders. Zweifelsfragen zum neuen Umwandlungsrecht, ZGR 1996, S. 247ff.

Ders. Minderheitenschutz im GmbH-Verschmelzungsrecht, AG 1982, S. 93ff.

Ders. (Hrsg.) Mißbräuchliches Aktionärsverhalten, Köln 1990, (zitiert: Verfasser in Timm Mißbräuchliches Aktionärsverhalten)

Ders./ Schick, Werner Zwingende „Verschmelzungssperre" nach § 345 Abs. 2 S. 1 AktG bei anhängigen Anfechtungsverfahren?, DB 1990, S. 1221ff.

Timm, Wolfram Mibräuchliche Aktionärsklagen und Abfindungsregelungen – Praktische Fälle und Erfahrungen, in: Wolfram Timm (Hrsg.), Mißbräuchliches Aktionärsverhalten, Köln 1990, S. 1ff.

Tomson, Christian/ Hammerschmitt, Susanne Aus alt mach neu? Betrachtungen zum Spruchverfahrensneuordnungsgesetz, NJW 2003, S. 2572ff.

Tröger, Tobias Neues zur Anfechtung bei Informationsrechtsverletzungen, NZG 2002, S. 211ff.

Trölitzsch, Thomas Aktuelle Tendenzen im Umwandlungsrecht, DStR 1999, S. 764ff.

Ders. Rechtsprechungsbericht: Das Umwandlungsrecht seit 1995, WiB 1997, S. 795ff.

Veil, Rüdiger Anmerkung zu LG Heidelberg, Urteil vom 7.8.1996 – O 4/96 KfH II, EWiR 1996, S. 901f.
Ders. Die Registersperre bei der Umwandlung einer AG in eine GmbH, ZIP 1996, S. 1065ff.
Ders. Umwandlung einer Aktiengesellschaft in eine Gesellschaft mit beschränkter Haftung, Berlin 1996 (zitiert: Veil Umwandlung in eine AG)
Veit, Klaus-Rüdiger Unternehmensverträge und Eingliederung als aktienrechtliche Instrumente der Unternehmensverbindung, Düsseldorf 1974
Vetter, Eberhard Squeeze-out nur durch Hauptversammlungsbeschluß?, DB 2001, S. 743ff.
Ders. Squeeze-out in Deutschland, ZIP 2000, S. 1817ff.
Ders. Squeeze-out – Der Ausschluß von Minderheitsaktionären aus der Aktiengesellschaft nach den §§ 327a-327f AktG, AG 2002, S. 176ff.
Ders. Abfindungswertbezogene Informationsmängel und Rechtsschutz – Anmerkung zu den Urteilen des BGH vom 18.12.2000 – MEZ und vom 29.1.2001 – Aqua Butzke, in: Festschrift für Herbert Wiedemann, herausgegeben von Rolf Wank, Heribert Hirte, Kaspar Frey, Holger Fleischer, Gregor Thüsing, München 2002, S. 1323ff.
Vollrath, Hans-Joachim Grenzen des Minderheitenschutzes bei der verschmelzungsbedingten Realisierung einer Gesellschaftsbeteiligung, in: Festschrift für Siegfried Widmann, herausgegeben von Franz Wassermeyer u.a., Bonn-Berlin 2000, S. 117ff.
Wasmann, Dirk/ Roßkopf, Gabriele Die Herausgabe von Unterlagen und der Geheimnisschutz im Spruchverfahren, ZIP 2003, S. 1776ff.
Wassermeyer, Franz (Hrsg.) Grundfragen der Unternehmensbesteuerung, Köln 1994 (zitiert: Verfasser in Wassermeyer Grundfragen der Unternehmensbesteuerung)
Wenger, Ekkehard Anmerkung zu BGH, Urteil vom 18.12.2000 – II ZR 1/99 (OLG Karlsruhe), EWiR 2001, S. 331f.
Ders. Zur Treuepflicht des Kleinaktionärs, in: Festschrift für Johannes Semler, herausgegeben von Marcus Bierich, Peter Hommelhoff und Bruno Kropff, Berlin-New York 1993, S. 419ff.
Westermann, Harm Peter Die Zweckmäßigkeit der Verschmelzung als Gegenstand des Verschmelzungsberichts, der Aktionärsentscheidung und der Anfechtungsklage, in: Festschrift für Johannes Semler, herausgegeben von Marcus Bierich, Peter Hommelhoff und Bruno Kropff, Berlin-New York 1993, S. 651ff.
Ders. Individualrechte und unternehmerische Handlungsfreiheit im Aktienrecht, ZHR 156 (1992), S. 203ff.
Widmann, Siegfried/ Mayer, Dieter (Hrsg.) Kommentar zum Umwandlungsrecht und Umwandlungssteuerrecht, (zitiert: Bearbeiter in Widmann/Mayer UmwG)

Dies. (Hrsg.) Umwandlungsrecht – Kommentar zur Umwandlung von Unternehmen nach neuestem Handels- und Steuerrecht, Stand 1981, 13. Ergänzungslieferung, April 1981

Wiedemann, Herbert Gesellschaftsrecht, Band I – Grundlagen, München 1980

Ders. Das Abfindungsrecht – ein gesellschaftsrechtlicher Interessenausgleich, ZGR 1978, S. 477ff.

Ders./ Hirte Heribert Konzernrecht, in: 50 Jahre Bundesgerichtshof – Festgabe aus der Wissenschaft, Band II, herausgegeben von Claus-Wilhelm Canaris, Andreas Heldrich, Klaus J. Hopt, Claus Roxin, Karsten Schmidt, Gunter Widmaier, München 2000, S. 337ff.

Wieland, Karl Handelsrecht, Zweiter Band, Die Kapitalgesellschaften, München und Leipzig 1931

Wiesen, Heinrich Der materielle Gesellschafterschutz: Abfindung und Spruchverfahren, ZGR 1990, S. 503ff.

Wilde, Christian Informationsrechte und Informationspflichten im Gefüge der Gesellschaftsorgane, ZGR 1998, S. 423ff.

Wilhelm, Jan Inkompetenz des Aktionärs und Auskunfts- und Klagerecht, DB 2001, S. 520ff.

Wilhelmi, Sylvester Kommentar zum Aktiengesetz (begründet von Freiherr v. Godin und Hans Wilhelmi), Band II, §§ 179-410, 4. Auflage, Berlin-New York 1971 (zitiert: Godin-Wilhelmi AktG)

Wilsing, Hans-Ulrich Anmerkung zu LG Hamburg, Urteil vom 13.01.2003 – 415 O 140/02, ZIP 2003, 947, EWiR § 327a AktG 3/03, S. 553f.

Ders./ Kruse, Tobias Anfechtbarkeit von Squeeze-out- und Eingliederungsbeschlüssen wegen abfindungswertbezogener Informationsmängel?, DB 2002, S. 1539ff.

Windbichler, Christine Mißbräuchliche Aktionärsklagen und Abfindungsregelungen – Theoretische Grundlagen, in: Mißbräuchliches Aktionärsverhalten, herausgegeben von Wolfram Timm, Köln 1990, S. 35ff.

Witt, Carl-Heinz Anmerkung zu BGH, Urteil vom 29.Januar 2001 – II ZR 368/98 (Kammergericht), WuB II N. § 210 UmwG 2.01, S. 425ff.

Ders. Anmerkung zu BGH, Urteil vom 18.Dezember 2000 – II ZR 1/99 (Karlsruhe), WuB II N. § 210 UmwG 1.01, S. 287ff.

Wohlleben, Hermann Peter Informationsrechte des Gesellschafters, Köln-Berlin-Bonn-München 1989 (zitiert: Wohlleben Informationsrechte)

Wolf, Martin Der Minderheitenausschluß qua „übertragender Auslösung“ nach Einführung des Squeeze-Out gemäß §§ 327a-f AktG, ZIP 2002, S. 153ff.

Zeidler, Finn Anmerkung zum Urteil des LG Berlin vom 27.11.1998, NZG 1999, S. 510f.

Zippelius, Reinhold Juristische Methodenlehre, 6. Auflage, München 1994

Zöller, Richard (Hrsg.) Zivilprozeßordnung, 24. Auflage, Köln 2004 (zitiert: Zöller/Bearbeiter ZPO)

Zöllner, Wolfgang Die Schranken mitgliedschaftlicher Stimmrechtsmacht bei den privatrechtlichen Personenverbänden, München und Berlin 1963

Ders. Aktienrechtsreform in Permanenz – Was wird aus den Rechten des Aktionärs?, AG 1994, S. 336ff.

Ders. Zur Problematik der aktienrechtlichen Anfechtungsklage, AG 2000, S. 145ff.

Ders. Kontrollrechte des einzelnen Aktionärs: Beschränkung, Erweiterung und Mißbrauchsbekämpfung, in: Reformbedarf im Aktienrecht, herausgegeben von Johannes Semler in Gemeinschaft mit Peter Hommelhoff, Peter Doralt, Jean Nicolas Druey, Berlin–New York 1994, S. 147ff. (zitiert: Zöllner in Semler Reformbedarf im Aktienrecht)

Zschocke, Christian O./ Schuster, Stephan (Hrsg.) Bad Homburger Handbuch zum Übernahmerecht, Heidelberg 2003 (zitiert: Bearbeiter in Zschocke/Schuster Übernahmerecht)

Zürbig, Wolf Hendrik Der Formwechsel einer Personengesellschaft in eine Kapitalgesellschaft, Frankfurt a. M. 1999

Kolibri 360 GmbH
Ferdinand-Jühlke-Straße 7
99095 Erfurt, Deutschland
produktsicherheit@kolibri360.de

Druck:
CPI Druckdienstleistungen GmbH
im Auftrag der
Kolibri 360 GmbH
Ferdinand-Jühlke-Str. 7
99095 Erfurt